Zimbabwe, Botswana et Namibie

guide de voyage

Deanna Swaney

Zimbabwe, Botswana et Namibie

1re édition

Traduite de l'ouvrage *Zimbabwe, Botswana & Namibia* (2nd edition)

Publié par

Lonely Planet Publications

71 *bis*, rue du Cardinal-Lemoine, 75005 Paris, France

Siège social : PO Box 617, Hawthorn, Victoria 3122, Australie

Filiales : Oakland (Californie), États-Unis – Londres, Grande-Bretagne

Imprimé par

SNP Printing Pte Ltd (Singapour)

Photographies de

Chris Barton
Geoff Crowther
Hugh Finlay
Peter Pschelinzew
Mike Scott
Deanna Swanney
David Wall
Tony Wheeler

Photo de couverture : le delta de l'Okavango (Deanna Swanney)

1re édition en anglais

Février 1992

Traduction de

Christian-Martin Dielbold, Françoise Laquèche et Christine Monnatte

Dépôt légal

Février 1996

ISBN : 2-84070-035-2

ISSN : 1242-9244

Deanna Swaney

Après avoir achevé ses études universitaires, Deanna Swaney a effectué le tour de l'Europe et, depuis, n'a cessé de voyager. Malgré ses obligations professionnelles de programmatrice informatique, elle s'est ménagée la possibilité d'escapades loin de sa résidence d'Anchorage, en Alaska. Elle est partie tout d'abord en Amérique du Sud, où elle a écrit le guide Lonely Planet *Bolivia – a travel survival kit*. Ses nombreux voyages l'ont amenée à découvrir des îles paradisiaques – en Arctique et sous les Tropiques – qui donnèrent naissance à trois autres guides de voyages : *Tonga*, *Samoa* et *Island, Groenland & the Farö Islands*.

Après être revenue sur une terre continentale pour la première édition de cet ouvrage, elle a été co-auteur des secondes éditions des guides *Brésil* et *Mauritius, Reunion & Seychelles*, puis mit à jour la seconde édition de *Madagascar & Comores* et participa à la réalisation des guides *on a Shoestring* relatifs à l'Afrique, à l'Amérique du Sud et à la Scandinavie.

Deanna partage désormais son temps entre ses voyages et sa résidence en bord de lac dans la campagne de l'ouest de l'Angleterre.

Un mot de l'auteur

Je souhaiterais remercier plus particulièrement Annemarie Grant, de Bulawayo, pour sa généreuse hospitalité, notamment en ce qui concerne mes appels téléphoniques transcontinentaux ! Ernst et Norbert Schürer furent d'excellents compagnons lors d'un trajet fabuleux à travers le Botswana, et j'ai également apprécié la compagnie de Jennifer, Bob, Claus et d'autres habitués de la région au cours des diverses étapes de mon récent voyage.

Un grand merci à Aulden Harlech-Jones, pour son aide et sa connaissance de la Namibie et plus particulièrement de la région de Windhoek ; également à Ian Rodger et Petra Bosse grâce auxquels j'ai passé un séjour merveilleux dans le Naukluft et le Kaokoveld ; à Marie Holstensen et Grant Burton, qui me firent partager la magie de Mudumu à Lianshulu Lodge dans le Caprivi ; à Marie et Brian Harlech-Jones, de Windhoek, pour leur aide et leur hospitalité. Je suis particulièrement reconnaissante envers Marisa Mowszowski, de Melbourne (Australie), Paul Novitski de Dandemutande, à Seattle, et Norbert Schürer de la Duke University, qui contribuèrent au chapitre consacré à la musique du Zimbabwe ; envers Virginia Luling, de Survival International, en Grande-Bretagne, pour ses informations sur les San et les Himba ; envers David Else, Grande-Bretagne, pour ses informations sur la Namibie, et envers George Monbiot, Grande-Bretagne, pour ses conseils relatifs aux questions d'écologie.

Au Zimbabwe, que soient également remerciés Arnold, Russ et Kirsten de chez Backpackers' Con-X-Shon, Rob Waters, Sue et Iain Jarvis, Lollie et Theo Nel, Lynn et Roslyn Rogers, Val Bell, Peter McIntyre, Bruce et Iris Brinson, Sandy Ramsey et Rudie et Kathie Van den Berg. Un grand merci amical également à Hans et Val Van der Heiden, Mike et Anna Scott, et Russell et Colleen Pumfrey. Pour leur aide et leur hospitalité au Botswana, merci à Alec Campbell, Linda Halkon, Sue et Dave Adey, Nigel Ashby et Hanne Schoemann,

Jan et Aileen Drotsky, et Mme Gerda Senior pour son aide considérable à Windhoek.

Les extraits de certaines lettres de lecteurs ont été intégrés dans ce ouvrage. Une d'entre elles, sous forme de guide de survie au Zimbabwe, nous a été adressée par Andy Bollen, d'Australie, qui a du effectuer un voyage étonnant. J'ai aussi apprécié la précieuse contribution de Joost Butenop et Astrid Pohl, d'Allemagne (oui, je me souviens de vous à Kazungula). D'autres informations intéressantes nous ont été adressées par Stephen Millward, Grande-Bretagne ; Helen Crossan, Irlande ; Philippa Woodward, Grande-Bretagne ; Mme W. Selles, Pays-Bas ; Andrew Bryceson, Grande-Bretagne ; Catherine Webster, Royaume-Uni ; Jordan Pollinger, États-Unis ; Marc van Doornewaard, Pays-Bas ; Brad Posthumas, Pays-Bas ; Luc Selleslagh, Belgique ; Susan Loucks, États-Unis ; Andrew Phillips, Grande-Bretagne ; Shane Stoneman, Nouvelle-Zélande ; Dan Bagatell, États-Unis ; Rachel, États-Unis ; Ann Shuttleworth, Australie ; Rainer Feil, Allemagne; Sharon Freed, Australie et Wayne Lidlehoover, États-Unis.

Enfin, pour leur patience et leur soutien, que soient remerciés avec toute mon amitié Robert Strauss du Kyre Park, Earl Swaney de Fresno, Dave Dault et Keith et Holly Hawkings à Anchorage.

A propos de cet ouvrage

La première édition en anglais de *Zimbabwe, Botswana & Namibia* a été rédigée par Deanna Swaney et Myra Shackley (Namibie). Cette seconde édition a été mise à jour et complétée par Deanna Swaney. Le *Guide de la Faune* a été écrit par Hugh Finlay et Geoff Crowther, complété par Deanna Swaney et Myra Shackley.

Un mot de l'éditeur

Philippe Maître et Ghislaine Garcin ont créé la maquette et effectué la mise en pages de cet ouvrage. Isabelle Muller en a assuré la coordination éditoriale.

Nous remercions Françoise Botkine et Michel Macleod pour leur précieuse contribution au texte ainsi qu'Arnø Lebonnois pour ses vigoureuses recherches.

Les cartes originales sont dues à Indra Kilfoyle, aidée d'Andrew Smith, Chris Love, Greg Herriman et Sally Jacka ; leur adaptation en français est l'œuvre délicate de Jacques Richard, dont la patience a été maintes fois mise à l'épreuve.

Indra Kilfoyle et Margaret Jung se sont penchées sur les illustrations dans le texte. Matt BT King a réalisé les dessins du Guide de la faune. Simon Bracken a conçu la couverture avec l'aide d'Adam McCrow et Greg Herriman s'est chargé des photos. Un grand merci à Andy Nielson et Graham Imeson pour leur constante collaboration avec le bureau français.

Remerciements

Nous remercions tous les lecteurs qui ont trouvé le temps et l'énergie de nous écrire du monde entier, pour nous faire part de leurs suggestions et de leurs commentaires. Leurs noms sont cités à la fin de cet ouvrage.

Attention !

Les choses évoluent, les prix augmentent, les horaires changent, des lieux intéressants perdent de leur charme, d'autres se dégradent. Si vous constatez des changements, si vous trouvez que certaines adresses sont périmées ou si vous en découvrez de nouvelles, merci de nous le dire. Vos lettres seront utilisées pour remettre à jour la prochaine édition et, dans la mesure du possible, les changements importants seront insérés dans un encart spécial lors des réimpressions. Tout le courrier que nous adressent nos lecteurs est bienvenu et lu attentivement. Les auteurs des meilleures lettres se verront offrir un exemplaire de la prochaine édition ou de tout autre titre Lonely Planet de leur choix mais, malheureusement, nous ne pouvons envoyer un guide à tous ceux qui nous écrivent.

Table des matières

BOTSWANA

LE KALAHARI 573

NAMIBIE

PRÉSENTATION DU PAYS 588

RENSEIGNEMENTS PRATIQUES 613

COMMENT S'Y RENDRE 633

COMMENT CIRCULER 635

WINDHOEK 643

NORD DE LA NAMIBIE CENTRALE 665

NORD-EST DE LA NAMIBIE 695

Légendes des cartes

LIMITES ET FRONTIÈRES

- Frontières internationales
- Limites régionales

ROUTES

- Autoroute
- Route nationale
- Route principale
- Route non bitumée ou piste
- Piste 4 x 4
- Avenue
- Rue
- Voie de chemin de fer
- Pont
- Sentier pédestre
- Circuit pédestre
- Itinéraire de ferry
- Clôture avec porte

TOPOGRAPHIE

- Parc, jardin
- Zone construite
- Voie pédestre
- Marché
- Cimetière
- Récif
- Plage, désert ou dunes
- Chaîne de montagnes

HYDROGRAPHIE

- Bande côtière
- Rivière ou ruisseau
- Rivière ou ruisseau intermittent
- Courant d´une rivière
- Lac, lac intermittent
- Marais ou puit salant
- Marais (pan)

SYMBOLES

- CAPITALE ..... Capitale nationale
- Capitale ..... Capitale régionale
- VILLE ..... Ville importante
- Grande ville ..... Grande ville
- Ville ..... Ville
- Village ..... Village
- Où se loger
- Où se restaurer
- Bar, café
- Poste, téléphone
- Office du tourisme, banque
- Transport, parking
- Musée, auberge de jeunesse
- Caravaning, camping
- Église, cathédrale
- Mosquée, synagogue
- Temple bouddhiste, temple hindou
- Hôpital, commissariat
- Aéroport, aérodrome
- piscine, jardin
- Centre commercial, zoo
- Ambassade, terrain de golf
- A25 Rue à sens unique, route nationale N°
- Site archéologique ou ruines
- Château, monument
- Station-service, tombeau
- Grotte, hutte ou abri
- Montagne ou colline, point de vue
- Phare, épave
- Col, source ou puits
- Mur d´enceinte
- Rapides, chutes
- Falaise ou escarpement, tunnel
- Gare ferroviaire

Note : tous les symboles ne sont pas utilisés dans cet ouvrage

Introduction

Formant une bande traversant d'est en ouest l'Afrique australe, le Zimbabwe, le Botswana et la Namibie présentent des différences marquées, selon leur topographie, leurs institutions gouvernementales et leurs populations particulières. Connus naguère sous les noms de Rhodésie, de Bechuanaland et de Sud-Ouest africain, ils ont émergé comme nations indépendantes au cours des trente dernières années, et ont alors accédé à une nouvelle identité en renversant leurs anciens gouvernements coloniaux.

Le Zimbabwe est le plus peuplé, et probablement le plus connu, d'entre eux. Son nom est encore associé à la guerre et aux violents soulèvements qui provoquèrent la chute du régime minoritaire blanc de Rhodésie du Sud, puis l'établissement d'un gouvernement majoritaire. Cependant, depuis son indépendance proclamée en 1966, ce pays a connu dans l'ensemble paix et stabilité.

Bien que tous les problèmes n'aient pas encore été résolus, le Zimbabwe est un pays magnifique et relativement sûr qui enchantera les visiteurs, quels que soient leurs budgets. Les chaleureux Zimbabwéens ont accompli des merveilles tant dans le domaine musical (leur musique est célèbre dans le monde entier) que dans les arts plastiques et l'artisanat. Les belles villes de Harare et de Bulawayo, riches en musées, parcs, marchés, restaurants et discothèques, offrent un excellent contrepoint urbain aux incertitudes des voyages dans cette partie du monde.

L'arrière-pays offre maints attraits naturels et culturels. Si le site le plus fréquenté est, bien entendu, les chutes Victoria, le Zimbabwe bénéficie d'autres destinations tout aussi séduisantes – territoires vierges et encore peu touristiques –, dont quelques-unes des plus belles réserves d'animaux sauvages d'Afrique, regorgeant de toutes ces créatures qui incarnent aux yeux du plus grand nombre l'essence même de ce

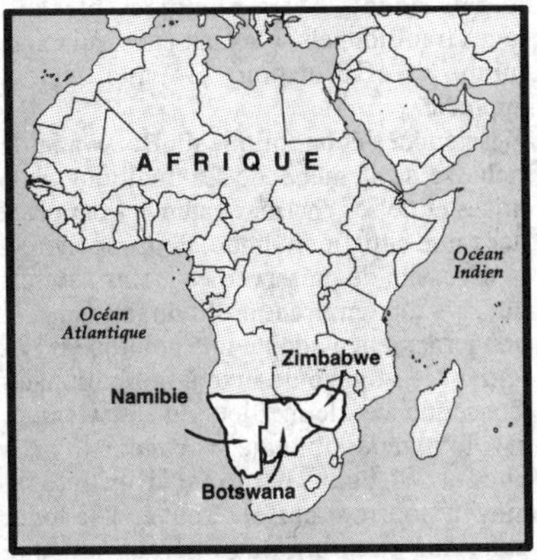

continent. Mentionnons également les charmantes Eastern Highlands, ainsi que les ruines de Great Zimbabwe, la plus impressionnante des capitales antiques de l'Afrique sub-saharienne.

Au sud, vous découvrirez les extraordinaires cheminées de fées et les grottes peintes du parc national de Matobo et, plus au sud encore, une vaste population de rhinocéros blancs et noirs.

Situé à l'ouest du Zimbabwe, le Botswana a été qualifié de "miracle africain". Ancien protectorat britannique longtemps négligé, il est parvenu pacifiquement à l'indépendance, en instaurant un gouvernement démocratique et multipartiste, juste avant que l'on ne découvre dans le désert du Kalahari trois des plus riches formations géologiques diamantifères au monde. Il bénéficie d'un système de santé, d'éducation et d'un niveau économique qui, hormis la nouvelle République d'Afrique du Sud, sont sans équivalent en Afrique.

Au-delà de l'étroit corridor oriental où se trouvent concentrés la capitale, Gaborone, ainsi que la plus grande partie de la population et la plupart des infrastructures, le Botswana est un pays destiné aux voyageurs les plus intrépides. Avec ses grands espaces presque totalement dépourvus de routes – savanes, déserts, marécages et marais salants – et ses innombrables villages traditionnels, c'est un pays qui exige temps et efforts pour être pleinement apprécié.

Le succès économique du Botswana, la richesse de sa faune, de ses traditions artistiques et de ses charmes naturels l'ont placé dans une situation unique. Pour répondre à la nécessité de préserver les atouts naturels du pays tout en tirant profit du tourisme, le gouvernement a adopté une politique privilégiant le voyage de luxe à faible impact. Conséquence : le meilleur du Botswana se révèle inaccessible aux voyageurs à petit budget. Si ceux disposant d'un budget moyen pourront parfois trouver à se loger dans des camping peu onéreux, aucune concession n'est faite pour les impécunieux. Il existe néanmoins quelques possibilités de visiter à prix raisonnables les singuliers marécages du delta de l'Okavango.

La Namibie, qui a accédé à l'indépendance en 1990, s'insère entre le Kalahari et les eaux froides de l'Atlantique Sud. C'est un pays au potentiel quasi illimité. Riche de ses ressources naturelles et de ses beautés incontestablement spectaculaires, il a également hérité d'une puissante infrastructure moderne et d'une grande diversité de cultures et d'origines nationales : Herero, San, Khoi-Khoi, Kavango, Ovambo, Afrikaners, Allemands, Asiatiques et autres populations.

On peut affirmer sans risque que les attraits de la Namibie demeurent inégalés. Bien connus en Afrique australe, ses possibilités de randonnées en brousse, ses rudes paysages côtiers, ses villes et ses villages européens ou africains ainsi que ses grands espaces n'ont été que très récemment découverts par les étrangers. Le long de la côte s'étend le désert de Namib aux dunes rouge éclatant abritant la surprenante oasis de Sossusvlei. Au sud, on découvre l'immense Fish River Canyon, et au nord, la sauvage Skeleton Coast, les forêts du Caprivi, les mystérieuses peintures rupestres du Brandberg ainsi que les chaînes désertiques et les cultures traditionnelles du Damaraland et du Kaokaland.

Outre Etosha, la plus grande réserve faunique d'Afrique, la Namibie abrite également une extraordinaire diversité de faune et de flore insolites : où pourrait-on découvrir ailleurs qu'en Namibie une plante "morte" qui a survécu 1 200 ans, ou encore des plages où cohabitent antilopes, flamants, pingouins, otaries et autruches ?

Présentation de la région

HISTOIRE

Préhistoire

L'Afrique australe est généralement considérée comme le "berceau de l'humanité". Elle aurait en effet constitué le cadre des premiers balbutiements de nos très lointains ancêtres. Certaines découvertes paléontologiques récentes, effectuées dans les trois pays présentés dans cet ouvrage, viennent démontrer le bien-fondé de cette thèse.

Durant la dernière glaciation, intervenue pendant le pléistocène (au cours des deux derniers millions d'années), plusieurs bouleversements climatiques de durées variables eurent lieu sur le continent africain, qui constituèrent la toile de fond d'une longue série de transformations de lignées animales, aboutissant à la constitution d'une espèce nouvelle. Si les controverses scientifiques actuelles n'autorisent pas une opinion tranchée sur la question de savoir exactement de quelle branche de l'évolution l'homme est issu, il est généralement admis qu'un groupe de primates fossiles s'établit voici quelque 4 millions d'années dans les savanes de l'Afrique australe et orientale. Il y a 1,3 million d'années environ, au moins une ramification plus évoluée d'hominidés de petite taille présenta quelque aptitude à la fabrication d'outils rudimentaires, permettant la chasse et non plus la simple cueillette. Cette nouvelle adaptation au milieu, associée aux séries de changements climatiques évoqués plus haut (alternance de climats sec ou humide s'étendant chacun sur des milliers d'années), se traduisit par un accroissement du volume crânien et d'autres modifications morphologiques, ainsi que par une augmentation de la population.

Le stade postérieur de l'évolution, précisément identifié, vit l'apparition de l'*homo erectus* ("homme se tenant debout"), dont les campements et les outils en pierre se trouvent disséminés dans toute la région. Un site archéologique du désert du Namib apporte la preuve qu'il y a 750 000 ans ces premiers hommes chassaient l'ancêtre de l'éléphant actuel et en découpaient la viande avec des haches de pierre. Leurs outils étaient encore lourds et malcommodes, mais 600 000 ans plus tard, ils devinrent plus légers : pointes de projectiles en pierre, couteaux, scies et autres instruments plus délicats destinés aux diverses activités de la chasse et de la cueillette.

Vers le milieu du paléolithique, qui prit fin voici 20 000 ans, le premier groupe humain d'Afrique australe, les Boskopoid – ancêtres présumés des San actuels (traditionnellement désignés sous le terme de Bochimans, ou *Bushmen,* bien que cette appellation prête aujourd'hui à controverse) –, avait évolué en une société organisée de chasseurs-collecteurs. L'utilisation du feu était devenue universelle, les outils plus raffinés – fabriqués tout aussi bien en bois et en produits d'origine animale qu'en pierre –, et des pigments naturels étaient employés pour les ornementations corporelles. Les objets datant de cette époque et provenant des sites du désert du Namib laissent penser que divers groupes nomades ne chassaient que certaines espèces animales bien particulières.

Ces populations firent de rapides progrès dans la conception des outils et améliorèrent grandement les techniques de chasse, ce qui leur laissait plus de loisirs pour d'autres innovations et réalisations de caractère artistique. Cette période (entre moins 30 000 et moins 20 000), désignée sous le terme de "révolution microlithique", se caractérise par des silex taillés à petits éclats, et s'accompagne de preuves manifestes de la pratique de la cueillette, de la consommation de crustacés et de coquillages, du travail du bois et de la pierre, voire de la confection de colliers en coquilles d'œufs d'autruche. Ainsi, des dépôts archéologiques hauts de plusieurs mètres ont été mis au jour dans certaines grottes et abris rocheux, notamment dans les monts Brandberg en Namibie.

Ces peuples à la fin du paléolithique n'utilisaient cependant pas tous des microlithes, et bien que certains spécialistes pensent qu'ils sont les ancêtres des actuels groupes khoisan

SITES A NE PAS MANQUER DANS LA RÉGION

SITES	ACCÈS	HÉBERGEMENT
ZIMBABWE		
Chutes Victoria	Avion, train, bus et route goudronnée	Camping, dortoirs, hôtels, lodges
Hwange National Park	Avion, train, bus et route goudronnée jusqu'à l'entrée, véhicule privé à l'intérieur, agence de safaris	Camping, logements du parc, safari lodges, hôtels
Ruines de Great Zimbabwe	Bus et route goudronnée	Camping, hôtels sur le site et à Masvingo
Chimanimani National Park	Bus pour le village de Chimanimani, les derniers 19 km en véhicule privé, agence privée ou à pied	Camping, hutte de montagne, hôtels et logements pour randonneurs au village de Chimanimani
Matobo National Park	Véhicule privé, agence de safaris	Camping, logements du parc, pensions, safari lodges à proximité
Mana Pools National Park	Véhicule privé, agences de safaris sur route et en canoë-kayak	Camping, logements du parc, safari lodges
Nyanga National Park	Bus, véhicule privé	Camping, logements du parc, hôtels
Lac Kariba	Vers la ville de Kariba : bus et véhicule privé. Vers Matusadona National Park : 4x4 privé, bateau, transit par safari lodge	Ville de Kariba : camping et hôtels. Matusadona National Park : camping, logements du parc, safari lodges
Vumba	Bus et véhicule privé	Camping, logements pour randonneurs, pensions, cottages de vacances, hôtels
Domboshawa et Ngomakurira	Bus et véhicule privé	Camping sauvage uniquement
Chizarira National Park	4x4 privé, agence de safaris	Camping, safari lodge
BOTSWANA		
Delta de l'Okavango	Vers Maun : avion, bus, véhicule privé. Vers le delta : avion (agence de safaris), 4x4, bateau	Camping, safari lodge, hôtels à Maun
Chobe National Park	Avion (agence de safaris), 4x4 privé, agence de safaris à partir de Kasane	Camping, safari lodges
Tsodilo Hills	Avion (agence de safaris), 4x4 privé	Camping
Sua Pan	4x4 privé, agence de safaris	Camping et lodges à proximité
Tuli Block	Agence de safaris, 4x4 privé	Safari lodges
Makgadikgadi et Nxai Pan National Park	4x4 privé, agence de safaris	Camping
Gowihaba Caverns	4x4 privé	Camping sauvage
Serowe	Bus, véhicule privé	Hôtels
Le Kalahari	4x4 privé, agences de safaris (pour Deception Pan)	Camping sauvage, hôtels à Ghanzi et Jwaneng
NAMIBIE		
Etosha National Park	Véhicule privé, agences de safaris	Camping, logement du parc, safari lodges
Le Namib	Véhicule privé, agences de safaris	Camping, pensions, hôtels, safari lodges
Fish River Canyon	Véhicule privé, agences de safaris	Camping, logements du parc
Lüderitz	Bus, véhicule privé	Camping, hôtels
Caprivi National Park et réserve	Bus, 4x4 privé	Camping, safari lodges (seulement à Mudumu)
Waterberg Plateau Park	Véhicule privé	Camping, logements du parc, pensions dans les fermes à proximité
Khaudom Reserve	4x4 privé	Camping
Swakopmund	Avion, bus, train, véhicule privé	Camping, cottages de vacances, pensions ; hôtels
La Skeleton Coast et le Damaraland	Véhicule privé, agences de safaris	Camping, logements du parc, safari lodges
Windhoek	Avion, bus, train, véhicule privé	Camping, logements pour randonneurs, pensions, hôtels

JOURS	COMMENTAIRES
3-5	Parfois très fréquenté, le site est aussi intact que magnifique
min. 3	Grande diversité et concentration de la faune ; relativement peu fréquenté
1 (et 1 nuit)	Le plus grand site archéologique de l'Afrique sub-saharienne ; calme propice à quelques jours de détente, d'exploration et de camping
min. 3	Les paysages de montagne les plus rudes du pays ; pas de route dans le parc mais de nombreux chemins offrant les meilleures randonnées en brousse du Zimbabwe
min. 2	Terrain parsemé de *kopje* et d'étranges rochers en équilibre, de centaines de grottes avec peintures rupestres ; meilleur site au monde pour l'observation des rhinocéros blancs et noirs
min. 2	Les visiteurs sont autorisés à se déplacer à pied sans être accompagnés
2	La montagne "civilisée" de la région de Nyanga et le proche Mtarazi Falls National Park offrent une magnifique échappée en altitude
min. 2	Bonne opportunité pour la pêche, le canotage, l'observation de la faune et le camping
min. 2	Offre de bonnes occasions de randonnées de jour avec panoramas lointains sur le Mozambique
1	Belles randonnées sur des sommets arrondis recouverts de lichens, nombreuses peintures rupestres
2-5	Grande diversité de la faune, pour les aventures loin des sentiers battus
min. 3	Labyrinthe de canaux et d'îles à la faune abondante
min. 2	Faune riche, berges du fleuve dévastées par les éléphants, marécages et savanes
min. 2	Extraordinaire galerie de peintures san, l'une des plus belles régions de randonnée du pays
2	Immortalisé par le film *Les Dieux sont tombés sur la tête* ; Kubu Island est un site à voir ; ne manquez pas le Nata Sanctuary
min. 2	Réserve privée et paysages spectaculaires de western
min. 2	Makgadikgadi offre de vastes prairies et palmeraies et Nxai Pan les meilleures opportunités de découverte de la faune durant la saison humide
1	Découverte de la vie souterraine, sans aucun confort, seulement pour les plus aventureux
1	Résidence de sir Seretse Khama, musée, réserve de rhinocéros
min. 10	Offre une solitude spectaculaire, propice au campement à la belle étoile ; les San affirment que durant la nuit au Kalahari "on peut entendre chanter les étoiles "
min. 3	Immenses puits salants renfermant parfois de l'eau et attirant des nuées de flamants ; vaste bushveld dont les points d'eau sont d'excellent postes d'observation de la faune
3	Dunes aux coloris éclatants ; plaines caillouteuses irréelles et massifs isolés ; l'oasis de Sossusvlei est encerclée de dunes impressionnantes
min. 2	Une des merveilles de la nature africaine ; randonnées et détente aux sources chaudes d'Ai-Ais
1-2	Extraordinaires couleurs du désert ; Lüderitz, la "Petite Bavière" et Kolmanskop, ville-fantôme des chercheurs de diamant
min. 3	Parcs nationaux de Mudumu et Mamili ainsi que la réserve de Mahango ; à la découverte d'une Namibie plus verdoyante et de la faune des marécages
min. 2	Réserve d'espèces en danger ; vastes panoramas
min. 2	Abondance de toutes les espèces de la faune namibienne ; vous aurez très probablement toute la réserve pour vous
2	Station balnéaire agrémentée d'une vaste plage, d'architectures coloniales, de restaurants, de boulangeries et de "biergarten" à l'allemande
2-5	La Skeleton Coast aux paysages noyés dans la brume, épaves et réserve du Cape Cross Seal. Dans les vastes étendues du Damaraland, ne manquez pas le Spitzkoppe, le massif du Brandberg, Twyfelfontein, Petrified Forest et Burnt Mountain
2	Magnifiques architectures coloniales datant du début du siècle

– San (Bochiman) et Khoi-Khoi (Hottentot ou Nama) –, cette opinion ne fait pas l'unanimité. Ce qui est certain, en revanche, c'est que vers 8 000 av. J.-C., ces communautés de chasseurs-collecteurs commencèrent à fabriquer des poteries et à occuper des grottes et des cavernes dans toute l'Afrique australe.

Leurs traditions artistiques et artisanales sont illustrées par l'utilisation de pigments qui, après avoir servi durant des milliers d'années à la parure corporelle, étaient désormais employés pour peindre sur des parois rocheuses. Dans l'état actuel des connaissances, on ne sait si l'on doit attribuer cet art pariétal aux San ou à d'autres groupes. Bien que les œuvres picturales préhistoriques d'Afrique australe coïncident d'un point de vue stylistique et chronologique avec leurs homologues européennes, l'extension du Sahara empêcha probablement tout contact entre ces cultures et nulle preuve ne vient confirmer la thèse d'une influence mutuelle.

Les premiers groupes bantous

Si la transition archéologique entre la fin du paléolithique et l'arrivée des premiers Khoisan demeure incertaine, on admet généralement que des premiers habitants du Zimbabwe, du Botswana et de la Namibie étaient les San, chasseurs nomades organisés en groupes familiaux étendus et capables de s'adapter aux rudes conditions géographiques. Ils auraient émigré dans cette région sous la pression des Khoi-Khoi appartenant au même groupe linguistique. Ces derniers, répartis en tribus, étaient davantage des éleveurs que des chasseurs et furent probablement à l'origine des premières poteries produites dans la région. Venus du sud, ils auraient progressivement absorbé ou repoussé les San en Namibie, avant de dominer toute la région jusqu'à la fin du XVe siècle. Leurs descendants vivent encore en Namibie et au Botswana, mais peu d'entre eux ont conservé un mode de vie traditionnel.

Il y a 2 300 ou 2 400 ans, une agriculture rudimentaire apparut sur les plateaux d'Afrique australe et centrale. Ces nouveaux agriculteurs étaient-ils des Khoisan sédentaires ou des migrants fuyant l'avancée du désert plus au nord ? La question reste posée mais la seconde hypothèse est la plus communément admise. Leur arrivée en Afrique australe marqua l'affermissement de la structure tribale et l'émergence d'une ethnie connue sous le nom de Bantou. Il serait plus exact de la désigner sous le qualificatif "de langue bantoue", car ce terme fait référence à leur groupe linguistique, mais a été adopté pour désigner commodément les peuples d'Afrique noire, tout comme les termes d'"Américains" ou d'"Orientaux".

Les premiers agriculteurs et artisans du fer d'origine bantoue scientifiquement définie constituent la civilisation dite *gokomere*. Implantés dans la savane tempérée et sur les hautes terres plus fraîches du Zimbabwe, ils furent les occupants initiaux du site de Great Zimbabwe qui, surplombant les alentours, constituait une fortification naturelle.

Entre le Ve et le Xe siècle, les Gokomere et les groupes ultérieurs mirent en œuvre des techniques d'extraction de l'or et produisirent céramiques, bijoux, sculptures en stéatite et étoffes d'une qualité toujours plus raffinée. L'élevage en enclos du bétail devint l'activité principale de la communauté et les groupes san antérieurs disparurent progressivement de la scène, soit en émigrant vers l'ouest, soit en étant réduits en esclavage, puis absorbés par la société bantoue, processus qui perdure de nos jours.

Certains ouvrages en pierre et les fondations de Great Zimbabwe étaient déjà construits au XIe siècle. Cet établissement, généralement considéré comme l'origine de la communauté shona, entretint des relations avec les négociants swahili qui cabotaient depuis plus de quatre siècles le long des côtes de l'actuel Mozambique. L'or et l'ivoire africains étaient échangés contre le verre, la porcelaine et les étoffes d'Asie. Great Zimbabwe devint ainsi la capitale de la société la plus riche et la plus puissante d'Afrique australe et orientale. L'acropole dominant Great Zimbabwe était devenue à la fois place-forte et lieu saint consacré à la vénération de Mwari, la principale divinité shona.

Les Herero, peuple de pasteurs de langue bantoue, arrivèrent en Namibie par la vallée

PETER PTSCHELINZEW

PETER PTSCHELINZEW

PETER PTSCHELINZEW

DEANNA SWANEY

A	B
C	D

A : brassage traditionnel de la bière (Zimbabwe)
B : mineur dans une mine de chrome (Zimbabwe)
C : fermiers dans une plantation de tabac (Zimbabwe)
D : graveur sur bois Bayei (Botswana)

ANGOLA
NAMIBIE
OCÉAN ATLANTIQUE
ALTITUDE
1 000 m
500 m
200 m
0
Ovamboland
Le cœur culturel de la Namibie : la terre des chaleureux Ovambo, qui représentent plus de la moitié de la population du pays.
Delta de l'Okavango
Zone de marécages avec une faune diversifiée
Soussusvlei
Zone accessible d'immenses dunes de sable rouge
Lüderitz
La Bavière sur une côte froide et ventée ; villes-fantômes ; faune et architecture intéressantes
Fleuve Orange
Magnifiques excursions en canoë à travers les canyons du désert
Lubango
Xangongo
Ondjiva
Ruacana
Opuwo
Oshakati
Ondangwa
Rundu
BANDE DE
Okavango
ETOSHA NATIONAL PARK
SKELETON COAST PARK & WILDERNESS
KHAUDOM GAME PARK
Namutoni
Halali
Okaukuejo
Tsumeb
Otavi
Grootfontein
Tsumkwe
Sepupa
Gunmare
Delta de l'Okavango
Tsau
Sehitwa
Terrace Bay
Torra Bay
Hoanib
Khorixas
Twyfelfontein
Ugab
Outjo
Otjiwarongo
Omaruru
Hentles Bay
Usakos
Karibib
Okahandja
Ghanzi
Buitepos
Mamuno
Gobabis
Swakopmund
Walvis Bay
WINDHOEK
Rehoboth
Tropique
PARC NAMIB-NAUKLUFT
Solitaire
Aminuis
Kang
Tshane
Aranos
DÉSERT DU KALAHARI
Sesriem
Sossusvlei
Mariental
Maltahöhe
MABUASEHUBE GAME RESERVE
KALAHARI GEMSBOK NATIONAL PARK
GEMSBOK NATIONAL PARK
Helmeringhausen
Tshabong
Molopo
Bethanie
Keetmanshoop
Lüderitz
Aus
Bokspits
FISH RIVER CANYON NATIONAL PARK
Grünau
Ai-Ais
Karasburg
Oranjemund
Noordoewer
Orange
Vers Le Cap

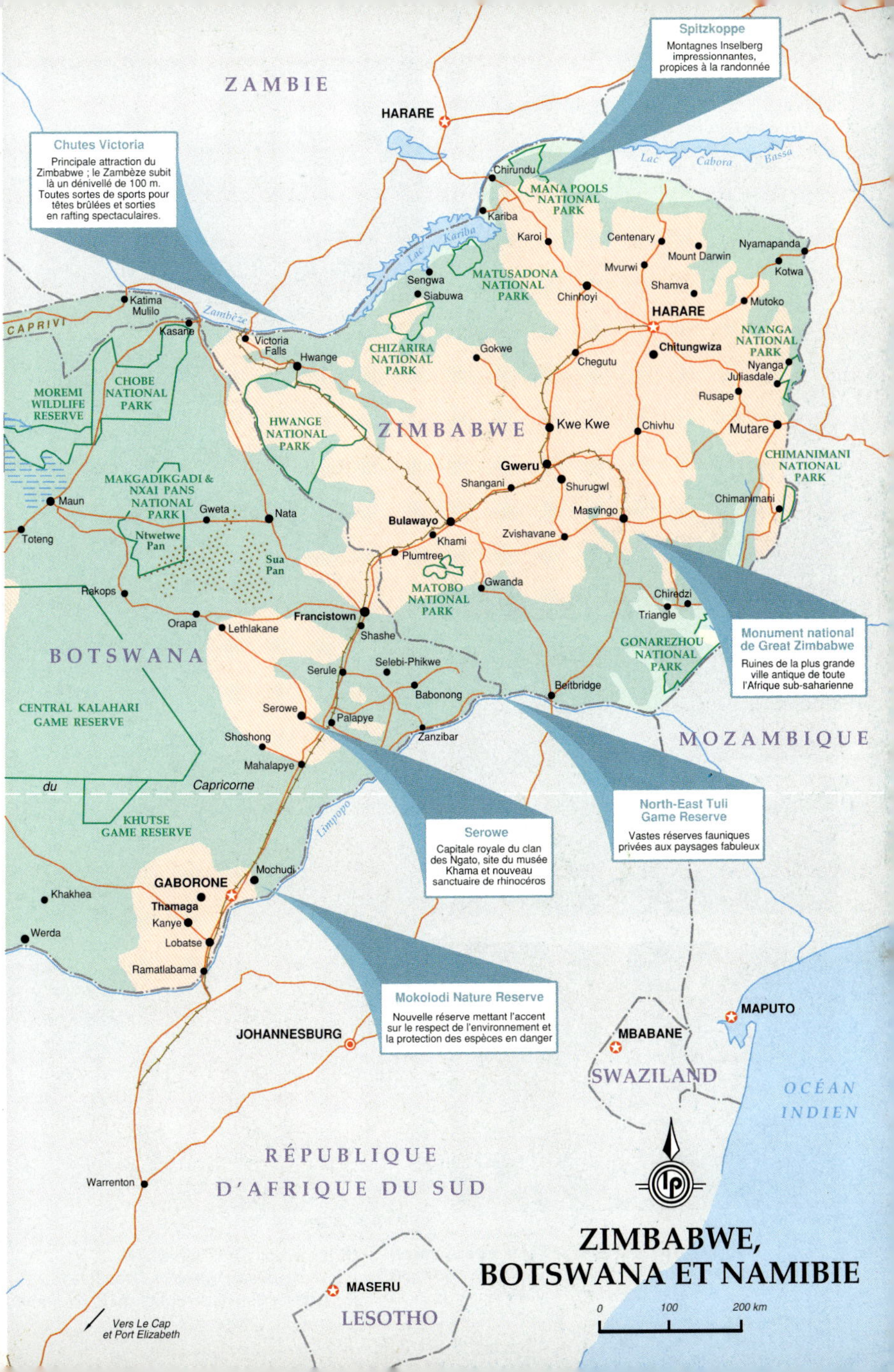

ZIMBABWE, BOTSWANA ET NAMIBIE
0
100
200 km
Spitzkoppe
Montagnes Inselberg impressionnantes, propices à la randonnée
Chutes Victoria
Principale attraction du Zimbabwe ; le Zambèze subit là un dénivellé de 100 m. Toutes sortes de sports pour têtes brûlées et sorties en rafting spectaculaires.
Monument national de Great Zimbabwe
Ruines de la plus grande ville antique de toute l'Afrique sub-saharienne
North-East Tuli Game Reserve
Vastes réserves fauniques privées aux paysages fabuleux
Serowe
Capitale royale du clan des Ngato, site du musée Khama et nouveau sanctuaire de rhinocéros
Mokolodi Nature Reserve
Nouvelle réserve mettant l'accent sur le respect de l'environnement et la protection des espèces en danger
ZAMBIE
ZIMBABWE
BOTSWANA
MOZAMBIQUE
RÉPUBLIQUE D'AFRIQUE DU SUD
SWAZILAND
LESOTHO
OCÉAN INDIEN
CAPRIVI
HARARE
Lac Cabora Bassa
Lac Kariba
Zambèze
Limpopo
du Capricorne
MANA POOLS NATIONAL PARK
MATUSADONA NATIONAL PARK
CHIZARIRA NATIONAL PARK
NYANGA NATIONAL PARK
HWANGE NATIONAL PARK
CHOBE NATIONAL PARK
MOREMI WILDLIFE RESERVE
MAKGADIKGADI & NXAI PANS NATIONAL PARK
CHIMANIMANI NATIONAL PARK
MATOBO NATIONAL PARK
GONAREZHOU NATIONAL PARK
CENTRAL KALAHARI GAME RESERVE
KHUTSE GAME RESERVE
Ntwetwe Pan
Sua Pan
Chirundu
Kariba
Karoi
Centenary
Mount Darwin
Nyamapanda
Kotwa
Mvurwi
Shamva
Mutoko
Sengwa
Siabuwa
Chinhoyi
Chitungwiza
Nyanga
Juliasdale
Rusape
Gokwe
Chegutu
Kwe Kwe
Chivhu
Mutare
Gweru
Shangani
Shurugwi
Chimanimani
Masvingo
Bulawayo
Khami
Zvishavane
Plumtree
Gwanda
Chiredzi
Triangle
Katima Mulilo
Kasane
Victoria Falls
Hwange
Maun
Gweta
Nata
Toteng
Rakops
Orapa
Lethlakane
Francistown
Shashe
Selebi-Phikwe
Serule
Babonong
Beitbridge
Serowe
Palapye
Zanzibar
Shoshong
Mahalapye
Mochudi
GABORONE
Thamaga
Kanye
Lobatse
Khakhea
Werda
Ramatlabama
JOHANNESBURG
MBABANE
MAPUTO
Warrenton
MASERU
Vers Le Cap et Port Elizabeth

PETER PTSCHELINZEW

DEANNA SWANEY

PETER PTSCHELINZEW

DEANNA SWANEY

DEANNA SWANEY

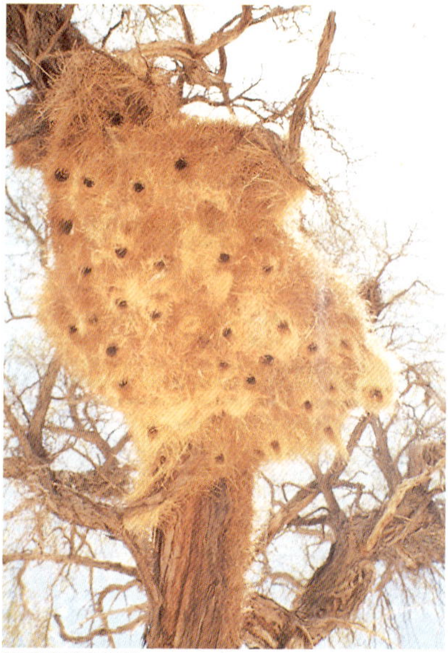

PETER PTSCHELINZEW

A	D
A	E
B	F
C	F

A : fleur du désert, près de Spitzkoppe (Namibie)
B : fleur de lotus, delta de l'Okavango (Botswana)
C : *Adenium obesum* (Zimbabwe)
D : bois pétrifié (Zimbabwe)
E : *Welwitschia mirabilis* (Namibie)
F : nids de tisserins républicains (Namibie)

du Zambèze au début du XVIIe siècle, avant d'occuper le nord et l'ouest du pays, s'opposant aux Khoi-Khoi avec lesquels ils rivalisèrent pour la possession des riches pâturages et des meilleures sources. Ils soumirent progressivement tous les groupes indigènes, déplaçant les San et les Khoi-Khoi, ainsi que les Damara, peuple dont l'origine demeure obscure.

On pense que les Nama de l'actuelle Namibie sont les descendants des premiers groupes khoi-khoi qui résistèrent aux Herero (il y eut de violents affrontements au cours des années 1870 et 1880). Un nouveau groupe bantou, les Ovambo, descendant probablement de populations ayant émigré d'Afrique orientale 500 ans auparavant, s'était désormais implanté au nord, le long des fleuves Okavango et Kunene.

Pour plus de renseignements sur l'histoire coloniale et post-coloniale, consultez la rubrique *Histoire* des chapitres *Présentation du Zimbabwe*, du *Botswana* et de la *Namibie*.

FAUNE ET FLORE

Ce chapitre est consacré à la flore, aux reptiles, aux oiseaux, aux poissons et aux insectes originaires du Zimbabwe, du Botswana et de la Namibie. Certains grands animaux sont décrits dans le *Guide de la faune*, à la fin des parties générales.

Flore

Zimbabwe. L'auteur T. V. Bulpin a décrit le Zimbabwe en ces termes : "Nulle région ne saurait être plus pittoresque que l'exubérant jardin d'arbres, d'aloès et de plantes en fleurs qui s'étend entre le Limpopo et le Zambèze."

N'en déplaise à Bulpin, la couverture végétale du Zimbabwe est indéniablement uniforme. La majeure partie du plateau central et occidental est couverte par le *bushveld* – savane d'acacias épineux et de *miombo* – ou de zones boisées aussi clairsemées que sèches. Une broussaille rabougrie et épineuse et des baobabs caractérisent les basses terres, plus sèches, du sud et du sud-est.

Ces généralisations ne peuvent cependant traduire la diversité des espèces colorées qui égayent l'uniformité de ce tableau : imposantes euphorbes évoquant des cactus tuyaux d'orgue, trente espèces différentes d'aloès (qui fleurissent dans la fraîcheur ensoleillée du milieu de l'hiver), envahissants buissons de poinsettias, aussi vastes qu'une maison, jaracandas, hibiscus, citronniers, jasmins, bananiers, flamboyants, bougainvillées en fleurs, et tant d'autres extraordinaires espèces de fleurs tropicales, palmiers ou plantes vivaces.

Les conditions climatiques exceptionnelles que connaissent les Eastern Highlands (plateaux orientaux) créent un environnement botanique bien différent. Les plus hautes pentes du Nyanga sont couvertes de forêts de pins, bien peu africains – certains, il est vrai, ont été planté par l'industrie papetière – et, le long des pentes orientales du Vumba, où le Zimbabwe rejoint le Mozambique, se dressent des bouquets de forêt tropicale, où feuillus se mêlent aux fougères et aux lianes.

Si vous recherchez l'archétype de la jungle, vous devrez vous rendre au Zaïre, ou bien vous promener dans un rayon de 100 mètres autour des chutes Victoria, où les projections de vapeur d'eau ont permis à une luxuriante forêt tropicale de s'épanouir.

Botswana. La majeure partie du Botswana est recouverte de savane – d'acacias ou de petits arbustes épineux – s'étendant sur un paysage plat et quasi invariable. Au cœur du Kalahari, la végétation enfouit ses racines sous le sable pour atteindre les nappes aquifères souterraines.

Les seules forêts de mopane à feuilles caduques du pays sont situées au nord-est. Six réserves forestières du district de Chobe y sont exploitées pour la pâte à papier et le bois de construction, mais également pour le *mongonga* et le *marula*, arbres dont les noix comestibles constituaient jadis l'alimentation de base des San. Le bois tendre du marula est utilisé par l'artisanat local et ses fruits entrent dans la composition d'une bière locale.

Dans le delta de l'Okavango, graminées des zones marécageuses, nénuphars, roseaux et papyrus caractérisent l'environnement riverain jalonné d'îles verdoyantes où poussent palmiers, acacias et arbres à saucisses.

Namibie. La Namibie est essentiellement recouverte d'une savane de buissons et d'herbes, appartenant aux genres *Stipagrostis*, *Eragrostis* et *Aristida*, ponctuée d'arbres. Dans le sud, la prairie est interrompue par des bosquets de *kokerbooms*, ou arbres à carquois, et d'euphorbes, tandis que les cours d'eau éphémères sont bordés de tamaris, d'aubépines du buffle et d'aubépines du chameau.

Dans les plaines sablonneuses du sud-est de la Namibie, les *Grewia*, et aubépines-chandelles poussent parmi des arbres rabougris, tandis que les coteaux sont couverts d'*Aloe viridiflora* aux fleurs vertes et de buissons de camphriers.

Les confins orientaux du parc du Namib-Naukluft, à la végétation broussailleuse de savane semi-désertique, renferment des espèces rares d'aloès (*Aloe karasbergensis* et *Aloe sladeniana*). Dans les plaines caillouteuses de l'est et du nord-est du Swakopmund pousse l'étrange *Welwitschia mirabilis*, certainement l'une des plantes les plus singulières du monde.

Dans les contrées aux précipitations plus abondantes, la savane de graminées cède place aux acacias. Le parc national d'Etosha bénéficie de deux environnements distincts : la savane boisée à l'est et la savane de broussailles épineuses à l'ouest. A Caprivi et à Kavango, les pluies importantes expliquent la présence de vastes forêts de *mopane*, tandis que prairies et bosquets d'acacias, végétation des zones marécageuses, distinguent les régions fluviales. La région de Katima Mulilo abrite une forêt subtropicale mixte comprenant, entre autres espèces de feuillus, des essences de copal et de teck.

Faune

Reptiles. Le crocodile du Nil est le reptile d'Afrique le plus extraordinaire. La femelle pond 80 œufs par couvée qu'elle dépose dans les aires sablonneuses situées au-dessus de la ligne des hautes eaux. Après trois mois d'incubation dans le sable chaud, le jeune crocodile est à sa naissance de couleur vert avocat ; en vieillissant, sa peau s'assombrit jusqu'à devenir presque noire.

Les autres reptiles à observer – qui ne devraient pas vous inspirer trop de paranoïa en brousse – sont les serpents. L'Afrique australe en compte 76 variétés différentes, venimeuses ou non, qui pour la plupart craignent l'homme et tout ce qui est plus grand qu'eux. Vous aurez beaucoup de chance d'en rencontrer ne serait-ce qu'un seul.

Le plus grand serpent (sans danger pour l'homme car il se nourrit principalement de petits mammifères) est le python qui peut atteindre cinq mètres de long. On le rencontre principalement dans le Zimbabwe oriental, à partir du *lowveld*, jusqu'à Nyanga, au nord.

Si la plupart des reptiles sont inoffensifs, comme le serpent de brousse, le serpent d'eau vert, le serpent taupier, etc., certains sont moins bienveillants. D'aspect sinistre, la vipère du Gabon, aussi plate que grasse et boursouflée, à la tête triangulaire et massive, peut atteindre un mètre de long. Bien qu'elle soit rare, prenez garde à elle lorsque vous marchez sur les sentiers des Eastern Highlands du Zimbabwe : sa morsure est fatale à moins qu'un antivenin ne soit administré rapidement.

La vipère heurtante – ou clotho – apprécie également de paresser au soleil sur les sentiers de montagne. Elle mesure un mètre de long, n'est pas aussi hideuse que la vipère du Gabon, mais est responsable au Zimbabwe de la plupart des empoisonnements par morsure de serpent. Elle est en revanche plutôt léthargique et non agressive : veillez à ne pas en déranger une par inadvertance.

Le Zimbabwe compte également quatre espèces de cobra : le cobra des forêts, le *rinkal* et le cobra d'Égypte, qui atteignent plus de deux mètres de long, et le cobra cracheur du Mozambique, qui mesure un mètre de long et peut projeter un jet de venin jusqu'à trois mètres en visant les yeux.

Au titre des autres serpents venimeux, mentionnons le serpent des vignes commun, le mamba vert ou noir, ainsi que le *boomslang* (serpent arboricole, en afrikaans), un mince reptile de deux mètres de long, à la peau outremer et aux écailles à pointes noires.

Les régions sèches du Botswana et de la Namibie comptent plus de 70 espèces de serpent, dont trois de cobra cracheur. La vipère clotho est celle qui pose le plus de problèmes car elle affectionne les lits de rivières secs et sablonneux apparemment tranquilles. Si boomslangs et serpents des vignes sont communs dans les régions de l'Okavango et de Caprivi, ils ne s'attaquent généralement pas à l'homme. La vipère cornue et le serpent des sables habitent dans les plaines caillouteuses du Namib, et le serpent à sonnette dans les dunes du Namib.

Le lézard est partout en Afrique australe, des Eastern Highlands du Zimbabwe au Kaokoland de Namibie, et du plafond de la salle de bain à l'évier de la cuisine. Le plus grand est le *leguaan* ou varan d'eau, créature docile et aquatique qui atteint plus de deux mètres de long et s'alanguit à proximité des points d'eau en rêvant de devenir un crocodile. Version plus petite, le leguaan des savanes habite les *kopjes* (petites collines) et les zones plus sèches. Geckos, caméléons, orvets, lézards des rochers et bien d'autres espèces encore se rencontrent également en grand nombre.

Le désert du Namib est peuplé de diverses espèces de lézards, dont le grand lézard végétarien *Angolosaurus skoogi*, ou le lézard fouisseur *Aprosaura achietae*, célèbre pour sa "danse de la chaleur" (afin de soulager ses pattes de la brûlure du sable surchauffé, il les soulève alternativement dans une étrange chorégraphie). Le singulier gecko, aux yeux à fleur de tête et à pattes palmées, vit dans les hautes dunes, de même qu'une espèce de caméléon.

Oiseaux. Outre maints oiseaux communs en Europe, l'Afrique australe abrite également une grande diversité d'oiseaux exotiques au plumage chatoyant.

Les espèces présentées ci-dessous ne sont que quelques-unes des plus intéressantes et des plus fréquemment observées :

Aigle. L'Afrique australe s'enorgueillit de 17 espèces d'aigles dont l'aigle bateleur, l'aigle huant, l'aigle martial et plusieurs aigles serpentaires, le plus célèbre étant l'aigle pêcheur dont le cri est aussi obsédant que mémorable. Celui-ci se nourrit quasi exclusivement de poissons, et l'on peut fréquemment le voir effectuer un plongeon kamikaze en quête de son repas dans les grands lacs de retenue, ainsi que dans le Zambèze, le Chobe et l'Okavango.

Aigrette du bétail. Ces gracieux oiseaux blancs se perchent sur le dos du bétail et des antilopes.

Autruche, vautour, flamant et pingouin. Ces oiseaux sont décrits dans les encadrés tout au long de cet ouvrage.

Calao. Ces oiseaux bruyants, aussi maladroits que lourds, se reconnaissent instantanément à la forme de leur bec qui, pour certaines espèces, peut être aussi massif que le reste du corps. On en rencontre de tailles et de livrées diverses, et presque chaque habitat d'Afrique australe en abrite au moins une variété. Le plus commun est le calao à bec jaune, facilement reconnaissable à son vol erratique.

Colombe. L'Afrique australe en compte plusieurs espèces, dont la colombe pleureuse d'Afrique et la colombe des bois tachetée d'émeraude. Certains visiteurs sont enchantés, d'autres hantés, d'autres encore agacés par le roucoulement incessant des colombes dans le bushveld, mais tout le monde s'accorde à dire que s'il existe un son qui évoque l'Afrique, c'est bien celui-ci. Le chant de la colombe tortue du Cap est le plus caractéristique de tous, mais Zimbabwéens et Botswanais ne s'accordent pas sur son interprétation : au Zimbabwe, on pense qu'elle appelle les hommes à "travailler dur, travailler dur...", tandis qu'au Botswana elle semble chanter un mantra en l'honneur de son pays natal, "Botswana, Botswana...".

Grue couronnée. Cette élégante au plumage noir et blanc, arborant une couronne jaune de plumes dressées, habite essentiellement les plus hautes régions de plateaux. Comme la grue du Japon, elle se livre à diverses danses de séduction.

Marabout. Avec son misérable aspect d'entrepreneur des pompes funèbres, le marabout sympathique de laideur est un charognard passant, comme les vautours, le plus clair de son temps perché sur des arbres morts. On l'observe le plus facilement dans les réserves naturelles où abondent les meilleures charognes.

Outarde. Également connue sous le nom de grande outarde ou outarde kori, c'est le plus grand oiseau d'Afrique. Il vole rarement et préfère se pavaner à travers la savane, ce qui le rend particulièrement vulnérable aux attaques des prédateurs (dont l'homme).

Pintade. L'oiseau coureur d'Afrique, la pintade se rencontre le plus souvent en train de picorer dans la poussière ou de s'enfuir devant les véhicules. De nombreux conducteurs se prennent au jeu et tentent de les écraser pour profiter d'un repas gratuit, mais la "*bush chicken*" (poule de brousse) s'envole généralement au dernier moment.

Rollier à jabot lilas. Ce virtuose du vol, au plumage extraordinaire, doit son nom à la couleur de son jabot et à sa parade amoureuse très particulière.

Le mâle courtisant une femelle se livre à des acrobaties qui, observées sans l'aide du ralenti cinématographique, semblent de véritables roulades aériennes. Il n'apparaît le plus souvent que sous forme d'un éclair bleu turquoise dans le bushveld. Selon la tradition ndebele, seul un chef pouvait arborer ses plumes sur sa coiffe.

Secrétaire. Cet oiseau n'est pas nommé ainsi pour son étrange ressemblance avec un rond-de-cuir du XIXe siècle, aux plumes d'oies calées derrière l'oreille, mais plutôt pour sa façon d'écraser les serpents, sautillant sur ceux-ci comme une secrétaire tapant sur les touches de sa machine à écrire. Les plaques de blindage dont sont recouvertes ses pattes le protège des morsures. Apparenté à l'aigle, ce volatile dégingandé qui peut atteindre 1,50 mètre de long se nourrit essentiellement de reptiles, de rongeurs et d'insectes. On l'observe le plus souvent dans les prairies du Zimbabwe occidental, du nord du Botswana et de Namibie.

Tisserin. Plusieurs espèces de ces petits passereaux vivent en Afrique australe. A l'aide de leur bec pointu, ils construisent et fixent aux branches ou aux roseaux leurs nids en forme de sac faits de graminées. Accrochés sur le côté des arbres exposé à l'ouest, en raison des facteurs climatiques dominants, ces nids pourront permettre au randonneur égaré de s'orienter. En Namibie, une variété appelée tisserin républicain construit l'équivalent ornithologique de nos immeubles résidentiels – de vastes nids à nombreux compartiments ressemblant à d'immenses meules de foin suspendues et pouvant couvrir tout un arbre.

Touraco gris. C'est un oiseau d'aspect banal, au plumage gris, arborant cependant une crête remarquable. On le voit le plus souvent perché sur un acacia en train de surveiller les environs. En raison de son cri d'alarme caractéristique (imitant l'ordre anglais "*go away*) qui ressemble à un geignement d'enfant capricieux, apprécié des chasseurs mais non des prédateurs, on le surnomme "*warning bird*" (oiseau avertisseur).

Secrétaire

Les réserves ornithologiques des côtes et ports de Namibie abritent des espèces particulièrement diversifiées : pélicans blancs, grèbes, hérons, cormorans, canards, ainsi que des centaines d'autres oiseaux des zones marécageuses. Ces immenses populations, qui se nourrissent dans les froides eaux poissonneuses du courant de Benguela, ont contribué en Namibie à l'expansion d'une lucrative industrie du guano. Près de Walvis Bay, des îles artificielles ont été construites pour stimuler la production. Plus au sud, autour de Lüderitz, flamants et pingouins partagent les mêmes rivages désertiques.

Les canyons et les lits de rivière de Namibie centrale abritent neuf espèces de rapaces, de même que diverses huppes, le singulier bulbul à œil rouge et le petit tarier commun. Autour de la limite occidentale de Central Plateau, vous rencontrerez des coucous émeraude, à la livrée éclatante. Certaines espèces sont exclusives à la Namibie centrale, comme le tétra des sables de Namaqua et l'alouette de Grey.

Les régions bien irriguées de l'extrême nord abritent une faune aviaire totalement différente, dont de superbes espèces de rolliers à jabot lilas et de petits guêpiers carmin à tête blanche.

Poissons. Le Zimbabwe, le plus humide des trois pays présentés dans ce guide, compte 117 espèces de poissons. Si un grand nombre d'entre elles ont été introduites par les pêcheurs durant l'époque coloniale, chaque habitat aquatique du Zimbabwe n'en présente pas moins ses espèces particulières. Loisir très apprécié, la pêche à la ligne demeure une ressource vivrière. Le delta de l'Okavango au Botswana et la côte de Namibie présentent également diverses espèces de poissons. Pour plus renseignements, consultez la rubrique *Pêche* du chapitre *Présentation* de la région pour chaque pays.

Insectes et araignées. Bien que l'Afrique australe ne connaisse pas la profusion d'insectes que l'on rencontre plus au nord, elle présente néanmoins quelques passionnants spécimens de bestioles vrombissantes ou rampantes. Elle abrite plus de 500 espèces de papillons, dont le monarque africain, le commandeur et le machaon citron, ainsi que de nombreuses espèces de phalènes.

Au titre des insectes les plus intéressants, mentionnons les grands phasmes passant souvent inaperçus, l'araignée babouin, aussi grande que velue, et le *chongalolo*, mille-pattes long de 30 cm. Les insectes communs des jardins, fourmis, punaises et autres sauterelles, se retrouvent parfois dans les poêles à frire, puis consommés sur le pouce en guise d'apport protéique.

Les insectes les plus ennuyeux sont, notamment, les moustiques, vecteur de la malaria, qui abondent dans la vallée du Zambèze, dans le lowveld du Zimbabwe et au nord-est de la Namibie, ainsi que les mouches tsé-tsé, vecteur de la maladie du sommeil, également présente dans le lowveld et dans la région du lac Kariba au Zimbabwe. On dénombre aussi diverses espèces d'insectes piquants, comme le frelon ménager, guêpe à l'aspect terrifiant.

Le désert du Namib abrite plusieurs magnifiques espèces d'araignées. Ainsi, la "dame blanche des dunes", sorte de tarentule velue attirée par la lumière qui effectue une danse étrange en levant alternativement ses huit pattes velues pour se protéger de la chaleur. On y trouve également une rare fausse araignée, la *solifluge*, ou araignée du soleil, dont l'appareil circulatoire est visible à travers son squelette extérieur à peine pigmenté. Elle demeure cependant le plus souvent enfouie dans le sable.

Les dunes du Namib sont célèbres pour l'extraordinaire variété de ténébrionidés qu'elles abritent. Ces insectes de toutes formes et de toutes tailles sont adaptés à l'environnement désertique et tirent du brouillard l'eau dont ils ont besoin. Dans les plaines caillouteuses, vous verrez également des tiques qui préfèrent l'ombre des épineux et les zones où viennent paître de nombreux animaux.

CULTURE

Pas d'impair !

Les seuls faux pas véritablement impardonnables sont la nudité en public et la critique explicite du gouvernement. Un minimum de politesse améliorera grandement les chances pour un étranger de se faire accepter par la communauté locale, surtout dans les régions rurales.

Au Zimbabwe, au Botswana et en Namibie, sachez que les plaisanteries sont plutôt prises au premier degré, et qu'il est indispensable de dire bonjour et au revoir à toute personne entrant ou quittant la pièce. Apprenez les termes de salutation locaux et prononcez-les sans lésiner. Dans le Zimbabwe rural, les salutations verbales sont souvent accompagnées d'un claquement de mains. On a coutume de sourire et de saluer amicalement de la main toute personne hors de portée de voix, même si l'on ne fait que passer en voiture.

La poignée de main est également très importante.

Au Zimbabwe, la poignée de main se déroule en trois phases : d'abord l'habituelle poignée de main occidentale que l'on prolonge par la liaison des doigts recourbés pendant que se touchent les pouces levés, suivie d'une autre poignée de main conventionnelle. Au Botswana, tendez la main droite pour la poignée de main traditionnelle, tout en soutenant votre coude droit dans la main gauche. Souvent, les gens continuent à se serrer la main durant toute la conversation.

Comme dans la plupart des sociétés traditionnelles, atteindre un âge avancé est un accomplissement digne de respect. Les personnes âgées sont traitées avec déférence – leur parole ne saurait être mise en doute et on leur doit la plus grande courtoisie. Enseignants, médecins et autres professions de prestige bénéficient souvent d'une considération comparable.

De même, les personnes en position d'autorité – agents de l'immigration, policiers, chefs de village, etc. – doivent être abordées avec égards et politesse. Au Zimbabwe, en Botswana et en Namibie, la situation est meilleure que dans la plupart des pays limitrophes – les fonctionnaires sont normalement aussi amicaux qu'ouverts –, mais si vous les agacez ou soulevez leur colère, tout peut changer. Défendre son bon droit est une chose, mais perdre son sang-froid, critiquer l'opinion ou l'autorité d'un fonctionnaire, voire l'insulter, c'est une perte de temps qui ne servira qu'à vous noyer dans un flot de tracasseries administratives et provoquera un examen plus tatillon de la situation des voyageurs ultérieurs.

Africains et étrangers
En dépit des troubles raciaux qu'a connu notamment le Zimbabwe dans le passé, les voyageurs d'origine européenne n'ont pas à craindre d'attitudes vindicatives ou de violences vengeresses. La plupart des populations locales ont adopté une attitude de pardon et d'oubli à l'égard des crimes perpétrés naguère par les anciens gouvernements coloniaux rhodésiens.

Aux yeux de nombreux voyageurs, l'un des aspects les plus déconcertants des relations Africains/Européens, c'est la déférence que montrent le plus souvent les populations locales envers les personnes à peau claire. Durant des années de colonialisme, nombreux sont ceux qui ont été conditionnés pour répondre de manière obséquieuse aux Blancs ; on s'adresse donc très fréquemment aux hommes en utilisant le terme de "*Baas*" (qui se prononce comme "*boss*" et signifie la même chose). Puisque ce mot était jadis signe de respect obligatoire (et l'est malheureusement toujours dans certaines circonstances), la plupart des gens ne se soucient guère de ce qu'il sous-entend. Vous pouvez opter de ne pas en tenir compte, mais pour faciliter la conversation et réduire les tensions, il vaudra mieux expliquer simplement que vous préférez que l'on vous appelle par votre prénom.

Les étrangers d'origine africaine rencontreront probablement un autre type de problème. En effet, certaines populations d'Afrique noire ne leur accorderont pas la bienveillance dont elles font preuve à l'égard des voyageurs blancs. Il leur semblera parfois inconcevable qu'un Noir puisse parler le français ou l'anglais en tant que langue maternelle et ignore tout du setswana, du shona ou d'un autre idiome vernaculaire. L'incapacité de parler la langue locale pourra être interprétée comme de la suffisance – une "trahison" en quelque sorte –, ou une marque d'allégeance envers les anciens maîtres coloniaux. Cependant, après vous être expliqué, vous serez normalement accueilli avec enthousiasme. ■

Les enfants sont considérés comme occupant une place très inférieure dans l'échelle sociale. On attend d'eux qu'ils obéissent sans se plaindre et qu'ils soient respectueux envers les adultes dans toute situation. Dans un bus, par exemple, il est impoli qu'ils restent assis alors que des adultes sont debout. De même, l'Afrique australe étant encore très largement machiste, un homme ne cédera normalement pas sa place à une femme, même si elle porte un bébé et des bagages et que deux bambins s'accrochent à ses jupes. On se demande ce qu'ils peuvent penser des Blancs du cru ou des autres Occidentaux qui le font... habituellement.

En visitant une agglomération rurale, prenez la peine de demander à rencontrer le chef pour lui annoncer votre présence et requérir l'autorisation de camper ou de vous promener dans le village. On vous la refusera rarement. Les femmes doivent faire montre de pudeur tant dans leur tenue vestimentaire que dans leur comportement, surtout en présence du chef ou d'autres personnes très honorées.

Les visiteurs doivent également obtenir la permission de tirer de l'eau au point d'eau communautaire. Si vous vous approvisionnez au robinet ou au puits du village, évitez de répandre de l'eau sur le sol, surtout dans les régions désertiques, car ce liquide est aussi précieux que l'or. Si vous souhaitez vous laver ou faire votre lessive, emplissez un récipient et emportez-le au loin.

Les voyageurs solitaires peuvent faire l'objet d'une certaine suspicion, les femmes parce qu'elles devraient être à la maison en train de s'occuper des enfants, et les hommes parce que dans maintes régions tout étranger est potentiellement un espion agissant pour une faction d'extrême-droite. Prenez la précaution d'emporter des photographies de votre famille ou la preuve que votre profession n'est en rien liée à quelque activité d'espionnage.

La plupart des voyageurs auront l'occasion de partager un repas africain lors de leur séjour et se verront accorder un traitement royal ainsi qu'une place d'honneur. Les manières de table seront probablement très différentes de ce à quoi vous êtes habitué.

La denrée alimentaire africaine de base, le maïs ou le sorgho, est l'ingrédient principal de tous les repas, ou presque. On se sert d'ordinaire dans le plateau communautaire avec la main droite, puis on roule la bouchée en boulette avant de la plonger dans un assaisonnement – sauce de viande ou de légume. Comme dans la plupart des sociétés, il est impoli de refuser la nourriture ou de se servir des doubles rations, sinon vos hôtes pourraient penser ne pas en avoir préparé assez. De même, si vous ne pouvez terminer votre plat, ne vous inquiétez pas : vos hôtes seront satisfaits de constater que vous avez pu vous rassasier. Souvent, des récipients contenant de l'eau ou une bière maison seront passés de mains en main ; en revanche, il n'est pas habituel de partager le café, le thé ou les boissons non alcoolisées en bouteille.

Enfin, si vous visitez une communauté reculée, veillez à vous faire le plus discret possible et à ne laisser qu'un minimum de preuves durables de votre passage. Dans certaines sociétés africaines, il n'est pas indélicat de demander à autrui tel objet que l'on désire posséder. Si vous êtes assiégé de demandes de la sorte, on acceptera tout naturellement votre refus sans en être vexé. Mais, si vous vous sentez coupable de votre richesse relative et commencez à distribuer toutes vos affaires, on vous considérera très certainement comme le dernier des imbéciles.

Quant aux cadeaux, si la démonstration mutuelle d'amitié est une chose, l'altruisme superficiel en est une autre. La distribution à tort et à travers de présents provenant d'ailleurs, même avec les meilleures intentions du monde, peut provoquer le désir de posséder des objets indisponibles localement, éroder des valeurs bien établies, priver les gens de leur fierté et, dans les cas les plus extrêmes, créer des villages entièrement peuplés de mendiants.

D'autre part, si l'on vous offre un cadeau, acceptez-le sans culpabilité : refuser humilierait le donateur. Pour accepter poliment un présent, prenez-le à deux mains et inclinez-vous légèrement. Si l'on vous donne un objet modeste que vous avez réclamé, tels qu'une salière ou un stylo, prenez-le avec la main droite tout en touchant de la main gauche votre coude droit, ce qui équivaut à dire "merci". Les remerciements verbaux sont rares et les populations locales tendent à penser que les Occidentaux prononcent "merci" trop souvent et avec trop de désinvolture ; c'est pourquoi, ne soyez pas vexé si l'on accepte en silence l'un de vos cadeaux.

Renseignements pratiques

FORMALITÉS

Tout visiteur étranger se rendant au Zimbabwe, au Botswana et en Namibie doit être muni d'un passeport en cours de validité qui sera exigé dans les banques et les hôtels pour les opérations de change. Si vous arrivez directement d'une région où sévit la fièvre jaune, vous devrez, en outre, présenter un certificat de vaccination. Si vous souhaitez louer un véhicule, votre permis de conduire national suffira dans les trois pays présentés dans ce guide.

Il est recommandé de faire des photocopies de tous les documents importants, notamment du passeport, ce qui accélérera les formalités de renouvellement en cas de perte ou de vol, ainsi que des billets d'avion et des cartes de crédit. Ne conservez pas ces documents (de même que la liste des numéros de vos chèques de voyage) avec vos objets de valeur.

QUESTIONS D'ARGENT

Le dollar US, en espèces ou en chèques de voyage, est la devise la plus communément utilisée en Afrique australe, mais en raison d'une récente vague de contrefaçon, le billet de 100 $US n'est actuellement plus accepté nulle part dans la région.

Dans les principales banques des trois pays, vous pourrez également changer le franc français, la livre sterling, la lire italienne, le florin hollandais, le franc suisse, le deutschmark, le rand sud-africain, le pula botswanais et le dollar canadien ou australien.

Marchandage

Dans certains endroits, et plus particulièrement dans les marchés ruraux, le marchandage concernant les biens et les services – produits alimentaires, vêtements, transport et, surtout, objets d'art ou d'artisanat – est un véritable mode de vie. Les vendeurs considèrent que la valeur de ces articles correspond au prix qu'ils pourront en obtenir : la notion de prix fixe n'existe que là où les prix sont effectivement indiqués.

Dans les marchés et les boutiques d'artisanat, ne réglez pas le premier prix demandé. Sinon, que ce soit par ignorance ou en raison de la culpabilité née de la comparaison des différents pouvoirs d'achat, non seulement vous passerez pour stupide, mais vous desservirez les autres touristes en créant l'impression que tous les étrangers sont disposés à accepter n'importe quel prix !

De plus, dans les régions très touristiques, les visiteurs s'acquittant volontairement d'une somme supérieure au prix du marché contribuent, de fait, à renforcer l'inflation, rendant ainsi inaccessibles aux populations locales, disposant de moins de liquidités, certains biens et services. Pourquoi vendre un produit aux gens du cru alors que les étrangers le payeraient le double ? (Ce problème se pose en termes cruciaux dans les régions fréquentées par les routiers internationaux.)

Quels que soient cependant vos talents en matière de marchandage, vous n'obtiendrez généralement pas un prix aussi modique que les populations locales. Au Zimbabwe, même les établissements de luxe fonctionnent avec un système de tarifs à trois niveaux, et pour la plupart des commerçants, l'étranger représente la richesse, peu importe l'état réel de vos finances.

La tractation s'effectue normalement sur un mode aussi amical qu'animé. L'objectif du vendeur, c'est de connaître le prix maximum que vous êtes disposé à payer ; le vôtre, c'est de découvrir le prix au-dessous duquel votre interlocuteur ne vendra pas. Certains marchands d'objets artisanaux peuvent annoncer un prix initial quatre fois supérieur (voire davantage !) à celui qu'ils sont prêts à accepter, bien que le prix réel soit généralement inférieur à celui-ci. Décidez jusqu'où vous pouvez aller ; votre première offre devra correspondre environ à la moitié du prix annoncé. A cette étape de la négociation, le vendeur pourra éclater de rire ou feindre l'indignation, mais le tarif devrait rapidement baisser à un niveau plus réaliste. Poursuivez la discussion en faisant une meilleure offre jusqu'à ce que vous parveniez à un accord.

Parfois, vous ne pourrez pas obtenir d'un vendeur qu'il baisse son prix au niveau de celui que vous savez correspondre au produit. Cela signifie probablement que de nombreux touristes sont passés par là, et que si vous refusez de régler cette somme exagérée, un autre touriste aura la stupidité de le faire.

Lors d'un marchandage, conservez votre sang-froid. Si l'intransigeance d'un vendeur vous excède, ou si vous considérez que la négociation devient une perte de temps, quittez poliment votre interlocuteur. Parfois, celui-ci changera de tactique et vous rappellera, estimant que son entêtement risque de lui faire perdre un client. Sinon, vous pourrez toujours chercher un autre vendeur, ou relancer la tractation avec le même le lendemain.

QUAND PARTIR

Les trois facteurs essentiels déterminant l'époque d'un voyage en Afrique australe sont certainement le climat, les foules de touristes et les occasions de découvrir la faune. Bien que les trois pays présentés ici se trouvent sous les tropiques, ils présentent diverses conditions climatiques, du climat frais, presque britannique, des Eastern Highlands du Zimbabwe, à la chaleur poussiéreuse du désert du Namib en passant par l'humidité tropicale de la vallée du Zambèze.

Pour l'ensemble de la région, l'année se partage en saison hivernale sèche et en saison humide plus chaude, la première s'étendant approximativement de mai à octobre, la seconde de novembre à avril. Durant les mois d'été humides, le bush se pare de couleurs aussi verdoyantes que luxuriantes, tandis qu'en hiver le brun poussiéreux domine. Dans les régions de broussailles de *mopane*, la fin de l'automne et l'hiver sont des saisons particulièrement colorées.

Bien que nombre d'Européens et d'Américains fuyant l'hiver s'aventurent vers le sud entre novembre et février, les activités peuvent être réduites en raison de pluies torrentielles et autres désagréments météorologiques. De ce point de vue, l'hiver est généralement la saison la plus agréable, surtout dans les vallées du Zambèze et de l'Okavango, ainsi que dans les régions du lowveld du Zimbabwe et de Namibie septentrionale. Bien que la température nocturne descende souvent au-dessous de zéro, la journée est chaude, ensoleillée et très agréable, à l'exception des côtes namibiennes, où l'hiver est froid, humide et venteux.

La saison hivernale sèche est aussi plus propice à la découverte de la faune : c'est l'époque où les animaux se rassemblent en grand nombre autour des points d'eau et sont plus facilement observables. Seules dans le parc national de Nxai Pan du Botswana, destination de troupeaux d'animaux migrateurs, les concentrations sont plus importantes en été.

Si vous souhaitez éviter la foule, ne voyagez pas entre la mi-avril et la mi-mai, ni entre la mi-juillet et la mi-septembre, époque des vacances scolaires d'hiver au Zimbabwe, au Botswana, en Namibie et dans les pays voisins, notamment en Afrique du Sud (les dates varient d'un pays à l'autre et d'une province à l'autre). Prenez la précaution de réserver à l'avance logement et services dans les parcs nationaux pour ne pas risquer de mauvaises surprises.

Par ailleurs, le mois de juin est la période la plus fraîche et la plus calme de l'année : nombreux sont les magasins et les entreprises fermés par manque d'activité. Si le début du mois de juillet se révèle encore un peu frisquet, l'activité reprend progressivement, anticipant la haute saison qui commence plus tard dans le mois.

QUE PRENDRE AVEC SOI

Le choix des objets à emporter en voyage dépend de votre budget prévisionnel, de votre itinéraire, de votre mode de déplacement, de l'époque et de la durée de votre séjour. Si vous souhaitez ne pas vous inquiéter de l'intendance, voyager aussi léger que possible sera toujours une bonne idée, mais si vos finances vous interdisent de faire des folies dans les hôtels, certains objets vous seront nécessaires.

Les quatre objets que nul voyageur à petit budget en Afrique australe ne saurait oublier sont : une tente, un sac de couchage, une lampe torche (et un grand nombre de piles de rechange) ou une lampe-tempête, et une bonde universelle. La tente et le sac de couchage réduiront au maximum les frais de logement, l'éclairage vous permettra de rester éveiller après 18h durant la saison hivernale, et la bonde de prendre un bain dans une région où les douches sont rares – et les bondes davantage encore.

Le sac à dos est généralement recommandé comme étant le plus pratique pour transporter ses affaires. Le modèle à renforts internes ne se déforme pas et se révèle robuste, mais certains randonneurs estiment que le sac à cadre extérieur est plus confortable sur de longues distances – mieux équilibré et tenant moins chaud. Selon vos finances, achetez le sac le plus robuste et le mieux conçu, en prêtant une attention toute particulière à la solidité des fermetures à glissière et des lanières. Un petit cadenas sera utile pour protéger son contenu contre le vol, mais d'aucuns affirment que cela ne sert qu'à inciter le voleur à s'emparer du sac en entier ! Emballez vos affaires dans des sachets en plastique pour les protéger contre l'humidité et la poussière. Évitez les sacs à dos de couleur kaki ou vert militaire : il vaut mieux ne pas ressembler, même très approximativement, à un soldat ou à un mercenaire, surtout dans les régions frontalières du Mozambique ou de la Zambie.

Si vous prévoyez des randonnées, munissez-vous de bonnes chaussures de marche ou de chaussures montantes à lacets ; les sandales sont à proscrire absolument. Une paire de guêtres sera utile pour les marches dans la brousse – pour parer aux épineux et aux graines qui montrent une désagréable obstination à s'accrocher partout, ainsi que pour se protéger – relativement – contre d'éventuelles morsures de serpent.

En matière de camping et de randonnée en brousse, munissez-vous d'un réchaud léger, fonctionnant de préférence à l'essence, car il est parfois difficile de se procurer des recharges de gaz blanc (Shellite), surtout au Zimbabwe. N'oubliez pas que le transport des réchauds à essence ou à gaz est interdit dans les avions. Si vous vous procurerez assez facilement essence pour réchaud, recharges de butane et autres fournitures analogues à Windhoek, Harare et Gaborone, cela sera plus difficile dans les villes de moindre importance. Au Zimbabwe, deux types de recharges de butane sont disponibles, mais très rares sont les recharges à encoche pour réchaud de type Bleuet. A Harare, essayez Fereday & Son, Robert Mugabe Rd, ou la boutique d'animaux située près de la gare.

Si vous voyagez durant la saison sèche, entre mai et août, vous devrez vous munir de vêtements adéquats, surtout si vous prévoyez de camper ou de passer quelques temps dans les déserts de Kalahari ou de Namibie, sur la côte namibienne ou dans les Eastern Highlands du Zimbabwe. Dans la plus grande partie de la région, attendez-vous à porter un T-shirt durant la journée, mais la nuit, les températures peuvent chuter au-dessous de zéro. Même à Hwange ou à Victoria Falls, il peut faire relativement frais le matin et le soir. Vous n'aurez pas besoin de sous-vêtements thermiques, mais une veste légère, un pull en laine, un chapeau, une paire de gants et quelques chaussettes chaudes seront les bienvenus.

Durant la saison des pluies – ou pour les séjours hivernaux dans les Eastern Highlands du Zimbabwe ou sur la côte namibienne – emportez de robustes chaussures imperméables. Un maillot de bain sera également utile pour se baigner dans les lacs et les étangs des Eastern Highlands, ainsi que dans les sources chaudes et les piscines (ailleurs, méfiez-vous des risques de bilharziose : pour plus de détails, consultez la rubrique *Santé*). Si vous voyagez dans les déserts, les vallées du Zambèze, du Chobe ou de l'Okavango, ou bien durant la saison d'été humide, emportez des vêtements légers en coton (les lectrices liront avec profit la rubrique *Seule en voyage*, plus loin dans le chapitre).

Puisque dans les capitales (Windhoek, Gaborone et Harare) les citadins tendent à porter des vêtements plus élégants qu'ailleurs dans le pays, emportez quelques tenues de ville. Dans certaines régions rurales à forte population d'Afrikaners, les agriculteurs sont d'ordinaire plutôt conservateurs : un short ou un maillot de bain trop courts ne seront guère appréciés.

Au titre des autres objets utiles, emportez également un petit réveille-matin de voyage, un couteau à lames multiples, du fil à linge, une trousse de premiers secours, une gourde et des pastilles de traitement chimique de l'eau, une serviette, un nécessaire à couture, une série de photographies d'identité (pour les demandes de visa) et un appareil-photo avec un nombre suffisant de pellicules.

Enfin, si vous vous rendez au Zimbabwe, munissez-vous d'assez de piles pour faire fonctionner tous vos petits appareils électriques. Une lampe torche pourra fonctionner une ou deux minutes avec des piles fabriquées dans ce pays, mais dans un baladeur, celles-ci ont la réputation d'expirer au bout de dix secondes !

ORGANISMES A CONNAÎTRE

Le ministère des Affaires étrangères français (☎ 1- 43 17 53 53) vous donnera les informations sur les risques encourus dans ces pays, les dernières informations politiques et de santé. L'ACIFE (Accueil et information des Français à l'étranger, dépendant du ministère des Affaires étrangères), 244, bd Saint-Germain, 75007 Paris (☎ 1-43 17 60 79) vous donnera les renseignements nécessaires si vous comptez vous installer pendant quelque temps dans un des ces trois pays.

Protection de la culture et de l'environnement

Pour d'autres informations concernant les associations œuvrant pour la protection de la culture et/ou de l'environnement, renseignez-vous auprès des organismes suivants :

Afrique du Sud

Endangered Wildlife Trust, Private Bag X11, Parkview 2122 (☎ 011-486 1102 ; fax 011-486 1506)

WWF South Africa, PO Box 456, Stellenbosch 7599

Wilderness Trust of Southern Africa, PO Box 577, Bedfordview 2008 (☎ 011-453 7645)

Botswana

Kalahari Conservation Society, PO Box 859, Gaborone (☎ 314259 ; fax 374557)

Canada

Wildlife Preservation Trust Canada, 17 Isabella St, Toronto, Ontario M4Y 1M7

États-Unis

Greenpeace, 1436 U St, NW, Washington, DC 20009 (☎ 202-462 8817)

The Nature Conservancy, 1815 N Lynn St, Arlington, VA 22209 (☎ 703-841 5300)

Survival International USA, 2121 Decatur Place, NW, Washington, DC 20006

Namibie

Africat Foundation, Lise Hanssen, Okonjima, PO Box 793, Otjiwarongo (☎ 0658-18212 ; fax 0658-4382)

Cheetah Conservation Fund, PO Box 247, Windhoek (☎ 0651-4216)

Save the Rhino Trust, PO Box 83, Khorixas (☎ 061-222281)

The Wildlife Society of Namibia, Namib Centre, PO Box 483, Swakopmund (☎ 0641-5258)

France

Survival International France, 45, rue du Faubourg du Temple, 75010 Paris (☎ 1-42 41 47 62 ; fax 1-42 45 34 51)

Association Descartes, 1, rue Descartes, 75005 Paris (☎ 1-44 41 47 10)

Royaume-Uni

Greenpeace, Canonbury Villas, London N1 2PN

Minority Rights Group, 29 Craven St, London WC2N 5NT (☎ 0171-930 6659)

Survival International UK, 310 Edgware Rd, London W2 1DY (☎ 0171-723 5535)

Worldwide Fund for Nature (WWF), Panda House, Weyside Park, Godalming, Surrey GU7 IXR (☎ 01483-42 6444)

Suisse

Worldwide Fund for Nature, Département de l'Information et de l'Education, Avenue du Mont Blanc, CH-1196 Gland

Zimbabwe

The Zambezi Society,PO Box UA 334, Union Ave, Harare (☎ 14-731596 ; fax 14-63326)

Organismes de tourisme responsable. Si vous souhaitez contribuer aux efforts des associations de promotion du tourisme responsable en Afrique australe comme ailleurs, contactez les organismes suivants :

Allemagne

Tourismus mit Einsicht, (M. Herbert Hamele), Hadorferstr 9, D-8130 Starnberg

France

Transverses, 7, rue Heyrault, 92100 Boulogne (☎ et fax 1-49 10 90 84)

Royaume-Uni

Campaign for Environmentally Responsible Tourism, PO Box 4246, London SE23 2QB (☎ 0181-291 0692)

Tourism Concern, Froebel College, Roehampton Lane, London SW15 5PU (☎ 0181-878 9053)

Centre for the Advancement of Responsible Travel, Dr Roger Millman, 70 Dry Hill Park Rd, Tonbridge, Kent TN10 3BX

Suisse

Arbeitskreis Tourismus und Entwiclkung, 21 Mission Str., Bâle 4003 (tél. 61-261 47 42)

Zimbabwe

CAMPFIRE Association, 15 Phillips Ave, Belgravia, PO Box 4027, Harare (☎ 14-790570)

Nature Experiences Eco-Tourism Implementation, PO Box CH-69, Chisipite, Harare (☎ 14-42858 ; fax 14-792342)

HEURE LOCALE

Au Zimbabwe, au Botswana et en Namibie, l'heure d'été (d'octobre à avril) est en avance de deux heures sur l'heure GMT/temps universel. Lorsqu'il est 12h en Afrique australe, il est 12h à Paris, à Bruxelles ou à Genève, 5h à Montréal et 2h à Vancouver.

En hiver (d'avril à octobre), la Namibie recule désormais son heure d'une heure : il n'y a plus qu'une heure de décalage par rapport au temps universel, et une heure de retard par rapport au Zimbabwe et au Botswana.

ÉLECTRICITÉ

L'Afrique australe est équipée en courant alternatif 220 V ; les prises électriques, rondes ou rectangulaires, sont à trois fiches. Rares sont les adaptateurs européens ou américains qui conviendront : il vaudra mieux en acheter sur place et les brancher vous-même.

POIDS ET MESURES

Le système métrique est en vigueur dans les trois pays présentés dans cet ouvrage.

LIVRES ET CARTES

L'Afrique est la région du monde suscitant le plus l'imagination et l'émotion d'un écrivain. Les lecteurs s'intéressant plus particulièrement aux œuvres d'Afrique australe – notamment à la littérature et aux traités d'histoire ou de politique – consulteront avec profit le bimensuel *Southern Africa Review of Books* (☎ (27-21) 462 2012 ; fax (27-21) 461 5407), Sir Lowry Rd, PO Box 13094, 7900 Cape Town, Afrique du Sud.

Les ouvrages mentionnés ci-dessous traitent des questions historiques, sociales et écologiques relatives à l'ensemble de la région. Vous trouverez également une liste d'ouvrages en français spécifiques à chacun des trois pays dans les chapitres *Renseignements pratiques* des parties sur la Namibie, sur le Botswana et sur le Zimbabwe.

Littérature

Chaque pays de ce guide possède une littérature particulière, mais l'on peut néanmoins citer quelques auteurs qui, par leurs talents, ont contribué à donner à l'Afrique australe cette touche d'aventure. Wilbur Smith, né en Rhodésie du Nord en 1933 et dont l'œuvre a été largement traduite en français, en est un des chantres. A travers les cinq tomes bondissants de la saga des Courtney, c'est toute la saveur de l'Afrique australe qui est révélée. L'histoire de l'une des régions les plus troublées et les plus belles du monde, du début de ce siècle à nos jours, y est magnifiquement décrite (*Les Feux du désert, Le Serpent vert, le Royaume des tempêtes, Le Dernier safari* et *La Piste du renard*, tous publiés aux Presses de la Cité).

André Brink situe l'action d'*Adamastor*, un conte mythologique, dans l'Afrique australe de Vasco de Gama. Adamastor est le génie du Cap de Bonne-Espérance et représente dans ce roman le chef de la première tribu rencontrée par les navigateurs portugais (Stock, 1993).

Récits de voyage. *La Ligne de front : un voyage en Afrique australe* de Jean Rolin (Petite Bibliothèque Payot, Voyageurs, 1992) relate la descente de la côte orientale de l'Afrique jusqu'en en Afrique australe, pendant l'hiver 1987-88. De Dar es-Salaam jusqu'au Cap de Bonne-Espérance *via* Zanzibar, Mzuzu, Harare, capitale du Zimbabwe, les chutes Victoria, Durban et Kimberley, l'auteur livre ses impressions à travers une prose vibrante.

Botswana blues de Lars Bonnevie (Petite Bibliothèque Payot, Voyageurs, 1993), qui a longtemps vécu au Zimbabwe et au Botswana où il a travaillé comme inspecteur des écoles primaires dans un district éloigné, raconte par le détail la rencontre avec un continent démesuré et ses paysages écrasants, où la culture anglo-saxonne est venue heurter de plein fouet les cultures africaines anciennes.

Essais politiques et historiques
Alvaro O'da Silva, dans *Afrique australe : à la recherche d'une identité* (préfacé par Alberto Santos, L'Harmattan, 1991), exprime la conviction que l'avenir de l'Afrique australe dépend dans une large mesure de la façon dont les Etats et les peuples sauront intégrer dans un projet régional commun leurs motivations, leurs intérêts.

La France et l'Afrique du Sud : histoire, mythes et enjeux contemporains, dirigé par Daniel Bach (CREDU/Karthala, Coll. Hommes et sociétés, 1990), étudie l'histoire des relations de la France avec l'Afrique australe pour contribuer à la définition d'une véritable politique française dans cette zone.

Dirigé par Samir Amin, Ibbo Mandaza et Derrick Chitala, L'*Afrique australe face au défi sud-africain* (Publisud, 1989) analyse la conférence qui s'est tenue pour la coordination du développement de l'Afrique australe (SADCC), visant à réduire la dépendance économique de la région à l'égard de l'Afrique du Sud.

En anglais, *The History of Southern Africa*, de Kevin Shillington (Longman Group UK, Essex, 1987) donne un aperçu historique objectif du Botswana et de la Namibie.

Témoignages. En anglais, *Fishing in Africa*, du journaliste Andrew Buckoke (Pan-Picador, Londres, 1991) décrit la montée de la violence, du chaos et de la corruption dans les États d'Afrique orientale et australe. Ponctué par quelques scènes bucoliques de pêche hors des sentiers battus, cet ouvrage est marqué par le pessimisme.

Guides
L'Afrique australe, ouvrage dirigé Georges Lory (Autrement, hors série n° 45, 1990), permet de saisir en quoi les dix pays du cône sud de l'Afrique constituent, malgré leur spécificité, une unité géopolitique sur les plans ethnique, linguistique et religieux, unité qui pourrait leur permettre de créer demain un véritable marché commun.

En anglais, *At the Hand of Man*, de Raymond Bonner (Alfred A. Knopf, New York, 1993) étudie les raisons de la décimation de la faune africaine, explique en quoi les manières de faire occidentales (la loi, la fôrce, la menace et le peu de considération des cultures locales) ne sont pas adaptées et propose d'autres méthodes de gestion du patrimoine naturel et culturel.

Flore et faune. *Mammifères d'Afrique et de Madagascar*, de T. Haltenorth et H. Diller (Delachaux et Niestlé, Suisse) est un guide très maniable illustré de nombreuses planches en couleurs.

Les titres conseillés ci-après n'ont pas été traduit en français. *Birds of Botswana*, de Kenneth Newman (Southern Book Publishers, Johannesburg) est le guide le plus complet consacré aux différentes espèces d'oiseaux du Botswana, illustré de planches en couleurs. *Birds of Southern Africa*, de SASOL (Baobab Books, Johannesburg, 1993), est un ouvrage très détaillé, illustré et maniable, idéal pour les ornithologues amateurs. Le *Robert's Birds of Southern Africa*, de Gordon Lindsay (New Holland Press, Londres, 1988) est un ouvrage indispensable à tous les ornithologues amateurs voyageant en Afrique australe, mais ce n'est pas un livre poids plume. Le *Bundu Guide to the Birds of Zimbabwe*, plus transportable et édité par Longmans, n'est pas aussi complet mais il est disponible au Zimbabwe dans certaines librairies Kingston's.

Bien que le *Field Guide to the Butterflies of Southern Africa*, de Igor Migdoll (New Holland Press, Londres) ne soit pas absolument complet, il serait vraiment exceptionnel que vous rencontriez un papillon qui ne soit pas décrit dans ce livre.

Si vous souhaitez connaître ce qui rampe sous vos pieds – et sa dangerosité éventuelle – le *Field Guide to the Snakes and Other Reptiles of Southern Africa*, de Bill Branch (New Holland Press, Londres) vous en donnera la réponse. Hormis les serpents, ce guide traite également des tortues et des lézards.

Trees of Southern Africa, de K. Coates (New Holland, Londres) est l'étude la plus détaillée sur les nombreuses essences d'arbres du sous-continent, illustrée de photographies et de dessins.

Art et musique

S'il existe de nombreux ouvrages en français consacrés à l'art et l'artisanat africains, ceux-ci s'attachent majoritairement aux pays les plus liés par l'histoire à la France. Vous pourrez néanmoins consulter avec profit *La puissance du sacré – L'homme, la nature et l'art en Afrique noire*, de Clémentine M. Faïk-Nzuji (Maisonneuve et Larose, coll. Voyages intérieurs, 1993), aux nombreuses illustrations en couleurs.

Concernant la musique, plusieurs titres de disques compacts sont disponibles chez les disquaires au rayon musiques du monde, notamment des groupes zimbabwéens comme *Traditional Mbira Musicians* et *Kevin Volans Ensemble* (Harmonia Mundi), *Vibrant Zimbabwe compilation* (Zimbob inc.), *Zimbabwe – The soul of Mbira* (Auvidis), *Chaminukade* (Dumisani Maraire), ou *Zimbabwe music of man archive – The Ndebel people* (Média 7).

Ducan Senyatso figure parmi les orchestres les plus populaires du Botswana, avec, entre autres, l'album *Mephato Ya Maloba* (Auvidis).

Cartes

La meilleure carte offrant une vue générale de la région est la carte Michelin n°955 – *Afrique Centre et Sud, Madagascar*, au 1/4 000 000e. Les librairies ci-dessous vous aideront à trouver la carte de votre choix. Les cartes régionales sont listées à la rubrique *Livres et cartes* des pays concernés.

Stanfords (☎ (0171) 836 1321), 12-14 Long Acre, Londres WC2E 9L, au Royaume-Uni propose un bon choix de cartes routières et topographiques des trois pays traités ici.

LIBRAIRIES

Les listes de librairies à l'étranger données ci-après ne sont nullement exhaustives. Par ailleurs, dans les trois pays décrits dans ce guide, vous trouverez certainement d'excellentes librairies à même de vous fournir des ouvrages de qualité.

Librairies spécialisées sur le continent africain

En pays francophones

Karthala, 22-24, bd Arago, 75013 Paris (☎ 1-43 31 15 59 ; fax 1-45 35 27 05)

L'Harmattan, 16, rue des Écoles, 75005 Paris (☎ 1-43 26 73 57)

Maisonneuve et Larose, 15, rue Victor-Cousin, 75005 Paris (☎ 1-44 41 49 30 ; fax 1-43 25 77 41)

Présence Africaine, 25 bis, rue des Écoles, 75005 Paris (☎ 1-43 54 15 88)

Nord-Sud Diffusion, 150, rue Berthelot, B-1190, Forest, Belgique (☎ 2-343 10 13 ; fax 2-343 42 91)

Le Boulevard, rue de Carouge 35, 1204 Genève, Suisse (☎ 22-328 70 54)

Alka Diffusion, route de Châtel 34, 1805 Jongny, Suisse (☎ 21-921 00 77 ; fax 21-921 00 79)

Hurtubise HMH, 7360, bd Newman, La Salle-Québec H8N 1X2, Canada (☎ 514-364 03 23 ; fax 514-364 74 35)

Librairies de voyage (livres et cartes)

En pays francophones

Astrolabe, 46, rue de Provence, 75009 Paris (☎ 1-42 85 42 95) et 14, rue Serpente, 75006 Paris (☎ 1-46 33 80 06)

Espace IGN, 107, rue La Boëtie, 75008 Paris (☎ 1-43 98 85 00)

Itinéraires, 60, rue Saint Honoré, 75001 Paris (☎ 1-42 36 12 63), 3615 Libitinéraires

Ulysse, 26, rue Saint-Louis en l'Ile, 75004 Paris (☎ 1-43 25 17 35)

Le Vieux Campeur, 7, rue du Sommerard, 75005 Paris (☎ 1-43 29 12 32)

Ariane, 20, rue du Capitaine-Dreyfus, 35000 Rennes (☎ 99 79 68 47)

Les 5 Continents, 20, rue Jacques-Cœur, 34000 Montpellier (☎ 67 66 46 70)

Géorama, 20-22, rue du Fossé des Tanneurs, 67000 Strasbourg (☎ 88 75 01 95)

Hémisphères, 15, rue des Croisiers, 14000 Caen (☎ 31 86 67 26)

Magellan, 3, rue d'Italie, 06000 Nice (☎ 93 82 31 81)

Peuples et continents, 11, rue Ravenstein, 1000 Bruxelles (☎ 2-511 27 75)

Artou, 8, rue de Rive, 1204 Genève (☎ 22-818 02 40) et 18, rue de la Madeleine, 1003 Lausanne (☎ 21- 323 65 56)

Librairie Ulysse, 4176 rue Saint-Denis, Montréal H2W 2M5 (☎ 514-843 9447)

Quatre Points Cardinale, 551 Ontario East, Montréal (☎ 514-843 8116)

Temps Libre, Place Laurier, 2700 Bd Laurier, Sainte-Foy, ville de Québec (☎ à Montréal 514-252 3117)

MÉDIAS

Plusieurs magazines disponibles par abonnement seront utiles aux personnes qu'intéresse l'Afrique australe. Les publications spécifiques à chacun des trois pays sont mentionnées dans la rubrique *Médias* des pays concernés.

Getaway est le plus important et le plus lu des magazines de voyage d'Afrique du Sud. Ce mensuel propose chaque mois au moins un article sur le Zimbabwe, le Botswana ou la Namibie. Pour vous abonner, contactez Getaway (☎ (27-21) 531 0404 ; fax (27-21) 531 7303), PO Box 596, Howard place 7450, Afrique du Sud. L'abonnement étranger coûte 100 R (environ 28 $US) les douze numéros.

Magazine plus spécialisé, *African Safari*, paraît deux fois par an et traite de la faune, des safaris et des réserves du continent africain. Pour vous abonner, contactez African Safari Magazine, 2 Sidney Rd, Old Costessey, Norwich NR4 5DR, Royaume-Uni.

Africa Environment & Wildlife, paraissant six fois par an, est l'une des meilleures et des plus éblouissantes revues traitant de la faune. Photographies et textes originaux, de qualité supérieure, développent des sujets concernant l'ensemble du continent tout en mettant l'accent sur l'Afrique australe. L'abonnement pour l'étranger coûte 105 R, 32 $US ou 21 £. Renseignez-vous auprès du service Subscriptions, Africa Environment & Wildlife (☎ (27-21) 686 9001 ; fax (27-21) 686 4500), PO Box 44223, Claremont 7735, Cape Town, Afrique du Sud.

Radios et télévision

En possédant une antenne parabolique, on peut capter TV5, la chaîne de programmes francophones.

Radio France International (RFI) service mondial en français et RFI plus Afrique, également en français, se reçoivent en ondes courtes (kHz) tous les jours.

Suivant les endroits où vous vous trouvez, la qualité de réception est différente. Sur les mêmes plages horaires il est possible d'utiliser plusieurs fréquences. Pour obtenir les fréquences, qui changent tous les six mois, contactez RFI, Service Auditeurs, 116, av. Président Kennedy, BP 9516, 75016 Paris France. Les programmes ci-dessous, donnés en heure universelle, sont indicatifs.

de 4h00 à 6h00 : sur 4890 kHz.
de 4h00 à 5h00 : sur 6175 kHz.
de 3h00 à 8h00 : sur 7135 kHz.
de 4h00 à 7h00 : sur 9790 kHz.
de 6h00 à 8h00 : sur 11700 kHz.
de 7h00 à 12h00 : sur 15300 kHz.
de 8h00 à 16h00 : sur 17850 kHz.
de 12h00 à 16h00 : sur 17795 kHz.
de 16h00 à 20h00 : sur 15300 kHz.
de 18h00 à 22h00 : sur 7160 kHz.
de 19h00 à 22h00 : sur 9790 kHz.

On peut aussi capter Radio Canada International (RCI) sur les ondes courtes (kHz) tous les jours. Pour obtenir les nouvelles fréquences, contactez RCI, Case postale 6000, Montréal H3C 3A8, Province de Québec, Canada. Les programmes ci-dessous, donnés en heure universelle, sont indicatifs.

de 5h30 à 6h00 : sur 7295, 1543, 1784 kHz.
de 14h00 à 15h00 : sur 15305, 17820, 17895 kHz.
de 19h00 à 20h00 : sur 5995, 7235, 11985, 13650, 13670, 15150, 15325, 17820 kHz.
de 21h30 à 22h00 : sur 5995, 7235, 11690, 13650, 13670, 17820 kHz.

FILMS ET PHOTOS

La meilleure règle que devront suivre les photographes se rendant en Afrique australe, et plus particulièrement au Zimbabwe, c'est d'emporter tout l'équipement de son pays d'origine. Lorsqu'on en trouve, les appareils photographiques sont vendus à des prix prohibitifs. Si l'on peut se procurer des pellicules dans la plupart des villes du Zimbabwe, elles sont cependant de meilleure qualité à Victoria Falls et à Harare. Au Botswana et en Namibie, vous trouverez normalement des pellicules, relativement onéreuses, dans la plupart des villes. Vous pourrez vous procurer des bandes vidéo en Namibie, mais celles-ci ne sont pas encore commercialisées au Zimbabwe et au Botswana.

Si vous travaillez en diapositives, vous obtiendrez probablement de meilleurs résultats avec des films Fujichrome 100, Velvia ou Kodachrome 64. Le développement de la pellicule est parfois inclus dans le prix : il vous suffira d'envoyer vos photos au laboratoire dans l'enveloppe fournie avec le film. Si vous doutez de la poste (assez fiable – quoique plutôt lente – dans les trois pays), emballez votre enveloppe dans un paquet neutre et envoyez celui-ci en recommandé.

Les accessoires photographiques utiles regrouperont un petit flash, un câble déclencheur, un filtre polarisant, un kit de nettoyage des objectifs (liquide, tissu et aérosol), ainsi que des sachets de silicagel absorbeurs d'humidité. N'oubliez pas également d'emporter des piles de rechange pour les appareils photo et les flashs et faites assurer votre matériel. Si vous utilisez une caméra vidéo, vous trouverez normalement des prises 12 volts pour recharger vos batteries dans les taxis (allume-cigares) et les hôtels.

Conseils généraux

Tenez compte de la chaleur, de l'humidité, du sable très fin, ainsi que de la lumière et des ombres tropicales. N'exposez jamais votre appareil longtemps au soleil et faites développer le plus rapidement possible vos pellicules, l'humidité risquant de les voiler.

Les deux premières heures suivant le lever du soleil et les deux heures précédant le coucher du soleil sont les plus propices à la photographie : l'éclat des couleurs est avivé par les rayons rouges du soleil bas sur l'horizon. Aux autres moments de la journée, les couleurs sont délavées et écrasées par la forte luminosité, phénomène qu'il est possible de contrebalancer par l'utilisation d'un filtre polarisant (UV). Si vous photographiez sur du sable ou près de l'eau, tenez compte de la réverbération et protégez votre matériel du sable et de l'eau salée.

En extérieur, veillez à effectuer les réglages de l'exposition sur le sujet et non sur l'arrière-plan, toujours très lumineux en Afrique, sinon vos photographies seront sous-exposées.

Photographier les animaux

Pour obtenir d'excellents clichés de la faune, un bon appareil 35 mm léger, un filtre UV et un zoom 70-300 mm, ou une focale fixe de 300 mm, devraient faire l'affaire. Si votre sujet n'est qu'un petit point dans le lointain, résistez à la tentation de gâcher de la pellicule, mais tenez l'appareil prêt à toute éventualité : tout peut arriver à n'importe quel moment. A moins d'être un photographe expérimenté, emportez également un appareil tout automatique, car le temps de régler l'ouverture, l'exposition et la mise au point, le sujet aura probablement disparu depuis longtemps.

Photographier les gens

Comme partout ailleurs, la recherche du portrait parfait constitue le plus grand défi que peut se lancer un photographe. Bien que de nombreux Africains n'aient rien contre l'objectif, d'autres se montreront déconcertés, nourrissant quelque superstition à l'endroit de l'appareil ou quelque suspicion sur vos intentions, ou seront plus simplement intéressés par les avantages économiques qu'ils pourraient retirer de votre désir de les portraiturer. Il est avant tout essentiel de respecter le souhait des populations locales, aussi photogéniques ou pittoresques qu'elles soient, qui pourraient pour diverses raisons être intimidées par l'appareil photographique. Si vous ne pouvez réaliser un instantané en cachette, demandez la permission et n'insistez ni ne cherchez à "voler" une prise de vue, si cette autorisation vous est refusée.

Souvent, telle personne vous permettra de la photographier à condition que vous lui offriez un cliché, véritable trésor en Afrique rurale. Les gens seront parfois déçus de ne pas voir la photo se matérialiser immédiatement. Si vous n'avez pas de Polaroïd, prenez leur adresse et expliquez-leur que vous enverrez un tirage dès que celui-ci sera prêt.

Le portrait, et plus particulièrement de personnes à la peau très sombre, requiert davantage de maîtrise technique que la photographie de paysage. Veillez à procéder aux réglages de l'exposition sur le visage du sujet, et non sur l'arrière-plan.

Tabous

Bien que les fonctionnaires du Zimbabwe, du Botswana et de Namibie soient moins paranoïaques que leurs collègues d'autres pays d'Afrique, la photographie de ponts, d'aéroports, d'installations militaires, de bâtiments administratifs et de tout ce qui pourrait être considéré comme point stratégique ou susceptible de sabotage est strictement interdite.

SANTÉ

La santé en voyage dépend du soin avec lequel on prépare le départ puis, sur place, de l'observance d'un minimum de règles quotidiennes et, le cas échéant, du traitement des urgences. Bien que cette section ressemble à une nomenclature de maladies aussi désagréables que redoutables, les risques sont faibles en Afrique australe de tomber gravement malade. Vous serez cependant exposé à différents types d'environnements, de normes alimentaires et sanitaires, mais si vous vous pliez aux vaccinations recommandées, prenez vos médicaments antipaludéens (surtout si vous envisagez de voyager plus au nord) et faites appel à votre bon sens, vous ne devriez pas rencontrer de problèmes majeurs.

Cette liste des risques sanitaires, qui inclut diverses mesures de préventions, la description de symptômes, ainsi que de nombreuses recommandations, ne saurait remplacer ni le diagnostic ni l'ordonnance médicale délivrés par un professionnel : vous devrez envisager avec votre médecin traitant les traitements préventifs les plus actuels.

Guides de la santé en voyage

Un guide sur la santé peut s'avérer utile. Ouvrage précieux, *La Santé en voyage* de François Deck et du docteur Patrice Bourée (éd. Florence Massot, 1994) réunit tous les conseils de prévention et de pré-diagnostic, notamment dans les régions tropicales. *Voyages internationaux et santé* de l'Organisation mondiale de la santé (OMS), *Les maladies en voyage* du Dr Éric Caumes (Points Planète), *Saisons et climats* de Jean-Noël Darde (Balland) sont également d'excellentes références.

En France, le serveur Minitel 3615 Visa Santé fournit des conseils pratiques, des informations sanitaires et des adresses utiles sur plus de 150 pays.

Ceux qui pratiquent l'anglais pourront se procurer *Travel with Children* de Maureen Wheeler (Lonely Planet Publications, 1995) qui donne des conseils judicieux pour voyager à l'étranger avec des enfants en bas âge.

Avant le départ

Assurances. Il est conseillé de souscrire une police d'assurance qui vous couvrira en cas d'annulation de votre voyage, de vol, de perte de vos affaires, de maladie ou encore d'accident. Les assurances internationales pour étudiants sont en général d'un bon rapport qualité/prix. Lisez avec la plus grande attention les clauses en petits caractères : c'est là que se cachent les restrictions.

Vérifiez notamment que les "sports dangereux", comme la plongée, la moto ou même la randonnée ne sont pas exclus de votre contrat ou encore que le rapatriement médical d'urgence, en ambulance ou en avion, est couvert. De même, le fait d'acquérir un véhicule dans un autre pays ne signifie pas nécessairement que vous serez couvert par votre propre assurance.

Vous pouvez contracter une assurance qui réglera directement les hôpitaux et les médecins, vous évitant ainsi d'avancer des sommes qui ne vous seront remboursées qu'à votre retour. Dans ce cas, gardez bien tous les documents nécessaires.

Attention ! avant de souscrire une police d'assurance, vérifiez bien que vous ne bénéficiez pas déjà d'une assistance par le truchement de votre carte de crédit, de votre mutuelle ou de votre assurance automobile. C'est bien souvent le cas.

Quelques conseils. Assurez-vous que vous êtes en bonne santé avant de partir. Si vous partez pour un long voyage, faites contrôler l'état de vos dents. Nombreux sont les endroits où l'on ne souhaiterait pas une visite chez le dentiste à son pire ennemi.

Si vous portez des lunettes ou des lentilles de contact, emportez une paire de secours et la copie de votre ordonnance : ne pas avoir de lunettes peut être source de réels problèmes. Sachez toutefois que dans de nombreuses régions d'Afrique australe, on peut se faire faire de nouveaux verres rapidement et à un prix raisonnable, à condition bien sûr de connaître sa correction (demandez à n'importe quel opticien).

Une paire de lunettes de soleil de bonne qualité à protections latérales sera essentielle, car dans ces régions la luminosité est très forte, sans parler de la poussière et du sable.

Chapeau, huile solaire et stick pour les lèvres sont tout aussi importants.

Si vous suivez un traitement de façon régulière, n'oubliez pas votre ordonnance (avec le nom du principe actif plutôt que la marque du médicament, afin de pouvoir trouver un équivalent local le cas échéant). De plus, l'ordonnance vous permettra de prouver que vos médicaments vous sont légalement prescrits, des médicaments en vente libre dans certains pays étant interdits dans d'autres.

Vaccins

Plus vous vous éloignez des circuits classiques, plus il faut prendre vos précautions. Il est important de faire la différence entre les vaccins recommandés lorsque l'on voyage dans certains pays et ceux obligatoires. Au cours des dix dernières années, le nombre de vaccins inscrit au registre du Règlement sanitaire international a beaucoup diminué. Seul le vaccin contre la fièvre jaune peut encore être exigé pour passer une frontière, parfois seulement pour les voyageurs qui viennent de régions contaminées. Faites inscrire vos vaccinations dans un carnet international de vaccination que vous pourrez vous procurer auprès de votre médecin ou d'un centre.

Planifiez vos vaccinations à l'avance (au moins six semaines avant le départ) car certaines demandent des rappels ou sont incompatibles entre elles. Même si vous avez été vacciné contre plusieurs maladies dans votre enfance, votre médecin vous recommandera peut-être des rappels contre le tétanos ou la polio, maladies qui existent toujours dans de nombreux pays en développement. Les vaccins ont des durées d'efficacité très variables ; certains sont contre-indiqués pour les femmes enceintes.

Dans certains pays, il est possible de se faire vacciner dans les aéroports ou dans des centres sanitaires gouvernementaux. Renseignez-vous auprès des agences de voyage ou des bureaux des compagnies aériennes.

Si vous provenez d'un pays africain situé plus au nord, un certificat de vaccination contre la fièvre jaune sera nécessaire pour entrer au Zimbabwe, au Botswana et en Namibie. On recommande le plus fréquemment aux voyageurs se rendant en Afrique australe de se faire vacciner contre la typhoïde, le tétanos, la polio et la méningite, ainsi que contre l'hépatite. Certains médecins préconisent également une vaccination contre le choléra, mais son efficacité est minime.

Centres de vaccination à Paris : Air France (☎ 1-43 20 13 50), aérogare des Invalides, 2 rue Esnault-Pelterie, 75007 Paris, ou l'Institut Pasteur (☎ 1-45 68 81 98), 209 bd de Vaugirard, 75015 Paris ou encore l'hôpital de la Salpétrière, services des voyages, 43, Bd de l'Hopital, 75013 Paris. Il existe de nombreux centres en province, en général liés à un hôpital ou un service de santé municipal.

La liste des vaccinations possibles peut comprendre :

Choléra. Cette vaccination n'est plus recommandée pour le voyageur. Si nous n'avons pas depuis récemment connaissance de nécessité d'une vaccination contre le choléra au Zimbabwe, au Botswana et en Namibie, les voyageurs se rendant dans d'autre pays d'Afrique pourront cependant vouloir se faire vacciner, pour éviter l'attente aux frontières ou ne pas faire l'objet d'une demande de pot-de-vin.

Diphtérie. La protection dure pendant dix ans.

Fièvre jaune. La protection (une injection) dure pendant dix ans ; le vaccin est recommandé dans les régions où la maladie est endémique, principalement l'Afrique et l'Amérique du Sud. Il est obligatoire dans certains pays lorsque l'on est en provenance d'une zone infectée. Contre-indiqué en cas de grossesse.

Hépatite infectieuse (A). Il existe un vaccin qui s'administre en deux injections, suivies d'un rappel un an plus tard, et qui reste efficace pendant dix ans.

Hépatite virale (B) Il existe désormais un vaccin efficace nécessitant trois doses dont les deux premières sont généralement injectées à un mois d'intervalle et la troisième de un à douze mois plus tard. La protection dure environ cinq ans.

Tétanos et polio. Rappels nécessaires tous les dix ans. Vaccin très recommandé.

Typhoïde. La protection, qui dure trois ans, est utile si vous voyagez dans des conditions d'hygiène médiocres.

Précautions élémentaires

Faire attention à ce que l'on mange et ce que l'on boit est la première des précautions à prendre. Les troubles gastriques et intestinaux sont fréquents même si la plupart du temps ils restent sans gravité. Ne soyez cependant pas

Trousse à pharmacie
Veillez à emporter avec vous une petite trousse à pharmacie contenant quelques médicaments indispensables (avec leurs notices) :

- De l'aspirine ou du paracétamol (douleurs, fièvre)
- Un antihistaminique (en cas de rhumes, allergies, démangeaisons dues aux piqûres d'insectes, mal des transports – évitez l'alcool)
- Des antibiotiques (si vous voyagez loin des sentiers battus) à demander à votre médecin ; emportez l'ordonnance avec vous. (Certaines personnes sont allergiques aux antibiotiques les plus courants : emportez toujours avec vous quelque chose permettant d'identifier vos éventuelles allergies.)
- Un antidiarrhéique
- Un réhydratant, en cas de forte diarrhée, surtout si vous voyagez avec des enfants
- Un antiseptique, une poudre ou un spray désinfectant pour les coupures et les égratignures superficielles
- Un produit à usage externe pour calmer les démangeaisons dues aux piqûres d'insectes
- Des pansements pour les petites blessures
- Une petite trousse de matériel stérile comprenant une seringue, des aiguilles, du fil à suture, une lame de scalpel. N'oubliez pas le thermomètre (ceux à mercure sont interdits par certaines compagnies aériennes)
- Un répulsif contre les moustiques, de la lotion solaire et des comprimés pour stériliser l'eau
- Des seringues stériles, pour le cas où vous auriez besoin de subir une injection dans des pays à fort risque de SIDA ou présentant une situation sanitaire problématique (demandez à votre médecin une note expliquant pourquoi elles vous ont été prescrites), ainsi qu'une grande seringue pour les prises de sang, car celles utilisées normalement pour les injections sont trop petites.

Ne prenez des antibiotiques que sous contrôle médical. Respectez les doses prescrites et n'interrompez pas le traitement avant la date indiquée, même si vous avez l'impression d'être guéri avant. Chaque antibiotique soigne une affection précise : ne les utilisez pas au hasard. Cessez immédiatement la cure en cas de réactions graves, ne prenez pas du tout d'antibiotiques si vous n'êtes pas sûr d'avoir celui qui convient. ■

paranoïaque et ne vous privez pas de goûter la cuisine locale, cela fait partie du voyage.

Eau. Dans les pays à climat chaud, n'attendez pas le signal de la soif pour boire. Une urine très foncée ou l'absence d'envie d'uriner indiquent un problème. Pour de longues randonnées, munissez-vous toujours d'une gourde d'eau. Une transpiration excessive fait perdre des sels minéraux et peut provoquer des crampes musculaires. Il est déconseillé de prendre des pastilles de sel de façon préventive, mais dans les régions où la nourriture est peu salée, il n'est pas inutile de rajouter du sel dans son plat.

Bien que de nombreux pays africains souffrent de problèmes d'eau contaminée, l'eau du robinet est généralement saine au Zimbabwe, au Botswana et en Namibie. Prenez cependant vos précautions avant de boire l'eau de points d'eau en zone rurale, car souvent cette eau n'est adaptée qu'au bétail. A l'exception du delta de l'Okavango et de quelques régions des Eastern Highlands du Zimbabwe, l'eau de surface (c'est-à-dire, des rivières, lacs et étangs) doit être traitée avant d'être bue, en raison des risques de giardiase. Préférez les eaux minérales et les boissons gazeuses, tout en vous assurant que les bouteilles sont bien décapsulées devant vous. Évitez les jus de fruits, souvent allongés à l'eau. Attention au lait, rarement pasteurisé. Pas de problème pour le lait bouilli et les yaourts. Thé et café, en principe, sont sûrs puisque l'eau doit bouillir.

Stérilisation de l'eau. Le plus simple est de faire bouillir l'eau quinze minutes, ce qui n'est pas toujours évident en voyage. N'oubliez pas qu'à haute altitude, elle bout à une température plus basse et que les germes ont plus de chance de survivre.

Un simple filtrage peut être très efficace mais n'éliminera pas tous les micro-organismes dangereux. Si vous ne pouvez faire bouillir l'eau, il faut la traiter chimiquement. Le Micropur ou l'Hydrochlonazone tueront la plupart des germes pathogènes.

Alimentation. Fruits et légumes doivent être lavés à l'eau traitée ou épluchés. Ne mangez pas de glaces des marchands de rue. D'une façon générale, le plus sûr est de vous en tenir aux aliments bien cuits. Attention aux plats refroidis ou réchauffés. Méfiez-vous par-dessus tout des poissons et des crustacés, des viandes peu cuites. Si un restaurant semble bien tenu et qu'il est fréquenté par des touristes comme par des gens du pays, la nourriture ne posera probablement pas de problèmes. Méfiez-vous des restaurants vides.

Nutrition. Si votre alimentation est pauvre, en quantité ou en qualité, si vous voyagez à la dure et sautez des repas ou s'il vous arrive de perdre l'appétit, votre santé risque très vite de s'en ressentir, en même temps que vous perdrez du poids.

Assurez-vous que votre régime est équilibré. Œufs, tofu, légumes secs, lentilles et noix variées vous fourniront des protéines. Les fruits que l'on peut éplucher (bananes, oranges et mandarines par exemple) sont sans danger et vous apportent des vitamines. Essayez de manger des céréales et du pain en abondance. Si la nourriture présente moins de risques quand elle est bien cuite, n'oubliez pas que les plats trop cuits perdent leur valeur nutritionnelle. Si votre régime est mal équilibré ou insuffisant, prenez des vitamines et des comprimés à base de fer.

Santé au jour le jour. La température normale du corps est de 37°C ; deux degrés de plus représentent une forte fièvre. Le pouls normal d'un adulte est de 60 à 80 pulsations par minute (celui d'un enfant est de 80 à 100 pulsations ; celui d'un bébé de 100 à 140 pulsations). Il est important de savoir prendre la température par le pouls. En général, celui-ci augmente d'environ 20 pulsations à la minute avec chaque degré de fièvre.

La respiration est aussi un bon indicateur en cas de maladie. Comptez le nombre d'inspirations par minute : entre 12 et 20 chez un adulte, jusqu'à 30 pour un jeune enfant et jusqu'à 40 pour un bébé, sont des rythmes normaux. Les personnes qui ont une forte fièvre ou qui sont atteintes d'une maladie respiratoire grave (pneumonie par exemple) respirent plus rapidement. Plus de 40 inspirations faibles par minute indiquent en général une pneumonie.

Vous éviterez bien des problèmes de santé en vous lavant souvent les mains, afin de ne pas contaminer vos aliments. Brossez-vous les dents avec de l'eau traitée. On peut attraper des vers en marchant pieds nus ou se couper dangereusement sur du corail. On limitera les piqûres d'insectes en se couvrant, en dormant avec une moustiquaire et en s'enduisant de crèmes antimoustiques. Demandez conseil aux habitants du pays où vous vous trouvez : si l'on vous dit qu'il ne faut pas vous baigner à cause des méduses, des crocodiles ou de la bilharziose, ne vous baignez pas. En l'absence de conseils ou de renseignements, adoptez la plus grande prudence.

Problèmes de santé et traitement

Les éventuels problèmes de santé peuvent être répartis en plusieurs catégories. Tout d'abord, les problèmes liés au climat et à la géographie, dus aux températures extrêmes, à l'altitude ou aux transports. Puis les maladies provenant du manque d'hygiène ; celles transmises par les animaux ou les hommes ; et enfin les maladies propagées par les insectes. Enfin, de simples coupures, morsures ou égratignures peuvent aussi être source de problèmes.

L'auto-diagnostic et l'auto-traitement sont risqués ; aussi, chaque fois que cela est possible, adressez-vous à un médecin. Ambassades et consulats pourront en général vous en recommander un. Les hôtels cinq-étoiles aussi, mais les honoraires risquent aussi d'être cinq-étoiles (c'est là que votre assurance prend toute sa valeur). Dans certains endroits, les soins médicaux sont si médiocres qu'il vaudra mieux, dans la mesure du possible, sauter dans un avion et aller se faire soigner ailleurs.

Les voyageurs doivent également être avertis des risques d'allergie médicamenteuse, et éviter d'utiliser en Afrique australe les médicaments ou leurs dérivés auxquels ils sont sensibles.

Affections liées au climat

Coups de soleil. Sous les tropiques, dans le désert ou en haute altitude, on attrape des coups de soleil étonnamment vite, même par temps couvert. Utilisez un écran solaire et pensez à couvrir les endroits qui sont normalement protégés, les pieds par exemple. Si les chapeaux fournissent une bonne protection, n'hésitez pas à appliquer également un écran total sur le nez et les lèvres. Les lunettes de soleil s'avèrent souvent indispensables.

Fièvre miliaire. C'est une éruption cutanée due à la sueur qui s'évacue mal : elle frappe en général ceux qui viennent d'arriver dans un climat chaud et dont les pores ne sont pas encore suffisamment dilatés pour permettre une transpiration plus abondante que d'habitude. En attendant de vous acclimater, prenez des bains fréquents suivis d'un léger talcage, ou réfugiez-vous dans des locaux à air conditionné lorsqu'ils existent. Attention, il est recommandé de ne pas prendre plus de deux douches savonneuses par jour.

Insolation. Rester trop longtemps exposé au soleil peut provoquer une insolation. Symptômes : nausées, peau chaude, maux de tête. Dans cas, il faut rester dans le noir, appliquer une compresse d'eau froide sur les yeux et prendre de l'aspirine.

Coup de chaleur. Cet état grave, parfois mortel, survient quand le mécanisme de régulation thermique du corps ne fonctionne plus : la température s'élève alors de façon dangereuse. De longues périodes d'exposition à des températures élevées peuvent vous rendre vulnérable au coup de chaleur. Il faut éviter l'alcool et les activités fatigantes lorsque vous arrivez dans un climat chaud.

Symptômes : malaise général, transpiration faible ou inexistante et forte fièvre (39°C à 41°C). Là où la transpiration a cessé, la peau devient rouge. La personne qui souffre d'un coup de chaleur est atteinte d'une céphalée lancinante et éprouve des difficultés à coordonner ses mouvements ; elle peut aussi donner des signes de confusion mentale ou d'agressivité. Enfin, elle délire et a des convulsions. Il faut absolument hospitaliser le malade. En attendant les secours, installez-le à l'ombre, ôtez-lui ses vêtements, couvrez-le d'un drap ou d'une serviette mouillés et éventez-le continuellement.

Mycoses. Les infections fongiques dues à la chaleur apparaissent généralement sur le cuir chevelu, entre les doigts ou les orteils (pied d'athlète), sur l'aine ou sur le corps (teigne). On attrape la teigne (qui est un champignon et non un parasite animal) par des animaux infectés ou en marchant dans des endroits humides, comme le sol des douches.

Pour éviter les mycoses, portez des vêtements amples et confortables, en fibres naturelles, lavez-les fréquemment et séchez-les bien. Si vous attrapez des champignons, nettoyez quotidiennement la partie infectée avec un désinfectant ou un savon traitant et séchez bien. Appliquez ensuite un fongicide et laissez autant que possible à l'air libre. Changez fréquemment de serviettes et de sous-vêtements et lavez-les soigneusement à l'eau chaude. Bannir absolument les sous-vêtements qui ne sont pas en coton.

Froid. L'excès de froid est aussi dangereux que l'excès de chaleur, surtout s'il provoque une hypothermie. Si vous faites une randonnée en haute altitude ou, plus simplement, si vous faites un trajet de nuit en bus dans la montagne, prenez vos précautions. Dans certains pays, il faut toujours être équipé contre le froid, le vent et la pluie, même si vous ne faites qu'une promenade.

L'hypothermie a lieu lorsque le corps perd de la chaleur plus vite qu'il n'en produit et que sa température baisse. Le passage d'une sensation de grand froid à un état dangereusement froid est étonnamment rapide quand vent, vêtements humides, fatigue et faim se combinent, et même si la température extérieure est supérieure à zéro. Le mieux est de s'habiller par couches : soie, laine et certaines fibres synthétiques nouvelles sont tous de bons isolants. Un chapeau est important, car on perd beaucoup de chaleur par la tête. La couche supérieure de vêtements doit être solide et imperméable car il est vital de rester au sec. Emportez du ravitaillement de base comprenant des sucres rapides, qui génèrent rapidement des calories, et des boissons en abondance.

Symptômes : fatigue, engourdissement, en particulier des extrémités (doigts et orteils), grelottements, élocution bredouillante, comportement incohérent ou violent, léthargie, démarche trébuchante, vertiges, crampes musculaires, et explosions soudaines d'énergie. La personne atteinte d'hypothermie peut déraisonner au point de prétendre qu'elle a chaud et de se dévêtir.

Pour soigner l'hypothermie, protégez le malade du vent et de la pluie, enlevez-lui ses vêtements s'ils sont humides et habillez-le chaudement. Donnez-lui une boisson chaude (pas d'alcool) et de la nourriture très calorique, facile à digérer. Cela devrait suffire pour les premiers stades de l'hypothermie. Néanmoins, si son état est plus grave, couchez-le dans un sac de couchage chaud. Il ne faut pas le frictionner, le placer près d'un feu ni lui changer ses vêtements dans le vent. Si possible, faites-lui prendre un bain chaud (pas brûlant).

Mal des transports. Pour réduire les risques d'avoir le mal des transports, mangez légèrement avant et pendant le voyage. Si vous êtes sujet à ces malaises, essayez de trouver un siège dans une partie du véhicule où les oscillations sont moindres : près de l'aile dans un avion, au centre sur un bateau et dans un car. Si en général l'air frais requinque, il faut éviter de lire et de fumer.

Tout médicament doit être pris avant le départ ; une fois que vous vous sentez mal, il est trop tard.

Affections liées aux conditions sanitaires

Diarrhée. Le changement de nourriture, d'eau ou de climat suffit à la provoquer ; si elle est causée par des aliments ou de l'eau contaminés, le problème est plus grave. En dépit de toutes vos précautions, vous aurez peut-être la "tourista", mais quelques visites aux toilettes sans aucun autre symptôme n'ont rien d'alarmant. En revanche, une diarrhée modérée qui vous oblige à vous précipiter aux toilettes une demi-douzaine de fois par jour est plus ennuyeuse. La déshydratation est le danger principal que fait courir toute diarrhée, particulièrement chez les enfants. Ainsi le premier traitement consiste à boire beaucoup : idéalement, il faut mélanger huit cuillères à café de sucre et une de sel dans un litre d'eau. Sinon du thé noir léger, avec peu de sucre, des boissons gazeuses qu'on laisse se dégazéifier et qu'on dilue à 50% avec de l'eau purifiée, sont les boissons recommandées. En cas de forte diarrhée, il faut prendre une solution réhydratante pour remplacer les sels minéraux. Quand vous irez mieux, continuez à manger légèrement. Les antibiotiques peuvent être utiles dans le traitement de diarrhées très fortes, en particulier si elles sont accompagnées de nausées, de vomissements, de crampes d'estomac ou d'une fièvre légère. Trois jours de traitement sont généralement suffisants et on constate normalement une amélioration dans les 24 heures. Toutefois, lorsque la diarrhée persiste au-delà de 48 heures ou s'il y a présence de sang dans les selles, il est préférable de consulter un médecin.

Giardiase. Ce parasite intestinal est présent dans l'eau souillée ou dans les aliments souillés par l'eau. Symptômes : crampes d'estomac, nausées, estomac ballonné, selles très liquides et nauséabondes et gaz fréquents. La giardiase peut n'apparaître que plusieurs semaines après la contamination. Les symptômes peuvent disparaître pendant quelques jours puis réapparaître, et ceci pendant plusieurs semaines.

Dysenterie. Affection grave, due à des aliments ou de l'eau contaminés, la dysenterie se manifeste par une violente diarrhée, souvent accompagnée de sang ou de mucus dans les selles. On distingue deux types de dysenterie : la dysenterie bacillaire qui se caractérise par une forte fièvre et une évolution rapide ; maux de tête et d'estomac et vomissements en sont les symptômes. Elle dure rarement plus d'une semaine mais elle est très contagieuse. La dysenterie amibienne, quant à elle, évolue plus graduellement, sans fièvre ni vomissements, mais elle est plus grave. Elle dure tant qu'elle n'est pas traitée, peut réapparaître et causer des problèmes de santé à long terme. Une analyse des selles est indispensable pour diagnostiquer le type de dysenterie. Il faut donc voir un médecin rapidement.

Choléra. Le vaccin contre le choléra n'est efficace qu'à 20 à 50% et peut présenter des effets secondaires. Cette vaccination n'est en général pas recommandée (ni obligatoire) pour les pays présentés dans cet ouvrage, mais d'autres pays d'Afrique (comme la Tanzanie, le Rwanda ou le Nigeria) la recommandent énergiquement avant le passage de leur frontière. Si vous voyagez vers le nord et souhaitez éviter quelque mauvaise surprise, prenez la peine de vous faire vacciner avant votre départ.

Ces dernières années, quelques cas isolés de choléra ont été répertoriés dans les Eastern Highlands du Zimbabwe. Informez-vous de la situation, tant au sujet de cette affection que d'autres maladies, en vous renseignant auprès des cliniques pour voyageurs ou des centres de vaccinations, et évitez les régions de maladie déclarée.

Prenez donc toutes les précautions alimentaires nécessaires. Les cas de choléra sont généralement signalés à grande échelle ce qui permet d'éviter les régions concernées. Symptômes : diarrhée soudaine, selles très liquides et claires, vomissements, crampes musculaires et extrême faiblesse. Il faut consulter un médecin ou aller à l'hôpital au plus vite mais on peut commencer à lutter immédiatement contre la déshydratation qui peut être très forte. Le Coca-Cola salé, dégazéifié et dilué au 1/5e ou encore le bouillon bien salé seront utiles en cas d'urgence.

Gastro-entérite virale. Provoquée par un virus et non par une bactérie, elle se traduit par des crampes d'estomac, de la diarrhée et parfois des vomissements et/ou une légère fièvre. Un seul traitement : repos et boissons en quantité.

Hépatites. L'hépatite A, la souche virale la plus commune en Afrique australe, se transmet par l'eau et les aliments contaminés. Premiers symptômes : fièvre, frissons, migraine, fatigue, faiblesse et douleurs, suivis d'une perte d'appétit, de nausées, de vomissements, de douleurs abdominales. Les urines sont foncées, les selles claires ; la peau et le blanc des yeux prennent une teinte jaune. La fièvre intervient rarement. Parfois la maladie se manifeste plus discrètement : malaise général, fatigue, perte d'appétit et douleurs. Il faut demander l'avis d'un médecin mais, en général, il n'y a pas grand-chose à faire à part se reposer, boire beaucoup et manger légèrement en évitant les graisses.

Si vous contractez l'hépatite A durant un court séjour en Afrique, vous devrez probablement prendre immédiatement vos dispositions pour rentrer dans votre pays. Cependant, si vous avez le temps et bénéficiez de la présence d'un compagnon de voyage attentionné, qui pourra vous apporter eau et nourriture, le meilleur traitement consiste à rester sur place, vous munir de quelques bons romans et de ne sortir du lit que pour aller aux toilettes. Après un mois environ, vous devriez vous sentir revivre. Buvez beaucoup de liquide et observez un régime riche en protéines et en vitamines. Alcool et tabac sont à proscrire absolument.

L'hépatite B se transmet par voie sexuelle ou sanguine (piqûre, transfusion). Évitez de vous faire percer les oreilles, de vous faire tatouer ou de vous faire soigner par piqûres si vous avez des doutes quant à l'hygiène des lieux. Les symptômes de l'hépatite B sont presque les mêmes que ceux de l'hépatite A mais la B est beaucoup plus grave. Elle peut provoquer des lésions au foie et parfois même le cancer du foie.

A titre préventif, l'hépatite A et l'hépatite B ont désormais leurs vaccins, très efficaces.

Il existe d'autres types d'hépatites (appelées précédemment hépatites non A, non B). Une variante de la souche B, appelée hépatite C a notamment été isolée. Des inconnues persistent quant à ce virus mais il semble que la transmission et les symptômes soient les mêmes que pour l'hépatite B. A l'heure actuelle, il n'existe pas de vaccin contre ce virus. L'hépatite D est également très similaire à la B et se manifeste en même temps. L'hépatite E, identique à la A, se contracte de la même manière, c'est-à-dire par l'eau et la nourriture.

Typhoïde. La fièvre typhoïde est également une infection intestinale, qui atteint le tube digestif. La vaccination n'est pas entièrement efficace et l'infection est particulièrement dangereuse : il faut absolument appeler un médecin.

Premiers symptômes : les mêmes que ceux d'un mauvais rhume ou d'une grippe, mal de tête, de gorge, fièvre qui augmente un peu chaque jour jusqu'à atteindre 40°C ou plus. Le pouls est souvent lent par rapport à la température élevée et ralentit encore au fur et à mesure que la fièvre augmente, à l'inverse de ce qui se passe normalement. Ces symptômes peuvent être accompagnés de vomissements, de diarrhée ou de constipation.

La deuxième semaine, la fièvre reste forte et le pouls lent ; quelques petites tâches roses peuvent apparaître sur le corps. Autres symptômes : tremblements, délire, faiblesse, perte de poids et déshydratation. S'il n'y a pas d'autres complications, la fièvre et les autres symptômes disparaissent peu à peu la troisième semaine. Cependant, un suivi médical est indispensable car les complications sont fréquentes, en particulier la pneumonie (infection aiguë des poumons) et la péritonite (éclatement de l'appendice). De plus, la typhoïde est très contagieuse.

Il faut garder le malade dans une salle fraîche et veiller à ce qu'il ne se déshydrate pas.

Tétanos. Cette maladie parfois mortelle se rencontre surtout dans les pays tropicaux en voie de développement. Difficile à soigner, elle se prévient par vaccination. Le tétanos se développe dans les plaies infectées par un germe qui vit dans les selles des animaux ou des hommes. Il est indispensable de bien nettoyer coupures et morsures. Le tétanos déclenche le trismus, spasme musculaire de la mâchoire. Les premiers symptômes peuvent être une difficulté à avaler ou une raideur de la mâchoire ou du cou ; puis suivent des convulsions douloureuses de la mâchoire et du corps tout entier.

Rage. Très répandue en Afrique, cette maladie est transmise par une morsure ou une griffure faites par un animal contaminé. Les chiens en sont les principaux vecteurs de même que les singes et les chats. Morsures, griffures ou même simples coups de langue d'un mammifère doivent être nettoyés immédiatement et à fond. Frottez avec du savon et de l'eau courante, puis nettoyez avec de l'alcool. S'il y a le moindre risque que l'animal soit contaminé, allez immédiatement voir un médecin. Même si l'animal n'est pas enragé, toutes les morsures doivent être surveillées de près pour éviter les risques d'infection et de tétanos. Un vaccin antirabique est désormais disponible. Il faut y songer si vous pensez prendre certains risques, comme explorer des grottes (les morsures de chauves-souris peuvent être dangereuses) ou travailler avec des animaux. Sachez cependant que la vaccination préventive ne dispense pas de la nécessité de se faire administrer le plus vite possible un traitement antirabique après un contact avec un animal enragé ou dont le comportement peut paraître suspect.

Méningite à méningocoques. Cette maladie est particulièrement répandue en Afrique subsaharienne ; en Afrique australe, les risques sont les plus importants durant les mois d'été, de novembre à avril. La méningite se contracte par simple contact avec les personnes contaminées qui souvent ignorent l'être et transmettent cette affection par leurs postillons d'éternuements ou de toux.

Le vaccin est efficace pendant plus de 4 ans mais renseignez-vous quand même sur les épidémies. Cette maladie très grave attaque le cerveau et peut être mortelle. Taches disséminées sur le corps, fièvre, trouble de la conscience, fort mal de tête, hypersensibilité à la lumière et raideur du cou en constituent les premiers symptômes. La mort peut survenir en quelques heures. Il faut se faire soigner immédiatement.

Tuberculose. Bien que cette maladie soit très répandue dans de nombreux pays en développement, elle ne présente pas de grand danger pour le voyageur. Les enfants de moins de 12 ans sont plus exposés que les adultes. Il est donc conseillé de les faire vacciner s'ils voyagent dans des régions où la maladie est endémique. La tuberculose se propage par la toux ou par des produits laitiers non pasteurisés faits avec du lait de vaches tuberculeuses. On peut boire du lait bouilli et manger yaourts et fromages (l'acidification du lait dans le processus de fabrication élimine les bacilles) sans courir de risques.

Bilharziose. Relativement répandue en Afrique, la bilharziose est transmise par de minuscules vers aquatiques dont la larve contamine certaines espèces d'escargots d'eau douce que l'on trouve dans les rivières, les ruisseaux, les lacs et particulièrement dans les retenues des barrages – les cours d'eau des Eastern Highlands du Zimbabwe et du delta de l'Okavango, au Botswana, étant l'exception qui confirme la règle. Les vers se multiplient et infestent le milieu aquatique de ces escargots ; comme ces derniers ne vivent qu'en eau douce, il n'y a aucun risque de contracter la bilharziose en se baignant dans la mer.

Lorsqu'on se baigne dans ces endroits, les vers pénètrent dans le corps par la peau et se fixent dans les intestins ou la vessie où ils pondent un grand nombre d'œufs. Premier symptôme : picotement ou légère éruption cutanée à l'endroit où le ver est passé sous la peau. Quelques semaines plus tard, lorsque le ver pond ses œufs, une forte fièvre peut apparaître. Un malaise général peut également être un signal d'alarme. Une fois que la maladie est installée, deux signes permettent de la déceler : des douleurs abdominales et du sang dans les urines.

Eviter de se baigner dans de l'eau douce contaminée par la bilharziose est encore la meilleure méthode de prévention. Même les eaux douces profondes peuvent être infestées. Si par mégarde ou par accident, vous vous baignez quand même, séchez-vous vite de même que vos vêtements. Consultez un médecin si vous risquez d'être contaminé et faites-lui part des raisons de votre inquiétude qui l'aideront dans son diagnostic, les premiers symptômes de la bilharziose pouvant être confondus avec ceux du paludisme ou de la typhoïde.

Diphtérie. Elle prend deux formes, celle d'une infection cutanée ou celle d'une infection de la gorge, plus dangereuse. On l'attrape au contact de poussière contaminée sur la peau, ou en inhalant des postillons d'éternuements ou de toux de personnes contaminées. Pour prévenir l'infection cutanée, il faut se laver souvent et bien sécher la peau – ce qui n'est pas toujours facile en Afrique. Il existe un vaccin contre l'infection de la gorge.

Maladies sexuellement transmissibles. La blennorragie et la syphilis sont les maladies les plus répandues ; plaies, cloques ou éruptions autour des parties génitales, suppurations ou douleurs en urinant en sont les symptômes habituels ; ils peuvent être moins forts ou inexistants chez les femmes. Les symptômes de la syphilis finissent par disparaître complètement mais la maladie continue à se développer et elle provoque de graves problèmes par la suite. On traite la blennorragie et la syphilis par les antibiotiques. Les maladies sexuellement transmissibles (MST) sont nombreuses mais on dispose d'un traitement efficace pour la plupart d'entre elles. Cependant il n'y a pas de remède contre l'herpès pour le moment.

VIH/SIDA. L'infection au VIH (virus de l'immunodéficience humaine), agent causal du SIDA (syndrome d'immunodéficience acquise) est présente dans pratiquement tous les pays et épidémique dans nombre d'entre eux. La prévalence du virus en Afrique atteint un niveau très élevé, inconnu en Europe, qui devrait être le souci majeur tous les visiteurs. L'épidémie est particulièrement grave en Afrique orientale – certaines régions de l'Ouganda sont déjà entièrement dépeuplées – et s'est propagée vers le sud, notamment le long des axes routiers et dans les zones où les hommes sont obligés de travailler loin de leurs familles. C'est pourquoi, les hommes économiquement productifs et, souvent, leurs épouses constituent le segment le plus vulnérable de la société.

Des trois pays présentés dans cet ouvrage, le Zimbabwe connaît à ce titre la situation la plus grave – à l'heure actuelle, 90% de la mortalité y est due au SIDA. Ces statistiques, notamment celles concernant le Zimbabwe, sont aussi effrayantes que difficiles à accepter. A peu près ignoré jusqu'au début des années 90, le programme d'information sur les risques du SIDA lancé par le gouvernement gagne du terrain, programme cependant combattu par le parlementaire Ruth Chinamano qui, sans mâcher ses mots, affirme que la campagne de prévention n'est autre qu'un complot européen visant à empêcher les Africains d'avoir des enfants.

Un communiqué de presse datant de 1993 rapporte 25 300 cas de sida déclaré, tandis que les estimations officielles énoncent le chiffre d'environ 55 000 cas, et de 700 000 personnes infectées par le virus VIH. Un rapport précédent estimait qu'en 1990, 60% des soldats, 30 à 50% des personnes hospitalisées et 20% de la population générale zimbabwéenne étaient séropositives, et que 5,18% des dons de sang contrôlés étaient infectés.

La transmission de cette infection se fait : par rapport sexuel (hétérosexuel – principale cause en Afrique – ou homosexuel – anal, vaginal ou bucal) d'où l'impérieuse nécessité d'utiliser des préservatifs à titre préventif ; par le sang, les produits sanguins et les aiguilles contaminées. Il est impossible de détecter la présence du VIH chez un individu apparemment en parfaite santé sans procéder à un examen sanguin.

Le virus se transmet par les produits sanguins infectés : le Zimbabwe, le Botswana et la Namibie affirment que tous les dons de sang sont contrôlés. Si vous devez subir une transfusion sanguine d'urgence, préférez les cliniques privées aux hôpitaux publics et, si vous en avez la possibilité, cherchez à être absolument sûr que le sang en question n'est pas infecté.

Il faut éviter tout échange d'aiguilles. S'ils ne sont pas stérilisés, tous les instruments de chirurgie, les aiguilles d'acupuncture et de tatouages, les instruments utilisés pour percer les oreilles ou le nez peuvent transmettre l'infection. Il est fortement conseillé d'emporter seringues et aiguilles, car celles que l'on vend en pharmacie ne sont pas toujours fiables.

Toute demande de certificat attestant la séronégativité pour le VIH (certificat d'absence de SIDA) est contraire au Règlement sanitaire international (article 81).

Affections transmises par les insectes

Le paludisme. Le paludisme, ou malaria, est transmis par un moustique, l'anophèle. Ce moustique ne pique que la nuit, entre le coucher et le lever du soleil.

Si vous voyagez dans des régions où la maladie est endémique, il faut absolument suivre un traitement préventif. Les zones présentant aujourd'hui le plus grand risque comprennent les vallées du Zambèze et du Chobe, le veld sud-est du Zimbabwe et le Caprivi Strip de Namibie.

Symptômes : migraines, fièvre, frissons et sueurs qui disparaissent puis reviennent. Non traitée, le paludisme peut avoir des suites graves, parfois mortelles. Il existe différents types de paludisme dont le paludisme à falciparum pour lequel le traitement devient de plus en plus difficile à mesure que la résistance du parasite aux médicaments gagne en intensité.

Les médicaments antipaludéens n'empêchent pas la contamination mais ils suppriment les symptômes de la maladie. Pour la chimioprophylaxie, renseignez-vous auprès des centres de vaccination ou de maladies tropicales. Vous pouvez surtout prendre d'autres précautions : le soir, quand les moustiques sont en pleine activité, couvrez vos bras et surtout vos chevilles, mettez de la crème antimoustique. On peut aussi brûler des tortillons contre les moustiques, dormir sous une moustiquaire imprégnée d'insecticides, mettre des moustiquaires aux fenêtres ou brancher un diffuseur électrique. Les moustiques sont parfois attirés par le parfum ou l'après-rasage. Le risque de contamination est plus élevé en zone rurale et pendant la saison des pluies.

Tout voyageur atteint de fièvre ou montrant les symptômes de la grippe doit se faire examiner. Il suffit d'une analyse de sang pour établir le diagnostic. Contrairement à certaines croyances, une crise de paludisme ne signifie pas que l'on est touché à vie. Grâce aux médicaments, le parasite peut être éradiqué. Le paludisme est curable dans la mesure où l'on agit dès les premiers symptômes.

La chloroquine est le traitement prophylactique actuellement recommandé au Zimbabwe, au Botswana et en Namibie, bien que les souches locales y deviennent toujours plus résistantes. C'est pourquoi nombre de médecins préconisent désormais des molécules plus modernes comme la méfloquine et la doxycycline. En tout état de cause, consultez votre médecin traitant avant de choisir vos médicaments antipaludéens.

Cela dit, maints locaux ou expatriés travaillant durant de longues périodes en Afrique australe préfèrent ne suivre aucun traitement prophylactique, mais traiter la maladie seulement lorsqu'elle se déclare, la raison étant que les médications présentent souvent des effets secondaires graves, touchant notamment le foie et les yeux, si elles sont suivies longtemps.

Myiasis. Cette affection désagréable est provoquée par la larve du *tumbu* ou mouche *putse* qui dépose ses œufs sur les vêtements humides. Après son éclosion, la larve pénètre sous la peau, provoquant l'apparition d'un furoncle douloureux. Pour tuer l'envahisseur, versez une goutte de peroxyde d'hydrogène, d'alcool ou de pétrole sur le furoncle, ce qui asphyxie le vers, puis pressez le furoncle pour extirper ce dernier.

Maladie du sommeil. Dans certaines parties de l'Afrique tropicale, les mouches tsé-tsé peuvent transmettre la trypanoso-miase ou maladie du sommeil. Chevaux et vaches ont disparu à cause d'elle dans certaines régions. Le risque d'infection est très faible, et confiné à une portion de l'aire de la mouche tsé-tsé, au Zimbabwe occidental et aux vallées du Zambèze et du Chobe. La mouche tsé-tsé est environ deux fois plus grosse qu'une mouche normale et elle se reconnaît à la façon dont elle plie ses ailes au repos, comme des ciseaux. Seul un faible pourcentage des mouches tsé-tsé est porteur de la maladie mais il faut éviter les piqûres autant que possible. Les mouches sont attirées par les choses de grande taille qui se déplacent (comme les bus de safari) mais aussi par les parfums et les lotions après-rasage. Une piqûre qui gonfle au bout de cinq jours ou plus est le premier signal d'alerte ; la fièvre apparaît deux ou trois semaines plus tard. La maladie est grave mais elle se soigne bien. Il n'y a pas de vaccin.

Dengue. Il n'y a pas de traitement prophylactique contre cette maladie propagée par les moustiques ; la seule mesure préventive consiste à éviter de se faire piquer. Poussée de fièvre, maux de tête, crise dépressive momentanée, douleurs articulaires et musculaires précèdent une éruption cutanée sur le tronc qui s'étend ensuite aux membres puis au visage. Au bout de quelques jours, la fièvre régresse et la convalescence commence. Les complications graves sont rares.

Fièvre jaune. Cette maladie virale est endémique dans de nombreux pays africains, mais seulement dans les confins septentrionaux des régions présentées dans cet ouvrage – les vallées du Zambèze, du Chobe et de l'Okavango, ainsi que le nord-est de la Namibie. Elle est transmise par un moustique. Premiers symptômes : fièvre, migraine, douleurs abdominales et vomissements. Il y a parfois une brève rémission avant que la maladie évolue vers de graves complications comme un dérèglement biliaire. Il n'y a pas de traitement médical ; il faut simplement essayer de faire baisser la fièvre et éviter la déshydratation. Le vaccin contre la fièvre jaune, hautement recommandé à tout voyageur se rendant en Afrique, est très efficace pendant dix ans. Il est obligatoire pour entrer dans certains pays notamment lorsque l'on vient d'une région infectée.

Vers. Fréquents en zones rurales tropicales, on les trouve dans les légumes non lavés ou la viande trop peu cuite. Ils se logent également sous la peau quand on marche pieds nus (ankylostome). Souvent l'infection ne se déclare qu'au bout de plusieurs semaines. Bien que bénigne en général, elle doit être traitée sous peine de complications sérieuses. Une analyse des selles est nécessaire ; les médicaments sont vendus sans ordonnance dans la plupart des pays.

Typhus. Le typhus est transmis par les tiques, les acariens ou les poux. Il commence comme un mauvais rhume, suivi de fièvre, de frissons, de migraines, de douleurs musculaires et d'une éruption cutanée. Une plaie douloureuse se forme autour de la piqûre et les nodosités lymphatiques voisines sont enflées et douloureuses.

Le typhus transmis par les tiques menace les randonneurs en Afrique australe qui risquent d'attraper les tiques du bétail et des animaux sauvages. Le typhus rural est transmis par les acariens qui se nourrissent en piquant des rongeurs contaminés. Demandez conseil aux habitants dans les régions où les tiques présentent un danger et vérifiez soigneusement, après chaque promenade, que vous n'en avez pas sur vous. Un bon produit répulsif est utile ; les randonneurs doivent porter des bottes et des pantalons imprégnés de benzoate de benzol et de dibutylphthalate.

Encéphalite japonaise. Cette infection virale touchant le cerveau est propagée par des moustiques. La vaccination est recommandées aux voyageurs souhaitant séjourner plus d'un mois dans une région rurale à risque durant la saison des pluies, à ceux effectuant des séjours répétés dans une région à risque ou prévoyant de séjourner un an ou plus dans une région à risque, et à ceux qui se rendent dans une région d'épidémie déclarée. Cette maladie est cependant très rare au sein de la population des voyageurs : seuls 25 cas graves ont été enregistrés dans le monde.

Coupures, piqûres et morsures

Coupures et égratignures. Les blessures s'infectent très facilement dans les climats chauds et se cicatrisent difficilement. Coupures et égratignures doivent être traitées avec un antiseptique et du mercurochrome. Évitez si possible bandages et pansements qui empêchent la plaie de sécher.

Serpents. Portez toujours bottes, chaussettes, guêtres en toile ou pantalons longs pour marcher dans la végétation. Ne hasardez pas la main dans les trous et les anfractuosités et faites attention lorsque vous ramassez du bois pour faire du feu.

La vipère heurtante est la principale cause de morsure en Afrique australe. Ce serpent appréciant plus particulièrement les bancs de sables des lits de rivières asséchées, il sera préférable de porter de robustes chaussures dans ces endroits, plutôt que des sandales. Au titre des espèces dangereuses, mentionnons également les mambas verts ou noirs, la vipère du Gabon et les cobras cracheurs.

Les morsures de serpents ne provoquent pas instantanément la mort et il existe généralement des anti-venins. Il faut calmer la victime, lui interdire de bouger, bander étroitement le membre comme pour une foulure et l'immobiliser avec une attelle. Trouvez ensuite un médecin et apportez-lui si possible le serpent mort. N'essayez en aucun cas d'attraper le serpent s'il y a le moindre risque qu'il attaque de nouveau. On sait désormais qu'il ne faut absolument pas sucer le venin ou poser un garrot. En brousse, les randonneurs seraient bien avisés d'emporter un guide de la faune comportant un descriptif détaillé et illustré des serpents dangereux.

Insectes. Fourmis, moucherons, moustiques, guêpes, abeilles et mouches sont tout aussi agressifs en Afrique australe qu'en Europe. Les piqûres de guêpe ou d'abeille sont généralement plus douloureuses que dangereuses. Une lotion apaisante ou des glaçons soulageront la douleur et empêcheront la piqûre de trop gonfler. Certaines araignées sont dangereuses mais il existe en général des antivenins. La plus dangereuse est l'araignée *button spider* qui vit dans la vallée du Zambèze, mais qui heureusement est assez rare. Les piqûres de scorpions sont très douloureuses et parfois invalidantes. Les scorpions se glissent souvent dans les vêtements ou les chaussures.

Sangsues et tiques. Les sangsues sont présentes dans les régions de forêts humides. Elles se collent à la peau et sucent le sang. Les randonneurs en retrouvent souvent sur leurs jambes ou dans leurs bottes. Du sel ou le contact d'une cigarette allumée les feront tomber. Ne les arrachez pas car la morsure s'infecterait plus facilement. Une crème répulsive peut les dissuader. Utilisez de la vaseline, de l'alcool ou de l'huile pour vous débarrasser des tiques. Vérifiez toujours que vous n'avez pas attrapé de tiques dans une région infestée : elles peuvent transmettre le typhus.

Santé au féminin

Problèmes gynécologiques. Une nourriture pauvre, une résistance amoindrie par l'utilisation d'antibiotiques contre des problèmes intestinaux peuvent favoriser les infections vaginales lorsqu'on voyage dans des pays à climat chaud. Respectez une hygiène intime scrupuleuse et portez jupes ou pantalons amples et sous-vêtements en coton.

Les champignons, caractérisés par une éruption cutanée, des démangeaisons et des pertes, peuvent se soigner facilement. En revanche, les trichomonas sont plus graves ; pertes blanches et sensation de brûlure en urinant en sont les symptômes. Le partenaire masculin doit également être soigné.

Il n'est pas rare que le cycle menstruel soit perturbé lors d'un voyage.

Grossesse. La plupart des fausses couches ont lieu pendant les trois premiers mois de la grossesse. C'est donc la période la plus risquée pour voyager. Pendant les trois derniers mois, il vaut mieux rester à distance raisonnable de bonnes infrastructures médicales, en cas de problèmes. Les femmes enceintes doivent éviter de prendre inutilement des médicaments. Cependant certains vaccins et traitements préventifs contre le paludisme restent nécessaires. Mieux vaut consulter un médecin avant de prendre quoi que ce soit.

SEULE EN VOYAGE

L'Afrique australe est une région des pays en voie de développement où les femmes peuvent rencontrer les hommes du cru – Blancs ou Noirs – et discuter avec eux sans que leur attitude soit nécessairement mal interprétée. Cela ne signifie pas que le stigmate de l'"étranger aux mœurs légères" qui prédomine dans tant de pays soit ici totalement absent, mais les Zimbabwéens blancs se sont efforcés de combattre le cliché selon lequel toute femme d'ascendance européenne serait désireuse d'entretenir des relations galantes avec le premier venu. De même, rien ne dit que vous ne ferez pas l'objet d'une attention soutenue, si vous vous aventurez seule dans un bar ou une discothèque. En général, les hommes sobres se montrent aussi polis que respectueux, et si vous manifestez votre manque d'intérêt, vous n'aurez pas à repousser des mains baladeuses durant la conversation ou sur une piste de danse.

N'oubliez pas cependant que l'on s'attend à une certaine pudeur de votre part : les manches courtes sont acceptables, mais ne portez pas des jupes trop au-dessus du genou. Pour éviter toute attention indésirable, les coups de soleil et se protéger de la chaleur, optez pour des vêtements les plus couvrants possible.

La menace d'agression sexuelle n'est pas plus importante en Afrique australe qu'en Europe, mais évitez de marcher seule dans les parcs et les ruelles, surtout la nuit.

Bien que ces pays soient considérablement plus sûrs que d'autres pays africains, tels que le Kenya, il n'est pas recommandé de pratiquer seule l'auto-stop. Dans ces trois pays, refusez de monter dans une voiture dont le conducteur est manifestement en état d'ébriété (ce qui malheureusement n'est pas rare), ou dont les passagers sont exclusivement masculins. De même, n'acceptez pas de monter dans un véhicule militaire – ceux-ci s'arrêteront presque inévitablement – à moins qu'une nombreuse présence masculine ne vous gêne pas. Évitez naturellement de pratiquer l'auto-stop la nuit, et faites appel à votre bon sens.

ACTIVITÉS SPORTIVES

Safaris et découverte de la faune

Si vous visitez pour la première fois l'Afrique australe, vous prévoirez certainement de faire au moins une incursion dans le bush pour y rencontrer ces animaux dont l'aspect vous est devenu familier au fil des ans grâce aux magazines et aux documentaires traitant de la faune. Si le terme de "safari" évoque l'image d'aventuriers marchant en file indienne à travers la brousse derrière un impressionnant fusil à éléphant, il présente aujourd'hui un plus large éventail de connotations. Ce mot, qui signifie "nous partons" en langue swahili, peut en effet faire référence à diverses activités, rafting, randonnée en brousse, à pied ou à cheval, voire voyage reposant dans un train ou un avion !

La plupart des safaris sont cependant consacrés à la découverte de la faune, et puisque la grande majorité des parcs nationaux sont inaccessibles sans véhicule, les voyageurs indépendants apprécieront de pouvoir se joindre aux safaris organisés sans avoir à louer de voiture. Ne soyez pas découragé par les tarifs des safaris organisés à l'avance à l'étranger, essentiellement destinés aux touristes ne souhaitant pas lésiner sur le confort et pouvant en payer le prix. Vous trouverez sur place une grande diversité d'activités aux prix abordables, dont maintes randonnées en brousse avec camping qui seront mentionnées dans les chapitres suivants.

Les voyageurs à petit budget pourront cependant se sentir quelque peu frustrés par une réglementation apparemment conçue tout spécialement pour les priver des joies du safari. Il n'existe pas de transport public dans les parcs, il est interdit d'y faire de l'auto-stop, et les randonnées, ainsi que le camping individuel dans le bush, sont interdits au Zimbabwe, à l'exception des Mana Pools où la réglementation rend très difficile l'accès sans véhicule. L'obstination se révèle cependant payante, car nous ne connaissons personne qui, souhaitant véritablement découvrir un parc, n'y soit parvenu. L'auto-stop est inter-

Les braconniers

Rares sont les voyageurs s'aventurant suffisamment loin des sentiers battus pour rencontrer des braconniers. Cette question ne doit cependant pas être prise à la légère.

Chacun des trois pays traités dans ce guide rejette sur les deux autres la responsabilité du braconnage – la situation est identique en Zambie, en Angola, au Mozambique et en Afrique du Sud. Quel que soit cependant leur pays d'origine, les braconniers sont des hommes d'affaires impitoyables, attirés par les tarifs très élevés qu'atteignent les produits d'origine animale, tels que l'ivoire et, plus particulièrement, les cornes de rhinocéros, en raison de la diminution rapide de ces ressources.

La corne de rhinocéros est un composant très recherché pour la confection de gaines de manches de poignards au Yémen et certaines cultures orientales lui prêtent des vertus médicinales et aphrodisiaques. Ces deux marchés dépensent des fortunes pour se procurer cette matière première : aussi longtemps que quelqu'un sera prêt à payer le prix fort, d'autres seront prêts à risquer leur vie pour répondre à la demande.

Comme la plupart des pays africains pratiquent la politique du "tirer à vue" en matière de braconnage, les coupables n'apprécient guère que l'on s'aventure au cœur de la brousse sur les terrains où ils s'adonnent à leur commerce abominable. Tout ce qui se trouve entre un braconnier et son bénéfice sera autant en danger que la proie même. ■

Les grands animaux
Si le risque de se faire agresser par un grand animal est très largement exagéré, l'observation de quelques règles élémentaires vous permettra cependant de minimiser les conséquences d'une rencontre malencontreuse.

Les cinq animaux potentiellement les plus dangereux pour l'être humain ont été regroupés par les chasseurs dans une check-list intitulée les "*Big Five*" : le lion, le léopard, le buffle, l'éléphant et le rhinocéros. Les lions, bien que rarement intéressés par les êtres humains, sont connus pour attaquer à l'occasion. Si vous campez dans le bush, fermez hermétiquement votre tente et si vous entendez un grand animal à l'extérieur, attendez calmement, même s'il se frotte contre la toile. Bien sûr, c'est plus facile à dire qu'à faire, mais les lions, qui ne savent pas vraiment que faire d'une tente, normalement les délaissent .

Si, marchant dans la brousse, vous rencontrez le "roi des animaux" (et plus particulièrement une lionne), résistez à la montée d'adrénaline (également plus facile à dire qu'à faire) et surtout, quoi que vous fassiez, ne vous enfuyez pas en courant : si votre comportement se révèle comparable à celui d'une proie, le fauve réagira en conséquence. Quant au léopard, en raison de sa vie nocturne, vous ne risquez guère de pouvoir en observer un, sans parler du danger qu'il pourrait éventuellement représenter.

Bien que le buffle soit docile en troupeau, les individus isolés se révèlent plus irritables. Évitez-les. Si vous en rencontrez un dans la brousse, rebroussez chemin calmement sans faire de gestes brusques jusqu'à disparaître de sa vue. Si le buffle charge, grimpez sur l'arbre le plus proche ou plongez dans les broussailles.

Sauf si vous vous déplacez en véhicule, il vaudra mieux éviter les éléphants ; leur taille vous dissuadera certainement de les observer de près. Cet animal végétarien n'est certainement pas assoiffé de sang, mais l'on dit de lui qu'il n'oublie jamais. Un éléphant ayant déjà eu des problèmes avec des êtres humains risque de vouloir prendre sa revanche. Un éléphant reniflant et tenant sa trompe dressée aura probablement détecté votre présence ; éloignez-vous tranquillement. Évitez les femelles accompagnées d'éléphanteaux ; de même, n'approchez jamais un pachyderme portant des blessures visibles, à la patte ou à la trompe par exemple (ce qui indique qu'il est tombé dans un piège). En camping, ne conservez pas dans votre tente des fruits frais – et plus particulièrement des oranges – qui attirent les éléphants.

dit dans les parcs, mais non à l'extérieur de l'enceinte où un automobiliste pourra s'arrêter et vous conduire précisément là où vous désirez aller. Nous avons même été pris en charge par des *rangers* qu'une conversation au sujet des nos vacances intéressaient manifestement davantage que la stricte observation du règlement.

Canoë-kayak et rafting

Le cours supérieur du Zambèze, en aval des chutes Victoria, offre des eaux vives de réputation mondiale, mais en aval du lac Kariba, ce même fleuve, plus léthargique, accueille ceux qui préfèrent vivre des émotions moins violentes. Les descentes en rafting peuvent s'effectuer tant sur la rive du Zimbabwe que sur celle de la Zambie. Pour plus de détails, consultez le chapitre consacré aux *Chutes Victoria*.

Les safaris camping et canoë-kayak organisés sur le cours inférieur du Zambèze durent de trois à neuf jours entre Kariba et Kanyemba, sur la frontière du Mozambique, et sont ponctués d'arrêts pour la nuit dans le parc national de Mana Pools.

Aucun de ces voyages n'est particulièrement bon marché, et les non-résidents doivent s'acquitter du prix en devises étrangères ou produire un reçu de dépôt en banque d'un montant au moins égal à celui de l'excursion.

En Namibie, vous n'éprouverez pas les sensations fortes que peuvent procurer une descente du Zambèze, mais rafts et canoës vous feront découvrir des paysages extraordinaires. L'Orange est le fleuve le plus fréquenté par les adeptes du canoë et du rafting. Il coule à travers des zones désertiques le long de la frontière séparant la Namibie de l'Afrique du Sud. Ses eaux ne présentent pas de difficultés, mais les descentes ne sont pas onéreuses et les paysages désolés, de même que le sentiment de solitude et d'isolement,

Ces animaux étant devenu très rares, le risque d'une charge de rhinocéros se révèle négligeable. Si cependant vous en faites l'objet, on conseille normalement de faire face à l'animal, puis de s'écarter au dernier moment. Le rhinocéros ne peut pas vraiment vous voir et son élan est de toute façon trop puissant pour lui permettre d'effectuer un volte-face rapide. Si vous êtes en groupe, tout le groupe doit s'écarter en même temps.

Les autres grands animaux dangereux pour l'homme sont le crocodile et l'hippopotame. L'on répète souvent que ce dernier tue plus d'êtres humains en Afrique que n'importe quel autre animal. Comme l'éléphant, il n'est pas méchant, mais il est gros ! En bateau ou en canoë-kayak, surveillez les signes indiquant sa présence et naviguez très au large. Ne plantez jamais votre tente dans une zone dénudée le long d'une rive normalement couverte de végétation : il s'agit probablement d'un passage d'hippopotames. Ceux-ci passent la plus grande partie de leur temps dans l'eau à mastiquer les tiges tendres de végétaux, mais lorsqu'il est temps de faire surface et de partir ou de rentrer dans l'eau, ils ne s'inquiètent guère de ce qui se trouve sur leur chemin.

La réputation des crocodiles du Nil, sujet de maints récits terrifiant narrés à la veillée, est justifiée. Passant la plus grande partie de leur temps, immobiles, autour des points d'eau ou sur les rives, les crocodiles peuvent atteindre quatre mètres de long et se révéler très dangereux.

Ne nagez pas dans les rivières ou les trous d'eau abritant des crocodiles (ou des hippopotames) – si vous ne disposez d'aucune information, supposez leur présence et abstenez-vous de toute baignade (ce qui vous permettra également d'éviter les risques de bilharziose). Redoublez de prudence lorsque vous marchez le long d'une rivière ou sur une plage. Les crocodiles sont difficilement repérables : quand ils paressent au soleil, ils ressemblent en effet davantage à un tronc d'arbre.

Les hyènes sont aussi potentiellement dangereuses, bien qu'elles n'en veuillent normalement qu'à vos provisions. Cependant, elles ne sont guère exigeantes quand à la qualité : elles dévoreront bottes, nourriture et autre matériel déposés hors de la tente. Certaines s'attaquent même aux phares et aux poignées de porte des véhicules. Au Zimbabwe, une hyène particulièrement effrontée du parc national de Mana Pools s'est occupée une nuit durant de l'un de mes pneus, et l'a dégonflé ! L'on raconte de nombreux récits de hyènes s'attaquant aux dormeurs à la belle étoile ou dans une tente ouverte : bien que cela soit rare, dormez sous une tente bien fermée.

Les animaux plus petits, comme le lycaon et le ratel, sont également assez dangereux, mais plutôt rares. ■

constituent une motivation irrépressible. Pour plus de détails, consultez le chapitre consacré au *Sud de la Namibie*.

Sinon, vous pourrez passer cinq jours à descendre en rafting le sauvage Kunene, le fleuve qui trace la frontière entre le Namibie et l'Angola. Il offre quelques eaux vives convenables et la présence de crocodiles provoque quelques délicieux frissons. C'est une descente aussi chic qu'onéreuse mais qui, comme celle de l'Orange, vous donnera l'occasion de traverser des territoires pratiquement inaccessibles autrement. Pour plus de renseignements, consultez le chapitre consacré au *Nord-ouest de la Namibie*.

Randonnées

Quelques-unes des régions les mieux adaptées à la randonnée en brousse, et les plus populaires – les parcs nationaux de Nyanga, Vumba et Chimanimani –, sont situées dans les Eastern Highlands du Zimbabwe. Vous pourrez y passer une après-midi ou une semaine entière à marcher, camper et apprécier les beautés de la forêt, des rivières et des plus hauts sommets du pays. Le parc national de Matobo, près de Bulawayo, les parcs nationaux de Matusadona, près de Kariba, et de Mavuradonha Wilderness, dans le nord du Zimbabwe, sont aussi propices aux excursions.

Au Botswana, la plupart des excursions traversant le delta de l'Okavango comprennent des randonnées dans les îles à palmeraies ; les Tsodilo Hills séduisent également tout particulièrement les randonneurs.

En Namibie, la randonnée en brousse est autorisée dans certains parcs nationaux n'abritant pas d'animaux dangereux. D'autres, dont le Fish River Canyon et le parc du Waterberg Plateau proposent des randonnées organisées et accompagnées par des rangers, de bon rapport qualité-prix, mais auxquelles il faut s'inscrire longtemps à l'avance auprès du Ministry of Environment and Tourism (MET) à Windhoek. En raison de son passé sud-africain, la Namibie fait montre d'une attitude de type "nounou" particulièrement rigoureuse en ce qui concerne la randonnée. Dans les parcs administrés par le MET, les randonneurs ne peuvent voyager que par groupes de trois à dix personnes, et chaque participant doit présenter un certificat médical de bonne santé datant de moins de 40 jours précédant la randonnée. Bien que cette politique puisse sembler ridicule aux yeux de la plupart des randonneurs européens, nord-américains et australiens, elle est communément appliquée dans la région, dans toute la Namibie de même qu'en Afrique du Sud.

Si plusieurs sociétés proposent des randonnées safari, celles-ci devront toutes être réservées longtemps à l'avance. Pour plus de détails, reportez-vous à la rubrique *Voyages ou circuits organisés* du chapitre *Comment circuler au Zimbabwe*. Certains parcs, notamment le Hwange, le plus fréquenté, proposent des randonnées guidées avec des rangers.

Camping écologique. La mise en œuvre des recommandations suivantes est fortement conseillée en randonnée ou en camping dans le désert et les autres zones écologiquement fragiles d'Afrique australe :

- Choisissez un lieu de campement bien drainé, surtout s'il pleut, et utilisez un tapis de sol en plastique ou tout autre matériau imperméable, afin de ne pas avoir à creuser de tranchées.
- Sur les itinéraires très fréquentés, comme dans le parc national du Chimanimani ou au Fish River Canyon, campez sur les sites établis.
- Brûlez ou emportez avec vous tous vos déchets, sans oublier les mégots de cigarette. Les objets biodégradables peuvent être enterrés, mais tous les résidus alimentaires devront être brûlés ou emportés, afin que les animaux ne les déterrent pas ni ne les éparpillent.
- Utilisez les installations sanitaires quand elles existent. Sinon, choisissez un site éloigné d'au moins 50 m des points d'eau et enterrez les déchets dans un trou assez profond. Si possible, brûlez le papier toilette usagé ou enterrez-le soigneusement.
- N'utilisez que des savons biodégradables (emportez-les de votre pays d'origine) et de l'eau à température ambiante. Si vous faites la vaisselle à l'eau chaude, évitez la pollution thermique dont souffrent les végétaux : laissez refroidir l'eau à température ambiante avant de la jeter ou déversez-la sur un terrain caillouteux, dépourvu de végétation, et toujours loin des points d'eau naturels.
- Faites la vaisselle et brossez-vous les dents très loin des cours d'eau.
- Si vous faites un feu, utilisez l'emplacement d'un ancien foyer et le moins de bois possible – toujours du bois mort. Lorsque vous levez le camp,, assurez-vous que les cendres soient froides avant de les enfouir.

Safaris ferroviaires

Pour les mordus du rail ne regardant pas à la dépense, les safaris ferroviaires (*rail safaris*) du Zimbabwe proposent des voyages de quatre et de neuf jours en train à vapeur, en 1re classe et wagons de luxe. Ces trajets, onéreux mais intéressants, vous mèneront de Victoria Falls à Mutare dans le *Zambezi Special* et le *Eastern Highlander*.

Ces safaris proposent également des correspondances avec les lignes régulières d'Afrique du Sud, ainsi que des voyages "trajet découverte" (*Runpast*) et "faux départ" (*False Start*) pour les amateurs souhaitant plus particulièrement photographier les trains. Sur les trajets "découverte", des arrêts sont prévus dans les sites offrant de beaux panoramas, permettant ainsi aux photographes de descendre du wagon et de photographier le train avec le paysage en toile de fond. Le "faux départ" offre la possibilité d'effectuer des clichés du train quittant la gare, avant que celui-ci ne fasse marche arrière pour reprendre ses passagers. Consultez la brochure *Rail Safaris Information* qui contient un excellent résumé de l'histoire du rail au Zimbabwe.

Pour le voyage de Victoria Falls à Mutare, comptez de 1 000 à 1 340 $US par personne, excursions sur le trajet comprises. Pour plus d'informations, contactez Rails Safaris, M et Mme G. Cooke, 2c Prospect Ave, Raylton, Bulawayo (☎ 75575).

La Namibie offre également une attraction pour les mordus du rail. Deux fois par an, à des dates variables durant les mois d'hiver, Consolidated Diamond Mines organise une excursion ferroviaire de six jours sur le thème des mines de diamants, incluant un trajet effectué à bord du train à vapeur "Diamond Train", entre Keetmanshoop and Lüderitz. Ce dernier peut emporter 200 voyageurs, fêtés par un orchestre dans un wagon-restaurant au décor et à la carte imaginatifs. L'aller-retour coûte 192 $US par personne, incluant le logement à bord, ainsi que la visite de Kolmanskop et de la péninsule de Lüderitz. Repas en sus. Pour plus de détails, contactez Air Namibia Holidays (☎ (0181) 543 2122 ; fax (0181) 543 3398), 1 Approach Rd, Raynes Park, London SW1 A2BX, Royaume-Uni.

Équitation

Si vous pratiquez les sports équestres (ou souhaitez les découvrir), le Zimbabwe vous en offrira la possibilité. En général, les animaux sauvages ne sont pas effrayés par les chevaux et ne peuvent distinguer le cavalier de sa monture, ce qui vous permettra de les approcher sans les faire fuir. La plupart des parcs nationaux et nombres de réserves du pays proposent des randonnées équestres guidées au prix moyen de 5 $US la randonnée de 1 heure 30. Les parcs concernés sont notamment ceux du lac Chivero et de Mutirikwe, le Matobo et le Nyanga, ainsi que la réserve de Tshabalala Wildlife, près de Bulawayo.

Hormis les parcs nationaux, un certain nombre de sociétés privées organisent des safaris équestres dans le parc national de Zambezi, dans la vallée de la Save (près du parc national de Gonarezhou) et au Mavuradonha Wilderness, au Zimbabwe, ainsi que dans le delta de l'Okavango, au Botswana.

Au Zimbabwe, les ranches privés consacrés à la défense de l'environnement et de la faune sauvage, de plus en plus nombreux, offrent également d'excellentes opportunités de randonnées équestres. Citons pour ses tarifs modiques la très populaire Mopani Park Farm, près de Kwe Kwe, qui élève des pursang, dispose de logements pour randonneurs et propose des randonnées équestres diurnes dans la réserve naturelle située à proximité. Elle offre également des cours d'équitation et organise des matches de polo. Pour plus de détails, reportez-vous au chapitre consacré aux *Midlands* et au *Sud-est du Zimbabwe*.

Pêche

Les cours d'eau des Eastern Highlands du Zimbabwe regorgent de truites arc-en-ciel (*Salmo gairdneri*), brunes (*Salmo trutta*) ou de ruisseau (*Salvelinus fontinalis*) et les lacs de retenue sont peuplés de truites provenant de la ferme piscicole du Nyanga National Park.

Au lac Kariba et dans la vallée du Zambèze, les espèces les plus recherchées regroupent plusieurs sortes de brèmes – du Mozambique (*Tilapia mossambica*), à ventre rouge (*Tilapia rendalli*) et à tête verte (*Tilapia macrochir*) – de même que des *vundu* (*Heterobranchus lonigilis* – ou poisson-chat géant), des barbeaux (*Clarias gariepinus*), des brèmes à ventre jaune (*Serranochromis robustus*), des *chessa* (*Distichodus Schenga*), des bottlenose (*Mormyrus longirostris*), des *nkupe* (*Distichodus mossambicus*), des saumons *hunyani* (*Labeo altivelis*), des *Barbus mareuqensis* et *Barbus holubi* et des poissons tigres "combattants" (*Hydrocynus vittatus*).

Les autres lacs de retenue principaux abritent des brèmes, des barbeaux, des perches noires (*Micropterus salmoides* – introduites), des bottlenose, des saumons *hunyani* et des carpes (*Cyprinus carpio*).

Pour plus de renseignements concernant les droits de licence et la saison de pêche dans les divers lacs de retenue et cours d'eau, les passionnés de pêche à la ligne consulteront avec profit la Zimbabwe National Anglers' Union à Harare, ou l'une des quelque soixante-dix sociétés de pêche réparties dans le pays. Les offices du tourisme locaux demeurent, bien sûr, les meilleures sources d'information.

L'ensemble de la côte namibienne, de Swakopmund à l'embouchure de l'Ugab, est le paradis des pêcheurs en mer. Aucun permis n'est requis mais la taille et le nombre des prises sont réglementés.

En Namibie, le permis de pêche en eau douce est obligatoire – il est délivré par les offices du tourisme locaux. Perches noires, carpes, *yellowfishes*, brèmes et barbeaux constituent les prises les plus fréquentes. La région de Lüderitz est célèbre pour ses écrevisses et ses langoustes.

Golf

Le Zimbabwe offre les terrains de golf parmi les moins onéreux et les moins encombrés au monde – et les plus pittoresques, avec phacochères fouillant du groin les *fairways* et crocodiles dans les mares. Le pays possède plus de soixante-dix terrains, dont quatorze situés dans un rayon de 30 km autour de Harare. Les deux golfs les plus célèbres sont le Royal Harare (18 trous), à 3 km de la ville, et le charmant Leopard Rock (9 trous) aux environs de Vumba dans les Eastern Highlands.

Cela dit, personne n'ignore qu'un terrain de golf nécessite un arrosage intensif : durant les périodes de sécheresse, il est impossible d'entretenir des *greens* verdoyants pour le seul profit des touristes.

Comment s'y rendre

Préparation au voyage

Depuis la France, vous trouverez des adresses, des témoignages de voyageurs, des informations pratiques et de dernière minute dans le magazine *Globe-Trotters,* publié par l'association Aventure du Bout du Monde (ABM-Case Globe-trotters, 7, rue Gassendi, 75014 Paris, ☎ 1-43 35 08 95). Le *Guide du voyage en avion* de Michel Puysségur (48 F, éd. Michel Puysségur), vous donnera toutes les informations possibles sur la destination et le parcours de votre choix. Le Centre d'information et de documentation pour la jeunesse (CIDJ, 101 quai Branly, 75015 Paris, France, ☎ 1-44 49 12 00) édite des fiches très bien conçues, remplies de renseignements utiles : "Réduction de transports pour les jeunes" n°7.72, "Vols réguliers et vols charters" n°7.74, "Voyages et séjours organisés à l'étranger" n°7.51. On peut se les procurer par correspondance (se renseigner sur Minitel 3615 + CIDJ pour les prix des fiches – entre 10 et 15 F) en envoyant un chèque au service Correspondance.

Le magazine *Travels,* publié par Dakota Editions (49 F en librairie), est une autre source d'informations pour les réductions sur les moyens de transports accordées aux jeunes. On le trouve gratuitement dans les universités, lycées et écoles de commerces françaises.

Depuis la Belgique, la lettre d'informations *Farang* (La Rue 8a, 4261 Braives, Belgique) qui traite de destinations étrangères. L'association Wegwyzer (Beenhouwersstraat 24, B-8000 Bruges, ☎ (50) 332 178) dispose d'un impressionnant centre de documentation réservé aux adhérents et publie un magazine, *Reiskrand*, que l'on se peut se procurer à l'adresse ci-dessus.

En Suisse, Artou (Agence en recherches touristiques et librairie), 8 rue de Rive, 1204 Genève, fournit des informations sur tous les aspects du voyage : librairie du voyageur (☎ (022) 818 02 40 ; billetterie (☎ (022) 818 02 00) ; voyages à thèmes (☎ (022) 818 02 20). A Lausanne, Artou est situé 18, rue de la Madeleine (☎ (021) 323 65 56). A Zurich, vous pourrez vous abonner au *Globetrotter Magazin* (Rennweg 35, PO Box, CH-8023 Zurich, ☎ (01) 211 77 80) qui, au travers d'expériences vécues dans un pays, renseigne sur les prix de transports et les renseignements pratiques.

ASSURANCE DE VOYAGE

Tous les voyageurs devraient souscrire une police d'assurance de voyage couvrant les éventuelles urgences médicales, ainsi que la perte ou le vol de l'argent ou des objets de valeur. Cela peut sembler un luxe inutile, mais si financièrement vous ne pouvez pas souscrire à une telle police d'assurance, il est probable que vous ne pourrez pas non plus payer en cours de voyage vos urgences médicales. Ces polices (décrites dans la rubrique *Santé* du chapitre *Renseignements pratiques* des régions considérées) peuvent normalement inclure l'assurance des bagages, des trajets en avion ainsi que diverses autres options.

Il existe certaines polices d'excellent rapport qualité-prix, mais qui demanderont de longues recherches. Les voyageurs en séjours longs ou fréquents pourront généralement souscrire à une telle police pour moins de 200 $US par an, auprès d'une compagnie d'assurance générale plutôt que chez un assureur spécialisé dans les voyages (dont les tarifs sont normalement plus élevés). Mais ces polices bon marché peuvent exclure les séjours aux États-Unis (où les soins médicaux sont extrêmement onéreux) ou ne proposer qu'une assurance bagage très réduite. Lisez toujours très attentivement les paragraphes en petits caractères !

Si vous partez en voyage organisé, le voyagiste vous incitera certainement à souscrire sa police d'assurance, ce qui peut ou non se révéler une bonne affaire.

Certains organismes peu scrupuleux proposent des voyages à bas prix, mais aux polices d'assurance sur-facturées.

Le B A BA du voyage en avion
Agences de voyages. Il en existe de toutes sortes : choisissez-en une qui répond à vos besoins. Vous recherchez le tarif le plus avantageux ? Adressez-vous à un spécialiste du vol à prix réduit. Vous voulez louer une voiture et réserver des chambres d'hôtel ? Prenez un véritable voyagiste.
Apex (advance purchase excursion : voyage payé à l'avance). Tarif réduit applicable aux billets payés un certain temps avant le départ. Pénalités en cas de changement.

Bagages autorisés. Précision figurant sur le billet. En général, un bagage de 20 kg en soute, plus un bagage à main en cabine.
Billets à prix réduit. Il faut distinguer les réductions officielles (cf. Tarifs promotionnels) de toutes les autres. Les billets bradés ont souvent leurs points noirs (petites compagnies ; horaires, itinéraires ou correspondances peu commodes). Mais certains billets à prix réduit n'offrent pas qu'un intérêt pécuniaire : on peut souvent profiter des tarifs Apex sans avoir à réserver aussi longtemps à l'avance. En fait, les prix baissent sur les destinations où la concurrence est acharnée.

Cession de billets. Les billets d'avion sont personnels. Certains voyageurs essaient de revendre leur billet retour, mais sachez qu'on peut vérifier votre identité, surtout sur les vols internationaux.
Confirmation. La possession d'un billet avec numéro et date de vol ne vous garantit pas de place à bord tant que l'agence ou la compagnie aérienne n'a pas vérifié que vous avez bien une place (ce dont vous êtes assuré avec le signe OK sur votre billet). Sinon, vous êtes sur liste d'attente.
Contraintes. Les tarifs réduits impliquent souvent certaines contraintes (paiement à l'avance par exemple, cf. Apex). On peut également vous imposer une durée minimale et maximale de validité du billet (14 jours/1 an). Voir Pénalités d'annulation.

Enregistrement. Les compagnies aériennes conseillent de se présenter au comptoir un certain temps avant le départ (une à deux heures pour les vols internationaux). Si vous ne vous présentez pas à temps à l'enregistrement et qu'il y ait des passagers en attente, votre réservation sera annulée et votre siège attribué à quelqu'un d'autre.

Liste d'attente. Réservation non confirmée (cf. Confirmation).

Passager absent. Empêchement grave, étourderie ou négligence, certains passagers ne se présentent pas à l'embarquement. En général, les passagers plein tarif qui ne se présentent pas à l'embarquement ont le droit d'emprunter un autre vol. Les autres sont pénalisés (cf. Pénalités d'annulation).

VOIE AÉRIENNE

L'Afrique australe n'est pas précisément une région pivot du trafic aérien international ni une zone de transit majeure sur les trajets internationaux – situation que reflètent évidemment les tarifs aériens en provenance ou à destination de l'Europe, des États-Unis. L'expansion rapide du tourisme en Afrique du Sud laisse cependant envisager de prochaines réductions tarifaires. Vous trouverez des prix intéressants à destination de Johannesburg (et, de plus en plus vers, Le Cap), d'où vous pourrez embarquer à prix raisonnables dans des vols moyen courrier pour Harare, Gaborone ou Windhoek.

Les tarifs basse saison sont également pleins d'attraits. Fort opportunément, la basse saison coïncide en partie avec la meilleure époque pour visiter la région. En provenance d'Europe et des États-Unis, les tarifs basse saison sont en général appliqués d'avril à juin (la haute saison correspondant à la période juillet-septembre). Le reste de l'année, à l'exception de plusieurs semaines haute

Passager débarqué. Le fait d'avoir confirmé votre vol ne vous garantit pas de monter à bord (cf. Surbooking).
Pénalités d'annulation. Si vous annulez ou modifiez un billet Apex, on vous facturera un supplément, mais vous pouvez souscrire une assurance couvrant ce type de pénalités. Certaines compagnies aériennes imposent également des pénalités sur les billets plein tarif, afin de dissuader les passagers fantômes.
Période. Certains tarifs réduits comme les tarifs Apex varient en fonction de l'époque de l'année (haute ou basse saison, avec parfois une saison intermédiaire). En haute saison les tarifs réduits (officiels ou non) augmentent, quand ils ne sont pas tout bonnement supprimés. C'est généralement la date du vol aller qui compte (aller haute saison, retour basse saison = tarif haute saison).
Perte de billets. La plupart des compagnies aériennes remplacent les billets perdus et délivrent, après les vérifications d'usage, un billet de remplacement. Légalement cependant, elles sont en droit de considérer le billet comme définitivement perdu, auquel cas le passager n'a aucun recours. Moralité : prenez grand soin de vos billets.
Plein tarif. Les compagnies aériennes proposent généralement des billets de 1re classe (code F), classe affaires (code J) et classe économique (code Y). Mais il existe maintenant tant de réductions et tarifs promotionnels que rares sont les passagers qui paient plein tarif.

Reconfirmation. Vous devez reconfirmer votre place 72 heures au moins avant votre retour (ou votre prochaine destination si vous faites un ou plusieurs arrêts), sinon la compagnie peut vous rayer de la liste des passagers. Inutile de reconfirmer pour le premier vol d'un itinéraire, ou si l'arrêt a duré moins de 72 heures.

Standby. Billet à prix réduit qui ne vous garantit de partir que si une place se libère à la dernière minute. Souvent applicable aux seuls vols intérieurs.
Surbooking. Pour améliorer leur taux de remplissage et tenir compte des inévitables passagers fantômes, les compagnies aériennes ont l'habitude d'accepter plus de réservations qu'elles n'ont de sièges. En général, les voyageurs en surnombre compensent les absents, mais il faut parfois "débarquer" un passager. Et qui donc ? Eh bien, celui qui se sera présenté au dernier moment à l'enregistrement...

Tarifs promotionnels. Réductions officielles, comme le tarif Apex, accordées par les agences de voyages ou les compagnies aériennes elles-mêmes.
Titre de sortie. Certains pays ne laissent entrer les étrangers que sur présentation d'un billet de retour ou d'un billet à destination d'un autre pays. Si vous n'avez pas de programme précis, achetez un billet pour la destination étrangère la moins chère ; ou encore, prenez un billet auprès d'une compagnie fiable, après avoir vérifié qu'il vous sera remboursé si vous ne l'utilisez pas. ■

saison vers Noël, tombe dans la catégorie intermédiaire.

Achat du billet d'avion

Le billet d'avion sera probablement la dépense la plus importante à inscrire à votre budget voyage. Comme vous trouverez à coup sûr une multitude compagnies aériennes et de voyagistes prêts à tout pour capter votre argent, les quelques heures que vous passerez à examiner attentivement l'état du marché ne seront en rien une perte de temps. Soyez prévoyant : les billets les moins chers doivent être pris des mois à l'avance, et les vols bon marché sont très vite complets. Renseignez-vous auprès d'autres voyageurs, examinez les offres publicitaires publiées dans la presse, consultez les ouvrages de référence et soyez attentif aux offres spéciales. Les compagnies aériennes fournissent toutes les informations sur les itinéraires et les horaires, mais jamais, à l'exception des périodes de guerre des prix, sur les billets les moins onéreux. Prenez le temps de la réflexion, analysez les questions de prix, de trajet et de durée du voyage au préalable, ainsi que toutes les restrictions afférentes au billet.

Vous découvrirez probablement que telle offre incroyablement bon marché est "malheureusement obsolète, mais nous pouvons vous faire une autre proposition, pour un léger surcoût…". Ou bien le vol est assuré par une compagnie aérienne notoirement connue pour ses normes de sécurité peu fiables et qui vous fera attendre 14 heures une correspondance dans l'aéroport le plus minable qui soit. Une autre stratégie commerciale consistera à prétendre que l'on ne dispose plus que de deux places pour cette destination pour tout le mois de juillet et qu'on ne pourra les tenir à votre disposition que durant 2 heures. Pas d'affolement – continuez à vous renseigner.

Les tarifs figurant dans cet ouvrage ne le sont qu'à titre indicatif. Ce sont des prix approximatifs fondés sur les renseignements fournis par les agences de voyages à l'époque ou nous mettons sous presse. En outre, les vols cités ne constituent pas nécessairement une recommandation pour le transporteur.

Si vous voyagez en provenance de Grande-Bretagne ou des États-Unis, vous trouverez probablement les tarifs les moins chers auprès de quelque obscur officine de vente de billets soldés dont le nom ne figure pas encore dans l'annuaire. Certaines de ces sociétés sont l'honnêteté personnifiée, mais l'on y trouve également des escrocs qui disparaissent après avoir subtilisé votre argent, puis rouvrent ailleurs, un ou deux mois plus tard, sous une autre enseigne. Si vous avez le moindre doute, ne réglez pas tout de suite l'intégralité de la somme : laissez un acompte de 20% environ et n'acquittez le solde qu'une en fois en possession du billet. Vérifiez auprès de la compagnie aérienne que votre réservation a bien été enregistrée.

Si vous préférez aux prix avantageux des agences de voyages mieux connues, des sociétés comme STA, qui possède des bureaux dans le monde entier, ou Travel CUTS au Canada, offrent des prix intéressants pour la plupart des destinations, sans risque de les voir disparaître durant la nuit, ne vous laissant qu'un reçu pour un billet inexistant.

Votre billet en main, recopiez-en le numéro, ainsi que le numéro du vol et les autres détails, et conservez ces informations en lieu sûr, indépendamment du billet. En cas de perte ou de vol, cela facilitera son remplacement. Il sera utile de contracter le plus tôt possible une assurance, car les celles souscrites durant la semaine précédant le départ risquent de ne pas couvrir les retards dus, éventuellement, aux mouvements de grève.

Voyageurs aux besoins particuliers

Si vous avez des besoins particuliers – vous avez une jambe dans le plâtre, vous êtes végétarien, vous voyagez en chaise roulante ou avec un bébé, ou vous êtes terrorisé par les voyages en avion – faites-le savoir le plus tôt possible à la compagnie aérienne, afin qu'elle puisse prendre des dispositions. Rappelez-le lui lors de la conformation de votre réservation (au moins 72 heures avant le départ), puis de nouveau lors de l'embarquement à l'aéroport. Il sera peut-être utile, avant de réserver une place, de vous renseigner auprès des différentes compagnies aériennes pour savoir ce qu'elles proposent dans votre cas particulier.

Prévenus en temps utile, aéroports et compagnies aériennes peuvent se révéler très serviables. La plupart des aéroports internationaux offrent un service d'accompagnement, du guichet d'embarquement jusqu'à l'avion, et sont en général équipés de rampes d'accès, d'ascenseurs, de toilettes et de téléphones pour handicapés. En revanche, dans les avions, l'utilisation des toilettes sera vraisemblablement plus problématique : parlez-en le plus tôt possible à la compagnie aérienne et, si nécessaire, au médecin qui y est attaché.

Les chiens d'aveugle voyagent normalement dans un compartiment spécial et pressurisé, en compagnie d'autres animaux, mais les chiens accompagnateurs de plus petite taille sont parfois admis en cabine.

Dans les aéroports, les mal-entendants pourront se faire transcrire sur papier les annonces relatives aux départs et aux arrivées. Il en est de même pour les informations en vol.

Quant aux enfants de moins de 2 ans, les compagnies aériennes proposent généralement des réductions de 90% sur le prix du billet adulte, voire des billets gratuits. Les compagnies les plus réputées fournissent, en outre, couches, serviettes, talc et autres équipements nécessaires à la propreté et au confort des bébés, ainsi que des lits d'enfant sur demande (à l'avance): ces lits sont conçus pour des enfants de moins de 10 kg.

Les poussettes sont fréquemment acceptées en bagage à main.

Depuis/vers l'Europe

Billets soldés. Vous trouverez plusieurs agences de voyages proposant des billets soldés à Londres, Paris, Amsterdam, Bruxelles, Francfort et dans d'autres grandes villes. Le service télématique de Charters Look met à disposition son serveur 3615 SOS Charters

Billets à tarif réduit. De plus en plus d'agences de voyages proposent des réductions intéressantes sur les vols pour l'Afrique australe.

Les tarifs aller-retour ci-après impliquent l'impossibilité d'annuler ou de décaler le vol prévu. Depuis la France, pour le Zimbabwe (Harare), comptez entre 4 650 FF et 5 200 FF, pour le Botswana (Gaborone) entre 5 250 FF et 5 800 FF, et pour la Namibie (Windhoek), entre 5 050 FF et 5 500 FF.

Depuis la Suisse (Genève ou Zurich) et en basse saison, vous devrez payer environ 1 510 FS pour Harare, 1 590 FS pour Gaborone et 1 690 FS pour Windhoek. Des tarifs jeunes s'appliquent aux moins de 25 ans et reviennent à 1 127 FS, 1 130 FS et 1 270 FS.

Depuis la Belgique, il vous faudra envisager de débourser environ 28 580 FB pour Harare, 29 710 FB pour Windhoek et 34 700 FB pour Gaborone. Si vous bénéficiez d'un tarif jeune, déduisez environ 300 FB des prix ci-dessus.

Les adresses suivantes vous permettront de commencer à comparer les prix :

Compagnie des Voyages, 28, rue Pierre-Lescot, 75001 Paris (☎ 1-45 08 44 88)

Nouvelles Frontières, 87, bd de Grenelle, 75015 Paris (☎ 1-41.41.58.58) - 60, rue Galliéni, 97200 Fort-de-France (☎ 70 59 70) - 19, rue de Berne et rue Chaponnière, 1201 Genève (☎ 22 732 04 03) - 2, bd M. Lemonnier, 1000 Bruxelles (☎ 02 513 76 36) - 3, av. du Rond-point, 1600 Lausanne (☎ 21 26 88 91) - 25, bd Royal, 2449 Luxembourg (☎ 46 41 40)

SSR (Coopérative de voyages suisse), 20, bd de Grancy, Lausanne (☎ 21-617 58 11) - 3, rue Vignier, 1205 Genève (☎ 22-329 97 34) - Leonhardstrasse, 5 & 10, Zürich (☎ 1-297 11 11).

Éole, Chaussée Haecht 33, 1030 Bruxelles, Belgique (☎ 2-219 48 70)

Connections, Rue du Midi 19-21, 1000 Bruxelles (☎ 2-512 50 60)

Acotra World, 51, rue de la Madeleine, 1000 Bruxelles (☎ 2-512 70 78)

Billets plein tarif. Il est souvent moins onéreux d'embarquer dans un vol régulier pour Johannesburg, Le Cap ou Harare, puis de prendre une correspondance pour votre destination finale.

Depuis la France pour le Zimbabwe, le Botswana ou la Namibie, comptez entre 7 400 et 7 700 FF pour un billet Air France, avec transit à Johannesburg. Suivant la saison, les tarifs proposés par South African Airways peuvent se révéler intéressants ; pour ces trois même destinations, les prix démarrent à 6 000 FF, via Johannesburg. Lufthansa semble détenir la palme de la compagnie la moins onéreuse : à partir de 5 700 FF pour Windhoek ou Harare, et 7 000 FF pour Gaborone, tous avec escales à Francfort et Johannesburg. Air Namibie vous amène à Windhoek pour un tarifs oscillant entre 6 230 FF et 6 530 FF selon la saison.

Depuis la Belgique (Bruxelles), Lufthansa propose deux vols par semaine à destination de la Namibie, du Botswana et du Zimbabwe via Francfort, à partir de 30 000 FB jusqu'à 50 000 FB (pour le Botswana, il vous faudra changer d'appareil et de compagnie aérienne à Johannesburg). South African Airways, via Francfort ou Londres, dispose de vols quotidien pour Johannesburd, avec correspondances pour Windhoek, Harare ou Gaborone (à partir de 37 700 FB). Depuis la Suisse (Genève), Lufthansa propose deux départs par semaine pour le Zimbabwe (à partir de 1 413 FS) et la Namibie (à partir de 1 525 FS). Pour le Botswana, la compagnie vous dépose à Johannesburg cinq fois par semaine (à partir de 1 413 FS), puis vous prendrez une correspondance pour Gaborone (à partir de 321 FS). Le vol Swissair Zurich-Harare est plus direct et coûte entre 2 153 FS et 2 565 FS selon la saison.

Air France, 119 avenue des Champs Elysées, 75008 Paris (☎ 1-44 08 22 22)
Air Namibia, 20, passage des Petites Écuries, 75010 Paris (☎ 1-48 24 51 00)
Lufthansa, 21 rue Royale, 75008 Paris (☎ 1-42 65 37 35) - Bd Anspach, 1, B 4-1000 Bruxelles, (☎ 2-212 09 22) - 1-3 rue de Chantepoulet, PO Box 1780-1211, Genève 1 (☎ 22-7319 550)
South African Airways, 350 rue Saint-Honoré, 75001 Paris (☎ 1-49 27 00 27) - 4 rue du Finistère, 1000 Bruxelles (☎ 2-218 00 80) - 17, rue Sendier, CH-1201 Genève (☎ 22-7316 740)

Depuis/vers l'Amérique du Nord

A l'instar des ressortissants des États-Unis, les Canadiens trouveront certainement les meilleures offres pour l'Afrique *via* Londres. Travel CUTS possède des bureaux dans toutes les grandes villes du Canada. Le *Toronto Globe & Mail* publie les annonces des voyagistes.

Agences de voyages à prix réduits. Les Nords-Américains trouveront quelques agences de voyagess toujours très attentives aux meilleures réductions possibles.

CHA, 333 River Rd, Vanier, Ottawa, Ontario KIL 8H9
Canadian International Student Services, 80 Richmond St W #1202 Toronto, Ontario M5H 2A4 (☎ (416) 364-2738)
STA Travel, 166 Geary St, Suite 702, San Francisco, CA 94108 (☎ (415) 391 8407)48 East 11th St, New York, NY 10017 (☎ (212) 486 0503)

Billets plein tarif. L'unique trajet direct entre l'Amérique du Nord et l'Afrique australe (ne passant pas par l'Europe) est le vol American Airlines New York-Johannesburg. Au départ de Johannesburg, les correspondances sont nombreuses pour Harare, Windhoek ou Gaborone. Johannesburg étant situé non loin de la frontière du Zimbabwe, il est également possible de s'y rendre par la route. Johannesburg ne représente cependant pas la meilleure introduction à l'Afrique, c'est pourquoi vous devriez sérieusement envisager l'achat d'un billet pour un vol en correspondance à destination de Harare ou d'une autre ville d'Afrique australe.

Depuis/vers l'Asie

L'avion est le seul moyen de transport raisonnablement envisageable entre l'Inde ou le Pakistan et l'Afrique. vous trouverez quelques agence de voyage proposant des billets soldés à New Delhi, Bombay et Calcutta. A New Delhi, nous vous recommandons Tripsout Travel, 72/7 Tolstoy Lane, derrière l'office du tourisme du gouvernement indien, Janpath. Cette agence, très prisée par les voyageurs, est en activité depuis de nombreuses années. Si vous optez pour cet itinéraire, vous devrez vous résigner à emprunter un vol Air India à destination de Nairobi, puis à rallier l'Afrique australe soit en correspondance avec un vol d'une autre compagnie aérienne, soit par voie terrestre.

De plus, durant la basse saison (de novembre à mars), la compagnie aérienne russe Aéroflot propose plusieurs vols spéciaux de Moscou à Harare *via* Bombay. Ces vols sont bon marché mais susceptibles d'être vite complets et leurs dates limitées.

En provenance d'Asie du Sud-Est, vous trouverez à Bangkok de très nombreuses agences de voyages vendant des billets soldés, auprès desquelles vous pourrez vous procurer sans trop de difficultés un billet bon marché pour un vol de Singapour à Harare, *via* l'île Maurice et/ou Nairobi.

Depuis/vers les autres pays d'Afrique

Harare étant le principal pivot du trafic aérien entre Nairobi et Johannesburg, de nombreux vols intérieurs africains à destination du Zimbabwe, du Botswana et de la Namibie y font escale. Malheureusement, vous ne trouverez guère de billets à prix avantageux – seul un achat à l'avance pourra éventuellement vous permettre d'obtenir une réduction. Il ne servirait donc à rien de vous renseigner plus avant.

Kenya Airways et Air Zimbabwe affrètent chaque semaine deux et trois vols entre Harare et Nairobi pour 300 $US environ l'aller simple. Air Mauritius propose un vol hebdomadaire direct entre l'île Maurice et Harare et trois autres vols avec correspondance à Johannesburg. Tous les vols entre Harare et Tananarive, à Madagascar, sont avec correspondance sur l'île Maurice.

Air Zimbabwe et Air Tanzania desservent Harare et Dar es-Salaam, en Tanzanie. Air Zimbabwe et Air Malawi affrètent six vols hebdomadaires depuis/vers Lilongwe pour 150 $US environ l'aller simple. Linhas Aéreas de Moçambique (L.A.M.) dessert Maputo et Beira, au Mozambique. Zambia Airways et Air Zimbabwe proposent chacune trois vols hebdomadaires entre Harare et Lusaka, Egypt Air un vol hebdomadaire entre Harare et Le Caire, South African Airways et Air Zimbabwe des vols quotidiens entre Harare et Johannesburg, avec correspondance pour Le Cap et Durban. A destination du Botswana, Air Botswana et Air Zimbabwe affrètent chacune deux vols hebdomadaires entre Harare et Gaborone. Entre Harare et Windhoek, Air Zimbabwe propose un vol le vendredi, et Air Namibia des vols quotidiens du mardi au samedi, de même que de nombreux vols vers l'Afrique du Sud. Pour plus de renseignements, consultez la rubrique *Comment s'y rendre* de chaque pays.

VOIE TERRESTRE

A l'exception d'un départ en Israël/Égypte, tous les voyages par voie terrestre à destination de l'Afrique commencent en Europe et comprendront le cas échéant une traversée en ferry.

Que vous voyagiez en Europe en autostop, en bus ou en train, vous devrez opter pour l'un des deux itinéraires traversant l'Afrique vers le sud – par le Sahara à partir du Maroc et de la Mauritanie vers l'Afrique occidentale (l'itinéraire traditionnel, par l'Algérie étant déconseillée, en raison des troubles que connaît actuellement le pays), ou en remontant le Nil, de l'Égypte vers l'Ouganda ou le Kenya. Il est très difficile de voyager par voie terrestre en Afrique du Nord entre ces deux itinéraires, du fait des barrages routiers installés en Libye : les voyageurs souhaitant se rendre du Maroc, d'Algérie ou de Tunisie en Égypte devront très probablement emprunter une ligne aérienne. Rappelez-vous également que même les voyageurs les plus chanceux, ayant pu se procurer par divers moyens un visa soudanais, rencontreront vraisemblablement maintes difficultés au sud de Khartoum, c'est pourquoi l'itinéraire nilotique sera grandement facilité par un vol du Caire – ou, au mieux, de Khartoum – vers Kampala ou Nairobi.

Au départ de Nairobi, plusieurs options s'offrent pour rejoindre le Zimbabwe, le Botswana et la Namibie. L'itinéraire le plus prisé semble être le chemin de fer TAZARA entre Dar es-Salaam, en Tanzanie (desservi par bus ou ligne aérienne au départ de Nairobi), et Kapiri Mposhi, en Zambie, d'où l'on peut emprunter un train vers Lusaka et Livingstone. Ce voyage est extrêmement bon marché relativement à la distance parcourue – 50 $US environ à l'époque de la rédaction de cet ouvrage – mais attendez-vous à subir lenteur et inconforts fréquents.

Une autre option conduit à travers la Tanzanie jusqu'à Kigoma, sur le lac Tanganyika, puis par bateau vapeur jusqu'à Mpulungu, en Zambie, puis de nouveau par voie terrestre vers Chitipa, au Malawi, ou Lusaka, en Zambie. Il est également possible d'entrer en Zambie à Nakonde ou au Malawi entre Mbeya et Karonda. Ce dernier itinéraire n'étant pas desservi par des transports publics, vous devrez faire de l'auto-stop.

Parmi les autres possibilités au départ de Nairobi, mentionnons l'itinéraire traversant l'Ouganda, le Zaïre, le Rwanda et le Burundi, puis ralliant l'itinéraire précédemment décrit à Mpulungu, en Zambie. Mais les exodes de population provoqués par la récente guerre civile au Rwanda n'étant pas encore résolus, et la pénurie qui y sévit, devraient faire comprendre aux voyageurs qu'il serait plus sage de ne pas s'aventurer dans ce pays.

La dernière option est un itinéraire aussi long (pouvant durer plusieurs mois) que fastidieux traversant l'Ouganda ou le Burundi et le Zaïre jusqu'au nord-ouest de la Zambie. Après un tel périple, vous risquez de ne plus jamais vouloir voyager de votre vie !

Une fois franchies les frontières de Zambie, on peut facilement rejoindre Lusaka ou Livingstone puis entrer au Zimbabwe par Chirundu, Kariba ou Victoria Falls, ou se rendre au Botswana en passant par Kazungula. Pour plus d'informations concernant ces itinéraires, consultez la rubrique *Com-*

ment s'y rendre du chapitre consacré au *Zimbabwe*.

Automobile

Vous expliquer comment traverser l'Afrique, du nord au sud, dans votre voiture personnelle dépasse le cadre de cet ouvrage, mais les automobilistes apprendront avec satisfaction que le carnet de passage n'est désormais plus requis pour se déplacer dans la plupart des pays d'Afrique australe.

Grâce à l'Union douanière d'Afrique australe, on peut aujourd'hui rouler en ne rencontrant qu'un minimum d'embarras au Botswana, au Lesotho, en Namibie, en Afrique du Sud et au Swaziland. Muni des papiers adéquats – la carte grise détaillant les particularités du véhicules, la preuve de l'assurance et de l'immatriculation actuelle – vous pourrez vous procurer un permis d'importation temporaire pour visiter le Malawi, le Mozambique, le Zimbabwe et la Zambie. En revanche, si vous souhaitez vous rendre plus au nord, vous devrez vous munir d'un carnet de passage, ce qui signifie à la fois une dépense souvent importante et un examen plus approfondi de la question.

VOYAGES ORGANISÉS

Des centaines de voyagistes et d'organisateurs de safaris ajoutent le Zimbabwe, le Botswana et la Namibie à la liste de leurs voyages organisés ; tant que l'Afrique du Sud continuera à être une destination de vacances de plus en plus fréquentée, les pays voisins en profiteront.

Vous n'êtes certainement pas sans savoir que les agences proposant des voyages organisés se répartissent en deux catégories : les agences basées à l'étranger effectuant les réservations et concoctant les itinéraires en collaboration avec les agences locales, celles-ci, précisément, proposant les circuits organisés. L'Afrique australe compte un grand nombre d'agences locales qui organisent des circuits en petits autocars, véhicules de safaris et autres minibus.

Certaines agences étrangères, d'autre part, se contentent d'établir de simples itinéraires, en incluant la réservation des vols, ainsi que la location du logement et du véhicule. Si vous songez à participer à un tel voyage organisé, prenez la peine de comparer les prix. En Europe, les réservations tardives, proposées pour une fraction du prix normal, connaissent un succès toujours croissant. Parfois, les aéroports internationaux disposent de guichets spéciaux proposant des réservations tardives.

Si vous préférez ne rien réserver à l'avance, vous pourrez toujours retenir vos vols et vos hôtels pour les premières nuits, puis comparer sur place les offres de voyages organisés (les listes de voyagistes locaux sont fournies dans la rubrique *Voyages ou circuits organisés* du chapitre *Comment circuler* correspondant à chaque pays). En disposant bien sûr de temps et d'une certaine souplesse d'organisation, vous pourrez découvrir de très bonnes affaires.

S'il serait ici impossible de donner la liste complète des agences proposant des circuits organisés, les adresses suivantes vous donneront une idée de l'offre en la matière, comprenant notamment des propositions aussi créatives qu'originales. Tous ces circuits pourront être réservés par le truchement de votre agent de voyage :

Pays-Bas

Footprints, Singelstraat 27, 3513 BM Utrecht (☎ (030) 300038 ; fax (030) 343213). Circuits de camping hautement recommandés dans des régions peu fréquentées de Namibie, mettant l'accent sur la découverte des cultures locales (notamment au Kaokoland, au Ovamboland et au Bushmanland) et l'aventure dans le désert. Ces circuits sont guidés par des anglophones.

Afrique du Sud

African Routes, 164 Northway, Durban North 4051 (☎ (031) 833348 ; fax (031) 837234). Cette sympathique agence pratiquant des tarifs très raisonnable propose des circuits par voie de terre ainsi que des randonnées en Namibie et au Zimbabwe de même que dans toute l'Afrique.

Afro Ventures, PO Box 2339, Randburg 2125 (☎ (011) 886 1524 ; fax (011) 886 2349). Les offres les plus intéressantes de cette agence sont ses circuits dans la Central Kalahari Game Reserve ainsi que ses safaris camping, canoë-kayak ou randonnées en brousse au Zimbabwe et en Namibie. Les prix raisonnables s'expliquent par la modicité du logement proposés.

Clive Walker Trails, PO Box 645, Bedfordview 2008 (☎ (011) 453 7645 ; fax (011) 453 7649). Circuits de randonnée et de découverte de l'écologie du désert, essentiellement dans le delta de l'Okavango et dans la région de Tuli Block au Botswana constituent l'offre principale de cette agence. Ces circuits, guère luxueux, sont parmi les moins onéreux proposés dans le delta de l'Okavango – et offrent une perspective très originale sur le bush.

Penduka Safaris, PO Box 55413, Northlands 2116 (☎ /fax (011) 883 4303). Cette agence couvre principalement le Botswana et l'Afrique du Sud. Mentionnons plus particulièrement ses circuits dans le Kalahari, incluant Kubu Island, Deception Pan, Nxai Pan, Mabuasehube, Tsodilo Hills et Makgadikgadi Pans. Tarifs moyens.

Wayfarer Adventures, 4 Norwich Ave, Observatory, Cape Town 7925 (☎ (021) 470792 ; fax (021) 474675). Circuits de découverte du désert dans toute l'Afrique australe, dont certains en Land Rover en Namibie.

Wilderness Safaris, PO Box 651171, Benmore 2010 (☎ (011) 884 1458 ; fax (011) 883 6255). Cette agence propose une grande gamme de circuits au Zimbabwe, au Botswana, en Namibie et dans d'autres pays africains. Outre les traditionnels circuits *safari lodge*, elle propose des randonnées en brousse, de découverte ornithologique, de canoë-kayak, de photographie et d'autres circuits à thème. Ses tarifs sont en revanche plutôt onéreux et ses circuits relativement demandés.

Wild Frontiers, PO Box 844, Halfway House 1685 (☎ (011) 315 4838 ; fax (011) 315 4850). Circuits de canoë-kayak et de randonnées au Zimbabwe. Prix moyens.

Grande-Bretagne

Abercrombie & Kent, Sloane Square House, Holbein Place, London SW1 (☎ (0171) 730 9600). Cette agence propose des safaris haut de gamme en Afrique australe et plus particulièrement dans le delta de l'Okavango.

Africa Exclusive Ltd, Hamilton House, 66 Palmerston Rd, Northhampton NN1 5EX (☎ (01604) 28979 ; fax (01604) 31628). Ses itinéraires sur mesure vous emmèneront très agréablement loin des sentiers battus, essentiellement au Zimbabwe mais aussi en Namibie.

Discover the World, The Flatt Lodge, Bewcastle near Carlisle, Cumbria CA6 6PH (☎ (016977) 48361 ; fax (016977) 48327). Elle propose des circuits découverte de la faune plutôt chic, dans le monde entier, dont une excursion de deux semaines en Namibie.

Explore Worldwide Ltd, 1 Frederick St, Aldershot, Hampshire GU11 1LQ (☎ (01242) 344161 ; fax (01252) 343170). Voyages organisés en groupes au Zimbabwe, au Botswana et en Namibie, mettant l'accent sur l'aventure et les activités thématiques.

Okavango Tours & Safaris, 28 Bisham Gardens, London N6 6DD (☎ (0181) 341 9442 ; fax (0181) 348 9983). Cette agence associe son point fort, le delta de l'Okavango, à plusieurs circuits dans le Chobe National Park ainsi qu'au Zimbabwe et en Namibie.

Tusk Tours, 2 Bradfield Cottages, Queens Rd, Freshwater, Isle of Wight PO40 9HB (☎/fax (01983) 752481). Cette agence aussi sympathique que réaliste propose ses propres circuits dans les sites les plus célèbres ou les plus ignorés du Zimbabwe.

United Touring Company (UTC), Paramount House, 71/75 Uxbridge Rd, Ealing Broadway, London W5 5SL (☎ (0181) 566 1660 ; fax (0181) 566 1348). Cette importante société, qui possède des réseaux dans toute l'Afrique, propose toutes sortes de circuits, de la visite en un jour des capitales aux voyages de plusieurs semaines dans divers pays.

Voyages Jules Verne, 21 Dorset Square, London NW1 6QG (☎ (0171) 723 5066 ; fax (0171) 723 8629). Cette agence s'est spécialisée dans les circuits plutôt luxueux à la découverte des principaux sites du Zimbabwe et du Botswana. Ses tarifs hors saison sont particulièrement raisonnables. Elle organise également des safaris ferroviaires de 14 jours, onéreux, de Victoria Falls au Cap sur le *Zambezi Express* et le *Pride of Africa*.

Wild Africa Safaris, Castlebank House, Oak Rd, Leatherhead KT22 7PG (☎ (01372) 362288 ; fax (01372) 360147). Circuits haut de gamme de deux à trois semaines à la découverte des principaux sites du Zimbabwe. Cette agence fait également appel aux agences locales pour organiser des safaris thématiques, notamment de pêche au poisson tigre, de canoë-kayak, de randonnée dans les parcs nationaux (dont une sur la piste des rhinocéros), des safaris ferroviaires, voire des excursions très onéreuses en hydravion Catalina.

Wildwings, International House, Bank Rd, Bristol BS15 2LX (☎ (0117) 984 8040 ; fax (0117) 967 4444). Pour ceux qui rêvent depuis toujours de découvrir en 22 jours les oiseaux de Namibie. Cette agence est spécialisée dans l'ornithologie, et si vous avez l'occasion de voir des animaux plus imposant, ce sera la cerise sur le gâteau.

États-Unis

Africa Travel Centre, 23830 Route 99, Suite 112, Edmonds, WA 98026 (☎ (206) 672 3697 ; fax (206) 672 9678). Cette agence de voyage fait également office de centre d'information pour les futurs visiteurs en Afrique.

Desert & Delta Safaris, 16179 E Whittier Blvd, Whittier, CA 90603 (☎ (213) 947 5100). Spécialisée dans les circuits à partir de lodges le long de l'Okavango, cette agence propose aussi des circuits organisés dans toute l'Afrique australe.

Journeys, 1536 NW 23rd Ave, Portland, OR 97210 (☎ (503) 226 7200). Agence spécialisée dans le trekking et les randonnées sous tente dans les régions les plus reculées du Zimbabwe et du Botswana.

Ker & Downey, Inc, 13201 Northwest Freeway Suite 850, Houston, TX 77040 (☎ (713) 744 5260 ; fax (713) 895 8753). De loin l'agence la plus haut de gamme travaillant sur le Botswana, elle propose des circuits à partir de lodges dans le Chobe National Park et le delta de l'Okavango, dont un safari à dos d'éléphant (au tarif effrayant) dans le delta.

United Touring Company (UTC), 400 Market St, Suite 260, Philadelphia, PA 19106 (☎ (215) 923 8700 ; fax (215) 985 1008). L'un des principaux tour-opérateurs en Afrique, UTC propose toutes sortes de circuits, à la journée ou plus longs.

Wilderness Travel, 801 Alston Way, Berkeley, CA 94710 (☎ (800) 368 2794, poste 114). Cette agence propose des voyages guidés et en petits groupes dans le monde entier, notamment en Afrique australe, mettant l'accent sur les circuits réalistes, de trekking, de randonnées ou autres activités thématiques en fonction des disponibilités.

France

Terres d'aventure, 16, rue Saint Victor, 75005 Paris (☎ 1-43 29 94 50) propose des circuits aventure-découverte avec un guide anglophone et logement en camping.

Comptoir des Déserts-Comptoir d'Afrique, 23, rue du Pont-Neuf, 75001 Paris (☎ 1-42 21 46 89, 1-40 26 19 40). Ce voyagiste spécialisé dispose de nombreuses possibilités, quel que soit le budget prévu.

Makila, 4, place de Valois, 75001 Paris (☎ 1-42 96 80 00) connaît très bien son sujet et propose des voyages à la carte pour les voyageurs indépendants.

Le Monde Bleu, 6 rue Casimir-Brenier, 38000 Grenoble (☎ 76 46 36 26) organise des circuits au départ de Genève.

Traversée de l'Afrique par voie terrestre

La traversée de l'Afrique par voie de terre du Caire au Cap étant devenue très difficile en raison des troubles que connaît le Soudan, certaines agences de voyages ont adopté l'itinéraire transsaharien par le Maroc, la Mauritanie et l'Afrique occidentale, puis par la République Centrafricaine, le Zaïre et l'Ouganda vers le Kenya, le Zimbabwe, le Botswana et l'Afrique du Sud.

Bien que ces circuits soient très fréquentés, ils sont d'abord conçus pour les voyageurs inexpérimentés qui redoutent de partir seuls à l'aventure ou pour ceux qui préfèrent les relations sociales aux incertitudes de la route. Si vous ressentez la moindre inclination d'indépendance ou craignez la promiscuité d'un voyage effectué en compagnie du même groupe d'une vingtaine de personnes (bien que les défections ne soient pas rares sur le trajet), réfléchissez à deux fois avant de vous inscrire pour un tel voyage organisé.

De plus en plus d'agences proposant des traversées de l'Afrique par voie terrestre optent pour des voyages moins longs, et certaines organisent le transport – bus de randonneurs et service de transit. Les voyageurs indépendants pourront emprunter les transports routiers internationaux pour 15 $US environ par jour, plus une cagnotte pour la nourriture journalière. Il suffit de se rendre à un arrêt de camions et de demander une place aux routiers. Ce type de transport se révèle aussi utile que rapide entre Harare et le Malawi ou Nairobi, Victoria Falls et Maun, voire entre Harare et Windhoek.

Pour obtenir plus de renseignements ou une liste des agences proposant des traversées organisées par voie de terre, contactez les adresses suivantes, toutes en Grande-Bretagne (à l'exception de Dragoman, Exodus et Encounter Overland qui possèdent également des agences aux États-Unis et au Canada):

Dragoman, Camp Green, Kenton Rd, Debenham, Stowmarket, Suffolk IP14 6LA (☎ (01728) 861133, fax (01728) 861127)

Encounter Overland, 267 Old Brompton Rd, London SW5 9JA (☎ (0171) 3706845)

Exodus Overland Expeditions, 9 Weir Rd, London SW12 0LT (☎ (0181) 673-0859, fax (0181) 6757996)

Guerba Expeditions, 101 Eden Vale Rd, Westbury, Wiltshire BA13 3QX (☎ (01373) 826689, fax (01373) 838351)

AVERTISSEMENT

Les informations contenues dans ce chapitre ne le sont qu'à titre indicatif, car il s'agit en effet de données particulièrement susceptibles de modifications – prix des voyages internationaux volatils, itinéraires nouveaux ou annulés, séjours aux dates variables, offres spéciales, modifications des réglementations et des formalités d'obtention des visas, sont autant de paramètres aléatoires. Compagnies aériennes et gouvernements semblent prendre un malin plaisir à concocter des tarifs et des réglementations aussi complexes que possible. Vérifiez directement auprès de la compagnie aérienne ou de votre agence de voyage que vous avez bien compris les termes du voyage (et du billet) dont vous faites l'acquisition. De plus, l'industrie touristique étant particulièrement concurrentielle, les offres sont aussi diverses que les rabais et autres propositions alléchantes. Vous devrez donc vous renseignez minutieusement auprès d'un grand nombre de compagnies aériennes et d'agences de voyages avant d'opter pour telle ou telle proposition.

Guide de la faune

PRIMATES

Babouins

Papio ursinus (babouin chacma)
Papio cynocephalus (babouin jaune)

Le babouin chacma, l'une des cinq espèces (au moins) de babouins, est l'un de ceux qu'on rencontre le plus fréquemment en Afrique australe. Son museau, semblable à celui des chiens, lui donne une apparence plus farouche que celle de la plupart des autres primates, dont les traits rappellent davantage ceux de l'homme.

Les babouins circulent souvent par groupes qui peuvent compter jusqu'à 150 individus dirigés par un mâle dominant. La troupe possède un domaine vital qui varie de 2 à 30 km^2. Ils passent la plupart de leur temps à terre, à chercher des insectes, des araignées et des œufs d'oiseaux. Ils ont aussi très vite compris que l'on trouve facilement des restes dans les gîtes et sur les aires de camping et de pique-nique ! Surtout quand des touristes leur jettent de la nourriture ou oublient de fermer leur tente. Une bande de babouins efffectuent des incursions quotidiennes sur l'aire de camping des chutes Victorla, renversant les poubelles et saccageant tout. Ils représentent souvent un tel fléau que les agents des parcs doivent les traiter sans ménagements. Aussi, veuillez résister à la tentation de les nourrir !

Leur plus grand ennemi naturel, c'est le léopard, même si les lions et les lycaons attaquent souvent les petits.

DAVID WALL

Babouin chacma

Galago

Otolemur crassicaudatus (galago à queue épaisse)
Galago senegalensis (galago du Sénégal)

Le galago à queue épaisse, qui ressemble à l'opossum australien, est en fait un petit prosimien (comparable au lémurien) de la taille d'un lapin. On le trouve dans les forêts épaisses et humides, principalement dans le nord-est du Zimbabwe. Animal nocturne, on le voit rarement dans la journée. Sa tête est petite et ronde, avec de grandes oreilles ovales. Comme la plupart des animaux nocturnes, il possède des yeux énormes. Son pelage épais est brun foncé et sa queue touffue. Un adulte moyen pèse moins de 2 kg et mesure environ 80 cm de long – dont 45 cm de queue ! Les galagos du Sénégal sont environ deux fois plus petits que les galagos à queue épaisse. Ils sont gris très pâle et leurs pattes sont jaunâtres.

Galago à queue épaisse

Cercopithèque à diadème

Cercopithecus mitis

Les cercopithèques à diadème vivent dans la majeure partie de l'Afrique orientale : du Kenya au Natal, en Afrique du Sud. Au Zimbabwe, on ne les rencontre que dans les Eastern Highlands, principalement dans la réserve de Chirinda Forest et dans les régions de forêt dense le long de la frontière du Mozambique.

La couleur de leur face, dont les sourcils et les poils tournés en avant forment un diadème, varie du gris au noir, mais la plus grande partie du dos, des flancs et des membres supérieurs ont une teinte verdâtre. Leur croupe est jaune et leurs membres inférieurs sont noirs. Les mâles adultes émettent des sons semblables à une toux rauque ; les femelles et les petits des deux sexes gazouillent et pépient.

Ils prennent leurs repas tôt le matin et en fin d'après-midi au sommet des arbres les plus élevés, et descendent pendant la journée dans les zones ombragées. Ils vivent en groupes de 4 à 12 individus et consomment principalement des pousses, des feuilles, de jeunes oiseaux, des insectes, des mousses, des champignons, des fruits, des baies et des œufs. Il leur arrive parfois de marauder dans les plantations et d'emporter des poussins. Ils sont chassés par les léopards, les pythons et les aigles.

Cercopithèque à collier blanc

Vervet (ou grivet)

Cercopithecus aethiopis

Ce sont les singes les plus répandus d'Afrique australe. Très espiègles, ils fréquentent les parcs et les réserves (et les aires de camping et de pique-nique !) des trois pays présentés dans cet ouvrage. On les reconnaît facilement à leur face noire entouré de poils blancs et aux poils gris jaunâtre qui couvrent le reste de leur corps – exceptées les parties inférieures qui sont blanchâtres. Le scrotum du mâle est d'un bleu vif extraordinaire.

Les vervets vivent généralement dans les régions boisées et les savanes, en groupes de 30 individus maximum. Ils sont extrêmement effrontés et curieux, comme vous pourrez vous en rendre compte si vous campez dans une réserve. Souvent parfaitement habitués aux êtres humains, ils pénètrent à l'intérieur des tentes ou des minibus dans l'espoir qu'on leur donne quelque chose à grignoter.

DAVID WALL

Vervet (ou grivet)

CARNIVORES

Dans les parcs d'Afrique orientale, les carnivores sont les animaux qui subissent les plus graves perturbations, car ils sont souvent coursés par des dizaines de minibus emplis de touristes, alors qu'ils tentent de chasser. Heureusement, dans les réserves d'Afrique australe, les visiteurs sont soumis à un contrôle plus sévère, de sorte que les lois de la nature sont peu troublées par la présence humaine. Les organisateurs de safaris sont liés par des règles très strictes impliquant la suppression de leur licence s'ils s'aventurent hors des itinéraires obligatoires ou dérangent sciemment la faune, mais les touristes indépendants à bord de leur véhicule personnel – et plus particulièrement ceux qui viennent en foule lors des vacances scolaires locales – provoquent toujours des troubles importants.

Faites-vous le plus discret possible : si un animal est manifestement en train de pister sa proie, résistez à la tentation de l'approcher et gardez vos distances.

Mangue rayée

Mungos mungos

Huit espèces de mangoustes au moins sont représentées en Afrique australe, mais la plus répandue est la mangue rayée qu'on peut voir dans toutes les réserves. Marron ou grise, elle est reconnaissable aux bandes noires qui s'étendent de ses épaules à sa queue. Elle mesure environ 40 cm de long et pèse entre 1,3 et 2,3 kg. Les mangoustes sont très sociables et vivent en groupes de trente à cinquante individus. Elles émettent des sons très variés pour communiquer entre elles. Lorsqu'elles se sentent menacées, elles grondent et crachent à la façon des chats domestiques.

Animaux diurnes, elles préfèrent les aires ensoleillées pendant la journée et se retirent la nuit dans des terriers creusés ou empruntés, fentes de roches, arbres creux, tas de pierres et fourmilières abandonnées. Chaque groupe possède en général plusieurs terriers sur son propre territoire.

A la base de leur alimentation, des insectes, des vers et des larves, mais elles se nourrissent aussi de petits amphibiens, de reptiles, d'oiseaux et de leurs œufs, de fruits et de baies. Leurs principaux prédateurs sont les oiseaux de proie, les lions, les léopards et les chiens sauvages.

Mangue rayée

Otocyon (ou chien oreillard)

Otocyon megalotis

Il suffit d'un coup d'œil pour comprendre d'où vient le surnom de ces animaux à l'allure de renard, aux longues pattes et aux énormes oreilles, qui possèdent une ouïe d'une qualité exceptionnelle. Leur queue est longue et très touffue, leur corps brun-gris avec des marques blanches et leurs pointes d'oreilles sont bordées de blanc. Ils se nourrissent surtout d'insectes, de petits animaux, de fruits et de baies, et sont capables d'entendre des sons diffus sous la terre lorsqu'ils y cherchent des insectes. En baissant la tête, les oreilles parallèles, ils procèdent à une sorte de triangulation leur permettant de localiser précisément leur nourriture potentielle. S'ensuit alors des fouilles frénétiques pour capturer leurs proies.

Ils creusent des terriers – ou s'en emparent – comportant généralement plusieurs issues et salles. Ils sont actifs le soir, surtout après le coucher du soleil. Les grands oiseaux de proie et les hyènes constituent leurs seuls ennemis.

Si les otocyons ne se rencontrent au Zimbabwe que dans le parc national de Hwange, on peut les observer plus facilement au Botswana et en Namibie, plus particulièrement à Chobe, à Etosha et dans le désert du Namib.

Otocyon

Chacal à chabraque

Canis mesomelas

Les chacals à chabraque sont très répandus dans les parcs et les réserves d'Afrique australe. Leur dos, au pelage parfois argenté, est large au niveau du collier et s'affine ensuite jusqu'à la queue. Bien que les chacals soient en fait des chiens, ils ressemblent davantage aux renards à cause de leur queue très touffue et de leurs longues oreilles.

Ils se nourrissent principalement de charognes. S'ils n'en trouvent pas, ils chassent des insectes, des rongeurs, des oiseaux et parfois des antilopes nouveau-nées. Ils rodent également autour des habitations et s'emparent souvent d'agneaux, de volailles ou de jeunes veaux ou poulains.

Chaque couple peut surveiller un territoire de 250 hectares environ. Les petits naissent par portée de 5 à 7 individus. Bien qu'ils n'atteignent pas leur maturité avant 1 an environ, ils quittent généralement leurs parents à l'âge de 2 mois seulement, âge auquel ils sont très vulnérables à leurs prédateurs : les léopards, les guépards et les aigles.

DAVID WALL

Chacal à chabraque

Loutre à joues blanches

Aonyx capensis

Ce sont des loutres de rivière que l'on rencontre dans le nord du Zimbabwe sur les fleuves Chobe et Okavango, de même qu'à proximité des côtes de Namibie. Leur dos est d'un brun grisâtre assez clair et leur museau, leur tête et leur gorge sont de couleur blanche ou crème. Chacune de leurs joues blanches portent une grande tache brun-noir rectangulaire. Contrairement à la plupart des loutres, leurs doigts sont dépourvues de griffes ou de palmure, mais elles possèdent de courtes griffes pointues aux orteils.

Elles sont généralement actives dans la journée – avec un peu de chance, elles pourront être observées en train de nager et de plonger durant tout l'après-midi –, mais dans les régions où elles sont chassées par les hommes, elles ont adopté une vie nocturne.

Elles se nourrissent principalement de poissons, de crabes, de brataciens, de reptiles, de mammifères petits et moyens, ainsi que d'œufs d'oiseaux et de crocodiles. Leur seul prédateur dans l'eau est le crocodile, à terre, on ne lui en connaît aucun.

Loutre à joues blanches

Caracal (lynx d'Afrique)

Felis caracal

Naguère considéré comme un lynx à part entière, on le classe aujourd'hui dans le genre *Felis*, celui du chat. Il a en effet tout du félin et malgré son aspect parfois somnolent, c'est le chat le plus rapide de sa taille.

Il se caractérise par sa hauteur (50 cm environ au garrot), sa tête relativement petite, ses longues et étroites oreilles garnies aux extrémités d'épaisses touffes de longs poils, l'absence de moustaches, et par ses longues et robustes pattes. La couleur de sa robe varie du brun rougeâtre au gris jaune avec un poitrail blanc. Une ligne noire relie le nez et les yeux.

Il mesure de 80 à 120 cm de long (y compris la queue de 20 à 30 cm) et pèse entre 13 et 23 kg. Il vit dans des terriers de porcs-épics, des crevasses rocheuses ou dans la végétation dense. Son habitat est diversifié, mais il préfère les régions sèches (régions boisées, savanes et broussailles) et évite les déserts sablonneux.

Oiseaux, rongeurs et autres petits mammifères, dont les jeunes daims, sont ses festins préférés. Il traque sa proie puis fond brusquement d'un seul bon sur elle. Généralement actif au crépuscule, il peut chasser la nuit par temps chaud ou le jour par temps froid. En général solitaire , on peut parfois le rencontrer en couple avec son petit. On pense qu'il a le sens du territoire qu'il marque de jets d'urine. Ses cris sont ceux du chat : miaulements, grognements, chuintements et toux.

La naissance des portées de un à quatre chatons (trois en général) peut intervenir à n'importe qu'elle période de l'année. Ceux-ci ouvrent les yeux à dix jours, sont sevrés à dix ou quinze semaines et peuvent se reproduire dès l'âge de six mois.

Caracal (lynx d'Afrique)

Guépard

Acinonyx jubatus

Ce sont les animaux les plus magnifiques que l'on puisse admirer : poil soyeux, lignes pures, grâce exceptionnelle. Ils sont présents en petit nombre dans la plupart des grandes réserves d'Afrique australe : Hwange, Zambezi, Gonarezhou, Kazuma Pan, Mana Pool's, Chobe, Moremi, Etosha, etc.

Ils ressemblent aux léopards mais en plus longs et plus légers. Leur dos est légèrement cambré et leur gueule beaucoup plus petite et plus arrondie. Ils mesurent environ 80 cm au garrot et près de 210 cm de long (queue comprise). Ils pèsent de 40 à 60 kg. Parfois, une belle mutation génétique donne naissance au guépard royal qui arbore non une robe tachetée, mais marbrée, ainsi que des pattes rayées. Ce dernier est très fréquent dans les environs du parc national de Gonarezhou au Zimbabwe.

Les guépards chassent normalement tôt le matin ou tard le soir : ils traquent leur proie aussi près que possible, puis foncent sur une distance de 100 m environ et sont capables, pour l'attraper, de pointes de vitesse allant jusqu'à 110 km/h , mais ne peuvent maintenir une telle vitesse que sur de très courtes distances. S'ils échouent, ils renoncent, et cherchent ailleurs une autre victime. Souvent, la proie (généralement une petite antilope) est projetée à terre par un coup de patte qui la fait trébucher. Les lièvres, les chacals et les jeunes phacochères comptent au nombre de leurs victimes.

Les femelles mettent bas principalement entre mars et décembre, et les petits naissent le plus souvent par portée de deux à quatre. Ils atteignent leur maturité à un an environ, mais restent avec leur mère beaucoup plus longtemps : jusqu'à ce qu'ils aient appris à chasser. Les guépards se battent rarement, mais les lions, les léopards et les hyènes comptent parmi leurs prédateurs (surtout des petits).

HUGH FINLAY

Guépard

Civette d'Afrique

Viverra (Civetticus) *civetta*

Les civettes sont des omnivores de taille moyenne, mesurant environ 40 cm au garrot et 90 cm de long (sans compter la queue), présentant certaines caractéristiques des canidés. Leur pelage est principalement gris mais se compose des motifs variables, dont un ensemble de bandes noires s'étendant des oreilles à la base du collier et un autre autour des pattes postérieures. Leur queue est touffue à la base et plus fine à l'extrémité. Leur tête est en grande partie blanc grisâtre et leurs petites oreilles arrondies ont des poils blancs aux extrémités. Autre caractéristique physique des civettes : la présence, vers l'anus, de glandes à musc qui produisent une substance huileuse à l'odeur désagréable qui leur sert à marquer leurs territoires. Ce musc est utilisé en parfumerie.

Solitaires et nocturnes, elles se dissimulent le jour dans les taillis, les herbes hautes et les terriers abandonnés. Vous aurez le plus de chance d'en apercevoir une à la lumière de votre lampe torche, à l'aube ou au crépuscule, à Hwange ou dans d'autres parcs du Zimbabwe occidental. La civette arboricole, rare, ne se rencontre que dans les Eastern Highlands, au Zimbabwe.

Civette d'Afrique

Les civettes ont une alimentation très variée, composée de rongeurs, d'oiseaux et de leurs œufs, de reptiles, d'amphibiens, d'escargots, d'insectes, de baies, de jeunes pousses d'arbustes et de fruits.

Les portées comptent jusqu'à quatre petits au pelage est légèrement plus sombre que celui des adultes.

Genette

Genetta Genetta (felina) (genette d'Europe)
Genetta tigrina (genette tigrine)

Contrairement aux civettes, les genettes ressemblent aux chats domestiques, bien que leur corps soit beaucoup plus allongé. Leur pelage est doté d'une crête caractéristique le long de la colonne vertébrale. Sa couleur de base varie du gris au fauve, mouchetée de taches rondes allant du brun foncé au noir. Leur queue est entourée de neuf ou dix cercles de même couleur et son extrémité est blanche.

Elles vivent seules ou en couple dans les forêts bordant les rivières, dans la savane de broussailles sèches et en pays découvert. Elles grimpent aux arbres avec une grande habilité. Le jour, elles dorment dans des terriers abandonnés, des fissures rocheuses, des arbres creux ou sur de hautes branches. Elles chassent généralement leur proie à terre, mais grimpent aussi aux arbres pour y dénicher des oiseaux et leurs œufs. Leur alimentation se compose de petits rongeurs, de reptiles, d'insectes et de fruits.

Tout comme nos chats de compagnie, elles crachent et grondent quand elles sont en colère ou se sentent en danger. Les portées comptent, en général, deux ou trois petits.

Genette

Ratel

Mellivorinae ratel

De taille et d'allure similaires à celles des blaireaux européens, ils sont largement aussi féroces. Il est arrivé que des ratels africains attaquent des animaux de la taille d'un buffle noir ! On les rencontre dans tout le Zimbabwe, dans le nord du Botswana et en Namibie, mais ne sont normalement actifs qu'entre le crépuscule et l'aube. Au Zimbabwe, une population importante, presque apprivoisée, vit autour de Sinamatella Camp dans le parc national de Hwange : tout campeur est presque assuré d'en voir. En Namibie, on en observe aussi fréquemment sur les aires de camping des monts Brandberg.

Les ratels se nourrissent de poissons, de grenouilles, de scorpions, d'araignées et de reptiles, parmi lesquels des serpents venimeux. S'il leur arrive même d'emporter de jeunes antilopes, ils consomment aussi une grande variété de racines, des baies, du miel ainsi que des œufs, et sont passés maîtres dans l'art de dévaliser les poubelles !

Ratel

Lycaon (ou chien sauvage d'Afrique)

Lycaon pictus

De la taille de grands chiens domestiques, ils fréquentent toutes les régions à forte concentration d'animaux sauvages. Ils sont par conséquent présents dans toutes les réserves du Zimbabwe et du Botswana, ainsi qu'à Etosha et dans la bande de Caprivi en Namibie.

Les constantes morphologiques du lycaon sont ses grandes oreilles arrondies et l'extrémité blanche de sa queue. Son pelage portant des taches du noir au jaune varie d'un animal à l'autre.

Les petits naissent généralement dans des terriers tapissés d'herbe par portées de 7 à 15. Six mois après, devenus des chasseurs, ils abandonnent le terrier. Les lycaons n'ont pas de prédateur attitré, mais les petits laissés sans surveillance se font parfois emporter par les hyènes et les aigles.

Rarement charognards, ils préfèrent tuer leur proie. Ils se déplacent en groupe de 4 à 40 individus collaborant efficacement entre eux.

Quand la proie a été repérée, quelques-uns se mettent à la pister activement pendant que le reste de la troupe ralentit l'allure. Lorsque les deux premiers se fatiguent, deux autres prennent la relève et ainsi de suite, jusqu'à ce que la proie soit épuisée. Ils chassent surtout les gazelles, les impalas et autres antilopes de taille moyenne.

Lycaon

MIKE SCOTT

Hyène

Hyène

Crocuta crocuta (hyène tachetée)
Hyena brunnea (hyène brune)

La hyène tachetée est assez répandue dans la plus grande partie du Zimbabwe, du Botswana et de la Namibie, surtout dans les régions ou abonde le gibier, tandis que la hyène brune, plus rare, ne se rencontre que dans certaines aires limitées des déserts du Kalahari et du Namib. C'est à cet animal craintif et secret que Mark et Delia Owen ont consacré leur ouvrage *Le cri du Kalahari* (Laffont, 1985).

Les hyènes possèdent une certaine ressemblance avec les chiens. Ce sont des animaux bâtis puissamment, au dos plus haut que l'arrière-train (morphologie responsable de leur course bondissante caractéristique), à la tête large et aux grands yeux. Leur pelage à poil court, qui va du gris sombre au chamois, est marqué de taches noires, sauf sur la gorge. Leurs dents et leurs mâchoires puissantes permettent de broyer et d'avaler les os, ce qui donne à leur excréments une blancheur caractéristique délavée de calcium.

Bien qu'elles soient essentiellement nocturnes, on peut néanmoins les voir dans la journée disputer aux vautours la carcasse d'un fauve. Sinon, elles passent leur temps dans les herbes hautes, dans les trous abandonnés par les oryctéropes, ou dans de grands terriers qu'elles creusent à une profondeur pouvant atteindre un mètre de profondeur. Ce sont des animaux très bruyants. La nuit, en campant dans le bush, on entend souvent leur hurlement caractéristique qui monte en crescendo en un cri très aigu. Leur "rire", bien connu, ne s'entend généralement que lorsqu'elles découvrent de quoi manger ou sont en train de s'accoupler.

Les hyènes ont un odorat, une vue et une ouïe extrêmement développés, leur permettant de localiser la nourriture – carcasse ou proie vivante –, de se reconnaître entre membres de la meute et de s'accoupler. Elles suivent souvent les lions et les lycaons à la chasse, en général à distance raisonnable, mais il leur arrive parfois d'obliger ces animaux à abandonner leur butin. Si les charognes constituent une partie importante de leur alimentation, elles sont également de véritables prédateurs. Pouvant atteindre une vitesse de 60 km/h, elles se rassemblent en meutes capables de terrasser petites antilopes, gnous et zèbres. Elles chassent également l'antilope accompagnée de son petit (elles dévorent ce dernier et parfois même la mère), de même que le bétail domestique.

Pendant la saison des amours, les hyènes se regroupent en grand nombre. C'est alors une pagaïe monstre et un bruit incroyable. Les petits naissent dans le terrier de leur mère par portée de quatre au maximum après une période de gestation d'environ 110 jours. Ils sont sevrés à 6 semaines environ et deviennent indépendants peu de temps après.

L'homme est le principal ennemi des hyènes, mais les chiens sauvages peuvent tuer ou mutiler une hyène qui s'est approchée trop près de leur butin.

Léopard

Panthera pardus

Bien que les léopards fassent partie des carnivores les plus répandus en Afrique, et soient présents partout au Zimbabwe, au Botswana et en Namibie, ils sont rarement observés en raison de leur vie essentiellement nocturne. Aussi agiles que les chats domestiques, ils passent leurs journées à se reposer sur les branches des arbres, souvent jusqu'à 5 m au-dessus du sol, où ils transportent également leurs proies, les mettant ainsi hors de portée des charognards.

Leur pelage est généralement ras, épais et moucheté de taches noires sur fond jaunâtre, mais certains léopards, appelés panthères, présentent un pelage entièrement noir. Leurs parties inférieures sont blanches à taches plus clairsemées. Les léopards des savanes montrent un pelage moins épais que celui des léopards des forêts. C'est un animal qui s'entend davantage qu'il ne se voit ; son cri ressemble au bruit d'une scie à métaux.

D'une morphologie puissante, il traque avec ruse ses proies, oiseaux, reptiles et mammifères, parmi lesquels des rongeurs de grande taille, des damans de rocher, des phacochères, des petites antilopes, des singes et des babouins (un de ses repas préférés). Il s'attaque à l'occasion aux animaux domestiques, chèvres, moutons, volailles et chiens. Cette grande variété de proies explique pourquoi les léopards peuvent survivre dans des régions humainement très peuplées ; longtemps après la disparition des autres grands prédateurs, et dans des habitats très différents, des régions semi-désertiques à la forêt dense, et même sur les hauteurs des monts Chimanimani au Zimbabwe.

Les léopards sont des solitaires, sauf pendant la saison des amours où le mâle et la femelle vivent ensemble. La période de gestation dure 3 mois et la portée ne dépasse généralement pas trois petits.

DAVID WALL

Léopard

DAVID WALL

TONY WHEELER

Lions

Lion

Panthera leo

Les lions sont la grande attraction des parcs nationaux et des réserves privées, mais on les aperçoit plus facilement pendant la saison sèche (de mai à septembre), quand ils se rassemblent autour des points d'eau. Ils sont le plus actifs en fin d'après-midi et passent une grande partie de la journée allongés sous des buissons et autres endroits accueillants.

A la différence de ceux du Kenya, assez dociles et laissant les véhicules les approcher d'assez près, les lions d'Afrique australe sont moins accoutumés aux hommes et les évitent le plus possible. Leur réputation de mangeurs d'hommes est en grande partie injustifiée, mais les individus les plus âgés, ou les plus irritables, attaquent parfois l'homme. Les plus dangereux sont ceux qui ne peuvent plus bondir sur des proies véloces. Mais le plus souvent, ils disparaissent en un éclair au moindre bruit inhabituel ou mouvement brusque.

Ils ont le sens de leur territoire. Selon le type de région et la quantité de nourriture disponible, une troupe de trois mâles maximum et de quinze femelles accompagnées de leurs petits est capable de défendre un secteur de 20 à 400 km^2. Les lions chassent parfois en groupe, mais ce sont les femelles qui procèdent à la mise à mort. Bien qu'ils sachent coopérer entre eux, les lions ne sont pas les plus efficaces des chasseurs. Seule une chasse sur cinq est couronnée de succès.

Les lionceaux naissent par portée de deux à trois en moyenne. Ils atteignent leur maturité sexuelle vers l'âge de un an et demi et les mâles sont chassés du groupe familial peu après. Leur pleine maturité est atteinte vers l'âge de 6 ans. Les lionceaux sont souvent emportés par des hyènes, des léopards, des pythons et des lycaons.

Serval

Serval (chat-tigre)

Felis (Lepitailurus) *serval*

Les servals sont des chats sauvages, à peu près de la taille d'un chat domestique avec des pattes beaucoup plus longues. On les trouve dans les broussailles épaisses et les herbes hautes près des cours d'eau dans le Zimbabwe central et oriental.

Ils mesurent environ 50 cm de haut et 130 cm de long (queue comprise). Leur pelage fauve terne porte de larges taches longitudinales noires, disposées en bandes sur toute la longueur du corps. Autres caractéristiques : leurs grandes oreilles dressées, leur long cou et leur queue relativement courte. Habiles chasseurs, ils se nourrissent d'oiseaux, de lièvres et de rongeurs, et peuvent même se saisir d'oiseaux à l'envol en faisant de grands sauts. En raison de leurs habitudes nocturnes, ils ne s'observent généralement que tôt le matin ou tard le soir.

Les servals naissent par portée de quatre maximum. Indépendants à un an, ils n'atteignent pourtant pas leur maturité sexuelle avant l'âge de 2 ans.

ONGULÉS

Antilopes

Guib harnaché

Tragelaphus scriptus

Bien que le guib harnaché vive en assez grand nombre dans les zones boisées de nombreux parcs d'Afrique australe, c'est une antilope timide et solitaire que l'on aperçoit rarement. Au Zimbabwe, on la rencontre le plus facilement dans le parc tropical des chutes Victoria qui abrite plusieurs individus semi-apprivoisés.

De l'allure et de la taille d'un chevreuil, il mesure environ 80 cm au garrot et la couleur de sa robe va du châtain clair au brun foncé. Un nombre variable de bandes blanches rayent son pelage entre le cou et la croupe. Plus bas, sur leur flanc, deux zébrures blanches horizontales donnent l'impression qu'il porte un harnais. Il présente également un certain nombre de taches blanches sur la partie supérieure de la cuisse. Ses cornes, droites, spiralées et mesurant en moyenne 30 cm de long, sont l'apanage du mâle, mais il arrive que quelques rares femelles en portent.

Les guibs harnachés se déplacent rarement à plus de deux et préfèrent rester dans les aires recouvertes d'épais taillis. Broutant la nuit, ils ne s'éloignent guère de l'endroit choisi, et lorqu'ils sont effrayés, ils s'enfuient en un éclair en s'enfonçant bruyamment dans les broussailles. Timides, insaisissables, ils peuvent pourtant se montrer agressifs et dangereux quand ils se sentent acculés. Leurs principaux prédateurs sont les léopards et les pythons.

MIKE SCOTT

Guib harnaché

Céphalophe de Grimm (céphalophe couronné)

Silvicapra grimmia

C'est le céphalophe le plus répandu parmi les seize espèces africaines (les quinze autres préférant les habitats forestiers). Pourtant, on ne l'aperçoit pas souvent : il vit principalement la nuit, généralement par paires, et préfère les régions couvertes de taillis broussailleux.

Il ne mesure que 60 cm au garrot. Sa robe est d'un brun-clair un peu grisâtre, et son ventre est blanc. Une rayure verticale marron foncé traverse son museau. Ses cornes (présentes chez le mâle uniquement) sont très courtes (20 cm environ), pointues et droites.

Ruminant, bien qu'il semble compléter son alimentation avec des insectes et des pintades, il peut se passer d'eau pendant de longues périodes.

Les céphalophes sont présents dans divers types d'habitats, de la brousse découverte au semi-désert, mais ils préfèrent les broussailles basses et occupent même les zones cultivées où tous les autres herbivores ont été exterminés. On les rencontre dans tout le Zimbabwe et la majeure partie du Botswana. Le rare céphalophe bleu (*Cephalophus monticola*) ne vit que dans les forêts des Eastern Highlands du Zimbabwe.

Céphalophe de Grimm

Dik-dik

Dik-dik de Kirk (dik-dik de Damara)

Madoqua (Rhynchotragus) *kirkii damarensis*

Il existe sept sous-espèces de dik-diks de Kirk, mais seul le dik-dik de Damara est représenté en Afrique du Sud-Ouest. Cette minuscule antilope ne mesure que 35 cm au garrot. Sa robe est en grande partie brun-rougeâtre, son ventre est blanc. Autres signes caractéristiques : une queue quasi inexistante et une petite touffe frontale de poils noirs. Ses cornes (elles n'existent que chez les mâles) sont si courtes (6 cm environ) qu'elles se confondent le plus souvent avec la touffe de poils. Les mâles ne pèsent pas plus de 6 kg ; les femelles sont un peu plus grandes.

Les dik-diks se déplacent habituellement seuls ou par deux, et peuvent vivre dans des aires extrêmement sèches, tirant l'eau nécessaire de leur nourriture. Ils ont un sens aigu de leur territoire, chacun occupant un secteur de cinq hectares environ. Ils vivent principalement la nuit mais peuvent parfois paître tôt le matin, ou en fin d'après-midi. Ils se reposent au plus fort de la chaleur du jour.

Deux fois par an, les femelles portent un petit. A six mois, le jeune dik-dik atteint sa maturité sexuelle et est alors chassé du territoire familial.

Élan du Cap

Élan du Cap

Taurotragus oryx

C'est la plus grande des antilopes. Il mesure environ 170 cm au garrot, et un mâle adulte peut peser jusqu'à 1 000 kg. Il ressemble curieusement à certaines variétés de bétail du sous-continent indien. Bien que rare, il est relativement répandu dans tous les parcs du Zimbabwe, ainsi qu'à Moremi et à Chobe au Botswana, et dans la région de Namutoni dans le parc national d'Etosha, en Namibie.

Sa robe est gris-brun, assez claire, et traversée de quinze rayures verticales blanches souvent estompées. Les animaux des deux sexes portent des cornes qui forment une spirale à la base, sont recourbées vers l'arrière, et peuvent atteindre 65 cm de long environ. La tête des mâles est plus poilue que celle des femelles et leurs cornes sont plus épaisses et légèrement plus courtes.

Les élans du Cap préfèrent la savane broussailleuse aux espaces découverts, mais évitent les forêts épaisses. Ils broutent l'herbe et les feuilles des arbres tôt le matin et en fin d'après-midi. Ils ont besoin de boire une fois par jour mais peuvent se passer d'eau pendant un mois ou plus. Ils se déplacent généralement par groupes de six à douze environ, mais un troupeau peut compter jusqu'à cinquante animaux. Un petit groupe est composé de plusieurs femelles et d'un mâle. Les groupes plus importants, quant à eux, peuvent compter plusieurs mâles. Une hiérarchie très stricte règne parmi eux. Les femelles atteignent leur maturité sexuelle vers l'âge de deux ans et peuvent porter jusqu'à douze petits au cours de leur vie. Ils naissent en octobre ou en novembre.

Gemsbok (oryx sud-africain)

Oryx gazella

Les gemsboks (ou oryx) sont de grandes antilopes grises (environ 120 cm au garrot) que l'on rencontre couramment dans tous les parcs et réserves du Botswana, de même que dans le désert du Namib, le Damaraland et les environs du parc d'Etosha .

Deux sortes de gemsboks vivent en Afrique australe : la sous-espèce namibienne a la partie supérieure du corps gris pâle, des taches noires et blanches sur le poitrail, une bande noire sur la croupe et un ventre blanc. L'autre sous-espèce présente une robe fauve clair, soulignée d'une bande dorsale noire qui s'étire jusqu'au bout de la queue. La partie inférieure du corps est blanche et séparée du bas des flancs par une autre bande noire. Deux bandes noires entourent également les pattes antérieures, juste au-dessus du genou. Mâles et femelles des deux sous-espèces portent de longues cornes en forme de rapière qu'ils utilisent pour se défendre des prédateurs. Ces animaux se caractérisent également par un système de régulation thermique qui leur permet de supporter les températures extrêmes de la côte du désert de Namib. Le plus souvent, les gemsboks paissent, mais il leur arrive de brouter des arbustes épineux. Ils peuvent se passer d'eau pendant de longues périodes.

La taille des groupes est variable : de cinq à quarante individus, parfois plus. Toutefois, les mâles sont souvent solitaires.

Gemsbok

Grand koudou

Tragelaphus strepsiceros

Les magnifiques grands koudous – l'une des plus grandes espèces d'antilope – se rencontrent dans tout le Zimbabwe, en Namibie et en dans le nord et l'est du Botswana, préférant cependant les régions vallonnées couvertes de broussailles assez épaisses.

Ils mesurent environ 1,5 m au garrot et pèsent jusqu'à 250 kg. Ce sont pourtant des animaux très élégants, de couleur gris clair, aux larges oreilles et au long cou. Leurs flancs sont barrés de six à dix bandes verticales blanches et ils ont un chevron blanc entre les yeux. Les cornes, que seuls portent les mâles, forment de larges spirales ; un vieux mâle peu présenter jusqu'à trois torsades complètes.

Les koudous vivent en petits groupes composés de 5 femelles maximum et de leurs petits, mais le troupeau se sépare souvent pendant la saison des pluies. Les mâles, quant à eux, sont généralement solitaires.

Ils mangent principalement des feuilles d'arbres et de buissons et, plus rarement, des plantes herbacées. Mais il sont capables de consommer toutes sortes de feuilles qui empoisonneraient les autres animaux.

Bien que les koudous soient parfois maladroits quand ils se déplacent, ils peuvent effectuer des bonds de plus de 2 m et sont réputés pour la mauvaise habitude qu'ils ont de sauter devant les véhicules de passage.

Grand koudou

Bubale

Bubale

Alcelaphus buselaphus (bubale rouge)
Sigmoceros lichtensteinii (bubale de Lichtenstein)

Les bubales sont des antilopes de taille moyenne qui vivent en petit nombre dans les réserves du Zimbabwe et du Botswana, ainsi que dans le parc national d'Etosha en Namibie. Les bubales rouges et de Lichtenstein vivent au Zimbabwe et en Botswana, mais seul le premier se rencontre en Namibie.

Ils sont faciles à reconnaître, avec leur tête longue et étroite et leurs courtes cornes doublement incurvées et profondément striées (les deux sexes en portent). Leur robe est généralement brun clair sur le dos et devient plus pâle vers l'arrière et sous le ventre. Le dos descend en pente légère depuis les épaules tombantes.

Les bubales préfèrent les plaines herbeuses où ils paissent, mais aussi les savanes faiblement boisées et les collines. Ils se nourrissent exclusivement de plantes herbacées et boivent généralement matin et soir, mais ils peuvent aussi se passer d'eau pendant des mois si cela est nécessaire.

Ce sont des animaux sociables qui se mêlent souvent aux zèbres et aux gnous. Ils atteignent leur maturité sexuelle à l'âge de deux ans environ. Les mises bas ont lieu toute l'année avec des périodes de pics en février et en août. Grands félins, hyènes et lycaons sont leurs principaux prédateurs.

Impala

Aepyceros melampus

Ces gracieuses antilopes communes vivent nombreuses dans tous les parcs et les réserves du Zimbabwe, du nord du Botswana et de l'extrême nord de la Namibie. Plus au sud en Namibie, sa place est occupée par les springboks. A Etosha, il existe une sous-espèce, l'impala à face noire (*Aepyceros melampus petersi*), à robe plus sombre et portant sur le front une tache noir pourpre.

Il pèse de 50 à 60 kg et mesure environ 80 cm au garrot. Sa robe est luisante et de couleur rougeâtre, un peu plus pâle sur les flancs. Le ventre, la croupe, la gorge et le dessous de la mâchoire inférieure sont blancs. Une étroite ligne noire court du milieu de la croupe jusqu'à la moitié de la queue environ. Le bord postérieur des cuisses présente également une bande noire verticale. Les mâles portent de longues cornes en forme de lyre (de 75 cm en moyenne).

Il paît et broute, et est actif le jour comme la nuit. Il est très dépendant des points d'eau, mais peut se désaltérer de rosée pendant une période relativement longue.

Chaque mâle, s'il ne fait pas partie d'un groupe de célibataires, possède un harem qui peut compter jusqu'à 100 femelles, mais dont le nombre se situe généralement entre 15 et 20. Ils se livrent des combats féroces en période de rut. Sinon, ce sont des animaux grégaires, plutôt placides. La duré normale d'une gestation est de 6 à 7 mois, mais elle se prolonge s'il n'a pas assez plu et que l'herbe est insuffisante pour nourrir le petit. Les mâles quittent d'habitude le troupeau avant leur maturité sexuelle.

Ces animaux sont connus pour la vitesse de leur course et leur incroyable aptitude à sauter. Ils sont capables d'effectuer des bonds en avant de 10 m de longueur et des sauts de 3 m de haut, même si aucun obstacle ne justifie une telle performance ! Les impalas sont les lapins de l'Afrique et la proie des grands prédateurs, lions, léopards, guépards, lycaons et hyènes.

HUGH FINLAY

Impala

Oréotrague

Oreotragus oreotragus

Ces délicates petites antilopes mesurant environ 50 cm au garrot s'effarouchent facilement. On les reconnaît facilement à leur curieuse façon de se tenir sur la pointe des sabots – adaptés aux surfaces rocheuses – et à la nuance verdâtre de leur poil moucheté et rude. Les cornes, que le mâle est le seul à porter, sont courtes (10 cm environ) et très écartées.

Les oréotragues vivent sur les affleurements rocheux des parcs nationaux de Hwange et de Matobo au Zimbabwe, et se rencontrent le plus souvent en Namibie sur les pentes occidentales du plateau central, notamment au Kuiseb Canyon, au Brandberg et au Naukluft. Ils s'aventurent également dans les herbages environnants, mais se réfugient dans les rochers lorsqu'ils sont effrayés. Ce sont des animaux extraordinairement agiles, capables de bondir de rochers en rochers sur les parois les plus abruptes. Ils peuvent se passer longtemps d'eau, et trouvent la quantité de liquide dont ils ont besoin dans la végétation qu'ils consomment. Ils sont actifs le plus souvent en milieu de journée, des mâles solitaires surveillant les alentours du haut d'un point d'observation.

Chaque mâle, accompagné d'une ou deux femelles, occupe un territoire bien délimité. Les oréotragues atteignent leur maturité sexuelle à 1 an environ. Les femelles portent un petit deux fois par an. Celui-ci peut rester avec le couple adulte pendant un an, mais généralement, le jeune mâle part à la recherche de son propre territoire bien plus tôt.

Leurs principaux prédateurs sont les léopards et les aigles royaux, ainsi que les chacals et les babouins.

Oréotrague

Cobe lechwe

Kobus leche

Le cobe lechwe rouge (ou cobe lechwe du Zambèze) est une antilope de taille moyenne, à la robe brun jaunâtre qui vit dans les marécages, les rivières et les lacs, dans les zones ou l'eau peut atteindre 50 cm de profondeur. Il se nourrit d'herbes, essentiellement sur les rives du Chobe et du delta de l'Okavango au Botswana, ainsi que dans les marais de Linyanti en Namibie. Les deux sexes présentent une croupe prononcée, et les mâles portent des cornes en forme de lyre portant chacune deux cents anneaux en moyenne.

Ils vivent en troupeaux de plusieurs centaines de mâles, de femelles et de jeunes. Celles-ci atteignent leur maturité sexuelle à un an et demi. Les accouplements et les naissances interviennent à n'importe quel moment de l'année.

Chassés par les lions, les guépards, les lycaons, les hyènes, les pythons, les hommes et les crocodiles, les cobes lechwe ont toutes les raisons d'être paranoïaques ! Ils sont actifs essentiellement à l'aube et au crépuscule. Mais là où ils sont chassés par les hommes, ils ne sortent que la nuit.

Cobe lechwe

Nyala

Tragelaphus angasii (nyala commun)
Tragelaphus buxtoni (nyala des montagnes)

Les nyalas de taille moyenne font partie des antilopes les plus rares et les plus belles d'Afrique. Les mâles sont gris, portent des rayures verticales jusqu'en bas du dos, une crinière médiane de longs poils, de la gorge à l'aine et à la base des cuisses, et une autre de la nuque à la racine de la queue. Les femelles ont une robe rougeâtre, barrée de bandes verticales blanches. Seuls le mâles portent des cornes en forme de lyre aux extrémités claires.

Ils se rencontrent en petit nombre dans toute l'Afrique australe mais, au Zimbabwe, uniquement dans les parcs nationaux de Gonarezhou et de Mana Pools. Ils se nourrissent principalement de pousses, de bourgeons, d'écorces, de fruits, de feuilles d'arbres et de buissons. Pendant la saison sèche, c'est la matin et le soir qu'ils sont le plus actifs, alors que pendant la saison des pluies, ils s'alimentent surtout la nuit.

Les femelles et leurs petits vivent en petits groupes, avec un mâle dominant plus âgé qui les protège et les défend contre les mâles plus jeunes. Ces derniers s'organisent en groupes sociaux. Les nyalas se défendent courageusement contre les humains et contre leurs prédateurs – principalement les léopards et les lions. Parfois, les petits sont emportés par des babouins et des oiseaux de proie.

Nyala

Ourébi

Ourebia ourebi

Ressemblant au céphalophe de Grimm, l'ourébi est un animal de petite taille assez peu répandu. C'est au parc national Kazuma Pan, au Zimbabwe, ou dans les environs de Nogatsaa, dans le parc national de Chobe au Botswana, qu'on le rencontre le plus fréquemment.

Il est d'une couleur uniformément brun doré, avec le ventre et l'intérieur des jambes blanc. Le mâle porte de courtes cornes droites d'une longueur de 10 cm environ. Son signe distinctif le plus caractéristique est une petite surface de peau nue de couleur noire, située sous l'oreille. Il s'agit en fait d'une glande odoriférante. Autre trait caractéristique : une touffe de poils noirs qui termine leur courte queue.

Les ourébis attirent de nombreux prédateurs, notamment les grands félins. De taille relativement petite, ils paissent généralement dans les plaines de savanes herbeuses dont les hautes herbes les protègent des ennemis. Ils boivent quand il y a de l'eau, mais peuvent s'en passer pendant de longues périodes. Quand ils sont effrayés, ils prennent la fuite et font des bonds étranges : leurs quatre pattes restent totalement raides. On pense que cela les aide à s'orienter dans les herbes hautes. Après une centaine de mètres, ils s'arrêtent et se retournent pour évaluer le danger.

Ils vivent sur un territoire fixe, souvent par groupes de deux. Ils atteignent leur maturité sexuelle vers un an et les femelles mettent bas un petit deux fois par an.

Ourébi

Cobe de Buffon

Cobe de Buffon (ou Puku)

Kobus (adenota) *kob*

Les cobes de Buffon sont des animaux extrêmement rares et en voie de disparition. On n'en dénombre pas plus de 100 le long du Chobe au Botswana, dans les marais de Linyanti en Namibie et quelques-uns en Zambie. Ils ne s'éloignent jamais beaucoup de ces points d'eau permanents, se nourrissant principalement de feuilles et d'herbes. Ils ressemblent au cobe lechwe par la taille et la couleur, mais ils sont un peu plus grands, leurs cornes sont plus épaisses (seul le mâle en porte) et les taches de leur robe sont différentes.

Il n'y a pas de saison particulière pour les amours : les femelles portent 2 petits par an. Les jeunes mâles, les mâles adultes et les femelles qui ont des petits se séparent généralement pour former des troupeaux distincts. Ils s'éloignent rarement à plus de un kilomètre de leur base. A l'intérieur de cette zone, un endroit spécial est réservé au rut ; ils ne s'y rendent que pour s'y accoupler.

Les cobes de Buffon sont généralement actifs à l'aube, et de la fin de l'après-midi au crépuscule, mais sortent parfois dans la journée également. Ils sont chassés par les lions, les léopards, les hyènes et les lycaons.

Redunca

Redunca

Redunca redunca (redunca bohar)
Redunca arundinum (cobe des roseaux)
Redunca fulvorufula (redunca de montagne)

On trouve les reduncas brun foncé dans toute l'Afrique australe, près des marécages ou des rivières. Ils ne s'éloignent jamais de plus de quelques kilomètres d'un point d'eau permanent. Le rare redunca de montagne, protégé, se rencontre dans la réserve naturelle de Mokolodi, près de Gaborone, au Botswana.

Ce sont des antilopes de taille moyenne mesurant 80 cm environ au garrot, dont les principales caractéristiques sont les cornes incurvées vers l'avant (seuls les mâles en portent), et la queue touffue. Ventre, intérieur des cuisses, gorge et dessous de la queue sont blancs.

Ils ont le sens du territoire et on les rencontre généralement par groupes de 10 maximum, habituellement composés d'un mâle âgé, de femelles et de leurs petits. Leur alimentation se compose presque uniquement de graminées et de certains feuillages. A la saison des amours, les mâles combattent avec fougue. Les femelles atteignent leur maturité sexuelle à un an et demi environ et portent ensuite un petit à la fois.

Les principaux prédateurs des reduncas sont les grands félins, les hyènes et les lycaons.

Cobe à croissant

Kobus ellipsiprymnus

De la taille d'un cerf, les cobes à croissant, qui doivent leur nom au cercle blanc entourant leur croupe assez lourde, ont des taches blanches sur le museau et la gorge. Ce sont des animaux robustes à robe brun foncé, épaisse et rude ; l'intérieur de leurs cuisses est blanc. Leur cou est proportionnellement long et leurs pattes courtes. On les rencontre dans tous les parcs du Zimbabwe, au Chobe et au Moremi au Botswana, et dans les parcs du nord de la Namibie.

Seuls les mâles portent des cornes, incurvées vers l'extérieur, puis redressées jusqu'à atteindre une longueur de 75 cm environ. Leur habitat est toujours situé à proximité de l'eau. Ils se rassemblent en petites troupes.

Ils mangent essentiellement de l'herbe, mais aussi des feuilles d'arbres et arbrisseaux. Ils atteignent leur maturité sexuelle à un peu plus d'un an, mais un mâle ne devient pas dominant avant l'âge de cinq ans. .

Les prédateurs, tels que les lions, les léopards et les lycaons, s'attaquent aux jeunes et aux femelles, mais les cobes à croissant mâles ne constituent pas une proie appréciée à cause de leur chair dure et d'une odeur musquée.

Cobe à croissant

Antilope rouanne (ou antilope chevaline)

Hippotragus equinus

Elle appartient aux espèces les plus rares d'Afrique australe, mais elles existent encore en grand nombre dans les parcs nationaux de Hwange, Kazuma Pan et Chobe. Afin d'accroître leur population, elles ont également été introduites à Etosha et dans les Waterberg en Namibie. Elles paissent mais préfèrent les hautes herbes à l'herbe rase et fréquentent surtout les endroits bien ombragés où l'on trouve de l'eau fraîche.

Venant après l'élan du Cap et le koudou du point de vue de la taille, elle mesure 150 cm au garrot et ressemble de façon étonnante à un cheval, d'où son nom. Les mâles peuvent atteindre un poids de 270 kg.

Sa robe va du fauve au roux foncé. Son ventre et ses parties inférieures sont blancs. Elle montre une crinière de poils raides gris-brun bordée de noir s'étendant de la nuque au garrot, et une autre de longs poils noirs sous le cou. Ses oreilles sont longues, étroites et pointues avec une touffe brune à l'extrémité. Son museau est orné d'un motif noir et blanc caractéristique. Les animaux des deux sexes portent des cornes arrondies et tournées vers l'arrière qui peuvent atteindre 70 cm.

Les antilopes rouannes sont agressives et se battent dès leur plus jeune âge. Pendant la plus grande partie de l'année, elles vivent en petits troupeaux (qui ne dépassent généralement pas vingt individus) conduits par un mâle dominant. Les couples restent ensemble jusqu'à la naissance du petit. La femelle va ensuite rejoindre d'autres femelles dans un groupe à part. Au retour de la saison sèche, femelles et petits rejoignent leur troupeau d'origine.

Antilope rouanne

Hippotrague noir

Hippotrague noir

Hippotragus niger

Au Zimbabwe, l'hippotrague noir se rencontre dans les parcs nationaux de Matobo, Hwange et Zambezi, et parfois à Chobe, au Botswana, ainsi que sur le plateau de Waterberg, en Namibie. Légèrement plus petit et plus trapu que l'antilope rouanne, sa robe va du brun foncé au noir, avec des taches blanches au poitrail et au ventre. Mâles et femelles portent des cornes, de 80 cm environ, incurvées en arrière, mais celles du mâle sont plus longues et plus recourbées. Il se nourrit essentiellement de plantes herbacées, mais les feuilles d'arbres constituent environ 10% de son alimentation.

Les hippotragues noirs sont surtout actifs tôt le matin et tard dans l'après-midi. On les rencontre en troupeaux de vingt-cinq individus, parfois plus en saison sèche. Chaque troupeau occupe son propre territoire à l'intérieur duquel chaque mâle possède son territoire pouvant atteindre trente hectares.

Les femelles commencent à porter des petits vers l'âge de trois ans. Les naissances interviennent principalement en janvier et en septembre. Tout comme l'antilope rouanne, l'hippotrague noir est un combattant acharné qui peut parfois tuer un lion qui l'attaque. Leurs autres prédateurs sont le léopard, la hyène et le lycaon.

Grysbock de Sharpe

Grysbock de Sharpe

Raphicerus sharpei

Cette petite antilope trapue brun-rouge au ventre rouge pâle montre un dos et des flancs mouchetés de poils blancs, de la nuque à la croupe, d'où le nom de grysbock qui signifie "mâle gris" en afrikaans. Elle ne mesure que 50 cm au garrot et ne pèse pas plus de 9 kg. Seuls les mâles portent des cornes, petites, pointues et droites.

Le grysbock vit dans des régions de savanes broussailleuses ou boisées et sur les kopjes rocailleuses du Zimbabwe et du nord du Botswana. Il se nourrit principalement de pousses et de feuilles, mais aime aussi mâchonner les roseaux des marécages.

Ce sont des animaux solitaires : il est rare d'en voir plus de deux à la fois. C'est entre le matin et la fin de l'après-midi qu'ils déploient le plus d'activité, passant la nuit à se reposer dans les fourrés broussailleux et sur les affleurements rocheux.

Sitatunga

Tragelaphus spekii

C'est une antilope de marécages aux sabots particulièrement allongés lui permettant de marcher sur les sols marécageux sans s'enfoncer. Son aire de répartition se réduit essentiellement, au Botswana, à la réserve de Moremi et aux marais de Linyanti, le long de la frontière de Namibie. Elle se nourrit principalement de papyrus et autres roseaux, et vit généralement seule ou en couple, mais parfois aussi en petits troupeaux pouvant atteindre quinze individus. Le sitatunga, qui mesure un peu plus de un mètre au garrot, ressemble vaguement au guib harnaché, mais la robe des mâles est beaucoup plus foncée. Les mâles portent des cornes spiralées pouvant atteindre 90 cm.

Il s'agit d'animaux assez timides et bons nageurs qui souvent, quand ils sont effrayés, s'immergent presque complètement dans le marais, ne laissant apparaître que leurs narines. Également chassés par l'homme pour leur chair, leur nombre va décroissant. Bien qu'ils soient normalement diurnes, certains individus ont adopté des habitudes nocturnes dans les aires de forte prédation humaine.

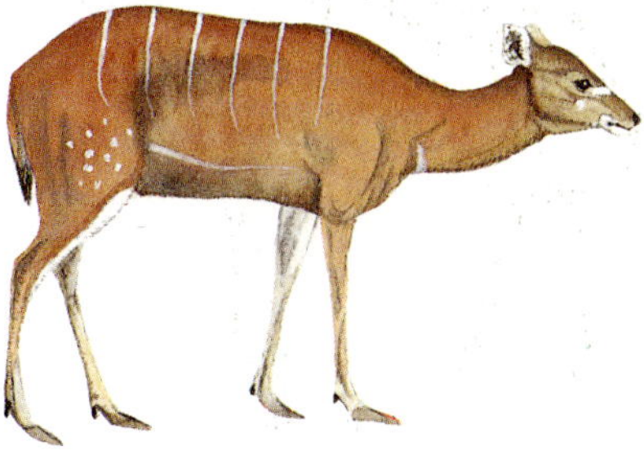

Sitatunga

Springbok (gazelle à bourse)

Antidorcas marsupialis

Le springbok, la seule gazelle d'Afrique australe, est l'antilope la plus commune en Namibie, vivant en grand nombre dans les parcs nationaux d'Etosha et de Namib-Naukluft, ainsi que dans les régions non protégées du Damaraland et du Kaokoland.Il se reconnaît facilement à sa tête blanche et à la rayure noire reliant le coin antérieur de l'œil au museau. Le dos fauve et le ventre blanc sont délimités par une rayure brun rougeâtre courant sur les flancs. Mâles et femelles portent des cornes annelées en forme de lyre de longueur moyenne. Il appartient à plusieurs de ces espèces d'antilopes célèbres pour leurs bonds verticaux.

Ce sont des animaux qui se déplacent généralement par troupeaux de vingt à cent individus, mais certains peuvent atteindre plusieurs centaines d'individus. Le mâle n'a le sens du territoire que durant la période du rut Durant les autres époques de l'année, les troupeaux se composent normalement de mâles et de femelles, mais l'on observe souvent des troupeaux entièrement constitués de jeunes mâles.

Le springbok est actif tôt le matin et de la fin de l'après-midi au crépuscule. Il se nourrit de plantes herbacées et de feuillage d'arbustes. Les femelles mettent bas entre décembre et janvier.

Ils peuvent survivre pendant de longues périodes sans se désaltérer. Parfois, lors de très graves sécheresses, d'immenses troupeaux émigrent à la recherche d'eau. En Namibie, par le passé, d'importants troupeaux rendus fous par la soif et la faim ont afflué sur la côte, ont bu de l'eau de mer et en sont morts, leurs cadavres jonchant le rivage par milliers.

DEANNA SWANEY

Troupeau de springboks

Steenbock

Raphicerus campestris

Le steenbock ressemble à la fois au céphalophe de Grimm et au grysbock, avec une petite queue et des pattes longues et élancées. La couleur de son dos va d'un brun-rougeâtre assez clair à un brun foncé, et l'arête supérieure de son nez montre une tache noire triangulaire. Les mâles portent de petites cornes droites très écartées.

Vivant principalement dans les plaines découvertes, il se rencontre également dans les terrains plats du Kalahari, dans le Botswana occidental et en Namibie orientale. Ce sont des animaux solitaires qui n'ont de contacts entre eux qu'à la saison des amours.

Les steenbocks sont généralement actifs le matin et le soir, mais peuvent poursuivre leurs activités pendant les nuits de pleine lune. Le reste du temps, ils recherchent les hautes herbes ou les trous de tamanoirs qui les protègent un peu contre leurs prédateurs, les léopards, les aigles, les pythons, les varans, les chacals et les hyènes.

DEANNA SWANEY

Steenbock

Sassaby (ou Topi)

Damaliscus lunatus

Les sassabys ressemblent un peu aux bubales, mais leur robe est plus foncée, presque cramoisie, tachée de noir sur l'arrière des cuisses, le devant des pattes et le museau. Leurs cornes (portées par les deux sexes) s'incurvent doucement en hauteur, vers l'extérieur et en arrière. On les rencontre dans tous les parcs nationaux du Zimbabwe, à Mudumu et à Mamili en Namibie, ainsi qu'à Chobe et Moremi dans le nord du Botswana.

Ce sont des antilopes grégaires qui vivent en troupeaux d'au moins 15 individus et se mêlant fréquemment aux gnous, bubales et zèbres. Pendant la saison des amours, les mâles choisissent une portion de territoire bien déterminée qu'ils défendent contre leurs rivaux, tandis que les femelles errent d'un secteur à l'autre. Après l'accouplement, la horde se divise en groupes de mâles et de femelles.

Les sassabys paissent uniquement. Bien qu'ils puissent se nourrir d'herbes sèches dédaignées par les autres antilopes, ils préfèrent les plaines inondables et les régions humides où poussent des pâturages luxuriants. Quand l'eau est disponible, ils boivent souvent, mais sont capables de s'en passer pendant de longues périodes pourvu que l'herbe soit suffisamment abondante. Les lions sont leurs principaux prédateurs.

Sassaby

Gnou

Connochaetes taurinus (gnou à queue noire)
Connochaetes gnou (gnou à queue blanche)

Le gnou est à la savane africaine ce que le bison était jadis aux prairies américaines. C'est un animal grégaire qui se rassemble parfois en troupeaux de plusieurs dizaines de milliers d'individus mêlés à des zèbres et d'autres herbivores, dans une cacophonie de reniflements et de grognements. En Afrique australe, les populations les plus importantes se rencontrent dans le centre du Botswana, ainsi que dans les parcs nationaux de Hwange, Chobe et Etosha.

On les reconnaît facilement à leur allure maladroite et leur apparence assez peu séduisante. Ils sont puissamment bâtis, avec une tête massive et une crinière ébouriffée. On dit d'eux qu'ils ont l'avant-train d'un bœuf, l'arrière-train d'une antilope et la queue d'un cheval. Les gnous sont connus pour leur comportement excentrique, notamment leur façon de grogner bruyamment, de rejeter la tête en arrière et de la secouer, de ruer, de courir en rond et de se rouler dans la poussière (sans doute est-ce une réaction aux larves d'œstre qui parviennent à se frayer un chemin dans leurs narines et à remonter jusqu'au cerveau).

Ils mangent presque exclusivement de l'herbe et sont constamment à la recherche de bons pâturages et d'eau. Leur migration annuelle, entre Makgadikgadi Pans et Nxai Pan au Botswana (aller-retour), constitue un spectacle impressionnant. Un grand nombre succombe cependant à la soif ou à l'épuisement en cherchant à contourner les clôtures anti- buffles de Kuke, qui s'étendent d'est en ouest à travers le Botswana central.

Pendant la saison des amours, des groupes pouvant compter jusqu'à cent cinquante femelles et leurs petits se rassemblent sous la tutelle de trois mâles au maximum. Ces derniers défendent leur territoire contre leurs rivaux, même lorsqu'ils se déplacent. Il n'existe apparemment aucune hiérarchie parmi les mâles. A la fin de la saison des amours, les couples sont intégrés au troupeau principal.

Les gnous peuvent se passer de boire pendant cinq jours. Néanmoins, ils préfèrent se désaltérer tous les jours et sont capables de parcourir 50 km pour trouver un point d'eau. Pendant la saison des pluies, ils paissent en se dispersant, sans organisation sociale apparente, mais pendant la saison sèche, ils se rassemblent autour des points d'eau.

Leurs principaux prédateurs sont les lions, les guépards et les lycaons, mais les hyènes apprécient également les jeunes gnous.

TONY WHEELER

Gnou

Autres ongulés

Buffle d'Afrique (buffle noir)

Syncerus caffer

Les buffles noirs vivent en grand nombre dans tous les grands parcs du Zimbabwe et du Botswana, mais on ne les rencontre en Namibie qu'au parc du Waterberg. Les deux sexes portent des cornes très larges à la base et dont les pointes s'écartent, puis convergent et se redresssent sur le front, mais celles des femelles sont généralement plus petites. Leur couleur varie du brun rougeâtre foncé au noir.

Ils bénéficient d'une vue perçante, ce qu'illustre le commentaire d'un organisateur de safari : "Le buffle vous regarde toujours comme si vous lui deviez beaucoup d'argent." Pouvant peser jusqu'à 800 kg, ils peuvent être extrêmement dangereux et doivent être approchés avec prudence, même si la plupart du temps ils se montrent dociles et se tiennent à l'écart. Les mâles et les femelles solitaires qui protègent les petits sont les plus agressifs.

Regroupés en troupeaux de cent individus ou davantage, ils ne s'éloignent jamais trop des points d'eau. Quand la nourriture et l'eau abondent, ils se dispersent. Toutefois, les buffles noirs ont un grand sens de leur territoire.

TONY WHEELER

Buffle noir

Girafe

Giraffa camelopardalis

Les girafes sont présentes dans tous les grands parcs du Zimbabwe, du Botswana et de la Namibie. Les deux sous-espèces les plus communes sont la girafe Masaï (*G. c. tippelskirchii*) et la girafe réticulée (*G. c. reticulata*).

Son nom vient de l'arabe *zarâfah* ("celle qui marche vite"). Les principales caractéristiques de la girafe Masaï sont ses taches irrégulières, en forme d'étoile. La girafe réticulée, quant à elle, est d'un brun plus profond et son corps est couvert de motifs plus réguliers et plus complexes en forme d'écaille de tortue.

Les mâles mesurent en moyenne 5,5 m au garrot ; les femelles font figure de naines avec leurs 4,5 m ! Elles sont généralement de couleur plus claire. Les animaux des deux sexes portent des "cornes", en fait de courtes protubérances osseuses couvertes de peau velue, vestiges probables de bois. Si son cou est très long la girafe n'a pourtant que sept vertèbres cervicales, pas plus que tous les autres mammifères, dont les êtres humains.

Les girafes broutent surtout des feuilles d'acacias. On peut s'étonner de les voir mastiquer des os ; cette pratique, appelé *pica*, indique une carence en sels minéraux dans l'alimentation. Durant la chaleur de la journée, elles se reposent à l'ombre.

Elles se désaltèrent le plus souvent en fin d'après-midi ou en début de soirée, et pour ce faire, doivent se livrer à toutes sortes de contorsions. C'est autour des points d'eau qu'elles sont le plus vulnérables.

DAVID WALL

Girafe

Hippopotame

Hippopotamus amphibius

En Afrique australe, l'hippopotame se rencontre en plus grand nombre dans le delta de l'Okavango, dans le Zambèze et le Chobe, dans les points d'eau de tous les parcs et dans certains bassins de retenue du Zimbabwe ; en Namibie, les chutes d'Andara constituent également un excellent poste d'observation.

Adultes, avec leur têtes énormes et leurs courtes pattes, ils peuvent peser entre 1 350 et 2 600 kg. Seuls, leurs oreilles, leurs yeux et leurs narines émergent lorsque l'animal s'enfonce sous l'eau.

Les hippopotames passent la plus grande partie de la journée dans l'eau, se nourrissant de la végétation aquatique et ne refaisant surface qu'au bout de queques minutes pour respirer avant de replonger. Ce n'est que la nuit qu'ils sortent de l'eau pour rejoindre leur gagnage, s'aventurant parfois à plusieurs kilomètres de leur abri aquatique. Ce sont des herbivores voraces qui peuvent consommer jusqu'à 60 kg de végétaux tous les soirs. Ils urinent et défèquent dans des zones bien définies – souvent dans l'eau – dispersant leurs excréments avec la queue.

Ces animaux grégaires vivent en groupes de 15 à 30 individus, chacun d'eux généralement formé d'un nombre égal de mâles et de femelles (avec leurs petits) ; une hiérarchie bien établie règne parmi eux. Ils semblent placides, mais les mâles se combattent fréquemment pour assurer leur prédominance, s'infligeant lors de ces combats des blessures atroces, dont tous les mâles, ou presque, portent les cicatrices.

Les hippopotames sont statistiquement les animaux les plus dangereux pour l'homme. Les accidents surviennent le plus souvent lorsqu'ils refont surface sous des bateaux ou des canoës, quand quelqu'un établit son campement près d'une rivière, sur une piste reliant les berges, ou lorsqu'on barre leur retraite vers l'eau. Ils peuvent paraître apathiques, mais sont capables de courir à une vitesse considérable et ne se soucient guère de ce qui se trouve sur leur chemin.

Les mises-bas ont lieu toute l'année, la période de gestation durant environ 230 jours. La femelle donne naissance à un seul petit et l'allaite dans l'eau ou sur la terre ferme pendant 4 à 6 mois. Ensuite, il commence à paître régulièrement, atteint sa maturité sexuelle vers 4 ans et son espérance de vie s'élève à une quarantaine d'années.

Les seuls prédateurs naturels des hippopotames sont les lions et les crocodiles qui s'attaquent aux petits. Bien qu'ils emmêlent parfois les filets de pêche, on les considère comme des animaux utiles, car ils remuent la vase des fonds, et parce que leurs déjections constituent un engrais précieux favorisant la croissance des organismes aquatiques.

GEOFF CROWTHER

Hippopotame

DAVID WALL

Rhinocéros blanc

DAVID WALL

Rhinocéros noir

Rhinocéros

Diceros bicornis (rhinocéros noir)
Ceratotherium simum (rhinocéros blanc)

Le rhinocéros est l'espèce la plus menacée d'Afrique, en raison principalement de sa corne à laquelle une croyance asiatique erronée attribue des vertus médicinales et aphrodisiaques. Le braconnage a provoqué ces dernières années un déclin spectaculaire de la population, voire une véritable extermination.

Les mesures de protection mises en œuvre au Zimbabwe, au Botswana et en Namibie n'ont pu réduire les pertes, et la plupart des programmes de conservation ont lamentablement échoué. Nombre d'animaux déplacés meurent de stress.

Il y a quelques années, l'on pensait que les programmes de protection consistant à leur retirer leurs cornes rendraient ces animaux commercialement sans valeur, mais leur succès est demeuré limité. Plusieurs raisons à cela : les braconniers tuent pour le moindre moignon de corne ou simplement après avoir passé cinq jours à traquer l'animal. Enfin, les négociants d'Extrême-Orient organisent la pénurie de matière première en ordonnant aux braconniers de tuer tous les rhinocéros qu'ils rencontrent, que ceux-ci portent ou non une corne.

En raison de cette situation, vous serez très chanceux de pouvoir observer des rhinocéros. Le meilleur site au Zimbabwe, c'est le parc national de Matobo. Quelques-uns survivent également au parc national de Hwange. Le parc national de Chizarira n'en possède plus qu'un ou deux. Au Botswana, essayez la réserve de Khama, près de Serowe ou la réserve naturelle de Mokolodi près de Gaborone. En Namibie, vos plus grandes chances de pouvoir observer des rhinocéros noirs se présenteront dans les environs d'Okaukuejo, au parc national d'Etosha. Des rhinocéros blancs peuvent être observés au parc du Waterberg.

Les rhinocéros noirs vivent dans les zones broussailleuses et se nourrissent de feuilles, de pousses et de bourgeons. Les blancs broutent l'herbe et préfèrent les plaines ouvertes. Contrairement au rhinocéros blanc, le noir aura tendance à charger lorsqu'il soupçonne un danger. Mais sa vue étant très mauvaise, il manque très souvent sa cible. Le territoire du rhinocéros noir peut couvrir une superficie de 2 à 50 km^2, selon la disponibilité en nourriture, mais seul le rhinocéros blanc mâle défend activement son domaine.

Ces animaux atteignent leur maturité sexuelle à l'âge de cinq ans, mais les femelles ne sont généralement grosses pour la première fois qu'à sept ans. Les petits pèsent environ 40 kg à la naissance et 140 kg à trois mois. Le poids du rhinocéros noir varie de 800 à 1 100 kg, tandis que celui du rhinocéros blanc, bien plus massif, varie de 1 000 à 1 600 kg ! Rhinocéros blancs et noirs sont des animaux solitaires qui ne se rassemblent que quelques jours au moment de l'accouplement. Les petits restent avec leur mère jusqu'à l'âge de trois ans maximum.

Phacochère

Phacochoerus aethiopicus

Le phacochère se rencontre dans tous les grands parcs du Zimbabwe, du Botswana et de la Namibie, mais abonde à Hwange. Il appartient à la famille des suidés, c'est-à-dire des porcs, des sangliers, etc. Il porte des excroissances assez grotesques en forme de verrue sur chaque joue et vit généralement en groupes familiaux constitués d'un mâle, d'une femelle et de trois ou quatre petits. Leur habitude la plus sympathique est leur façon de se sauver en maintenant leur queue fine et touffue dressée comme une antenne.

Les mâles, généralement plus grands que les femelles, peuvent atteindre 1 m de haut et peser jusqu'à 100 kg. Ils sont dotés de défenses supérieures et inférieures. Les premières s'incurvent vers l'extérieur et vers le haut et peuvent atteindre 60 cm ; les secondes mesurent généralement moins de 15 cm.

Ils se nourrissent principalement d'herbe courte, mais aussi de fruits tombés et d'écorces. Par temps de sécheresse, lorsque la nourriture se fait rare, ils fouillent la terre avec leur groin pour déterrer racines et bulbes. Les mises-bas ont lieu dans des terriers abandonnés, dans les cavités de termitières désertées. Les petits naissent par portée de deux à huit.

TONY WHEELER

Phacochère

Zèbre

Equus burchelli (zèbre de Burchell)
Equus zebra (zèbre de Hartmann)

Les zèbres s'observent en grand nombre dans tous les parcs nationaux et réserves privées, plus particulièrement à Hwange, Chobe, Etosha, Mana Pools, Zambezi et Moremi. Ils se mêlent fréquemment aux autres espèces, notamment aux gnous, mais aussi aux éléphants et aux impalas. Deux espèces existent en Afrique australe, la plus commune étant le zèbre de Burchell. Certains taxinomistes les classent en plusieurs sous-espèces mais cette classification semble litigieuse car il n'existe pas deux zèbres portant les mêmes rayures.

L'autre espèce est celle du zèbre de Hartmann qui vit principalement dans les zones montagneuses de Namibie – dans le Erongo, le Khomas Hochland et le Naukluft. A première vue, il est difficile de faire la différence entre ces deux espèces, mais le zèbre de Hartmann ne présente pas de rayures grisées entre ses rayures noires. Autres particularités : un motif de rayures noires en forme de grille sur le bas du dos, juste au-dessus de la queue, et un pli de peau (fanon) sous le menton.

Leur nourriture principale sont les graminées, mais en cas de disette, ils broutent les feuilles et les broussailles. Ils ont besoin de boire tous les jours et s'éloignent rarement d'un point d'eau. Les rituels de reproduction prennent la forme de combats féroces entre étalons rivaux pour gagner le contrôle d'un groupe de femelles. La période de gestation dure environ 12 mois et il ne naît qu'un petit à la fois. Le lion est leur principal prédateur, mais on compte aussi les hyènes et les lycaons.

DAVID WALL

Zèbre

AUTRES ANIMAUX

Oryctérope (cochon de terre)

Orycteropus afer

Les oryctéropes ont une apparence porcine. Leur peau, de couleur gris-rose, est épaisse, ridée et parsemée de poils grisâtres, rares et raides. Leur long groin, de forme tubulaire, et leur langue, arrondie, poisseuse et rose, leur servent à aspirer les termites et les fourmis qu'ils délogent ou extraient de bois pourrissants, grâce aux griffes de leurs pattes antérieures.

Ils creusent des trous d'un mètre de profondeur qui servent de refuge à de nombreux autres animaux : lièvres, hyènes, chacals, phacochères, hiboux et rongeurs. Généralement, il ne sortent que la nuit, mais peuvent parfois se réchauffer aux rayons du soleil matinal avant de retourner sous terre. Un terrier d'oryctérope occupé se reconnaît au fait que les entrées sont obstruées, à l'exception de petits orifices d'aération. Face à un ennemi, les oryctéropes font des bonds et grognent bruyamment, ou creusent rapidement un refuge. Et s'ils sont acculés, ils résistent à l'attaque avec les griffes de leurs pattes antérieures, leurs épaules et leur queue. Ce sont des animaux solitaires : seules la mère et sa progéniture vivent ensemble.

Oryctérope

Éléphant d'Afrique

Loxodonta africana

Les éléphants d'Afrique sont beaucoup plus grands que ceux d'Asie. Leurs oreilles sont également plus larges et plus plates. Un adulte peut peser plus de six tonnes et demi.

On les rencontre dans les principaux parcs des trois pays présentés dans cet ouvrage, à l'exception de Matobo et du Waterberg et des parcs du centre et du sud du Botswana qui ne disposent pas de réserves d'eau suffisantes. Les concentrations les plus importantes d'éléphant se trouvent dans les parcs nationaux de Hwange, Matusadona, Chobe, Moremi et Etosha.

Les mâles et les femelles portent tous deux des défenses, mais celles des femelles sont généralement plus petites. Les défenses d'un individu âgé peuvent peser jusqu'à 50 kg chacune – celle d'un vieux mâle abattu au parc national de Gonarezhou, au Zimbabwe, pesaient même 110 kg – mais de 15 à 25 kg est un poids plus fréquent.

Ces animaux grégaires se déplacent généralement en groupes familiaux de dix à vingt individus (quelquefois cinquante), composés d'un mâle adulte, de quelques mâles plus jeunes, de femelles et d'éléphanteaux. Les vieux solitaires semblent perdre l'instinct grégaire, et mènent souvent une existence retirée, ne rejoignant le groupe que pour s'accoupler. Les troupeaux sont généralement très bruyants car les éléphants communiquent entre eux à l'aide de sons divers dont les plus fréquents sont des bruits sourds émis par la trompe ou la bouche.

DAVID WALL

Éléphant d'Afrique

Toutefois, le son le plus connu est le barrissement aigu qu'ils émettent lorsqu'ils sont effrayés ou veulent se montrer menaçants.

Les groupes circulent nuit et jour pour se procurer de l'eau et du fourrage en quantité suffisante car ils en consomment énormément (environ 250 kg de nourriture quotidienne pour un adulte). Ils se nourrissent d'herbes, de feuilles, de brindilles, d'écorces, de racines et de fruits. Il leur arrive fréquemment d'abattre des arbres de grande taille pour pouvoir en atteindre les feuilles. Pendant les années de sécheresse, ils sont capables de transformer une région boisée en prairie découverte, et cela en relativement peu de temps. Leur pouvoir destructeur est souvent perçu comme une sérieuse menace pour les environnements fragiles, mais certains scientifiques pensent que leurs destructions sont nécessaires au cycle naturel du bushveld.

En raison du développement des cultures qui se fait au détriment de leur habitat, les éléphants entrent en conflit avec la population africaine, et rien ne leur semble plus délicieux que les récoltes de bananes, de maïs et de canne à sucre. Une fois qu'ils y ont goûté, ils y reviennent toujours. Les agriculteurs ne tolèrent ces dégâts que le temps de décrocher leur fusil, bien que le programme CAMPFIRE mis en œuvre au Zimbabwe les dédommage financièrement des méfaits des éléphants.

La période de gestation dure entre vingt deux et vingt quatre mois. Les femelles prêtent à mettre bas se retirent accompagnées d'une ou deux autres femelle. Elles rejoignent le groupe quelques jours plus tard. Les éléphanteaux pèsent environ 130 kg à la naissance et mesurent un peu moins d'un mètre de haut. Leur croissance se poursuit pendant environ vingt trois ans, mais la puberté est atteinte entre dix et douze ans. L'espérance de vie d'un éléphant est normalement de soixante à soixante dix ans, mais certains vivent très vieux, jusqu'à cent ans ou plus.

DAVID WALL

Éléphant d'Afrique

Pangolin terrestre du Cap

Manis temminckii

Le pangolin terrestre du Cap est l'une des quatre espèces de pangolins africains mais la seule d'Afrique australe. Il est parfois appelé fourmilier à écailles car il est couvert de grandes écailles arrondies sur le dos et la queue. Autour des yeux, des oreilles, des joues et sur la partie inférieure du corps, il porte des poils. Son alimentation se compose de fourmis et de termites qu'il capture ou extraie de bois pourrissants et de tas de fumier. Il se déplace en s'appuyant sur le bord extérieur des membres antérieurs, griffes tournées vers l'intérieur. Il creuse rarement son propre trou et préfère vivre dans les terriers abandonnés des tamanoirs.

Les pangolins du Cap sont présents dans tout le Zimbabwe, le Botswana et le nord de la Namibie, et demeurent dans les régions sèches et broussailleuses, surtout là où le sol est sablonneux, comme dans le Kalahari. Ce sont essentiellement des animaux nocturnes, actifs entre minuit et l'aube, et donc difficiles à observer.

Pangolin du Cap

Porc-épic à courte queue

Hystrix africae australis

Le porc-épic à courte queue, le plus gros rongeur natif d'Afrique australe, peut peser jusqu'à 24 kg et mesurer un mètre de long. Bien qu'on le trouve dans toute la région, il préfère les habitats sauvages, accidentés et recouverts de forêts, comme autour des réserves de l'ouest du Zimbabwe, du nord du Botswana et du nord-est de Namibie. Animal nocturne, il est difficile à observer mais se montre parfois durant les journées les plus fraîches.

Il est couvert des épaules à la queue de longs piquants à bandes noires et blanches. Entre la tête et les épaules, une crête de longs poils rigides se hérisse lorsque l'animal est effrayé.

Il s'abrite dans des grottes rocheuses ou dans un terrier adopté ou creusé à plusieurs issues, et se nourrit essentiellement d'écorces, de tubercules, de graines, ainsi que de diverses plantes et feuillages poussant au niveau du sol. Les jeunes naissent durant les chauds mois d'été, normalement par portées de un ou deux.

DEANNA SWANEY

Porc-épic à courte queue

Daman de rocher

Procavia capensis (daman de Dassie ou du Cap)
Procavia welwitschii (daman du Kaokaveld)

Le daman de rocher est la plus commune des espèces de daman d'Afrique australe (le daman du Kaokaveld ne se rencontre que dans le nord de la Namibie et le sud de l'Angola). Ce sont des animaux petits mais robustes, de la taille d'un grand lapin, dotés d'un museau court et pointu, de grandes oreilles et d'une fourrure épaisse. Leur queue est inexistante ou réduite à l'état de moignon.

Extrêmement sociables, les damans vivent en colonies qui peuvent compter jusqu'à soixante individus, généralement dans des aires rocheuses et couvertes de broussailles, comme les kopjes. Ce sont des animaux diurnes qui se nourrissent principalement le matin et le soir, d'herbe, de bulbes et de racines, ainsi que d'insectes. Le reste de la journée, ils se chauffent au soleil sur les rochers et s'amusent à se poursuivre. Dans les régions où ils sont habitués à la présence des humains, ils sont parfois presque apprivoisés. Sinon, lorsqu'ils sont effrayés, ils se précipitent dans des fissures rocheuses en poussant des cris aigus. Ils possèdent une ouïe et une vue d'une acuité remarquable.

Les damans se reproduisent toute l'année : la période de gestation dure environ sept mois, ce qui est remarquablement long pour un animal de cette taille. Les portées comptent jusqu'à six petits qui sont pris en charge par la colonie entière. Léopards, lycaons, aigles, mangoustes et pythons figurent au nombre de leurs prédateurs.

On les rencontre le plus souvent dans les parcs nationaux de Matobo, Hwange et Chizarira, et partout où se trouvent les kopjes rocheux qu'ils apprécient.

Daman de rocher

Zimbabwe

Présentation du pays

ZIMBABWE

Superficie : 390 580 km^2
Population : 11 215 000 habitants
Taux de croissance de la population : 3,5%
Capitale : Harare
Chef de l'État : Robert Gabriel Mugabe
Langue officielle : anglais
Monnaie : dollar zimbabwéen
Taux de change : 8,48 $Z = 1 $US
PNB par habitant : 540 $US (estimation 1993)
Heure : GMT/TU + 2

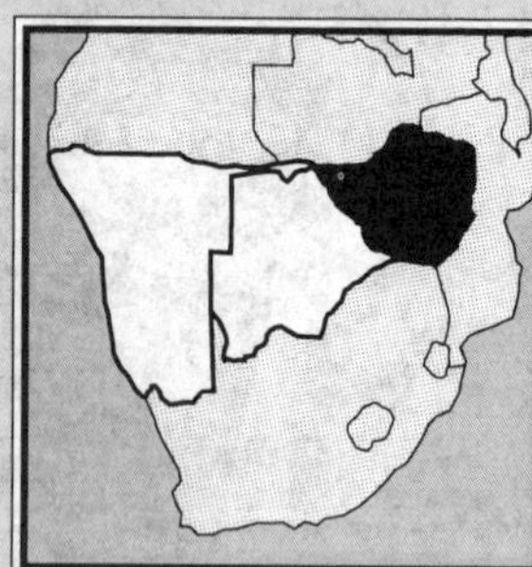

HISTOIRE

Pour la période précédant celle de Great Zimbabwe, consultez la rubrique *Histoire* du chapitre *Présentation de la région* au début de cet ouvrage.

Les royaumes shona et les Portugais

L'influence de Great Zimbabwe culmina au XVe siècle puis commença à décliner. Les hypothèses le plus souvent avancées pour expliquer son abandon définitif au cours du XVIe siècle sont la surpopulation, l'épuisement des pâturages, les soulèvements populaires et la fragmentation du royaume. La véritable raison demeure cependant mystérieuse.

Durant le crépuscule de Great Zimbabwe, plusieurs dynasties shona disséminées commencèrent à se séparer des lignées régnantes pour fonder des États autonomes. La plus importante fut la dynastie Mutapa qui occupait les terre du peuple Karanga. Après une série d'incursions dans les tribus de la vallée du Zambèze, elle prit possession de la plus grande partie du Zimbabwe septentrional et oriental, ainsi que du Mozambique. Leur *mambo* (roi), le puissant Mutota, fut surnommé Mwene Mutapa, le "grand maraudeur" : son empire prospéra grâce au contrôle des routes commerciales reliant le Zimbabwe à la côte, sur lesquelles il maintenait l'ordre et prélevait des impôts.

Après la mort de Mutota en 1450, son fils héritier, Motope, transporta le siège de l'empire dans les monts Fura, à une cinquantaine de kilomètres au nord de l'actuelle Harare. Le successeur de Motope, personnage faible répondant au nom de Nyahuma, perdit les deux tiers méridionaux du territoire de Mutapa (ainsi que sa vie) au profit du fils de Motope, Changa, qui fonda ultérieurement la dynastie Changamire. Celle-ci, à son tour, donna naissance à la dynastie Rozwi à la fin du XVIIe siècle.

Autre royaume shona, le royaume torwa émergea en 1480 dans le sud-ouest du Zimbabwe, sa capitale étant installée à Khami. Ce royaume est généralement considéré comme le successeur de l'État de Great Zimbabwe ; sa classe dirigeante amassa une fortune considérable du commerce du bétail et de l'or.

L'explorateur portugais Vasco de Gama débarqua en 1502 à Sofala, sur la côte du Mozambique, et fut suivi peu de temps après par des négociants portugais. Ceux-ci apprirent des Swahili maints récits, nettement exagérés, narrant l'existence de richesses illimitées et de villes dorées sur le plateau africain, ainsi que du vaste empire de Mwene Mutapa (Monomatapa pour les Européens), gardien des mines du roi Salomon et de la région d'Ophir convoitée depuis des temps

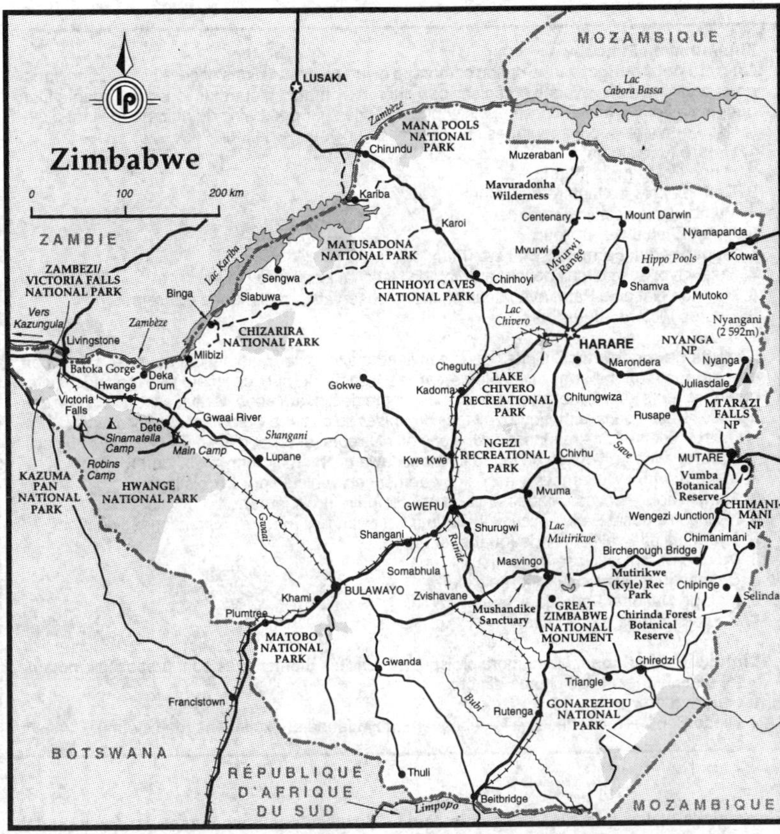

immémoriaux. Le gouvernement portugais dépêcha en 1512 Antonio Fernandez pour vérifier la validité de ces affirmations.

Au cours des siècles suivants, les négociants portugais et swahili exploitèrent à leur profit les querelles qui divisaient les Africains pour s'emparer de tout l'or qu'ils pouvaient emporter. En 1565, quand le mambo de Manyika (État des Eastern Highlands – hauts-plateaux de l'Est) défia le roi Mwene Mutapa, les forces portugaises commandées par Francisco Barreto, gouverneur de l'Est Africain portugais aux frontières imprécises, tentèrent d'aider Mwene Mutapa à s'emparer de Manyika. Cette stratégie ayant échoué, les Portugais recoururent à la corruption et à la manipulation des classes dirigeantes africaines pour renforcer leur influence sur l'intérieur des terres.

En 1629, Mwene Mutapa Kaparaidze tenta de rassembler un soutien suffisant pour chasser définitivement les Portugais. Il échoua et fut sommairement remplacé par Mwene Mutapa Mavura, vassal des Portugais converti au catholicisme. Non seulement les intérêts lusitaniens furent préservés, mais ils avaient maintenant le champ libre. Leur emprise fut cependant brisée par l'État méridional de

Itinéraires au Zimbabwe

Circuits petit budget. Cette option comprend diverses destinations accessibles par les transports publics ou en voyages organisés peu onéreux, offrant en outre un logement adapté à un budget limité. Certaines destinations sont desservies par des trains de nuit, permettant d'éviter les dépenses supplémentaires qu'occasionne un voyage de jour.

1. Harare (deux jours).
2. Hippo Pools (trois jours).
3. Drifters, près de Mutare (deux jours).
4. Vumba Botanical Reserve (deux jours).
5. Great Zimbabwe (un jour).
6. Mopane Park Farm de Kwe Kwe (deux jours).
7. Bulawayo, avec circuit de jour au Matobo National Park (deux jours).
8. Hwange National Park, avec deux circuits d'observation de la faune (deux jours).
9. Chutes Victoria (deux jours).

Circuits de randonnées. Cette option conviendra à tous ceux qui aiment marcher. La plupart de ces destinations sont accessibles par les transports publics, mais peuvent nécessiter quelques jours supplémentaires pour tenir compte des incertitudes. Sinon, contactez l'une des agences listées dans la rubrique *Voyages organisés* du chapitre *Comment circuler* relatif au *Zimbabwe* et réservez une randonnée dans une ou plusieurs réserves d'animaux sauvages du pays.

1. Harare, avec un voyage de jour à Domboshawa et Ngomakurira (deux jours).
2. Mavuradonha Wilderness – accès uniquement en véhicule privé (trois jours).
3. Mana Pools – accès uniquement en véhicule privé (trois jours).
4. Nyanga National Park – excursion sur le mont Nyangani (un jour) ou randonnée du mont Nyangani à la vallée Honde (quatre jours).
5. Vumba Botanical Reserve (un jour).
6. Chimanimani National Park (trois jours).
6. Matobo National Park (deux jours).
7. Chutes Victoria (deux jours).

Circuits thématiques. Un nombre croissant d'activités thématiques sont proposées, notamment dans la région des chutes Victoria.

1. Harare (deux jours).
2. Hippo Pools – randonnées à la découverte de la faune et excursions (deux jours).

Guruhuswa et la dynastie Changamire qui attaquèrent Mutapa et déposèrent le chef fantoche. Le nouveau Mwene Mutapa s'allia avec les Changamire, puis contraignit les Portugais à se retirer au Mozambique et à demeurer quelques temps hors des affaires politiques africaines.

Pendant ce temps, les Changamire (le clan qui avait commencé par conquérir le sud du Mutapa à la fin du XVe siècle) absorbèrent en 1684 la dynastie Torwa qui régnait au sud-ouest. En résulta la création de l'État Rozwi qui englobait plus de la moitié de l'actuel Zimbabwe et dont la capitale était Danangombe (Dhlo-Dhlo). Sa puissance et son influence se prolongèrent jusqu'en 1834, année au cours de laquelle les armées nguni, dirigées par Soshangane et Zwangendaba, envahirent le pays à partir du sud, renversèrent les fortifications shona et assassinèrent le chef rowzi.

Les Ndebele

Après l'affaiblissement de l'influence portugaise, divers groupes shona conservèrent le pouvoir sur la plus grande partie de l'actuel Zimbabwe, tandis qu'au sud du Limpopo, plusieurs tribus bantoues, de langue sotho et assez librement associées, les Nguni, luttaient pour la possession du territoire et du pouvoir.

En 1780, cherchant à commander des forces plus importantes et plus respectables, Dingiswayo, le chef du clan Mtetwe, entreprit de les confédérer par la contrainte. Mais

3. Promenade en canoë sur le moyen Zambèze (de deux à dix jours).
4. Équitation à la Mopane Park Farm, près de Kwe Kwe (deux jours).
5. Matobo National Park – voyage de jour à partir de Bulawayo (un ou deux jours).
6. Safari camping au Hwange National Park (trois jours).
7. Chutes Victoria – rafting, kayak, ULM, découverte de la faune, saut à l'élastique, pêche, etc. (cinq jours).

Circuits historiques et culturels. Outre les attractions les plus prisées du Zimbabwe, cette option vous fera découvrir les hauts lieux culturels et historiques. Bien que la plupart de ces destinations soient desservies par les transports publics, un véhicule vous sera nécessaire pour en profiter pleinement.

1. Harare (trois jours) – Chapungu Kraal, National Gallery , Mbare, Domboshawa et Ngoma kurira.
2. Tengenenge Farm ou Nyanga National Park (deux jours).
3. Masvingo (trois jours) – monument national de Great Zimbabwe, mission Serima.
4. Bulawayo (trois jours) – musée d'Histoire naturelle, centre d'art et d'artisanat de Mzilikazi, ruines de Khami, mission Cyrene, ruines de Nalatale et de Danangombe.
5. Matobo National Park (deux jours).
6. Hwange National Park (deux jours).
7. Chutes Victoria (deux jours).

Circuits de découverte de la faune. Si vous êtes venu en Afrique pour y découvrir la faune, maintes opportunités s'offrent à vous. La plupart des ces destinations nécessiteront soit un véhicule privé (4x4 dans certains cas) ou la réservation d'un circuit auprès d'une agence de safaris. Voir la rubrique *Voyages organisés* dans le chapitre *Comment circuler* relatif au *Zimbabwe.*

1. Harare, visite de la forêt de Mukuvisi ou du lac Chivero (un jour).
2. Mana Pools National Park (trois jours).
3. Matusadona National Park (trois jours).
4. Bulawayo – musée d'Histoire naturelle, Tshabalala Wildlife Reserve et Chipangali Wildlife Orphanage (deux jours).
5. Matobo National Park, circuit de jour (un jour).
6. Hwange National Park en safari camping (quatre jours).
7. Chutes Victoria, avec circuit de découverte de la faune au Zambezi National Park (trois jours). ■

en 1818, un ambitieux jeune homme du nom de Shaka, issu d'un clan de moindre importance, manigança la mort du chef militaire et prit le contrôle des Mtetwe régnants. Il les appela "Zoulous" d'après le nom de son humble clan d'origine, puis se lança dans une despotique campagne d'expansionnisme militaire qui allait avoir des répercussions dans toute l'Afrique australe.

Fuyant les pillages qui marquaient la progression des Zoulous au Natal, certaines tribus Nguni émigrèrent vers le nord durant le *mfecane*, la version africaine de l'exode. Ces tribus se frayèrent un chemin à travers les diverses entités politiques existantes avant que l'une d'entre elles, les Soshangane, atteigne dans les années 1820 le sud du Mozambique et l'est du Manyika. Celle-ci fonda l'État Gaza, instaura un gouvernement militaire aussi impitoyable qu'oppresseur, et réduisit à l'esclavage, ou presque, la population locale. Gaza fut finalement mis au pas par les forces portugaises à la fin du XIXe siècle, après la reconnaissance par la communauté internationale de la domination portugaise sur le Mozambique.

Dans les années 1830, plus vers l'ouest, Rozwi fut renversé et son gouvernement démantelé par l'armée de Zwangendaba qui cherchait des pâturages plus verdoyants dans l'actuelle Zambie, au Malawi et dans d'autres régions situées plus au nord. Le dernier chapitre de l'histoire de Rozwi fut écrit par les Ndebele ("ceux qui portent de longs boucliers"), sous le commandement de Mzilikazi, chef du clan Xumalo. (L'initiale "x" de "Xumalo" se prononce par un "click" (ou clappement) contre les incisives ; ce mot est parfois prononcé "Kumalo".) Mzilikazi s'était enfui vers le nord en compagnie d'un groupe de partisans après que son père fut exécuté pour ne pas avoir livré aux Shaka le fruit d'un vol de bétail.

En cours de route, Mzilikazi rencontra pacifiquement le missionnaire Robert Moffat qui s'était installé dans l'actuelle Afrique du Sud, puis affronta quelques convois de Boers en route vers le nord. Atteignant les collines de Matobo (Matopos), non loin de l'actuelle Bulawayo, Mzilikazi établit une colonie puis mit en œuvre une politique de confédération totale de toutes les tribus Ngubi situées dans sa sphère d'influence avant de poursuivre sa route vers le nord, peut-être pour évaluer le potentiel du pays s'étendant au-delà du Zambèze. A son retour, il découvrit que les *indunas* (capitaines ou conseillers) avaient élu un nouveau chef – son propre fils. La légende raconte que les traîtres furent promptement exécutés sur la colline appelée Thabas Indunas, au nord-est de Bulawayo, ce qui cimenta l'État ndebele.

Mzilikazi devait enfin fonder sa capitale à Inyati, à 60 km au nord de Bulawayo. Il autorisa, en 1859, Robert Moffat et son fils John à créer non loin de là une mission pour le compte de la Société missionnaire de Londres. Bien que le christianisme ne le séduisît guère, et qu'il refusât de se convertir, Mzilikazi offrit aux étrangers toute la mesure de l'hospitalité ndebele, mais fut indigné par les prêches de Moffat expliquant que même le plus humble des Ndebele pouvait personnellement espérer bénéficier de l'attention de Dieu, ce qui fut le commencement de la fin de leurs relations. Moffat quitta Inyati en 1864, et l'intérêt des Ndebele envers le christianisme demeura bien tiède.

Le missionnaire et géographe David Livingstone traversa le territoire ndebele durant les années 1850, et s'y installa brièvement avec son épouse, Mary Moffat, la fille de Robert Moffat. Cependant, il ne cessait de songer aux territoires situés plus au nord, vers le bassin du Congo et les sources du Nil. Que ce soit par esprit missionnaire ou par goût de l'aventure, cette question n'est pas tranchée, il confia sa famille aux bons soins de la Société missionnaire de Londres, puis partit vers sa rencontre "supposée" avec Stanley à Ujiji, en Tanzanie.

Mzilikazi mourut en 1868. *Uku dilika kwe ntaba* ("une montagne s'est effondrée"), tel fut son éloge funèbre. Peu après, son fils Lobengula monta sur le trône puis installa la capitale ndebele à Bulawayo. Pendant ce temps, des opportunistes européens – chercheurs d'or et chasseurs d'ivoire provenant du Cap – se livraient à des incursions dans les territoires ndebele et shona. Les récits de Frederick Courteney Selous relatifs aux mines d'or (abandonnées en fait), la découverte de l'or par le peintre Thomas Baines dans le Mashonalang et l'"invention", en 1868, de Great Zimbabwe par Adam Render furent le point

David Livingstone
(Collection La Trobe, State Library of Victoria)

de départ de la mainmise européenne sur les richesses supposées de la région.

L'arrivée des Britanniques

Cecil John Rhodes fut certainement le plus célèbre des opportunistes de l'époque. Après avoir fait fortune dans les filons diamantifères de Kimberley, en Afrique du Sud, il se proposa de renforcer les intérêts de la reine – et ceux de son entreprise – dans le pays situé au nord du Limpopo, aux grands potentiels de richesses exploitables. Ce fut à partir de là qu'il imagina un vaste couloir de territoires anglophones s'étendant du nord au sud de l'Afrique et dont l'épine dorsale serait un chemin de fer du Caire au Cap facilitant la colonisation ainsi que le déploiement de la "civilisation" britannique sur le continent africain.

Rhodes parvint en 1888 à négocier et à obtenir par fraude la concession Rudd du chef ndebele Lobengula (auquel on lut une traduction délibérément erronée de la concession, sans quoi il n'en aurait jamais accepté les termes). Cet accord autorisait l'exploitation minière par les Britanniques ainsi que la colonisation des terres situées entre le Limpopo et le Zambèze, tout en interdisant toute activité boer au Matabeleland. En échange, le roi recevrait une pension mensuelle de 100 livres sterling, 1 000 fusils, 10 000 recharges de munitions et un bateau. Il semblerait que Lobengula ait également espéré que la concession accordée à Rhodes mettrait un terme à la concurrence à laquelle se livraient les Européens pour la possession du minerai, ce qui réduirait le nombre des prospecteurs et des autres étrangers sur son territoire. De fait, c'est le contraire qui se produisit.

Rhodes fonda en 1889 la British South Africa Company (BSAC) et obtint une charte royale lui conférant le pouvoir de "signer des traités, promulguer les lois, entretenir des forces de police [...] concéder des terrains et entreprendre tout négoce licite". Il installa dans son conseil d'administration d'importantes personnalités comme les ducs d'Abercorn, de Fife et le comte Grey (trio qui sera plus tard temporairement immortalisé sur les plaques des rues principales de Bulawayo).

L'année suivante, Rhodes rassembla une armée de 500 hommes, la "colonne des pionniers", ainsi qu'un contingent de colons qui partirent vers le nord à travers le Mashonaland. Le 27 juin, ils hissèrent l'"Union Jack" au dessus de Fort Victoria (Masvingo) et fondèrent Fort Salisbury le 12 septembre, l'objectif suivant étant Manyika, encore occupé par les Portugais. Ils contraignirent les Africains à se joindre à eux et, après une escarmouche qui aboutit à un déplacement de frontière, la BSAC fonda Umtali (Mutare), le quartier général oriental sur la nouvelle frontière.

Nulle grande quantité d'or ne fut découverte, mais les colons reconnurent les potentiels du plateau du Mashonaland et s'approprièrent de vastes étendues de terres arables. En 1893, Lobengula, qui n'avait encore pas compris que les Britanniques l'avait dupé, envoya un commando ndebele à Masvingo combattre un groupe de Shona qui tentait de s'interposer entre les Ndebele et les Britanniques en sabotant les lignes du télégraphe colonial. Le commandant de Fort Victoria (Masvingo), Leander Starr Jameson, se méprit sur cette action, croyant qu'elle visait les Britanniques, et se prépara à envahir le Matabeleland.

Les Ndebele devaient affronter des soldats supérieurement armées : anticipant une défaite humiliante, Lobengula incendia sa capitale de Bulawayo puis prit la fuite. Il mourut de la variole peu de temps après que les Ndebele eurent remporté la bataille de Shangani River, à 150 km au nord-ouest de Bulawayo. Les Ndebele continuèrent à résister aux forces de la BSAC, qui attaquaient désormais de toutes parts, mais la mort de Lobengula les ayant découragés, ils perdirent toute efficacité au combat. Vers 1895, le butin était partagé entre les colons Blancs et les Africains relégués dans des zones marginales broussailleuses et infestées par la mouche tsé-tsé, ce qui les incita à demeurer en tant que main-d'œuvre sur les terres des Blancs. Ceux qui manquaient à leurs obligations contractuelles envers le propriétaire terrien et ne travaillaient pas au moins quatre mois par an devaient s'acquitter d'une importante "taxe de hutte" pour être autorisés à rester sur place.

En 1895, le nouveau pays s'appelait désormais "Rhodésie", d'après le nom de son fondateur. Peu de temps après, Mark Twain écrivit dans *More Tramps Abroad* : "Rhodésie est un nom idéal pour ce pays de piraterie et de pillage, et la marque de son ignominie."

La première Chimurenga

Comme l'on pouvait s'y attendre, le gouvernement de Rhodésie fut instauré "pour et par" les Blancs. Les Ndebele avaient été vaincus et leurs richesses en troupeaux saisies par les vainqueurs, mais lę commerce n'en continua pas moins entre les Shona et les Européens, jusqu'à ce qu'il devienne patent que les Britanniques étaient ici pour y rester, avec l'intention de faire main basse sur les intérêts africains et rhodésiens.

Constatant la faiblesse de l'armée de la BSAC après un raid avorté lancé dans le Transvaal, en mars 1896, contre les Boers de Kruger, les Ndebele voulurent se venger, rassemblèrent des troupes et cherchèrent à bouter l'ennemi hors de leurs terres pour toujours. Cet esprit belliciste se révéla contagieux ; en juin, les Shona, ennemis traditionnels des Ndebele, s'étaient ralliés à ces derniers pour entreprendre la *Chimurenga*, la "Guerre de libération".

Cette croisade était conduite par deux *mhondoro* (spirites), Nehanda Charwe Nyakasikana (incarnation féminine de l'esprit de l'oracle Nehanda) et Sekuru Kaguvi, qui prêchaient la solidarité et la coopération entre Shona et Ndebele. La révolte gagna en importance mais fut contenue après l'arrestation et la pendaison en 1897 de ses leaders. Les derniers mots de Nehanda, "mes os se relèveront", prophétisèrent la seconde Chimurenga qui devait culminer lors de l'indépendance du Zimbabwe.

Les indunas ndebele parvinrent à un accord avec la BSAC, mais les groupes shona dispersés ne furent "pacifiés" qu'après de violents combats les opposant à la BSAC. En 1899, un conseil législatif entièrement composé de Blancs fut installé pour gouverner la colonie.

A cette époque, une mainmise européenne durable sur la région semblait assurée, ce qui marqua le début d'une importante immigration blanche. En 1904, le pays comptait quelque 12 000 colons européens, nombre qui avait doublé en 1911. Un référendum organisé en 1922 montra que les Blancs souhaitaient devenir une colonie autonome dotée d'un "gouvernement responsable" plutôt qu'une province de l'Union de l'Afrique du Sud (Le Cap et le Natal associés aux républiques du Transvaal et à l'État libre d'Orange conquis par les Boers). L'année suivante, constatant que les bénéfices rhodésiens étaient loin de correspondre à ce que l'on en attendait, la BSAC remit la Rhodésie du Sud à la couronne britannique.

Bien que la constitution de la colonie fût en théorie non raciale, le droit de vote se fondait sur la citoyenneté britannique et les revenus annuels, conditions que ne remplissaient que quelques Noirs. Après l'introduction de l'impôt, mines et fermes exploitèrent la main-d'œuvre africaine pour le profit du gouvernement blanc. Dans les années 30, la suprématie blanche fut légalisée par une loi de répartition de la terre ("Land Apportionment Act") qui excluait les Africains de la propriété des meilleures terres arables, ainsi que par une législation sociale, adoptée en 1934, qui en appelait au développement séparé des races (les Zimbabwéens s'y réfèrent en utilisant également le terme afrikaans d'*apartheid*) et qui interdisait aux Noirs de pratiquer toute profession spécialisée ou de s'implanter dans les zones blanches (y compris dans toutes les grandes agglomérations), les livrant ainsi aux caprices des propriétaires terriens ou des employeurs européens.

Le fracas du nationalisme

Les premiers mouvements de résistance noire apparurent dans les années 20 et 30 avec la formation de la Rhodesia Bantu Voters' Association, de la Southern Rhodesia Native Association et du Southern Rhodesia African National Congress. Ceux-ci, qui ne représentaient que les classes moyennes africaines, visaient davantage à réformer le système qu'à le démanteler. Ils ne furent efficaces que dans la mesure où ils permirent aux Noirs de prendre conscience de la réalité des inégalités.

La plus grave sécheresse de mémoire d'homme

Au début des années 90, l'Afrique australe en général et le Zimbabwe en particulier ont souffert d'une sécheresse dévastatrice qui a gravement compromis l'agriculture, fait endurer souffrances et pénurie dans les villes et s'est traduit par une situation plus catastrophique encore dans les zones rurales déshéritées.

Le gouvernement, qui n'a réagi que lentement aux signes avertisseurs de la sécheresse, vendit en 1991 ses excédents de maïs à la Zambie et au Mozambique, pour se retrouver confronté à la pénurie en 1992. En fait, cette année-là, l'Afrique australe perdit une plus grande proportion de ses récoltes que l'Éthiopie et le Soudan au cours de la sécheresse de 1985. Le Zimbabwe ne produisit que 20% de sa récolte annuelle normale de maïs, la nourriture de base. Vers le milieu de l'année, 500 000 Zimbabwéens des zones rurales furent en danger de mourir de faim. Des milliers de pauvres abandonnèrent leurs terres et leur bétail étique pour se lancer à la recherche de nourriture, car dans les campagnes, même les familles les plus riches ne pouvaient acquérir de quoi manger.

Certains cherchèrent de l'aide auprès de leur famille ou de ranches plus importants, d'autres émigrèrent vers les villes en espérant y trouver du travail. En raison du manque d'eau et de pâturages, 30% des cheptels communaux succombèrent ou furent abattus, et même les grands ranches durent sacrifier la plupart de leurs troupeaux. Une lettre datant de novembre 1992 décrit la situation cette année-là :

« La sécheresse qui a frappé l'Afrique australe a été qualifiée de plus grave sécheresse de mémoire d'homme ; celle-ci, associée au nouveau programme économique mis en œuvre par le gouvernement, a signifié des privations extrêmes pour le peuple du Zimbabwe. Des efforts ont été entrepris pour le soulager de ses souffrances par des transports massifs de nourriture vers les zones les plus touchées. Les importations de maïs s'élèvent à 2,5 millions de tonnes, mais l'on a importé également de l'huile de cuisine et du blé. Des coupures d'électricité sont prévues en raison des eaux très basses du lac Kariba.

Le parc national de Gonarezhou a été dévasté : il n'y est tombé que 3 mm d'eau cette année. Ce qui signifie que la plupart des herbivores ont été rayés de la carte. Le déplacement des espèces les plus menacées (antilope rouanne, hippotrague noir et bubale de Lichtenstein) est en cours. D'autres espèces, dont les cobes à croissant, les élans, les nyalas et les girafes, sont aussi capturées et placées dans des zones de nourrissage, en espérant que le patrimoine héréditaire ne sera pas perdu. L'animal qui accapare aujourd'hui la vedette, c'est l'hippopotame. Des actions de parrainage ont attiré l'attention sur leur situation critique ; un petit hippopotame appelé Hippy est présenté un peu partout dans le pays afin de susciter une prise de conscience des difficultés qu'ils rencontrent. »

Beat Accorsi, Zimbabwe

Le Matabeleland fut la région la plus touchée : à Bulawayo, même les édiles invoquèrent les tombeaux de faiseurs de pluie des collines de Matobo. L'article du *Time Magazine* reproduit ci-dessous décrit une surprenante source de précipitations providentielles :

« Dans le sud-ouest desséché du pays, des milliers de Zimbabwéens ont imploré la reine Elisabeth II d'Angleterre de prolonger son séjour, car la pluie a coïncidé avec sa visite à Bulawayo. Les personnes rassemblées lui ont fait une ovation lorsque des pluies torrentielles se sont déversées au début de sa visite. La première précipitation de la saison sur la plaine desséchée du Matabeleland a interrompu le discours qu'elle prononçait dans la seconde grande ville du pays, qui ne disposait plus que de quelques semaines de réserves en eau. A l'instant où la reine affirmait : "Je prie pour que la sécheresse puisse prendre fin bientôt, et pour que vous puissiez bénéficier de pluies abondantes durant cette année", des trombes d'eau s'abattaient. »

Signalons enfin que la reine Elisabeth devait de nouveau faire la preuve de ses talents en matière de météorologie lors de sa dernière visite en Afrique du Sud, en mars 1995. Son arrivée dans le Natal et le Transvaal frappés par la sécheresse coïncida encore une fois avec de copieuses chutes de pluie bienfaisante pour la végétation et les cultures. Les Africains la surnomme depuis *Motlalepula*, "celle qui apporte la pluie". ■

Les salaires et les conditions sociales d'une indigence extrême entraînèrent la radicalisation progressive de la main-d'œuvre africaine. Durant les années 40, une résistance active se fit jour sous la forme de l'African Voice Association dirigée par Benjamin Burombo. La ferveur nationaliste fut attisée par l'adoption en 1951 d'une loi sur la propriété agricole des Africains (Native Land Husbandry Act) qui répartissait en petites propriétés les pâturages communs des réserves africaines et les allouaient aux familles dont certaines avaient été récemment expulsées des terres détenues par les Blancs. La taille des troupeaux était nécessairement réduite au nombre de bêtes qui pouvaient paître sur les minuscules lopins individuels.

En 1953, quand la Rhodésie du Sud, la Rhodésie du Nord et le Nyasaland se réunirent dans la Fédération de Rhodésie et du Nyasaland, les entreprises minières et industrielles favorisèrent une classe moyenne de races plus mélangées en guise de contrepoids à la main-d'œuvre de plus en plus insatisfaite. Sous la pression du gouvernement britannique, plusieurs lois de ségrégation économique furent abolies, ce qui permit aux Noirs de pratiquer des professions spécialisées et de travailler en centre-ville, mais nulle concession ne fut faite dans la direction d'un système électoral de type démocratique que les mouvements nationalistes appelaient de leurs vœux.

Pendant ce temps, les Blancs, agriculteurs, ouvriers spécialisés ou hommes d'affaires, avaient compris que la montée du sentiment nationaliste constituait une menace pour leurs privilèges. Quand le Premier ministre de la Fédération, Garfield Todd, tenta de satisfaire quelques-unes des demandes des Africains les plus modérés, il fut renversé. Son successeur connut le même sort en 1962, après avoir approuvé une nouvelle constitution prévoyant en termes vagues une parité africano-européenne dans un futur éloigné, proposition inacceptable par la grande majorité des Blancs.

La City Youth League fut fondée en 1955 à Salisbury par le plus inflexible des leaders nationalistes, puis fusionna deux ans plus tard avec le Southern Rhodesian African National Congress pour former une nouvelle ANC sous la direction de l'activiste travailliste Joshua Nkomo. Cette organisation fut interdite en 1959, mais elle poursuivit ses activités pendant quelques temps sous la bannière du National Democratic Party (NDP). Durant cette période, la résistance prit la forme de violents soulèvements, appelés *zhii* ("destruction vengeresse de l'ennemi"), en réaction à l'état d'urgence décrété le 26 février 1959. Manifestations, grèves et sabotages ponctuèrent cette période de troubles organisés. Le gouvernement y répondit par l'interdiction du Parti et par la répression sanglante d'un rassemblement organisé à Bulawayo. Le NDP, imperturbable, émergea de nouveau le 17 décembre 1961 sous la forme de la Zimbabwe African People's Union (ZAPU), à la tête de laquelle se trouvait de nouveau Joshua Nkomo. Comme l'on pouvait s'y attendre, la ZAPU fut interdite après quelques mois, accusée de promouvoir vandalisme et sabotages en zones rurales. En 1962, le gouvernement d'extrême droite récemment élu (le Winston Field's Rhodesian Front Party) interdit aux Noirs tout rassemblement et meeting politiques et en instituant la peine de mort pour tout incendiaire.

Nkomo envisagea la possibilité de fonder un gouvernement en exil, mais des dissensions internes provoquèrent une scission de la ZAPU et ses membres dissidents, dont Robert Mugabe, Ndabaningi Sithole et Leopold Takawira, furent exclus. Ces derniers formèrent peu après la Zimbabwe African National Union (ZANU). Après les querelles qui opposèrent les deux groupes à la suite de l'éclatement de la Fédération en 1963 – dont allait résulter l'indépendance de la Rhodésie du Nord (Zambie) et du Nyasaland (Malawi) –, la ZAPU et la ZANU furent toutes deux interdites et la plupart de leurs leaders emprisonnés.

Ian Smith et l'UDI

En avril 1964, Ian Smith prit la direction du Rhodesian Front ainsi que de la présidence avant de commencer à militer activement pour l'indépendance de la Rhodésie. Harold Wilson, le Premier ministre britannique de l'époque, y répondit en formulant une série de conditions *sine qua non* que devait remplir le pays aspirant à l'indépendance. Celles-ci comprenaient notamment diverses garanties d'égalité raciale interne, la preuve de l'engagement d'un processus visant à établir un gouvernement majoritaire et la sanction majoritaire du projet d'indépendance. En 1965, comprenant qu'il ne pourrait obtenir ces concessions de la part de l'électorat blanc, Smith exerça diverses pressions pour obtenir de la Grande-Bretagne une déclaration d'indépendance unilatérale (Unilateral Declaration of Independance : UDI). Après les élections de mai 1965, le parti de Smith remporta l'ensemble des cinquante sièges du gouvernement et l'UDI fut déclarée en septembre.

La Grande-Bretagne réagit en frappant d'illégalité la déclaration de Smith et en imposant des sanctions économiques pour le faire rentrer dans le rang. Un vote des Nations Unies rendit obligatoires ces sanctions en 1968, mais les failles demeurèrent considérables, en raison du soutien de l'Afrique du Sud et du fait que le Mozambique subissait toujours le joug colonial. Ces sanctions furent ignorées par la plupart des pays occidentaux de même que par certaines compagnies britanniques (notamment la British Petroleum), et ce qui devait contraindre Smith à venir à la table des négociations échoua lamentablement. De fait, l'économie rhodésienne prospérait : les sanctions constituèrent autant de motivations pour renforcer et diversifier la production nationale. Des lois furent même votées pour restreindre l'exportation des bénéfices et imposer un contrôle des importations. Smith refusa toute concession, considérant la révocation de l'UDI, et plus particulièrement l'acceptation d'un gouvernement majoritaire comme entièrement hors de question, déclarant que "jamais d'ici mille ans" les Noirs africains ne gouverneraient la Rhodésie.

Face à une telle intransigeance, la ZANU et la ZAPU décidèrent que seules les armes pouvaient arracher le pouvoir à Smith et à son Rhodesian Front. Le 28 avril 1966 (appelé aujourd'hui le *Chimurenga Day*), la seconde Chimurenga débuta par l'attaque des guérilleros de la ZANU des forces rhodésiennes à Chinhoyi, au nord-ouest de la capitale. Cette dernière échoua, de même que les actions de guérilla ultérieures, en raison du manque de cohésion et de la vulnérabilité des camps d'entraînement dans le pays. Mais après que le Frelimo ait libéré d'importantes zones du Mozambique voisin, les nationalistes de la ZANU purent y établir des bases et renforcer leurs attaques. Poursuivant la lutte, la ZAPU (associée à l'ANC d'Afrique du Sud) installa en Zambie des bases de son armée révolutionnaire du peuple, la Zimbabwe Peoples' Revolutionary Army (ZIPRA), ainsi que des camps d'entraînement en Tanzanie.

Le renforcement du mouvement nationaliste ne déconcerta pas autant Smith que le refus des Britanniques de négocier la question de l'indépendance. Il proposa de soumettre une nouvelle constitution garantissant aux Noirs huit des soixante-six sièges du parlement, mais la Grande-Bretagne souhaitait entendre la volonté du peuple ; elle institua la commission Pearce qui avait pour mandat de solliciter l'opinion des Noirs africains avant de prendre la moindre mesure. En dépit de la massive et coûteuse campagne organisée par le Rhodesian Front pour s'assurer de l'approbation des Noirs à propos de la nouvelle constitution, le gouvernement Smith – qui s'était depuis un certain temps manifestement coupé de toute réalité – fut très surpris de voir son projet aussi sommairement qu'unanimement rejeté.

Le mouvement de libération ayant prit de l'ampleur, Josiah Tongogara, commandant en chef de la ZANLA (Zimbabwe African National Liberation Army), l'armée de la ZANU, se rendit en Chine pour y apprendre les tactiques maoïstes. La population civile fut alors sollicitée : les jeunes hommes servaient d'éclaireurs ou de messagers, et les femmes aidaient les troupes de guérillas, notamment en préparant les repas. Lorsque le gouvernement l'apprit, il instaura des "villages protégés" et, pour les défendre contre toute tentative d'"intimidation", déplaça *manu militari* ceux qu'il suspectait d'aider ou d'abriter des groupes de guérilleros ou de terroristes.

Les forces nationalistes frappaient avec une férocité grandissante dans tout le pays : le ZANLA de Samora Machel au Mozambique, le ZIPRA de Kaunda en Zambie. Les Blancs, pour la plupart nés en Afrique et ne connaissant d'autres pays que la Rhodésie, prirent progressivement conscience de la gravité de leur situation. Nombreux furent ceux qui abandonnèrent leurs résidences et leurs fermes, plus particulièrement dans les Eastern Highlands, pour émigrer en Afrique du Sud ou dans les pays du Commonwealth. Ian Smith comprenait enfin que tout n'allait pas pour le mieux en Rhodésie.

Le coup d'État intervenu à Lisbonne en avril 1974, provoqua la chute du régime fasciste au Portugal, apporta l'indépendance, un pseudo-marxisme et le chaos en Angola et au Mozambique. Cela modifia profondément l'équilibre du pouvoir dans la région, et contraignit les États-Unis et l'Afrique du Sud à réévaluer leurs positions en Afrique australe et, chose étonnante, à conseiller à Smith de consentir aux exigences des nationalistes.

Le 8 décembre 1974, à Lusaka, en Zambie, les divers groupes nationalistes s'unirent au sein de l'African National Congress dirigé par Abel Muzorewa. Le 11 décembre, sur le pont du Zambèze à Victoria Falls, le sud-africain John Vorster et le zambien Kenneth Kauda persuadèrent Smith d'en appeler à un cessez-le-feu et de mettre fin à la détention des membres les plus importants du mouvement nationaliste – Nkomo, Sithole et Mugabe, entre autres –, afin que des négociations de paix puissent commencer.

Les discussions, qui furent loin d'être sereines, échouèrent dans une atmosphère de récrimination entre Smith et les nationalistes, d'une part, et entre les chefs nationalistes, d'autre part. La ZANU se scinda, Josuah Nkomo ayant eu un différend avec Muzorewa, le chef de l'ANC fut expulsé de l'organisation, et Robert Mugabe, personnalité très respectée, ancien instituteur emprisonné durant 10 ans sous le régime de Smith, partit pour le Mozambique où il remplaça Sithole à la tête de la ZANU. L'année suivante, Herbert Chipote, président de la ZANU, fut assassiné à Lusaka par les services secrets rhodésiens.

Les groupes nationalistes n'en continuaient pas moins à se scinder et se réformer dans un brassage alphabétique de sigles commençant par "Z". En janvier 1976, à Genève, la ZANU et la ZAPU furent amenées à créer le Front patriotique, Sithole et Muzorewa dirigeant chacun une délégation distincte. Bien que l'esprit de coopération espéré entre ces deux personnalités ne se concrétisa jamais, le Front patriotique survécut, du moins nominalement. De même, la ZIPRA et la ZANLA s'associèrent pour former la ZIPA (Zimbabwe People's Army) dirigée par Rex Nhongo.

A cette époque, confronté à une émigration blanche massive ainsi qu'à l'effondrement de l'économie rhodésienne, Ian Smith fut contraint de modifier sa stratégie en faveur d'un règlement interne du conflit. Sithole et Muzorewa furent convaincus de rejoindre un soi-disant gouvernement de transition dans lequel les Blancs se verraient garantir 28 des 100 sièges parlementaires ainsi qu'un droit de veto sur tous les projets de loi durant 10 ans. La propriété blanche serait également garantie et les Blancs conserveraient la maîtrise des forces armées, de la police ainsi que du système judiciaire et de la fonction publique. En échange, les guérilleros du Front patriotique se verraient accorder l'amnistie. L'échec prévisible de cette stratégie fut marqué par une escalade de la violence. Pour sauver son projet de règlement interne, Smith entreprit des négociations secrètes avec Nkomo, lui proposant d'abandonner Sithole et Muzorewa, mais Nkomo demeura inflexible.

Enfin, après le sabotage, par les guérilleros du Front patriotique, du plus grand dépôt de carburant du pays, et alors qu'il ne pouvait plus compter que sur le soutien faiblissant de la population blanche, Smith choisit d'organiser des élections générales ouvertes aux Blancs comme aux Noirs. Le 1 mai 1979, il céda ses fonctions de Premier ministre à Muzorewa, qui n'était en fait qu'un pantin, et ouvrit 50% des terres attribuées aux Blancs aux populations de toutes races. La structure gouvernementale, en revanche, se révélait très comparable à celle que proposait le "règlement interne".

Ces changements ne furent guère pris au sérieux ; ils ne rencontrèrent aucun enthousiasme et la reconnaissance internationale du Zimbabwe-Rhodésie, tel que s'appelait désormais le pays, tarda à venir. Quelques pays considéraient au mieux le Zimbabwe-Rhodésie comme un gouvernement de transition tout juste passable.

L'indépendance

En Grande-Bretagne, après la victoire des conservateurs aux élections de 1979, Margaret Thatcher fit immédiatement pression pour obtenir le règlement du problème rhodésien. On décida qu'une nouvelle constitution devait remplir des conditions satisfaisantes pour le Royaume-Uni et être ratifiée à l'occasion d'élections libres et contrôlées par des observateurs. Le 10 septembre 1979, les délégations se réunirent à Lancaster House, à Londres, pour arrêter les termes d'une constitution acceptable tant par le Front patriotique, représenté par Nkomo et Mugabe, que par le gouvernement du Zimbabwe-Rhodésie, représenté par Muzorewa et Smith. Étaient également présents Kenneth Kaunda et Julius Nyerere, qui devaient encourager le Front patriotique à suivre la voie du règlement de la question, ainsi que Margaret Thatcher, qui devait presser Smith d'accepter le compromis. Durant plusieurs mois, les conversations ne débouchèrent sur rien ; Mugabe, qui souhaitait détenir le pouvoir suprême dans le nouveau gouvernement, refusa de faire la moindre concession.

Robert Mugabe

Après quatorze semaines de négociations, et de lourdes contraintes exercées par les Britanniques, l'accord de Lancaster House fut signé. Son déséquilibre racial était patent, car il garantissait aux Blancs (3% de la population) 20 sièges sur les 100 que devait compter le nouveau parlement. L'accord précisait également que la propriété foncière privée ne pouvait être nationalisée ni être appropriée sans de justes compensations, ce qui constituait une "concession" plus logique envers les Blancs que le déséquilibre de la représentation parlementaire. Malgré ses imperfections, l'accord de Lancaster House ouvrit la voie vers l'indépendance. Les diverses factions politiques se bousculèrent au portillon du pouvoir.

Lors des élections très surveillées du 4 mars 1980, Mugabe et la ZANU remportèrent 57 des 80 sièges attribués aux Noirs, Nkomo et la ZAPU 20 sièges et l'UANC de Muzorewa seulement 3 sièges. Le Zimbabwe rejoignit alors le groupe des nations indépendantes d'Afrique, sous le gouvernement majoritaire de Robert Mugabe, reconnu par le communauté internationale. Le 16 avril 1980, à Salisbury (Harare), le révérend Canaan Banana prêta serment en tant que premier président du Zimbabwe indépendant et Robert Mugabe prit ses fonction de Premier ministre.

Malgré le long et cruel combat, Mugabe fit preuve de grande retenue et tint en échec les tendances vengeresses de la nouvelle société. (Il est intéressant de constater que Ian Smith est demeuré au Zimbabwe et coule des jours paisibles à Harare, dans sa résidence proche de l'ambassade de Cuba.) Les Blancs qui restèrent constituaient un problème, mais Mugabe n'était pas homme à jeter le bébé avec l'eau du bain et risquer de perdre leurs richesses, leur savoir-faire technique et l'accès aux investissements étrangers – toutes choses nécessaires à la réalisation de son rêve de créer, en marxiste convaincu, un État socialiste à parti unique. Il nomma deux ministres blancs à l'agriculture ainsi qu'au commerce et à l'industrie, assura qu'"il y a une place dans ce pays pour chacun... pour les vainqueurs comme pour les vaincus" et affirma qu'il ne cherchait pas à recréer un nouveau Mozambique ou un nouveau Kenya, mais à créer un nouveau Zimbabwe. L'économie fit un bond en avant, les salaires augmentèrent et les programmes sociaux de base – notamment l'éducation et la santé – furent réformés ou créés.

C'était un début prometteur, mais l'euphorie et l'optimisme d'une unité nationale apportée par l'indépendance s'évanouirent rapidement. La résurgence des rivalités entre la ZANU et la ZAPU déboucha sur des conflits armés opposant les partisans des deux partis. Mugabe fit arrêter en 1980 cinq partisans importants de Nkomo et évinça ce dernier en 1981 de son siège au conseil des ministres. La tension devint extrême à la suite de l'arrestation d'Edgar Tekere, ministre de la Planification de la main-d'œuvre, accusé du meurtre d'un fermier blanc. Bien qu'il fut déclaré innocent, cette affaire mit un terme à sa carrière politique.

Plus récemment, Nkomo fut accusé de comploter le renversement du gouvernement et l'on assista à une reprise des activités de guérilla dans le Matabeleland, la région abritant le gros du soutien à la ZAPU. Début 1983, Mugabe y envoya la Cinquième bri-

La propriété foncière et l'ESAP

Lors de la proclamation de l'indépendance en 1980, 270 000 Blancs vivaient au Zimbabwe. S'ils ne sont plus aujourd'hui que 90 000 et ne représentent que 1% de la population, ils possèdent toujours un tiers des terres arables du pays et produisent 42% du revenu annuel du pays à l'exportation. Quand Mugabe arriva au pouvoir en 1980, il promit d'installer 162 000 familles noires sur des terres détenues par des Blancs. Mais au terme de l'accord de paix soutenu par les Britanniques et signé cette année-là, le gouvernement se trouva dans l'impossibilité de contraindre les agriculteurs à vendre leurs terres. Depuis, cette question est le cauchemar du gouvernement Mugabe.

Durant la première décennie qui suivit l'indépendance, 2 millions d'hectares seulement ont été acquis et 55 000 familles réinstallées. Ce qui fut loin des objectifs d'origine. Le gouvernement rechercha 6 millions d'hectares supplémentaires destinés à la réinstallation de 110 000 autres familles, laissant 6 millions d'hectares aux entreprises agricoles commerciales.

Sous le régime "acheteur et vendeur de plein gré", qui fonctionna durant les années 80, le gouvernement s'était laissé la possibilité de fixer les prix du foncier – bien que lui-même soit également acheteur. Chaque agriculteur ne pouvait vendre qu'une seule ferme, et les propriétaires absentéistes perdaient automatiquement leurs titres. La terre ne pouvait être vendue aux étrangers, et les agriculteurs seraient indemnisés en dollars zimbabwéens, afin de les empêcher de quitter le pays après la vente. La Commercial Farmers Union (composée essentiellement de fermiers blancs) protesta contre cette méthode de rachat envisagée.

Au cours des années suivantes, afin de conserver la confiance des électeurs, Mugabe réaffirma pour la forme son programme de réimplantation, mais s'efforça, en même temps, de rester pragmatique. Un représentant du pouvoir, reconnaissant la grogne des agriculteurs commerciaux, admit que le gouvernement ne voulait pas "tuer la poule aux œufs d'or" ni effrayer les investisseurs étrangers. Finalement, les réformateurs fonciers n'eurent d'autres choix que de remettre leur projet à l'étude.

La clause "acheteur et vendeur de plein gré" expira en 1990. La National Farmers Association et la Zimbabwe National Farmers Union (deux syndicats essentiellement composés de non-Blancs) suggérèrent prudemment que l'on poursuive la réinstallation sur la base d'un accord mutuel entre acheteur et vendeur de plein gré, mais que le gouvernement accorde des facilités de paiement afin que les petits agriculteurs puissent acheter leur propre terre.

Le gouvernement ignora cependant ce conseil et décida, à la fin 1990 et au début 1991, de redistribuer 50% des terres détenues par des agriculteurs commerciaux blancs à des fermiers noirs ayant tout juste de quoi vivre. Cela signifiait mettre en danger près de la moitié des revenus du commerce extérieur du Zimbabwe, transformer le pays en importateur de produits alimentaires, prêter le flanc à la critique internationale et contrarier les investisseurs étrangers.

A la fin de l'année 1991, par une volte-face destinée à attirer les aides et les investissement étrangers, le gouvernement zimbabwéen rendit public son Economic Structural Adjustment Programme (ESAP : Programme d'ajustement économique structurel) formulé par le Fonds monétaire international et la Banque mondiale. Son objectif, la libéralisation de l'économie, néces-

gade, entraînée en Corée du Nord, pour étouffer les troubles. Celle-ci massacra plusieurs milliers de civils. Nombre de villageois furent fusillés et les membres les plus en vue de la ZAPU furent systématiquement éliminés afin d'éradiquer toute dissidence. On découvre encore aujourd'hui des cadavres non enterrés dans les zones rurales du Matabeleland. Ces massacres peuvent s'analyser en termes de luttes tribales entre la majorité shona (essentiellement partisane de la ZANU) et la minorité Ndebele (soutenant la ZAPU).

Nkomo s'était entre temps enfuit en Angleterre. Il y resta jusqu'à ce que Mugabe, comprenant que les ennemis du Zimbabwe observaient avec intérêt ces dissensions internes en espérant que l'escalade débouche sur une guerre civile, se laisse fléchir et lui garantisse la vie sauve à son retour. Les deux hommes d'État entreprirent alors des négociations qui allaient se conclure par la fusion de la ZANU et de la ZAPU. L'amnistie fut offerte aux dissidents et toute l'affaire mise sous le boisseau, non sans un mécontentement larvé.

sitait la mise en place d'un taux de change officiel réaliste, un ajustement du contrôle des prix, ainsi que la concurrence à l'importation, afin de retrouver une vitalité économique à long terme et de réintroduire le Zimbabwe dans la communauté internationale.

Ces mesures drastiques provoquèrent une augmentation immédiate des prix, très éprouvantes pour les couches les plus pauvres de la population. Ces restrictions furent aggravées par la sécheresse qui frappa le pays au début des années 90 et provoqua la perte de très nombreuses récoltes. Il en résulta une vague de migration vers les zones urbaines ainsi qu'une préoccupante augmentation du chômage et de la délinquance.

L'accumulation de ces problèmes provoqua un désenchantement populaire extrême à l'égard du gouvernement Mugabe. La question de la propriété foncière resurgit de nouveau dans ce contexte très difficile. En mars 1992, la loi d'acquisition foncière (Land Acquisition Act) fut unanimement approuvée par le Parlement. Le nouvel objectif était d'acquérir 5 millions d'hectares de terres arables appartenant essentiellement à des agriculteurs commerciaux blancs pour les redistribuer à 1 million de petits fermiers noirs, les anciens propriétaires étant indemnisés par des obligations d'État (dont la valeur se révélait dérisoire à cette étape du projet).

L'intention sous-jacente de la loi d'acquisition foncière était d'affirmer au peuple zimbabwéen que le gouvernement ne l'avait pas oublié. Les milieux de l'aide internationale et des investisseurs étrangers, en revanche, furent alarmés, la nouvelle loi étant considérée comme incompatible avec l'ESAP. Dans l'espoir de ranimer la bonne volonté internationale, Mugabe inséra dans la législation des clauses prévoyant une juste indemnisation des agriculteurs ainsi que la possibilité pour les propriétaires fonciers de contester ces mesures devant les tribunaux. Il ne pouvait cependant guère faire plus pour calmer le principal souci de la communauté internationale, celui de la solvabilité d'un pays ayant privé de ses droits de représentation la source de la moitié de ses revenus à l'exportation.

Jusqu'à présent, la plupart des exploitations agricoles blanches expropriées ont été abandonnées ou sont devenues des fermes de second plan. Certaines sont cependant allouées à des fonctionnaires du gouvernement, en contradiction flagrante avec l'esprit du plan. L'acquisition d'une exploitation agricole fit grand bruit, celle de la Churu Farm (260 hectares), appartenant à Ndabaningi Sithole, le bouillant leader d'un petit Parti d'opposition, le ZANU-Ndonga. Celui-ci qualifia la manœuvre de "vol à motivation politique" (ce qui, étant données les circonstances, se révélait difficilement contestable). A la suite de quoi 4 000 familles s'installèrent en toute illégalité sur la ferme et refusèrent d'en partir, malgré l'intention du gouvernement de les en chasser pour des raisons de santé publique. Malheureusement pour M. Sithole, une décision judiciaire de dernière minute les autorisa à demeurer sur ses terres.

A l'heure actuelle, nulle solution à la question foncière ne se dessine. La proposition peut-être la plus intéressante qui permettrait de résoudre ce problème a été exposée par Diana Mitchell en 1994 dans *Traveller's News*, une revue touristique zimbabwéenne.

En résumé, elle suggère que le gouvernement s'inspire de la coutume africaine traditionnelle en transformant toutes les terres privées et communales en propriétés louées et en accordant un bail à tout utilisateur. ■

L'évolution récente

En dépit des exemples tragiques de la Zambie de Kaunda, de la Tanzanie de Nyerere et du gouvernement révolutionnaire aussi violent que répressif du Mozambique, Mugabe n'en persévérait pas moins à rêver de transformer le Zimbabwe en un État à parti unique. Attendue depuis longtemps, l'abolition en 1988 de la loi garantissant 20 sièges parlementaires à la minorité blanche, la mise en œuvre d'un strict contrôle de la monnaie et des échanges commerciaux avec l'étranger, puis, en 1990, la révision des garanties de propriété foncière accordées aux Blancs (après l'expiration de la constitution lors du dixième anniversaire de l'indépendance), tout semblait indiquer que l'on avançait dans cette direction.

La fin des années 80 fut caractérisée par divers scandales et affaires de corruption du gouvernement. Certains parlementaires et membres du gouvernement professaient bruyamment leur socialisme, quelques-uns en toute sincérité, mais nombreux étaient ceux qui, en privé, cherchaient à en retirer le plus grand profit financier. En 1988, le gouvernement fut impliqué dans des affaires véreuses ayant pour pivot l'usine d'assemblage automobile Willowvale, près de Harare. La corruption fut dénoncée par la presse et les étudiants de l'Université du Zimbabwe lancèrent une campagne de protestation contre Mugabe qui avait laissé s'installer celle-ci au sein même de la classe dirigeante, alors qu'il avait juré que cela n'arriverait jamais. Se sentant menacé par cette révolte, Mugabe supprima le financement de certaines branches de l'université, refusant de les restaurer tant que les étudiants ne cesseraient pas leur mouvement. A la fin de l'année 1990, une manifestation d'étudiants s'élevant contre le renforcement annoncé du contrôle gouvernemental sur la politique de l'Université du Zimbabwe fut réprimée par la police anti-émeute à coup de grenades lacrymogènes.

Les graves malversations qui caractérisèrent les élections de mars 1990 révélèrent des facettes comparables de la personnalité du président. Le ZUM (Zimbabwe Unity Movement), dirigé par Edgar Tekere, partisan d'une économie libérale et d'un État démocratique pluraliste, défia la ZANU dans plusieurs circonscriptions. Mugabe répliqua en se livrant à un découpage électoral tendancieux pour contrecarrer toute possibilité de victoire du ZUM. Peu de temps après les élections, qui révéla la domination absolue de la ZANU, Patrick Kombayi, le candidat du ZUM le plus prometteur dans la circonscription de Gweru North, fut blessé lors d'une tentative de meurtre à la suite de laquelle tous les partisans du ZUM adoptèrent un profil bas.

Le dernier développement de la question du parti unique eut lieu en août 1990 : lors d'une réunion du comité central, vingt-deux des vingt-six membres votèrent contre la continuation du dogme du parti unique, en arguant du fait que la création d'un État non pluraliste, à une époque où la tendance mondiale allait dans la direction opposée, pouvait être interprétée comme une régression risquant d'affecter gravement la crédibilité du Zimbabwe aux yeux des investisseurs potentiels.

Alors que sa popularité déclinait, Mugabe rendit public un mois avant les élections de février 1995 un train de mesures "anti-pauvreté" visant à séduire l'électorat. Ce programme de 160 millions de dollars US était destiné à la formation professionnelle, au développement des zones rurales et à l'aide aux plus pauvres. Le chef de l'État annonçait également pour la forme la nationalisation des terres possédées par les Blancs et la promesse de réduire le chômage, ce qui signifiait l'inévitable accroissement du secteur public. Les élections furent boycottées par les groupes d'opposition à l'influence croissante. Ceux-ci avaient fait remarquer que les cartes et la constitution étaient truquées au bénéfice du parti dirigeant. Les électeurs, se sentant impuissants à changer la situation, s'abstinrent donc en masse.

Pour terminer sur une note plus positive, le Zimbabwe se relève doucement des bouleversements occasionnés par l'ESAP (voir encadré) et de la sécheresse catastrophique du début des années 90. Mais en dépit d'une pluviosité relativement importante en 1993, les années 1994 et 1995 ont connu des précipitations insuffisantes qui pourraient annoncer de nouvelles années de sécheresse.

GÉOGRAPHIE

Le Zimbabwe est un pays sans littoral de l'Afrique australe centrale, ayant grossièrement la forme d'une goutte d'eau tombant de la bande de Caprivi. Il est entièrement situé entre les tropiques – entre 15° et 22° de latitude sud – mais la majeure partie de sa superficie consiste en plateaux de highveld et de middleveld s'élevant entre 900 et 1 700 m d'altitude. Le pays jouit d'un climat remarquablement tempéré. Il est limité au nord-ouest par la Zambie, à l'est et au nord-est par le Mozambique, et au sud par la République d'Afrique du Sud. Les frontières de quatre pays – la Zambie, le Zimbabwe, le Botswana et la Namibie – se rencontrent en un point unique dans l'extrême ouest du pays.

Le pays s'étend d'est en ouest sur une longueur maximale de 725 km, et sur 835 km du nord au sud. Sa superficie totale est de 390 580 km^2, soit environ celle des îles britanniques auxquelles on aurait ajouté deux fois l'Écosse.

La chaîne de montagnes peu élevées qui traverse le pays du Mvurwi Range, au nord-est, aux monts Matobo, au sud-ouest, marque la ligne de partage des eaux entre deux des grands systèmes fluviaux africains, celui du Zambèze au nord-ouest et celui du Limpopo-Save au sud-est. Le premier se compose essentiellement d'un plateau descendant doucement de la chaîne montagneuse avant de plonger abruptement dans la vaste plaine du Zambèze, au nord-est, et vers l'enchevêtrement de collines et de vallées entourant le lac Kariba, au nord-ouest. Ce paysage de plateau se caractérise par un bushveld ponctué de petits affleurements rocheux appelés *kopjes* et de dômes de roche lisse et dénudée appelés *dwalas*.

Le lowveld chaud et sec du sud du Zimbabwe est principalement composé par les savanes relativement plates du bassin de la Save qui descendent presque imperceptiblement vers le Limpopo.

Les Eastern Highlands constituent la seule région montagneuse d'importance. Ils chevauchent la frontière Zimbabwe-Mozambique, de la région de Nyanga au nord, aux monts Chimanimani au sud. Le Nyangani, le point culminant du Zimbabwe, s'élève à 2 592 m, non loin de l'extrémité nord de la chaîne.

CLIMAT

Le climat du Zimbabwe n'est pas aussi chaud que sa latitude le laisserait penser. Bien que le pays soit situé entièrement entre les tropiques, il s'étend sur un haut plateau s'élevant en moyenne à 900 m au-dessus du niveau de la mer et qui, durant la saison sèche, bénéficie d'un climat agréablement tempéré.

L'hiver (de mai à octobre) ressemble à un délicieux été méditerranéen aux jours chauds et ensoleillé et aux nuits claires et fraîches. Il

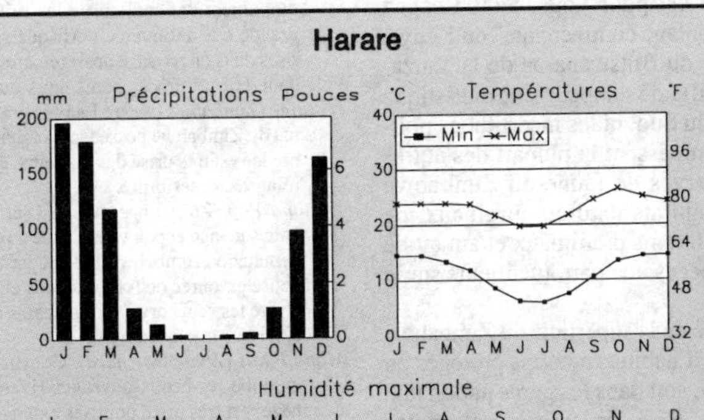

Humidité maximale

J	F	M	A	M	J	J	A	S	O	N	D
57%	55%	51%	44%	37%	36%	33%	29%	26%	28%	43%	57%

ne neige jamais, même dans les Eastern Highlands, mais gel nocturne et températures glaciales ne sont pas inhabituels sur le plateau. L'hiver est également la période se prêtant le mieux à l'observation de la faune, car les animaux tendent à se rassembler à cette époque autour des cuvettes et ne s'éloignent jamais des points d'eau.

Le lowveld et la vallée du Zambèze connaissent un climat plus chaud et plus humide, mais durant les mois d'hiver les précipitations demeurent minimes. Le printemps et l'automne ne sont guère marquées en tant que saisons. Les arbres mopane du highveld changent de couleur durant l'hiver, offrant les teintes orangées, jaunes et rouges rappelant les automnes européens ou nord-américains.

Au Zimbabwe, la plupart des pluies tombent l'après-midi sous forme de déluges aussi brefs que violents ou d'orages électriques durant les mois d'été (de novembre à avril), n'apportant qu'un court répit à l'humidité étouffante. Bien que la température dépasse rarement 30°C, l'atmosphère peut sembler oppressante.

PARCS NATIONAUX ET RÉSERVES

Si votre idéal de l'aventure africaine, ce sont les randonnées photographiques dans la forêt, la savane et la brousse, sur les traces des animaux qui symbolisent l'Afrique sauvage dans l'esprit de tous les rêveurs en chaise-longue, le Zimbabwe est pour vous. Sans l'esprit "chaîne de montage commerciale" du Kenya, sans la cherté du Botswana ou de la Tanzanie, le tranquille développement touristique de l'Afrique du Sud, ni les incertitudes politiques que connaissent la plupart des autres pays, les réserves de faune du Zimbabwe offrent des habitats naturels virginaux, de grandes populations d'animaux et autant de variétés d'espèces que partout ailleurs sur le continent.

De fait, 13% de la superficie du Zimbabwe est constituée d'habitats naturels protégés ou semi-protégés, soit dans les parcs nationaux, soit dans des aires de safaris nationales dépourvues de clôtures. Sans compter les zones privées, comme les ranches et les conservatoires naturels, qui accroissent considérablement la superficie totale de ces territoires. Hormis les parcs nationaux, le Zimbabwe compte plusieurs parcs de loisirs regroupés essentiellement autours des barrages de retenue, notamment ceux des lacs Chivero, Mutirikwe, Manyame, Manjirenji et Cunningham, et ceux des barrages de Sebakwe et de Ngezi.

La liste suivante traite des parcs. Référez-vous aux chapitres mentionnés entre parenthèses :

Chimanimani (Eastern Highlands). Ce parc dépourvu de route et longeant la frontière du Mozambique englobe la chaîne de montagnes la plus spectaculaire du pays, dans la région la plus propice aux randonnées en brousse.

Chinhoyi Caves (Zimbabwe nord). Ce petit parc national "en bord de route" abrite les grottes de Chinhoyi, un ensemble d'anfractuosités et de bassins souterrains creusés dans le calcaire situé dans le nord du Zimbabwe.

Chizarira (Zimbabwe ouest). Le parc national le plus sauvage du pays offre un paysage étonnant et un habitat écologique relativement peu troublé.

Gonarezhou (Zimbabwe central et sud-ouest). Avant que la faune de Gonarezhou ("la demeure des éléphants") ne soit détruite par les braconniers et la soldatesque du Mozambique, ce parc était fréquenté par quelques-uns des plus grands éléphants d'Afrique.
Fermé aux étrangers durant de longues années, il a été rouvert et se trouve aujourd'hui en assez bon état. Gonarezhou est également célèbre pour ses hordes de nyalas.

Great Zimbabwe (Zimbabwe central et sud-est). Ce monument national abrite les ruines de la plus grande cité antique de l'Afrique subsaharienne, sises dans un paysage aussi remarquable qu'obsédant. C'est l'un des hauts lieux du pays.

Hwange (Zimbabwe ouest). Le plus grand parc national du Zimbabwe possédant la faune la plus nombreuse est très prisé des visiteurs, en raison de sa relative accessibilité.

Kazuma Pan (Zimbabwe ouest). L'attraction de ce parc sauvage et peu visité, situé aux confins occidentaux du Zimbabwe, est une vaste cuvette herbeuse entourée de forêts de teck et de mopane. Il abrite les seuls oryx sud-africains du Zimbabwe ainsi que quelques ourébis.

Mana Pools (Zimbabwe nord). Ce parc national, qui englobe les beaux paysages riverains du Zambèze, est très prisé pour ses excursions en canoë et ses safaris randonnées. C'est l'unique parc naturel où le visiteur est libre de marcher où bon lui semble sans la compagnie d'un guide.

Matobo (Bulawayo). Les collines et les kopjes aux rochers en équilibre de Matobo constituent le paysage le plus singulier du Zimbabwe et le parc est le meilleur endroit au monde où observer les rhinocéros blancs ou noirs.

Matusadona (Zimbabwe nord). Sur les rives du lac Kariba, ce parc offre des paysages contrastés, des berges aux hautes montagnes sauvages. Il est célèbre pour ses éléphants et ses grands troupeaux de buffles, et fait office de site de réimplantation du rhinocéros noir, à l'avenir incertain.

Mtarazi Falls (Eastern Highlands). Guère plus qu'un appendice accroché au parc national de Nyanga, ce petit parc doit son existence aux chutes Mtarazi, hautes de 762 m, qui plongent du haut du spectaculaire Honde Escarpment.

Nyanga (Eastern Highlands). Depuis longtemps lieu d'excursion des Hararais en week-end, cette ancienne propriété de Cecil Rhodes englobe de belles montagnes, des cascades pittoresques, de magnifiques lieux de pêche et le mont Nyangani, le plus haut sommet du Zimbabwe.

Vumba (Eastern Highlands). Cette haute forêt perdue dans les brumes des Eastern Highlands, doublée d'un jardin botanique, est une retraite très fréquentée par les citadins et les Anglais souffrant du mal du pays.

Zambezi/Victoria Falls (Zimbabwe ouest). Ce magnifique parc national englobe 40 km de rives du Zambèze ainsi qu'une vaste zone de forêts de mopane et de savanes riches en faune. La petite extension portant le nom de Victoria Falls National Park abrite les chutes Victoria et la zone forestière ceignant la ville de Victoria Falls.

La visite des parcs. Pour les étrangers, l'entrée valable pour la journée coûte 3 $US ; l'autorisation valable une semaine coûte 5 $US. Malheureusement, le revenu produit par les parcs (dont 30,6% provient de la chasse) est directement affecté au trésor public qui n'en renverse que la portion congrue aux parcs mêmes. Par conséquent, ceux-ci souffrent de difficultés budgétaires constantes. Les points d'eau à pompage artificiel s'assèchent, les équipements se délabrent et la plus grande confusion règne dans les systèmes de réservation.

Si l'offre d'activités organisées est limitée, certains parcs proposent cependant des sorties à cheval ou les services d'un garde-chasse pour des randonnées en brousse. Les circuits d'équitation, qui coûtent 5 $US par personne l'heure et demie, doivent être réservés à l'avance. Les randonnées conduites par un garde-chasse sont proposées au prix de 15 $US l'heure pour les groupes jusqu'à six personnes (à l'exception de Hwange Main Camp où la randonnée de 2 heures coûte 5 $US par personne) ; les randonnées de 2, 3 ou 4 jours reviennent à 154, 205 ou 257 $US. Pour plus d'informations sur les logements proposés dans les parcs, consultez la rubrique *Hébergement* du chapitre *Renseignements pratiques* consacré au Zimbabwe.

L'auto-stop étant strictement interdit dans les parcs, l'unique moyen de les visiter à moindre frais consiste à se joindre à un groupe, à louer un véhicule ou à tout organi-

ZIMBABWE

L'arbre à "saucisses"

Il serait difficile de ne pas reconnaître l'arbre à "saucisses" (*Kigelia africana*), endémique dans la majeure partie de l'Afrique centrale et australe, et qui a été implanté dans d'autres régions tropicales de la planète. Il doit son nom à son immense fruit brun en forme de saucisse qui peut peser jusqu'à 10 kg et mesurer 100 cm de long et 18 cm de diamètre.

De septembre à la fin février, l'arbre se couvre de fleurs singulières aux étonnants coloris bordeaux qu'apprécient les antilopes. Le fruit encore vert est vénéneux, et insipide à maturité. Mais après l'avoir grillé, on le réduit en une poudre qui est ajoutée à la bière locale pour accélérer le processus de fermentation. Les graines sont également comestibles après avoir été grillées. Elles ne sont pas véritablement succulentes, mais peuvent constituer un repas en cas d'urgence.

Le peuple Batonka de la vallée du Zambèze utilise depuis longtemps le fruit réduit en poudre pour préparer un onguent efficace contre les ulcères tropicaux. La crème de l'arbre à saucisses commence à être internationalement reconnue comme traitement curatif du carcinome, une forme de cancer de la peau dû au vieillissement et à l'exposition prolongée au soleil. Cette crème est disponible dans les pharmacies du Zimbabwe. Bien qu'elle ne soit pas encore homologuée par les administrations sanitaires occidentales, nombreux sont ses utilisateurs qui jurent de son efficacité. ■

La politique zimbabwéenne en matière de chasse et de protection de la nature

S'il peut sembler étonnant de mentionner dans la même phrase chasse et protection de la nature, la politique zimbabwéenne en la matière est celle de la "production soutenue" et de la gestion rationnelle, ce qui signifie que la chasse est restreinte au niveau de la croissance naturelle de la population du gibier. Le gouvernement a besoin de devises étrangères et considère que les ressources en faune sont un moyen aussi abondant qu'indolore (du moins pour lui, bien sûr) de s'en procurer. Sur les zones de safaris, la chasse est autorisée : le gouvernement cite leurs revenus annuels, se chiffrant en millions de dollars de devises, pour justifier à la fois leur existence et la protection de la faune.

Les revenus provenant de la chasse sur les terres communales, où la faune peut devenir un véritable fléau pour les paysans pratiquant une agriculture de subsistance, sont affectés aux communes en question sous forme d'écoles, d'hôpitaux et d'autres infrastructures.

Hormis les parcs nationaux et les réserves, un nombre croissant de ranches privés sont transformés en réserves de chasse. Certains sont ouverts à la chasse au gros gibier, tant pour financer l'opération que pour en retirer un bénéfice.

En dépit de la rhétorique relative aux bénéfices procurés par la production soutenue et à la manne qui en résulte pour les caisses de l'État, beaucoup de voyageurs semblent retirer plus de plaisir a observer et photographier les animaux qu'à les chasser. Les chasseurs convaincus pourront néanmoins obtenir toutes les informations nécessaires auprès du Provincial Warden – Hunting Division (☎ 707624), Department of National Parks & Wildlife Management, PO Box 8365, Causeway, Harare, ou bien auprès de The Registration Office (☎ 706511), PO box 8052, Causeway, Harare.

Le gouvernement du Zimbabwe semble cependant prendre conscience de la valeur des terres sauvages et de la nécessité de la protection des habitats, tant pour leur esthétique que pour leur valeur strictement économique. Le Zimbabwe comptait 500 000 habitants au début du siècle ; il en comprend aujourd'hui près de 12 millions. Si la croissance de la population accentue les besoins de développement et exige une mise en culture des terres sauvages, la nécessité de préserver le pays du chaos se fait également sentir.

Afin de développer la connaissance de la faune et de la flore sauvages dans les écoles, plus particulièrement dans les villes, plusieurs groupes de protection de la nature ont acquis de petites zones protégées en région urbaine consacrées précisément à ce type d'enseignement. Il s'agit notamment de Mukuvisi Woodlands, près de Harare, de Cecil Kop, près de Mutare, et de Tshabalala, près de Bulawayo. ■

ser soi-même. Signalons que dans les parcs consacrés à la protection de la faune, comme Hwange ou Mana Pools, vous devrez être de retour au campement avant le crépuscule, sous peine d'une amende de 5 $US, si vous n'êtes pas de retour avant la fermeture des portes.

Dans les parcs nationaux du Zimbabwe, ainsi que dans les terrains de camping et de caravaning privés et certains grands magasins, vous pourrez acheter des fagots de bois à brûler à prix très raisonnables, afin que les campeurs dotés d'un véhicule s'abstiennent de décimer les broussailles environnantes pour alimenter leur *braai*. Les campeurs en région désertique seront bien avisés d'emporter un réchaud à essence pour éviter, dans la mesure du possible, de faire le moindre feu.

INSTITUTIONS POLITIQUES

L'organe législatif de la République du Zimbabwe se compose du président, chef de l'exécutif, et d'un Parlement réunissant le Sénat et une Chambre législative. Le président, élu pour un mandat de six ans par les membres du Parlement, est à la fois chef de l'État et commandant en chef de l'armée. Le parti de l'actuel président, Robert Mugabe, dirige de manière incontestée le gouvernement national.

Le Sénat se compose de quarante sénateurs dont trente-six sont choisis par un collège électoral et quatre sont nommés par le président. La commission juridique du Sénat a le pouvoir d'instruire les affaires relatives au corps législatif. La Chambre de l'Assemblée rassemble cent députés ou membres du parlement, élus pour un mandat de cinq ans dans les circonscriptions de district.

Le pouvoir judiciaire est composé d'un tribunal formé d'une juridiction de première instance et d'une juridiction d'appel, compétentes en matière civile et pénale. Le premier président est nommé conjointement par le président et le Premier ministre. Les juges d'appel sont nommés par le président avec l'accord de la commission judiciaire.

Le Zimbabwe est divisé en huit provinces possédant chacune son gouvernement local dirigé par un gouverneur nommé par l'État.

ÉCONOMIE

Le potentiel économique du Zimbabwe est considérable. Climat tempéré, nombreuses ressources naturelles et main-d'œuvre de plus en plus qualifiée sont autant d'atouts. Malgré le ralentissement de la croissance et la stagnation économique intervenus durant la seconde Chimurenga ("guerre du bush"), les conséquences de la nécessaire diversification industrielle de la Rhodésie durant la mise en œuvre des sanctions internationales pendant l'UDI se font toujours sentir, et le pays bénéficie d'une infrastructure industrielle raisonnablement saine. Pendant la première décennie de l'indépendance, l'économie a cependant souffert de graves revers en raison de la politique rigoureusement isolationniste : un dollar zimbabwéen au taux de change artificiel, un strict contrôle des changes et des taxes à l'importation écrasantes.

A la fin de l'année 1991, le Zimbabwe conclut cependant un accord avec la Banque mondiale et le Fonds monétaire international visant à mettre en place un programme d'ajustement économique structurel (ESAP) destiné à la libéralisation de l'économie du pays. Ce programme ramena le taux de change officiel à parité avec le taux parallèle, supprima le contrôle des prix ainsi que les restrictions à l'importation, afin de stimuler la concurrence et de propulser le pays sur la scène internationale. L'ESAP modifia également la législation restrictive en matière de possession de devises par les résidents. Les citoyens et les résidents du Zimbabwe étaient désormais autorisés à détenir des comptes bancaires à l'étranger et se voyaient attribuer une "allocation de vacances" leur permettant d'exporter jusqu'à 2 000 $US par an. Rares furent cependant ceux qui pouvaient se le permettre et le renchérissement des prix, l'une des premières conséquences de l'ESAP, eut des répercussions catastrophiques, notamment sur les plus pauvres.

Malgré les changements structurels, le transport constitue l'un des pierres d'achoppement du commerce international et de la prospérité économique. L'accès aux équipements portuaires est pour le Zimbabwe, dépourvu de littoral, entièrement dépendant des pays voisins. L'itinéraire du Zambèze est bloqué par le projet hydraulique moribond de Cabora Bossa au Mozambique, et la guerre qui mine ce pays a laissé la voie ferré Mutare-Beira en fort mauvais état. Le Zimbabwe ne peut aujourd'hui compter principalement que sur l'Afrique du Sud pour son accès à la mer.

Bien que 80% de la population du Zimbabwe dépendent de l'agriculture, celle-ci ne représente que 20% du PNB, car la majorité des agriculteurs et des éleveurs pratiquent une économie de subsistance, tandis que les exploitations plus grandes et commercialement viables sont achetées par le gouvernement pour la réimplantation des populations. A l'heure actuelle, moins de 15% des terres arables sont mises en culture.

Outre les cultures du maïs, l'alimentation de base, le coton, le café, le thé, le tabac burley et de Virginie (le tabac est le principal fournisseur de devises à l'exportation), le vin (les vins blancs du Zimbabwe sont acceptables, mais les rouges laissent encore à désirer) ainsi que la canne à sucre constituent les principales cultures commerciales. Le pays exporte également en petites quantités fleurs coupées, citrons et légumes destinés au marché européen.

La canne à sucre, qui pousse dans le lowveld, est transformée en sucre de cuisine, en mélasse et en 40 millions de litres d'éthanol par an. Quand il est disponible, l'éthanol de canne à sucre mélangé à l'essence est utilisé comme carburant complétant l'essence importée dans le pays par le pipeline, bien gardé mais vulnérable, traversant le corridor de Beira.

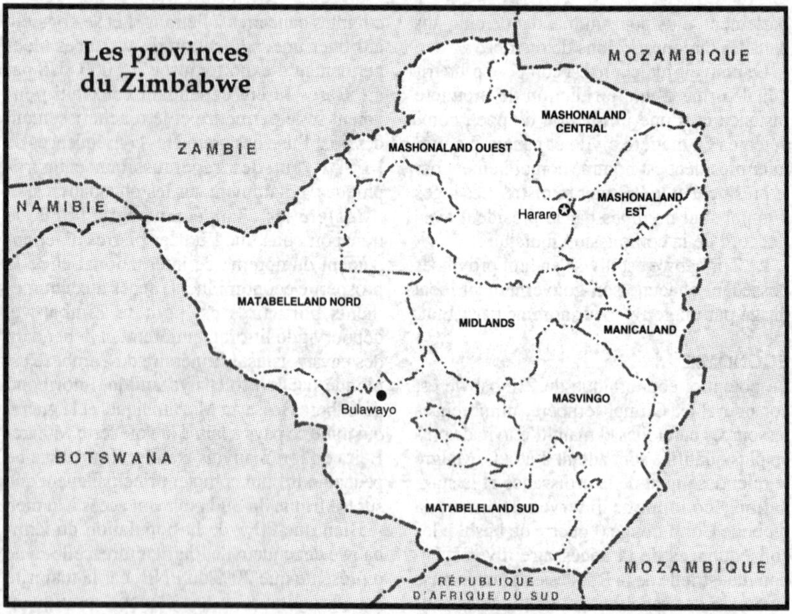

Le bétail, principal signe de richesse dans le Zimbabwe pré-colonial, demeure une matière première d'importance. Le pays est quasi autosuffisant en lait, viande de bœuf, de volaille, de porc et de mouton, sans compter le million de chèvres, au moins, qui errent sur les terres communales (elles broutent sur les terres en friche) et fournissent un apport substantiel en protéines. L'élevage du gibier en ranches, plus particulièrement des antilopes, est également en expansion.

L'industrie minière représente environ 40% des exportations, l'or étant le principal fournisseur de devises. Charbon, chromite de fer, amiante, cuivre, minerais de fer et d'étain sont également exportés en quantités significatives. La compagnie pétrolière Mobil a commencé des prospections dans la vallée du Zambèze à l'est de Mana Pools. Elles sont encore infructueuses et grâce aux pressions de la Zambezi Society, une association écologiste privée, on tient compte de l'impact sur l'environnement.

L'exploitation forestière se révèle pleine d'avenir, surtout dans les Eastern Highlands, où ont été plantées de vastes étendues de forêts de bois tendre pour la fabrication de la pâte à papier, ainsi que dans le sud-ouest du pays où l'acajou et le teck constituent une matière première pour la construction ferroviaire et une industrie du meuble en expansion.

Les activités manufacturières, qui ne représentent qu'un modeste secteur de l'économie, sont dominés par le textile – filatures, entreprises de tissage et teintureries. Elles comprennent également l'industrie du meuble en bois de feuillu, la maroquinerie, l'industrie alimentaire et les produits du tabac. L'une des ressources à l'exportation probablement la plus controversée, c'est la nouvelle industrie d'armement. Celle-ci regroupe à Harare deux manufactures d'armes qui emploient 300 personnes dans la fabrication de munitions et de cartouches, de grenades et d'obus de mortier destinés pour l'essentiel aux zones de conflit en Afrique.

Le tourisme au Zimbabwe représente un secteur en expansion. Les revers qu'il a connu durant la guerre ne sont désormais plus qu'un mauvais souvenir. Des hordes de visiteurs en circuits organisés s'abattent sur Hwange et Victoria Falls, et le pays figure dans un nombre croissant d'itinéraires africains. L'industrie du tourisme est déjà devenue un acteur prépondérant sur la scène des échanges extérieurs, et vous pouvez désormais vous attendre à rencontrer fréquemment d'autres voyageurs. Si les questions de sécurité se font plus pressantes, elles demeurent cependant hors de proportion avec les dangers réels – le Zimbabwe est un pays plus sûr que le Kenya, par exemple.

C'est d'Afrique du Sud que provient le contingent de touristes le plus nombreux, mais la plus grande part des revenus du tourisme est due aux visiteurs britanniques et nord-américains. Il est intéressant de noter que la chasse rapporte plus d'argent que tout autre secteur de l'industrie touristique.

Pour plus de renseignements sur les possibilités d'investissements au Zimbabwe, contactez le Zimbabwe Investment Centre (☎ (14) 790991), PO Box 5950, Harare, ou l'organisme de promotion des exportations nationales ZimTrade (☎ (14) 731020 ; fax (14) 707531), PO Box 2738, Harare.

POPULATION ET ETHNIES

La population du Zimbabwe est estimée à 11 215 000 habitants. Elle compte 65% de ruraux et 40% de jeunes de moins de 18 ans. Son taux de croissance annuel est de 3,5% depuis 1985. L'espérance de vie est de 52 ans pour les femmes et de 55 ans pour les hommes.

Les Zimbabwéens sont pour la plupart d'origine bantoue ; 76% d'entre eux appartiennent à divers groupes shona (Ndau, Rozwi, Korekore, Karanga, Manyika et Zezuru) qui occupent les deux tiers orientaux du pays, 18% sont d'origine ndebele (y compris les Kalanga) et résident principalement dans le sud-ouest du pays.

Le reste de la population se répartit entre les Batonka (2%) du nord de la région de Kariba, les Shangaan ou Hlengwe (1%) du lowveld, les Venda (1%) de l'extrême sud, et les Européens et Asiatiques (2%) disséminés dans l'ensemble du pays. Après l'indépendance, la population européenne diminua régulièrement et au début des années 80, l'émigration blanche s'élevait en moyenne à 17 000 personnes par an. La population européenne s'est désormais stabilisée à environ 100 000 habitants. Le pays compte en outre quelques 25 000 habitants d'ascendance mixte européenne et africaine, et 10 000 Asiatiques, essentiellement d'origine indienne.

SYSTÈME ÉDUCATIF

Avant l'indépendance de 1980, l'enseignement était gratuit et obligatoire seulement pour les élèves d'origine européenne. La ségrégation raciale étant appliquée dans les écoles, les enfants noirs devaient s'acquitter de frais de scolarité. En dépit de leur situation extrêmement défavorisée, plus de 40% d'entre eux parvenaient tout de même à suivre au moins un trimestre d'études. Le taux d'alphabétisation ne dépassa pas 50%, ce qui n'avait rien d'étonnant dans ce contexte, jusqu'à ce que le nouveau gouvernement majoritaire crée un système éducatif universel, intégré et obligatoire. Entre 1979 et 1992, le nombre des écoles s'accrut de 177 à 1 517 et celui des inscriptions scolaires de plus de 1 000%, passant de 66 200 à 687 742 enfants scolarisées.

Bien que le système éducatif soit pauvre – livres scolaires, matériel d'enseignement et enseignants sont rares –, 93% des enfants zimbabwéens bénéficient d'une scolarité minimale et près de 100% des élèves ayant achevé le cycle d'études primaires sont acceptés dans le secondaire. Les études primaires et secondaires étaient à l'origine gratuites et obligatoires pour tout le monde, mais les frais de scolarité furent rétablis au début des années 90 concurremment à la mise en œuvre de l'ESAP. De façon générale, cependant, les enfants inscrits dans les écoles primaires rurales sont toujours exemptés de frais de scolarité. La plupart des Blancs et des Noirs nantis inscrivent leurs enfants dans des écoles privées.

Les cours ont lieu de la mi-janvier à la mi-avril, de la mi-mai au début du mois d'août et de la mi-septembre au début du mois de décembre.

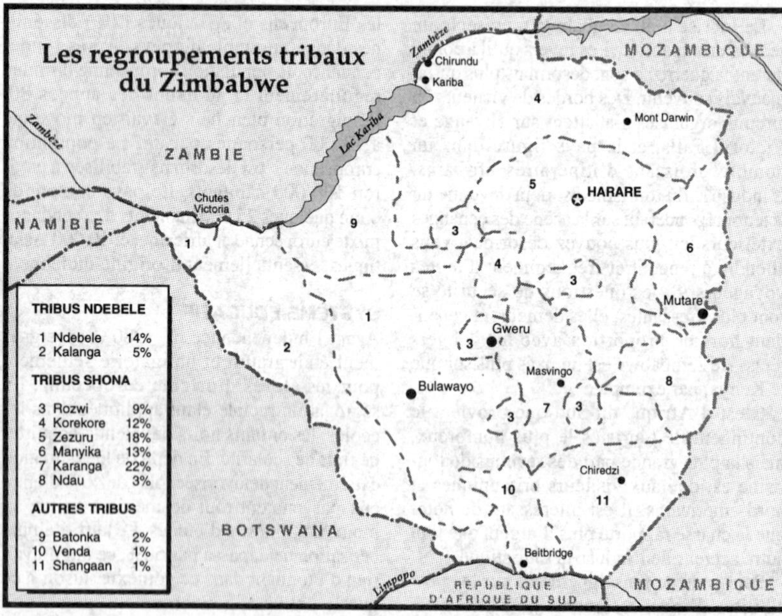

L'organisation des examens et des diplômes est calquée sur le modèle britannique. La formation permanente est assurée par l'Université du Zimbabwe, à Harare, ainsi que dans les écoles techniques, professionnelles et agricoles de Harare, Bulawayo, Kwe Kwe et Mutare.

ARTS

Tout visiteur se rendant au Zimbabwe est généralement surpris par la diversité et l'extraordinaire qualité des talents artistiques qu'il y rencontre, et que les Zimbabwéens semblent considérer comme allant de soi. Même le plus humble pot en céramique ou le panier le plus quotidien créé dans quelque village reculé présente la marque d'une grande sensibilité artistique et d'un sens raffiné du détail.

La société zimbabwéenne tient les artistes en haute estime et, comparée à la plupart des autres pays, une proportion plus importante de créateurs parvient ici à vivre décemment de leur travail. Les centres d'art de Harare et de Bulawayo offrent un enseignement personnalisé aux sujets les plus talentueux. Mais le problème que rencontrent ces artistes, c'est l'abondance des talents, et donc de la concurrence. Cela signifie que des œuvres qui ailleurs se vendraient à des prix astronomiques sont ici à peine remarquées, mais aussi que les travaux de qualité demeurent abordables pour la plupart des touristes qui contribuent ainsi à les faire connaître à l'étranger.

La sculpture shona

Bien qu'elle soit un ajout relativement récent à l'éventail des arts du Zimbabwe – dépourvue de valeur fonctionnelle ou cérémonielle, la société traditionnelle ne lui accordait aucune signification particulière –, la sculpture shona a engrangé le plus grand nombre de lauriers, du moins en termes de reconnaissance internationale. Elle n'est pas considérée simplement comme une magnifique expression de l'art *africain*, mais comme un art au sens le plus noble du terme.

Il ne faudrait pas se méprendre sur le terme de sculpture shona, car la tribu shona ne jouit d'aucun droit exclusif sur ce genre auxquels participent également des groupes tribaux plus restreints. La sculpture actuelle, qui a évolué au cours des trente dernières années, est le produit d'un amalgame des thèmes et des concepts africains, d'une part, avec une formation artistique de type occidental, d'autre part.

Puisant leurs thèmes dans le folklore africain, ces œuvres magnifiques sont peuplées d'animaux, de dieux, d'esprits, d'ancêtres et de totems stylisés ainsi que de figures humaines, profondément émouvantes, occupées aux tâches de la vie quotidienne. Un thème récurrent est celui de la métamorphose de l'homme en bête, le châtiment encouru par la violation de certaines interdictions sociales – comme celle de manger l'animal totémique.

Quatre praticiens de cet art figurent parmi les sculpteurs les plus importants du monde. Le regretté John Takawira, très estimé en Europe, était célèbre pour l'aisance avec laquelle il exécutait son répertoire personnel de formes et de thèmes.

L'artiste minimaliste Nicholas Mukomberanwa travaille des masses volumineuses dont il s'efforce de simplifier le dessin en leurs composants essentiels. Le troisième, Henry Munyaradzi, a appris son art au sein de la colonie Tengenenge, dans le nord du Zimbabwe. Son œuvre, aussi plaisante qu'instantanément reconnaissable, semble rappeler la tradition cubiste. Elle jouit d'un grand prestige mais risque peut-être de tomber dans l'écueil de la répétition. Bernard Matemera, le plus célèbre créateur de Tengenenge, expérimente des formes et des dimensions délibérément surréalistes cherchant à provoquer la réponse du spectateur. Son œuvre fut saluée en 1986 par un important prix international décerné en Inde. Au titre des autres sculpteurs réputés, citons Joram Mariga, Sylvester Mubayi et Joseph Ndandarika.

Le Zimbabwe compte en outre des centaines de sculpteurs exceptionnellement talentueux travaillant pour la plupart dans les écoles, les centres et les communautés artistiques répartis dans l'ensemble du pays. La galerie Shona (35, rue des Bains, 1205 Genève, ☎ 022-809 07 37) vous permettra de vous familiariser avec la sculpture avant de partir.

Les artisanats traditionnels

Les artisanats traditionnels africains, bien qu'utilitaires, présentent des qualités esthétiques qui reflètent et manifestent les anciennes valeurs traditionnelles et spirituelles de la culture dont ils sont issus. Outils et instruments de travail sont conçus pour être à la fois fonctionnels et esthétiques. Les femmes ont perpétué les thèmes et les formes typiques en les intégrant dans les objets quotidiens – poterie, vannerie, textiles et bijoux –, tandis que les hommes se sont davantage spécialisés dans la sculpture sur bois ou sur fer et dans l'architecture, fabrication des outils et construction des demeures.

Les textiles et la vannerie. Avant même que les négociants arabes ne rapportent des tissus d'Inde, les Zimbabwéens filaient et tissaient le coton sauvage qui poussait sur le plateau. Ils fabriquaient également des couvertures, des nattes et des habits en fibres souples et douces d'une écorce appelée *gudza*. Cet art se pratique encore de nos jours.

La qualité des paniers tressés, aux beaux motifs géométriques parfaitement conçus, est extraordinaire. Comme dans nombre de cultures, les paniers sont destinés à de multiples usages, de la nasse de pêche au garde-manger ou au rangement des effets personnels. Certains sont même utilisés comme service de table. La vannerie utilise divers matériaux – herbe *imizi*, roseaux, palme *ilala* et sisal. Ses teintes terreuses typiques proviennent de plusieurs variétés d'écorces. Plus récemment, les Zimbabwéennes se sont révélées expertes en l'art du crochet, du batik, du "nouer-lier-teindre" et de la création de mode. Ces artisanats peu onéreux ne sont pas traditionnels, mais n'en demeurent pas moins d'excellente qualité.

La poterie. La céramique, autre art traditionnellement féminin au Zimbabwe, a joué un rôle fondamental dans le développement de ses cultures. Les poteries étaient utilisées

ZIMBABWE

L'art rupestre

Nombre de visiteurs de l'Afrique australe ont le privilège de découvrir des exemples de l'art rupestre préhistorique. Grâce aux dépôts archéologiques et aux scènes décrites par les peintures mêmes, on suppose que les artistes étaient des nomades pratiquant la chasse et la cueillette, ne connaissant ni l'agriculture, ni la poterie. De ce fait, on en déduit que ces galeries d'art perdues dans le désert sont l'œuvre d'une peuplade San primordiale.

Ces peintures reflètent pour la plupart l'interaction de l'homme et de la nature. Si quelques-unes sont des représentations stylisées, la majorité d'entre elles constitue le portrait fidèle et talentueux des êtres humains et des animaux de la région : chasseurs, girafes, éléphants, rhinocéros, lions, antilopes, etc., en coloris rouges, jaunes, bruns et ocre.

Les figures humaines illustre la société nomade des San chasseurs-collecteurs. Des thèmes communs représentent les rôles respectifs de l'homme et de la femme, des scènes de chasse ou de médecine naturelle, dont des exemples de danses de transe et de guérison spirituelle due à la force vitale san, appelée *nxum*, qui était invoquée pour maîtriser les aspects du monde naturel, le climat et les maladie. Toutes choses que perpétue encore aujourd'hui la tradition de ce peuple.

On a émis l'hypothèse que, comme l'art pariétal européen, les peintures d'animaux avaient peut-être pour fonction magique d'assurer l'abondance de l'espèce représentée. Mais cette idée ne correspond à rien de connu dans l'actuelle culture africaine, et aucune preuve ne vient étayer la thèse de relations possibles avec l'Europe. En outre, rares sont les animaux figurés qui servaient de nourriture aux anciens San.

Les œuvres les plus anciennes se sont désagrégées et effacées depuis longtemps, mais le climat sec et leur situation abritée sous des surplombs de granite ont favorisé la conservation des plus récentes. Aucune méthode de datation fiable n'a jusqu'à présent pu être mise au point, mais l'étude anthropologique de leur contenu et de leur degré de technicité ainsi que des comparaisons thématiques ont permis d'identifier trois étapes distinctes.

Les peintures les plus anciennes semblent refléter une période de nomadisme paisible au cours de laquelle la chasse devait être l'activité principale. Les œuvres ultérieures suggèrent des incursions pacifiques de groupes extérieurs, peut-être bantous ou khoisan (ancêtres des San et des Khoi-Khoi/Nama). Le grand nombre de peintures qui fut produit durant cette période montre d'importantes améliorations stylistiques.

La dernière étape indique un déclin de l'esthétique de ces peintures, que l'on peut expliquer par un manque d'intérêt ou une trop grande facilité d'exécution, ou bien encore par l'imitation d'œuvres antérieures par des peuples arrivés plus tard. L'archéologue rencontre des difficultés considérables pour relier ces peintures avec les séquences culturelles conservées dans les strates du sol des grottes et des abris rocheux, mais de récents progrès dans les techniques de datation au carbone commencent à jeter une nouvelle lumière sur la question.

Les pigments rouges provenaient principalement d'oxydes de fer broyés puis mélangés à de la graisse d'animal pour obtenir une pâte adhésive. Les blancs provenaient de silice, de quartz pulvérisé et d'argiles blanches, et se révélaient moins adhésifs que les pigments rouges. C'est pourquoi on ne trouve des pigments blancs que dans les sites abrités, comme les grottes. Ces deux pigments étaient appliqués sur la roche à l'aide de pinceaux en poils d'animaux, de bâtonnets ou avec les doigts.

L'aspect le plus émouvant de ces peintures rupestres, c'est qu'elles sont demeurées à l'endroit même où elles ont été créées. A la différence d'un musée, le spectateur sensible pourra pressentir l'inspiration qui en fut à la source. Le parc national de Matobo est incontestablement le meilleur site d'art pariétal ; Domboshawa et Ngomakurira, situés tous deux au nord de Harare, sont également des lieux exceptionnels. D'autres se trouvent dans les environs de Mutoko, du lac Mutirikwe et du lac Chivero, ainsi qu'éparpillés çà et là sous les surplombs rocheux à travers tout le pays. Le Botswana possède également de nombreux sites, dont les plus célèbres sont ceux des monts Tsodilo. ■

pour le stockage et la cuisson des aliments, le service de table, le transport, la préparation du lait caillé, voire le brassage de la bière à la levure. Leurs formes diverses ont toujours été dictées par leur usage mais leurs coloris en demi teintes, ainsi que leurs motifs aussi complexes que discrets, font de la poterie du Zimbabwe un art éternel.

Les objets sculptés. Bien que les chasseurs de souvenirs soient parfois tentés par ces innombrables rangées successives d'éléphants et d'hippopotames identiques en stéatite, de girafes et de lions en bois grossièrement sculpté que proposent les boutiques de cadeaux kitschs ou les marchands des jardins publics, ces productions à la chaîne ne sauraient être comparées à la tradition zimbabwéenne des objets sculptés. Houes, manches de hache, louches, bols et étuis péniens (*umncwado*), aux formes simples et pratiques, étaient traditionnellement sculptés dans le bois. Les lances, les massues, les manches de poignard et les cadres des boucliers portaient aussi un décor sculpté. Même les petits canoës étaient taillés dans un seul tronc d'arbre.

Les *mutsago* et les *umqamelo* (les repose-tête shona et ndebele) étaient considérés comme emblématiques des responsabilités familiales ; les repose-tête des ancêtres, transmis de générations en générations par la lignée masculine, servaient à invoquer au cours de cérémonies l'esprit de leurs précédents propriétaires. Plusieurs théories s'efforcent d'expliquer leur fonction d'origine –"oreiller" pour la sieste, protection de coiffes élaborées ou concession au confort des plus âgés. Aujourd'hui, leur valeur réside principalement dans leur caractère d'antiquité.

Les tabourets, dont les décors complexes ont été portés à leur plus haut degré de raffinement par la culture Batonka, à l'ouest du lac Kariba, sont sculptés dans une seule pièce de bois. Seuls les hommes étaient autorisés à s'y asseoir : le chef de famille l'utilisait en guise de "trône" du haut duquel il surveillait les affaires de la maisonnée.

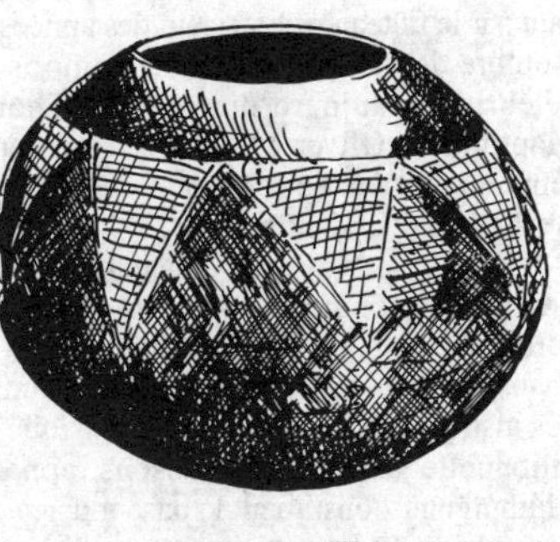

Ukhamba – une poterie utilitaire contenant habituellement de la bière

Les *hakata*, objets divinatoires sculptés en os, bois ou ivoire, servent dans les zones rurales traditionnelles à prédire les événements, à déterminer la culpabilité ou à communiquer avec les ancêtres. Le hakata se compose de quatre tablettes : le *chirume* possède une valeur masculine, le *kwami* une valeur féminine, le *nhokwara* comporte 35 entailles triangulaires représentant la chance, et le *chitokwadzima* orné d'une image de crocodile représente le malheur. Après avoir lancé les tablettes, on interprète leurs configurations.

La musique

La musique traditionnelle. La musique est depuis toujours une importante donnée de la culture traditionnelle du Zimbabwe. La mélodie et le rythme répétitif du chant deviennent une hypnotisante déclaration d'unité entre les chanteurs, tandis que l'individualité est dégagée à travers l'harmonisation des diverses parties. Le chant en groupe a été utilisé comme évocation et confirmation de la solidarité dans des luttes communes, qu'il s'agisse d'une bataille avec une tribu voisine, de la participation à une récolte heureuse ou de la survenue d'une catastrophe naturelle. Les récits et les légendes sont ponctués de refrains musicaux auxquels participe le public, et chaque événement social – mariage, enterrement, cérémonie religieuse, moisson et naissance – est accompagné par un chant de circonstance.

Ce n'est que durant la dernière décennie que le reste du monde prit conscience de l'existence de la musique africaine – surtout depuis la sortie du disque *Graceland* de Paul Simon. La majorité des musiciens zimbabwéens contemporains utilisent la musique traditionnelle en tant que base pour de nouveaux arrangements.

Les instruments de musique traditionnelle du Zimbabwe sont fabriqués avec les matériaux naturels disponibles mais n'en produisent pas moins une vaste gamme d'effets sonores. Le plus célèbre, c'est le *marimba*, un xylophone en bois aux sons comparables à ceux de la musique européenne, et souvent utilisé pour l'exécution de pièces fortement influencées par cette dernière. Les touches des meilleurs marimbas sont faites en bois de *mwenje*, une essence de feuillu du nord du Mozambique produisant une sonorité optimale. Les caisses de résonance sont normalement faites en calebasses séchées.

Autre instrument de musique jouissant d'une grande faveur chez les chasseurs de souvenirs comme chez les musiciens, le *mbira*, ou piano à pouce, servait à l'origine à accompagner les récits épiques. Il en existe plusieurs variantes, mais le mbira se compose en général de 22 à 24 étroites touches en fer, montées en rangs sur une caisse de résonance en bois, que le musicien pince avec les pouces. Les virtuoses du mbira sont appelés *gwenyambira*.

Les instruments de percussions regroupent divers tambours et crécelles. Ces dernières sont faites de graines, de calebasses, voire de capsules de bouteille. Les *hosho* (maracas) se tiennent dans la main, tandis les *magagada*, les *majaka*, les *madare* (clochettes) et les *mahlwayi* ndebele s'attachent aux jambes et aux chevilles. Le *ngoma*, tambour cylindrique fuselé fabriqué en bois de *mutiti*, arbre "aux fèves du bonheur", existe en diverses dimensions. La peau utilisée de nos jours pour couvrir ces percussions est habituellement la peau de vache, mais l'on considère que les meilleurs cuirs sont ceux du zèbre ou du varan d'eau. Pour obtenir une résonance maximale, les peaux sont traitées à la cire d'abeille puis séchées au-dessus d'une flamme avant chaque concert.

L'instrument de percussion probablement le plus singulier du pays, ce sont les *mujejeje*, ou "cloches de pierre", des pierres creuses des kopjes granitiques qui, lorsqu'on les frappe, produisent un ravissant son de cloche (serait-ce là la première musique "rock" du Zimbabwe ?). On se rassemble traditionnellement autour de ces pierres lors d'événements particuliers pour profiter de cette opportunité musicale inédite. Les plus célèbres ont lieu dans les ruines de Khami près de Bulawayo.

Les instruments à vent sont représentés par divers types de flûtes, dont la flûte de pan et le *nyanga*, ou "corne", fabriqué naturellement dans une corne d'animal. Les instruments à cordes (principalement en forme d'arc comme le *makweyana* shangaan) sont rarement joués de nos jours.

Le collège Kwanongoma de Bulawayo fut fondé pour promouvoir ces instruments traditionnels, plus particulièrement le marimba et le mbira. Cet établissement forme des musiciens et des facteurs d'instruments et s'attache à développer le goût du grand public pour ces sons et ces rythmes ancestraux.

La musique populaire. Dans la culture shona, de même que dans tant de cultures africaines, la musique accompagne presque tous les aspects de la vie. Récits, jeux et enseignements sont transmis de générations en générations par le truchement des chants traditionnels. Ceux-ci sont exécutés selon des structures rythmiques ancestrales et sont souvent accompagnés par divers instruments de percussion (comme les crécelles en calebasse séchée ou les tambours en peau), mbira, marimba ou nyanga.

Durant la période qui s'étendit de la Seconde Guerre mondiale au commencement de la guerre d'indépendance, au début des années 70, l'industrie du disque ne s'intéressa guère à ces musiques. Le Zimbabwe fut submergé par les musiques étrangères – du swing des années 40 à Otis Redding et la *soul music* américaine des années 60, en passant par le flûteau sud-africain des années 50. Nombre de groupes locaux, y compris des célébrités d'aujourd'hui comme Thomas Mapfumo et Oliver Mtukudzi, commencèrent leur carrière en reprenant des titres des Beatles ou d'Elvis Presley.

Pour la grande joie des amateurs, la guerre d'indépendance inspira maints musiciens qui écrivirent, composèrent et enregistrèrent des chansons de protestation en transposant sur des instruments occidentaux la musique traditionnelle shona. Ces chansons, appelées Chimurenga, constituent la base musicale de l'essentiel de la musique populaire zimbabwéenne actuelle. De nombreux excellents

Afrique *a capella* : les Black Umfolosi

Les Black Umfolosi, de Bulawayo, sont probablement l'ensemble *a capella* zimbabwéen le plus célèbre sur la scène internationale. Son nom provient de celui d'un fleuve d'Afrique du Sud, l'Umfolosi, et les musiciens ont rajouté "Black" pour souligner leur identité. Les huits chanteurs masculins qui le composent, tous originaires du Matabeleland, travaillent ensemble depuis 1982.

Les Black Umfolosi interprètent *a capella* des chants écrits en ndebele comme en anglais, dans un style appelé *imbube*, dont les thèmes traitent de la condition humaine en général – l'amour, la famille, Dieu –, mais aussi de questions contemporaines comme la guerre, l'apartheid, l'écologie et le sida. Leur musique est aussi pleine d'entrain que leurs textes sont intéressants. Leurs compositions font appel à des rythmes complexes et à des harmonies inhabituelles truffées de clicks, de claquements de main et de cris qui créent une atmosphère naturellement *funky* et syncopée.

Le groupe ne considère pas sa musique comme un simple divertissement ou un chemin vers le succès, mais comme un moyen de revivifier la culture zimbabwéenne – plus particulièrement ndebele – et de la faire connaître à l'étranger. Il ne se contente pas de chanter mais exécute aussi sur scène des danses traditionnelles ou modernes, comme la danse *gumboot* des mineurs qui clôt habituellement son spectacle. Depuis plusieurs années, les Black Umfolosi réunissent des fonds destinés à la construction à Bulawayo d'un centre culturel dont le nom envisagé est Enkundleni Cultural Centre, qui devrait abriter non seulement une salle de spectacle, mais également un centre de formation d'ensembles musicaux et de pédagogie pour les enfants, un centre culturel communautaire ainsi qu'un centre de documentation sur la musique et la danse africaines.

Les Black Umfolosi ont édité deux CD sous le label World Circuit : *Unity* et *Festival-Umdalo*. Une partie des recettes de la vente de ces disques est affectée au Enkundleni Cultural Centre. L'ensemble vocal propose également ses services auprès des groupes touristiques par l'intermédiaire du Black Umfolosi Performing Arts Project dont les bureaux (☎ (19) 77409 ; fax (19) 65016) se trouvent à l'angle de George Silundika Ave et 3rd Ave, à Bulawayo. Pour plus d'informations, écrivez à Chairperson, Black Umfolosi Project, ZIMFEP, PO box 673, Bulawayo (fax (19) 65016).

Norbert Schürer, États-Unis

groupes, plus particulièrement à Harare, jouent sur ce style leurs variations personnelles aux paroles chantées principalement en shona. Certains des meilleurs musiciens ont été happés par les publics étrangers, mais la majorité d'entre eux demeure toujours à Harare, ce qui est une véritable aubaine pour le voyageur. Les disques de Thomas Mapfumo, le plus célèbre des musiciens zimbabwéens, sont vendus dans le monde entier. Les Bhundu Boys, avec leur musique de danse *jit* échevelée, connurent une renommée internationale en 1987. Ce groupe, malheureusement décimé par le sida, a perdu plusieurs membres de ses débuts.

Durant la dernière décennie, le Zimbabwe est également devenu un refuge pour exilés sud-africains – et d'un certain nombre de musiciens attendant des jours meilleurs pour revenir dans leur pays natal. Cela, doublé du fait qu'un grand nombre de groupes étrangers se rendent au Zimbabwe durant leur tournée, a contribué à faire de Harare l'un des grands centres musicaux d'Afrique. Pour se tenir au courant des tendances actuelles, il suffit d'allumer sa radio et d'écouter l'une des chaînes shona qui diffusent de la musique locale ou non.

Outre les styles populaires shona et shangaan, il existe un important marché pour la musique zaïroise *kwasa kwasa*, dont le rythme est proche de celui de la rumba. De fait, la rumba est si appréciée que les disquaires zimbabwéens classent la musique africaine en quatre catégories : musique locale, musique sud-africaine, reggae et rumba. En règle générale, si la musique n'est ni locale, ni sud-africaine, ni reggae, vous la trouverez dans les bacs rumba ! Vous pourrez également vous procurer d'excellents disques de musique d'Afrique occidentale (sous la rubrique rumba, naturellement).

Pop Shop, à l'angle de First St et Baker Ave, à Harare, propose tous les styles de musique africaine – les vendeurs sont aussi serviables qu'enthousiastes, et si vous leur demandez d'écouter un disque de musique locale, ils vous feront même une démonstration de la danse !

Groupes et musiciens. Parmi les musiciens zimbabwéens les plus célèbres, mentionnons Thomas Mapfumo and the Blacks Unlimited, Oliver Mtukudzi, The Four Brothers, New Black Montana (de style Mapfumo), Robson Banda and the Black Eagles, Joseph Mutero, Steve Dyer, The Real Sounds of Africa, les Khiami Boys, les Ngwenya Brothers, Leonard Dembo, Black Umfolosi, John Chibudura et les Tembo Brothers.

Cependant, comme les groupes changent constamment de musiciens ou de nom, ne vous découragez pas si vous ne trouvez pas un groupe dont vous avez entendu parler – les disquaires sont une source d'information utile, de même que les affiches de concert.

L'hymne national. L'hymne national du Zimbabwe – comme celui de beaucoup d'autres pays africains – était l'hymne du nationalisme africain *Nkosi Sikilele Africa* ("Dieu bénisse l'Afrique"). Un concours fut lancé en 1987 pour la composition d'un hymne particulier au Zimbabwe. Il fallut 9 ans pour départager le gagnant parmi les mille six cents projets soumis. Le nouvel hymne national, *Ngaikomborerwe Nyika Yezimbabwe* ("Que soit bénie la terre du Zimbabwe"), fut joué pour la première fois lors des célébrations de l'"Independence Day " en avril 1994.

Renseignements complémentaires. Les amateurs de musique zimbabwéenne trouveront de nombreuses informations dans la revue *Dandemutande Magazine & Calendar* publiée par Paul Novitski (☎ (206) 323 6592 ; fax (206) 329 9355), 1711 East Spruce St, Seattle, WA 98122-5728, États-Unis. Le nom de la revue, qui signifie "toile d'araignée", "réseau" ou "arrangement complexe", fait référence aux réseaux de lignes mélodiques qui caractérisent la musique shona et "salue en passant les boîtes à œufs d'araignée servant de ronfleur dans la musique zimbabwéenne".

Elle se décrit comme "un réseau mondial unissant les amateurs de musique marimba et mbira du Zimbabwe et des arts connexes".

Cette revue est une mine de renseignements sur la scène musicale du pays. Elle publie un calendrier mondial des concerts ainsi qu'un mémo trimestriel présentant les tendances, les personnalités et la façon de jouer sur les instruments traditionnels zimbabwéens. L'abonnement annuel États-Unis/étranger coûte actuellement 15/25 $US pour le calendrier et le magazine.

Les amateurs pourront également se renseigner auprès de :

International Library of African Music, Andrew Tracy, Rhodes University, Grahamstown 6140, South Africa (☎ (461) 318557 ; fax (461) 24411) La plus complète collection d'enregistrements et d'études ethnomusicologiques africains, comprenant de très nombreux groupes culturels zimbabwéens.

Kunzwana Trust, Keith Goddard, 3 Maxwell Rd, Groombridge, Harare, Zimbabwe (☎/fax (14) 301519) Cette association a pour objectif d'aider les musiciens zimbabwéens et les fabricants d'instruments à devenir commercialement autonomes. Elle parraine également l'extraordinaire festival annuel de musique "Houses of Stone" de Harare. Vous pourrez obtenir toute information par correspondance.

The Kutsinhira Center, Joel Lindstrom, PO Box 26111, Eugene, OR 97402, États-Unis (☎ (503) 461 3442) Cette école de musique zimbabwéenne propose des cours de mbira et de marimba.

Mother Earth, Stella Chiwashe, PO Box 66513, Kopje, Harare, Zimbabwe (☎/fax (14) 301519) Cette association de femmes artistes parraine des représentations et des ateliers éducatifs comme le Pasirisangana International Women's Voices Workshop qui a eut lieu en mai 1995.

Ozema Studio, Joseph Oze Matare, Breisacherstr 60, Bâle, CH-4057, Suisse (☎ /fax (61) 692 5705) Cette école de musique zimbabwéenne met l'accent sur le chant et les percussions.

The Rufaro School of Marimba, Michael et Osha Breez, 161 Dougherty Lane, Friday Harbor, WA 98250, États-Unis (☎ (360) 378 6649) École d'arts musicaux zimbabwéens, privilégiant le mbira et le marimba.

La littérature

Avant les années 60, l'essentiel de la littérature zimbabwéenne provenait de la fraction blanche de la population, à des romanciers populaires comme Cynthia Stockley et Gertrude Page qui ont écrit au début du siècle des romans simplistes mais bien accueillis. Le premier ouvrage exprimant un certain scepticisme à l'égard de la structure sociale rhodésienne, ce fut *The Bay Tree Country*, d'Arthur Cripps, poète et missionnaire d'origine britannique, publié en 1913. Dans la même veine, Doris Lessing publia en 1950 l'ouvrage qui la rendit célèbre, *The Grass is Singing*.

Bien que la tradition orale shona et ndebele ait perpétué un vaste ensemble de récits, de légendes, de chants et de poèmes, il fallut attendre la publication en 1956 (en langue shona) de *Feso*, de S. Mutswairo, pour que les premières œuvres d'auteurs noirs commencent à paraître. Le premier roman ndebele fut *Umthawakazi*, de P. S. Mahlangu, publié en 1957.

Les travaux ultérieurs des deux groupes linguistiques se répartissent en deux catégories principales : ceux traitant des traditions précoloniales, des mythes et des contes populaires, et ceux décrivant les expériences sociales et politiques des Noirs africains sous le régime blanc. Nombre de textes protestataires furent écrits durant la décennie suivante, mais le premier ouvrage sérieux sur le sujet fut *On Trial for my Country*, de Stanlake Samkange, paru en 1966.

L'indépendance du Zimbabwe, en 1980, marqua la fin de la littérature inspirée par l'oppression. Bien que certains auteurs prêchent encore pour leur saint, l'essentiel de la littérature de l'ère de l'indépendance s'attache à décrire les combats pour la libération et la construction d'une nouvelle société. Le prix littéraire du Commonwealth fut attribué en 1992 à l'écrivain zimbabwéen Shimmer Chinodya pour *Harvest of Thorns*, un roman épique dépeignant la seconde Chimurenga.

Grâce à la croissance du taux d'alphabétisation, à l'amélioration de la scolarité et au relèvement des salaires durant la dernière décennie, la littérature zimbabwéenne connaît une période d'expansion. De nouveaux romans, essais et recueils de poésie, en anglais, shona ou ndebele, paraissent régulièrement et sont étudiés en tant qu'œuvres littéraires à part entière, comme en témoignent les cours de doctorat en littérature shona que dispense l'Université du Zimbabwe.

Pour plus d'informations sur d'autres ouvrages et auteurs, consultez la rubrique *Livres* du chapitre *Renseignements pratiques* consacré au Zimbabwe.

RELIGION

Le christianisme

Si de 40% à 50% de la population zimbabwéenne fréquentent des églises chrétiennes, leur pratique religieuse se caractérise davantage par un hybride de la foi chrétienne et des croyances traditionnelles que par un christianisme dogmatique.

Le révérend Robert Moffat de la Société missionnaire de Londres fonda en 1859 la première mission chrétienne à Inyati, près de Bulawayo. Des représentants noirs africains de l'Église réformée hollandaise d'Afrique du Sud lui succédèrent, et les Jésuites installèrent en 1880 leur quartier général dans le Matabeleland, au Kraal de Lobengula. Toutes les églises protestantes fondèrent des écoles et des dispensaires médicaux, et apportèrent une aide en matière agricole.

Si nombre de chrétiens zimbabwéens sont membres de sectes protestantes (résultat de la concurrence zélée à laquelle se livraient les premières missions), l'Église catholique romaine compte 800 000 fidèles au Zimbabwe, chiffre qu'elle affirme supérieur à celui des membres des églises protestantes de toutes dénominations, dont les méthodistes, l'armée du salut, les adventistes du Septième jour, les réformés hollandais, les presbytériens, les congrégationalistes, les épiscopaliens, les sectes fondamentalistes américaines et plusieurs églises dissidentes africaines.

Les Portugais introduisirent le christianisme au Zimbabwe en 1561, mais celui-ci ne fut pas reconnu avant 1890 et ne devint une religion significative que dans les années 1950. L'Église fonda en 1972 la Commission catholique pour la justice et la paix, chargée d'enquêter sur les violations des droits de l'homme perpétrées dans le pays et de promouvoir la paix et la justice. Elle fut très active durant la seconde Chimurenga, mais continue à œuvrer à l'heure actuelle. Une autre organisation, la Commission catholique de développement, se consacre à l'amélioration des conditions socio-économiques en zones rurales. L'Église gère également un certain nombre d'écoles privées en Namibie.

Le culte mwari

La majorité des Zimbabwéens professe des croyances religieuses ancestrales en plus de celles introduites par les Européens. Le culte mwari, système de croyance animiste monothéiste comportant le culte et l'intercession spirituelle des ancêtres, prédomine dans le pays au moins depuis l'apogée de Great Zimbabwe. En raison de son caractère quelque peu clandestin, on sait peu de choses sur l'influence actuelle de ces pratiques spirituelles. Parmi les nombreuses grottes faisant office de lieux saints du culte mwari, on estime que seules celles de Matonjeni près de Bulawayo – Njelele et Wirarani au Matobo et Dula près d'Esigodini – sont encore actives. Ces lieux sacrés sont officiellement interdits aux étrangers.

Le culte de Mwari, la divinité suprême, fut probablement apporté par des groupes bantous migrant vers le sud et arrivés au Zimbabwe durant le XIVe siècle. La nouvelle religion se répandit rapidement dans toute l'Afrique australe et s'y implanta fortement. Ce fut en fait l'une des rares composantes de l'empire rozwi à survivre aux invasions nguni du début du XIXe siècle, les conquérants ndebele y ayant adhéré. Même le christianisme ne put le supplanter, les Africains convertis aux sectes européennes considérant que leur dieu et le Dieu chrétien ne faisaient qu'un. En langue shona, Dieu est également appelé Mwari.

La théologie mwari est relativement simple. Parfois appelé Musiki (le Créateur), Musikavanhu (l'Origine de l'homme), ou Nyadenga (Père des cieux), Mwari est l'être suprême inconnaissable. Il s'adresse à ses sujets (ou victimes) humains par le truchement de la "Voix de Mwari", un oracle le plus souvent féminin vivant dans une grotte. L'oracle n'est pas seulement le véhicule de la volonté divine, mais aussi l'intercesseur entre les esprits, le dieu et le peuple, plus particulièrement en cas de catastrophe naturelle ou d'agression extérieure, deux phénomènes considérés comme des infractions religieuses et méritant à ce titre le châtiment. Ce fut l'oracle qui reçut l'ordre de commencer la première Chimurenga en 1896.

Midzimu, Mhondoro et Mambo

Les fidèles du dieu Mwari croient également que les esprits de leurs ancêtres, ou *midzimu*, dont les lignées remontent jusqu'aux *tateguru* (les ancêtres communs qui vivaient dans un passé très reculé et qui délivraient leurs messages à Mwari), continuent à habiter parmi les hommes. Ces esprits, dont le statut dépend du laps de temps écoulé depuis leur mort, conservent une grande influence sur le monde physique. Toute personne bénéficiant de midzimu heureux sera à l'abri du danger, mais celle dont les ancêtres sont insatisfaits pourra subir toutes sortes d'infortunes.

Quand cela se produit, un médium est contacté qui identifiera l'ancêtre mécontent. On rassemble alors normalement la famille en *bira* au cours duquel le mudzimu en question est invité à entrer dans le corps de la victime, à formuler ses griefs ainsi que ses suggestions pour la résolution du problème. Si tout se passe bien, la victime devient alors le *svikiro* de la famille, le médium du mudzimu désormais apaisé.

Les *mhondoro* ("lions" en shona) procèdent d'un principe très comparable à celui des midzimu, mais ces esprits, plutôt que de réserver leurs attentions à leurs descendants, sont souvent territoriaux et peuvent affecter des communautés entières. Ce sont eux qu'il faut consulter quand un fléau, une épidémie ou une sécheresse, frappe la population.

Les svikiro d'esprits mhondoro individuels peuvent errer de générations en générations. En raison de leur férocité et de leur bravoure, le caractère de ces êtres est habituellement associé à celui du lion, d'où leur nom, et le svikiro d'un mhondoro prend l'apparence de cet animal. Avant la chute de Rozwi, le *mambo* (roi) rozwi endossait également les fonctions de svikiro. Ses transes et ses divagations, normalement impossibles à interpréter par les laïcs, étaient déchiffrées par le clergé mwari. Au début du XIXe siècle, un mambo s'attira le mécontentement de Mwari en personne, crime particulièrement grave pour une personne de son rang. Le dieu offensé fit vite savoir aux prêtres que Rozwi était condamné et que le royaume tomberait bientôt aux mains des étrangers. L'invasion nguni commença peu de temps après.

LANGUE

Si la langue officielle du Zimbabwe – celle utilisée en matière gouvernementale, juridique et commerciale – est l'anglais, seulement 2% de la population la pratique en tant que langue maternelle. Le reste de la population parle l'un des idiomes bantous, les deux principaux étant le shona (parlé par près de 71% de la population) et le ndebele (près de 16%).

Le shona, qui regroupe en fait une multitude de dialectes bantous, est parlé dans le centre et l'est du pays. Le "haut" dialecte, utilisé par la radio et les autres médias, est le zezuru, langue vernaculaire de la région de Harare.

Le ndebele est principalement parlé dans le Matabeleland, à l'ouest et au sud-ouest du Zimbabwe. Cette langue dérivée du zoulou n'est pas compréhensible par les locuteurs shona.

Un autre dialecte, le chilapalapa, est en fait un pidgin composé de ndebele, d'anglais, de shona et d'afrikaans, entre autres. Il est principalement utilisé comme *lingua franca* dans les relations entre employés et employeurs. C'est une langue plutôt vulgaire à laquelle les Zimbabwéens préféreraient sans doute voir se substituer un anglais convenable.

Prononciation

Les langues shona et ndebele ayant été transcrites selon le système de translittération phonétique anglais, la plupart des lettres se prononcent comme en anglais. A l'exception des "clicks" ndebele, qui consistent à retirer la langue des dents de devant (dentale), puis à la frapper contre le palais (palatale), ou à la déplacer rapidement en un mouvement latéral à partir de la gencive supérieure (latérale). Ces clappements se répartissent en quatre catégories : voisé, aspiré, nasal et nasal aspiré. En guise d'information – car les locuteurs étrangers ne parviennent généralement pas à les reproduire –, le tableau suivant met en évidence la translittération standardisée de chacun de ces sons :

	voisée	**aspirée**	**nasale**	**aspirée/ nasale**
dentale	gc	ch	nc	ngc
palatale	gq	hn	qn	ngq
latérale	gx	xh	nx	ngx

Les différences notables du ndebele sont :

b prononciation implosive
th t aspiré comme dans "tarmac"
o comme le "o" de "law"
m placé devant une consonne au début d'un mot, se prononce comme un léger bourdonnement
n placé devant une consonne au début d'un mot, se prononce comme un bourdonnement sur le son "n"

Les différences notables du shona sont :

dya se prononce très rapidement comme "jga"
tya se prononce très rapidement comme "chka"
sv comparable au "x" chinois. Se prononce comme un "s", la langue touchant le palais
zv comparable au "sv", mais se prononce comme un "z"
m, n placés devant une consonne au début d'un mot, se prononce comme en ndebele

La plupart des citadins possèdent au moins quelques notions d'anglais, mais le vocabulaire de la grande majorité des habitants des zones rurales se révèle très limité. Il vous sera donc utile d'apprendre quelques termes et plaisanteries en langue vernaculaire, car même les Zimbabwéens parlant parfaitement l'anglais seront agréablement surpris d'entendre un étranger faisant l'effort de prononcer quelques mots en shona ou en ndebele.

Une liste de mots utiles, en shona et en ndebele, figure dans l'encadré en fin de chapitre. Si deux traductions sont données pour

ZIMBABWE

Salutations et formules de politesse	**Shona**	**Ndebele**
Bonjour (initial)	*Mhoro /Mhoroi*	*Sawubona/Salibona*
Bonjour (réponse)	*Ahoi*	*Yebo*
Comment allez-vous ?	*Makadii/Makadi-ni ?*	*Linjani/Kunjani ?*
Je vais bien	*Ndiripo*	*Sikona*
Merci	Ndatenda/Masvitta	*Siyabonga kakulu*
Bienvenue	*Titambire*	*Siyalemukela*
Bonjour (le matin)	*Mangwanani*	*Livukenjani*
Bonjour (l'après-midi)	*Masikati*	*Litshonile*
Bonsoir	*Manheru*	*Litshone njani*
S'il vous plaît	*Ndapota*	*Uxolo*
Au revoir (la personne reste)	*Chisarai zvakanaka*	*Lisalekhule*
Au revoir (la personne part)	*Fambai zvakanaka*	*Uhambe kuhle*

Mots et phrases utiles		
Comment vous appelez-vous ?	*Unonzi ani zita rako ?*	*Ibizo lakho ngubani ?*
Je m'appelle…	*Ndini…*	*Elami igama ngingu…*
Je voudrais…	*Ndinoda…*	*Ngicela…*
Combien ?	*Imarii ?*	*Yimalini ?*
Je viens de…	*Ndinobva ku…*	*Ngivela e…*
Où est la gare ?	*Chiteshi chiri kupi ?*	*Singapi isiteshi ?*
Quand est-ce que le … part ?	*…richaynda rihni ?*	*Izawuhamba nini… ?*
Bus	*Ehazi*	*bhasi*
Train	*Chitima*	*isitimela*
Automobile	*Motokari*	*imoto*
Hier	*nezuro*	*izolo*
Demain	*mangwana*	*kusasa*
Aujourd'hui	*nhas*	*lamhla*
Qu'elle heure est-il ?	*Dzavanguvai ?*	*Yisikhati bani ?*
Homme/femme	*varume/vakadz*	*amadoda/abafazi*
Oui/Non	*Ehe/Aiw*	*Yebo/Hayi*
Ami	*shamwari*	*mngane*
Petit/grand	*diki/guru*	*okuncane/ncinyane*
Monsieur/madame	*changamire/mudzimai*	*umnimzana/inkosikazi*
Garçon/fille	*mukomana/musikana*	*umfana/inkazana*
Marché/magasin	*musika/chitoro*	*imakethe/isitolo*

Nourriture et boissons		
Pain	*chingwa*	*isinkwa*
Viande	*nyama*	*inyama*
Poisson	*hove*	*ininhlanzi*
Bœuf	*mombe*	*nkomo*
Poulet	*huku*	*nkukhu*
Pommes de terre	*mbatatisi*	*amagwili*
Légumes	*muriwo*	*imbhida*
Noix broyées	*nzungu*	*amazambane*
Beurre	*bhat*	*ibatha*
Sel	*muny*	*isaudo*
Sucre	*shuga*	*ushukela*

	Shona	Ndebele
Œufs	*mazai*	*amaqanda*
Maïs	*chibage*	*umbila*
Porridge (gruau) de maïs	*sadza*	*sadza*
Fruit	*michero*	*izithelo*
Bière	*doro/whawha*	*utshwala*
Café	*kofi*	*ikofi*
Thé	*ti*	*itiye*
Lait	*mukaka*	*ucago*
Eau	*mvura*	*amanzi*
Animaux		
Girafe	*twiza*	*ntundla*
Chien	*imbwa*	*nja*
Buffle	*nyati*	*nyathi*
Impala	*mhara*	*mpala*
Hippopotame	*mvuu*	*mvubu*
Cheval	*bhiza*	*ibhiza*
Chèvre	*mbudzi*	*mbuzi*
Lapin	*tsuro*	*mvundla*
Babouin	*gudo*	*ndwangu*
Zèbre	*mbiz*	*ndube*
Léopard	*mbada*	*ngwe*
Rhinocéros	*chipembere*	*ubhejane*
Singe	*bveni*	*nkawu*
Éléphant	*nzou*	*ndhlovu*
Lion	*shumbai*	*silwane*
Hyène	*bere*	*mpisi*
Phacochère	*njiri*	*ungulube yeganga*
Jours de la semaine		
Dimanche	*svondo*	*ngesonto*
Lundi	*muvhuro*	*umbulo*
Mardi	*chipiri*	*olwesibili*
Mercredi	*chitatu*	*ngolwesithathu*
Jeudi	*china*	*ngolwesine*
Vendredi	*chishanu*	*ngolwesihlanu*
Samedi	*mugovera*	*ngesabatha*
Nombres		
1	*potsi*	*okukodwa*
2	*piri*	*okubili*
3	*tatu*	*okutathu*
4	*ina*	*okune*
5	*shanu*	*okuyisihlanu*
6	*tanhatu*	*okuyisithupha*
7	*nomwe*	*okuyisikhombisa*
8	*tsere*	*okuyisitshiyangalo mbila*
9	*pfumbamwe*	*okuyisitshiyangalo lunye*
10	*gumi*	*okuli tshumi*

un même mot ou expression, la première s'utilise lorsqu'on s'adresse à une personne, la seconde lorsqu'on s'adresse à au moins deux personnes.

L'anglais du Zimbabwe

Les Zimbabwéens ont acclimaté à leur manière la langue anglaise, en y incorporant des termes adoptés de l'afrikaans, du shona ou du ndebele, en adaptant certains mots communs à un usage strictement local ou en créant des néologismes. Voici un lexique non exhaustif de termes que vous serez très certainement amenés à entendre :

ablutions block – bâtiment regroupant des toilettes, une baignoire, parfois une douche, et une buanderie. "Amenities block" possède la même signification.

baas – boss, titre obséquieux principalement réservé aux Blancs

babalass – gueule de bois ; menace tout particulièrement les amateurs de *chibuku*.

bakkie – véhicule utilitaire, camionnette découverte

bashas – chalets à toit en A recouvert de chaume

bazaar – magasin bon marché

bhundu – bush ou brousse.

biltong – viande séchée et salée de diverse provenance, élan, autruche, mouton ou bœuf.

blair toilet – toilettes "high-tech" conçues au Zimbabwe et utilisées dans les zones rurales. Elles sont munies d'une grande manche à air spiralée et peinte en noir à l'intérieur, servant à attirer les mouches vers la lumière du jour et les bouches d'aération où elles sont piégées dans un filet.

bioscope – cinéma

boerewors – saucisson afrikaner épicé, de consistance variable. De rigueur lors d'un braai.

braai – barbecue comprenant normalement plusieurs variétés de viandes grillées sur un brasero. C'est une institution d'Afrique australe, particulièrement prisée par les Blancs.

buppies – yuppies noirs

chibuku – la "bière donnant du cœur au ventre". A la fois peu onéreuse et répugnante, cette mixture à base de céréales et de levure est conservée dans de grandes cuves et servie en seaux. Excellent breuvage pour obtenir une ivresse rapide et une bonne babalass !

Club Special shandy – boisson non alcoolisée à base de limonade, de gingembre et d'orange mazoe.

Comrade (ou *Cde*) – formule de politesse marxiste utilisée principalement par les médias parlant des Zimbabwéens noirs, et plus particulièrement des fonctionnaires du gouvernement.

dam – réservoir.

dam wall – autre réservoir.

daga hut – maison ronde traditionnelle en Afrique, composée d'une charpente en bois et de murs en torchis de boue, de paille et de fumier. Également appelée "pole and daga hut".

donkey boiler – expression cruelle de prime abord ("chaudière à ânes") mais qui n'a rien à voir avec ces animaux. C'est un réservoir à eau placé au-dessus d'un feu de bois pour chauffer l'eau du bain ou de la douche. Également appelé "Rhodesian boiler", ce qui est aussi cruel.

drift – gué ; le plus souvent à sec.

Dutchman – Zimbabwéen blanc ou d'ascendance sud-africaine. De sens toujours désobligeant, voire injurieux.

flotty – chapeau pour safari en canoë, doté d'une jugulaire et d'une pochette renfermant un flotteur en liège afin qu'il ne sombre pas en cas de chavirement.

gap it – filer à l'anglaise.

guti – temps humide et froid des Eastern Highlands en hiver.

Izzit ? – question posée pour la forme, traduisible par "vraiment ?", "ah bon !", "n'est-ce pas ?", etc.

just now – fait référence à un futur proche ou imminent. Peut signifier "dans une demi-heure" comme "dans deux jours".

kaffir – titre désobligeant adressé à une personne noire.

kloof – ravin ou petite vallée.

kopje – se prononce comme "copie" ; petite colline en afrikaans. Au Zimbabwe, tout amas rocheux ancien.

kraal – version afrikaans du portugais "curral". Enclos à bétail ou village fortifié de huttes daga.
koeksesters – petits beignets imprégnés de miel ; attention à la surcharge pondérale !
lekker – très bon, délicieux.
location – autre mot pour "township", utilisé davantage en Namibie et en Afrique du Sud qu'au Zimbabwe.
make a plan – résoudre une procédure complexe ou circonvenir la réglementation administrative.
Malawi shandy – boisson non alcoolisée à base de gingembre, d'angostura, de rondelles d'orange ou de citron, de soda et de glace.
Mazoe orange – cordial à base d'orange douce poussant dans la région de Mazoe. Boisson de base au Zimbabwe.
mielie pap ou *mealie meal* – porridge de maïs
mopane worms – chenille du phalène *Gonimbrasiabelina* ; ce mets délicat se trouve dans les arbres mopane ainsi que dans certains marchés zimbabwéens.
murunge – terme shona faisant référence à tout Blanc européen. Les voyageurs blancs se rendant dans les régions rurales l'entendront sur toutes les lèvres.
não faz mal – expression portugaise signifiant littéralement "cela ne fait pas de mal" et qui signifie au Zimbabwe "pas de problème".
now now – non pas "maintenant", mais parfois plus tôt que "tout de suite".
peg – borne kilométrique.
peri peri – sauce extra-forte à base de piment masquant la saveur de votre *sadza ne nyama*.
PK – WC, toilettes.
pronking – bonds qu'effectuent plusieurs espèces d'antilopes, apparemment par pur plaisir.
rhodey – terme normalement désobligeant désignant un Zimbabwéen blanc, l'équivalent de péquenot.
robot – feux de circulation.
rock shandy – merveilleuse boisson non alcoolisée à base de limonade, de soda et d'angostura.
rondavel – hutte ronde africaine.
rusks – morceaux de pain extrêmement durs souvent parfumés à la cannelle ou aux raisins secs, que l'on mange après les avoir trempé dans le café ou le thé.
scuds – bouteilles de chibuku, en plastique et de 2 litres de contenance.
Shake-shake – chibuku conditionné en boîtes de carton cirées.
Shame ! – "quel dommage !" ; prononcé sans conviction pour exprimer la commisération.
shebeen – débit de boissons illégal doublé d'une maison de tolérance ; sans invitation, les non-habitués n'y sont pas les bienvenus.
sjambok – fouet.
Snice ! – équivalent de "génial !"
spruit – petit lit de rivière, le plus souvent à sec.
Sus ! – le contraire de "snice", équivalent de "pouah !"
tackies – chaussures de sport, de tennis ou de gymnastique.
TAB – "That's Africa, baby." ("Ça c'est l'Afrique, mon gars !") Expression couramment utilisée quand rien ne va comme prévu.
TIZ – "This is Zimbabwe", ("C'est le Zimbabwe") ; même sens que TAB.
Tonkies – terme rhodey désignant les membres de la tribu batonka.
township – quartier noir à forte densité de population situé à la périphérie de la ville.
tsotsis – voleurs.
TWOGs – acronyme de "Third World groupies" ("groupies tiers-mondiste"), utilisé par les Zimbabwéens blancs pour désigner les étrangers voyageant dans les pays en voie de développement et sombrant délibérément dans les bas-fonds de la société locale.
Van der Merwe – archétype du paysan boer, prétexte à d'innombrables plaisanteries à travers toute l'Afrique australe.
veld – prairie ouverte, normalement dans les régions de plateau. Quand les broussailles d'épineux ont remplacé les herbages, on parle de "bushveld".
veldskoens – confortables chaussures de brousse en cuir souple, comparables aux mocassins.
vlei – paysage bas et ouvert, parfois marécageux.
Ziko ndaba – version zimbabwéenne du swahili *Hakuna matata*, ayant le même sens que *não faz mal* (voir plus haut).

Renseignements pratiques

VISAS ET AMBASSADES

Les ressortissants français, belges, luxembourgeois, suisses et canadiens n'ont pas besoins de visas, en revanche un passeport en cours de validité et valable au moins six mois après le retour est exigé. La réglementation en matière de visas étant parfois susceptible de modifications, renseignez-vous cependant auprès de l'ambassade ou de la haute délégation du Zimbabwe dans votre pays, ou bien auprès du Chief Immigration Officer, Private Bag 7717, Causeway, Harare, Zimbabwe.

Les fonctionnaires de l'immigration se montrent absolument inflexibles quant à la nécessité de posséder un billet aller-retour ou vers une autre destination – vers un pays voisin, voire le Kenya, devrait normalement suffire. Si vous n'êtes pas muni d'un tel billet, on vous demandera de présenter vos liquidités ou votre carte de crédit. Si vous entrez au Zimbabwe en bus ou en train, un aller-retour par le même itinéraire se révèle parfois suffisant, mais n'y comptez pas trop. On vous demandera normalement de montrer le billet de retour dans votre pays. Billets à ordre, reçus de banque et autres cartes de crédit exotiques ne sont pas recevables.

Si vous arrivez à la frontière dépourvu de billet vers une destination extérieure au Zimbabwe ou de l'une des principales cartes de crédit, soit on vous refusera d'entrer au Zimbabwe, soit on cherchera à déterminer si vous disposez de "fonds suffisants". Certains voyageurs devront même s'acquitter d'une caution remboursable, en espèces ou en chèques de voyage, pouvant atteindre 1 000 $US, avec tous les problèmes que vous rencontrerez pour récupérer votre argent lors du départ.

Les missions diplomatiques du Zimbabwe

Le Zimbabwe est représenté à l'étranger par les missions diplomatiques suivantes (les numéros de téléphone comprenant le code du pays et de la zone sont indiqués entre parenthèses) :

Afrique du Sud
Bank of Lisbon Building, 37 Sauer St, Johannesburg (☎ (27-11) 838 2156 ; fax (27-11) 838 5620)

Allemagne
Ambassade du Zimbabwe, Villichgasse 7, D-5300 Bonn 2 (☎ 228-356071 ; fax-228-356309)

Belgique
Ambassade du Zimbabwe, 11-12, Square Josephine Charlotte, 1200 Bruxelles (☎ 2-762 58 08)

Botswana
Haute délégation du Zimbabwe, 1st floor, IGI Building PO Box 1232, Gaborone (☎ 267-314495 ; fax 267-305862)

Canada
Mission permanente du Zimbabwe, 332 Somerset Street West, Ottawa, Ontario K2P OJ9 (☎ 613-237 43 88 ; fax 613-563 8269)

France
Ambassade du Zimbabwe, 5 rue de Tilsit, 75008 Paris (☎ 1-47 63 48 31 ; fax 1-44 09 05 36)

Mozambique
Consulat du Zimbabwe, Don Carlos Hotel, PO Box 649, Beira (☎ (258-3) 325 1191)

Namibie
Haute délégation du Zimbabwe, Gamsberg Building, PO Box 23056, Windhoek (☎ (264-61) 228134 ; fax (264-61) 226859)

Royaume-Uni
Haute délégation du Zimbabwe, Zimbabwe House, 429 The Strand, Londres WC2R 0SA (☎ 171-836 7744 ; fax 71-379 1167)

Suisse
Mission permanente du Zimbabwe, Chemin William Barbay 7, 1208 Genève, (☎ 022-700 56 11)

Zambie
Haute délégation du Zimbabwe, 4th floor, Ulendo House, Cairo Rd, Lusaka (☎ (260-1) 229382 ; fax (260-1) 227474)

Si les fonctionnaires de l'immigration ne risquent pas de s'évanouir dans la nature avec votre argent – cela ne se passe heureusement pas ainsi au Zimbabwe –, ils vous le remettront probablement en dollars zimbabwéens à l'instant même de votre départ, sachant qu'il est interdit d'exporter plus de 500 $Z !

Sur le formulaire d'immigration, vous devrez préciser l'adresse d'un hôtel ou d'un particulier résidant au Zimbabwe. Afin de contourner au maximum les tracasseries, n'écrivez pas "camping" ou "ne sais pas". Inscrivez de préférence le nom d'un hôtel de classe moyenne à Harare ou dans une autre ville, que vous ayez réservé au non.

Si vous affirmez avoir l'intention de rendre visite à des amis zimbabwéens, le fonctionnaire vous demandera de fournir leurs noms, adresses, numéros de téléphone et tout autre détail utile.

Pour éviter d'autres chinoiseries administratives – surtout si vous êtes en vacances –, n'écrivez pas "journaliste" sous la rubrique profession. On vous remettra sinon un visa de 24 heures avec obligation de demander auprès du ministère de l'Intérieur un permis de travail temporaire. Celui-ci peut cependant se révéler utile (surtout si vous êtes en mission) : le permis de travail temporaire de 14 jours ne requiert que 2 heures de travail effectif par jour et est délivré avec une carte de presse. Les bureaux sont situés 7th floor, Liquenda House, Baker Ave, Harare. A la différence des bureaux d'immigration d'autres pays, le personnel est ici aussi efficace qu'agréable.

Prorogations de visas

La durée du séjour autorisé est de 90 jours, mais peut être prorogée jusqu'à un maximum de 6 mois auprès de tout bureau des services de l'immigration, la subtilité étant que la durée de la prorogation n'est que d'un mois à chaque demande. La procédure s'effectue normalement sans tracasseries administratives : il suffit de remplir un formulaire et d'apporter la preuve que vous disposez de fonds suffisants pour un séjour plus long que prévu. Évitez si possible les bureaux de Harare où les files d'attente sont aussi longues que le service est lent.

Visas pour les autres pays

Harare est probablement la ville d'Afrique australe où l'on pourra se procurer le plus facilement des visas pour d'autres pays d'Afrique. Si les réglementations sont perpétuellement changeantes, elles impliquent pour la plupart le paiement de droits – parfois en dollars US – et la fourniture de nombreuses photographies d'identité. Si vous prévoyez d'effectuer plusieurs incursions extra-frontalières, emportez une pile de photographies de la sorte.

Kenya. La Haute délégation du Kenya (☎ 792901), 95 Park Lane, délivre dans les vingt-quatre heures des visas simples pour 10 $US. Deux photographies d'identité sont exigées. Les visas à entrées multiples s'obtiennent plus lentement : il vaudra mieux faire une demande de visa simple, puis modifier ce dernier à Nairobi.

Mozambique. L'Ambassade du Mozambique (☎ 790387) est située 152 Herbert Chitepo Ave, Harare. Un visa de transit permettant la traversée du corridor Tête vers le Malawi coûte 9 $US (66 $Z – ce tarif devrait très certainement augmenter d'ici peu), requiert trois photographies et est délivré en 24 heures sans trop d'embarras. Le visa de transit multiple, pour un aller-retour au Malawi, coûte 22 $US (170 $Z). Le visa touristique, qui coûte 17 $US (126 $Z), est délivré en 8 jours. L'ambassade est ouverte du lundi au vendredi de 8h à 12h.

Certains voyageurs ont rencontré des difficultés : à la remise de votre visa, vérifiez immédiatement qu'il n'expirera pas le lendemain ou que sa période de validité n'est pas déjà dépassée !

Namibie. La Haute délégation de Namibie (☎ 722113/47930) est désormais ouverte à Lintas House, Union St, Harare. Les visas, gratuits, requièrent deux photographies et sont délivrés dans les vingt-quatre heures.

Afrique occidentale. L'Ambassade de France à Harare délivre des visas pour la Côte d'Ivoire, le Sénégal, le Burkina Faso, la

Ambassades et hautes délégations étrangères au Zimbabwe

Les pays possédant une représentation diplomatique au Zimbabwe sont notamment les suivants (toutes les adresses sont situées à Harare) :

Afrique du Sud
Temple Bar House, Baker Av (☎ 707901)

Allemagne
14 Samora Machel Ave, PO Box 2168 (☎ 731955)

Australie
Karigamombe Centre, 53 Samora Machel Ave (☎ 750352)

Autriche
Room 216, New Shell House, 30 Samora Machel Ave (☎ 702291)

Botswana
10 Bedford Rd, Avondale (☎ 729553)

Canada
45 Baines Ave, à l'angle de Moffat St, PO Box 1430 (☎ 733881)

Danemark
UDC Centre, à l'angle de Union Ave et de First St (☎ 790398)

Espagne
16 Phillips Ave, PO Box 3300, Belgravia (☎ 738681)

États-Unis
Arax house, 172 Herbert Chitepo Ave, PO Box 3340 (☎ 794521)

France
Renelagh Rd (près de Orange Grove Drive), PO Box 1378, Highlands (☎ 48096)

Italie
7 Bartholomew Close, PO Box 1062, Greendale (☎ 47279)

Kenya
95 Park Lane (☎ 792901)

Malawi
Malawi House, 42/44 Harare St, PO Box 321 (☎ 705611)

Mozambique
152 Herbert Chitepo Ave (☎ 790387)

Namibie
Lintas House, Union St (☎ 722113)

Pays-Bas
47 Enterprise Rd, Highlands (☎ 731428)

Royaume-Uni
6th floor, Stanley House, à l'angle de Jason Moyo Ave et de First St (☎ 793781)

Suède
Pegasus House, Samora Machel Ave (☎ 790651)

Suisse
9 Lanark Rd, Belgravia (☎ 703997)

Tanzanie
23 Baines Ave, PO Box 4841 (☎ 724173)

Zaïre
24 Van Praagh Ave, Milton Park (☎ 730893)

Zambie
6th floor, Zambia House, Union Ave, PO Box 4698 (☎ 790851)

République Centrafricaine et le Gabon. Renseignez vous auprès de ses bureaux pour toute information concernant les visas pour les pays de l'ancienne Afrique Occidentale Française. La Haute délégation du Nigeria ne délivrera pas de visa s'il est possible de s'en procurer un dans votre pays d'origine – aucune justification n'est recevable.

Zaïre. L'Ambassade du Zaïre (☎ 730893), 24 Van Praagh Ave, Milton Park, près de Prince Edward St, est ouverte du lundi au vendredi de 8h à 15h. Les demandes de visa sont traitées le matin et les visas délivrés à 16h le jour même.

Le visa simple de 3 mois coûte, tenez-vous bien, 195 $US et le visa à entrées multiples 255 $US (ils sont considérablement moins onéreux à Nairobi ou ailleurs).

Zambie. La Haute délégation de Zambie (☎ 790851) est située 6th floor, Zambia House, Union Ave, Harare. Tous les voyageurs doivent être munis de visas, à l'exception des ressortissants du Commonwealth, de République d'Irlande, de Suède, de Roumanie et de l'ex-Yougoslavie. Le prix des visas zambiens dépend de la nationalité du demandeur. Pour un ressortissant des États-Unis, un visa touristique à entrées multiples délivré à Harare, le jour même, coûte 10 $US. On pourra se procurer un visa de transit de 7 jours à la frontière (à Victoria Falls et probablement ailleurs) pour 10 $US.

Les excursionnistes se rendant en Zambie à partir de Victoria Falls sont soumis à la même réglementation, mais leur visa n'est délivré que pour le jour de l'excursion sauf mention contraire, auquel cas le visa est valable 21 jours. Les prorogations de visa sont effectuées par les services de l'immigration situés Cairo Rd, près de la poste de Lusaka.

FORMALITÉS COMPLÉMENTAIRES

Tout voyageur entrant au Zimbabwe en provenance d'un pays situé plus au nord, où la fièvre jaune est endémique, doit présenter un certificat de vaccination contre la fièvre jaune. Le certificat de vaccination contre le choléra n'est requis que si vous provenez d'une région où sévit cette maladie.

Si vous restez moins de 3 mois, votre permis de conduire national est suffisant mais il vous faut le faire traduire en anglais par un traducteur assermenté et prévoir une photo d'identité. Cette traduction est en général plus coûteuse que l'obtention d'un permis international auprès de votre préfecture. Si votre séjour excède les trois mois, un permis international est obligatoire.

Les permis de conduire délivrés par la Zambie, le Malawi, la Namibie, l'Afrique du Sud, le Botswana et le Swaziland sont valables jusqu'à leur date d'expiration ; la période de validité des autres permis étrangers est de 90 jours.

DOUANE

Les visiteurs sont autorisés à importer des articles sans caractère commercial d'une valeur maximale de 1 000 $Z, à l'exception de leurs effets personnels. Les majeurs de plus de 18 ans peuvent également importer jusqu'à 5 litres d'alcool, dont 2 litres de spiritueux. Les armes à feu doivent être déclarées à la frontière.

L'importation temporaire des véhicules à moteur est autorisé à la condition qu'ils portent leurs plaques d'immatriculation d'origine et soient enregistrés et immatriculés dans leur pays d'origine. Pour plus de renseignements, reportez vous à la rubrique *Voiture et moto* du chapitre *Comment circuler*.

Si vous voyagez avec un animal familier ou un chien d'aveugle, vous devrez être muni d'une autorisation spéciale délivrée par le directeur des services vétérinaires (Director of Veterinary Services, PO Box 8012, Causeway, Harare, Zimbabwe). Puisque cette procédure requiert un minimum de 3 mois, effectuez votre demande longtemps avant votre séjour. Les animaux de compagnie ne sont soumis à aucune quarantaine, mais pour obtenir l'autorisation spéciale, vous devrez fournir un certificat de vaccination et de bonne santé délivré par un service vétérinaire officiel de votre pays d'origine.

QUESTIONS D'ARGENT

Les banques sont ouvertes le lundi, le mardi, le jeudi et le vendredi de 8h30 à 14h. Le mercredi, elles ferment à 12h ; elles sont ouvertes le samedi de 8h30 à 11h. Le bureau de change de l'aéroport de Harare fonctionne à l'arrivée de chaque vol, mais le montant maximum des transactions s'élève à 100 $US. Dans certains hôtels, il est parfois possible de changer son argent à la réception, mais ce service normalement réservé au client de l'établissement est proposé avec une commission importante.

Toute les banques acceptent facilement de changer en dollars zimbabwéens les chèques de voyage libellés en dollars US ou en livres sterling. Les principales devises étrangères sont également bienvenues mais en raison des contrefaçons qui sévissent dans le pays, personne n'accepte actuellement les billets de 100 $US. Si vous possédez des chèques de voyage Visa, vous obtiendrez les meilleurs taux de change à la Barclays Bank.

Vous pourrez également acheter des chèques de voyage libellés en devises étrangères, mais jamais à un taux intéressant, puisque la transaction est convertie de la devise étrangère en dollars zimbabwéens puis à nouveau en devise étrangère, chaque étape faisant l'objet d'une commission bancaire. Les transferts de fonds vers le Zimbabwe ne peuvent être effectués qu'en dollars zimbabwéens ou en chèques de voyage libellés en devises étrangères – avec un ratio de commission équivalent à celui de l'achat de chèques de voyage.

La Société Générale possède des bureaux dans la capitale : Cabs Center 4th floor, Jason Moyo, P.O Box UA 128, Union Avenue, Harare (☎ 73 58 10).

Monnaie nationale

L'unité monétaire est le dollar zimbabwéen (1 $Z = 100 *cents*). Les billets se répartissent en valeurs de 2, 5, 10 et 20 dollars ; les pièces de monnaie en 1, 5, 10, 20 et 50 *cents* et 1 $Z.

Bien qu'il ne soit plus nécessaire de déclarer ses devises et ses chèques de voyage à l'arrivée, ce renseignement figure toujours sur les formulaires d'immigration, afin de vérifier si vous disposez d'assez de liquidités pour la durée prévue de votre séjour. Lors de votre départ, les agents de la douane vous demanderont parfois de présenter vos reçus de banque pour vérifier que vous avez bien changé vos devises au cours officiel ; conservez précautionneusement ces reçus.

N'oubliez pas que l'importation ou l'exportation de dollars zimbabwéens est limitée à 500 $Z par personne et par visite. Mais puisque les résidents locaux sont désormais autorisés à détenir des comptes bancaires à l'étranger, que les Zimbabwéens disposent d'une allocation annuelle de vacances de 2 000 $US, et que les exportateurs peuvent conserver jusqu'à 50% de leurs revenus à l'étranger, cette réglementation devrait s'assouplir. Les non-résidents doivent payer de nombreux services en devises étrangères.

Taux de change

1 FS	=	7,35 $Z
1 FF	=	1,80 $Z
10 FB	=	3,00 $Z
1 $C	=	6,15 $Z
1 £UK	=	13,55 $Z
1 $US	=	8,48 $Z
100 ¥	=	1,80 $Z
1 DM	=	6,05 $Z
1 RSAf	=	2,30 $Z
1 PBot	=	3,15 $Z

Coût de la vie

Bien que les hôtels, les parcs nationaux et les tour-opérateurs pratiquent un système de tarification à deux, voire trois niveaux, selon lequel les étrangers payent les biens et les services considérablement plus chers que les nationaux, le Zimbabwe demeure cependant un pays peu onéreux pour les touristes, à la condition de ne pas opter pour les hôtels de luxe, les safaris lodges, les dîners fins et les safaris organisés qui alimentent l'essentiel de l'industrie touristique du pays.

Fort heureusement pour le voyageur à petit budget, les logements peu onéreux, notamment les auberges pour randonneurs, se développent dans le pays et, bien que le niveau des prix appliqués aux étrangers se soit élevé de manière considérable ces dernières années, les parcs nationaux offrent toujours un bon rapport qualité-prix. De plus, des terrains de camping et de caravaning, confortables et aux tarifs modiques, ont été aménagés dans ou autour de la plupart des agglomérations et des sites touristiques.

Les prix des produits alimentaires se révèlent très raisonnables : en déjeunant dans les petits établissements locaux ou en faisant son marché, on pourra se restaurer copieusement au moindre coût. Un plat zimbabwéen de base, le *sadza ne nyama* (maïs assaisonné à la viande), coûte environ 0,75 $US dans un restaurant de quartier. Les grands hôtels proposent des buffets à volonté d'excellent rapport qualité-prix de 5 $US à 8 $US.

Tout article d'importation – payé en devises étrangères – est cher. La récente restructuration économique a simplifié la situation, mais les Zimbabwéens doivent toujours économiser durant des années pour s'offrir, par exemple, un poste de télévision qui leur coûtera des milliers de dollars zimbabwéens. Même les montres digitales de mauvaise qualité sont onéreuses : elles pourront faire des cadeaux très appréciés par vos amis du pays. En revanche, les biens de consommation produits par le Zimbabwe sont assez abordables, quoique rarement de grande qualité.

Les taxes à la consommation presque toujours incluses dans le prix de l'article sont plutôt élevées : 16% sur les articles de détail, à l'exception des produits alimentaires, et 19% sur les produits "de luxe", comme le matériel électronique, les billets d'avion, le mobilier et les automobiles. Le taux de la taxe perçue sur les chambres d'hôtel, les safaris et les autres prestations touristiques est de 15%. Les voyageurs nantis pourront éviter ce type de dépense en réservant ces services ou en acquittant ces biens avant leur départ pour le Zimbabwe, mais ils devront compter avec la commission des agences de voyage dont le taux correspond approximativement à ces diverses taxations.

Les cartes de crédit

Les cartes de crédit – Visa, American Express, Diner's Club, MasterCard, et les cartes Eurochèques – sont acceptées par les établissements accueillant touristes et hommes ou femmes d'affaires. Les cartes de crédit d'essence – même celles délivrées par les compagnies pétrolières représentées au Zimbabwe – ne sont pas honorées.

Avec une carte de crédit, l'achat de devises est limité à la valeur maximale de 20 $Z (12 FF environ !) par transaction, mais vous pourrez acheter sans limitation, au taux officiel, autant de dollars zimbabwéens que vous le souhaitez. La carte Visa permet de retirer des espèces aux distributeurs automatiques de la Barclays Bank. Sinon, surtout dans les plus petites villes, vous devrez patienter en attendant l'autorisation de retrait. A Victoria Falls, récemment, cette autorisation n'est intervenue qu'au bout de 3 jours !

Pourboires

Les chauffeurs de taxi, les hôtels et les restaurants touristiques s'attendent peu ou prou à ce que vous leur versiez un pourboire de 10% environ. Certains établissements rajoutent automatiquement à la note 10% pour le service, ce qui remplace le pourboire.

Marché noir

Bien que le contrôle des changes rigoureux mis en place à la fin des années 80 ait occasionné un marché noir florissant, le Programme d'ajustement économique structurel (ESAP) adopté récemment, ainsi que l'assouplissement de la réglementation en matière d'importation, ont mis un terme aux avantages que pouvait présenter naguère le marché noir sur les devises. Les opérations de change à la sauvette demeurent illégales ; en outre, le bénéfice de quelques *cents* que peuvent offrir les taux non officiels par rapport aux taux bancaires n'est en rien compensé par le risque considérable qu'encourent les opérations de change sur le marché parallèle.

Si vous rencontrez cependant des changeurs de rue vous proposant des taux bien plus élevés que les taux officiels, vous pouvez être assuré qu'il s'agit, ni plus ni moins, d'une tentative d'escroquerie. Et si vous mordez à l'hameçon, soit le changeur vous dénoncera à la police, soit tentera de voler votre argent. On ne compte plus les touristes qui se sont retrouvés avec une liasse de papier journal prise en sandwich entre deux billets de 20 $Z. Cette pratique est particulièrement répandue à Victoria Falls, ville attirant de très nombreux touristes aussi riches qu'inexpérimentés. Ne soyez pas grugé par votre propre cupidité !

QUAND PARTIR

Bien que le Zimbabwe soit un pays continental, il est essentiellement situé sur un plateau et bénéficie de ce fait d'un climat plus tempéré que sa latitude ne le laisserait supposer. Les conditions atmosphériques s'étagent du climat frais et humide des Eastern Highlands au climat tempéré des Midlands et à la chaleur moite du lowveld et de la vallée du Zambèze.

En général, les mois d'hiver, secs, sont la période la plus agréable pour visiter le pays, mais l'on manquera alors les beaux paysages verdoyants qui caractérisent la saison d'été, plus chaude et plus humide. En hiver, la température diurne est haute, mais le thermomètre peut descendre sous 0 °C durant la nuit. En été, la température peut atteindre 35 °C durant la journée, mais est normalement tempérée par les orages de l'après-midi.

L'hiver est également la meilleure saison pour l'observation de la faune car les animaux ont l'habitude de se rassembler près des points d'eau.

En été, en raison de l'eau plus abondante, ils se répartissent sur des aires plus vastes : la possibilité de les observer devient alors plus aléatoire.

Les parcs nationaux et les sites touristiques connaissent une fréquentation maximale durant les vacances scolaires sud-africaines. C'est pourquoi, si vous souhaitez échapper aux foules et pouvoir trouver un logement, évitez de voyager au Zimbabwe entre la mi-avril et la mi-mai, ou entre la mi-juillet et la mi-septembre. Une autre période d'afflux touristique est enregistrée du mois de décembre au début du mois de janvier, qui correspond aux vacances scolaire namibiennes. Durant ces mois, les logements des parcs nationaux – notamment les lodges, les chalets et les cottages – doivent être réservés longtemps à l'avance.

Si vous souhaitez éviter l'afflux de touristes, le meilleur mois sera juin, la période la plus fraîche et la plus calme de l'année. Rappelez-vous cependant que de nombreux bureaux et boutiques en relation avec le tourisme sont fermés en juin, leurs propriétaires partant à leur tour en vacances.

OFFICES DU TOURISME

Sur place

Plusieurs associations de promotion touristique distribuent des brochures et des cartes concernant leurs régions d'activité respectives. Certaines sont considérablement plus utiles et mieux organisées que d'autres, mais la plupart pourront au moins vous donner des renseignements actualisés concernant leur région.

Bulawayo
: Bulawayo Publicity Association, City Hall, Fife St, PO Box 861, Bulawayo (☎ 60867)

Gweru
: Gweru Publicity Association, City Hall, Livingstone Ave, PO Box 295, Gweru (☎ 2226)

Harare
: Harare Publicity Association, African Unity Square, 95 Jason Moyo Ave, PO Box 1483, Harare (☎ 705085)

Kariba
: Kariba Publicity Association, PO Box 86, Kariba (☎ 2328)

Masvingo
: Masvingo Publicity Association, Robert Mugabe St, PO Box 340, Masvingo (☎ 2643)

Mutare
: Manicaland Publicity Association, Market Square, Milner Ave, PO Box 69, Mutare (☎ 64711)

Victoria Falls
: Victoria Falls Publicity Association, Stand 412, Parkway/Livingstone Rd, PO Box 97, Victoria Falls (☎ 4202).

A l'étranger

Il n'existe pas d'offices du tourisme zimbabwéens dans les pays francophones. Les ambassades du Zimbabwe dans ces trois pays diffusent des brochures et différents documents qui peuvent vous aider dans la préparation de votre voyage.

Afrique du Sud
: Zimbabwe Tourist Board, Tower Mall, Upper Shopping Level, Carlton Centre, Commissioner St, PO Box 9398, Johannesburg 2001 (☎ (011) 331 6970)
: Zimbabwe Tourist Board, 2 President Place, Jan Smuts Ave, Rosebank, Johannesburg 2196 (☎ (011) 788 1748)

Allemagne
: Zimbabwe Fremdenverkehrsamt, Wienerstrasse 40, 6000 Francfort/Main 1 (☎ (069) 653204)

Royaume-Uni
: Zimbabwe Tourist Board, Zimbabwe House, 429 The Strand, Londres WC2R OSA (☎ (0171) 836 7755 ; fax (0171) 379 1167).

ORGANISMES A CONNAÎTRE

L'Automobile Association of Zimbabwe, dont la création remonte à 1923, offre à ses membres un grand éventail de services, assistance technique et conseils juridiques, dépannage d'urgence, accès aux services d'autres associations d'automobilistes dans le monde entier, etc. Ses membres bénéficient également de réductions sur divers services en relation avec l'automobile. Pour plus de renseignements, contactez l'AAZ à Fanum House, 7th floor, Samora Machel Ave, PO Box 585, Harare (☎ 707021).

HEURES D'OUVERTURE ET JOURS FÉRIÉS

Les magasins sont en général ouverts de 8h à 17h du lundi au vendredi, certains fermant plus tôt le mercredi, et sont fermés pour le déjeuner de 13h à 14h. Le samedi, les commerces sont ouverts de 8h à 12h. Les stations-service fonctionnent à partir de 6h et la plupart ferment à 18h, parfois plus tard à Harare et à Bulawayo. Les banques sont ouvertes de 8h30 à 14H du lundi au vendredi et de 8h30 à 11h le samedi, mais ferment à 12h le mercredi. Les services postaux sont disponibles de 8h30 à 16h du lundi au vendredi et de 8h30 à 11h30 le samedi.

Jours fériés

Au Zimbabwe, les jours fériés sont les suivants :

1er janvier	*Nouvel an*
Mars ou avril	*Vendredi Saint, dimanche de Pâques, lundi de Pâques*
18 avril	*Independence Day*
1er mai	*Fête du travail*
25 et 26 mai	*Africa Days*
11 et 12 août	*Heroes' Days et Defence Forces Day*
25 décembre	*Noël*
26 décembre	*Boxing Day*

MANIFESTATIONS CULTURELLES

Les événements culturels les plus passionnants que vous serez amené à vivre au Zimbabwe seront ceux que vous découvrirez incidemment : foire agricole rurale, représentation théâtrale organisée par une école primaire, mariage traditionnel ou commémoration de la fondation d'une ville (les célébrations du centenaire de Bulawayo, en 1994, se sont déroulées durant plusieurs mois). Les Zimbabwéens sont généralement fiers et flattés de découvrir que des étrangers s'intéressent à leurs manifestations culturelles. Vous serez très certainement convié à participer à leurs festivités. C'est l'une des grandes joies du voyage, mais si vous souhaitez pouvoir apprécier pleinement ce type d'occasions, vous devrez opter pour un itinéraire des plus souples.

Les touristes ayant un emploi du temps plus strict pourront cependant participer à plusieurs événements organisés à dates fixes. L'Independence Day, le 18 avril, est célébré dans tout le pays, et à la fin du mois de mai l'Africa Day commémore les anciennes luttes pour l'indépendance sur tout le continent. Les forces armées du Zimbabwe sont fêtées les 11 et 12 août, de même que les héros nationaux – plus particulièrement ceux qui prirent part aux combats pour l'indépendance.

Si la littérature et l'édition du Zimbabwe et du reste de l'Afrique vous intéressent, ne manquez pas la Zimbabwe International Book Fair, salon organisé tous les ans à Harare à la fin du mois de juillet ou au début du mois d'août. Pour plus d'informations, consultez plus loin la rubrique *Livres*.

Les amateurs de musique ne devraient pas manquer le festival annuel "Houses of Stone", à Harare, qui célèbre la musique zimbabwéenne traditionnelle. Les dates changent chaque année ; renseignez-vous auprès de l'organisateur, Kunzwana Trust (reportez-vous à la rubrique *Musique* dans le chapitre *Présentation du pays* consacré au *Zimbabwe*).

Les visiteurs intéressés par l'agriculture devraient visiter l'énorme Zimbabwe Agricultural Society Show, manifestation qui se déroule sur les champs de foire de Harare vers la fin du mois d'août. A Bulawayo, l'événement à ne pas manquer, c'est la Zimbabwe International Trade Fair, qui a lieu durant la dernière semaine d'avril ou la première semaine de mai, et qui attire au moins 1 000 exposants et 200 000 visiteurs nationaux ou étrangers.

POSTE ET TÉLÉCOMMUNICATIONS

Poste

Malgré les longues files d'attente qui s'étirent devant les guichets, le service postal zimbabwéen est en général assez fiable, plus particulièrement dans les grandes agglomérations. Des vols directs desservent l'Europe : les délais sont parfois longs, mais la poste aérienne est assez efficace. Faites enregistrer en recommandé tout envoi de valeur ; l'expédition en recommandé d'objet de valeur déclarée inférieure à 50 $Z ne coûte que 0,15 $US, ce qui n'est pas cher payé pour avoir l'esprit tranquille. A l'époque de la rédaction de cet ouvrage, les tarifs postaux internationaux étaient relativement bas : l'envoi d'une lettre de 10 g par avion vers l'Europe ou l'Amérique du Nord revenait à environ 0,25 $US. L'affranchissement du courrier intérieur coûte 0,05 $US. Le transport par la poste aérienne ou par voie de terre de paquets de moins de 2 kg est relativement peu onéreux si on les expédie en tant que lettre. Il vous en coûtera alors 2 $US et il sera plus avantageux d'envoyer cinq paquets de 2 kg plutôt qu'un seul de 10 kg !

Avant de rejoindre une longue file d'attente, jetez un œil sur le panneau figurant au-dessus du guichet : il précise normalement les services offerts ainsi que l'heure de fermeture.

Les services de poste restantes sont proposés dans toutes les grandes agglomérations, mais ceux de Harare sont probablement les plus efficaces. Faites-vous adresser votre courrier à C/O Poste Restante, GPO, Inez Terrace, Harare, Zimbabwe. L'adresse du American Express Customer Mail est PO Box 3141, Harare.

Pour expédier des œuvres d'art ou d'artisanat, la société de fret aérien la moins onéreuse est Affretair (la compagnie de cargo aérien nationale), à l'aéroport international de Harare. Vous devrez emballer vous-même le colis, mais il ne vous en coûtera que 3,20 $US par kg à destination de l'Europe ou de l'Amérique du Nord. Une autre compagnie se charge de l'emballage, mais elle est plus chère : il s'agit de AirLink (☎ 736783), à l'angle de Boshoff Dr et Conald Rd, Graniteside, Harare. Pour des envois de très grandes dimensions ou en vrac, les meilleurs tarifs sont proposés par TNT Express Worldwide (☎ 722129 ; fax 796689), Caprivi Carriers, Ltd, 100 Central Ave, Harare.

Pour recevoir du courrier depuis la France, comptez 6 ou 7 jours et environ 3 semaines pour un colis ; la garantie de réception est satisfaisante.

Préfixes téléphoniques interurbains

La liste suivante est celle des préfixes interurbains de la plupart des zones téléphoniques du Zimbabwe (un tiret indique une seconde tonalité). Il n'est évidemment pas nécessaire de composer ces préfixes si vous effectuez un appel local. Si vous téléphonez de l'extérieur du Zimbabwe, ne composez pas le premier (1).

Arcturus (174)
Beitbridge (186)
Binga et Mlibizi (115)
Bulawayo (19)
Chimanimani (126)
Chinhoyi (167)
Chipinge (127)
Chiredzi (131 ou 133-8)
Chirundu (163-7)
Dete et Gwaai River (118)
Figtree (183)
Gweru (154)
Harare (14)
Hwange (181)
Juliasdale et Nyanga (129)
Kadoma (168)
Kariba (161)
Kwe Kwe (155)
Lupane (135)
Makuti (163)
Marondera (122)
Masvingo (139)
Matob (183)
Mutare et Vumba (120)
Norton et Lake Chivero (162)
Odzi (130)
Plumtree (180)
Ruw (173)
Sangani (150)
Shurugwi (152)
Victoria Falls (113)

ZIMBABWE

Téléphone

Le système téléphonique du Zimbabwe fait encore l'objet de nombreuses plaisanteries, mais il s'améliore – du moins à ce qu'on dit. Les appels locaux souffrent de la plus désastreuse des notoriétés. Bien que les cabines téléphoniques soient nombreuses, les fréquentes confusions d'appel et l'encombrement extraordinaire des lignes expliquent les longues files d'attente qui se forment devant les cabines, surtout à Bulawayo et Harare. Un appel local ne coûte que quelques *cents*.

Le service international est bien meilleur, mais vous ne trouverez aucun téléphone à carte ni de bureau de téléphone où vous pourrez demander un appel téléphonique sans avoir à alimenter en pièces de monnaie l'appareil téléphonique. Pour effectuer un appel à l'étranger, vous devrez soit téléphoner à partir d'un poste privé (attention ! les hôtels chic facturent la communication à un prix deux ou trois fois supérieur au tarif officiel), soit vous munir d'une grande quantité de pièces de 1 $Z. Curieusement, le coût des communications vers l'étranger est considérablement moins onéreux dans les zones rurales que dans les villes. Les appels en PCV sont acceptés pour quelques pays seulement, et uniquement à partir d'une ligne privée.

Le code d'accès à l'international est le 110. Les communications à destination de la plupart des pays d'Europe et d'Amérique du Nord coûtent environ 9 $US les trois premières minutes et 2 $US par minute supplémentaire. Pour les autres pays, les trois premières minutes coûtent environ 11 $US et 2,50 $US par minute supplémentaire.

Le code du Zimbabwe est le 263 ; si vous téléphonez d'un autre pays, ne composez pas le premier (1) de l'interurbain.

La liste ci-dessous correspond aux chiffres à composer avant de faire le numéro de votre correspondant, ainsi que les tarifs en vigueur en 1995 :

Pour appeler la France
    110-33 (19.800 ZWD/min.11,06 FF)
Pour appeler la Suisse
    110-41 (19.800 ZWD/min.11,06 FF)
Pour appeler le Canada
    110-1 (19.800 ZWD/min.11,06 FF)
Pour appeler la Belgique
    110-32 (19.800 ZWD/min.11,06 FF)
Pour appeler le Luxembourg
    110-352 (26.400 ZWD/min.14, 67 FF)

Fax

Les bureaux de poste des grandes agglomérations proposent un service public de télécopies. Vers les pays d'Afrique australe, le fax coûte 2,50 $US la feuille de format A4. Vers les autres pays, le fax coûte 6 $US la feuille de format A4.

A Harare, le numéro du fax public est le (263-4) 731901 ; le bureau est ouvert de 8h30 à 17h du lundi au vendredi et de 8h à 11h30 le samedi. Si vous souhaitez recevoir des fax à cette adresse, demandez à votre correspondant d'indiquer clairement dans l'en-tête de la télécopie votre nom ainsi que l'adresse et le numéro de téléphone où l'on peut vous joindre. Les autres fax publics sont : à Bulawayo (19) 78053 ; à Gweru (154) 51638 ; à Kadoma (168) 2893 ; à Kwe Kwe (155) 2169 ; à Masvingo (139) 63897 ; et à Mutare (120) 64238.

ÉLECTRICITÉ

La tension du réseau est de 220 volts en courant alternatif. Les prises sont rondes ou rectangulaires à trois broches.

BLANCHISSAGE/NETTOYAGE

Tout les hôtels moyens proposent à leurs clients un service de blanchissage à prix très raisonnables, tandis que les hôtels haut de gamme le facturent bien davantage. Si vous campez ou résidez dans une auberge de jeunesse, vous trouverez une laverie automatique à Harare et des pressings/nettoyage à sec à Harare comme à Bulawayo. Presque tous les parcs nationaux et campings privés sont équipés de lavoirs, mais vous devrez apporter votre bonde personnelle.

LIBRAIRIES ET ÉDITION

Sur place

Le Zimbabwe possède des librairies bien fournies. La plupart des livres disponibles sont édités au Zimbabwe et les livres importés sont onéreux. Si vous souhaitez lire quelques éditions de poche durant les longues nuits sous la tente, emportez-en quelques-uns de votre pays d'origine, ou échangez-les avec d'autres voyageurs ou dans les boutiques de troc de livres de Harare et de Bulawayo.

Sinon, les visiteurs lisant l'anglais pourront se familiariser avec la littérature zimbabwéenne, excellente dans l'ensemble. Si plusieurs écrivains et chercheurs étrangers ont entendu l'appel de l'Afrique et l'ont consigné par écrit, les Africains eux-mêmes commencent à prendre conscience que leur point de vue particulier mérite d'être entendu.

Kingston's, propriété de l'État, est la chaîne de librairies la plus importante du pays : elle possède des succursales de qualité variable dans la plupart des agglomérations. Grass Roots Bookshop, à Harare, propose le plus grand choix de livres relatifs au Zimbabwe. Cette librairie un peu désuète – tout un mur est consacré au marxisme-léninisme – offre cependant une grande diversité d'ouvrages de littérature africaine ainsi que de travaux africains sur l'histoire, l'économie, la politique, la musique, les langues et l'histoire naturelle, tant du Zimbabwe que de l'ensemble du continent.

Si vous êtes intéressé par l'édition zimbabwéenne en particulier et l'édition africaine en général, essayez d'assister au salon du livre, la Zimbabwe International Book Fair, qui a lieu chaque année à Harare à la fin du mois de juillet ou au début du mois d'août. En Europe, vous pourrez obtenir toute information sur ce salon en contactant Zimbabwe International Book Fair, Ltd (☎ (0181) 348 8463 ; fax (0181) 348 4403), 25 Endymion Rd, Londres N4 1EE, Royaume-Uni. Au Zimbabwe, contactez Zimbabwe International Book Fair Trust (☎ (14) 751202), New Book House, PO Box CY-1179, Causeway, Harare.

LIVRES

Vous trouverez aussi une liste d'ouvrages en français et de librairies en pays francophone dans les chapitres *Renseignements pratiques* dans la partie générale, ainsi que dans celles sur le Botswana et la Namibie.

Littérature

L'œuvre de plusieurs auteurs zimbabwéens reconnus ou moins célèbres est éditée par Heinemann African Writers Series, Longman African Classics et quelques éditeurs locaux, et n'ont pas été traduits en français. L'ouvrage que je préfère, et qu'aucun visiteur se rendant au Zimbabwe ne devrait ignorer, c'est *Nervous Conditions*, de Tsitsi Dangarembga, d'abord publié par Women's Press, Londres, 1988, puis par Zimbabwe Publishing House, Harare, et disponible à la librairie du Sheraton de Harare. C'est l'histoire d'une jeune femme noire du Zimbabwe oriental, écolière dans une mission de la Rhodésie des années 60.

Méritent également l'attention les ouvrages de Charles Mungoshi, l'un des premiers écrivains noirs du Zimbabwe à jouir d'une reconnaissance internationale, qui a su exprimer magistralement le désespoir des Noirs de Rhodésie avant l'indépendance. Son livre le plus célèbre est *Coming of the Dry Season*, publié en 1972 par Oxford University Press, puis après l'indépendance par Zimbabwe Publishing House, Harare. Ses autres romans, publiés dans la collection Heinemann African Writers Series, sont disponibles dans la plupart des librairies du pays.

Les autres écrivains noirs d'importance sont notamment Dambudzo Marechera, John Munoye, Ngugi et John Nagenda. Le regretté Stanlake Samkange, dont *On Trial for my Country*, publié en 1967, évoque les fantômes de Lobengula et de Cecil Rhodes, est aussi un auteur essentiel. *Bones*, de Chenjerai Hove est le récit d'un soldat de la guerre de libération.

Doris Lessing, élevée en Rhodésie, est un écrivain majeur dans la littérature mondiale. Ses romans offre la vision minutieuse et profonde de la condition féminine dans une société cloisonnée, conservatrice tant dans ses mœurs que dans sa mentalité. Le sujet, universel, s'applique autant à la femme blanche qu'au peuple noir du Zimbabwe qui, par le statut minoritaire qui lui est accordé par les colons, n'a que le droit de rester à sa place et de se taire.

La grande fresque brossée dans les *Enfants de la violence* (deux tomes), suivie de *L'Écho lointain de l'orage* (deux tomes) et de *La Cité promise*, nous fait découvrir la montée de la prise de conscience de l'héroïne, Martha, et de son engagement, tandis qu'à l'arrière-plan la foule, pathétique et menaçante, des hommes démunis commence à grand-peine l'ascension vers le sentiment de dignité (Le Livre de poche 1983, 1985 et 1990). Ses *Nouvelles africaines – La Madone noire* décrivent l'enchevêtrement des comportements raciaux en Rhodésie et en Afrique du Sud, où progressisme et bonne volonté mènent à des malentendus porteurs de catastrophes. La société blanche, menacée, est guettée par la folie (Le Livre de poche, 1990).

A travers les tribulations du jeune Alexio, né dans l'apartheid en Rhodésie, c'est toute l'histoire d'un peuple dépossédé de la terre de ses ancêtres que nous conte Wilson Katiyo, l'auteur de *La Terre de Sekuru* (Syros, 1985).

La plupart des visiteurs se rendant au Zimbabwe devront avoir lu au moins un roman de Wilbur Smith, auteur qui naquit en ex-Rhodésie du Nord et a écrit plus d'une vingtaine de romans d'aventure se déroulant en Afrique australe. Ceux dont l'action se déroule au moins partiellement au Zimbabwe sont notamment *Le Dernier éléphant* (Presses de la Cité, 1992), le héros de ce "thriller écologique", reporter-cameraman, filme le massacre d'un troupeau d'éléphants dans la vallée du Zimbabwe. L'image de cette agonie terrifiante lui est insupportable et le choc est tel qu'il décide de consacrer le reste de sa vie à pourchasser les braconniers et leurs puissants commanditaires. Disponibles en anglais, *The Leopard Hunts in Darkness* et *A Time to Die*, actuellement interdits au Zimbabwe car ils prennent parti pour les factions ndebele, exposent la terrible réalité de la guerre au Mozambique et s'interrogent en détails sur la corruption du gouvernement zimbabwéen.

Récits de voyages. Evelyn Waugh, dans *Hiver africain* (Petite Bibliothèque Payot/ Voyageurs, 1992) relate son propre périple. En 1930, il s'embarque pour l'Abyssinie pour assister au couronnement de l'empereur Haïlé Sélassié. Il se rend ensuite en Éthiopie, au Yémen (Aden), sur la côte de Zanzibar, puis au Kenya, en Rhodésie pour arriver en Union Sud-Africaine. Humour et sens du détail corrosif ponctuent son récit.

A lire absolument, *Botswana blues* de Lars Bonnevie (Petite Bibliothèque Payot/Voyageurs, 1993), qui dit les paysages écrasants du Zimbabwe et évoque les cultures ancestrales des ethnies de la région.

Histoire, culture et civilisation

Les ouvrages cités ci-dessous ne sont disponibles qu'en anglais.

Le terme d'"introduction" figurant dans le titre de *An Introduction to the History of Central Africa – Zambia, Malawi, and Zimbabwe*, de A. J. Wills (Oxford University Press, 4e édition, 1985) peut induire en erreur. Cet ouvrage de 500 pages, bien qu'un peu désorganisé, est généralement considéré comme le meilleur livre consacré à l'histoire de la région ; vous y apprendrez bien davantage que tout ce que vous auriez pu souhaiter savoir sur ce sujet.

Great Zimbabwe Described & Explained, de Peter Garlake (Zimbabwe Publishing House, Harare, 1982) cherche à mettre de l'ordre dans l'histoire, les objectifs et l'architecture des ruines de Great Zimbabwe.

Mapondera 1840-1904, de D. N. Beach (Mambo Press, Gweru, 1989) est une biographie de Kadungure Mapondera, un descendant des dynasties changamire et mutapa, qui résista à l'implantation des colons dans le nord-est du Zimbabwe.

Mugabe, de Colin Simpson et David Smith (Pioneer Head, Salisbury, Royaume-Uni, 1981) retrace la biographie de Robert Mugabe, le président du Zimbabwe.

The Struggle for Zimbabwe : the Chimurenga War, de David Martin et Phyllis Johnson (Faber, Londres, 1981) est le récit, très apprécié, de la seconde Chimurenga, décrivant en détails le point de vue zimbabwéen sur la guerre tragique qui déboucha sur l'indépendance du pays. Il est également disponible au Zimbabwe dans une édition publiée par Zimbabwe Publishing House.

Essais politiques et économiques. Devenu indépendant en 1980 à l'issue d'une longue lutte de libération nationale contre le régime des colons blancs de Ian Smith, le pays a, depuis 15 ans, du faire face à sa nouvelle souveraineté. Il doit, en outre, affronter la redistribution des cartes dictée par le grand changement politique sud-africain. *Le Zimbabwe contemporain,* dirigé par Jean-Louis Balans et Michel Lafon (Karthala/ IFRA, Coll. Hommes et sociétés, 1995) intervient au moment charnière où les enjeux de l'indépendance se sont transformés en bilans. A trouver chez un bouquiniste, *le Zimbabwe* de D. Jouanneau (PUF, Que sais-je ?) permet une première approche des caractéristiques naturelles du pays.

Le Centre français du commerce extérieur, outre des renseignements pratiques assez à jour, propose une approche du marché zimbabwéen (CFCE, coll. Un marché, 1993)

Guides de voyage

Africa Calls Handbook of Zimbabwe, de Mark et Hazel Igoe (Roblaw, Harare) ressemble davantage à une grosse brochure touristique qu'à un guide de voyage, mais contient quelques informations utiles ainsi qu'un grand nombre de publicités pour divers services touristiques. Plusieurs produits dérivés sont également disponibles, dont les titres sur Victoria Falls, Kariba, Manicaland et le Zambèze. Certains de ces ouvrages n'ont malheureusement pas été actualisés depuis dix ans ou plus.

Backpacker's Africa – East and Southern, sous la direction de Hilary Bradt (Bradt Publications, Chalfont St Peter, 1989) présente l'ensemble des possibilités de randonnées au Zimbabwe (et dans tous les pays du Soudan à l'Afrique du Sud). Ces informations datent le plus souvent, mais une réédition actualisée est prévue.

Discovery Guide to Zimbabwe, de Melissa Shales (Michael Haag Ltd, Londres, 1989) est avare d'informations (presque chaque page est à moitié blanche), mais c'est un bon guide général sur le Zimbabwe décrivant en détails les principales attractions touristiques. Une mise à jour serait cependant plus que bien venue.

Globetrotter's Zimbabwe, de Paul Tingay (New Holland, Londres, 1994) est un mini-guide au format de poche, superbement illustré et contenant maintes informations essentielles. C'est un ouvrage excellent pour les touristes en voyage organisé ou se déplaçant en avion ou en automobile et qui souhaitent en savoir plus. *Guide to Southern African Safari Lodges*, de Peter Joyce (Struik Publishers, Le Cap, 1991) décrit en détails la plupart des campings des parcs nationaux et des safaris lodges privés du Zimbabwe, d'Afrique du Sud, de Namibie, du Botswana et de Zambie. *Spectrum Guide to Zimbabwe*, de Camerapix (Moorland Publishing, Grande-Bretagne, 1993) est un guide général des sites du Zimbabwe, illustré de belles photographies en couleurs. Il vous sera plus particulièrement utile pour planifier vos voyages, mais ses informations sont parfois fantaisistes.

Si vous lisez l'allemand, *Zimbabwe*, de Astrid et Marcus Cornaro (DuMont Büchverlag, Cologne, 1991) regorge d'informations de base sur l'histoire, les arts, la culture, les sites, la faune et les paysages du Zimbabwe, mais les informations pratiques sont maigres.

Langue

Vous trouverez dans les librairies du pays plusieurs dictionnaires de langue anglais-shona et anglais-ndebele. Si vous souhaitez apprendre quelques notions de shona, *Fambai Zvakanaka mu Zimbabwe – Have a Nice Trip in Zimbabwe* décrit la grammaire et le vocabulaire de base. Il n'est disponible qu'au Zimbabwe.

Art et musique

Là aussi malheureusement, on ne peut trouver que des ouvrages en langue anglaise. *Images of Power – Understanding Bushman Rock Art*, de David Lewis-Williams (Thomas Dawson, 1987) étudie les sites d'art rupestre d'Afrique australe et présente les diverses thèses relatives à leur histoire ainsi qu'à leur signification.

Life in Stone, de Oliver Sultan (Baobab Books, Harare, 1992) présente les quinze plus grands sculpteurs zimbabwéens, avec une courte biographie de chacun et de superbes illustrations en noir et blanc.

Making Music – Musical Instruments in Zimbabwe Past & Present, de Claire Jones, s'attache à l'enseignement, à l'utilisation et à la fabrication des instruments de musique traditionnels du Zimbabwe. On pourra se le procurer auprès de *Dandemutande* aux États-Unis ; reportez-vous à la rubrique *Musique* du chapitre *Présentation du pays* consacré au Zimbabwe.

The Material Culture of Zimbabwe, de H. Ellert (Longman Zimbabwe, Harare, 1984) est l'ouvrage le plus complet traitant de l'ensemble des aspects de la culture artisanale du Zimbabwe, ancienne comme moderne – armes, instruments de musique, outils, poterie, joaillerie, vannerie, etc.

The Painted Caves – An Introduction to the Prehistoric Art of Zimbabwe, de Peter Garlake (Modus Publications, Harare, 1987) présente les sites d'art rupestre majeurs du Zimbabwe. Cet ouvrage est essentiel pour tous ceux qui souhaitent découvrir l'art préhistorique du Zimbabwe.

Roots Rocking in Zimbabwe, de Fred Zindi (Mambo Press, Gweru, 1985) traite en profondeur du rock zimbabwéen, de la musique comme des musiciens.

Serima, de Albert B. Plangger (Mambo Press, Gweru, 1974) présente l'histoire de la magnifique Serima Mission, près de Masvingo, et de sa tradition de sculpture moderne et d'objets sculptés en bois.

Shona Sculpture, de F. Mor (Jongwe, Harare, 1987) est illustré de superbes photographies, mais le texte, qui pratique l'hyperbole à outrance, semble parfaitement illisible.

The Soul of Mbira – Music & Traditions of the Shona People of Zimbabwe, de Paul F. Berliner est un essai érudit sur le mbira et les musiciens de marimba au Zimbabwe ; il est complété par une annexe expliquant comment fabriquer le mbira ("piano à pouce") et jouer de cet instrument. On pourra se le procurer auprès de *Dandemutande* ; reportez-vous à la rubrique *Musique* du chapitre *Présentation du pays* consacré au Zimbabwe

Divers

A Concise Encyclopaedia of Zimbabwe, sous la direction de Denis Berens (Mambo Press, Harare, 1988) est un recueil d'articles informatifs présentant tous les événements historiques d'intérêt, le gouvernement, la politique, la religion, le climat, la faune, etc. Il est parfois en vente chez Kingston's.

CARTES

Si les plans des plus grandes villes sont disponibles auprès des Publicity Associations (offices du tourisme municipaux), il est plus difficile de se procurer le plan des agglomérations de moindre importance. Certaines Publicity Associations vendent des photocopies de cartes de parcs nationaux (éditées pour la plupart par la Shell Oil durant les années 60). Si vous devez séjourner quelques temps à Harare, il vaudra la peine de vous procurer *Greater Harare Street Guide*, un atlas de cartes à grande échelle de tous les faubourgs. Il était naguère vendu par la Harare Publicity Association, mais il semble qu'il soit aujourd'hui épuisé. Vous pourrez peut-être en dénicher un d'occasion. La Bulawayo Publicity Association commercialise un atlas analogue traitant de Bulawayo ; celui-ci n'est pas épuisé.

La carte nationale en couleurs que distribuait autrefois les Publicity Associations n'est plus disponible que sporadiquement. Du reste, elle n'est pas très détaillée, notamment en ce qui concerne les itinéraires secondaires, mais devrait convenir à la plupart des visiteurs.

La meilleure carte nationale, *Zimbabwe Relief, 1/1 000 000*, est éditée par Surveyor General (☎ 794545), Electra House, Samora Machel Ave, Harare. Elle coûte 5 $US. Le relief de la topographie est figuré par un code de couleurs et la carte présente l'intégralité des voies ferrées, des mines, des missions rurales, de l'hydrographie et des routes jusqu'au moindre sentier de brousse.

Surveyor General vend également des cartes topographiques au 1/50 000, couvrant l'ensemble du pays, pour 2,50 $US la feuille, ainsi que diverses cartes thématiques, dont plusieurs cartes de parcs nationaux, de 2 $US à 4 $US, et un plan à grande échelle des rues de Harare au 1/15 000, pour 2,50 $US. Le vendeur pourra vous demander de présenter une carte d'identité, mais se contentera généralement de votre nom et de votre adresse sur le reçu. Si vous souhaitez obtenir un catalogue, adressez votre demande à PO Box 8099, Causeway, Harare, Zimbabwe.

Parfois, vous trouverez la version actualisée (c'est-à-dire comportant les nouveaux noms de ville) des anciennes carte Shell Oil. Le recto comporte une assez bonne carte routière du pays, le verso des encadrés à plus grande échelle des zones d'intérêt touristique. Une carte de meilleure qualité (qui contient toutefois quelques inexactitudes) est la *AA Tourist Map of Zimbabwe*, au 1/1 800 000, éditée par l'Automobile Association. Au verso sont décrits les parcs nationaux les plus fréquentés. Elle est disponible dans les magasins touristiques ou directement auprès de l'AA (consultez la rubrique *Organismes à connaître* de ce chapitre) pour moins de 2 $US.

Enfin, *Mini-map of Zimbabwe*, éditée en Afrique du Sud par Map Studio, est une carte compacte, au 1/2 000 000, comportant également au verso des plans en encadré de parcs nationaux ainsi que les plans de rues de Harare et Bulawayo. Elle coûte environ 4 $US mais est malheureusement difficile à trouver au Zimbabwe même. On peut se la procurer sur commande auprès de l'éditeur : Map Studio, PO Box 624, Wynberg 2012, Republic of South Africa (☎ (11) 444 9473).

La carte *Michelin n°955 Afrique centrale et australe*, disponible dans le monde entier, est une carte routière convenable couvrant toute la région.

Reportez-vous à la rubrique *Livres et cartes* du chapitre général des *Renseignements pra-*

Anciens et nouveaux noms des agglomérations

Depuis l'indépendance intervenue en 1980, le gouvernement du Zimbabwe s'est efforcé de débarrasser le pays des nomenclatures héritées de l'ancien pouvoir colonial. Les villes furent les premières à être rebaptisées ; suivirent à partir de 1990 les noms des rues, des retenues d'eau, des parcs, des cours d'eau, des installations militaires et de tous les noms à connotation colonialiste. Mais à la manière de Rhodes, le nom de Robert Mugabe apparaît très souvent sur les plaques des rues. Les nouveaux noms de ville sont indiqués dans la liste suivante. Ceux des rues sont précisés dans les sections relatives à chaque ville.

Ancien nom	*Nouveau nom*	*Ancien nom*	*Nouveau nom*
Balla Balla	Mbalabala	Miami	Wami
Belingwe	Mberengwa	Mrewa	Murewa
Bulalima-Mangwe	Bulilima-Mangwe	Mtok	Mutoko
Chipinga	Chipinge	Nkai	Nkayi
Dett	Dete	Nuanetsi	Mwenezi
Enkeldoorn	Chivhu	Que Que	Kwe Kwe
Essexvale	Esigodini	Salisbury	Harare
Fort Victoria	Masvingo	Selukwe	Shurugwi
Gatooma	Kadoma	Shabani	Zvishavane
Gwelo	Gweru	Sinoia	Chinhoyi
Hartley	Chegutu	Sipolilo	Guruve
Ingezi	Ngezi	Somabula	Somabhula
Inyanga	Nyanga	Tjolotjo	Tsholotsho
Inyazura	Nyazura	Umniati	Munyati
Mangula	Mhangura	Umtali	Mutare
Marandellas	Marondera	Umvukwes	Mvurwi
Mashaba	Mashava	Umvuma	Mvuma
Matepatepa	Mutepatepa	Urungue	Hurungwe
Mazoe	Mazowe	Vila Salazar	Sango
Melsetter	Chimanimani	Wankie	Hwange

tiques pour obtenir la liste des librairies diffusant les principales cartes en pays francophones.

MÉDIAS

Journaux et magazines

Les deux quotidiens publiés au Zimbabwe – le *Chronicle* de Bulawayo et le *Herald* de Harare – consacrent l'essentiel de leurs colonnes aux informations locales, nationales et plus particulièrement sportives ; les événements internationaux y sont traités très brièvement. La *Financial Gazette* du vendredi contient un minimum d'informations étrangères.

Le mensuel catholique *Moto*, publié par Mambo Press, certainement le plus intéressant des périodiques zimbabwéens, traite des questions nationales, politiques et culturelles. Lancé en 1959, il est devenu hebdomadaire en 1971, puis fut interdit en 1974 par le gouvernement Smith, avant de renaître pour devenir l'organe de presse d'avant l'indépendance le plus influent sur la population noire.

Africa Calls Worldwide, journal d'informations touristiques et générales publié à Harare, propose des articles divers sur les sites touristiques, les arts, les restaurants, la faune et autres sujets connexes. Ce bimensuel est disponible dans le monde entier par abonnement. Pour tout renseignement, contactez Africa Calls Worldwide (☎ (14) 704715), 6th floor, Islip House, à l'angle de Samora Machel Ave et Park St, PO Box 2677, Harare.

Zimbabwe Travel News (☎ (14) 752125 ; fax (14) 751802), 6th floor, Memorial Building, Samora Machel Ave, PO Box 4128, Harare, est une autre publication intéressante, du moins en ce qui concerne l'industrie touristique. Son adresse en Europe est Tourism in Print, 4th floor, Grosvenor Crescent, Londres SW1X 7EE, Royaume-Uni. C'est une bonne source d'informations sur les derniers développements touristiques, mais chère (57 $US par an en Europe).

L'excellent mensuel touristique *The Travellers Times* (☎ (14) 729505) est distribué gratuitement par les hôtels, lodges, agences de voyages et tour-opérateurs. L'abonnement annuel, qui coûte 3,50 $US, couvre uniquement les frais d'expédition à l'étranger. Pour plus de renseignements, contactez Travellers Times (☎ (14) 794737) ; fax (14) 727080), 148 Baker Ave (près de la 7th St), Private Bag 7402, Chisipite, Harare.

Publications étrangères. Avant de partir, vous pourrez vous abonner au *Monde* hebdomadaire qui est un condensé de l'actualité de la semaine. Par ailleurs, vous trouverez sur place une sélection de magazines français auprès de l'Alliance française de Harare (Pudolojo 2939, PO Box 2515, ☎ 720 777).

Les autres sources d'informations internationales sont le *Time* et *Newsweek*, disponibles auprès des vendeurs de rue (vérifiez la date de l'exemplaire avant de l'acheter) et des librairies de Harare et de Bulawayo. Les boutiques de souvenirs des hôtels proposent souvent aussi la presse internationale.

Radio et télévision

La diffusion radiophonique et télévisuelle est supervisée par ZBC, la Zimbabwe Broadcasting Corporation. Le Zimbabwe possède actuellement deux chaînes de télévision et quatre chaînes de radio. TV 2 et Radio 4 sont financées par l'État ; toutes deux ne diffusent aucune publicité et sont à dominante éducative. Radio 1 diffuse des entretiens en anglais et de la musique classique. Radio 2 se consacre à la musique africaine et ses émissions sont principalement en langue shona, parfois en ndebele. Radio 3, essentiellement de langue anglaise, privilégie la musique de type hit-parade.

BBC World Service diffuse quatre émissions par jour. Pour plus d'informations sur les horaires et les fréquences, contactez le bureau de BBC African Service (☎ 793961), 4th floor, Frankel House, 2nd St, Harare. Voice of America émet également deux fois par jour. Avec une parabole, on peut recevoir la chaine francophone TV5 par satellite.

SANTÉ

Cette rubrique traite des informations sanitaires spécifiques au Zimbabwe. Pour les questions de santé générale en Afrique australe, référez-vous à la rubrique *Santé* du chapitre *Renseignements pratiques* consacré à la région au début de cet ouvrage.

Les services médicaux zimbabwéens sont en général assez performants. Harare et Bulawayo possèdent toute deux d'excellents hôpitaux. En cas de problème de santé potentiellement grave, ou de complications, il vaudra cependant mieux se faire rapatrier dans son pays d'origine, ou du moins se rendre à Johannesburg où l'on trouvera tous les services médicaux spécialisés.

Dans les hôpitaux et les cliniques privées, les équipements médicaux sont bien stérilisés et les produits sanguins soigneusement contrôlés : malgré la progression du sida au Zimbabwe, les risques d'infection au virus VIH par injection ou transfusion sont minimes. Les cliniques de brousse, en revanche, au budget de fonctionnement très réduit, ne disposent pas toujours des équipements nécessaires, surtout en cas d'urgence. Il sera utile d'apporter avec soi quelques seringues stériles ; reportez-vous à la section *Avant le départ* du chapitre *Santé* au début de ce guide.

Le numéro de téléphone d'urgence dans tout le pays est le (☎ 99). Si une urgence médicale intervient au cours d'un safari en brousse, faites appel, pour le traitement ou l'évacuation, au très efficace Medical Air Rescue Service (☎ 734513 ; fax 735517), Elcombe Ave, Belgravia, Harare. Vérifier que votre agence de safaris est inscrite à ce service, et en cas de troubles de santé spécifiques – diabète, épilepsie, insuffisance cardiaque, allergie aux piqûres d'insectes, etc. –, avertissez-en votre tour-opérateur lors de la réservation. Les voyageurs indépendants peuvent souscrire une assurance couvrant les frais d'évacuation directement auprès de Medical Air Rescue Service pour une somme modique. Rappelez-vous cependant que vous devrez pouvoir avoir accès à un téléphone ou à un radiotéléphone pour les prévenir en cas d'urgence.

Vous trouverez des pharmacies dans toutes les grandes agglomérations mais, à la différence de bien d'autres pays d'Afrique, elles ne vendent aucun médicament sans ordonnance. Le Zimbabwe bénéficie d'une extraordinaire pharmacopée naturelle. Pour en tirer parti, un magasin de médecine phytothérapique, The Herbalist, s'est installé dans First St Mall, à Harare, près de l'angle de Jason Moyo Ave. Vous y trouverez tout, de la crème de l'arbre à saucisses (*Kigelia Africana*), utilisée comme remède contre les cancers de la peau, aux crèmes solaires naturelles préparées à partir d'extraits de crème de l'arbre à saucisses, d'aloès zimbabwéen (*Aloe excelsa*) et d'arbre "lavandier" (*Heteropyxis dehniae*).

DÉSAGRÉMENTS ET DANGERS

Escrocs et escroqueries. Surtout à Harare et dans une moindre mesure à Bulawayo et Victoria Falls, de nombreux aigrefins considèrent le touriste comme une source inépuisable de richesses. Souvent, les victimes ne se rendent même pas compte qu'elles ont été grugées. Vous entendrez d'innombrables récits poignants, tous débités pour vous séparer de votre argent. N'en devenez pas paranoïaque pour autant mais demeurez simplement sur vos gardes, ce qui vous permettra d'éviter le pire.

Ces escroqueries sont souvent plutôt inoffensives. Si quelqu'un vous aborde en prétendant avoir faim (terrible argument), ne lui donnez par d'argent, mais proposez-lui de lui acheter quelque chose à manger ou renvoyez-le vers l'une des missions qui offrent de la nourriture aux indigents.

D'autres personnages abordent le touriste – et seulement lui – en lui montrant quelque document, provenant apparemment du ministère de la Santé et précisant que le porteur est un handicapé mental (par exemple), dépendant pour sa survie de la générosité publique. N'en tenez absolument pas compte.

L'"escroquerie au parrainage" est une autre pratique en vogue ; certains Zimbabwéens sont devenus aussi inventifs qu'experts en la matière. On vous abordera pour vous réclamer un don pour telle ou telle bonne cause – pour la construction de l'école du village ou la transplantation rénale que devrait subir la grand-mère. Vous rencontrerez à Harare un manchot apparemment digne de foi mais qui en fait sollicite des dons pour un nouveau bras depuis 17 ans – cette information nous a été transmise par un voyageur l'ayant rencontré à deux reprises, à 17 ans d'intervalle. Le donateur signe un formulaire apparemment officiel en indiquant le montant du don, se voit remercier par de grands sourires et s'éloigne en regrettant de ne pas avoir pu faire plus. Ce personnage a accumulé tant d'argent qu'il devrait ressembler aujourd'hui à une divinité hindoue !

Appliquez ces conseils élémentaires : ne vous laissez pas apitoyer par ces histoires ridicules, ne rajoutez pas votre nom à la liste des donateurs de 100 $Z et ne cherchez pas votre portefeuille lorsque plusieurs personnes vous entourent, car la plupart des voleurs veulent simplement savoir où vous mettez votre argent pour pouvoir le subtiliser ultérieurement.

D'autres personnes abordent les étrangers – exclusivement ces derniers – leur demandant de leur prêter leur montre, leur appareil photo, etc., pour telle ou telle raison, et proposant un rendez-vous pour la restitution de l'objet. Quiconque se laisse prendre à un stratagème aussi grossier mérite peut-être de se faire dépouiller de tout ce qu'il possède !

Un autre type d'escroquerie est pratiqué en matière de pari. L'étranger est invité à participer à un jeu de cartes, de billard, etc. Un meneur propose un "pari amical" et fait équipe avec l'étranger qui se voit ainsi confier les gains, mais aussi la responsabilité de couvrir temporairement les pertes de l'équipe, afin que la partie puisse se poursuivre. Comme par hasard, l'équipe semble enregistrer de nombreuses pertes, ce que le "pigeon" met sur le compte de son manque de connaissance des règles du jeu. A un certain moment, son équipier proposera de faire le compte des pertes et des gains, apparemment pour que l'équipe s'acquitte de ses dettes. Dès que l'argent à changé de main, le meneur et l'équipier disparaissent, laissant l'étranger "Gros-Jean comme devant".

Les escroqueries les plus graves sont heureusement moins fréquentes. Parfois, quelqu'un affirmera vous avoir vu fumer de la drogue ou changer votre argent au marché noir, et menacera de vous dénoncer à la police. Ne paniquez surtout pas. Quelquefois, ce stratagème n'est destiné qu'à détourner momentanément votre attention de vos effets personnels. Dans les autres cas, si vous êtes effectivement coupable de l'infraction alléguée, il s'agit purement et simplement d'une tentative de chantage.

Vol

Hormis les escroqueries mentionnées ci-dessus, qui laissent à la victime prévenue une chance de se défendre, vous devrez également faire attention au vol et aux agressions. En raison de la sécheresse qui a frappé récemment le Zimbabwe, de nombreux agriculteurs de subsistance ont dû migrer vers les villes à la recherche d'un emploi et beaucoup, dépourvus de toute qualification, n'en ont trouvé aucun. Certains sont devenus colporteurs de fruits et de légumes ou d'autres biens de consommation en centre-ville, mais la plupart ont été recrutés par des groupes de la mafia nigériane, particulièrement redoutable et à l'affût de la moindre opportunité. Depuis l'arrivée du crime organisé, les rues de Harare sont bien moins sûres qu'elles ne l'étaient il y a encore quelques années. Quand cette situation a commencé à être connue des milieux touristiques, des forces de police supplémentaires ont été engagées pour patrouiller dans les centre-villes durant la journée. Mais les rues restent dangereuses la nuit.

Le conseil est simple : abstenez-vous de marcher dans les rues la nuit. De même, durant la journée, évitez les petits groupes de jeunes traînant à l'extérieur des hôtels. Ce sont invariablement des pickpockets pour qui le touriste constitue la cible principale. Ne transportez sur vous que de petites sommes d'argent et, dans la rue, ne sortez jamais de votre poche une liasse de billets. Les lieux à ce titre les plus dangereux sont, surtout à la nuit tombée, les terminus de bus, les discothèques bondées et les grands parcs de Harare et de Bulawayo. Les terrains de camping et de caravaning engagent des gardiens chargés de surveiller les effets des campeurs, mais les vols n'en demeurent pas moins fréquents. Ne laissez jamais aucun objet de valeur dans votre tente et si vous possédez une voiture, rien de précieux ne doit être visible à l'intérieur.

Un autre problème se rencontre à Harare, qui concerne les chauffeurs de taxi laissant leur client suffisamment loin de leur destination pour que des complices puissent l'agresser en le menaçant à l'arme blanche. Le chaufferur reçoit ensuite une part du butin. Avant de monter dans un taxi, notez toujours le numéro de sa plaque et insistez, surtout la nuit, pour qu'il vous laisse devant votre porte.

La lettre suivante nous a été adressée par une Néo-Zélandaise d'un certain âge qui a été agressée dans un quartier tristement célèbre de Harare :

Je voyage légèrement, avec un sac de taille moyenne et des espadrilles, estimant que c'est la meilleure façon de ne pas paraître nantie. Pourtant, j'ai été agressée à Harare (sans dommage corporel) et l'on m'a volé mes objets de valeur. Je souhaiterais avertir tous les voyageurs de se méfier de telles attaques. La quasi-totalité des touristes à qui j'ai raconté mon aventure avaient eux-mêmes quelque anecdote concernant un vol de sac à l'arraché, ou un pickpocket.

Les hommes, avec leurs poches de poitrine ou revolver, ont tout à craindre des pickpockets. Je recommande fortement de ne pas porter ces sacs "banane" de ceinture sur lesquels se focalisent tous les regards, mais d'utiliser des ceintures spéciales pouvant contenir de l'argent et masquées par les vêtements.

J'ai été agressée un dimanche à 18 heures, alors que je marchais de l'arrêt du bus jusqu'à l'hôtel Selous. Je sais bien que l'on recommande à tout le monde de ne pas se promener nuitamment ; après, je me suis toujours efforcée de ne plus être dans les rues après 17 heures. Mais cette fois-ci, j'estimais que ce n'était pas vraiment le cas, bien que cela fût déjà le crépuscule et que la nuit tombe très vite.

A quelques pas seulement de mon hôtel, deux hommes ont surgi derrière moi, m'ont empêchée de bouger en m'agrippant au cou et se sont emparés de ma ceinture porte-monnaie avant de s'enfuir. Malgré mes cris, aucun des nombreux badauds n'a bougé, si ce n'est qu'ils gloussaient de satisfaction. Heureusement, tout s'est passé très vite, et jamais je n'ai eu à craindre qu'ils s'intéressent à autre chose qu'à mon argent.

J'ai immédiatement averti la police, mais ils ont mis du temps à venir. Je n'ai pas eu le sentiment qu'ils auraient pu faire quelque chose d'utile. Ce qui est plus important, c'est qu'ils m'ont remis un procès-verbal de ce qui m'avait été volé, procès-verbal confirmé par une visite, le lendemain, au commissariat central de Harare – ce point est important à signaler.

Grâce à Dieu, Harare est une petite ville, car le lendemain j'ai dû faire de nombreuses démarches, pour remplacer mon passeport, mes chèques de voyages, mon argent liquide et mes billets d'avion. Après avoir obtenu un nouveau passeport, la Haute délégation de Nouvelle-Zélande m'a avertie par téléphone qu'on avait retrouvé mon ancien passeport et me l'a remis. Fidèle à sa publicité, American Express a remplacé tous les chèques de voyage dont j'avais soigneusement conservé les numéros de série dans mon sac, et British Airways m'a fourni un autre billet en me demandant 149 $Z de frais. Cette somme ainsi que les 200 $US volés m'ont été remboursés par l'assurance de voyage à laquelle j'avais souscrit. En résumé, hormis le choc de l'agression et les désagréments ultérieurs, cette aventure ne m'a pas été véritablement préjudiciable.

Des nombreux cas comparables ayant eu lieu à Harare, j'ai appris plusieurs choses : ne jamais croire que le dimanche est un jour sûr, se méfier des groupes de jeunes gens qui peuvent vous encercler, ne porter sur soi que l'argent et les papiers strictement nécessaires et laisser le reste dans le coffre-fort de l'hôtel, non dans la chambre.

Une voyageuse néo-zélandaise

Faites tout particulièrement attention lorsque vous montez dans un bus ou un taxi. Les voleurs travaillent souvent en équipe. Deux d'entre eux font semblant de monter en même temps dans le véhicule, bloquant ainsi le passage. Pendant ce temps, un pickpocket opère dans la cohue, fouillant vos poches ou vos sacs. Parfois, quelqu'un entame une conversation, cherchant par exemple à vous vendre quelque chose, puis vous vous retrouvez brusquement encadré par deux autres personnes. C'est à ce moment que vous devez faire preuve de la plus grande vigilance.

Mme W. Selles, Pays-Bas

Racisme

Bien que le Zimbabwe soit depuis quelques temps déjà un pays indépendant, le visiteur ne manquera pas de constater que le racisme fondé sur la couleur de la peau et l'origine tribale existe toujours, et que le fait que le pays soit gouverné par la majorité shona n'a guère modifié les vieilles habitudes. Il serait tentant de taire cette question et de donner du Zimbabwe l'image flatteuse qu'apprécierait son industrie touristique – celle d'un pays libre où toutes les races et toutes les tribus jouissent d'une parfaite égalité. Cela n'est pas le cas.

Il ne s'agit pas, comme nombre d'étrangers conditionnés par les médias occidentaux pourraient le croire, de la seule question des relations entre Noirs et Blancs. Bien que la disparité économique entre Européens d'origine et Africains soit encore patente et que l'exploitation du travail à bas salaire demeure toujours un problème, l'animosité qui oppose depuis si longtemps la majorité shona à la minorité ndebele est une question aussi grave que les précédentes. Dans ce chapitre consacré au Zimbabwe, nous nous efforcerons de présenter la situation telle qu'elle est, ou du moins telle qu'elle semble être, sans intention de nuire à qui que ce soit.

Police et forces armées

Comparée à la plupart des autres pays d'Afrique, la présence policière ou militaire au Zimbabwe n'est ni évidente ni intimidante. Les conducteurs pourront se voir réclamer de la nourriture ou de l'argent aux barrages routiers de routine. Si vous offrez quelque chose, on vous remerciera d'un sourire ; sinon, en général, l'officier vous souhaitera une bonne journée et vous fera signe de circuler.

Les soldats Zimbabwéens, aux uniformes verts, sont aisément reconnaissables – ils portent souvent une arme automatique. Les forces de police sont normalement vêtues d'uniformes kaki, pantalons en hiver et shorts en été, ainsi que de képis à visière. La police de la circulation porte un uniforme gris. D'autres unités ont des chemises grises et des pantalons bleus, ou bien des uniformes entièrement bleus et des képis blancs.

Les policiers sont le plus souvent aussi aimables que courtois. Les problèmes sont très rares, et si vous deviez avoir affaire à un officier se comportant de manière non professionnelle, notez son nom et son matricule. S'il commet un délit, celui-ci devra être signalé à l'officier chargé des relations publiques du commissariat central de Harare.

MINES

Tout voyageur souhaitant se rendre dans les zones montagneuses de l'est du Zimbabwe, notamment dans la région de Mutare et du parc national de Chimanimani, doit savoir que certains terrains sont minés ou truffés d'obus non explosés.

Les mines furent posées le long de la frontière par les rebelles de la Renamo mozambicains, ainsi que par l'armée zimbabwéenne, dans le but de dissuader les incursions de part et d'autre de la frontière, au plus fort des activités de guérilla au Mozambique. Certains obus datent même de la seconde Chimurenga. Malgré les efforts déployés par les autorités zimbabwéennes pour retirer ces engins explosifs, on estime qu'il en reste un nombre considérable, sur lesquels les animaux sautent régulièrement. L'accident mortel qui a eu lieu en 1989 près de Skeleton Pass, au parc national de Chimanimani, devrait être un avertissement suffisant pour les randonneurs qui seraient tentés de s'aventurer hors des pistes balisées.

Si par malchance vous deviez vous retrouver hors des zones de sécurité, soyez attentif aux endroits où la terre semble avoir été remuée, ne touchez jamais tout ce qui pourrait vaguement ressembler à une arme et marchez le moins lourdement possible.

TRAVAILLER AU ZIMBABWE

Bien qu'il ne soit pas impossible d'obtenir un permis de travail au Zimbabwe, ce n'est pas chose facile et les autorités préfèrent que vous accomplissiez ce type de démarche dans votre pays d'origine. Si vous êtes à court d'argent et possédez des compétences recherchées au Zimbabwe, vous pourrez peut-être les convaincre de considérer plus attentivement votre cas (mais vous risquez tout aussi bien de vous faire expulser du pays). Vous aurez davantage de chance en cherchant d'abord un employeur et en obtenant une proposition d'emploi sûre, puis de vous inquiéter des autorisations officielles avec l'aide de votre nouvel employeur.

Les enseignants de niveau bac ou supérieur – plus particulièrement en sciences –, les ingénieurs, les informaticiens et le personnel médical auront le plus de chance de se voir accorder un permis de travail, à la différence des professions pour lesquelles les Zimbabwéens qualifiés sont en nombre suffisant, comme les infirmières ou les enseignants du primaire.

A l'heure actuelle, les enseignants sont autorisés à donner des cours au niveau correspondant à leurs diplômes. Un diplôme universitaire ou un certificat d'éducation n'est pas nécessaire pour enseigner en classes de niveau bac, mais à qualification supérieure correspond un salaire plus élevé. Si vous souhaitez réellement enseigner au Zimbabwe, et êtes prêt à relever ce défi, vous améliorerez vos chances d'obtenir un permis de travail si vous postulez pour une zone rurale.

Les salaires zimbabwéens sont très bas comparés aux niveaux européens ou américains et ne sont versés qu'en dollars zimbabwéens. Certaines personnes sont cependant autorisées à titre exceptionnel à exporter jusqu'à un tiers de leurs appointements. Les autres sont soumises aux mêmes contrôle des changes que les ressortissants du Zimbabwe (voir *Questions d'argent*). De plus, le système subit parfois des ratés : les fonctionnaires du gouvernement, notamment les enseignants, doivent parfois attendre des mois avant de percevoir leurs émoluments. Les contrats d'enseignement sont normalement négociés pour une période renouvelable de 2 ans.

Les collèges privés offrent de meilleurs salaires que les écoles publiques (le double en général), mais recherchent des enseignants ayant au moins bac + 4. Les deux meilleurs collèges de Harare sont Speciss College, Herbert Chitepo Ave, et ILSA Independent College, Fife Ave. Les congés payés, tant dans les écoles publiques que privées, sont d'environ 4 mois par an.

Les demandes de permis de travail (comme de résidence permanente) doivent être accompagnées d'un certificat médical prouvant que le candidat a subi récemment une radiographie des poumons et qu'il ne montre aucun signe de tuberculose ou d'autres maladies graves. De plus, il faudra fournir un justificatif de domicile, une promesse d'embauche, votre extrait de naissance, votre diplôme traduit en anglais par un traducteur assermenté et un certificat de mariage le cas échéant.

ÉTUDIER AU ZIMBABWE

L'école française de Harare est située 2, Beit Avenue, Milton Park (☎ 721 270). Le centre d'examen se trouve à Johannesburg (Afrique du Sud), qui est rattaché à l'académie de Marseille.

A NE PAS MANQUER

Le Zimbabwe a beaucoup à offrir. Tout découvrir demanderait bien plus de temps que n'en disposent la plupart des voyageurs. Si vous êtes très pressé, la visite de quelques sites les plus extraordinaires vous permettra du moins de profiter d'un échantillon de ce que l'on peut voir dans ce pays. Si vous devez vous en tenir à un itinéraire strict, vous pourrez inclure dans votre séjour l'un ou plusieurs des sites suivants.

Chutes Victoria. La première attraction du Zimbabwe. Elle est incluse dans les tours d'Afrique même les plus succincts, c'est pourquoi le quartier touristique est souvent bondé, mais les chutes mêmes demeurent vierges.

Hwange National Park. Le plus accessible des parcs naturels du Zimbabwe offre la plus grande variété et la plus forte densité de faune. Il est cependant relativement peu fréquenté et ses logements sont pour tous budgets.

Ruines de Great Zimbabwe. L'ancienne capitale de Great Zimbabwe est le plus grand site archéologique d'Afrique subsaharienne. C'est également un lieu propice pour se détendre durant quelques jours de camping et d'exploration.

Chimanimani National Park. Chimanimani englobe les régions de montagne les plus sauvages et les plus déchiquetées du Zimbabwe. Aucune route ne traverse le parc, mais de nombreux sentiers offrent les meilleures randonnées en brousse du pays.

Matobo National Park. Le terrain ponctué de kopjes et de rochers en équilibre des collines de Matobo, près de Bulawayo, abrite des centaines de peintures rupestres. Le parc est également le meilleur endroit au monde pour observer le rhinocéros blanc.

Mana Pools National Park. Plus reculé que Hwange, Mana Pools est l'un des parcs où les visiteurs sont autorisés à se promener seuls à pied. Son accès étant difficile, la plupart des voyageurs s'y rendent à l'occasion d'un safari canoë sur le Zambèze.

Nyanga National Park. Les montagnes "civilisées" de Nyanga et la proximité de la région désertique du parc national de Mtarazi Falls font de cette région *le* lieu où viennent s'évader les riches Hararais.

Lac Kariba. Rares sont les visiteurs époustouflés par Kariba, mais les Zimbabwéens semblent considérer qu'il s'agit du paradis sur terre. Le lac offre de bonne opportunités de pêche, de promenades en bateau, d'observation de la faune et de camping.

Vumba. La forêt et les jardins botaniques de Vumba sont propices aux promenades et à la découverte des paysages s'étendant vers le Mozambique voisin.

Domboshawa et Ngomakurira. A 30 km de Harare, ces deux sites offrent de belles randonnées sur des dômes recouverts de lichens, ainsi que de nombreuses occasions de découvrir les peintures pariétales.

Musée d'Histoire naturelle de Bulawayo. Si vous vous intéressez à la géologie, à la paléontologie, à l'anthropologie, à la zoologie ou à l'histoire, ne manquez pas de visiter ce musée, de loin le meilleur de tout le Zimbabwe. Il vaudra la peine d'y consacrer une journée, tout en se détendant dans les jardins environnants.

Centre d'art et d'artisanat de Mzilikazi. Ce centre d'art appliqué, situé à proximité de Bulawayo, révèle l'étendue et l'importance de l'art du Zimbabwe. Si certaines pièces sont répétitives, la plupart sont très originales.

ZIMBABWE

HÉBERGEMENT

Au Zimbabwe, le rythme de vie est considérablement plus détendu qu'en Europe ou en Amérique du Nord – ce qui fait également son charme –, à moins que vous ne puissiez vous offrir un hôtel cinq-étoiles, votre séjour sera des plus agréables si vous optez pour le "laisser-faire" en ce qui concerne l'hébergement et les services. La plupart des visiteurs sont agréablement surpris par la juxtaposition de normes confortables et de prix raisonnables.

Fort heureusement, le pays devient mieux équipé pour les voyageurs à petit budget. Outre l'ensemble des logements que proposent les parcs nationaux et les campings municipaux pour caravanes, on enregistre une augmentation du nombre des auberges et des Bed and Breakfast pour randonneurs : les voyageurs dépourvus de tente ne sont plus obligés de s'exiler dans d'étranges auberges de jeunesse, voire des hôtels doublés de maisons de passe clandestines.

Dans tous les cas – à l'exception des auberges et des bed and breakfast pour voyageurs à petit budget –, on demandera aux étrangers de régler la note en devises étrangères. Plusieurs voyageurs ont pu constater que certains hôtels pratiquaient un taux de change très élevé.

A plusieurs reprises, nous avons constaté que les taux proposés dans les hôtels étaient supérieurs à ceux pratiqués par les banques. Après renseignement, on nous a expliqué qu'il s'agissait d'une erreur. On nous proposait alors un taux plus proche (mais pas identique) du taux bancaire. Vérifiez toujours deux fois l'arithmétique des hôtels !

Andrew Bryceson, Grande-Bretagne

Camping

Toutes les grandes agglomérations possèdent des terrains de camping pouvant accueillir caravanes et tentes. La plupart sont d'une propreté immaculée et tous sont équipés de toilettes et de baignoires. Certains possèdent même des douches et les plus fréquentés disposent d'un concierge jour et nuit, de sorte que vos effets seront raisonnablement à l'abri sous votre tente.

Dans les campings des parcs nationaux et des aires de loisir, vous trouverez des barbecues à braii, des douches chaudes et parfois des pelouses pour accueillir les tentes. Au Hwange Main Camp, cependant, les grandes pelouses sont réservées aux caravanes, tandis que les tentes doivent se contenter d'un sol aussi dur que du ciment. Emportez des piquets de tente qui pourront relever le défi ! Même lorsque ce terrain en béton armé est masqué par une pelouse, il résiste aux piquets en aluminium comme en fibre de verre.

Pour les étrangers, les campings avec toilettes et baignoires coûtent 2,50 $US par personne sous tente et 4 $US par personne en caravane. Tous les parcs naturels proposent des grandes zones de campement, pouvant accueillir jusqu'à 12 personnes et coûtant 62 $US par nuit. Les campings de pêche des parcs nationaux de Gonarezhou et du Zambèze coûtent 21 $US pour 12 personnes maximum. La plupart sont équipés de barbecue à braii et de toilettes rudimentaires, certains de toilettes à chasse d'eau et de douches. Pour plus d'informations concernant la réservation dans les campings et dans les cottages, chalets et lodges des parcs nationaux, consultez la rubrique *Hébergement dans les parcs nationaux* plus loin dans ce chapitre.

Auberges de jeunesse

Harare et Bulawayo possèdent toutes deux une auberge de jeunesse, mais celles-ci, plutôt délabrées, montrent un état d'esprit typiquement rhodésien. Les résidences privées possédant des dortoirs constituent une autre possibilité d'hébergement à petit budget. Si la résidence affiche complet, on vous proposera de dormir par terre jusqu'à ce qu'un lit soit libéré. Bien que de tels établissement soient parfaitement dans les règles, ils sont surveillés par la police.

Bed & Breakfast

Une association de bed and breakfast en zone urbaine et rurale vient d'être créée au Zimbabwe. Pour obtenir la liste des participants et tous renseignements utiles, contactez Bed & Breakfast (☎ 724331), 161 2nd St Extension, Harare.

Hôtels

Si vous souhaitez descendre dans un établissement tranquille, il vaut mieux éviter les hôtels les moins chers. Leurs clients habituels étant souvent plus intéressés par le sexe et la beuverie que par le sommeil, le niveau sonore est toujours élevé. Même la sieste se révèle difficile, les malentendus avec les "dames de compagnie " n'étant pas inhabituels.

Les établissement de gamme moyenne sont confortables, convenables, et pratiquent dans la plupart des cas des prix raisonnables. Les hôtels de gamme moyenne à haute sont classés selon une échelle de zéro à cinq étoiles fondée sur un système de notation complexe incluant le service, la propreté et les équipements. La plupart des hôtels moyens arborent une ou deux étoiles et coûtent en moyenne de 15 $US à 30 $US la chambre double. Dans les hôtels trois-étoiles, la chambre double coûte de 25 $US à 50 $US. Certains hôtels quatre ou cinq-étoiles majorent le prix de la chambre louée aux étrangers – ceux-ci payent parfois jusqu'à 120% de plus que les résidents zimbabwéens.

"Game Ranches"

Ces ranches à bétail privés constituent le secteur d'hébergement qui connaît la croissance

Le système de prix à trois niveaux
A l'époque où le gouvernement contrôlait le tarif des hôtels, les demandes d'augmentation des prix formulées par les hôteliers étaient souvent rejetées, alors qu'ils étaient confrontés à l'augmentation de leurs frais généraux et à un revenu limité. La solution adoptée et approuvée par le gouvernement fut alors de pratiquer des tarifs en devise pour les étrangers, ce qui évolua en un système de prix à trois vitesses, les clients étrangers payant un tarif comparable à celui des pays européens.

Bien que le contrôle des prix ne soit plus en vigueur, la plupart des safari lodges et certains hôtels quatre ou cinq-étoiles (Zimbabwe Sun Hotels, Rainbow Hotels, Meikles, Sheraton et Holiday Inn, entre autres) pratiquent toujours ce système. Les tarifs appliqués aux étrangers peuvent s'élever au double ou au triple de ceux appliqués aux résidents zimbabwéens. La clientèle "régionale" (notamment les Sud-Africains) se voient accorder des réductions minimes par rapport aux tarifs étrangers. Le groupe hôtelier Cresta a cependant abandonné cette pratique : pour la qualité de ses prestations, il propose aux touristes étrangers le meilleur rapport qualité-prix dans la région, ce qui mérite d'être chaleureusement applaudi.

Depuis ces deux dernières années, cette question fait l'objet de débats passionnés. Si certains voyageurs, se sentant coupables de leurs revenus relativement plus élevés, payent volontiers ces prix forts, plusieurs faits entrent en ligne de compte.

Premièrement, maintes sociétés hôtelières pratiquant ce système de prix appartiennent à des groupes étrangers expatriant les bénéfices hors du pays.

Deuxièmement, les taux pratiqués à l'égard des résidents zimbabwéens ne sont en rien inférieurs au coût réel de l'hébergement, c'est-à-dire que les taux locaux ne sont pas pratiqués à perte.

Troisièmement, aucune taxe frappant les prestations touristiques en devises ne subventionne ces entreprises (c'est en théorie la justification du système des droits d'entrée à deux niveaux que pratiquent les parcs nationaux, alors qu'en réalité ces droits ne sont pas affectés à l'entretien des parcs).

Quatrièmement, les étrangers ne consomment pas nécessairement plus de biens et de services que les ressortissants du Zimbabwe, ce qui dans le cas contraire pourrait justifier l'application d'un tarif plus élevé (bien qu'en ce qui concerne certains safari lodges, les taux les plus élevés incluent en effet des activités non comprises dans les taux locaux, comme la chasse proprement dite).

Enfin, point peut-être le plus important, les frais généraux sont proportionnels à l'économie locale, le personnel percevant un salaire aussi bas (relativement aux normes européennes), qu'il serve une clientèle locale ou étrangère. Comme les salaires versés par les établissement hôteliers ne sont pas alignés sur ceux de leurs homologues européens, ce système de tarification n'est guère justifié. ■

la plus rapide du pays. La plupart appartiennent à des Zimbabwéens blancs et constituent des affaires aussi importantes que florissantes. D'anciens ranches à bétail et fermes commerciales sont laissés à la brousse et repeuplées d'animaux sauvages. Ces derniers servent à l'agrément des visiteurs ou sont élevés pour être vendus à d'autres ranches.

Nombre de ces exploitations font également office de réserves de chasse, l'hébergement étant secondaire. D'autres mettent l'accent sur l'observation et la photographie de la faune.

La qualité de l'hébergement et de la restauration est très variable. Les partisans de la chasse affirment que le revenu dérivé de leurs activités apporte la preuve, pour les populations locales, que la préservation de la faune peut être bénéficiaire. Quoi qu'il en soit, si vous réprouvez la chasse, vérifiez quelle est l'orientation principale du ranche où vous souhaitez loger.

Quant aux tarifs, les ranches à gibier sont en général plutôt chers, bien que certains s'ouvrent au marché de la clientèle à petit budget en proposant des aires de camping ou des cottages rustiques peu onéreux. Pour tous renseignements et réservations éventuelles, contactez Zimbabwe Safari Farms (☎ 733 573), PO Box 592, Harare.

Hébergement dans les parcs nationaux

Les parcs nationaux du Zimbabwe, relativement bien organisés, disposent de plus de 250 chalets, cottages et lodges, de même que de campings bien aménagés.

Le chalet, l'option d'hébergement la plus rudimentaire, est équipé en mobilier, réfrigérateur, éléments de cuisine (sans vaisselle ni couverts), lits, serviettes et éclairage. La cuisine se fait à l'extérieur du logement principal et les équipements sont communs. Les cottages possèdent, en outre, une cuisine complète et une salle de bains. Les lodges sont des logements entièrement indépendants où le service est assuré par le personnel des parcs nationaux. Ces trois types d'hébergement disposent d'une ou deux chambres à coucher avec deux lits par chambre. Hwange, Matusadona, Mana Pools et d'autres parcs proposent également des campements chic pouvant accueillir un nombre variable de personnes.

La réservation est essentielle si vous souhaitez loger dans les parcs nationaux et les campements, mais le système de réservation actuel souffre de défaillances et vous devrez vous y prendre longtemps à l'avance. Si l'on vous dit que tout est complet, ne désespérez pas, car le système accepte les réservations sans paiement et les désistements sont nombreux. L'astuce, c'est d'attendre jusqu'à 17h30 le jour où vous souhaitez rester, c'est pourquoi vous devrez disposer d'une solution de rechange au cas où tout serait *vraiment* complet. La lettre suivante illustre parfaitement ce à quoi vous pouvez vous attendre.

Le système de réservation centralisé des lodges des parcs nationaux est le plus désastreux que je connaisse. Hwange Main Camp et Sinamatella, de même que le Zambezi National Park étaient pratiquement déserts en mai/début juin. Pourtant, à Harare et sur place, j'ai vu des gens à qui l'on disait que tout était complet…

Les réservations centralisées ne peuvent être effectuées qu'à Harare ou à Bulawayo. J'ai essayé de réserver mais tout, à Hwange et à Zambezi National Park, était complet depuis des mois. On peut réserver sans payer, ou réserver et payer mais ne pas venir (c'est si bon marché). Les campements ne savent pas eux-mêmes avant 17h30 si un chalet/cottage/lodge sera disponible ou non, et si vous n'avez pas réservé, vous devrez attendre jusqu'à cette heure. Si vous souhaitez rester plus d'une nuit, vous devez vérifier chaque jour et attendre. A moins de téléphoner à Harare, bien sûr. Un couple d'Australiens que nous avons rencontré a passé 2 heures 30 à la réception de Hwange Main Camp pour essayer, en vain, d'obtenir Harare.

A trois reprises, on nous a dit à Zambezi National Park que tout était complet – que toutes les lodges étaient payés et que tout le monde s'était présenté. J'ai vérifié à chaque fois le registre de la réception, et celui-ci ne comportait que deux ou trois signatures. A chaque fois, après 10 ou 15 minutes de persévérance, on nous proposait une chambre. Parfois, l'obstination paye.

Catherine Webster, Grande-Bretagne

Les organismes de réservation de logement dans les parcs nationaux les plus fiables sont Central Booking Office (☎ 706077), National Botanical Gardens, à l'angle de Borrowdale Rd et de Sandringham Dr, PO Box 8151, Harare, ou Bulawayo Booking Agency (☎ 63646), 140A Fife St, PO Box 2283, Bulawayo. Ces deux bureaux sont ouverts du lundi au vendredi de 7h45 à 16h15. Les réservations peuvent être effectuées jusqu'à six mois à l'avance.

Les droits d'admission, les campements et les cottages sont normalisés et les étrangers doivent payer le double des prix affichés (tous les tarifs donnés dans ce chapitre sont ceux applicables pour les étrangers). L'entrée pour la journée coûte 1,30 $US (à l'exception des chutes Victoria qui coûtent 3 $US) et le forfait pour 7 jours coûte 5 $US. Les emplacements de camping pour tente sont loués 2,50 $US par personne, et 4 $US par personne pour les caravanes. Les campements chic pouvant accueillir jusqu'à 12 personnes coûtent 62 $US et les campements de pêche ordinaires 21 $US. Le campement de chasse de Lukosi, au parc national d'Hwange, coûte 129 $US.

Les chalets rudimentaires à équipements communs dotés d'une/deux chambres à coucher coûtent 10/20,50 $US. Les cottages avec salle de bains et une/deux chambres à coucher reviennent à 13/26 $US. Les lodges complètement équipés avec une/deux chambres à coucher sont à 15,50/31 $US (à l'exception de ceux de Mana Pools qui coûtent le double). Les huttes du Chimanimani National Park, au prix ridiculement élevé, sont louées 8 $US par personne.

Si vous avez payé votre réservation et ne pouvez vous présenter à la réception avant 17h30, téléphonez et prévenez le gardien, sinon vous perdrez la réservation et l'argent.

ALIMENTATION

La cuisine zimbabwéenne, héritière d'une fade gastronomie anglaise associée aux copieux plats africains, est assez ordinaire. Le plat de base est le sadza – porridge de maïs blanc à partir duquel l'on compose presque tous les autres plats. La viande (ou nyama) est le second composant (un sadza accompagné d'une sauce à la viande s'appelle sadza ne nyama), aussi abondant que peu onéreux.

Le choix en fruits et légumes est restreint, mais les variétés disponibles sont assez bonnes. Le "gem squash", une sorte de courge, est aussi délicieux que très apprécié. Tomates, concombres, maïs, potiron, courgettes et fruits tropicaux (papayes, mangues et bananes) se trouvent également en abondance à bas prix.

Le Zimbabwe est l'un des plus grands producteurs mondiaux de viande de bœuf. On en trouve à peu près partout. Le poulet est une viande de base, complétée parfois par du gibier, crocodile ou impala. Dans les zones rurales, on consomme beaucoup de chèvre et de mouton.

Les poissons les plus prisés sont notamment la brème du lac Kariba, qui n'est disponible qu'à l'occasion, et le *kapenta* séché (*Limnothrissa mioda*), comparable à l'anchois et provenant également de Kariba. La truite, excellente, est une spécialité des régions de montagnes de l'est. Jusqu'à très récemment, les lourdes restrictions qui frappaient les importations se traduisaient par la quasi-impossibilité de trouver des poissons ou des fruits de mer, hormis des crevettes du Mozambique, hors de prix et de contrebande. Le marché est désormais ouvert : les fruits de mer sont importés de toute l'Afrique australe.

Le *biltong*, viande séchée anonyme car elle peut provenir de toutes sortes d'animaux, du bœuf au koudou en passant par l'autruche, constitue un casse-croûte habituellement délicieux, mais parfois extrêmement salé. N'en mangez pas trop à moins d'avoir beaucoup d'eau à portée de main.

Buffets

Pour les appétits solides ne disposant pas d'un budget trop rigoureux, rien ne pourra égaler en termes de rapport qualité-prix les buffets servis dans les hôtels. Au petit déjeuner, vous pourrez vous restaurer à volonté de fruits frais ou en boîte, de céréales, de pains, de porridge, de bacon, de saucisses, d'œufs, de yaourt, de café, etc., pour 5 $US en moyenne.

Au déjeuner, le buffet inclut normalement des salades, plusieurs plats de viande, des ragoûts et des desserts pour un prix comparable. Dans certains établissements, les végétariens pourront obtenir une réduction importante. Le Holiday Inn de Harare, par exemple, propose un déjeuner végétarien pour seulement 3 $US, alors que le déjeuner complet coûte près du double.

Les dîners à volonté sont rares, mais ne manquez pas le buffet braii du Victoria Falls Hotel, pourvu que vous puissiez tout avaler. Ce repas gargantuesque aux plats européens et africains aussi merveilleux qu'innombrables – viandes, salades, ragoûts, pains et myriades de desserts – est servi pour 8,50 $US, ce qui vaut largement les deux ou trois heures que dure cette véritable fête gastronomique.

Faire son marché

Si vous souhaitez absolument faire vos courses au supermarché, cela vous sera plus facile au Botswana qu'au Zimbabwe. Ce qui ne signifie pas que vous ne trouverez rien dans ce pays, mais que les problèmes d'approvisionnement et les pénuries n'y sont pas rares. Normalement, si un magasin ne possède pas tel produit, vous ne le dénicherez vraisemblablement pas ailleurs.

Les marchés de township installés aux terminus des bus ne proposent pas un grand choix de fruits et de légumes, mais les produits sont frais et peu onéreux.

Nourriture végétarienne

Les végétariens estiment qu'il est particulièrement difficile de voyager en Afrique, car la plupart des plats bon marché sont à base de viande et les plats de légumes poliment préparés pour les étrangers végétariens sont souvent aussi insipides que bourratifs. Les œufs et les noix moulues, excellentes sources de protéines, abondent en Afrique australe et l'on peut se procurer à peu près partout du pain et des légumes frais, mais si vous souhaitez vous mitonner un repas végétarien intéressant, vous devrez très certainement faire votre marché.

Fast-food

Les terminus de bus regorgent d'étals proposant des casse-croûte graisseux et peu onéreux, ainsi que des noix moulues, des épis de maïs, des œufs, des sucreries et même des scarabées frits. Les plats cuisinés de base servis dans les zones de restauration au centre des marchés ne sont pas recommandés aux estomacs ou aux récepteurs olfactifs trop sensibles.

De qualité supérieure, les échoppes de plats à emporter, de style familial, servent des frites, des saucisses, des pâtés de viande, des sandwiches, des hamburgers, etc. Certains proposent une grande diversité de plats pour un excellent rapport qualité-prix. Plus haut sur l'échelle (mais pas nécessairement mieux), vous trouverez dans tout le pays des fast-foods appartenant pour l'essentiel aux chaînes Whimpy et Chicken Inn.

Restaurants

Dans les grandes agglomérations, et plus particulièrement autour des terminus de compagnies de transport, sont installées de nombreuses petites halles de restauration proposant des plats simples mais nourrissants – généralement quelque sadza ne nyama – pour à peine un ou deux dollars US. Ces établissement servent volontiers des plats végétariens, pas toujours très réussis : le meilleur qu'ils pourront vous préparer sera certainement un sadza accompagné de haricots en boîte, de choux et d'oignons bouillis ou d'un légume bouilli appelé *rabe* (le plus succulent du lot).

Divers cafés agréables sont installés dans les quartiers des affaires au centre-ville. C'est essentiellement à Harare et à Bulawayo que vous trouverez la cuisine internationale – italienne, chinoise, grecque, indienne, etc. Tous les grands hôtels touristiques abritent des restaurants onéreux proposant une cuisine européenne – composée principalement de viande, de pommes de terre et de deux légumes – et quelques tables raffinées des deux principales villes du pays parviennent à concocter une cuisine gastronomique avec le peu d'ingrédients disponibles.

Les bars et les restaurants appliquent dès 16h environ certaines restrictions vestimentaires. Si la définition de la "tenue élégante et décontractée" varie d'un établissement à l'autre, elle exclut du moins les shorts, jeans, T-shirts et tongs.

BOISSONS

Boissons sans alcool

Le *shandy* (bière panachée de *ginger-beer*) constitue la contribution de l'Afrique australe aux boissons rafraîchissantes. Il en existe trois sortes. Le *Malawi shandy* est composé de ginger-beer, d'angostura, de citron, de soda et de glace. Le délicieux *rock shandy*, plus doux, est fait de limonade, de soda et d'angostura. Le *Club special shandy* est un mélange de limonade, de ginger-beer et d'orange Mazoe, un cordial à base d'orange qui a envahi le créneau des boissons non gazeuses. Certains voyageurs l'apprécient beaucoup, d'autres le jugent trop poisseux.

Si vous souhaitez simplement boire un verre d'eau – l'eau du robinet est potable au Zimbabwe –, commandez un *Zambezi cocktail*. Si l'on vous en propose un, la bonne répartie à cette bonne vieille plaisanterie pratiquée dans tous les lieux touristiques du Zimbabwe, c'est de dire : "Merci bien, mais enlevez les crocodiles (ou la bilharziose, ou ce que vous voudrez) !"

Boissons chaudes

Les amateurs de café qui souhaiteraient faire une cure de désintoxication devraient songer à prendre des vacances au Zimbabwe. Bien que les plantations des Eastern Highlands cultivent le thé et le café, le meilleur de la production est réservé à l'exportation, c'est pourquoi ces breuvages ne sont pas partout disponibles. Quelques restaurants, décrits

Verre ou aluminium ?
En buvant une boisson non alcoolisée au Zimbabwe, il ne faut jamais oublier que la valeur de la bouteille en verre est supérieure à son contenu. Un coca consommé sur place coûte à peine 30 *cents*, mais si vous souhaitez emporter la bouteille, vous paierez au moins 50 *cents* de consigne, du moins si l'établissement vous autorise à le faire.

Normalement, pour pouvoir emporter une bouteille, il faut en rapporter une vide : tout le monde doit se plier à cette loi de protection. A moins qu'ils n'en achètent de nouvelles, les commerçants ne peuvent vendre qu'un nombre équivalent de bouteilles de boissons non alcoolisées, qu'ils rendront vides à leur fournisseur. Les aspects positifs de cette situation, ce sont les emplois créés par les entreprises de nettoyage des bouteilles et le nombre réduit de détritus disgracieux dans le paysage zimbabwéen.

En 1994, les fabricants de bouteilles en verre et les défenseurs de l'environnement s'opposèrent au gouvernement qui débattait de la possibilité d'autoriser les importations de boissons conditionnées en canettes d'aluminium. Si vous voulez savoir quelles peuvent être les conséquences du remplacement du verre par les canettes en alu, allez voir au Botswana, où des montagnes de canettes vides s'accumulent dans les rues et les champs des villes et des villages. A l'évidence, les bénéfices que procure l'usage de verre recyclable compensent de loin l'inconvénient de devoir rapporter la consigne. Les pays occidentaux devraient s'en inspirer ! ■

dans les chapitres régionaux, servent un véritable café local ou importé, mais ce que l'on boit d'ordinaire, même dans les plus grands hôtels, c'est un répugnant mélange de café instantané et de chicorée, cette dernière étant prépondérante.

Le thé de Nyanga, assez bon, bien que sa qualité ne soit pas extraordinaire, se consomme dans tous le pays.

Alcools

La boissons alcoolisée de base au Zimbabwe, c'est le *chibuku*, la "bière donnant du cœur au ventre" comme l'indique la publicité. Ce n'est pas une boisson savoureuse. Servie en seaux que les consommateurs se passent de mains en mains, elle présente l'aspect du chocolat chaud, la consistance d'un gruau et un goût douceâtre trompeur qui ne laisse en rien présager l'inévitable coup de massue. L'idée, c'est de se saouler à moindre frais, et là, c'est une grande réussite.

Le chibuku étant préparé avec des ingrédients du cru – levure, millet, sorgho ou autres féculents –, il est également utilisé à des fins cérémonielles. Pour la consommation de masse, il était commercialisé naguère en boîtes en carton, mais il est conditionné aujourd'hui dans de grandes bouteilles en plastique appelées *scuds* depuis la guerre du Golfe. Ce n'est pas dans un pub que vous pourrez en boire : le chibuku se consomme surtout dans les halles à bière des townships surpeuplés – à la clientèle essentiellement masculine – ou dans les *shebeen*, débits de boissons pas tout à fait légaux réservés aux invités. Les femmes non accompagnées ne seront pas véritablement à l'aise dans ces deux types de lieux.

En-dessous du chibuke dans la hiérarchie des alcools, le *skokiaan* est un tord-boyaux aussi dangereux qu'illégal, à base de céréales et corsé avec tout ce que l'on peut trouver à portée de main, très commun il y a 50 ans, mais heureusement peu apprécié aujourd'hui.

Vous pourrez certainement boire votre bière blonde préférée, servie fraîche – du moins aussi fraîche que possible. La marque la plus populaire est Castle (excellente), suivie par les marques Lion et Black Label. L'excellents Zambezi Lager, réservée jusqu'à lors à l'exportation, est désormais commercialisée dans le pays. Cette bière délicieuse porte une étiquette figurant un tableau des chutes Victoria. Certaines bouteilles de bière sont dépourvues d'étiquette, la marque étant seulement présente sur la capsule. On débat encore sur la question de savoir si cet anonymat est dû à des mesures d'économies de production ou à la mauvaise qualité de la colle utilisée pour fixer les étiquettes.

Bien que le climat zimbabwéen ne soit pas idéal pour la vigne, une production viticole se perpétue dans les régions situées à l'est et au sud-est de Harare. Le plus grand établissement vinicole, et le meilleur, Mukuyu, se trouve près de Marondera. Certains vins blancs sont convenables, mais les rouges se répartissent entre médiocres à désastreux. Seul leurs prix permettent de comprendre que l'on puisse les boire, les vins d'importation étant frappés de très lourdes taxes.

Diverses qualités de spiritueux sont disponibles, mais les importations sont relativement onéreuses. Les produits locaux sont moins chers et passables dans la plupart des cas, mais l'ouzo, le whisky et le cognac zimbabwéens présentent tous un goût douteux.

DISTRACTIONS

A l'instar des autres pays, le Zimbabwe offre toute une gamme de pubs, de discothèques, de boîtes de nuit, de cinémas et autres événements sportifs, mais ce qui intéressera certainement le plus le visiteur, c'est la musique zimbabwéenne devenue l'image de marque du pays (voir la rubrique *Culture* du chapitre *Présentation du pays* consacré au *Zimbabwe*). Nombre de voyageurs ne manquent pas d'assister à au moins un concert de musique africaine durant leur séjour. Si certains d'entre eux sont rebutés par les tracasseries éventuelles et l'attention gênante avec lesquelles les étrangers sont traités dans certains clubs noirs, la seule alternative consiste à assister aux concerts et aux danses, relativement insipides, organisés dans les hôtels.

La scène musicale. Le moyen le plus simple de s'informer consiste à consulter la rubrique divertissements des journaux. Les groupes musicaux moins connus, mais souvent tout aussi intéressants, font généralement leur publicité par affiches posées dans les banlieues et le long des voies ferrées. La plupart des hôtels louent régulièrement les services de divers groupes musicaux et facturent un supplément de couvert de 10 $Z (1,50 $US) à 15 $Z (2 $US). Les scènes les plus fréquentées à Harare sont le Mushandira Pamwe Hotel, Nyandoro Rd, Highfields, le Queens Hotel à l'angle de Robert Mugabe Rd et de Kaguvi St, et le Playboy Night Club, Union Ave (un peu plus cher que les deux précédents). A Bulawayo, essayez le Bulawayo Sun Hotel ou "Z" International, sur les champs de foire (Show Grounds).

Les *pungwe*. L'origine exacte de ce mot est inconnue mais l'on pense qu'il provient du mot *ngwe* signifiant "de l'obscurité à la lumière". Il fut employé pour la première fois dans les années 60 pour désigner les discothèques urbaines ouvertes toute la nuit. Durant la seconde Chimurenga (1972-1980), on qualifia également de pungwe les fêtes qui se déroulaient toute la nuit, célébrant l'unité nationaliste des villageois et des guérilleros, accompagnées de chants moralisateurs et de danses. Aujourd'hui, tout événement musical, soirée en discothèque ou concert, peut être annoncé comme pungwe, ce qui signifie qu'il commencera en soirée et se prolongera toute la nuit.

Avertissement. N'oubliez pas que les pubs et les hôtels haut de gamme exigent une tenue "élégante et décontractée", ce qui signifie normalement des vêtements sportswear pour les hommes et des jupes ou des tailleurs pour les femmes, à l'exclusion des trainings, chaussures de sport, tongs, jeans et autres T-shirts. Bien que cette règle soit appliquée de manière moins rigoureuse que par le passé, optez cependant pour une tenue un peu plus conservatrice si vous souhaitez ne pas vous faire éconduire.

Les étrangers sont les bienvenus dans les bars, les discothèques et les boîtes de nuit noirs, mais préparez-vous à subir une attention soutenue résultant le plus souvent d'une curiosité amicale. Cependant, aux yeux de nombreux Zimbabwéens, l'étranger représente la richesse, c'est pourquoi votre présence pourra inspirer de nombreuses demandes d'argent ou de consommations. Rappelez-vous également de confier votre argent à un membre de votre groupe resté à table si vous dansez dans la foule d'un concert ou d'une discothèque. Mieux, laissez argent et objets de valeur à l'hôtel et n'emportez que de quoi couvrir les frais de la soirée, taxi pour le retour compris.

Malheureusement, les femmes non accompagnées sont souvent confrontées à des situations désagréables dans les discothèques, les débits de boisson et les concerts. A moins d'être prête à afronter ces désagréments, vous serez certainement plus à l'aise avec un compagnon masculin. Vous pourrez également éviter maints embarras en vous joignant à un groupe d'Africaines, qui seront heureuses de vous apprendre quelque danse africaine.

ACHATS

Les boutiques de bibelots regorgent d'une extraordinaire quantité d'objets kitschs destinés aux touristes. En dépit des innombrables sujets sculptés en stéatite ou en bois, alignés le long des routes et des trottoirs, la sculpture "sérieuse" est une nouvelle forme d'expression bien accueillie. Les œuvres des plus grands sculpteurs se vendent évidemment très cher, mais dans les nombreux jardins de sculpture, centres d'art et galeries de Harare et de Bulawayo vous pourrez acquérir à des prix très compétitifs quelque belle pièce due à un jeune talent. Si vous recherchez des sculptures shona, méfiez-vous des escrocs qui tenteront de vous vendre des travaux de second plan, destinées aux touristes, pour l'œuvre de grands artistes.

Avant de céder à la tentation, faites-vous une idée de la sculpture zimbabwéenne contemporaine en allant visiter une galerie sérieuse, la National Gallery, Chapungu Krall ou la Galery 2000 à Harare.

Les pierres précieuses ou semi-précieuses, comme la malachite, le chrome-mica, la serpentine et les émeraudes de moindre qualité, sont sculptées ou serties en bijoux constituant autant de souvenirs charmants. Si vous souhaitez de beaux motifs naturels inhabituels et des pièces de "méditation", certaines des pierres les plus intéressantes sont polies en forme d'œuf et coûtent environ 25 FF.

Autre expression artistique récente, l'art du crochet est représenté par de magnifiques nappes et dessus-de-lit en dentelle, colportés à très bas prix – coûtant souvent à peine 20 $Z (50 FF). C'est dans la région de Kariba que l'on rencontre la concurrence la plus vive, donc les prix les plus intéressants, mais il est difficile de ne pas se sentir culpabilisé de débourser si peu au regard du temps considérable et du talent investis dans la création de ces dentelles.

La vannerie, qui présente également un savoir-faire de haut niveau, est d'excellent rapport qualité-prix. On pourra en acheter dans tous le pays le long des routes ou dans des boutiques. Dans la région de Binga et de la vallée du Zambèze supérieur, vous trouverez les tabourets batonka en bois sculpté. Il s'agit d'un artisanat spécialisé qu'il n'est pas facile de dénicher, mais si vous recherchez quelque chose d'original à rapporter chez vous, un vaste choix vous est offert. Ces tabourets sont plus facilement disponibles à Victoria Falls que dans leur région d'origine.

Dans tout le pays, le long des routes ainsi que dans les marchés artisanaux et les boutiques, vous découvrirez des rangées et des rangées d'objets sculptés en bois ou en pierre – têtes, hippopotames, rhinocéros ou girafes – souvent aussi charmants que parfaitement exécutés. Ces objets sont fréquemment de bon rapport qualité-prix lorsqu'on les achète directement auprès du producteur, en marchandant évidemment. Prévoyez de payer environ 40% du prix initialement demandé. Faites très attention cependant, en acquérant l'un de ces objets qu'il ne soit pas exécuté dans un bois de mauvaise qualité souvent teint au goudron, et vendu comme une sculpture en acajou, en *mukwa*, en ébène ou tout autre bois précieux. Ces imitations sont parfois très habiles mais l'odeur trahit le plus souvent la supercherie.

Si vous souhaitez quelque chose de plus inhabituel, vous pourrez opter pour un siège de toilette en bois de *mukwa*, une spécialité du Zimbabwe. On en trouve à Harare dans les quincailleries, comme PG Timbers. A Bulawayo, essayez J&F, à l'angle de Herbert Chitepo St et de 4th Ave, ou UBM, Fife St, entre les 5th et 6th Aves.

Quant aux objets en ivoire proposés dans les magasins touristiques du pays, ils doivent porter un certificat indiquant que l'ivoire provient intégralement de bêtes à éliminer du troupeau. L'importation de sculptures en ivoire non certifié est illégale dans les pays signataires de l'accord CITES – qui regroupe la plupart des pays occidentaux. N'achetez donc jamais un ivoire sculpté dépourvu de ce certificat, vous ne pourriez pas le rapporter chez vous.

Les éventuels acheteurs devraient également réfléchir à l'impact écologique de leur geste : acheter de l'ivoire et autres produits dérivés des espèces en danger – même s'il s'agit d'objets certifiés – revient à soutenir ce marché, et indirectement le commerce illicite des espèces en danger. Par ailleurs, si vous achetez un objet en ivoire non certifié, vous risquez la confiscation de votre bien ainsi qu'une très forte amende à votre retour dans votre pays d'origine.

A titre d'information, le Zimbabwe doit accueillir en 1997 la prochaine réunion internationale du CITES, ce que le pays considère comme une étape positive vers la reconnaissance internationale de ses efforts de gestion rationnelle de ses ressources en faune.

Comment s'y rendre

Ce chapitre ne traite des moyens de se rendre au Zimbabwe qu'à partir des pays voisins. Pour toute information concernant les dessertes de l'Afrique australe à partir des autres pays africains et des autres continents, consultez le chapitre *Comment s'y rendre* consacré à la région au début de ce guide.

VOIE AÉRIENNE

Air Zimbabwe et Air Botswana affrètent respectivement deux et trois vols directs hebdomadaires entre Harare et Gaborone. Air Zimbabwe propose également un vol le vendredi entre Harare et Windhoek. Air Namibia organise un vol le mardi et le vendredi entre Harare et Windhoek.

Si Harare est à l'évidence le pivot des dessertes aériennes entre le Zimbabwe et les pays voisins, des vols internationaux existent également en direction ou en provenance de Bulawayo et de Victoria Falls. South African Airways, par exemple, propose trois vols directs hebdomadaires entre Bulawayo et Johannesburg. SAA dessert le mardi et le samedi Johannesburg et Victoria Falls, avec parfois des réductions forfaitaires. Air Botswana couvre le marché du safari avec trois vols hebdomadaires entre Maun et Victoria Falls, *via* Kasane. Le vol du lundi et du mercredi proposé par Air Namibia entre Windhoek et Victoria Falls est sans accroc, avec escales à Tsumeb, Rundu et Katima Mulilo (Mpacha). Le vol du vendredi s'effectue *via* Maun et Katima Mulilo.

VOIE TERRESTRE

Passer la frontière

Tous les postes-frontières terrestres sont ouverts de 6h à 18h tous les jours, sauf Beitbridge (Afrique du Sud), ouvert jusqu'à 22h, et la frontière ferroviaire de Plumtree (avec le Botswana) qui fonctionne à chaque passage de train.

Les trois postes-frontières vers la Zambie sont situés à Chirundu, Kariba et Victoria Falls. Le passage en ferry de Kazungula, entre la Zambie et le Botswana, est à 2 km à peine du poste-frontière Zimbabwe-Botswana de Kazungula ; à 55 km à l'ouest (également au Botswana), se trouve le poste-frontière namibien de Ngoma Bridge. On peut passer la frontière en direction ou en provenance du Mozambique à Mutare et Nyamapanda. L'unique passage vers l'Afrique du Sud est à Beitbridge. Vers le Botswana, vous pourrez traverser la frontière à Plumtree (par route ou voie ferrée) ou sur la route de Kazungula, à l'ouest de Victoria Falls.

Si vous souhaitez entrer temporairement au Zimbabwe avec un véhicule de location, vous devrez être muni de la carte grise (document appelé "Blue Book"), détaillant les particularités du véhicule, de même que de la preuve que celui-ci est assuré dans son pays d'immatriculation. A la frontière, vous devrez vous procurer une autorisation d'importation temporaire à présenter lors de votre départ.

Avant d'accepter de monter dans un camion en route vers le Zimbabwe et provenant d'un pays voisin, enquerrez-vous de sa cargaison. Certains voyageurs indiquent que les routiers cherchent parfois à contraindre leurs passagers à payer les amendes sur les biens qu'ils ont essayé de passer en contrebande.

Transports routiers transafricains

Les transports routiers transafricains constituent un moyen de voyager à travers le continent de plus en plus prisé. Célèbres naguère pour leurs épuisants transports longue distance à travers toute l'Afrique, certaines compagnies desservent aujourd'hui des itinéraires plus courts. Si le routier dispose de place suffisante, vous pourrez voyager pour 15 $US par jour environ, plus une contribution pour la nourriture. Il suffit de s'adresser aux chauffeurs faisant halte aux gares routières (comme The Rocks à Harare ou le Town Council Caravan Park à Victoria Falls). A l'heure actuelle, les trajets les plus fréquentés sont ceux de Harare à Nairobi (*via* la Zambie, le Malawi et la Tanzanie), ou de Harare à Windhoek, en

Namibie. La plupart s'effectuent *via* Victoria Falls, ainsi que *via* Chobe et le delta de l'Okavango au Botswana, ou *via* la bande de Caprivi et le parc national d'Etosha en Namibie.

Depuis/vers le Botswana

Les deux principaux passages de la frontière entre le Botswana et le Zimbabwe se trouvent à Kazungula-Kasane et à Plumtree-Ramokgwebana. Ce dernier est un passage routier et ferroviaire. Un poste-frontière secondaire est situé à Pandamatenga, à l'ouest du parc national de Hwange.

Bus. L'itinéraire Plumtree-Francistown est desservi deux fois par semaine par un bus express de la compagnie Chitanda & Sons, de Harare à Gaborone *via* Bulawayo et Francistown, partant du Holiday Inn de Harare et du President Hotel de Gaborone. Réservez auprès de Manica Travel Services (☎ 793421, Harare ; ☎ 62521, Bulawayo).

Le jeudi et le dimanche à 6h, Express Motorways (☎ 720392, Harare ; ☎ 61402, Bulawayo) quitte Harare (à l'angle de Baker Ave et de Rezende St) pour Gaborone *via* Bulawayo ; le billet coûte 35 $US. Dans la direction opposée, les bus partent du African Mall et du Gaborone Sun Hotel, à Gaborone, le mardi et le samedi à 6h. Pour tout renseignement à Gaborone, téléphonez au ☎ 304470.

Un service de bus quotidien (sauf le dimanche), assez élémentaire, relie également Bulawayo à Francistown, partant tôt le matin du terminus de Lobengula St, à Bulawayo. Réservez auprès de Zimbabwe Omnibus Company (☎ 67291), Lobengula St, Bulawayo. Mach Coach Lines (☎ 60499) propose un service quotidien analogue à 16h.

Pour traverser la frontière entre Victoria Falls et Kazungula, la seule possibilité, hormis l'auto-stop, c'est le bus UTC de Victoria Falls à Kasane, au Botswana. L'aller simple coûte 20 $US.

Train. Le train quotidien de Bulawayo à Gaborone part de Bulawayo dans l'après-midi et arrive le lendemain matin. Le billet coûte 45/30/10 $US en 1re/2e/classe économique. Ce train n'étant pas toujours doté d'un wagon-restaurant (même si l'on affirme le contraire), il sera sage d'emporter des sandwiches et des boissons, pour parer à toute éventualité.

En 1re et 2e classe, les couchettes ne sont pas mixtes, à moins de réserver un compartiment entier ou un coupé deux personnes. Si la voiture-restaurant existe bien, vous devrez payer dans la monnaie du pays traversé. Les formalités de douane et d'immigration sont effectuées dans le train.

Cette ligne ne propose plus de correspondance pour Johannesburg ni pour Le Cap.

Gare	*Départ*	*Gare*	*Départ*
Bulawayo	13h30	Gaborone	21h
Plumtree	17h35	Mahalapye	1h15
Francistown	21h	Palapye	3h
Palapye	12h20	Francistown	6h45
Mahalapye	2h25	Plumtree	8h30
Gaborone	6h40	Bulawayo	13h

Le passage de la frontière en train entre Plumtree et Francistown est probablement le moins contraignant pour entrer et sortir du pays. Fort heureusement pour le voyageur, les services d'immigration doivent gérer une foule si importante que les fouilles, questions et autres tracasseries sont en général réduites au minimum. Les entrées au Zimbabwe par le train sont traitées dans le pays à la frontière de Plumtree, mais les déclarations en douane sont effectuées en gare de Bulawayo. Les voyageurs étrangers peuvent habituellement se contenter d'un "rien à déclarer" et dépasser la longue file d'attente des infortunés résidents zimbabwéens qui attendent la fouille de leurs bagages à la recherche de contrebande.

Si vous voyagez en train à partir du Zimbabwe vers le Botswana ou l'Afrique du Sud, vous devrez présenter votre passeport lors de la réservation du billet. N'oubliez pas que vos dollars zimbabwéens n'ont aucune valeur sur les trains internationaux : veillez à emporter quelques pula botswanais (ou autre devise forte) avant de partir.

En stop. Il est relativement aisé de voyager en stop entre Francistown et Bulawayo *via* le poste-frontière de Plumtree. Les matinées sont plus propices au stop vers le Botswana, l'essentiel du trafic se dirigeant l'après-midi vers Bulawayo. Si vous souhaitez faire du stop entre Victoria Falls et Kazungula-Kasane, attendez à l'embranchement de Kazungula Rd, à environ 1 km au sud-est de la ville.

Depuis/vers le Mozambique et le Malawi

L'itinéraire le plus direct entre le Malawi et le Zimbabwe traverse le corridor de Tête, jadis de sinistre réputation, entre Zobue, au Malawi, et Nyamapanda, au Zimbabwe. A l'heure actuelle, nombre de voyageurs préfèrent éviter la forte criminalité et la paranoïa administrative qui sévissent en Zambie, pour tenter leur chance par le Mozambique.

Un visa est requis de toute personne pénétrant au Mozambique, même si l'on ne fait que traverser le corridor de Tête vers le Malawi. L'itinéraire rallie Harare à Blantyre *via* les postes-frontières de Nyamapanda et de Mwanza. En provenance du Malawi, faites une demande de visa de transit pour le Mozambique à Lilongwe, au Malawi.

Bus. L'auto-stop est relativement facile sur l'itinéraire, mais vous trouverez également des minibus entre Nyamapanda et Tête, ainsi qu'entre Tête et Zobue, à la frontière du Malawi. Si vous voyagez en direction de Beira, le billet de Harare à Chimoio (*via* Mutare) coûte 12 $US. Pour tout renseignement, téléphonez au ☎ 727231 ou ☎ 721658 à Harare.

Sinon, vous pouvez emprunter les bus de Stagecoach Malawi (quatre fois par semaine) ou de Tauya (quotidiens) desservant la ligne directe de Nyamapanda à Blantyre. Le voyage dure de 9 à 14 heures – selon les délais à la frontière – et coûte environ 13 $US. Mach Coach Lines (☎ (14) 60499) relie Harare à Blantyre *via* Tête le vendredi à 8h, et à Lilongwe *via* Lusaka le mercredi et le samedi à 6h. L'aller simple coûte 14 $US.

Tant à Nyamapanda qu'à Mutare, une "taxe de frontière" non officielle est exigée, qui s'élève 5 $US ou 10 rand ou 30 kwacha du Malawi, payable uniquement en devises fortes – joli petit complément de revenu pour les gardes-frontières. Si vous voyagez entre le Zimbabwe et le Mozambique, vous n'êtes autorisé à exporter ou importer que 250 $Z en dollars zimbabwéens.

En provenance de Blantyre, vous pouvez rejoindre la frontière à Mwanza et faire du stop ou emprunter un bus ou bien encore un minibus. Le bus de K9 Express quitte Blantyre à 14h30 pour un trajet dure 2 heures. Vous pouvez également passer la nuit à Mwanza et faire de l'auto-stop le matin, ou poursuivre sur 4 km jusqu'au poste-frontière et y chercher quelqu'un qui pourra vous prendre en stop. La taxe de frontière non officielle est également prélevée dans cette direction.

***Via* la Zambie.** En direction du Malawi à partir du Zimbabwe, l'itinéraire le plus simple traversant la Zambie passe par Lusaka (pour plus de détails, consultez la rubrique *Depuis/vers la Zambie*). De là, vous trouverez des bus directs pour Lilongwe les dimanche, mardi et vendredi, partant à 6h et dont l'arrivée est prévue à 20h30, bien que les retards soient fréquents à la frontière. A Lusaka, les bus partent du terminus de Dedan Kimathi Rd. Le billet doit être réservé un jour à l'avance et coûte 15 $US pour le trajet de Lusaka à Lilongwe.

Si vous venez du Malawi, vous trouverez facilement un bus provenant de Lilongwe à la frontière zambienne. De là, prenez un minibus vers Chipata, en Zambie, puis un autre bus vers Lusaka. Trois bus quotidiens desservent Harare au départ de Lusaka (7 $US) ; tous partent à 6h et arrivent à Lusaka vers 16h. Le billet ne pouvant être réservé à l'avance, vous devrez vous présenter à la gare routière Inter-City (bus interurbains) vers 5h30 – heure à laquelle les rabatteurs commencent leur travail.

L'autre solution, ce sont les bus Giraffe bihebdomadaires. Les réservations peuvent être effectuées au bureau de Cairo Rd, en face de Mr Rooster. Le billet coûte 7 $US. Sinon, vous pouvez prendre un bus de Lusaka à Livingstone et traverser la frontière du Zimbabwe à Victoria Falls ; au départ de Livingstone, des taxis vous conduiront à la frontière pour 3 $US, de même qu'un service ferroviaire biquotidien pour 1,50 $US l'aller simple.

A Harare, Backpackers' Con-X-Shon (☎ (14) 5074115) gère les Backpackers' Bus entre Harare et Blantyre, au Malawi, qui partent chaque jeudi à 6h30. L'aller simple coûte 20 $US par personne.

Depuis/vers l'Afrique du Sud

La seule traversée directe entre le Zimbabwe et la République d'Afrique du Sud s'effectue par la route ou par la voie ferrée Trans-Limpopo, transitant toutes deux par Beitbridge. Les réformes économiques intervenues au Zimbabwe et l'arrivée au pouvoir du nouveau gouvernement de République d'Afrique du Sud ont entraîné un allégement considérable des procédures douanières. Les fonctionnaires zimbabwéens n'en conservent pas moins un œil attentif sur les voyageurs cherchant à passer des marchandises en contrebande en Afrique du Sud, sans payer les droits réglementaires, mais rares sont les visiteurs étrangers à rencontrer des problèmes. Si vous souhaitez entrer au Zimbabwe avec l'intention de retourner en Afrique du Sud, il sera sage de déclarer vos matériel photographique, radios, etc., avec leurs numéros de série, sur le formulaire que l'on vous présentera.

Bus. Express Motorways (☎ 720392, Harare ; ou 61402, Bulawayo), Rezende St, Harare, propose des bus quotidiens de Harare à Johannesburg *via* Bulawayo. Ils partent tous les jours à l'angle de Leopold Takawira St et de Baker St, à Harare, à 6h, font un arrêt au parking du City Hall de Bulawayo vers 13h, et parviennent à Johannesburg vers 12h le lendemain. Le billet de Harare à Johannesburg coûte 50 $US, et 37 $US à partir de Bulawayo. Il est essentiel de réserver à l'avance.

Mach Coach Lines relie quotidiennement Mbare à Beitbridge à 8h, en correspondance avec le Transtate City to City Coach, qui quitte Beitbridge pour Johannesburg à 16h.

Les Mini-Zim Luxury Mini-Coaches (☎ 76644), Budget Tours, à l'angle de Fife St et de 10th Ave, Bulawayo, sont plus rapides et plus confortables.

Ils partent du Holiday Inn de Bulawayo le mercredi et le dimanche à 6h30 et arrivent le même jour à 17h15 au terminus de bus Rotunda de Johannesburg. Le billet coûte 45 $US.

Les Silverbird Coach Lines (☎ 729771, p. 109), à Harare, partent du Sheraton de Harare les lundi et vendredi à 13h, et atteignent à Johannesburg à 6h30 le lendemain. De Johannesburg, ils partent du terminus Rotunda à 13h le mercredi et à 6h30 le dimanche, pour arriver à Harare à 7h le jeudi et à 21h50 le dimanche. L'aller simple entre Harare et Johannesburg revient à 76 $US.

Les bus de UTC's Blue Arrow Coach Lines (☎ 791305 à Harare et ☎ 69763 à Bulawayo) offrent la possibilité de voyager plus luxueusement encore entre Harare, Bulawayo et Johannesburg. Ils sont équipé de télé et de vidéo, de fauteuils à dossier inclinable, de climatisation et de toilettes, et bénéficient d'un personnel formé aux premiers secours qui servent également les boissons. Ces bus fonctionnent tous les jours sauf le samedi. L'itinéraire est partagé avec la compagnie sud-africaine Greyhound qui prend la relève au sud de la frontière.

Des minibus quotidiens relient également Harare et Bulawayo à Johannesburg. Ils partent seulement quand ils sont complets du Monomatapa Hotel à Harare (26 $US) et du parking du City Hall de Bulawayo (23 $US), et fonctionnent sans horaires fixes. Comme le précise un lecteur : "L'attente peut durer de 30 minutes à 6 heures."

Train. La liaison ferroviaire entre Harare et Johannesburg passe désormais par Beitbridge, la liaison *via* le Botswana n'existant plus. Le Trans-Limpopo Express à destination de Johannesburg quitte Harare à 7h le dimanche (et Bulawayo à 9h le dimanche), pour parvenir à Johannesburg à 8h02 le lundi. Il est essentiel de réserver à l'avance. Les correspondances entre le train Harare-Johannesburg et Bulawayo s'effectuent à Somabhula.

Le billet 1ère/2e/classe économique coûte 76/55/35 $US. Le train quotidien de Beitbridge à Johannesburg part également à 13h et arrive à 5h30 le lendemain. Le billet 1ère/2e/classe économique coûte 41/28/17 $US. L'horaire des départs est le suivant :

Gare	Heure	Jour
Johannesburg	8h30	Vendredi
Pretoria	9h42	Vendredi
Louis Trichardt	17h57	Vendredi
Messina	20h20	Vendredi
Beitbridge	21h10	Vendredi
Rutenga	22h53	Vendredi
Somabhula	2h48	Samedi
Gweru	4h39	Samedi
Kwe Kwe	5h40	Samedi
Harare	9h25	Samedi

Gare	Heure	Jour
Harare	7h00	Dimanche
Kwe Kwe	10h47	Dimanche
Gweru	12h15	Dimanche
Somabhula	14h48	Dimanche
Rutenga	16h55	Dimanche
Beitbridge	19h05	Dimanche
Messina	20h19	Dimanche
Louis Trichardt	22h41	Dimanche
Pretoria	6h49	Lundi
Johannesburg	8h02	Lundi

Le train depuis/vers Harare offre une correspondance avec le train depuis/vers Johannesburg à Somabhula. En provenance de Harare, le train quitte Bulawayo à 9h, et en venant de Johannesburg, il arrive à Bulawayo à 7h25.

En stop. Il est relativement aisé de se rendre en Afrique du Sud en stop *via* Beitbridge, mais attendez-vous à patienter. Ce sont les fonctionnaires de l'immigration en Afrique du Sud qui posent problème, car ils tendent à considérer l'auto-stoppeur comme représentant une forme inférieure de l'humanité. Si nous pouvions indiquer un meilleur moment pour traverser la frontière, ce serait vers 12h30, à l'heure du changement de service, ou 21h45, juste avant la fermeture de la frontière, quand tout le monde est pressé de rentrer chez soi.

L'autre possibilité de se faire prendre en stop entre la République d'Afrique du Sud et le Zimbabwe (et d'autres pays) consiste à faire appel aux services de Dial-a-Lift, en Afrique du Sud, qui met en relation conducteurs et auto-stoppeurs. La contribution financière est minime et vous n'aurez probablement qu'à partager les frais d'essence. A Johannesburg, Dial-a-Lift se trouve à Bizarre Cut, Shop 9, à l'angle de Rockey St et Raymond St, Yeoville 2198 (☎ (011) 648 8136 ou (011) 648 8602).

Depuis/vers la Namibie

Il n'existe pas de liaison directe par voie terrestre entre le Zimbabwe et la Namibie. L'itinéraire le plus direct passe par Victoria Falls et la bande de Caprivi *via* le Botswana, ce qui implique de se rendre d'abord en voiture (ou en stop) jusqu'à Kazungula (par la frontière du Botswana au départ de Victoria Falls), puis d'emprunter la route de transit gratuite traversant le parc national de Chobe (vous ne serez pas obligé d'acquitter les droits d'entrée du parc à moins que vous ne bifurquiez sur la route touristique) jusqu'au passage de la frontière namibienne à Ngoma Bridge. De là, le trajet en stop est court, et relativement facile, jusqu'à Katima Mulilo dans la bande de Caprivi. Pour tout renseignement concernant la traversée de la frontière à Victoria Falls/Kazungula, consultez la rubrique *Depuis/vers le Botswana* au début de ce chapitre.

Un service de bus relie désormais Harare et Windhoek, quittant Mbare le mardi vers 7h et Victoria Falls à 7h le mercredi. Le trajet Harare-Windhoek coûte 92 $US et 75 $US au départ de Victoria Falls.

Depuis/vers la Zambie

Trois postes-frontières sont ouverts entre la Zambie et le Zimbabwe : Chirundu, Kariba et Victoria Falls. Les deux premiers sont ouverts tous les jours de 6h à 18h ; celui de Victoria Falls reste ouvert jusqu'à 20h.

La plupart des voyageurs traversent la frontière à Victoria Falls/Livingstone ; c'est le moins tatillon des trois passages. Le poste-frontière zimbabwéen se trouve à 1 km de Victoria Falls. Entre Livingstone et le poste-frontière, vous pouvez emprunter un minibus au tarif excessif, ou bien un taxi ne coûtant que 3 $US ou le service ferroviaire biquotidien pour 1,50 $US. Vous devrez marcher pendant 1 km entre les postes-frontières zimbabwéen et zambien, mais vous serez récompensé par une vue magnifique sur les chutes Victoria du haut du pont du Zambèze.

Sinon, vous pouvez emprunter un taxi entre les deux postes-frontières pour quelques dollars US, ce qui fait cher du trajet.

Vous pourrez également traverser la frontière aux postes de Kariba ou de Chirundu. Ce dernier se trouve sur la route Harare-Lusaka, mais celle-ci est en très mauvais état entre la frontière et Lusaka. Trois bus quotidiens – gérés par UBZ, ZUPCO et Giraffe – relient le terminus de Mbare, à Harare, à Lusaka ; le premier part à 6h, mais arrivez à l'avance car il y a foule. Le trajet de 9 heures, coûte 7 $US. Si vous souhaitez davantage de confort, Power Coach Express (☎ 60466), 10 Williams Ave, Ardbennie, Harare, propose un service de bus quotidien entre Mbare et Lusaka, quittant Mbare à 8h, et Lusaka à 7h. L'aller simple est à 8 $US.

Les bus de United Bus Company of Zambia (UBZ) font le trajet de Lusaka à Bulawayo (15 $US) le jeudi à 6h (arrivée prévue le lendemain à 12h25). Les billets doivent être réservés à l'avance au terminus de bus de Kamwala (Inter-City), à Lusaka.

Excursions pour la journée au départ de Victoria Falls. Si vous ne souhaitez que traverser la frontière pour la journée, pour voir le versant zambien des chutes Victoria, les fonctionnaires zambiens ne sont normalement pas trop pointilleux quant à la nécessité de présenter un billet de prolongation du voyage ou de disposer de fonds suffisants. Les visas délivrés à la frontière coûtent 10 $US et peuvent être validés à la demande pour un séjour de 21 jours – certains voyageurs ne se sont vu accorder qu'un visa d'un jour au poste-frontière : si vous souhaitez obtenir un visa valable pour un séjour plus long, faites-en la demande à Harare. Si vous ne faites que passer la frontière pour la journée, confiez aux fonctionnaires de la douane vos devises excédants 500 $Z, et réclamez-les à votre retour.

Si vous vous trouvez en Zambie et souhaitez traverser la frontière uniquement pour visiter les berges zimbabwéennes des chutes Victoria, vous devrez accomplir les formalités normales de douane et d'immigration zimbabwéennes. On vous demandera également très probablement de présenter un billet de prolongation du voyage. Cela ne sera peut-être pas nécessaire si vous apporter la preuve manifeste que tous vos effets sont restés en Zambie, mais n'y comptez pas trop.

QUITTER LE ZIMBABWE

La taxe de sortie demandée à l'aéroport s'élève à 20 $US par personne pour les non-résidents de plus de 12 ans (20 $Z pour les résidents).

A l'aéroport, elle est exigible en dollars US. Vous pouvez acquitter à l'avance la taxe de sortie en dollars zimbabwéens, au taux de change officiel, auprès de n'importe quelle banque commerciale, mais vous devrez présenter le reçu bancaire certifiant que l'argent a été changé en toute légalité.

Comment circuler

Lors de son accession à l'indépendance, le Zimbabwe a hérité de bonnes liaisons ferroviaires entre ses principaux centres urbains ainsi que d'un magnifique réseau de routes goudronnées qui, bien qu'il se soit considérablement dégradé depuis ces dernières années, reste l'un des meilleurs du continent africain.

Le Zimbabwe aurait cependant besoin d'un niveau d'échanges internationaux suffisant qui lui permettrait d'acquérir et d'entretenir des moyens de transports publics à la hauteur de la qualité de son infrastructure. Bien que la situation s'améliore, en raison de la mise en œuvre du programme d'ajustement économique structurel (ESAP) et du plan de retenu des exportations (Export Retention Scheme), les pièces de rechange sont souvent difficiles à obtenir ; si les Zimbabwéens sont passés maître dans l'art du système D, la pénurie de matériels n'en demeure pas moins patente. Par conséquent, si vous dépendez des transports publics, ne comptez pas sur le respect intangible des horaires.

Autre conséquence de la pénurie en matière de transports publics, les bus ne fonctionnent que si une demande suffisante le justifie. Si vous souhaitez vous rendre dans les régions plus sauvages du pays – dans les parcs nationaux, par exemple –, vous devrez vous enquérir d'un autre moyen de transport. En général, la plupart des résidents zimbabwéens visitent les parcs nationaux dans leur véhicule personnel et la grande majorité des touristes circulent en voyage organisé comprenant le transport.

ZIMBABWE

AVION

La compagnie nationale Air Zimbabwe dessert les lignes intérieures entre Harare, Bulawayo, Kariba, Victoria Falls, Hwange National Park et Gweru. Les vols à destination de Masvingo et de Buffalo Range (Triangle/Chiredzi) sont désormais affrétés par United Air Charters. Les étrangers peuvent acheter en dollars zimbabwéens les billets pour les vols intérieurs d'Air Zimbabwe.

Bureaux d'Air Zimbabwe

Vous trouverez des bureaux d'Air Zimbabwe aux adresses suivantes :

Bulawayo
: Treger House, Jason Moyo St, PO Box 1000, Bulawayo (☎ (19) 72051)

Chiredzi
: Lowveld Travel, Mutual House, 77 Knobthorne Rd, Chiredzi (☎ (131) 2295)

Gweru
: Manica Travel Services, à l'angle de Robert Mugabe St et de Fifth Ave, PO Box 1347, Gweru (☎ (154) 3316)

Harare
: City Air Terminal, à l'angle de 3rd St et de Speke Ave, PO Box 1319, Harare (☎ (14) 794481 ; réservations (14) 575021)

Hwange National Park
: United Touring Company, Hwange Safari Lodge, PO Box DT-5792, Dete (☎ (118) 393)

Kariba
: Kariba Airport, PO Box 13, Kariba (☎ (161) 2913)

Masvingo
: Travel World, Allan Wilson St (☎ (139) 62131)

Victoria Falls
: Air Zimbabwe Terminal, Livingstone Way, Victoria Falls (☎ (113) 4316)

Lignes charter

United Air Charters, filiale de United Touring Company (UTC), affrète des vols charter vers les divers campements situés autour du lac Kariba ainsi qu'entre d'autres aéroports intérieurs. Cette compagnie, qui est désormais l'unique opérateur à destination de Masvingo et de Buffalo Range (Triangle/Chiredzi), propose également le "Flight of the Angels" à Victoria Falls, un vol de 10 minutes dans le brouillard s'élevant au-dessus des chutes Victoria et des gorges du Zambèze. Son bureau principal est ouvert au Harare International Airport (☎ 731713) ; elle possède des succursales à Kariba (☎ 2305) et à Victoria Falls (☎ 4220).

Si vous souhaitez bénéficier d'un service plus personnalisé à destination des diverses pistes d'atterrissage du Zimbabwe, essayez Executive Air (☎ 33941 ; fax 32949), PO Box EH 96, Emerald Hill, Harare. A Kariba, on peut les contacter par le truchement de Buffalo Safaris (☎ 2645).

BUS

Deux types de bus fonctionnent au Zimbabwe, les bus express et les bus locaux (également appelés "bus africains"). Les camions de transports routiers transafricains constituent une troisième possibilité de transport "public", souvent disponible mais dépourvue de confort. Pour tout renseignement, consultez le chapitre *Comment s'y rendre* consacré au Zimbabwe.

Bus express

Les bus express sont relativement fiables : leurs horaires sont publiés et ils effectuent des arrêts restauration et toilette programmés. Gérés pour la plupart par Express Motorways, Ajay Motorways et Blue Arrow/United Transport Group, ils offrent un service régulier entre les principales agglomérations du pays.

Express Motorways dessert Harare, Bulawayo, Gweru, Victoria Falls, Mutare, Masvingo et Kariba. A Harare, le bureau de réservation (☎ 720392) se trouve à la gare de Rezende St. A Bulawayo, réservez vos places auprès de l'agence de voyage Musgrove & Watson, et à Mutare auprès de la Manicaland Publicity Association.

Ajay Motorways dessert Harare, Bulawayo et Victoria Falls. Le bureau de réservation de Harare (☎ 703421) est situé au 2e étage du Travel Centre, Jason Moyo Ave. A Bulawayo, réservez auprès du Federal Centre (☎ 62521), Tenth Ave, entre Main St et Fort St ; et à Gweru (☎ 3316) à Electricity House, Sixth St. A Harare, les bus partent du Monomatapa Hotel, et à Bulawayo du Bulawayo Sun Hotel.

Blue Arrow/United Transport Group relie Harare à Bulawayo quatre fois par semaine.

Le terminus de Harare (☎ 729514 ; fax 729572) se trouve à Chester House, Speke Ave, entre Third St et Fourth St. A Bulawayo, le terminus (☎ 69673) est situé au Swift Town Depot, 73a Fife St.

Les autres compagnies de bus express sont notamment la Zimbabwe United Passenger Company (ZUPCO) qui gère une ligne Bulawayo-Masvingo (et Great Zimbabwe) à partir de son terminus de Lobengula St, entre Leopold Takawira Ave et Sixth Ave. Hwange Special Express (F. Pullen & Co) dessert également Bulawayo et Masvingo.

Bus locaux (africains)

Les bus locaux desservent n'importe quelle destination. Leurs tarifs sont d'excellent rapport qualité-prix, et entre les principales agglomérations, on compte généralement un départ par heure. Les meilleures compagnies sont, notamment, Tenda, Phumulani, Tauya, Shu-Shine, Zimbabwe Omnibus et Tombs Motorways. Si la qualité du service et la fiabilité varient, ces bus sont souvent aussi rapides que les bus express.

Relativement bondés (quoique pas autant que les bus d'Asie ou d'Amérique latine), ces bus sont très peu onéreux – le billet Harare-Bulawayo, par exemple, ne coûte que 30 $Z (4 $US). La nouveauté que peut représenter un étranger sera souvent irrésistible pour la plupart des passagers africains : attendez-vous à y rencontrer davantage les Zimbabwéens que dans les bus express, essentiellement fréquentés par les voyageurs étrangers. Comme deux lecteurs le précisent :

Nous avons principalement voyagé en bus africains, en toute sécurité. C'est un bon moyen de rencontrer les populations locales, puisque nous étions les seuls Blancs à bord. Les enfants cherchaient à mettre leur anglais à l'épreuve et nous questionnaient au sujet de l'Allemagne. La première question était toujours celle du temps qu'il fait dans notre pays natal. D'autres voulaient savoir à quoi ressemble la neige. Nous avons découvert qu'il était particulièrement difficile de décrire quelque chose d'aussi normal à des gens qui ne l'ont jamais vue. La plupart des écoliers avec qui nous avons discuté dans les bus croyaient que dans le pays d'où nous venons la couleur de la peau était aussi en majorité noire. Ils étaient très surpris d'apprendre que ce n'était pas le cas.

Nous avons peut-être eu de la chance, mais partout où nous sommes allés, nous nous sentions les bienvenus, et parfois des objets de curiosité plutôt que des étrangers importuns. Il était cependant essentiel de préciser, dès le début, que nous n'étions pas des Sud-Africains blancs. Une partie de notre voyage s'étant déroulée durant les vacances scolaires sud-africaines, nous avons pu comprendre pourquoi certains Sud-Africains ne sont guère appréciés.

Joost Butenop et Astrid Pohl (Allemagne)

Le Zimbabwe a connu ces dernières années plusieurs accidents de bus dramatiques, notamment un en 1990 (79 morts) et un autre en 1991 (89 morts). Pourtant, les bus locaux ne sont pas intrinsèquement dangereux, mais le mauvais entretien des pneus occasionne de fréquentes crevaisons qui peuvent être autant de causes d'accident. La sobriété des chauffeurs laisse également à désirer.

Leur principal inconvénient, c'est que la plupart des bus locaux partent des *musika* ou des *renkini*, les marchés des townships situés loin du centre-ville. Les voleurs prospèrent autour des terminus de bus locaux : ne laissez jamais vos bagages sans surveillance et, si vous devez les entreposer sur le toit du bus, gardez constamment un œil sur eux, surtout aux arrêts. La personne chargée de hisser les bagages sur le toit du bus exigera un pourboire énorme – jusqu'à 10 $Z si vous êtes un étranger ! Observez ce que payent les autres voyageurs, ce qui ne devrait pas s'élever à plus de 0,50 $Z.

Les plus grandes agglomérations sont dotées d'un terminus de bus en centre-ville, mais si vous montez dans le bus à cet endroit, vous risquez de ne plus trouver de place assise, voire même debout, après que le bus ait quitté le musika. La probabilité d'atteindre une destination donnée à un jour donné dépendra largement de votre heure d'arrivée au terminus. Si vous vous présentez vers 6h, vous aurez de fortes chances de pouvoir prendre place dans le premier – et souvent le seul – bus du jour partant dans votre direction. Ce problème se pose en termes moins cruciaux entre les agglomérations principales, car les bus partent durant toute la journée lorsqu'ils sont complets, et cela généralement jusqu'au milieu de l'après-midi. Ne vous énervez pas si vous ne trouvez pas quelqu'un qui puisse vous indiquer les horaires ou la fréquence des bus. Même si vous entendez quelque vague rumeur concernant un nombre moyen de bus par jour, n'en tenez pas compte, car ils ne respectent pas un horaire véritable. Les gens du coin sont confrontés aux mêmes problèmes que les étrangers pour en trouver un.

En cours de route, les bus locaux s'arrêtent à des haltes où les passagers peuvent acheter des casse-croûte et des boissons non alcoolisées. En ce qui concerne ces dernières, emportez toujours avec vous au moins une bouteille vide pour faire l'échange avec le commerçant : les régions rurales souffrent d'une pénurie de bouteilles et rares sont les commerçants à accepter de l'argent en guise de consigne. Les voyages étant souvent longs et chauds, prenez également soin d'emporter de l'eau.

Aussi agréables et intéressants que puissent être les bus locaux, trouver le bon peut mettre les nerfs à rude épreuve. Plus particulièrement au musika de Mbare, à Harare, les voyageurs, étrangers comme africains, sont souvent assaillis par des racoleurs qui créent une grande confusion, empoignant parfois les gens et leurs bagages en tous sens, certains pour les faire monter dans tel ou tel bus, d'autres pour s'emparer de leurs affaires. Pour éviter le pire, essayez de ne pas céder à la panique : si quelqu'un se comporte de manière agressive, ne révélez pas votre destination et tenez ferme vos bagages. Si la situation empire véritablement, asseyez-vous suffisamment longtemps pour recouvrer votre sang-froid. Si vous avez besoin d'aide pour trouver un bus particulier, il vaudra mieux vous adresser à une femme ou à un homme âgé.

Un dernier conseil : évitez de voyager les week-ends après le jour de la paye ou au commencement ou à la fin des vacances scolaires, époques durant lesquelles règne un chahut monstre dans toutes les gares routières du pays. Les gens font parfois la queue pendant deux nuits et les touristes ne se voient accorder aucun traitement de faveur.

TRAIN

Le Zimbabwe possède un bon réseau ferroviaire reliant les principales agglomération – Harare, Bulawayo, Victoria Falls et Mutare. Les trains sont très peu onéreux, surtout en 3e classe (classe économique), proposée sur tous les trains sauf les express.

Les trains zimbabwéens fonctionnent essentiellement la nuit et, en raison des distances relativement courtes, roulent très lentement afin d'arriver à une heure commode le matin. Les compartiments couchettes et la literie sont bon marché et confortables, surtout si vous venez de camper et de coucher à la dure pendant quelques temps.

Les compartiments couchettes ne sont pas mixtes, à moins d'avoir réservé à l'avance, avec un supplément, un compartiment familial ou un coupé (compartiment pour deux personnes). Les compartiments de 2e classe peuvent accueillir six adultes, mais comme les enfants ne sont pas décomptés et que la plupart des Zimbabwéennes sont accompagnées d'au moins un enfant, il est recommandé aux femmes voyageant seules de réserver un coupé si elles souhaitent pouvoir dormir.

Bien que la romantique ligne de train à vapeur entre Bulawayo et Victoria Falls ait été interrompue en 1993, des "rail safaris" à vapeur (safaris ferroviaires), très chers, empruntent toujours cet itinéraire, et d'antiques locomotives sont encore en service dans la gare de triage de Bulawayo. Quelques voyageurs nous ont signalé l'utilisation occasionnelle de locomotives à vapeur sur certains trajets (peut-être pendant l'entretien des locomotives diesel). Le matériel roulant s'enorgueillit de wagons des années 20, ornés de cuivres étincelants et de boiseries, même en 2e classe.

Comme seuls certains trains sont dotés d'une voiture-restaurant, emportez de la nourriture et des boissons. Dans les trains internationaux, vous devrez régler vos achats dans la devise du pays traversé.

Le vol est devenu un grave problème dans les trains : à moins d'avoir réservé un coupé (que le contrôleur peut fermer à clef), ne laissez jamais vos affaires sans surveillance ou emportez-les avec vous lorsque vous quittez le compartiment.

En ce qui concerne les lignes intérieures, les réservations sont ouvertes 30 jours avant le départ ; pour les trains internationaux à destination de Johannesburg, vous pouvez réserver votre billet 90 jours à l'avance. Réservez le plus tôt possible et précisez le cas échéant que vous emportez votre propre literie afin de ne pas payer le supplément.

Tous les renseignements concernant les tarifs et les horaires pourront être obtenus auprès des bureaux d'information des gares de Harare (☎ 700011, en dehors des heures ouvrables ☎ 700033), de Bulawayo (☎ 363 111, en dehors des heures ouvrables ☎ 322 284) et de Victoria Falls (☎ 391).

En général, le voyage en train se déroule sans anicroche, bien que parfois :

Notre voyage à destination de Harare a commencé avec le train de nuit de Victoria Falls à Bulawayo. Malheureusement, notre train a déraillé après être entré en collision avec un éléphant à 3h du matin. Après 8 heures d'attente, durant laquelle le train a été remis sur les voies et l'obstacle déplacé, nous avons pu continuer notre route vers Bulawayo.

Jordan Pollinger (États-Unis)

Horaires

Vous ne trouverez dans cette rubrique que les horaires des lignes intérieures. Pour toute information concernant les correspondances internationales vers le Botswana et l'Afrique du Sud, consultez le chapitre *Comment s'y rendre* consacré au Zimbabwe.

De Harare à Mutare. Les billets 1re/2e/classe économique de Harare à Mutare coûtent 6/4/3 $US. Les trains suivants roulent tous les jours :

Gare	*Départs*	*Gare*	*Départs*
Harare	21h30	Mutare	21h
Marondera	23h50	Nyazura	23h15
Rusape	3h23	Rusape	12h20
Nyazura	4h01	Marondera	4h00
Mutare	6h00	Harare	6h00

De Bulawayo à Harare. Un train de nuit (à trois classes) dessert la ligne dans les deux directions du lundi au jeudi et le samedi. Entre Bulawayo et Harare, le billet 1re/2e/classe économique coûte 9/6/4 $US.

Gare	*Départs*	*Gare*	*Départs*
Bulawayo	21h00	Harare	21h00
Gweru	1h10	Kadoma	00h01
Kwe Kwe	2h28	Kwe Kwe	1h21
Kadoma	4h00	Gweru	3h00
Harare	6h55	Bulawayo	6h40

De Bulawayo à Victoria Falls. Entre Bulawayo et Victoria Falls, le billet 1re/2e/classe économique coûte 9/6/4 $US. Cette ligne n'est plus empruntée par un service régulier de train à vapeur.

Gare	*Départs*	*Gare*	*Départs*
Bulawayo	19h00	Victoria Falls	18h30
Dete*	1h30	Hwange	22h22
Hwange	3h09	Dete*	12h45
Victoria Falls	7h00	Bulawayo	7h05

* Dete est la gare de Hwange Park

VOITURE ET MOTO

Le moyen le plus simple pour voyager au Zimbabwe, c'est le véhicule privé, qui offre la possibilité de s'arrêter là où on le désire, de visiter en toute liberté les parcs nationaux et de se rendre dans des lieux non desservis par les transports publics. Les motos roulent également bien sur les routes nationales du pays, mais l'accès aux parcs nationaux ayant vocation de préserver la faune leur est interdit, de même qu'aux voitures, après le coucher du soleil.

Les véhicules immatriculés à l'étranger peuvent être importés temporairement sans taxe supplémentaire. Vous pourrez le cas échéant souscrire à une assurance responsabilité civile à la frontière – onéreuse –, si vous ne l'avez pas déjà fait dans votre pays d'origine.

Les véhicules loués au Botswana, en Namibie et en Afrique du Sud peuvent entrer au Zimbabwe avec l'autorisation de la société de location, mais vous devrez vous munir à la frontière d'un permis d'exportation temporaire du pays d'origine du véhicule, ainsi que d'un permis d'importation temporaire au Zimbabwe. Demandez à la société de location de vous fournir les documents nécessaires.

Le permis de conduire de votre pays d'origine est suffisant au Zimbabwe (pour les séjours n'excédant pas 90 jours), à la condition qu'il soit rédigé en anglais. Sinon, vous devrez fournir une traduction certifiée conforme ainsi qu'une photographie. Au Zimbabwe, comme dans les autres pays d'Afrique australe, on roule à gauche. L'utilisation des ceintures de sécurité est en principe obligatoire à l'avant, et les automobilistes doivent allumer leurs phares entre 17h30 et 5h30 tous les jours de l'année. Si vous apercevez le cortège présidentiel, reconnaissable aux motos de police qui l'accompagnent toutes sirènes hurlantes et aux gyrophares bleus, vous devez vous garer sur le côté et attendre que celui-ci soit passé avant de redémarrer.

Vous devrez également faire très attention aux animaux sauvages traversant la route – une collision avec un éléphant se promenant sur la chaussée serait fatale à la voiture. De même, les antilopes et autres grands animaux semblent parfois surgir de nulle part sur la route. Sur les terres communales, les routes nationales se transforment en sentier pour les gens et leurs animaux domestiques. Si vous écrasez une chèvre ou un mouton suicidaires, on vous demandera de dédommager financièrement son propriétaire.

A la date de la rédaction de ce guide, l'essence ou le "blend" (mélange d'essence et d'éthanol de canne à sucre) coûtait environ 3,25 $Z (0,50 $US) le litre.

Location

La location d'une automobile au Zimbabwe pouvant se révéler onéreuse, il vaudra mieux, si votre budget est serré, louer une voiture à plusieurs. D'autre part, c'est le seul moyen véritablement pratique de visiter les parcs nationaux, sauf si vous disposez de tout votre temps pour faire du stop. Les véhicules de location n'étant guère nombreux, réservez le vôtre longtemps à l'avance.

Assurance et restrictions. Chaque conducteur doit être muni d'un permis de conduire en cours de validité émis par son pays d'origine. L'âge minimum pour être autorisé à conduire un véhicule de location varie d'une agence à l'autre : entre 23 ans et 25 ans en général ; l'âge maximum est ordinairement de 65 ans.

Les plus grandes sociétés vous demanderont certainement une carte de crédit en guise de caution, mais les petites accepteront souvent une caution en espèces s'élevant de 1 000 $Z à 5 000 $Z.

Dans toutes les agences de location, l'assurance tiers collision (normalement souscrite avec une franchise comprise entre 2 000 $Z/260 $US et 3 500 $Z/450 $US) est rajoutée au tarif de location. Si vous choisissez de ne pas y souscrire, vous serez responsable de tout dommage éventuel. Si vous déposez une caution en espèces, on vous demandera probablement de la compléter du montant de la franchise. Cela dit, aucune assurance tiers collision ne couvre les véhicules à deux roues motrices à Mana Pools, ni sur les routes caillouteuses des régions reculées des Eastern Highlands ou d'ailleurs. Pour ce faire, vous devrez louer un 4x4, ce qui est très cher.

Agences de location. Les trois grandes sociétés de location – Avis, Hertz, and Europcar/Inter-rent – acceptent leurs propres cartes de crédit de même que les cartes Visa, MasterCard, American Express et Diners Club. Plusieurs petites sociétés peu onéreuses ont fusionné ces dernières années, mais leurs véhicules souffrent en générale d'un manque d'entretien et, en cas de panne, rares sont celles qui proposent un service de dépannage ou de remplacement du véhicule. Certaines tentent même de facturer à leur clientèle les réparations courantes. Lisez soigneusement les paragraphes en petits caractères !

A l'heure actuelle, pour la location d'un véhicule le moins cher du groupe A (Mazda 323 ou véhicule comparable), les grandes compagnies facturent environ 28 $US par jour plus 0,30 $US le kilomètre. Si vous louez le véhicule pour une période plus longue – normalement plus de cinq jours –, vous paierez 55 $US par jour sans supplément de kilométrage jusqu'à 250 ou 300 km. Le tarif de location des plus petites sociétés est considérablement plus avantageux, 20 $US par jour plus 0,20 $US par kilomètre en moyenne, ou 45 $US par jour avec kilométrage illimité.

Vous trouverez dans la liste suivante les adresses de la plupart des sociétés de location de voiture installées au Zimbabwe :

Avis
5 Samora Machel Ave, Harare (☎ 720351 ; fax 750526)
99 Robert Mugabe Way, Bulawayo (☎ 68571)
Livingstone Way/Mallet Dr, Victoria Falls (☎ 4532)
Ceefax Car Hire
30 Charter Rd, Private Bag 7211, Highlands, Harare (☎ 796665)
Compass Car Hire
Shop 2, Parkade Centre, à l'angle de Ninth Ave et de Fife St, PO Box 9287, Hillside, Bulawayo (☎/fax 78576)
Efficient Car Hire
103 Harare St, Harare (☎ 752444)
Europcar/Inter-rent
19 Samora Machel Ave, PO Box 3430, Harare (☎ 752559 ; fax 752083)
Sheraton Hotel, PO Box 3033, Harare (☎ 729771 ; fax 728450)
9a Africa House, Fife St, PO Box 2320, Bulawayo (☎ 67925)
Fairmile Motel, Bulawayo Rd, PO Box 1232, Gweru (☎ 4144 ; fax 3189)
Cutty Sark Hotel, PO Box 80, Kariba (☎ 2321 ; fax 2575)
Grants Service Station, 1 Crawford Rd, PO Box 897, Mutare (☎ 62304 ; fax 62367)
Sprayview Hotel, PO Box 70, Victoria Falls (☎ 4344 ; fax 4713)
ERB Car Hire
113 Fife St, à l'angle de Third St, PO Box 6390, Harare (☎/fax 721023)
Glory Car
Shop 4, BB House, Leopold Takawira St, Harare (☎ 737867 ; fax 7327972)
Hertz
4 Park St, Harare (☎ 792791 ; fax 792794) ; à l'angle de George Silundika St et de Fourteenth Ave, Bulawayo (☎ 74701)
Hwange Safari Lodge, Dete (☎ 393)
Lake View Hotel, Kariba (☎ 2411 ; fax 2632)
43 Hughes St, Masvingo (☎ 2131)
Manicaland Publicity Bureau, Mutare (☎ 64784)
Zimbank bldg, Victoria Falls (☎ 4267 ; fax 4225)
Late Model Car Hire
N°1 Union Ave, PO Box 8394, Causeway, Harare (☎ 751618 ; fax 751619)
N°7 Belmont House, PO Box 1031, Mutare (☎ 63938)
Sky's Car Hire
136 Samora Machel Ave, PO Box 6390, Harare (☎ 738460)
Transit Car & Truck Hire
A l'angle de Twelfth Ave et de Fife St, PO Box FM 260, Bulawayo (☎ 76495)
Triple M Car Hire
124 Baker Ave, Oasis Hotel, Suite 7, PO Box 6748, Harare (☎ 790861 ; fax 790865)

Achat

A moins que vous ne soyez riche et souhaitiez séjourner longtemps au Zimbabwe, l'achat d'un véhicule ne constitue pas une solution raisonnable, car non seulement les voitures sont onéreuses, mais leur état laisse à désirer, et l'offre est également très réduite.

Si vous avez néanmoins l'intention d'acquérir un véhicule pour traverser de long en large le Zimbabwe, il sera bien plus facile et bien moins coûteux de l'acheter en Afrique du Sud, plus particulièrement à Johannesburg, mais veillez à vous procurer tous les documents nécessaires pour l'importer temporairement au Zimbabwe. Lorsque vous en aurez fini avec la voiture, vous devrez la rapatrier en Afrique du Sud pour la revendre – la vente d'un véhicule au Zimbabwe n'est autorisée que dans le cadre d'une procédure réglementaire d'importation grevée de taxes importantes.

BICYCLETTE

La plupart des routes principales du Zimbabwe sont dotées d'un revêtement et sont en excellent état d'entretien ; leurs accotements étant souvent protégés et séparés du flux de circulation par des lignes jaunes, ils peuvent être utilisés comme pistes cyclables.

Hormis certaines régions très vallonnées, le paysage relativement plat qui caractérise la majeure partie du pays (notamment le long des routes principales) facilite indéniablement le cyclotourisme. Notez cependant qu'il est interdit aux vélos de pénétrer dans les parcs nationaux.

La prévisibilité du climat aide en outre considérablement le cycliste. L'hiver est la saison idéale : les journées sont fraîches et lumineuses, et les vents d'est rarement trop violents pour gêner le cycliste. Si les distances sont longues entre les villes et les sites intéressants, relativement aux normes européennes, de nombreux petits commerces sont ouverts le long des routes, où vous pourrez vous arrêter pour vous désaltérer et discuter avec les personnes présentes.

Si vous roulez sur une bicyclette légère, rappelez-vous que les pièces de rechange sont quasi impossibles à trouver, même à

Harare. Les dimensions des pneus des vélos locaux étant de 26 ou de 28 pouces, vous pourrez parfois en dénicher, mais n'espérez pas pouvoir vous procurer des pneus de 27 pouces ou 700C. Emportez avec vous tout l'outillage et les pièces de rechange que vous estimerez nécessaire. Les meilleurs marchands de cycles de Harare sont Zacks, Kenneth Kaunda Ave, en face de la gare ferroviaire et, à proximité, Manica Cycles, dans Second Ave. On peut louer des vélos à Harare, à Bulawayo et à Victoria Falls.

EN STOP

Il n'est pas un pays où le stop soit absolument sûr : nous ne saurions donc le recommander. Le voyageur décidant néanmoins de se déplacer en stop doit comprendre qu'il prend le risque, même minime, de rencontrer de graves problèmes. Cependant, comme nombreux sont ceux qui optent pour ce mode de transport, les quelques conseils suivants devraient leur permettre de le faire dans les meilleures conditions de sécurité possibles.

Il est aisé de faire du stop au Zimbabwe : c'est d'ailleurs le mode de transport qu'adoptent maints Zimbabwéens, et il offre une bonne occasion de rencontrer la population locale. Il est même considéré comme plus facile et plus fiable que les bus locaux. Puisque la plupart des conducteurs acceptent des passagers afin de partager les frais du voyage, il faut s'enquérir du montant éventuel de la participation avant de monter dans la voiture : celui-ci n'excédera jamais le tarif des bus locaux.

Il n'est pas conseillé de faire du stop l'après-midi ou en soirée durant les week-ends ou les vacances scolaires, car une importante proportion de conducteurs se trouve en état d'ébriété.

Il vaudra mieux faire du stop à deux, mais une femme pourra voyager seule en stop s'il y a d'autres femmes et/ou des enfants dans la voiture. A l'évidence, il ne faudra pas risquer de monter dans un véhicule exclusivement occupé par des hommes. Vérifiez également l'état d'imprégnation alcoolique du conducteur : l'ivresse au volant est un problème majeur au Zimbabwe. Outre qu'il est déconseillé de faire du stop durant la nuit, ce mode de transport est interdit dans les parcs nationaux.

Signalons également qu'en dehors des routes principales, les voitures sont rares. Si vous voyagez dans l'arrière-pays, prévoyez de marcher et d'attendre. Même sur certaines des routes nationales les plus importantes – les abords de Beibridge en provenance de Masvingo ou de Bulawayo, ou la longue route de Bulawayo à Victoria Falls – le trafic est plutôt clairsemé, mais les voitures s'arrêteront volontiers pour vous prendre.

Dans les agglomérations, les stations-service constituent le meilleur endroit où se poster, et plus particulièrement la dernière station-service avant le commencement de la route, où l'on vient faire le plein. N'hésitez pas à demander aux conducteurs s'ils vont dans votre direction et à quel tarif : les Zimbabwéens procèdent également de même.

Hormis les dangers inhérents au stop, ce mode de transport offre cependant l'occasion de rencontrer des gens intéressants. Certains lecteurs nous ont rapporté les anecdotes suivantes :

N'oubliez pas qu'une voiture n'est jamais pleine, même si vous pensez qu'elle l'est. Nous avons été pris en stop, à deux et avec nos sacs à dos, dans une vieille 404 Peugeot où se trouvaient déjà douze autres personnes !

Marc van Doornewaard (Pays-Bas)

Je ne pouvais imaginer à quel point il est facile de faire du stop, même si nous avions stupidement décidé de voyager à quatre dans l'est du pays. Nous n'avons jamais attendu plus de 20 minutes avant d'être pris par une voiture. Un conducteur est parvenu à nous faire rentrer tous les quatre, plus nos bagages, dans son véhicule, et a fait un détour de 77 km pour nous déposer à destination, avant de revenir nous chercher trois jours plus tard et de nous amener à sa ferme où nous sommes restés aussi longtemps que nous le souhaitions. Ce sont des occasions comme celle-ci qui donnent tout son prix au voyage.

Stephen Millward (Grande-Bretagne)i

J'ai eu la chance de me voir proposer un voyage en stop jusqu'à Mlibizi en réponse à un message que j'avais laissé sur le tableau d'affichage du terrain de camping de Victoria Falls. C'était un couple de Sud-Africains charmants qui refusèrent ma proposition de partager les frais en affirmant qu'ils ne souhaitaient qu'avoir de la compagnie et pouvoir bavarder. Bien que le départ était prévu à 4h du matin, pour pouvoir attraper le ferry le lendemain, nous avons débouché quelques bouteilles de vin pour fêter notre rencontre. Les trois cents kilomètres du voyage ont été très agréables et j'ai eu le plaisir de pouvoir rencontrer des Sud-Africains attentifs aux réalités sociales de leur pays et militant activement pour la protection de l'environnement.

Un voyageur (Nouvelle-Zélande)

J'ai fait du stop partout – une femme blanche seule – et n'ai jamais été importunée par les conducteurs. De fait, j'ai eu l'occasion de rencontrer des personnages fascinants – quelqu'un qui venait de découvrir de l'or dans son jardin, un entrepreneur en train de rénover un hôtel historique, etc. J'ai également fait du stop dans les régions rurales où j'ai vécu des expériences analogues. J'ai toujours demandé à participer aux frais mais le plus souvent on m'offrait le voyage. Je crois réellement que le stop fait partie de la découverte du Zimbabwe !

Susan Loucks (États-Unis)

A PIED

La randonnée de loisir est chose inconnue de la grande majorité des Zimbabwéens, mais puisque la marche à pied est le mode de transport le moins onéreux, les gens se résignent souvent à l'adopter, particulièrement dans les zones rurales où il se révèle difficile de voyager en stop. Il n'est pas rare de rencontrer un marcheur cheminant sans bagages pour se rendre à un marché ou visiter des amis ou de la famille dans un village éloigné de 30 km. En dehors de principales lignes de bus, où les touristes, et notamment les autostoppeurs, peuvent se retrouver dans des situations comparables, le temps doit être pris en considération.

BATEAU

Le Zimbabwe étant dépourvu de littoral, les seuls bateaux dignes de ce nom sont ceux des deux compagnies de ferry fonctionnant sur le lac Kariba entre la ville de Kariba et Binga ou Mlibizi, à l'extrémité occidentale du lac. Ces ferries se révèlent très commodes si vous souhaitez faire un tour circulaire du Zimbabwe sans revenir sur vos pas entre Victoria Falls et Bulawayo.

La compagnie la plus fréquentée et la plus confortable, Kariba Ferries, possède deux ferries, le *Seahorse* et le *Sea Lion*, qui font chacun deux fois par semaine la navette entre Kariba et Mlibizi. Le ferry DDF, plus élémentaire, relie le National Parks Harbour de Kariba à Binga et à Gache Gache. Le ferry de Binga, qui appareille tous les quinze jours, fait escale la nuit à Chalala et à Sengwa. Des navettes hebdomadaires sont également proposées à destination de Tashinga et de Gache Gache. Pour plus de renseignements, reportez-vous à la rubrique *Kariba* du chapitre *Nord du Zimbabwe*.

Le transport jusqu'à Binga et Mlibizi peut se révéler difficile ; sans véhicule, vous devrez avoir été pris en stop par d'autres passagers. Si certains bus locaux desservent la ligne Bulawayo-Binga *via* Dete Crossroads, ils ne s'arrêtent pas à moins de 15 km de Mlibizi.

TRANSPORTS LOCAUX

Desserte de l'aéroport

La course de taxi pour les quinze kilomètres séparant l'aéroport international de Harare au centre-ville coûte environ 6,50 $US. Un bus express, coûtant 2 $US par personne, s'arrête devant la plupart des hôtels et des pensions du centre-ville. Dans l'autre direction, il part du Meikles Hotel ; téléphonez au ☎ 720392 pour obtenir les horaires. Le Meikles Hotel, le Sheraton et le Monomatapa offrent à leur clientèle une navette gratuite pour l'aéroport.

Vous ne trouverez aucun bureau de réservation hôtelière à l'aéroport, mais un bureau de change est ouvert à l'arrivée de tous les vols internationaux.

Bus

Harare et Bulawayo possèdent un service de bus urbain reliant le centre-ville aux faubourgs. Dans ces deux villes, efforcez-vous de monter dans les bus aux terminus, car ils sont surpeuplés partout ailleurs et lorsqu'on s'accroche aux fenêtres et aux portes, le chauffeur ne s'arrête plus pour prendre de nouveaux passagers. Le tarif des bus locaux s'élève actuellement de 1 $Z à 2 $Z par personne, soit moins de 0,25 $US.

Taxi d'"urgence"

Les taxis d'"urgence" sont facilement reconnaissables : ce sont des breaks déglingués de marque Peugeot portant l'inscription "emergency taxi" peinte sur une portière. Leur nom ne saurait sous-entendre l'urgence de leur condition ; la plupart, en effet, pourrait endurer les pires traitements. Ces taxis, qui ne sont autorisés à circuler que dans l'enceinte des villes et sur des itinéraires déterminés, facturent leur course au prix de 1,50 $Z, dans tout le pays et quelle que soit leur destination. Leurs itinéraires n'étant pas affichés, vous devrez vous renseigner auprès des chauffeurs ou des nombreux Zimbabwéens fréquentant les terminus.

ZIMBABWE

Taxi

Selon les normes européennes, les taxis urbains et suburbains du Zimbabwe sont peu onéreux – la course en centre-ville coûte généralement moins de 2 $US, et de 4 $US à 5 $US dans les banlieues de Harare et de Bulawayo.

La plupart des taxis officiels sont équipés d'un taximètre, mais si vous montez dans une voiture près d'une gare ou d'un terminus de bus, surtout si vous allez vers un hôtel, les chauffeurs renoncent souvent au compteur, vous proposant un forfait compétitif. Si vous craignez toutefois que l'on tente de vous gruger, insistez pour que le compteur soit mis en route.

Les taxis dépourvus de licence ne sont en fait pas moins chers que les taxis officiels (en raison des amendes et des pots-de-vin qu'ils doivent régulièrement payer) et l'on raconte maintes anecdotes terrifiantes sur des courses poursuites auxquelles se livrent taxis illégaux et voitures de police.

A Harare, certains chauffeurs sans scrupules déposent leurs clients suffisamment loin de leur destination pour que des complices puissent les agresser en les menaçant d'un couteau. Le chauffeur reçoit ensuite sa part du butin. Avant de monter dans un taxi, notez systématiquement son numéro d'immatriculation et, surtout la nuit, insistez pour qu'il vous dépose devant votre porte. A Harare, les compagnies de taxis les plus fiables sont Rixi Taxi et Cream Line. Les taxis dépourvus de licence adoptent souvent des noms à consonance analogue, comme Pixi ou Dream Line. Ouvrez l'œil !

CIRCUITS ORGANISÉS

Toutes sortes de voyages ou de circuits organisés – randonnée en brousse, voyage en train, canoë-kayak et rafting, découverte des sites, de la faune ou ornithologique, voire visites de détente tout compris – sont proposés par les agences de voyage et les tour-opérateurs du Zimbabwe.

Dans de nombreux cas, il sera préférable de réserver ces circuits sur place plutôt que de passer par une agence de votre pays d'origine, qui vous facturera souvent plus de quatre fois le prix proposé au Zimbabwe pour la même activité. Vous trouverez dans la liste suivante les adresses de tour-opérateurs locaux acceptant les réservations individuelles sur place. Les circuits spécifiques sont décrits en détails dans les chapitres concernés, mais les adresses ne sont données que dans cette rubrique.

Africa Dawn Safaris, PO Box 128, Bulawayo (☎/fax 46696). Se consacrant principalement au Matabeleland, cette agence propose des circuits à la journée autour de Bulawayo et du parc national de Matobo, mais aussi des découvertes de la faune du parc national de Hwange et des safaris plus longs, personnalisés, dans tout le pays.

Backpackers' Africa, PO Box 44, Victoria Falls (☎/fax 4510). Cette agence propose des randonnées-safaris de une demi-journée à 12 jours dans les quatre parcs nationaux du Zimbabwe occidental : Chizarira, Kazuma Pan, Hwange et Zambezi, dont un circuit englobant les quatre. Vous pouvez choisir de marcher sac au dos, de louer les services de porteurs, ou de partir en voiture et en stop, suivi par un véhicule. Elle fait également appel à des guides expérimentés.

Birds of a Feather Tours, PO Box BW 594, Borrowdale, Harare (☎ 882478 ; fax 728744). Cette agence propose des circuits ornithologiques dans les Eastern Highlands, le long du Zambèze moyen et dans la région de Hwange et de Victoria Falls, de même qu'un circuit rapaces au Matobo.

Black Rhino Safaris, PO Box FM 89, Famona, Bulawayo (☎/fax 41662). C'est l'une des meilleures et des plus enthousiastes des agences zimbabwéennes. Elle est spécialisée dans les circuits à la journée dans le parc national de Matobo, qu'elle connaît mieux que quiconque, et propose également de magnifiques voyages de Bulawayo aux parcs nationaux de Mana Pools et de Hwange.

Buffalo Safaris, PO Box 113, Kariba (☎ 2645 ; fax 2827). Cette agence recommandée propose des safaris canoë-kayak sur le Zambèze moyen et sur le lac Kariba, ainsi que des safaris randonnées à Mana Pools et à Matusadona. Elle gère également les Lake Wilderness Lodge et Nyakasanga Lodge, sur le lac Kariba, et accueille volontiers les randonneurs.

Bukima Africa, The Rocks, 18 Seke Rd, Hatfield, Harare (☎ 796226 ; fax 753199). Propose des transits de bon rapport qualité-prix, par voie terrestre, entre Harare et Victoria Falls à partir de 20 $US, ainsi que des circuits plus longs au Zimbabwe et au Botswana, incluant Matobo et le delta de l'Okavango, pour 270 $US par personne, avec nourriture et découverte des sites.

Carew/Wild Side Safaris, 18th floor, Livingstone House, Samora Machel Ave, PO Box 295A, Harare (☎ 796978 ; fax 795301). Propose des circuits équestres onéreux mais extraordinaires dans la belle vallée sauvage de Tingwa, dans la chaîne du Mavuradonha. Des offres spéciales randonneurs (voir le chapitre *Northern Zimbabwe*) sont proposées hors saison ou lors de défection de dernière minute.

Chikwenya Safaris, PO Box 292, Kariba (☎ 2525). Cette compagnie, qui gère le Chikwenya Camp du parc national de Mana Pools, ainsi que la Fothergill Island Lodge au lac Kariba, propose des circuits de découverte de la faune en voiture, en bateau ou à pied à partir de ces deux campements.

Chipembere (Wild Frontiers) Safaris, PO Box 9, Kariba (☎ 2946). Cette agence basée en Afrique du Sud organise des circuits en canoë sur le Zambèze moyen, de Mana Pools à Kanyemba, ainsi que des randonnées de 4 jours, très recommandées et de prix raisonnable, à travers le parc national de Mana Pools. En Afrique du Sud, contactez Wild Frontiers (☎ (011) 314 5838 ; fax (011) 4850), PO Box 844, Halfway House 1685.

Club Wununda Safaris, PO Box 9084, Hillside, Bulawayo (☎/fax 42379). Cette agence originale propose des circuits associant golf et photographie, du tour des principaux golfs du Zimbabwe à l'exploration photographique de l'ensemble du pays.

Dabula Safaris, PO Box 210, Victoria Falls (☎/fax 4453). Propose des safaris de 1 à 2 jours, des safaris randonnées, des croisières, des dîners en brousse et des transferts dans la région de Victoria Falls.

Eddie's Tours, 114 Gayview Mansions, George Silundika St, Bulawayo (☎ 66660 ; fax 65016). Si vous souhaitez découvrir la culture africaine traditionnelle, cette agence vous est destinée. Son propriétaire ndebele organise des voyages dans les villages et les terres communautaires, ainsi que vers les principaux sites de la région de Bulawayo. Il propose également des circuits plus longs dans le pays, dont un de 2 jours, de Bulawayo à Victoria Falls, retraçant l'histoire des Ndebele.

Far & Wide Zimbabwe, PO Box 14, Juliasdale (☎ 26329). Sa spécialité, c'est le rafting en eaux vives sur le Pungwe, dans les Eastern Highlands. Cette compagnie gère également un petit campement de safaris près de Mtarazi Falls.

Footprint Safaris, Trish Reynolds, PO Box BW-276, Borrowdale, Harare (☎ 882883). Cette agence, aussi petite qu'enthousiaste, propose des circuits guidés personnalisés, peu onéreux, à Harare et dans le pays.

Frontiers, Shop 1, Parkway, PO Box 35, Victoria Falls (☎ 4772). Spécialisée dans le rafting en eaux vives sur le Zambèze en aval des chutes Victoria, cette agence organise également des circuits de rafting de 2 jours ou plus dans les gorges de Batoka.

Goliath Safaris, Suite 336, Brontë Hotel, PO Box CH 294 Chisipite, Harare (☎ 708843). Petite et intéressante agence, très recommandée, proposant des itinéraires entre Chirundu et Kanyemba. C'est peut-être le moins routinier de tous les opérateurs, et sa popularité va croissant.

Gwaai Valley Safaris, PO Box 17, Gwaai River (☎ 3401 ; fax 375). Spécialisée dans les safaris de 1 à 2 jours et les safaris personnalisés dans le parc national de Hwange. Gère également la Nyati Lodge, qui vise une clientèle à petit budget, près de la rivière Gwaai, à l'extérieur du parc.

Ivory Safaris, PO Box 9127, Hillside, Bulawayo (☎ 61079). Propose des safaris dans le parc national de Hwange à partir de son propre campement, Ivory Lodge, situé immédiatement à l'extérieur des limites du parc.

Kandahar Safaris, Sopers Arcade Shop 9, Parkway, PO Box 233, Victoria Falls (☎ 4502 ; fax 4556). Agence spécialisée dans les randonnées en canoë pour la journée en amont des chutes Victoria et dans des circuits camping le long du Zambèze supérieur, entre Kazungula et Victoria Falls.

Kasambabezi Safaris, PO Box 279, Kariba (☎ 2641). Propose des circuits de canoë entre Kariba et Chirundu, intéressants et peu onéreux, idéals si vous ne disposez que de peu de temps.

Kalambeza Safaris, VFR Tours, 6th floor, 35 Samora Machel Ave, PO Box 4128, Harare (☎ 793996 ; fax 791188) ou PO Box 121, Victoria Falls (☎ 4480 ; fax 4644). Spécialisée dans les circuits à la journée entre Harare et Victoria Falls ainsi que dans les safaris découverte de la faune dans les parc nationaux de Hwange et de Kazuma Pan.

Khangela Safaris, PO Box FM 296, Famona, Bulawayo (☎/fax 49733). Cet opérateur très recommandé est dirigé par un guide professionnel, Mike Scott, qui conduit des randonnées avec camping dans les parcs nationaux de Chizarira, Hwange, Zambezi et Gonarezhou ; en prévenant en temps utile, vous pourrez également profiter de randonnées dans le parc national de Matusadona. Vous pouvez opter pour des randonnées à la journée à partir de ses campements semi-permanents, ou charger votre sac à dos et partir en trekking dans la brousse, deux solutions qui vous feront découvrir le brousse africaine sous une perspective très inhabituelle.

Khatshana Tours & Travel, 1 Colray House, Ninth Ave, PO Box 8253, Belmont, Bulawayo (☎ 66538 ; fax 77310). Organise des circuits personnalisés à travers le pays, pour 0,60 $US par km, tarif ne comprenant que le transport et le guide.

Kuteza Tours, Harare (☎ 64338, en dehors des heures de bureau ☎ 729008). Propose des tours à la journée vers le lac Chivero, incluant divers sports nautiques, pêche, découverte ornithologique et de la faune.

Landela Safaris, PO Box 66293, Kopje, Harare (☎ 702634). Possède et gère le Chokamella Camp près du parc national de Hwange.

Londa Mela Safaris, PO Box 130, Queens Park, Bulawayo (☎ 41286 ; fax 78319). Cet opérateur haut de gamme est spécialisé dans les circuits autour de Bulawayo ou plus loin. Bien qu'il travaille essentiellement avec des agences étrangères, vous pourrez obtenir des réservations de dernière minute à un tarif intéressant.

Muvimi Photographic Safaris, PO Box 2233, Harare (☎ 793107). Propose des circuits photographiques à thème dans le parc national de Matusadona, de même que des safaris randonnées de 4 nuits dans le parc avec des guides professionnels.

Mzingeli Tours, 16A Third Ave, Bulawayo (☎ 77244 ; fax 68214). Cette agence, qui organise des circuits culturels à Bulawayo et dans sa région, offre l'occasion de découvrir les terres communautaires, les villages et les projets autogérés, de même que les sites les plus célèbres.

Nemba Safaris, PO Box 4, Gwaai River (☎ 33, Lupane). Dirigée par Chris et Val van Wyk, cette agence propose des randonnées dans la région reculée de Mzola Wilderness et gère la Linkwasha Wilderness Lodge dans le parc national de Hwange.

N'taba Trails, 102 Pioneer House, Fife St, Bulawayo (☎ 79563 ; fax 76658). Cette agence assure des circuits peu onéreux dans les Matobo Hills, incluant la visite d'un village africain.

Peter Ginn Birding Safaris, PO Box 44, Marondera (☎ 430017 ; fax 3340). Peter Ginn organise des circuits d'observation des oiseaux dans la région de Marondera avec cours d'ornithologie, et propose des circuits dans tout le pays pour les voyageurs souhaitant "consacrer davantage de temps aux oiseaux qu'aux grands animaux".

Rail Safaris, Mr & Mrs G. Cooke, 2c Prospect Ave, Raylton, Bulawayo (☎ 75575). Cette compagnie, destinée aux mordus du rail, propose des circuits onéreux mais intéressants, de Victoria Falls à Mutare, à bord du *Zambezi Special* et du *Eastern Highlander*, avec correspondance pour les trains réguliers d'Afrique du Sud. Si vous souhaitez effectuer un voyage en train à vapeur durant la haute saison de Bulawayo à Victoria Falls, il vous en coûtera 398/518 $US en classe Ivory/Emerald (luxe/grand luxe). Si vous optez pour la classe Emerald, vous pourrez même prendre un bain mémorable dans le train !

Ruwezi Canoe Trails Bushlife Zimbabwe, PO Box GD 305, Greendale, Harare (☎ 48548 ; fax 48265). Cette compagnie offre d'agréables safaris canoë de trois jours le long des 64 km de rives du parc national de Mana Pools.

Sabre Adventures & Expeditions, Private Bag A6106, Avondale, Harare (☎ 733711 ; fax 733718). Si vous souhaitez avancer le plus loin possible hors des sentiers touristiques, cette agence vous en donne la possibilité. Que diriez-vous de vous joindre aux équipes de protection du rhinocéros dans le bush le plus reculé, ou d'apprendre la navigation, la traque ou la survie en brousse au cours d'expéditions à pied dans la vallée du Zambèze ?

Safari Par Excellence, 3rd floor, Travel Centre, Jason Moyo Ave, Harare (☎ 720527 ; fax 722872). Cette agence polyvalente, célèbre pour ses circuits de rafting en aval des chutes Victoria et de canoë sur la rive zambienne du Zambèze moyen, organise également de luxueux circuits de randonnée dans le parc national de Matusadona. Sa Kayila Lodge, sur la rive zambienne du Zambèze, non loin de Mana Pools, se caractérise par une séduisante architecture rocheuse. Des toilettes sont même aménagées dans un baobab.

Shamwari Safaris, PO Box 53, Dete (☎ 248). Cette compagnie propose des safaris très recommandés ainsi que des safaris de 1 à 2 jours dans le parc national de Hwange. Le propriétaire, Roberto "Beat" Accorsi est l'un des meilleurs guides photographes et naturalistes de la région. Il organise des circuits personnalisés ou standards.

Shearwater, Edward Building, à l'angle de 1st St et de Baker Ave, PO Box 3961, Harare (☎ 735712 ; fax 735716). Cette agence de safaris, le plus important organisateur de circuits de rafting du Zimbabwe, propose des descentes au chutes Victoria ainsi que des randonnées en canoë sur le Zambèze moyen, de Kariba à Kanyemba. Elle organise également des safaris à pied dans le parc national de Mana Pools.

Sunbird Safaris, Great Zimbabwe Hotel, PO Box 644, Masvingo (☎ 62718). Cette agence propose des circuits à la journée au départ de Masvingo, englobant Great Zimbabwe et la réserve de Mutirikwe, avec observations ornithologiques, randonnées équestres et croisières sur lac Mutirikwe.

Tchechenini Trails, Mhangura (☎ 727080, Harare). Cette modeste agence, sise dans une ferme de tabac en activité, propose des circuits équestres dans les régions sauvages du Zambezi Escarpment, dans le nord-est du Zimbabwe. Un petit lodge à toit de chaume fait office de base de départ.

Touch the Wild, Private Bag 6, Hillside, Bulawayo (☎ 74589 ; fax 44696). Cette agence haut de gamme, surnommée *Touch the Wallet* ("la main au portefeuille"), gère divers tours et safaris de 1 à 2 jours dans le pays. Travaillant essentiellement avec des tours-opérateurs étrangers, elle est hors de portée du voyageur à petit budget. Mais son charmant Matobo Hills Lodge, au parc national de Matobo, vaut largement ses tarifs très onéreux appliqués aux étrangers.

United Touring Company, United House, 4 Park St, PO Box 2914, Harare (☎ 793701 ; fax 792794). Déployant ses tentacules sur toute l'Afrique, UTC gère divers circuits à Harare, Kariba, Bulawayo, Hwange et Victoria Falls.

Wilderness Safaris, PO Box 18, Victoria Falls (☎ 4637 ; fax 4417). Cette filiale d'un réseau d'agence couvrant l'Afrique australe est spécialisée dans les safaris haut de gamme dans le nord et l'ouest du Zimbabwe. Elle propose notamment une randonnée "nordiste" commençant à Victoria Falls et longeant approximativement le Zambèze jusqu'à Kariba et au-delà, et gère les Chizarira Wilderness Lodge et Water Wilderness Houseboats à Matusadona.

Wild Horizons, PO Box 159, Victoria Falls (☎ 4219). Propose des randonnées d'une demi-journée ou d'un jour à la découverte de la faune dans le parc national de Zambezi, et gère Imbabala Camp, ainsi que Jijim Safari Camp à Hwange.

Wildlife Adventures, PO Box A88, Avondale, Harare (☎ 751331 ; fax 751333). Cette agence de safaris pour petits budgets est spécialisée dans les circuits permettant de rejoindre le point A au point B, tout en découvrant le maximum de sites intéressants. Pour 675 $US, elle propose un circuit de Harare à Victoria Falls *via* le Botswana et la Namibie, incluant les visites de Bulawayo, delta de l'Okavango, Etosha, Swakopmund, Walvis Bay, Sossusvlei, Popa Falls et Katima Mulilo. Le prix ne comprend que le transport ; repas et droits d'entrée sont en sus.

Zambezi Canoe Company, Shop 14, Sopers Arcade, Parkway, Victoria Falls (☎ 4298 ; fax 4683). Cette séduisante compagnie propose des circuits à la journée ainsi que des circuits de camping en canoës gonflables sur le Zambèze moyen entre Kazungula et Victoria Falls. Sa brochure comporte une superbe carte du fleuve en amont des chutes Victoria.

Zambezi Hippo Trails, Dalmatia House, Speke Ave, PO Box 3158, Harare (☎/fax 702148). Propose des circuits de canoë sur le Zambèze moyen, de Mana Pools à Kanyemba, ou plus en aval vers Cabora Bassa Dam, au Mozambique.

Zimbabwe Eastern Border Adventure Company (ZEBAC), PO Box 18, Chimanimani (☎/fax 450). Cette agence imaginative organise des randonnées et des circuits de découverte des sites dans le parc national de Chimanimani et sa région, des descentes de rafting sur l'Haroni et des circuits équestres, de même que des circuits dans des régions très reculées comme Corner, Rusitu Valley ou la réserve forestière d'Haroni.

Zindele Safaris, Private Bag 232A, Harare (☎ 721696 ; fax 702006). Cette compagnie offrent des circuits personnalisés sur l'ensemble des sites intéressants du pays et possède une ferme-auberge au nord de Harare.

Harare

Métropole de plus de 1,6 million d'habitants, Harare est la capitale et le cœur du pays. Avec ses gratte-ciel, son trafic et son animation coutumière, la ville, qui a hérité de ses colonisateurs d'une atmosphère incontestablement européenne, est la vitrine du Zimbabwe et le centre de ses activités commerciales. On peut être assuré que si telle branche d'activité n'y est pas présente, on ne la trouvera pas non plus dans le reste du pays.

La plupart des visiteurs arrivant par avion au Zimbabwe feront la connaissance du pays à Harare. Si ce n'est pas l'Afrique que vous vous attendiez à découvrir – et cela risque fort d'être le cas –, ne vous découragez pas car ce que vous cherchez n'est pas loin. L'affairement des marchés africains bourdonne à quelques kilomètres du centre-ville, au musika de Mbare, et les girafes et les zèbres arpentent la brousse du lac Chivero à une demi-heure de voiture.

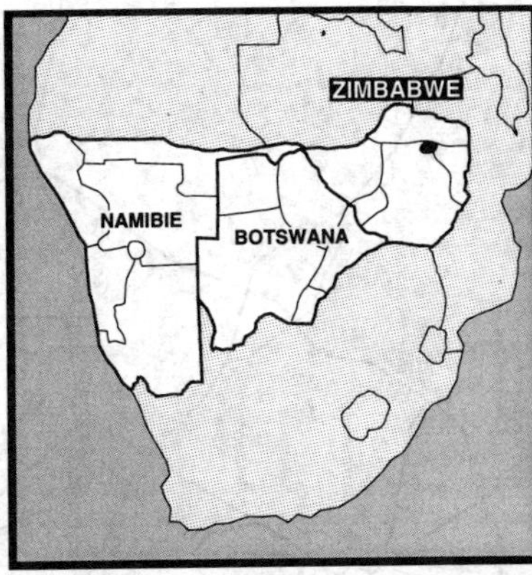

Histoire

Les premiers habitants shona des plaines marécageuses s'étendant autour du kopje, où se dresse aujourd'hui Harare, se désignaient eux-mêmes Ne-Harawa, d'après le nom du chef régional qui signifiait "Celui-Qui-Ne-Dort-Pas". Les Mbare, sous la souveraineté du chef Mbare, de rang inférieur, régnaient sur le kopje proprement dit. Plus tard, un autre petit clan dirigé par le chef Gutsa, s'implanta sur l'actuel Hillside, au sud-est du centre-ville. Gutsa remporta les inévitables luttes claniques qui s'ensuivirent, tua son rival Mbare et déporta le peuple Mbare vers le plateau accidenté dominant au nord-ouest la vallée du Zambèze.

Le chef Gutsa et son peuple furent cependant incapables de repousser les prochains envahisseurs. Le 11 septembre 1890, la colonne de pionniers de la British South Africa Company, conduite par le major Frank Johnson, découvrit leur kopje et estima que le site était favorable l'agriculture et se prêtait à l'expropriation de ses habitants d'origine. Johnson précisa même à Leander Starr Jameson que le petit kopje pourrait devenir la capitale moderne du pays qu'il était en train de fonder. Le 13 septembre 1890, l'"Union Jack" était hissé sur l'actuel African Unity Square puis la future colonie fut baptisée Fort Salisbury, en l'honneur du Premier ministre britannique de l'époque, Robert Cecil, marquis de Salisbury. Un fort fut bâti, mais la colonie naissante allait connaître de graves difficultés. La première saison des pluies fut marquée par une période de vaches maigres et une importante épidémie de malaria. L'hiver suivant, la première vague de colons blancs arriva en provenance du sud, attirés par les promesses de terres fertiles et de lucratives concessions aurifères le long du Zambèze.

Au cours des saisons ultérieures, d'autres colons et négociants blancs rejoignirent les premiers arrivants, puis commencèrent à mettre en valeur les terres basses s'étendant immédiatement à l'est du kopje. C'est alors que le gouvernement, décidant que les terres situées plus en altitude, au nord-est, convenaient bien mieux à l'agriculture, tenta de déplacer toute la colonie. Mais comme ceux qui s'étaient implantés à proximité du kopje

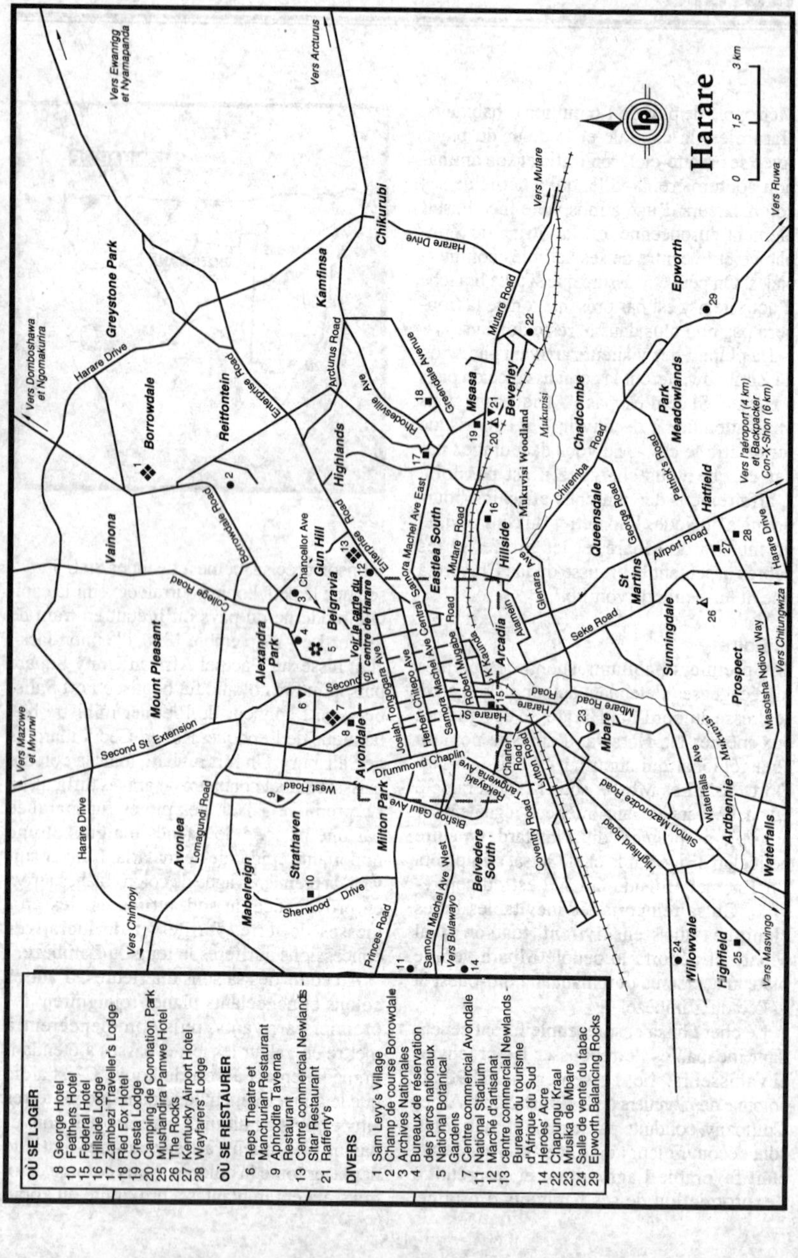
Harare
0 1,5 3 km
OÙ SE LOGER
8 George Hotel
10 Feathers Hotel
15 Federal Hotel
16 Hillside Lodge
17 Zambezi Traveller's Lodge
18 Red Fox Hotel
19 Cresta Lodge
20 Camping de Coronation Park
25 Mushandira Pamwe Hotel
26 The Rocks
27 Kentucky Airport Hotel
28 Wayfarers' Lodge
OÙ SE RESTAURER
6 Reps Theatre et Manchurian Restaurant
9 Aphrodite Taverna Restaurant
13 Centre commercial Newlands - Sitar Restaurant
21 Rafferty's
DIVERS
1 Sam Levy's Village
2 Champ de course Borrowdale
3 Archives Nationales
4 Bureaux de réservation des parcs nationaux
5 National Botanical Gardens
7 Centre commercial Avondale
11 National Stadium
12 Marché d'artisanat
13 centre commercial Newlands - Bureaux du tourisme d'Afrique du Sud
14 Heroes' Acre
22 Chapungu Kraal
23 Musika de Mbare
24 Salle de vente du tabac
29 Epworth Balancing Rocks
Vers Mazowe et Mvurwi
Vers Domboshawa et Ngomakurira
Vers Ewanrigg et Nyamapanda
Vers Arcturus
Vers Chinhoyi
Vers Bulawayo
Vers Mutare
Vers Masvingo
Vers Chitungwiza
Vers Ruwa
Vers l'aéroport (4 km) et Backpacker Con-X-Shon (6 km)
Voir la carte du centre de Harare
Vainona
Greystone Park
Borrowdale
Mount Pleasant
Avonlea
Reitfontein
Mabelreign
Alexandra Park
Strathaven
Gun Hill
Belgravia
Highlands
Kamfinsa
Avondale
Milton Park
Chikurubi
Eastlea South
Msasa
Belvedere South
Arcadia
Hillside
Beverley
Mukuvisi Woodland
Chadcombe
Queensdale
Mbare
St Martins
Sunningdale
Park Meadowlands
Epworth
Willowvale
Hatfield
Highfield
Ardbennie
Prospect
Waterfalls
Harare Drive
Second St Extension
College Road
Borrowdale Road
Enterprise Road
Lomagundi Road
Sherwood Drive
West Road
Second St
Chancellor Ave
Arcturus Road
Rhodesville Ave
Greendale Avenue
Princes Road
Josiah Tongogara Ave
Herbert Chitepo Ave
Samora Machel Ave Central
Samora Machel Ave East
Samora Machel Ave West
Bishop Gaul Ave
Drummond Chaplin
Robert Mugabe Road
Mutare Road
K Kaunda
Harare St
Rekayaki
Tangwena Ave
Charter Road
Coventry Road
Lytton Road
Harare Road
Alamein
Glenara Ave
Chiremba Road
Mukuvisi
Seke Road
George Road
Highfield Road
Simon Mazorodze Road
Mbare Road
Waterfalls Ave
Airport Road
Patrick's Road
Masotsha Ndlovu Way

refusèrent de bouger, les deux zones furent mises en valeur séparément, ce qui explique la césure encore visible entre les plans de rue de la zone principale de la ville et de Kopje. Ces deux quartiers devaient cependant inévitablement fusionner en une seule agglomération. Les travailleurs noirs furent contraints de résider à l'extérieur de la colonie proprement dite, aux environs de l'actuel Mbare, qui demeure le cœur des banlieues ouvrières à forte densité de population.

Salisbury fut élevée au rang de municipalité en 1897, puis de capitale de la colonie en 1923 avant de se voir accorder, en 1935, le statut de cité. Durant la Seconde Guerre mondiale et la Fédération de Rhodésie et du Nyasaland, les affaires et l'industrie prospérèrent. La ville se développa jusqu'en 1965, année au cours de laquelle Ian Smith et son UDI jetèrent une chape d'incertitudes sur le plus vaste site de construction du pays.

La cité se languit durant la guerre mais les affaires reprirent à l'avènement de l'indépendance en 1980. Devenue capitale de la nouvelle République du Zimbabwe, elle fut rebaptisée Harare, traduction approximative de Ne-Harawa, le nom du premier chef régional, en usage depuis plusieurs années au sein des populations noires.

Orientation

Puisque le centre de Harare est constitué de deux réseaux de rues indépendants, le plan de la ville n'est pas uniforme. Dans le réseau principal, les rues sont orientées approximativement selon un axe nord-sud et les avenues selon un axe est-ouest. Les rues de Kopje sont orientées dans les deux directions, sauf en cas de prolongement d'avenues partant du réseau central.

Le centre-ville est assez compact, ce qui facilite sa découverte à pied. Le quartier commerçant à la mode, regroupé autour de 1st St Mall, est limité par Samora Machel Ave, Robert Mugabe Rd, 4th St et Julius Nyerere Way. A la périphérie, le quartier des affaires, appelé Kopje, s'étend au sud et à l'ouest du centre et se caractérise par des rues plus encombrées, des magasins et des entreprises plus modestes.

Jason Moyo Ave est le cœur des bureaux de location : si vous souhaitez effectuer un voyage dans les provinces du Zimbabwe, c'est d'abord ici que vous devrez vous renseigner. Vous y trouverez également les bureaux d'Air Zimbabwe, de l'office du tourisme (Zimbabwe Tourist Bureau) et de la Harare Publicity Association (commodément située sur African Unity Square).

Les grands hôtels s'élèvent à proximité des limites du quartier central, tandis que la plupart des hôtels de catégorie moyenne se répartissent entre les résidences privées et les immeubles d'habitation des avenues. Ce quartier de petites rues agréables, bordées d'acacias et de jacarandas, s'inscrit entre Herbert Chitepo Ave, Princes Rd/North Ave, Prince Edward St et 10th St.

Les hôtels les plus modestes et l'essentiel de la vie nocturne sont rassemblés dans le quartier animé situé au sud-ouest du centre-ville, entre Julius Nyerere Way, le Civic Centre et la ligne de chemin de fer. C'est également le quartier des discothèques et de la musique africaine, celui des noctambules faisant la fête toute la nuit dans les bars et les maisons closes.

Le reste de la ville s'étire en banlieues à fortes ou faibles densités de population où résident les classes aisées, moyennes ou ouvrières. Le centre industriel de Harare est concentré à Workington, Southerton et Willowvale (entre le centre-ville et Mbare), Highfield et dans d'autres banlieues sud-ouest fortement peuplées. Chitungwiza, la banlieue dortoir la plus dense, s'étend au sud de Harare. Il s'agit en fait d'une commune distincte. La plupart des parcs et des centres commerciaux suburbains sont situés au nord et à l'est, dans les quartiers où demeurent les habitants les plus aisés.

Renseignements

La meilleure source d'information concernant les événements du jour, c'est la brochure mensuelle *What's on in Harare*, publiée et distribués par la Harare Publicity Association. Événements sportifs, cinéma et manifestations culturelles sont également présentés dans le quotidien local *Harare Herald*. Pour obtenir l'horloge parlante, téléphonez au ☎ 93.

Offices du tourisme. Le bureau de la Harare Publicity Association (☎ 705085), PO Box 1483, Causeway, Harare, est situé à l'angle sud-ouest de African Unity Square. Il est ouvert en semaine de 8h à 17h et le samedi jusqu'à midi. C'est l'office du tourisme le moins efficace du Zimbabwe, mais on pourra s'y procurer leur mensuel *What's on in Harare* de même que des brochures et diverses publicités relatives aux attractions locales.

On pourra obtenir des informations nationales plus sûres auprès du Zimbabwe Tourist Bureau (☎ 793666), à l'angle de Jason Moyo Ave et de 4th St. Il est ouvert de 8h à 13h et de 14h à 16h30, et se révèle en général plus utile que la Publicity Association. On pourra y acheter un superbe ensemble d'affiches figurant Great Zimbabwe, les Eastern Highlands, un hippopotame, un jabiru ou les chutes Victoria pour 0,80 $US pièce, que l'on peut se faire emballer dans un tube postal.

Pour tout renseignement concernant les parcs nationaux et les réservations, adressez-vous au National Parks' Central Booking Office (☎ 706077), Sandringham Dr, près de l'extrémité nord des jardines botaniques (Botanic Gardens).

Les voyageurs indépendants pourront se renseigner avec profit auprès du Travellers' Info Centre (☎ 5074115 ; fax 735097), près de la grande poste (GPO), géré par les sympathiques propriétaires de l'auberge de jeunesse Backpackers' Con-X-Shon. Ils vous diront tout ce qu'il faut savoir pour voyager à petit budget au Zimbabwe, et s'ils ne disposent pas des informations qui vous intéressent, ils feront tout pour les obtenir.

Autre agence utile à connaître, Travelquip (☎ 721567), à l'angle de Julius Nyerere Way et de Baker Ave, offre des installations téléphoniques et des fax, des conseils de voyage et un service de réservation, de même qu'un service postal, de fret et de consignes à bagages. Ces deux adresses louent également du matériel de camping (pour plus de détails, consultez la rubrique *Équipement de camping* plus loin dans ce chapitre).

Si vous voyagez en direction de l'Afrique du Sud, faites un tour par le South African Tourist Bureau, dans le centre commercial Newlands, Enterprise Rd.

Argent. Toutes les banques changent les dollars US et les livres sterling, en espèces et en chèques de voyage. Comme partout ailleurs au Zimbabwe, elles sont ouvertes les lundi, mardi, jeudi et vendredi de 8h30 à 14h. Le mercredi, elles ferment à 12h et le samedi à 11h. Le bureau de change de l'aéroport de Harare fonctionne lors de l'arrivée des vols internationaux. Les hôtels proposent parfois un service de change avec commission. Pour plus de détails concernant les cartes de crédit et les chèques de voyage, consultez la rubrique *Questions d'argent* du chapitre *Renseignements pratiques* consacré au Zimbabwe.

Poste et télécommunications. A la GPO, Inez Terrace, vous trouverez les guichets de vente de timbres et de poste restante à l'étage, sous l'arcade, les boîtes postales et le service des paquets étant installés dans un couloir séparé juste au-dessus de la rue. Le bureau philatélique qui commercialise de beaux timbres historiques est situé au 2e étage. Le service de poste restante, disponible uniquement à la GPO, ainsi que les guichets de vente de timbres sont ouverts en semaine de 8h30 à 16h et jusqu'à 11h30 le samedi.

Vous trouverez d'autres bureaux de poste centrale à l'angle de 3rd St et de Julius Nyerere Crescent, ainsi qu'à proximité de l'angle de 2nd St et de Union Ave. Chaque banlieue possède également un bureau de poste local.

Le bureau central des télécommunication de la GPO, à l'étage, n'est guère plus qu'un bloc de cabines téléphoniques chroniquement encombrées. Celles-ci ne fonctionnent qu'avec des pièces de monnaie : si vous souhaitez appeler à l'étranger, inutile de faire la queue sans vous munir d'un sac de pièces de 1 $Z – les appareils les avalent goulûment. Il est plus facile de téléphoner à l'étranger à partir d'un poste privé ou d'un hôtel. Le numéro des renseignements est le ☎ 92. Pour plus de détails concernant les fax, consultez la rubrique *Poste et télécommunications* du chapitre *Renseignements pratiques* consacré au Zimbabwe.

Des cabines téléphoniques, propres et fonctionnelles, sont installées 1st St Mall : il est plus agréable d'y faire la queue qu'à la GPO, tout en patientant en regardant les passants.

Immigration. Pour tout ce qui concerne les visas et les prorogations de séjour, adressez-vous au bureau relativement amène du Department of Immigration Control (☎ 791913), au 1er étage de Liquenda House, Baker Ave, entre 1st St et 2nd St.

Agences de voyage. L'American Express est représenté à Harare par Manica Travel (☎ 703421), au Travel Centre, Jason Moyo Ave. Le bureau de Thomas Cook (☎ 728961) est situé dans le bâtiment des Pearl Assurances, 1st St. Agence recommandée pour les voyageurs à petit budget, World Wide Adventure Travel (☎/fax 721 901) est située au 1er étage de BB House, à l'angle de Samora Machel Ave et de Leopold Takawira St.

Pour plus de renseignements sur les tours-opérateurs du Zimbabwe, consultez la rubrique *Circuits organisés* du chapitre *Comment circuler* consacré au Zimbabwe.

Réservations pour les parcs nationaux. Les réservations pour les logements dans les parcs nationaux sont effectuées avec le maximum de garanties par le Central Booking Office (☎ 706077), National Botanical Gardens, à l'angle de Borrowdale Rd et de Sandringham Dr, PO Box 8151, Harare.

Films et photos. La récente boutique Strachan's Photo Chemist, 66 Baker Ave, près de 2nd St, développe les photos en une heure et vend du matériel de camping – ainsi que des produits pharmaceutiques. Tout en patientant, vous pourrez y déguster un véritable café zimbabwéen de même que des pâtisseries diverses, des casse-croûte et des repas légers. Goldprint, 7 George Silundika Ave, entre 1st St et Angwa St, est un autre magasin convenable, mais moins original, pour le tirage des épreuves photographiques. Photo Inn, à l'angle de 1st St et de Baker Ave, vends des films papier ou diapos.

Librairies. Kingston's (propriété du gouvernement par le truchement de Media Trust) propose le plus grand choix de livres et de revues du Zimbabwe, notamment les éditions de poche étrangères, la littérature locale et les livres scolaires, de même que des beaux livres. Kingston's possède deux importantes succursales à Harare, l'une au Parkade Centre, 1st St, entre Samora Machel Ave et Union Ave, l'autre à l'angle de 2nd St et de Jason Moyo Ave, en face de la Publicity Association. Les manuels scolaires sont vendus par la librairie du campus universitaire.

Grass Roots Bookshop, Jason Moyo Ave, en face du bureau des National Parks, commercialise divers traités d'inspiration marxiste sur l'histoire, la politique et les questions sociales africaines, ainsi que des livres d'art et quelques ouvrages d'histoire naturelle. Pour les livres souvenirs et les guides, jetez un œil dans le nouveau centre commercial touristique de Jason Moyo Ave, entre 2nd St 3rd St.

Si vous souhaitez juste quelques livres à sensation, rendez-vous dans les deux magasins d'échange de livres : Booklover's Paradise, 48 Angwa St, et Treasure Trove, 26C 2nd St, à l'angle de Jason Moyo Ave. Ce dernier est une véritable caverne d'Ali-Baba, regorgeant de livres d'occasion mais aussi de vêtements de seconde main, de couteaux et de matériel de sport ou de camping.

Cartes. L'utile *Greater Harare Street Guide*, un index de cartes à grande échelle, comprenant le centre-ville et toutes les banlieues, était vendu à l'époque 2,50 $US au bureau de la Harare Publicity Association. Il semblerait qu'il soit en cours de réimpression et devrait être de nouveau disponible dans un futur proche. Vous pourrez aussi vous procurer une copie de la carte *Central Harare* auprès du Surveyor General (☎ 794545), également pour 2,50 $US. Le bureau se trouve au rez-de-chaussée de l'Electra House, Samora Machel Ave ; il travaille les jours ouvrables de 8h à 13h et de 14h à 16h.

Consigne à bagages. Vous pouvez déposer vos bagages au bureau d'Air Zimbabwe, Jason Moyo Ave, pour 10 $Z par pièce et par

Changements de nom de rues

La plupart des rues importantes ont été rebaptisées au début des années 90. Les cartes antérieures sont désormais périmées.

Ancien nom	*Nouveau nom*
Beatrice	Simon Mazorodze
Watt	Simon Mazorodze
Stuart Chandler	Simon Mazorodze
Forbes	Robson Manyika
Golden Stairs	2nd St Extension
Gordon	George Silundika
Harare	Masvingo
Beatrice	Masvingo
Harari	North Harare
Harari	South Harare
Hatfield	Seke
Prince Edward Dam	Seke
Kings Crescent	Julius Nyerere
Mackenzie	Julius Nyerere
Mainway	Julius Nyerere
Mcneilage	Masotsha Ndlovu
Manica	Robert Mugabe
Umtali	Robert Mugabe
Moffat	Leopold Takawira
Montagu	Josiah Chinamano
Mazoe	Mazowe
Mtoko	Mutoko
North	Josiah Tongogara
Pioneer	Kaguvi
Queensway	Airport
Queensway au-delà de Mazorodze	Chitungwiza
Rhodes	Herbert Chitepo
Salisbury	Harare
Harare	Harare
Sinoia	Chinhoyi
Sir James McDonald	Rekayi Tangwena
Stanley	Jason Moyo
Victoria	Mbuya Nehanda
Widdecombe	Chiremba

jour, ou à la gare pour 3 $Z par jour. La consigne de la gare est ouverte du lundi au vendredi de 6h à 13h et de 14h à 21h30 ; le samedi de 6h à 22h et le dimanche de 17h30 à 21h30. Sinon, Travelquip (voir *Équipements de camping* dans ce chapitre) propose également un service de consigne pour 0,15/1/5 $US la pièce par heure/jour/semaine.

Tous les lodges pour randonneurs proposent une consigne à bagages sûre, mais il n'est actuellement pas recommandé de laisser ses affaires dans les auberges de jeunesse ou dans les hôtels bas de gamme, même sous clef.

Blanchissage/nettoyage. L'unique laverie automatique de Harare est la Fife Avenue Laundrette, dans le centre commercial de Fife Ave, près de l'angle de Fife Ave et de 5th St. Elle est ouverte tous les jours de 7h à 19h, et coûte 2 $US par machine et 1,20 $US le séchage.

Si vous résidez dans un hôtel de catégorie moyenne, vous pourrez faire appel à son service de blanchissage qui devrait vous revenir à environ 1,20 $US pour un T-shirt et 2 $US pour un pantalon. Les grands hôtels facturent considérablement plus ce service. Le parc caravanier de Coronation Park possède un lavoir gratuit, mais apportez votre bonde universelle.

Équipement de camping. Fereday & Sons, Robert Mugabe Rd, entre 1st St et Angwa St, commercialise du matériel de camping peu diversifié, dont des recharges Camping Gaz pour les réchauds Bleuet. Vous pourrez louer du matériel de camping chez Rooney's Hire Service (☎ 792724), 144 Seke Rd, au sud du centre-ville. Ce magasin ne propose cependant que des modèles de tentes et de sacs de couchage anciens et lourds, ainsi que des articles adaptés aux safaris en véhicule, comme des lampes et des réchauds au propane, des glacières ou des tables et des chaises de camping.

Travellers' Info Centre (☎ 5074115) loue du matériel pour randonneurs, notamment des tentes une/deux/trois personnes pour 45/55/75 $Z par semaine, avec une caution de 500 $Z. De même, Travelquip (☎ 721567), à l'angle de Julius Nyerere Way et de Baker Ave, loue des tentes de deux/quatre personnes pour 80/90 $Z par semaine, avec une caution de 100 $Z. Ces deux magasins louent également des sacs de couchage, des lampes tempête et du matériel de cuisine.

Désagréments et dangers. Durant la sécheresse du début des années 90, Harare fut envahie par des agriculteurs désespérés à la recherche d'un emploi. Rares étaient ceux pourvus d'une qualification, aussi beaucoup d'entre eux furent confrontés au chômage et à des conditions de vie misérables. Plusieurs groupes de délinquants, et notamment un gang nigérian particulièrement virulent, y virent une opportunité et commencèrent à organiser ces anciens fermiers en bandes criminelles, leur enseignant les ficelles du métier. Entre 1990 et le début 1994, la ville fut le cadre d'une inquiétante augmentation des agressions et des autres crimes violents, les touristes constituant la cible principale.

Quand la réputation de dangerosité de la ville se répandit dans l'industrie touristique (la majorité du courrier des lecteurs que j'ai reçu durant cette période faisait cas de nombreux problèmes de sécurité), la municipalité renforça considérablement les effectifs de la police, postant des policiers à la plupart des carrefours. La situation s'est nettement améliorée depuis, même si des problèmes se posent toujours dans les quartiers calmes autour des avenues. Dans la journée vous ne risquez pas grand chose à la condition d'avoir du bon sens et de vous méfier des pickpockets. A la nuit tombée, cependant, tout change : ne marchez jamais dans les rues de la ville et ne montez que dans des taxis officiels !

Vous devez également savoir que dans Chancellor Ave, une petite portion de la rue appelée en ville 7th St et qui devient plus loin Borrowdale Rd, se dressent la résidence du président ainsi que la State House (siège de la législature). Cette rue est interdite et normalement barrée de 18h à 6h. Les gardes à la gâchette facile ont ordre de tirer sans sommation sur toute personne ou voiture pénétrant dans cette zone durant ces heures – même si les gardes ont oublié de baisser les barrières !

En cas d'urgence. Pour appeler la police, les pompiers ou l'ambulance, composez le ☎ 99. Pour les appels non urgents adressés à la police, composez le ☎ 733033.

Parking. Des parkings à plusieurs étages, appelés *parkade*, sont situés sur Julius Nyerere Crescent, près de la GPO, et 1st St, entre Union Ave et Samora Machel Ave. Ils sont ouverts de 6h à 23h. Des emplacements de stationnement dotés de parcmètres sont disponibles dans toute la ville ; vous devriez normalement en trouver un après une petite recherche.

Archives nationales

Fondées en 1935 par le gouvernement rhodésien, les archives nationales (National Archives) sont la mémoire de l'histoire tant de l'ancienne Rhodésie que du Zimbabwe moderne. Elles se trouvent Ruth Taylor Rd, à côté de Borrowdale Rd, à environ 3 km au nord du centre-ville.

Dans le foyer à l'étage sont exposées des œuvres d'art étonnantes exécutées par des enfants du Zimbabwe. La Beit Trust Gallery abrite des objets et des photographies de l'histoire coloniale ainsi que des comptes-rendus originaux des premiers aventuriers et explorateurs. Le foyer du bas présente des expositions temporaires et une exposition biographique des héros de guerre du Zimbabwe. Des vitrines isolées renferment des photographies anciennes et des coupures de journaux relatives à la seconde Chimurenga, l'une proposant des informations générales sur la guerre, l'autre saluant les exploits de la ZANU. Comme le précise un lecteur : "On y apprend à connaître les personnalités dans les noms figurent sur toutes les rues du pays."

Si vous entreprenez une recherche dans quelque domaine que ce soit concernant le Zimbabwe ou la Rhodésie, vous devriez trouver votre bonheur dans la salle de lecture du rez-de-chaussée qui, dans une atmosphère agréable, abrite la plus grande collection d'archives et de littérature zimbabwéennes du pays. Vous pourrez également y acheter des reproductions d'anciennes cartes de l'Afrique et de tableaux de Thomas Baine, dont une magnifique représentation des chutes Victoria, pour 2,50 $US pièce.

Les archives sont ouvertes de 7h45 à 16h30 du lundi au vendredi, et de 8h à 12h le samedi ; l'entrée est libre. Les jardins d'aloès valent à eux seuls le détour. Pour vous y rendre, prenez le bus de Borrowdale ou de Domboshawa à partir du terminus de la place du marché. Elles sont bien indiquées le long de Borrowdale Rd en direction du nord de la ville.

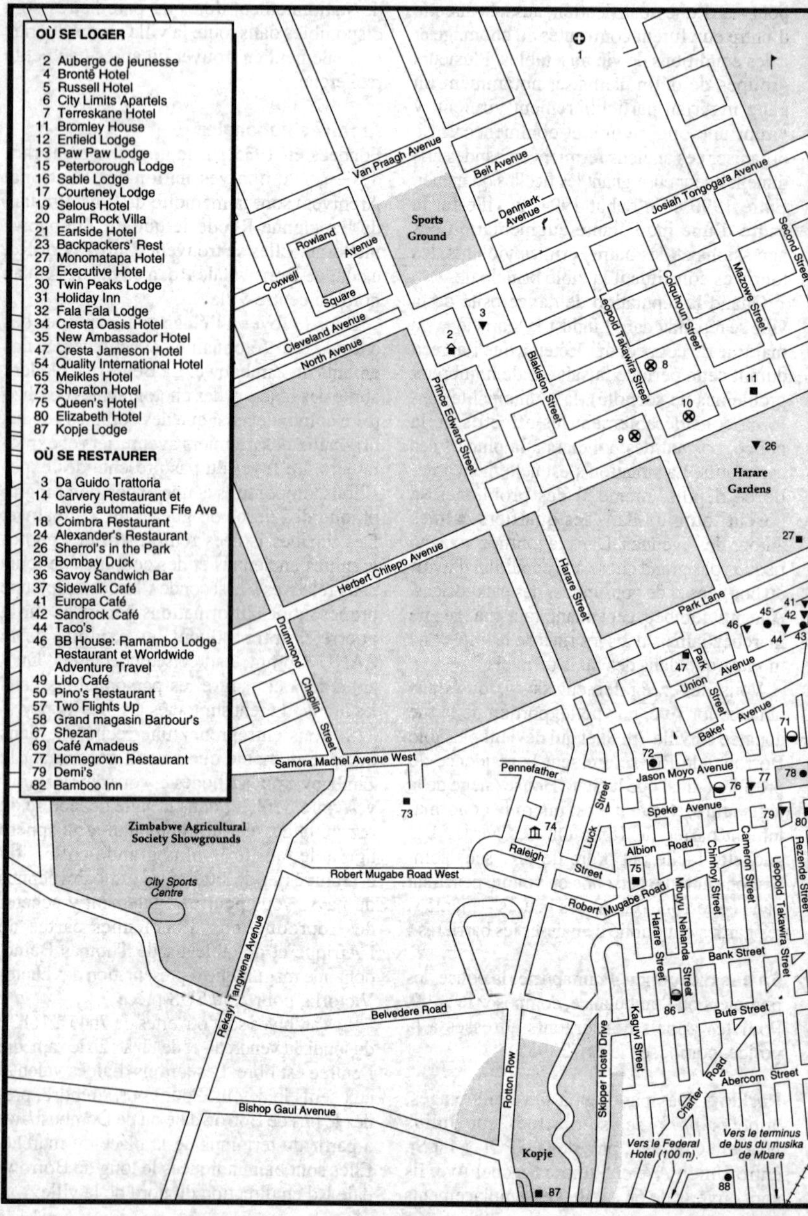
OÙ SE LOGER
2 Auberge de jeunesse
4 Brontë Hotel
5 Russell Hotel
6 City Limits Apartels
7 Terreskane Hotel
11 Bromley House
12 Enfield Lodge
13 Paw Paw Lodge
15 Peterborough Lodge
16 Sable Lodge
17 Courteney Lodge
19 Selous Hotel
20 Palm Rock Villa
21 Earlside Hotel
23 Backpackers' Rest
27 Monomatapa Hotel
29 Executive Hotel
30 Twin Peaks Lodge
31 Holiday Inn
32 Fala Fala Lodge
34 Cresta Oasis Hotel
35 New Ambassador Hotel
47 Cresta Jameson Hotel
54 Quality International Hotel
65 Meikles Hotel
73 Sheraton Hotel
75 Queen's Hotel
80 Elizabeth Hotel
87 Kopje Lodge
OÙ SE RESTAURER
3 Da Guido Trattoria
14 Carvery Restaurant et laverie automatique Fife Ave
18 Coimbra Restaurant
24 Alexander's Restaurant
26 Sherrol's in the Park
28 Bombay Duck
36 Savoy Sandwich Bar
37 Sidewalk Café
41 Europa Café
42 Sandrock Café
44 Taco's
46 BB House: Ramambo Lodge Restaurant et Worldwide Adventure Travel
49 Lido Café
50 Pino's Restaurant
57 Two Flights Up
58 Grand magasin Barbour's
67 Shezan
69 Café Amadeus
77 Homegrown Restaurant
79 Demi's
82 Bamboo Inn
Van Praagh Avenue
Beit Avenue
Denmark Avenue
Josiah Tongogara Avenue
Second Street
Sports Ground
Rowland
Avenue
Coxwell
Square
Cleveland Avenue
North Avenue
Prince Edward Street
Blakiston Street
Leopold Takawira Street
Colquhoun Street
Mazowe Street
Harare Gardens
Herbert Chitepo Avenue
Harare Street
Park Lane
Drummond
Chaplin
Street
Park
Street
Union
Avenue
Baker
Avenue
Samora Machel Avenue West
Pennefather
Luck Street
Jason Moyo Avenue
Speke Avenue
Albion Road
Raleigh Street
Cameron Street
Chinhoyi Street
Rezende Street
Leopold Takawira Street
Robert Mugabe Road West
Robert Mugabe Road
Mbuyu Nehanda Street
Harare Street
Zimbabwe Agricultural Society Showgrounds
City Sports Centre
Rekayi Tangwena Avenue
Bank Street
Bute Street
Belvedere Road
Kaguvi Street
Skipper Hoste Drive
Rotton Row
Charter Road
Abercom Street
Bishop Gaul Avenue
Kopje
Vers le Federal Hotel (100 m)
Vers le terminus de bus du musika de Mbare

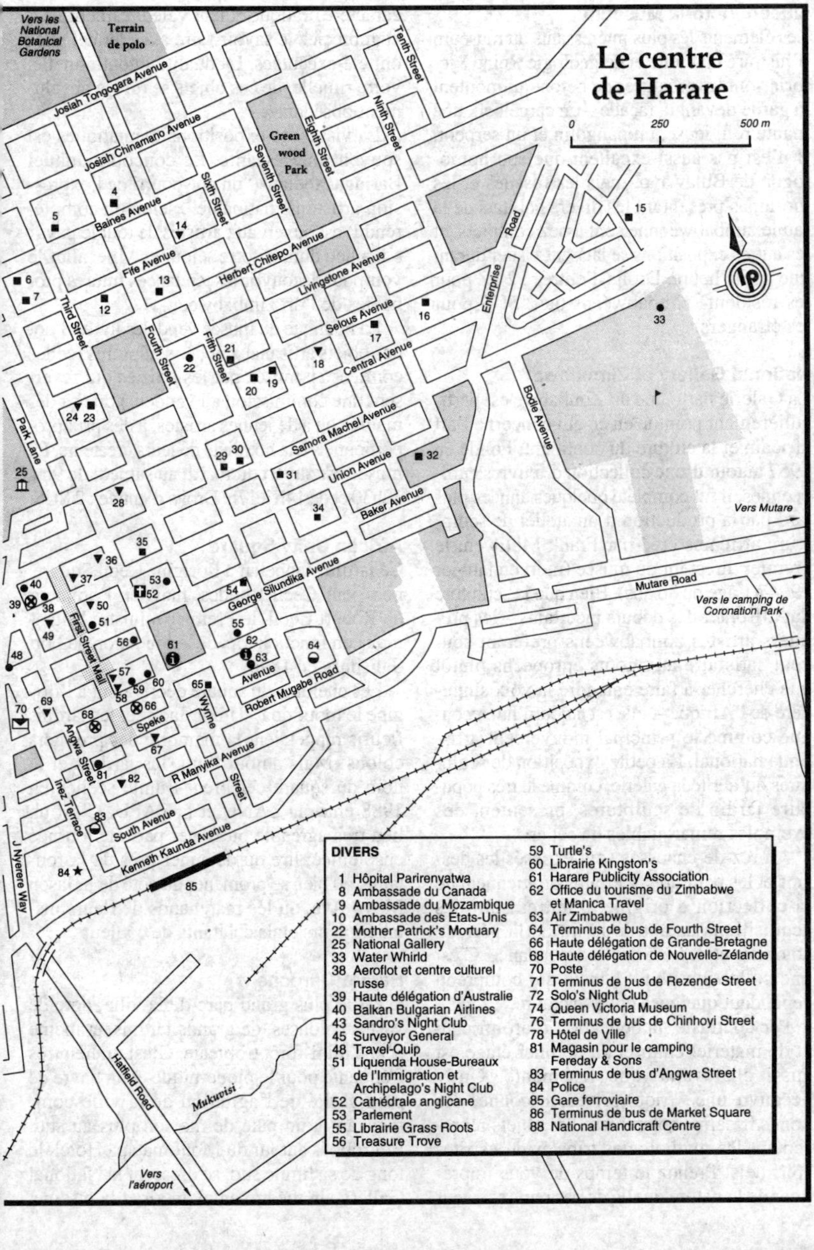
Le centre de Harare
0
250
500 m
Vers les National Botanical Gardens
Terrain de polo
Green wood Park
Josiah Tongogara Avenue
Josiah Chinamano Avenue
Baines Avenue
Fife Avenue
Herbert Chitepo Avenue
Livingstone Avenue
Selous Avenue
Central Avenue
Samora Machel Avenue
Union Avenue
Baker Avenue
George Silundika Avenue
Robert Mugabe Road
R Manyika Avenue
South Avenue
Kenneth Kaunda Avenue
Tenth Street
Ninth Street
Eighth Street
Seventh Street
Sixth Street
Fifth Street
Fourth Street
Third Street
Park Lane
First Street Mall
Angwa Street
Inez Terrace
J Nyerere Way
Speke
Wynne
Street
Avenue
Enterprise Road
Bodle Avenue
Mutare Road
Vers Mutare
Vers le camping de Coronation Park
Hatfield Road
Mukuvisi
Vers l'aéroport
DIVERS
1 Hôpital Parirenyatwa
8 Ambassade du Canada
9 Ambassade du Mozambique
10 Ambassade des États-Unis
22 Mother Patrick's Mortuary
25 National Gallery
33 Water Whirld
38 Aeroflot et centre culturel russe
39 Haute délégation d'Australie
40 Balkan Bulgarian Airlines
43 Sandro's Night Club
45 Surveyor General
48 Travel-Quip
51 Liquenda House-Bureaux de l'Immigration et Archipelago's Night Club
52 Cathédrale anglicane
53 Parlement
55 Librairie Grass Roots
56 Treasure Trove
59 Turtle's
60 Librairie Kingston's
61 Harare Publicity Association
62 Office du tourisme du Zimbabwe et Manica Travel
63 Air Zimbabwe
64 Terminus de bus de Fourth Street
66 Haute délégation de Grande-Bretagne
68 Haute délégation de Nouvelle-Zélande
70 Poste
71 Terminus de bus de Rezende Street
72 Solo's Night Club
74 Queen Victoria Museum
76 Terminus de bus de Chinhoyi Street
78 Hôtel de Ville
81 Magasin pour le camping Fereday & Sons
83 Terminus de bus d'Angwa Street
84 Police
85 Gare ferroviaire
86 Terminus de bus de Market Square
88 National Handicraft Centre

ZIMBABWE

Queen Victoria Museum

Les éléments les plus intéressants du muséum d'histoire naturelle et de géologie Reine Victoria sont les créatures de béton qui montent la garde devant la façade – un caméléon, une mante religieuse, un pangolin et un serpent. Il n'est pas aussi excellent que son homologue de Bulawayo, mais les fossiles et les dioramas présentant les divers habitats de la faune zimbabwéenne sont assez complets, et les autres expositions se laissent visiter durant une petite heure. Droits d'entrée : 2 $Z pour les résidents zimbabwéens ou 2 $US pour les étrangers.

National Gallery of Zimbabwe

La Galerie nationale du Zimbabwe est particulièrement pointue en ce qui concerne l'art africain et la culture du continent. Fondé en 1957 autour d'une collection d'œuvres européennes, il fut complété quelques années plus tard par la production d'un atelier de sculpteurs africains créé par Frank McEwen, le premier directeur du musée (mort en janvier 1994 à l'âge de 86 ans). Bien que la sculpture dut affronter des débuts incertains – les premiers artistes zimbabwéens préférant souvent satisfaire aux goûts européens plutôt que chercher à faire entendre la voix singulière de l'Afrique –, elle est aujourd'hui reconnue comme le principal mouvement artistique national. La petite exposition de sculptures qu'abrite la galerie, comme le très populaire jardin de sculptures, présentent des exemples remarquables de cet art.

Au rez-de-chaussée sont exposés les dessins et les peintures. Certains proviennent de la collection d'origine, d'autres sont des acquisitions datant de la fin de la période coloniale et de l'ère de l'indépendance. C'est une collection plutôt banale qui comprend cependant quelques chefs-d'œuvre.

Par contraste, la collection d'art africain et de matériel culturel du premier étage est aussi chatoyante que fascinante. On y découvre une Afrique privée, méconnue des non-Africains, notamment des objets représentant les mythologies tribales et les rites spirituels. Prenez le temps de vous imprégner de la nature duelle de ces œuvres – leur caractère pratique et leur valeur esthétique – et appréciez le savoir-faire avec lequel elles ont été exécutées. La dualité intentionnelle, voire rituelle, de ces objets se révèle absolument obsédante.

La visite des expositions thématiques est souvent intéressante. Le concours annuel Baringa/Nedlaw ("un pot-pourri de l'expression artistique nationale", selon un compte-rendu) est ouvert aux artistes de tout le pays : s'il a lieu durant votre séjour en ville, allez le voir pour découvrir les tendances futures probables de l'art zimbabwéen.

La boutique du musée vend des livres d'art, des objets artisanaux et des sculptures (celles confiées au musée par les artistes qui reversent une commission au vendeur) dues à des maîtres ou à de jeunes artistes, à des prix proportionnels à la notoriété de leurs créateurs. Le musée est ouvert du mardi au samedi de 9h à 12h30 et de 14h à 17h. Droits d'entrée : 2 $US.

African Unity Square

Ce jardin s'appelait à l'origine Cecil Square, non pour Cecil Rhodes, mais en l'honneur de Robert Cecil, le Premier ministre britannique en fonction lors de la fondation de Fort Salisbury en 1890.

Les chemins du square décrivaient à l'origine le motif de l'"Union Jack" et les jardins fleuris rappelaient la mémoire des premiers colons. Mais aujourd'hui, les jardins et le nom du square célèbrent l'unité scellée en 1988 entre la ZANU et la ZAPU. C'est un lieu très agréable où flâner par une journée ensoleillée, lire ou déjeuner près de la fontaine, ou bien se promener du côté de la Jason Moyo Ave, où les marchands de fleurs installent leurs étals éclatants de couleurs.

Harare Gardens

C'est le plus grand parc de la ville, doté de vastes pelouses, de grands jardins, et même d'une mini-forêt tropicale. C'est un lieu très fréquenté pour le pique-nique et un havre de paix abrité de l'agitation de la ville commençant à un pâté de maison plus au sud. Regroupés autour du Monomatapa Hotel, le long de sa limite sud, se dressent la National Gallery, un théâtre en plein air et la piscine,

Les Brown Swimming Pool. A proximité de l'entrée nord, sur Herbert Chitepo Ave, se trouvent un terrain de jeux pour enfants, un restaurant et salon de thé en plein air ainsi qu'un club de bowling. Le week-end, des orchestres jouent dans le kiosque à musique et les jeunes mariés s'y promènent, posant pour les photographes.

La mini-forêt tropicale, semblable à une île, se révèle plus intéressante, car elle abrite les chutes Victoria et les gorges du Zambèze en miniature, avec une minuscule réplique du pont Zimbabwe-Zambie. Sous les chutes, une petite mare figure le lac Kariba.

Un marché d'art et d'artisanat s'y tient le week-end, qui n'est pour l'essentiel qu'une version transplantée dans un lieu plus commode des marchés de Mbare. Il est parfois amélioré par des concerts impromptus.

Un mot d'avertissement : en dépit de son atmosphère paisible, Harare Gardens a la triste réputation d'être un lieu où sévissent vols à l'arraché et viols, ces derniers étant essentiellement commis la nuit. Évitez de passer par le parc à la nuit tombée et, durant la journée, surveillez de près vos effets. Bien que cela soit tentant, ne faites pas la sieste sur la pelouse si vous avez quelque chose à perdre.

Greenwood Park

Ce parc de quartier, situé à l'angle de Herbert Chitepo Ave et de 7th St, abrite un parc de loisirs pour enfants, doté d'un chemin de fer et d'un funiculaire miniatures fonctionnant le samedi de 14h à 17h et le dimanche de 10h à 13h et de 14h à 17h. Il est également ouvert les lundi, mercredi et vendredi de 9h à 12h durant les vacances scolaires. Au sud de Herbert Chitepo Ave s'étend un terrain de football où, en général, il se passe toujours quelque chose. Les visiteurs souhaitant regarder le match, voire y participer, sont normalement les bienvenus.

Kopje

Dominant le sud-ouest du centre-ville, le Kopje est la colline granitique, jadis la capitale de chef Mbare, au pied de laquelle les premiers colons blancs installèrent leurs négoces et leurs magasins. On accède au sommet, où fut allumée le 18 avril 1980 la "Flamme éternelle de l'Indépendance", à partir de Bank St et de Rotten Row. Les sites intéressants situés en contrebas sont indiqués par de petits télescopes fixés sur la tour d'observation.

National Botanic Gardens

Les Jardins botaniques nationaux, qui s'étendent sur 58 hectares entre Belgravia et Alexandra Park, abritent des spécimens des diverses espèces végétales qui prospèrent sous le climat agréable de Harare, de même que des exemples de la plupart des espèces botaniques du Zimbabwe, d'Afrique ou d'ailleurs. C'est un lieu très agréable pour se détendre en observant les oiseaux ou en paressant tout simplement.

Le National Herbarium (☎ 303211), Downie Rd et Sandringham Dr, est un centre de recherche botanique dispensant sur rendez-vous des conseils et des informations aux jardiniers et aux amateurs de plantes. Vous trouverez un plan des jardins dans le parking situé à proximité de Sandringham Dr, au sud de l'herbarium.

Les jardins sont ouverts tous les jours du lever au coucher du soleil ; l'entrée est gratuite. Pour vous y rendre, marchez durant 25 minutes au nord de Herbert Chitepo Ave, le long de 5th St ou de 2nd St Extension. Ou bien, prenez un bus en direction du nord dans 2nd St Extension et descendez à Downie Ave où un panneau indique la direction des jardins. Marchez ensuite vers l'est : l'herbarium se trouve deux pâtés de maisons plus loin.

Bâtiments historiques

Si l'architecture coloniale de Harare vous intéresse, vous lirez avec profit *Historical Buildings of Harare*, de Peter Jackson, édité par Quest Publishing, Harare, 1986. Si cet ouvrage, parfois difficile à se procurer, ne figure pas en librairie, contactez l'éditeur (☎ 704076), Makomva House, 107 Leopold Takawira St.

En marchant le long de Robert Mugabe Rd, où subsistent maints bâtiments anciens, vous aurez un aperçu du Harare colonial.

Market Hall. Le vieux marché couvert, édifié en 1893, est situé au terminus de bus de Market Square, à proximité de l'angle de Bank St et de Mbuya Nehanda St. Il a conservé sa fonction première et a été récemment rénové.

Mother Patrick's Mortuary. Ce petit édifice s'élevant en face de l'immeuble Mukwati, Livingstone Ave, entre 4th St et 5th St, est l'un des plus vieux bâtiments de Harare. Édifié en 1895, il faisait office de dépôt mortuaire où l'on conservait les défunts en attendant que leurs familles campagnardes soient contactées et fassent le voyage jusqu'en ville. Mère Patrick, née Mary Patrick Cosgrave, était une missionnaire irlandaise qui organisa divers hôpitaux à travers le Zimbabwe à la fin des années 1880. Le dépôt abrite aujourd'hui une petite exposition consacrée à mère Patrick et à son œuvre.

Parliament Buildings. Les bâtiments parlementaires, à l'angle de Baker Ave et de 3rd St, étaient à l'origine un hôtel conçu en 1895 par deux hommes politiques sud-africains, Daniel Mitchell et Robert Snodgrass. Bien que partiellement inachevé, l'édifice appelé à l'époque Cecil Building fut réquisitionné l'année suivante par l'armée rhodésienne pour servir de caserne. En 1896, Mitchell et Snodgrass n'ayant pu rembourser l'emprunt contracté pour sa construction, il fut remis au gouvernement qui souhaitait le transformer en bureau de poste. La nouvelle assemblée législative réclama cependant presque immédiatement la possibilité de s'y installer : le 15 mai 1899, il devint bâtiment parlementaire. Après avoir subi plusieurs rénovations – on lui rajouta notamment six étages en 1969 –, il est toujours utilisé par le Sénat et l'Assemblée législative lors des débats officiels. La construction sur le Kopje de nouveaux bâtiments parlementaires est envisagée, mais tout laisse penser que cela ne se fera pas avant plusieurs années.

Pour assister à la visite guidée hebdomadaire durant laquelle sont expliquées les procédures gouvernementales, ou aux débats en séance du haut de la galerie réservée au public, contactez le Chief Information Officer (☎ 700181), Parliament of Zimbabwe, PO Box 8055, Causeway, Harare.

Cathédrale anglicane. La première église de Harare, datant de 1890, fut construite en style africain – pieux et torchis – par Canon Balfour, à l'angle de 2nd St et de Baker Ave. Sur le même site se dresse aujourd'hui la cathédrale anglicane de Sainte-Marie et de Tous-les-saints, édifice de granit sans grande inspiration conçu par sir Herbert Baker, architecte sud-africain.

Commencée en 1913, l'église ne fut pas achevée avant 1964, retard dû en partie à un conflit relatif à la forme du clocher (terminé en 1961). L'architecte avait à l'origine proposé une tour conique inspirée de Great Zimbabwe, projet rejeté en faveur du donjon carré abritant les dix cloches fondues à Londres par Whitechapel Foundry et qui sonnent aujourd'hui tous les jours à 18h.

Les cloîtres furent achevés à la fin des années 40. Allez voir l'unique vestige de l'église de Balfour – une croix d'autel faites de boîtes à cigares, conservée dans la chapelle Saint-Georges de la cathédrale.

Si vous souhaitez assister à un service religieux anglican, un lecteur, Joost Butenop, recommande l'église baptiste à l'angle de 2nd St et de Fife Ave, près du Terreskane Hotel.

Town House. L'hôtel de ville de Harare, dans Julius Nyerere Way, près de la grande poste (GPO), date de 1933. Cet édifice de style principalement Renaissance italienne abrite la mairie, le conseil municipal et les bureaux du secrétaire de mairie. La pièce centrale des jardins est une horloge fleurie. Si vous voulez visiter l'hôtel de ville, prenez rendez-vous en téléphonant au ☎ 706536.

ZANU Headquarters. Si vous passez dans le coin, ne manquez pas le quartier général moderne de la ZANU, à proximité du Sheraton, surmonté de la crête de coq du gouvernement Mugabe. Rappelant un carton de bière Chibuku, il est judicieusement surnommé "Shake-shake Building".

Mukuvisi Woodlands

A Harare, l'établissement ressemblant le plus à un zoo, c'est Mukuvisi Woodlands (☎ 731596), une réserve boisée de 265 hectares, située à 7 km à l'est de la ville. Plus de la moitié de sa surface totale (156 hectares) est constituée d'un bois *msasa* naturel destiné aux pique-nique, à la promenade et à l'observation des oiseaux. Le reste de la zone est une réserve animale où zèbres, hippotragues noirs, gnous, steenbocks, guibs harnachés, céphalophes de Grimm, girafes, phacochères et impalas vivent en toute liberté. La réserve possédait jadis un rhinocéros qui a été déplacé pour sa propre sauvegarde.

Le parc est ouvert tous les jours de 6h à 18h. Des safaris guidés à pied, de 2 heures, sont proposés le mercredi et le samedi à 14h30, ainsi que le dimanche à 8h30 et à 14h30. Ils coûtent 3 $US par personne. Des promenades guidées équestres d'une heure sont proposées du mardi au samedi à 8h30 et 16h. Si vous arrivez à un autre moment de la journée, vous pourrez patienter une heure ou deux sur la plate-forme d'observation des animaux dominant le point d'eau. Les droits d'entrée pour la plate-forme s'élèvent à 0,75 $US (5 $Z). Les recettes sont reversées à la société chargée de l'entretien du parc et de la réserve.

Mukuvisi Woodlands est situé à 20 minutes à pied de Coronation Park le long de Glenara Ave South ; les responsables du parking caravanier pourront vous expliquer un chemin plus rapide traversant la voie ferrée. A partir du centre-ville, prenez le bus Msasa à partir de Market Square ou de l'angle de 4th St et de Robert Mugabe Rd, ou bien le bus Greendale à partir du terminus de Rezende St, et demandez au chauffeur de vous déposer le plus près possible de Mukuvisi.

Chapungu Kraal

Chapungu Kraal et son village shona sont une tentative de création de parc thématique culturel à vocation touristique. Si Gallery Delta se targue d'être la "pulsation artistique de Harare", ce lieu est cependant l'élément vital de tout le continent – "la pulsation de l'Afrique". Les droits d'entrée s'élèvent à peine à 0,50 $US (sauf si vous êtes en groupe et effectuez une visite guidée, vous en coûtera 2,50 $US). Le jardin de sculptures et les représentations de danse africaine du week-end (le samedi à 15h et le dimanche à 11h et 15h) valent le détour.

Chapungu est le nom shona de l'aigle bateleur, l'esprit messager du peuple Shona. L'exposition de sculptures, qui fait l'objet d'une visite guidée d'une demi-heure, présente des œuvres en granite, jaspe, chromemica, etc., des artistes les plus célèbres du Zimbabwe. Quelques-unes, comme vous le remarquerez, traitent des périls de la fracture sociale – l'alcoolisme, par exemple, ou (comble de l'horreur), l'ingestion de l'animal totémique, dont les conséquences peuvent se révéler des plus désagréables.

Chapungu Kraal (☎ 786648), Doon Estate, 1 Harrow Rd, Beverley East, Msasa, est ouvert tous les jours de 8h à 18h. On peut s'y rendre à pied à partir de Coronation Park, mais il est situé à 8 km environ du centre de Harare. Prenez le bus Greendale en direction du parc caravanier à partir du terminus de Rezende St, puis marchez ou faites du stop vers l'est sur Mutare Rd, après le centre commercial Beverley et Chicken Inn. Tournez à droite dans la zone industrielle et après un autre virage à droite, passez par le portail de sécurité au panneau Sorbaire.

Epworth Balancing Rocks

Bien que l'on puisse rencontrer de meilleurs exemples de "rochers en équilibre" au Zimbabwe, ceux d'Epworth, mission et ancien campement de squatters situé à 13 km au sud-est de Harare, sont probablement les plus célèbres. Le groupe connu sous le nom de Bank Notes, ayant accédé au vedettariat sur les billets de banque zimbabwéens, en est la grande attraction. Si vous ne souhaitez pas acquitter 1 $US de droits d'entrée, vous trouverez d'autres rochers en équilibre, tout aussi intéressants et gratuits, le long de la route.

Pour vous y rendre, prenez le bus d'Epworth à partir du terminus de 4th St et de Jason Moyo Ave, puis descendez soit au centre commercial Munyuki, soit à l'embranchement vers Epworth Primary School. De là, l'entrée du parc se trouve à 500 m plus loin le long de la route. Durant toute la marche, vous serez entourés de rochers en équilibre – et d'enfants d'Epworth. Vous pourrez faire appel à l'un d'entre eux comme guide, mais efforcez-vous d'ignorer les demandes de cadeaux ou d'argent. En voiture, suivez Robert Mugabe Rd vers l'est et tournez à droite dans Chiremba Rd qui vous conduira directement à Epworth.

Heroes' Acre

Sur une colline dominant Harare, l'obélisque de l'"Arpent des héros" commémore les morts de la ZIPRA et de la ZANLA tombés durant les luttes de libération contre l'oppresseur rhodésien. Ce site, qui abrite les tombes des héros de guerre (ainsi que de plusieurs victimes d'accidents de la route), doit devenir un musée de la Guerre. Cette canonisation des libérateurs conçue par des Nord-Coréens – de même que la "léninisation" de Robert Mugabe – est assez impressionnante, mais leur juste cause est involontairement tournée en ridicule par une apologie manifeste de la violence militaire et d'allusions de style "poing levé" au socialisme. Les concepteurs du monuments ont même laissé des pierres tombales vides anticipant de futurs héros de guerre !

La dernière personne inhumée à Heroes' Acres est Mme Sarah "Sally" Mugabe, l'épouse ghanéenne du président Robert Mugabe, décédée en 1994 à l'âge de 60 ans des suites d'une maladie rénale.

Si toute cette propagande ne vous indispose pas trop, Heroes' Acre mérite la visite. Faites d'abord une demande de laissez-passer auprès du Ministry of Information, (Room 514, Liquenda House, Baker Ave), normalement délivré immédiatement aux étrangers. Les citoyens zimbabwéens rencontrent des difficultés bien plus considérables pour l'obtenir.

Pour vous rendre à Heroes' Acre, situé à 5 km du centre-ville sur Bulawayo Rd, empruntez le bus pour Warren Park au terminus se trouvant immédiatement à l'ouest de Chinhoyi St le long de Samora Machel Ave. L'entrée et les visites guidées sont gratuites.

Ventes aux enchères du tabac

Le tabac du Zimbabwe – l'un des plus grands producteurs mondiaux – est actuellement le produit rapportant le plus de devises au pays, Harare étant le centre de ce négoce pour toute l'Afrique australe.

La plus grande salle de vente du tabac du monde a été construite en 1986 à Willowvale, Gleneagles Rd, à 8 km de Harare. Les ventes aux enchères sont organisées tous les jours d'avril à octobre (les dates varient chaque année en fonction de la récolte) de 8h à 12h. Seize mille balles en moyenne changent de main quotidiennement, au rythme d'une toute les six secondes. Les visiteurs peuvent assister aux ventes et des visites guidées décrivant les complexités de l'industrie du tabac sont proposées. Prenez le bus pour Highfields à partir de l'angle de 4th St et de Robert Mugabe Rd.

Pour plus de renseignements sur les activités du site, contactez la salle de vente des Tobacco Sales (☎ 68921) ou le Tobacco Marketing Board (☎ 66311).

Zimbabwe Agricultural Society Show

Le Salon de la société d'agriculture du Zimbabwe se tient sur le champ de foire ("showgrounds") situé à proximité du Sheraton, vers la fin du mois d'août. C'est la vitrine nationale des industries agricoles, commerciales et manufacturières. Inauguré pour la première fois en 1897 sous forme de foire au bétail et aux produits agricoles, il est devenu un événement annuel attirant plus de 150 000 visiteurs et 150 exposants, où sont également présentés des spectacles de danse et de musique de même que des défilés militaires. Vérifiez auprès de la Publicity Association les dates et les manifestations programmées.

Sports

La piscine olympique Les Brown, située entre Harare Gardens et le Monomatapa Hotel, est ouverte tous les jours de 10h à 18h30 de la fin août au début mai. Le reste de l'année, elle est ouverte de 11h à 16h. Le billet d'entrée coûte 0,10 $US (0,90 $Z).

Le centre de loisirs nautiques de Waterwhirld propose des toboggans et une plage artificielle à moins de 2 km à l'est du centre-ville, le long de Samora Machel Ave.

Le golf est un sport populaire au Zimbabwe : les droits d'entrée sur les greens sont parmi les moins chers au monde – 18 trous pour 30 $Z environ en semaine et 50 $Z le week-end. Les "club-houses" louent des clubs pour 20 $Z environ la journée et des caddies pour environ 15 $Z la partie. La région de Harare possède pas moins de sept terrains de golf, dont celui de niveau international du Royal Harare Golf Club, Josiah Tongogara Ave, à 20 minutes à pied au nord du centre-ville. Les amateurs de mini-golf trouveront leur bonheur à Waterwhirld.

Pour tout ce qui concerne l'escalade, le trekking, l'observation des oiseaux et les randonnées en brousse, renseignez-vous auprès du Mountain Club of Zimbabwe. Les numéros de téléphone des guides organisant des escalades et des randonnées mensuelles sont listés dans *What's on in Harare*, édité par la Harare Publicity Association. Les visiteurs souhaitant participer à ces activités sont toujours les bienvenus.

Pour tout renseignement concernant le tennis et le squash, contactez le Harare Sports Club (☎ 791151). Les réservations de courts de squash peuvent être effectuées en téléphonant au ☎ 722234 ; pour les courts de tennis, téléphonez au ☎ 724424. Harare's Hash House Harriers organise une rencontre hebdomadaire le lundi ; pour toute information, téléphonez au ☎ 79130.

Les événements sportifs, annoncés dans le *Herald*, ont lieu régulièrement dans l'enceinte du National Stadium, construit par les Chinois à quelques kilomètres à l'ouest du centre-ville le long de la route de Bulawayo (par Samora Machel Ave).

Le week-end, vous pourrez assister – et parier – aux courses hippiques se déroulant sur l'hippodrome du faubourg de Borrowdale. Puisqu'il s'agit de l'un des sports préférés des Hararais, les visiteurs auront certainement l'occasion d'assister à l'une des quarante et une rencontres annuelles du Mashonaland Turf Club sur l'hippodrome de Borrowdale Park. La région de Harare s'enorgueillit de 600 pur-sang en activité. Des courses de trot sont également organisées chaque dimanche au National Trotting Club's Waterfalls Stadium, Hatfield Rd.

Si vous souhaitez apprendre le parachutisme – ou simplement faire un essai –, des cours sont proposés pour à peine 90 $US par personne. Pour tout renseignement, appelez Bruce (☎ 787404).

Les amateurs de stages de survie trouveront même à Harare deux sites de jeux de "paint-ball" (guerre factice où les balles sont remplacées par de la peinture), très prisés au Zimbabwe. Le plus proche de la ville, Predator Paintball Games, est situé entre le Lewisam Garage et les Lewisam Shops, Enterprise Rd. L'autre, ZAP Paintball Games (☎ 791013), se trouve à 20 km de Harare. Pour une/deux/trois heures de tirs de couleur, comptez 40/78/120 $Z par personne.

Circuits organisés

Deux compagnies principales proposent des circuits organisés à la journée dans la région de Harare. Les départs sont garantis à partir de deux participants.

Les réservations pour *Kalambeza Safaris* s'effectuent auprès de VFR Africa (☎ 793 996 ; fax 791188), 6th floor Memorial Building, 35 Samora Machel Ave, PO Box 4128, Harare. Les circuits pour Chapungu Kraal et les rochers en équilibre d'Epworth coûtent 11,50 $US ; ceux pour le musika de Mbare, le Kopje et Mukuvisi Woodlands (ou le Queen Victoria Museum) coûtent 10 $US. Les circuits pour la salle des ventes du tabac sont organisés du lundi au vendredi, d'avril à septembre ; ils coûtent 10 $US.

Les circuits UTC, au départ du Meikles Hotel, doivent être réservés auprès de UTC (☎ 793701 ; fax 792794), United House, 4 Park St, à l'angle de Jason Moyo Ave, PO Box 2914, Harare. Cette compagnie propose un Scenic City Tour pour 11 $US par personne, passant par les bâtiments historiques, le Kopje et les Archives nationales (ou le Queen Victoria Museum). En semaine, d'avril à septembre, il visite également la salle des ventes du tabac ; durant les autres époques de l'année, il s'arrête aux rochers en équilibre d'Epworth.

Ces deux compagnies proposent également des circuits à la journée au parc national d'Ewanrigg, aux jardins ornithologiques de Larvon (Larvon Bird Gardens), aux parcs des lions et des guépards (Lion & Cheetah Park) et des serpents (Snake Park) et au lac Chivero, de même que des voyages organisés dans le pays, décrits dans les rubriques correspondantes de ce guide.

Où se loger – petits budgets

Campings. Le camping le moins onéreux est celui de Coronation Park (☎ 46282), situé à 7 km à l'est du centre, le long de Mutare Rd (qui se confond avec Samora Machel Ave immédiatement après le centre-ville). L'emplacement, avec l'utilisation des douches, baignoires et des téléphones publiques, coûte 0,90 $US par personne. Les bus Menara et Greendale partant du terminus de Rezende St passent devant l'entrée, et le bus Msasa démarrant du terminus de Market Square s'arrête à quelques minutes à pied de là. Sinon, l'autostop ne présente aucune difficulté.

L'autre possibilité, c'est *The Rocks* (☎ 796 226 ; fax 753199), un arrêt de routiers transafricains géré par Wayne et Sparky, situé au 18 Seke Rd, dans 2,5 hectares de brousse protégée par d'énormes rochers. Le camping coûte 1,50 $US et le lit élémentaire dans un dortoir 3,50 $US. C'est le lieu idéal pour dénicher un transport international en direction de Nairobi ou d'ailleurs. Des équipements de blanchissage sont disponibles, essentiellement au bénéfice des arrivants maculés par la poussière des pistes. L'immense bar en plein air donne le ton. Pour vous y rendre, prenez un taxi d'"urgence" ("emergency taxi") portant la mention Hatfield à partir de la station-service Mobil à l'angle de Robson Manyika Ave et de Julius Nyerere Way ; ou empruntez le bus pour Zengeza ou St Mary's à partir du terminus de Angwa St, à 5 minutes à pied de Seke Rd.

Plusieurs lodges pour randonneurs autorisent également le camping.

Auberges de jeunesse et lodges pour randonneurs. Au bas de l'échelle de la qualité, *Fala Fala Lodge* (☎ 796606), 101 Union Ave, demande 3,50 $US pour un lit de dortoir, 6,50 $US pour une chambre double ou une caravane, et 2,50 $US pour un emplacement de camping dans la poussière et la saleté.

Le *Youth Hostel* (☎ 796436), 6 Josiah Chinamano Ave, est tout aussi médiocre. Les dortoirs séparés hommes ou femmes coûtent 1,30/2 $US pour les membres/non-membres de l'IYHF. Cette auberge de jeunesse ressemble plutôt à un taudis et la sécurité n'y est pas bonne, mais elle possède des équipements de cuisine (très sales). Elle est fermée de 10h à 17h et la cuisine ferme au couvre-feu de 22h : ces horaires sont strictement respectés. Au moins, vous n'aurez pas à faire le ménage. Les hommes, uniquement, pourront également se loger au très élémentaire *Toc-H (YMCA) Hostel* (☎ 721777), 163 Union Ave.

Le *Sable Lodge* (☎ 726017), 95 Selous Ave, entre 8th St et 9th St, dirigé par Ralph Mardon et récemment rénové, se révèle plus confortable. L'atmosphère est aussi accueillante que décontractée. On peut y acheter des boissons non alcoolisées et des casse-croûte. La clientèle peut utiliser les équipements de cuisine, mais il dispose également d'un cuisinier préparant de bons plats végétariens. Si vous aimez paresser autour de la piscine et faire la connaissance d'autres voyageurs, c'est l'endroit qu'il vous faut. Les lits de dortoir coûtent 3,50 $US, les chambres doubles 10,25 $US et un matelas sur le sol 2,50 $US.

Le sympathique et très recommandé *Kopje Lodge* (☎ 790637), 33 Fort Rd, près de Rotten Row en face de la centrale électrique, propose des lits de dortoir pour 2,50 $US, ou un emplacement sur le sol, de camping ou sur le toit pour 2 $US. Les chambres doubles coûtent 7,70 $US. Outre le bar et les équipements de cuisine et de blanchissage, on y prépare du pain et des pizzas le soir, ainsi que des braais le dimanche. La plupart des voyageurs apprécient son ambiance décontractée ; son seul défaut, c'est sa situation un peu risquée.

Au 59 Selous Ave, la confortable et proprette *Palm Rock Villa* (☎ 721682) est gérée par Henry, un sympathique Sud-Africain qui prévoit d'agrandir son établissement dans l'immeuble voisin. Il a réalisé dans les chambres un agréable décor de safari. Les lits de dortoir coûtent 4 $US et les doubles 9 $US avec utilisation des équipements de cuisine. Une chambre familiale indépendante est proposée pour 13 $US.

Le *Paw Paw Lodge* (☎ 724337), 262 Herbert Chitepo Ave, très fréquenté mais miteux demande 4 $US pour un lit (si vous possédez un sac de couchage). Le matelas sur le sol coûte 3,50 $US et l'emplacement de camping 2,50 $US par personne. Le lodge possède un salon et des équipements de cuisine souvent envahis par les amis du propriétaire. On n'y applique pas de couvre-feu et drogues et alcools sont interdits à l'intérieur.

Le *Twin Peaks Lodge* (☎ 730537), en face du Holiday Inn, 130 Samora Machel Ave, est un peu mieux. Il propose 18 lits en dortoirs pour 4,50 $US ainsi que des emplacements de camping dans le jardin de devant ou de derrière pour 2 $US par personne. Il possède également une télévision ainsi que des équipements de blanchissage et de cuisine, mais la cuisine même est très petite.

Le *Peterborough Lodge* (☎ 796735 ou 738459), 11 Peterborough St, près de Water-Whirld, accueille principalement des associations de bénévoles. Réputé pour son calme et sa tranquillité, il est qualifié à juste titre de "chez-soi loin de chez soi". Les lits de dortoir coûtent 3,20 $US.

Plus reculé encore, le *Hillside Lodge*, 71 Hillside Rd, est une paisible et capricieuse vieille demeure coloniale entourée de jacarandas. Les simples/doubles coûtent 6,40/7,70 $US, les lits de dortoir 2,50 $US et les emplacement de camping, dans un agréable site planté d'arbres, 2,20 $US. Le décor aussi extraordinaire qu'étourdissant de l'établissement, plus particulièrement dans la salle de bains, est unique au Zimbabwe. Situé loin du centre-ville, pour vous en approcher, empruntez le bus pour Msasa, Tafara ou Mabvuku et descendez à Children's Home.

Au 6 Wavell Close, Highlands, vous trouverez le *Zambezi Travellers' Lodge* (☎/fax 46178). Cette grande demeure offre divers équipements, dont une cuisine, un bar, une table de billard et un jardin de sculptures. Les transferts depuis et vers le centre-ville sont gratuits.

Le *Wayfarer Lodge* (☎ 572125), 47 Jesmond Rd, à Hatfield, est situé en-dehors de la ville mais offre un transport gratuit à partir du centre. Les emplacements de camping coûtent 2,80 $US, les lits de dortoir 4,50 $US et les chalets doubles en chaume 5,80 $US. Tous les prix comprennent l'utilisation des équipements de cuisine, de la TV/vidéo et de la piscine.

Le sympathique et très recommandé *Backpackers' Con-X-Shon* (☎ 5074115), campé près de l'aéroport, 932 Delport Rd, propose des lits de dortoir pour 4,50 $US, des emplacements de camping pour 3 $US et une chambre double pour 10 $US. C'est le lieu de villégiature des randonneurs, avec bar, piscine, table de billard, courts de tennis, salle de TV/vidéo. Ses murs sont tapissés d'informations pour les voyageurs. L'établissement prépare également des repas et offre une navette gratuite pour l'aéroport, ainsi que quatre navettes quotidiennes jusqu'au Lido Restaurant en centre-ville. Loin de l'agitation urbaine, vous serez à peu près certain que vos effets seront bien gardés.

Autre solution pour les randonneurs, *Backpackers' Rest* est un ancien immeuble pour célibataires situé à l'angle de 3rd St et de Livingstone Ave. Simples/doubles avec toilettes à 7,70/10,25 $US. L'absence d'équipements de cuisine constitue cependant son principal défaut.

Les femmes apprécieront l'immaculée *Bromley House* (☎ 724072), 182 Herbert Chitepo Ave, en face des Harare Gardens. Cette auberge de jeunesse est réservée aux étudiantes et aux secrétaires. Les chambres ne sont disponibles que durant les vacances scolaires, mais valent bien les 5 $US la chambre simple avec thé et dîner. C'est un lieu idéal pour rencontrer des Zimbabwéennes.

Hôtels. De nombreux hôtels bon marché de Harare étant bruyants et souvent doublés d'une maison close, les femmes seules ne voulant pas risquer d'être importunées préféreront chercher un autre type de logement.

Le plus fréquenté et le plus central de ces établissement est le *Elizabeth Hotel* (☎ 708 591), à l'angle de Julius Nyerere Way et de

Robert Mugabe Rd. Les simples/doubles avec équipements communs coûtent 12/19,50 $US. Demandez des chambres donnant sur la rue : bien que celles-ci soient bruyantes, celles sur l'arrière sont sombres et ressemblent à une prison. La discothèque ouverte tous les soirs jusqu'à 23h30 accueille parfois des groupes locaux.

Établissement comparable, le *Queens Hotel* (☎ 738977), Kaguvi St, près du carrefour de Robert Mugabe Rd, possède un restaurant de même qu'une discothèque, où se produisent des groupes locaux, ouverte jusqu'à 23h30 les vendredi, samedi et dimanche. Le vendredi et le samedi soir, on y organise à l'occasion des concerts pungwe dans le jardin, auxquels participent des groupes très célèbres. Les simples/doubles coûtent 12/19,50 $US.

Le *Federal Hotel* (☎ 706118), 9 Harare St, à proximité de l'extrémité sud du Kopje, entre le centre-ville et Mbare, est l'établissement le plus africain de tous les hôtels pour petits budgets. Les prix sont les mêmes que ceux du Queens Hotel. L'accueillant *Elmfield Lodge* (☎ 724014), 111 Fife Ave, est raisonnablement modique pour 9 $US par personne, mais il est situé dans un quartier dangereux (du moins la nuit), sa cuisine est malpropre, les toilettes ne ferment pas à clef et certaines chambres sont dépourvues de fenêtre.

L'*Earlside Hotel* (☎ 721101), à l'angle de 5th St et de Selous Ave, est une maison tranquille à situation centrale. L'extérieur paraît plus médiocre que ne l'est l'intérieur, mais on y rencontre de graves problèmes de sécurité. Il vaudra mieux éviter cet établissement, ainsi que les personnages peu recommandables qui traînent devant l'entrée. Les simples/doubles sont à 13/17 $US.

Le *Russell Hotel* (☎ 791894), 116 Baines Ave, et son annexe, *City Limits Apartels*, à l'angle de 2nd St et de Baines Ave, sont des établissements plus respectables. Dans l'hôtel principal, les simples/doubles coûtent 17/22 $US au rez-de-chaussée et 23/26 $US à l'étage. Dans l'annexe, elles reviennent à 13/21 $US. Toutes les chambres sont avec petit-déjeuner, s.d.b., radio et téléphone. La piscine du Russell est ouverte à la clientèle des deux établissements. Si vous descendez dans l'annexe, faites vous enregistrer au Russel.

Le *Terreskane Hotel* (☎ 707031), 102 Fife Ave, entre 2nd St et 3rd St, est un établissement une-étoile proposant des chambres simples/doubles sans baignoire pour 9/10,50 $US ; avec baignoire, elles coûtent 10,50/18 $US. Les chambres familiales avec baignoire sont à 27 $US. L'hôtel possède un restaurant, un bar et une piscine de même qu'un salon de télévision et un jardin à bière en façade où l'on peut se détendre au soleil. Si vous n'êtes pas d'humeur fêtarde le vendredi et le samedi soir, optez pour une chambre donnant sur l'arrière, loin de la discothèque assourdissante ouverte jusqu'à 4h du matin.

Plus loin du centre-ville, le *Mushandira Pamwe Hotel* (☎ 64355), dans Nyandoro Rd, Stand 4806, Highfields, est situé entre deux scènes de musique locales. Les chambres sont très peu onéreuses, mais la course de taxi est chère depuis le centre de Harare. De même, le motel une-étoile *Nyagonzera Skyline Motel* (☎ 67588), sur la route de Masvingo à 19 km environ de Harare, offre d'excellents concerts mais le transport peut être problématique ou onéreux pour les voyageurs dépourvus de véhicule.

Où se loger – catégorie moyenne

Les hôtels de catégorie moyenne de Harare sont pour l'essentiel acceptables et confortables, mais pas luxueux. La clientèle étrangère est désormais tenue de régler la note en devises étrangères : les dollars zimbabwéens accompagnés d'un reçu bancaire pour le change ne sont plus acceptés. Dans cette catégorie d'établissement, tout le monde paye le même tarif, mais les étrangers doivent compter en devises étrangères.

L'*Executive Hotel* (☎ 792803), à l'angle de 4th St et de Samora Machel Ave, est un ancien immeuble d'appartements offrant s.d.b., téléphone et TV dans chaque chambre. L'hôtel ne possède pas de piscine mais une véranda. Les simples/doubles coûtent 23/27 $US. Le restaurant est ouvert à midi et le soir.

Le *Selous Hotel* (☎ 727940), à l'angle de Selous Ave et de 6th St, coûte 20 $US les simples/doubles, petit-déjeuner compris. Mais l'établissement ne possède pas d'autres atouts.

Récemment rénové, le *Quality International Hotel* (☎ 700333), au centre-ville près du carrefour de Baker Ave et de 4th St, est bien situé mais ne possède ni piscine, ni télévision. Les simples/doubles avec petit-déjeuner et s.d.b. commune reviennent à 36/48 $US pour les étrangers et 28/37 $US pour les Zimbabwéens.

Maison assez sympathique – mais on s'y est plaint de vols et de la mauvaise qualité du service –, le *Courteney Hotel* (☎ 706411), à l'angle de Selous Ave et de 8th St, possède une piscine calme, un bar, le Old Crow, un café et un restaurant aussi excellent qu'onéreux, *L'Escargot*. Les simples/doubles avec s.d.b. coûtent 38/49 $US.

Le *New Ambassador* (☎ 708121 ; fax 708 126), 88 Union Ave, désormais affilié au groupe Rainbow, est assez acceptable. Il est situé dans une rue relativement calme du quartier le plus animé de Harare. Dans le foyer de l'Ambassador House, à côté, sont exposées des sculptures et des peintures africaines. Pour les simples/doubles avec petit-déjeuner, téléphone, TV et s.d.b., les étrangers payent 35/50 $US et les Zimbabwéens 29/39 $US.

L'atmosphère délicieusement désuète du *Brontë Hotel* (☎ 796631), 132 Baines Ave, est imbattable. Cet établissement impeccable se dresse dans des jardins privés. Pour la détente, il offre une piscine et un bar, et propose même un tarif spécial au mois. Le seul problème, c'est qu'il est complet au moins un mois à l'avance et qu'à moins d'avoir de la chance, vous ne pourrez pas espérer trouver une chambre en vous présentant simplement à la réception. Les simples/doubles coûtent 38/49 $US, petit-déjeuner compris.

Moins central, mais de bon rapport qualité-prix, *George Hotel* (☎ 36677 ; fax 723230), King George Rd, près du centre commercial Avondale, propose des simples/doubles équipées en suite pour 22/29 $US.

Également recommandé, le nouveau et confortable *Cresta Lodge* (☎ 787006 ; fax 787009), situé en-dehors du centre-ville à la jonction de Samora Machel Ave et Robert Mugabe Rd, offre des simples/doubles équipées en suite avec TV couleur pour 26/32 $US. L'établissement est considérablement plus agréable que le laisseraient supposer ses tarifs.

A l'angle de Greendale Ave et Stewart Rd, à 5 km du centre-ville, l'établissement deux-étoiles *Red Fox Hotel* (☎ 45466) ressemble à un cottage anglais en noir et blanc. Les chambres avec équipements privatifs coûtent 20/25 $US. Il dispose également de chambres familiales et de suites. Le restaurant, *The Huntsman*, propose des spécialités de poisson et de bœuf. Vous y trouverez également deux pubs complétant la note britannique.

Le *Feathers Hotel* (☎ 28472), à l'angle de Sherwood Dr et de Notley Rd, Mabelreign, est davantage qu'un simple motel de banlieue. Les chambres sont proposées aux prix raisonnables de 16/21 $US les simples/doubles ; il possède en outre une piscine, un grill, trois bars, un centre de conférence et même un terrain de golf à 18 trous.

Le *Kentucky Airport Hotel* (☎ 506550), St Patrick's Rd, Hatfield, à proximité de l'aéroport, pourra convenir si vous arrivez en avion tard le soir ou décollez tôt le matin. Les simples/doubles coûtent 16/23 $US, petit-déjeuner compris. La navette pour l'aéroport est offerte à la clientèle.

Où se loger – catégorie supérieure

N'oubliez pas qu'à Harare, le tarif des hôtels et leur qualité ne sont pas toujours proportionnels, et que si vous recherchez un établissement haut de gamme, ne soyez pas dissuadés par des tarifs peu élevés. Les hôtels pratiquant un système de prix à trois niveaux sont considérablement plus chers pour les étrangers que ceux où tout le monde paye le même tarif, bien que les normes de qualité soient à peu près équivalentes. Par exemple, le Cresta Jameson offre un service aux normes internationales pour une petite fraction du prix que vous paierez au Holiday Inn.

A mi-chemin entre la catégorie moyenne et la catégorie supérieure, l'établissement trois-étoiles *Cresta Oasis* (☎ 704217, fax 794655), 124 Baker Ave (l'entrée est située Union Ave, entre 5th St et 6th St), offre des prestations de qualité dans un quartier tranquille. La chambre standard coûte 31/44 $US, la chambre de luxe 33/47 $US, toutes avec petit-déjeuner compris.

Le *Cresta Jameson* (☎ 794641 ; fax 794 655), dans Samora Machel Ave à l'angle de Park St, est un établissement quatre-étoiles assez agréable se dressant au cœur du quartier des gratte-ciel de Harare. Les simples/doubles standard sont à 40/54 $US, avec équipements privatifs et petit-déjeuner.

Le *Holiday Inn* (☎ 795611 ; fax 735695), dans Samora Machel Ave, entre 5th St et 6th St, ressemble aux Holiday Inn de partout. Pour les étrangers, les chambres simples/doubles standard coûtent 109/158 $US et les chambres de luxe 125/182 $US. Les Zimbabwéens payent 37/54 $US pour une cham-bre standard et 43/62 $US pour une chambre de luxe.

Récemment rénové, le *Meikles Hotel* (☎ 795655 ; fax 707754), dans Jason Moyo Ave, faisait office de point d'eau pour les correspondants de presse étrangers durant la guerre de libération du Zimbabwe. Il revendique ses cinq étoiles et offre un service haut de gamme, mais pourra sembler parfois un peu trop collet monté. Sauf si vous êtes snob, vous préférerez probablement le Sheraton ou le Monomatapa. Les étrangers payent 150/175 $US pour les simples/doubles standard, et les Zimbabwéens 48/57 $US.

Le *Harare Sheraton* (☎ 729771 ; fax 796 678), construit par les Yougoslaves, de même que son centre de conférence, entre Samora Machel Ave et l'extrémité de Pennefather Ave, est le plus luxueux et onéreux des hôtels de Harare. A Chicago ou à Singapour, il passerait inaperçu, mais ici, il se dresse comme un monument à la modernité. Étincelant d'opulence, c'est une retraite de classe internationale protégée de toutes les incertitudes de la ville. Il offre tous les équipements de ce type d'établissement, boutiques, salons de coiffure, snack-bars, restaurants fins et pubs. Pour une chambre simple/double standard, les étrangers payent 172/200 $US et les Zimbabwéens 58/64 $US, petit-déjeuner compris.

Du point de vue de la taille, cependant, le plus grand de tous, c'est le *Monomatapa* (☎ 704501 ; fax 791920), Park Lane, en forme de vague et dominant les Harare Gardens. Pour les chambres standard petit-déjeuner compris, les étrangers payent 123/178 $US et les Zimbabwéens 41/60 $US.

Lodges en-dehors de la ville. A Ruwa, à 40 mn le long de la route de Mutare au sud-est de Harare, la *Landela Lodge* (☎ 702634 ; fax 702546), PO Box 66293, Kopje, Harare, est une ferme coloniale rappelant le décor du film *Out of Africa*. Elle possède une petite réserve naturelle et offre maintes occasions de détente. Les prix, assez raisonnables, commencent à partir de 90 $US par personne avec les repas. Il est essentiel de réserver à l'avance ; on viendra vous chercher à l'aéroport.

Également à Ruwa, le lodge à l'enseigne peu imaginative de *Dinner, Bed & Breakfast Accommodation* (☎ 2381), offre des promenades équestres et de découverte de la faune sur une ferme de 100 hectares. Les tarifs sont assez raisonnables à 23/36 $US la chambre simple/double, petit-déjeuner compris. En dépit de son nom, le dîner n'est pas inclus dans le prix, mais des repas sont servis. Pour vous y rendre, suivez la route de Mutare jusqu'à la borne kilométrique 25,5, puis tournez à droite dans l'allée, après les serres, à côté d'un kiosque à légumes.

Autre ferme agréable, le *Mwanga Lodge* (☎ 22721 ; fax 430), est situé à 44 km au nord-est de Harare sur la route de Shamva (par Arcturus). Les logements sont installés dans des cottages en chaume bâtis dans les basses collines granitiques de Bally Vaughan Game Farm. Le tarif est de 48 $US par personne, comprenant d'excellents repas et des randonnées de découverte de la faune en canoë. Si vous préférez effectuer un simple circuit à la journée, contactez Sun Link International (☎ 729025 ; fax 728744) à Harare ; prévoyez de dépenser environ 50 $US par personne, déjeuner compris.

La plus célèbre retraite naturelle de Harare est le *Cresta Pamuzinda Safari Lodge* (☎ 703131 ; fax 794655), une ferme à gibier près de Selous, à 80 km au sud-ouest de Harare sur la route de Bulawayo. Les chambres standard coûtent 76/152 $US la simple/double, et celles de luxe, ou "royales", 82/165 $US. Les prix incluent tous les repas, des randonnées guidées et des safaris de 1 ou 2 jours – ce qui est intéressant relativement à la qualité de l'hébergement. Les enfants de moins de 12 ans ne sont cependant pas acceptés.

A proximité de la route de Masvingo, à 39 km au sud de Harare, se trouve *Carolina Wilderness* (☎/fax 736772, à Harare ou ☎ 29565, à Norton), PO Box W83, Waterfalls. Les propriétaires, Dave et Pauline Tomlinson, offrent de confortables safaris lodges, ainsi que des safaris de 1 à 2 jours, des randonnées en canoë, de pêche, de découverte des oiseaux et de photographie sur une réserve naturelle privée. Vous pouvez opter pour la pension complète ou faire votre marché. Ici aussi, les enfants ne sont pas acceptés et il est essentiel de réserver à l'avance. Pour vous y rendre à partir de Harare, dirigez-vous vers le sud en direction de Masvingo après le pont de Manyame River, puis tournez à droite et continuez sur 9,5 km, où vous devrez bifurquer à droite en direction de Norton. Comptez ensuite 8,5 km jusqu'à Carolina Wilderness.

Plus proche – non loin de Delport Rd, à environ 7 km au sud-est de l'aéroport –, *Airport Game Park* (☎ 572886 ; fax 700812), propose des parties de pêche, des promenades à la découverte des oiseaux ou de la faune (seulement de petites antilopes) ainsi que 11 km d'itinéraire en canoë sur la rivière Manyame (parfois appelée Hunyani). Ce n'est un établissement des mieux organisés, mais il est très commodément situé par rapport à la ville et son paysage est ponctué de rochers en équilibre et d'antiques peintures rupestres.

Où se restaurer

Petit déjeuner. Le petit déjeuner complet composé de céréales, de jus de fruit, d'œufs au bacon, de saucisses, de toasts et de café (non recommandé) ou de thé au *Cottage Pie* du Courteney Hotel est particulièrement commode, si vous résidez au Sable Lodge, et ne coûte que 1,30 $US. Dans le centre, *Le Paris*, dans Samora Machel Ave, près de 2nd Ave, sert de superbes petits déjeuners complets pour 2 $US. Également très bien, le *Lido Café* (☎ 726316), 51 Union Ave, propose des petits déjeuners complets bien préparés pour 2 $US environ. Le *Cafe Europa* est recommandé pour son café.

Le meilleur choix est peut-être le *Café Amadeus*, dans Ximex Mall, près de Angwa St et de George Silundika Ave, où pour 3,5 $US vous pourrez déguster un petit déjeuner anglais ou de délicieuses omelettes aux épinards tout en écoutant de la musique classique. Ne manquez pas l'extraordinaire pain campagnard maison ni les jus de fruits frais.

Les extravagants buffets zimbabwéens de petit déjeuner ou de déjeuner servis dans les hôtels quatre et cinq-étoiles vous rassasieront pour la plus grande partie de la journée. Pour plus de détails, voir la rubrique *Buffets* plus loin dans ce chapitre.

ZIMBABWE

Snacks et déjeuners. Le *Lido Café*, 51 Union Ave, est hautement recommandé pour ses hamburgers à partir de 1,20 $US. Les mets plus créatifs, tout aussi bons, coûtent en moyenne entre 2,50 $US et 4 $US. La recherche de la qualité est également reflétée par leurs délicieux sandwiches, les curries, les grills, le goulasch et leurs pâtisseries : milk-shakes, tourtes aux pommes et crêpes au citron. L'établissement est également ouvert le soir.

Pour un déjeuner peu onéreux, le *Sidewalk Cafe*, 1st St, demeure imbattable. Ses burgers, poulets, salades, pâtisseries et plats végétariens sont dignes de louanges, de même que la tourte aux pommes. La musique est bonne et l'atmosphère aussi agréable que bruyante. Le *Sandrock Café*, dans Julius Nyerere Way, est aussi à la mode et très fréquenté.

Le *Café Amadeus*, déjà recommandé pour le petit-déjeuner, sert également des déjeuners légers et délicieux ainsi que des dîners complets. Il est ouvert du lundi au samedi, de 7h30 à minuit. Vous pourrez déguster d'excellents sandwiches et des tourtes au *Savoy Sandwich Bar*, à l'angle de Samora Machel Ave et de 2nd St.

Si vous êtes dans le quartier de Coronation Park, ne manquez pas la fabuleuse *Rafferty's Bakery*, sur la route de Mutare à 200 m à l'est de l'embranchement du camping. Leurs déjeuners aussi délicieux que roboratifs sont uniques – cet établissement nous a été vivement recommandé par un grand nombre de lecteurs, plus que n'importe quel autre restaurant de Harare !

Si vous souhaitez vous asseoir au soleil, boire un café et passez 2 heures à écrire vos cartes postales, allez au *Terrace Restaurant*, au 3e niveau du Barbour's Department Store. Les déjeuners, également convenables, sont agrémentés par une vue rafraîchissante. Le petit café humide du sous-sol sert des casse-croûte et du café acceptables, mais vous ne pourrez pas profiter de l'atmosphère ensoleillée. A proximité, également dans 1st St Mall, *Two Flights Up* sert du café et des déjeuners légers, et s'enorgueillit d'un excellent "salade-bar" très fréquenté.

Essayez le *Dagwood's*, 1st St Parkade, pour les sandwiches et le *sadza ne nyama* (plat de maïs avec sauce à la viande). Si vous recherchez un excellent poulet *peri-peri*, allez chez *Nando's*, dans le centre commercial Avondale. Le restaurant et le jardin de thé du *National Handicraft Centre* (☎ 721816), dans Chinhoyi St, au sud de Kenneth Kaunda Ave, proposent des plats zimbabwéens et africains traditionnels.

Autour du centre-ville, vous trouverez des échoppes vendant des frites, des burgers, des *samoosas*, des boissons non alcoolisées et d'autres plats à emporter. Si vous recherchez des fast-foods ou des plats africains peu onéreux et nourrissants, les échoppes de plats à emporter de Kopje sont de bon rapport qualité-prix.

Fast-food plus institutionnalisé, le Chicken Inn possède plusieurs succursales dans le centre de Harare. A côté du Chicken Inn de 1st St Mall, s'ouvrent le *Bakers Inn*, où vous pourrez acheter des pâtisseries et des beignets, ainsi que *Creamy Inn*, qui vend principalement des glaces. Un autre Chicken Inn est présent dans le centre commercial de Beverley, à proximité de Coronation Park. Wimpy est une autre option, mais guère recommandée.

Le *Brazita's*, 1st St Parkade, sert un vrai café filtre mais l'on n'apprécie guère que le client prenne son temps. A proximité, *Le Paris*, sur le côté Samora Machel Ave du Parkade, propose également un bon café et se révèle moins pressé. On peut aussi y consommer des repas légers, des sandwiches et des casse-croûte.

Durant les après-midi ensoleillées, essayez le *Sherrol's in the Park*, dans les Harare Gardens, aux prix raisonnables et servant surtout des plats méditerranéens mais aussi d'excellentes salades, des sandwiches-toasts, des steaks et des tourtes aux rognons. L'établissement est ouvert tous les jours de midi à 15h.

Buffets. Les grands hôtels – Sheraton, Monomatapa, Meikles et Holiday Inn – proposent des buffets extravagants (pour le Zimbabwe) qui pourraient parfaitement constituer l'ordinaire du voyageur à petit budget. Le matin, vous pourrez apprécier le copieux petit-déjeuner anglais ou continental, ou bien attendre le déjeuner. L'un ou l'autre vous rassasieront pour la plus grande partie de la journée.

Pour le petit-déjeuner, les meilleures adresses sont le *Monomatapa Hotel* et l'*Holiday Inn*, où le buffet à volonté est à environ 3,50 $US ; moins si vous préférez le petit-déjeuner continental. Au *Sheraton* et au *Meikles*, il vous en coûtera 5 $US. Les buffets du déjeuner proposent des salades, des plats de viande, des légumes, des ragoûts et des desserts pour 6 $US environ. Les végétariens pourront se restaurer au salade-bar, moins cher, pour 3 $US. Si vous préférez ne vous gaver que de desserts, vous débourserez environ 2,50 $US. Les buffets du dîner reviennent en moyenne à 9 $US. Une recommandation cependant : ne vous présentez pas dans ces hôtels en ayant l'air de sortir de votre sac de couchage, car l'on pourrait vous éconduire.

Dîners. Bien que le gourmet risque de rester sur sa faim à Harare, la ville offre tout de même un nombre étonnant d'excellents restaurants relativement peu onéreux.

Très prisé des voyageurs, la *Da Guido Trattoria* (☎ 723349), dans le centre commercial de Montagu, à l'angle de Harare St et de Josiah Chinamano Ave, propose chaque soir une spécialité de pâtes pour 3,50 $US environ, un plat de viande pour 5 $US, ainsi que des pizzas et d'autres spécialités italiennes. Ne manquez pas de goûter aux salades, à l'expresso ou au cappucino. Vous auriez du mal à trouver un meilleur restaurant pas cher à Harare. Il est ouvert pour le déjeuner de midi à 14h et le soir à partir de 18h30.

Le *Spago's* (☎ 791894), au Russell Hotel, dans Baines Ave, est très recommandé pour sa cuisine italienne et ses prix raisonnables. Salades et pain aillé seront agréablement accompagnés par quelques-uns des meilleurs vins du Zimbabwe et suivis d'un vrai café filtre. Outre les spécialités italiennes, vous pourrez déguster des fruits de mer ainsi que des plats de bœuf ou de poulet. Au déjeuner, l'agréable atmosphère méditerranéenne est complétée par un repas pris dans le jardin ombragé.

D'autres options internationales sont aussi agréables pour le déjeuner ou le dîner. L'une est le *Coimbra*, 61 Selous Ave, servant de délicieux fruits de mer à la portugaise ainsi qu'un légendaire poulet peri peri. Le *Taco's Restaurant*, à Lintas House, 46 Union Ave, propose une cuisine proche de la gastronomie mexicaine.

Encore meilleur, le *Demi's* (☎ 723308), près de l'angle de Speke Ave et de Leopold Takawira St, offre un copieux menu grec. La salade est particulièrement délicieuse et vous pourrez déguster un repas reconstituant comprenant une excellente entrée grecque, un plat et le vin pour 8 $US environ. Il est ouvert pour le déjeuner (ainsi que le comptoir de plats à emporter) de 10h à 14h30 en semaine, et pour le dîner du lundi au samedi de 18h30 à 22h30. Les autres restaurants chypriote-grecs de Harare sont l'*Acropolis* (☎ 39181), à Avondale, qui sert, nous a-t-on dit, d'excellents repas pour moins de 7 $US, et l'*Aphrodite Taverna* (☎ 35500), Strathaven Plaza, Strathaven.

Le *Shezan*, 88 Robert Mugabe Rd, propose des spécialités pakistanaises. Si vous préférez la cuisine indienne, essayez le *Bombay Duck*, 7 Central Ave. Cette table offrant des curries est ouverte tous les soirs sauf le dimanche. La vente à emporter qui la jouxte sert du curry et du riz pour 1,5 $US.

Si vous possédez un véhicule ou n'êtes pas gêné par une course de taxi en banlieue, le *Sitar* (☎ 729132), dans le centre commercial Newlands, Enterprise Rd, est un autre établissement indien.

Le *Bamboo Inn* (☎ 705457), dans Robert Mugabe Rd près de 1st St, est le meilleur restaurant chinois. Offrant une saveur orientale différente, surtout pour les amateurs de viande, le *Manchurian* (☎ 36166), à côté du Reps Theatre, 2nd St Extension, à Avondale, sert un barbecue mongol. L'*Alexander's* (☎ 700340), 7 Livingstone Ave, propose des plats plutôt onéreux, mais les meilleurs de la ville.

Vous trouverez d'excellents plats végétariens ainsi que des steaks et des plats de fruits de mer au *The Homegrown* (☎ 703545), à l'angle de Speke Ave et de Leopold Takawira St. Comptez environ 5 $US pour le repas, mais le salade-bar à volonté ne coûte que 2 $US. Il est ouvert du lundi au vendredi de 12h à 14h et de 18h30 à 22H, et le samedi de 18h30 à 22h. Des concerts sont parfois donnés le soir.

Pour les poissons et les fruits de mer, le *Pino's* (☎ 792303), 73 Union Ave, est un bon choix. Le *kingclip* frais d'Afrique du Sud et la paella de Valence sont particulièrement bons, et cette table sert souvent du crabe, des langoustines, des plats végétariens et d'autres spécialités, tous à des prix moyens. Prévoyez de dépenser environ 10 $US par personne, sans les boissons.

Cherchant peut-être à égaler un célèbre restaurant de Nairobi, le *Ramambo Lodge* (☎ 792029) propose diverses spécialités gibier, de l'impala au phacochère en passant par le steak d'autruche, l'élan strogonoff ou le crocodile sauce au fromage, mais également une cuisine traditionnelle, des plats de bœuf ou végétariens ainsi que des fruits de mer. Comme vous pouvez vous y attendre, la décoration, qui s'inspire du thème du safari lodge, vous fera presque oublier que la plus grande artère de Harare se trouve juste en dessous. Les déjeuners sont accompagnés par un groupe de marimba et le soir est proposé un "cabaret de danse traditionnelle". L'établissement est situé à l'étage dans BB House, à l'angle de Samora Machel Ave et de Leopold Takawira St. Fermé le dimanche.

Tous les grands hôtels et la plupart des hôtels plus modestes offrent des dîners fins ou une restauration de gamme moyenne. Au Sheraton, *La Chandelle* propose des plats gastronomique et le *Harvest Garden* des repas moins raffinés. Le jeudi soir, ce dernier sert un buffet africain agrémenté de danses traditionnelles. *L'Escargot* (☎ 706411) du Courteney Hotel est également tenu pour être l'un des meilleurs et les plus chaudement recommandés des restaurants de Harare.

Au *Quality International Hotel Restaurant*, vous pourrez opter pour un repas complet avec un steak énorme pour à peine 8 $US. Le *Carvery Restaurant*, dans le centre commercial de Fife Ave, établissement de gamme moyenne, propose aussi de grandes tranches de bœuf.

Faire son marché. Il existe un supermarché TM dans Baker Ave, entre 1st St et 2nd St, ainsi qu'un Woolworth's dans la partie piétonnière de 1st St. Le supermarché du centre commercial de Fife Ave, à l'angle de Fife Ave et de 5th St, est ouvert du lundi au samedi jusqu'à 18h30 et le dimanche de 8h à 11h30.

Distractions

Harare est une ville idéale où écouter de la musique africaine – en concert ou en discothèque. Vous trouverez dans la brochure touristique mensuelle *What's on in Harare*, donnant la liste des événements culturels, sportifs et musicaux jugés intéressants pour les touristes, toutes les informations concernant les futures manifestations. Les lieux moins célèbres et les programmes des cinémas sont normalement indiqués par le quotidien *Herald*.

La plupart des pubs, des bars d'hôtel et des boîtes de nuit sont des établissements plutôt conservateurs où s'applique la règle de la tenue "élégante et décontractée". N'oubliez-pas : n'allez et ne revenez jamais à pied dans ces lieux à la nuit tombée ; prenez un taxi jusque devant votre porte !

Cinéma. Avec ses onze cinémas et ses deux drive-in, Harare ne manque pas de salles obscures qui pour la plupart proposent trois ou quatre projections de films américains durant l'après-midi et la soirée. Au nombre de salles, citons le Rainbow, dans Park Lane, Cinemas 1, 2, 3 & 4 près de la poste (GPO) de Baker Ave, et le Liberty Theatre, Cameron St. Le billet d'entrée coûte en moyenne 1,50 $US. Le quotidien *Herald* publie les programmes.

Théâtre. Harare n'est guère lotie en théâtres ; pour savoir quelles sont les représentations du mois, téléphonez ou lisez *What's on in Harare*.

Gallery Delta (☎ 792135), 110 Livingstone Ave, se flatte d'être "la pulsation artistique de Harare", mais lors de ma dernière visite, il semblait souffrir d'un arrêt cardiaque. Cette scène accueille néanmoins de temps à autre des productions théâtrale, artistiques et musicales de qualité ainsi que des expositions itinérantes.

Harare Reps, qui propose quelques représentations divertissantes mais assez ternes, possède une salle située à 40 minutes à pied du centre-ville, dans le centre commercial Belgravia, à l'angle de Thurston Lane et de 2nd St Extension, à Avondale. Les réservations se font auprès de Spotlight (☎ 724754), Chancellor House, Samora Machel Ave. A l'occasion, des troupes de théâtre invitées se produisent à Harare, normalement au Seven Arts Theatre, une grande salle également située à Avondale.

Concert. La majeure partie des voyageurs intéressés par la scène musicale locale se rendent à Harare pour assister à un pungwe, un concert donné durant toute la nuit, avec alcool et danse, par les meilleurs musiciens zimbabwéens. Malheureusement, la Publicity Association ne dispose en général d'aucune information à ce sujet, mais en vous promenant dans les rues du quartier de Kopje, vous verrez sur les murs, les lampadaires et autres vitrines des affiches faisant la publicité des événements à venir. Toutes les salles pratiquent un supplément de couvert pour les concerts, certaines même pour la musique de discothèque. Pour plus de détails, consultez la rubrique *Distractions* du chapitre *Renseignements pratiques* consacré au Zimbabwe.

Les meilleurs endroits où vous pourrez entendre des groupes locaux sont les hôtels Federal, Queen's ou Elizabeth les vendredi et samedi soirs. La qualité étant variable, vous risquez parfois d'assister à une mauvaise prestation, mais parfois une célébrité viendra faire un bœuf. Les hôtels Elizabeth et Queen's ouvrent tous les soirs leur discothèque (musique africaine et occidentale) jusqu'à 23h30, autant de lieux où vous pourrez rencontrer des Zimbabwéens et faire la fête avec eux, mais leurs système de sonorisation semblent antédiluviens. Le New Yorkish Playboy Night Club, 40 Union Ave, est une autre scène où se produisent à l'occasion des célébrités.

Le jardin du Nyagonzera Skyline Motel (☎ 67588), au Km 19 de la route Beatrice-Masvingo, attire aussi d'excellents musiciens, mais la course de taxi est aussi longue qu'onéreuse à partir du centre-ville et les transports publics moins chers ne fonctionnent pas aux heures où vous en auriez besoin. De toute façon, il faudra téléphoner à l'avance pour savoir si le voyage en vaut la peine.

Pour améliorer vos chances de pouvoir écouter des célébrités telles que les Bhundu Boys, Thomas Mapfumo & the Blacks Unlimited ou Ilanga, essayez les concerts du week-end organisés au Job's Night Spot, propriété de Job Kadengu, au centre commercial Wonder, Julius Nyerere Way entre Kenneth Kaunda Ave et Robson Manyika Ave. Pour les plus intrépides, les trois boîtes de nuit de Highfields – Machipisa, Club Saratoga et le Mushandira Pamwe Hotel – reçoivent des groupes musicaux le week-end et au moins l'une d'entre elles devrait proposer un concert intéressant.

Les groupes de marimba, dont le renommé Jairos Jiri Marimba Band, donnent des concerts gratuits au kiosque à musique des Harare Gardens. Des groupes locaux se produisent également dans les halles-brasseries du marché de Mbare les samedis après-midi. Les hommes y découvriront d'intéressantes scènes locales, mais les femmes seules devraient éviter ces lieux.

Les événements musicaux plus importants, comme les fêtes nationales ou les concerts donnés par des stars étrangères ont normalement lieu au National Stadium mais comme la moitié du Zimbabwe semble affluer à Harare à cette occasion, il est essentiel de réserver sa place très longtemps à l'avance – ce qui n'est guère possible pour la plupart des voyageurs.

Pubs, discothèques et night-clubs. Autour du point d'eau très fréquenté du Terreskane Hotel se presse toujours une foule très animée de la fin de l'après-midi à la fermeture. L'animation des autres bars d'hôtel est plus imprévisible. Le Bird & Bottle de l'Ambassador Hotel, dans Union Ave, a été recommandé. Pour un moment de détente plus calme, essayez le Old Crow Bar du Courteney Hotel, à l'angle de 8th St et de Selous Ave, ou les pubs de l'un des hôtels quatre ou cinq-étoiles.

A l'heure actuelle, les lieux préférés des Zimbabwéens blancs, ce sont The Tube (au décor de station de métro londonien), dans Mbuya Nehanda St, et l'Archipelago's, Liquenda House, dans Baker Ave ; ces deux bars s'animent vers 23h et sont ouverts jusqu'à 4h du matin presque tous les jours. Le Solo's, à l'angle de Jason Moyo Ave et de Harare St, est aussi un établissement recommandé, au décor cependant tapageur. Il est ouvert tous les jours à midi et le soir pour sa discothèque et ses concerts. Le Turtles, dans une cave de Jason Moyo Ave, entre 1st St et 2nd St, est un nouvel établissement très fréquenté proposant une discothèque les vendredi et samedi soirs et des concerts le dimanche soir.

Si vous préférez une clientèle plus mélangée, le Tacos, dans Union Ave, près de Julius Nyerere Way, met l'accent sur la musique reggae. L'Elizabeth Hotel et le Queen's Hotel proposent tous les soirs une discothèque de musique africaine et occidentale jusqu'à 23h30 ; ce sont des lieux idéals pour rencontrer les Zimbabwéens, mais la sonorisation laisse à désirer.

Un lecteur nous recommande le bar du Meikles Hotel pour son "atmosphère détendue en compagnie des jeunes loups du monde des affaires et de Blancs étranges", ainsi que celui du Quality International Hotel, à l'angle de 4th St et de Baker Ave, "un point d'eau pas très catholique où l'on s'amuse bien". Les jeunes Blancs à la mode se rendent également au Rosalind's, dans le centre commercial d'Avondale. Tenues et coiffures à la mode requises.

Les "rats de boutique" pourront se rendre au centre commercial de Sam Levy's Village, dans la banlieue de Borrowdale, qui offre plus de 70 magasins, cinémas, restaurants, traiteurs et autres établissements. Le week-end, Aguila's Pub/Club, très fréquenté par une clientèle blanche locale, propose des concerts de pop-music européenne. Un marché aux puces est ouvert le dimanche. Cet immeuble indépendant est patrouillé par un service de sécurité ressemblant aux "bobbies" anglais.

Achats

Toutes les boutiques de souvenirs des grands hôtels et la pléthore de boutiques pour touristes du centre-ville commercialisent des objets artisanaux locaux de qualité variable. Ces magasins sont commodes, mais non les moins onéreux : vous pourrez trouver des objets comparables, voire de qualité supérieure, dans les marchés ou dans les boutiques moins luxueuses de la ville. Si vous recherchez de véritables œuvres d'art, en particulier la sculpture shona qui a fait la célébrité du Zimbabwe, la National Gallery et plusieurs galeries d'art proposent un grand choix de noms et de prix.

Bien que le Zimbabwe ait signé la Convention sur le commerce international des espèces en danger (CITES) interdisant le commerce de l'ivoire des éléphants, plusieurs magasins de Harare continuent à vendre des objets en ivoire accompagnés d'un certificat précisant que celui-ci a été prélevé conformément au CITES, mais ce système n'étant guère fiable, on conseille généralement aux touristes de ne pas acquérir de tels objets. Au nombre des boutiques vendant des objets en ivoire, citons Solo Arts & Crafts, dans Samora Machel Parkade, Moore's Trophies, à l'angle de 1st St et de Jason Moyo Ave, ainsi que Space Age Products, 54 Edison Crescent, à Graniteside. Voir également la rubrique *Achats* du chapitre *Renseignements pratiques* consacré au Zimbabwe.

Galeries de sculpture et marchands d'art. Outre la boutique de la National Gallery, plusieurs galeries et magasins d'artisanat commercialisent des œuvres d'art africain ainsi que de superbes objets artisanaux. Les amateurs de sculpture shona trouveront des créations originales dans plusieurs galeries d'art de la ville. Les quatre principales vendent essentiellement des œuvres de sculpteurs renommés.

Stone Dynamics, 56 Samora Machel Ave, est spécialisée dans les œuvres en serpentine et en chrome-mica dues à des artistes aussi célèbres que bien établis. Vhikutiwa Gallery, au nord de la ville à l'angle de Harvey Brown Ave et de Blakiston St, est une agréable ancienne demeure de banlieue. Outre des sculptures d'artistes réputés ou plus jeunes, elle vend des objets artisanaux et des œuvres batonka. Matombo Gallery, 114 Leopold Takawira St, met aussi l'accent sur les artistes renommés tout en proposant des œuvres de nouveaux talents.

Le restaurant du Ramambo Lodge possède également une galerie présentant un choix de sculptures shona. La Gallery 42, 42a Enterprise Rd, à Newlands, est davantage spécialisée dans la sculpture sur métal et la peinture que dans la sculpture sur pierre et vend aussi des objets touristiques. Les autres maisons spécialisées dans la sculpture sont notamment la Nyati Gallery, sur Spitzkop Rd, à 18 km de la ville en direction de Bulawayo, et Similitudes, 1 Bodle Ave, à Eastlea, à côté de Robert Mugabe Rd, après Enterprise Rd. Si vous n'avez pas de problèmes d'argent et si vous recherchez des antiquités et des objets traditionnels, ésotériques ou rituels, allez à la Dendera Gallery, à l'angle de Robert Mugabe Rd et de 2nd St.

Dans la banlieue est, à Doon Estate, 1 Harrow Rd, Msasa, se trouve la galerie de sculpture shona de Chapungu Kraal. Les sculptures sont exposées sur une vaste pelouse verdoyante à proximité d'un lac – et les vendeurs sont très accueillants. Le seul défaut, c'est le prix d'entrée, qui vous donnera droit cependant à une visite guidée des jardins et à une petite explication de quelques-unes des œuvres. La galerie est ouverte tous les jours de 8h à 16h30. Pour plus de renseignements, consultez la rubrique *Chapungu Kraal* plus haut dans ce chapitre.

L'une des galeries les plus réputées, et présentant les meilleures œuvres, c'est la Gallery Delta, qui se qualifie elle-même de "pulsation artistique de Harare". Elle est installée dans l'ancienne résidence de l'artiste zimbabwéen Robert Paul (110 Livingstone Ave). La demeure datant de 1894 est probablement la plus ancienne de la ville.

Artisanat et arts populaires. Vous trouverez de nombreux magasins d'artisanat à prix raisonnables dans Harare. Les meilleurs et les moins chers sont rassemblés dans les grands marchés artisanaux d'Enterprise Rd et du musika de Mbare, où d'innombrables étals vendent des sculptures, des objets artisanaux et des souvenirs kitsch aux tarifs négociables. Vous rencontrerez aussi des colporteurs d'objets artisanaux dans les Harare Gardens et le long de Jason Moyo Ave, en centre-ville. Un lecteur nous a écrit ceci :

> Vous serez harcelés par des vendeurs de rue qui tenteront de vous vendre de la sculpture shona incroyablement médiocre – la police les chasse mais ils reviennent toujours. J'ai riposté en leur vendant mon baladeur de mauvaise qualité. J'ai dû le céder à un prix ridiculement bas : je ne faisais pas le poids !
>
> **Andy Bollen (Australie)**

Si vous êtes prêts à payer davantage pour des objets de meilleure qualité, allez au National Handicraft Centre, à l'angle de Grant St et de Chinhoyi St, à Kopje. Vous y découvrirez des instruments de musique, des tapis, des objets sculptés, des jouets faits main, des paniers, des poteries, de la maroquinerie, des tissages, des tricots et des travaux au crochet, ainsi que des tissus imprimés à la main. Le centre est ouvert tous les jours de 9h30 à 17h, et possède un restaurant et un jardin de thé où vous pourrez apprécier des échantillons de la gastronomie locale.

Si vous recherchez quelque chose de réellement beau et inhabituel, allez faire un tour aux étonnantes Kudhinda Fabrics, à The Shop, Doon Estate, dans Harrow Rd près du Chapungu Kraal. Vous y admirerez des tentures murales, des sacs, des vêtements, des coussins, des nappes et d'autres tissus imprimés à la main selon les techniques locales. Dans le même complexe, vous pourrez acheter des poteries Ros Byrne décorées à la main et des objets en vannerie du Malawi. Ouvert de 8h à 17h du lundi au vendredi et de 9h à 16h le samedi.

La Jairos Jiri Crafts Shop, travaillant au profit des handicapés du Zimbabwe, est installé dans le bâtiment Park Lane, dans Julius Nyerere Crescent, en face de la National Gallery. Au Danhiko Project School, sur la route de Mutare en face du cinéma Nite-Star Drive In, vous trouverez des vêtements et des objets de menuiserie réalisés dans la région, et proposés à des prix très inférieurs à ceux des boutiques. Les tissus aux couleurs éclatantes sont confectionnés par des handicapés avec l'aide de la Scandinavie. Sinon, allez voir les boutiques vendant à bas prix des vêtements en tissu imprimé africain, entre South Ave et Kenneth Kaunda Ave, près de la gare. Zimcraft Co-operative Shop, 1st St Parkade, vends les T-shirts les moins chers du centre-ville, avec des réductions d'au moins 30% par rapport aux prix de Rado Arts, une onéreuse boutique de styliste à la mode, dans le 1st St Mall.

Pour d'autres adresses d'artisanat, consultez les rubriques *Mbare* et *Cold Comfort Farm Society* dans le chapitre *Les environs de Harare*.

Comment s'y rendre

Voie aérienne. L'aéroport international de Harare est situé à 15 km au sud-est de la ville. Il accueille tous les vols internationaux et intérieurs d'Air Zimbabwe. Les vols charter et les avions légers atterrissent à l'aéroport Prince Charles, à 18 km au nord-ouest de Harare.

Air Zimbabwe affrète des vols intérieurs directs entre Harare et Bulawayo, Buffalo Range, Kariba, Victoria Falls, Gweru, Masvingo et Hwange National Park. Pour plus de renseignements, consultez le chapitre *Comment circuler* consacré au Zimbabwe. Les informations concernant l'arrivée à Harare à partir des autres pays sont regroupées dans les chapitres *Comment s'y rendre*.

Les bureaux des compagnies aériennes à Harare sont les suivants :

Aeroflot Karigamombe Centre, Samora Machel Ave (☎ 731971)
Air Botswana suite 501, Jameson Hotel, à l'angle de Samora Machel Ave et de Union Ave (☎ 703132)
Air India Batanai Gardens, à l'angle de 1st St et de Jason Moyo Ave (☎ 700318)
Air Malawi Throgmorton House, à l'angle de Samora Machel Ave et de Julius Nyerere Way (☎ 706 497)
Air Mauritius 13th floor, Old Mutual Centre, à l'angle de 3rd St et de Jason Moyo Ave (☎ 735738)
Air Tanzania Lintas House, Union Ave (☎ 706444)
Air Zimbabwe City Air Terminal, à l'angle de 3rd St et de Speke Ave (☎ 575111 ; fax 575068), réservations (☎ 575021)
American Airlines Leopard Rock Hotel Group (☎ 733073 ; fax 791484)
Balkan Bulgarian Airlines Trustee House, 55 Samora Machel Ave (☎ 759271 ; fax 757684)
British Airways Batanai Gardens, à l'angle de 1st St et de Jason Moyo Ave (☎ 759173 ; fax 756670)
Egypt Air Construction House, 110 Leopold Takawira St (☎ 728860)
Ethiopian Airlines Central African Building Society Centre, Jason Moyo Ave (☎ 790705)
Kenya Airways, Stanley House, Jason Moyo Ave (☎ 792181)
KLM 1st floor, Harvest House, Baker Ave (☎ 731042 ; fax 736021)
Linhas Aéreas de Moçambique Chancellor House, 69 Samora Machel Ave (☎ 703338)
Lufthansa Mercury House, 24 George Silundika Ave (☎ 707606)
Qantas 5th floor, Karigamombe Centre, 54 Union Ave (☎ 794676)
Royal Swazi Airlines 6 Chancellor House, 69 Samora Machel Ave (☎ 730170)
South African Airways 2nd floor, Takura House, 69-71 Union Ave (☎ 738922)
TAP Air Portugal 5th floor, Prudential House, à l'angle de Angwa St et de Speke Ave(☎ 706231)
Zambia Airways Pearl Assurance Building, 1st St (☎ 793235)

Bus. Express Motorways (☎ 720392 ; fax 737438) propose un départ quotidien pour Mutare (6,40 $US), Bulawayo (13 $US), Beitbridge (11 $US) et Johannesburg (38 $US). La ligne pour Johannesburg fonctionne en conjonction avec la compagnie sud-africaine Trans-Lux. Express Motorways dessert également Masvingo/Great Zimbabwe (8,50 $US) et Kariba (11 $US) le vendredi uniquement, et Gaborone (35 $US) le jeudi et le dimanche. Pour la direction de Victoria Falls (26 $US), vous devez prendre la correspondance à Bulawayo, ce qui implique un arrêt d'au moins une nuit. Le bureau de réservation est situé à l'angle de Baker Ave et de Rezende St.

Ajay's Motorways, qui utilise le Monomatapa Hotel en guise de terminus, dessert la ligne Harare-Bulawayo tous les jours sauf le vendredi, et la ligne Bulawayo-Harare tous les jours sauf le jeudi. L'aller simple coûte 11 $US. Réservez auprès de Manica Travel (☎ 703421), au 2e étage du Travel Centre, dans Jason Moyo Ave.

Plus luxueux, les bus de Blue Arrow/United Transport Group (☎ 729514 ; fax 729572) relient également Harare et Bulawayo. Ils partent de Harare les mardi, jeudi et dimanche à 13h45 (arrivée à 20h) et le vendredi à 15h45 (arrivée à 22h). De Bulawayo à Harare, ils partent les lundi, mercredi, vendredi et samedi à 7h. L'aller simple coûte 16$. A Harare, le bureau est installé à Chester House, dans Speke Ave, entre 3rd St et 4th St. A Bulawayo, le bureau est situé au Swift Town Depot (☎ 69673), 73a Fife Ave. Ces bus desservent également Johannesburg sur la ligne sud-africaine Greyhound.

Les bus locaux (ou africains) longue-distance partent du vaste musika de Mbare, dans la township de Mbare, à 5 km du centre-ville. A destination des plus petits village, vous n'y trouverez probablement qu'un bus par jour, partant généralement vers 6h du matin. Le départ des bus à destination de Bulawayo s'effectue de l'aube à l'après-midi, mais pour Masvingo, Kariba ou Mutare, vous aurez davantage de chance de trouver une place en venant vers 6h.

Au terminus, des panneaux indiquent les destinations des bus. Ceux-ci sont regroupés en fonction des itinéraires empruntés pour sortir de la ville : les routes de Mutare, Beatrice ou Bulawayo. Les bus ne sont généralement pas aussi bondés qu'on pourrait l'imaginer, sauf durant le week-end et les vacances.

Pour Mutare (2,50 $US), les bus Tenda partent toutes les demi-heures et prennent des passagers à Mbare comme à Msasa le long de la route de Mutare. De nombreux bus démarrent de Mbare pour Bulawayo (4 $US) entre 6h et 13h ; vous ne devriez pas attendre plus de quelques minutes. De Mbare à Kariba (3,50 $US), prenez les bus Mucheche ou ZUPCO. Pour Masvingo (3 $US), nous vous recommandons la compagnie Mhunga qui quitte Mbare tôt le matin.

Pour plus de renseignements sur les bus internationaux au départ de Harare, consulter le chapitre *Comment circuler* consacré au Zimbabwe.

Train. La gare est située à l'angle de Kenneth Kaunda Ave et de 2nd St. Des trains desservent quotidiennement Bulawayo et Mutare. Les horaires sont précisés dans le chapitre *Comment circuler* consacré au Zimbabwe.

Le bureau des réservations est ouvert de 8h à 13h et de 14h à 16h du lundi au vendredi et de 8h à 11h30 le samedi. Le guichet de vente des billet est ouvert du lundi au vendredi de 8h à 13h, de 14h à 16h et de 19h à 21h30. Le samedi, il fonctionne de 8h à 11h30 et de 19h à 21h30. Le dimanche, il est ouvert seulement de 19h à 21h30.

Comment circuler

Desserte de l'aéroport. Le bus Express Motorways (☎ 720392) circule entre la ville et l'aéroport lors des départs et des arrivées d'avions (à peu près une fois par heure), à partir de Speke Ave et de 2nd St, près du Meikles Hotel. Il prend également en centre-ville les passagers ayant réservés leurs places. L'aller simple coûte 2 $US. Lors du trajet de retour, il dépose ses passagers à tout hôtel ou pension en centre-ville. Téléphonez pour réserver ou obtenir les horaires.

Le taxi au départ ou à destination de l'aéroport coûte 6,50 $US. Les grands hôtels – Meikles, Sheraton, Monomatapa, etc. – offrent à leur clientèle une navette gratuite.

Bus. Les bus municipaux de Harare, qui relient surtout le centre-ville aux banlieues, sont bondés. Si vous souhaitez vous éloigner du centre, empruntez-les à partir des cinq terminus en centre-ville. Sinon, vos chances de pouvoir vous y insérez, ou de voir le chauffeur vous laisser monter, seront inversement proportionnelles aux nombres d'arrêts vous séparant du terminus. De même, si votre destination ne se trouve pas à proximité du bout de la ligne, le voyage de retour pourra se révéler problématique. Les billets coûtent de 1 $Z à 1,5 $Z (moins de 0,25 $US). Sinon, vous pourrez emprunter les nouveaux bus de banlieue, qui sont des camionnettes de 15 places.

Les cinq terminus du centre-ville sont le terminus de Market Square, entre Harare St et Mbuya Nehanda St ; le terminus de 4th St, sur Robert Mugabe Rd, entre 4th St et 5th St ; le terminus de Angwa St, à l'angle de Angwa St et de Robson Manyika Ave ; le terminus de Rezende St, dans Rezende St, entre Jason Moyo Ave et Baker Ave ; et le terminus de Chinhoyi St, dans Speke Ave, entre Cameron et Chinhoyi. Les bus en direction du terminus interurbain de Mbare partent du terminus de Angwa St et de Robson Manyika Ave. Il existe également plusieurs arrêts le long de Jason Moyo Ave, près du carrefour de 4th St.

Taxi. Des stations de taxis sont aménagées devant tous les hôtels ; à l'angle de 1st St et de Baker Ave ; dans Samora Machel Ave près de 1st St ; et dans Union Ave entre Angwa St et Julius Nyerere Way. Il est parfois risqué d'emprunter l'un de ces taxis non réglementaires que l'on compte par centaines. Les compagnies officielles sont notamment Rixi Taxi (☎ 707707 ou 724222), les peu onéreux Cream Line Taxis (☎ 703333), et A1 Taxi (☎ 706996).

Le trajet en centre-ville coûte de 0,60 $US à 0,90 $US (5 $Z à 7 $Z). La course en banlieue coûte entre 2 $US et 2,25 $US (15 $Z à 18 $Z) et vers l'aéroport environ 2,50 $US (20 $Z). Les taximètres fonctionnent tous à des vitesses différentes et les contrôles sont inexistants ; la compagnie Rixi, basée à l'angle de Samora Machel Ave et de Harare St, semble être la plus fiable.

Si un minimum de recherches concernant leurs itinéraires ne vous effrayent pas, essayez les taxis d'"urgence" au carrefour de George Silundika Ave et de 4th St, ou dans Rezende St entre Jason Moyo Ave et Baker Ave. La course coûte 1,50 $Z (moins de 0,20 $US) de n'importe où à n'importe où sur leurs itinéraires déterminés.

Bicyclette. Ville compacte et essentiellement plate, Harare se prête à la découverte en vélo, même pour le visiteur qui n'a plus l'habitude d'en faire. Cependant, surveillez de près votre monture où que vous vous arrêtiez.

On peut louer des vélos chez Bushtrackers, au Brontë Hotel, à l'angle de 4th St et de Baines Ave. Le magasin est ouvert de 8h à 20h. Sable Lodge, 95 Selous Ave, loue également des bicyclettes. La location coûte environ 1,30 $US de l'heure ou 7 $US la journée.

Les environs de Harare

1	Peintures rupestres de Ngomakurira	8	Lion & Cheetah Park
2	Peintures rupestres de Domboshawa	9	Nyagonzera Skyline Motel
3	Ewanrigg Botanical Garden	10	Aéroport international de Harare
4	Chishawasha Mission	11	Aéroport du Game Park
5	Aéroport Prince Charles	12	Epworth Balancing Rocks
6	Snake Park	13	Landela Lodge
7	Larvon Bird Gardens		

MBARE

Située à peine à 5 km du centre-ville, Mbare est probablement la seule banlieue de Harare valant la peine d'être visitée pour elle-même. Avant l'indépendance, quand Harare s'appelait encore Salisbury, Mbare portait le nom de Harare Township. Son nom actuel honore la mémoire du chef shona Mbare qui avait fondé sa capitale sur le Kopje, l'actuel centre de Harare.

Toutes les activités de Mbare sont concentrées autour du musika, le plus grand marché et terminus de bus du Zimbabwe. Entre 6h et 18h, il bourdonne de vendeurs, de clients, de voyageurs et de négociants, tous très affairés. On peut y acheter de tout, des vêtements ou des appareils ménagers de seconde main aux plantes médicinales, en passant par l'artisanat africain et les bijoux. Les étals maraîchers vendent des fruits et des légumes pour une fraction du prix pratiqué par les supermarchés. Le meilleur moment pour visiter ce quartier, c'est le dimanche après-midi : quand tout est fermé à Harare, Mbare est toujours en pleine activité.

Tout aussi intéressant, le Canon Paterson Art Centre, dans Chaminuka Rd, fondé dans les années 40 par le pasteur de Bulawayo, Canon Paterson, offre la possibilité de voir des sculpteurs tailler la stéatite, le chrome-mica, le bois ou la serpentine, objets-souvenirs vendus ensuite dans tout le pays. Ces articles sont également proposés par la boutique du centre d'art à un prix minime relativement aux tarifs pratiqués ailleurs.

Comment s'y rendre

Pour rejoindre Mbare à partir du centre-ville, prenez le bus municipal à partir du terminus situé à l'angle de Angwa St et de Robson Manyika St. La course en taxi officiel, jusqu'à

5 passagers, coûte environ 2 $US par trajet. Si vous empruntez un taxi dépourvu de licence (ce qui n'est pas une très bonne idée), le prix de la course dépendra de vos dons de marchandeur.

Pour toute information concernant les circuits touristiques à Mbare, consultez la rubrique *Circuits organisés* consacrée à Harare. Pour en savoir plus sur le terminus des bus interurbains du musika de Mbare, consultez la rubrique *Comment s'y rendre* consacrée à Harare.

CHITUNGWIZA

Pour répondre à l'afflux incontrôlé de l'exode rural qui engorge Harare depuis l'indépendance, les urbanistes ont créé la vaste ville "satellite" de Chitungwiza au sud de l'aéroport, en fait une municipalité à part entière. Elle abrite aujourd'hui près d'un million d'habitants et constitue la troisième agglomération du pays après Harare et Bulawayo. Lorsqu'elle est incluse dans les statistiques hararaises, la population de la capitale double quasiment.

Chitungwiza est divisée en plusieurs unités. L'unité B est la plus aisée, les unités C et D étant considérablement plus pauvres. La visite de cette agglomération à forte densité de population peut être une expérience sociale intéressante, mais dans l'ensemble, elle ressemble à Mbare, en beaucoup plus grand.

Comment s'y rendre

Empruntez un bus à partir de la London Bakery de Rezende St, à Harare. Vous pouvez également faire du stop le long de Hatfield Road.

EWANRIGG NATIONAL PARK

Ce petit parc national aux frontières mal définies, situé à 40 km au nord-est de Harare, se compose d'un jardin botanique de 40 hectares et de 200 hectares de forêt. Le jardin abrite diverses espèces d'aloès à l'aspect préhistorique, des cactées ainsi que des cycas, et, en hiver, les pentes resplendissent du rouge éclatant et du jaune des succulentes en fleurs et des teintes bigarrées des fleurs tropicales. Outre les plantes fleuries, le jardin possède un bosquet de bambou, un jardin de plantes aromatiques, un jardin d'eau et un arboretum.

A l'origine, Ewanrigg était la ferme et le jardin d'agrément du botaniste Harold Basil Christian qui s'installa sur le site en 1891 et le nomma Ewanrigg (Ewan's Ridge en manxois), d'après les terres que possédait sa famille dans l'île de Man. A sa mort, le 12 mai 1950, Christian légua sa propriété à l'État.

Ewanrigg est un lieu de pique-nique très fréquenté par les Hararais ; les week-ends ensoleillés, ils s'y rendent en foules pour des braais, des parties de cricket ou de football, ou pour se promener dans les nombreux sentiers. Durant le reste de la semaine, c'est une alternative sereine à l'agitation urbaine. Il est équipé notamment de tables de pique-nique, de barbecues à braai, de robinets, de blocs de toilettes et de bois à brûler, mais non de camping. Les droits d'entrée s'élèvent à 1,20 $US par personne.

Mermaid's Pool

Le bassin aux sirènes, un agréable site verdoyant à 6 km de la jonction pour Ewanrigg, était jadis un petit lieu de villégiature organisé autour de son toboggan naturel en pierre et de son bassin. Il a cependant été converti en résidence privée et n'est plus ouvert au public.

Comment s'y rendre

Pour vous rendre à Ewanrigg par les transports publics, prenez le bus de Shamva à Mbare aussi tôt que possible le matin et demandez au chauffeur de vous déposer à l'embranchement d'Ewanrigg. De là, vous devrez marcher 3 km jusqu'aux jardins. Vous pourrez également faire du stop à partir de la ville jusqu'à l'embranchement de Shamva (route A15), à environ 20 km au nord-est sur la Mutoko Highway (Enterprise Rd), qui se trouve à 20 km de l'embranchement pour Ewanrigg. Si vous préférez un itinéraire plus simple, Kalambeza Safaris organise un circuit quotidien pour 12 $US par personne.

DE HARARE AU LAC CHIVERO

Snake Park

Le parc aux serpents, situé à 11 km de Harare sur la route de Bulawayo, est une collection de reptiles appartenant aux propriétaires du parc des lions et des guépards (Lion & Cheetah Park). Vous y découvrirez des espèces inoffensives ou extrêmement dangereuses comme le cobra, la vipère du Gabon, la vipère clotho, le *boomslang* et le *mamba*. Cependant, sauf si vous passez dans le coin ou appréciez particulièrement ces animaux, le parc ne vaut pas le détour. Il est ouvert tous les jours de 8h30 à 17h, et les droits d'entrée s'élèvent à 2,50 $US. Tous les bus en direction de Bulawayo passent devant le Snake Park ; pour tout renseignement sur les circuits organisés, voir les rubriques *Lion & Cheetah Park* et *Lac Chivero*.

Larvon Bird Gardens

Les jardins ornithologiques de Larvon, qui abritent plus de 400 espèces, sont surtout intéressants pour les amateurs d'oiseaux souhaitant se familiariser avec les espèces d'Afrique australe. Ces jardins fonctionnent comme un orphelinat pour oiseaux et un centre de protection, aménagé avec sensibilité. Les plus grands oiseaux disposent d'un espace suffisant et les oiseaux aquatiques d'un beau lac naturel. Les jardins sont ouvert en semaine, sauf le jeudi, de 10h à 17h et le week-end de 9h à 17h. L'entrée coûte 1,5 $US. Le week-end, le jardin de thé aménagé près du lac sert des casse-croûte et des boissons.

Larvon est situé à 18 km au sud-ouest de Harare, à proximité de la route de Bulawayo. Pour vous y rendre, roulez le long de la route de Bulawayo ou prenez n'importe quel bus en direction de Bulawayo à partir de Harare et demandez au chauffeur de vous déposer à l'embranchement de Oatland Rd. L'intersection n'est qu'à un kilomètre de l'entrée. Larvon Bird Gardens est également inclus dans un circuit UTC, décrit à la rubrique *Lion & Cheetah Park* plus loin dans ce chapitre.

Cold Comfort Farm Society

Cette coopérative d'artistes (☎ 703372) à la solide réputation, est située sur Cowie Rd, à 2 km de la route de Bulawayo, à 13 km de Harare. Elle produit des tapisseries africaines en laine, aux teintures naturelles locales, vendues à des prix très raisonnables, et soutient des entreprises agricoles, de menuiserie ou de ferronnerie. L'Amon Shonge Gallery, récemment fondée dans l'une des anciennes granges de la ferme, commercialise des œuvres originales, onéreuses, exécutées par des villageoises de la région.

Outre l'artisanat d'art, vous pourrez également acheter des produits agricoles cultivés dans la ferme. Elle est ouverte aux visiteurs du lundi au vendredi de 10h à 17h et les week-ends de 10h à 16h.

Lion & Cheetah Park

Le parc aux lions et aux guépards (☎ 6437 Norton), à 24 km de Harare à proximité de la route de Bulawayo, est l'unique lieu de la région où l'on peut voir des grands félins. Il est aménagé dans un grand domaine privé abritant également des babouins et des crocodiles. L'entrée coûte 5 $US par véhicule et 2,50 $US pour chaque adulte. Il est ouvert tous les jours de 8h30 à 17h.

La promenade ou le stop étant interdit, vous devrez vous y rendre en véhicule privé ou participer à un circuit organisé par UTC ou par Kalambeza à partir de Harare. Chez UTC, un circuit de 3 heures dans l'enceinte du Lion & Cheetah Park avec une visite du lac Chivero part tous les jours sauf le jeudi à 9h30 et coûte 25 $US. Kalambeza propose des circuits quotidiens (sauf le dimanche) incluant le Lion & Cheetah Park et le Snake Park pour 15 $US.

LAKE CHIVERO RECREATIONAL PARK

Bien que rares soient les voyageurs enthousiasmés par le lac Chivero (anciennement lac McIlwaine), les excursionnistes Hararais adorent y passer les week-ends ensoleillés à pêcher, à naviguer et à organiser des braais sur ses rives.

Les cinq mille cinq cents hectares du parc de loisir, situé à 32 km au sud-ouest de Harare, sont aménagés autour du lac Chivero (57 km^2), lac de retenue créé en 1952, lors de la construction du barrage de la rivière Manyame (également appelée Hunyani). Il portait à l'origine le nom de sir Robert McIlwaine, premier président du bureau des Ressources nationales. Depuis quelques années,

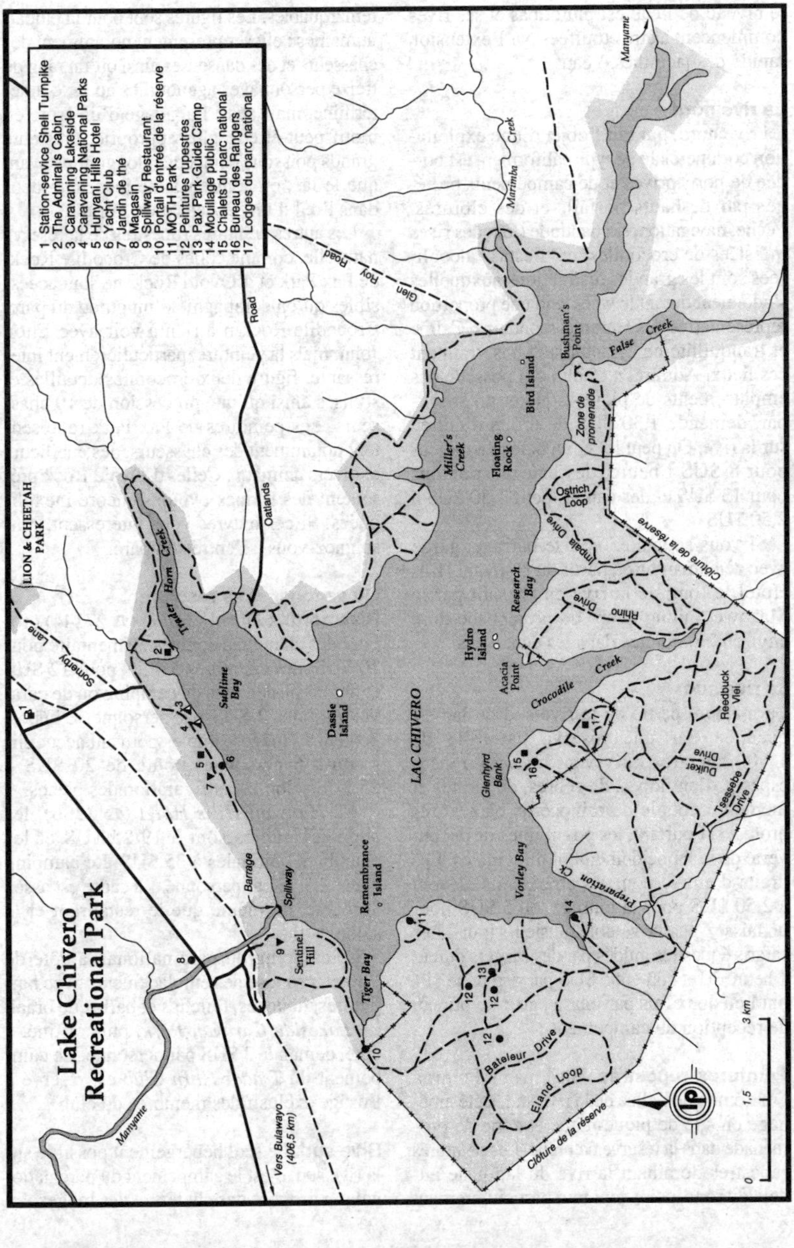
Lake Chivero
Recreational Park
1 Station-service Shell Turnpike
2 The Admiral's Cabin
3 Caravaning Lakeside
4 Caravaning National Parks
5 Hunyani Hills Hotel
6 Yacht Club
7 Jardin de thé
8 Magasin
9 Spillway Restaurant
10 Portail d'entrée de la réserve
11 MOTH Park
12 Peintures rupestres
13 Pax Park Guide Camp
14 Mouillage public
15 Chalets du parc national
16 Bureau des Rangers
17 Lodges du parc national
LION & CHEETAH PARK
Somerby Lane
Tracker Horn Creek
Sublime Bay
Oatlands Road
Glen Roy Road
Miller's Creek
Marimba Creek
Manyame
Bushman's Point
False Creek
Bird Island
Floating Rock
Zone de promenade
Ostrich Loop
Impala Drive
Research Bay
Rhino Drive
Hydro Island
Acacia Point
Crocodile Creek
Clôture de la réserve
Reedbuck Vlei
Duiker Drive
Tsessebe Drive
Glenhyrd Bank
LAC CHIVERO
Dassie Island
Remembrance Island
Vorley Bay
Preparation Ck
Barrage
Spillway
Sentinel Hill
Tiger Bay
Bateleur Drive
Eland Loop
Vers Bulawayo (406,5 km)
0 1,5 3 km

le niveau de l'eau est plutôt bas et ses rives commencent à être étouffées par l'extension rapide des jacinthes d'eau.

La rive nord

La rive nord, qui fait l'objet d'une exploitation commerciale de type californien, est bordée de ports privés et de campements protégés par de hauts portails et des clôtures. Pêche, navigation, ski nautique (loin des rives infestées de crocodiles) et "fiestas" alcoolisées sont les grandes distractions auxquelles s'adonnent durant le week-end une proportion représentative des Hararais mondains. Calme et tranquillité ne caractérisent pas vraiment ces lieux. Admiral's Cabin, qui possède des emplacements de pique-nique et un snack-bar, demande 1,30 $US de droits d'entrée sur la rive. On peut louer un bateau à moteur pour 8 $US l'heure, des bateaux-pontons pour 13 $US et des canoës pour 1,50 $US à 2,50 $US

Si vous souhaitez voir le barrage, gardé avec zèle, marchez à partir du Hunyani Hills Hotel le long de la rive en passant par le Mazowe Sailing Club. La promenade dure environ 25 minutes dans les deux sens.

La rive sud

La majeure partie de la rive sud du lac est occupée par une réserve naturelle de 1 600 hectares où vivent de nombreuses espèces d'antilopes, de zèbres, de girafes et même un couple de rhinocéros blancs très protégés. Pourtant, les possibilités de découverte de la faune demeurent marginales. Les droits d'entrée pour les étrangers s'élèvent à 2,50 $US pour la journée, ou 5 $US pour un laissez-passer valable plusieurs jours. Les safaris équestres guidés par des rangers durent 1 heure 30 et coûtent 5 $US par personne ; ils ont lieu deux fois par jour à partir du bureau de réception du campement.

Peintures rupestres. Bushman's Point, à l'extrémité de l'allée de la rive sud, a été aménagé en site de pique-nique et zone de promenade dans la réserve naturelle. Les peintures rupestres dominant la rive du lac juste au-delà du rond-point sont tout particulièrement remarquables. Les figures sont pour la plupart humaines : elles représentent notamment des chasseurs et des danseuses ainsi qu'un rang de treize personnages agenouillés au sexe indéterminé, mais aussi l'abattage d'un arbre et, motif peut-être le plus approprié, plusieurs grands poissons peints bien longtemps avant que le lac, en contrebas, ne jette une lueur dans l'œil d'un pêcheur préhistorique.

Les autres peintures rupestres de la réserve naturelle, comme celles de Crocodile Rock, de Pax Park et d'Ovoid Rock, ne sont accessibles qu'en compagnie d'un guide du parc. Crocodile Rock n'a rien à voir avec Elton John, mais la peinture, particulièrement intéressante, figure deux crocodiles détaillés et stylisés ainsi qu'une procession de 10 chasseurs. Les peintures de Pax Park représentent notamment des chasseurs, des cueilleurs et divers animaux. Celles d'Ovoid Rock présentent des formes ovoïdes encore inexpliquées. Si ces œuvres vous intéressent, renseignez-vous à l'entrée du parc.

Où se loger et se restaurer

Rive nord. *Admiral's Cabin* (☎ 27144) propose des chambres doubles élémentaire pour 10 $US, des chambres à 4 lits pour 12 $US et des emplacements de camping ou de caravaning pour 2 $US par personne. L'hébergement en lodges simples pouvant accueillir jusqu'à 6 personnes coûte de 20 $US à 25 $US selon la configuration des pièces.

Au *Hunyani Hills Hotel* (☎ 2236), les simples/doubles sont à 19/25 $US et les chambres familiales à 35 $US. Le camping coûte 2 $US par personne. Le cadre est assez agréable, de même que le restaurant et le salon de thé.

Le camping du parc national, à côté de l'hôtel, propose des emplacements avec baignoires, douches, toilettes et barbecue braai. Le *Lakeside Caravan Park*, plus raffiné, à côté, demande 3 $US par personne. Le campement du *Trader Horn Club* est réservé à l'usage exclusif des membres du club.

Rive sud. Le seul hébergement possible sur la rive sud, c'est le campement du parc national qui propose des chalets et des lodges. Le camping est interdit partout ailleurs sur cette berge. Les portes du parc et du campement sont fermées entre 18h et 6h et tout accès non urgent durant ces heures est interdit.

Les crocodiles et la bilharziose qui règnent dans les eaux peu profondes devraient vous dissuader de vous y baigner. Deux piscines, des courts de tennis et un terrain de volley sont mis à la disposition de la clientèle.

Comme vous ne trouverez ni magasin ni restaurant, emportez avec vous tout ce dont vous aurez besoin. Le magasin le plus proche se trouve à la station-service Shell sur la route de Bulawayo, à 5 km au nord-est du pont de Manyame.

Comment s'y rendre

A partir de la route de Bulawayo, il existe trois voies d'accès vers le lac Chivero. Le week-end surtout, les auto-stoppeurs auront le plus de chance par l'accès nord, sur Oatlands Rd, qui après les jardins ornithologiques de Larvon (Larvon Bird Gardens) serpente vers la rive nord. La route d'accès du milieu, la plus proche du lac, commence à la station-service et épicerie Shell, à 5 km au nord du pont de Manyame. De là, le Hunyani Hills Hotel sur la rive nord n'est qu'à 3 km de l'autre côté de la crête.

Les auto-stoppeurs devront se rappeler que l'accès sud, qui commence immédiatement au sud-ouest du pont Manyame, n'est pas relié par la route à la rive nord. Pour parvenir au camping du parc national ou à Bushman's Point, il faut passer par la réserve naturelle où la marche à pied et le stop sont interdits. Si vous êtes parvenus au portail de la réserve, les gardiens sympathiques vous aideront normalement à trouver quelqu'un qui pourra vous prendre en stop.

Un peu après 8h, un bus quitte tous les matins Mbare pour la rive nord. Sinon, attendez à l'arrêt de bus en bas du Cresta Jameson Hotel, dans Samora Machel Ave. Les bus quittent fréquemment la route de Bulawayo et peuvent vous amener à peu de distance du lac. L'autre solution consiste à se rendre à Mbare, puis à monter dans n'importe quel bus à destination de Bulawayo et en descendre à l'une des trois routes d'accès vers le lac.

Sinon, vous pouvez participer à un circuit organisé. UTC propose au départ de Harare des circuits de 4 heures vers le lac Chivero et le parc des lions et des guépards (Lion & Cheetah Park), tous les jours à 9h et 14h, pour 25 $US. Kalambeza organise des circuits à la journée, incluant le parc des serpents (Snake Park), pour 32 $US. Si vous souhaitez y passer plus de temps que prévu, vous pourrez normalement rejoindre le circuit un autre jour, mais prévenez auparavant l'organisateur.

Une autre option, c'est Kuteza Tours (☎ 64338 ; après les heures de bureau ☎ 729008), qui propose diverses activité – ski nautique, voile, pêche, canoë, découverte ornithologique et de la faune. Le circuit à la journée au départ de Harare, déjeuner compris, coûte 25 $US.

DOMBOSHAWA ET NGOMAKURIRA

Les terres communales de Chinamora valent la visite pour la beauté de leurs paysages. Elles offrent de nombreuses occasions de promenade à travers les rochers ; les austères dômes recouverts de lichen qui caractérisent la région sont particulièrement fascinants.

Outre les deux sites de Domboshawa et de Ngomakurira, la région de Chinamora regorge d'innombrables autres peintures rupestres. Vous lirez avec profit à ce sujet *The Painted Caves*, de Peter Garlake, disponible chez Kingston's à Harare.

Domboshawa

Le plus proche de Harare, Domboshawa est le plus fréquenté des deux sites de peintures rupestres, mais sauf à le visiter le week-end, vous n'y rencontrerez probablement guère d'autres visiteurs. Le petit musée aménagé à côté du parking vous informera sur l'art pariétal en général et sur l'interprétation que l'on donne à ces sites Chinamora. De là, une marche de 15 minutes, parfaitement balisée, vous mènera aux grottes de Domboshawa.

La grotte principale abrite une concentration importante de figures, les plus visibles représentant plusieurs koudous. Des éléphants, des zèbres, des personnages humains et quatre rhinocéros décorent les murs intérieurs. Dans une anfractuosité située à gauche de la grotte principale, sept personnages ressemblant à des San attaquent un éléphant. A environ 30 mètres à droite, un panneau très effacé représente un groupe de danseurs, personnages de haute taille communément appelés les "faiseurs de pluie".

Après avoir admiré les peintures, promenez-vous dans le paysage paisible des dômes et des formations rocheuses qui environnent les grottes. Le site est ouvert jusqu'à 17h. Les droits d'entrée pour les étrangers s'élèvent à 2,60 $US.

Ngomakurira

En raison de la lumière du soleil éclairant directement les peintures, Ngomakurira se découvre le mieux l'après-midi. Son nom signifie "la montagne des tambours", en raison de l'effet acoustique créé par les formes naturelles des pierres. On dit que les échos que l'on peut y entendre sont ceux des battements de tambours d'une fête des esprits. On estime généralement que Ngomakurira offre les plus belles peintures rupestres facilement accessibles du Zimbabwe.

Après avoir atteint les rochers, suivez les flèches vertes peintes sur la roche conduisant aux peintures de la face orientale du site. Ou bien, contournez le pied de la colline vers le nord jusqu'à une petite vallée abritant le lit d'un cours d'eau. Remontez ce dernier jusqu'au pied de la falaise tachée de lichens orange qui s'élève vers le sommet oriental du dôme. Les peintures se trouvent à sa base. Le panneau principal est centré sur une procession de quatre très grands éléphants flanqués par diverses figures humaines : femmes, couples, enfants endormis et chasseurs. Sur la tête du troisième éléphant est figuré un homme avec une massue frappant sa victime désarmée. D'autres figures humaines dansent sur les rochers ou se livrent à diverses tâches quotidiennes, tandis que plusieurs animaux sont tués par des chasseurs.

Ne manquez pas de saluer les esprits tambourineurs : ils vous répondront toujours si vous commencez à marteler le premier.

Comment s'y rendre

Pour vous rendre à Domboshawa, empruntez le bus de Bindura *via* Chinamora à partir du musika de Mbare, descendez à l'embranchement situé à 4 km au nord du village de Domboshawa (30 km au nord de Harare), puis effectuez à pied le dernier kilomètre menant au pied du rocher. Le même bus continue jusqu'à l'embranchement de la route de Sasa. Ngomakurira se trouve à 2 km de là. Sinon, vous pouvez rejoindre Domboshawa en prenant le bus de Domboshawa à partir de Mbare jusqu'au village de Domboshawa, puis effectuer à pied le kilomètre restant jusqu'au site. A partir de Harare, vous pouvez également emprunter les bus sur 7th St – appelée plus loin Chancellor Ave et Borrowdale Rd. Il n'est pas aisé de faire du stop au nord du village de Domboshawa.

CHISHAWASHA

La mission catholique de Chishawasha est située à 21 km au nord-est de Harare sur une route peu fréquentée entre l'embranchement de Shamva, sur la route de Mutoko, et la route d'Arcturus. Fondée le 31 juillet 1892 par un prêtre allemand, Francis Richartz, elle devint une ferme lucrative et un centre d'imprimerie et d'enseignement après la première Chimurenga. Les peintures murales qu'elle abrite et le cimetière adjacent présentent un intérêt à la fois esthétique et historique.

Nord du Zimbabwe

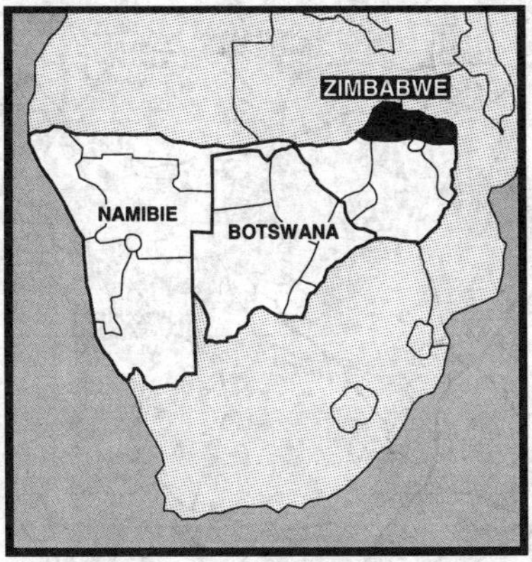

A l'exception de l'est du lac Kariba et du parc national de Mana Pools, la région s'étendant au nord de Harare demeure géographiquement une *terra incognita* dans l'esprit de nombreux Zimbabwéens et visiteurs. Pourtant, ce magnifique paysage vallonné est ponctué d'innombrables petits villages et de sites exceptionnels, comme Mavuradonha Wilderness, la zone de safaris d'Umfurudzi, la région sauvage de la vallée du cours moyen du Zambèze ou la communauté de sculpteurs de Tengenenge Farm.

Histoire

Le Nord-Est du Zimbabwe est habité depuis des millénaires, comme l'indique le grand nombre de peintures rupestres préhistoriques de la région de l'actuelle ville de Mutoko. Vers le milieu du XVIe siècle, les premiers arrivants Portugais crurent que Fura, l'ancien nom du mont Darwin, était une corruption d'"Ophir", et durant des siècles les Européens spéculèrent sur le fait que l'"Empire de Monomatapa" devait garder la terre biblique d'Ophir (*Livre des Rois*) et les introuvables mines du roi Salomon. A la fin du XIXe siècle, les Britanniques colonisèrent la région de Harare pensant que les territoires immédiatement au sud du Zambèze étaient aussi riches en minéraux et en métaux précieux que Kimberley et Witwatersrand en Afrique du Sud.

Plus tard, ce pays sauvage attira des exilés et des expropriés provenant d'autres contrées, notamment le peuple du chef vaincu Mbare dont la capitale fut le Kopje de la Harare moderne, ainsi que le hors-la-loi charismatique Mapondera, qui mourut en prison des suites d'une grève de la faim après avoir déploré l'échec de ses tentatives de résistance au pouvoir colonial.

Nord-Est

NYAMAPANDA

Le voyage de Nyamapanda ne se justifie que si l'on souhaite traverser le corridor de Tête, au Mozambique, pour se rendre au Malawi. Pour plus de détails, consultez la rubrique *Malawi* du chapitre *Comment s'y rendre* consacré au Zimbabwe.

MAZOWE (MAZOE)

Mazowe, le cœur de l'aire de production des agrumes du Zimbabwe, est situé dans une fertile région agricole à 40 km au nord de Harare. Venue très tôt, l'idée de planter des orangers et des citronniers à Mazowe provient de la découverte de citronniers indiens sauvages probablement introduits au XVe siècle par des négociants swahili et portugais. La première production commerciale d'agrumes fut récoltée en 1913 par la Mazoe Citrus Estates, une filiale de la British South Africa Company. Aujourd'hui, la région s'enorgueillit de 200 000 plants d'agrumes occupant 700 hectares.

Non loin de là, les eaux bleues du lac de retenue du barrage de Mazowe attirent le week-end les Hararais qui s'y adonnent aux plaisirs du canotage et du braai.

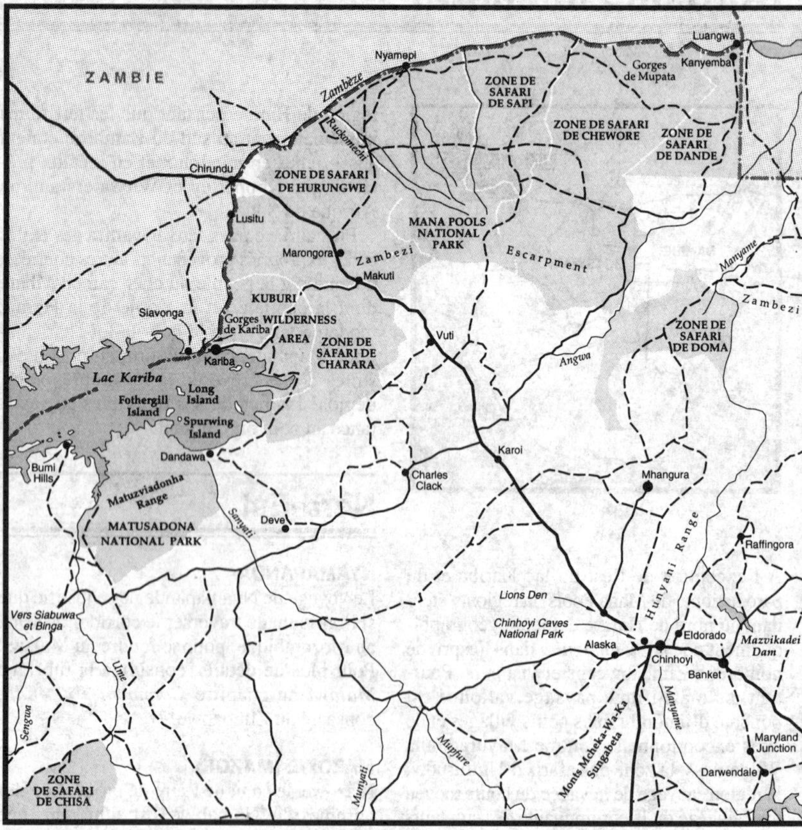

Où se loger

Le *Mazoe Hotel* (☎ 2243), est un édifice de style colonial campagnard datant de 1895. Il possède un bar et un restaurant ayant une licence de débit de boissons. La *Zindele Guest Farm* (☎ 721696 ; fax 702006, Harare), installée à 30 km au nord de Mazowe, est une plantation de tabac en activité doublée d'un ranch à gibier. Le circuit à la journée coûte 70 $US et la nuitée 125 $US par personne.

TENGENENGE FARM

Bien que située loin des sentiers battus, Tengenenge Farm, la communauté de sculpteurs nichée au pied du Great Dyke, non loin de Guruve, vaut véritablement le détour. La ferme, qui vit du produit des ventes des œuvres et de subventions versées par des mécènes, est toujours à la recherche de nouveaux talents. Quelques-uns des artistes fondateurs sont restés pour poursuivre les activités agricoles de la ferme, tandis que d'autres ont aménagé leurs ateliers plus à proximité de leurs clients.

Malheureusement, Tengenenge tend à devenir une entreprise commerciale ; vous n'y trouverez rien qui puisse évoquer quelque bohème utopique perdue dans la brousse. Bien que les mécènes aient cherché à préve-

nir toute mentalité de production de masse, maints artistes succombent aujourd'hui aux sirènes des lois du marché. Néanmoins, les amateurs de sculptures shona apprécieront certainement ce lieu. Les sculpteurs étrangers sont les bienvenus, mais devront payer comme le commun des mortels les mêmes tarifs élevés qu'acquittent les touristes.

Les visiteurs toujours bien accueillis sont invités à se promener dans les vastes jardins de sculpture. L'hébergement et la pension sont onéreux dans la ferme, mais il est possible d'apporter sa nourriture et facile de trouver un emplacement où planter sa tente. Pour tout renseignement, contactez Tengenenge Farm (☎ 1223, Guruve), PO Box 169, Mvurwi.

Comment s'y rendre

Si vous venez en voiture à partir de Harare, suivez la route de Mazowe jusqu'au Mazowe Dam où vous tournerez à gauche. Après 56 km, bifurquez de nouveau à gauche en direction de Mvurwi, au grand dôme rocheux. Sur la route sortant de la ville, tournez à droite et poursuivez en direction de Guruve. Après 34,5 km, à 12 km au sud de Guruve, prenez le virage à droite au panneau indiquant Tengenenge. Après 11 km, la route n'est plus gou-

Tengenenge – le rêve d'un homme

La communauté de sculpteurs de Tengenenge Farm est la concrétisation des espoirs d'un planteur de tabac, Tom Blomefield. Celui-ci découvrit du chrome sur ses terres, à Great Dyke, durant l'UDI ("Unilateral Declaration of Independance"), ce qui lui donna une aisance financière suffisante pour abandonner l'agriculture et se consacrer entièrement à sa passion, l'art. Le sculpteur sur stéatite local, Crispen Chakenyoka, lui révéla en 1966 l'existence de magnifiques filons de serpentine noire dans les collines environnant la propriété. Le destin voulut que Blomefield s'attache plus particulièrement à la sculpture. Selon ses propres termes :

Le monde est comme un kraal à bétail : vous pouvez y voir ce qui est visible, la terre et le bétail, la palissade, le ciel et les oiseaux. Mais parfois, on découvre une petite ouverture cachée à l'arrière… par laquelle on peut échapper de ce monde vers l'invisible champ universel. Il devient alors possible d'appréhender de nouvelles réalités, de se risquer à rêver, de désirer de grandes choses et – en les visualisant – de les saisir dans les nuées tourbillonnantes, puis de les rapporter pour qu'elles deviennent des créatures du monde réel.

Lemon Moses, sculpteur originaire du Malawi, fut le premier à se joindre à la communauté naissante, et il ne se passa guère de temps avant que n'arrivent d'autres artistes issus de toute l'Afrique australe, apportant avec eux les traditions artistiques de leurs cultures respectives. Des sculpteurs shona du Zimbabwe s'attachèrent à représenter dans la pierre les caractères mystiques de leurs traditions populaires, des Angolais sculptèrent des visages en forme de masques et les Chewa du Malawi créèrent des monolithes, tandis que leurs compatriotes Yao insufflèrent leurs croyances dans une iconographie plus abstraite encore.

La région de Tengenenge fut le cadre de violents combats durant la seconde Chimurenga, mais Blomefield, qui respectait la cause des guérilleros ainsi que leurs motivations spirituelles, put poursuivre son œuvre en paix.

Lorsque Frank McEwen, directeur de la National Gallery (qui fut l'unique débouché commercial de la communauté à Harare jusqu'en 1969), tenta de convaincre Blomefield de réserver la communauté à quelques artistes de tout premier plan et de réguler le flux des nouveaux talents à Tengenenge, celui-ci refusa au nom de ses principes. Des artistes en nombre toujours croissant furent accueillis, auxquels on offrait nourriture, outils, matériaux et espace d'exposition ; en 1979, plus de 500 sculpteurs y avaient vécu et travaillé, dont plusieurs artistes désormais célèbres comme Sylvester Mubayi, Bernard Matemera ou Henry Munyaradzi. ■

dronnée. Roulez 2 km sur le gravier puis tournez à gauche ; Tengenenge se trouve à 5 km de là.

Aucun transport public ne dessert directement Tengenenge. Au départ de Mbare, empruntez le bus pour Guruve – sinon, allez à Mvurwi puis changez de bus. Descendez à l'embranchement pour Tengenenge, à 12 km au sud de Guruve. A moins d'être pris en stop, vous devrez marcher les dix-neuf derniers kilomètres à travers les prairies et les hautes terres du pays msasa. Pour augmenter vos chances d'être déposé le plus près possible le jour même, vous devrez partir très tôt de Mbare.

MAVURADONHA WILDERNESS

En 1988, le gouvernement zimbabwéen a consacré une superficie de 500 km² de la chaîne de Mavuradonha, au-dessus du Zambezi Escarpment, en zone sauvage protégée et réserve naturelle. Avec ses hautes montagnes déchiquetées, ce paysage vierge est aussi beau qu'imposant. La région a été le principal théâtre des opérations durant la guerre du bush et sa faune a été pourchassée. Mais son nouveau statut de réserve a permis la réimplantation de plusieurs espèces d'antilopes, de babouins, ainsi que de quelques éléphants, et l'on envisage d'y importer de nouvelles souches animales. Les léopards y ont toujours été présents et quelques lions y sont parfois aperçus. Les oiseaux y abondent et constitueront certainement un atout majeur à mesure que se développera la notoriété de Mavuradonha.

La marche à pied est possible partout, mais si vous vous éloignez de la route, vous risquez

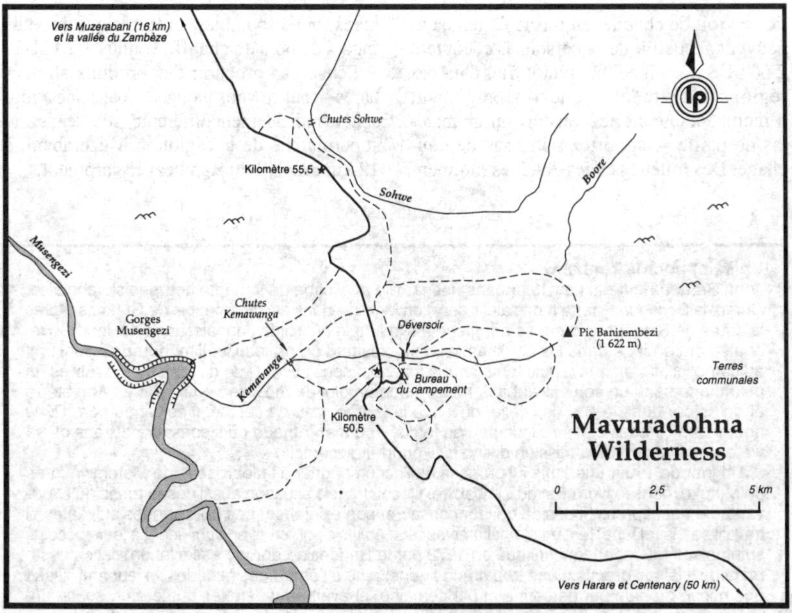

de ne plus rencontrer personne, ou pis, de vous perdre. Des chemins de randonnées officiels ont été tracés, mais ils ne sont pas toujours faciles à suivre et il n'existe aucune carte en la matière (hormis celle présentée dans ce guide). Les futurs randonneurs pourront à la rigueur utiliser la feuille topographique Banirembezi A3, vendue au bureau du Surveyor General à Harare. Une courte randonnée, recommandée, suit la piste Musengedzi (Musengedzi Trail) jusqu'aux chutes de Kemavanga.

Circuits organisés

Pour pénétrer plus avant dans Mavuradonha Wilderness, Carew/Wild Side Safaris propose des randonnées équestres d'une semaine le long des crêtes des lointaines montagnes plantées d'acacias, et de la profonde vallée de la Tingwa. Le tarif s'élève à 2 400 $US jusqu'à huit personnes, tout compris sauf le transport à partir de Harare qui coûte 60 $US par personne. Renseignez-vous sur les tarifs spéciaux offerts aux randonneurs en hors-saison ou lors de défections de dernière minute.

Le Zimbabwe Travel Board, en association avec les villageois de la région de Mavuradonha, propose un programme novateur dans le village de Murota. Pour 63 $US, les visiteurs pourront passer un agréable week-end dans un petit Harare, avec hébergement sommaire, repas, boissons et découverte de la vie du village. Départ de Harare à 7h et retour le dimanche après-midi. Pour tout renseignement, contactez Zimbabwe Travel Board (☎ 702941), PO Box UA 534, Harare. Les réservations doivent avoir été effectuées le jeudi au plus tard avant le week-end prévu.

Où se loger et se restaurer

Aménagé dans le cadre du programme CAMPFIRE unanimement acclamé, le campement du quartier général de Mavuradonha Wilderness est géré par la communauté locale qui bénéficie des revenus qu'il génère. L'hébergement est proposé dans des constructions à toit de chaume en forme de tente qui peuvent accueillir deux personnes et coûtent 2,60 $US. Comme il fait plutôt frais dans ces régions d'altitude et que l'hébergement n'inclut aucune literie – on dort sur un matelas de paille –, apportez votre sac de couchage. Des toilettes et des douches rudimentaires sont disponibles, de même que de petits fagots de bois de chauffe vendus 1,20 $US.

Pour vous procurer des produits alimentaires – tout en vous plongeant dans une atmosphère radicalement différente – descendez au supermarché de la région, à Muzerabani, à 12 km du pied du Zambezi Escarpment.

Un saint pour le Zimbabwe ?

John Bradburne naquit en 1921 dans une famille anglicane de la haute bourgeoisie anglaise. Durant la Seconde Guerre mondiale, il servit en Malaisie dans une compagnie de Gurkhas. Après la chute de Singapour, il dut se réfugier dans la jungle où il fit la connaissance de John Dove, également engagé dans les Gurkhas, devenu plus tard prêtre jésuite. Bradburne se convertit au catholicisme en 1947, puis tenta à trois reprises, sans succès, de devenir moine. Après un pèlerinage sans un sou vaillant à Jérusalem, un emploi de musicien ambulant en Angleterre et un séjour dans le sud de l'Italie, où il fit à la Vierge vœu de célibat, il écrivit au père Dove nommé en Rhodésie. Il se rendit peu de temps après en Afrique où il consacra dix ans de sa vie à s'interroger sur la mission divine qu'il pourrait accomplir.

Un jour de 1969, une amie lui proposa de l'accompagner à la léproserie de Mutemwa, près de Mutoko, dans le Nord-Est du Zimbabwe. Découvrant la situation aussi désastreuse qu'épouvantable des lépreux, il décida de leur consacrer son existence. Les trois années suivantes, il travailla sans relâche, tentant d'améliorer leur sort en les soignant et en subvenant à leurs besoins spirituels. Il fut cependant critiqué en 1972 par la Rhodesia Leprosy Association, celle-ci estimant qu'il faisait preuve d'une trop grande générosité à l'égard des malades : il leur fournissait une miche de pain par personne et par semaine, et avait refusé de les numéroter, soutenant qu'il s'agissait d'êtres humains portant un nom, et non de simples objets de statistiques.

Il fut congédié de la léproserie, mais ne s'en éloigna pas : durant les six années qui suivirent, il vécut à l'extérieur de l'enceinte, pénétrant dans le camp à la nuit tombée pour soigner les malades. Durant la journée, il vivait en ermite, dépourvu de tout, priant, écrivant des poèmes mystiques, se nourrissant à peine et portant la bure d'un tiers ordre franciscain avec l'autorisation de l'ordre.

Durant cette période, la guerre du bush pour l'indépendance s'intensifia, le Nord-Est du pays étant le théâtre des pires combats. Dans la nuit du 2 septembre 1978, John Bradburne reçut la visite d'une dizaine de jeunes *mujibhas*, davantage des "agents de renseignement" de la ZANU que des guérilleros, agissant probablement sur dénonciation d'un voisin mécontent, réprimandé par Bradburne pour avoir volé les rations des lépreux. Ce dernier fut emmené dans une grotte appelée Gwaze servant aux cérémonies rituelles d'invocation des ancêtres.

Là, les guérilleros instruisirent son procès. Ils étaient persuadés que cet homme était bon, reprochant même aux mujibhas de l'avoir kidnappé, mais estimèrent qu'il en savait trop sur leurs opérations futures. C'est pourquoi, ils lui offrirent l'asile en Chine ou au Mozambique, ce qu'il refusa. Plus tard dans la journée, on l'amena à un pungwe et à l'aube, après que la foule se fut dispersée, on lui ordonna de se rendre en compagnie de 50 guérilleros sur la route principale où l'un d'eux le tua d'une balle.

John Bradburne avait confié à un prêtre que ses trois vœux étaient de soigner les lépreux de Mutemwa, de mourir en martyr et d'être enterré avec sa défroque de franciscain. Le père Dove fit en sorte que son troisième souhait fût exaucé. Durant le service funèbre, l'officiant jésuite, Michael O'Halloran, vit trois gouttes de sang tomber du cercueil. Celui-ci fut ouvert après la cérémonie : le corps ne présentait aucun signe d'hémorragie.

La mission de Mutemwa est désormais un site de pèlerinage mineur. En 1986, le cas de John Bradburne fut présenté au Vatican pour l'instruction d'un procès en canonisation. Les autorités ecclésiastiques estimèrent cependant qu'il était trop tôt pour en juger, mais que Bradburne pourrait probablement devenir dans le futur le premier saint du Zimbabwe. L'aide aux lépreux se poursuit à Mutemwa. Pour tout renseignement, adressez-vous à la John Bradburne Memorial Society, c/o John Reid, 11 Kilmarsh Rd, Londres W6 0PL, Royaume-Uni. ■

Le programme CAMPFIRE

Si presque tout le monde s'accorde à penser que le tourisme représente un potentiel considérable en termes de revenus pour le Zimbabwe, la réalisation des équipements touristiques s'est faite le plus souvent au détriment des fermiers pratiquant une agriculture de subsistance sur les terres communales. Ceux-ci durent supporter les conséquences de la mise en valeur des parcs nationaux et des réserves naturelles : d'importantes superficies de terres arables leurs furent interdites et ils subirent de surcroît les ravages qu'infligeaient les animaux sauvages à leurs récoltes et à leurs familles.

Cette situation problématique résultait en grande partie du fait que les parcs nationaux étaient placés sous l'autorité formelle du gouvernement et que les zones sauvages étaient gérées par l'administration centrale du National Park's Department. L'ensemble des revenus de la chasse et du tourisme réalisés dans les parcs était directement reversé au Trésor – ou aux propriétaires privés des agences de tourisme et des safaris lodges. Rares étaient les habitants des régions concernées à profiter des bénéfices économiques découlant des mesures de protection de l'environnement et de développement du tourisme, ce qui se traduisit inévitablement par un accroissement du braconnage et des implantations privées sur les zones protégées, ainsi que par un ressentiment général à l'égard des parcs et de la faune.

Pour tenter de résoudre ce dilemme, le gouvernement zimbabwéen lança en 1987 le Communal Area Management Programme for Indigenous Resources (Programme de gestion des ressources indigènes en zone communale), dont l'objectif était d'encourager une participation populaire active en matière de protection de l'environnement, en donnant aux populations locales le moyen de tirer bénéfice des entreprises touristiques implantées sur leurs terres. Il s'agissait en l'espèce de leur accorder un droit de propriété sur les ressources naturelles, en espérant qu'elles considéreraient la faune et les zones protégées comme autant d'atouts et non plus comme un assujettissement.

Trois ans après sa création, le programme CAMPFIRE était déjà appliqué dans 12 districts voisins de parcs nationaux et de réserves naturelles. Son fonctionnement est le suivant : les recettes provenant de la chasse au gros gibier sur ces terres sont reversées à parts égales aux conseils de district et aux agences de safaris privées. Les conseils peuvent prélever 15% des recettes et les affecter à leurs fonds généraux, tandis que 35% reviennent à la gestion de la faune (par exemple, la pose d'une clôture électrique pour protéger le maïs des éléphants). Les 50% restants sont alloués aux communes voisines qui peuvent les affecter à tout type de dépense. En 1994, les recettes totales du programme s'élevaient à 1,2 millions de dollars US.

Le programme CAMPFIRE est fondé sur les revenus de la chasse, mais certaines communautés en ont développé l'idée, allant jusqu'à créer leurs propres équipements touristiques, notamment Mavuradonha Wilderness Camp et Sunungukai Camp, tous deux situés dans le Nord-Est du Zimbabwe. Le premier propose un hébergement sommaire au cœur d'une magnifique région sauvage propice aux randonnées, le second offre aux touristes un aperçu sur la vie traditionnelle d'un village zimbabwéen. Les recettes de Sunungukai ont été affectées à l'entretien d'un moulin à grain et à la construction d'une école primaire. ■

Comment s'y rendre

Les bureaux de Mavuradonha sont implantés au Km 50,5 sur la route de Muzerabani au nord de Centenary. En voiture à partir de Harare, comptez 2 heures de route. Vous trouverez de l'essence à Muzerabani du lundi au samedi ; le dimanche, vous devrez aller à Mvurwi (à 115 km de là). Au départ de Mbare, des bus desservent à l'occasion Centenary et Muzerabani. Demandez au chauffeur de vous déposer à l'entrée des bureaux de Mavuradonha, situés à 300 mètres de la route.

ZONE DE SAFARIS D'UMFURUDZI

Cette région reculée relativement peu connue (où, en dépit de son appellation, la chasse est interdite), englobe 76 000 hectares de collines sèches et isolées s'étendant au nord de la rivière Mazowe. Elle se prête admirablement à la randonnée et offre une faune abondante – dont des éléphants, des grands félins et bien d'autres espèces –, mais si vous souhaitez effectuer des expéditions plus longues, vous devrez faire appel à un guide et devrez vivre en autarcie complète.

Hippo Pools

La base de départ idéale pour les randonnées vers Umfurudzi est le sympathique *Hippo Pools* (☎ 708843 ; fax 750619), lieu de villégiature pour petits budgets, à la situation idyllique sur les rives de la Mazowe, et propice à quelques jours de promenades à pied ou en canoë, de pêche et de détente au campement ; de plus, la région offre une faune diversifiée.

Vous pourrez soit découvrir cette région par vous-même, soit participer à des activités organisées. Les propriétaires, Sue et Iain Jarvis, proposent des randonnées guidées d'observation de la faune de même que des excursions dans la zone de safaris d'Umfurudzi qui présente plusieurs sites intéressants, notamment des peintures rupestres, une petite mine d'or, d'anciens forts shona et portugais, ainsi que les terres communales de l'autre côté de la rivière – d'où proviennent tous ces battements de tambour à la nuit tombée ! Un magnifique safari d'une journée vous mènera sur le site de pique-nique et de baignade au nom explicite de Fantasy Pools. Durant la période des hautes eaux, de janvier à avril, les propriétaires proposent également des descentes en rafting de 3 jours sur la Mazowe ; ils sont en train de mettre sur pied des circuits organisés en VTT.

Le camping revient à 3,50 $US par personne et l'hébergement dans de rustiques chalets ouverts s'élève à 8 $US par personne, mais des tarifs spéciaux sont proposés aux randonneurs. Des repas maison sont proposés à midi et le soir (pour 4 $US) mais vous pourrez également faire votre marché. Un safari de 7 jours conçu spécialement pour les petits budgets, avec transferts, hébergement, demi-pension et activités ne coûte que 77 $US par personne.

Comment s'y rendre. Un transport au départ de Harare (8 $US l'aller-retour) est organisé le lundi et le vendredi à 14h30 à partir du Brontë Hotel. Pour réserver, téléphonez ou écrivez à Hippo Pools, PO Box 90, Shamva.

En hiver, Hippo Pools est accessible sans 4x4. Au départ de Harare, prenez Enterprise Rd en dehors de la ville et tournez à gauche en direction de Shamva. Après le passage de la rivière à Shamva, prenez le virage à droite vers Madziwa Mine. Après 33 km, bifurquez à droite dans le village de Madziwa. Juste après la boutique du village (qui vend des fournitures de base), tournez à droite vers le pied d'une colline et suivez la route jusqu'à l'intersection en T, puis prenez à gauche. Les six kilomètres suivants de route goudronnée mènent à Amms Mine ; n'allez pas en direction des mines, mais continuez tout droit jusqu'au panneau des parcs nationaux. Après 6 km, vous atteindrez l'embranchement du bureau des parcs nationaux : continuez tout droit, à moins que vous ne souhaitiez parler aux rangers. De là, comptez 12 km, essentiellement en descente, jusqu'à Hippo Pools.

Sunungukai Camp

Le campement de Sunungukai ("bienvenue et soyez libres") du programme CAMPFIRE, sur les rives de la Mazowe, est situé à la limite de la zone de safaris d'Umfurudzi, à proximité du village de Nyagande. C'est un campement assez élémentaire, qui traduit cependant les efforts des villageois pour développer le tourisme dans cette région aussi agréable que calme et qui a reçu en 1994 le prix du "Tourisme de demain" décerné par British Airways.

La région se prête à la pêche, à l'observation des oiseaux, ainsi qu'aux promenades à pied, et une montagne à proximité abrite des peintures rupestres. Les revenus du campement sont réinvestis dans des projets de développement communal, comme la construction d'une école, d'une clinique ou d'un moulin à blé.

Les *rondavels* (huttes rondes) élémentaires, pour quatre personnes, du campement de Sunungukai coûtent 3,50 $US par personne et les emplacements de camping 1,50 $US (maximum de deux personnes par emplacement). Pour réserver, contactez la CAMPFIRE Association (☎ 790 570), 15 Phillips Ave, Belgravia, Harare.

Comment s'y rendre. Au départ de Harare, empruntez l'un des deux bus quotidiens Kukura Kurerwa.

Le premier, portant la mention "Nyava *via* Shamva & Mazoe Bridge", quitte le musika de Mbare vers midi ; le second, "Nhakiwa *via* Bindura & Glendale", part vers 16h.

Pour vous y rendre en voiture au départ de Harare, prenez la route de Mutoko pour Murewa et tournez à gauche sur la route goudronnée menant vers les terres communales d'Uzumba Maramba Pfungwe. Après 55 km, prenez à gauche au panneau Sunungukai et continuez sur 3 km jusqu'au magasin Nyagande General Dealer, où vous bifurquerez à droite. Après 1,5 km, vous apercevrez le campement sur votre droite. Vous pourrez également emprunter la route touristique passant par Shamva, mais la voie longeant la Mazowe est en mauvais état et parfois impraticable après les pluies.

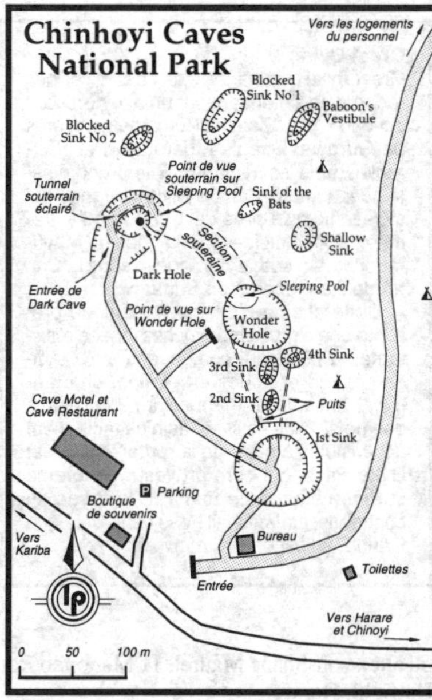

De Harare à Chirundu

La route goudronnée de Harare à Chirundu étant très fréquentée, les stoppeurs ne devraient pas rencontrer trop de difficultés (surtout le week-end).

Si vous souhaitez pêcher la brème (*tilapia*) ou le "tiger fish" au lac Kariba, achetez des vers dans les environs de Chinoyi, où des vendeurs suspendent des sacs d'appâts sur de petits trépieds en bord de route.

CHINHOYI

La ville de Chinhoyi, située à 120 km au nord-ouest de Harare, est le centre administratif de la prospère région agricole (tabac, maïs et élevage) qui l'environne. Alaska Mine, à 20 km au nord-ouest de la ville, a commencé à produire du cuivre pour l'exportation en 1959.

Chinhoyi est entrée dans l'histoire le 28 avril 1966, quand un groupe de la ZANLA, conduit par Bernard Mutuma, affronta les forces de sécurité rhodésiennes, bien armées, durant 12 heures lors de la "bataille de Chinhoyi". Cet engagement, qui se solda par la perte de sept guérilleros de la ZANLA, marqua le début de la seconde Chimurenga qui allait conduire le Zimbabwe à l'indépendance. Le 28 avril, le Chimurenga Day, est désormais célébré dans tout le pays.

Où se loger

Le confortable et propre *Orange Grove Motel* (☎ 2785 ; fax 3095) est le seul établissement hôtelier situé dans la ville même. Les chambres standard reviennent à 23/33 $US les simples/doubles ; avec TV, elles coûtent 28/37 $US. Demandez les tarifs spéciaux pour randonneurs. Les campeurs, qui peuvent utiliser la piscine, payent 1,60 $US par tente ou 2 $US par caravane.

Autre possibilité, le petit *Mazvikadei Dam Lodge* (☎ 573766, Harare) est installé à côté du lac de retenue du même nom, au nord-est de Chinhoyi. Son tarif raisonnable de 13 $US par personne inclut le couchage, le petit déjeuner et le transport à partir de Harare ou de Chinhoyi. Des repas y sont également proposés, ainsi que plusieurs possibilités de randonnées et d'observation des oiseaux autour du lac de retenue. Pour réserver, téléphonez

Great Dyke

Great Dyke est une crête de basses collines rocheuses s'étendant sur un axe nord-sud sur 530 km, du Zambezi Escarpement, près de Guruwe, jusqu'à Mberengwa et Shurugwi, dans les Midlands. Elle prend naissance, au nord, dans la Mvurwi Range qui s'élève jusqu'à près de 1 700 m à l'extrémité occidentale des montagnes de Mavuradonha. Au sud, elle s'achève sous la Chironde Range, près de Shurugwi.

Cette chaîne d'origine volcanique présente une extrusion de roches ignées résistantes à l'érosion, composées à 70% de serpentine et riches en platine, chromemica, amiante et magnésium. Les points de vue sur ces collines les plus facilement accessibles à partir de la route sont Great Dyke Pass, qui offre un vaste panorama sur les cultures de maïs et de tabac en contrebas, et Wolfshall Pass dans Chironde Range, à l'est de Shurugwi. ■

ou allez voir Shane Maurel, 11 Manondo Rd, Hatfield, Harare.

Voir également ci-dessous la rubrique *Chinhoyi Caves National Park*.

CHINHOYI CAVES NATIONAL PARK

Le parc national de Chinhoyi Caves "en bord de route", situé à 1 heure 30 au nord-ouest de Harare, est modeste mais vaut le détour. Il est parsemé de cavités karstiques et dolomitiques, ainsi que d'avens utilisés depuis près de 1 500 ans par les habitants de la région comme entrepôts et refuges. Les plus grandes grottes regorgeaient jadis de stalactites et de stalagmites, mais les plus accessibles ont été pillées depuis longtemps.

Le bassin principal, appelé Sleeping Pool ou Chirorodzira ("Bassin des tombés"), ne commémore ni accident ni bataille, mais ceux qui furent jetés dans cet énorme trou par les envahisseurs Nguni au début du XIXe siècle. Ce fut en 1887 que le chasseur colonial Frederick Courteney Selous découvrit cette région occupée par le peuple du chef Chinhoyi. Selous jugea que ce paysage troué comme un gruyère, semblable à celui des modernes mines de cuivre d'Alaska (à quelques kilomètres de là), devait résulter d'une ancienne activité minière.

La température de 22°C de Chirorodzira est constante. A partir de l'entrée du parc, le sentier descend un dénivelé de 46 mètres jusqu'au niveau de l'eau et offre une belle vue sur les sombres renfoncements de la grotte, sur les eaux outremer du bassin, profondes de 91 mètres, et sur les algues et les poissons qu'il abrite. A partir de Dark Cave, l'accès arrière de Chirorodzira, on peut observer les eaux éclairées par le soleil, très en contrebas, à travers les ombres noires. L'effet est magique : les eaux claires sont si parfaitement illuminées que leur surface disparaît et que le bassin revêt l'aspect d'un monde souterrain bleuté. Des plongeurs ont découvert un passage sous-marin menant de Bat Cave, une salle secondaire de Dark Cave, vers une autre salle appelée Blind Cave.

Le parc est ouvert toute l'année durant le jour et les droits d'entrée s'élèvent à 1,20 $US par personne. L'hôtel vend de l'essence.

Où se loger et se restaurer

Le *Caves Motel* (☎ 2340), à l'entrée du parc, propose des chambres simples/doubles à 21/27 $US, petit déjeuner compris. Il possède également un restaurant. A côté, le terrain de camping du parc alloue des emplacements pour tente à 1,30 $US par personne et pour caravane à 2 $US par personne. L'utilisation des équipements pour pique-nique coûte 1,20 $US ; du bois de chauffe est vendu 2 $US le fagot.

Comment s'y rendre

L'entrée du parc se trouve à droite sur la route Harare-Chirundu, à 8 km au nord-ouest de la ville de Chinhoyi. A partir de Harare, prenez n'importe quel bus en direction de Kariba ou de Chirundu, et descendez au Caves Motel.

KAROI

Karoi ("petite sorcière"), le centre du district producteur de tabac de Makonde, peut faire office d'étape sur la route de Harare à Kariba ou Chirundu. L'agglomération s'étend à proximité de l'extrémité orientale de la route de Siabuwa (parfois appelée Hostes Highway), de la route de gravier de Matusadona, de Siabuwa et de la pointe ouest du lac Kariba. Un service de bus quotidien, peu fiable, dessert Karoi et Binga *via* Siabuwa. Renseignez-vous sur place pour obtenir plus d'informations, notamment en ce qui concerne le bus en direction de l'ouest, qui quitte Karoi à diverses heures du petit matin.

Où se loger et se restaurer

Vous pourrez résider au *Karoi Hotel* (☎ 6317), qui possède un restaurant et un bar, pour 23/34 $US la simple/double. Le camping caravanier du bassin de retenue se trouve au-delà de la zone industrielle. Pour vous y rendre, empruntez la rue transversale à l'embranchement de la station-service Mobil. Le restaurant et comptoir de vente à emporter *As You Like It*, dans la rue principale, propose des repas simples.

MAKUTI

Makuti est situé au bord du Zambezi Escarpment, d'où la route dégringole à travers des collines boisées vers le lac Kariba à 66 km de là. Ce petit hameau n'est à peine plus qu'un motel, un carrefour et la dernière station-service avant Kariba. C'est aussi la dernière station-service si vous roulez en direction du parc national de Mana Pools.

Où se loger et se restaurer

Hormis le modeste pub proche de la station-service, la majeure partie de l'activité de Makuti est concentrée au *Cloud's End Hotel* (☎ 526). Entouré de jardins agréables mais peu entretenus, et offrant une vue panoramique, c'est une des haltes préférées des Hararais en route pour Kariba le vendredi après le travail. Il possède une piscine délabrée et une belle salle à manger où l'on sert un maigre petit déjeuner buffet. Les simples/doubles coûtent 23/32 $US, petit déjeuner compris.

MARONGORA

Implanté au cœur des belles collines bordant le Zambezi Escarpment, Marongora est le centre administratif du parc national de Mana Pools. C'est ici que les visiteurs non motorisés, n'ayant pas réservé à l'avance à Harare leur logement à Mana Pools, auront les meilleures possibilités de trouver un moyen de transport ainsi qu'un hébergement.

Les visiteurs devront se procurer un laissez-passer pour le parc national auprès du bureau de Marongora *avant 15h30* le jour de leur arrivée. Vous devrez présenter la réservation du logement et votre moyen de transport pour obtenir le laissez-passer. Si vous n'avez pas réservé à l'avance et si des lodges ou des emplacements de camping sont encore

La vallée du Zambèze

Dans un passé géologique très lointain, le Zambèze traversait l'actuel sud de l'Angola avant de rejoindre le Limpopo dans son cours vers l'océan Indien. Des soulèvements géologiques ont détourné le fleuve en amont vers le Kalahari où, disparaissant dans les sables, il forma les vastes marécages du delta de l'Okavango et des marais de Linyanti. Un autre bras du fleuve se déversait dans la vallée de Luangwa, prolongation du Grand Rift africain.

Les bassins ("pools") qui ont donné son nom au parc national de Mana Pools sont des méandres abandonnés du fleuve résultants de la lente migration vers le nord du lit principal du Zambèze – ailleurs, on les appellerait bayous ou "billabongs". Sur la rive septentrionale du Zambèze, la plaine inondable vient buter contre les montagnes verdoyantes de Zambie, elles aussi menacées par la même érosion ayant aplani la succession des larges terrasses du lit du fleuve au sud.

L'escarpement abrupt et spectaculaire qui souligne le bord méridional de la vallée du Zambèze s'étend de la frontière du Mozambique, à l'est, jusqu'à Kariba, à l'ouest, en traversant le parc national de Mana Pools ; au-dessus, s'étendent les hautes terres vallonnées de la Mavuradonha Range ; en dessous, la plaine couverte de mopane se prolonge jusqu'au fleuve même. Les meilleurs points de vue sont situés sur la route de Chirundu, entre Marongora et l'entrée du parc national de Mana Pools, ainsi qu'à proximité de Centenary, d'où l'on découvre tout le panorama jusqu'au barrage de Cabora Bassa, au Mozambique. ■

disponibles – et si vous disposez d'une prise en charge garantie dans une voiture –, les rangers pourront vous renseigner. Sinon, vous pourrez opter pour un laissez-passer valable un jour et espérer qu'un logement se libérera. Pour plus de renseignements, consultez la rubrique *Laissez-passer* du chapitre *Mana Pools National Park* plus loin.

Où se loger

Si vous devez attendre un jour ou deux avant de pouvoir entrer dans le parc, vous pourrez soit loger à Makuti, à 10 km au sud de Marongora, ou camper derrière le bureau, où le petit camping dispose de barbecues à braai, de douches froides et de toilettes. Apportez votre nourriture, car il n'existe aucun magasin.

CHIRUNDU

Cette petite ville frontalière peu engageante est l'un des points de départ des safaris en canoë sur le Zambèze. C'est également une halte où viennent faire relâche les voyageurs provenant de la Zambie et de ses rigueurs, ou bien encore un lieu du haut duquel on peut contempler la descente vers ce pays. Les deux États ont reliés par l'impressionnant Otto Beit Bridge, dont le nom commémore le mémoire d'Alfred Beit, le philanthrope qui fonda le Beit Trust et finança la construction du pont. La frontière est ouverte de 6h à 18h.

Chirundu est célèbre pour sa richesse en faune. Un correspondant nous a écrit : "Ne vous promenez *jamais* à pied, même jusqu'au fleuve, car vous risqueriez de vous faire dévorer. En attendant simplement au bord de la route, vous verrez beaucoup de gros gibier et tous les jours des éléphants viennent boire dans la piscine." Bien que depuis quelques temps les pachydermes évitent cette dernière, un panneau précise toujours que "la baignade s'effectue à vos risques et périls – les éléphants viennent boire ici". Cela dit, éléphants, buffles et autres grands animaux continuent à se désaltérer autour du point d'eau du camping.

Activités sportives

Les safaris en canoë doivent être réservés à Harare ou à Kariba, mais vous pouvez vous inscrire à la randonnée de pêche en hors-bord sur le Zambèze auprès de Willy Reed de chez Tiger Safaris à Chirundu. Il demande 37 $US par jour pour trois personnes, non compris le pilote et le carburant. Contactez-le au campement de Tiger Safaris, à 1 km en aval du pont.

Où se loger et se restaurer

Le camping situé sur la rive du fleuve, éclairé la nuit, propose des équipements élémentaires pour 2 $US par emplacement, mais ses installations étant délabrées, cet établissement n'est pas vraiment recommandé. En raison de la faune très nombreuse, les campeurs devront redoubler de précautions – fermez hermétiquement votre tente la nuit, évitez les hippopotames et, si possible, ne sortez pas de la tente à la nuit tombée.

Le *Chirundu Valley Motel* (☎ 618), de bon rapport qualité-prix, propose des logements simples/doubles pour 14/24 $US avec baignoire et petit déjeuner buffet.

Le *Tiger Safaris Lodge*, situé à 1 km en aval du pont, dispose de chalets indépendants pour quatre personnes coûtant 45 $US. Chacun est doté de deux chambres doubles, d'une baignoire, d'une cuisine, d'une véranda et d'un auvent pour voiture.

Comment s'y rendre

Comme on peut s'y attendre, le trafic routier est important sur l'itinéraire principal reliant Harare et Lusaka (Zambie) : l'auto-stop ne présente guère de difficultés. Si vous préférez le bus, des services quotidiens desservent Harare et Chirundu à partir du musika de Mbare. Sinon, prenez les bus pour Kariba, plus fréquents, jusqu'à Makuti puis faites du stop à partir de là. Les bus effectuant la navette entre Harare et Lusaka s'arrêtent également à Chirundu. Les services de bus quotidiens sont gérés par UBZ, ZUPCO et Giraffe ; le premier quitte Mbare à 6h mais présentez-vous plus tôt pour être sûr d'obtenir une place. Si vous souhaitez davantage de confort, empruntez le bus de Power Coach Express (☎ 60466, Harare), qui quitte Mbare tous les jours à 8h. L'aller simple pour Chirundu coûte 4 $US.

Le Zambèze moyen

Bien que la portion du Zambèze qui s'étend en aval de Kariba et en amont de Kanyemba soit qualifiée localement de Zambèze inférieur (Lower Zambezi), manifestement par rapport à Kariba, il est géographiquement plus exact de l'appeler Zambèze moyen, car le fleuve se prolonge très en aval au Mozambique.

Hormis à partir de Chirundu et du parc national de Mana Pools, cette portion du fleuve est inaccessible aux véhicules ordinaires à partir du réseau des routes nationales du Zimbabwe. De fait, pour de nombreux habitants de la région, le fleuve constitue *le* réseau routier même. Profitant de son caractère sauvage, plusieurs agences de safaris en canoë proposent des randonnées de 2 à 9 jours sur le fleuve entre Kariba et Kanyemba, sur la frontière du Mozambique.

MANA POOLS NATIONAL PARK

Le parc national de Mana Pools est magnifique à condition de lui réserver davantage qu'un simple coup d'œil, sinon il risque de vous décevoir. Loin des rives du fleuve, ses paysages ne sont guère impressionnants et, quant à la densité de la faune, il ne soutient pas la comparaison avec Hwange. La magie de Mana Pools réside dans un sens subtil et inaltéré de la vie sauvage, caractéristique absente autour des lacs de retenue artificiels et des points d'eau à station de pompage de Hwange. Elle est également due à son isolement relatif, ainsi qu'à la possibilité de s'y promener à pied accordée au visiteur courageux.

Le mot "Mana", qui signifie "quatre", fait référence aux quatre bassins ("pools") situé autour des bureaux du parc : Main, Chine, Long et Chisambik. Cette magnifique région sauvage a échappé de peu à l'inondation en 1982, grâce aux pétitions de la Zambezi Society qui est parvenue à convaincre le gouvernement d'abandonner un projet de barrage aux gorges de Mutapa. Saluant son importance écologique, l'UNESCO a inscrit Mana Pools et la zone de safaris de Chewore voisine à l'inventaire du Patrimoine mondial.

Mana Pools est ouvert aux véhicules à moteur uniquement durant la saison sèche, du 1er mai au 31 octobre. Les lodges du parc national demeurent ouverts toute l'année mais ne sont accessibles que par bateau ou à pied.

Renseignements

Laissez-passer. Toute personne souhaitant visiter le parc national de Mana Pools doit d'abord obtenir un laissez-passer. En premier lieu, vous devez avoir réservé votre hébergement auprès du National Parks Central Booking Office à Harare (ou en suivant la méthode indiquée dans la rubrique *Marongora* plus haut dans ce chapitre). Pour pouvoir réserver votre hébergement, vous devez prouver que vous disposez d'un moyen de transport dans le parc. On vous demandera probablement si vous avez l'intention d'y voyager. Ne répondez pas que vous y ferez du stop, car ce mode de transport y est interdit, ni que vous louez un véhicule, car les agences de location prohibent l'utilisation de leurs véhicules dans Mana Pools, prétextant que la route est trop accidentée.

Les stoppeurs pourront tenter de convaincre le bureau de réservation qu'un ami de la région leur prête un véhicule, puis devront se rendre au parc le jour de la réservation. Sinon, vous pouvez faire du stop jusqu'à Marongora en espérant trouver un conducteur compatissant, ainsi qu'un emplacement de camping disponible à votre arrivée. Les autostoppeurs ne pouvant être consignés sur les laissez-passer délivrés aux conducteurs, il sera sage d'en acquérir un dont la durée de validité dépasse celle du séjour envisagé, pour vous donner le temps de trouver une âme charitable acceptant de vous prendre pour sortir du parc.

Si après avoir atteint Marongora, vous découvrez que les campements sont complets, vous pouvez obtenir un laissez-passer d'un jour pour 2,50 $US. Malheureusement, il est très difficile d'obtenir une prorogation de ce laissez-passer pour plusieurs jours au bureau de Nyamepi, car les défections ne peuvent être confirmées qu'à partir de 17h30. Et si rien ne se libère, vous n'auriez pas le temps de ressortir du parc avant la fermeture des portes.

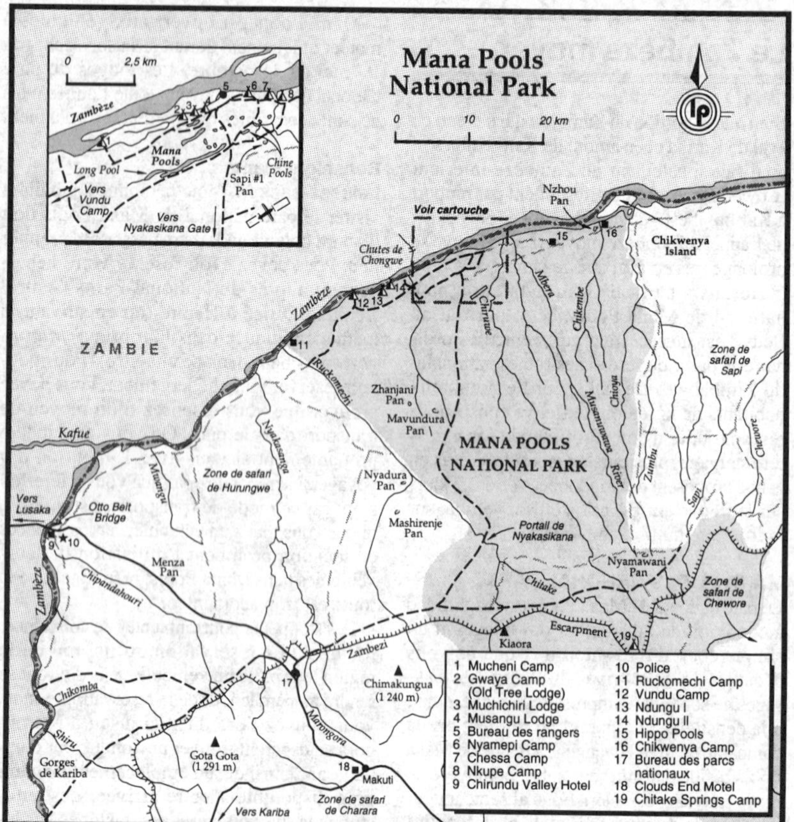

Pour obtenir le laissez-passer, vous devez vous présenter au bureau de Marongora avant 15h30 le jour prévu de votre entrée dans Mana Pools. Dès qu'on vous l'aura délivré, allez vous présenter au bureau des rangers près du campement de Nyamepi, afin qu'on ne lance pas une expédition à votre recherche ! En route, votre laissez-passer sera examiné pas moins de quatre fois avant le Zambèze – à Marongora, à l'embranchement du parc, aux limites du parc et à Nyamepi ; n'essayez donc pas de vous faufiler sans laissez-passer. Et lorsque vous serez arrivés, vous devrez le présenter de nouveau à trois reprises avant de sortir du parc.

Observation de la faune à pied. L'un des plus puissants attraits de Mana Pools, c'est peut-être la possibilité qu'il offre de marcher dans le bush africain. Certains visiteurs ne se lassent jamais des randonnées en brousse, tandis que d'autres, surtout après une nuit troublée par des bruits peu rassurants, en abandonnent vite l'idée. Si vous n'osez pas vous aventurer, personne ne cherchera à vous persuader, car une randonnée pédestre dans Mana Pools doit être avant tout une expérience agréable. La marche à pied n'est autorisée que de 6h à 18h. Pour plus de renseignements et conseils de sécurité, consultez l'encadré *Observation de la faune à Mana Pools*. Si vous préférez un type d'exploration plus structuré, plusieurs agences proposent des safaris randonnée de 4 à 6 jours.

Long Pool

Sauf durant les fortes chaleurs de la mi-journée, Long Pool est un site très fréquenté. Vous serez presque certains d'y rencontrer des hippopotames et des crocodiles, dans l'eau ou se dorant au soleil, de même que des zèbres, des antilopes et des éléphants. Comme toute la population humaine du parc semble se donner rendez-vous au crépuscule au parking de Long Pool, c'est la meilleure heure offerte aux visiteurs dépourvus de véhicule pour chercher un conducteur acceptant de les prendre en stop à partir de Nyamepi Camp.

Pêche et canoë

Les visiteurs dépourvus de licence de pêche sont autorisés à pêcher dans le Zambèze un nombre maximum de six poissons par jour. Le parc national loue des canoës à trois places pour 11 $US par jour au bureau du parc situé à proximité de Nyamepi Camp, mais vous devrez disposer d'un véhicule pour transporter le canoë du bureau au fleuve. Sinon, demandez à une agence de location de canoës de le transporter sur sa remorque en échange d'une petite contribution financière. Pour plus de renseignements sur les safaris en canoë organisés, voir plus loin dans le chapitre.

Où se loger

La plupart des visiteurs se rendent au *Nyamepi Camp*, à proximité des bureaux du parc. Il est conseillé de réserver à l'avance – essentiel durant les vacances scolaires du Zimbabwe et d'Afrique du Sud – mais annulations et basse saison favorisent parfois les réservations de dernière minute à Marongora.

Le camping de Nyamepi possède des douches, des baignoires, des toilettes et des éviers. Du bois de chauffe est vendu au bureau, mais en raison de considérations écologiques, le parc national demande aux campeurs d'apporter leurs propres réchauds ou combustible. Il est interdit de ramasser du bois dans le parc.

Le parc offre d'autres sites de camping, plus petits. *Mucheni*, à 8 km à l'ouest de Nyamepi, possède quatre campements. *Chessa Camp*, immédiatement à l'est de Nyamepi, *Nkupe Camp*, immédiatement à l'est de Mana Mouth, et *Gwaya Camp* ou "Old Tree Lodge", près des lodges du parc national, peuvent accueillir chacun des groupes de douze personnes au plus. *Ndungu Camp*, à 11 km à l'ouest de Nyamepi, possède deux campings pour groupe, pouvant accueillir chacun douze personnes.

Vundu Camp, à 13 km en aval de Nyamepi, propose des huttes de couchage, un espace cuisine, un espace salon et un bloc de douches avec eau chaude. Il peut accueillir jusqu'à douze personnes et se loue par périodes de 6 jours.

Immédiatement à l'ouest du bureau de Nyamepi, se trouvent deux lodges du parc national, *Musangu* et *Muchichiri*, possédant chacun 8 lits. Deux fois plus chers que la plupart des autres lodges des parcs zimbabwéens, ils demeurent cependant très fréquentés, aussi, réservez très longtemps à l'avance – jusqu'à 6 mois avant votre visite. Et même ainsi, le bureau de réservation semble souvent procéder selon un système de loterie.

Outre les campings en bord de fleuve, le *Chitake Springs Camp* s'est récemment installé à 20 km à l'intérieur des terres, près du Zambezi Escarpment, dans un site cependant très reculé accessible uniquement en 4x4.

Aucun magasin ni restaurant n'est ouvert dans le parc : randonneurs et campeurs doivent emporter leur nourriture.

Campements de luxe. Si vous recherchez davantage de confort, deux campements de luxe occupent des concessions privées dans le domaine du parc. Ils emploient des guides professionnels accompagnant leur clientèle dans le bush. Ils ne sont ouverts que du début avril à la mi-novembre.

Le *Ruckomechi Camp*, à proximité des limites occidentales de Mana Pools, offre des chalets bien équipés en pension complète pour 270 $US par personne. Il est accessible en véhicule, avion, bateau ou canoë ; le retour

La découverte de la faune à Mana Pools

Ce n'est que durant la saison des pluies que les grands animaux s'aventurent loin du fleuve ; durant la saison sèche, ils se regroupent sur les terrasses alluviales larges de plusieurs kilomètres s'étendant le long des limites septentrionales du parc.

Comme la forte chaleur qui règne dans la vallée du Zambèze contraint la plupart des animaux à se réfugier à l'ombre des bosquets, c'est tôt le matin et juste avant le crépuscule que l'on pourra les observer le plus facilement. Les zones d'observation les plus fréquentées sont situées le long des terrasses de la Mana ainsi qu'à Long Pool, où les crocodiles et des centaines d'hippopotames partagent le point d'eau avec tout autre animal cherchant à s'abreuver.

Koudous, élans du Cap et nyalas sont les antilopes que l'on rencontre le plus fréquemment, tout comme l'impala qui semble doué d'ubiquité. Babouins, buffles, zèbres et éléphants sont également présents, parfois en nombre impressionnant. Les oiseaux, comme dans la majeure partie de l'Afrique australe, sont à Mana Pools aussi divers qu'abondants, leur présence étant favorisée par la conjonction de plusieurs types d'habitats : buissons de mopane et de jesse, savane, régions boisées ouvertes, nouvelles terrasses du fleuve et eaux très poissonneuses du Zambèze.

Mana Pools est également l'une des dernières places fortes du rhinocéros noir dont la population décroît cependant très rapidement. Le dernier recensement en a dénombré moins de mille dans toute l'Afrique et malgré les campagnes de sciage de corne et de déplacement de ces animaux – et le traitement impitoyable qu'infligent aux braconniers les gardes forestiers –, les rhinocéros continuent à être massacrés en grand nombre. Si vous avez la chance d'apercevoir un rhinocéros noir, vous pourrez vous estimer béni des dieux.

Quant aux campeurs, les moments les plus mémorables seront quand, allongés sous la tente sans pouvoir dormir (et peut-être en retenant leur souffle), ils entendront les signes aussi distincts que proches d'une incessante activité nocturne. Les éléphants s'éclaboussent et barrissent non loin de la rivière, tandis que les hippopotames grognent à proximité. Les rugissements quasi incessants des lions résonnent dans tout le campement (rappelez-vous que les lions sont silencieux avant de dépecer leurs proies : ce cri rauque est normalement signe d'un fauve repu !) et les hyènes aboient en un crescendo caractéristique. Des bruits furtifs et anonymes se rapprochent et s'éloignent de la tente, et des cacophonies aussi tapageuses que non identifiées explosent soudainement dans le bush. Pour de nombreux campeurs, du moins la première nuit, le sommeil est le plus souvent agité, si ce n'est impossible !

Mesures de sécurité au cours des marches à pied. Bien que les risques soient parfaitement réels et que les histoires (souvent dramatisées) racontées dans toute l'Afrique, dans les lieux fréquentés par les touristes de préférence, soient souvent assez sanglantes, les hommes coexistent en réalité depuis des millénaires avec la faune d'Afrique, et des générations de sagesse de la brousse sont à la disposition du visiteur. La prudence est justifiée, mais non la paranoïa, et en mettant en pratique ces quelques conseils éprouvés par le temps (et quelques autres plus récents), les rencontres avec la faune devraient en général n'être que plaisantes :

- Les oranges et autres fruits frais, plus particulièrement tous les agrumes, attirent les éléphants. Bien que les rangers confisquent les oranges apportées dans le parc, tous les fruits à saveur douce devraient être conservés dans un véhicule hermétiquement fermé.
- Si vous souhaitez pouvoir observer la faune à l'œil nu, ne l'effrayez pas en portant des vêtements aux couleurs vives, roses ou jaunes, ni même blancs (ce qui de toute façon sera peu

coûte 180 $US par personne en avion et 100 $US en bateau au départ de Chirundu. L'agence Shearwater, qui y fait halte durant ses safaris en canoë, organise également des randonnées en canoë de 3 jours dans Mana Pools, à partir de son camp de base de Rukomechi. Réservez auprès de Shearwater à Harare. Les enfants de moins de 16 ans ne sont pas acceptés, mais l'agence organise en décembre et en janvier des courses d'orientation dans la brousse pour les enfants de 8 à 16 ans.

Tout aussi confortable mais moins cher, *Chikwenya Camp*, est installé sur une rive au confluent de la Sapi et du Zambèze dans un bois d'acajou du Natal. Il peut accueillir

probable à votre arrivée à Mana Pools !). Il vaut mieux porter des couleurs terre naturelles, celles auxquelles les animaux sont accoutumés.

- Essayez de ne pas marcher dans les broussailles épaisses ou les hautes herbes sans savoir ce qu'elles peuvent cacher. Si vous devez traverser de telles zones, grimpez dans un arbre le plus souvent possible et observez les alentours avant de continuer votre marche. Surveillez les ondulations dans les herbes et tendez l'oreille.
- Faites très attention aux grands animaux et observez les arbres où peuvent être postés des félins. Gardez un œil sur vos arrières. Si vous rencontrez des éléphants, des lions, des buffles ou des rhinocéros, essayez de les contourner calmement, sous le vent, plus particulièrement s'ils sont accompagnés de jeunes. Ne vous interposez en aucun cas sur leur itinéraire de fuite vers l'eau ou la brousse. Si les animaux se dirigent dans votre direction, éloignez-vous calmement et ne courez jamais, surtout s'il s'agit de grands félins, car votre fuite pourrait déclencher leurs réflexes de prédateur.
- Tout en évitant les grands fauves, n'oubliez pas de vérifier où vous mettez les pieds. Les mambas noirs prospèrent également sur les rives du Zambèze moyen, de même que les mille-pattes et les scorpions. Vérifiez soigneusement le contenu de vos chaussures le matin et celui de votre sac de couchage le soir !
- En marchant le long des rives, méfiez-vous des rondins qui peuvent se révéler être des crocodiles et éloignez-vous des berges fréquentées par les hippopotames. Avant de prendre de l'eau à n'importe quelle source, regardez attentivement ce qui pourrait habiter l'eau en question.
- N'espérez pas vous baigner dans le Zambèze ! Même si le risque de bilharziose se révèle parfois minime, les crocodiles, les hippopotames et le courant violent sont autant de dangers mortels.
- Demeurez à bonne distance de tous les animaux et ne vous laissez pas emporter par l'enthousiasme de ce qui pourrait donner la meilleure photo de votre séjour. A pied, vous serez déjà très chanceux de pouvoir vous approcher à distance de téléobjectif.
- Bien que la Voie lactée ou la pleine lune sur le Zambèze puissent vous inspirer l'idée de dormir à la belle étoile, ne cédez pas à la tentation. Lions, éléphants et hyènes rôdent autour des campements durant la nuit : fermez hermétiquement votre tente et demeurez tranquillement à l'intérieur. Corollaire évident : ne buvez qu'avec modération avant de vous coucher et allez aux toilettes avant de vous glisser dans le sac de couchage.

D'autres mesures de sécurité concernant les animaux sont précisées dans la rubrique *Désagréments et dangers* du chapitre *Renseignements pratiques* au début de ce guide. ■

jusqu'à seize personnes. Le forfait tout compris coûte 250 $US par personne et par jour ; le retour en avion coûte 200 $US par personne.

Réservez auprès des Acacia Hotels (☎ 707438, Harare), possédant un bureau au George Hotel à Harare, ou auprès de Chikwenya Safaris (☎ 2525, Kariba).

Comment s'y rendre

Pour vous rendre à proximité de Mana Pools en bus, suivez les recommandations données dans la rubrique *Chirundu* ; descendez à Marongora pour trouver un conducteur disposé à vous prendre en stop dans le parc et allez chercher votre laissez-passer. Au départ de Marongora, la route de Chirundu continue vers le nord jusqu'au bord du Zambezi Escarpment, puis plonge de 900 mètres dans la large vallée du Zambèze. L'embranchement pour Mana Pools se trouve juste en dessous de l'escarpement.

Après avoir passé le portail de l'embranchement, vous emprunterez une longue route de tôle ondulée et à faible visibilité traversant d'épais buissons de *jesse* épineux pour rejoindre l'entrée du parc à Nyakasikana, au bord de la rivière Ruckomechi. Après avoir franchi le pont, faites-vous pointer à la barrière, puis tournez à gauche. Tout visiteur doit se faire enregistrer au bureau des rangers avant de pouvoir rejoindre son loge ou son camping.

Sinon, Buffalo Safaris (☎ 2645), à Kariba, organise un transport à prix raisonnable à partir de Kariba ou de Makuti. Pour le retour, vous pouvez demander à ce que l'on vienne vous chercher au parc à une heure convenue d'avance.

Si vous possédez un véhicule et souhaitez partager les frais d'essence et de transport jusqu'à Mana Pools, laissez des annonces dans les auberges pour randonneurs de Harare, ou faites-y régulièrement un tour pour trouver des voyageurs intéressés par le trajet. Vous serez accueilli à bras ouverts par tous ceux qui avaient abandonné tout espoir de s'y rendre.

L'autre accès possible à Mana Pools se fait en canoë à partir de Chirundu.

SAFARIS EN CANOË SUR LE ZAMBÈZE MOYEN

Un nombre croissant d'agences organise des safaris en canoë de plusieurs jours sur le Zambèze moyen (Middle Zambezi) pour répondre à la demande de touristes en quête d'aventures douces. L'itinéraire complet s'étend des gorges de Kariba à Kanyemba, à la frontière du Mozambique, mais il est normalement effectué en plusieurs étapes : de Kariba à Chirundu, de Chirundu à Mana Pools et de Mana Pools à Kanyemba. Si vous disposez de fonds suffisants, toutes les combinaisons d'ouest en est sont possibles.

Pour vous mettre dans le rythme du fleuve, familiarisez-vous avec ses humeurs et détendez-vous le plus confortablement possible : une unique étape de 3 jours ne suffira généralement pas à la plupart des participants. Si vous ne pouvez effectuer qu'une seule étape, nous vous recommandons le tronçon Chirundu-Mana Pools, qui offre une faune très diversifiée et des paysages magnifiques. Si vous disposez de plus de temps et d'argent, ajoutez-y la section Mana-Kanyemba. Les plus motivés pourront opter pour l'itinéraire complet de 10 jours, de Kariba à Kanyemba, et observer la lente métamorphose du Zambèze, de ses flots impétueux en aval du barrage de Kariba jusqu'à son cours majestueux en territoire mozambicain.

Le plus grand attrait de ces safaris en canoë réside cependant dans la solitude et dans l'occasion qu'ils offrent de traverser silencieusement ces zones sauvages en les perturbant le moins possible.

Hippopotames et crocodiles seront des compagnons – parfois effrayants – presque constants, mais les guides qui savent où se cachent les plus gros spécimens agissent en conséquence.

Toutes les agences installent leurs campements au bord du fleuve, mais ne vous éloignez pas de plus de 50 mètres de la rive à moins d'être accompagné par un guide entraîné et habilité à mener des safaris pédestres (un véritable atout si vous avez la chance de pouvoir louer les services d'un tel guide). La période la plus propice pour observer la faune le long des berges s'étend de juillet à octobre.

De Kariba à Chirundu

Puisque Kariba et Chirundu sont aisément accessibles par les transports publics, cette portion du fleuve se révèle parfaite si une brève introduction au Zambèze vous suffit. Après avoir rapidement dépassé les gorges de Kariba, aussi magnifiques que spectaculaires, on débouche brusquement dans les plaines.

Le contraste entre les sombres renfoncements des gorges et les vastes espaces, ponctués de petits villages le long des rives, est saisissant. Entre le débouché des défilés et Chirundu, vous aurez certainement la chance de voir des éléphants et, parfois, des lions.

De Chirundu à Mana Pools

Cette descente du Zambèze de 3 jours est l'étape la plus fréquentée et la plus intéressante du point de vue de la faune.

Après avoir quitté Chirundu, vous remarquerez que la vie villageoise le long des berges, plus particulièrement sur la rive zambienne, cède progressivement place à des réserves naturelles riches en faune, des deux côtés du fleuve.

Sur ce parcours, le Zambèze est aussi large que calme, ce qui permet aux canoës de s'approcher en toute sécurité des animaux. Les haltes pour la nuit, dans le parc national de Mana Pools, sont normalement effectuées dans les campements de Vundu, de Nyamepi et de Nyamatusi.

De Mana Pools à Kanyemba

Ce tronçon est le plus sauvage et le plus palpitant des trois. Après Mana Pools, le fleuve traverse la zone de safaris de Chewore, au Zimbabwe, et le parc national du Zambèze inférieur, en Zambie.

Il coule tranquillement dans une région de collines basses et quelconques avant de devenir plus impétueux et de s'engager entre les hautes falaises des gorges de Mupata, spectaculaire entaille longue de 30 km dans les montagnes de Chewore, site profondément silencieux en raison de l'absence de village et de la rareté de la faune.

Après Mutapa, les berges s'animent un peu : apparaissent de nouveau des villages, des canoës de pêcheurs, ainsi que des signes d'activités traditionnelles le long du rivage. Il s'agit du territoire de la tribu des Va Dema, également appelés Two-Toed ("Deux orteils"), seule société non agricole du Zimbabwe. Leur surnom provient d'une mutation génétique affectant un petit pourcentage de familles. Bien que nombre d'entre eux aient été réimplantés dans des terres communales, certains Va Dema indépendants sont parvenus à échapper à la ténacité des anthropologues occidentaux et vivent de la chasse et de la cueillette.

Si votre safari n'inclut pas le transport du retour, un bus africain peu onéreux fonctionne à l'occasion entre Harare et Kanyemba.

Safaris en canoë

Avant d'opter pour telle ou telle randonnée en canoë sur le Zambèze, examinez toutes les propositions. Les opérateurs utilisent divers campements et des approches différentes. Tous leurs guides canoéistes sont licenciés et la plupart sont bien informés et expérimentés quant à la brousse. Buffalo Safaris et Goliath Safaris sont très recommandés aux voyageurs indépendants. Les visiteurs préférant le haut de gamme auront davantage de prédilection pour l'approche proposée par Shearwater, qui offre l'option douce du Ruckomechi Camp, à Mana Pools, plutôt que les sites de camping gérés par les parcs nationaux.

Tous les opérateurs utilisent des canoës de 5,7 mètres, de conception canadienne, en fibre de verre. La plupart des agences fonctionnent d'avril-mai à octobre-novembre, et certaines toute l'année, car la demande est forte et l'offre en places limitée. Comme le Zimbabwe restreint le nombre d'agences pouvant opérer sur chacun des trois tronçons du parcours, et limite le nombre de leur jours de fonctionnement, certains opérateurs zimbabwéens se sont installés sur la rive zambienne où aucune restriction n'est en vigueur. Malheureusement, les pouvoirs publics zambiens ne se préoccupent guère d'écologie : si vous voyagez avec l'une de ces agences, merci de les encourager à éviter d'allumer des feux de bois, et emportez tous vos déchets !

Les voyageurs isolés pourront souvent s'inscrire sur place, mais si vous voyagez en groupe, il vaudra mieux réserver de un à trois mois à l'avance, surtout si votre séjour à lieu durant les vacances scolaires. Certaines agences, comme Buffalo Safaris, proposent des tarifs réduits en juin, en novembre, durant la première moitié de décembre, la première moitié de janvier et de février à avril, ainsi que des réductions aux groupes d'au moins quatre personnes.

La plupart des agences incluent dans leurs tarifs le transport entre Harare ou Kariba et les sites de mise à l'eau et de sortie, mais vous pouvez également organiser votre propre transport. Les étrangers doivent normalement payer en devises étrangères. Le tableau suivant présente des prix indicatifs ; certaines agences proposent des réductions pour les groupes ou en hors saison :

Étape	*Jours*	*Nuits*	*Prix moyen*
Kariba-Chirundu	3	2	300 $US
Chirundu-Mana Pools	4	3	365 $US
Mana Pools-Kanyemba	5	4	550 $US
Kariba-Mana Pools	5	5	600 $US
Chirundu-Kanyemba	6	6	700 $US

Les itinéraires longeant la rive zambienne coûtent de 765 $US à 1 095 $US, plus frais de transfert.

Lac Kariba oriental

KARIBA

Le nom de cette agglomération de 13 000 habitants provient du mot shona *kariwa* qui signifie “piège”. Il s'appliquait à l'origine aux gorges de Kariba dans lesquelles les eaux du Zambèze s'engouffraient comme dans un tuyau de drainage. Celles-ci étant désormais piégées par le barrage, la métaphore demeure pertinente et pourrait même être extrapolée, Kariba étant devenu un véritable piège à touristes !

Quoi de plus normal que la frange la plus aisée de la population zimbabwéenne privée d'océan aille à Kariba comme, disons, les poissons à l'eau. Tandis que les touristes étrangers affluent aux chutes Victoria, les Zimbabwéens qui peuvent s'offrir le luxe de vacances – essentiellement des Blancs et des Noirs exerçant une profession libérale – consacrent leurs loisirs et leurs dollars zimbabwéens à la pêche et à la détente sur les rives du lac.

Les voyageurs à petit budget risquent cependant de juger Kariba peu attrayant. Les sites les plus intéressants sont dispersés autour du lac, les transports sont onéreux et l'hébergement essentiellement haut de gamme. La ville de Kariba, un enchevêtrement disparate à deux niveaux, dépourvu de caractère définissable, n'offre guère d'intérêt et le repoussant township de Mahombekombe s'étendant à côté du lac pourrait bien être le moins plaisant de tout le pays. Si vous ne faites pas partie de la frange “riche et célèbre” de la population, vous ne souhaiterez probablement pas séjourner trop longtemps dans la région.

Orientation

Le manque de plan général dont souffre Kariba se traduit par une géographie particulièrement décousue. De fait, personne ne sait où se trouve précisément Kariba : la ville s'étend sur 10 km sur la rive du lac, entre l'aéroport et la frontière zambienne. Il n'existe pas de quartier central dévolu au tourisme et tous les hôtels haut de gamme semblent garder intentionnellement leurs distances avec leurs concurrents. Le camping MOTHS et le port d'Andora sont séparés de la route nationale principale par Mahombekombe, le township où sont regroupés la poste, les magasins et le terminus de bus.

La banque, le centre commercial, le cinéma, le club de loisirs, la boulangerie et le supermarché sont tous situés dans Kariba Heights, quartier plus frais et plus prestigieux disparaissant dans les nuages à 600 mètres au-dessus du reste de l'agglomération.

Renseignements

La Kariba Publicity Association (☎ 2814), au Kariba Dam Observation Point Building, n'est pas des plus efficaces, mais son personnel est accueillant.

Autre source de renseignements, le Central Booking Office (☎ 2255 ; fax 2777) est situé dans le supermarché de Kariba Heights. Cette agence peut effectuer des réservations hôtelières ou pour les safaris et les activités proposées sur le lac. Mais comme elle demande une commission, il sera moins onéreux d'organiser votre séjour par vous-mêmes.

Climat. Le climat de Kariba est chaud. Durant l'été, attendez-vous à des températures de 40°C à 42°C avec une humidité suffocante et des pluies fréquentes. En hiver – de juin à août –, les températures diurnes avoisinent les 25°C.

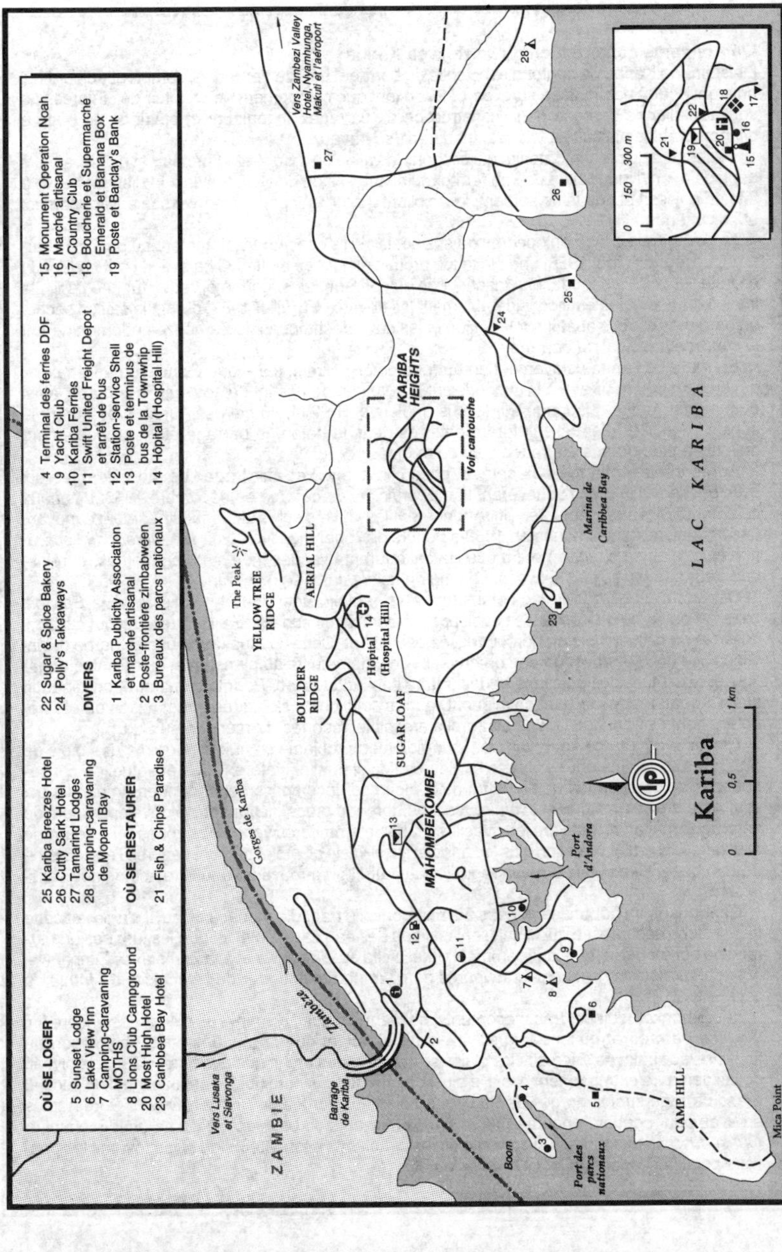
OÙ SE LOGER
5 Sunset Lodge
6 Lake View Inn
7 Camping-caravaning MOTHS
8 Lions Club Campground
20 Most High Hotel
23 Caribbea Bay Hotel
25 Kariba Breezes Hotel
26 Cutty Sark Hotel
27 Tamarind Lodges
28 Camping-caravaning de Mopani Bay
OÙ SE RESTAURER
21 Fish & Chips Paradise
22 Sugar & Spice Bakery
24 Polly's Takeaways
DIVERS
1 Kariba Publicity Association et marché artisanal
2 Poste-frontière zimbabwéen
3 Bureaux des parcs nationaux
4 Terminal des ferries DDF
9 Yacht Club
10 Kariba Ferries
11 Swift United Freight Depot et arrêt de bus
12 Station-service Shell
13 Poste et terminus de bus de la Townwhip
14 Hôpital (Hospital Hill)
15 Monument Operation Noah
16 Marché artisanal
17 Country Club
18 Boucherie et Supermarché Emerald et Banana Box
19 Poste et Barclay's Bank
ZAMBIE
Vers Lusaka et Siavonga
Barrage de Kariba
Zambèze
Gorges de Kariba
Boom
Port des parcs nationaux
CAMP HILL
Mica Point
MAHOMBEKOMBE
Port d'Andora
SUGAR LOAF
BOULDER RIDGE
YELLOW TREE RIDGE
The Peak
AERIAL HILL
Hôpital (Hospital Hill)
KARIBA HEIGHTS
Voir cartouche
Marina de Caribbea Bay
LAC KARIBA
Kariba
0 0,5 1 km
Vers Zambezi Valley Hotel, Nyamhunga, Makuti et l'aéroport
0 150 300 m

ZIMBABWE

L'éprouvante construction du barrage de Kariba

L'histoire de Kariba se confond avec celle du barrage. La ville de Kariba, comptant aujourd'hui environ 13 000 habitants, a surgi en 1955 en tant que campement de chantier de l'Impresit (la société italienne chargée de la construction du barrage). Ingénieurs et ouvriers, en butte à d'innombrables difficultés, y logeaient durant les travaux .

Désespéré, le peuple Batonka qui occupait la vallée du Zambèze supérieur, et qui devait être déplacé avant l'inondation de son territoire, invoqua l'aide de Nyaminyami, le dieu du fleuve à tête de poisson et queue de serpent, le suppliant d'intervenir pour préserver son environnement et ses intérêts.

Nyaminyami accéda aux prières de ses fidèles en s'opposant violemment au projet de barrage. Le jour de Noël 1955, une élévation brutale du niveau du fleuve balaya le pont flottant du chantier et noya les fondations inachevées du coffrage. La seconde épreuve fut une canicule inaccoutumée qui ralentit considérablement les travaux. En juillet 1957, durant la saison sèche, un orage torrentiel s'abattit sur la région et les eaux déchaînées du Zambèze endommagèrent le coffrage principal du barrage.

En mars de l'année suivante, une autre anomalie climatique – une inondation millénaire – déversa 16 000 m^3 d'eau à la seconde sur le chantier, détruisant de nouveau le coffrage, ainsi que le pont routier suspendu au-dessus du fleuve. En tout, 86 ouvriers furent tués durant la construction ; 18 d'entre eux furent enterrés dans le béton, le barrage étant probablement devenu la plus grande pierre tombale du monde.

Après avoir réchappé aux catastrophes climatiques et aux tragédies mortelles, les dix mille ouvriers d'Impresit achevèrent le mur principal du barrage en décembre 1958. Les eaux commencèrent alors à monter, puis inondèrent les vallées et les affluents du Zambèze moyen. Les animaux furent évacués en 1959 au cours de l'opération Noé (voir *Monument de l'opération Noé* dans ce chapitre) et 50 000 Batonka furent évacués, non sans problèmes, et réinstallés sur des terres plus élevées. Le dieu du fleuve parut se rasséréner.

Cependant, dès que le lac commença à se remplir, une algue envahissante, la *Salvinia molesta*, ou herbe de Kariba, se développa rapidement en surface. En 1962, elle recouvrait 20% du lac et ne cessait de s'étendre, poussée par le vent. Cette couche de mauvaise herbe devint si épaisse qu'elle provoqua une ombre sous-marine néfaste au plancton et aux plantes aquatiques, nourriture des poissons et des autres habitants du lac. Pour la combattre, on répandit du paraquat, un désherbant chimique. D'autres solutions biologiques furent mises en œuvre, notamment l'introduction d'une sauterelle amphibie importée d'Amérique du Sud.

L'insecte dévora ce fléau vert, mais un nouveau problème se fit jour. Comme des tapis de *Salvinia* s'accumulaient sur les rives, les écologistes s'inquiétèrent des éventuelles conséquences de ce phénomène sur la faune. L'algue se décomposa cependant en un humus qui stimula la croissance du *Panicum repens*, ou "torpedo grass", favorisant le développement de pâturages, qui attirèrent vers les rives les grands mammifères venus des zones où le fourrage était rare. Bien que la création d'un lac artificiel aussi vaste ait profondément perturbé l'écosystème du Zambèze, il semblerait que la région ait aujourd'hui retrouvé un équilibre écologique satisfaisant.

Cependant, au début des années 90, une nouvelle tragédie menaça le lac. Il s'agissait cette fois-ci d'une sécheresse qui fit baisser le niveau des eaux à un point tel que les turbines du barrage ne purent plus fournir suffisamment d'électricité au Zimbabwe et à la Zambie. Le Zimbabwe, qui souffrit alors de fréquentes coupures de courant, dut importer de l'électricité d'Afrique du Sud.

Les Batonka, toujours très mécontents, soutiennent que Nyaminyami n'en a pas encore fini avec ce barrage et qu'il ne saurait être satisfait avant que la monumentale obstruction du fleuve ne soit balayée. Bien que les pluies soient revenues en Afrique australe en 1993, le niveau du lac demeure extrêmement bas. De plus, on envisage aujourd'hui la construction d'un second grand barrage sur les gorges de Batoka (ou bien aux gorges du Diable – Devil's Gorge), plus en aval, pour pouvoir répondre aux besoins croissants du pays en électricité (voir le chapitre *Ouest du Zimbabwe*). Mais si l'on en croit les penchants destructeurs de Nyaminyami, les pouvoirs publics risquent de jouer avec le feu. ■

Désagréments et dangers. Le lac Kariba abrite 25 000 crocodiles qui tuent en moyenne de 20 à 30 personnes par an. Autour des rives du lac, le risque est considérable : la baignade est absolument déconseillée.

Les éléphants constituent un autre danger car ils peuvent s'aventurer en ville, surtout durant les périodes de sécheresse. Ils viennent boire dans les piscines, dévastent les plates-bandes et déracinent les arbres. Les deux campings de Kariba sont des habitats qu'ils apprécient particulièrement. La meilleure politique en la matière... c'est la fuite ! Bien que certains pachydermes se révèlent assez bienveillants envers les hommes, plusieurs personnes encombrant leur passage ont déjà été tuées par des congénères par trop enthousiastes.

Barrage de Kariba

Le 17 mai 1960, on manœuvra l'interrupteur du premier générateur du barrage en présence de la reine mère. Avant l'achèvement en 1971 du barrage d'Assouan, en Égypte, Kariba était le plus grand complexe hydroélectrique d'Afrique. Avec la montée des eaux – qui allaient recouvrir 5 200 km^2 pour une capacité de 186 milliards de m^3 –, Kariba se métamorphosa en centre administratif et de villégiature. Il est possible de visiter le barrage, sorte de zone interdite dressée entre le Zimbabwe et la Zambie. Confiez votre passeport au bureau de l'immigration du Zimbabwe avant de vous enfoncer dans l'énorme masse de béton qui vibre de manière inquiétante au rythme des générateurs de 700 mégawatts alimentant l'essentiel du Zimbabwe et de la Zambie. Le barrage, un arc de 579 mètres de large, s'élève à 128 mètres au-dessus du Zambèze qui se déverse en contrebas dans les gorges de Kariba. La structure, renfermant près d'un million de mètres cubes de béton, est d'une épaisseur de 24 mètres à sa base. Au maximum de sa capacité, s'y engouffrent 9 000 m^3 d'eau à la seconde. Au pied du déversoir, le courant a creusé une dépression de 60 mètres de profondeur dans le lit du fleuve.

La meilleure vue générale du barrage est offerte du haut du point d'observation situé sur la colline à moins de 1 km de la station-service Shell. Sur le lac, il est interdit au plaisanciers de naviguer au-delà des filets et des flotteurs marquant l'entrée des gorges. La vulnérabilité du barrage étant une question majeure tant pour le Zimbabwe que pour la Zambie, les gardes militaires qui surveillent la frontière des deux pays sont extrêmement sourcilleux.

Église Santa Barbara

L'église qui s'élève à Kariba Heights, est consacrée à Barbara, la sainte patronne des ingénieurs, de même qu'à la Vierge et à saint Joseph, patron des charpentiers. Les ouvriers d'Impresit (la société italienne qui a construit le barrage de Kariba) l'ont édifiée en mémoire de leurs quatre vingt-six collègues morts au cours de la construction et dont une dalle en pierre rappelle les noms.

Le plan circulaire de l'église rappelle celui d'un caisson de barrage ; les murs ouverts sont une concession au climat. A l'intérieur, deux sculptures en marbre de Carrare figurent sainte Catherine et saint Georges, ce dernier étant une copie du célèbre saint Georges de Donatello.

Monument de l'opération Noé

L'élévation des eaux du lac menaça non seulement le peuple Batonka, mais aussi les animaux piégés sur les îles intermédiaires vouées à la submersion.

Sous la pression de l'opinion publique, le gouvernement rhodésien chargea Rupert Fothergill et une équipe de 57 spécialistes de la faune de mettre sur pied un plan de sauvetage. Ils travaillèrent durant la saison sèche – de mars à décembre 1959 – pistant et piégeant plus de 5 000 animaux représentant au moins 35 espèces, dont des reptiles (même des mambas noirs !) et des petits mammifères, ainsi que des lions et des rhinocéros, opération qui bénéficia d'une couverture médiatique mondiale. Ce sauvetage, surnommé "Operation Noah" en souvenir d'un événement comparable intervenu quelques millénaires auparavant, provoqua une densification de la faune sur la rive sud et plus particulièrement dans le parc national de Matusadona.

Le monument commémorant l'opération Noé a été dressé à Kariba Heights, à proximité du point d'observation sur le lac.

Crocodile Farm
La réserve de crocodiles de Kariba, située à 20 km de la ville sur la rive du lac, au-delà de l'aéroport, n'est guère accessible aux voyageurs dépourvus de véhicule. Les droits d'entrée, très onéreux, s'élèvent à 5 $US. Elle est ouverte de 8h à 12h et de 14h à 17h tous les jours sauf le lundi.

Activités sportives
Circuits organisés. La Matusadona Picnic Cruise, qui quitte la jetée du Cutty Sark à 9h30 et revient dans l'après-midi à temps pour le vol de retour à Harare, est une excur-

Agences de safaris en canoë

Buffalo Safaris/Zambezi Canoeing, PO Box 13, Kariba (☎ 2645 ; fax 2827). Cette compagnie propose toute l'années des randonnées en canoë de 3 à 10 jours sur les divers tronçons du fleuve entre Kariba et Kanyemba. Agence chaudement recommandée pour son professionnalisme et sa convivialité.

Bushlife Zimbabwe, PO Box GD 305, Greendale, Harare (☎ 48548 ; fax 48265). Elle gère le Ruwesi Canoe Trail, une excursion haut de gamme de 3 nuits sur le tronçon Mana Pools du fleuve, de l'ouest de la rivière Ruckomechi à Waterbuck Camp, à l'est de Chikwenya.

Chipembere (Wild Frontiers) Safaris, PO Box 9, Kariba (☎ 2946). Chipembere ("rhinocéros noir") organise une excursion de 5 jours de Chirundu à Mana Pools, le dimanche, et une excursion de 6 jours de Mana Pools à Kanyemba, le mardi. Cette agence propose également de fabuleux safaris à pied de 4 jours à partir de sa base de Chitake Springs ou le long du fleuve à Mana Pools (340 $US), ainsi que des safaris sac au dos dans le parc (265 $US) pour lesquels les participants doivent se munir de leur propre ravitaillement et matériel de camping.

Goliath Safaris, Suite 336, Brontë Hotel, PO Box CH 294 Chisipite, Harare (☎ 708843). Cette petite agence, également recommandée, propose des itinéraires entre Chirundu et Kanyemba qui sont parmi les moins "routiniers" de ce type et qu'apprécient de plus en plus de voyageurs.

Kasambabezi Safaris, PO Box CY 420, Causeway, Harare (☎ /fax 787012). Cette compagnie propose 60 km d'itinéraire entre Kariba et Chirundu. C'est une bonne option peu onéreuse, car les points de départ et d'arrivée sont assez facilement accessibles. Elle possède également un bureau à Kariba (☎ 2641).

Kingdom Safaris, PO Box 255, Kariba (☎ /fax 2777). Elle ne propose que la descente de Kariba à Chirundu.

Ruwezi Canoe Trail, Bushlife Zimbabwe, PO Box GD 305, Greendale, Harare (☎ 48548 ; fax 48265). Elle organise d'agréables safaris en canoë de 3 jours sur les 64 km de rive du parc national de Mana Pools.

Safari Par Excellence, Third Floor, Travel Centre, Jason Moyo Ave, PO Box 5920, Harare (☎ 700911 ; fax 722872). Cette compagnie gère des safaris en canoë de luxe de 3 à 5 jours entre Chirundu et Mutapa Gorge, sur la rive zambienne du fleuve, avec haltes dans des campements entièrement équipés. Cette agence propose également un safari camping de 4 jours, plus élémentaire et considérablement moins cher, entre Chirundu et Chongwe Falls, de même qu'un circuit de 5 jours, à pied et en canoë, dans le parc national de Mana Pools, coûtant 250 $US par jour.

Shearwater, Edward Building, à l'angle de 1st St et Baker Ave, PO Box 3961, Harare (☎ 735712 ; fax 735716). Elle offre une vaste gamme de circuits et de types d'hébergement sur la totalité de l'itinéraire de 10 jours de Kariba à Kanyemba. A Mana Pools, l'agence est installée au somptueux Ruckomechi Camp. Elle propose aussi une excursion en canoë de 4 jours, plus calme, dans Mana Pools.

Sobek, PO Box 30263, Lusaka, Zambie (☎ (260-1) 224248 ; fax (260-1) 224265). Ses excursions de 3 jours commencent à Siavonga, sur la rive zambienne du barrage de Kariba, jusqu'à Chirundu ou au-delà dans le parc national du Zambèze inférieur et vers la frontière du Mozambique. En cours de route, des guides armés conduisent des randonnées à pied dans cette région peu visitée.

Zambezi Hippo Trails, Dalmatia House, Speke Ave, PO Box 3158, Harare (☎ /fax 702148). Cette agence propose des circuits sur le tronçon Mana Pools-Kanyemba, avec la possibilité de poursuivre en aval jusqu'au barrage de Cabora Bassa, au Mozambique. L'itinéraire complet de Mana Pools à Cabora Bassa dure 9 jours. ■

sion à la journée très fréquentée au départ de Kariba. Il est possible de pêcher, mais apportez votre matériel. L'excursion coûte 9 $US par personne, déjeuner pique-nique compris mais non le bar. Réservez auprès de Tamarind Lodges ou du Cutty Sark Hotel.

UTC (☎ 2453), PO Box 100, Kariba, propose un circuit en ville pour 9 $US, quittant à 10h30 le Cutty Sark Hotel et prenant d'autres clients à Caribbea Bay et à Lake View. Les safaris du matin ou du soir organisés dans la zone de safaris de Charara coûtent 14 $US par personne.

De plus, UTC et Cruise Kariba (☎ 2697), PO Box 1, Kariba, organisent deux croisières par jour : la Siesta Cruise qui s'élève à 3 $US et appareille de la jetée du Cutty Sark à 14h (retour à temps pour le transfert à l'aéroport), et la Sunset Cruise, qui coûte 4 $US et part à 16h30.

S'il ne vous est pas possible d'effectuer une randonnée en canoë plus longue sur le Zambèze moyen, Kingdom Safaris (☎ 2255) offre des excursions en canoë d'un jour dans les gorges de Kariba pour le prix très onéreux de 200 $US par personne, transport, petit déjeuner, déjeuner et découverte de la faune compris. Ces excursions sont organisées tous les jours sauf le dimanche à partir du Cutty Sark Hotel.

La découverte du lac vu du ciel coûte 43 $US pour 15 minutes de vol, 86 $US pour 30 minutes et 172 $US pour une heure. Contactez Chris Worden chez Tropic Air (☎ 2321).

Sports nautiques. Crocodiles et bilharziose limitent grandement les sports nautiques sur le lac : même sur la plage très protégée de Caribbea Bay, la baignade est désormais interdite. Mais l'hôtel loue toujours des voiliers, des canoës, des pédalos, des dinghies et des canots à rames. Pour mettre à l'eau votre propre bateau à partir de son port de plaisance, il vous en coûtera 8 $US. Le mouillage et la place de parking reviennent chacun à 2 $US par jour.

UTC (☎ 2662) loue des hors-bord pour 39 $US la demi-journée (de 6h à 12h ou de 12h à 17h), carburant non compris. La location pour la journée complète coûte 52 $US. Matériel de pêche et appâts font l'objet d'un supplément. Si vous préférez le canoë, Kingdom Safaris en loue pour 8 $US la demi-journée ; contactez le Central Booking Office (☎ 2255), à Kariba Heights.

Parachutisme ascensionnel et ski nautique (loin des rives infestées par les crocodiles et la bilharziose) sont respectivement à 20/10 $US. Pour tout renseignement, téléphonez à Tobin Langbrenner, ☎ 2475 ou 2771.

Charter nautique et location de bateaux. Rex Taylor, à la marina du Kariba Breezes Hotel, propose les croisières les plus simples, les plus directes et les moins onéreuses, avec des tarifs spéciaux pour randonneurs : 85 $US par journée de 8 heures jusqu'à six personnes, carburant compris, plus 5 $US par personne pour le déjeuner. Les croisières jusqu'au lendemain coûtent 99 $US par 24 heures, plus 9 $US par personne pour le déjeuner et le dîner. Réservez auprès du camping MOTHS.

Des voiliers disposant de quatre couchettes adultes peuvent être loués pour des croisières individuelles auprès de Kariba Yachts (☎ 2983, Kariba, ou ☎ 736789, Harare) à la marina du Cutty Sark Hotel. Vous pouvez opter pour une option tout compris, ou apporter votre nourriture. Leur adresse postale est Cutty Sark Hotel Marina, PO Box 80, Kariba ; le bureau principal se trouve au 6 Fairfield Rd, Hatfield, Harare.

Autre compagnie charter, Simpson's Cruises (☎ 2308), dirigée par Robin et Barry Simpson, propose des croisières à bord du *Queen II*, avec pilote, carburant, repas et découverte de la faune pour 180 $US la nuit jusqu'à huit personnes.

Si vous souhaitez effectuer une croisière plus longue, vous pourrez également louer le bateau-ponton aménagé *What a Pleasure*, pour 385 $US par jour jusqu'à dix personnes, repas et pilote compris. Pour tout renseignement, contactez Pleasure Cruises & Safaris (☎ 2785 ; fax 3095, à Chinhoyi), PO Box 16, Kariba.

Si vous préférez effectuer une croisière de 5 jours sur l'ensemble du lac Kariba dans un hôtel flottant, quelques jours de navigation sur un luxueux catamaran à moteur ou une semaine de pêche sur une péniche aménagée, vous trouverez également un charter nautique à votre disposition.

Pour la première option, contactez MV *Manica* Touring Services (☎ 736091), PO Box 429, Harare. Durant la haute saison, le tarif s'élève à 775 $US par jour, pilote, repas, boissons et matériel de pêche compris. Le tarif basse saison est de 625 $US par jour. Le bateau peut accueillir jusqu'à dix personnes ; la croisière vous amènera jusqu'à Masana, sur le Zambèze supérieur en passant par les magnifiques Devil's Gorge (gorges du Diable).

Pour le catamaran à moteur, contactez *Catalina* (☎ /fax 79627), PO Box 9099, Hillside, Bulawayo. Si la péniche aménagée correspond davantage à votre rythme de navigation, adressez-vous à Bambazonke Charters (☎ 35486), PO Box ST 172, Southerton, Harare. Les croisières autonomes à bord de la péniche aménagée *Belinda* coûtent 320 $US par jour jusqu'à 8 personnes. Sinon, Kaluga Safaris (☎ 75749 ; fax 74058), 118 Josiah Tongogara, à l'angle de 12th Ave et de Josiah Tongogara St, à Bulawayo, demande 490 $US par jour jusqu'à dix personnes, repas et carburant compris.

Où se loger – Petits budgets

Pour les petits budgets, le camping représente l'essentiel de l'hébergement. Le sympathique et commode *MOTHS Caravan & Camp site* (☎ 2809), à 20 minutes à pied du township de Mahombekombe, est le plus fréquenté. Le problème du vol a été maîtrisé par l'emploi de gardes et par la mise en œuvre de mesures de sécurité. Le camping coûte 1,50 $US par personne dans votre tente personnelle, ou 3 $US dans des tentes installées à demeure. Les chalets meublés avec cuisine équipée – et une attention toute particulière aux détails – pouvant accueillir six personnes coûtent 4,5 $US par personne avec un minimum de trois personnes ; les chambres doubles coûtent 6,50 $US.

Vous y trouverez également des braai et du bois de chauffe, un service de blanchissage et une petite librairie-bibliothèque. Il est essentiel de réserver tentes et chalets pour les séjours effectués durant le week-end ou les vacances scolaires. L'adresse postale est PO Box 67, Kariba. Prévenez si vous devez arriver après 18h30 (heure de fermeture du bureau), afin que le gardien puisse être averti de votre venue. Les éléphants s'invitent, eux, sans prévenir : la clôture électrique qui a été installée ne les dérange en rien, c'est pourquoi le portail demeure toujours ouvert. Un lecteur nous a écrit :

> La nuit, des éléphants sont passés par la clôture pour manger des arbres. C'était merveilleux. Nous avons entendu rugir un lion à 50 mètres de là et mugir des hippopotames durant toute la nuit sur les rives du lac, juste derrière la hutte. Partout, il y a des éléphant, ainsi que des buffles qui peuvent être dangereux. Ne vous promenez pas à la nuit tombée – et faites tout le temps attention où vous posez les pieds. Les habitants du township sont très ennuyés par les éléphants : là où ils tentent de faire pousser quelque chose, les éléphants renversent les clôtures et viennent le manger.
>
> **Andy Bollen (Australie)**

Vous pourrez également camper au *Lion's Club Campground*, au sommet de la colline, pour le même tarif, mais le camping, dépourvu clôture, n'est pas toujours gardé et la sécurité pose problème.

Si vous préférez davantage de tranquillité et de calme, ainsi que faire à l'occasion une excitante rencontre avec un animal sauvage, le *Mopani Bay Camping & Caravan Park* (☎ 2485), sur la rive du lac à environ 2 km du Cutty Sark Hotel, saura vous satisfaire. Tentes et matériel de camping à utiliser sur place peuvent être loués à un prix raisonnable. Tous les emplacements coûtent 0,75 $US plus les tarifs suivants par personne : avec électricité et barbecue à braai, 3 $US ; sans électricité, 1,50 $US ; non aménagé, 1,30 $US. Les gardiens demeurent discrets quant aux endroits non aménagés : vous devrez le préciser explicitement si vous souhaitez louer ce type d'emplacement. Le camping étant dépourvu de clôture, les éléphants y font de fréquentes visites. Lors de mon dernier séjour, un pachyderme particulièrement affamé a déraciné plusieurs arbres d'importance. La tonte des pelouses est assurée par les hippopotames.

Pour d'autres possibilités de camping relativement bon marché, consultez la rubrique *Lake Wilderness et Nyakasanga* de la section *Villégiatures au lac Kariba* plus loin dans ce chapitre ainsi que la rubrique *Kuburi Wilderness Area*.

Où se loger – Catégorie moyenne

L'agréable, propre, sympathique et bon marché *Kariba Breezes Hotel* (☎ 2433 ; fax 2767) représente le meilleur choix dans cette catégorie à Kariba, l'établissement étant en outre constamment rénové. Les simples/doubles coûtent 25/42 $US, petit déjeuner compris. Puisque Zimbabwéens et étrangers payent le même tarif, le niveau de l'hôtel est bien meilleur que ne le laisseraient supposer les prix.

Le *Cutty Sark Hotel* (☎ 2321), à Mopani Bay, offre une belle vue sur les collines lointaines. Situé loin de la ville, il n'en est que plus tranquille. Les simples/doubles standard coûtent 40/59 $US petit déjeuner compris. Jusqu'à l'achèvement des rénovations, les chambres plus anciennes coûtent 22/32 $US.

Sur la route principale, en direction du Cutty Sark, les *Tamarind Lodges* (☎ 2697) proposent des logements indépendants avec équipement de cuisine et réfrigérateur. La fraîcheur de la pierre et du chaume de ces constructions est très appréciée durant les mois les plus chauds. Les pêcheurs trouveront une glacière à poissons à la réception. Les lodges de quatre/six lits coûtent 24/36 $US et sont d'excellent rapport qualité-prix, surtout si vous voyagez en groupe. La clientèle peut profiter de la piscine et des courts de tennis du Cutty Sark.

Bénéficiant d'une situation calme, *Sunset Lodge* (☎ 2645 ; fax 2827) est un beau logement indépendant pouvant accueillir confortablement dix personnes dans 4 chambres à coucher. Les équipements de cuisine sont inclus dans le prix, mais des repas ou les services d'un cuisinier particulier sont proposés à la demande. L'ensemble de la demeure est loué 100 $US par nuitée jusqu'à dix personnes, avec un surcoût de 12 $US par personne supplémentaire. Le petit déjeuner coûte 2 $US par personne.

Le *Most High Hotel* (☎ /fax 2965) se dresse en effet sur le site le plus élevé de Kariba Height, mais l'enseigne de cet hôtel de mission chrétienne comporte en fait une connotation plus évidemment religieuse. L'établissement, propre, calme et agréable, offre une vue magnifique. L'alcool y est cependant interdit et il n'est possible de fumer que dans les jardins. En outre, les couples non mariés ne sont pas autorisés à partager la même chambre. Les étrangers payent 30 $US par personne, petit déjeuner très copieux compris (il est servi aux non clients pour 3,50 $US). Les incroyables dîners composés de sept plats sont proposés à la table d'hôte pour à peine 7 $US. Sur la terrasse et dans le jardin de thé sont servies des pâtisseries maison et des glaces peu onéreuses.

Le *Zambezi Valley Hotel* (☎ 2926), situé dans le township de Nyamhunga à proximité de l'aéroport, est tout sauf calme. Si vous recherchez une ambiance discothèque et beuverie à l'africaine durant toute la nuit, cet établissement est pour vous. Les simples/doubles coûtent 25/35 $US. Les femmes voyageant seules pourront préférer chercher à se loger ailleurs.

Où se loger – Catégorie supérieure

L'établissement haut de gamme à Kariba, c'est le *Caribbea Bay* (☎ 2453 ; fax 2765) ; le niveau sonore peut y être aussi intense qu'au Zambezi Valley Hotel, mais ici la soûlographie est de style *rhodie*. Cet étincelant monument d'architecture en stuc pseudo-mexicaine aurait pu inspirer la chanson *Hotel California* interprétée par les Eagles. Avec sa plage, ses palmiers, ses courts de tennis et son casino, il semble chercher à satisfaire tous les caprices de sa clientèle en la transportant dans un paradis tropical imaginaire loin de l'Afrique. Les étrangers payent 94/138 $US la simple/double, petit déjeuner compris.

Pour beaucoup, l'attrait principal du Caribbea Bay est son casino (l'entrée coûte 1,50 $US pour les non clients de l'hôtel). Les joueurs invétérés comme les amateurs pourront s'attabler autour de la roulette et du black-jack ou alimenter des bandits manchots affamés. Tenue élégante décontractée de rigueur.

Le *Lake View Inn* (☎ 2411 ; fax 2413), bien situé, offre un hébergement moyen et, comme l'indique son enseigne, une splendide vue sur le lac. Les étrangers payent les simples/doubles petit déjeuner compris 82/120 $US. Les Zimbabwéens déboursent 32/47 $US.

Où se loger – Rive zambienne

Bien que la zone zimbabwéenne de Kariba soit plus fréquentée, il est aussi possible de résider dans la partie zambienne, mais si vous prévoyez un grand nombre d'activités du côté zimbabwéen, les nombreuses formalités de visas et les tracasseries douanières que vous encourrez risquent de se révéler très fastidieuses. Cependant, si vous réglez la note en kwacha zambien, l'hébergement en Zambie s'avère moins onéreux qu'au Zimbabwe.

Les logements indépendants des *Eagle's Rest Chalets* (☎ 52, Siavonga, ou ☎ 250981, Lusaka), situés à Siavonga East, sont de plus en plus recommandés. Les chalets, loués 5 $US la chambre double, sont fournis avec literie, électricité, réfrigérateur, douche et bloc sanitaire avec eau chaude, mais sans équipement de cuisine. Jadis camping très fréquenté, il est désormais interdit de planter sa tente à Eagle's Rest. Pour vous rendre aux chalets, prenez l'embranchement pour Siavonga et suivez les panneaux. Ils se trouvent à environ 4 km de la route principale.

Également à Siavonga, la *rest house* (maison de repos) gouvernementale possède un bar et sert des repas, mais l'établissement ne bénéficie ni de la vue ni de la tranquillité des chalets. Le *Lakeside Lodge*, à Siavonga West, propose aussi un bar et un restaurant, mais les chambres sont onéreuses. Le bus pour Lusaka en part tous les jours à 5h : les clients ont une chance d'obtenir une place.

Où se restaurer

L'une des meilleures tables proposant des repas peu onéreux, le *Country Club*, à Kariba Heights, offre un copieux festin anglais pour environ 2,50 $US. Le panneau "réservé aux membres" est ignoré depuis des années, mais les non-membres pourront se voir réclamer un supplément de 10%. Également à Kariba Heights, l'élémentaire *Fish & Chips Paradise* peut se révéler moins paradisiaque que son enseigne ne le laisserait supposer.

Excellente option, *Polly's Takeaways*, à l'embranchement du Kariba Breezes Hotel, met l'accent sur les plats à emporter – burgers, feuilletés, frites, poulet et glaces –, mais les clients sont autorisés à consommer sur la terrasse ombragée offrant une vue sur le lac.

Si vous séjournez dans la ville basse, vous trouverez les casse-croûte, épiceries et *sadza ne nyama* les moins chers et les plus pratiques dans le township de Mahombekombe. Des orchestres jouent parfois sur la scène de la halle à bière – vous n'aurez pas besoin de vous en approcher pour les entendre. Vous pourrez acheter des denrées alimentaires à Mahombekombe au marché Spar ainsi qu'à la boulangerie-boucherie à côté. A Kariba Heights, sont installés le magasin plus haut de gamme *Emerald Butchery & Supermarket*, ainsi que le marchand de fruits et légumes *Banana Box* et l'excellente boulangerie *Sugar & Spice*.

Les prix des repas servis dans les salles à manger des hôtels sont à peu près proportionnels aux prix des chambres. Le *Cutty Sark* sert un excellent petit déjeuner buffet pour 3,50 $US. La *Lake View Inn*, qui offre une vue magnifique à partir de son patio, est située sur la colline, à quelques pas du camping MOTHS.

Pedro's (☎ 2453, réservations requises), au Caribbea Bay, propose tous les soirs deux services, à 19h et à 21h. Après quelques courageuses, mais malheureuses, tentatives dans le domaine de la cuisine mexicaine, cette table s'est résolue à revenir au bœuf, au poulet et autres standards. Si vous souhaitez dévorer un plantureux repas maison, allez au *Most High Hotel*, à Kariba Heights, qui propose également un superbe petit déjeuner buffet pour 3,50 $US et des dîners à prix fixe – essentiellement des énormes plats maison type cuisine campagnarde américaine – pour 7 $US par personne.

Achats

C'est à la Kariba Publicity Association, Kariba Dam Observation Point Building, que vous trouverez les célèbres (et fabuleuses) cannes de marche nyaminyami exécutées par le maître sculpteur Rainos Tawonameso. Le magasin de la Publicity Association commercialise également divers souvenirs kitschs assortis. Les beaux travaux au crochet (nappes et dessus-de-lit) vendus au point d'observation (à très bas prix) méritent toute votre attention, mais vous vous sentirez certainement coupables d'acheter à si vil prix des œuvres ayant nécessité autant de temps et de créativité.

Comment s'y rendre

Voie aérienne. Air Zimbabwe affrète des vols quotidiens de 45 minutes entre Harare et Kariba, quittant Harare à 9h et Kariba à 16h50, mais aussi à partir de Victoria Falls, à 14h50, arrivant à 16h30. De Kariba à Hwange et Victoria Falls, les vols partant à 10h05 atterrissent à Hwange à 10h55 et à Victoria Falls à 11h45.
Attention : surtout sur les vols de Kariba, Air Zimbabwe semble appliquer des horaires fantaisistes. Bien que le départ du vol pour Harare soit officiellement fixé à 16h50, faites-vous enregistrer si possible au plus tard à 15h45. Si le pilote est pressé de partir, les passagers en attente sont embarqués, de même que les voyageurs en stand-by, puis l'avion décolle parfois dès 16h ou 16h15. Les passagers ayant confirmé leur place mais arrivant plus tard risquent d'être un peu déconfits.

Bus. Plusieurs bus quotidiens relient Kariba à Mbare ; une ou deux fois par semaine, des bus africains relient également Kariba à Binga *via* la route de Siabuwa, avec parfois une desserte vers Gokwe au sud. Le terminus de bus de Kariba se trouve dans le township de Mahombekombe.

Express Motorways (☎ 2662), qui part de Harare le vendredi à 13h et arrive à 18h55, assure le seul service express. Dans la direction opposée, il quitte Kariba le dimanche à 14h et arrive à Harare à 19h25. Le billet coûte 10 $US.

En stop. Si la route entre Harare et Kariba est assez fréquentée, le week-end demeure la meilleure époque de la semaine quant à l'auto-stop. En provenance de Harare, le vendredi soir ou le samedi matin sont les périodes les plus propices ; pour le retour à Harare, ce sera bien sûr le dimanche après-midi ou en soirée.

Ferry. Deux services de ferry relient les extrémités occidentale et orientale du lac Kariba : Kariba Ferries, de Kariba à Mlibizi, et DDF, de Kariba à Binga.

Les Kariba Ferries, les plus luxueux et les plus fréquentés, n'offrent pas de cabine mais des fauteuils confortables qui peuvent se transformer en véritables lits, et les repas sont inclus dans le prix. Le *Sea Lion*, qui peut accueillir 16 voitures, appareille de Kariba à 9h les lundi et jeudi, et de Mlibizi les mardi et vendredi. Le *Seahorse* peut transporter 8 voitures et quitte Kariba à 9h les mardi et vendredi, et Mlibizi les mercredi et samedi. Durant les périodes de pointe, des traversées non programmées sont parfois proposées. Par beau temps, le navire s'arrête parfois pour offrir aux passagers une baignade de 10 minutes.

S'il est conseillé aux passagers à pied de réserver à l'avance (l'aller simple coûte 70 $US pour les étrangers), la réservation est absolument nécessaire pour les véhicules, de 2 à 12 mois à l'avance. Le tarif appliqué aux voitures ordinaires s'élève à 45 $US, aux motos à 35 $US et aux 4x4 à 60 $US. Pour réserver et obtenir les horaires en vigueur, contactez Kariba Ferries Ltd (☎ 65476 Harare, ☎ 2475 Kariba), PO Box 578, Harare.

Sans véhicule, il peut s'avérer difficile d'atteindre Mlibizi pour embarquer dans le ferry. Cela implique d'emprunter le bus plus ou moins quotidien de Binga (certains jours, deux bus fonctionnent) à partir de Dete Crossroads, près de Hwange, sur la route Bulawayo-Victoria Falls. Demandez à être déposé à l'embranchement pour Binga, puis commencez la longue et difficile descente de 15 km sous le soleil vers Mlibizi ; emportez beaucoup d'eau. Avec de la chance, on vous prendra peut-être en stop, si votre trajet a lieu en concomitance avec le départ du ferry, mais n'y comptez pas trop. Dans l'autre sens, il sera plus facile de faire du stop, car la plupart des passagers du ferry seront munis d'un véhicule.

Le ferry DDF (☎ 2694), plus élémentaire, relie le Kariba's National Parks Harbour à Binga et Gache Gache. Sur le trajet plus fréquenté à destination de Binga, le ferry *Chaminuka* appareille de Kariba tous les quinze jours le mardi à 9h. La traversée dure 2 jours, avec escales à Chalala, Sabilobilo, Mackenzie, Sengwe, Chibuyu, Sinamwenda et Chete (qui possède une petite réserve naturelle). A Sengwe, un lodge de chasse et de pêche peut être réservé par l'intermédiaire de Sunshine Tours (☎ 67791 ; fax 74832), à Bulawayo.

Aucune nourriture n'est vendue à bord, mais le ferry possède un fourneau permettant de faire bouillir l'eau du sadza. Les cabines étant inexistantes, les passagers pourront soit dormir sur le pont et lutter contre des essaims de moustiques, soit dormir sur le rivage. Durant la nuit, vous aurez l'occasion d'observer les bateaux de pêche au kapenta (*Limnothrissa miodom*), alevins introduits dans le lac en 1966 et devenus un mets très apprécié des populations locales. Les kapenta sont pêchés au lamparo.

Les escales pour la nuit sont effectuées à Chalala, où vous pourrez loger aux *Brooke-mee Chalets* pour 20 $US par personne, ainsi qu'à Sinamwenda, un poste de contrôle de la navigation n'offrant qu'un camping ou un hébergement chez l'habitant. Le village est essentiellement un centre d'élevage de crocodiles.

Binga même est une station de vacances naissante, dotée de sources chaudes et d'un cantonnement de repos, où sont installés les bureaux de DDF (voir le chapitre *Zimbabwe occidental*). Un ou deux bus quotidiens desservent Binga et Dete Crossroads sur la route Bulawayo-Victoria Falls. Celle-ci étant désormais goudronnée, le voyage est plus confortable.

Chaque lundi, le *Nyaminyami* appareille pour Chalala *via* Kings Camp, Tashinga (parc national de Matusadona), Musamba, Musango et Bumi Hills, et arrive à Chalala le même jour à 17h. Le mercredi à 10h, le ferry *Mbuya Nehanda* quitte Kariba pour Gache Gache, et revient l'après-midi du même jour. L'aller simple de Kariba à Binga coûte 9 $US ; à Kings Camp, 2,50 $US ; à Tashinga, 3 $US ; et à Chalala, 4,50 $US.

Comment circuler

Depuis/vers l'aéroport. A l'arrivée de chaque vol, UTC propose un transport entre l'aéroport et les hôtels Lake View, Caribbea Bay et Cutty Sark pour 3 $US par personne.

Bus et taxi. Alternative viable mais moins commode, le bus reliant le Swift United Freight Depot au faubourg de Nyamhunga, près de l'aéroport, effectue un circuit passant par Mahombekombe et Kariba Heights. Comptez de 30 à 60 minutes d'attente.

Le service de taxi (☎ 2454) est géré à partir du Caribbea Bay Hotel.

Bicyclette. Les campings Mopani Bay et MOTHS, de même que tous les hôtels sauf le Zambezi Valley, louent des VTT pour 9 $US par jour. Vous devrez laisser votre passeport en guise de caution.

En stop. Ne pas posséder de véhicule est un handicap majeur dans Kariba, agglomération aussi tentaculaire que vallonnée où la marche à pied sous le soleil peut devenir épuisante et se révéler une perte de temps considérable. Fort heureusement, comme beaucoup d'habitants de Kariba sont dans la même situation, l'auto-stop est devenu le moyen de transport ordinaire. Normalement, vous ne devriez pas attendre plus de quelques minutes avant qu'un conducteur accepte de vous transporter d'un quartier à l'autre. Pourtant, en raison de l'extension continue de rues sinueuses au plan complexe, vous pouvez être assuré d'avoir à faire un peu d'exercice physique.

KUBURI WILDERNESS AREA

Composée de parties des zones de safaris de Charara et de Hurungwe, cette aire territoriale sauvage et accidentée de Kuburi, récemment délimitée, est louée à la Zimbabwe Wildlife Society par le ministère des Ressources naturelles et du Tourisme. Limité au sud par le lac Kariba, à l'ouest par les gorges de Kariba et au nord par une succession de gorges mineures, ce bassin hydrographique abrite, sur 37 700 hectares, une grande diversité de faune, dont 67 espèces d'oiseaux, ainsi que quelques rhinocéros noirs difficiles à approcher.

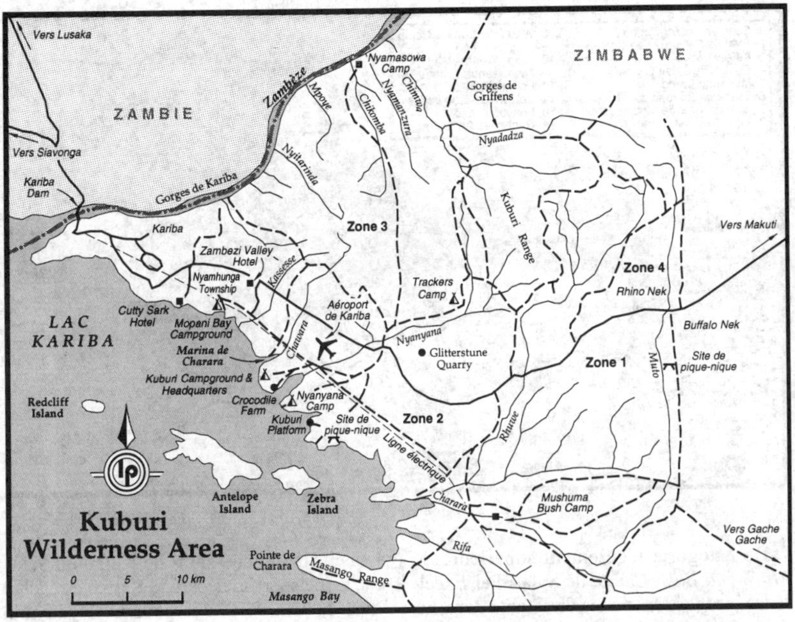

Selon les termes du contrat de location, la réserve est subdivisée en plusieurs zones consacrées à diverses activités – circuits éducatifs, safaris de 1 à 2 jours, randonnées à la découverte de la faune, pique-nique, bureaux de l'administration et campements permanents. Les bénéfices d'exploitation sont affectés à la réserve.

Où se loger

Au confluent de la rivière Nyamanzura et du Zambèze, dans les gorges de Kariba, à environ 30 km en aval de Kariba, le *Nyamasowa Camp* (☎ 2777) est l'établissement de catégorie moyenne le moins onéreux de la région. L'hébergement en demi-pension coûte 75 $US par personne. Le déjeuner et le transfert à partir de Kariba, de 20 $US chacun, sont comptés en sus.

Une solution spartiate consiste à passer une ou deux nuits sur la *Kuburi Platform*, qui est un refuge de chasse doté de toilettes rudimentaires. L'utilisation de la plate-forme coûte 4 $US pour le groupe, plus 1,30 $US par personne.

A l'intérieur de la réserve, le long du cours supérieur de la Nyanyana, *Tracker's Camp* est un campement en brousse, élémentaire destiné aux voyageurs à petit budget. La nuitée seule avec transport à partir de Kariba coûte 10 $US. Avec la literie, le petit déjeuner, le transport et une randonnée à la découverte de la faune, comptez 32 $US. Avec en plus un safari de 1 à 2 jours et un pique-nique, prévoyez 45 $US par jour. Le camping possède un bar à la réception et vend des braai que vous pourrez préparer sur votre barbecue. La desserte des hôtels en ville et des campings est assurée tous les jours à 15h30 ; pour plus de renseignements, adressez-vous au Central Booking Office, à Kariba Heights.

Les réservations pour Kuburi Platform, Tracker's Camp et Nyamasowa sont assurées par le concessionnaire de la réserve, Kingdom Safaris (☎ 2255 ; fax 2777), à Kariba.

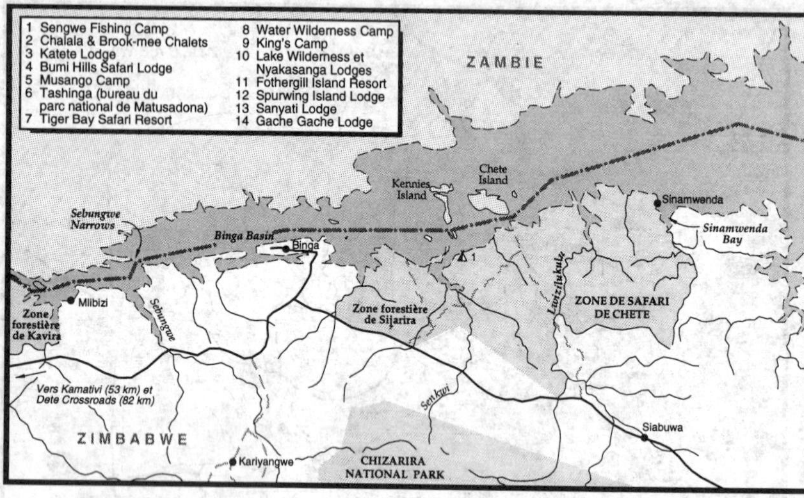

De catégorie légèrement supérieure, le *Mushuma Bush Camp*, de Safari Par Excellence, propose six tentes de safari à deux lits et équipements communs. L'attrait principal est l'abondance de la faune dans cette région. Durant la haute saison (du 16 juin au 15 janvier) la simple/double coûte 215/290 $US, ce tarif comprenant les repas et les boissons, deux safaris par jour et des randonnées accompagnées par des guides armés. Réservez auprès de Safari Par Excellence à Harare.

Le camping en brousse étant interdit, si vous souhaitez organiser personnellement votre séjour, vous devrez recourir au *Nyanyana Camp* (☎ 2337), géré par les parcs nationaux, à l'embouchure de la Nyanyana. Il est situé sur une piste poussiéreuse à 5 km de la route principale Makuti-Kariba, soit à 30 km environ de la ville. Tous les campings sont dotés de barbecues à braai, de baignoires, de douches et de toilettes. La réservation à l'avance est fortement conseillée durant les week-ends et les vacances.

Comment s'y rendre

Kuburi étant situé sur la route principale reliant Kariba et Mukuti, il est facile de s'y rendre. Si vous séjournez dans n'importe laquelle des concessions de Kingdom Safaris, le transport au départ de Kariba est inclus dans le prix de l'hébergement. Nyanyana camp est accessible en véhicules privés.

VILLÉGIATURES AU LAC KARIBA

Un nombre croissant de stations de vacances se construit sur les rives du lac Kariba, plus particulièrement sur celles du parc national de Matusadona. Les plus luxueuses, qui ne s'adressent qu'à une clientèle très aisée, s'efforcent d'offrir un haut niveau de confort tout en procurant l'occasion de découvrir la brousse et de ses habitants.

Nyakasanga Lodge, aménagé sur une péniche magnifiquement située, mouillant dans les eaux du parc national de Matusadona, est la seule concession faite aux voyageurs à petit budget.

Bumi Hills

Bumi Hills Safari Lodge (☎ 2353 ; fax 2354), PO Box 41, Kariba, qui appartient au groupe hôtelier Zimbabwe Sun, est une villégiature sauvage aussi magnifique qu'onéreuse située à l'ouest du parc national de Matusadona. Elle accueille essentiellement une clientèle très aisée à la recherche d'aventures peu mou-

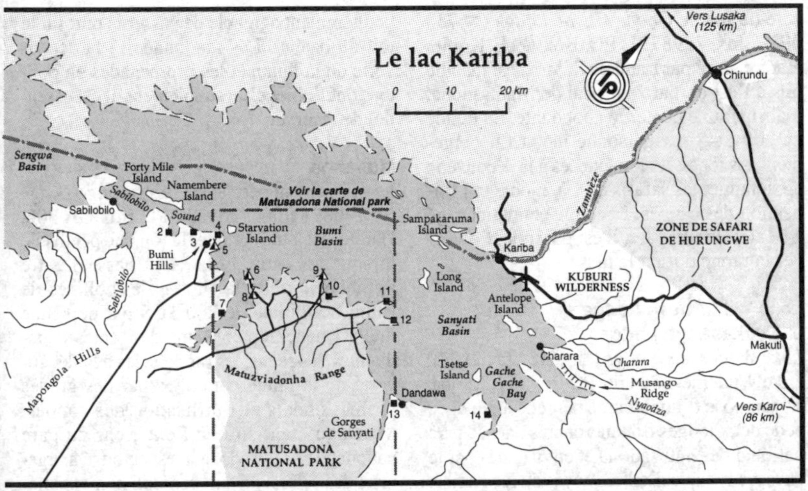

vementées : pêche, observation de la faune, sports nautiques, randonnées en brousse et diverses autres activités.

Bumi Hills coûte environ 275 $US par personne et par jour, hébergement, repas et découverte de la faune compris. Réservez auprès du bureau central de Zimbabwe Sun (☎ 736644 ; fax 736646), Travel Centre, Jason Moyo Ave, PO Box 8221, Harare.

Pour vous plonger davantage encore dans le monde de la haute finance, visitez *Water Wilderness Camp* qui propose un hébergement sur des péniches aménagées dans l'estuaire de la rivière Ume. Réservez auprès de Caribbea Bay Hotel (☎ 2353 ; fax 2354) à Kariba. Pour les simples/doubles de l'option Water Wilderness, les étrangers payent le prix faramineux de 338/552 $US, tandis que les Zimbabwéens devront débourser 130/ 212 $US.

Plus luxueux encore, et plus récent, le *Katete Lodge* s'efforce d'évoquer une ambiance style *Out of Africa*, avec ses vastes chambres, ses dîners aux chandelles et son argenterie. Les réservations peuvent être effectuées auprès de Bumi Hills.

Le vol aller-retour de Kariba à Bumi Hills coûte 75 $US. La station de villégiature est également accessible en 4x4 par une longue piste en mauvais état à partir de la route de Siabuwa. Un ferry DDF hebdomadaire relie Bumi Hills au National Park Harbour de Kariba, mais si vous aspirez au luxe proposé par Bumi Hills, il y a de fortes chances que vous n'appréciez guère ce ferry !

Fothergill Island

Fothergill Island Resort (☎ 2253), PO Box 2081, Kariba, est implanté dans une zone broussailleuse de Fothergill Island, au large du parc national de Matusadona. En raison du niveau actuellement très bas des eaux du lac, les îles de Fothergill et de Spurwing sont aujourd'hui toutes deux devenues des péninsules. Canoës et matériel de pêche sont fournis à la clientèle ; l'établissement propose en outre des randonnées de pêche, des randonnées à la découverte de la faune et des safaris de 1 à 2 jours. C'est l'un des rares campement de luxe acceptant les enfants. Hébergement, repas et activités coûtent 160 $US par personne. L'aller-retour à Kariba coûte 70 $US.

Gache Gache Lodge

Sur les rive de l'estuaire de la rivière Gache Gache, en face de la ville de Kariba de l'autre côté du lac, le *Gache Gache Lodge* (☎ 732 091 ; fax 739879), PO Box 293, Kopje, Harare, géré par Landela Safaris, est installé très à l'est du parc national de Matusadona, mais la faune demeure abondante. La nuitée de 200 $US par personne inclut l'hébergement, les repas, les randonnées à la découverte de la faune, les safaris de 1 à 2 jours et l'utilisation des canoës. Le lodge étant aménagé à l'extérieur du parc, il est possible d'observer la faune durant la nuit.

Lake Wilderness Lodge et Nyakasanga Lodge

Lake Wilderness Lodge (☎ 2645 ; fax 2827), Lake Wilderness Safaris, PO Box 113, Kariba, se compose d'une grande péniche aménagée et de deux lodges flottants ancrés dans le parc national de Matusadona et environnés par le paysage typique d'arbres noyés du lac Kariba. Géré par le guide professionnel Hans van der Heiden et son épouse Valérie, son tarif inclut trois solides repas par jour et deux excursions : randonnées en canoë, en ponton et randonnées guidées à la découverte de la faune dans le parc national de Matusadona. Vous pourrez même faire la connaissance de Curiosity, l'hippopotame à demi-apprivoisé qui passe ses journées à se prélasser sous le bateau. Les simple/doubles coûtent 270/470 $US, transfert à partir de Kariba compris.

Le *Nyakasanga Lodge* (même adresse que Lake Wilderness) est une merveilleuse opportunité offerte aux voyageurs à petit budget. Si vous pensiez que Kariba n'était destiné qu'aux nantis, voici l'occasion de profiter de ce que tout le monde vient admirer ici – sans la dépense. Le lodge est une petite péniche aménagée mouillant à côté du Lake Wilderness Lodge, dans les eaux du parc national de Matusadona. Son tarif de 25 $US par personne inclut l'hébergement, les repas, l'utilisation des canoës pour l'exploration du lac et les transferts en canoë à partir du Kings Camp (accessible par le ferry DDF – voir *Kariba – Comment s'y rendre*). Du matériel de pêche est également disponible, mais prévoyez hameçons et appâts. En outre, si vous apportez votre propre nourriture, vous pourrez bénéficier d'un tarif réduit. Il est tout particulièrement agréable de passer la nuit sur le toit du bateau. Les randonnées à la découverte de la faune et les promenades en ponton font l'objet d'un supplément. Il est essentiel de réserver.

Musango

Le campement permanent de *Musango Lodge* (☎ 796821 ; fax 796822), PO Box UA 306, Harare, est situé sur une île (ou une péninsule lorsque les eaux du lac sont basses) entre l'embouchure de la Ume et les collines de Bumi. La nuitée de 220 $US par personne inclut l'hébergement dans des tentes canadiennes, les repas, les randonnées à la découverte de la faune conduites par des guides professionnels et l'utilisation des canoës. Musango étant situé à l'extérieur du parc national de Matusadona, il est autorisé à organiser des safaris de nuit particulièrement intéressants. Les transferts aller-retour par avion et bateau coûtent 120 $US par personne.

Sanyati

Le *Sanyati Lodge* (☎ /fax 703000), PO Box 4047, Harare ou PO Box 2008, Kariba, pouvant accueillir seize personnes, est un établissement réservé aux plus fortunés. La région n'est pas célèbre pour sa faune, mais Sanyati est tout particulièrement réputé pour son extraordinaire gastronomie et son cadre magnifique à flanc de colline, au débouché des gorges de Sanyati. L'hébergement tout compris dans des chalets de pierre et de chaume revient à 270 $US par personne ; les transferts sont en sus. On se souviendra longtemps du dîner "au clair de lune", servi sur une petite île.

Spurwing Island

A proximité, le *Spurwing Island Lodge* (☎ 2466 ; fax 2301), PO Box 101, Kariba, dominant Buffalo Creek et Agate Bay, est un peu plus petit et moins cher que Fothergill tout en offrant des équipements comparables. Son grand avantage par rapport à ce dernier est sa végétation plus clairsemée et donc plus propice à l'observation de la faune. L'hébergement sous tente, avec les repas, coûte 130 $US par personne, 40 $US pour les activités. Les transferts en bateau à partir de Kariba s'élèvent à 70 $US. Cette station de vacances organise également des randonnées de 3 jours dans la Matuzviadonha Range.

Tiger Bay

L'enseigne de *Tiger Bay Safari Resort* (☎ 2569), PO Box 102, Kariba, fait référence aux poissons combattants "tiger fish" du lac Kariba et non aux tigres d'Asie. Ses chalets à toit de chaume triangulaire sont aménagés à côté de la Ume, immédiatement à l'extérieur du parc national de Matusadona. Comme son nom l'indique, on y met l'accent sur la pêche au "tiger fish" ; le matériel de pêche est mis à la disposition de la clientèle. L'hébergement coûte 96 $US par personne, repas compris ; les transferts aller-retour à partir de Kariba s'élèvent à 57 $US.

MATUSADONA NATIONAL PARK

Si vous avez été alléchés par des photographies ou des cartes postales figurant des aigles pêcheurs perchés sur des arbres morts, sur fond de montagnes, le parc national de Matusadona est le lieu dont vous rêvez. Les arbres sont des victimes de l'inondation résultant de la mise en eau du lac de retenue à la fin des années 50, et les aigles sont là de tout temps. Le fond de montagnes, c'est le Zambezi Escarpment (escarpement du Zambèze), *alias* Matuzviadonha Range.

Matusadona, qui couvre une superficie de 1 407 km² sur la rive méridionale du lac Kariba, est pris en sandwich entre deux rivières : la Sanyati, qui a creusé une profonde entaille entre des pics déchiquetés, et la Ume, large cours d'eau ponctué d'îlots. La majeure partie de la faune déplacée lors de la mise en eau du lac Kariba s'est implantée dans la zone de Matusadona, c'est pourquoi la population animale y est dense, plus particulièrement dans les plaines herbeuses où pousse en abondance la "torpedo grass" (*Panicum repens*) dont se nourrissent buffles, zèbres et antilopes.

Bien que les touristes s'y rendent pour découvrir la faune, l'activité la plus prisée à Matusadona, c'est la pêche : tous les mois d'octobre, le Kariba International Tiger Fishing Tournament se tient dans le bassin oriental du lac. Le "tiger fish" (*Hydrocynus vittatus*) est un poisson prédateur pouvant peser jusqu'à 15 kg. Adversaire apprécié des pêcheurs, c'est un poisson assez beau, aux flancs noirs argentés et à la queue jaune, orange et noire.

Matusadona offre également de nombreuses occasions de randonnées à pied, le long des rivières et des gorges ou près du rivage sur les pistes pour 4x4, mais vous devrez être accompagné par un guide armé, car les grands animaux dangereux y abondent.

Circuits organisés

Au départ de Tashinga, les randonnées accompagnées de guides armés coûtent 8 $US par personne et par heure. La plupart des safaris lodges présentés précédemment dans la rubrique *Villégiatures au lac Kariba* organisent aussi des randonnées à pied et des safaris de 1 à 2 jours dans le parc.

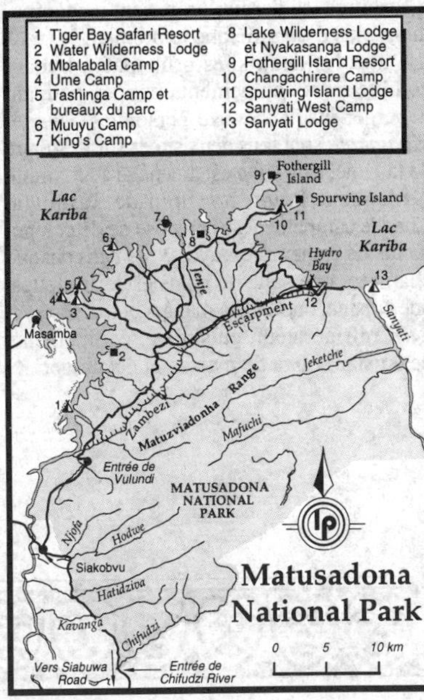

Si vous souhaitez effectuer un itinéraire plus long, vous devrez vous adresser aux agences de safaris. Les deux principales agences travaillant à l'heure actuelle à Matusadona sont Safari Par Excellence (associé à Graeme Lemon Safaris) et Muvimi Safaris. Elles organisent toutes deux des randonnées sacs au dos et camping de 4 jours dans le parc. Ces expéditions relativement onéreuses – comptez 115 $US par personne et par jour – sont cependant de bon rapport qualité-prix : si vous pouvez vous l'offrir, c'est la meilleure façon de découvrir Matusadona.

Où se loger

Les parcs nationaux gèrent trois campements sur les rives du lac, tous équipés de douches, de baignoires et d'évier pour la lessive : Changachirere, sur la rive proche de l'île de Spurwing ; Sanyati West Camp, près de l'embouchure de la Sanyati ; et Tashinga Camp, où sont aménagés les bureaux du parc, la piste d'atterrissage et un vaste camping. Vous pourrez louer du matériel de camping à Sanyati et à Tashinga, ce dernier proposant un équipement plus diversifié que le premier.

Outre les deux sites principaux, le parc compte trois campements huppés pouvant héberger jusqu'à douze personnes. *Ume* et *Mbalabala* sont tous deux situés sur l'estuaire de la Ume, et *Muuyu* est aménagé à proximité d'Elephant Point, non loin de Tashinga. Chaque campement se compose de deux logements de 2 chambres, avec 3 lits dans chaque chambre, une salle de bains et des toilettes, une cuisine, une salle à manger et une réserve, avec réfrigérateur, cuisinière, équipements de cuisine, linge de maison et éclairage.

Pour d'autres options, voir la rubrique *Villégiatures au lac Kariba* plus haut dans ce chapitre.

Comment s'y rendre

Il n'est pas simple de se rendre à Matusadona, d'où que l'on vienne. Les bus entre Kariba/Karoi et Binga ne font que longer les limites sud du parc et ne s'approchent pas à moins de 82 km des bureaux du parc, à Tashinga. Même si vous disposez d'un véhicule personnel, un 4x4 vous sera nécessaire pour effectuer le dernier tronçon vers Tashinga – et pour voir la faune sur les routes du parc.

La voie d'accès à Matusadona, qui bifurque de la route de Siabuwa, à 150 km à l'ouest de Karoi, mène après 10 km, au portail de la rivière Chifudze puis dans le parc. Le laissez-passer valable une semaine délivré aux visiteurs arrivant par la route coûte 5 $US par personne.

L'autre possibilité, c'est de se faire prendre en stop sur un bateau reliant Kariba à Tashinga. Après avoir atteint le parc, vous serez confronté au problème du retour : il est plus facile de faire du stop à Tashinga qu'à Sanyati. Prenez des provisions supplémentaires au cas où l'attente serait plus longue que prévue.

Enfin, il est également possible d'emprunter le ferry très fréquenté *Nyaminyami*, affrété par DDF, qui se rend à Chalala *via* Tashinga chaque lundi. Mais puisqu'il vous sera interdit de traverser à pied le parc, se posera alors la question de vos activités durant toute la semaine, jusqu'au retour du ferry. Emportez quelques bons livres !

DEANNA SWANEY

ZIMBABWE
Coucher de soleil sur un arbre submergé, Matusadona National Park

DEANNA SWANEY

PETER PTSCHELINZEW

A
B

ZIMBABWE
A : Chimanimani National Park, monts Chimanimani
B : ruines de Nalatale

Eastern Highlands

Rares sont les voyageurs visitant le Zimbabwe pour la première fois qui s'attendent à y rencontrer une région comme celle des Eastern Highlands (hautes terres de l'Est), mais après l'avoir découverte, plus rares encore sont ceux qui la quitte sans regret. L'étroite région montagneuse constituant le Manicaland, la province la plus orientale du Zimbabwe, ne ressemble pas à l'Afrique des clichés, et les colons souffrant du mal du pays l'ont toujours comparée à l'Irlande, à l'Écosse ou à la région des lacs en Angleterre. Ces hautes terres offrent en effet une agréable et fraîche retraite à la chaleur estivale des savanes, ainsi que de larges possibilités de randonnées durant la vivifiante saison hivernale.

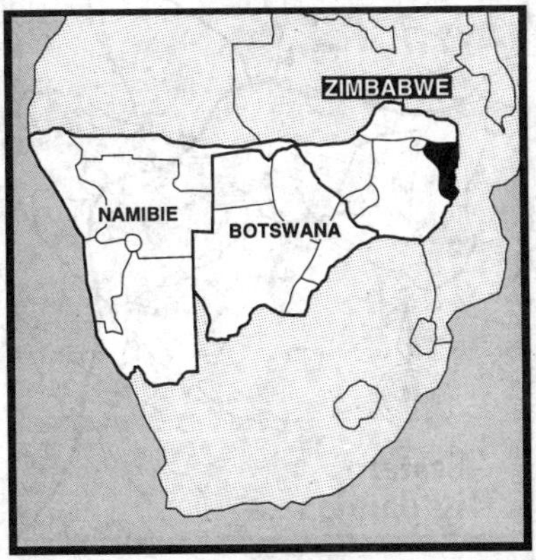

Les transports publics y étant assez clairsemés, l'exploration de la région sans véhicule individuel nécessitera de compter sur l'auto-stop, aléatoire, ou sur les bus, peu fréquents. Dans la plupart des cas, le réseau public relie essentiellement la région à Harare, en desservant cependant les terres communales du Manicaland occidental. Les zones qui intéressent la majeure partie des voyageurs ne sont pas toujours prises en compte.

MARONDERA

Bien que Marondera (22 000 habitants), à 72 km à l'est de Harare, ne soit pas située à proprement parler dans le Manicaland, durant la saison d'hiver l'on y hume parmi les eucalyptus les premières senteurs des pins des hautes terres. Marondera est l'agglomération dont l'altitude est la plus élevée du pays : son climat tempéré se prête à la culture du maïs, des légumes européens, aux plantations d'arbres à feuilles caduques et à l'élevage ovin.

Exploitations viticoles

La viticulture est la production agricole la plus importante de Marondera. Si le climat n'est pas vraiment idéal, c'est tout de même le plus favorable à la vigne du Zimbabwe, offrant aux habitants la possibilité de goûter aux plaisirs du vin sans avoir à acquitter des taxes d'importations prohibitives. Les vins blancs ne sont pas mauvais et les rouges s'améliorent. Ils sont produits par la division Mukuyu des établissements viticoles Monis qui possèdent un magasin en ville, où vous pourrez goûter leurs crus. L'établissement principal, à une demi-heure sur la route de Ruzawe, propose des circuits organisés et des dégustations, mais il n'est guère aisé de s'y rendre si l'on ne possède pas de véhicule. Les circuits dans le vignoble coûtent moins de 1 $US par personne.

Malwatte Farm House

La sympathique et recommandée Malwatte Farm House & Tea Room (☎ 3239), située à 10 km à l'est de Marondera, constitue une halte agréable sur la route de Harare aux Eastern Highlands, où vous pourrez déguster thé, café, casse-croûte et repas, ainsi qu'un délicieux fromage de chèvre maison. Elle est ouverte tous les jours de 8h à 17h du lundi au vendredi et le soir durant le week-end. Le cadre est charmant et un hébergement pour la nuit (☎ 344112) ou des emplacements de camping sont parfois disponibles.

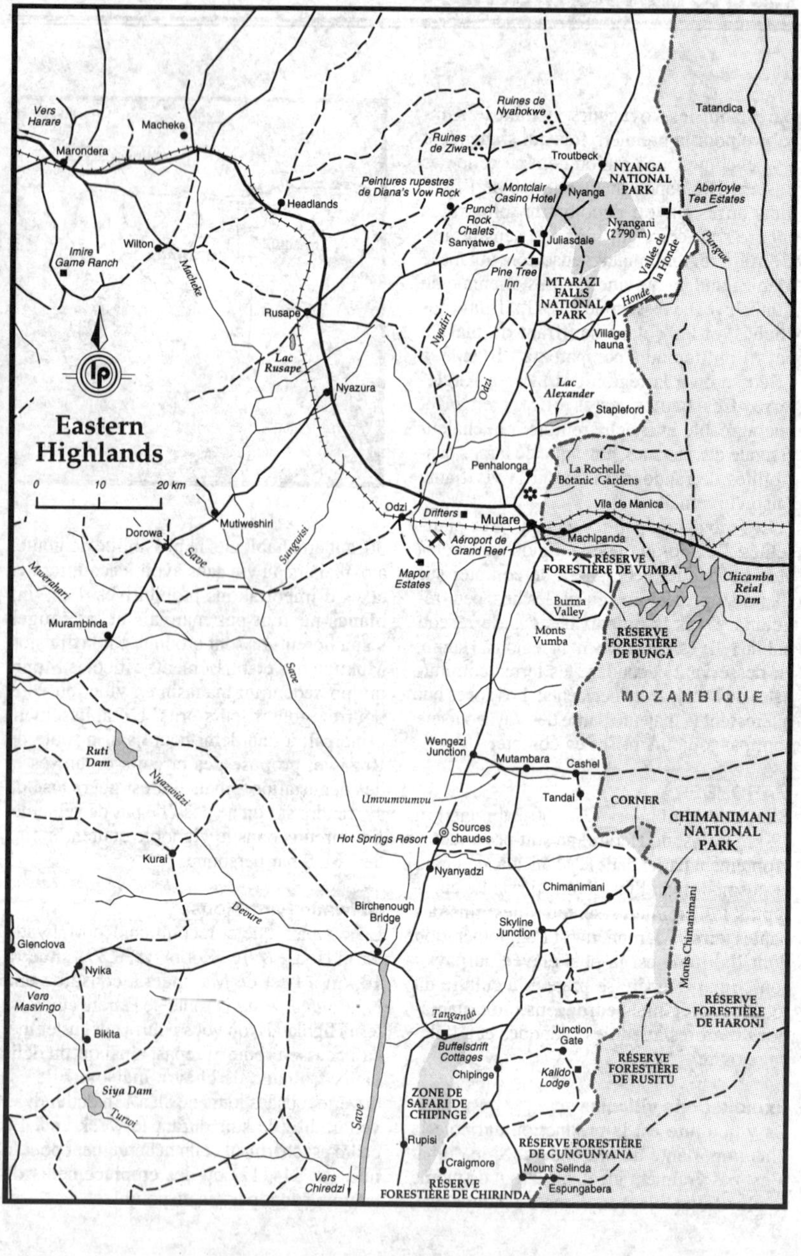
Eastern Highlands
0
10
20 km
Vers Harare
Marondera
Macheke
Headlands
Wilton
Imire Game Ranch
Macheke
Rusape
Lac Rusape
Nyazura
Mutiweshiri
Dorowa
Save
Mwerahari
Murambinda
Sungwizi
Save
Odzi
Drifters
Mutare
Aéroport de Grand Reef
Mapor Estates
Ruines de Nyahokwe
Ruines de Ziwa
Peintures rupestres de Diana's Vow Rock
Montclair Casino Hotel
Troutbeck
Nyanga
NYANGA NATIONAL PARK
Nyangani (2 790 m)
Tatandica
Aberfoyle Tea Estates
Pungwe
Punch Rock Chalets
Sanyatwe
Juliasdale
Pine Tree Inn
MTARAZI FALLS NATIONAL PARK
Vallée de la Honde
Honde
Village hauna
Nyadiri
Odzi
Lac Alexander
Stapleford
Penhalonga
La Rochelle Botanic Gardens
Vila de Manica
Machipanda
RÉSERVE FORESTIÈRE DE VUMBA
Chicamba Reial Dam
Burma Valley
Monts Vumba
RÉSERVE FORESTIÈRE DE BUNGA
MOZAMBIQUE
Ruti Dam
Nyazwidzi
Wengezi Junction
Mutambara
Cashel
Tandai
CORNER
Umvumvumvu
CHIMANIMANI NATIONAL PARK
Hot Springs Resort
Sources chaudes
Kurai
Nyanyadzi
Devure
Birchenough Bridge
Chimanimani
Skyline Junction
Monts Chimanimani
Glenclova
Nyika
Vers Masvingo
Bikita
Tanganda
Buffelsdrift Cottages
Junction Gate
RÉSERVE FORESTIÈRE DE HARONI
Kalido Lodge
RÉSERVE FORESTIÈRE DE RUSITU
Chipinge
Siya Dam
Turwi
Save
ZONE DE SAFARI DE CHIPINGE
Rupisi
RÉSERVE FORESTIÈRE DE GUNGUNYANA
Craigmore
Mount Selinda
Espungabera
Vers Chiredzi
RÉSERVE FORESTIÈRE DE CHIRINDA

ZIMBABWE

Gosho Park
A proximité de l'école de filles, sur la route de Mutare, a été aménagée l'excellente petite réserve naturelle de Gosho. On peut s'y promener à pied ou en voiture, et dans tous les cas, on est assuré d'y voir des antilopes. Les droits d'entrée s'élèvent à 0,75 $US par personne et, si l'on souhaite y passer la nuit, le prix inclut l'hébergement dans de petites huttes.

Peintures rupestre de Markwe
D'accès difficile, elles représentent de nombreuses figures humaines accomplissant des tâches non identifiées et environnées de toute une ménagerie de formes animales. Il vous sera presque impossible de voir ces peintures sans véhicule individuel, et la perte de temps considérable qu'impliquerait l'auto-stop n'en vaudra pas la peine, car il en existe dans la région de bien plus accessibles. En venant de Harare, tournez à droite dans Watershed Rd à environ 2 km à l'ouest de Marondera. Après 3 km, prenez à gauche dans Bridge Rd et suivez-la sur 35 km environ ; tournez ensuite à gauche à l'embranchement non pavé mais comportant le panneau Markwe. Après encore 4 km, prenez à droite à la ferme et continuez sur près de 1 km jusqu'au pied d'une petite colline, où se trouve la grotte abritant les peintures rupestres.

Si vous jugez Markwe trop éloigné, d'autres peintures, moins impressionnantes cependant, ornent un grand rocher situé derrière la gare ferroviaire de Macheke, à environ 35 km à l'est de Marondera.

Imire Game Park
La réserve d'Imire (☎ /fax 354), PO Box 3750, Marondera, était à l'origine une plantation de tabac de 4 500 hectares. Celle-ci fut transformée en réserve en 1972 quand les propriétaires sauvèrent quelques impalas – petits à éliminer d'une portée – provenant du parc national de Mana Pools. Cette zone clôturée de 2 000 hectares allait accueillir ensuite d'autres espèces – éléphants, buffles, girafes, zèbres et antilopes. Les lions et les léopards sont confinés dans un enclos distinct, de même que le petit troupeau de rhinocéros noirs. Un kopje rocheux abrite des peintures rupestres.

La réserve propose également une activité novatrice : la découverte de la faune à dos d'éléphant. C'est aussi un site inclus dans les circuits de Peter Ginn's Birding Breakaway. Visites, hébergement et repas doivent être réservés à l'avance. Le tarif très haut de gamme de la nuitée tout compris s'élève à 250 $US environ par personne ; les safaris à la journée coûtent 50 $US.

Où se loger
Étant donné son atmosphère et son cadre, il est étonnant que Marondera ne possède pas un bel hôtel de style colonial. L'*Hotel Marondera* (☎ 4005) est cependant convenable, mais peut-être vaudra-t-il mieux passer la nuit à Harare ou à Rusape.

Achats
Sur la route principale traversant la ville, vous pourrez achetez des étoffes et des tapis faits main peu onéreux au Gatehouse Training Centre, une coopérative offrant une formation aux mères célibataires.

RUSAPE
Cette bourgade de 9 000 habitants est située entre Marondera et Mutare, au carrefour des routes de Harare, de Mutare et de Nyanga, dans une importante région de culture du tabac ponctuée de spectaculaires dômes dwala et de kopjes. Hormis les singulières peintures rupestres de Diana's Vow, elle n'offre aucune attraction particulière.

Peintures rupestres de Diana's Vow
Plusieurs théories tentent d'expliquer l'intrigante peinture rupestre de Diana's Vow (vœu de Diane), contrepartie zimbabwéenne de la Dame Blanche du Brandberg namibien, mais la plupart d'entre elles paraissent incompatibles avec la pensée des artistes qui en furent à l'origine.

La figure centrale est un homme allongé, au long torse et au pénis étiré, tenant un objet au-dessus de sa tête comme un serveur tiendrait un plateau. Il porte sur son visage les marques caractéristiques de l'hippotrague noir. Un grand appendice semi-circulaire est fixé dans le creux de ses reins. Vers la gauche

ZIMBABWE

Les Portugais au Manicaland

Les Portugais s'établirent pour la première fois au Manicaland, quoique de manière superficielle, au cours des années 1560. Bien que le roi Sébastien Ier ait nourri de grands desseins concernant d'éventuelles possessions portugaises dans l'ensemble de l'Afrique australe, leur principal intérêt dans la région résidait dans l'accès qu'elle offrait aux mines d'or situées plus au nord.

En 1569, Francisco Barreto, gouverneur de l'Afrique orientale portugaise, chercha à négocier avec le mutapa mwene des concessions sur les mines d'or de l'intérieur. Une épidémie qui éclata alors fut attribuée aux négociants arabes, accusés d'empoisonner les réserves d'eau (il s'agissait en réalité d'un problème occasionné par les pluies précoces), et les deux groupes s'empoignèrent en un combat sanglant.

Plusieurs années plus tôt, Chipanka, le *mutasa* manyika (*mutasa* est un titre dynastique manyika créé au XVIe siècle) avait cherché à usurper le trône du mutapa mwene, mais le souverain ne vit évidemment pas d'un œil favorable cette tentative de soulèvement. Lorsque l'expédition portugaise, décimée et quelque peu dépenaillée, rencontra le mutapa mwene, celui-ci accepta d'ouvrir son territoire aux chercheurs d'or portugais, à condition que ces derniers l'aident à prendre sa revanche sur Chipanka.

L'épreuve de force eut lieu non loin de Nyanga et déboucha sur une impasse. De plus, les filons aurifères s'avérèrent moins féconds que prévus, et Barreto fut tué dans une escarmouche au nord du Zambèze. Mais l'inextinguible soif de l'or des Européens attira un successeur en la personne de Fernandes Homem qui découvrit que les Manyika exploitaient des mines d'or dans les montagnes de Vumba. L'observation des difficiles techniques minières mises en œuvre tempéra néanmoins l'enthousiasme des Portugais : n'étant pas en nombre suffisant pour réduire en esclavage les populations locales, ils rebroussèrent chemin vers la côte. Cependant, un traité conclu avec le mutapa mwene et Chikanga accorda aux Portugais une modeste emprise au Manicaland.

A l'arrivée de la British South Africa Company, le mutasa Chifambausiku contrôlait la province du haut de sa capitale perchée sur une colline à proximité de l'actuelle Mutare. Les régions de hautes terres situées plus au sud étaient *de facto* dirigée par Gungunyana, un hors-la-loi établi au Mozambique mais dont la sphère d'activité s'étendait considérablement plus loin. Cecil Rodes chercha immédiatement a établir des relations diplomatiques avec les deux chefs. Ses nombreux projets comprenaient notamment l'annulation de toute revendication portugaise sur la région, ainsi que l'obtention de concessions sur les mines d'or du Manicaland, l'encerclement des États boers par des zones d'influence britanniques et la garantie, pour la BSAC, d'un accès protégé à l'océan Indien, par Beira.

Un accord intervenu en 1890 entre lord Salisbury et le gouvernement portugais déplaça cependant la frontière du Mozambique le long des rivières Masheke et Save, laissant le Manicaland oriental en territoire portugais. Les exigences de Rhodes quant à la résiliation de l'accord se traduisirent par un accroissement des conflits territoriaux. Leander Starr Jameson contraignit le mutasa à garantir la protection des intérêts britanniques au Manicaland en échange d'une contribution annuelle de 100 livres sterling.

Les portugais malheureux ripostèrent en envoyant un marchand d'esclaves, Manoel de Souza, qui avait pour mission d'encourager par la force le mutasa à rompre toute relation avec les Britanniques. En réponse à cette tentative en sous-main, les Britanniques attaquèrent le village du mutasa. Les Portugais furent repoussés, leurs chefs emprisonnés et un traité, rédigé par Archibald Colquhoun de la BSAC, fut signé par le mutasa, ramenant ainsi le Manicaland sous contrôle britannique. ■

du panneau, sous ce personnage, un important groupe d'hommes – aux corps peints aux marques de l'hippotrague noir – semble danser, certains comme dans une transe. Des spectateurs sont répartis çà et là, dont des femmes, des enfants et même un chien ressemblant à un hippotrague noir.

Certains esprits imaginatifs y voient un roi blanc allongé, d'autres un roi mort enveloppé comme une momie et accompagné dans l'audelà par une procession funéraire. L'interprétation la plus communément admise postule que cette scène, qui, vous l'aurez compris, fait manifestement référence à l'hippotrague noir, montre des danseurs en transe s'efforçant de générer la puissance de la figure centrale, représentée par le grand objet dans son dos.

Pour vous y rendre, vous devrez posséder un véhicule ou avoir beaucoup de temps (et de chance) pour faire de l'auto-stop. Les peintures sont abritées par un surplomb rocheux, à quelques centaines de mètres du portail de la Diana's Vow Farm. Si vous venez de Rusape, tournez vers l'est en quittant la route Harare-Mutare en direction de Juliasdale sur la route A14. Après 29 km, prenez à gauche dans Constance Rd et suivez-la sur 13 km jusqu'à l'intersection de Silver Bow Rd, où vous devrez de nouveau bifurquer à gauche. Après 200 mètres, tournez encore à gauche et passez par le portail ; cette piste mène à 1 km environ dans une petite clairière où vous pourrez laisser votre véhicule. Les peintures se trouvent à environ 100 mètres à pied.

Où se loger

L'hôtel de style colonial *Balfour* (☎ 2945), plus agréable que l'hôtel de Marondera, est relativement peu onéreux. Il fait office de halte pour les bus express effectuant la navette entre Harare et Mutare. L'établissement une-étoile *Crocodile Motel* (☎ 2404), sur la route principale à l'ouest de Rusape, est plus moderne. Il propose des simples/doubles pour 32/ 39 $US. Il est possible de camper au *Rusape Dam Caravan Park*, à 10 km au sud de la ville.

ODZI

Odzi est une agglomération vouée à la culture du tabac et de la vigne et à l'extraction du tungstène, située à 35 km à l'ouest de Mutare. *Mapor Estates* (☎ 13), à 16 km au sud, est une plantation de tabac où vous pourrez observer la récolte, le séchage et la maturation de la production. Elle est saluée avec enthousiasme pour son hospitalité, ses équipements de camping et sa piscine. Les clients peuvent s'y essayer à l'escalade ou explorer à pied ou à cheval les collines avoisinantes dont les grottes abritent des peintures rupestres. L'exploitation possède un magasin, une pompe à essence, des barbecues à braai, ainsi que des ustensiles de cuisine, mais ne sert aucun repas. La visite à la journée coûte 0,50 $US par personne et la nuitée en camping 1,30 $US par personne. L'hébergement dans le corps de ferme doit être réservé à l'avance.

Comment s'y rendre

En provenance de Harare, tournez vers le sud au pont situé immédiatement à l'ouest de la rivière Odzi, à 32 km de Mutare. Suivez cette route sur 6 km jusqu'à la poste et prenez à gauche au panneau "Maranke-Mapembe". Après 10,5 km, tournez à gauche au panneau Mapor Estate. Suivez cette route sur 2,5 km jusqu'à un autre panneau vous indiquant de bifurquer à gauche, puis suivez les panneaux menant vers la plantation.

Si vous ne disposez pas de moyens de transport, téléphonez à Mapor Estates et convenez que l'on vienne vous chercher (pour une somme modique) au pont d'Odzi (accessible par n'importe quel bus Harare-Mutare), ou bien descendez au pont, marchez 6 km jusqu'à la poste et téléphonez de là.

MUTARE

La quatrième ville du Zimbabwe est magnifiquement située dans une vallée circulaire environnée de montagnes. Son étrange atmosphère de ville de pays froid provient peut-être des collines couvertes de pins qui la surplombent et de la route principale qui y mène appelée Christmas Pass. Cependant, la rue principale de Mutare, bordée de palmiers, devrait rapidement ramener à la réalité les nostalgiques de la haute montagne.

Histoire

Umtali, le nom que portait Mutare jusqu'à l'indépendance en 1980, était un établissement minier blanc, consacré à l'extraction de l'or et installé près de l'actuelle Penhalonga. Quand Fort Umtali fut édifié plus en aval dans la vallée de Penhalonga en 1891 (en raison d'un conflit frontalier intervenu en 1890 entre les Britanniques et les Portugais), on fit suivre l'appellation. La ville fut de nouveau déplacée en 1896, cette fois-ci vers la montagne, sur son site actuel à 16 km au sud de l'ancien fort, pour accueillir la voie ferrée de Beira. Mutare est aujourd'hui encore une ville de garnison.

Changements de nom de rues

Bien davantage encore que des villes plus importantes comme Harare ou Bulawayo, Mutare s'est fait un point d'honneur d'éradiquer de ses rues tout nom à consonance britannique ou "coloniale". Même "Love Rd" a été rebaptisée !

Ancien nom	*Nouveau nom*
Aerodrome/Victory	Aerodrome
Allan Wilson	Leopold Takawira
Cecil	Independence
Churchill	Robert Mugabe
Milner	Robert Mugabe
Coghlan	Robson Manyika
Cowley	Simon Mazorodze
Crawford	Josiah Tongogara
Devonshire	Makoni
Earl Grey	Gukurahundi
Eickoff	Chimoio
Evans	Nyadzonya
Guide	Eighth
Jan Smuts	Magamba
Kingsley Fairbridge	George Silundika
Kingsway	Chamunika
Kitchener	Takunda
Love	Batanai
Lundi	Runde
Macintosh	Tatonga
Main	Herbert Chitepo
Meikle	Simon Mazorodze
Melsetter	Chimanimani
Moffat Ave/Circular	Rekayi Tangwena
Rhodes	Jason Moyo
Rudland	Jongwe
Salisbury	Harare
Selous	Mutasa
Turner	Tembwe
Vumba	Bvumba

Orientation et renseignements

Mutare étant située à l'intersection ou à proximité de plusieurs routes, les voyageurs se rendant dans les Eastern Highlands la traverseront la ville au moins une fois.

Office du tourisme. La Manicaland Publicity Association (☎ 64711), Market Square, près de l'angle de Herbert Chitepo St et Robert Mugabe Ave, est l'office du tourisme le plus serviable et le plus efficace de tout le pays. Il publie également le mensuel plutôt divertissant *Mountain Digest*, dont on se plaît à préciser qu'il est lu jusqu'en Tunisie. Les bureaux sont ouverts du lundi au vendredi de 8h30 à 12h45 et de 14h à 16h.

Agences de voyages. Manica Travel (☎ 64112), 92 Herbert Chitepo St, près de 2nd Ave, gère les réservations pour les transports et représente American Express.

Librairies. Si vous vous rendez dans les montagnes et voulez emporter de quoi lire, essayez le Book Centre, dans le Norwich Union Centre, Herbert Chitepo St, qui propose un choix de romans légers étrangers et de publications zimbabwéennes. Une bourse d'échange de livres est installée à côté de Manica Travel, Herbert Chitepo St.

Mutare Museum

Le musée de Mutare présente plusieurs expositions permanentes et bien agencées de géologie, d'histoire, d'anthropologie, de technologie, de zoologie et de beaux-arts.

Il possède aussi une collection de serpents léthargiques, mais les dioramas consacrés à l'habitat de la faune du Manicaland sont peuplés de créatures pitoyables qui semblent avoir fait l'ultime sacrifice de participer à cette exposition.

Vous pourrez également découvrir la collection d'armes du XVIe au XIXe siècle, les expositions traitant du Paléolithique de l'âge du Fer et du Néolithique, ainsi que le musée des transports (qui abrite certainement le plus inhabituel des aéroplanes au monde). Derrière le musée, se trouvent une ruche (dont une façade transparente permet l'observation des abeilles) et une volière de plain-pied où vous pourrez voir un oiseau ou deux.

On peut se rendre sans difficulté au musée à pied à partir du centre-ville. Il est ouvert tous les jours de 9h à 17h ; les droits d'entrée s'élèvent à 2 $US pour les étrangers.

Main Park et Aloe Garden

Le parc principal et le jardin d'aloès de Mutare sont propices à la lecture lors d'une belle après-midi ensoleillée et aux piqueniques sur les pelouses. Le jardin d'aloès, qui fleurit au cœur de l'hiver, présente environ 250 espèces endémiques au Zimbabwe et à Madagascar, dont des palmiers cycas préhistoriques.

Utopia House Museum

Utopia House, Jason Moyo Dr, fut la résidence de Kingsley Fairbridge (1885-1924), poète colonial et fondateur des Fairbridge Farm Schools, écoles agricoles pour enfants abandonnés. Cette demeure fut édifiée en 1897 mais, afin de mettre en valeur son caractère colonial, elle a été restaurée et réaménagée en style Art déco. La statue de K. Fairbridge qui dominait jadis Christmas Pass a été déplacée dans son jardin. Elle est ouverte de 14h30 à 16h le vendredi et le samedi, et de 14h30 à 16h30 le dimanche. Les droits d'entrée s'élèvent à 2 $US pour les étrangers.

Cross Kopje

Un court chemin mène de Circular Dr, à l'extrémité est de Mutare, au sommet de la petite colline de Cross Kopje qui domine la frontière mozambicaine. La croix élevée au sommet commémore les Zimbabwéens et les Mozambicains noirs tombés lors des campagnes de la Première Guerre mondiale en Afrique orientale. Pour vous y rendre, suivez Milner Ave vers l'est après le parc jusqu'à Park Rd, puis tournez à gauche, longez un pâté de maison en direction de Vintcent Ave, où vous prendrez à droite. Vous déboucherez vite dans Circular Dr, qui passe à proximité du pied de Cross Kopje.

Mutare Heights

Le point de vue de Mutare Heights offre un panorama sur l'ensemble de la cuvette. Pour y grimper rapidement, grimpez par le sentier abrupt s''élevant au-dessus du faubourg de Murambi. Si vous préférez un chemin moins fatigant, mais plus long, faites du stop jusqu'à Christmas Pass, puis montez à pied le long de la route de crête jusqu'au sommet (6 km).

Murahwa's Hill

La réserve naturelle de Murahwa's Hill, gérée par le National Trust et située sur un kopje rocheux, est idéale pour une journée d'errance dans son dédale de sentiers. On pourra y voir quelques peintures rupestres, ainsi que les vestiges d'un village de l'âge du fer, mais son

Le corridor de Beira

Mutare est le terminus zimbabwéen du corridor de Beira, une bande de 32 km de large longeant la ligne de chemin de fer Mutare-Beira jusqu'à l'océan Indien. Le gouvernement colonial portugais du Mozambique fut renversé en 1974 et remplacé par le gouvernement des rebelles du *FRELIMO*. Ouvriers qualifiés et ingénieurs fuirent vers le Portugal, laissant dans leur sillage une succession de bâtiments et d'installations techniques sabotés. Le nouveau gouvernement marxiste, continua l'œuvre des fuyards portugais en démantelant ce qui restait de l'économie du pays, de ce ses infrastructures et de son système éducatif. La ligne de chemin de fer de Beira fut fermée et l'ennemi, la Rhodésie, fut enfermé dans les terres.

La réaction du gouvernement Smith fut d'établir un mouvement contre-révolutionnaire clandestin, la RENAMO (*Resistência National de Moçambique*). Son engagement contre les forces du FRELIMO provoqua une guerre civile désastreuse au Mozambique, qui se prolongea jusqu'au début des années 90. La ligne de chemin de fer (qui avait été rouverte au transport des marchandises après l'indépendance du Zimbabwe soutenant le FRELIMO) fut fermée à maintes reprises par les saboteurs de la RENAMO, soutenus par l'Afrique du Sud.

Le FRELIMO enterra en 1990 son idéologie marxiste pour annoncer que le pays devait désormais passer à une économie de marché, coupant ainsi l'herbe sous les pieds de la RENAMO. Un cessez-le-feu fut conclu à la suite de deux séries de pourparlers de paix organisés à Rome en 1990.

La situation au Mozambique semble s'être miraculeusement stabilisée. Les graves sécheresses du début des années 90 n'y contribuèrent en rien, mais après les élections démocratiques organisées en 1994, les investisseurs sont revenus prudemment. L'économie se relève lentement d'une situation qui paraissait naguère désespérée. Le corridor de Beira est de nouveau ouvert au commerce et un flux grandissant de touristes se rend sur la côte de Beira. ■

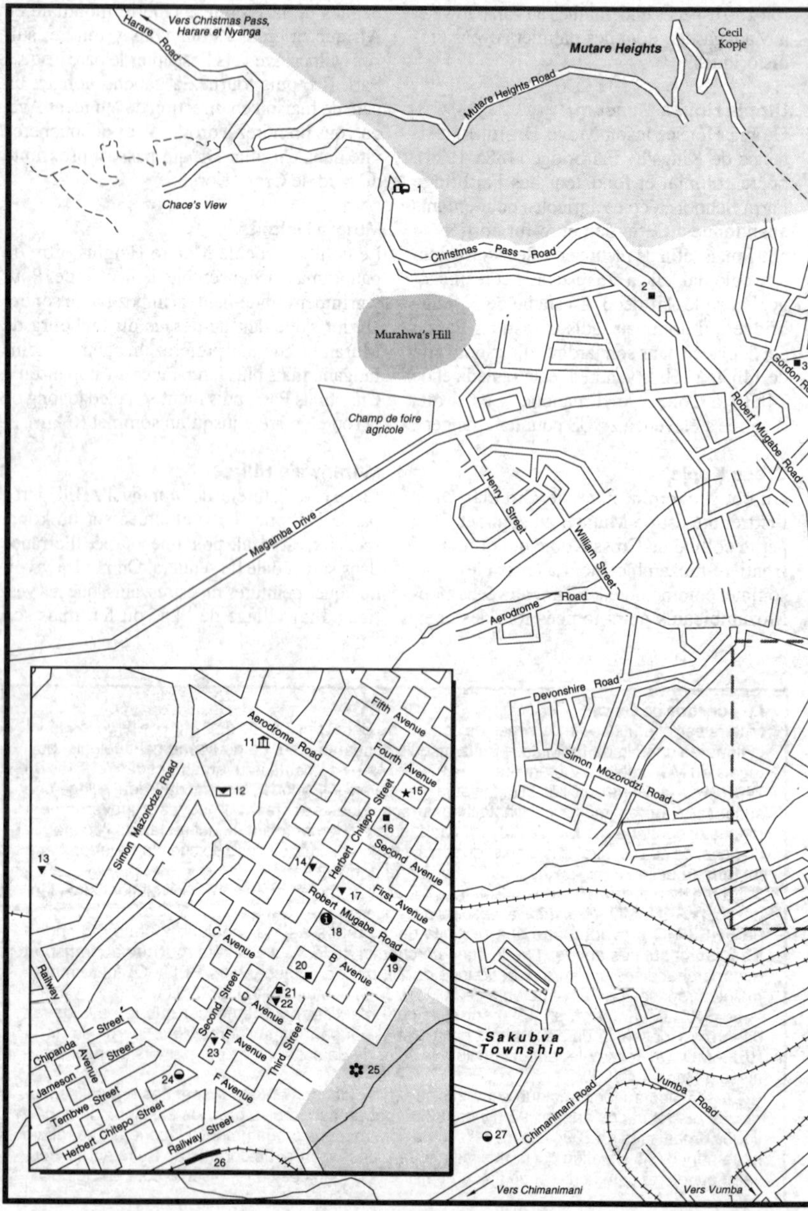
Vers Christmas Pass, Harare et Nyanga
Harare Road
Mutare Heights
Cecil Kopje
Mutare Heights Road
Chace's View
Christmas Pass Road
Murahwa's Hill
Gordon Rd
Robert Mugabe Road
Champ de foire agricole
Henry Street
Magamba Drive
William Street
Aerodrome Road
Devonshire Road
Simon Mozorodzi Road
Fifth Avenue
Aerodrome Road
Fourth Avenue
Simon Mazorodze Road
Herbert Chitepo Street
Second Avenue
First Avenue
Robert Mugabe Road
C Avenue
B Avenue
Railway
Second Street
D Avenue
E Avenue
Third Street
Chipanda Street
Avenue Street
Jameson
F Avenue
Tembwe Street
Herbert Chitepo Street
Railway Street
Sakubva Township
Chimanimani Road
Vumba Road
Vers Chimanimani
Vers Vumba
1
2
3
11
12
13
14
15
16
17
18
19
20
21
22
23
24
25
26
27

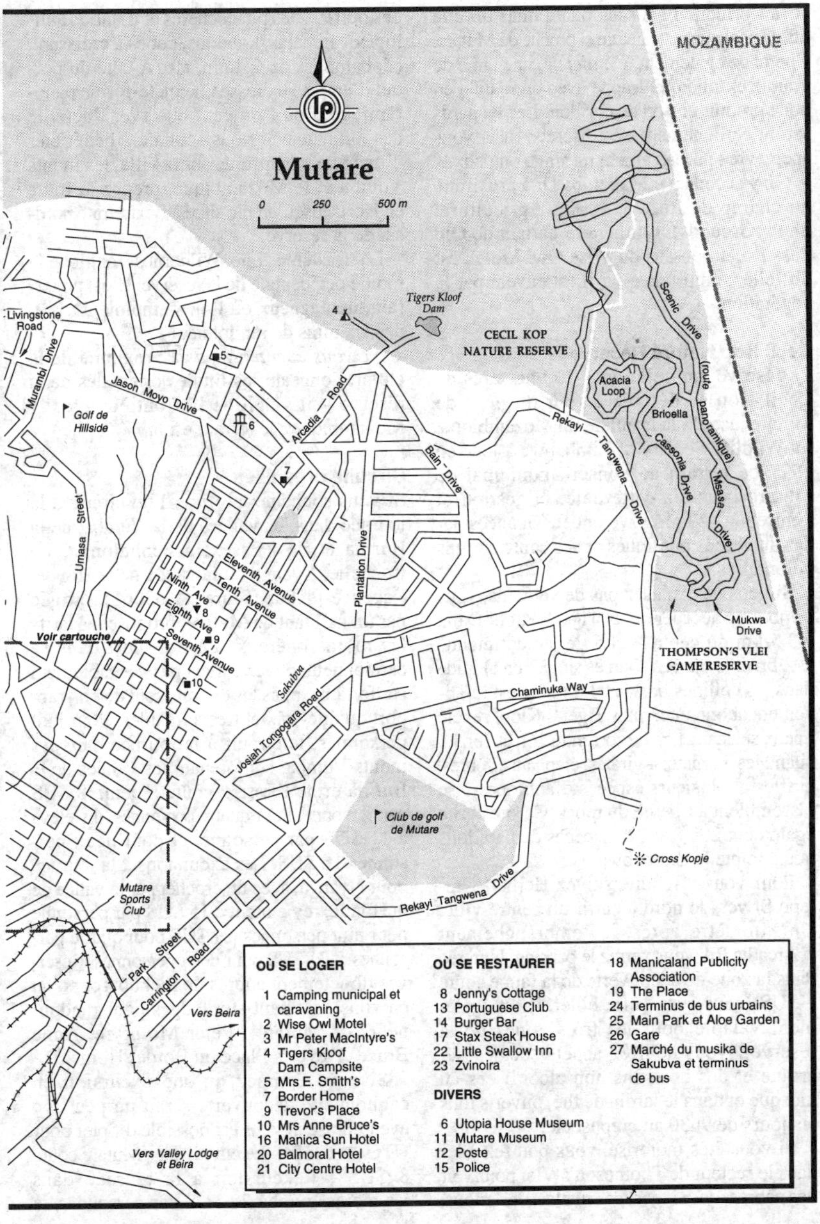
Mutare
0 250 500 m
MOZAMBIQUE
Tigers Kloof Dam
CECIL KOP NATURE RESERVE
Scenic Drive (route panoramique)
Acacia Loop
Brioella
Cassonia Drive
Msasa Drive
Mukwa Drive
THOMPSON'S VLEI GAME RESERVE
Rekayi Tangwena Drive
Bain Drive
Arcadia Road
Plantation Drive
Livingstone Road
Murambi Drive
Jason Moyo Drive
Golf de Hillside
Umasa Street
Eleventh Avenue
Tenth Avenue
Ninth Ave
Eighth Ave
Seventh Avenue
Voir cartouche
Sakubva
Josiah Tongogara Road
Chaminuka Way
Club de golf de Mutare
Cross Kopje
Mutare Sports Club
Park Street
Carrington Road
Vers Beira
Vers Valley Lodge et Beira
OÙ SE LOGER
1 Camping municipal et caravaning
2 Wise Owl Motel
3 Mr Peter MacIntyre's
4 Tigers Kloof Dam Campsite
5 Mrs E. Smith's
7 Border Home
9 Trevor's Place
10 Mrs Anne Bruce's
16 Manica Sun Hotel
20 Balmoral Hotel
21 City Centre Hotel
OÙ SE RESTAURER
8 Jenny's Cottage
13 Portuguese Club
14 Burger Bar
17 Stax Steak House
22 Little Swallow Inn
23 Zvinoira
DIVERS
6 Utopia House Museum
11 Mutare Museum
12 Poste
15 Police
18 Manicaland Publicity Association
19 The Place
24 Terminus de bus urbains
25 Main Park et Aloe Garden
26 Gare
27 Marché du musika de Sakubva et terminus de bus

attrait principal sont les panoramas qu'elle offre, ainsi que cette nature si proche de Mutare. Cherchez également le *mujejeje*, une lame de granite exfolié qui, frappé avec un maillet en bois, produit un son de carillon. Les léopards seront certainement très discrets, mais vous apercevrez probablement un singe ou deux.

On y accède par Magamba Dr à proximité du champ de foire agricole (Agricultural Show Grounds). L'itinéraire partant de Old Pass Rd, au-dessus du Wise Owl Motel, est difficile à emprunter car il est envahi par la végétation.

Cecil Kop Nature Reserve

La réserve naturelle de 1 700 hectares de Cecil Kop se déroule autour du nord de Mutare jusqu'à la frontière du Mozambique. La Wildlife Society of Zimbabwe à loué en 1977 ce terrain au conseil municipal de Mutare ; depuis cette date, la gestion et l'entretien de la réserve ont été financés par des donations publiques et des contributions volontaires.

Si vous ne disposez pas de véhicule, vous ne pourrez accéder qu'au Tiger's Kloof Dam, à 3,5 km du centre-ville. Le lac de retenue est alimenté par des sources situées en altitude dans les collines boisées. La faune est relativement abondante, mais Tiger's Kloof révèle mieux son caractère de zoo entre 16h et 16h30, quand les animaux – girafes, éléphants, zèbres, buffles et plusieurs espèces d'antilopes – se rassemblent à l'heure du repas. Ce site abrite également 200 des 500 espèces de papillons que compte le Zimbabwe.

Pour vous y rendre, suivez Herbert Chitepo St vers le nord à partir du centre-ville. Un kilomètre après, à l'embranchement d'Arcadia Rd, vous verrez le parking. L'entrée dans la zone de découverte de la faune coûte 1 $US (conservez votre billet, il est également valable pour les trois zones de la réserve). Vous pourrez acheter des casse-croûte et des boissons non alcoolisées au kiosque et dans le jardin de thé, ouverts tous les jours de 9h30 au crépuscule.

Si vous êtes motorisé, vous pourrez aller dans le secteur de Thompson's Vlei pour voir des zèbres, des singes, des nyalas, des gnous, des buffles, des phacochères et d'autres antilopes – impalas, koudous, cobes à croissant, céphalophes de Grimm, etc. A côté du portail d'entrée se dresse une plate-forme panoramique d'où l'on peut observer l'activité des animaux. Si vous souhaitez bénéficier d'une vue magnifique sur la ville, les monts Vumba et le Mozambique, prenez la route en lacets jusqu'au pic situé à l'extrémité nord-est de la réserve.

La troisième zone, Wilderness, englobe la moitié occidentale de la réserve. C'est un terrain montagneux où l'on s'emploie à tracer des chemins de randonnée.

Ne vous aventurez pas à proximité de la clôture longeant les limites orientales de la réserve – il s'agit de la frontière avec le Mozambique : le terrain est *miné*.

Circuits organisés

Si vous souhaitez profiter d'un circuit à la journée dans les vallées de la Vumba, de la Burma et de l'Essex, à Penhalonga, La Rochelle, Nyanga ou la vallée de la Honde, l'agence Pickup Tours (☎ 63061), dirigée par un habitant de Mutare, propose les tarifs les moins onéreux. Le transport dans sa camionnette ouverte n'est pas véritablement confortable, mais les circuits sont de bon rapport qualité-prix et très agréables. Pour huit personnes, le circuit à la journée dans les monts Vumba, comprenant les vallées de la Burma et de l'Essex, coûte à peine 8 $US par personne. Pour quatre personnes, il s'élève à 11 $US par personne, et pour deux personnes 16 $US. Les excursions à la journée pour Nyanga, avec un crochet par la vallée de la Honde, reviennent à 15 $US par personne pour huit personnes, 21 $US pour quatre personnes et 31 $US pour deux personnes. Réservez directement auprès de Pickup Tours, ou en vous adressant aux lodges pour randonneurs de Mutare : Peter McIntyre, Anne Bruce, Trevor's Place ou Border Home.

Si vous estimez qu'une excursion en camionnette découverte serait un peu trop aventureuse, il vous est possible d'opter pour UTC (☎ 64784). Le circuit dans Mutare coûte 8 $US ; l'excursion à la journée dans les monts Vumba 20 $US par personne ; le circuit des vallées de la Burma et de l'Essex 16 $US ; et l'agréable visite d'une plantation de café de Vumba, ainsi que du Leopard Rock Hotel, s'élève à 22 $US. Les excursions d'une demi-journée vers Odzi, comprenant la visite de la propriété viticole de Mapor Estates, reviennent à 14 $US, et les excursions d'un jour pour Nyanga 45 $US. Le circuit englobant Nyanyadzi Hot Springs et Birchenough Bridge revient à 35 $US. Tous les circuits UTC, sauf celui d'Odzi, sont proposés déjeuner compris.

Où se loger – Petits budgets

Le *Municipal Camping & Caravan Park* offre un paysage agréable mais il est malheureusement implanté à quelques mètres de la bruyante route nationale Harare-Mutare, à 6 km de la ville (2,50 $US en taxi) près de Christmas Pass. Si vous arrivez en bus en provenance de Harare, descendez au sommet de Christmas Pass – les conducteurs ne s'arrêtent pas sur les pentes de la colline – et effectuez à pied les deux derniers kilomètres vers le camping caravanier en contrebas. Les emplacements coûtent à peine 1,60 $US par personne. Le nouveau camping de Tiger's Kloof Dam, situé à 3,5 km du centre, est plus commode. Les emplacements sont à 2,50 $US par personne.

Mutare possède également diverses auberges de jeunesse pour randonneurs. Celle gérée par *Mrs Anne Bruce* (☎ 63569), 99 4th St (à l'angle de 6th Ave), est aussi réputée que recommandée. Les lits coûtent 2,50 $US et des repas sont proposés à des prix très raisonnables, mais elle ne conviendra guère aux personnes allergiques aux chats.

Mr Peter McIntyre (☎ 63968) dirige un établissement comparable, également très recommandé, sis au 5 Livingstone Rd, à Murambi. Il demande 3,50 $US par personne pour les chambres, 2 $US pour les lits en dortoir et 7 $US pour une caravane pouvant accueillir quatre personnes. Chaque matin, il offre une navette gratuite pour le centre-ville. Aux autres moments de la journée, le transport pour le centre-ville ou le musika de Sakubva, pour rejoindre le bus de Chimanimani, coûte 0,80 $US, et pour le poste-frontière du Mozambique 2 $US.

Nouvelle possibilité peu onéreuse, l'accueillante *Trevor's Place* (pas de téléphone), dirigée par M. Trevor Parry, se trouve au 119 4th St, à l'angle de 8th Ave. Cet établissement central, avec équipements pour la cuisine, la lessive et les braai, loue également des bicyclettes. Les lits en dortoir coûtent 4 $US et le camping 2,50 $US par personne.

Le propret *Border Home* (☎ 63346), 3A Jason Moyo Dr, revient à 3,20 $US dans les dortoirs et 4,50 $US par personne dans les chambres familiales. Il propose des installations pour la lessive et loue des bicyclettes. Si vous téléphonez à l'avance, on viendra vous chercher dans Mutare.

L'hôtel le meilleur marché est le *Balmoral Hotel* (☎ 61435), C Ave. Il est assez miteux mais convenable. La chambre double avec petit déjeuner coûte 8 $US. Plus haut sur l'échelle des prix, mais plus bas sur l'échelle de la qualité, le *City Centre Hotel* (☎ 62441) est situé à l'angle de Herbert Chitepo St et D Ave. Les simples/doubles sont à 10/16 $US. Cet établissement est un véritable dépotoir, mais parfait pour y rencontrer tous les noctambules locaux.

Si rien ne vous oblige à loger en ville, le meilleur établissement demeure *Drifters* (☎ 62964), un sympathique et récent lodge pour randonneurs situé à 25 km à l'ouest de Mutare sur la route de Harare. Les confortables lits en dortoir coûtent 4,50 $US ; les rondavels doubles 9,60 $US et le camping 2 $US par personne. De plus, la navette à destination ou en provenance de la ville ou de l'embranchement de Nyanga est gratuite. A l'étage sont aménagés un grand bar et un restaurant (repas pour 2 $US), et le vendredi soir, l'établissement propose des pizzas cuites dans le four à l'extérieur. Vous pourrez également acheter votre braai pour 1,60 $US.

Ne soyez pas inquiet de séjourner si loin de la ville : les activités ne manquent pas dans le coin. Vous pourrez effectuer de nombreuses randonnées dans la propriété, qui est en fait une petite réserve naturelle, et des safaris de 1 à 2 jours, peu onéreux, sont proposés dans un ranch plus important situé à proximité. Si vous vous sentez d'attaque, vous pourrez faire l'ascension vers les ruines, les peintures rupestres et les anciennes fonderies du mont Chikanga dominant la route ; des guides sont à votre disposition pour entreprendre cette marche difficile de 4 heures.

La Rochelle (☎ 250), située dans les jardins botaniques de la vallée d'Imbeza, à 15 km de Mutare, possède 6 cottages calmes proposés à 8 $US la chambre simple, et 2,50 $US par personne supplémentaire, ainsi que des emplacements de camping loués à un prix insignifiant.

Où se loger – Catégorie moyenne

A l'extrémité de Christmas Pass, à 10 km de la ville, le *Christmas Pass Hotel* (☎ 63818 ; fax 63875) de style colonial possède un jardin et une piscine dans un cadre tranquille propice à la détente. Les chambres simples/doubles coûtent 27/43 $US, petit déjeuner compris.

Le *Wise Owl Motel* (☎ 64643) est situé loin du centre-ville, dans Robert Mugabe Rd (Christmas Pass Rd). Les simples/doubles avec petit déjeuner reviennent à 27/40 $US. L'établissement est propre, et si vous possédez un véhicule, c'est une adresse convenable. Veillez cependant à vérifier soigneusement la note et insistez pour que l'on vous propose un taux de change normal : il semblerait que l'addition soit systématiquement majorée de 10%, sous prétexte que ce serait le taux appliqué par la banque sur les dépôts. En fait, il ne s'élève qu'à 0,5% !

Si vous recherchez un hébergement de type bed and breakfast, adressez-vous à *Mrs E. Smith* (☎ 61003 ou 60712), 8 Chace Ave, dans le faubourg de Murambi.

Vous trouverez également deux bed and breakfast sur la route de Penhalonga, de l'autre côté de Christmas Pass : *Dandaro Lodge* (☎ 22267) ainsi que *Mrs H. Heyns'* (☎ 62 661).

A 6 km de Mutare, sur la route de Beira, le *Valley Lodge* (☎ 62868) est un établissement relativement récent et bien situé. L'hébergement est proposé dans des lodges individuels, dotés d'un salon et d'équipements privatifs. Les simples/doubles coûtent 29/40 $US avec lit et petit déjeuner. Les enfants de moins de 12 ans ne sont pas acceptés.

Où se loger – Catégorie supérieure

L'unique établissement haut de gamme est le *Manica Sun* (☎ 64431 ; fax 64466), un de ces hôtels destinés aux voyageurs sur note de frais coulés dans le même moule, à l'angle de Herbert Chitepo St et d'Aerodrome Rd. Les étrangers payent 77/113 $US la simple/double, et les Zimbabwéens 31/45 $US.

Où se loger – Vumba

Vous trouverez tout type d'hébergement – petits budgets, catégories moyenne et supérieure – dans les monts Vumba, à l'est de Mutare. Consultez la rubrique *Monts Vumba* plus loin dans ce chapitre.

Où se restaurer

Si vous avez faim de bon matin, jetez-vous sur le petit déjeuner buffet de l'hôtel *Manica Sun*. C'est l'un des meilleurs petits déjeuners de la sorte au Zimbabwe. Pour 2,50 $US, le petit déjeuner continental est servi avec des fruits frais, des pains, des pâtisseries, des céréales et des fromages. Pour un dollar de plus, vous pourrez déguster un petit déjeuner anglais complet, avec tous les ingrédients déjà mentionnés, plus des saucisses, du bacon, des rognons, des œufs et des pommes de terres frites. L'établissement est également ouvert à midi et le soir.

Le *Meikles Department Store*, dans Herbert Chitepo St, perpétue la tradition coloniale et propose des casse-croûte, ainsi que des déjeuners sur sa terrasse bistrot. Cet établissement, l'un des préférés de la "vieille école", est une véritable institution à Mutare, mais il n'est pas ouvert le soir. Le magasin d'artisanat un peu prétentieux, *Jenny's Cottage*, 130 Herbert Chitepo St, sert des déjeuners légers, des salades et des thés l'après-midi. Le *Portuguese Club* offre des repas façon pub le soir et des déjeuners le week-end.

Si vous souhaitez consommer un copieux sadza ne nyama, allez à la *Little Swallow Inn*, près du City Centre Hotel, qui en offre pour moins de 0,50 $US, ou chez *Zvinoira*, E Ave, près de Herbert Chitepo St.

Le plus agréable des établissements de catégorie moyenne, et le seul qui soit ouvert le soir, c'est la sympathique *Stax Steak House*, située dans Norwich Union Centre Arcade. Essayez les gaufres belges à la crème et aux baies. Le *Dairy Den* propose des déjeuners à emporter convenables, des glaces et des plats un peu gras, mais il n'est ouvert que jusqu'à 20h. Un *Wimpy* s'est également installé dans Herbert Chitepo St.

Le restaurant du Wise Owl Motel nous a également été recommandé pour ses magnifiques dîners continentaux à partir de 4 $US ; le substantiel braai du dimanche coûte 5 $US. Le *Fantails Restaurant* (☎ 62868) du Valley Lodge, à 6 km de la route de Beira, sert des dîners à sa table d'hôte pour 6,50 $US. Réservations requises.

Si vous souhaitez faire vos courses vous-mêmes, vous trouverez un grand marché de primeurs au musika de Sakubva.

Distractions

Si vous souhaitez vous divertir le soir, et que tout semble fermé – ce qui normal à Mutare –, faites un tour à The Place, un bar convenable qui propose des concerts durant le week-end. Le Portuguese Club et le Motoring Club sont deux autres lieux très fréquentés. Le premier fit office de "point d'eau" de choix pour les acteurs européens des récents conflits opposant le Zimbabwe et le Mozambique. Il offre aussi des repas le soir et des déjeuners le week-end. Plus pittoresque et plus animé, le City Centre Hotel est le cadre d'une gaieté très alcoolisée tous les soirs, et organise des concerts le dimanche après-midi dans son jardin à bière.

Mutare possède aussi un cinéma projetant essentiellement des navets américains ainsi que le Courtauld Theatre où se produisent des troupes locales conventionnelles. Les deux se trouvent à proximité du Civic Centre Complex, Robert Mugabe Ave.

La piscine olympique, non loin du Civic Centre Complex, Robert Mugabe Ave, est ouverte tous les jours sauf le lundi de 6h à 7h et de 10h à 17h, de la fin août à la mi-mai. L'entrée coûte 0,30 $US pour la journée.

Comment s'y rendre

Voie aérienne. Il n'existe pas de desserte aérienne de Mutare. Les vols charters ou régionaux utilisent l'aéroport militaire situé au-dessus de la colline de Grand Reef.

Bus. Le terminus de bus en centre-ville se trouve entre Herbert Chitepo St et Tembwe St, près de F Ave. En provenance de Harare ou d'autres lieux situés au-delà de Christmas Pass, c'est ici que vous devrez descendre, à moins que vous ne vous dirigiez vers le musika de Sakubva à plusieurs kilomètres de là, dans le township de Sakubva. Les bus arrivant à Mutare en provenance du sud seront probablement bondés à leur arrivée à Sakubva et ne continueront pas jusqu'au terminus en centre-ville, bien que certains le fassent. De toute façon, de très nombreux bus locaux relient Sakubva au centre-ville et la course de taxi ne coûte qu'environ 1,50 $US – marchandez ou cherchez une voiture possédant un taximètre en état de marche.

Des bus effectuant le voyage de 7 heures pour Harare quittent toutes les heures le terminus en centre-ville. A partir du musika de Sakubva et du terminus en centre-ville, les bus ZUPCO, Zvinoira et Masara partent en direction de Nyanga tous les jours entre 6h et 13h, sauf le samedi, et coûtent 1 $US ; arrivez à l'arrêt de bus le plus tôt possible. Un bus Express Motorways (☎ 63343) effectue une ou deux fois par jour la navette entre Harare et l'hôtel Manica Sun de Mutare ; le trajet dure 4 ou 5 heures et revient à 4 $US.

Il existe également au moins un bus quotidien à destination de Birchenough Bridge, de la vallée de la Honde, de la vallée de la Cashel, Chipinge et Masvingo, ainsi que des services périodiques vers Chiredzi, Triangle et Beitbridge. Tenda affrète un bus quotidien, avec vidéo, pour Bulawayo (8 $US) *via* Masvingo, mais si vous souhaitez avoir une place, soyez à Sakubva vers 5h du matin.

De nombreux voyageurs cherchent cependant à se rendre à Chimanimani : fort heureusement, le service de transport est aujourd'hui plus fiable que naguère. Des bus quotidiens ZUPCO et Msabaeka à destination de Chimanimani partent vers 7h et 10h30 de Sakubva (ils ne s'arrêtent pas au terminus du centre-ville). Si vous les manquez, ou s'ils ne fonctionnent pas pour telle ou telle raison,

ZIMBABWE

le bus de Chipinge se rend à Chimanimani par un itinéraire offrant de beaux panoramas mais excessivement long ; descendez du bus à l'intersection située à 7 km au nord de Chipinge, puis faites du stop jusqu'à Skyline Junction et, de là, jusqu'au village de Chimanimani. Sinon, empruntez n'importe quel bus passant par Birchenough Bridge, descendez à Wengezi, à 67 km au sud de Mutare, faites du stop jusqu'à Skyline Junction, puis vers Chimanimani. Comptez une très longue journée pour ces deux options. Au départ de Chimanimani, le bus quotidien pour Mutare démarre entre 5h et 6h.

La plupart des bus quotidiens quittent Sakubva entre 6h et 7h. Neuf longs et pénibles kilomètres séparent le camping caravanier du musika : si vous venez du camping et devez partir tôt, il sera sage de prévoir un taxi pour le matin.

Train. Le train de nuit constitue le moyen de transport le plus simple entre Harare et Mutare. Celui-ci quitte tous les soirs Harare à 21h30 et arrive à Mutare à 6h le lendemain matin. Il part de Mutare à 21h et parvient à Harare à 6h. En 1re classe, le billet coûte 5 $US, en 2e classe 3,50 $US et en classe économique 2,30 $US. Le bureau des réservations et le guichet sont ouverts de 8h à 12h30 et de 14h à 16h en semaine.

Comment circuler

Vous trouverez des stations de taxi au musika de Sakubva, au terminus de bus du centre-ville, devant le Manica Sun Hotel et devant la Manicaland Publicity Association. Pour appeler un taxi, téléphonez au ☎ 63344 ou 63166. Des bus urbains relient le musika de Sakubva et le centre-ville.

Vous pourrez louer une voiture chez Hertz Rent-A-Car (☎ 64784), à la Manicaland Publicity Association.

LES ENVIRONS DE MUTARE

La Rochelle Botanical Gardens

Les jardins botaniques de La Rochelle s'étendent sur la montagne dominant la vallée d'Imbeza. Cette ancienne propriété de sir Stephan et lady Virginia Courtauld abrite des jardins où poussent plantes et arbres provenant du monde entier. Elle a été léguée au Zimbabwe à la mort de lady Courtauld en 1972. A la fin des années 80, après plusieurs années d'abandon, elle ressemblait davantage à une zone retournée à la nature et aux mauvaises herbes qu'à un jardin botanique digne de ce nom. Mais aujourd'hui elle mérite de nouveau une visite.

Les jardins sont ouverts tous les jours de 8h à 17h ; le salon de thé sert des casse-croûte, des déjeuners légers et des thés de 9h30 à 16h30 (comptez environ 2,50 $US par repas). Les droits d'entrée s'élèvent à 1 $US par personne pour les étrangers. Quant à l'hébergement, voir la rubrique *Où se loger – Petits budgets* du chapitre consacré à Mutare.

Comment s'y rendre. A partir de Mutare, traversez Christmas Pass en direction de la station-service de Christmas Pass et tournez à droite sur la route de Penhalonga. Après 6 km, bifurquez à droite et poursuivez sur 3 km jusqu'à l'entrée. Sinon prenez n'importe quel bus à destination de Penhalonga à partir du terminus du centre-ville, descendez à l'intersection située après 6 km sur la route de Penhalonga et effectuez à pied les trois kilomètres restants.

Penhalonga

Les mines d'or du village reculé de Penhalonga (qui signifie en portugais "longue falaise rocheuse") furent exploitées dès le XVIe siècle par le peuple Manyika. A la fin du XIXe siècle, A. R. Colquhoun y arriva en compagnie d'un contingent détaché de la Colonne des pionniers, y bâtit un fort destiné à contrecarrer les menaces d'agression portugaises à l'est, et fonda la première ville d'Umtali. Les mines furent réactivées par la ruée vers l'or des prospecteurs coloniaux dans les années 20, mais quarante ans plus tard, le minerai était presque épuisé. La découverte, en 1968, d'un nouveau filon en relança l'intérêt. L'exploitation forestière contribua également au développement de l'économie locale : les premiers pins furent plantés par John Meikle en 1905 et vers les années 30, la production forestière était en pleine expansion.

S'il ne reste guère de traces de la pittoresque histoire de Penhalonga, elle a conservé, comme tant d'autres villes minières, son caractère particulier ; en outre, elle est située dans une cuvette environnée de collines. L'église anglicane de St Michael & All Angels (Saint-Michel et Tous-les-Anges), bâtie en 1906 en tôle ondulée, vaut le détour. Plus loin, vous pourrez visiter le lac de retenue du barrage Alexander/Odzani qui s'étend à 20 km environ au nord de Penhalonga, zone de sports nautiques des habitants de Mutare.

Comment s'y rendre. Des bus à destination de Penhalonga partent plusieurs fois par jour du terminus de bus du centre-ville de Mutare. Les visiteurs désirant y séjourner pourront résider à La Rochelle (voir *Où se loger* dans le chapitre Mutare) ou dans l'agréable petit camping caravanier du village.

MONTS VUMBA

A 28 km à peine au sud-est de Mutare, les monts Vumba sont de hautes terres forestières de climat frais alternant avec de profondes vallées quasi tropicales. En langue manyika, Vumba (parfois prononcé Bvumba) signifie "brouillard" : vous aurez très certainement l'occasion de vérifier la validité de cette appellation. Si vous êtes originaire d'un pays d'Europe septentrionale et êtes sensibles au mal du pays, n'y allez pas – lorsque le brouillard tombe sur les forêts et les prairies, les vergers de pommiers et les jardins potagers, il est déjà trop tard !

Ruines d'Altar Site

Ce petit site archéologique, à quelques kilomètres au sud-est de Mutare, juste au nord de la route de Vumba, se cache dans un épais bois de msasa. C'est en 1905 que l'archéologue E. M. Andrews découvrit 134 effigies humaines et animales sculptées dans la stéatite non loin d'une plate-forme située près du sommet de la colline, aujourd'hui considérée comme ayant été un autel, d'ou le nom du site (*altar* signifie autel). La plaque d'information apposée sur le site précise que cette structure rocheuse devait avoir une fonction rituelle comparable à celle des *chikuva* shona, petites plates-formes construites derrière les huttes recevant les offrandes destinées aux esprits des ancètres. Une autre théorie estime que cette plate-forme devait être un trône surélevé.

Certaines indications laissent penser qu'il y avait là un établissement humain important : les vestiges de nombreuses fondations d'habitations ont été mises au jour dans toute la région. Un pavage de 80 mètres de long traverse le site à partir des deux monolithes de l'angle sud-est et des pavages de moindre importance relient d'autres structures majeures du site. Les ruines découvertes à Altar Site risquent de vous paraître bien insignifiantes, mais les archéologues pensent qu'il s'agissait probablement d'une capitale provinciale de Great Zimbabwe; active dans les années 1450. Une carte présentée sur le site détaille son plan supposé.

Vumba and Bunga National Botanical Reserves

Les réserves botaniques nationales de Vumba et Bunga sont deux petites enclaves protégées situées à quelque 30 km de Mutare dans les monts Vumba. La minuscule réserve de Bunga, qui ne possède aucun équipement, recouvre 39 hectares enjambant la route de Vumba.

Jusqu'aux années 50, la réserve botanique de Vumba était une propriété privée, très britannique, appartenant à l'ancien maire de Mutare, Fred Taylor, et connue sous le nom de Manchester Gardens. Elle se compose de 200 hectares de terrains en pente, de 30 hectares magnifiquement entretenus, constituant les jardins botaniques proprement dits, et de 170 hectares de bush.

Les jardins abritent un échantillon des merveilles de la flore mondiale, de même que de vastes pelouses et l'obligatoire maison de thé. Le panorama s'étend au-delà de plusieurs chaînes de collines vers les basses terres tropicales du Mozambique, 1 000 mètres en contrebas. La zone la plus sauvage est sillonnée de sentiers tracés dans la brousse. Ils peuvent tous être empruntés en moins de 2 heures, mais un rythme plus lent sera nécessaire pour apprécier à sa juste valeur cette végétation semi-tropicale unique en son genre.

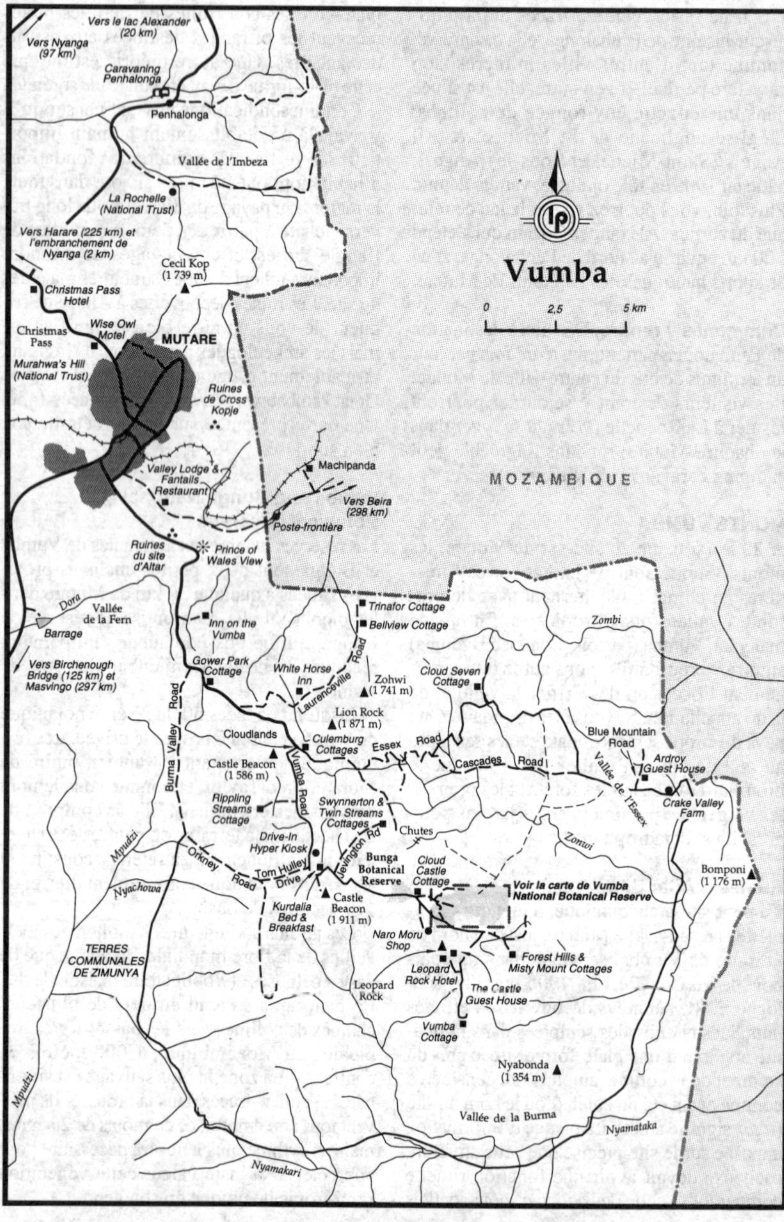
Vumba
0
2,5
5 km
Vers le lac Alexander (20 km)
Vers Nyanga (97 km)
Caravaning Penhalonga
Penhalonga
Vallée de l'Imbeza
La Rochelle (National Trust)
Vers Harare (225 km) et l'embranchement de Nyanga (2 km)
Cecil Kop (1 739 m)
Christmas Pass Hotel
Christmas Pass
Wise Owl Motel
MUTARE
Murahwa's Hill (National Trust)
Ruines de Cross Kopje
Machipanda
Valley Lodge & Fantails Restaurant
Vers Beira (298 km)
Poste-frontière
MOZAMBIQUE
Ruines du site d'Altar
Prince of Wales View
Dora
Vallée de la Fern
Barrage
Vers Birchenough Bridge (125 km) et Masvingo (297 km)
Inn on the Vumba
Trinafor Cottage
Bellview Cottage
Gower Park Cottage
White Horse Inn
Laurenceville Road
Zohwi (1 741 m)
Lion Rock (1 871 m)
Zombi
Cloud Seven Cottage
Burma Valley Road
Cloudlands
Culemburg Cottages
Essex Road
Cascades Road
Blue Mountain Road
Vallée de l'Essex
Ardroy Guest House
Crake Valley Farm
Castle Beacon (1 586 m)
Vumba Road
Rippling Streams Cottage
Swynnerton & Twin Streams Cottages
Jevington Rd
Chutes
Zonwi
Drive-In Hyper Kiosk
Mpudzi
Orkney Road
Tom Hulley Drive
Bunga Botanical Reserve
Cloud Castle Cottage
Voir la carte de Vumba National Botanical Reserve
Bomponi (1 176 m)
Nyachowa
Castle Beacon (1 911 m)
Kurdalia Bed & Breakfast
Naro Moru Shop
Forest Hills & Misty Mount Cottages
TERRES COMMUNALES DE ZIMUNYA
Leopard Rock Hotel
Leopard Rock
The Castle Guest House
Vumba Cottage
Nyabonda (1 354 m)
Mpudzi
Vallée de la Burma
Nyamataka
Nyamakari

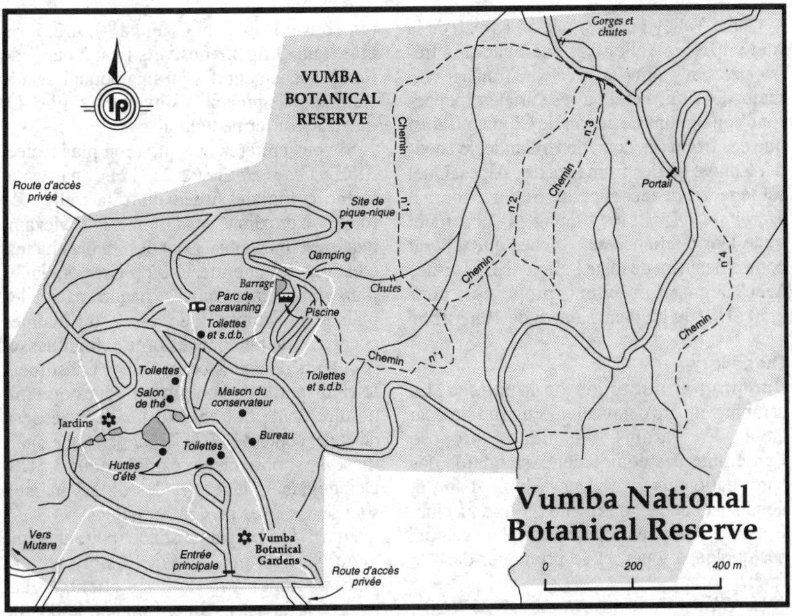

La faune des forêts comprend notamment des cercopithèques à collier blanc, qui ne vivent que dans les Eastern Highlands, des élans du Cap, des céphalophes de Grimm, des guibs harnachés, des hippotragues noirs et des oiseaux tropicaux au plumage éclatant. Observez les sous-bois pour découvrir la musaraigne éléphantine, une étrange créature aussi petite que féroce, sautant comme un kangourou et portant de longues oreilles ainsi qu'un nez allongé en forme de trompe.

Les jardins sont ouverts tous les jours de 9h à 17h, et la maison de thé de 10h à 16h tous les jours sauf le lundi. L'entrée coûte 2,60 $US pour les étrangers.

Chinyakwaremba (Leopard Rock)

Le monolithe de Chinyakwaremba ("colline assise"), également appelé Leopard Rock, est facilement accessible par un sentier fléché à partir de Vumba Rd, à environ 2 km à l'est de l'embranchement de la réserve botanique. Au sommet, on découvre une vue magnifique. Pour plus de renseignements sur l'imposant hôtel, voir *Où se loger* plus loin dans ce chapitre.

Les vallées de la Burma et de l'Essex

Les deux vallées luxuriantes et densément peuplées, Burma Valley et Essex Valley, à 900 mètres environ en contrebas de Vumba, sont accessibles par une route en boucle de 70 km offrant de beaux paysages. L'embranchement en direction de la première est situé à 12 km de Mutare ; on accède à la seconde en continuant la route après l'embranchement de Vumba jusqu'à Cloudlands, à 23 km de Mutare. La route partiellement goudronnée traverse des plantations de café, de banane, de tabac et de coton, ainsi que de belles montagnes boisées offrant fréquemment une vue sur le Mozambique. La vallée de l'Essex, plus particulièrement, offre un avant-goût de l'Afrique telle qu'on la découvre plus au nord, rappelant parfois l'Ouganda et les hautes terres du Kenya.

Crake Valley Farm, située au Km 20 de la route d'Essex Valley, est une halte très fréquentée. On y affine ici le célèbre fromage crémeux de Vumba et d'autres variétés "pepperoni", aux grains de poivre de Chipinge, ainsi que des fromages doux de Hollande, le cheddar Zonwe ou des fromages des Alpes. Quel est le secret de leur succès ? Selon le journal *Mountain Digest*, les fromagers "accordent toute leur confiance aux vaches qui sont au commencement de toute l'affaire". Des visites avec dégustations sont proposées pour 1,50 $US, du lundi au samedi de 10h à 15h.

Où se loger

Camping et auberges de jeunesse. Le camping et parc caravanier idyllique situé au cœur des jardins botaniques propose l'ensemble des équipements standards des parcs nationaux : barbecues à braai, bains et douches chaudes, de même qu'une piscine. C'est un charmant lieu de retraite où séjourner quelques jours, et se promener dans la forêt.

Le *Cloud Castle Cottage* (☎ 217620), dirigé par Peter et Tracy Hancock, serait parfait même s'il n'était pas situé au milieu des montagnes embrumées, offrant une vue magnifique vers le Mozambique, à 20 minutes à pied de la réserve botanique de Vumba. Des équipements de cuisine sont proposés, et un pain complet est cuit à la demande. L'établissement sert également des petits déjeuners et des repas le soir. Le menu du dîner propose un choix de huit plats – tous les convives doivent se mettre d'accord sur celui qui sera servi. Les lits en dortoir coûtent 4,50 $US ; essayez d'en obtenir un à l'étage supérieur de la demeure principale. En outre, la maison possède une douillette cheminée, un jardin tranquille et un patio ensoleillé. On envisage d'y aménager un salon de thé.

De Mutare, la navette gratuite part de la Manicaland Publicity Association les lundi, mercredi et vendredi à 11h. Les retours en ville ont lieu les mêmes jours à 7h, mais des navettes spéciales peuvent être organisées pour les groupes. Les voyageurs préférant faire leur marché trouveront un petit magasin dans la propriété ou un autre, *Naro Moru* (en souvenir du mont Kenya ?), à 2,5 km plus loin. Dirigez-vous vers l'est à partir de l'embranchement des jardins botaniques de Vumba, puis prenez la suivante à droite. Le magasin est fermé le lundi.

Si vous préférez une situation plus isolée, *Ardroy Guest House* (☎ 217121), charmante ferme coloniale située dans la vallée de l'Essex, à proximité de la frontière du Mozambique, est imbattable. Loin des sentiers battus, c'est une retraite idéale où passer quelques jours de détente. Outre le panorama sur les plaines du Mozambique, elle offre maintes occasions de randonnées ornithologiques, et ses courts de tennis et de squash constituent le club sportif de la région (l'adhésion temporaire coûte 0,80 $US). Le lit et le petit déjeuner coûtent 5,20 $US par personne, mais il est aussi possible de camper pour 3 $US. Des déjeuners légers et des dîners maison sont servis à des prix raisonnables.

Pour 1,50 $US par personne (pour un minimum de deux personnes), l'établissement vient chercher à Mutare les clients ayant réservé à l'avance. Sinon, prenez le bus de Mapofu de 6h au terminus en centre-ville de Mutare, descendez à l'arrêt de Mapofu et continuez sur la route durant 1 km jusqu'à la route de Blue Mountain, où vous devrez tourner à gauche. De là, comptez encore 1 km vers le nord pour parvenir à la pension. Sinon, c'est une longue route sinueuse peu propice à l'auto-stop ; ne vous perdez pas dans les sentiers traversant la plantation d'acacia sur Essex Rd. Vous pourrez également prendre le bus de Burma Valley de 11h, qui circule dans le sens contraire des aiguilles d'une montre sur la route en boucle Burma-Essex Valley ; dans ce cas, descendez à l'angle d'Essex Rd et de Blue Mountain Rd, tournez à droite et effectuez à pied le dernier kilomètre vers le nord menant à Ardroy.

Pensions en cottage. Vous trouverez un nombre croissant de cottages de vacances et de pensions disséminés dans la région. La plupart sont traités dans cette rubrique, mais leur liste se modifie constamment. La Manicaland Publicity Association de Mutare vous fournira la liste actualisée des adresses.

Les deux *Culemburg Cottages* (☎ 212327 or 62108), indépendants et gérés par Mrs Vermuelen, se trouvent à 18 km de Mutare près de l'embranchement d'Essex Rd. Ils peuvent accueillir chacun quatre personnes et sont loués 20 $US pour un séjour minimum de deux jours.

Au titre des autres hébergements indépendants, coûtant tous de 25 $US à 35 $US la nuitée jusqu'à 6 personnes, mentionnons *Trinafor Cottage* (☎ 64522), Mrs Tebb ; *Vumba Cottage* (☎ 210310 or 81354), Mrs Campbell-Morrison ; *Rippling Streams Cottage* (☎ 210 320) ; *Cloud Seven Cottage* (☎ 219617 ou 64711), Jenny et Sandy Robertson ; *Bellview Cottage* (☎ 64522), Mr Mattison ; *Forest Hills & Misty Mount Cottages* (☎ 62911), Mrs Joan Coleridge ; *Gower Park Cottage* (☎ 62911), Mrs Wilde ; *Swynnerton & Twin Streams Cottages* (☎ 81273), Mrs Manson. Pour leur localisation, consultez la carte de Vumba.

Autre établissement confortable, *Kurdalia* est un bed and breakfast géré par Mrs Hayter. Elle offre une chambre double et une chambre simple pour 40 $Z par personne. Réservez auprès du Manicaland Publicity Bureau, à Mutare.

De catégorie plus élevée, *The Castle* (☎ 210320) est une retraite reculée, d'aspect médiéval, bâtie au sommet d'une montagne près de Leopard Rock. La direction ne recule devant aucun sacrifice pour offrir un séjour aussi confortable que luxueux en pension complète (cuisine maison). Les trois chambres simples/doubles coûtent 59/102 $US, mais il faut réserver pour trois personnes au moins pour un prix minimal de 161 $US.

Le Castel étant très fréquenté, il faudra réserver longtemps à l'avance – plus d'un an, si vous souhaitez y séjourner un week-end. Les groupes jusqu'à six personnes sont acceptés, et la salle de bains est commune. L'avertissement figurant dans leur brochure publicitaire évoque la Transylvanie : "Durant la saison des pluies (de novembre à mars), il est recommandé que les groupes n'excèdent pas quatre personnes, afin de ne pas avoir à utiliser la chambre de la tour qui peut s'avérer intimidante lors des nuits d'orage."

Hôtels. Les hôtels de la région de Vumba font assaut de charme et de caractère, mais chacun d'eux vise un créneau différent du marché. L'établissement le plus proche de Mutare, c'est l'*Inn on the Vumba* (☎/fax 60 722). A la différence de maints hôtels de la région, les familles y sont bien accueillies : il possède une piscine et un terrain de jeux pour les enfants. Les chambres standards, offrant chacune une vue sur la montagne, coûtent 29/48 $Z les simples/doubles. Vous pouvez préférez un cottage indépendant, pouvant accueillir jusqu'à quatre personnes, pour 52 $US la chambre double, plus 13 $US par adulte supplémentaire et 6,50 $US par enfant. Le pub est très fréquenté par la population locale. Le transport en provenance de Mutare est assuré à la demande.

Établissement plus huppé, le *White Horse Inn* (☎ 60325), est magnifiquement situé sur Laurenceville Rd, dans une profonde vallée environnée d'arbres et de jardins. Elle est réputée pour son élégante salle à manger et sa gastronomie française. A l'heure du dîner, une tenue élégante est requise – évidemment ni jeans ni T-shirts. Le décor de chaque chambre présente un thème floral différent, agréable mais parfois un peu prétentieux, rappelant quelque bed and breakfast de la campagne anglaise. Les simples/doubles coûtent 39/54 $US, petit déjeuner compris. Toujours dans la note britannique, un cottage bâti dans le jardin offre davantage d'intimité pour 54 $US, plus 13 $US par adulte.

L'*Eden Lodge* (☎ 62000 ; fax 62001), Freshwater Rd, ressemble davantage à un safari lodge qu'à une demeure de la mère-patrie. Son salon et sa salle à manger immenses, aux hauts plafonds et aux parquets, donnent probablement sur le meilleur panorama de Vumba. Dans un charmant cottage sous les arbres, comptez 37/48 $US la simple/double, avec accès aux équipements du Leopard Rock Hotel. Essayez l'un des deux cottages confortables surplombant le précipice. A moins que les propriétaires ne se rendent en ville, le transport à partir de Mutare coûte 6 $US.

Au pied du Chinyakwaremba (Leopard Rock), l'immense *Leopard Rock Hotel* (☎ 60 115 ; fax 61165), avec ses vastes pelouses et ses somptueux jardins, ressemble à un palais. Cette demeure en pierre de taille, bâtie par des prisonniers italiens durant la Seconde Guerre mondiale, est entrée dans l'histoire en 1953, quand la reine-mère Élisabeth y séjourna lors d'une visite officielle. Très gravement endommagée en 1978, durant la seconde Chimurenga, elle est aujourd'hui restaurée et abrite le quatrième casino du Zimbabwe et l'un des ses plus luxueux hôtels. Le système de prix à trois niveaux étant en vigueur, les étrangers qui réservent à partir de leur pays d'origine doivent débourser les sommes exorbitantes de 165/220 $US (45/84 $US pour les Zimbabwéens) la chambre simple/double non loin du casino, à 350 $US (95 $US pour les Zimbabwéens) pour une suite dans la tour. Les tarifs réduits sont environ 30% moins chers.

Le droit d'entrée du golf de 18 trous s'élève à 8 $US pour les clients de l'hôtel et à 11 $US pour les autres. On peut y louer des clubs et des chariots de même que les services d'un caddie. L'établissement possède également un terrain de croquet, une pelouse de bowling, des billards, des courts de tennis et une piscine, un sauna et une salle de gymnastique. L'heure d'équitation dans la ferme Campbell-Morisson à proximité coûte 5 $US, et des circuits de découverte ornithologique de 2 heures dans la forêt de mopane du Seldomseen Ornithological Study Centre (Centre d'études ornithologiques de Seldomseen) sont proposés pour 11 $US par groupe.

Achats.

Si vous ne pouvez vous passer des spécialités gastronomiques de Vumba, pickles, miel, fromages de Vumba, biltong, café des hautes terres du Zimbabwe ou des fleurs *des protea* de la région, faites un tour au Vumba Dawn Hyper-Kiosk, au Km 21 de la route de Vumba, ainsi qu'à la Crake Valley Farm, présentée dans la rubrique *Vallées de la Burma et de l'Essex*, plus haut dans ce chapitre.

Comment s'y rendre

Si vous n'êtes pas motorisé, l'accès à Vumba se révèle assez limité. A partir du terminus du centre-ville de Mutare, un bus part pour Leopard Rock à 8h et à 15h les vendredi, samedi et dimanche, et revient à Mutare une heure plus tard. Un bus quittant Mutare à 6h se rend à la vallée de l'Essex, et un bus pour la vallée de la Burma part de Mutare à 11h.

Région de Nyanga

Les hautes terres de la région de Nyanga sont depuis fort longtemps le lieu de villégiature estivale des habitants de Harare, du moins de ceux qui peuvent s'offrir le luxe de fuir la chaleur de la ville et de passer quelques jours à pêcher ou à se prélasser dans ce pays de montagne.

Le parc national de Nyanga, zone aux paysages magnifiques autour de laquelle tourne toute la région, est davantage un lieu de vacances très fréquenté qu'un pays sauvage, mais offre tout de même quelques possibilités de randonnée en brousse, surtout le long de ses limites méridionales. A proximité, le parc national de Mtarazi Falls est une extension de Nyanga non aménagée : elle ne possède pas même un camping et le seul accès en véhicule est une piste raide creusée d'ornières menant jusqu'aux chutes Mtarazi. Immédiatement à l'est du parc se trouvent les basses terres tropicales agricoles et les plantations de thé de la vallée de la Honde.

JULIASDALE

Juliasdale n'est qu'un regroupement de cottages de vacances et d'hôtels disséminés cherchant à faire figurer un nom de ville dans leurs adresses respectives. Du centre-ville, pour autant que Juliasdale en possède un, on découvre de beaux panoramas vers l'ouest et les terres agricoles, les forêts clairsemées et les dômes de granite. Vous y trouverez une station-service, un bureau de poste et quelques petits magasins.

Où se loger et se restaurer

Pour occuper le créneau petit budget du marché touristique de Juliasdale, Frank van Rensburg a ouvert *Juliasdale Camp & Cabin* (☎ 202), alternative confortable au camping (avec d'excellentes douches chaudes) du parc national de Nyanga. L'emplacement de camping dans le jardin coûte 2 $US par personne et l'hébergement en cabanes élémentaires pouvant accueillir jusqu'à quatre personnes coûte 3,50 $US par personne. Des randonnées équestres sont proposées pour 2,50 $US de l'heure et des VTT, moyen de transport idéal pour découvrir la région, peuvent être loués pour 5 $US par jour. L'établissement propose également des randonnées guidées ainsi qu'un transport vers les différents sites intéressants du parc.

L'établissement trois-étoiles *Brondesbury Park Hotel* (☎ 341), à 30 km à l'ouest de Juliasdale sur la route de Rusape, facture 41/66 $US les simples/doubles, dîner et petit déjeuner compris, avec accès à la piscine, aux courts de tennis et à la pelouse de bowling. Un terrain de golf jouxte l'hôtel.

Plus proche de la ville, le *Pine Tree Inn* (☎ /fax 388) est aussi recommandé que réputé pour son excellente cuisine. Les simples/doubles standards coûtent 29/48 $US, dîner et petit déjeuner compris. Les suites de luxe sont proposées à 57 $US.

Le quatre-étoiles *Montclair Casino Hotel* (☎ 441 ; fax 447), qui possède l'un des quatre casinos du Zimbabwe, attire une clientèle de touristes aisés et d'élégants Zimbabwéens. Il leur offre des équipements luxueux, courts de tennis, piscine, croquet, équitation, golf, etc. Aurais-je eu les moyens de descendre dans un hôtel de cette catégorie, j'aurais préféré le Troutbeck, à proximité du parc national. Appartenant au groupe Sun Hotels, il pratique encore le système de prix à trois niveaux et n'est donc pas de bon rapport qualité-prix pour les étrangers qui payent 126/196 $US la simple/double, comparé aux tarifs appliqués aux Zimbabwéens qui s'élèvent à 42/66 $US.

La *Silver Rocks Holiday Farm* (☎ 394), propose des cottages de vacances indépendants avec une piscine, à 10 km de la route de Rusape.

Sur la route nationale entre Juliasdale et Nyanga Park, arrêtez-vous à la boutique Claremont Orchard pour acheter des truites fraîches de Nyanga et des pommes de la région.

Comment s'y rendre

Au départ de Harare, la ligne de bus Masara dessert Juliasdale et Nyanga (township de Nyamhuka) tous les jours à 7h, sauf le samedi. A Harare, prenez le bus portant la mention Nyanga/Nyamaropa à l'angle de Glenara Rd et Robert Mugabe St, ou faites lui signe en face du Chicken Inn à Msasa, sur la route de Mutare. Le prix du billet s'élève à 4 $US environ. Sinon, empruntez un bus pour Rusape, puis la correspondance avec le bus passant toutes les heures à destination de Juliasdale et Nyanga.

A partir du terminus du centre-ville de Mutare, les bus ZUPCO, Zvinoira et Masara partent toutes les heures jusqu'à midi pour Juliasdale et Nyanga. Le billet coûte 1,50 $US.

NYANGA NATIONAL PARK

Bien que l'on puisse difficilement le qualifier de vierge – presque toute la végétation naturelle des zones les plus accessibles a été depuis longtemps remplacée par des terres cultivées –, le parc national de Nyanga (33 000 hectares) représente une spectaculaire enclave dans les Eastern Highlands. Cecil Rhodes s'en éprit et, comme lui seul pouvait le faire, l'acheta pour en faire sa résidence personnelle. On ne sera pas étonné d'apprendre que le parc, comme le pays tout entier, porta son nom. On le désigne encore parfois sous le nom de Rhodes Inyanga. Nyanga signifie en africain "la corne du shaman".

Environs de Nyanga Dam

Les services administratifs du parc national de Nyanga sont regroupés autour de Nyanga Dam qui fut le site de la résidence de Cecil Rhodes. Le cottage en pierre de taille de Rhodes se dresse dans des jardins à l'anglaise et des bosquets d'arbres importés d'Europe, à côté d'un petit lac artificiel qui portait jadis le nom de son propriétaire. Le bureau des parcs nationaux (☎ 274), situé à proximité des lodges, est ouvert tous les jours de 7h à 18h.

Rhodes Museum. Le musée Rhodes, aménagé dans les anciennes écuries de Cecil Rhodes, mérite une visite attentive. On s'y attend au culte du colonisateur et de ses

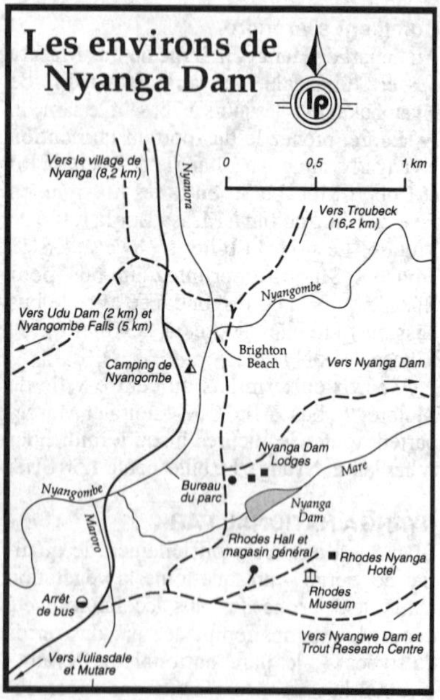

reliques, mais un espace est également consacré aux aspects positifs de l'histoire de l'Afrique noire, à la seconde Chimurenga et à ses motivations rituelles, ainsi qu'au héros de guerre et philanthrope zimbabwéen Rekayi Tangwena. Le musée est ouvert tous les jours sauf le lundi de 9h à 13h et de 14h30 à 17h30.

Brighton Beach. Entre le complexe de Nyanga Dam et le terrain de camping de Nyangombe s'étend un vaste espace dominé par une cascade de la rivière Nyangombe. Vous y trouverez une plage de sable, dont le nom de Brighton Beach n'a rien d'officiel, une pelouse verdoyante, des cabines pour se changer et un site de baignade garanti sans bilharziose – si vous êtes prêts à affronter la fraîcheur des eaux de montagne.

Fosses-enclos. Les fosses reconstruites près de Nyanga Dam contribuent à mettre cette architecture originale en perspective. En guise de comparaison, allez voir une structure non restaurée (parmi d'autres disséminées dans les environs), située dans un bosquet d'arbres derrière la fosse principale. Ces constructions sont datées du XVIe siècle.

L'explication la plus plausible indique que ces fosses aux parois en pierres sèches servaient d'enclos au petit bétail : chèvres, moutons, cochons ou veaux. On y entrait par d'étroits tunnels obscurs ; les animaux étaient parqués (et protégés) par des pieux (faisant office de barrières) passant à travers le sol de la hutte familiale édifiée sur une plateforme en pierre au-dessus du tunnel. De petites plates-formes en pierre construites autour de la fosse servaient probablement de fondations à des greniers à grain.

Fort de Chawomera. Une agréable promenade matinale de 6 km mène de Nyanga Dam au fort de Chawomera en amont de la Nyangombe ; suivez le sentier bien fléché le long de la rive nord. En voiture, on accède plus facilement au fort par la route de Troutbeck. A l'instar du fort de Nyangwe, celui-ci appartient à un ensemble d'édifices analogues bâtis dans toute la région de Nyanga et qui, bien qu'ils ressemblent à des constructions défensives, devaient plus vraisemblablement servir de postes d'observation. Des archives locales laissent penser que des sentinelles postées sur ces structures au sommet des collines, visibles par beau temps, devaient communiquer entre elles en soufflant dans des cornes de koudou.

Udu Dam. A 2 km à l'ouest de Nyanga Dam, Udu Dam est situé à l'entrée d'une profonde vallée herbeuse remontant vers les collines. Les tranquilles lodges d'Udu Dam sont des huttes basha à structure en A. Les visiteurs peuvent se baigner dans un bassin de la rivière Udu, mais si vous n'êtes pas client du campement, vous risquez d'attirer les soupçons. Des bateaux à rames sont loués 1 $US de l'heure.

Comme la végétation basse favorise une bonne visibilité, la vallée de l'Udu et les collines avoisinantes s'explorent facilement à pied, et les randonneurs sont récompensés par les nombreuses ruines non encore

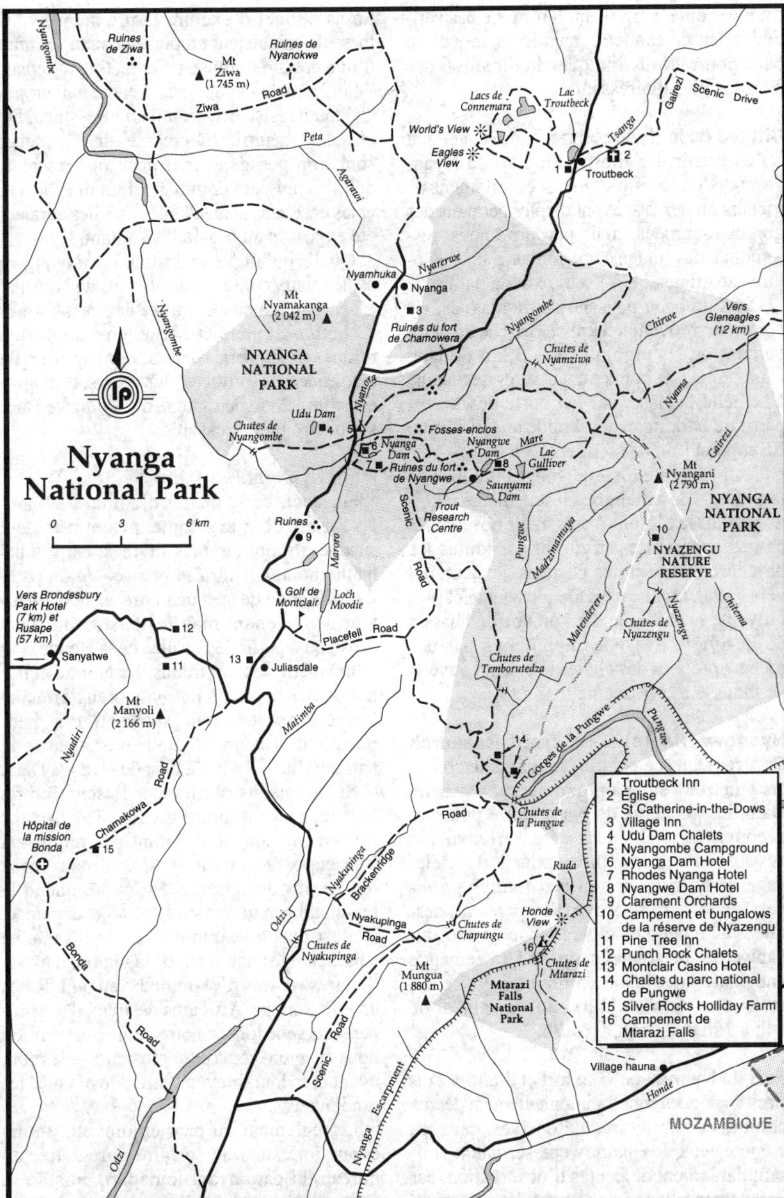
Nyanga National Park
0 3 6 km
Ruines de Ziwa
Mt Ziwa (1 745 m)
Ruines de Nyanokwe
Ziwa Road
Peta
Agarawi
Nyangombe
Lacs de Connemara
Lac Troutbeck
World's View
Eagles View
Troutbeck
Tsanga
Gairezi
Scenic Drive
Nyamhuka
Nyanga
Nyarerwe
Mt Nyamakanga (2 042 m)
Ruines du fort de Chamowera
NYANGA NATIONAL PARK
Nyanora
Chutes de Nyamziwa
Chirwe
Vers Gleneagles (12 km)
Nyama
Udu Dam
Fosses-enclos
Chutes de Nyangombe
Nyanga Dam
Nyangwe Dam
Mare
Lac Gulliver
Ruines du fort de Nyangwe
Saunyami Dam
Mt Nyangani (2 790 m)
Scenic Road
Trout Research Centre
Ruines
Maroro
Pungwe
Madzinamuya
NYAZENGU NATURE RESERVE
Golf de Montclair
Loch Moodie
Vers Brondesbury Park Hotel (7 km) et Rusape (57 km)
Placefell Road
Matendere
Chutes de Nyazengu
Nyazengu
Chitema
Sanyatwe
Juliasdale
Chutes de Temborutedza
Mt Manyoli (2 166 m)
Matimba
Gorges de la Pungwe
Nyadiri
Chamakowa Road
Road
Chutes de la Pungwe
Hôpital de la mission Bonda
Nyakupinga
Brackenridge
Ruda
Honde View
Odzi
Nyakupinga Road
Chutes de Chapungu
Chutes de Nyakupinga
Chutes de Mtarazi
Mt Mungua (1 880 m)
Mtarazi Falls National Park
Bonda Road
Scenic Road
Nyanga Escarpment
Village hauna
Honde
MOZAMBIQUE
1 Troutbeck Inn
2 Église St Catherine-in-the-Dows
3 Village Inn
4 Udu Dam Chalets
5 Nyangombe Campground
6 Nyanga Dam Hotel
7 Rhodes Nyanga Hotel
8 Nyangwe Dam Hotel
9 Clarement Orchards
10 Campement et bungalows de la réserve de Nyazengu
11 Pine Tree Inn
12 Punch Rock Chalets
13 Montclair Casino Hotel
14 Chalets du parc national de Pungwe
15 Silver Rocks Holliday Farm
16 Campement de Mtarazi Falls

fouillées qui s'y trouvent. Il n'existe pas véritablement de sentiers, mais le personnel du parc pourra vous indiquer la direction des sites les plus intéressants.

Chutes de la Nyangombe. Immédiatement à l'extérieur des limites du parc, la Nyangombe s'engouffre dans un empilement de rochers en terrasse avant de plonger dans des gorges escarpées, mais peu profondes, ressemblant davantage à une fontaine aux sculptures abstraites qu'à l'œuvre de la nature.

Dans un beau paysage de montagnes, les chutes se trouvent à 5 km de marche du campement de Nyangombe et à 3 km de Udu Dam. Portez de bonnes chaussures de marche à semelle épaisse, car la courte descente à partir du parking et aussi raide que glissante. En suivant l'un des sentiers bien balisés partant sur la droite lorsque vous approchez de la rivière, vous atteindrez les meilleurs points de vue sur la région. Après avoir observé les chutes supérieures, figurant sur toutes les brochures et les cartes postales, jetez un œil vers l'aval, où une cascade plus haute et plus bruyante se précipite dans un profond bassin de la rivière. Ne vous approchez pas des rochers proches des chutes : ils sont couverts de mousse très glissante.

Nyangwe (Mare) Dam Trout Research Centre. Dans ce centre de recherche consacré à la truite situé à proximité de Nyangwe Dam, les amateurs de pisciculture pourront découvrir les techniques mises en œuvre par des spécialistes pour la reproduction et l'élevage de la truite arc-en-ciel (*Salmo gairdneri*) et de la truite brune (*Salmo trutta*) destinées au repeuplement des rivières du Zimbabwe. Le personnel propose à la demande une visite gratuite de 15 minutes. Le centre est ouvert tous les jours sauf le samedi de 14h à 15h et de 16h30 à 17h.

Fort de Nyangwe. Si ce fort et d'autres édifices analogues sont traditionnellement décrits comme des structures défensives, ceux-ci, comme ceux de Chamowera, servaient vraisemblablement de postes d'observation, car un examen attentif de leurs éléments structurels permet d'exclure la première hypothèse. Bien que leur emplacement au sommet d'une colline traduise un caractère défensif, l'éloignement des sources d'eau aurait empêché toute résistance durant un long siège. De plus, les "meurtrières" creusées dans le rocher sont trop petites et mal positionnées pour qu'elles puissent commander un tir efficace, et les enceintes sont si larges qu'elles auraient été exposées au feu de l'assaillant.

Quelle qu'ait été sa destination, Nyangwe est le mieux conservé des fortins de Nyanga. L'enceinte principale, truffée de plates-formes de huttes-greniers et partiellement envahie d'aloès et d'arbres msasa, est entourée de cinq enceintes fortifiées plus petites. Nyangwe est situé à 2 km de marche du Nyangwe Dam sur une route carrossable.

Mont Nyangani

S'élevant à 2 593 mètres d'altitude, le mont Nyangani, dont le sommet plat et dénudé a suscité d'innombrables mythes, est la plus haute montagne du Zimbabwe. Vu du parc, il n'offre rien de spectaculaire, sa noble hauteur ne devenant manifeste, sur son flanc ouest, qu'à partir de la vallée de la Honde, soit 1 000 mètres en contrebas. La grande majorité des visiteurs un peu vigoureux effectue l'ascension jusqu'au sommet, qui peut prendre de 1 heure 30 à 3 heures à partir du parking situé à 14 km à l'est de Nyanga Dam.

Si les raisons d'effectuer l'ascension du Nyangani sont nombreuses, les raisons inverses le sont tout autant : le temps est capricieux et la pluie et le vent peuvent la rendre très déplaisante. En outre, quand le brouillard *guti* tombe sur le sommet détrempé, il n'est plus question d'y voir quoi que ce soit. Selon les habitants de la région, il existe d'autres raisons d'éviter le Nyangani. Rares en effet sont les Africains désireux d'y grimper – quoique lors de notre dernière ascension nous en ayons rencontré plusieurs –, le mont ayant la redoutable réputation de dévorer les randonneurs.

Le règlement du parc enjoint aux futurs excursionnistes de se faire enregistrer au bureau du parc avant le départ, puis de se faire pointer au retour. Au pied du mont Nyan-

La flore et la faune de Nyanga
Les paysages de Nyanga hésitent entre le subtil et le spectaculaire. L'essentiel des hautes terres, de 2 000 à 2 300 mètres au-dessus du niveau de la mer, comprend des montagnes granitiques et des landes de bruyère. Elles sont le bastion de la fleur nationale du Zimbabwe, le lis flamme, dont la couleur va du rouge à l'orange. Nombre de ruines de la région ont été envahies par les aloès rouges et les *protea*, dont les fleurs roses semblent avoir été créées par une imagination débridée. Les régions de moindre altitude, comme les profondes gorges de Pungwe ou le vertigineux escarpement de Nyanga, offrent une végétation semi-tropicale endémique, ainsi que des panoramas sur des régions presque tropicales situées en contrebas, où fougères, orchidées et bois de feuillus remplacent la bruyère et les herbages des hauteurs.

S'il n'existe pas à Nyanga de vastes troupeaux d'animaux d'Afrique, le parc n'est cependant pas complètement dépourvu de faune. Ainsi, les Eastern Highlands constituent l'unique habitat du pays du cercopithèque à collier blanc et du céphalophe bleu, la plus petite antilope du Zimbabwe. Les autres animaux que l'on peut y rencontrer sont, notamment, le babouin, la hyène, l'oréotrague, le koudou et le redunca. Quelques léopards y vivent, aussi discrètement que les autres léopards partout ailleurs. Parfois, l'on découvre des traces de la présence de lions ou de buffles, mais ces animaux sont très rarement observés. ■

gani, vous verrez un intimidant panneau d'avertissement soulignant les incertitudes climatiques et interdisant l'ascension au enfants. Si vous êtes toujours partant, mettez-vous en route le plus tôt possible pour accroître vos chances de bénéficier d'un temps favorable. Les auto-stoppeurs trouveront plus facilement un conducteur dans la région de Nyanga Dam. Sinon, ils devront affronter une marche de 15 km à l'aller, et la même chose au retour.

Du mont Nyangani à la vallée de la Honde. Si vous souhaitez effectuer une promenade de 3 ou 4 jours relativement facile – mais pas entièrement directe –, vous devriez envisager l'itinéraire de plus en plus fréquenté descendant du mont Nyangani dans la vallée de la Honde.

A partir du parking situé au pied du mont Nyangani, un sentier contourne la base de ce dernier vers le sud. Après avoir atteint le sommet du mont, vous pourrez soit redescendre vers le parking par l'itinéraire de la montée, puis suivre le sentier menant vers le sud, soit descendre le versant sud-ouest de la montagne pour rejoindre le chemin à 4 km au sud du parking (cette option n'est réservée qu'aux randonneurs expérimentés).

Au sud du parking, une piste que peuvent emprunter des 4x4 serpente sur 12 km à travers des collines herbeuses avant de s'élargir en une route plus carrossable. Cet itinéraire traverse en partie la récente réserve naturelle privée de Nyazengu (Nyazengu Private Nature Reserve), aux droits d'entrée peu élevés, lieu idéal pour se reposer un ou deux jours. La réserve offre deux campements dont l'un est un site non aménagé situé à côté des spectaculaires chutes de Nyazengu, ainsi qu'un bungalow de six personnes, le *Stonechat Cottage*, loué pour 30 $US. Pour réserver, contactez Nyangani Farms (☎ 303518), 128 East Rd, Mt Pleasant, Harare.

En vous dirigeant vers le sud à partir de Nyazengu, vous bénéficierez de 10 km de beaux panoramas du haut de l'escarpement avant de descendre vers les abords supérieurs des gorges de la Pungwe (Pungwe Gorge), à Pungwe Drift. A Pungwe Drift ont été aménagés quelques chalets des parcs nationaux, détruits durant la seconde Chimurenga mais reconstruits depuis et proposés à la location. De là, un trajet de 1 heure vous emmènera au sommet des chutes de la Pungwe hautes de 240 mètres. Les tourbillons d'eau glacée, sans bilharziose, sont propices à la baignade pour les plus courageux. Entre Pungwe Drift et les chutes, il existe plusieurs sites de camping possibles bénéficiant d'eau potable en abondance provenant de la rivière Pungwe. Le site le plus prisé se trouve sur la barre sablonneuse à proximité de Pungwe Drift.

A partir de Pungwe Drift, suivez la route peu fréquentée revenant vers l'escarpement et le parking des chutes Mtarazi. En route, ne manquez pas le point de vue de Pungwe (Pungwe View) qui, après un petit détour à partir de la route principale, offre une vue magnifique sur les gorges, les chutes et le mont Nyangani au loin. A environ 4 km au-delà de l'embranchement pour les chutes Mtarazi, le point de vue de Honde (Honde View) montre un magnifique panorama sur la vallée, située à près de 1 000 mètres en contrebas, et vers la frontière du Mozambique.

Après 3 km de descente, vous arriverez au camping du parc national de Mtarazi Falls. Là, un sentier mène 700 mètres plus loin à une vue des chutes de Mtarazi, d'une hauteur de 762 mètres, les deuxièmes ou troisièmes plus hautes chutes d'Afrique dit-on.

Le sentier agricole escarpé de 9 km de long (en fait un enchevêtrement de chemins), descendant de l'escarpement vers la vallée de la Honde, se trouve à plusieurs centaines de mètres du camping de Mtarazi Falls. Il est assez difficile à trouver – il commence à environ 500 mètres en remontant vers la route à partir du camping –, mais le parking isolé situé à proximité vous indiquera peut-être la bonne direction. Le chemin bifurque au cours de la descente : prenez l'embranchement à droite et vous déboucherez sur la route de la vallée de la Honde, à environ 1 km au-dessus de Hauna, où vous pourrez prendre un bus pour Mutare. Un mot d'avertissement : la vallée de l'Honde étant infestée de mambas noirs, faites très attention où vous posez les pieds.

Chutes de la Nyamziwa

Les chutes se trouvent à 1 km au nord de la boucle septentrionale de la route entre Nyanga Dam et le mont Nyangani. Leur partie supérieure ressemble à un immense toboggan (résistez à la tentation de l'essayer !) qui débouche sur une chute tombant 30 mètres plus bas dans les gorges. C'est un lieu idéal pour quelques heures de détente au soleil, surtout après l'ascension matinale du mont Nyangani, accessible après une marche facile de 5 km.

Troutbeck

Le charmant *Troutbeck Inn* (☎ 305 ; fax 474), fondé par un irlandais, le major Robert McIlwaine, est situé à 2 000 mètres d'altitude. La gastronomie y est 100% anglaise – thés à la crème, puddings du Yorkshire et tourtes au gibier – et le climat parfaitement assorti. La tradition veut que le feu de bois flambe dans la cheminée du hall depuis la création de l'hôtel en 1950 ! Les courts de tennis et de squash, la piscine, les terrains de tir et de

La sylviculture au Zimbabwe

Au sud du parc national de Nyanga s'étendent des collines boisées sillonnées de routes forestières et ponctuées de zones déboisées, source du papier zimbabwéen à l'aspect pulpeux caractéristique.

Les pentes de la région de Nyanga, à l'origine couverts de feuillus, furent déboisés par ses premiers habitants pour les besoins de l'agriculture. Les vastes bosquets de conifères, d'eucalyptus et d'acacias qui les remplacent sont des arbres de culture. Le premier projet de sylviculture moderne du Zimbabwe fut lancé en 1905 par John Meikle dans la région de Penhalonga ; 25 ans plus tard, quand le gouvernement s'impliqua à son tour dans ce type d'exploitation, les plantations commencèrent à s'étendre vers le nord. Dans les Eastern Highlands, ces forêts recouvrent aujourd'hui une superficie de près de 1 000 km^2 et ne cessent de s'étendre.

Si de nombreux touristes considèrent cependant que les coupes de bois à une si grande échelle défigure cette région, par ailleurs superbe, il faut voir que l'exploitation de forêts non endémiques permet au pays de maintenir son capital en termes de devises étrangères. Les forêts de pins couvrant 700 km^2, sont destinées à la production de bois de charpente et de papier. Plus de 300 km^2 sont consacrés à l'eucalyptus utilisé comme bois de chauffe et de charpente. L'acacia noir, une nouvelle essence semblable à une fougère, exploité pour son écorce à tan, semble en pleine expansion. Ces vastes plantations confèrent au paysage des Eastern Highlands un caractère nord-américain. ■

golf, le lac privé destiné à la pêche à la truite, les pelouses et les écuries soulignent davantage encore l'atmosphère typiquement résidence campagnarde du lieu. Malheureusement, l'établissement a été récemment racheté par Sun Hotels : le système de prix à trois niveaux y a fait son apparition, interdisant désormais à la plupart des touristes l'accès à ce site superbe. Les étrangers payent 126/196 $US la chambre simple/double avec vue sur le lac, dîner et petit déjeuner compris. Le tarif plus abordable de 42/66 $US est appliqué aux Zimbabwéens.

Même si vous ne séjournez pas à Troutbeck, allez voir dans le village la belle église St Catherine-in-the-Downs (Sainte-Catherine-des-Collines), parfaitement entretenue. Le petit cimetière de l'église abrite la tombe du colonel Robert McIlwaine (mort en 1983), qui créa Troutbeck et les lacs de Connemara.

Lacs du Connemara

Ces lacs étonnants, environnés de forêts de pins, furent créés par le même irlandais souffrant du mal du pays qui fonda le Troutbeck Inn. Malheureusement, ils sont inaccessibles au public, et il est à peine possible de les apercevoir, défendus qu'ils sont par des clôtures, des grilles, des chiens méchants, des systèmes de sécurité et autres panneaux "entrée interdite".

Site de World's View

Au sommet du massif de Troutbeck, le site de World's View, qui domine un précipice, est situé à 11 km de Troutbeck, au bout d'une sinueuse route de montagne. Comme son nom l'indique ("Vue sur le monde"), ce site géré par le National Trust offre un vaste panorama sur le nord du Zimbabwe. Les droits d'entrée de 0,25 $US sont affectés à l'entretien des pelouses paysagées et des équipements de pique-nique.

L'accès le plus intéressant se fait à pied : suivez le sentier escarpé de 4 km menant au sommet qui commence à 6 km au nord du village de Nyanga. Sinon, vous pouvez faire du stop à partir de Troutbeck. Comme le site de World's View se trouve sur la plupart des itinéraires de la région de Nyanga, vous devriez trouver sans trop de difficultés un conducteur, sauf peut-être en juin, quand tout, ou presque, semble fermé dans le parc. Même si personne ne vous prend en stop, la marche au départ de Troutbeck est aussi agréable que directe. Cependant, les bus pour Troutbeck étant épisodiques, vos chances de pouvoir attraper une correspondance demeurent très minces.

Nyanga

Distant de 1 km du township de Nyamhuka par la route nationale, Nyanga semble chercher à déstabiliser le visiteur, avec ses jardins magnifiquement entretenus et ses haies manucurées. Le terrain communal, la minuscule bibliothèque et la petite église en pierre, dominés par l'imposant massif de Troutbeck, rappelleront très certainement aux Anglais leur pays natal, ce qui semble intentionnel. Ne manquez pas la charmante haie à côté de l'hôtel, certainement sans équivalent dans cette partie du monde.

Aussi intéressante que surprenante, l'excellente coopérative de tissage Zuwa Weaving Cooperative (zuwa signifie "jour" ou "soleil"), est située derrière le bureau de poste du village. Vous pourrez y achetez diverses couvertures et carpettes aussi robustes que bien confectionnées, en laine ou en coton, ou des écharpes en mohair. Ses créations, parmi les plus originales du Zimbabwe, valent la visite. La coopérative est ouverte du lundi au vendredi de 8h à 16h et le samedi de 8h à 14h. Autre magasin artisanal, Dilly's Craft Shop commercialise notamment des couteaux faits main à manche d'ébène et d'autres objets intéressants.

Les autres commerces implantés à Nyanga sont une station-service, une petite épicerie et un marchand de boissons. Le jardinier résidant derrière l'hôtel vend des légumes frais. La Zimbank effectue les opérations de change les lundi, mardi, jeudi et vendredi de 8h à 13h, le mercredi de 8h à 12h et le samedi de 8h à 16h. A proximité, Rochdale Store change également les devises étrangères ainsi que les chèques de voyage.

Le township de Nyamhuka, au caractère complètement différent, est le terminus des bus de Mutare, Rusape et Harare. Lorsque vous serez rassasié de style british et aspirerez de nouveau à l'Afrique, la visite de Nyamhuka vous remettra dans l'ambiance ! Quelques magasins et étals vendent des produits alimentaires bon marché, un "crafts village" délabré des objets artisanaux, et vous y trouverez une atmosphère plus décontractée que sur les hautes terres de Nyanga. A l'entrée de Nyamhuka, une exposition de sculptures shona propose quelques œuvres à la vente.

Point de vue et gorges de la Pungwe

Si vous circulez sur les routes de traverse entre Nyanga et les chutes de Mtarazi, prenez l'embranchement du point de vue de Pungwe (Pungwe View) pour admirer les spectaculaires gorges de la Pungwe, immédiatement à l'intérieur de la frontière sud du parc national de Nyanga. Les pentes tronquées du mont Nyangani s'élèvent au loin et, en contrebas, le paysage descend vers la rivière. A partir du point de vue, on peut apercevoir le sommet des chutes, hautes de 240 mètres, avant qu'elles ne s'engloutissent dans la végétation luxuriante qui tapisse les gorges.

A 4 km environ au nord du point de vue, en longeant Scenic Rd, une bifurcation descend vers Pungwe Drift. De là, une agréable promenade d'une demi-heure vers l'aval mène à des bassins propices à la baignade situés au-dessus des chutes. Sinon, suivez le sentier pédestre descendant jusqu'à Pungwe Drift à partir de Pungwe View.

Au nord-est de Pungwe Drift, le sentier remonte vers la lande. Après 10 km environ, il se détériore et traverse la réserve naturelle privée de Nyazengu (Nyazengu Private Nature Reserve) ; 12 km plus loin, il débouche sur le parking du mont Nyangani. Le chemin de randonnée du mont Nyangani à la vallée de la Honde traverse la Pungwe à Pungwe Drift.

Pour découvrir la rivière sous un angle différent, adressez-vous à Far & Wide Zimbabwe (☎ 26329), PO Box 14, Juliasdale, qui organise des descentes en raft et en kayak en eaux vives, de décembre à avril, si le niveau des eaux le permet. Les circuits proposés vont de l'excursion d'une demi-journée à l'expédition de 7 jours avec camping. La descente en eaux vives de 5 heures, très appréciée, coûte 50 $US et part du Km 6 de Brackenridge Rd.

Les pouvoirs publics ont malheureusement approuvé récemment le très controversé "Pungwe Water Supply Project", projet destiné à fournir à Mutare un approvisionnement fiable en eau. Ce dernier implique le percement dans les rochers d'un tunnel de 4 km de long et la construction d'un aqueduc jusqu'à la station hydraulique d'Odzani.

Aucune étude d'impact sur l'environnement n'a été réalisée, mais il est certain que ce projet aura des conséquences très importantes. La diminution du débit de la Pungwe provoquera celle des chutes et donc de la quantité d'eau disponible dans la vallée agricole de la Honde. De plus, cela se traduira par un accroissement de la salinité des zones humides des plaines du Mozambique, et affectera très certainement l'approvisionnement en eau de Beira. La solution moins agressive, qui consiste à construire un aqueduc à partir de la Odzir, permettrait d'économiser environ 30 millions de dollars US, mais celleci a été provisoirement rejetée. Fort heureusement, la Banque mondiale a fait savoir que le financement ne pourrait débuter qu'après l'achèvement d'une étude de faisabilité et d'impact sur l'environnement complète.

Activités sportives

Les cours d'eau et les lacs de Nyanga abondent en truites arc-en-ciel, brunes et saumonées. Le permis de pêche coûte 1/7/ 13 $US par jour/semaine/saison sur tous les sites, sauf dans les lacs de retenue (dam) de Gulliver et de Saunyami (Purdon), où il revient à 2,50 $USD par jour. La pêche est autorisée entre 5h et 6h30 du matin. Les saisons de pêche dans les différents sites sont les suivantes : Mare Dam (décembre à août) ; Nyanga Dam (août à avril) ; Udu Dam (avril à décembre) ; Gulliver et Saunyami (Purdon) Dams (octobre à juillet) ; toutes les rivières (octobre à mai).

Les randonnées guidées équestres de 1 heure 30/6 heures dans les sites archéologiques de la région de Nyanga Dam coûtent

5/16 $US par personne. Réservez auprès du bureau des parcs nationaux (☎ 274) près de Nyanga Dam.

Où se loger

Camping. Le *Nyangombe Camping & Caravan Site* des parcs nationaux est situé entre la Nyangombe et la route nationale. Ses bois de conifères rappellent les parcs nationaux d'Amérique du Nord. Il possède des douches chaudes et des baignoires, des barbecues à braai et des toilettes.

Il est officiellement interdit mais officieusement toléré de camper dans les autres zones du parc, et si vous y campez, demeurez discrets. L'administration du parc semble ne pas comprendre que l'on puisse apprécier de passer la nuit sous une tente lors d'une randonnée de plusieurs jours, mais n'organise pas d'expéditions punitives à la recherche d'éventuels contrevenants. Faites tout simplement preuve de réserve. Le mont Nyangani est un cas à part : les randonneurs doivent se faire enregistrer au bureau du parc avant d'entreprendre l'ascension et doivent revenir pointer le même jour après la descente. Si vous effectuez l'ascension en route vers les gorges de la Pungwe, vous devrez renoncer à vous faire enregistrer, et si vous poursuivez vers le sud du parc, vous ne devriez pas avoir de problèmes.

Lodges et cottages. De confortables lodges des parcs nationaux sont aménagés à Udu Dam, Nyanga Dam et Nyangwe Dam, tous à quelques kilomètres de la principale zone de service du parc. L'administration des parcs nationaux loue également deux lodges reculés à Pungwe Drift, non loin de l'extrémité sud du parc.

Si vous préférez loger en cottage de vacances indépendant, vous pourrez choisir entre le rudimentaire *Brackenridge Cottage* (☎ 26321), qui bénéficie d'une situation idéale à 3 km des chutes de la Pungwe, et *Nyanga Mountain Haven* (☎ 721696, Harare), à côté des lacs du Connemara. Les *Ezulwini Cottages* (☎ 61121), très calmes, sont installés au nord de Troutbeck sur les pentes du mont Rukotso, à la limite de la réserve forestière de Nyangui ; ils dominent un cours d'eau idyllique au lit interrompu par des bassins et des chutes. Aucun magasin ni service ne se sont implantés près de ces établissements ; lors de votre réservation, demandez ce qu'il vous sera nécessaire d'apporter.

Hôtels. Le petit *Village Inn* (☎ 336 ; fax 335), aussi sympathique qu'élémentaire, situé sur la route à l'extrémité du village de Nyanga, est une bonne alternative au camping. Le restaurant propose d'excellents repas à la table d'hôte (il prépare les légumes de son potager) et s'il fait froid à l'extérieur, vous pourrez vous réchauffer près du feu de bois qui flambe dans la cheminée du salon, où le piano est à la disposition de la clientèle. Avec le dîner et le petit déjeuner, les chambres simples/doubles avec baignoire coûtent 25/41 $US. Les chambres simples pour petit budget, sans équipement privatif, sont à 18 $US et les cottages à 23 $US par personne.

L'établissement une-étoile *Rhodes Nyanga Hotel* (☎ 377 ; fax 477), près de Nyanga Dam, qui possède une véranda tropicale et des jardins bien entretenus, n'est pas non plus un mauvais choix. Aujourd'hui plus calme que naguère, c'est une adresse assez sympathique et décontractée, ayant abandonné sa déférence envers la mémoire de celui qui figure sur son enseigne et qui résida jadis dans ce site. Les chambres avec s.d.b. communes coûtent 22/36 $US les simples/doubles (dîner et petit déjeuner compris) ; avec équipements privatifs, 26/43 $US. Les rondavels simples/doubles reviennent à 19/29 $US.

Pour tout renseignement concernant *Troutbeck Inn*, qui mérite un traitement particulier, consultez la section *Troutbeck* plus haut dans ce chapitre.

Où se restaurer

Hormis les salles à manger d'hôtel, vous ne trouverez guère d'établissements servant des repas. Le magasin Rochdale, dans le village de Nyanga, fait office d'épicerie ; l'autre option, ce sont les étals du marché du township de Nyamhuka. Si vous cherchez des produits laitiers frais et des produits locaux, allez à la *Nyamoro Farm*, à Troutbeck. Elle est ouverte tous les jours sauf le samedi de 8h30 à 12h et de 15h à 17h30. Prenez la route au nord de Troutbeck et tournez à gauche au sommet de la colline, après le panneau "jersey cow", puis prenez de nouveau à gauche au portail comportant un panneau.

Comment s'y rendre

Entre 7h et 8h, des bus partent de Nyamhuka pour Harare, Mutare, Masvingo et Bulawayo. Pour les détails, reportez-vous à la rubrique *Comment s'y rendre* du chapitre *Juliasdale* ; tous les bus passant par Juliasdale proviennent ou vont en direction du township de Nyamhuka. Dans le parc national, l'arrêt de bus est situé devant le camping de Nyangombe.

NORD DE NYANGA

Les régions de hautes terres s'étendant au nord de Nyanga, qui abritent le plus grand nombre de ruines pré-coloniales du Zimbabwe, ne sont pour l'essentiel accessibles qu'en voiture particulière. Mais comme les ruines les plus intéressantes ne se trouvent qu'à 22 km environ du village de Nyanga, il est possible de s'y rendre à pied. La région servait naguère de zone d'entraînement pour les guérilleros du Frelimo, mais les visiteurs ne sont plus contraints de demander une autorisation d'accès auprès des militaires.

Ruines de Ziwa et de Nyahokwe

En roulant vers le nord à partir du village de Nyanga, vous pourrez voir maints exemples des antiques terrasses qui caractérisent la région. Les ruines de Ziwa (Ziwa Ruins), qui s'étendent sur plus de 80 km^2, constituent le plus vaste vestige archéologique de la région. Anciennement appelées "ruines de Van Niekerk", du nom du Boer qui les montra en 1905 à l'archéologue Donald Randall McIver, elles ont été rebaptisées et s'appellent désormais Ziwa, du nom de la montagne qui s'élève à 1 745 mètres d'altitude (nommée elle-même Sa Ziwa, en hommage à un chef karanga du XIXe siècle).

Les murs parallèles, les plates-formes d'habitation, les terrasses cultivées, les enceintes circulaires, les fosses-enclos et les moellons dispersés sur le terrain sont considérés comme autant de signes de l'existence d'une ancienne communauté agricole karanga, composée de fermiers étroitement associés à des fins défensives. A l'exception de quelques fouilles pratiquées à la recherche d'objets divers, ces ruines postérieures à Great Zimbabwe sont demeurées quasi en l'état depuis que leurs habitants d'origine ont abandonné le site. Des sièges en pierre et des meules à grain encastrées dans des niches sont également mis en valeur. Une petite présentation explicative souligne le peu que nous savons concernant cet ensemble archéologique.

Probablement construit par des tailleurs de pierre, Nyahokwe (Nyahokwe Ruins), dont le nom provient du chef karanga Hokwe, serait, davantage que le vaste Ziwa, un village fortifié. Bien qu'il fut habité jusqu'au XIXe siècle, ce site bâti au sommet d'une colline est attribué aux tribus migrantes qui, pense-t-on, auraient également édifié Great Zimbabwe. Comme les habitants pratiquaient probablement la fonderie, il est vraisemblable que ces ruines soient le vestige d'une activité de concassage du minerai. Pour l'anecdote, ne manquez pas de voir le genévrier solitaire (*Juniperus procura*) qui, pour autant qu'on le sache, est le seul de son espèce au Zimbabwe.

Comment s'y rendre

L'itinéraire le plus court menant aux ruines de Ziwa tourne vers l'ouest à partir de la route principale, à environ 1 km au sud du village de Nyanga. Après 11 km, prenez à droite et continuez sur 10 km jusqu'au site. Une meilleure solution consiste à passer par Nyahokwe ; la route se dirige vers l'ouest à 14 km au nord du village Nyanga. Après 5 km, vous parviendrez à l'embranchement menant vers Nyahokwe, qui se trouvent 1 km plus loin. Si au lieu de tourner vers l'ouest, vous continuez tout droit sur 8 km, vous arriverez à Ziwa. Sans véhicule, votre seule possibilité sera la marche à pied, qui se révèle agréable, ou de tenter de faire du stop, entreprise quasi désespérée. Il est possible de camper partout dans la zone.

MTARAZI FALLS NATIONAL PARK

Le minuscule parc national de Mtarazi Falls s'étend immédiatement au sud du parc national de Nyanga et constitue avec ce dernier, pour des raisons pratiques, une même entité. Son attraction principale, les chutes de Mtarazi, d'une hauteur de 762 mètres, n'est guère plus qu'un filet d'eau qui, après avoir atteint le rebord de l'escarpement, plonge nonchalamment en longues cascades disparaissant dans la forêt en contrebas.

Selon Mark et Hazel Igoe, les auteurs de la brochure *The Manicaland Guide*, le bassin situé au pied des chutes abrite des esprits aquatiques qui attirent l'imprudent vers le fond. C'est pourquoi, il est peut-être heureux que ce bassin soit assez difficile d'accès.

Point de vue de la Honde

Les conducteurs roulant sur la route de Mtarazi Falls ne se rendent en général pas compte de l'abrupt escarpement qui plonge à gauche de la chaussée. Lorsqu'ils s'arrêtent au point de vue de la Honde (Honde View), puis se frayent un passage sur les rochers jusqu'au bord, c'est alors qu'ils prennent brusquement conscience de l'altitude en découvrant le patchwork des cultures dans la large vallée très en contrebas.

Où se loger

Un camping des parcs nationaux a été récemment aménagé à côté du parking des chutes.

Comment s'y rendre

A partir de l'itinéraire principal Mutare-Nyanga, prenez la route de la vallée de la Honde, puis après quelque 2 km, tournez à gauche dans Scenic Rd. L'embranchement à droite pour les chutes est à 16 km de là, sur une route parfois difficile. Suivez cette dernière sur 7 km jusqu'au parking, à partir duquel vous devrez marcher environ 1 km, en descendant à travers une forêt clairsemée et des herbages, jusqu'au point de vue le plus spectaculaire.

Bien que le l'auto-stop ne soit pas impossible, prévoyez de longues attentes et rappelez-vous que la plupart des conducteurs considèrent les chutes de Mtarazi comme un arrêt obligatoire sur leur circuit de visite de la région de Nyanga. Pour plus de renseignements, voir la description de la randonnée du *Mont Nyangani à la vallée de la Honde* dans ce chapitre.

VALLÉE DE LA HONDE

Ancien repaire des commandos mozambicains du MNR, cette pittoresque vallée (Honde Valley) est séparée du reste du Zimbabwe par les monts Nyanga. Ce bassin de basses terres bien irriguées, univers bien différent des hautes terres de climat frais qui le dominent à l'ouest, abrite quelques-unes des plus riches terres communales du pays. Cette région est plus particulièrement propice à la culture du café, du thé et des fruits tropicaux, et la vue qu'elle offre sur l'imposante chaîne Nyanga (Nyanga Escarpment) est extraordinaire, surtout quand les nuages s'amoncellent au-dessus des pics.

En voiture, vous pourrez visiter les charmants Aberfoyle Tea Estates au bout de la route, qui datent des années 40. C'est ici que l'on cultive l'essentiel du thé zimbabwéen destiné à l'exportation. En été, ce paysage vallonné idyllique devient aussi verdoyant que l'Irlande. Faites le tour des plantations, visitez la manufacture, puis allez vous promener vers la série de cascades à 5 km de là.

Non loin du village de Hauna s'ouvre un sentier menant vers le bassin dissimulé dans la forêt où plongent les chutes de Mtarazi. Le chemin conduisant jusqu'au sommet des chutes, fréquenté principalement par des habitants de Hauna allant travailler sur l'escarpement, part de la route principale à environ 1 km au sud du village.

Où se loger et se restaurer

Aux Aberfoyle Tea Estates, vous trouverez l'*Aberfoyle Country Club* (☎ 213, Nyanga ou 708239, Harare), à 30 km au nord de Hauna. L'hébergement confortable est mis en valeur par les jardins, le terrain de golf, des courts de squash et de tennis ainsi que par la piscine – et par le cadre superbe. Le camping est normalement autorisé, mais on vous demandera peut-être de vous installer hors de vue du lodge. Un petit magasin ouvrier vend des produits alimentaires de base mais, si vous pouvez vous l'offrir, ne manquez pas le menu mémorable du restaurant du Country Club.

Comment s'y rendre

Des bus quotidiens effectuent la navette entre le musika de Sakubva à Mutare, et Hauna. Ils partent tôt le matin, mais ne poussent pas jusqu'aux plantations de thé. Descendez au terminus de la ligne, puis cherchez un bus local allant jusqu'à Aberfoyle. L'auto-stop est possible, mais plutôt aléatoire.

Si vous venez de Nyanga, une route bien entretenue bifurque à 27 km au sud de Juliasdale, puis traverse des forêts de pins avant de dégringoler l'escarpement jusque dans la vallée. Il existe également une route aussi raide que fastidieuse, réservée aux 4x4, descendant de Troutbeck jusqu'à l'extrémité septentrionale de la vallée de la Honde.

Région de Chimanimani

LA VALLÉE DE CASHEL

Cette vallée doit son nom au colonel R. Cashel, de la police britannique d'Afrique du sud, qui prit ici sa retraite après la Première Guerre mondiale. Elle est également à l'origine de la marque figurant sur les nombreuses boîtes de fruits et de légumes en conserve entreposées dans les rayons des supermarchés, bien que rares soient les zones cultivées aujourd'hui dans cette vallée. Dans les années 70, la vallée fut le cadre d'un projet agricole prospère auquel mirent fin la corruption et l'inexpérience qui sévirent après l'accession à l'indépendance du Zimbabwe. Environnée d'un beau paysage montagneux, elle vaut un rapide détour à partir de la route Wengezi-Chimanimani.

CHIMANIMANI

Si Chimanimani aime à se qualifier de "secret le mieux gardé du Zimbabwe", ce secret paraît aujourd'hui bien éventé. Borné sur trois côté par des collines verdoyantes et s'ouvrant par le quatrième sur le mur aussi abrupt que spectaculaire de Chimanimani Range, son attrait demeure indéniable.

Le premier visiteur européen à Chimanimani fut George Benjamin Dunbar Moodie, originaire de Melsetter, bourgade de l'île de Hoy, dans l'archipel des îles Orcades. Celui-ci ne manqua pas de baptiser du nom de sa ville natale cette région montagneuse avant de faire l'éloge de sa beauté à Martinus Martin, qui y conduisit en novembre 1894 un contingent de colons d'Afrique du Sud.

Le nom de Chimanimani, attribué à la région après l'indépendance, provient du mot manyika désignant un lieu ne peut être franchi qu'à la file indienne, et faisant probablement référence à l'étroite faille par laquelle passe la rivière Msapa lorsqu'elle traverse la chaîne de montagnes du Zimbabwe au Mozambique, et que longe un étroit sentier. Le nom désigne aujourd'hui toute la chaîne de montagnes ainsi que le village.

Renseignements

C'est à la Chimanimani Tourist Association (☎ 294), PO Box 75, Chimanimani, dont le bureau est situé près de l'arrêt de bus, que vous glanerez les meilleurs renseignements. Vous pourrez vous y procurer un exemplaire des *Milkmaps Guides* pour 0,75 $US pièce, qui détaillent les randonnées dans les collines environnantes et au-delà. Le bénéfice des ventes est affecté aux services sanitaires locaux. La banque de Chimanimani n'est ouverte que le jeudi.

Chimanimani Eland Sanctuary et Nyamzure

S'étendant sur 18 km^2, la réserve d'élans de Chimanimani a été créée pour protéger des élans du Cap et d'autres antilopes qui ne pouvaient résister à l'attrait des pousses de maïs et de café ou des jeunes pins sur les terres cultivées ou boisées de la région. Ces élans, à la robe brun roux, sont les plus grandes antilopes d'Afrique : elles atteignent près de 2 mètres au garrot et peuvent peser jusqu'à 600 kg. Le plus curieux de l'histoire, c'est que les élans sont manifestement absents de la réserve : la surveillance présente apparemment des failles dans lesquelles viennent braconner les insurgés mozambicains. Vous pourrez en revanche y voir des cobes à croissant

CHRIS BARTON

TONY WHEELER

CHRIS BARTON

A	
B	C

ZIMBABWE
A : vue sur la Grande Enceinte de Great Zimbabwe
B : Passage Parallèle central de Great Zimbabwe
C : "Mère berçant son enfant", Matobo National Park

CHRIS BARTON

DEANNA SWANEY

DEANNA SWANEY

A	B
C	

ZIMBABWE

A : vue aérienne des chutes Victoria pendant la saison sèche
B : couleurs d'automne dans le Chizarira National Park
C : vue du Zambèze depuis le Deka Drum Resort

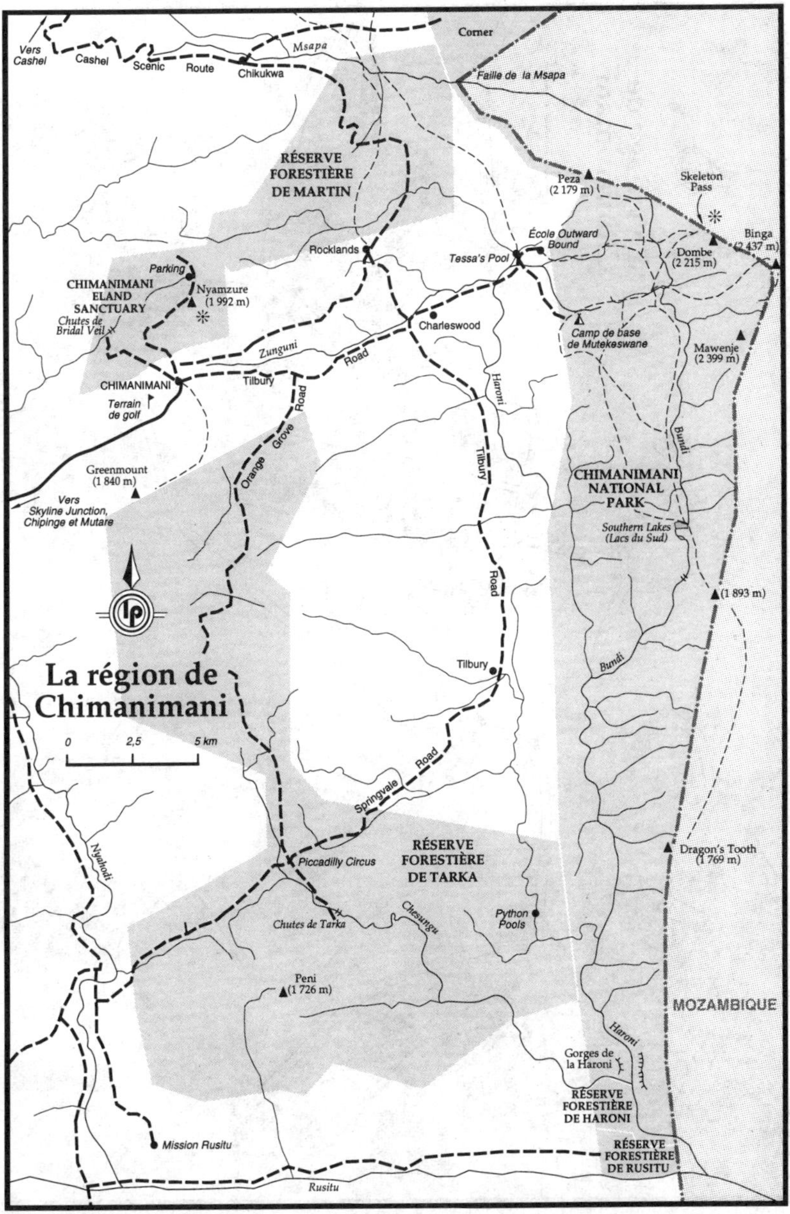
La région de Chimanimani
0
2,5
5 km
Vers Cashel
Cashel
Scenic
Route
Chikukwa
Msapa
Corner
Faille de la Msapa
RÉSERVE FORESTIÈRE DE MARTIN
Peza (2 179 m)
Skeleton Pass
Binga (2 437 m)
Dombe (2 215 m)
École Outward Bound
Tessa's Pool
Rocklands
Parking
CHIMANIMANI ELAND SANCTUARY
Nyamzure (1 992 m)
Chutes de Bridal Veil
Charleswood
Camp de base de Mutekeswane
Mawenje (2 399 m)
Zunguni
Road
Tilbury
CHIMANIMANI
Terrain de golf
Haroni
Orange Grove Road
Tilbury Road
Bundi
Greenmount (1 840 m)
Vers Skyline Junction, Chipinge et Mutare
CHIMANIMANI NATIONAL PARK
Southern Lakes (Lacs du Sud)
(1 893 m)
Tilbury
Bundi
Springvale Road
Nyahodi
Dragon's Tooth (1 769 m)
Piccadilly Circus
RÉSERVE FORESTIÈRE DE TARKA
Chutes de Tarka
Chesungu
Python Pools
Peni (1 726 m)
MOZAMBIQUE
Haroni
Gorges de la Haroni
RÉSERVE FORESTIÈRE DE HARONI
Mission Rusitu
RÉSERVE FORESTIÈRE DE RUSITU
Rusitu

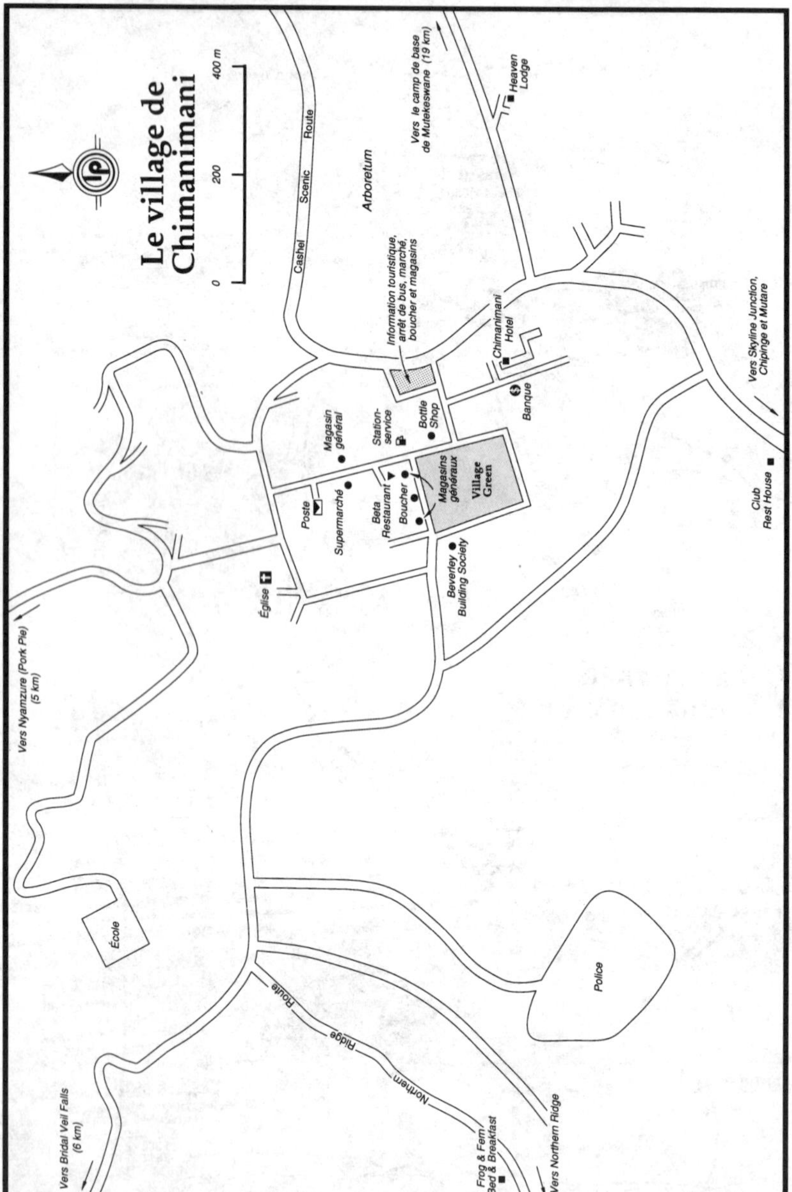
Le village de Chimanimani
0
200
400 m
Cashel Scenic Route
Arboretum
Vers le camp de base de Mutekeswane (19 km)
Heaven Lodge
Information touristique, arrêt de bus, marché, boucher et magasins
Chimanimani Hotel
Banque
Vers Skyline Junction, Chipinge et Mutare
Magasin général
Station-service
Bottle Shop
Poste
Supermarché
Beta Restaurant
Boucher
Magasins généraux
Village Green
Beverley Building Society
Église
Club Rest House
Vers Nyamzure (Pork Pie) (5 km)
École
Police
Northern Ridge Route
Vers Bridal Veil Falls (6 km)
Frog & Fern Bed & Breakfast
Vers Northern Ridge

ou des babouins, et parfois un céphalophe de Grimm, un oréotrague, voire un zèbre.

Bien que la plupart des visiteurs contournent en voiture les pentes de Nyamzure (communément appelé "Pork Pie Hill"), la piste est plus propice à la randonnée à pied. En venant de la ville, tournez à gauche à l'intersection en T au nord du bureau de poste, puis prenez la première à droite. De là, comptez 5 km de montée jusqu'au pied de Nyamzure. Un itinéraire bien balisé mène à partir de là jusqu'au sommet – un dénivelé de 120 mètres seulement – d'où l'on découvre un panorama spectaculaire sur les monts Chimanimani et les plaines du Mozambique. Pour revenir à Chimanimani, suivez la route ou redescendez simplement les collines et les crêtes.

Chutes de Bridal Veil

Situées dans un cadre luxuriant, ces gracieuses chutes (Bridal Veil Falls)sur la Nyahodi sont hautes de 50 mètres. La route qui y mène est accidentée et sinueuse, mais constitue une promenade à pied aussi facile qu'agréable. Si le camping est interdit sur les pelouses vertes, c'est un site magnifique pour se reposer ou pique-niquer dans les clairières où filtre le soleil. Le bassin ombragé dissimulé sous la chute semble inviter à la baignade, mais la température de l'eau se révélera rédhibitoire sauf aux nageurs les plus déterminés (et à ceux qui se risqueraient imprudemment à escalader les rochers glissants couverts de mousse qui l'environnent).

Pour vous y rendre, prenez la route à la sortie de Chimanimani, après les deux magasins généralistes, et suivez-la jusqu'au parking des chutes : 6 km de virages, de montées et de descentes sur des pentes boisées. Cependant, comme plusieurs vols ont déjà eu lieu sur cette route, n'effectuez pas seul le trajet et n'emportez pas d'objets de valeur.

Vous pouvez prolonger la randonnée en continuant pendant 2 km après les chutes jusqu'à la grille posée à même la route pour permettre aux voitures, mais non au bétail, de passer. Tournez alors à gauche et montez le long de la clôture jusqu'à la crête. Là, prenez à gauche le long de la limite sud de la réserve des élans de Chimanimani et suivez-la sur 4 km. Puis descendez la crête jusqu'à la route et tournez à gauche. Cet itinéraire rencontre la route des chutes de Bridal Veil à moins de 1 km du village de Chimanimani. Comptez au moins 4 heures de marche pour effectuer cette boucle, non compris le temps passé aux chutes.

Activités sportives

Des excursions équestres autour du village de Chimanimani sont proposées tous les jours sauf le week-end pour 4 $US de l'heure. Pour tout renseignement, contactez Tempé (☎ 496).

Les clients du Frog & Fern Bed & Breakfast et du Chimanimani Hotel sont *de facto* membres pour la journée du Chimanimani Country Club qui propose des courts de tennis et de squash ainsi que des tables de ping-pong et de billard. Au Tilbury Golf Club, à 22 km du village de Chimanimani, vous pourrez effectuer le parcours de 18 trous, avec une fabuleux paysage montagneux à l'arrière-plan, pour à peine 2,50 $US. Les services d'un caddie coûtent 1 $US plus le pourboire.

Où se loger

Chimanimani offre plusieurs hébergements confortables pour petits budgets, mais la clientèle du Sheraton restera sur sa faim.

Le *Heaven Lodge* (☎ /fax 450) situé à 300 mètres en contrebas de la route menant au parc national est le plus fréquenté. C'est une véritable chambre de dépannage, dont l'atmosphère oscille entre le pondéré et l'échevelé, mais les propriétaires font preuve d'un excellent goût musical, et l'établissement bénéficie de la meilleure vue en ville. Les lits de dortoir sont proposés à 4 $US par personne, les chambres à 2 lits à 11 $US, les chambres à 5 lits à 5 $US et les emplacements de camping à 2 $US par tente plus 0,75 $US par personne. L'heure de sauna est offerte à 0,75 $US par personne. La cuisine, proposant des plats végétariens, est excellente.

Autre option pour les petits budgets, la sympathique *Club Rest House* (☎ 266), à 500 mètres de Chimanimani sur la route menant à Skyline Junction, propose un hébergement dans des huttes étroites : la simple/double revient à 8/11 $US, moins si vous apportez votre propre sac de couchage. Un matelas dans le dortoir coûte 4 $US et l'emplacement de camping 1,50 $US. Au passif, mentionnons la situation sans charme et l'absence d'équipements de cuisine.

Sur les hauteurs situées derrière la village, le *Frog & Fern Bed & Breakfast* (☎ 294) est un merveilleux cottage de pierre et de chaume, à l'architecture singulière, divisé en 4 chambres pouvant accueillir six personnes en tout. Les simple/double indépendantes coûtent 15/30 $US ou 18/36 $US avec literie et petit déjeuner. La clientèle peut utiliser le salon commun, la salle à manger et les équipements de cuisine ; il est possible de louer tout le cottage jusqu'à six personnes pour 65 $US. Un cottage plus petit pouvant également accueillir jusqu'à six personnes coûte 39 $US pour trois personnes plus 7 $US par personne supplémentaire.

Le *Chimanimani Hotel* (☎ 511) est une demeure coloniale majestueuse mais défraîchie (achevée en 1953), environnée de jardins et offrant quelques-uns des plus beaux panoramas de montagne du Zimbabwe. Les chambres simples/doubles avec feu de cheminée, balcon et grande baignoire à l'ancienne coûtent 25/36 $US avec vue sur la montagne, ou 23/31 $US avec vue sur la forêt. Quelques chambres sont proposées sans baignoire pour 21/27 $US. Si, après une randonnée dans les montagnes, vous souhaitez vous immerger dans le luxe colonial (ou dans un bon bain chaud), c'est ici que vous devriez descendre. Le service de blanchissage pourra également se révéler utile.

Le camping est autorisé pour 3,50 $US par personne sur les vastes pelouses de l'hôtel bordées de jardins assez peu entretenus. Les campeurs ont accès aux salles de bains communes de l'hôtel. Même si l'établissement fait appel aux services d'un garde pour la nuit, le vol demeure un problème (les coupables sont aussi fréquemment simiens qu'humains) : enfermez vos objets de valeur et tout ce qui pourrait tenter les babouins dans la pièce-réserve de l'hôtel lorsque vous devez vous absenter. Si vous allez marcher dans le parc national, le personnel de l'établissement gardera vos bagages sans frais supplémentaire.

Où se restaurer

Le sympathique et simple *Beta Restaurant & Bar*, à côté du marché, sert des plats à la fois savoureux, copieux et bon marché. L'apparition du beignet de banane est le signe manifeste que Chimanimani est désormais bien implantée sur les sentier des randonneurs. Les murs sont couverts de graffitis témoignant du passage de nombreux voyageurs et offrant une lecture divertissante pendant que vous dégustez poulet, frites, steak, curry ou sadza ne nyama. L'établissement est ouvert tous les jours de 4h du matin à 23h.

La salle à manger du *Chimanimani Hotel* propose des plats d'une qualité improbable mais bon marché. Le buffet du petit déjeuner partiellement à l'anglaise est normalement de bon rapport qualité-prix, mais les autres repas sont variables.

Dans le village, deux petits magasins vendent l'épicerie de base et vous trouverez au marché un choix impressionnant de légumes et de fruits frais. Le Heaven Lodge commercialise le délicieux fromage de Chimanimani, qui accompagne parfaitement les randonnées en montagne.

Achats

A proximité du marché du village, un petit magasin de coopérative vend des produits artisanaux locaux, notamment des poupées et des sacs *gudza* (en écorce mâchée).

L'autre spécialité locale, le délicieux fromage de Chimanimani, à l'ail et aux grains de poivre, est affiné par une fromagère de la région et commercialisé uniquement par Heaven Lodge, à Chimanimani, et par la station de vacances Hot Springs, à Nyanyadzi. Ne manquez pas d'y goûter !

Comment s'y rendre

Deux bus quotidiens en provenance de Mutare quittent Sakubva vers 7h et 10h30. Le bus venant de Chimanimani part entre 5h et 6h. Deux bus hebdomadaires Ajay's Motorways font la navette entre Chimanimani et Masvingo.

La région n'étant guère propice à l'autostop, l'aller ou le retour pour Mutare se fera très probablement en une série de petits tronçons. L'itinéraire à partir de Chipinge est normalement plus facile que celui de Wengezi Junction (entre Mutare et Birchenough Bridge). Après avoir atteint Skyline Junction, 18 km de descente mènent au bout de la route, au village de Chimanimani. N'envisagez pas faire du stop sur Scenic Rd (la route "panoramique") desservant la vallée de Cashel, à moins que vous ne souhaitiez marcher ou vous retrouver enlisé dans la région pour un bon bout de temps.

CHIMANIMANI NATIONAL PARK

La formidable paroi montagneuse faisant face au village de Chimanimani est le cœur du parc national de Chimanimani, magnifique zone sauvage hérissée de pics et de colonnes de grès, traversée de rivières transparentes, ponctuée de vallées de savane et de forêts. L'eau est potable et la baignade dans les bassins ne présente aucun danger. Des orchidées et des hibiscus s'épanouissent sur les pentes couvertes de végétation, tandis que bruyères, aloès et maintes espèces de fleurs des prés tapissent les intermittentes plaines de savane.

Chimanimani n'étant pas un parc à gibier, ne vous attendez pas à y découvrir une faune diversifiée, hormis les nombreux babouins que l'on entend crier durant toute la nuit et quelques antilopes à la retraite – dont des céphalophes bleus, des oréotragues et des cobes à croissant –, guère plus. Les rangers affirment que les léopards y n'y sont pas rares (mais rarement observés) et que des lions et de buffles fréquentent parfois la zone, mais essentiellement dans les confins méridionaux du parc.

Tessa's Pool

Au bout d'un sentier balisé bifurquant de la route de Outward Bound vous trouverez Tessa's Pool, offrant un classique bassin de baignade ainsi qu'un abri à barbecue pour les braai. Il s'agit de l'une des séries de bassins sur trois niveaux situés à l'extérieur du parc national dans une zone appartenant à l'État. De nombreux visiteurs s'y arrêtent en route vers les montagnes, mais cette halte sera plus agréable encore à la fin d'une longue randonnée, notamment après la descente du chemin de la Hadange.

L'école Outward Bound (☎ 5440), située à proximité, loue le terrain et utilise le bassin pour ses cours, c'est pourquoi il vaudra mieux téléphoner à l'avance pour savoir si la place est libre. Il est interdit de grimper audessus du bassin ou d'y pique-niquer (un abri à barbecue est aménagé près du parking), et les visites sont restreintes entre 9h et 16h. Le nombre des visiteurs est limité à dix.

D'autre part, l'école Outward Bound nous a écrit pour nous faire savoir que les voyageurs ou les touristes ne sont pas les bienvenus durant les cours : ne les importunez de demandes intempestives !

Mutekeswane Base Camp

Le camp de base de Mutekeswane, à 19 km du village de Chimanimani, représente pour la plupart des randonneurs le point d'entrée du parc national de Chimanimani. Vous y trouverez un poste de rangers ainsi qu'un camping équipé de douches chaudes et de barbecues à braai, de même qu'un parking au bout de la route.

En été, le bureau des rangers est ouvert du lundi au vendredi de 6h à 12h et de 14h à 17h, et le samedi de 6h à 12h30. En hiver, il fonctionne de 7h à 12h et de 14h à 16h du lundi au vendredi et de 8h à 12h30 le samedi. Les visiteurs doivent s'y présenter, se faire enregistrer et payer les droits d'entrée avant de pénétrer dans le parc.

Corner

Ce récent ajout au parc national est une zone faisant saillie dans le Mozambique, séparée du reste du parc par la réserve forestière Martin (Martin Forest Reserve) et les terres communales. De fait, les deux sections du parc sont reliées par une bande d'environ 10 km de long et 33 mètres de large longeant la frontière.

Les parcs nationaux avaient prévu naguère de construire des lodges à Corner, mais l'endroit vierge de toute bâtisse demeure sauvage et accueillant. Son attrait principal, c'est très probablement l'étroit "chimanimani" passant à travers l'exigu Msapa River Gap (faille étroite), et qui a donné son nom à toute la région. Le camping est autorisé dans toute la zone, mais il est interdit de ramasser du bois de chauffe.

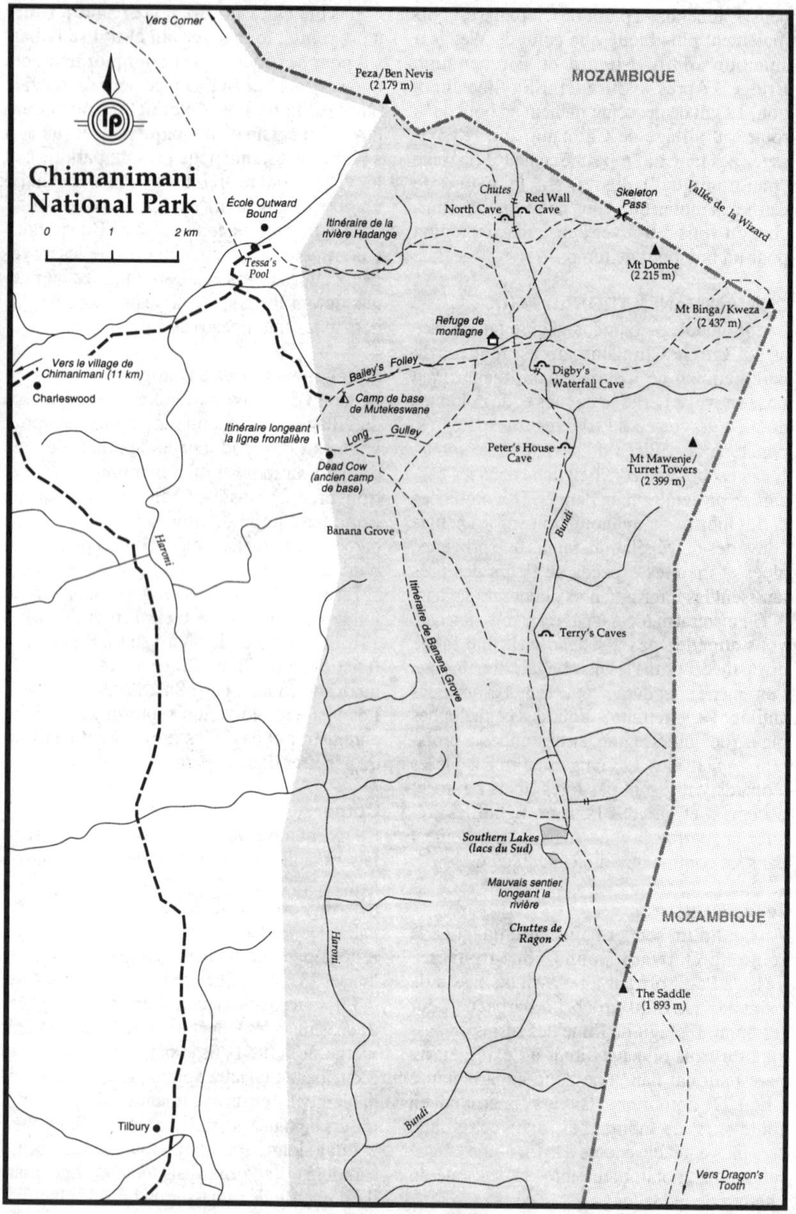

Chimanimani National Park
0
1
2 km
Vers Corner
Peza/Ben Nevis
(2 179 m)
MOZAMBIQUE
École Outward Bound
Itinéraire de la rivière Hadange
Chutes
North Cave
Red Wall Cave
Skeleton Pass
Vallée de la Wizard
Mt Dombe
(2 215 m)
Tessa's Pool
Mt Binga/Kweza
(2 437 m)
Refuge de montagne
Vers le village de Chimanimani (11 km)
Charleswood
Bailey's Folley
Digby's Waterfall Cave
Camp de base de Mutekeswane
Itinéraire longeant la ligne frontalière
Long Gulley
Peter's House Cave
Mt Mawenje/ Turret Towers
(2 399 m)
Dead Cow
(ancien camp de base)
Banana Grove
Haroni
Bundi
Itinéraire de Banana Grove
Terry's Caves
Southern Lakes
(lacs du Sud)
Mauvais sentier longeant la rivière
Chuttes de Ragon
MOZAMBIQUE
Haroni
The Saddle
(1 893 m)
Tilbury
Bundi
Vers Dragon's Tooth

Corner est accessible en voiture à partir de Chimanimani par la Cashel Scenic Route *via* la réserve forestière Martin, en direction du village de Chikukwa. Vous pouvez également rejoindre Chikukwa par le bus quotidien qui part de Chimanimani en début de soirée (et en revient tôt le lendemain matin), mais à partir de là, vous devrez encore marchez une bonne dizaine de kilomètres pour atteindre Corner.

Randonnées dans Chimanimani

Paradis des promeneurs, le parc national de Chimanimani n'est accessible qu'aux piétons. Que vous effectuez une excursion d'une journée à partir du Mutekeswane Base Camp, ou une randonnée de 5 jours avec camping dans l'arrière pays, ce site vous séduira absolument.

Les chemins pédestres de Chimanimani sont dans l'ensemble bien balisés : si vous vous perdez, ne vous engagez pas sur une piste d'herbe couchée, car ce sont probablement les traces d'un randonneur aussi égaré avant vous. En marchant dans la brousse épaisse ou en flânant sur les chemins ensoleillés, faites attention à plusieurs espèces de serpents venimeux. Vous aurez peut-être même la chance d'apercevoir un python paressant au soleil.

Toute eau en mouvement dans le parc national de Chimanimani est potable (les cours d'eau les plus rapides sont les plus purs), mais il sera sage d'appliquer les procédures de purification de l'eau expliquées dans la rubrique *Santé* du chapitre *Renseignements pratiques* au début de ce guide. La marche sous le soleil donne très soif : emportez au moins un litre d'eau par personne et, à moins que vous ne longiez la Bundi, n'oubliez pas de remplir votre gourde à la moindre occasion.

Malheureusement, les photocopies de la carte des sentiers ne sont disponibles que très sporadiquement (essayez à Heaven Lodge, au village, plutôt qu'à Mutekeswane). La carte figurant dans ce guide devrait convenir à la plupart des randonnées. La carte établie par Ordnance Survey date du début des années 30 (le parc est décrit dans les feuillets C1, C3 et C4 de la carte Melsetter au 1/50 000e) et ne comporte pas les chemins de randonnées, mais elle se révèle essentielle à toute exploration de la région à travers le bush.

Attention. Les randonneurs, et tout particulièrement ceux habitués à gravir de hautes cimes ou à battre la brousse de l'arrière-pays, doivent demeurer à tout instant conscients de la proximité de la frontière du Mozambique. Elle n'est indiquée qu'à Skeleton Pass et au Saddle, mais la présence éventuelle de mines antipersonnelles non explosées rend la question cruciale. Bien entendu, le fait de demeurer du côté zimbabwéen de la frontière n'offre aucune garantie en termes de sécurité, mais les risques sont moindres. La solution la plus sûre consiste à n'emprunter que les chemins les plus fréquentés et à ne pas s'aventurer trop au loin.

L'unique chemin conduisant aux limites sud du parc national de Chimanimani sort du pays au Saddle et pénètre au Mozambique sur 8 km avant de rentrer de nouveau au Zimbabwe à Dragon's Tooth. Cet itinéraire devrait être évité. Pour vous rendre dans les confins méridionaux du parc, effectuez en voiture toute la route contournant le parc en passant par la Rusitu Forest, ou tentez la longue marche à travers les herbes hautes et le bush le long de la Bundi et de la Haroni. Bien que l'ascension très prisée du mont Binga fasse une brève incursion dans le Mozambique (le mont Binga est le plus haut sommet du Mozambique), cet itinéraire est suffisamment fréquenté pour ne pas présenter plus de dangers que n'importe quel autre sentier de randonnées du parc.

Bailey's Folly. Bailey's Folly est l'itinéraire le plus court et le plus fréquenté entre Mutekeswane et le refuge de montagne. Un sentier direct grimpe à travers des bosquets d'arbres msasa, puis se prolonge en paliers avant de traverser une véritable et magnifique forêt de rochers verticaux. Après avoir franchi un pré, il redescend en serpentant vers le refuge dominant la vallée de la Bundi. La promenade dure de 2 à 3 heures, selon le nombre de fois que vous et votre appareil photo auront été distraits de la marche par le paysage.

Hadange River Track. Cet autre itinéraire menant au refuge de montagne commence à proximité de l'école Outward Bound et suit la Hadange le long d'un ravin ombragé pour rejoindre le chemin de la Bundi, juste en dessous de North Cave. S'il a plu récemment, le chemin risque d'être boueux, glissant et difficile ; il vaudra peut-être opter pour l'itinéraire plus commode de Bailey's Folly.

De nombreux randonneurs effectuent cependant la descente par cet itinéraire, attirés par les bassins de Tessa's Pool en bas. Le chemin étant souvent assez boueux et glissant, redoublez de prudence.

Skeleton Pass. Jadis célèbre itinéraire de guérilla entre le Zimbabwe et le Mozambique, Skeleton Pass est aujourd'hui une route commerciale de première importance desservant ces deux pays. Une marche facile de 40 minutes à partir du refuge de montagne monte vers le sommet où un panneau indique la frontière ; au-delà, le chemin serpente vers la vallée de la Wizards en contrebas.

Nombre de randonneurs font l'ascension de Skeleton Pass le matin, puis bâillent d'ennui et rebroussent chemin face au spectacle singulièrement banal d'un soleil éclatant éclairant des collines brumeuses s'évanouissant vers un horizon indéfinissable. Mais en fin d'après-midi, pourvu que le soleil brille, vous y découvrirez une vue extraordinaire plongeant vers la vallée et vers une succession de crêtes verdoyantes au Mozambique, séparées par de profondes vallées. Par temps clair, on peut voir à l'horizon la ligne bleue de l'océan Indien.

Mont Binga. L'ascension du sommet le plus élevé de la chaîne montagneuse de Chimanimani, le mont Binga, qui s'élève à 2 437 mètres d'altitude sur la frontière du Mozambique, représente une rude marche de 2 ou 3 heures à partir du refuge. Par beau temps, ne la manquez pas : la vue que l'on découvre du sommet englobe un vaste territoire et, parfois, il est possible d'apercevoir l'océan Indien par-delà le Mozambique.

Emportez au moins un litre d'eau par personne. Le dernier cours d'eau se trouve à mi-hauteur environ du sommet : buvez autant que vous le pouvez et remplissez votre gourde en prévision de l'ascension raide et surchauffée qui vous attend encore. Un site de camping à peu près plan s'étend à 150 ou 200 mètres en aval du pic, mais il ne dispose d'aucun point d'eau.

Southern Lakes. Dans un coude en U de la Bundi, les bassins assombris par la végétation appelés Southern Lakes (Lacs méridionaux)offrent un agréable site de pique-nique ou, si vous transportez une tente, un site de camping passable. La montagne s'élevant à l'est, le mont Mawenje, est également appelé "Turret Towers".

A partir des Southern Lakes, un autre chemin mène vers le Saddle au sud-est. A 4 km au sud le long de la rivière, par un chemin souvent peu visible, on atteint les chutes de la Ragon (Ragon Falls). Elles n'ont rien de particulièrement remarquables, mais constituent une agréable randonnée d'une journée à partir des Southern Lakes.

Le Saddle. A 1 893 mètres d'altitude, le Saddle est un autre col menant vers le Mozambique. Pour l'atteindre, traversez la Bundi entre le premier et le second lac des Southern Lakes et longez la rivière vers le nord jusqu'à un chemin abrupt gravissant le versant. De là, comptez 1 heure jusqu'au sommet.

Banana Grove et Long Gully. Ces deux itinéraires montant jusqu'au premier niveau de pics commencent au sud de Mutekeswane. Le chemin de Banana Grove, qui doit son nom au bosquet de strelitzias (de la famille des musacées) qui poussent à côté du sentier, offre une ascension moins raide que celle de Bailey's Folly, plus fréquentée. C'est aussi un itinéraire considérablement plus long menant jusqu'aux grottes et au refuge de montagne, mais il permet d'accéder aux Southern Lakes. Le ravin luxuriant et rocailleux de Long Gully est un peu plus abrupt, mais permet d'accéder à la grotte de Digby's Waterfall.

Descendez le raidillon partant du côté sud de la route de Mutekeswane, à environ 250 mètres à l'ouest du bureau des rangers.

En bas, frayez vous un passage dans le marécage, petit mais désagréable, puis suivez le chemin coupe-feu montant et descendant jusqu'à l'ancien camp de base de Dead Cow. Là, il bifurque brusquement vers la gauche, puis serpente tout en gravissant la pente. A l'embranchement situé au-dessus de Dead Cow, vous devrez choisir votre itinéraire : le chemin de gauche monte vers Long Gully et celui de droite vers Banana Grove. Au sommet de la crête, les randonneurs se dirigeant vers les Southern Lakes doivent prendre le chemin descendant, qui rejoint la Bundi au niveau du lac le plus septentrional des Southern Lakes. Comptez de 4 à 5 heures de marche pour cette randonnée.

L'itinéraire de Banana Grove est le plus souvent emprunté par les randonneurs revenant de la partie nord du parc vers Mutekeswane *via* les Southern Lakes. A partir du refuge de montagne, dirigez-vous vers le sud en longeant la Bundi. Examinez soigneusement le côté droit du chemin lorsque vous approchez du premier lac des Southern Lakes pour y repérer le sentier escarpé de terre rouge qui grimpe à 30 mètres environ au-dessus de l'itinéraire principal, longeant la rivière, avant de devenir horizontal. Comptez de 7 à 9 heures de marche du refuge à Mutekeswane par les Southern Lakes et Banana Grove.

Où se loger

A moins de disposer d'un véhicule ou d'avoir de la chance en stop, vous pourrez passer la première nuit au Mutekeswane Base Camp où, en raison de la forte pente, des emplacements de camping ont été aménagés sur des terrasses empierrées. Vous y bénéficierez des vastes panoramas sur les collines boisées avoisinantes et, au-delà, sur les terres rouges des plantations de café. Étonnamment, des bains chauds et des douches sont disponibles, mais comme le bloc sanitaire n'est pas relié au réseau électrique, apportez une lampe torche !

Dominant la vallée de la Bundi, après la première chaîne de pics, à 2 ou 3 heures de Mutekeswane, se dresse un classique refuge de montagne en pierre, équipé de sommiers en bois, de brûleurs à propane (mais non de couverts ni d'ustensiles de cuisine) et de douches froides. Il peut accueillir confortablement de 20 à 30 personnes, mais les étrangers doivent payer 8 $US par personne pour y séjourner, somme abusivement élevée par rapport aux normes zimbabwéennes. C'est pourquoi il reste la plupart du temps inoccupé. Si vous n'y résidez pas, l'utilisation des brûleurs est facturée 1 $US par repas.

La meilleure solution, c'est le camping. La vallée est truffée de petites grottes et de surplombs rocheux qui constituent autant d'emplacements idéals : vous n'aurez même pas besoin de transporter votre tente. Les grottes les plus agréables et les plus accessibles sont situées à proximité de l'extrémité nord de la vallée. North Cave, à 30 minutes à pied du refuge, domine une chute d'eau et offre une belle vue sur les plus hauts sommets. Le bassin au-dessus de la chute est propice à la baignade, et Red Wall Cave se trouve à 10 minutes plus loin. Comme ces grottes sont très appréciées, si vous espérez vous y abriter, vous devrez partir de bon matin du camp de base.

A une distance comparable vers la vallée à partir du refuge, vous trouverez la grotte de Digby's Waterfall, où la rivière offre un bassin de baignade, et, au-delà, celle de Peter's House. Plus loin encore, à 1 km au nord des Southern Lakes et à 2 heures de marche du refuge, la grotte de Terry (Terry's Cave) est divisée en deux salles par un mur construit en pierre. Elle est située sur la rive orientale de la Bundi et n'est guère facile à localiser, mais un chemin peu marqué y mène à partir de la rivière.

Ne laissez rien de comestible dans les grottes lorsque vous vous en absentez momentanément – les babouins pillent tout et les rongeurs se font un plaisir de grignoter la toile de votre sac à dos pour visiter son contenu.

Comment s'y rendre

Le moyen d'accès le plus sûr au parc national consiste à emprunter la navette de Eastern Tours, qui propose un transport jusqu'à Mutekeswane pour 2,50 $US par personne, pour un minimum de trois personnes. Il est possible de réserver auprès de la Chimanimani Publicity Association, de Frog & Fern Bed & Breakfast ou de Heaven Lodge.

Certains auto-stoppeur se révèlent chanceux. Demandez au Heaven Lodge et au Chimanimani Hotel s'il n'y a pas un conducteur se dirigeant dans votre direction. Sur la route, le trafic est très rare – quelques véhicules de l'armée, des parcs nationaux et de l'école agricole, ou des tracteurs des planteurs de la région.

Sinon, vous pouvez vous rendre à Mutekeswane à pied (19 km). C'est un trajet assez agréable mais vous devrez compter 4 heures de marche dans les deux sens. A partir du village de Chimanimani, prenez la route de Tilbury durant 9 km en direction de Charleswood. Là, tournez à gauche à la plantation de café et prenez immédiatement la bifurcation à droite. Après 5 km, vous atteindrez l'embranchement de Outward Bound/Tessa's Pool. De là, vous serez à 5 km du Mutekeswane Base Camp.

Un bus se rend parfois jusqu'à Charleswood, mais, partant le soir, il n'est guère commode pour les voyageurs cherchant à se rendre au parc national.

HARONI & RUSITU FOREST RESERVE

Les deux réserves forestières de Haroni et Risitu englobent en partie les vallées de la Haroni et de la Rusitu, aux confins méridionaux du parc national de Chimanimani. Ce sont les seules forêts tropicales humides du Zimbabwe, abritant des orchidées, des fougères, ainsi que des essences rares comme le caféier sauvage (*Coffea salvatrix*) et la *Rinorea arborea* à grands fruits. Les réserves sont cependant plus célèbres pour leur extraordinaire diversités d'oiseaux uniques au monde, comme la pie-grièche à casque marron, l'élégant bulbul, le hibou pêcheur de Pel, la colombe à taches bleues et le gobe-mouches de Vanga, entre bien d'autres. Des espèces rares vivent également dans ces forêts, comme la grenouille arboricole d'Argus, la civette arboricole ou le galago de Grant.

La Wildlife Society of Zimbabwe prévoit de clôturer les limites administratives des réserve, puis de créer une pépinière d'essences de feuillus ainsi qu'un centre pédagogique à proximité de l'école de Vumba. Les écoliers seraient conviés à s'occuper des jeunes plants qui procureraient ainsi une expérience pédagogique et un revenu financier à l'école. Si vous souhaitez faire un don ou obtenir davantage de renseignements, adressez-vous au Secretary, Wildlife Society of Zimbabwe – Chipinge Branch, PO Box 382, Chipinge.

Circuits organisés

Si vous ne disposez pas d'un véhicule 4x4 adéquat, la Zimbabwe Eastern Border Adventure Company, ou ZEBAC (☎ 450), à Chimanimani, organise une série de circuits dans les réserves forestières de Haroni et de Rusitu, notamment des randonnées dans la forêt tropicale de Haroni et dans la zone sud du parc national de Chimanimani, des circuits équestres, des excursions botaniques et ornithologiques, ainsi que des descentes en eaux vives, en rafting et en kayak, sur la Haroni (classe IV) et sur la Rusitu, plus facile.

Comment s'y rendre

Ces réserves reculées sont situées à la frontière du Mozambique, après 35 km de piste accidentée réservée aux 4x4, provenant du carrefour des routes entre Chimanimani, Chipinge et Birchenough Bridge. Aucun transport public ne dessert cette région isolée du pays, et vos chances de vous y rendre en stop sont quasi nulles. Peut-être pourriez-vous demander à Chimanimani où trouver Rory Duncan qui propose parfois un transport jusqu'aux réserves.

CHIPINGE

Portant le nom d'un chef local, Chipinge est située au cœur d'une région agricole prospère. Sa richesse provient essentiellement des plantations de café et de thé qui s'étendent sur les pentes vallonnées, jusqu'à la frontière du Mozambique. Un institut de recherche du café est installé à côté de la route de mont Selinda, et l'on découvre de nombreuses coupes de bois d'acacia dans les collines avoisinantes. Chipinge est également un centre laitier.

La plupart des planteurs de Chipinge sont des descendants des Boers, arrivés ici avec le "Grand Trek", qui ont créé une enclave culturelle très particulière. Cette petite bourgade aux toits de tôle ondulée, aux rues bordées de jacarandas et aux jardins fleuris de bougainvillées n'est pas sans rappeler quelque ville de l'Australie rurale.

Où se loger et se restaurer

Le *Chipinge Hotel* (☎ 2226) a certainement connu des temps meilleurs, mais à moins que vous ne soyez décidé à camper, ce sera la seule option possible. Les simples/doubles avec baignoire coûtent 20/32 $US, et 18/30 $US sans baignoire. Le restaurant de l'hôtel est moyen, mais vous n'aurez guère le choix, à part les snacks du marché, les supermarchés ou le snack-bar et vente à emporter du *Busi-Grill*.

Le *campground and caravan park* est implanté dans un lieu isolé au bord de la rivière à environ 500 mètres à l'ouest de l'agglomération, loin des bruits du centre-ville. Comptez 1,30 $US par tente, plus 0,75 $US par personne. Pour les caravanes, comptez environ 3/4 $US sans/avec raccordement à l'électricité.

Si vous préférez un site tranquille en dehors de la ville, descendez au *Kiledo Lodge* indépendant (☎ 2944), situé au nord-est de Chipinge sur une plantation de thé et de café, à 18 km le long de la route de Eastern Border. Cette zone assez unique en son genre possède des lacs de retenue, des élevages de poissons pour la pêche, ainsi que sa propre petite réserve botanique. Elle abrite en outre les rares cercopithèques à collier blanc. C'est une excellente base de départ pour l'exploration de la vallée de la Rusitu et de la réserve forestière de Haroni.

Sur la route menant à Birchenough Bridge, à côté de la Tanganda, *Buffelsdrift Guest Cottages* (☎ 226220) propose deux cottages indépendants pouvant accueillir jusqu'à douze adultes et coûtant 14 $US pour deux personnes, et 3,50 $US par personne supplémentaire. La ferme, qui produit du tabac, du café, du blé et des fruits tropicaux, abrite de nombreuses espèces d'oiseaux.

Comment s'y rendre

Chipinge est la porte d'entrée du mont Selinda ; à part cela, elle n'offre rien qui vaille le détour. Les randonneurs en route pour Chimanimani ou qui en reviennent doivent souvent patienter ici. Le terminus de bus de la place du marché (à trois pâtés de maison à l'est de la rue principale) dessert les terres communales proches, Birchenough Bridge, le lowveld et, parfois, Chimanimani. Trois ou quatre bus quotidiens partent également pour Mutare et Masvingo ; un bus fréquent dessert Mt Selinda.

MT SELINDA

Le village de Mt Selinda est bâti dans une dépression creusée au sommet d'une colline dominant les plantations de café du district de Chipinge. Organisé autour d'une mission de santé publique fondée en 1893 par l'American Board of Commissioners, il s'est développée au fil des années en un centre de formation professionnelle à vocation agricole. De fait, c'est à la mission de Mt Selinda que l'on doit le premier projet d'irrigation des régions sèches de Nyanyadzi Hot Springs. Le village qui jouxte la frontière du Mozambique fit également office de camp de réfugiés durant la dernière guerre civile que connut ce pays.

Les amateurs de monuments pourront aller voir le Swynnerton's Memorial, situé immédiatement au nord de la route menant dans le village : cette longue stèle non entretenue commémore l'œuvre de Swynnerton, naturaliste et entomologiste britannique qui s'installa au XIXe siècle à Chimanimani pour dresser le catalogue des insectes et de la flore locaux. Il y étudia notamment la mouche tsé-tsé avant de devenir, après la Première Guerre mondiale, le premier garde-chasse du territoire récemment acquis par les Britanniques, le Tanganyika (l'actuelle Tanzanie).

Chirinda Forest Botanical Reserve

La réserve botanique de la forêt de Chirinda, une forêt tropicale de 949 hectares, peut se comparer à celle de Vumba, mais elle est située loin des sentiers battus. Ses profondeurs sombres et humides sont parcourues par de nombreux sentiers, mais les amateurs de superlatifs graviteront volontiers autour de l'itinéraire de Big Tree. Ce chemin bien visible part de la route de Mt Selinda, en haut du "tunnel d'arbres" à partir de l'hôpital de la mission. Il mène au plus grand arbre du Zimbabwe (du moins à ce que l'on dit). Ce colosse vieux de 1 000 ans, de 66 mètres de haut et de 15 mètres de circonférence appartient à l'espèce *Khaya nasica* (acajou rouge).

Relativement commun sur les pentes orientales des Eastern Highlands, l'acajou rouge peut atteindre de 20 à 30 mètres de hauteur. Ses petites fleurs blanches odorantes s'épanouissent au début du printemps et son bois se polit de manière éclatante. Les Africains utilisent les graines de son fruit brunâtre pour confectionner des remèdes et des huiles aromatiques.

Chirinda possède plusieurs autres espèces d'acajou, le plus commun étant le *Trichilia dregeana* (acajou forestier) dont le bois à grain fin est rosé. Des bosquets d'acajous rouges et forestiers, de bois de fer et d'autres grands arbres poussent dans toute la réserve, plus particulièrement le long de l'itinéraire désigné sous le nom de Valley of the Giants (Vallée des géants). Chirinda est également l'un des seuls habitats du rouge-gorge de Swynnerton.

ZIMBABWE

Où se loger

La réserve forestière ne possède aucun logement ni équipement de camping, mais les campeurs pourront à la rigueur se fondre parmi les grands arbres sans se faire remarquer. N'oubliez pas d'emporter de l'eau.

Comment s'y rendre

Des bus fréquents mais non programmés effectuent le trajet de 30 km séparant Chipinge et Mt Selinda, mais il vaudra mieux faire du stop. Même si la route est peu fréquentée, Mt Selinda se trouve à son extrémité (elle se prolonge au Mozambique mais la frontière est fermée) et tous les conducteurs sauront où vous vous rendez.

BIRCHENOUGH BRIDGE

Enjambant la Save, le pont de Birchenough s'élève comme un mirage au-dessus des broussailles de cactus, d'épineux et de baobabs. Ce pont stratégique, qui figure sur les pièces de 20 *cents* zimbabwéennes, est gardé nuit et jour contre d'éventuelles attaques terroristes. D'une portée de 378 mètres, il a été conçu par Ralph Freeman, l'auteur du Harbour Bridge de Sidney, et baptisé du nom de sir Henry Birchenough, président du Beit Trust qui finança sa construction en 1935, et dont les cendres furent déposées dans l'une de ses piles. Il est interdit de photographier du haut de la travée.

Hormis l'austère beauté des terres communales de Save, le village de Birchenough Bridge s'enorgueillit d'un marché rural haut en couleurs et hors de proportion avec l'importance de la population.

Où se loger

Birchenough Bridge ne possède qu'un unique hôtel, plutôt médiocre mais sympathique, le *Birchenough Bridge Hotel* (☎ 225819), dont les chambres simples/doubles coûtent 18/25 $US. S'il possède une belle petite salle à manger, ne vous attendez cependant pas à de la haute cuisine ; essayez le sadza. Les campeurs sont autorisés à planter leur tente sur la pelouse qui offre une vue frontale du pont.

Comment s'y rendre

Du terminal de bus, vous pourrez rejoindre Harare, Mutare, Chimanimani, Chipinge, Masvingo, voire Chiredzi et Beitbridge. Le vendredi, la plupart des bus pour Masvingo partent après 18h.

NYANADZI HOT SPRINGS

La station de villégiature de Hot Springs à Nyanyadzi, à 32 km au nord de Birchenough Bridge, réduite à un tas de gravats durant la guerre est aujourd'hui reconstruite et florissante. La grande piscine est alimentée par des sources chaudes naturelles, dont les pouvoirs magiques sont aussi efficaces que les vertus curatives. Le calme de sa situation, sur les terres communales entre les hautes terres sèches et l'Odzi, renforce ses propriétés relaxantes.

Les lodges confortables reviennent à 40/60 $US les simples/doubles, literie et petit déjeuner compris. Dans un angle, une petite zone est réservée aux randonneurs : le camping coûte 4 $US par personne (comprenant l'utilisation des sources chaudes), mais seules cinq tentes au plus peuvent être plantées. Les caravanes payent 5 $US plus 4 $US par personne pour la première nuit, puis seulement 4 $US par personne et par nuit supplémentaire. L'emplacement pour la journée coûte 2,50 $US par personne.

Vous trouverez sur place un petit magasin, un salon vidéo en plein air et un fabuleux restaurant avec vue sur le lac de retenue proposant des déjeuners buffets et des dîners imaginatifs, toujours avec une option végétarienne – après tout, il s'agit d'une station thermale – ainsi qu'une grande diversité de pains et de fromages. Hot Springs est l'un des deux lieux de commercialisation du célèbre fromage de Chimanimani à l'ail et aux grains de poivre.

Durant votre séjour, ne manquez pas de faire la connaissance de Rocky, le daman de rocher qui aime se présenter à l'heure du petit déjeuner.

Comment s'y rendre

Un transport au départ de Mutare est proposé pour 2,50 $US par personne dans les deux sens. Sinon, empruntez n'importe quel bus entre Mutare et Birchenough Bridge. La station de villégiature se trouve à 100 mètres de la route nationale.

Immédiatement au nord de Nyanyadzi, en direction de Mutare, la route traverse une rivière portant le nom aussi enchanteur que singulier de Umvumvumvu, qui est une onomatopée du bruit de l'eau éclaboussant les rochers.

Les Midlands et le Sud-Est du Zimbabwe

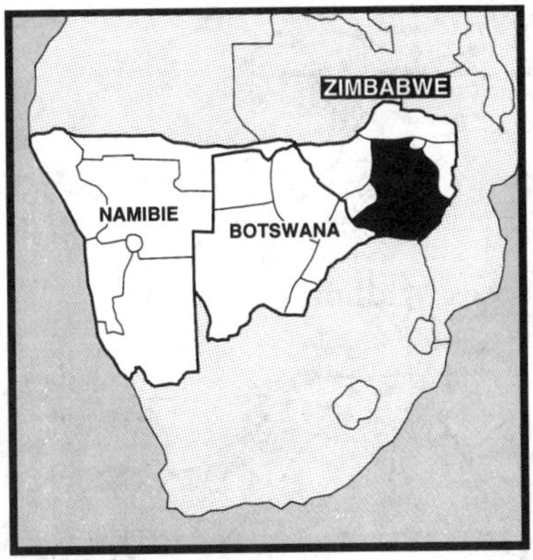

Les voyageurs qui aiment découvrir des régions considérées comme sans intérêt par l'industrie touristique trouveront leur bonheur dans les Midlands et le Sud-Est du Zimbabwe. A l'exception de Great Zimbabwe, vous n'y rencontrerez guère d'autres visiteurs, et les touristes pressés ne s'y attarderont probablement pas.

En termes géographiques, les Midlands, terres de plus haute altitude et de climat plus frais, sont appelées "highveld", tandis que le terme de "lowveld" désigne les basses terres du Sud-Est du pays. Au point de transition entre ces deux régions sont situés la ville de Masvingo et, à proximité, la fabuleuse cité de "maisons de pierre", du Great Zimbabwe, qui a donné son nom au pays.

Le "highveld", traversé par le Great Dyke riche en métaux et minerais, est historiquement le cœur de l'activité minière du Zimbabwe. Plusieurs milliers de mines étaient déjà exploitées à l'arrivée des premiers colons européens, et les filons produisent toujours assez d'or, de nickel, de chrome et d'amiante pour que les Midlands continuent à bourdonner d'activité.

L'itinéraire reliant Chegutu, la première ville au sud-ouest de Harare, à Bulawayo a été surnommé *Hunters Road* ("Route des chasseurs"), en référence aux chasseurs d'ivoire qui traversaient à la fin du XIXe siècle cette contrée jadis peuplée d'éléphants. Aujourd'hui, les quelques pachydermes survivants occupent le secteur de collines vierges s'étendant à l'ouest de Kadoma, dans les environs de la bourgade reculée de Gokwe.

Quant au lowveld broussailleux, c'est essentiellement un pays d'élevage et d'agriculture. Avec l'éradication de la mouche tsé-tsé, de vastes propriétés consacrées au bétail furent créées par les propriétaires de ranchs qui parvenaient à tirer un maigre revenu de ces terres arides et jusque là inhabitées. Plus récemment, le captage de rivières (Save, Chiredzi ou Limpopo, par exemple) a permis de les transformer en zones agricoles fertiles. Le bush a cédé place aux champs de blé, de canne à sucre et de coton, matières premières des industries nationales du sucre, de l'éthanol et du textile.

Le plus grand attrait du lowveld est, cependant, la région aussi sauvage que belle, et encore peu visitée, du parc national de Gonarezhou. Durant la guerre civile du Mozambique, il servit de garde-manger de brousse aux insurgés transfrontaliers : il demeura fermé aux étrangers jusqu'en 1994.

Midlands

Les premiers colons britanniques s'inspirèrent peut-être de leurs propres Midlands pour baptiser le centre du Zimbabwe. Cette région englobe l'essentiel des plaines s'étendant entre Harare et Bulawayo, au sud-ouest, et Masvingo, au sud.

MANYAME RECREATIONAL PARK

Le parc de loisirs de Manyame (anciennement Darwendale – Lake Robertson), de

9 km² de superficie et situé à 40 km à l'ouest de Harare, regorge de poissons-tigres, de saumons de Hunyani, de cinq espèces de brèmes et d'autres espèces encore, offrant des possibilités de pêche aussi diversifiées que productives. Le barrage construit en 1976 approvisionne en eau la capitale.

Des zones de pique-nique ainsi que des sites de camping dotés de barbecues à braai, d'eau chaude et de divers équipements ont été aménagés par les parcs nationaux. Les permis de pêche sont délivrés au bureau des parcs nationaux de Harare. Au départ de Harare, les bus publics ne se rendent que jusqu'à Darwendale et Norton ; le week-end est bien évidemment l'époque de la semaine la plus propice à l'auto-stop.

CHEGUTU

Ancienne Hartley, cette ville soporifique de 22 000 habitants fut à l'origine un comptoir commercial fondé par les Portugais au XVIIIe siècle : située au carrefour des districts de culture du coton et du maïs, d'élevage du bétail en ranch et de l'extraction de l'or et du nickel, elle s'efforce d'être un centre administratif et commercial. De fait, tout ce qui pourrait l'animer semble la traverser rapidement sans y laisser la moindre trace. Chegutu se tient en bonne place sur la liste des villes les moins vivantes du Zimbabwe. Son hôtel a brûlé à la fin des années 80 et personne n'a cherché à le reconstruire.

KADOMA

Bien que son nom signifie "silence", Kadoma est plus bruyante, plus intéressante et d'aspect plus agréable que la proche Chetugu. Elle fut fondée en 1906 par un négociant qui voulait en faire le centre de service des mines d'or voisines. La région devait se révéler si riche en minerai d'or – mais aussi de magnésite, de nickel et de cuivre – qu'elle fut surnommée le "Klondike d'Afrique" (rivière aurifère du Canada).

Bien que les activités minières perdurent dans les Eiffel Flats voisins, ainsi que le long de l'enchevêtrement de routes desservant les établissements de la Golden Valley (Vallée d'or), la bien nommée, l'industrie dominante aujourd'hui est celle du coton. Avec une population de 50 000 habitants, Kadoma s'enorgueillit de filatures, de tissages et de teintureries, de même que d'un institut de recherche sur le coton et de centres de formation aux métiers du textile.

Le touriste n'y trouvera rien de bien divertissant, mais si vous séjournez en ville son architecture coloniale méritera un coup d'œil. Notez également les divers engins à vapeur, l'autocar mozambicain et le rouleau compresseur qui se languissent derrière des barbelés le long de la route de Harare.

Où se loger

Kadoma est fière de son établissement trois-étoiles, le *Kadoma Ranch Motel* (☎ 2321, fax 2325), situé "au cœur du Zimbabwe" sur la route Harare-Bulawayo. Les chambres simples/doubles coûtent 40/46 $US, petit-déjeuner compris.

Le *Speck's Hotel* (☎ 3302), Union St, en centre-ville, est moins cher. Hormis sa façade rétro, le *Grand Hotel* (☎ 4035), Herbert Chitepo St, sur la place, n'est guère majestueux – il pourra vous intéresser si vous cherchez à lier connaissance autour d'un verre et à vous offrir une brève liaison romantique.

SEBAKWE AND NGEZI NATIONAL RECREATION AREAS

Les zones de loisirs de Sebakwe et de Ngezi comprenant de deux lacs de retenue jumeaux, situés entre les routes de Masvingo et de Bulawayo, plairont surtout aux amateurs de pêche. A la différence de ceux de la région de Harare, ils ne sont guère fréquentés et la nature y est plus prégnante. Si vous aimez les lieux décontractés – voire déserts –, vous devriez envisager de visiter l'un de ces deux parcs oubliés. Attention : les deux lacs étant infestés par la bilharziose, ne songez pas à vous y baigner.

Le mur du barrage du parc de Sebakwe (27 km^2) a été exhaussé de 7 mètres à la fin des années 80. N'eût été la récente sécheresse, Sebakwe Dam, resserré en son milieu par deux avancées du Great Dyke, serait le quatrième grand lac du Zimbabwe.

Ngezi, le plus grand des deux parcs (63 km^2), est loin de tout. Il offre des campings et des lodges loués par l'intermédiaire des parcs nationaux. Pour plus de renseignements, adressez-vous au "senior ranger" (☎ 2405 Munyati), Ngezi Recreational Park, PO Box 8046, Kwe Kwe.

Comment s'y rendre

Sebakwe se trouve à 10 km de la route Kwe Kwe-Mvuma (la bifurcation est à 18 km à l'est de Kwe Kwe) et Ngezi, à environ 90 km par la route à l'ouest de Chivhu et à 93 km à l'est de Kwe Kwe. Aucun transport public ne dessert les deux parcs, et toute tentative d'effectuer le trajet en auto-stop se soldera probablement par une perte de temps.

KWE KWE

Le nom plutôt singulier de cette ville de 60 000 habitants est une onomatopée évoquant le coassement des grenouilles, mais

ZIMBABWE

ce cri est désormais couvert par celui du progrès. Le prospectus publicitaire de la ville, qui nous apprend que Kwe Kwe est "là où l'Industrie conduit la Nation", est illustré de séduisantes photographies figurant des "rouleaux de barbelés en attente de transport", une "bétonnière automatique et un ensachement de béton réfractaire", ainsi que "la station de pompage d'eau de Dutchman's Pool". Comme si cela ne suffisait pas, elle affirme fièrement que "Kwe Kwe pourrait remplir d'eau 1 500 piscines par jour". Les grenouilles seraient certainement ravies de l'apprendre, mais on se demande pourquoi on ne plie pas bagages pour quitter Kwe Kwe au plus vite.

Si vous y passez cependant, prenez le temps de visiter le centre-ville qui regorge de magnifiques demeures coloniales, ainsi que son musée, l'un des plus beaux du Zimbabwe.

Histoire

Bien qu'elle ait perdu de son éclat, Kwe Kwe n'en possède pas moins une riche histoire. L'importance aurifère de la région est connue depuis au moins un millénaire et l'on trouve des traces d'anciennes exploitations minières dans tout le district. Les chercheurs d'or britanniques y affluèrent d'Afrique du Sud à la fin du XIXe siècle, attirés par les rumeurs d'un nouvel eldorado. Si l'exploitation de ses filons n'atteignit jamais le niveau de ceux, fabuleusement riches, situés plus au sud, Kwe Kwe produisit néanmoins un butin suffisant pour justifier son existence.

La première mine d'or moderne, et l'une des plus anciennes du Zimbabwe, fut celle de la compagnie Globe & Phoenix, installée à proximité de la ville. Au cours des années suivantes, des fonderies et des aciéries s'y implantèrent, et la ZISCO (Zimbabwe Iron & Steel Company) installa des usines analogues non loin de là, à Redcliff. Si les filons aurifères sont quasi épuisés, la région produit toujours des quantités significatives de chrome, de silice et de cuivre, les activités minières demeurant la principale source de revenu de la ville.

Mosquée

Les visiteurs qui empruntent le rond-point du centre-ville sont le plus souvent surpris d'y découvrir une mosquée peinte de couleurs vives. Kwe Kwe est le siège de la Mission islamique du Zimbabwe.

Musée national des mines d'or

Cette halte agréable propose un passionnant aperçu de l'exploitation de l'or au Zimbabwe. Accueillant le visiteur, le modèle réduit animé de la mine de Globe & Phoenix ressemble étonnamment à la mine réelle dont on peut entendre les activités non loin du musée.

Autre objet intéressant, la Paper House ("maison de papier") représente la première demeure préfabriquée du Zimbabwe. Les murs extérieurs sont en effet construits en fil de fer enrobé de papier mâché, tandis que les panneaux intérieurs sont en carton, le tout étant monté sur une structure en bois. Importée de Grande-Bretagne en 1894 pour devenir la résidence du directeur général de la mine Globe & Phoenix, elle fut ultérieurement réaménagée en bureaux.

Les vestiges mécaniques d'un siècle d'exploitation minière de l'or en Afrique australe – pompes et concasseurs, niveleuses et compresseurs – sont disséminés sur la pelouse : le gardien du musée se fera un plaisir de vous expliquer en détail le fonctionnement de chaque machine. On prévoit de construire sur le terrain un puits de mine artificiel qui devrait permettre aux visiteurs de s'enfoncer sous terre.

Le musée est ouvert tous les jours de 9h à 17h ; les étrangers payent 2 $US par personne, visite guidée comprise.

Lower Zivagwe Dam (Dutchman's Pool)

Anciennement appelé Dutchman's Pool, le charmant lac de retenue de Lower Zivagwe fut créé en 1954 pour approvisionner Kwe Kwe en eau.

Il s'étend dans une calme région boisée à environ 6 km au nord de la ville. Canards, hérons calaos, jacanas d'Afrique, cormorans, francolins et même des aigles pêcheurs hantent les lieux.

L'utilisation du site de pique-nique et du camping de l'Angling Society coûte 1 $US par personne. La pêche est autorisée. A partir de la ville, roulez 2 km vers le nord en direction de Harare jusqu'à la bifurcation comportant un panneau indicateur, puis continuez environ 4 km jusqu'au lac.

Sable Park Game Park et Snake Farm
A 300 mètres de Lower Zivagwe Dam, cette petite mais pittoresque réserve de gibier abrite des hippotragues noirs, des sassabys, des koudous, des impalas, des steenboks, des élans du Cap, des céphalophes de Grimm, des gnous, des damans de rocher, des zèbres et des phacochères. Elle n'est ouverte que le week-end et durant les jours fériés, et vous devez posséder un véhicule.

A l'extérieur du parc, un enclos de reptiles renferme diverses espèces de serpents – pythons, vipères du Gabon, etc. –, ainsi que quelques crocodiles. Les droits d'entrée, comprenant la réserve et l'enclos des reptiles, s'élèvent à 1 $US.

Où se loger
Le parc de caravaning de Kwe Kwe est sale, mal entretenu et occupé par des locataires à l'année travaillant dans les industries de la région. Il n'y a pas de gardien, aussi ne laissez aucun objet de valeur. Il est situé derrière le cimetière sur Ely Dr, immédiatement au sud de la ville.

Aucun des nombreux hôtels de Kwe Kwe n'est remarquable, mais la plupart pourront à la rigueur convenir. Le sympathique trois-étoiles *Golden Mile Motel* (☎ 3711 ; fax 3120) est le plus fréquenté ; les simples/doubles coûtent 30/49 $US, et il possède un bar agréable à côté d'un bassin.

Sinon, le *Shamwari Hotel* (☎ 2387), sur la route principale traversant la ville, est un établissement une-étoile convenable coûtant 25/40 $US. De catégorie inférieure, le *Sebakwe Machipisa Hotel* (☎ 2981), est peu onéreux mais propre (sans étoile), faisant essentiellement office de rendez-vous de fêtards. La chambre double coûte 20 $US. Le *Phoenix Hotel* (☎ 3748), 2nd St, est de catégorie très inférieure dans tous les sens du terme. Le délabré *Sumba Hotel*, Nelson Mandela Way près de 2nd Ave, n'est en réalité qu'un bar de quartier.

En dehors de la ville. Kwe Kwe est en passe de se transformer en une destination touristique grâce à plusieurs fermes reculées qui ont ouvert leurs portes aux voyageurs à petit budget.

La plupart d'entre eux se rendent à la *Mopani Park Farm* (☎ 247822), plantée au plus profond du bush, à 49 km de Kwe Kwe. Les propriétaires, Kathie et Rudy, se sont associés avec sept autres fermes pour créer une grande réserve privée devenue une Mecque pour les amateurs d'équitation. Les 55 chevaux de la ferme sont à la disposition des cavaliers expérimentés comme des débutants.

L'hébergement avec dîner, lit et petit-déjeuner ne coûte que 10 $US et vous pourrez vous promener à cheval dans la réserve pour 2,50 $US de l'heure. Des leçons d'équitation sont dispensées aux novices pour 5 $US de l'heure. Les cavaliers confirmés pourront s'essayer au polo, au saut d'obstacles et aux courses de cross-country. En revenant d'une longue journée sur les pistes, il vous sera très agréable de vous asseoir autour du bar et de converser avec les autres voyageurs. Les excursions à cheval de 3 jours jusqu'au Sebakwe Dam coûtent 33 $US par personne et par jour, avec trois repas et l'hébergement sous tente. Le transport à partir de la ville vous demandera 3 $US de plus ; si vous arrivez à Kwe Kwe aux heures de bureau, téléphonez à Arthur (☎ 2625), leur liaison en ville.

Dans une région encore plus isolée (à 60 km de Kwe Kwe), dans la zone de protection du rhinocéros noir longeant la Munyati, *Pitscottie Backpackers* (☎ 2475 ; fax 4361) est dirigé par Roy Small qui propose des excursions à la découverte de la faune, de pêche, de canoë et des randonnées. Il vous en coûtera 10 $US par jour, dîner, lit et petit-déjeuner compris. Téléphonez de Kwe Kwe pour vous renseigner sur les possibilités de transport.

La *Mazuri Farm* (☎ 247523 ou 4039), de 5 600 hectares de superficie, est un établissement plus haut de gamme géré par Eleanor, Rob et Debbie Lowe. Les lodges coûtent 100 $US par personne, mais l'établissement héberge également les randonneurs en camping pour 5 $US et en dortoir pour 10 $US. Tous les prix incluent les repas ainsi que le transport aller-retour de Kwe Kwe. Les randonnées à cheval reviennent à 2,50 $US de l'heure, et les safaris de 2 heures ou les excursions guidées à 2 $US. On peut venir chercher les randonneurs devant le magasin Odds & Ends, 3rd St, à Kwe Kwe, tous les jours entre 12h30 et 13h30. Il est conseillé de téléphoner et de confirmer.

Où se restaurer

La meilleur table de Kwe Kwe, c'est le *Que Que Grill* du Shamwari Hotel. Un *Wimpy* est installé juste en face de la mosquée. Des plats africains peu onéreux sont servis au *Africa Centre Restaurant* ou au *Siyapambili Restaurant*.

Comment s'y rendre

Les terminus des bus Ajay's et Express Motorways sont situés devant le Golden Mile Motel, à 2 km au sud de la ville sur la route de Bulawayo. Des bus locaux fonctionnent à partir du marché. Les trains circulant entre Harare et Bulawayo s'arrêtent à Kwe Kwe au petit matin.

GWERU

Gweru, la troisième ville du Zimbabwe, compte 105 000 habitants. Elle n'est en rien une destination touristique mais la plupart des voyageurs circulant par voie de terre y passent à un moment ou à un autre de leur périple, et tous apprécient sa sympathique atmosphère de petite bourgade provinciale.

Histoire

Si Senga Hill, la colline contre laquelle s'adosse la ville, a été cultivée à peu près continuellement depuis le Paléolithique, la moderne Gweru ne fut fondée qu'assez récemment (en 1894) par Leander Starr Jameson, qui estimait que le site était idéal pour y bâtir un centre de service pour les régions aurifères des Midlands. On pense que Gwelo, le nom d'origine de la ville, devait signifier en langue vernaculaire "pentu", probablement en référence aux rives escarpées de la rivière Gweru. L'arrivée de la ligne de chemin de fer Harare-Bulawayo en 1902 marqua le début de la croissance de l'agglomération. Le 18 juin 1914, elle se vit accorder un statut de municipalité, mais celui de ville ne lui fut officiellement conféré qu'en octobre 1971.

Renseignements

L'efficace Gweru Publicity Association (☎ 226), installée dans le City Hall (Hôtel de ville), à l'angle de 8th St et de Robert Mugabe Way, est ouverte de 8h à 16h30 du lundi au vendredi.

Manica Travel Services (☎ 3316), à Meikles, à l'angle de Robert Mugabe Way et de 5th St, est le représentant d'American Express.

Midlands Museum

Le musée des Midlands, s'élevant à proximité de l'angle de 11th St et de Lobengula Ave, est consacré à l'histoire et aux techniques des forces armées et de police du pays, des premières guerres tribales au Zimbabwe moderne en passant par la période rhodésienne. S'il ne peut n'intéresser que quelques visiteurs seulement, ses collections bien présentées se révèlent particulièrement instructives. On remarquera notamment les descriptions des armes des guerres pré-coloniales, ainsi que l'histoire des uniformes militaires et policiers. Les collections relatives à l'aviation sont en train d'être étendues en un musée national de l'aviation. Le Midlands Museum est ouvert tous les jours (sauf à Noël et le Vendredi Saint) de 9h à 17h. Les droits d'entrée s'élèvent à 2 $US pour les étrangers.

Autres édifices intéressants

Dans les jardins municipaux, près de City Hall, le théâtre de Gweru de 315 places est "la fierté et la joie de la ville". Allez voir le

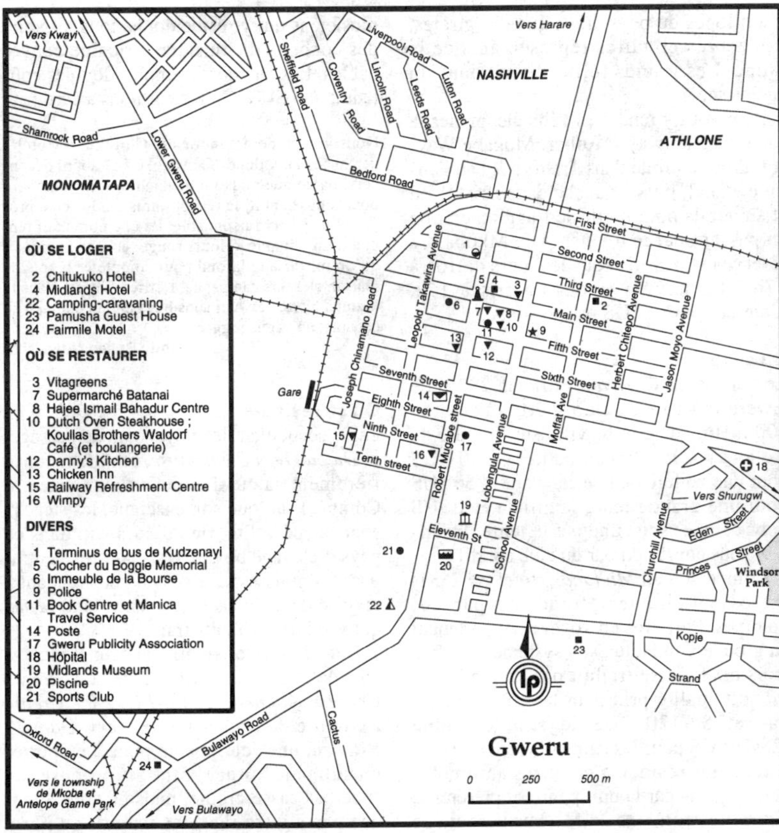

charmant panneau en bois sculpté intitulé *Theatre Through the Ages* ("Le théâtre à travers les âges"). Dans Main St, entre Robert Mugabe Way et Leopold Takawira Ave, se dresse la Bourse de style colonial : construite en 1898, c'est le plus ancien bâtiment de Gweru.

Boggie Memorial Clock Tower

Il est impossible de manquer le clocher du Boggie Memorial, car il barre les deux rues principales de Gweru. Cette non-attraction fut érigée par Mrs Jeannie Boggie en 1937, à la mémoire de son époux, le major W. J. Boggie (mort neuf ans auparavant), et de tous les "pionniers coloniaux et leurs bêtes de somme". La dépouille du major fut inhumée dans la tour, mais un matin de 1981, après l'indépendance, lorsque ses restes en furent retirés, l'horloge cessa de fonctionner. Avant que l'on ne la répare, dix ans plus tard, les aiguilles arrêtées des quatre cadrans indiquaient 10h50.

Antelope Game Park

Cette réserve d'antilopes, comparable à un zoo, est une petite enclave située à 9 km de Gweru. Elle abrite la plupart des espèces d'antilopes du pays, ainsi que des girafes, des zèbres et autres représentants de la faune. Les grands félins vivent dans un enclos séparé.

Pour vous y rendre en véhicule, prenez la route de Bulawayo (Robert Mugabe Way) et tournez à droite dans Tratford Rd au Fairmile Motel, puis à gauche dans Bristol Rd et suivez-la pour sortir de l'agglomération en passant par le township de Mkoba. La réserve est ouverte tous les jours de 10h à 17h ; les animaux sont nourris à 15h. L'entrée coûte 1 $US par personne.

Où se loger

Le verdoyant *Caravan Park* (☎ 2929) de Gweru fait face au club sportif, à environ 500 mètres du centre-ville sur la route de Bulawayo. Il vous en coûtera 1,30 $US pour une voiture ou une caravane, 4,50 $US pour une grande tente familiale et 1 $US pour camper sous une petite tente. Inscrivez-vous auprès du bar du club sportif.

L'impersonnel *Midlands Hotel* (☎ 2581) est essentiellement fréquenté par des hommes d'affaires en voyage. Appartenant au groupe Sun Hotel, son système de prix à trois niveaux se traduit par un médiocre rapport qualité-prix pour les étrangers qui payent 82/120 $US la simple/double (28/41 $US pour les Zimbabwéens).

Les non-résidents et autres automobilistes surpris par la nuit pourront préférer le *Fairmile Motel* (☎ 4144), sur la route de Bulawayo. Comme le Midlands Hotel, c'est un trois-étoiles mais qui est parvenu à éviter les ternes prétentions au luxe du précédent. Les chambres simples/doubles standard coûtent 31/45 $US ; les chambres aménagées dans la nouvelle aile sont à 42/65 $US. Tous les prix comprennent le petit-déjeuner. Autre bon choix, la *Pamusha Guest House* (☎ 3535), 75 Kopje Rd, est située à 1 km du camping-caravaning.

Le *Chitukuko Hotel* (☎ 2862 ; fax 4212), à l'angle de 3rd St et Moffat St, est le rendez-vous des amoureux. Doté de deux bars animés, il ressemble pourtant davantage à un hôpital qu'à un hôtel (et sa façade est dépourvue d'enseigne), mais le groupe de musiciens qui y réside donne tous les soirs des concerts de musique africaine convenables. Les chambres simples/doubles coûtent 22/30 $US. Un lecteur nous a écrit :

> Nous vous recommandons le Chitukuko Hotel – demandez en ville le "Gunsmoke". D'abord déconcerté parce que nous lui demandions une chambre pour toute la nuit, le réceptionniste nous en a proposé une à prix raisonnable. La chambre était tendue d'un minable velours rouge, et il ne manquait qu'un miroir au plafond pour compléter la touche maison close de campagne. Derrière l'hôtel, dans le jardin à bière, des Africains buvaient du chibuku en écoutant un vague reggae.
>
> **Andy Bollen (Australie)**

Où se restaurer

Table accueillant les voyageurs de passage, le *Dutch Oven Steakhouse*, 5th St, annonce fièrement sa cuisine de style américain. Comme l'indique son enseigne, les steacks sont sa spécialité, rien d'étonnant dans ce pays d'élevage bovin. Vous pourrez neutraliser les graisses saturées en vous rendant à un pâté de maisons à coté, chez *Vitagreens*, qui vend des produits frais.

Dans le Hajee Ismail Bahadur Centre, à côté de 5th St, vous trouverez la *Nommy's Chinese Kitchen*, le *Sno-Flake Ice Cream Parlour* et la *Quick-Bake Bakery*. *Danny's Kitchen*, une échoppe de plats à emporter musulmane située 5th St propose de superbes casse-croûte, mais ne vous attendez pas à y trouver des friands au porc. *Koullas Brothers Waldorf Café* propose des plats africains gras et médiocres, mais la boulangerie est convenable.

Le *Chicken Inn*, à l'angle de 6th St et Robert Mugabe Way, ressemble à n'importe quel autre Chicken Inn, avec ses billards, ses poulets frits et ses frites. Si vous cherchez des plats chinois à emporter, voyez le *Railway Refreshment Centre*, installé, comme l'on pouvait s'y attendre, en face de la gare. L'établissement est ouvert tard le soir.

Distractions

Outre le cinéma et le clinquant théâtre de Gweru, où se produisent de temps à autre des troupes invités, le Dandaro Bar (et discothèque du Midlands Hotel), accueillant parfois des orchestres le week-end, est le seul établissement de distraction haut de gamme.

Le Chitukuko Hotel propose des concerts de musique africaine, et le Msopero Midnight Club, 62 7th St, qui sert des repas durant la journée, fait salle comble de 21h à 5h dans sa "Jungle Mix Disco".

Si rien de tout cela ne vous attire, allez piquer une tête dans la piscine située près du Midlands Museum. Elle est ouverte (en été seulement) du mardi au vendredi de 10h à 14h et de 15h à 18h, et le week-end de 10h à 12h30 et de 14h30 à 18h.

Comment s'y rendre

Tous les bus circulant entre Harare et Bulawayo desservent Gweru. Le terminus des bus africains est implanté à Kudzenayi, près du marché, sur Robert Mugabe Way entre 2nd St et 3rd St. Les bus Express Motorways et Ajay's s'arrêtent devant le Fairmile Motel sur la route de Bulawayo. Les réservations pour les bus express se font auprès de Manica Travel Services (☎ 3316), Electricity House, 6th St. Les trains circulant entre Bulawayo et Harare parviennent à Gweru au petit matin.

ENVIRONS DE GWERU

Des ruines anciennes, peu visitées mais fascinantes, sont disséminées le long des routes de traverse entre Shangani et Nsiza, au sud-ouest de Gweru. Elles sont attribuées à l'État torwa avant sa conquête par les Rozwi.

La civilisation torwa se serait développée sur celle, déclinante, de Great Zimbabwe, situé plus à l'est, améliorant le legs architectural et artisanal de cette dernière. Nalatale, Danangombe, Bila et Zinjanja sont regroupés dans un rayon de 40 km. L'autre haut-lieu de la civilisation torwa, Khami, situé à proximité de Bulawayo, est présenté plus loin dans ce chapitre.

Dans cette région, les villages sont rares et l'on ne peut y accéder qu'en voiture particulière. L'auto-stop requerra certainement de longues attentes. Durant les périodes de fréquentation les plus importantes, en août et en septembre, seulement trois ou quatre véhicules par jour en moyenne se rendent sur ces sites.

En juin, il peut s'écouler toute une semaine sans que passe une seule voiture. Si vous souhaitez vous y rendre à partir de Bulawayo, parlez-en à l'inspecteur des monuments historiques (au musée) : celui-ci et ses assistants effectuent régulièrement des tournées ; ils pourront vous renseigner sur d'éventuelles possibilités de transport en stop.

Ruines de Nalatale

Bien que plus petites et moins complexes que celles de Great Zimbabwe, les ruines de Nalatale comptent parmi les plus beaux des 150 vestiges fortifiés du Zimbabwe. Structure élémentaire juchée au sommet d'une colline granitique reculée, elle bénéficie d'une vue panoramique sur les collines, les plaines et les kopjes des Somabhula Flats.

La colline de Wadai, que l'on aperçoit de l'autre côté des Flats, abrite une vaste aire de nidification de vautours du Cap. C'est la colonie la plus septentrionale de cette espèce protégée.

Le vestige principal est un mur décoré qui présente d'un seul tenant l'ensemble des motifs décoratifs archaïques découverts au Zimbabwe : chevrons, damiers, cordons et épis. Le mur d'origine était surmonté de neuf socles : il en reste sept qui ont été reconstruits à l'aveuglette. Le sommet du mur a été plâtré en 1937 pour empêcher la dégradation de la section la mieux conservée.

L'archéologue Donald Randall McIver fouilla le site en 1905-1906, mais n'y découvrit que quelques objets – deux fers de lance, une paire de défenses d'éléphant, des outils en cuivre et deux pipes en stéatite. Sur la base de ces maigres indices, on attribua la construction de Nalatale à la dynastie Torwa, dont elle fut probablement la capitale durant le premier tiers du XVIIe siècle. On pense qu'elle tomba sous la domination rozwi au cours des années 1680.

ZIMBABWE

Au centre du site, grosso modo elliptique, figurent les vestiges de la hutte principale, ayant probablement appartenu au roi Torwa. A partir de celle-ci des murs sont disposés comme le rayons d'une roue. Toutes les autres huttes sont plus basses de 2 mètres au moins.

Où se loger. Aucun hébergement ni service ne sont disponibles à Nalatale. Les visiteurs peuvent camper à l'extérieur du site mais devront apporter nourriture et eau.

Comment s'y rendre. Fort heureusement, les ruines de Nalatale (qui s'orthographie également "Nalatela" ou "Nalatele") sont bien signalisées. Si vous venez du nord, tournez vers le sud en quittant la route de Gweru-Bulawayo au Daisyfield Siding. Si vous venez du sud, bifurquez vers l'est à partir de Shangani et suivez la route caillouteuse sur environ 27 km jusqu'à l'embranchement à gauche comportant le panneau Nalatale. A partir du parking, le site se trouve à 1 km vers le sommet de la colline.

J'ai tenté de faire du stop jusqu'à Nalatale à partir de Daisyfield Siding, mais j'ai dû effectuer à pied l'essentiel du trajet. Il peut s'écouler deux semaines sans qu'un visiteur ne s'y rende. Le guide des ruines réside dans le cottage situé à proximité de l'embranchement pour le parking. Il peut vous aider à trouver un conducteur qui vous prendra en stop pour en partir le week-end, quand les fermiers de la région vont en camion jusqu'à Shangani. La route est un peu plus fréquentée en provenance de Shangani que de Daisyfield.

Andrew Phillips (Grande-Bretagne)

Ruines de Bila

Les modestes ruines de Bila, signalisées, longent une route de traverse reliant Nalatale et Danangombe. Cette petite enceinte de pierres n'était probablement guère plus qu'un kraal à bétail.

Ruines de Danangombe et de Zinjanja

Également appelé Dhlo Dhlo (prononciation approximative : "hshlo hshlo"), Danangombe n'est pas un site aussi beau et bien conservé que Nalatale, mais il est plus vaste et son histoire est pleine d'intérêt.

C'était à l'origine une retraite royale de la dynastie Torwa, mais après que celle-ci eût été renversée par les Changamire, elle devint probablement le centre administratif des Rozwi. L'élément le plus intéressant, c'est l'enclos effondré et constitué en grande partie de rochers que soulèvent désormais les racines des grands arbres qui l'ombragent. Quelques étonnantes euphorbes semblables à des cactus (*Euphorbia ingens*) ont également poussé dans les ruines.

Des vestiges d'origine portugaise ont été découverts à Danangombe par des chasseurs de trésor amateurs peu scrupuleux – un anneau de prêtre, un calice en argent, une attelle d'esclave en fer, une cloche, un canon, des bijoux en or et un élément de bougeoir – mais son histoire demeure un mystère. Selon une hypothèse, des négociants portugais auraient été faits prisonniers ici par le mambo en titre, probablement pour avoir soutenu les forces révolutionnaires dans la destruction de Khami. Après les invasions ndebele des années 1830, le site fut abandonné, et il ne fut redécouvert par des colons blancs qu'après le soulèvement ndebele de 1893.

Si vous disposez d'un véhicule, vous pourrez également visiter les ruines peu connues de Zinjanja (Regina), situées à 29 km au sud de Danangombe (*via* Fort Rixon et Greystone), composées d'une plate-forme à trois niveaux bien conservée et de nombreuses petites ruines secondaires qui seraient d'origine torwa. On n'en sait guère plus à leur sujet.

Où se loger

Il est possible de camper à la dure à Danangombe, mais vous devrez tout apporter car vous n'y trouverez aucun service. Le seul hébergement de la région, c'est la *Bon Accord Farm* (☎ 232), Glasse Rd, à 27 km de Shangani. Ce game ranch, qui appartenait à la British South Africa Company jusqu'en 1911, offre deux lodges rustiques à toit de chaume ainsi qu'une piscine dominant un point d'eau. Les activités propo-

sées incluent des randonnées à la découverte de la faune et des safaris de 1 à 2 jours, des baignades dans un bassin naturel et des parties de pêche dans les lacs de retenue des environs. L'établissement est d'un bon rapport qualité-prix sans toutefois être destiné aux petits budgets.

Comment s'y rendre

Danangombe (bien signalisé) se trouve à 22 km de Shangani, et un peu moins de Nsiza *via* Fort Rixon.

En raison de son isolement, le site est aussi calme que bien préservé.

SHURUGWI

Toutes les villes des Midlands ne sont pas coulées dans le même moule que Gweru et Chegutu. Shurugwi, les "highlands des Midlands", est un lieu magnifique. Dépendant aujourd'hui de l'extraction minière du chrome, cette agglomération rurale est bâtie dans une cuvette délimitée par l'escarpement abrupt des Sebakwe Hills. En Amérique du Nord, Shurugwi aurait été soit une colonie d'artistes, soit un lieu de résidence des gens riches et célèbres ; en Europe, elle aurait été une villégiature très fréquentée. Au Zimbabwe, elle est aussi solitaire qu'oubliée.

A l'aventure

Le camion était conduit par un vieil alcoolique se faisant appeler Dr Love et par son sous-fifre, dénommé Thank-on Turnover (merci, en cas de tonneau) – je n'invente rien –, tous deux Zambiens. Mon compagnon et moi trouvions ce voyage très amusant. Dr Love chantait en shona des chants de libération, racontait en mauvais anglais des blagues salaces et écoutait des cassettes de Dolly Parton (j'ai découvert pourquoi Dolly Parton est si appréciée des routiers : sa voix possède un chevrotement intégré). Nous nous arrêtâmes au Chinhoyi Hotel pour boire quelques bières de plus – l'endroit animé de Chinhoyi le vendredi soir. Nous y rencontrâmes le "Deuxième bureau" local qui ne cessait de poser des questions circonspectes et d'observer d'un air perplexe l'inscription "Travailleurs de tous les pays, unissez-vous ! Le 1er mai est à vous" que portait mon tee-shirt. C'était des amis du Dr Love (voilà entre autres ce qui me plaît au Zimbabwe : tout se passe comme s'il n'y avait pas de barrières de classes, du moins apparemment). Nous fîmes également la connaissance d'une sympathique jeune prostituée qui harcelait mon compagnon, afin qu'il me convainque de passer quelques minutes en tête à tête avec elle ou, sinon, pour qu'il lui donne un préservatif pour une transaction commerciale avec Thank-on.

Nous passâmes un jour ou deux à Harare pour nous remettre de problèmes intestinaux. La dernière étape de notre voyage, qui devait nous mener aux ruines de Great Zimbabwe, commença assez bien, car nous fûmes pris en stop par un couple de riches Indiens, mais ceux-ci nous déposèrent sur la route de Gweru et non sur celle de Masvingo, et nous ne réalisâmes pas immédiatement notre erreur. Quand nous comprîmes que nous nous étions fourvoyés, il était trop tard : il nous fallut deux jours pour atteindre les ruines. Un couple de Chinois nous prit ensuite en stop. C'était des gens charmants, polis et aimables, mais qui insistaient pour nous déposer au lac Chivero pour le déjeuner. Non qu'ils souhaitaient déjeuner avec nous, mais ils pensaient simplement que ce serait une bonne idée. "Laissez-nous à la station-service" leur demandions-nous, à quoi ils répondaient : "Oui, déjeuner au lac Chivero". C'est ainsi que nous arrivâmes à 20 km de notre destination. Le déjeuner au lac Chivero fut infâme.

Finalement, un dingue, accompagné de sa femme et de leur bébé, accepta de nous prendre, c'était un jeune Sud-Africain spécialiste des effets spéciaux au cinéma. Sa spécialité, c'était de faire exploser les accessoires durant les tournages : nous voyageâmes à l'arrière de sa camionnette parmi les explosifs et les fusées. Il était ivre et drogué et son état empirait au fur et à mesure que nous avancions. Et le notre aussi.

C'était un personnage très sympathique, parlant sans discontinuer de tout et de rien, mais le conducteur probablement le plus dangereux qu'il m'ait été donné de rencontrer. Sur la route de Gweru, nous dépassâmes trois accidents graves – des voitures sur le toit, des blessés titubants et saignants. Cela ne semblait qu'accroître sa pulsion de mort. Son épouse, par contraste, demeurait totalement silencieuse, sauf pour crier des obscénités aux gens qui s'écartaient de notre route, tandis que nous faisions des embardées de gauche à droite de la ligne médiane et vers les fossés. Parvenir vivant à Gweru fut d'un immense soulagement.

Andy Bollen (Australie)

A voir

L'ensemble du centre de Shurugwi est en effet un quartier historique en ruine, jonché de souvenirs du passé. La ville est également célèbre pour ses arbres en fleur et ses msasa, dont les couleurs sont éclatantes à la fin de l'hiver et au printemps.

Jadis, un petit train à voie étroite transportait les touristes sur un circuit panoramique tracé à travers les collines. La voie ferrée est toujours en place et peut-être que dans l'avenir le train reprendra du service. Le Shurugwi Peak Scenic Drive traverse la voie ferrée avant de gravir pendant 8 km le pic éponyme de la ville, d'où l'on jouit d'une vue magnifique. Si vous préférez effectuer une marche moins fatigante, suivez la Hospital Hill Scenic Walk immédiatement à l'est de la ville, qui offre également un beau panorama.

L'approche de la fabuleuse et spectaculaire Wolfshall Pass était autrefois fréquentée par des bœufs attelés tirant au sommet du plateau des chariots d'amiante provenant des mines de Zvishavane. A partir de l'aire de stationnement du col, à 3 km de Shurugwi, un chemin de randonnée jonché papier toilette descend vers les chutes de Dunraven, au fond d'une vallée boisée.

Où se loger et se restaurer

Le *Ferny Creek Caravan Park* (☎ 220) est situé à 2,5 km de la ville, après le terrain de golf brûlé de soleil, le long d'une piste de terre rouge. Ce terrain de camping-caravaning a manifestement connu des temps meilleurs, comme l'indiquent certains guides touristiques périmés depuis longtemps. Vous pouvez opter pour le camping ou des chalets plus qu'élémentaires.

L'agréable *Garden Motel* (☎ 6548), occupant en effet un jardin, est situé à 1,5 km de la route principale, à proximité de l'entrée ouest de la ville. Ses chambres simples/doubles à 15/24 $US sont d'assez bon rapport qualité-prix ; comptez 2 $US de supplément pour la TV. La piscine, malheureusement, n'est pas en bon état. Les vendredis et samedis soirs, l'établissement fait office d'unique discothèque de Shurugwi.

Quant à la restauration, la meilleure de Shurugwi, vous la trouverez dans la sympathique salle à manger de l'hôtel. Une échoppe de *fish and chips* à emporter est installée en centre-ville. Le *Grand Hotel*, s'élevant à un pâté de maisons de là, fait office de bar local pathétiquement suranné et propose des repas succints.

CHIVHU

Appelée à l'origine Enkeldoorn ("aubépine solitaire" en néerlandais), Chivhu fut fondée à la fin des années 1890 par des Afrikaners originaires de l'État libre d'Orange. De nos jours, essentiellement région d'élevage en ranch, elle n'offre rien de particulièrement mémorable.

Du point de vue touristique, l'établissement le plus agréable de la région de Chivhu est probablement le *Tangenhamo Lodge* (☎ 796821 ; fax 796822, à Harare), dans le Tangenhamo Game Ranch, au sud de la ville sur la route de Masvingo. Ce safari lodge solitaire, de pierre et de chaume, se fond dans un charmant paysage d'arbres et de rochers. Il n'est pas bon marché, mais n'accueille que huit visiteurs et propose des randonnées à la découverte de la faune et des safaris de 1 à 2 jours, ainsi que des parties de pêche et des promenades équestres.

MVUMA

Le nom de Mvuma, ville minière et ferroviaire, provient de la rivière Mvuma signifiant "lieu du chant magique" où, jadis, près d'un bassin, chants, roulements de tambours et beuglements de bétail mystérieux se faisaient entendre. Cette petite agglomération est le site historique de la Falcon Mine, abandonnée en 1925, la première du pays à mettre en œuvre les techniques de fonderie par flottation à l'huile. Aujourd'hui, seule Athens Mine est encore en activité.

Le point de repère de la ville est la Falcon Mine Stack, cheminée désaffectée de 40 mètres de haut datant de 1913. Les habitants s'attendent à ce qu'elle s'effondre, ce qui semble imminent étant donné son état.

SERIMA MISSION

La mission de Serima est un trésor de l'art africain reposant sur les traditions de l'Afrique occidentale et centrale qui donnèrent leur plus belle expression à ce style. Bien que l'extérieur de sa vaste église soit dégradé, la décoration intérieure est demeurée intacte, et mérite très largement une visite. Pour plus de renseignements, consultez l'ouvrage *Serima*, d'Albert Plangger, Mambo Press, Gweru, 1974, qui en détaille l'histoire, l'art et l'architecture. On le trouvera en vente à la National Gallery, à Harare.

Histoire

Serima fut fondée en 1948 par un prêtre catholique suisse, le père John Gröber, diplômé en architecture et enseignant en arts plastiques, venu travailler dans les missions rurales d'Afrique australe en 1939. A Serima, il fut très impressionné par le talent artistique des jeunes Shona. Il les aida à traduire dans l'argile, puis dans le bois et la pierre, des esquisses crayonnées de masques, en les encourageant à s'exprimer sans chercher à se plier aux critères européens.

La première tâche de ses élèves fut de décorer le bâtiment de l'école de piliers sculptés. Le prêtre les familiarisa ensuite, en évitant tout dogmatisme, aux éléments spirituels de la tradition chrétienne, en leur demandant de représenter ces thèmes et les sentiments qu'ils leur inspiraient. L'ensemble de sculptures qui en résulta orne aujourd'hui l'église.

Église

L'église de la mission Serima, dont le plan fut dessiné par le père Gröber, est un bel espace ouvert, aérien, à l'éclairage enchanteur. Comme dans un musée, la simplicité du mobilier de la nef souligne la densité et la diversité des fresques, des sculptures, des piliers et des bas-reliefs qui s'harmonisent avec l'autel, point de convergence des regards. Dans son roman *Un Hiver africain* (Payot, 1992), Evelyn Waugh a prédit qu'un jour les Africains la considéreront avec le même respect que les Européens vouent à leurs cathédrales romanes et gothiques.

Sur les galeries dominant le portail d'entrée, les bergers et les rois mages encadrent une Nativité. Le clocher est constitué d'un cercle d'anges africains tenant des instruments de musique. Des épisodes de la Bible sont figurés dans une série de fresques recouvrant les murs latéraux percés d'arcades : la Cène du chœur est magistralement exécutée. A l'exception des poutres en roseau du plafond, tous les éléments en bois de l'église sont sculptés.

Où se loger

Serima ne propose aucun hébergement, mais les sœurs catholiques autorisent normalement les visiteurs à camper sur le terrain.

Comment s'y rendre

Au départ du musika de Mucheke, à Masvingo, un bus Bream Express dessert Serima plusieurs fois par semaine au petit matin. Il se rend d'abord à Great Zimbabwe puis continue sa route jusqu'à Serima, avant de revenir à Masvingo tôt le lendemain matin. Le bus pour Felixburg partant de Masvingo vous déposera à l'embranchement situé à 10 km de Serima. Sinon, empruntez au départ de Masvingo un bus se rendant à Harare et descendez à Fairfield Siding, là où la route traverse la voie ferrée au sud de Mvuma. De là, trois bus quotidiens desservent Serima.

Si vous disposez d'un véhicule et roulez sur la route Harare-Masvingo, prenez l'embranchement vers l'est sur la route de Felixburg à 60 km au nord de Masvingo. Après 6 km, vous traverserez la voie ferrée ; continuez à rouler sur 4 km, puis tournez de nouveau à droite. La mission se trouve à environ 10 km de là, sur le côté droit de la route, après un petit lac de retenue.

MASVINGO

Avec sa population de 40 000 habitants, Masvingo souffre des mêmes tendances schizophréniques qui caractérisent la plupart des agglomérations du pays. Ici, c'est la rivière Mucheke qui marque la séparation des personnalités contradictoires de la ville. Le centre-ville offre l'indolence ordonnée et routinière de la petite ville de province, tandis que le township de Mucheke, à 2 km de là, représente l'Afrique vibrante, dotée d'un marché aussi animé que l'on peut se l'imaginer.

Le nom de Masvingo, adopté après l'indépendance, provient de *rusvingo*, terme shona désignant une enceinte murée et se référant aux ruines proches de Great Zimbabwe.

Histoire

Masvingo s'enorgueillit d'être le premier établissement blanc fondé au Zimbabwe (fait qui laisse aujourd'hui indifférents la plupart de ses habitants). La colonne de pionniers de la British South Africa Com-

Changements de nom de rues
Les récents changements de nom des rues de Bulawayo sont notamment les suivants :

Ancien nom	*Nouveau nom*
Allan Wilson	Robert Mugabe
Brown	Rekayi Tangwena
Colquhoun	Herbert Chitepo
Dillon	Leopold Takawira
Fitzgerald	Josiah Tongogara
McLeod	Georgge Silundika
Route anonyme menant au terminus de bus	Jairos Jiri Rd
Thompson	Simon Mazorodze
Welby Ave	Jason Moyo Ave

pany, dirigée par Frederick Courteney Selous, traversa la place forte de Lobengula, au Matabeleland, puis l'aride lowveld en direction des plateaux au climat plus frais. Elle fit halte en août 1890 au lieu-dit Clipsham Farm, à quelques kilomètres au sud de l'actuelle Masvingo, pour fonder Fort Victoria et y construire une grossière fortification en terre.

Quelques jours plus tard, le contingent principal fit route vers le nord pour fonder Fort Salisbury, second établissement sur la ligne des ouvrages défensifs envisagés. Une sécheresse intervenue deux ans plus tard contraignit le déplacement de la colonie vers un site plus commode entre les rivières Shagashe et Mucheke, où un fort permanent fut édifié.

Au cours de ses premières années d'existence, Masvingo fut l'avant-poste sur la route des mines du centre du Mashonaland avant de devenir l'agglomération la plus importante de Rhodésie. Mais les soulèvements ndebele de la première Chimurenga et la défaite de Lobengula au Matabeleland ouvrit à la colonisation blanche la région de Bulawayo, ce qui attira maints colons implantés à Fort Victoria vers des terres plus prometteuses. Bulawayo devint la deuxième grande ville du pays, tandis que Masvingo retombait à la huitième place.

Orientation et renseignements

La Masvingo Publicity Association (☎ 62 643), dont la façade arbore une réplique miniature de la tour conique de Great Zimbabwe, vous fournira des renseignements détaillés, ainsi que des cartes, des brochures et des publicités locales. Son mensuel *Masvingo Diary*, annonce les manifestations et événements à venir et se révèle assez utile, mais la carte omet le township de Mucheke. Elle est ouverte de 8h à 13h et de 14h à 16h30 du lundi au vendredi.

Le numéro du télécopieur public de Masvingo est le ☎ 64238.

Édifices intéressants

Masvingo se prête à une ou deux heures de promenade en centre-ville. Allez voir la vieille locomotive à vapeur qui se languit à la gare ainsi que le moderne centre administratif municipal édifié à proximité, de style plutôt conventionnel. A côté, les Queen Elizabeth Gardens (jardins Reine-Élisabeth) verdoyants semblent avoir connu des jours meilleurs. La tour s'élevant à côté de la poste est l'un des anciennes tours de guet du second Fort Victoria.

A titre anecdotique, ne manquez pas d'aller admirer les toilettes de la station-service Riley's Shell Station, qui peuvent en effet se vanter d'être les plus propres du Zimbabwe. A côté du lavabo, un livre d'or attend les commentaires des visiteurs !

Église Saint-François d'Assise

Cette église fut édifiée entre 1942 et 1946 par des prisonniers de guerre italiens. Elle abrite les dépouilles de 71 de leurs compatriotes morts au Zimbabwe entre 1942 et 1947. Les mosaïques en trompe-l'œil de l'abside sont dues à un ingénieur transalpin, tandis que les peintures murales furent achevées dix ans plus tard par des artistes de Masvingo.

Pour vous y rendre, faites 3 km vers l'est en direction de Mutare, puis tournez à gauche et prenez de nouveau la première à gauche. En face de la caserne, bifurquez encore à gauche : l'église se dresse à 100 mètres de là.

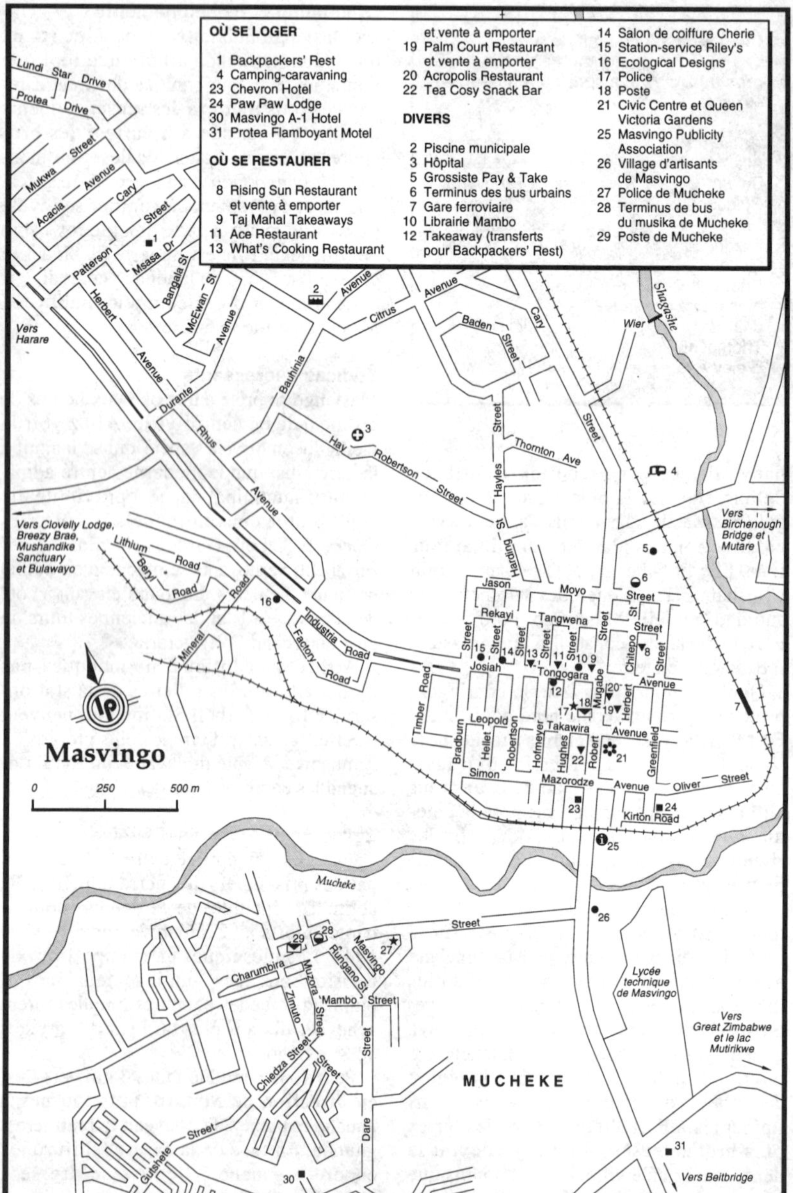
OÙ SE LOGER
1 Backpackers' Rest
4 Camping-caravaning
23 Chevron Hotel
24 Paw Paw Lodge
30 Masvingo A-1 Hotel
31 Protea Flamboyant Motel
OÙ SE RESTAURER
8 Rising Sun Restaurant et vente à emporter
9 Taj Mahal Takeaways
11 Ace Restaurant
13 What's Cooking Restaurant et vente à emporter
19 Palm Court Restaurant et vente à emporter
20 Acropolis Restaurant
22 Tea Cosy Snack Bar
DIVERS
2 Piscine municipale
3 Hôpital
5 Grossiste Pay & Take
6 Terminus des bus urbains
7 Gare ferroviaire
10 Librairie Mambo
12 Takeaway (transferts pour Backpackers' Rest)
14 Salon de coiffure Cherie
15 Station-service Riley's
16 Ecological Designs
17 Police
18 Poste
21 Civic Centre et Queen Victoria Gardens
25 Masvingo Publicity Association
26 Village d'artisants de Masvingo
27 Police de Mucheke
28 Terminus de bus du musika de Mucheke
29 Poste de Mucheke
Masvingo
0
250
500 m
Vers Harare
Vers Clovelly Lodge, Breezy Brae, Mushandike Sanctuary et Bulawayo
Vers Birchenough Bridge et Mutare
Vers Great Zimbabwe et le lac Mutirikwe
Vers Beitbridge
Lycée technique de Masvingo
MUCHEKE
Mucheke
Shagashe
Wier
Lundi Star Drive
Protea Drive
Mukwa Street
Acacia Avenue
Cary Street
Patterson Msasa Dr
Bangala St
McEwan St
Herbert Avenue
Durante Rhus Avenue
Bauhinia Avenue
Citrus Avenue
Baden Street
Cary Street
Hay Robertson Street
Thornton Ave
Hayles Street
Harding St
Lithium Road
Beryl Road
Mineral Road
Industria Road
Factory Road
Timber Road
Jason
Moyo Street
Rekayi
Tangwena Street
Josiah
Tongogara Avenue
Chitepo St
Mugabe
Leopold Takawira Avenue
Bradburn
Helliet
Robertson
Hofmeyer
Hughes
Robert
Herbert
Greenfield
Simon Mazorodze Avenue
Oliver Street
Kirton Road
Street
Charumbira
Muzorora
Rungano St
Masvingo
Mambo Street
Zimuto
Street
Chiedza Street
Street
Street
Dare
Gutshete Street

Ecological Designs

Si les contributions zimbabwéennes aux efforts d'économie d'énergie vous intéressent, visitez l'Ecological Designs (☎ 63503), "Votre atelier technologique compétent", 697 Industria Rd, immédiatement au nord de la ville. On vous y présentera et expliquera les problèmes concernant l'environnement et les solutions pertinentes que l'on peut y apporter dans cette région du monde. L'exposition permanente présente une singulière collection de machines.

Shagashe Game Park

La réserve de Shagashe, en cours de réalisation, n'est toujours pas ouverte. Elle s'étend à 10 km de Masvingo, sur la route de Harare, et devrait être inaugurée prochainement. La Masvingo Publicity Association devrait pouvoir vous renseigner.

Circuits organisés

Sunbird Safaris (☎ 62718) propose des circuits dans Masvingo et sa région. Cette agence basée à Masvingo constitue probablement la meilleure option pour les réservations de dernière minute. La visite d'un jour des ruines de Great Zimbabwe ou du Mutirikwe Game Park coûte 12 $US par personne. Elle organise également des randonnées équestres ou ornithologiques, des croisières sur le lac de retenue de Mutirikwe, ainsi que des excursions dans des villages shona.

Zimtours (☎ 793666, à Harare) propose des visites d'un jour à Great Zimbabwe qui commencent à 9h30 à partir des hôtels Chevron et Flamboyant. Après quelques heures passées à Great Zimbabwe, le déjeuner est servi aux Mutirikwe Lakeshore Lodges, agrémenté d'un spectacle de danses traditionnelles, avant la visite du barrage de Mutirikwe et de la réserve de Mutirikwe.

Où se loger – Petits budgets

Le *Caravan Park* (☎ 62431) de Masvingo offre de vastes pelouses en bord de rivière à quelques pas du centre-ville. L'emplacement pour la tente coûte 2 $US par personne. Le camping est réservé "aux véritables voyageurs", quels qu'ils soient. L'utilisation à la journée des terrains, semblables à un parc, revient à 0,15 $US par personne, et les douches à 0,25 $US pour les non-clients du camping.

L'établissement préféré des voyageurs est le sympathique et chaleureux *Clovelly Lodge* (☎ 64751), géré par Bruce et Iris Brinson. Niché parmi les gommiers, sur Glyn Tor Rd, à 6 km du centre-ville en direction de Bulawayo, c'est un lodge assez petit : il est conseillé de réserver à l'avance. Les confortables chambres dortoirs coûtent 9 $US par personne, petit-déjeuner et délicieux dîners maison compris (des plats végétariens sont également proposés). Le transport à partir de la ville et pour les correspondances de bus est également inclus. Les écuries situées à côté proposent l'heure d'équitation à 3,50 $US. Si vous arrivez en ville dans la journée et souhaitez vous faire transporter en voiture, téléphonez du bureau de la Publicity Association ou allez voir Iris au Cherie Hair Salon, à l'angle de Hellet St et de Josiah Tongogara Ave.

Autre lieu de plus en plus fréquenté, le *Backpackers' Rest* (☎ 63960 durant la journée ; ☎ 663282 le soir), 8 Msasa Dr, se trouve à 2 km de marche facile de la ville. Demandez Barry Binder. Pour 6 $US, la maison offre le dîner, le lit et le petit-déjeuner, un service de blanchissage et le transport à partir du centre-ville. On viendra vous chercher devant l'échoppe de plats à emporter qui jouxte Barry Nell Chemist, dans Josiah Tongogara Ave, entre Hughes St et Hofmeyer St. Sa cuisine n'est pas à la hauteur de celle du Clovelly Lodge (il s'agit souvent des invendus du jour de l'échoppe de plats à emporter), mais il est accueillant et son tarif très convenable.

Le sympathique et quelque peu original *Breezy Brae Bed & Breakfast* (☎ 64650) est situé à côté d'un immense dôme dwala à 5 km de la ville sur la route de Bulawayo. Il possède dix chambres en tout, six avec baignoire (les plus chères) et quatre avec douche. Si vous arrivez en ville par un moyen de transport public, téléphonez de la poste en centre-ville, où l'on viendra vous chercher. Les simples/doubles avec petit-déjeuner coûtent 13/22 $US ; 17/29 $US avec le dîner. Un tarif "spécial randonneurs" est également proposé.

Le *Paw Paw Lodge*, 18 Kirton Rd, à l'angle de la Publicity Association, est une option moins engageante. Les dortoirs avec accès aux équipements de cuisine et de blanchissage et aux douches chaudes sont proposés à partir de 4 $US par personne.

En dehors de la ville, le *Pa-Nyanda Lodge* (☎ 7353 ; fax 62000) est installé sur la ferme à gibier de Graham et Cally Richards, à 11 km du centre-ville sur la route de Beitbridge. Cet endroit agréable et indépendant se compose d'un lodge et d'un chalet en plein air destinés principalement aux familles ou aux groupes d'amis voyageant ensemble. Les deux peuvent accueillir jusqu'à neuf personnes et coûtent 33 $US.

Où se loger – Catégorie moyenne

Les deux établissements touristiques deux-étoiles de Masvingo n'offrent rien de particulier. Le *Chevron Hotel* (☎ 62054), au centre-ville, propose des chambres acceptables, considérablement rénovées. Les simples/doubles coûtent 37/49 $US ; supplément de 4 $US pour le petit-déjeuner.

Le *Protea Flamboyant Motel* (☎ 62005), à l'intersection de la route de Beitbridge et de l'embranchement pour Great Zimbabwe, est à la fois plus agréable et plus fréquenté, sa façade étant, en outre, ombragé par un pin de l'île de Norfolk. Les simples/doubles avec baignoire coûtent 30/36 $US. Des suites familiales pouvant accueillir six personnes sont proposées à 43 $US. Le motel pratique également un tarif spécial week-end (2 nuitées) pour 39/52 $US, petit-déjeuner compris.

Autre possibilité, le *Masvingo A-1 Hotel* (☎ 62917) se dresse sur une colline du township de Mucheke. Les chambres sont un peu moins chères – 21/29 $US les simples/doubles avec petit-déjeuner – mais son niveau sonore incontestablement plus élevé résulte de "fiestas" alcoolisées ininterrompues. Les femmes seules n'y seront guère à l'aise.

Deux bed and breakfast sont également ouverts dans les environs. L'un d'eux, au 6 Citrus Ave, est géré par Mrs Martha Percival (☎ 63340). Son ambiance générale rappelle l'époque d'avant l'indépendance, mais l'établissement est propret et offre une alternative aux hôtels en ville. Si vous faites votre marché, l'hébergement coûte 12 $US par personne, mais la maison propose également des repas.

A 16 km de la ville, sur la route de Mutare à proximité du parc de loisirs de Mutirikwe, la *Beuly Farm* (☎ 7665), appartenant à Mrs Shirley Mitchell, propose une chambre double et une chambre à 2 lits, idéales pour les familles, pour 12 $US avec dîner, literie et petit-déjeuner.

Les autres possibilités d'hébergement situées à proximité des ruines de Great Zimbabwe et autour du lac Mutirikwe sont décrites sous leurs rubriques respectives.

Où se restaurer

Les stations-service de Masvingo tentent de satisfaire les automobilistes affamés et pressés. La station-service Shell *Riley's* (déjà célèbre pour ses toilettes) et le *Ace Restaurant* de la station-service BP proposent les meilleurs casse-croûte, et à la station-service Caltex, à un demi-pâté de maisons de BP, vous trouverez la *Breadbasket Bakery*. Un snack-bar, au magasin Meikles, sert du thé et des pâtisseries. Vous pourrez acheter des en-cas, des casse-croûte et d'autres produits alimentaires dans le quartier de la gare routière du musika de Mucheke. Avez-vous déjà goûté aux insectes frits ? L'occasion vous en est offerte ici.

Vous ne conserverez probablement pas un souvenir impérissable de l'*Acropolis Restaurant*, dans Herbert Chitepo St, cette table est pourtant considérée comme la meilleure du centre-ville. Vous trouverez également des restaurants avec comptoir de vente à emporter, quelques-uns proposant des spécialités régionales, mais ne vous attendez pas à grand-chose d'autre que les habituels poulets et autres hamburgers-frites. Mentionnons *Taj Mahal*, *Rising Sun*, *Palm Court* et *What's Cooking*. Le *Tea Cosy Snack Bar*, Robert Mugabe St, sert des repas légers et des thés.

La terrasse faisant face au *Chevron Hotel* est très agréable pour un casse-croûte ou pour boire un verre par une belle journée ; en outre, la salle à manger a été grandement améliorée ces dernières années. Le *Protea Flamboyant Motel* est une table plus intéressante encore, qui offre des buffets petit-déjeuner, des déjeuners à la carte et des casse-croûte, ainsi qu'un buffet braai le soir durant le week-end.

L'important grossiste *Pay & Take*, non loin de la route de Mutare, propose d'excellentes affaires sur l'épicerie, mais vous devrez acheter en gros.

Achats

Le Masvingo Craft Village (village d'artisans), situé sur la colline montant derrière la Publicity Association, à proximité de l'embranchement pour Mucheke, propose un bon choix de sculptures, de paniers et d'autres objets artisanaux, certains étant agréablement originaux.

Le long de la route de Beitbridge, au sud de Masvingo, vous trouverez au moins une vingtaine de marchés artisanaux dont quelques-uns proposent des travaux de qualité. La concurrence féroce explique les prix très compétitifs.

Comment s'y rendre

Les bus circulant entre Harare et Masvingo quittent fréquemment les terminus de Mbare et de Mucheke, et plusieurs services quotidiens desservent Bulawayo et Mutare. La compagnie Masara Transport Ltd est recommandée pour les longues distances.

Au moins un bus quotidien part tôt le matin en direction de Beitbridge, mais peut être retardé jusqu'à 11h. Les terres communales de la région sont bien desservies et la forte densité de population de la province de Masvingo explique qu'il est relativement facile d'atteindre les destinations de moindre importance.

Les bus longue-distance partent du terminus du musika de Mucheke, à moins de 2 km du centre-ville. S'y rendre à pied ne présente aucune difficulté, à moins que vous ne crouliez sous les bagages : dans ce cas, empruntez un taxi d'"urgence" ou l'un des bus circulant toutes les heures entre le centre-ville et Mucheke. Tous les bus longue-distance à destination de Mucheke s'arrêtent en centre-ville : descendez au premier arrêt dans Masvingo à moins que vous ne vous rendiez à Mucheke.

Pour atteindre Great Zimbabwe, consultez la rubrique *Great Zimbabwe* ci-après.

MONUMENT NATIONAL DE GREAT ZIMBABWE

Great Zimbabwe, la plus grande cité médiévale de l'Afrique subsaharienne, est la preuve que l'Afrique était parvenue à un niveau de civilisation que ne soupçonnaient pas les premiers spécialistes de l'histoire de ce continent. Cette ville de 10 000 à 20 000 habitants était la capitale à la fois religieuse et séculière d'un royaume qui s'étendait du Zimbabwe oriental au Botswana, au Mozambique et en Afrique du Sud. Les archéologues ont estimé à plus de 150 le nombre de sous-groupes tributaires de la société de Great Zimbabwe, composée en réalité de groupes de moindre importance rassemblés en un système politique centralisé. Le nom de *Zimbabwe* pourrait avoir deux origines shona, soit *dzimba dza mabwe* ("grandes demeures en pierre") ou *dzimba woye* ("maisons estimées"). Le cadre grandiose et ces murs historiques constituent certainement le site le plus marquant d'Afrique australe. Celui-ci est ouvert tous les jours de 6h à 18h ; les droits d'entrée, qui s'élèvent à 5 $US pour les étrangers, incluent la visite du village karanga reconstruit à côté, ouvert de 8h à 17h. Six visites guidées de 3 heures chacune sont organisées tous les jours pour 1,50 $US par personne.

Histoire

Plusieurs livres (en anglais) traitent de Great Zimbabwe dont les origines et la

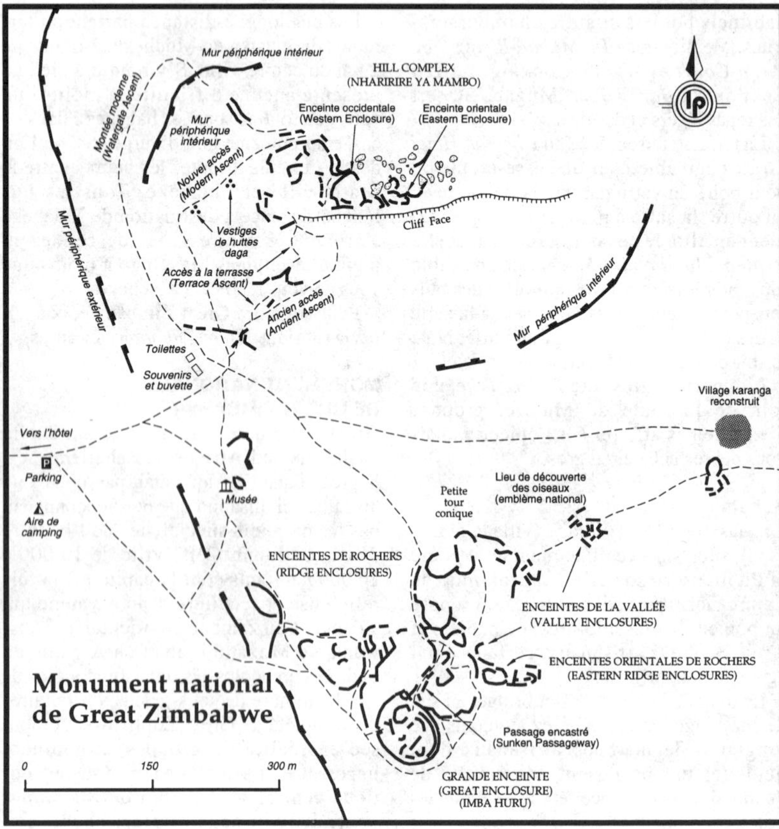

fonction sont depuis longtemps discutés. Si vous souhaitez en apprendre davantage, l'ouvrage le plus complet et le plus érudit sur le sujet est *Great Zimbabwe Described and Explained*, de Peter Garlake, Zimbabwe Publishing House, Harare, 1982. Il est disponible dans les librairies Kingston's. Sinon, contactez l'éditeur : Zimbabwe Publishing House (☎ 790416), 144 Union Ave, PO Box 350, Harare.

Bien que pendant près d'un siècle les gouvernements coloniaux s'efforcèrent d'attribuer les origines de Great Zimbabwe à un autre peuple –n'importe quel autre peuple –, les preuves concluantes de ses origines bantoues furent données dès 1932 par l'archéologue britannique Gertrude Caton-Thompson qui étudia durant trois ans les ruines et les objets qu'elles renfermaient.

Le scepticisme des premiers colons est presque excusable, car les peuples africains qu'ils rencontraient semblaient ne détenir aucune tradition de construction en pierre et aucune des villes en dur n'étaient habitées à l'époque de la colonisation. Jusqu'à l'indépendance, le gouvernement rhodésien nia les preuves et soutint les théories les plus fantaisistes relatives à telle ou telle influence étrangère. En dépit de la datation au carbone 14 du matériel archéologique découvert sur le site, de nombreuses personnalités rhodésiennes perpétuaient la fiction d'un Great Zimbabwe datant d'une ère pré-chrétienne, sans que la moindre preuve d'une quelconque origine phénicienne, juive, grecque, égyptienne, arabe, ou autre, n'ait jamais pu être sérieusement avancée.

Certaines influences extérieures jouèrent en effet un rôle, mais seulement quant au *développement* de Great Zimbabwe. Ainsi, les négociants swahili fréquentèrent les côtes du Mozambique du Xe siècle aux XIVe et XVe siècles, époques de l'apogée de l'influence rozwi. Des porcelaines provenant de Chine, des poteries de Perse et des perles et autres colifichets d'Inde furent découverts sur le lieu, induisant sans aucun doute l'adoption ou l'adaptation par les Africains de coutumes venues d'ailleurs.

C'est au XIe siècle qu'une première société occupa le site de Great Zimbabwe, vraisemblablement composée de plusieurs groupes indépendants ayant compris que leur nombre pouvait être garant de leur sécurité. La construction de la première structure, les enceintes royales du Hill Complex, débuta durant le XIIIe siècle, le reste de la cité ayant été achevé au cours du siècle suivant.

Manifestement, Great Zimbabwe fut essentiellement l'œuvre de fonctionnaires. En dépit de leur beauté, les ruines ne montrent aucune dextérité architecturale parti-

La visite de Great Zimbabwe

Great Zimbabwe mérite au moins une journée d'exploration. Que vous passiez la nuit aux ruines, à l'hôtel ou au camping, essayez de voir le site au lever du soleil. La lumière rasante qui l'illumine lui confère une dimension captivante. Les portes s'ouvrent à 8h.

Nous vous suggérons d'emprunter l'itinéraire suivant pour le découvrir dans l'ordre chronologique. L'autre itinéraire est décrit dans la brochure *A Trail Guide to the Great Zimbabwe National Monument*, vendu 1 $US au musée, ainsi que dans *Trails of Discovery*, une brochure photocopiée qu'on peut se procurer pour le même prix à l'hôtel.

Commencez par le Hill Complex, qui fut probablement la première enceinte royale avant de devenir plus tard un centre religieux. A partir du magasin de souvenirs, prenez l' ancien accès (Ancient Ascent), le plus vieux des quatre itinéraires menant au sommet. Les murs disséminés et les rochers qui le recouvrent se prêtent à quelques heures d'exploration. A l'ouest du Hill Complex, les trois autres itinéraires (Modern, Terrace et Watergate) qui vont de la base au sommet méritent également d'être explorés.

Ensuite, continuez le long des vestiges du mur périphérique intérieur et revenez jusqu'à la boutique de souvenirs pour emprunter le chemin menant aux ruines situées le plus à l'est, ainsi qu'au village karanga reconstruit. Cet ensemble assez médiocre, peuplé d'habitants en plâtre, illustre la vie quotidienne du peuple de Great Zimbabwe. Alors que l'aristocratie résidait dans des demeures en pierre, plus de 10 000 personnes vivaient dans des huttes disséminées sur le périmètre de la cité.

A partir du village, dirigez-vous vers les Valley Enclosures, probablement les constructions les plus étonnantes du site : on pense que ces décombres et ces murs effondrés représentent les vestiges de l'habitat de riches roturiers. On pourrait facilement y imaginer, s'étendant sur les plates-formes surélevées, une version habitée du village karanga reconstruit. Gravissez ensuite le passage encastré (Sunken Passageway), recouvert d'aloès, jusqu'à l'apothéose de la civilisation rozwi, la fabuleuse Grande Enceinte (Great Enclosure)et sa tour conique immédiatement reconnaissable.

En vous dirigeant ensuite vers le musée, remarquez les enceintes de la crête (Ridge Enclosures) : ces grossiers ajouts sont dus à des occupants postérieurs, probablement des Karanga. Le musée expose quelques-uns des objets découverts sur le site de même que les célèbres oiseaux du Zimbabwe. Ceux-ci furent vraisemblablement les totems de la dynastie régnante et constituent aujourd'hui l'emblème national. Fort de la nouvelle perspective que vous aura fait découvrir le musée, il sera peut-être tentant d'effectuer de nouveau le circuit en son entier et d'observer chaque site sous un nouvel angle. ■

culière : il semble que seule l'esquisse d'un plan général ait été tracée avant le commencement des travaux. La construction a nécessité une main-d'œuvre très importante, des milliers d'hommes ayant dû équarrir les millions de blocs de granite des murs. Comme ces derniers et les plates-formes principales ne devaient pas soutenir des toits, la précision et la rectitude des alignements se révélaient secondaires. La structure et les constructions dont les courbes sinueuses incorporent ou évitent les éléments naturels créent une impressionnante harmonie avec la configuration du terrain.

Sa prospérité reposant sur le commerce de l'or avec les Swahili, la ville devint une capitale religieuse et politique aussi puissante que prestigieuse : c'était, dans tous les sens du terme, le cœur de la culture rozwi dont l'influence s'étendait à travers le Zimbabwe oriental, l'essentiel du Botswana et du Mozambique et jusqu'en Afrique du Sud. Les troupeaux royaux croissaient en nombre et les coffres regorgeaient d'or et d'objets précieux. A l'époque de son apogée, Great Zimbabwe était une cité florissante comptant au moins 10 000 habitants.

Mais elle fut probablement victime de son succès : vers le XVe siècle, la pression sur l'environnement de la population humaine et bovine avait épuisé les ressources locales, impliquant une émigration vers des terres plus productives. Un contingent, conduit par le mutapa mwene, fonda sa nouvelle capitale sur le mont Fura, dans le nord du Zimbabwe. Un autre groupe émigra vers l'ouest jusqu'à Khami, la nouvelle capitale, puis plus tard vers Danangombe et Nalatale. Le déclin de Great Zimbabwe fut ensuite rapide : à l'arrivée des Portugais au cours du XVIe siècle, la ville était presque désertée.

A cette époque, elle fut reprise par la dynastie Nemanwa qui y demeura jusqu'à la fin du XVIIIe siècle avant d'être renversée par la dynastie des Mugabe. Ces derniers furent à leur tour vaincus en 1834 par un contingent de Nguni dirigé par Zwangendaba, qui s'empara violemment du pouvoir en précipitant les chefs du haut des falaises. Quand le chasseur germano-américain Adam Renders découvrit Great Zimbabwe en 1868, il n'en restait que des ruines.

Hill Complex

Jadis surnommé Acropole, le Hill Complex (le complexe de la colline) fut probablement le premier ensemble architectural de Great Zimbabwe. A l'évidence, il ne s'agissait pas d'une forteresse, mais plutôt d'une série d'enceintes royales et rituelles. Au lieu de déplacer les rochers pour aménager les salles, les bâtisseurs suivirent la ligne de moindre résistance, les intégrant dans les structures du mieux qu'ils le purent. Selon les indices dont nous disposons, le Hill Complex fut occupé durant au moins 3 siècles.

La partie la plus saillante du complexe, l'enceinte occidentale (Western Enclosure), est l'endroit où convergent l'ancien accès et l'accès à la terrasse (Ancient ascent et Terrace ascent). On ne connaît pas encore la fonction des petites tours droites juchées sur le mur occidental de 8 mètres de haut. La fosse, au centre, est une fouille récente découvrant les strates des sols des huttes successivement bâties sur le site : les huttes effondrées étaient rasées, puis leurs sols nivelés avec des matériaux provenant du mur pour permettre l'édification des nouveaux habitats.

Pratiquée dans le mur oriental de l'enceinte occidentale, l'entrée couverte (Covered Entrance) conduit dans un passage menant jusqu'aux enceintes méridionales (Southern Enclosures). Au-delà de ces dernières, on découvre la petite enceinte en renfoncement (Recess Enclosure) à trois côtés, d'où une volée de marches mène à l'entrée de l'enceinte orientale, ou enceinte rituelle (Eastern ou Ritual Enclosure), dont les éléments bâtis se fondent aux éléments naturels pour créer un site bien protégé, de fonction vraisemblablement rituelle. Les célèbres oiseaux du Zimbabwe étaient naguère perchés sur

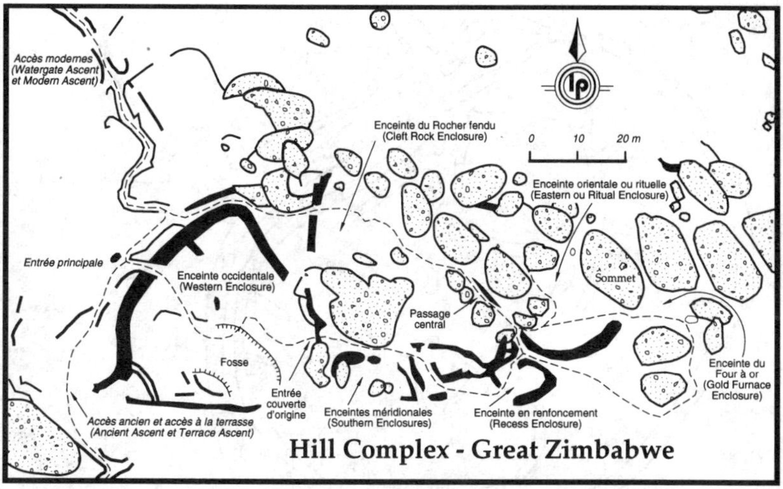

Hill Complex - Great Zimbabwe

six des piliers périphériques. Dans un niveau inférieur, à l'est de l'enceinte orientale, on a découvert des traces de fonderie d'or, d'où le nom de ce site : Four à or (Gold Furnace).

En pénétrant par la porte du vestibule, ou accès moderne (Watergate ou Modern ascent), on contourne le mur nord de l'enceinte occidentale avant de traverser une entrée effondrée menant à l'enceinte du Rocher fendu (Cleft Rock Enclosure), vaste zone circonscrite par des rochers où l'on pense que les médiums d'esprits féminins devaient accomplir leurs rites. Un passage ménagé dans sa partie orientale conduit à l'enceinte orientale.

Valley Enclosures

Deuxième grand groupe de constructions, composé d'une série d'enceintes datant du XIIIe siècle, de plates-formes de huttes *daga* et d'une petite tour conique, les Valley Enclosures (enceintes de la Vallée) s'étendent du passage encastré (Sunken Passageway), sous la Great Enclosure (Grande Enceinte), vers le village karanga reconstruit. Ces enceintes furent le lieu de quelques-unes des plus belles découvertes archéologiques, dont des outils en métal et les singuliers oiseaux de Great Zimbabwe, aux pattes de mammifères, qui sont devenus l'emblème national.

Great Enclosure

De forme elliptique, c'est la Grande Enceinte (Great Enclosure), le troisième des groupes principaux, qui évoque le mieux Great Zimbabwe. Ces ruines sont les plus souvent photographiées et peut-être les plus photogéniques du site. De près de 100 mètres de diamètre et 255 mètres de circonférence, c'est la plus grande des architectures anciennes de l'Afrique subsaharienne. Les murs de pierres sèches atteignent par endroits 11 mètres de haut et 5 mètres d'épaisseur.

Le rempart extérieur semble avoir été édifié dans le sens contraire des aiguilles d'une montre. Les bâtisseurs ont commencé par l'entrée nord-ouest, plus grossière, affinant leur technique à mesure qu'ils progressaient vers le nord-est, où les murs sont plus hauts et plus habilement assemblés. Ce fait pourrait également confirmer l'absence d'exécution d'un plan prédéterminé.

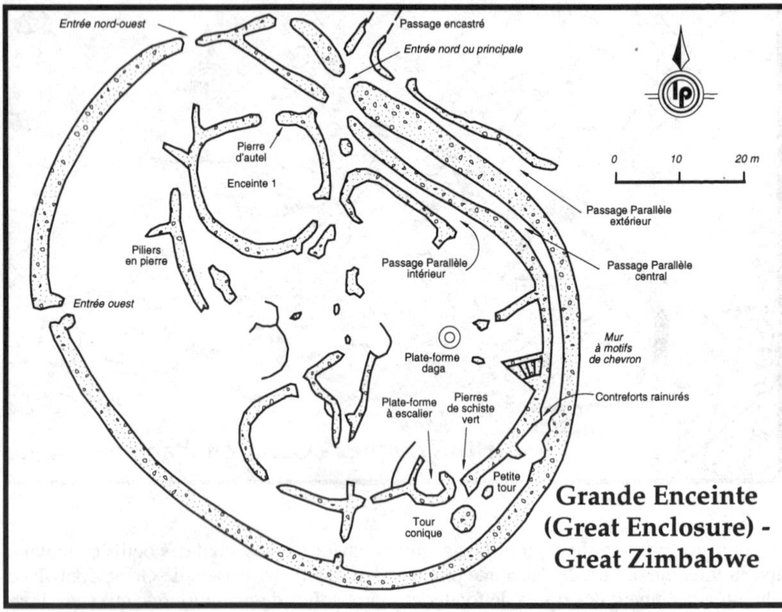

La théorie la plus couramment admise indique que Great Enclosure aurait été à la fois une enceinte royale et une sorte de cloître destiné à la reine mère, ainsi qu'aux épouses du roi les plus âgées. La tour conique (Conical Tower) de 10 mètres de haut, élevée sous des arbres en surplomb à l'extrémité sud-ouest, a évidemment suscité les conjectures les plus nombreuses. Cette construction massive, de fonction apparemment cérémonielle, devait très certainement avoir une signification phallique, mais aucune preuve concluante n'a été établie à ce jour. Si les chasseurs de trésor d'antan croyaient qu'elle abritait le trésor royal (elle ne renferme aujourd'hui que des rochers et de la poussière), on pense aujourd'hui qu'elle représentait le grenier à grain du roi. Elle était à l'origine surmontée de trois rangs de motifs en chevrons.

Dans la version reconstruite, Great Zimbabwe possède trois entrées – toutes surmontées initialement d'un linteau et couvertes – s'ouvrant dans des contreforts arrondis. L'entrée nord (North Entrance), vraisemblablement l'accès principal ouvre sur le passage encastré qui la relie au Valley Complex.

L'étroit Passage Parallèle (Parallel Passage), de 70 mètres de long, mène vers le nord-est à partir de la tour conique. Il devait permettre de se rendre de l'entrée nord vers la tour conique sans attirer l'attention de ceux qui séjournaient dans l'enceinte. Il est également probable que le mur intérieur du passage parallèle était destiné à être un mur extérieur, mais à l'époque où les bâtisseurs avaient achevés l'enceinte extérieure, leurs méthodes de construction s'étaient améliorées de manière si spectaculaire qu'ils décidèrent de reconstruire tout le mur selon leur technique la plus achevée. Ce mur extérieur de 11 mètres de haut – la structure peut-être la plus raffinée de Great Zimbabwe en termes d'architecture – fait 6 mètres d'épaisseur à la base et 4 mètre au sommet, chaque rang de pierre étant un peu plus étroit que le précédent afin de renforcer sa stabilité. Il est surmonté de trois anneaux de chevrons décoratifs.

Musée

Le musée du site, ouvert tous les jours de 8h à 16h30, abrite les découvertes archéologiques effectuées à Great Zimbabwe qui n'ont pas été dispersées aux quatre coins du monde par des chasseurs de trésor amateurs. Les sept oiseaux du Zimbabwe et les fragments en stéatite, probablement des totems de la dynastie rozwi, sont les pièces que la grande majorité des visiteurs souhaite voir. Les deux oiseaux, emportés en Afrique du Sud à la fin des années 1890 et restitués en 1985 – en échange d'une collection de papillons – ont repris leur place à côté des autres. Décrits selon les cas comme des faucons, des aigles pêcheurs ou des créatures mythologique, ces étranges créatures ailées de 40 cm de haut sont devenues l'emblème du Zimbabwe et figurent sur le drapeau national, sur les timbres et sur les cachets officiels.

Les autres collections intéressantes regroupent, notamment, des porcelaines et de la verrerie apportées par les négociants swahili, considérés généralement comme les preuves de relations avec l'étranger durant l'âge d'or de Great Zimbabwe. Les œuvres en or, bronze et cuivre, ainsi que les plats en stéatite et les poteries bénéficient d'une importante présentation.

Certaines créations en fer étaient des objets rituels du roi, tandis que d'autres étaient des ustensiles d'usage quotidien auxquels le peuple attachait une grande importance.

Où se loger et se restaurer

Great Zimbabwe est idéal pour le camping : les campeurs auront l'occasion de planter leur tente dans un champ agréable, dominant les ruines et offrant un vue sur le Hill Complex. Le *National Museums & Monuments Campground* (☎ 7052) est une expérience à ne pas manquer pour 2 $US par personne. Des douches froides sont installées et des gardiens assurent la sécurité de vos affaires lorsque vous vous absentez pour aller explorer le site. Ne laissez rien en dehors de votre tente : babouins et vervets (singes verts) ne sont pas difficiles à satisfaire et voleront tout, des ustensiles de cuisine aux sous-vêtements mis à sécher.

L'unique hébergement en dur est le *Great Zimbabwe Hotel* (☎ 2449) qui appartient au groupe Sun Hotels. Ses tarifs sont d'un mauvais rapport qualité-prix pour les étrangers qui payent 86/126 $US les chambres simples/doubles, mais ils incluent un extraordinaire petit-déjeuner buffet proposant des spécialités africaines, anglaises et continentales. Les Zimbabwéens ne déboursent que 29/43 $US pour les mêmes prestations. Le petit-déjeuner est servi aux campeurs pour 4 $US et les non-clients de l'hôtel peuvent utiliser la piscine pour 3 $US par personne. L'établissement effectue également les opérations de change sur les chèques de voyage au taux bancaire.

La terrasse-restaurant de l'hôtel est un lieu magnifique où prendre une boisson, un café ou manger un casse-croûte, mais vous serez constamment importuné par des hordes de vervets criards qui viendront se servir dans votre assiette dès que vous aurez la tête tournée. Lorsqu'ils ne sont pas occupés à voler, ils se rassemblent dans les arbres pour préparer leur prochain mauvais coup. Les sachets de sucre semblent constituer leur prise préférée.

Si vous préférez la solution bed and breakfast, essayez la *farm guesthouse* (☎ 7105, poste 109) de Mme Sharon Knowles, située à 16 km de Masvingo sur la route de Great Zimbabwe, le site se trouvant à 8 km au sud. Elle propose une chambre double et une chambre à deux lits pour 12 $US par personne, avec dîner et petit-déjeuner, et peut organiser un transport au départ de Masvingo.

Comment s'y rendre

L'accès de Great Zimbabwe par les transports publics est direct. Le bus de Morgenster Mission part tous les jours du musika de Mucheke, à Masvingo, à 8h, 12h et 15h30. Il est habituellement bondé : soyez en avance. Descendez à l'embranchement vers le Great Zimbabwe Hotel (le chauffeur connaît votre destination) et effectuez à pied le dernier kilomètre menant jusqu'au Great Zimbabwe Hotel. Pour le retour, le bus passe à l'embranchement de Great Zimbabwe à 9h20, 13h20 et 16h50. Vous pouvez également rester dans le bus jusqu'à Morgenster Mission, pour admirer le Finger Rock, un étrange pilier rocheux, avant de revenir en bus jusqu'à l'embranchement de Great Zimbabwe.

La course en taxi pour Great Zimbabwe coûte actuellement environ 10 $US jusqu'à cinq passagers. Sunbird propose des circuits organisés ; voir la rubrique *Circuits organisés* du chapitre *Masvingo*. Sinon, vous pouvez louer une voiture chez Hertz (☎ 2131), Founders House, Robert Mugabe St, Masvingo.

MUTIRIKWE (KYLE) RECREATIONAL PARK

Une décennie de sécheresse a fait baisser les eaux du Mutirikwe Dam (souvent encore appelé lac Kyle) à un niveau record : le volume du lac n'atteint plus aujourd'hui qu'un centième de sa capacité. Malgré les pluies de l'été 1993, les systèmes d'irrigation du lowveld continuent à souffrir. Par conséquent, le lac de retenue du parc de loisirs de Mutirikwe n'offre que des possibilités très limitées, mais la découverte du paysage environnant, qui mérite toujours le détour, complète agréablement une visite à Great Zimbabwe.

Popoteke Gap

La route d'accès signalisée de Popoteke Gap mène à une faille abrupte où s'engouffre la rivière Popoteke pour traverser Beza Range vers Mutirikwe Dam. Elle est située à 2,5 km au sud de la route Masvingo-Mutare, à 20 km à l'est de Masvingo.

Cette halte aux paysages spectaculaires est idéale pour le pique-nique, mais le camping est interdit.

Mutirikwe Dam

Le barrage de 305 mètres de large de Mutirikwe (Kyle) traverse les impressionnantes gorges de Mutirikwe pour former le lac Mutirikwe. Achevé en 1961, c'est un élément du système d'irrigation du lowveld qui permet la culture de plantes grandes consommatrices d'eau comme le coton et la canne à sucre.

Peintures rupestres

Deux sites de peintures rupestres relativement accessibles se trouvent non loin des rives du lac. Le plus facile à atteindre est un lieu dépourvu de nom mais bien signalisé, situé à environ 2 km au sud-ouest du barrage et à 100 mètres de la route.

Plus célèbres, les peintures pariétales de Chamavara, dans la grotte du même nom, sont situées à 18 km au nord-ouest du barrage sur Murray McDougall Dr, puis à 5 km vers l'est à partir de l'embranchement signalisé. Vous devrez probablement effectuer à pied la plus grande partie du trajet car des rochers barrent la route. Il est parfois difficile de distinguer entre les figures humaines ou animales peintes à profusion sur les parois de la grotte.

Comme de nombreux personnages présentent un visage de couleur blanche, on s'est demandé s'ils n'évoquaient pas quelque peuple du Proche-Orient ou d'Europe. La figure centrale de la grotte, le "Géant de Chamavara", entourée de plusieurs koudous élégamment peints, est unique au Zimbabwe.

Mutirikwe (Kyle) Game Park

Bien qu'elle semble un peu artificielle, la réserve de Mutirikwe, peu entretenue, offre la possibilité de voir des rhinocéros blancs, ainsi que le plus grand nombre d'espèces d'antilopes du Zimbabwe. Sur les 64 kilomètres de routes non macadamisées, on pourra observer facilement des phacochères, des impalas, des koudous, des sassabys, des gnous, des cobes à croissant, des girafes, des zèbres, des buffles et des babouins. Des ourébis et des élans du Cap sont parfois visibles, mais aucun éléphant

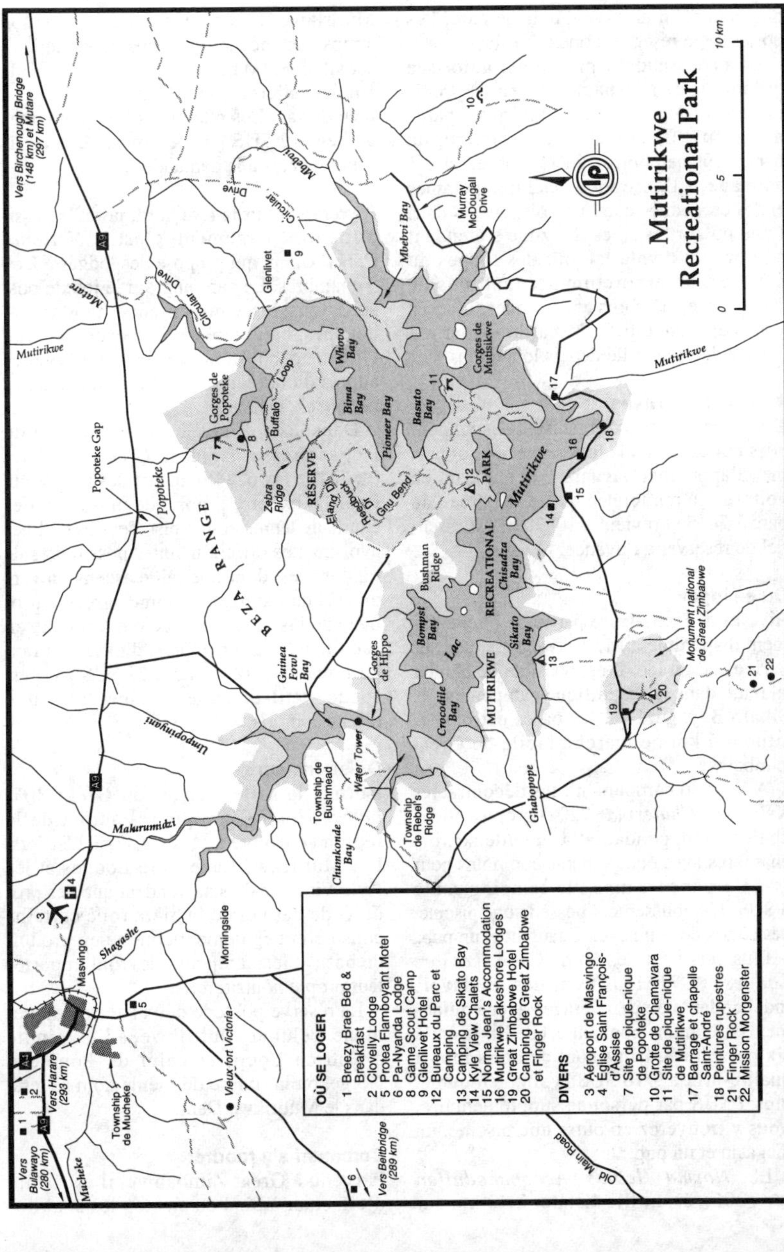
Mutirikwe Recreational Park
0
5
10 km
OÙ SE LOGER
1 Breezy Brae Bed & Breakfast
2 Clovelly Lodge
5 Protea Flamboyant Motel
6 Pa-Nyanda Lodge
8 Game Scout Camp
9 Glenlivet Hotel
12 Bureaux du Parc et Camping
13 Camping de Sikato Bay
14 Kyle View Chalets
15 Norma Jean's Accommodation
16 Mutirikwe Lakeshore Lodges
19 Great Zimbabwe Hotel
20 Camping de Great Zimbabwe et Finger Rock
DIVERS
3 Aéroport de Masvingo
4 Église Saint François-d'Assise
7 Site de pique-nique de Popoteke
10 Grotte de Chamavara
11 Site de pique-nique de Mutirikwe
17 Barrage et chapelle Saint-André
18 Peintures rupestres
21 Finger Rock
22 Mission Morgenster
Vers Birchenough Bridge (148 km) et Mutare (297 km)
Vers Harare (293 km)
Vers Bulawayo (280 km)
Vers Beitbridge (289 km)
Masvingo
Township de Mucheke
Vieux fort Victoria
Morningside
Old Main Road
Mucheke
Shagashe
Makurumidzi
Umpopinyani
Popoteke
Popoteke Gap
Gorges de Popoteke
Mutirikwe
Mutare
Mbebvi
Circular Drive
Glenlivet
Mbebvi Bay
Murray McDougall Drive
Gorges de Mutisikwe
BEZA RANGE
Guinea Fowl Bay
Gorges de Hippo
Township de Bushmead
Water Tower
Chumkonde Bay
Township de Rebel's Ridge
Crocodile Bay
Bompst Bay
Lac
Bushman Ridge
MUTIRIKWE RECREATIONAL PARK
Sikato Bay
Chisadza Bay
Mutirikwe
RÉSERVE
Zebra Ridge
Eland Dr
Reedbuck Dr
Gnu Bend
Buffalo Loop
Pioneer Bay
Bima Bay
Whovo Bay
Basuto Bay
Ghabopope
Monument national de Great Zimbabwe
A9
A4

ZIMBABWE

ni grand félin ne vivent dans le parc. Les portes de la réserve ferment à 18h.

La promenade à pied n'est autorisée qu'autour de Mushagashe Arm, à proximité des lodges et du camping des parcs nationaux. Ce site étant à l'extérieur du parc, vous ne pourrez guère y observer des animaux, à l'exception des hippopotames et des crocodiles que l'on voit souvent dans l'eau ou sur les rives. La zone s'étendant au nord du dwala, autour des lodges du parc, est un arboretum abritant plus de 150 espèces d'arbres endémiques. L'accès y est cependant difficile, car le sentier n'a pas été débroussaillé depuis longtemps.

Activités sportives

Les parcs nationaux organisent des randonnées équestres dans la réserve, ce qui permet d'approcher davantage la faune qu'en voiture. La randonnée quitte le bureau du parc à 7h45 et revient à 10h30. Il est essentiel de réserver à l'avance.

Où se loger

Rive sud. La majeure partie de l'hébergement disponible à Mutirikwe est située sur la rive sud du lac. Il est possible de planter sa tente dans le magnifique campement de Sikato Bay, géré par les parcs nationaux, situé à 6 km de marche facile de Great Zimbabwe.

A l'est du campement, les décontractés *Kyle View Chalets* (☎ 7202) proposent des chalets indépendants à une/deux/trois chambres avec équipements communs pour 16 $US par personne ; le camping coûte 3 $US. L'établissement possède une piscine, des courts de tennis, un restaurant et un pub.

Plus vers l'est, les *Mutirikwe Lakeshore Lodges* (☎ 7151) offrent des rondavels indépendants de deux étages avec équipements communs pouvant accueillir jusqu'à six personnes. Elles sont de bon rapport qualité-prix à 9/16 $US la simple/double, plus 7 $US par personne supplémentaire. Vous y trouverez en outre une piscine, un magasin et un pub.

Le *Norma Jean's Accommodation* (☎ 7206), Dunollie Estate, à 42 km sur Mutirikwe Rd, est recommandé pour son atmosphère accueillante et sympathique. Il est situé à 200 mètres vers l'est des Kyle View Chalets, à droite sur la colline, en face du lac. Les chambres indépendantes coûtent 12 $US par personne. Des repas sont préparés à la demande.

Rive nord. Sur la rive nord, la seule possibilité d'hébergement, c'est le *National Parks' camp*, qui propose des lodges à 2 ou 3 chambres. Le camping qui le jouxte possède tous les équipements standards – douches, baignoires et barbecues à braai. Comme d'habitude, réservez à l'avance auprès du bureau de réservation des parcs nationaux à Harare.

Dans les collines, à l'extrémité est du lac, se dresse, isolé, le *Glenlivet Hotel* (☎ 7611 ; fax 62846), datant des années 40. Pour la détente, il possède un sauna, des courts de tennis et une piscine. Les collines avoisinantes offrent maintes possibilités de randonnées, dont une raide ascension vers un abri de montagne ou une agréable promenade jusqu'à la source qui alimente en eau l'hôtel. Les chambres, d'excellent rapport qualité-prix, coûtent 22 $US par personne, petit-déjeuner et dîner à la table d'hôte compris.

Où se restaurer

Hormis la salle manger du *Great Zimbabwe Hotel*, l'unique restaurant de la région se trouve aux *Kyle View Chalets*. Les Mutirikwe Lakeshore Lodges et les Kyle View Chalets ne vendent que des produits de base et de la bière (que certains considèrent également comme un produit de base) : les campeurs devront apporter leur propre nourriture.

La réserve possède deux sites de pique-nique, celui de Mutirikwe, à l'extrémité d'Ostrich Loop, et celui de Popoteke Gorge, où la rivière du même nom se jette dans le Mutirikwe Dam.

Comment s'y rendre

Parvenu à Great Zimbabwe, il est facile d'effectuer à pied ou en stop les six kilomètres menant jusqu'à la rive sud de Mutirikwe. Les principaux sites d'intérêt se trouvent cependant plus loin. Le bus de Glenlivet, peu fréquent, constitue l'unique moyen de transport public.

Les possibilités d'auto-stop sont très médiocres le long des routes à peine fréquentées de Murray McDougall Scenic Drive et de Circular Drive, entre Great Zimbabwe et la route Masvingo-Mutare.

Pour atteindre la réserve, il sera probablement plus aisé d'emprunter l'autre itinéraire partant de Great Zimbabwe *via* Masvingo. On accède plus facilement à la rive nord à partir de l'embranchement quittant la route de Mutare, à 13 km à l'est de Masvingo.

Quand le niveau des eaux du lac est suffisant, il est possible, à partir des Mutirikwe Lakeshore Lodges, de se faire prendre en stop jusqu'à la réserve sur un bateau des rangers. Téléphonez au gardien ou au "senior ranger" (☎ 2913) durant les heures de bureau (tous les jours de 7h à 18h), afin que l'on vienne vous chercher à une heure convenue.

Des visites organisées dans la réserve sont également proposées : voir la rubrique *Circuits organisés* du chapitre *Masvingo*.

MUSHANDIKE SANCTUARY

Secret bien protégé, les 13 360 hectares de la réserve de Mushandike sont situés à 11 km au sud de la route Masvingo-Bulawayo ; l'embranchement se trouve à 25 km à l'ouest de Masvingo. Son point de mire est le lac de retenue aux eaux bleues étincelantes du Mushandike Dam, serti entre de sereines collines boisées.

La visite de la réserve en hiver offre de superbes paysages de forêts de mopanes, parées de coloris or, rouges et orange dans une atmosphère aussi lumineuse que limpide. C'est un extraordinaire site isolé où vous pourrez découvrir des hippotragues noirs, des koudous, des sassabys, des oréotragues, des steenbocks, des grysbocks, des

ZIMBABWE

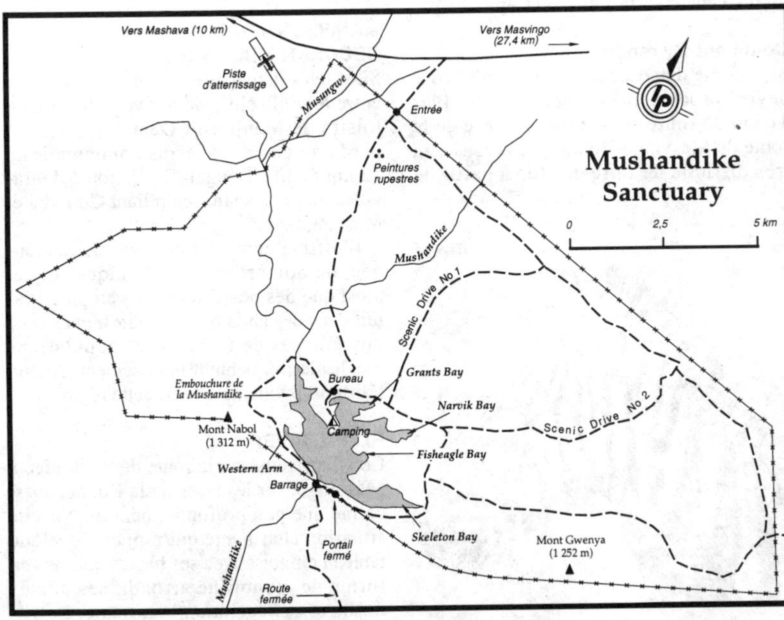

céphalophes de Grimm, des cobes à croissant, des impalas et des gnous, de même que des zèbres, des léopards et des phacochères.

Les routes "panoramiques" qui traversent les deux tiers orientaux de la réserve sont assez accidentées et le tronçon reliant le lac de retenue aux limites sud est aussi abrupt que rocailleux. Le portail de la clôture sud est fermé et aucun accès n'est possible vers la route de Beitbridge.

Durant la majeure partie de l'année, vous aurez probablement le campement des parcs nationaux pour vous seul, mais vous y trouverez toujours un gardien qui veillera sur vos effets et pourra le cas échéant vous couper du bois de chauffe. Vous pourrez planter votre tente sur de petites portions de terrain herbeux.

Eau et douches chaudes sont disponibles, mais les magasins les plus proches sont situés à Mashava et à Masvingo. Le sympathique bureau d'information pourra vous aider en tout. Allez également voir l'institut de recherche sur l'élan du Cap.

Comment s'y rendre

Si vous ne disposez pas de véhicule, vous devrez probablement effectuer à pied les 11 km de route séparant la réserve de la route de Masvingo-Bulawayo. Il vous sera très difficile de faire du stop à partir de l'embranchement (lors de notre toute dernière visite, la seule voiture particulière nous ayant précédés était passée 11 jours plus tôt), à moins que vous ne conveniez d'un rendez-vous avec un ranger.

Pour rejoindre l'entrée de la réserve, faites du stop, et empruntez un bus Masvingo-Bulawayo.

Sud-Est du Zimbabwe

L'essentiel du Sud-Est du Zimbabwe englobe le lowveld de climat chaud que caractérise une végétation de petits épineux. Mais si l'on y apporte de l'eau, le désert fleurit comme dans les environs de Triangle où prospèrent des plantations de canne à sucre bien irriguées. La principale attraction touristique de la région, c'est le parc national de Gonarezhou, qui a récemment été rouvert mais demeure toujours peu fréquenté.

MANJIRENJI DAM RECREATIONAL PARK

Situé dans la magnifique zone de transition entre le highveld et le lowveld, le parc de loisirs de Manjirenji Dam est vraiment perdu au cœur des terres communales à 12 km de MacDougall Rd (la route de traverse non macadamisée reliant Chiredzi et Masvingo).

Il offre d'agréables chemins de randonnée, de nombreux sites de pique-nique, ainsi que des possibilités de camping gratuit dans des abris rudimentaires, mais il ne possède pas de faune et les populations locales le fréquentent intensément. Aucun transport public ne dessert cette région.

RUNDE RIVER

Ce village situé sur la route de Beitbridge à Masvingo, sur les rives de la Runde, aussi calme que peu profonde, bénéficie d'une situation charmante qui rappelle quelque tableau chinois, avec ses hautes collines en forme de monolithe arrondi, ses dômes dwala et sa végétation luxuriante. Le vil-

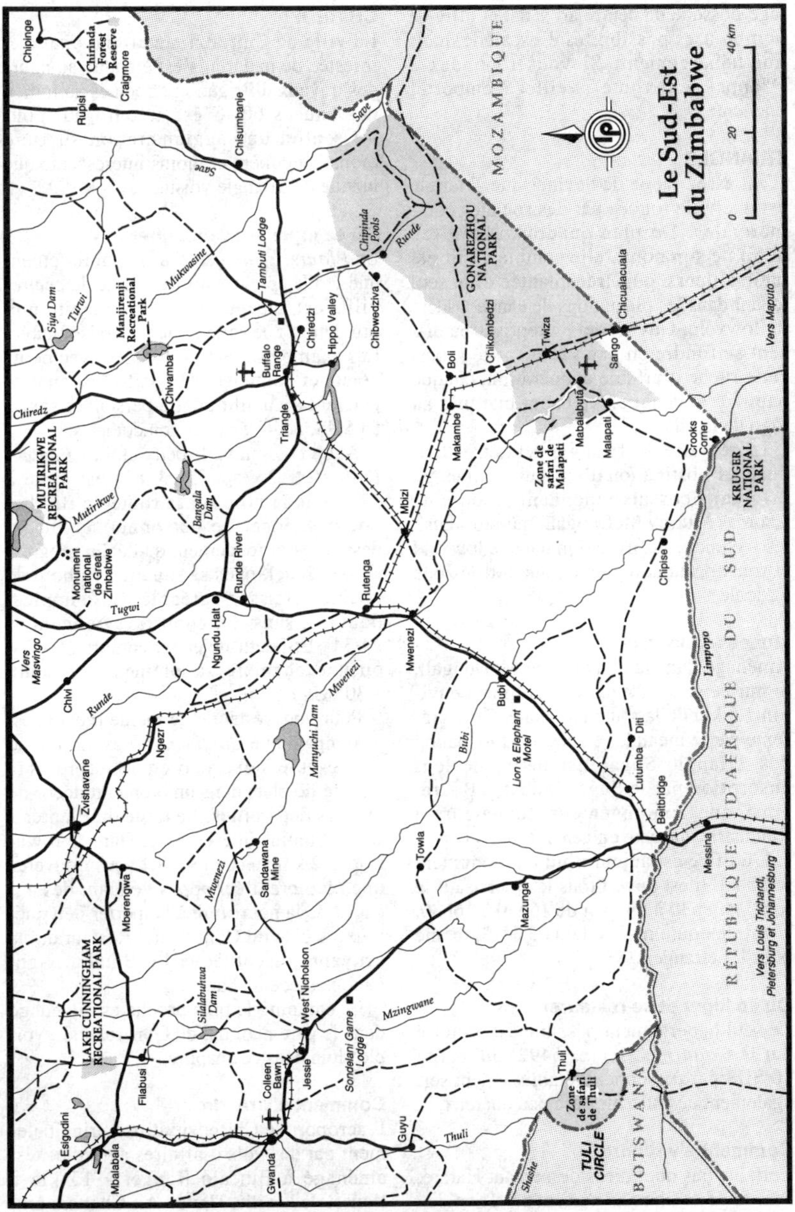
Le Sud-Est du Zimbabwe
0
20
40 km
MOZAMBIQUE
GONAREZHOU NATIONAL PARK
KRUGER NATIONAL PARK
RÉPUBLIQUE D'AFRIQUE DU SUD
BOTSWANA
TULI CIRCLE
Zone de safari de Thuli
Zone de safari de Malapati
MUTIRIKWE RECREATIONAL PARK
LAKE CUNNINGHAM RECREATIONAL PARK
Manjirenji Recreational Park
Chirinda Forest Reserve
Monument national de Great Zimbabwe
Chipinge
Craigmore
Rupisi
Chisumbanje
Tambuti Lodge
Chiredzi
Buffalo Range
Hippo Valley
Chibwedziva
Chipinda Pools
Triangle
Chivamba
Boli
Chikombedzi
Makambe
Twiza
Mabalabuta
Sango
Chicualacuala
Malapati
Crooks Corner
Mbizi
Rutenga
Mwenezi
Runde River
Ngundu Halt
Chivi
Vers Masvingo
Ngezi
Zvishavane
Mberengwa
Sandawana Mine
Manyuchi Dam
Bubi
Lion & Elephant Motel
Chipise
Diti
Lutumba
Beitbridge
Messina
Towla
Mazunga
West Nicholson
Sondelani Game Lodge
Jessie
Colleen Bawn
Filabusi
Esigodini
Mbalabala
Gwanda
Guyu
Thuli
Vers Maputo
Vers Louis Trichardt, Pietersburg et Johannesburg
Save
Runde
Mukwasine
Turwi
Siya Dam
Chiredz
Mutirikwe
Bangala Dam
Tugwi
Mwenezi
Limpopo
Mzingwane
Silalabuhwa Dam
Shashe

ZIMBABWE

lage possède un centre artisanal et offre de nombreuses possibilités d'escalade, mais nul hébergement. Si vous répondez à l'"appel de la route", veillez à emporter une tente.

TRIANGLE

Il est assez facile de deviner que Triangle est une ville fondée par des sociétés commerciales. De plan quadrangulaire (en dépit de son nom), elle semble avoir été bâtie ailleurs, puis transplantée d'un seul tenant dans les plantations de canne à sucre du lowveld. Ouvriers et entreprises paraissent se fondre en une seule entité ; dans cette ruche d'affable coopération, chaque habitant et chaque objet sont marqués au logo de la ville.

La réussite de Triangle peut être attribuée à l'obstination d'un seul homme, un original Écossais répondant au nom de Thomas Murray McDougall, qui introduisit les techniques d'irrigation dans le lowveld et transforma la région en une fertile zone agricole.

Musée McDougall

Aménagé dans la demeure de McDougall, le musée se dresse sur une colline à environ 1,5 km de la route nationale. On y présente par le menu les étapes de la fondation des Triangle Sugar Estates et de leur absorption par le Sugar Industry Board, ainsi que son ingénieux fondateur et l'industrie du sucre en général.

L'édifice est aujourd'hui un monument national. Il est ouvert tous les jours sauf le lundi de 8h30 à 9h30 et de 15h30 à 16h30. L'entrée coûte moins de 0,03 $US, même pour les étrangers.

Où se loger et se restaurer

Le seul hébergement possible est proposé par le *Country Club* (☎ 6492) qui coûte 10 $US par personne. L'établissement sert également des plats de base peu onéreux.

Comment s'y rendre

Certains bus quotidiens desservant Harare, Masvingo et Chiredzi passent par Triangle.

CHIREDZI

La ville de Chiredzi, au climat chaud et infestée de malaria, s'est étendue au cours des travaux d'irrigation effectués au milieu des années 60. C'est aujourd'hui pour l'essentiel une agglomération sucrière moins singulière et moins intéressante que la ville de Triangle voisine.

Où se loger et se restaurer

Le *Planter's Inn* (☎ 2281), établissement une-étoile perché sur une colline du centre-ville, est acceptable. Il possède un pub bruyant et une salle à manger raisonnable. Les chambres simples/doubles avec petit-déjeuner coûtent 27/39 $US. Les chalets pouvant accueillir quatre personnes sont à 54 $US, petit-déjeuner non compris.

Autre possibilité, le deux-étoiles *Tambuti Lodge* (☎ 2575 ; fax 3187) est situé à 12 km de la ville sur la route de Birchenough Bridge. Le personnel semble se désintéresser totalement du déclin progressif de l'hôtel, mais sa situation en bord de rivière est assez agréable. Les simples/doubles sans baignoire reviennent à 24/34 $US, petit-déjeuner compris. La TV ou une chambre supplémentaire coûte 1,30 $US de plus.

Pour vous restaurer, le meilleur choix est le sympathique *Continental Restaurant*, au centre-ville, qui propose une surprenante variété de plats dans un étonnant décor de miroirs dépareillés. La table du Planter's Inn est moins intéressante. Dans le township, à 2 km du centre-ville, vous trouverez une pléthore d'échoppes vendant des en-cas et de la nourriture à emporter peu onéreux. A côté du Continental Restaurant, la bruyante discothèque La Bamba Night Club possède un bar.

Le camping le plus proche est aménagé dans le parc national de Gonarezhou ; voir plus loin dans ce chapitre.

Comment s'y rendre

L'aéroport de Chiredzi, utilisé principalement par des vols d'affaires agricoles, est aménagé à Buffalo Range, à 15 km à l'ouest de la ville. United Air Charters pro-

Thomas Murray McDougall

Thomas Murray McDougall quitta à l'âge de quatorze ans son Écosse natale pour les plantations de canne à sucre de la Guyane britannique (l'actuelle Guyana) avant de se retrouver, vers 1908, dans le lowveld de Rhodésie. Le rachat d'un troupeau – toutes les bêtes étaient marquée d'un triangle – à un propriétaire de ranch en déconfiture inaugura sa première tentative de création d'entreprise dans le lowveld, lequel était loin d'être productif à cette époque.

Après la faillite de son ranch, McDougall mûrit un autre projet : selon lui, les rivières de Mutirikwe et le lowveld étaient la clef de l'agriculture dans cette région désertique. Durant les sept années suivantes, il creusa à l'explosif dans le granite deux tunnels d'irrigation longs de 425 mètres pour détourner les eaux de la rivière vers sa propriété.

En 1931, McDougall cultivait le coton, des légumes, le tabac, des céréales et des vergers, mais peu de temps après toutes ces cultures furent anéanties par les sauterelles. Il se souvint alors de ses années passées en Amérique du Sud et décida de planter de la canne à sucre. Le gouvernement ne se montra guère enthousiaste mais l'autorisa toutefois à importer du Natal, en Afrique du Sud, trois plants de canne à sucre. Il dut passer en contrebande le reste, simple formalité pour cet esprit déterminé. Les événements qui conduisirent à la fondation des Triangle Sugar Estates et à sa reprise par le Sugar Industry Board sont décrits dans le musée aménagé sur le site, qui est désormais un monument national. ■

pose trois vols hebdomadaires entre Buffalo Range et Bulawayo, et un vol quotidien, sauf le samedi, pour Harare *via* Masvingo.

Des bus relient le terminus du township de Chiredzi à Harare, Masvingo, Mutare, Bulawayo et Beitbridge, de même que les communes voisines de Triangle, Hippo Valley et Buffalo Range.

GONAREZHOU NATIONAL PARK

Quand l'agriculture extensive commença à empiéter sur l'habitat de la faune à la fin des années 60, les mesures prises pour l'éradication de la mouche tsé-tsé (incendie de vastes zones de bush et chasse de la faune) se soldèrent par la mort de 55 000 grands animaux. Alan Wright, le préfet du district de Nuanetsi, s'en émut et incita les pouvoirs publics à fonder un refuge pour la faune et un couloir de surveillance des braconniers le long de la frontière. En résulta la création de la réserve de Gonarezhou, vaste portion du Sud-Est du Zimbabwe de 5 000 km^2 – une quasi-extension du parc national Kruger d'Afrique du Sud. La réserve devint parc national en 1975. Si vous souhaitez en savoir davantage, essayez de vous procurer un exemplaire de *Valley of the Ironwoods* et de *Grey Ghosts of Buffalo Bend*, tous deux écrits par Alan Wright et traitant de ses dix années passées dans la région.

Les paysages du parc sont impressionnants. Les larges rivières Mwenezi, Save et Runde, dont les méandres forment des oasis offrant eau et nourriture à la faune, serpentent à travers les terres broussailleuses et desséchées. On pense qu'à une époque où les pluies étaient plus abondantes, à l'apogée de Great Zimbabwe, les marchands pouvaient remonter le cours de la Save jusqu'aux chutes Chivilila. L'obstacle des chutes a permis l'évolution d'espèces de poisson uniques en leur genre, comme le gobie d'eau douce (*Chonophorus aeneofusucus*) et la brème noire (*Oreochromis placida*), et s'oppose à la progression vers l'amont de poissons d'eau salée comme le requin du Zambèze, le poisson-scie et le tarpon. Si vous poussez jusqu'aux bassins de la région de Mwenezi, ne manquez pas de voir un cyprinidé (*Nothobranchius furzeri*), poisson bleu turquoise qui ne vit que dans ces petites mares du désert.

En shona, *gona-re-zhou* signifie "demeure des éléphants" : quelques-uns des plus grands pachydermes d'Afrique ont vécu ici. Cette région est également l'un des deux habitats zimbabwéens exclusifs de l'antilope nyala (l'autre étant Mana

Pools). Elle s'enorgueillit également de la plus forte concentration de petites antilopes *suni* et de la présence des rares et solitaires guépards royaux, à la robe tachetée ou rayée – les animaux les plus rapides de la création – qui vivent dans les confins les plus reculés du parc. Leur population estimée ne dépasserait pas 25 individus.

Malheureusement, le braconnage a eu des conséquences désastreuses. Dans les années 20, l'un des braconniers les plus tristement célèbres d'Afrique, Stephanus Barnard, abattit quelques-uns des plus grands pachydermes du continent, dont le célèbre Dhulamithi, le plus gigantesque éléphant jamais tué en Afrique australe – un colosse dont les défenses pesaient plus de 110 kg.

Plus récemment, au cours de la guerre civile mozambicaine, les guérilleros traversaient régulièrement la frontière pour échapper aux recherches et utilisaient le parc comme un garde-manger en brousse – de la fin des années 80 au début des années 90, lors des affrontements les plus violents, le parc fut interdit aux non-Africains. La sécheresse du début des années 90 préleva également son dû : il fallut déplacer les 750 éléphants de Gonarezhou. La plupart d'entre eux n'allèrent pas plus loin que la réserve privée de Save Valley, mais quelque 150 pachydermes firent le voyage jusqu'en Afrique du Sud.

Gonarezhou est désormais de nouveau ouvert au public, mais les éléphants, qui ont connu de trop près balles explosives et kalachnikofs, gardent une rancune tenace contre les hommes : ils sont d'humeur instable et très agressifs, aussi conservez une distance respectable.

Renseignements

Gonarezhou est divisé en deux régions administratives : la sous-région de Save-Runde, au nord, et la sous-région de Mwenezi, au sud. Certaines routes sont carrossables, mais la plupart sont accidentées et praticables uniquement en 4x4, surtout au sud. Le parc est ouvert aux visiteurs de 6h à 18h de mai à octobre. De novembre à avril, on ne peut accéder qu'à Chipinda Pools, Mabalauta et Swimuwini.

La pêche n'est autorisée qu'autour des campements, à moins de posséder un permis spécial du Department of National Parks & Wildlife Management, vendu au bureau de Chipinda Pools ou à Harare. En aval des chutes Chivilila (ou Chivirira), sur la Save, et aux chutes Chitove (ou Selawondoma), sur la Runde, on peut pêcher des brèmes et des poissons-tigres, voire quelques poissons d'eau salée.

A voir

Sous-région de Save-Runde. Le site le plus souvent photographié du parc, les falaises déchiquetées de grès rouge des Chilojo Cliffs (qui s'orthographient également Tjolotjo), s'élève comme une forteresse du Rajasthan au-dessus de la rivière Runde, à proximité de son confluent avec la Save. Cette zone offre aussi les meilleures possibilités d'observation de la faune du parc.

Si vous disposez d'un robuste 4x4, vous pourrez gravir le sommet des falaises jusqu'aux Chilojo Viewpoint et Chamuchinzu Viewpoint (points de vue). Avec un véhicule ordinaire, vous ne pourrez atteindre que Fishans Camp qui offre un beau panorama sur les falaises le surplombant.

Les deux points de vue de Benji View valent également le détour ; la faune y est rare, mais le paysage austère et silencieux se révèle très impressionnant. Les sites de pique-nique de Massasanya Dam et de Fishans Camp sont tous deux accessibles en véhicule ordinaire durant la saison sèche.

Sous-région de Mwenezi. La sous-région de Mwenezi est ponctuée de petits bassins et de cuvettes offrant de beaux panoramas et propices à la découverte de la faune. Vous pourrez passer la nuit dans l'abri d'observation de Rossi Pools (voir *Où se loger* ci-dessous). Au titre des autres bassins intéressants, mentionnons Mwatomba Pool, dans un abri rocheux ; Mukokwani Pool, qui possède un petit abri à pique-nique ; Manyanda Pan, qui dispose d'une

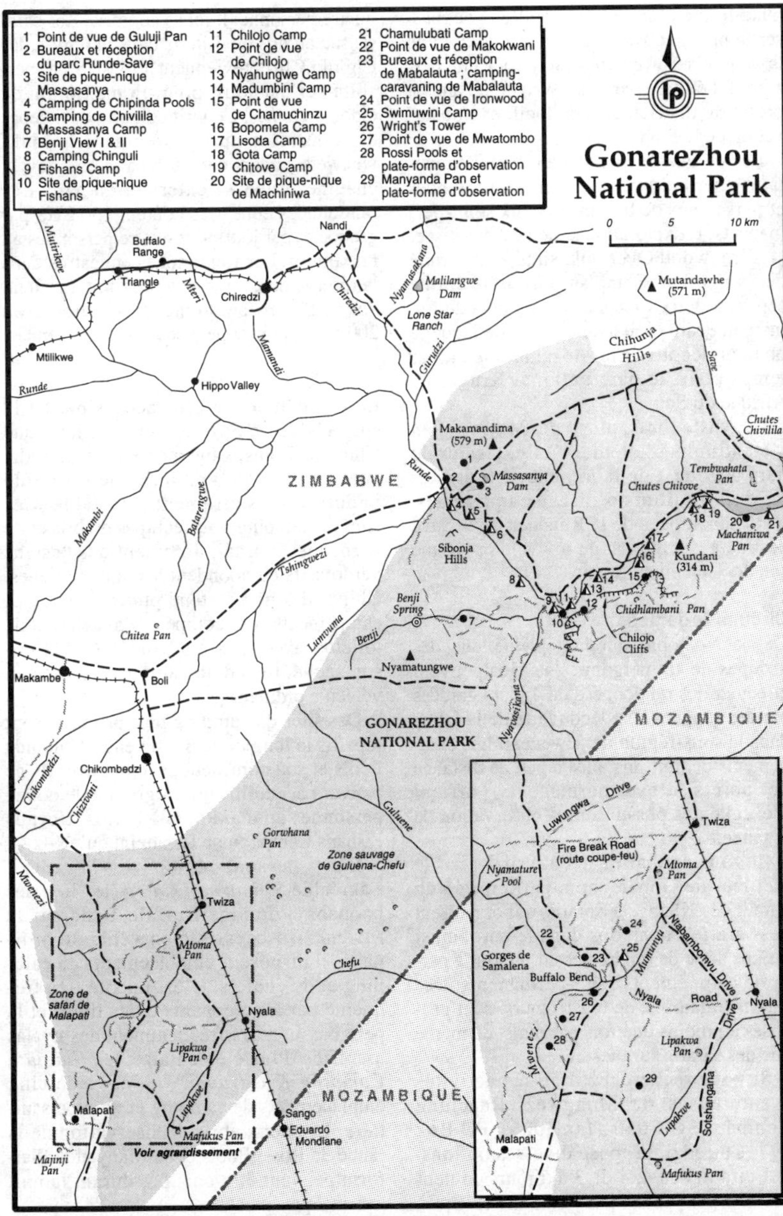
Gonarezhou
National Park
1 Point de vue de Guluji Pan
2 Bureaux et réception du parc Runde-Save
3 Site de pique-nique Massasanya
4 Camping de Chipinda Pools
5 Camping de Chivilila
6 Massasanya Camp
7 Benji View I & II
8 Camping Chinguli
9 Fishans Camp
10 Site de pique-nique Fishans
11 Chilojo Camp
12 Point de vue de Chilojo
13 Nyahungwe Camp
14 Madumbini Camp
15 Point de vue de Chamuchinzu
16 Bopomela Camp
17 Lisoda Camp
18 Gota Camp
19 Chitove Camp
20 Site de pique-nique de Machiniwa
21 Chamulubati Camp
22 Point de vue de Makokwani
23 Bureaux et réception de Mabalauta ; camping-caravaning de Mabalauta
24 Point de vue de Ironwood
25 Swimuwini Camp
26 Wright's Tower
27 Point de vue de Mwatombo
28 Rossi Pools et plate-forme d'observation
29 Manyanda Pan et plate-forme d'observation
0 5 10 km
Nandi
Buffalo Range
Triangle
Chiredzi
Mutirikwe
Mteri
Chiredzi
Nyamasakana
Malilangwe Dam
Lone Star Ranch
Mutandawhe (571 m)
Mtilikwe
Mamandi
Gurudzi
Chihunja Hills
Save
Runde
Hippo Valley
Chutes Chivilila
Makamandima (579 m)
Runde
Massasanya Dam
Tembwahata Pan
Chutes Chitove
ZIMBABWE
Makambi
Batarengwe
Sibonja Hills
Machaniwa Pan
Kundani (314 m)
Tshingwezi
Benji Spring
Chidhlambani Pan
Lumvuma
Benji
Chilojo Cliffs
Chitea Pan
Nyamatungwe
Makambe
Boli
MOZAMBIQUE
GONAREZHOU NATIONAL PARK
Nyavasikana
Chikombedzi
Chikombedzi
Chizvoani
Guluene
Gorwhana Pan
Zone sauvage de Guluena-Chefu
Mwenezi
Twiza
Mtoma Pan
Chefu
Zone de safari de Malapati
Nyala
Lipakwa Pan
Lupakwe
MOZAMBIQUE
Malapati
Sango
Eduardo Mondlane
Mafukus Pan
Majinji Pan
Voir agrandissement
Luwungwa Drive
Twiza
Fire Break Road (route coupe-feu)
Nyamature Pool
Mtoma Pan
Ntabambomvu Drive
Gorges de Samalena
Buffalo Bend
Mununyu
Nyala Road
Nyala
Mwenezi
Lipakwa Pan
Sotshangana
Lupakwe
Malapati
Mafukus Pan

plate-forme d'observation où l'on peut passer la nuit ; et Makonde Pool, que domine la Wright's Tower (tour Wright). Cette dernière fut édifiée par Alan Wright, un ancien préfet du district, afin de faciliter l'observation de la faune.

Les gorges de Samalena ("lieu d'exécution"), sur la Mwenezi, sont peu profondes et parsemées de bassin rocheux semi-permanents. L'exploration à pied est autorisée.

L'Ironwood Overlook, situé à proximité de Swimuwini Camp sur une arête étroite séparant deux vastes forêts de bois de fer, offre une situation avantageuse de laquelle on peut découvrir le Mozambique et, par temps clair, le parc national Kruger en Afrique du Sud.

Le vaste bras mort de Majinji Pan s'étend immédiatement à l'extérieur du parc à l'ouest de la Mwenezi. Il attirait jadis des milliers d'oiseaux aquatiques, mais le pompage de la Runde et de la Save destiné à l'irrigation du lowveld provoque son dessèchement rapide.

Circuits organisés

De mai à octobre, durant la pleine lune, des groupes de six personnes au plus peuvent effectuer des randonnées de 4 jours guidées par des rangers à la découverte de la faune dans la sous-région de Mwenezi. Les campements de nuit, installés à peu de distance de points d'eau permanents, offrent d'excellentes possibilités d'observation de la faune.

Si vous souhaitez découvrir à pied le meilleur de Gonarezhou, participez à un circuit des Khangela Safaris, qui organisent des safaris sac au dos dans le parc, ainsi qu'une série de randonnées d'un jour à partir de campements semi-permanents. Des safaris organisés, de 6 à 10 jours, sont proposés au moins une fois par mois, de même que des safaris sur mesure.

Si vous recherchez d'autres activités aventureuses, la Mungwezi Ranching Company (☎ 2640 ; fax 3026), PO Box 297, Chiredzi, propose diverses options. Les circuits en 4x4 de 3 à 5 jours coûtent 75 $US par jour et par personne (jusqu'à quatre personnes), repas compris. Les safaris sac au dos de 4 jours dans la région des Chilojo Cliffs reviennent 175 $US par personne et par jour, pour un maximum de cinq personnes. Ce tarif comprend les repas et la dernière nuit passée dans le Makwekwete Lodge, demeure en pierre, bois et chaume située à l'extérieur du parc. Les randonnées équestres coûtent 150 $US par groupe et par jour pour quatre personnes au maximum. Les randonnées équestres dans la réserve de Chiredzi, à proximité, coûtent 75 $US par personne et par jour, ou 200 $US par groupe jusqu'à sept personnes.

Où se loger

Le campement le plus accessible de la sous-région de Save-Runde est l'idyllique Chipinda Pools, situé à 63 km de Chiredzi sur une route de gravier et de forte tôle ondulée, mais aisément praticable. Ces sites de camping, tous équipés d'abris et de barbecues à braai, dominent des bassins verdoyants où abondent les hippopotames. Chinguli Camp s'étend plus en aval. Ces campements sont équipés de douches et de toilettes avec chasse d'eau. Durant la saison sèche, tous deux sont accessibles en véhicule ordinaire.

Des sites de camping plus primitifs sont répartis le long de la Runde entre Chipinda Pools et son confluent avec la Save. Ils ne peuvent accueillir qu'un groupe de douze personnes au maximum à la fois. Hormis Fishans Camp, on ne les atteint qu'en 4x4.

Dans la sous-région de Mwenezi, l'agréable *Swimuwini Camp* (le "lieu des baobabs") domine Buffalo Bend sur la Mwenezi. Accessible en véhicule ordinaire, il dispose d'emplacements de camping et de chalets. C'est un site très fréquenté par les éléphants et les lions, et le petit bassin attire fréquemment des nyalas assoiffés. Plus élémentaire, le *Mbalauta Camping & Caravan Site* possède cinq emplacements de camping et un bloc sanitaire. Les deux abris d'observation de la faune de Rossi Pools et de Manyanda Platform peuvent être occupés durant la nuit par quelques personnes.

Seuls trois safaris lodges aménagés à l'extérieur du parc national assurent un hébergement en bonne et due forme. Deux d'entre eux sont situés dans les 30 000 hectares du game ranch de Lone Star. On y met l'accent sur la protection de la nature : le propriétaire, Malilangwe Conservation Trust, affirme que tous les bénéfices provenant du tourisme sont affectés à la réserve. Pour réserver, téléphonez au ☎ 703131 ; fax 794655, à Harare.

Le moins onéreux des deux camps est le *Kwali Camp*, à vocation familiale et dont les bungalows en bois à toit de chaume et les équipements sanitaires communs peuvent accueillir jusqu'à dix-huit personnes. Les activités proposées comprennent des parties de pêche et des excursions à la découverte de la faune. Le tarif s'élève à 75 $US par personne en pension complète.

Le *Induna Lodge* s'adresse principalement aux adultes, et propose six bungalows en grès et en chaume, tous avec équipements communs, pour 130 $US par personne. L'architecture adaptée au paysage environnant n'est pas désagréable. L'établissement propose des randonnées à la découverte de la faune et des parties de pêche, et possède des abris d'observation. Les excursions d'un jour dans le parc national de Gonarezhou font l'objet d'un supplément.

Troisième possibilité, le récent *Mahenye Wilderness Lodge* (☎ 736644 ; fax 736646, à Harare), offre une situation enchanteresse sur l'île dominant le confluent de la Runde et de la Save. L'hébergement est proposé dans des chalets construits en matériaux naturels s'inspirant de l'architecture shangaan locale. Le tarif très raisonnable s'élève à 40 $US par personne, en pension complète. Le taxi aérien au départ de Chiredzi coûte 150 $US jusqu'à trois personnes.

Les épiceries et autres magasins les plus proches se trouvent à Rutenga et à Chiredzi.

BEITBRIDGE

Beitbridge a été baptisée d'après le pont qui traverse le Limpopo, celui-ci ayant été nommé en mémoire d'Alfred Beit, de la Beit Trust, qui le finança. Le "grand Limpopo huileux gris-vert" n'est qu'un canal verdoyant et guère impressionnant glissant dans une plaine inondable de broussailles sèches. A moins de traverser la frontière, le fleuve reste invisible.

Même s'ils ne s'arrêtent que pour se ravitailler en essence (Beitbridge possède certainement plus de pompes à essence par habitants que n'importe quelle autre ville du Zimbabwe), les voyageurs y séjournent en général plus de temps qu'ils ne souhaiteraient, car c'est l'unique passage de la frontière entre le Zimbabwe et l'Afrique du Sud et les attentes fastidieuses sous le soleil ne sont pas rares. Pour éviter les tracasseries administratives, des auto-stoppeurs recommandent de traverser la frontières 15 minutes avant la fermeture de 22h, quand les douaniers ne désirent qu'une seule chose : rentrer chez eux.

Où se loger

Si vous n'avez pas pu passer la frontière à temps, essayer le *Peter's Hotel* (☎ 309), dont les chambres simples/doubles coûtent 24/33 $US. Autre possibilité plus haut de gamme mais moins sympathique, le *Beitbridge Inn* (☎ 214 ; fax 413) propose des cottages simples/doubles pour 27/32 $US. Dans le bâtiment principal, les chambres simples/doubles reviennent à 24/29 $US sans baignoire, et 25/30 $US avec baignoire.

Si vous allez vers le nord, essayez d'atteindre l'agréable *Lion & Elephant Motel* (☎ 701502 à Harare), à Bubi River, à 78 km au nord de Beitbridge. Le camping est autorisé dans un site magnifique près de la rivière, pour 3 $US par personne, utilisation de tous les équipements comprise. Les simples/doubles avec dîner et petit-déjeuner sont à 32/42 $US sans baignoire ; les chambres dotées d'une baignoire coûtent 7 $US de plus. Pour les campeurs, le petit-déjeuner buffet est servi pour 3 $US.

A West Nicholson, à 125 km au nord-ouest de Beitbridge sur la route de Bulawayo, le charmant *Sondelani Game Lodge* (☎ 68739 ; fax 64997, à Bulawayo) est un game ranch privé proposant pour 220 $US par personne l'hébergement, la pension complète, des safaris à pied, des randonnées à la découverte de la faune (de jour comme de nuit), ainsi que le transport à partir de Beitbridge ou de Bulawayo.

Où se restaurer

Le *Bird Cage Restaurant & Snack Bar* du Beitbridge Inn est l'unique restaurant digne de ce nom de la région. Si vous préférez ne pas vous arrêter trop longtemps, *Sunrise Takeaways* sert des casse-croûte et des plats à emporter ; vous trouverez aussi un petit supermarché. Le côté sud-africain de la frontière offre un choix plus important, mais les prix sont considérablement plus élevés.

Comment s'y rendre

Pour tous renseignements concernant les bus à destination de Beitbridge ou passant par cette ville, consultez la rubrique *Depuis/vers l'Afrique du Sud* dans le chapitre *Comment s'y rendre* consacré au Zimbabwe.

GWANDA

Gwanda, gare ferroviaire de chargement du bétail située à 127 km au sud-est de Bulawayo sur la route de Beitbridge, fut à l'origine un centre de service pour les mines d'or. La région est encore le cadre d'une activité minière considérable mais peu productive.

L'ancienne mine d'or de Colleen Bawn, à 25 km au sud-est de Gwanda, fut déclarée en 1895 par le prospecteur irlandais Sam Daly, qui la baptisa du nom de sa fiancée restée à Dublin. La chance ne lui sourit guère avant la découverte en 1905 d'un filon d'importance secondaire. L'extraction de l'or a depuis longtemps cessé d'être rentable et aujourd'hui la montagne qui s'élève derrière Colleen Bawn est en train d'être rasée pour alimenter l'industrie du ciment.

Où se loger

Bien qu'il soit impossible d'imaginer quelque raison justifiant la visite de Gwanda, vous trouverez un camping-caravaning à 200 mètres au sud de la route nationale, immédiatement à l'est de la ville, si d'aventure vous deviez passer la nuit dans la région. Dans la rue principale (et presque la seule de la ville), est installé le *Hardy's Motel*, établissement plus que modeste.

TULI CIRCLE

Tuli Circle est une curieuse tête de pont semi-circulaire du Zimbabwe, empiétant sur la rive occidentale de la rivière Shashe. Cette anomalie géographique résulte de la délimitation effectuée en 1891 d'une circonscription judiciaire s'étendant sur un rayon de 16 km environ autour du village de Thuli, à l'est de la Shashe. Son nom est parfaitement approprié : Thuli provient de *uthuli* qui signifie "poussière" en shona.

Tuli Circle englobe les 416 km^2 de la zone de safari de Thuli, créée en 1963, offrant plusieurs paysages de rivière extraordinaires. Les trois petites réserves botaniques de la zone de chasse sont plantées de forêts de mopanes et de forêts riveraines.

Histoire

Tuli Circle est le site de l'ancien Fort Thuli, édifié en 1890 par la colonne de pionniers rhodésiens. Les amateurs d'anecdotes noteront que cette année-là Fort Thuli accueillit le premier match de rugby du Zimbabwe. Celui-ci fut disputé dans le lit de la Shashe et opposa les pionniers aux soldats en poste. L'année suivante, un contingent de l'armée de Lobengula se rendit à Fort Thuli, probablement pour évaluer la faisabilité d'une attaque, mais les visiteurs furent fêtés par une démonstration de la puissance de feu britannique si impressionnante qu'aucune confrontation ultérieure ne fut à déplorer.

Durant les guerres des Boers, Fort Thuli servit de dépôt et de centre d'entraînement, puis accueillit un dispensaire dirigé par mère Patrick, qui s'était fait un nom à Harare. Le chemin de fer d'Afrique du Sud relia Bulawayo en 1897 en contournant Tuli Circle : au début du siècle, les colons avaient tous abandonnés la région. Tout ce qu'il en reste, c'est un monument, un drapeau marquant le site du fort et un cimetière européen.

Comment s'y rendre

La région n'est accessible qu'aux randonneurs endurcis – par la piste accidentée longeant le Limpopo au nord de Beitbridge ou par la piste tout aussi accidentée tournant vers le sud à partir de la route Beitbridge-Bulawayo, à mi-chemin entre Gwanda et Beitbridge.

Un bus quotidien Bulawayo-Beitbridge dessert Tuli (de l'autre côté de la Shashe, en face de Tuli Circle), mais le trajet est aussi lent que pénible.

Bulawayo

Flamboyante et chargée d'histoire, Bulawayo (900 000 habitants) est la seconde ville du Zimbabwe. Appelée à l'origine Gu-Bulawayo ("lieu du massacre"), son nom fait référence aux exécutions qui eurent lieu sur la *Thabas Indunas* ("Colline des chefs") de Mzilikazi lors du développement de l'État ndebele. Comme Harare était parvenue à se voir attribuer le siège du gouvernement durant la période coloniale, Bulawayo a évité ces dernières années la plupart des troubles liés à la politique.

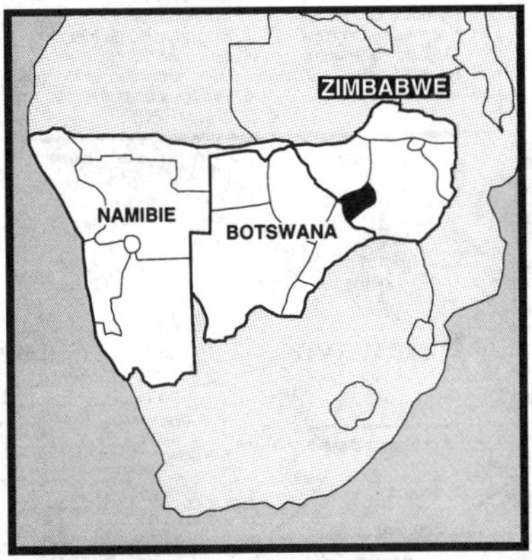

Histoire

Dans le Transvaal du début du XIXe siècle, le Zoulouland récemment unifié fut le cadre d'une série de graves dissensions politiques. Après la chute du chef zoulou Dingiswayo, renversé par un jeune et ambitieux capitaine répondant au nom de Chaka, le royaume fut écrasé par le régime de terreur impitoyable qu'exerça le nouveau roi. Maints groupes subordonnés, appelés Nguni, ayant subi son despotisme ou le craignant, s'enfuirent vers le nord durant le *mfecane*, l'"immigration forcée". L'un de ces réfugiés, Mzilikazi, qu'un différend collatéral opposait au roi Chaka, arriva dans le sud-ouest du Zimbabwe dans les années 1830, accompagné de son clan, les Kumalo. Ces derniers l'emportèrent sur les Rozwi en titre, puis s'établirent à Inyati, à 60 km au nord-ouest de Bulawayo. C'est alors qu'ils prirent le nom de Ndebele, "ceux qui portent de longs boucliers".

A la mort de Mzilikazi, en 1870, son fils Lobengula monta sur le trône et installa sa capitale à Bulawayo avant d'être confronté à la British South Africa Company. Cecil John Rhodes rencontra Lobengula en 1888 et lui fit accepter, en l'abusant, la concession Rudd garantissant aux "étrangers" des droits sur le minerai en échange d'argent et d'armes.

Il s'ensuivit une séries de dramatiques malentendus. Lobengula dépêcha un contingent de guerriers à Fort Victoria (Masvingo), afin d'empêcher toute ingérence shona entre les Britanniques et les Ndebele. Les Britanniques, croyant qu'il s'agissait d'une agression dirigée contre eux, attaquèrent le Matabeleland supposé renfermer d'importants filons de minerai. Les kraals de Lobengula furent détruits, Bulawayo incendiée et le roi dut s'enfuir vers le nord pour échapper aux troupes de la BSAC. L'offrande d'or que Lobengula envoya à la BSAC en gage de paix fut réquisitionnée par des employés de la compagnie et n'arriva jamais à Rhodes. Les Britanniques alors lancèrent la Patrouille de la Shangani River sur les traces du roi avec pour mission de l'assassiner, mais ce fut elle qui devait périr au cours d'un fait d'armes mémorable (voir la rubrique *Matobo National Park*, plus loin dans ce chapitre). Peu de temps après, Lobengula mourut en exil de la variole.

Privés de roi, les Ndebele n'en continuèrent pas moins à résister à la BSAC et à toutes tentatives de domination étrangère. Au début des années 1890, la tribu scella une alliance avec ses ennemis traditionnels, les Shona, selon l'esprit de Chimurenga, et

ZIMBABWE

OÙ SE LOGER
11 Youth Hostel
13 Holiday Inn Hotel
17 Cresta Churchill Hotel
19 Paradise Lodge
21 Banff Lodge et New Orleans Restaurant
22 Nesbitt Castle
23 Induna Lodge
DIVERS
1 Indaba Tree (kraal de Lobengula)
2 Mzilikazi Arts & Crafts Center
3 Bulawayo Home Industries
4 Jairos Jiri Center
5 Gare ferroviaire de Mpopoma
6 Terminus de bus de Renkini
7 Poste (GPO)
8 Gare ferroviaire principale
9 Railway Museum
10 Champ de foire agricole
12 Hippodrome d'Ascot
14 Centre commercial d'Ascot
15 Hôpital central de Bulawayo
16 ZBC ZTV
18 Réserve naturelle de Mabukuwene
20 Arrêt de bus pour Hillside Dams
Bulawayo
0 0,5 1 km
Échelle approximative
Vers Victoria Falls
Vers l'aéroport (17 km) et Queen's Mine (23 km)
Vers Harare
Vers les ruines de Khami (22 km)
Vers Gwanda, Beitbridge, West Nicholson, Zvishavane, Masvingo et Johannesburg
Vers Esigodini et Hotel Rio (400 m)
Vers Cyrene Mission, Plumtree et Francistown (Botswana)
Vers le Matobo National Park (46 km) et Tshbalala (8 km)
Vers Old Bulawayo (14 km)
HIGHMOUNT
LOBENVALE
ROWENA
QUEENSPARK OUEST
ORANGE GROVE
QUEENSPARK EST
KENILWORTH
ROMNEY PARK
BARBOUR FIELDS
NORTH END
MZILIKAZI
SUNNYSIDE
MAKOKOBA
MATSHOBANA
PADDONHURST
MPOPOMA
NGUBOYENJA
PARK VIEW
PARKLANDS
MPOPOMA SUD
THORNGROVE
SUBURBS
KUMALO
STEELDALE
RAYLTON
WESTGATE
BRADFIELD
BELMONT
DONNINGTON
FAMONA
HILLCREST
BARHAM GREEN
GREENHILL
HILLSIDE
MATSEUMHLOPE
SOUTHWOLD
MONTROSE
MORNINGSIDE
WHITECAIRNS
FORTUNES GATE
BELLEVUE
MABUKUWENE
NEWTON RETREAT
BURNSIDE
ZBC Transmitting Station
Hume Park
Central Park
Lower Dam
Hillside Dams
Upper Dam
Old Falls Road
Lady Stanley Ave
Athlone Avenue
Robert Mugabe Street
Netherby Drive
Luveve Road
Vera Rd
Taylor Ave
Masotsha Ndlovu Road
Sixth Ave Ext
Third Ave Ext
First Avenue
Station Road
Khami Road
Main Street
Twelfth Avenue
Harare Road
Coghlan Avenue
Leopold Takawira Avenue
Chinamano
Bellevue
Josiah
Hillside Road
Fairbridge Way
Esigodoni Road
Cecil Avenue
Chelmsford Road
Sarah Bain St
Caithness
Percy Ave
Tennyson St
Matopos Road
Drive
Lancaster Rd
Dundee Drive
Cecil
Cumberland
Banff Road
Burnside Road
Chipping Way
Inverleith Drive
Fortunes Gate Road
Churchill Road
Derby Road
Plumtree Road
Napier St
Moffat St
Mattie Rd
Kingfisher

ce qui restait de l'armée de Lobengula prit part à la guérilla menée dans les collines Matobo. Quand Rhodes leur proposa un règlement négocié devant mettre fin aux hostilités, les Ndebele, affaiblis, n'eurent guère la possibilité de refuser. Une paix fragile s'instaura, les Européens s'implantèrent à Bulawayo et la BSAC prit le contrôle du Matabeleland. Les colons tracèrent le plan d'un Bulawayo "rénové" avant d'aller battre la campagne à la recherche d'hypothétiques filons de minerai.

Le 1er juin 1894, le Dr Leander Starr Jameson, juché sur une caisse à savon devant le bar du Maxim Hotel, annonça sans autre forme de procès la fondation de la ville à un groupe de fêtards éméchés. La cérémonie fut réduite au minimum : "Je ne crois pas que nous souhaitons entendre un discours, dit-il. Entrez, il y a du whisky et des boissons à l'intérieur". (Ce modeste événement fut la cause des importantes cérémonies du centenaire célébrées en 1994.)

En 1898, la première ligne du chemin de fer du Cap au Caire, cher à Rhodes, parvint à Bulawayo, en provenance d'Afrique du Sud. Les 650 km de rails furent posés au départ de Mafikeng au rythme de près de 2 km par jour. La ville prospéra et devint un centre commercial et industriel florissant. Plus tard, une seconde voie ferrée fut inaugurée entre Bulawayo, Victoria Falls et la ceinture de cuivre zambienne, permettant un développement industriel important. Bulawayo devint alors l'agglomération la plus progressiste du pays avec la naissance des premiers syndicats ouvriers noirs, dont l'un des principaux leaders fut le Ndebele Joshua Nkomo.

Après l'indépendance, les Shona se rebellèrent et s'emparèrent du pouvoir, tandis que les Ndebele étaient relégués au second plan. Lorsque les vieilles dissensions entre la ZANU et la ZAPU s'enflammèrent, en 1983, le gouvernement Mugabe exerça une répression brutale contre les dissidents par le truchement de la Cinquième Brigade entraînée en Corée du Nord. La région de Bulawayo fut assiégée, les villages des environs mitraillés et brûlés, des membres éminents de la ZAPU furent éliminés et Nkomo s'enfuit en Angleterre.

Lorsque le calme revint, le pays était en de choc ; tout le monde craignait que le Zimbabwe, dont l'avenir semblait si prometteur trois ans auparavant, lors de l'indépendance, ne retombe dans l'ornière des conflits tribaux séculaires.

Fort heureusement, Mugabe, qui comprit que la guerre civile risquait de contrecarrer son projet d'État marxiste à parti unique, prôna l'ouverture de négociations avec les dissidents shona. En 1988, on parvint miraculeusement à un accord d'unité : Nkomo revint de son exil, le gouvernement accorda l'amnistie aux rebelles et les forces de la ZAPU et de la ZANU fusionnèrent en une armée nationale.

Bulawayo fut la ville du pays la plus lourdement touchée par la sécheresse qui sévit au début des années 90. Depuis que la situation a commencé à se redresser, les pouvoirs publics locaux étudient divers projets de pompage du Zambèze pour l'approvisionnement de la ville, le gouvernement ayant pris langue avec la Suède pour en examiner les possibilités de financement. L'étude d'impact sur l'environnement devant cependant se révéler assez longue, il pourra s'écouler plusieurs années avant qu'un aqueduc souterrain ne relie Bulawayo au Zambèze.

Orientation et renseignements

Les habitants de Bulawayo résident en majeure partie dans les banlieues densément peuplées s'étendant à l'ouest du secteur industriel et au nord-ouest du centre-ville. Celui-ci n'est guère plus passionnant qu'une bourgade américaine, avec ses parkings longeant les rues principales, ses innombrables échoppes de plats à emporter et son architecture nord-américaine du début du XXe siècle. Les anciennes demeures coloniales occupent des pâtés de maisons propres, délimités par des rues bordées d'arbres, dans le premier quartier résidentiel de Bulawayo, dont le nom de

Changements de nom de rues
Comme dans un certain nombre de villes du pays, les rues de Bulawayo ont été rebaptisées en mars 1990.

Ancien nom	***Nouveau nom***
Abercorn	Jason Moyo
Borrow	Samuel Parirenyat
Grey	Robert Mugabe
Birchenough	Robert Mugabe
Queens	Robert Mugabe
Kings	Masotsha Ndlovu
Jameson	Herbert Chitepo
Johannesburg	Gwanda
London	Josiah Chinamano
Mafikeng	Plumtree
Rhodes	George Silundika
Salisbury	Harare
Selborne	Leopold Takawira
Wilson	Josiah Tongogara

Suburbs (banlieues) dénote une imagination débordante.

Le quartier central africain des affaires et des magasins bon marché longe Lobengula St, mais occupe également la zone au sud de 12th Ave et à l'ouest de Fort St.

Le secteur industriel, concentré autour de Khami Rd, s'étire vers l'ouest à partir de Lobengula St.

Office du tourisme. La fiable Publicity Association (☎ 60867), PO Box 861, Bulawayo, est située dans l'hôtel de ville (City Hall), en retrait de Fife St, entre 8th Ave et Leopold Takawira Ave. On pourra vous y renseigner sur tout, mais c'est au terminus de bus de Renkini que vous obtiendrez les meilleures informations sur les bus africains.

La Publicity Association diffuse une brochure touristique gratuite, *Bulawayo This Month*, qui présente un plan de la ville (certains exemplaires sont parfois difficiles à lire en raison de la mauvaise qualité de l'impression), les événements culturels, les réunions sportives ainsi qu'un horoscope. Elle commercialise également des publicités et des cartes d'autres régions du Zimbabwe pour 0,15 $US l'exemplaire.

Prorogations de visa. Le Departement of Immigration Control (☎ 65621) se trouve au 1er étage de l'immeuble de la Central Africa Building Society, à l'angle de Jason Moyo St et Leopold Takawira Ave.

Poste et télécommunications. La grande poste (GPO), à l'angle de 8th Ave et Main St, dispose d'un service de poste restante efficace. Elle est ouverte aux heures habituelles : de 8h30 à 17h en semaine sauf le mercredi (la poste restante ferme à 16h), de 8h à 13h le mercredi et de 8h à 11h30 le samedi. Les jours fériés, elle fonctionne de 9h à 10h30. L'entrée du service des paquets est située de l'autre côté de l'immeuble, dans Fort St.

Les cabines téléphoniques (et leurs files d'attente obligatoires) se trouvent à l'intérieur de la GPO. Pour envoyer ou réceptionner un fax, utilisez soit le fax public (fax 78053), à la GPO, soit le sympathique Copy Centre (fax 65016), Fife St, entre 9th Ave et 10th Ave, aux prix raisonnables.

Agences de voyages. Manica Travel (☎ 62521), 10th Ave, entre Main St et Fort St, est le correspondant d'American Express. Malheureusement, cette agence n'est pas autorisée à effectuer des transactions en devises étrangères : les opérations de change doivent être effectuées à la banque. C'est également l'agent de réservation d'Ajay's Motorways. Si vous vous rendez à Hwange ou à Victoria Falls, il est essentiel de réserver à l'avance.

Pour tous renseignements ou réservations, essayez Sunshine Tours (☎ 67791), dans Old Mutual Arcade à proximité de l'angle de Jason Moyo St et 8th Ave. Cette agence est recommandée, de même que Budget Travel.

Librairies. Une succursale de Kingston's proposant un choix plus important que son homologue de Harare est située dans Jason Moyo St, entre 8th Ave et 9th Ave. Book Centre, 8th Ave, entre Main St et Jason Moyo St, offre une sélection plus raffinée, dont un rayon d'ouvrages consacrés à l'Afrique et des romans policiers. A un pâté de maison vers l'ouest, dans Fort St, le Matopos Book Centre est une librairie consacrée à la littérature chrétienne et aux livres scolaires ; elle vend les cartes postales les moins chères de la ville.

Au nombre des bourses d'échange de livres, la meilleure est probablement Book Mart, 103 George Silundika St. Elle offre un bon choix d'ouvrages et est légèrement moins chère que son principal concurrent, Page One, dans Main St. Toutes deux rachètent également les livres d'occasion à un prix convenable, à la différence de la troisième, Bookworm, dont les tarifs pratiqués sont nettement inférieurs.

Les cartes sont commercialisées par le Surveyor General, Tredgold Building, à l'angle de Fort St et Leopold Takawira Ave, adresse que l'on reconnaît facilement à la longue file d'attente pour les passeports qui s'étire autour du bloc d'immeubles.

Matériel de camping. Eezee Kamping, à proximité de l'angle de 10th Ave et George Silundika St, est le meilleur magasin de fournitures pour les activités en plein air du Zimbabwe, ce qui n'est pas forcément une référence. Si vous préférez louer votre matériel de camping, essayez Iverson's (☎ 61644), sur la route de Khami à l'ouest de la ville, qui procure de tout, de la tente au réchaud en passant par les vêtements chauds.

Consigne. Vous pourrez déposer vos bagages à la gare, pour 0,15 $US par pièce et par jour, pour une durée illimitée.

En cas d'urgence. Le numéro de téléphone d'urgence à Bulawayo est le ☎ 99. L'hôpital le mieux équipé et le plus accessible est le Bulawayo Central (☎ 72111), sur St Lukes Ave, dans le faubourg de Kumalo, à proximité de l'hippodrome Ascot Race Course.

Désagréments et dangers. Ville plus décontractée que Harare, Bulawayo est aussi plus sûre, même si quelques lieux demeurent dangereux. Les femmes seules devront éviter les zones les plus isolées de Centenary Park et de Central Park, à n'importe quelle heure de la journée, et il est absolument déconseillé de se rendre à pied à la nuit tombée du centre-ville au camping-caravaning municipal. De même, soyez prudent si vous devez effectuer ce trajet à pied durant la journée.

Centenary Park et Central Park

Ces deux vastes parcs séparant le centre commercial des faubourgs aisés offrent des pelouses où les employés de bureau viennent déjeuner ou paresser durant les heures de loisirs, ainsi que de spacieuses aires de jeux pour les enfants. Centenary Park propose aux plus jeunes un terrain de jeux, un chemin de fer miniature et un petit bassin de canotage. Il possède aussi une volière et des jardins botaniques bien entretenus. Le musée d'Histoire naturelle et le théâtre de Bulawayo y sont également installés. Quant au Central Park, il offre quelques zones de brousse véritable ainsi que des pelouses ombragées, des bancs et quelques petites portions de jardins. Le camping-caravaning municipal y est implanté à l'intérieur d'une enceinte clôturée.

City Hall Square

Sur le trottoir de Fife St longeant City Hall Square, des marchands de souvenirs, des couturières, des artistes et des fleuristes proposent leurs services ou exposent leurs produits. L'Hôtel de Ville abrite la Bulawayo Publicity Association, ainsi que le conseil municipal et les archives de la ville.

Musée d'Histoire naturelle

Le célèbre musée d'Histoire naturelle de Bulawayo, situé dans Centenary Park, mérite toute une journée d'exploration. La diversité de la faune endémique au Zimbabwe et à l'Afrique australe – oiseaux, antilopes, prédateurs, poissons, reptiles (quelques-uns vivants) et même (comme on nous l'affirme) le deuxième plus grand éléphant empaillé au monde – est présentée dans des dioramas et des vitrines bien conçus. Une salle est entièrement consacrée aux insectes – en tout, quelques 75 000 spécimens y figurent.

Les salles consacrées à l'histoire proposent notamment diverses facettes des civilisations africaines et européennes, de leurs arts et artisanats respectifs. Une section traite de l'homme préhistorique et d'autres sont dédiées aux armes anciennes et modernes, aux mines et à la géologie. Dans un angle du musée, une mine artificielle souligne les richesses minières considérables du Zimbabwe, tout en présentant l'évolution des techniques d'extraction. Une collection complète de roches et de minéraux montre en détail les caractéristiques géologiques du pays.

Le musée est ouvert tous les jours de 9h à 17h, sauf le jour de Noël et le Vendredi saint. Les droits d'entrée s'élèvent à 2 $US pour les étrangers.

Musée du Rail

Le musée abrite une collection de locomotives à vapeur, d'anciens bureaux et bâtiments des chemins de fer, des wagons et une maquette de gare munie d'un mobilier d'époque illustrant l'histoire du rail au Zimbabwe.

Ne manquez pas d'admirer le somptueux wagon privé de Cecil Rhodes datant des années 1890, ou le "Service Coach" n°0831, ainsi que la locomotive n°115 de classe 9B, particulièrement belle, construite en 1912 par la North British Loco Co.

Bien que situé à distance de marche du centre-ville, le musée du Rail est perdu au milieu des voies ferrées et des rues à peine tracées de la banlieue de Raylton. L'itinéraire le plus rapide consiste à faire le tour de la gare et à traverser des dizaines de voies. Demandez votre route à la première occasion.

Le musée est ouvert de 9h30 à 12h et de 14h à 16h du mardi au vendredi et le week-end de 15h à 17h. Les droits d'entrée, qui ont résisté au système de prix à trois niveaux, s'élèvent à 0,15 $US.

Les passionnés de chemin de fer peuvent se joindre aux mécaniciens dans les locomotives à vapeur qui circulent autour de Bulawayo. Procurez-vous une autorisation de photographier et prenez rendez-vous auprès de l'agent des relations publiques du Chemin de fer national du Zimbabwe, au 6e étage du bâtiment des National Railways Headquarters, Fife St.

Douslin House et Bulawayo Art Gallery

L'imposante Douslin House, à l'angle de Main St et de Leopold Takawira Ave, est l'une des plus belles demeures de la cité. Appelée à l'origine Willoughby Building, cette magnifique architecture coloniale achevée en 1900 fut occupée dès l'année suivante par la Willoughby Consolidated Co, une société minière et d'élevage en ranch. En raison du coût du ciment à l'époque de sa construction, les fondations ne s'enfoncent que de 15 cm dans le sol.

Le bâtiment fut acheté en 1956 par les African Associated Mines qui le rebaptisèrent du nom extraordinairement poétique d'Asbestos House ("Maison de l'amiante"). En 1980, la Bulawayo Art Gallery le racheta à son tour et lui donna sa nouvelle appellation de Douslin House, en mémoire de son architecte, William Douslin. Sa collection permanente regroupe d'excellentes œuvres d'art africain contemporain et d'artisanat du Matabeleland. La plupart des tableaux sont dus à des peintres de Bulawayo. La galerie d'art est ouverte de 10h à 17h du mardi au vendredi et le dimanche, et de 10h à 12h le samedi. L'entrée coûte à peine 0,15 $US, et les étudiants bénéficient d'un tarif réduit !

Mzilikazi Arts & Crafts Centre et Bulawayo Home Industries

Créé par la municipalité en 1963 pour accueillir une école de formation artistique, le centre Mzilikazi d'art et d'artisanat est l'un des hauts lieux de Bulawayo. La concentration de talents que l'on y rencontre est stupéfiante. Il comprend également un petit musée où sont exposées les œuvres les plus abouties des élèves. Environ 150 étudiants sont inscrits à plein temps et près de 500 enfants d'âge scolaire y suivent des cours à temps partiel. Le bénéfice des ventes est réinvesti dans l'école.

Des visites guidées gratuites sont organisées du lundi au vendredi de 10h à 12h30 et de 14h à 17h, sauf durant les vacances scolaires. Vous pourrez voir travailler les étudiants des classes de céramique et de poterie, de peinture et de sculpture sur fer, pierre ou bois. Les poteries comportant un défaut sont vendues à la boutique de l'école à des prix très agréablement modiques.

Les Bulawayo Home Industries sont situées de l'autre côté de la pelouse, à côté de la bibliothèque. Vous pourrez y observer des artisanes tisser des tapis, confectionner des tricots, exécuter des travaux à l'aiguille ou au crochet ou fabriquer des batiks et des tapisseries. Ce centre, à l'origine destiné aux veuves, aux femmes âgées, divorcées ou abandonnées et dépourvues de ressources, était subventionné par le conseil municipal. Désormais financièrement indépendant, il tire ses revenus de ses propres productions, vendues à des prix bien plus intéressants que ceux pratiqués dans des boutiques de souvenirs. Il est ouvert en semaine de 9h à 16h.

Mzilikazi et Bulawayo Home Industries sont situés à 3 km du centre-ville. Empruntez les bus pour Mpilo ou Barbour Fields (indiqué BF) à partir du terminus de Lobengula St et descendez soit à l'arrêt Bulawayo Home Industries, soit à Mzilikazi Primary School.

Hillside Dams

Les deux lacs de retenue de Hillside, à 5 km du centre-ville sur Hillside Rd, sont désormais à sec la majeure partie de l'année. Naguère très fréquentés pour leurs sites de pique-nique et de braai dans les kopjes rochers et les jardins environnants – et pour leurs magnifiques jardins d'aloès –, ils furent progressivement désertés en raison de la délinquance et des agressions qui y sévissaient. Leur entretien laissant également à désirer, rares sont ceux qui souhaitent encore s'y rendre. Si vous voulez néanmoins y jeter un coup d'œil, prenez le bus de Hillside Rd ou de Burnside à partir du terminus du City Hall, descendez à Moffat Ave et effectuez à pied le dernier kilomètre. Le site est ouvert de l'aube au crépuscule.

Mabukuwene Nature Reserve

La réserve naturelle de Mabukuwene est un parc de 12 hectares, à Burnside, offrant un avant-goût de la brousse. Outre une grande diversité d'arbres, de plantes et d'oiseaux endémiques, il possède un jardin d'aloès sauvages et un belvédère offrant une vue sur toute la ville. Il est situé à 1 km à l'ouest de Burnside Rd, *via* Chipping Way.

Old Bulawayo

Un parc thématique historique est en cours d'aménagement autour des ruines du "Vieux Bulawayo" et de la mission jésuite voisine, situés à 18 km au sud de la ville sur Hillside/Burnside Rd. Il s'agit du site de la première ville édifiée par le roi ndebele Lobengula, occupée jusqu'en 1881. On peut encore y voir les murs de l'ancienne mission jésuite, les vestiges de plusieurs sols de huttes et les murs en pierre du garage à chariot de Lobengula. Le projet vise à restaurer l'établissement dans son aspect d'origine. L'achèvement des travaux est prévu pour 1996 : si vous préférez voir les ruines en ruine, ne tardez pas.

Kraal de Lobengula

L'actuelle Bulawayo fut fondée en 1881 par Lobengula sur le site de l'actuel siège de la législature de l'État (State House). Le ville fut incendiée en 1886, tandis que Lobengula s'enfuyait devant l'armée de la BSAC. Tout ce qui subsiste de son kraal, c'est l'arbre indaba qui, étrangement, réchappa à l'incendie. C'est ici que le roi réunissait le conseil tribal pour diriger les affaires officielles. Un petit musée est aujourd'hui aménagé dans un rondavel construit pour Cecil Rhodes à l'occasion d'une de ses visites officielles.

Le kraal se trouve dans le faubourg de Highmount, au nord de la ville. Pour vous

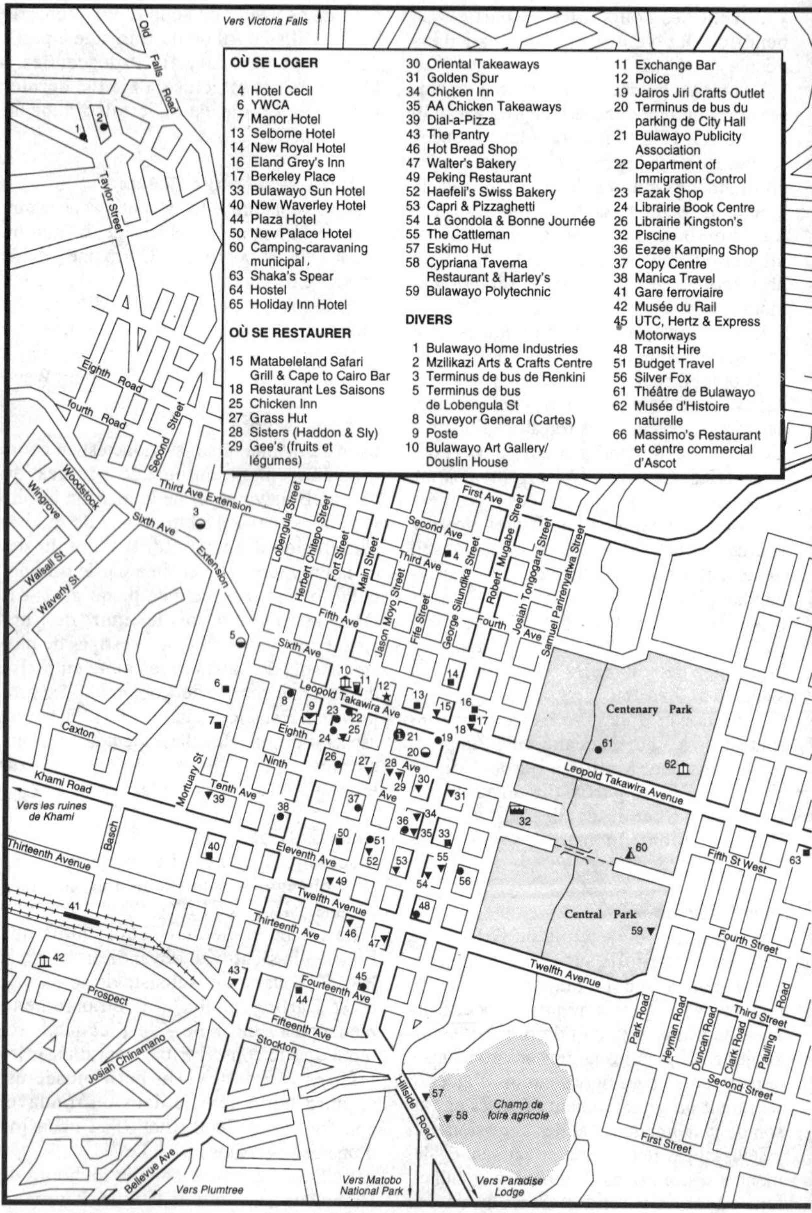
OÙ SE LOGER
4 Hotel Cecil
6 YWCA
7 Manor Hotel
13 Selborne Hotel
14 New Royal Hotel
16 Eland Grey's Inn
17 Berkeley Place
33 Bulawayo Sun Hotel
40 New Waverley Hotel
44 Plaza Hotel
50 New Palace Hotel
60 Camping-caravaning municipal
63 Shaka's Spear
64 Hostel
65 Holiday Inn Hotel
OÙ SE RESTAURER
15 Matabeleland Safari Grill & Cape to Cairo Bar
18 Restaurant Les Saisons
25 Chicken Inn
27 Grass Hut
28 Sisters (Haddon & Sly)
29 Gee's (fruits et légumes)
30 Oriental Takeaways
31 Golden Spur
34 Chicken Inn
35 AA Chicken Takeaways
39 Dial-a-Pizza
43 The Pantry
46 Hot Bread Shop
47 Walter's Bakery
49 Peking Restaurant
52 Haefeli's Swiss Bakery
53 Capri & Pizzaghetti
54 La Gondola & Bonne Journée
55 The Cattleman
57 Eskimo Hut
58 Cypriana Taverna Restaurant & Harley's
59 Bulawayo Polytechnic
DIVERS
1 Bulawayo Home Industries
2 Mzilikazi Arts & Crafts Centre
3 Terminus de bus de Renkini
5 Terminus de bus de Lobengula St
8 Surveyor General (Cartes)
9 Poste
10 Bulawayo Art Gallery/ Douslin House
11 Exchange Bar
12 Police
19 Jairos Jiri Crafts Outlet
20 Terminus de bus du parking de City Hall
21 Bulawayo Publicity Association
22 Department of Immigration Control
23 Fazak Shop
24 Librairie Book Centre
26 Librairie Kingston's
32 Piscine
36 Eezee Kamping Shop
37 Copy Centre
38 Manica Travel
41 Gare ferroviaire
42 Musée du Rail
45 UTC, Hertz & Express Motorways
48 Transit Hire
51 Budget Travel
56 Silver Fox
61 Théâtre de Bulawayo
62 Musée d'Histoire naturelle
66 Massimo's Restaurant et centre commercial d'Ascot
Vers Victoria Falls
Old Falls Road
Taylor Street
Eighth Road
fourth Road
Second Street
Woodstock
Wingrove
Third Ave Extension
Sixth Ave Extension
Walsall St
Waverly St
Caxton
Khami Road
Vers les ruines de Khami
Mortuary St
Basch
Thirteenth Avenue
Prospect
Josiah Chinamano
Bellevue Ave
Vers Plumtree
Lobengula Street
Herbert Chitepo Street
Fort Street
Main Street
Jason Moyo Street
Fife Street
George Silundika Street
Robert Mugabe Street
Josiah Tongogara Street
Samuel Parirenyatwa Street
First Ave
Second Ave
Third Ave
Fourth Ave
Fifth Ave
Sixth Ave
Leopold Takawira Ave
Eighth
Ninth
Tenth Ave
Eleventh Ave
Twelfth Avenue
Thirteenth Ave
Fourteenth Ave
Fifteenth Ave
Stockton
Hillside Road
Vers Matobo National Park
Vers Paradise Lodge
Champ de foire agricole
Centenary Park
Central Park
Leopold Takawira Avenue
Twelfth Avenue
Fifth St West
Fourth Street
Third Street
Second Street
First Street
Park Road
Heyman Road
Duncan Road
Clark Road
Pauling Road

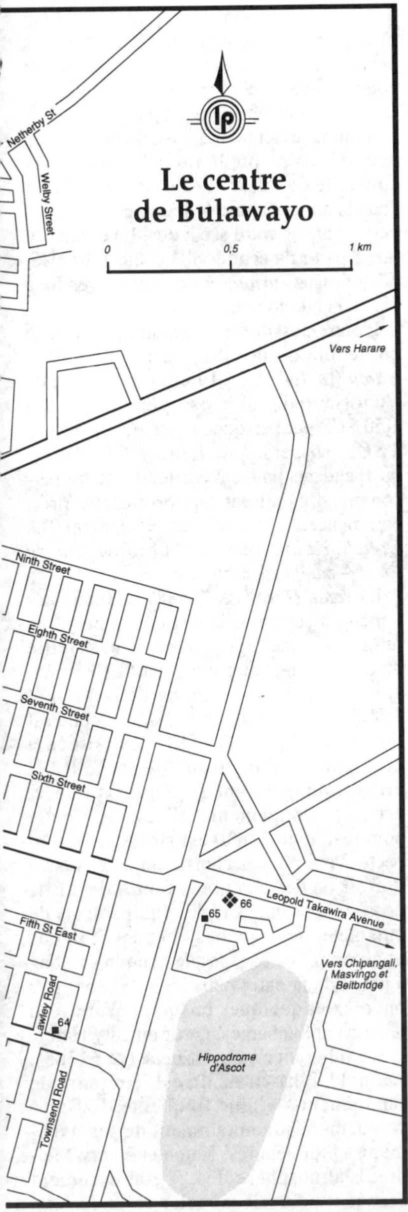

y rendre, empruntez n'importe quel bus partant de Lady Stanley Ave (le nouvelle route de Victoria Falls) et descendez devant l'allée de la State House. A pied, comptez au moins 40 minutes à partir du centre-ville. Pour les horaires d'ouverture, renseignez-vous auprès de la Bulawayo Publicity Association.

Foire-exposition internationale

Le principal événement annuel organisé à Bulawayo, c'est la Zimbabwe International Trade Fair qui a lieu durant la dernière semaine d'avril ou la première semaine de mai sur le champ de foire du Trade Fair & Agricultural Society Show Ground, là où la Samuel Parirenyatwa St et la Robert Mugabe St deviennent la Hillside Rd. Cette foire-exposition internationale, qui attire au moins 200 000 visiteurs et 1 000 exposants du Zimbabwe et du monde entier, présente les réalisations de nombreuses industries et entreprises commerciales. Divers événements périphériques sont organisés pour le divertissement des visiteurs.

Circuits organisés

Un nombre croissant d'agences organisent des circuits à la journée dans Bulawayo et ses environs. UTC (☎ 61402), à l'angle de 14th Ave et George Silundika St, propose des circuits d'une demi-journée dans la ville pour 11 $US, comprenant le musée d'Histoire naturelle, Centenary Park, le Mzilikazi Art & Craft Centre et Bulawayo Home Industries, ou seulement le musée d'Histoire naturelle et le musée du Rail, pour 7 $US. D'autres excursions mènent aux ruines de Khami (13 $US), à Chipangali (11 $US). Des circuits demi-journée/journée complète sont organisés au parc national de Matobo.

Black Rhino Safaris (☎ 41662) organise des excursions aux ruines de Khami pour 16 $US et à Chipangali pour 11 $US. Bien que de nombreuses agences proposent depuis quelques années des circuits au Matobo, celui de Black Rhino (22 $US) demeure vraiment le meilleur et le plus enthousiasmant.

L'unique possibilité de circuits culturels est offerte par Eddie's Tours (☎ 66660 ; fax 65016), qui organise deux excursions en ville d'une demi-journée : l'une à la découverte de l'architecture (10 $US), l'autre au musée d'Histoire naturelle et au musée du Rail (10 $US). Eddie propose aussi des excursions au kraal d'Old Bulawayo (12 $US), dans les faubourgs de Bulawayo (10 $US), aux ruines de Khami (12 $US), à Chipangali et dans les terres communales avoisinantes (20 $US), à la Mission Cyrene et dans les terres communales des environs (20 $US), ainsi qu'une visite des programmes culturels autogérés (20 $US). Les circuits demi-journée/journée complète au parc national de Matobo, mettant l'accent sur l'histoire et la culture, coûtent 15/20 $US.

Des excursions comparables sont proposées par *Mzingeli Tours* (☎ 77244 ; fax 68214), géré par la tante d'Eddie. Celle-ci propose des circuits à la journée en ville, comprenant la visite du musée d'Histoire naturelle, du kraal d'Old Bulawayo et du singulier théâtre Amakhosi (15 $US), des excursions à la réserve sauvage Tshabalala (7 $US), et dans les terres communales des environs de Matobo et de Kezi (15 $US).

Autre possibilité, *Africa Dawn Safaris* (☎ /fax 46696) propose des circuits d'une demi-journée en ville (10 $US), des circuits d'une demi-journée à Chipangali ou aux ruines de Khami (12,50 $US), à Tshabalala (13 $US), et des circuits demi-journée/journée complète au parc national de Matobo (15/25 $US). Demandez les tarifs spéciaux pour randonneurs.

Pour plus de renseignements sur les circuits au Matobo, voir la rubrique *Circuits organisés* du chapitre *Matobo National Park* ci-après.

Où se loger – petits budgets

Objet de nombreux éloges, le *Municipal Caravan Park & Campsite* (☎ 63851), dans Caravan Way, est à 10 minutes à pied du centre-ville. Aménagé au milieu d'arbres et de jardins dans une vaste enclave herbeuse de Central Park, son site est idéal. Le camp propre et bien gardé possède des douches chaudes et des baignoires. L'emplacement coûte 2,50/3,50 $US par tente/caravane et 1,70 $US par personne. Les chalets élémentaires reviennent à 7 $US par lit. Bien que les vols soient rares, il n'est pas conseillé de laisser des objets de valeur dans la tente. Durant la journée, les gardes veilleront sur votre sac à dos. La course en taxi à partir du centre-ville coûte 1,30 $US. N'envisagez *surtout pas* de vous y rendre à pied à la nuit tombée.

L'autre possibilité de camping se trouve en dehors de la ville, au *Country Rest Camp* (☎ 73491), à 19 km sur la route de Victoria Falls. Le camping revient à 1,50 $US par personne et les lits en dortoir 4 $US par personne. Le prix des chalets indépendants pouvant accueillir quatre personnes, d'excellent rapport qualité-prix, commencent à 9 $US. Voir également *The Coach House* dans la rubrique *Où se loger – catégorie moyenne.*

La *Youth Hostel* (☎ 76488), à 20 minutes à pied du centre-ville, est une auberge de jeunesse aménagée dans une vieille demeure d'un faubourg aisé. Elle coûte 1,30 $US pour les membres de la YHA et 2 $US pour les non-membres, mais elle est fermée de 10h à 17h. Elle est située à proximité de l'angle de Townsend Rd et 3rd St (qui, pour une raison inexpliquée, est le prolongement de 12th Ave). Le couvre-feu de 22h30 est strictement respecté. Vous pouvez choisir entre des lits en dortoir ou des chambres familiales. Elle possède un salon TV, des équipements de cuisine et des douches chaudes. Si vous transportez des bagages, le chemin est long à partir de la gare, mais les taxis sont peu onéreux et quelques bus pour Waterford desservent l'auberge à partir du City Hall.

L'exubérant *Shaka's Spear* (☎ 61385), Leopold Takawira 232, est le repaire de randonneurs le plus fréquenté de Bulawayo, en raison notamment de ses dynamiques propriétaires, Karen et Henry Meinie. L'atmosphère de cet établissement étonnant pourrait rappeler celle du Katmandou du début des années 70 – sans les drogues, bien sûr. Les lits en dortoir coûtent 4,50 $US, avec accès aux équipements de cuisine et de blanchissage, au bar, au billard, au jeu de fléchettes, au juke box, à la bibliothèque, aux rangements à bagages et à la TV. Supplément de 2,50 $US pour le petit déjeuner et le dîner. La pension complète, avec lit, petit déjeuner et dîner coûte 7 $US.

Au 11 Inverleith Dr, à Burnside (à 4,5 km du centre-ville) le sympathique, sûr et calme *Paradise Lodge* (☎ 46481), géré par Allan Burke, propose des lits en dortoir pour 6,50 $US par personne avec utilisation de la piscine, de la véranda, du barbecue, du magnétoscope et des équipements de cuisine et de blanchissage. Il offre également deux suites "lune de miel" avec équipements privatifs. Le lodge vend l'épicerie de base et organise régulièrement des barbecues. Allan, qui effectue plusieurs allers-retours en ville par jour, sera ravi de venir vous chercher. Mais les déplacements non prévus coûtent 2,50 $US. L'entrée ne se trouve qu'à 200 mètres du parc de Mabukuwene.

La *YWCA* (☎ 60185), Lobengula St, est un peu plus onéreuse, mais accepte les hommes comme les femmes. Il vous en coûtera 8 $US pour le lit et le petit déjeuner dans une chambre particulière et 1,30 $US pour le dîner. Le tarif mensuel s'élève à 70/74 $US les chambres simples/doubles.

A l'exception du Berkeley Place, les hôtels pour petits budgets ne sont pas vraiment recommandés aux femmes voyageant seules. L'établissement le moins onéreux est le *New Waverley Hotel* (☎ 60033), à l'angle de Lobengula St et 12th Ave, qui demande 8/11 $US la simple/double. Cet hôtel est bruyant, mais son bar est un des lieux noctambules les plus animés de Bulawayo, et si vous souhaitez faire la sieste, profitez de leurs "chambres de repos" louées 3,50 $US les deux heures.

Plus haut sur l'échelle des prix, le *New Palace Hotel* (☎ 64294), Jason Moyo St, propose des simples ou doubles à partir de 9/12 $US sans/avec baignoire. Tous les tarifs incluent le petit déjeuner. A peine mieux, le *Plaza Hotel* (☎ 64280), à l'angle de 14th Ave et Jason Moyo St, propose des simples/doubles élémentaires sans baignoire pour 14/15,50 $US, ou avec baignoire pour 16,50/18 $US.

Le rudimentaire *Manor Hotel* (☎ 61001), dans Lobengula St, dispose de simples/doubles avec baignoire pour 15/16 $US, et sans baignoire pour 14/17 $US, petit déjeuner compris. Autre bonne adresse, qui ne suscite que des commentaires favorables, le sympathique et sûr *Berkeley Place* (☎ 67701) offre des simples ou des doubles sans/avec douche et lavabo pour 10/13 $US. L'établissement ne sert pas d'alcool et les femmes voyageant seules pourront y résider en toute tranquillité.

Si vous disposez d'un véhicule, vous pourrez apprécier le récent et élémentaire "campement de brousse" du *Chipangali Wildlife Orphanage* (☎ 70764). Les bungalows simples/doubles avec équipement de cuisine coûtent 5/6 $US. Pour vous y rendre, consultez la rubrique *Environs de Bulawayo*.

Où se loger – catégorie moyenne

Le *Hotel Cecil* (☎ 60295), à l'angle de Fife St et 3rd Ave, à mi-chemin entre la catégorie moyenne et la catégorie petits budgets, propose des simples/doubles avec baignoire pour 15/17 $US, petit déjeuner compris. Possédant également un bon restaurant et une bruyante discothèque, il est assez confortable et propre, et offre l'un des meilleurs rapports qualité-prix de Bulawayo. Cependant, les portes ne ferment pas toujours bien à clef et la sécurité peut se révéler problématique. L'établissement deux-étoiles *New Royal Hotel* (☎ 65764), à proximité de l'angle de George Silundika St et 6th Ave, demande 25/29 $US pour les simples/doubles.

La populaire *Eland Grey's Inn* (☎ 60121), dans Robert Mugabe St, à proximité de Leopold Takawira Ave, facture 22/26 $US les simples ou les doubles sans/avec baignoire. Malheureusement, à l'époque de

Baobab

notre enquête, le taux de change pratiqué à la réception n'était pas favorable, les repas étaient de qualité douteuse et quelques clients étaient ivres du matin au soir.

Le *Selborne Hotel* (☎ 65471), un ancien *must* installé à l'angle de Leopold Takawira Ave et de George Silundika St, a perdu ces dernières années de son prestige. Les chambres simples/doubles coûtent 26/34 $US, petit déjeuner compris. Demandez une chambre avec véranda donnant sur la rue : les chambres plus petites à l'arrière bénéficient des joyeux grincements des ventilateurs de la cuisine.

Au sud-est du centre-ville, 16 Fortunes Gate Rd, à Matsheumhlope, le *Induna Lodge* (☎ 45684 ; fax 45627) propose des chambres simples/doubles à 32/48 $US avec lit et petit déjeuner. En ajoutant le dîner raffiné, le tarif grimpe jusqu'à 54/83 $US.

Bien que plus connu pour son restaurant (le New Orleans), le *Banff Lodge* (☎ 43176 ; fax 43177), installé dans un tranquille quartier résidentiel de Bulawayo, fait également office de pension de famille. Les chambres simples/doubles coûtent 23/30 $US, literie et petit déjeuner compris.

Offrant un calme appréciable, *The Coach House* (☎ 26009), située dans un cadre magnifique à 27 km de la ville sur la route de l'aéroport, est recommandé. Son enseigne doit être prise au pied de la lettre : la maison conserve en dépôt une collection de voitures à cheval utilisées dans plusieurs films tournés au Zimbabwe. Elle est gérée par un sympathique couple de la région, Bill et Elizabeth MacKinney. Le camping avec utilisation des barbecues à braai et des ustensiles de cuisine fait l'objet d'un supplément de 4 $US par tente ou caravane plus 4 $US par personne. Il est possible de louer tentes ou caravanes pour 4 $US par personne. Des chevaux peuvent également être loués. Les chambres doubles coûtent 17 $US, petit déjeuner compris.

Également en dehors de la ville, l'établissement deux-étoiles *Hotel Rio* (☎ 41384 ; fax 49407) est situé à 11 km du centre sur la route de Old Esigodini. A l'époque de sa construction, en 1933, l'emplacement de cet agréable hôtel fut dicté par les anciennes lois antialcooliques en vigueur à Bulawayo précisant que seules les auberges de "voyageurs" installées à l'extérieur de la ville pouvaient servir de l'alcool le dimanche. Les simples/doubles coûtent 28/33 $US, avec un supplément de 2 $US pour la TV couleur.

Où se loger – catégorie supérieure

L'établissement le plus imposant de Bulawayo, le *Bulawayo Sun* (☎ 60101 ; fax 61739), est une tour en centre-ville fréquentée par les hommes et les femmes d'affaires et les voyages organisés. Le système de prix à trois niveaux le rend démesurément onéreux pour les étrangers qui déboursent 102/150 $US la chambre simple/double (les Zimbabwéens ne payent que 35/50 $US). On notera que des prestations identiques sont proposées au Cresta Churchill pour une fraction du prix.

Le *Cresta Churchill* (☎ 41016 ; fax 44247), demeure de style Tudor située à 5 km de la ville dans Matopos Rd, est probablement le meilleur choix, mais sa situation implique l'utilisation d'un taxi pour les allers et retours au centre-ville.

Les Zimbabwéens comme les étrangers payent 34/47 $US les simples/doubles.

Le troisième hôtel haut de gamme, pratique pour se rendre au centre commercial d'Ascot, le *Holiday Inn* (☎ 72464 ; fax 44247), se trouve loin de la ville – à une demi-heure à pied du City Hall – et conviendra mieux aux possesseurs de véhicules ou à ceux qui empruntent volontiers des taxis. Pour les chambres simples/doubles, les étrangers payent 110/162 $US, et les Zimbabwéens 38/54 $US.

Si vous souhaitez vous plonger dans un luxe un peu décadent, jetez votre dévolu sur le somptueux *Nesbitt Castle* (☎ 42726 ; fax 41864), d'un style oscillant entre le château médiéval et le manoir anglais, au 6 Percy Ave, à Hillside, il fut construit au début du siècle par un ancien maire de Bulawayo. Ses équipements comprennent notamment un sauna, un gymnase, une bibliothèque, des jardins, une piscine et une salle de billard. Le petit déjeuner est servi au champagne et chacune des neuf chambres est semblable à une suite. Les étrangers payent 185 $US par personne pour le dîner, la nuitée et le petit déjeuner. Les Zimbabwéens déboursent 84 $US par personne. Seules les réservations à l'avance sont acceptées.

Si vous préférez l'atmosphère des safaris lodges, choisissez le *Chief's Lodge* (☎ 26110 ; fax 78784), anciennement appelé N'tabazinduna Lodge. Ce nom signifie "colline des chefs", et c'est ici que Bulawayo a acquis sa réputation de "lieu du massacre". Avant de commencer à bâtir le lodge, les propriétaires ont consulté le *nganga* local (sorcier-médecin) pour connaître les implications possibles d'une construction sur un site sacré. Manifestement, les chefs sont ravis d'être commémorés de la sorte.

Pour y parvenir, roulez sur la route Bulawayo-Harare sur 16 km, avant de vous diriger vers l'est sur N'tabazinduna Rd et effectuer les cinq derniers kilomètres. Ne soyez pas rebutés par les indications de la brochure publicitaire de cet établissement ("dépassez les entreprises MacDonald Works... l'usine United Portland Cement... le garage Oka Enterprises... les casernes d'Imbizio..."), il ne se trouve pas sur un site industriel. Les lodges en brousse, alimentés à électricité solaire, coûtent 100 $US par personne, le tarif comprenant les repas, les transports en ville, des safaris de 1 à 2 jours, des randonnées guidées et des excursions aux ruines de Khami, au parc national de Matobo et dans d'autres lieux. Si vous n'optez que pour la pension complète et les safaris, il vous en coûtera 60 $US ; pour le dîner, la nuitée et le petit déjeuner vous débourserez 40 $US.

Les transferts en ville coûtent 15 $US l'aller simple. Les Zimbabwéens et les Sud-Africains bénéficient de réductions importantes.

Où se restaurer

Petit déjeuner. Si vous souhaitez boire un café, essayez l'accueillant et plaisamment décoré *Grass Hut*, dans Fife St, entre 8th Ave et 9th Ave. Le menu du petit déjeuner, de bon rapport qualité-prix, comprend des œufs, des omelettes, du bacon, des saucisses et diverses sortes de toasts.

Le *Bonne Journée*, dans Robert Mugabe St, entre 10th Ave et 11th Ave, sert un impressionnant petit déjeuner anglais pour 2,50 $US par personne. Cependant, si votre estomac crie famine, allez savourer le petit déjeuner buffet du *Homestead Restaurant* du Bulawayo Sun Hotel, proposé entre 7h et 10h. Le buffet à volonté coûte 5 $US, le petit déjeuner continental 3 $US. On y propose un véritable café.

Le *Pizzaghetti*, à proximité de l'angle de 11th Ave et de George Silundika St, offre un petit déjeuner anglais, de 7h à 10h, pour 3 $US. Si votre tête et votre état général souffrent d'un samedi soir très animé, l'*Oasis*, à l'angle de 9th Ave et de Josiah Tongogara St, propose un petit déjeuner "babalazi" thérapeutique pour 3 $US.

Déjeuner et en-cas. Bulawayo possède divers établissements proposant des plats à emporter, certains étant, bien sûr, meilleurs que d'autres. Le *AA Chicken Takeaways*, dans Robert Mugabe St entre 9th Ave et 10th Ave, offrent des poulets et des samosas, des boissons non-alcoolisées et des frites (plutôt graisseuses). L'*Oriental Takeaways*, à proximité de l'angle de George Silundika St et de la 8th Ave, est l'un des meilleurs. Les amateurs apprécieront ses plats végétariens, notamment les burgers et les samosas, de même que quelques excellents curries et autres spécialités. Non loin de l'angle de 12th Ave et Fife St, la *Hot Bread Shop* sert des plats à emporter ordinaires ainsi que des spécialités plus créatives. C'est une bonne adresse si vous recherchez quelque chose de différent. Un lecteur nous a écrit à ce sujet : "J'y suis retourné trois fois dans l'après-midi – ce qui prouve sa supériorité". La gastronomie chinoise est la spécialité de *Tunku's Chop Suey Centre*, dans le City Building, 8th Ave, entre Robert Mugabe St et George Silundika St. Pour la cuisine zimbabwéenne traditionnelle, essayez *The Pantry*, ouvert de 5h à 15h, dans 15th Ave, entre Main St et Fort St. L'autre possibilité locale, c'est le bar du patio du *New Palace Hotel*, qui sert des plats africains de base arrosés de grandes quantités de bière.

Le restaurant de vente à emporter le plus chic – mais onéreux – est le *Eskimo Hut*, dans Hillside Rd, à proximité du champ de foire du Trade Fair & Agricultural Showground. Pour une pizza à emporter, allez chez *Dial-a-Pizza* (☎ 66847 ou 76803), 101 Lobengula St en face du Manor Hotel. Cet établissement recommandé est ouvert tous les jours de 10h à 21h, et livre des pizzas partout dans Bulawayo.

Si être le cobaye d'apprentis cuisiniers ne vous fait pas peur, essayez la *Bulawayo Polytechnic School*, à l'angle du camping-caravaning, qui prépare des menus complets, avec entrée, plat et dessert, souvent excellents, pour la modique somme de 2 $US. L'établissement est fermé durant les vacances scolaires, en mai et en août.

Le *Bonne Journée*, géré par des Portugais, dans Robert Mugabe St entre 10th Ave et 11th Ave, en face des cinémas, propose des glaces impressionnantes – milk-shakes, banana splits, café glacé –, de même que des plats – steaks, burgers, poulet, omelettes ou en-cas standards, comme des chips et des hot-dogs – pour 2 $US à 4 $US.

Autre adresse pour les pâtisseries, la *Collectible's Coffee Shop*, dans Josiah Tongogara St, entre 11th Ave et 12th Ave, est une excellente idée pour les gâteaux au chocolat, les quiches, les biscuits et les muffins, mais non pour les plats plus roboratifs. Le sympathique *Golden Teapot*, dans la One-Stop Co-op, à l'angle de 11th Ave et Main St, sert des en-cas, des rafraîchissements, des déjeuners légers et des boissons chaudes.

Naguère excellente table pour le déjeuner, le *Pizzaghetti*, à proximité de l'angle de 11th Ave et de George Silundika St, a désormais décliné. A l'époque de cette enquête, le choix des pâtes était restreint et les plats de salade avaient augmenté de prix mais diminué de volume. Le décor – une sorte d'hybride entre la salle de bain provinciale et le style high-tech contemporain – mérite cependant toujours un coup d'œil et les sièges sont d'une robustesse toute industrielle. Il est ouvert de 7h à 23h ; le guichet de vente à emporter est ouvert 24 heures sur 24.

Le *Sisters*, au second étage du grand magasin Haddon & Sly, est imbattable pour ses thés de style anglais et ses excellents déjeuners légers, dont de petits buffets bien conçus, pour 2 $US. Pour ne pas être en reste, le *Meikles*, à l'angle de Jason Moyo St et de Leopold Takawira Ave, propose un choix comparable. Vous pourrez également savourer des repas légers au *Old Vic Pub* du Bulawayo Sun Hotel.

L'impeccable *YWCA* dans Lobengula St est ouverte aux non-résidents pour le déjeuner entre 12h30 et 15h. Pour environ 1 $US, on vous servira une copieuse assiette de sadza accompagné normalement de quelque ragoût de bœuf.

Le *Chicken Inn*, qui possède une succursale à l'angle de 9th Ave et de Robert Mugabe St, et une autre à l'angle de 8th Ave et de Jason Moyo St, est essentiellement le lieu de rendez-vous des adolescents du quartier. Outre ses jeux vidéos et ses tables de billard, cette enseigne couvre assez bien le marché du poulet-frites. L'autre chaîne de restauration rapide, *Wimpy*, possède deux succursales à Bulawayo dispensant des hamburgers graisseux.

Dîner. L'un des meilleurs restaurants de la ville, le *Capri* (☎ 68639), à l'angle de 11th Ave et de George Silundika St, mitonne des spécialités italiennes et sert en guise d'apéritif du pain aillé et des légumes à volonté. La carte des vins se compose de crus sud-africains onéreux et des meilleures productions zimbabwéennes à des prix plus raisonnables. Il ouvre à 18h30 tous les soirs. Si tout semble fermé – la porte est verrouillée pour des raisons de sécurité –, frappez à la grille et l'on vous ouvrira.

Une autre table italienne recommandée est *La Gondola* (☎ 62986), dans Robert Mugabe St, entre 10th Ave et 11th Ave, aux spécialités et aux prix comparables à ceux du Capri, mais au service particulièrement impeccable. Troisième option italienne, conseillée par les habitants de Bulawayo, le *Massimo's*, est installé dans le centre commercial d'Ascot. La table méditerranéenne de la *Cypriana Taverna* (☎ 62081), sur le champ de foire, propose une cuisine chypriote-grecque, dont les meilleures spécialités doivent être commandées 24 heures à l'avance. Le *Granada* (☎ 70716), au premier étage du Parkade Centre, à l'angle de 9th Ave et de Fife St, prépare de la cuisine espagnole. Il est ouvert du mardi au vendredi à midi et le soir, le lundi seulement à midi et le samedi seulement le soir.

Le *Matabeleland Safari Grill* (☎ 72387) – également appelé *Cape-to-Cairo*, d'après l'enseigne de son bar très fréquenté – est un établissement de plus en plus prisé. Dans un décor colonial de bon goût, il sert des spécialités de gibier, de superbes steaks, des fruits de mer dignes d'éloges et du poulet peri peri. Si vous vous asseyez au bar, saluez Bishop, élu officieusement par ses clients "meilleur barman de Bulawayo".

Le meilleur restaurant chinois, le *Peking* (☎ 60646), dans Jason Moyo St, offre de succulentes spécialités cantonaises et du Sichuan. Comptez 4 $US pour un plat de viande avec riz ou un très copieux menu à prix fixe pour le déjeuner.

Le *Homestead Restaurant* (☎ 60101) du Bulawayo Sun Hotel est ouvert de 12h30 à 14h30 et de 18h à 22h. Si vous souhaitez déguster un steak ou d'autres spécialités à base de bœuf zimbabwéen, essayez *The Cattleman* (☎ 76086), en face du Bulawayo Sun Hotel à l'angle de Josiah Tongogara St et de 10th Ave, ou le *Golden Spur* (☎ 70318), dans Robert Mugabe St entre 8th Ave et 9th Ave.

The Highwayman (☎ 60121), de l'Eland Grey's Inn, sert une cuisine simple mais conseillée. La spécialité la moins onéreuse semble être le poulet à la Kiev avec salade et frites, mais les plats de bœuf ne sont pas mauvais non plus. Le *Buffalo Bill's* (une pizzeria doublée d'un restaurant de viande) du Selborne Hotel propose des steaks pour 4 $US, des pizzas pour 2,50 $US environ et un salade-bar ou un plateau-dessert pour 1,50 $US chacun. Il est très fréquenté par les voyageurs.

A Bulawayo, la haute cuisine s'exprime dans trois bonnes maisons : *Les Saisons* (☎ 77292), dans Josiah Tongogara St, entre 6th Ave et Leopold Takawira Ave ; la *Maison Nic* (☎ 61884), dans Main St non loin de 4th Ave, et le *New Orleans* (☎ 43176), dans Banff Rd à Hillside. Table récente, la première, dirigée par l'ancien propriétaire de la Maison Nic (sous sa tutelle, elle a remporté année après année le titre de meilleur restaurant du Zimbabwe), me semble la meilleure. Essayez la venaison d'antilope ou les plats végétariens agréablement préparés, ainsi que les spécialités de poisson comme le *chambo* du Malawi, la brème et la friture de Kariba. La nouvelle *Maison Nic* demeure cependant très acceptable et un peu moins chère. La dernière sert une cuisine continentale et cajun (pour autant que les ingrédients soient disponibles au Zimbabwe). Il est conseillé de réserver à l'avance pour ces trois tables.

ZIMBABWE

Faire son marché. Le meilleur endroit où trouver des fruits et des légumes peu onéreux est le marché de Makokoba, au-delà de la gare routière de Renkini. Le choix le plus diversifié est proposé par *Gee's*, dans 8th Ave, entre George Silundika St et Fife St.

L'épicerie générale de *Haddon & Sly*, à l'angle de 8th Ave et Fife St, se trouve au rez-de-chaussée, sinon essayez l'une des nombreuses épiceries familiales disséminées en centre-ville. Le supermarché du centre commercial d'Ascot est le mieux approvisionné en produits raffinés.

La *Haefeli's Swiss Bakery*, dans Fife St, entre 10th Ave et 11th Ave, confectionne des pains complets, des beignets ainsi que des gâteaux, des tourtes et des pâtisseries à l'européenne. Allez-y le plus tôt possible, car parfois tout est vendu dès le milieu de la matinée. La *Walter's Bakery*, 124 Robert Mugabe St, est également chaudement recommandée. Un lecteur nous a écrit : "Walter's est incontournable. Il propose toute une gamme de pains de caractère, dont un excellent pain portugais."

Mon budget étant restreint en ce qui concerne les restaurants, j'ai été particulièrement ravie de découvrir les protéines végétales Chunks. Tout voyageur faisant son marché, et plus particulièrement s'il est végétarien, ferait bien d'emporter des sachets de Chunks – c'est un aliment léger à transporter, riche en protéines et facile à cuisiner. En gros, il suffit de rajouter de l'eau chaude et du sel et de laisser tremper. Son goût ressemble à celui du bœuf. On peut les accompagner de pâtes et, en cas d'urgence, il est possible de le manger secs. A Bulawayo, vous pourrez en acheter par sachet de 500 g à ABC, le magasin des adventiste du Septième jour, dans Herbert Chitepo St, entre 9th Ave et 10th Ave.

Les amateurs d'aliments diététiques pourront s'approvisionner au magasin Industrial Mining Supplies, à l'angle de 12th Ave et Fife St, qui vend aussi du Chunks ainsi que du lait de soja, du fructose, des pâtes au blé complet et des assaisonnement végétariens en "conditionnement respectant l'environnement" que les non-initiés pourraient appeler des sachets en plastique.

Susan Loucks (États-Unis)

Distractions

Night-clubs. Comparés à leurs homologues de Harare, les pubs et les boîtes de nuit de Bulawayo respectent plus strictement encore l'obligation de porter une "tenue élégante et décontractée". Cela signifie qu'après 16h30, les sandales, les chaussures de sport, les blue-jeans et tout ce qui, même de loin, pourrait faire négligé, se verront refuser l'entrée. Si vous n'êtes pas équipé d'une garde-robe convenable et bien repassée – rares sont les randonneurs dans cette situation –, vous devrez vous résigner à sortir dans des lieux moins chic, offrant cependant un aspect plus représentatif de la vie nocturne de Bulawayo.

L'Alabama, à l'angle du Bulawayo Sun Hotel, est un agréable bar en principe bondé organisant presque tous les soirs des concerts de jazz. Heureusement, le code vestimentaire restrictif n'y est guère appliqué. Le Top of the Sun, plus haut de gamme que l'Alabama, propose des concerts tous les soirs.

L'Exchange Bar, à proximité de l'angle de Leopold Takawira Ave et Jason Moyo St, est très fréquenté par les habitants de Bulawayo ; il possède un bar réservé aux hommes et un autre aux femmes. Le bar du Palace Hotel est également très prisé.

Les restaurants italiens, le Capri et La Gondola, proposent des soirées dansantes le week-end destinées essentiellement au troisième âge. Pour reprendre votre souffle entre deux danses, la télévision satellite de la salle de billard à côté du Capri diffuse en continu des programmes de sport.

Le Silver Fox, à l'angle de 10th Ave et de Robert Mugabe St, est une discothèque plutôt miteuse. Elle est ouverte jusqu'à 3h du matin du lundi au samedi et jusqu'à minuit le dimanche. Les clients étrangers y constituent un véritable événement. Plus animé, le New Waverley Hotel organise fréquemment des concerts, mais il est absolument déconseillé aux femmes non accompagnées (même celles qui le sont peuvent être importunées).

Pour la discothèque du samedi soir, Talk of the Town, dans le Monte Carlo Building, à l'angle de Fife St et de 12th Ave, constitue une option respectable ; jeans ou chaussures de sport ne sont pas autorisés. Pour un aperçu de la jeunesse rhodie, allez chez Harley's (anciennement Catch 22), sur le champ de foire de l'International Trade Fair Grounds. A la nuit tombée, les femmes non accompagnées ne doivent pas s'y rendre ou en revenir à pied.

Tous les hôtels possèdent un bar et/ou un salon. Si vous recherchez une ambiance anglo-zimbabwéenne, essayez le Old Vic Pub du Bulawayo Sun Hotel ou le Knight's Arms du Holiday Inn. Le Picasso's du Granada Restaurant, au premier étage du Parkade Centre à l'angle de Fife St et de 9th Ave, est également réputé pour son ambiance.

Si vous recherchez une atmosphère locale très sympathique, allez au pub du Cresta Churchill le vendredi soir. Des concerts y sont organisés et si une célébrité s'y produit – la soirée peut être fabuleuse. C'est l'un des bars les moins ségrégationnistes du Zimbabwe, fréquenté par les habitants de Bulawayo de toutes conditions sociales.

Cinémas. Bulawayo présente un assez bon choix de cinémas de qualité. Les meilleurs, ce sont le Kine 600 et l'Elite 400, dans Robert Mugabe St, entre 10th Ave et 11th Ave, le Rainbow Vistarama, dans Fife St, entre 11th Ave et 12th Ave, et le Seven-Arts, dans Jason Moyo St, entre 10th Ave et 11th Ave. La Bulawayo Art Gallery programme parfois des films à l'heure du déjeuner – renseignez-vous au musée où à la Publicity Association.

L'Alliance Française (☎ 30814 après 17h), 60 Josiah Tongogara St, projette des films français sous-titrés en anglais plusieurs fois par mois. Elle possède également une bibliothèque de prêt ouverte le samedi de 11h15 à 12h, et propose des cours du soir de français pour adultes.

Théâtre. Le théâtre de Bulawayo (☎ 65393), dans Centenary Park, propose des pièces du répertoire et accueille à l'occasion des troupes extérieures. Pour connaître le programme en cours, téléphonez au théâtre ou bien consultez le *Daily Chronicle* ou le *Bulawayo This Month.*

Sports. Tous les sports imaginables ont des amateurs à Bulawayo et sont représentés par un club. *Bulawayo This Month* donne la liste de tous les clubs ; pour plus de renseignements sur leurs activités, téléphones et horaires de réunion, adressez-vous à la Publicity Association.

Vous pourrez pratiquer le golf au Bulawayo Country Club, au Bulawayo Golf Club et au Harry Allen Golf Club, tous situés à quelques kilomètres du centre-ville.

Le gymnase situé à l'angle de 9th Ave et de Fort St propose des salles de musculation, des cours d'aérobic, un sauna et des courts de squash à des prix très raisonnables, à la journée, à la semaine ou au mois.

La piscine municipale de Central Park, dans Samuel Parirenyatwa St, est ouverte de la fin août à la fin mai de 10h à 14h et de 15h à 16h. Les droits d'entrée s'élèvent à 0,25 $US.

Le dimanche après-midi, tous les quinze jours, des courses hippiques sont organisées à Ascot.

Achats

Le magasin Jairos Jiri Crafts, à l'extrémité est du parking du City Hall, commercialise les travaux d'artistes zimbabwéens handicapés, ainsi que de la poterie et de la vannerie ndebele de qualité, des tabourets batonka de l'ouest de Kariba, aussi uniques que peu onéreux, et des souvenirs plus banals.

La plus grande boutique de souvenirs de la ville est Fazak, dans Main St en face de la poste, qui vend essentiellement des tee-shirts et des objets fabriqués en série que vous pourrez généralement trouver à un prix beaucoup plus intéressant le long de la route dans les environs de Victoria Falls. Si vous recherchez un choix intéressant d'ouvrages en perles, voyez Buhlaluse, dans le faubourg de Tshabalala à environ 6 km du centre-ville, à proximité de la route de Khami.

Deux lecteurs nous ont fait part des suggestions suivantes :

Un cassette extraordinaire appelée *Blue Skies Bulawayo* est vendue à Bulawayo. Il s'agit d'une compilation éditée pour le centenaire, "une intelligente collection d'archives musicales et de musiques actuelles enregistrées à Bulawayo entre 1948 et 1994". On la trouvera pour 4 $US (30 $Z) à la nouvelle National Gallery de Douslin House. Sinon, on peut la commander au producteur, Phaphama Promotions (☎ 78159 ; fax 78053), PO Box 2792, Bulawayo.

Joost Butenop et Astrid Pohl (Allemagne)

Comment s'y rendre

Voie aérienne. Air Zimbabwe relie Bulawayo à tous les grands aéroports du pays. Deux ou trois vols quotidiens desservent Harare ; un vol quotidien, sauf le lundi, dessert le parc national de Hwange, avec correspondance pour Victoria Falls, et 2 vols hebdomadaires desservent Johannesburg. Au départ de Harare, des correspondances sont assurées pour Kariba et Lusaka, en Zambie.

Bus. Le terminus des bus privés longue distance se trouve au musika de Renkini, dans 6th Ave Extension, en face du poste de police de Mzilikazi. Les bus intérieurs à destination de Harare, Masvingo, Beitbridge et Victoria Falls partent tous les jours entre 6h et 7h, ou lorsqu'ils sont complets. Essayez de vous y rendre au moins une heure avant le départ prévu, et deux heures à l'avance durant les vacances ou le week-end, quand toute la ville, ou presque, semble vouloir les prendre d'assaut.

Chaque matin, trois bus Hwange Special Express quittent Renkini lorsqu'ils sont complets, à destination de Gwaai River, de Safari Crossroads (pour le parc national de Hwange) et de Victoria Falls. Le trajet jusqu'à Safari Crossroads coûte 6 $US, jusqu'à Victoria Falls, 8 $US.

Le Bulawayo Sun Hotel fait office de terminus des bus Ajay's Motorways. Le bus pour Victoria Falls (7 $US) *via* Gwaai River et Hwange Safari Lodge part les lundi, mercredi et vendredi à 7h. Pour Harare (11 $US), il démarre tous les matins sauf le mardi et le jeudi à 8h et parvient à Harare à 14h. Le mardi, le bus pour Harare part à 12h et arrive à 18h. Réservez votre place dans les bus Ajay's auprès de Manica Travel (☎ 62521), dans 10th Ave, entre Main St et Fort St.

Entre Bulawayo et Harare, Express Motorways (☎ 61402) affrète un ou deux bus quotidiens partant du parking du City Hall. Le trajet dure 7 heures et coûte 13 $US. Réservez auprès du bureau UTC/Hertz (☎ 61402), à l'angle de 14th Ave et de George Silundika St.

Vers Masvingo, le bus ZUPCO part tous les jours à 13h sauf le dimanche du terminus de Lobengula St. Au départ de Masvingo, il continue jusqu'à l'embranchement de Great Zimbabwe (à environ 1 km de Great Zimbabwe), et arrive vers 19h. Le trajet coûte 4 $US. Shu-Shine quitte Renkini à 6h pour le même tarif.

Chitanda & Sons dessert deux fois par semaine Francistown et Gaborone (au Botswana) ; réservez auprès de Manica Travel Services (☎ 62521). Le jeudi et le dimanche, Express Motorways (☎ 61402) rejoint Gaborone à partir du parking du City Hall pour 35 $US. Dans la direction opposée, le bus part du African Mall et du Gaborone Sun Hotel le mardi et le samedi à 6h.

La Zimbabwe Omnibus Company (☎ 67291), dans Lobengula St, propose également un service quotidien (sauf le dimanche) pour Francistown, quittant le terminus de Lobengula St entre 8h et 10h. Mach Coach Lines (☎ 60499) offre un service analogue tous les jours à 16h

Vers Johannesburg, Express Motorways (☎ 61402) organise un service de bus quotidien à partir du parking du City Hall vers 1h du matin et arrivant vers midi le lendemain. Le trajet coûte 37 $US et il est essentiel de réserver à l'avance. Plus confortables, les places dans les Mini-Zim Luxury Mini-Coaches (☎ 76644) se réservent auprès de Budget Tours, à l'angle de Fife St et de 10th Ave. Ces minibus démarrent du Holiday Inn le mercredi et le dimanche à 6h30 et atteignent leur destination à 17h15 le même jour. Le trajet revient à 45 $US. Des minibus non officiels desservent également Johannesburg : ils s'ébranlent lorsqu'ils sont complets du parking du City Hall, et leur tarif est de 23 $US.

Train. Surtout si vous vous rendez à Johannesburg, réservez vos billets de train longtemps à l'avance, puis retirez-les au moins une semaine avant votre départ, sinon la réservation risque d'être annulée. A la gare, les guichets de réservation et de ventes de billets sont distincts et s'il y a une file d'attente, elle s'écoulera lentement : munissez-vous d'un bon livre.

Les trains quotidiens circulant entre Bulawayo et Harare partent à 21h dans les deux directions et arrivent avant 7h le lendemain matin. Vers Hwange et Victoria Falls, le train s'ébranle à 7h pour parvenir à Dete (parc national de Hwange) à 1h30 et à 7h à Victoria Falls. Au départ de Victoria Falls, il part tous les jours à 18h30, s'arrête à Dete à 12h45 et atteint Bulawayo à 7h05. L'aller simple 1ère/2e classe pour Harare ou Victoria Falls coûte 9/6 $US.

Le train quotidien pour Gaborone quitte Bulawayo dans l'après-midi et arrive à destination le lendemain matin. Le billet pour Gaborone revient à 45/30/10 $US en 1ère/2e/économique. La liaison ferroviaire entre Bulawayo et Johannesburg passe désormais par Beitbridge plutôt que par le Botswana. Le train quitte Bulawayo à 9h le dimanche et atteint Johannesburg à 8h02 le lundi. Seules des places de 1re ou de 2e classe sont proposées et il est essentiel de réserver à l'avance. Le billet en 1re/2e/économique coûte 76/55/35 $US. Pour plus de renseignements sur ces deux itinéraires, consultez le chapitre *Comment s'y rendre* consacré au Zimbabwe au début de ce guide. Vous devrez présenter votre passeport pour effectuer une réservation sur les trajets internationaux.

Pour obtenir horaires et réservations, téléphonez aux services de renseignements des Chemins de fer nationaux au ☎ 363111 durant la journée ou au ☎ 322284 en dehors des heures de bureau.

Comment circuler

Desserte de l'aéroport. Des bus Air Zimbabwe effectuent la navette entre le Bulawayo Sun Hotel et l'aéroport situé au nord de la ville pour 2 $US par personne. La course de taxi coûte au moins 5 $US l'aller simple.

Bus. Bulawayo possède deux terminus de bus suburbains. Le City Hall Terminal, dans 8th Ave, entre Robert Mugabe St et George Silundika St, dessert les quartiers résidentiels du nord, de l'est et du sud. Les horaires publiés sont souvent inexacts.

L'autre terminus, implanté à l'angle de Lobengula St et de 6th Ave, dessert les banlieues surpeuplées de l'ouest et du sud-ouest du centre-ville. Les bus sont souvent bondés : si vous êtes pressé, il vaut mieux prendre un taxi.

Le trajet en bus urbain coûte 0,15 $US. Les taxis d'"urgence" empruntent des trajets déterminés mais ne peuvent circuler en dehors des limites de la ville. La course revient à 0,20 $US, quelle que soit la destination.

Taxi. Un certain nombre de taxis fonctionnent à Bulawayo. La plupart sont dotés d'un taximètre, mais sur les itinéraires les plus fréquentés, vous pourrez en principe négocier un prix plus avantageux. Par exemple, comptez environ 1,50 $US de la gare au camping-caravaning municipal. Pour réserver une voiture, appelez Rixi Taxi (☎ 60666, 61933/4/5). D'autres compagnies offrent leurs services aux ☎ 72454, 60154 et 60704.

Bicyclette. Le terrain plat de Bulawayo et de ses environs est idéal pour les cyclistes amateurs. Vous pourrez louer des VTT chez Transit Car & Truck Hire (☎ 76495), à l'angle de 12th Ave et de Robert Mugabe St, pour 3,60 $US par jour, généralement avec une caution remboursable de 13 $US et 0,65 $US d'assurance. Faites le tour du parking pour vérifier l'état des vélos avant d'en choisir un. Si vous payez par carte de crédit, la caution ne vous sera pas demandée.

Environs de Bulawayo

Jonchés de rochers en équilibre et agrémentés de ruines anciennes et de peintures rupestres, les environs de Bulawayo sont aussi beaux que singuliers. Le site le plus célèbre, c'est bien sûr le parc national de Matobo, qui offre de nombreuses possibilités de randonnées et possède une réserve de rhinocéros. Cette spectaculaire région fut jadis la capitale spirituelle de l'empire rozwi, adorateur de Mwari. Plus tard, elle impressionna tant Cecil Rhodes qu'il demanda à y être enterré.

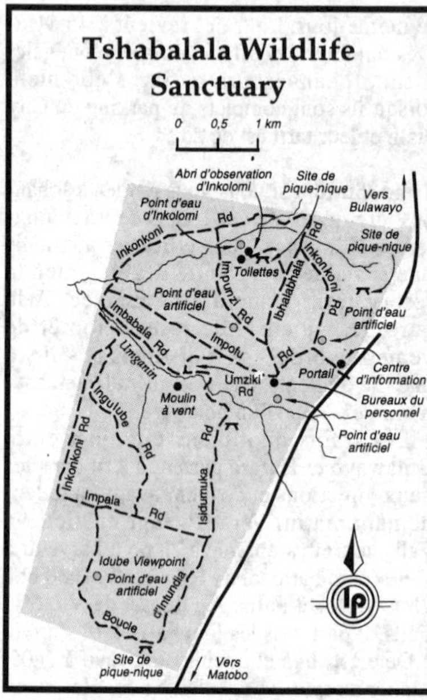

TSHABALALA WILDLIFE SANCTUARY

La petite réserve sauvage de Tshabalala, située à 8 km de Bulawayo, fut fondée sur l'ancienne propriété de Fairburn Usher, un marin britannique arrivée ici en 1883, et de son épouse ndebele, l'une des filles de Lobengula. C'est un lieu parfait pour une journée de détente à la découverte des représentants les plus tranquilles de la faune du Zimbabwe. Aucun grand prédateur n'y vivant, seulement des antilopes, des zèbres, des girafes, des phacochères et d'autres herbivores, les randonnées pédestres et équestres y sont non seulement autorisées, mais encouragées. Avec un peu d'imagination, le paysage de savane broussailleuse vous emportera bien loin de l'agitation et des duretés de la ville. Apportez un repas – de nombreux sites y ont été aménagés pour les pique-niques et les braai – et prévoyez d'y passer toute une journée.

Tshabalala est ouvert de 6h à 18h en été et de 8h à 17h en hiver. Les droits d'entrée s'élèvent à 2,50 $US pour les étrangers et la location d'un cheval coûte 2,50 $US par personne et par heure pour les groupes jusqu'à onze personnes. Il est possible d'emprunter les routes de la réserve à pied, à bicyclette et en voiture, mais non en moto.

Comment s'y rendre

Il est relativement facile de s'y rendre en stop, mais vous devrez au préalable sortir de la zone embouteillée. Le bus de Kezi partant du terminus de Renkini passe par Tshabalala, et le bus de Matobo Rd provenant du terminus du City Hall pourra vous déposer à Retreat, à 3 km de la réserve.

CHIPANGALI WILDLIFE ORPHANAGE

L'orphelinat pour la faune sauvage de Chipangali, situé à 24 km de Bulawayo, a été fondé en 1973 par Viv Wilson et son fils Kevin. Ce centre était destiné à l'origine à l'élevage des animaux orphelins, essentiellement la progéniture des victimes du braconnage, ainsi qu'aux soins des animaux blessés, malades ou capturés illégalement, et relâchés dans la nature dès que leur état le permettait. A l'encontre de ce que souhaitaient les Wilson, ce centre ressemble aujourd'hui davantage à un zoo, et certains pensionnaires semblent vouloir y résider pour de bon. Les vastes volières de plainpied, assez belles, abritent des grands rapaces comme des oiseaux plus petits.

L'orphelinat est ouvert tous les jours sauf le lundi et le jour de Noël, de 10h à 17h, mais les portes ferment à 16h30. Les animaux sont nourris à 15h30. L'entrée coûte 1,50 $US.

Comment s'y rendre

Pour effectuer le trajet en stop, marchez jusqu'au centre commercial d'Ascot et attendez qu'un conducteur veuille bien vous amener hors de la ville. Chipangali est à 200 mètres de la route de Masvingo, à 24 km à l'est de Bulawayo. Sinon, empruntez le bus d'Esigodini à partir du terminus de Renkini et demandez à être déposé à Chipangali.

Plusieurs agences de voyages organisent des excursions à la journée à Chipangali ; consultez la rubrique *Circuits organisés* du chapitre consacré à Bulawayo.

RUINES DE KHAMI

Les ruines de Khami (également appelées Kame ou Khame), aussi calmes que désertes, ne sont pas aussi vastes que celles de Great Zimbabwe, mais ici le visiteur peut errer à sa guise dans ce site de 40 hectares et découvrir les vestiges de la cité ravagée par un incendie.

Un petit musée s'efforce de rassembler les éléments de l'histoire de Khami. Avant de vous lancer dans l'exploration des ruines, lisez la brochure *A Trail Guide to the Khami National Monument* vendue au guichet. Le site et le musée sont ouverts tous les jours de 8h à 17h ; pour les étrangers, l'entrée coûte 3 $US. S'il n'y existe à l'heure actuelle aucun équipement, l'administration des musées et monuments nationaux envisage d'y aménager un camping qui serait en effet bienvenu.

Histoire

La zone de Khami était déjà habitée au paléolithique, quelques 100 000 ans avant la construction de la ville aujourd'hui détruite. Vers l'an 1000, l'Afrique australe était largement entrée dans l'âge du fer, et les anciennes cultures fondées sur une économie de subsistance étaient devenues des sociétés agricoles et commerçantes. Au nord de la rivière Khami, la civilisation de Leopard's Kopje s'était établie dans un village de huttes daga, pratiquant l'élevage du bétail et le négoce avec les Swahilis des côtes de l'océan Indien. Le commerce avec les Portugais se prolongea au cours des XVIe et XVIIe siècles.

Vers la fin du XVe siècle, la civilisation de Leopard's Kopje fut absorbée, ainsi que divers groupes disséminés dans la région, en une entité politique appelée État de Torwa. Ce dernier résultait probablement de l'unification occasionnée – ou du moins influencée – par des réfugiés provenant de

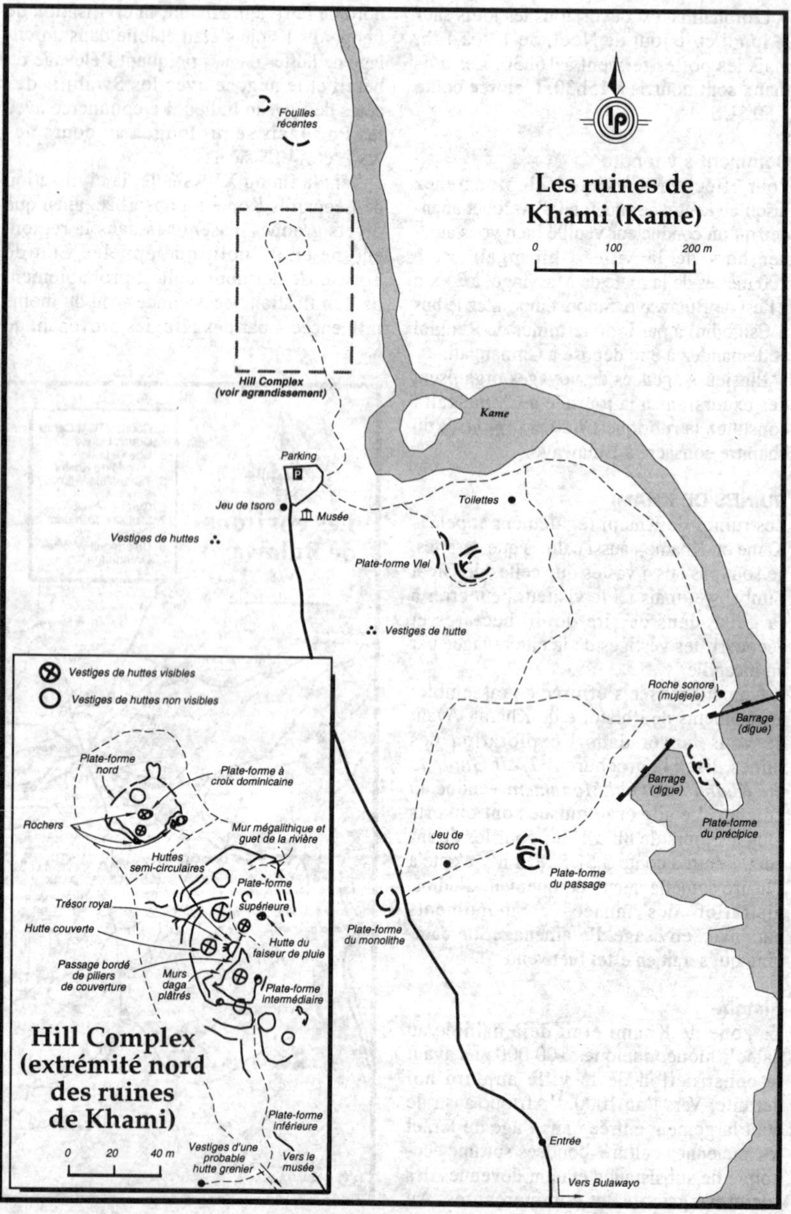
Les ruines de Khami (Kame)
0
100
200 m
Fouilles récentes
Hill Complex (voir agrandissement)
Kame
Parking
Jeu de tsoro
Musée
Vestiges de huttes
Toilettes
Plate-forme Vlei
Vestiges de hutte
Roche sonore (mujejeje)
Barrage (digue)
Barrage (digue)
Plate-forme du précipice
Jeu de tsoro
Plate-forme du passage
Plate-forme du monolithe
Entrée
Vers Bulawayo
Vestiges de huttes visibles
Vestiges de huttes non visibles
Plate-forme nord
Plate-forme à croix dominicaine
Rochers
Mur mégalithique et guet de la rivière
Huttes semi-circulaires
Plate-forme supérieure
Trésor royal
Hutte couverte
Hutte du faiseur de pluie
Passage bordé de piliers de couverture
Murs daga plâtrés
Plate-forme intermédiaire
Hill Complex (extrémité nord des ruines de Khami)
0
20
40 m
Plate-forme inférieure
Vestiges d'une probable hutte grenier
Vers le musée

l'État de Great Zimbabwe situé à 250 km de là, alors en pleine décadence.

Khami devint la capitale de l'État de Torwa. Son mambo habitait les hauteurs de la ville dans une enceinte bien protégée, entourée par les demeures de l'aristocratie. Les roturiers résidaient à l'extérieur de l'enclave royale, probablement sur les flancs orientaux de la colline principale. Leurs demeures n'étant pas bâties sur des plates-formes en pierre, seuls des vestiges de daga indiquent l'emplacement des anciennes huttes.

A la fin du XVIIe siècle, Torwa était à son tour annexé par l'État rowzi, plus important, dont le peuple venu du Nord avait défait la dynastie régnante de Changamire, brûlé et rasé la capitale de Khami, puis édifié une nouvelle capitale à Danangombe (voir le chapitre *Midlands et sud-est du Zimbabwe*), à 100 km au nord-est. Au début des années 1830, les raids ndebele mirent fin à leur tout à l'État rowzi.

Les Européens découvrirent Khami en 1893. Jusqu'à la mort de Lobengula, intervenue la même année, les Ndebele avait tenu secrète la ville de Khami, qu'ils considéraient probablement comme une retraite royale ou un site sacré.

Hill Complex

A l'extrémité nord de Khami se dresse le complexe de la colline, l'ancienne enceinte royale composée de plusieurs plates-formes de huttes et regroupant la plus importante concentration de murs en pierre du site. Un petit trésor royal y fut découvert au pied de l'escalier à trois marches montant vers une plate-forme de hutte semi-circulaire (vraisemblablement un site rituel). C'est ici que fut mis au jour la majorité du matériel archéologique de Khami exposé au musée d'Histoire naturelle de Bulawayo, dont plusieurs objets divinatoires en ivoire, des pièces en cuivre, des armes en fer et en bronze, ainsi que des gobelets rituels. Le passage principal menant à cette hutte devait être manifestement recouvert d'un toit daga dont les piliers sont toujours debout.

A l'extrémité nord du complexe, on découvre une singulière plate-forme dominée par une croix dominicaine en pierre qui aurait été érigée par l'une des premières missions catholiques portugaises.

Southern Ruins

Les ruines méridionales délimitent plusieurs sites intéressants. On pense que les plates-formes *vlei*, à proximité du musée, ont servi de kraals à bétail. A côté, près du barrage du lac de retenue, le *mujejeje* est une pierre qui produit un son de cloche lorsqu'on la frappe. On peut également observer plusieurs exemples de jeux de *tsoro* sculptés dans la pierre : l'un se trouve près du parking, l'autre près du chemin menant au barrage. Le tsoro est un jeu complexe toujours pratiqué au Zimbabwe au moyen d'une planche en bois sculpté présentant quatre rangées de trous. Les joueurs de Khami devaient certainement utiliser de petites pierres rondes en guise de pions.

Le mur de retenue de la plate-forme du précipice (Precipice Plateform) magnifiquement décoré mesure 6 mètres de haut et 68 mètres de long. Il s'étend à l'est du lac de retenue et porte un décor en damier sur toute sa longueur, mais en raison de la présence du lac, il est difficile de l'admirer de près.

Comment s'y rendre

Aucun bus ne desservant la route peu fréquentée de Khami, les possibilités de s'y rendre se révèlent très limitées si vous ne possédez pas de véhicule. La plupart des visiteurs louent des bicyclettes à Bulawayo pour effectuer les 22 km en terrain plat menant jusqu'aux ruines, ce qui constitue une demi-journée de randonnée facile. Empruntez la 11th Ave après Lobengula St, puis suivez l'itinéraire signalisé.

Sinon, l'inspecteur des monuments pourra vous y emmener pour quelques dollars lors de sa tournée d'inspection. Renseignez-vous auprès du musée d'Histoire naturelle de Bulawayo pour connaître la date de sa prochaine visite.

Plusieurs agences de voyages incluent Khami dans leurs itinéraires. Pour plus de

ZIMBABWE

détails, consultez la rubrique *Circuits organisés* du chapitre *Bulawayo*.

MISSION CYRÈNE

Implantée à 32 km de Bulawayo sur la route de Plumtree, cette mission possède une chapelle richement ornée. Bien que son décor ne soit pas aussi stupéfiant que celui de Serima, les murs extérieurs et intérieurs de la chapelle à toit de chaume sont ornés de fresques de style africain figurant des scènes bibliques, ainsi que des épisodes de l'histoire africaine.

Elle porte le nom de Simon de Cyrène, "… qui revenait des champs, et ils le chargèrent de la croix, pour qu'il la porte derrière Jésus" (Luc 23,26), et fut fondée en 1939 par Canon Edward Paterson, directeur de la mission (jusqu'à sa retraite en 1953) mais aussi artiste. Outre la formation religieuse qu'il dispensait, il demandait à ses ouailles de participer à ses classes de beaux-arts, mettant l'accent sur la créativité individuelle qui pouvait s'exprimer à travers diverses techniques – dessin, sculpture sur pierre et sur bois, et peinture –, sans jamais illustrer son enseignement d'exemples européens.

Les peintures et les sculptures qui ornent aujourd'hui la chapelle sont presque entièrement l'œuvre de ses élèves (Paterson en a exécuté quelques-unes). Toutes figurent des personnages, des animaux, des demeures et des paysages africains. Certaines dénotent un magnifique talent, d'autres sont plus discutables, mais la diversité des styles mérite un examen attentif.

Comment s'y rendre

Au départ du terminus de bus de Renkini à Bulawayo, empruntez le bus pour Figtree ou Plumtree (ou le bus pour Francistown partant du terminus de Lobengula St) et descendez à Cyrene Rd, à 8 km de Figtree. De là, la mission se trouve à 2,5 km de marche. Sinon, faites du stop sur la route de Plumtree jusqu'à Cyrene Rd et effectuez le reste à pied.

En provenance du parc national de Matobo, Cyrene est situé non loin de la peu fréquentée Cyrene Rd, à 10 km de l'ancien terminus ferroviaire de Rhodes, immédiatement à l'extérieur du parc près de la porte de l'arboretum. Il est très difficile d'effectuer cet itinéraire en stop : prévoyez de marcher tout le long du trajet et emportez beaucoup d'eau car la région est aussi chaude que sèche.

MATOBO NATIONAL PARK

Nul besoin d'être accordé sur quelque longueur d'onde mystique pour ressentir que les collines Matobo sont un site dégageant l'une des plus puissantes énergies du monde. Ces formations granitiques semblent avoir constitué le jeu de cubes (de plusieurs milliers de tonnes) d'une très jeune divinité qui les aurait empilés en autant de châteaux précaires et de villes imaginaires, puis les aurait peuplés de personnages humains à visage de pierre, femmes en robes bouffantes, hommes au travail et enfants regardant ou suivant les adultes. On ne s'étonnera pas que les Rowzi considéraient Matobo comme leur capitale religieuse : son pouvoir latent est aussi omniprésent qu'indéniable.

Autour du parc national actuel sont disséminées d'innombrables traces d'un habitat ancien. Outre la profusion d'antiques peintures rupestres san et de tessons de poterie que l'on découvre çà et là, on peut y voir plusieurs exemples de huches à céréales où les guerriers de Lobengula entreposaient leurs provisions. Certaines niches à l'abri du regard cachent toujours des fours en argile où l'on fondait le fer servant à la fabrication des *assegai*, les sagaies brandies contre les hordes coloniales. Njelele, le site sacré des faiseurs de pluie ndebele, est caché dans une faille rocheuse : on y vient toujours invoquer Mwari pour lui demander l'orage. Lors des récentes sécheresses dévastatrices, des fonctionnaires du gouvernement s'y sont livrés à des incantations rituelles.

Outre son histoire, Matobo offre une grande diversité de faune. Vous aurez peut-être la chance d'observer l'aigle faucon africain (*Hieraaetus spilogaster*) ou le rare

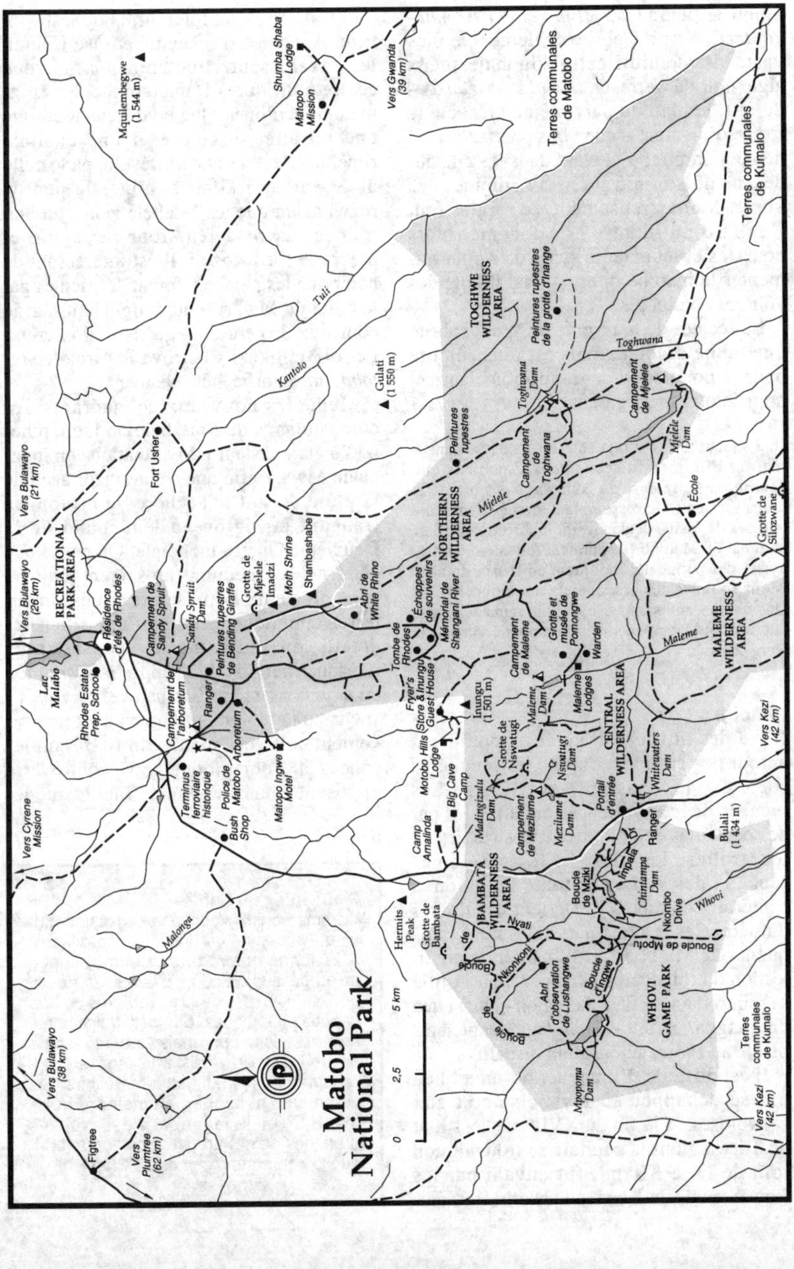
Matobo National Park
0
2,5
5 km
Vers Bulawayo (38 km)
Figtree
Vers Plumtree (62 km)
Vers Cyrene Mission
Vers Bulawayo (26 km)
Vers Bulawayo (21 km)
Mquilembegwe (1 544 m)
Shumba Shaba Lodge
Matopo Mission
Vers Gwanda (39 km)
Terres communales de Matobo
Terres communales de Kumalo
Malonga
Bush Shop
Police de Matobo
Terminus ferroviaire historique
Matopo Ingwe Motel
Arboretum
Campement de l'arboretum
Ranger
Rhodes Estate Prep. School
Lac Malabo
Résidence d'été de Rhodes
RECREATIONAL PARK AREA
Campement de Sandy Spruit
Sandy Spruit Dam
Peintures rupestres de Bending Giraffe
Grotte de Mjelele
Imadzi
Moth Shrine
Shambashabe
Fort Usher
Kantolo
Tuli
Gulati (1 550 m)
Hermits Peak
Camp Amalinda
Big Cave Camp
Motobo Hills Lodge
Fryer's Store & Inungu Guest House
Tombe de Rhodes
Abri de White Rhino
Échoppes de souvenirs
Mémorial de Shangani River
NORTHERN WILDERNESS AREA
Peintures rupestres
TOGHWE WILDERNESS AREA
Peintures rupestres de la grotte d'Inange
Inungu (1 501 m)
Madingizulu Dam
Grotte de Nswatugi
Campement de Maleme
Maleme Dam
Grotte et musée de Pomongwe
Warden
Maleme Lodges
Mjelele
Campement de Toghwana
Toghwana Dam
Toghwana
Campement de Mjelele
Mjelele Dam
École
Grotte de Silozwane
Maleme
MALEME WILDERNESS AREA
CENTRAL WILDERNESS AREA
Nswatugi Dam
Campement de Mezilume
Mezilume Dam
Portail d'entrée
Ranger
Whitewaters Dam
Vers Kezi (42 km)
Bulali (1 434 m)
BAMBATA WILDERNESS AREA
Grotte de Bambata
Nyati
Boucle de Mziki
Impala
Chintampa Dam
Nkombo Drive
Whovi
Boucle de Mpotu
Boucle de Nkonkoni
Abri d'observation de Lushangwe
Boucle d'Ingwe
WHOVI GAME PARK
Mpopoma Dam
Terres communales de Kumalo
Vers Kezi (42 km)

ZIMBABWE

hibou-aigle du Cap (*Bubo capensis mackinderi*). Le parc abrite également le plus vaste site de nidification du majestueux aigle noir de Verreaux (*Aquila verreauxi*) – de fait, le plan du parc même présente la forme d'un aigle – que vous pourrez certainement admirer s'élevant dans les airs au-dessus de son nid juché au sommet des kopje. Malheureusement, ces aigles font l'objet d'un intense braconnage : leurs poussins et leurs œufs sont volés pour alimenter le marché international illicite des volières de rapaces.

Le secteur de la réserve de Whovi abrite une faune diverse, mais est plus célèbre pour sa population de rhinocéros blancs et noirs jalousement gardés.

Une anecdote encourageante est racontée dans la région. Elle met en scène deux Zambiens qui, débarquant à la gare de Bulawayo et portant de longs sacs en toile ressemblant étrangement à des housses de fusils, demandèrent la direction du parc national de Matobo (ils auraient tout aussi bien pu porter des panneaux indiquant en lettres de néon "nous sommes des braconniers de rhinocéros" !). Une femme, soupçonneuse, prévint immédiatement la police qui lança une opération pour contrecarrer leurs plans.

Histoire

Il y a des milliers d'années, apparurent autour des collines Matobo les premières sociétés de chasseurs-cueilleurs. Les preuves de leur présence sont attestées par des centaines de peintures rupestres ornant les grottes, les abris et les surplombs rocheux des kopjes de toute la région, à l'intérieur comme à l'extérieur des limites du parc. Ces œuvres pariétales nous indiquent que Matobo était l'habitat de prédilection du rhinocéros blanc – ce qui justifie sa réintroduction dans la région –, ainsi que du quagga, un cheval sauvage géant semblable au zèbre, aujourd'hui disparu.

Il est difficile d'imaginer qu'un tel lieu puisse échapper au mysticisme et aux convoitises. A la fin du XVIIe siècle, l'État de Torwa, dont la capitale se trouvait non loin de là, à Khami, fut envahi par les Rowzi venus du Nord qui absorbèrent, plutôt qu'ils ne l'annihilèrent, la dynastie en titre. Après avoir incendié et rasé Khami, les envahisseurs fondèrent un nouveau centre politique à Danangombe, les énigmatiques collines Matobo devenant ensuite une retraite religieuse et une capitale rituelle. C'est ici que se développa le culte de Mwari qui allait dominer la pensée rozwi avant que les Ndebele venus du Sud n'envahissent à leur tour la région et n'écrasent les Rozwi. Il est intéressant de noter que les Ndebele furent si fascinés par le culte de Mwari – ou craignaient tant le courroux de ce dieu – qu'ils l'adoptèrent. Le roi Mzilikazi s'octroya le titre d'*Amatobo*, qui signifie "tête chauve".

Même les nouveaux conquérants, les colons blancs du Matabeleland, cherchèrent à garantir leur pari climatique en invoquant Mwari, afin que celui-ci leur accorde la pluie durant la sécheresse prolongée frappant la région au lendemain de la Deuxième Guerre mondiale. On pense que Mwari et ses médiums prospèrent toujours dans plusieurs lieux saints situés sur les terres communales de Matobo. (Pour les détails du culte mwari, consultez la rubrique *Religion* du chapitre *Présentation du pays* consacré au Zimbabwe).

Quand la région de Matobo était intensivement cultivée, son destin fit durant les années 50 l'objet d'une grave controverse opposant Blancs et Noirs. Tandis que les

L'aubépine du buffle

Comme nous l'explique la sagesse populaire, l'aubépine du buffle ("buffalo thorn" – *Ziziphus mucronata*), qui ne pousse qu'au-dessus de cours d'eau souterrains, constitue un excellent indicateur des nappes phréatiques. Son petit fruit comestible est assez bon, mais l'arbuste même ne doit pas être pris à la légère : ses redoutables épines peuvent déchirer les vêtements et la chair au moindre frôlement. Selon la légende, c'est avec les branches de cet arbuste que l'on a fabriqué la couronne d'épines du Christ. ■

Matobo Hills – Perspectives géologiques
La géologie nous apprend que les collines Matobo sont les sommets d'un batholite granitique, vaste intrusion de roches éruptives s'étant frayées un passage à partir du cœur magmatique de la terre jusqu'à soulever l'écorce terrestre en un dôme ponctué de pics. L'érosion a lentement raviné les matériaux les plus tendres, réduisant progressivement le volume de la montagne. Les roches les plus dures – exposées aux intempéries – se sont craquelées sous l'effet de la chaleur et du froid le long de fissures de moindre résistance, donnant naissance aux dômes dwala, ainsi qu'aux empilements rocheux et aux pinacles crénelés qui caractérisent la région. Les dômes se sont exfoliés en lamelles rocheuses emportées dans les vallées. Les éléments les plus escarpés se sont érodés plus lentement de long des fissures et des failles. (Il est intéressant de noter que les bâtisseurs de Great Zimbabwe ont utilisé le feu et l'eau pour accélérer artificiellement le processus d'exfoliation des roches qu'ils utilisèrent pour leurs constructions.)

Les rochers en équilibre de Matobo ne résultent pas d'éboulis, mais de l'érosion naturelle *in situ* qui les a séparés les uns des autres. Tout indique que le processus d'érosion se poursuit, créant doucement un paysage entièrement nouveau. ■

premiers s'efforçaient d'en faire une réserve naturelle et le tombeau national de Cecil Rhodes, les seconds arguaient que ces terres arables devaient être destinées aux fermiers pratiquant une agriculture de subsistance, afin qu'ils puissent nourrir leurs familles. Les Blancs répliquèrent que l'érosion anormale provoquées par les animaux domestiques et les techniques de culture désuètes rendraient de toute façon ces terres infertiles. Les Noirs leur rappelèrent que la région de Matobo était investie d'une signification religieuse, en tant que centre du culte de Mwari, personnage au moins aussi important que Rhodes.

Le gouvernement blanc gagna la partie en 1962, déplaçant les agriculteurs de Matobo vers les terres communales situées à l'extérieur de l'enceinte du futur parc – dont la superficie s'étend aujourd'hui sur 43 200 hectares. La résistance fut violente : la principale victime ne fut pas le gouvernement, mais le parc même qui fut saccagé. Après l'accession à l'indépendance en 1980, des agriculteurs commencèrent à s'y réinstaller, croyant à tort que le gouvernement Mugabe annulerait la décision antérieure. Mais les pouvoirs publics de Harare envoyèrent en 1983 des troupes pour éliminer dans le sang les dissidents de Matobo. Depuis l'accord intervenu en 1988, qui fusionna en une seule armée nationale les forces de la ZAPU et de la ZANU, le Matabeleland a retrouvé son calme.

Les pâturages des terres communales environnantes ayant tous été broutés jusqu'à la racine par les troupeaux de chèvres, le parc national de Matobo a récemment ouvert ses portes aux fermiers des environs qui viennent y faucher le fourrage. Rhodes repose toujours en paix au sommet de "View of the World" (Vision du monde), le rhinocéros blanc survit de manière précaire et le parc est aujourd'hui candidat pour figurer sur l'inventaire des sites du patrimoine mondial. En définitive, du moins en ce qui concerne Matobo, tout le monde semble y avoir gagné.

Central Wilderness Area
Si qualifier cette zone sauvage de "centrale" peut en rhétorique constituer un oxymoron, celle-ci est cependant située au cœur du parc. Il ne s'agit pas d'une région sauvage au sens traditionnel du terme – étant traversée de nombreuses routes et englobant plusieurs enclaves habitées – mais elle offre maintes occasion d'excursions dans les collines qui pourront en créer l'illusion.

Maleme Dam. Le lac de retenue de Maleme, où sont aménagés les bureaux du parc, est le site le plus animé du parc : y sont

ZIMBABWE

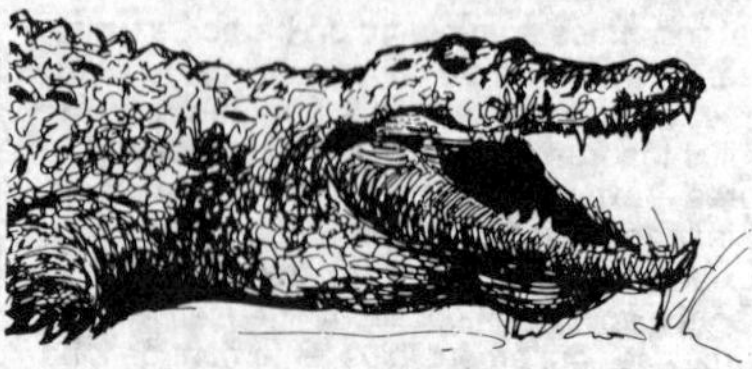

regroupés des lodges et des chalets, un magasin général, le camping principal, des écuries, les bureaux des rangers ainsi que des sites de pique-nique. Bien qu'il soit en dehors de la réserve, les zones ouest et nord-ouest du lac abritent plusieurs espèces d'antilopes, ainsi que des babouins, des damans de rocher et des zèbres.

Grotte de Nswatugi. Une marche facile et pittoresque menant à 7 km à l'ouest de Maleme Dam et gravissant un dénivelé de 200 mètres conduit à la Nswatugi Cave et à ses peintures rupestres bien conservées. Remarquez la précision du dessin des girafes et des zèbres au galop. D'autres peintures représentent de nombreux koudous, une scène de chasse et des personnages probablement endormis.

Des fouilles entreprises à Nswatugi ont mis au jour des ossements humains vieux de plus de 40 000 ans, qui seraient les plus anciennes traces humaines jamais découvertes au Zimbabwe. Les couches archéologiques où ont été exhumés des cendres et des objets datent d'environ 10 000 ans.

Grotte et musée de Pomongwe. Pitié pour l'âme bien intentionnée qui laissa dans les années 20 sa marque dans l'histoire de Pomongwe Cave. Elle est vouée à être calomniée *ad eternam* par des générations de touristes pour l'acte indéniablement stupide qu'elle commit : cherchant à préserver cette galerie d'art préhistorique, elle a recouvert de laque toutes les peintures rupestres, sans vérifier quelles seraient les conséquences de son geste. Là où jadis girafes et chasseurs couraient sur les murs, il ne reste que des taches brunes et un unique koudou réchappé du badigeonnage.

Un panneau d'information installé sur le site présente les figures naguère visibles et un musée récent abrite d'innombrables outils et poteries découverts dans plusieurs niveaux de dépôts archéologiques. La couche la plus récente a été datée d'environ 6 500 ans av. J.-C., tandis que la fouille la plus profonde a exhumé des objets vieux de plus de 35 000 ans. L'entrée est libre.

On accède facilement à Pomongwe par la route provenant de Maleme. En partant de l'arrière du camping de Maleme, il est également possible de rejoindre la grotte en passant par le kopje abrupt.

Inungu. Bien que situé à l'extérieur du parc, le dôme de granite d'Inungu, surmonté d'une grande croix barrant le paysage, est un point de repère. Comptez une demi-journée de marche (souvent raide) pour l'aller-retour à partir du camping de Maleme.

Northern Wilderness Area

A proximité de l'entrée nord-est du parc, on découvre une belle vue plongeante sur la zone sauvage du nord, dans la vallée de Mjelele. Il est assez fréquent, étonnamment, d'apercevoir des rhinocéros en-dehors de la réserve, paissant les herbes sèches du fond de la vallée.

Grotte de Mjelele. Immédiatement à l'extérieur des limites du parc, les peintures rupestres de la Mjelele Cave figurent sur les parois septentrionales de deux très grands rochers s'élevant à quelques centaines de mètres à l'est de la route, à 8 km au nord de White Rhino Shelter. Elles comprennent notamment une créature mi-homme mi-crocodile, ainsi que quelques représentations préhistoriques détaillées, mais dégradées par le travail maladroit d'imitateurs postérieurs.

Arboretum et Rhodes'Rail Terminus. Il ne reste pas grand-chose du terminus ferroviaire de Rhodes, situé à 2 km de l'entrée nord-ouest du parc. Cette voie ferrée fut construite à l'origine pour que le "Tout-Bulawayo" puisse facilement découvrir le dimanche après-midi les merveilles rocheuses du parc de Matobo.

L'arboretum voisin se trouve immédiatement à l'intérieur de l'enceinte du parc à partir du terminus ferroviaire. Si vous recherchez la verdure, le camping vous sera agréable.

White Rhino Shelter. Le "Refuge du rhinocéros blanc" est situé à quelques centaines de mètres le long d'un chemin bien balisé à partir du parking signalisé, à environ 5 km au nord de l'embranchement pour View of the World. Cette œuvre présente une différence notable avec les peintures polychromes du Matobo et du Zimbabwe en général : il s'agit de dessins au trait dont les plus significatifs sont les silhouettes superbement exécutées de cinq rhinocéros blancs et d'une tête de rhinocéros noir, tracées devant des figures humaines, et de cinq gnous aussi magnifiquement observés que réalisés. Les représentations secondaires – dont une procession de chasseurs et un grand lion polychrome – seraient postérieures de plusieurs millénaires.

Malindidzimu. Les rochers couverts de lichens qui entourent la tombe de Cecil John Rhodes, au sommet de la colline baptisée View of the World par lui-même, semblent avoir été délibérément disposés pour marquer le site, mais l'homme n'était tout de même pas si influent ! Il est intéressant de noter qu'il a choisi cette colline en ignorant que les Ndebele l'appelaient Malindidzimu, "la demeure des esprits bienveillants" (voir encadré page suivante).

Si quelques-uns des Rhodies les plus traditionalistes effectuent toujours un pèlerinage annuel sur le site lors du le jour anniversaire de la mort de Rhodes (26 mars), la plupart des visiteurs s'y rendent pour apprécier la solitude et la vue qui étreignirent si puissamment ce dernier voici un siècle.

Au pied de sa tombe se trouve celle du Dr Leander Starr Jameson, l'ami fidèle, commandant du Fort Victoria (Masvingo) après sa fondation en 1890. Il mourut en Angleterre le 26 novembre 1917 mais, en raison de la Première Guerre mondiale, ses cendres ne furent inhumées à View of the World qu'en 1920. Charles Patrick John Coghlan, premier chef du gouvernement de Rhodésie du Sud, fut également enterré ici, le 14 août 1930.

Le Shangani River (Allan Wilson) Memorial, imposante structure située en aval de la tombe de Rhodes, fut érigé en 1904 à la mémoire d'Allan Wilson et des 33 soldats qui composaient la Shangani River Patrol. Cette patrouille fut entièrement anéantie par les 30 000 guerriers ndebele du général Mtjaan, qui perdirent de leur côté plus de 400 hommes sous la puissance de feu des Britanniques. Croyant à tort que les *impi* ("soldats armés de sagaies") de Lobengula avaient commis un acte de guerre contre les Britanniques postés à Fort Victoria, la patrouille avait été lancée à la poursuite du roi en fuite. Lobengula lui-même reconnut que les Anglais s'étaient défendus avec bravoure, émouvante réaction de la part d'un personnage particulièrement complexe.

A la demande de Rhodes, les corps des Britanniques ensevelis à Great Zimbabwe furent transférés ici. Le monument porte cette simple inscription : "Érigé à la mémoire d'Allan Wilson et de ses hommes qui tombèrent au combat durant la bataille livrée contre les Matabele à Shangani River, le 4 décembre 1898. Il n'y eut aucun survivant."

L'importante population de lézards est une des grandes attractions de Malindidzimu – les femelles gris-vert et les mâles arc-en-ciel glissent sur les rochers recouverts de lichens également multicolores. Plusieurs fois par jour, un gardien du parc leur présente une louche de maïs et les obligent à sauter pour obtenir une part de la nourriture.

Bien que l'on accède le plus facilement au sommet par la route partant du versant oriental de la colline, un itinéraire pédestre, plus spectaculaire, y mène également. Il est situé immédiatement au sud de la zone de

Cecil Rhodes et Malindidzimu

Selon les Ndebele, c'est sur la colline de Malindidzimu, dont le nom signifie "demeure des esprits bienveillants", que reposent dans une paisible béatitude leurs ancêtres les plus charitables. Ironie du sort, ceux-ci partagent désormais le sommet de leur montagne vénérée avec une sorte de cimetière des héros de la colonisation.

Cecil John Rhodes, l'homme à l'origine de tout ce qui est rhodésien, ne séjourna pas longtemps dans son domaine s'étendant à proximité de Rhodes Dam, à l'extérieur de l'enceinte du parc de Matobo, mais fut profondément impressionné par le charme du paysage environnant. Revenant d'une promenade dans les collines en compagnie de lord Grey, il s'exclama : "Nous avons découvert une colline du haut de laquelle on jouit d'une vue merveilleuse..." Le jour même, il retourna sur les lieux avec des amis et, apparemment saisi d'une forme de catharsis, déclara : "Je serai enterré ici, regardant en direction du nord. Les dépouilles mortelles d'Allan Wilson et de ses hommes seront transportées ici de Fort Victoria et déposées dans le monument que j'élèverai à leur mémoire... Je baptise ce site du nom de View of the World."

Quand Rhodes mourut d'une crise cardiaque en Afrique du Sud, le 26 mars 1902, à l'âge de 49 ans, son corps fut transporté sur la colline et inhumé selon sa volonté. Les Ndebele accompagnant le cortège funèbre demandèrent que l'on ne tire pas une salve en l'honneur de défunt, de peur de troubler le repos des esprits bienveillants, mais lui offrirent le respectueux salut *hayate*, honneur accordé à un Européen qu'à cette unique occasion . ■

pique-nique. Au pied de la colline, une exposition souligne les événements marquants de la vie et de la carrière de Rhodes.

Whovi Game Park

La population bien gardée de rhinocéros blancs de la réserve de Whovi (se prononce "hou-vi") est relativement florissante (au dernier recensement, on en a dénombré environ 35) et le visiteur chanceux pourra peut-être même apercevoir un rhinocéros noir, plus farouche encore, également présent dans la réserve mais en moins grand nombre (neuf au dernier recensement). Quant aux pinacles et aux empilements de rochers en déséquilibre, les plus imaginatifs de Matobo, ils sont aussi exceptionnels que sa faune.

Assez dense, celle-ci offre l'occasion d'observer des oréotragues, des koudous, des reduncas, des hippotragues noirs, des impalas, des gnous, des damans de rocher, des phacochères, des girafes, des zèbres, des autruches et même des musaraignes éléphantines. Les léopards se sentent aussi chez eux parmi ces fantastiques rochers erratiques – Matobo a la réputation d'abriter la plus forte concentration de ces grands félins –, mais estimez-vous heureux si vous en surprenez ne fut-ce qu'un seul.

Comme à Maleme, des randonnées équestres guidées de 1 heure 30 sont proposées à White Waters (à proximité de l'entrée du parc). Si vous ne disposez pas d'un véhicule et n'avez pas de chance en stop, c'est le seul accès à cette zone du parc qui vous sera possible. Les portes du parc ouvrent à 8h et ferment au crépuscule.

Grotte de Bambata

La Bambata Cave s'ouvre dans la petite Bambata Wilderness Area (zone sauvage de Bambata), à l'ouest de la partie principale du parc de Matobo. Parmi les nombreuses peintures rupestres qu'elle renferme, celle du guépard, un félin aux pattes rayées bien exécuté, est la plus célèbre. Des éléphants et des élans du Cap figurent également en bonne place dans d'autres secteurs de la grotte. Des fouilles approfondies ont mis au jour des outils et des poteries datant des premiers siècles avant l'ère chrétienne. Ces objets ont défini le style bambata qualifiant des découvertes effectuées ailleurs dans le pays et datant de la même période. La grotte est située à 40 minutes de marche de la route Whovi-Bulawayo, déconseillée aux véhicules ayant une garde au sol trop basse.

Toghwe Wilderness Area

Le tiers oriental de Matobo est délimité par l'aire de Toghwe, la plus reculée de toutes les zones sauvages du parc. Elle englobe en partie les spectaculaires vallées de Mjelele et de Toghwana, de même que la grotte d'Inange et son bel ensemble de peintures pariétales. Les véhicules sont rares sur ses routes accidentées aux tronçons très abrupts et peu propices aux voitures de faible garde au sol. Après les pluies, certains secteurs ne sont praticables qu'en 4x4.

Mjelele Dam. Ce long lac de retenue étroit, presque vide et progressivement envahi par la végétation, situé à l'extrémité sud-est du parc, est actuellement peu visité. Sa route d'accès a été améliorée et le site de campement rénové, mais il est loin de tout : il est presque impossible de s'y rendre sans véhicule et l'épouvantable route reliant Mjelele à Toghwana requiert un puissant 4x4 haut sur roues.

Togwhana Dam. Ce beau lac de retenue est un lieu solitaire encerclé de pics resserrés. C'est un merveilleux site de camping pouvant constituer le point de départ d'une randonnée de 3 jours aller-retour (45 km) à partir de Maleme Dam, jusqu'aux peintures rupestres de la grotte d'Inange, qui se trouve à 7 km à pied de Togwhana. Si vous revenez par Mjelele Dam, comptez 60 km de marche aller-retour. Sinon, effectuez à pied l'aller sur l'itinéraire de 27 km passant par les terres communales en direction ou en provenance de Sandy Spruit, à l'entrée nord de Matobo.

Les routes d'accès comportent des portions très raides : le 4x4 n'est pas obligatoire, mais votre véhicule devra être robuste.

Grotte d'Inange. Cachée au sommet d'un haut dwala en dos de baleine, Inange Cave (parfois orthographiée Inanke) se trouve à 6 heures de marche aller-retour du campement de Toghwana Dam. Cette région reculée abrite quelques-unes des peintures rupestres les plus complexes et les mieux réalisées du Zimbabwe. Des troupeaux de diverses espèces d'animaux africains bien observés arpentent à profusion les parois rocheuses, parmi des chasseurs et des motifs géométriques stylisés, dont le plus impressionnant est composé d'une série de 16 rectangles empiétant sur des strates de formes ovoïdes. Ce thème décoratif est traversé et encadré par des girafes, ainsi que par de grandes et curieuses figures humaines.

Inange se trouve à 7 km de marche accidentée et souvent abrupte de Toghwana Dam. Il vaut mieux se mettre en route tôt le matin, ce qui sera plus facile si vous passez la nuit au lac. La majeure partie de l'itinéraire est signalisée par des flèches vertes et de petits cairns : bien qu'il puisse prêter à confusion lors de sa traversée d'une série de crêtes et de vallées quasi identiques, vous devriez pouvoir trouver votre chemin sans trop de difficultés.

Grotte de Silozwane. Grotte peu visitée, située dans les terres communales s'étendant au sud du parc, Silozwane est plus facilement accessible qu'Inange. Les peintures qu'elle abrite n'ont rien de stupéfiant, mais n'en sont pas moins très séduisantes. Elles se composent d'un mélange désordonné de figures délicatement exécutées et d'une paroi couverte de graffitis d'une facture très différente.

Des rangées de personnages complexes se livrant à diverses tâches domestiques facilement identifiables se révèlent tout particulièrement intéressantes.

En partant de Maleme, roulez 6 km vers l'est jusqu'à l'embranchement de Mjelele et Toghwana Dam. Tournez à droite et continuez sur 12 km, puis bifurquez à droite à l'embranchement signalisé donnant sur une voie très accidentée et suivez-la sur 2 km jusqu'au parking. Ce tronçon de route étant en très mauvais état, vous devrez probablement l'effectuer à pied (si vous vous y rendez en voiture, ne laissez aucun objet de valeur à l'intérieur). De là, gravissez le dôme escarpé au sommet duquel s'ouvre la grotte. Effectuer ce trajet en stop relève d'un heureux hasard.

Circuits organisés

Plusieurs agences de voyages de Bulawayo proposent des circuits à la journée dans le parc national de Matobo. L'excursion d'un jour organisée par Black Rhino (☎ /fax 41 662) est très vivement recommandée. Les guides et propriétaires de l'agence, Russell et Colleen, y mettent tout leur amour : ils ont passé plus de temps au Matobo que quiconque et pourtant leur enthousiasme intact est contagieux. Ils vous guideront dans des randonnées et des escalades qui vous donneront l'occasion d'admirer des secteurs reculés du parc, négligés par les autres agences et qui, pour certains, furent redécouverts par Russell lui-même. Il est conseillé de réserver à l'avance, car leurs circuits sont très fréquentés. Si vous désirez séjourner plus longtemps dans le Matobo, ils pourront vous déposer à Maleme Dam à la fin du circuit, puis revenir vous chercher un autre jour. Le circuit d'une journée de 9 heures coûte 22 $US par personne, déjeuner et visite de la réserve Whovi compris. Aucun circuit de Black Rhino n'étant identique, vous pourrez si vous le souhaitez en effectuer plusieurs.

Notre excursion au Matobo avec Black Rhino Safaris fut l'un des grands moments de notre séjour de trois mois en Afrique. Nous y avons effectué notamment une randonnée à pied hors des sentiers battus ; on ne voit pas ce que l'on pourrait apprendre de plus que ce notre guide connaissait du parc ou de sa faune.

Shane Stoneman (Nouvelle-Zélande)

UTC constitue une autre possibilité, surtout si vous arrivez tard le soir à Bulawayo, car cette agence propose un départ garanti le lendemain matin. Le circuit à la journée incluant la réserve Whovi s'élève à 14/23 $US.

Comme nous l'avons déjà précisé dans le chapitre consacré à Bulawayo, Eddie's Tours (☎ 66660 ; fax 65016) et Mzingeli Tours (☎ 77244 ; fax 68214) sont les deux meilleures agences pour effectuer une visite à vocation culturelle de la région de Matobo. Elles proposent de vous faire découvrir les sites culturels disséminés dans les collines, ainsi que les terres communales s'étendant à l'extérieur du parc. Certains circuits incluent la visite de sites sacrés, comme la tombe de Mzilikazi à Nthumbane ou le lieu saint de Njelele, où l'on vient toujours invoquer le dieu Mwari. Respectant la tradition locale interdisant aux étrangers l'accès de ces sites sacrés, aucune autre agence ne les inclut dans leurs itinéraires.

Enfin, N'taba Tours (☎ 79563 ; fax 76 658) propose des circuits dans Matobo tous les jours sauf le dimanche pour 17 $US, comprenant les principaux sites, une randonnée dans la réserve, une halte dans un village africain, ainsi qu'un "authentique déjeuner zimbabwéen" qui, selon la brochure, est "préparé de manière hygiénique à base de poulet ou de bœuf – à l'exclusion de tout ingrédient inconnu". Que dire de mieux ?

Où se loger

Sauf mention contraire, tous les numéros de téléphone dépendent du central de Bulawayo.

Hébergement du parc national. Puisque la plupart des visiteurs passant la nuit dans le parc se rendent aux chalets et au camping de Maleme Dam, ce site peut être bondé durant les week-ends et les vacances – périodes les plus propices pour se rendre dans le parc en auto-stop, mais pas nécessairement pour y séjourner. En hiver ou durant la semaine, en revanche, vous ne partagerez Maleme qu'avec quelque voyageur solitaire et les babouins, les damans de rocher et les oréotragues peuplant les collines rocheuses avoisinantes.

Maleme possède des campings, des chalets et des lodges gérés par les parcs nationaux, dont deux lodges de luxe, *Black Eagle* et *Fish Eagle*, qui offrent du haut d'une colline rocheuse un panorama sur Maleme et ses environs. Ils sont de bon rapport qualité-prix, surtout si vous réunissez quatre personnes pour partager les frais. Il est essentiel de réserver à l'avance.

Maleme est le camping le plus fréquenté, mais il en existe d'autres disséminés dans le parc. A proximité de l'entrée nord, Sandy Spruit Dam est un campement ordinaire, trop proche cependant de la route nationale, mais commodément situé pour qui arrive en fin de journée. Toghwana Dam, dans la Toghwe Wilderness Area, est exceptionnellement agréable mais difficile d'accès, tandis que Mjelele Dam, tout aussi reculé, à 8 km au sud de Toghwana Dam, a été récemment rénové. A côté de l'entrée de l'arboretum a été aménagé un camping très civilisé, et vous trouverez un autre site où planter votre tente, petit mais magnifique, à Mezilume Dam.

Tous les campings sont pourvus en eau, mais celle de Maleme devra être bouillie ou purifiée avant d'être bue. Aucun camping ne dispose de papier hygiénique et tous les plans d'eau du parc sont infestés de bilharziose.

Hôtels et lodges. Jouxtant le Fryer's Store, à 10 km de Maleme, la *Inungu Guest House* ne peut accueillir qu'un groupe de six personnes au plus. Le cadre est étourdissant et cet établissement peu onéreux est idéalement situé pour rayonner dans l'ensemble du parc de Matobo. Il vous en coûtera 29 $US pour quatre adultes et deux enfants au maximum. Réservez auprès de Sunshine Tours (☎ 67791), à l'angle de 8th Ave et de Jason Moyo St, à Bulawayo.

Plus rudimentaire mais aussi sympathique que commode, le *Matopo Ingwe Motel* (☎ 8217, Figtree) dans Gladstone Farm, juste à l'extérieur de l'enceinte du parc, propose des rondavels confortables pour 15 $US par personne, lit et petit déjeuner compris.

Si nous pouvions élire le lodge le plus séduisant du Zimbabwe, ce serait le *Matobo Hills Lodge* (☎ 74589 ; fax 44696), perdu au cœur de magnifiques jardins rocailleux naturels situés à l'ouest de la Northern Wilderness Area, à l'extérieur de l'enceinte du parc. Sa simple architecture de pierre et de chaume se fond admirablement dans le cadre enchanteur et offre un impeccable *feng shui*. La piscine est creusée dans le roc et le bar, aussi aéré que spacieux, domine un paysage sublime de roches dressées. Son seul défaut, c'est son système de prix à trois niveaux qui le met hors de portée de la bourse de la plupart des étrangers (dont nous sommes). Le tarif international tout compris s'élève à 170 $US par personne ; les Zimbabwéens ne payent que 54 $US. La cuisine familiale servie à la table d'hôte est comprise, de même que deux safaris de 1 à 2 jours. Si l'on exclut les safaris, le tarif s'élève à 100/34 $US pour les étrangers/ Zimbabwéens.

Plus original, le *Camp Amalinda* (☎ 41 286 ; fax 78319) de Londa Mela Safaris, est installé sur un terrain privé au nord de la Bambata Wilderness Area. L'établissement s'enorgueillit de caractéristiques singulières, comme le service de table provenant des wagons-lits du chemin de fer de Matopos ayant appartenu à Cecil Rhodes, ou le bar et les quelques chambres aménagés dans une grotte du rocher de Matobo. Il possède également une piscine et un cheminée accueillante où, durant les fraîches soirées, on se croirait au campement d'un rassemblement de bétail. Durant la haute saison, (du 1 mai au 1 septembre), les étrangers payent 170 $US par personne, repas compris ; hors-saison, le tarif s'élève à 112 $US. Le transport à partir de Bulawayo fait l'objet d'un supplément de 18 $US par personne. Les Zimbabwéens payent 33 $US par personne à n'importe quelle période de l'année, plus 13 $US pour le transport. Le camp organise aussi des excursions dans le Matobo, des safaris de 1 ou 2 jours, ainsi que des randonnées à pied ou à cheval à la découverte de la faune.

Autre possibilité, le *Big Cave Camp* (☎ 64104 ; fax 77300) est installé au sommet d'un dwala rocheux à environ 5 km de la route Whovi-Bulawayo. La zone sauvage environnante abrite une faune diversifiée, dont des antilopes et des léopards, et les amateurs d'ornithologie apprendront avec plaisir que plus de 110 espèces d'oiseaux y ont été observées. Les étrangers payent 150 $US par personne, comprenant l'hébergement dans des chalets en A à toit de chaume, les repas, des safaris de 1 à 2 jours et la plupart des boissons. Le transport à partir de Bulawayo s'élève à 20 $US par personne. Les Zimbabwéens déboursent 37 $US par personne et 10 $US pour le transport.

A l'est du parc, à proximité de la route de Gwanda, le *Shumba Shaba Lodge* (☎/fax 64128) de Zindele Safaris est plus éloigné du parc, mais son cadre est magnifique et ses tarifs sont plus avantageux que ceux des lodges haut de gamme. Son nom qui signifie "lion rouge" évoque le dwala sur lequel il est perché. Les étrangers partageant les chalets payent 68 $US par personne, repas compris. Le transport au départ de Bulawayo coûte 20 $US.

Plus loin, dans la réserve de Stone Hills, au sud de la route de Plumtree, s'élève le luxueux et unanimement salué *Malalangwe Lodge* (☎ 74693 ; fax 76917). Son nom signifie "lieu où dorment les léopards" et tant son mobilier que sa décoration en *mukwa* (acajou africain) en sont l'illustration. La région offre d'excellentes occasions de randonnées à pied et d'observation des oiseaux, et s'enorgueillit de posséder un spécimen du très rare arbre *red balloon* du Transvaal (*Erythrophysa trasvaalensis*), ou jacaranda sauvage. Sur la route principale, à 70 km à l'ouest de Bulawayo, l'embranchement est signalé par un grand panneau vert marqué "Richard Peek". Les bungalows coûtent 125 $US par personne. Ce prix inclut les repas, les boissons, les randonnées guidées à la découverte de la faune et des excursions à la journée. Le transport aller-retour à partir de Bulawayo fait l'objet d'un supplément de 30 $US par personne.

Également à proximité de la route de Plumtree, juste à l'ouest de Figtree, le récent *Izintaba Safari Lodge* (☎ /fax 256, Figtree) et son ranch à gibier de 6 000 hectares dans les collines Matobo s'adressent plus particulièrement aux photographes. A Bulawayo, contactez Intaba Safaris (☎ 60137 ; fax 63120), 4 Elgar Building, à l'angle de 12th Ave et de Robert Mugabe St.

Où se restaurer

Hormis ceux des hôtels et des lodges, vous ne trouverez aucun restaurant dans les collines Matobo. Les uniques magasins d'alimentation sont les succinctes épiceries de Maleme et de Fryer's Store, juste à l'extérieur de l'enceinte du parc.

Fryer's est à 6 km en amont de Maleme Dam ou à 10 km par la route.

Comment s'y rendre

Si l'on ne dispose pas d'un véhicule, il n'est pas facile de se rendre au Matobo à peu de frais mais la plupart des voyageurs y parviennent toujours d'une façon ou d'une autre. Bien que l'auto-stop requiert souvent de longues attentes, les stoppeurs finissent par atteindre le parc et, puisque plusieurs campings sont répartis sur le périmètre du Matobo, il leur suffira de parvenir à proximité et d'effectuer la fin de l'itinéraire à pied.

Sinon, vous pouvez emprunter le bus pour Kezi au départ du terminus de Renkini, à Bulawayo, puis descendre à l'un des trois embranchements menant au Matobo. La meilleure solution consiste à louer des bicyclettes chez Transit Hire à Bulawayo et à les emporter sur le bus jusqu'au parc (la réserve est cependant interdite aux cyclistes).

Si vous descendez au premier embranchement, vous pourrez effectuer en vélo, à pied ou en stop les six kilomètres menant jusqu'au camping de Sandy Spruit. A partir du second embranchement, au terminus ferroviaire de Rhodes, comptez 5 km jusqu'au camping de l'arboretum. Pour rejoindre Maleme, descendez à la hauteur de la route d'accès pour Whovi, puis empruntez le nouveau raccourci de 6 km ou le circuit de 12 km passant par les lacs de retenue de Mezilume, Nswatugi et Madingizulu et par la grotte de Nswatugi.

PLUMTREE

Cette minuscule agglomération plantée au milieu de la région d'élevage frontalière du Botswana fait office de poste douanier et d'immigration sur la route et la voie ferrée Bulawayo- Francistown.

Si vous entrez au Zimbabwe, essayez de ne pas vous retrouver derrière un bus, car l'attente risque d'être longue. Sinon, le passage de la frontière est presque une formalité normalement pour les non-Zimbabwéens.

Ouest du Zimbabwe

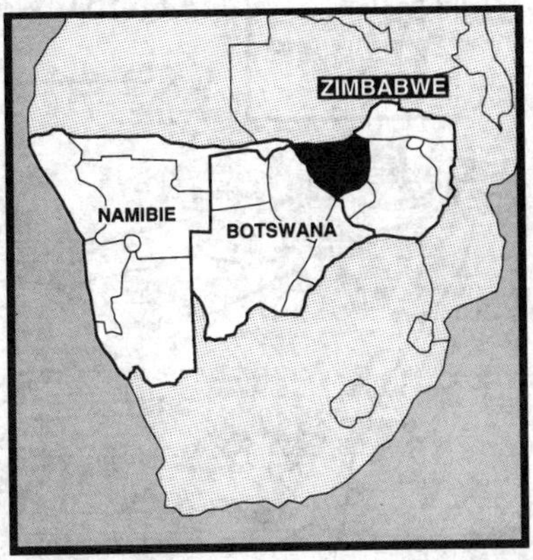

Renfermant les principales attractions du pays – les chutes Victoria et le parc national de Hwange –, ainsi que quelques destinations moins célèbres, l'ouest du Zimbabwe figure en bonne place sur les itinéraires de la plupart des voyageurs en Afrique australe. Si Hwange et les "Falls", comme on les appellent ici familièrement, sont en effet les sites les plus courus, d'autres lieux magnifiques connaissent une bonne fréquentation : l'ouest du lac Kariba, le double sauvage de son homologue oriental, où l'on peut se détendre dans l'ambiance décontractée de la station de villégiature de Mlibizi Resort ; Binga et sa singulière culture batonka ; ou la région accidentée et reculée de Chizarira, probablement le parc le plus sauvage et le plus beau du pays.

GWAAI RIVER

Gwaai River, également appelée Dahlia Siding, constitue une halte obligatoire sur la route nationale reliant Bulawayo à Hwange ou Victoria Falls. La plupart des voyageurs ne s'y s'arrêtent que pour faire un plein d'essence ou se restaurer hâtivement, pourtant la région offre des randonnées agréables et de nombreux cours d'eau poissonneux. Vous pourrez aussi y visiter la Gwaai Valley Pottery, une coopérative de potiers locaux utilisant encore les techniques traditionnelles, où vous serez invité à réaliser vous-même un objet en terre.

Mzola Forest Reserve

Nemba Safaris (☎ 33, Lupane) gère les attrayants Mzola Wilderness Safaris – des randonnées à pied dans la réserve forestière de Mzola, zone reculée délimitée par les rivières Karna, Shangani et Mzola. Ces excursions n'ont rien d'exténuant : les bagages sont transportés dans une charrette tirée par des bœufs et la distance entre chacun des campements – Carmine, Mzola et Figtree – n'excède pas 7 km. Pour plus de renseignements, contactez Chris ou Val van Wyk, Nemba Safaris, PO Box 4, Gwaai River. Ces safaris coûtent environ 250 $US par jour, repas, hébergement, transferts et guide armé compris.

Où se loger et se restaurer

Le point de mire de Gwaai River est le charmant *Gwaai River Hotel* (☎ 3400), où l'on peut séjourner pour la nuit ou simplement faire halte pour boire un thé et manger un casse-croûte dans le jardin ensoleillé. Ses propriétaires, Harold et Sylvia Broomberg, contribuent à l'agrément des lieux : ils semblent connaître intimement la moitié de la population du Zimbabwe et traitent leurs clients comme s'il s'agissait de vieux amis perdus de vue depuis longtemps. Les logements familiaux standard, avec lit et petit déjeuner, coûtent 13 $US par personne ; en demi-pension, ils reviennent à 16 $US par personne. L'établissement propose des options plus luxueuses, notamment les Syringa Suites ou le Jacaranda Square (32/40 $US), et l'Acacia Lodge (38/45 $US), toutes en demi-pension. Bien que le camping ne soit pas mentionné, les visiteurs à petits budgets sont autorisés à planter leur tente pour la nuit à

un tarif intéressant. Le pub de l'hôtel est le cœur de la vie nocturne (et diurne) de Gwaai River. Pour d'autres options, consultez la rubrique *Hôtels, Campements et Lodges* du chapitre consacré au *Hwange National Park*.

DETE

Agglomération à peine plus importante qu'un village, Dete est la gare du parc national de Hwange. Malheureusement, cette ligne ferroviaire n'est guère pratique : les trains circulant dans les deux directions entre Bulawayo et Victoria Falls arrivent à Dete au milieu de la nuit, et il vous restera à effectuer à pied ou en stop les 12 km menant à l'entrée du parc, puis encore 7 km jusqu'au campement principal (Main Camp), sur une route où il est interdit de circuler à pied ou en stop.

Où se loger

Le *Game Reserve Hotel* (☎ 366), délabré mais sympathique, possède une discothèque si extraordinairement bruyante que tous les habitants de Dete peuvent en profiter, où qu'ils se trouvent. Lorsqu'elle ne hurle pas, le restaurant de l'hôtel sert des repas passables et bon marché ; ne commandez cependant qu'un *sadza ne nyama* et évitez tout ce qui pourrait ressembler de près ou de loin à du poulet.

Si vous arrivez par le train, réservez à l'avance car il risque d'être complet. Les chambres simples/doubles coûtent environ 11/15 $US. Faute de mieux, vous pourrez vous installer pour la nuit sur le sol en béton de la salle d'attente "1re classe" de la gare. Apportez un sac de couchage, car les nuits sont fraîches.

HWANGE

La ville de Hwange porte le nom d'un des premiers chefs ndebele. Depuis de longues années, sa prononciation en "Wankie" ("branlette") fait le grand amusement des touristes anglophones, tandis que certains Zimbabwéens noirs se plaisent à l'appeler "HWAN-gay".

Aujourd'hui environnée de terrils, elle ne dut son existence qu'à la présence de mines de charbon dans la région. Le tracé de la voie ferrée de la "ceinture de cuivre" (Copper Belt) devait initialement traverser le Zambèze à Chirundu pour relier la Zambie, mais en raison des guerres des Boers, son itinéraire fut détourné vers l'ouest pour desservir les houillères.

A moins que les sept locomotives à vapeur allemandes Henschel fonctionnant sur les charbonnages vous intéressent, les raisons de visiter la ville sont quasi inexistantes, les touristes s'empressent d'ailleurs de la quitter. Si vous souhaitez cependant y faire halte, l'établissement deux-étoiles *Baobab Hotel* (☎ 323), sur la colline, offre un hébergement agréable pour environ 50/70 $Z les chambres simples/doubles, petit déjeuner compris. Les bus et les train circulant entre Bulawayo et Victoria Falls passent par Hwange.

HWANGE NATIONAL PARK

Alors que le parc national de Hwange est le plus accessible et le plus riche en faune des parcs du Zimbabwe, il serait répertorié au Kenya comme médiocrement fréquenté. Il n'y a normalement pas foule et la plupart des véhicules de safaris y circulent sur les courts itinéraires en boucle distants de moins de 10 km du camp principal. La saison sèche (de septembre à octobre), durant laquelle les animaux se regroupent autour des points d'eau (la plupart artificiellement alimentés par des pompes), est la plus propice à la visite. A la saison des pluies, quand les rivières se remplissent, il est plus difficile de les observer, car ils se dispersent sur les 14 650 km^2 du parc.

Le parc est situé à la limite des sables du Kalahari. Cette région fut à l'origine fréquentée par des San nomades, alors que les autres groupes ethniques la jugeaient trop chaude, trop sèche et trop sablonneuse pour s'y établir d'une manière permanente. La faune n'y était pas très abondante non plus. Elle se répartissait dans toute la région durant la saison des pluies, mais rejoignait les rivières permanentes de la vallée du Zambèze durant la saison sèche. Cependant, au cours de ces derniers siècles, à mesure que s'accentuait la pression des populations sur les terres plus fertiles de l'est, du nord et de l'ouest, les animaux furent en permanence repoussés vers ces zones marginales. C'est ainsi que, par défaut, Hwange devint une réserve naturelle, ses terres étant jugées impropres à l'habitat humain.

Les récents efforts de défense de l'environnement doivent pour l'essentiel être attribués à M. Mike Edwards, de la Hwange Conservation Society, association qui a mis sur pied sa propre unité antibraconnage et supervise le forage, le pompage et l'entretien des points d'eau.

Histoire

Au XIXe siècle, la région était devenue la réserve de chasse des rois ndebele. Les nouveaux arrivants européens constatant sa richesse cynégétique y pratiquèrent à outrance leur sport favori.

En raison de la pauvreté de son sol et de sa pénurie en eaux de surface, le rendant impropre à l'agriculture, Hwange fut déclaré parc national en 1929. Son objectif était d'offrir aux voyageurs se dirigeant

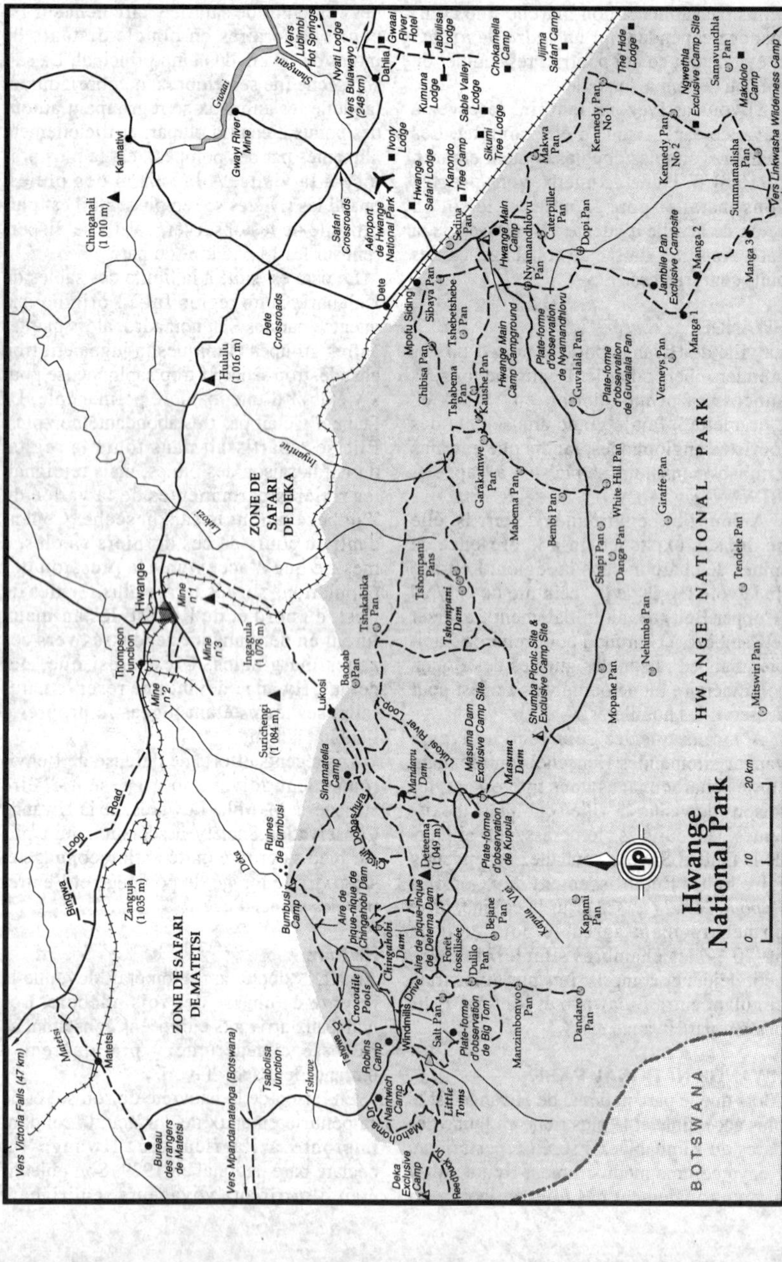
Hwange
National Park
0
10
20 km
ZONE DE SAFARI
DE MATETSI
ZONE DE
SAFARI
DE DEKA
HWANGE NATIONAL PARK
BOTSWANA
Vers Victoria Falls (47 km)
Matetsi
Bureau
des rangers
de Matetsi
Vers Mpandamatenga (Botswana)
Tsabolisa
Junction
Bingwa
Loop
Road
Zanguja
(1 035 m)
Thompson
Junction
Mine
n°2
Mine
n°3
Mine
n°1
Hwange
Ingagula
(1 078 m)
Surichengi
(1 084 m)
Lukosi
Hululu
(1 016 m)
Chingahali
(1 010 m)
Kamativi
Gwayi River
Mine
Gwaai
Shangani
Vers
Lubimbi
Hot Springs
Nyati Lodge
Vers Bulawayo
(248 km)
Dahlia
Gwaai
River
Hotel
Jabulisa
Lodge
Kumuna
Lodge
Ivory
Lodge
Safari
Crossroads
Aéroport
de Hwange
National Park
Hwange
Safari Lodge
Kanondo
Tree Camp
Sable Valley
Lodge
Sikumi
Tree Lodge
Chokamella
Camp
Jijima
Safari Camp
Dete
Dete
Crossroads
Mpofu Siding
Sibaya Pan
Sedina
Pan
Hwange Main
Camp
Nyamandhlovu
Pan
Caterpiller
Pan
Makwa
Pan
Dopi Pan
Kennedy Pan
No 1
The Hide
Lodge
Kennedy Pan
No 2
Ngwethla
Exclusive Camp Site
Samavundhla
Pan
Makololo
Camp
Summamalisha
Pan
Vers Linkwasha Wilderness Camp
Jambile Pan
Exclusive Campsite
Manga 1
Manga 2
Manga 3
Verneys Pan
Plate-forme
d'observation
de Nyamandhlovu
Hwange Main
Camp Campground
Guvalala Pan
Plate-forme
d'observation
de Guvalala Pan
Chibisa Pan
Tshebetshebe
Pan
Tshabema
Pan
Kaushe Pan
Garakamwe
Pan
Mabema Pan
Bembi Pan
White Hill Pan
Giraffe Pan
Shapi Pan
Danga Pan
Tendele Pan
Nehimba Pan
Mopane Pan
Mitswiri Pan
Inyantue
Lukozi
Tshakabika
Pan
Tshompani
Pans
Tshompani
Dam
Shumba Picnic Site &
Exclusive Camp Site
Baobab
Pan
Lukosi River Loop
Masuma Dam
Exclusive Camp Site
Masuma
Dam
Mandavu
Dam
Sinamatella
Camp
Ruines
de Bumbusi
Deka
Bumbusi
Camp
Deteema
(1 049 m)
Plate-forme
d'observation
de Kupula
Aire de
pique-nique de
Chingahobi Dam
Aire de pique-nique
de Deteema Dam
Chingahobi
Dam
Forêt
fossilisée
Bejane
Pan
Kapami
Pan
Kupula
Vlei
Dulilo
Pan
Crocodile
Pools
Windmills Drive
Robins
Camp
Salt Pan
Plate-forme
d'observation
de Big Tom
Manzimbomvo
Pan
Dandaro
Pan
Tshowe
Nantwich
Camp
Mahohoma Dr
Little
Toms
Deka
Exclusive
Camp
Reedbuck Dr

vers Victoria Falls, l'occasion de découvrir la faune. Après la création de 60 points d'eau artificiels alimentés par des eaux souterraines, Hwange devint dans les années 70 l'une des zones de plus forte concentration animale d'Afrique.

Après l'indépendance du Zimbabwe en 1980, la gestion du parc étant devenue une priorité secondaire, le budget alloué subit des coupes sombres qui se traduisirent par l'assèchement des points d'eau artificiels, en raison des pannes qui affectaient les pompes, par le braconnage endémique et par la disparition de sa population de rhinocéros. En 1994, les compétences de l'armée britannique furent mises à contribution pour réparer 25 pompes à eau. Aujourd'hui, Hwange offre toujours quelques-unes des meilleures possibilités d'observation de la faune de l'ensemble du continent.

Orientation

Les voyageurs empruntant le bus Hwange Special Express arrivent à Safari Crossroads ; les passagers d'Ajay's Motorways sont déposés au Hwange Safari Lodge ; ceux d'Air Zimbabwe atterrissent à l'aéroport du parc national de Hwange ; et les voyageurs en train descendent à la gare de Dete. De Safari Crossroads, comptez 7 km jusqu'à l'embranchement de l'aéroport et 11,5 km jusqu'au Hwange Safari Lodge. De là, comptez encore 5 km jusqu'aux voies ferrées marquant l'entrée du parc et 7 km supplémentaires jusqu'à Main Camp. Les voyageurs débarquant à la gare de Dete devront suivre durant 12 km la route longeant vers le sud-est la voie ferrée, puis tourner à droite à l'intersection en T. De là, le Safari Lodge se trouve à 7 km sur la route de gauche, et Main Camp à 7 km sur la route de droite.

La zone de Main Camp se caractérise par une savane de buissons d'acacias épineux, tandis qu'au sud-est, aux alentours de Ngwethla, s'étendent de vastes *vleis* herbeux et des plaines parsemées d'acacias, peuplées d'une faune dense rappelant les grands parcs du Kenya – sans les foules ni les minibus blancs décorés de zébrures. C'est ici que vous pourrez découvrir les plus grands troupeaux d'antilopes, de zèbres, de buffles et d'éléphants du Zimbabwe, de même que d'importantes populations de babouins.

En allant vers l'ouest à partir de Main Camp, en direction du site de pique-nique de Shumba, la savane cède place à un paysage de collines vallonnées recouvertes d'épineux et de mopanes, à la visibilité réduite. Vous aurez certainement la chance de pouvoir y observer des lions, des léopards, des guépards, des hyènes, des chacals et des lycaons, présents en très grand nombre dans cette zone.

Renseignements

Vous pourrez obtenir toutes les informations sur le parc et vous procurer des photocopies de cartes tracées à la main auprès des bureaux des rangers de Main Camp, de Sinamatella Camp et de Robins Camp.

Circuits organisés

Excursions à la découverte de la faune et safaris en véhicule. S'adressant plus particulièrement aux randonneurs, la Shamwari Safaris (☎ /fax 248) est une agence chaudement recommandée qui propose des randonnées ou des safaris, aussi peu onéreux que sympathiques. Le propriétaire, Roberto "Beat" Accorsi, est l'un des meilleurs guides-photographes et naturalistes de la région.

Je recommande plus particulièrement Shamwari Safaris, au parc national de Hwange. Durant notre excursion d'une demi-journée, notre guide, extrêmement bien informé, a su nous transmettre sa passion pour la région, sa faune et sa flore. Lorsque la possibilité nous a été donnée d'observer un animal rare, nous savions que c'était aussi *son* bonheur. On ne trouvera pas à Hwange une randonnée à la découverte de la faune meilleur marché, ni un meilleur guide. Pour le prix que propose Shamwari, inutile de chercher à effectuer une excursion par ses propres moyens.

Dan Bagatell (États-Unis)

L'excursion de 2 heures coûte 11,50 $US, celle d'une demi-journée 20,50 $US et

Maîtrise de la population d'éléphants

L'abattage sélectif des portées d'éléphanteaux prôné par le ministère des Parcs nationaux du Zimbabwe est une pratique qui demeure hautement controversée. Bien qu'en moyenne de 16 à 20 éléphants soient abattus chaque semaine par les braconniers, la population d'éléphants du Zimbabwe s'élève à plus de 70 000 individus, soit, selon les pouvoirs publics, le double de ce que peut supporter le pays. Les défenseurs de l'abattage sélectif affirment qu'il suffit de se rendre au parc national de Chobe, au Botswana, où la population d'éléphants est quatre fois supérieure au nombre idéal, pour se rendre compte des conséquences de la surpopulation. En effet, la brousse y semble par endroits comme ravagée par une explosion nucléaire. Même si l'abattage est pratiqué avec une relative humanité – on abat plutôt des troupeaux entiers que des individus isolés, afin d'éviter tout stress émotionnel aux éventuels survivants –, de nombreuses voix s'élèvent pour exiger que l'on laisse simplement la nature suivre son cours. D'autres prônent le déplacement des animaux en tant qu'alternative à l'abattage.

Mais, selon les pouvoirs publics, cette controverse reposerait sur des postulats erronés, car l'être humain a modifié de manière si radicale les terres jouxtant les réserves naturelles, en y implantant des fermes et des clôtures de contrôle vétérinaire, en y faisant paître le bétail et en déboisant la brousse de toutes les essences que les pachydermes dévorent en quantités énormes, que les troupeaux d'éléphants n'ont plus la possibilité de se répartir comme ils auraient pu le faire en l'absence de ces interférences humaines.

Lorsqu'ils décident de se disperser, les fermiers locaux, qui ne tirent aucun bénéfice des vastes parcelles de terrain réservées aux parcs nationaux, sont confrontés à de graves problèmes. Par le passé, l'abattage sélectif offrait une sorte de compensation aux populations locales sous forme de viande. La récente sécheresse n'a fait que compliquer la question. Elle n'a pas régulé naturellement la population d'éléphants mais les a en revanche contraint à envahir les zones urbanisées, notamment Kariba, où ils ont pris l'habitude de venir se désaltérer dans les piscines et de ravager arbres et jardins, créant ainsi une situation très dangereuse pour les populations locales, leurs biens, leurs récoltes et leurs animaux.

Le grand nombre d'éléphants vivant dans le sauvage et magnifique parc national de Hwange représente une prouesse technique. Les lacs de retenue et les points d'eau étant des créations artificielles alimentées par des pompes, nombre d'écologistes s'accordent à penser que la faune de Hwange doit faire l'objet d'une gestion rigoureuse. Sinon, selon eux, le parc sera confronté à un dilemme insoluble opposant préservation de la nature et tourisme. Comme les voyageurs s'y rendent pour découvrir la faune, on crée de nouveaux points d'eau pour attirer davantage d'animaux dans les zones offertes aux visiteurs. En raison de la présence de l'eau, ces zones connaissent un accroissement des populations animales, ce qui induit un afflux plus important de touristes et une pression aggravée sur l'environnement, exercée tant par la faune que par les besoins en équipements touristiques.

celle de 12 heures (aller-retour de Main Camp à Sinamatella) 40 $US. L'agence propose également au départ de Main Camp des safaris personnalisés pour des groupes de six personnes au plus, revenant à 75 $US par personne et par jour, transports, repas, matériel de camping et droits de camping compris (ou, avec un supplément, dans les logements des parcs nationaux). Les voyageurs à petit budget possédant leur matériel de camping (possibilité de location) pourront effectuer des excursions comparables, mais sans les transports, les repas ni les campements, à partir de 40 $US par jour. Shamwari propose un transport jusqu'à sept personnes entre Main Camp et la gare de Dete (4 $US), Hwange Safari Lodge (5,50 $US), l'aéroport de Hwange (6,50 $US), Safari Crossroads (9 $US), Gwaai River Hotel (15,50 $US) et l'embarcadère du ferry de Mlibizi (77 $US). Ces safaris étant très fréquentés, il est fortement conseillé de réserver.

Gwaai Valley Safaris (☎ 3401 ; fax 375), PO Box 17, Gwaai River, est une agence décontractée, gérée par M. Harry Bennie. Si vous séjournez dans le parc, les excursions à la découverte de la faune d'une

Un véritable cercle vicieux. L'environnement commence à se dégrader et un jour une décision radicale devra être prise.

Le camp opposé affirme de manière très convaincante que les éléphants et leurs destructions jouent un rôle essentiel dans les écosystèmes complexes de la brousse et que l'abattage sélectif perturbe ces processus naturels. L'arbre mopane (*Colophospermum mopane*), par exemple, qui couvre la majeure partie de l'habitat de l'éléphant en Afrique australe, constitue l'un des aliments préférés des pachydermes. Ceux-ci en broutent les feuilles, transformant ainsi les mopanes en arbustes rabougris dont les nouvelles feuilles poussent avant celles de leurs homologues plus développés, constituant jusqu'à la fin de la saison sèche la nourriture des impalas, des koudous, des élans du Cap et d'autres herbivores. Les jeunes feuilles sont en outre plus énergétiques et renferment davantage de protéines et d'azote et moins de tanin indigeste que celles parvenues à maturité.

Les éléphants dépouillent également de leur écorce les mopanes, ce qui permet aux termites de coloniser le tronc de l'arbre, d'en évider le cœur et de protéger l'arbre : si un animal vient à en brouter les feuilles, il sera attaqué par ces insectes. Ainsi donc, les éléphants font partie d'un cycle plus vaste et moins manifeste que ne le laisserait penser la simple observation.

En outre, l'abattage sélectif des éléphants n'est guère prisé par les touristes occidentaux, typiquement sentimentaux. Non seulement ceux-ci déplorent l'abattage, mais souhaitent également imaginer qu'ils découvrent l'Afrique sauvage et sont ulcérés à l'idée même de l'existence de complexes programmes de gestion de la faune. D'autre part, rares sont les touristes à apprécier la vue d'une brousse dévastée et d'éléphants faméliques. En guise d'alternative, les gestionnaires de la faune ont expérimenté le déplacement d'éléphants hors des zones surpeuplées, mais de telles opérations, extrêmement onéreuses, dépassent de loin le budget des parcs. Afin de répondre à ce problème, on prévoit actuellement d'allouer aux parcs une plus grande part du revenu qu'ils procurent, mais il reste beaucoup de chemin à faire. ■

ZIMBABWE

demi-journée/journée complète coûtent 17/33 $US par personne ; le tarif journée complète inclut le déjeuner. Des safaris en voiture plus longs et personnalisés sont également proposés à des prix raisonnables. On peut venir vous chercher à Main Camp, au village de Gwaai River ou la gare de Dete (si vous avez la patience d'attendre jusqu'à l'aube). L'agence organise aussi des safaris spéciaux pour randonneurs de 3 ou 4 jours compatibles avec les horaires des bus Ajay's Motorways.

Troisième opérateur important, Africa Dawn Safaris, basé à Bulawayo, propose des safaris en camping de plusieurs jours, essentiellement en direction de la région de Ngwethla. Avec le transport, l'hébergement, les repas et deux excursions à la découverte de la faune, il vous en coûtera 100 $US par personne et par jour. Si vous séjournez à Sinamatella Camp, le tarif s'élève à 187 $US par personne. Les excursions de 3 heures/journée complète coûtent 20/32 $US.

Si vous préférez effectuer une excursion directe, United Touring Company propose des circuits de 2 heures sur la route 10-Mile Drive plusieurs fois par jour au départ de Hwange Safari Lodge ou de Hwange Main Camp, pour 20 $US par personne. Les excursions d'une journée avec déjeuner coûtent 45 $US. UTC est basée à Main Camp mais possède aussi un bureau à Hwange Safari Lodge. Touch the Wild propose également des excursions de 2 heures/journée complète pour 48/154 $US, mais comme l'indiquent ses tarifs, cette agence travaille essentiellement avec des groupes en voyage organisé ayant réservé à l'avance.

Randonnées à pied. En ce qui concerne les randonnées sac au dos et camping, Khangela Safaris, dirigé par le guide professionnel Mike Scott, est imbattable. Celui-ci conduit des randonnée de 2 à 8 jours dans les zones reculées du parc, soit en se déplaçant sac au dos de campement en campement, soit en rayonnant durant la journée autour d'un camp de base. Vous aurez probablement l'occasion d'observer des lions et des léopards, voire de pister un rhinocéros noir dans la brousse épaisse. Ces randonnées sont proposées au tarif très raisonnable de 120 $US par jour, repas compris.

Backpackers Africa propose des safaris à pied de 3 à 8 jours dans le parc et parfois jusqu'à la zone reculée de Shakwankie Wilderness, où se rassemblent de nombreux buffles et éléphants venant s'abreuver aux sources qui sourdent des sables du Kalahari. Cette agence organise aussi des randonnées pédestres de 12 jours dans les quatre parcs nationaux de l'ouest du Zimbabwe, dont Hwange. Ces excursions sont onéreuses – le personnel du campement s'occupe de tout – mais demeurent relativement fréquentées.

Hwange Main Camp

Bien que le paysage magnifique et les possibilités de faire de spectaculaires rencontres avec des animaux attirent les visiteurs vers les confins du parc, il n'est guère besoin de s'aventurer loin de Main Camp pour observer une faune aussi dense que diversifiée.

Route de 10-Mile Drive

Tout ce que connaissent de Hwange la plupart des visiteurs, c'est la 10-Mile Drive qui décrit une boucle autour de la zone à plus forte concentration animale du parc, aisément effectuée en une excursion de 2 heures. L'itinéraire passe par plusieurs points d'eau très fréquentés, dont Dom Pan (un récit apocryphe précise que son nom proviendrait du bruit de son système de pompage artificiel – dom-dom-dom...), Balla-Balla Pan, et Nyamandhlovu Pan, le plus marquant. Ce dernier, situé à 10 km de Main Camp, est dominé par une haute plate-forme d'observation, Nyamandhlovu Viewing Platform. Du haut de ce perchoir, l'on découvre une vue générale du Nyamandhlovu Pan où vient s'abreuver une faune nombreuse.

Cette plate-forme était naguère une facilité offerte aux visiteurs dépourvus de véhicule : ils étaient pris en charge le matin par une excursion en véhicule UTC, puis passaient la journée sur la plate-forme à observer les animaux rassemblés autour du point d'eau, avant d'être ramenés par l'excursion de l'après-midi. Mais quand deux touristes lassés du spectacle tentèrent de regagner Main Camp à pied, ils furent interceptés par le personnel des parcs qui décréta, en réaction à ce manquement au règlement, l'interdiction définitive de ce type d'excursion.

Activités sportives. Partant du bureau de Main Camp, des randonnées pédestres de 2 heures, guidées par des rangers, sont organisées à 6h30, 10h et 16h en direction de Sedina Pan. Personne ne devrait manquer cette occasion de marcher aussi facilement et en toute sécurité dans la brousse à la découverte des troupeaux d'antilopes, de zèbres et de girafes rassemblés autour du camp. On pourra parfois observer sur ces itinéraires des éléphants, des buffles, des lions et même des guépards. Nombre de visiteurs les parcourent de long en large durant plusieurs jours pour se familiariser avec les habitudes quotidiennes des animaux.

Les guides armés qui possèdent une grande expérience et une connaissance approfondie du bush répondent à toutes vos questions concernant la faune, les oiseaux et la flore de la région.

Chaque mois, durant les deux ou trois nuits de la pleine lune, les rangers de Main Camp conduisent un convoi de voitures qui s'aventurent pendant 2 heures dans le parc pour y surprendre les animaux. Les auto-stoppeurs sont normalement les bienvenus – demandez simplement aux rangers ou aux conducteurs privés s'ils peuvent vous faire une petite place.

Où se loger et se restaurer. Main Camp regroupe la plupart des services du parc, notamment le bureau des rangers, un camping, un restaurant, un pub, un magasin, une station-service, des cottages et des lodges. Le magasin est ouvert de 8h à 10h, de 12h à 14h et de 16h à 17h. Derrière celui-ci, un petit musée présente divers aspects de l'histoire naturelle de Hwange.

La politique du camping est plutôt déroutante : aux caravanes sont réservées les pelouses verdoyantes, tandis que les campeurs doivent planter leur tente sur la terre dure comme du béton du parking. Tout contrevenant à cette règle est expulsé.

N'oubliez pas que Hwange est le parc le plus fréquenté du Zimbabwe et qu'il attire toujours plus de visiteurs. Durant les vacances scolaires sud-africaines, le camping ressemble à quelque banlieue surpeuplée d'une grande métropole. La réservation à l'avance est fortement conseillée, bien qu'elle n'offre aucune garantie.

Ngwethla Loop

Bien que Ngwethla soit accessible *via* les Kennedy Pans à tout véhicule, la route en boucle aux paysages diversifiés du Ngwethla Loop requiert une voiture robuste. On peut observer les plus grands rassemblements de faune dans la savane ouverte s'étendant autour du site de pique-nique de Ngwethla. Les Kennedy Pans sont également magnifiques, surtout au crépuscule quand de nombreux éléphants viennent s'abreuver et se baigner dans les bassins, les transformant en mares de boue épaisse. Il est possible de camper pour la nuit sur le site de pique-nique de Ngwethla et de Jambile. Pour plus de détails, consultez la rubrique *Autres campements des parcs nationaux*, plus loin dans ce chapitre.

Sinamatella Camp

Perché au sommet d'une *mesa* de 50 m d'altitude offrant une vue à 50 km à la ronde, Sinamatella Camp, le plus agréable des trois principaux campements de Hwange, est un superbe site où l'on peut passer quelques jours à observer les changements d'humeur du parc. Vous y trouverez un bureau des rangers, un musée, une petite boutique d'artisanat, un kiosque vendant des produits de base, des pompes à essence ainsi qu'un restaurant et un pub.

La faune des environs de Sinamatella est diversifiée, mais moins abondante en herbivores que celle de Main Camp. Si durant la journée, des buffles et des antilopes peuvent souvent être aperçus dans les zones herbeuses situées en contrebas du campement, c'est la nuit que s'anime Sinamatella. De vicieux petits ratels viennent folâtrer autour du restaurant en quête d'une aumône ou envahissent les chalets à la moindre occasion.

Lorsque vous serez couché, attendez-vous à entendre le rugissement satisfait des lions et le cri déconcertant des hyènes grimpant la colline, de même que toutes sortes de hurlements, de bruits lourds et sourds et autres mugissements non identifiés, qui tous se liguent pour contrarier votre sommeil.

Les possibilités d'hébergement comprennent le camping, des chalets, des cottages et des lodges. Des randonnées pédestres escortées par un ranger sont proposées durant la journée pour des groupes de six personnes au plus, notamment une marche aller-retour très appréciée jusqu'à Mandavu Dam. Les marches de nuit accompagnées par un guide armé, également proposées aux groupes de moins de six personnes, doivent être organisées à l'avance auprès du bureau central de réservation des parcs nationaux.

Robins Camp et Nantwich Camp

Les campements de Robins et de Nantwich, aménagés dans l'angle nord-ouest du parc, sont implantés dans une zone où abondent lions, guépards et hyènes. Robins Camp, qualifié de "rude", est souvent envahi la nuit par des lions et des hyènes. On conseille même aux clients séjournant dans les chalets de ne pas s'aventurer jusqu'aux toilettes à la nuit tombée, le cri hystérique de la hyène sous vos fenêtres vous en fera immédiatement comprendre le bien-fondé.

Les chalets disposent d'un équipement de cuisine en plein air. Robins Camp possède une épicerie peu fournie, la Hyaena Shop. Le récent Hyaena Restaurant (ouvert tous les jours matin, midi et soir) et le Hyaena Bar (ouvert de 10h30 à 22h30) occupent le rez-de-chaussée de la tour de surveillance des incendies. Comme à Sinamatella, vous pourrez effectuer des marches de jour ou de nuit conduites par des guides armés.

Nantwich Camp ne dispose en tout que de trois lodges de 2 chambres, pouvant accueillir chacune jusqu'à six personnes.

Hôtels, campements et lodges

Des campements et des lodges haut de gamme poussent comme des champignons autour du parc national de Hwange : quelle que soit la diversité de l'offre, seul Nyati Lodge est accessible aux voyageurs à petit ou moyen budget (pour d'autres choix petit budget, consultez la rubrique *Gwaai River* plus haut dans ce chapitre). La liste suivante est la plus récente ; si les coordonnées de l'établissement ne sont pas mentionnées, référez-vous à l'agence de voyage concernée (dont le nom figure entre parenthèses après celui du campement) dans la rubrique *Voyages organisés* du chapitre *Comment circuler* consacré au Zimbabwe.

Chokamella Camp (Landela Safaris) Juché au sommet des falaises dominant la rivière Chokamella, ce campement est aménagé dans une réserve privée s'étendant juste à l'extérieur de l'enceinte du parc national de Hwange. On accède à la zone du Ngwethla Loop par le portail de Nyantwe. L'hébergement en chalets à toit de chaume coûte 140 $US par personne.

Detema Safari Lodge (☎ 256 ; fax 269) Ce lodge agréable est installé dans une ferme privée, située à l'extérieur du parc au sommet d'une colline jouissant d'une vue panoramique. L'hébergement est proposé dans des chalets en chaume de 1 ou 2 chambres ou dans des lodges surélevés.

Finot's Camp (Kalambeza Safaris) Ce campement de luxe sur les rives de la Gwaai est installé dans un game ranch privé, de 30 000 hectares, proposant des randonnées à la découverte de la faune de jour comme de nuit, ainsi que des excursions dans le parc national. L'hébergement dans les chalets en A coûte 64 $US par personne, repas compris. Situé à côté de la route principale Bulawayo-Victoria Falls, il est accessible en véhicule ordinaire. Les clients voyageant en bus peuvent être pris au Gwaai River Hotel.

The Hide (☎ 707438 ; fax 723230), George Hotel, King George Rd, PO Box 5615, Avondale, Harare, est l'un des rares lodges aménagés à l'intérieur même du parc national de Hwange. Son atmosphère semble vouloir évoquer quelque image aussi rustique qu'hollywoodienne de l'Afrique. Cet élémentaire campement de tentes organise deux fois par jour des randonnées vers une série de points d'eau conduites par des guides diplômés. La brousse environnante est plantée de mopanes, de tecks et d'acacias. L'hébergement est moins somptueux que celui offert par la plupart des campements dans cette gamme de prix (230 $US), incluant les repas, les activités et un concept.

Hwange Safari Lodge (☎ 332), appartenant au groupe Sun Hotel, c'est le plus accessible des hébergements de luxe de Hwange. Installé sur la route principale menant à Main Camp, il fait office de terminus des bus Ajay's Motorways. Ses équipements comprennent une piscine, des courts de tennis et de volley-ball. Pour les simples/doubles, les étrangers payent 125/182 $US et les Zimbabwéens 48/70 $US. Il est à noter que nous avons reçu plusieurs plaintes sérieuses concernant le service et le comportement du personnel.

Le déjeuner-buffet est servi pour 5 $US, mais un supplément de 1,50 $US au titre de "cotisation" est exigée des non-clients qui souhaitent simplement prendre un repas. Le patio domine le point d'eau privé de l'hôtel : le dîner est servi en face des animaux venus se désaltérer, koudous, élans du Cap, impalas, cobes à croissant, hippotragues noirs, girafes et zèbres, et parfois même des éléphants et des buffles.

A côté du lodge, à l'angle de la pelouse, une petite exposition offre une information de base sur le parc et sa faune, et une boutique d'artisanat, où l'on peut observer des artistes façonner de magnifiques bols en bois, commercialise ces objets, véritables œuvres d'art.

Ivory Lodge (Ivory Safaris) Situé dans une zone de brousse dense s'étendant juste à l'extérieur du parc, dans un game ranch privé, ce lodge n'est guère éloigné de Main Camp. Il fait face à Zingweni Vlei, où les animaux se rassemblent pour gratter la terre à la recherche de l'eau. L'hébergement dans les bungalows surélevés, en teck et en chaume, coûte 180 $US par personne.

Jabulisa Lodge, PO Box 23, Gwaai River (☎ 2101 ; fax 295, à Dete) Ce lodge, dont le nom signifie en sindebele "lieu de délice", est construit autour d'une ferme coloniale rénovée datant de 1922. Le panorama que l'on découvre du haut de la crête englobe une vaste étendue de terrain. Pour les étrangers, l'hébergement en chalets de chaume coûte 220 $US par personne, ce tarif incluant les repas, les excursions à la découverte de la faune dans le parc, les excursions nocturnes dans le domaine du lodge, les randonnées équestres, ainsi que des visites à la ferme d'élevage de crocodiles et dans les terres communales. Sans l'ensemble de ces activités, le tarif s'élève à 110 $US par personne. Le transport à partir de Gwaai River coûte 10 $US.

Jijima Safari Camp (Wild Horizons) Ce luxueux campement de tentes est aménagé à proximité de l'enceinte orientale du parc, dans un ranch privé géré par une famille de guides professionnels. Le tarif haute saison s'élève à 200 $US par personne, repas et excursion à la découverte de la faune compris. On accède à Hwange par le portail de Nyantwe dans la zone du Ngwethla Loop qui offre de bonnes occasions d'observer les grands félins. Les enfants de moins de 14 ans ne sont pas acceptés.

Kanondo Tree Camp (Touch the Wild) Bien que Kanondo (☎ 273) annonce des "lodges dans les arbres", il s'agit plutôt de chalets sur pilotis, bien que certains soient effectivement construits autour ou contre des arbres. Chacun d'eux offre une vue sur Kanondo Pan, l'un des points d'eau les plus fréquentés de la région. La zone de Kanondo abrite le "troupeau d'éléphants présidentiels" du Zimbabwe, 300 individus protégés contre l'abattage sélectif et le braconnage par un décret du président Robert Mugabe. Autre nouveauté, l'"abri souterrain" est un poste d'observation enterré à côté du point d'eau. Le tarif qui s'élève à 170 $US par personne inclut tous les repas et deux excursions.

Kumuna Lodge (☎ 2101 ; fax 295, à Dete), PO Box 19, Gwaai River, dont le nom signifie en batonka "lieu de paix", est aménagé à côté d'une source thermale située à 20 km du parc national. Le lodge occupe un grand domaine privé abritant une faune nombreuse, et ses propriétaires, M. et Mme De Vries, ont cinquante ans d'étonnantes histoires du bush à raconter. C'est l'un des rares endroits à accepter les enfants. Le tarif comprend toutes les activités listées pour le Jabulisa Lodge (ci-dessus) et s'élève à 193 $US par personne, ou à 97 $US en pension complète mais sans les activités.

Linkwasha Wilderness Lodge (Nemba Safaris) Linkwasha est une concession privée située dans une région sauvage et reculée du parc national de Hwange (les quatre cinquièmes méridionaux) aux paysages très différents de ceux qui environnent le réseau routier public. Ce campement de tentes offre une échappée dans la nature vierge et l'occasion de découvrir la faune peuplant les spectaculaires plaines ouvertes. Il peut accueillir jusqu'à douze personnes et coûte 250 $US par personne.

Makalolo Camp (Touch the Wild) Ce luxueux campement de tentes, l'un des plus reculés de Hwange, est aménagé à côté du point d'eau de même nom dans la partie sud-est du parc. Des excursions à la découverte de la faune y sont conduites, à pied ou en voiture, par des guides professionnels armés. Le tarif à la journée, qui s'élève à 275 $US par personne, inclut tous les repas et deux excursions. Les enfants ne sont pas acceptés.

Nyati Lodge (Gwaai Valley Safaris) Ce campement, le seul accessible aux voyageurs à petit budget dans le voisinage du parc national, offre des lodges confortables à proximité de la réserve privée de Hankano Ranch. L'hébergement coûte 40 $US par personne, avec trois repas de style familial pris en compagnie de la direction et des guides. Si vous apportez vos provisions, il ne vous en coûtera que 20 $US. Un site de camping élémentaire est proposé aux participants des safaris organisés par Gwaai Valley Safaris' Backpacker Special. Nyati est une base de départ commode pour les excursions dans le parc.

Sable Valley Lodge (Touch the Wild) Dominant un point d'eau dans une réserve forestière située immédiatement à l'extérieur du parc, ces vastes et luxueux lodges, en ardoise rose et en chaume, sont réparties dans un bois de tecks autour d'un point d'eau. L'établissement est entouré d'une clôture électrifiée que ne peuvent franchir les animaux. Il a accueillit en 1991 la reine Élisabeth et le duc d'Édimbourg. Le tarif s'élève à 131/150 $US par personne en demi-pension/pension complète. L'option tout compris, avec deux excursions à la découverte de la faune, coûte 250 $US.

Sikumi Tree Lodge (Touch the Wild) Ici encore, n'allez pas croire que vous dormirez au sommet d'un arbre. Les bungalows en chaume de ce lodge sont bâtis sur des pilotis de 2 mètres de haut à peine. Outre les excursions dans le parc national et les excursion nocturnes dans le domaine privé du lodge, vous pouvez aussi opter pour des randonnées pédestres et des visites dans les villages africains des environs. Le tarif standard est le même que celui du Sable Valley Lodge ; les suites luxueuses coûtent 300 $US par personne, tout compris. Les enfants sont les bienvenus.

Simba Lodge (☎ 707438 ; fax 723230), PO Box 5615, Harare. Il se trouve à 20 km de la route de Bulawayo-Victoria Falls, à 40 minutes du portail de Nyantwe Gate menant au parc national de Hwange. Il occupe une concession de 600 hectares dans la réserve forestière de Gwaai. Les lodges en grès et en chaume sont bâtis à la lisière d'une région boisée dominant une plaine herbeuse ouverte. A partir de 200 $US par personne.

Autres campements des parcs nationaux

Sites de pique-nique. Les sites de pique-nique clôturés de Shumba, Mandavu Dam, Masuma Dam, Ngwethla, Jambile, Kennedy Pan I et Detema Dam peuvent servir de campements exclusifs pour des groupes de huit personnes au plus. On observe fréquemment des lions dans la zone de Shumba (qui signifie "lion") mais le site même n'est guère séduisant. Mandavu possède une belle étendue d'eau et Kennedy Pan I accueille des hordes d'éléphants à la nuit tombée. L'agréable camping de Ngwethla se trouve dans une région de forte concentration animale.

Notre site préféré, c'est Masuma Dam, où l'on peut se tapir dans l'abri dominant le point d'eau et passer la nuit à écouter les hippopotames et les éléphants et, si la lune brille, observer un interminable défilé d'antilopes, de zèbres, de girafes et de grands fauves venus se désaltérer. Malheureusement, Masuma Pan, complètement à sec durant la sécheresse du début des années 90, n'a pas retrouvé sa splendeur d'antan.

Campements exclusifs des parcs nationaux. Des campements huppés gérés par les services du parc et entièrement équipés peuvent accueillir des groupes jusqu'à douze personnes. Chaque campement offre les services d'un guide résident qui vous conduira en randonnée à la demande. *Bumbusi Camp*, à proximité de Sinamatella, est le plus agréable de tous mais souvent complet six mois à l'avance pour les période de vacances : effectuez vos réservations le plus tôt possible.

Le *Deka Camp*, à 25 km à l'ouest de Robins Camp, près de la frontière du Botswana, et *Lukosi*, dans la zone de safaris de Deka, non loin de Mbala Camp hors de l'enceinte du parc, sont aussi attrayants que bien équipés, mais n'offrent pas une faune abondante. Deka n'est accessible qu'en

Éléphants présidentiels

Un troupeau de 22 éléphants vivait jadis au voisinage de Hwange Safari Lodge. Dépourvu de protection, ce troupeau était constamment harcelé par les hommes, leurs animaux et leurs véhicules, et nombre d'entre eux tombaient sous les balles des braconniers. Ces animaux intelligents, qui présentaient tous les symptômes d'un grave traumatisme psychologique, menaient une piteuse existence, dévastant à l'occasion les récoltes et menaçant les populations locales, s'attirant ainsi leur animosité.

La création, en 1972, par une société de safaris privée, de Hwange Estate, une zone protégée située hors du parc national de Hwange, mit un terme à la chasse et au braconnage, ce qui permit au troupeau de se reconstituer progressivement. Au début des années 90, celui-ci comptait 300 individus qui ne vivaient plus dans la peur des hommes.

En 1991, l'opérateur de safari Alan Elliot suggéra au président Robert Mugabe d'accorder au troupeau une protection officielle. Celui-ci décréta alors que ce troupeau bénéficierait d'une protection perpétuelle, où qu'il souhaite errer. Les éléphants jouissent désormais de ce qui pourrait être l'équivalent pachydermique d'un statut royal.

Pour plus de détails sur l'histoire de ce troupeau privilégié, vous lirez avec profit l'ouvrage d'Alan Elliot, *The Presidential Elephants of Zimbabwe*, disponible au Hwange Safari Lodge et ailleurs au Zimbabwe. ■

4x4. Lukosi est ouvert uniquement durant la période où la chasse est interdite, de novembre à avril. On peut effectuer des randonnées pédestres sans guide dans un rayon de 8 km autour de Lukosi.

Comment s'y rendre

Voie aérienne. Air Zimbabwe dessert le parc national de Hwange à partir de Harare tous les jours entre 7h30 et 11h, avec escale à Kariba tous les jours sauf le mercredi. Les vols continuent ensuite jusqu'à Victoria Falls. De Hwange à Harare, les vols partent tous les jours à 15h40 (le lundi à 15h05), avec escale à Kariba. Air Zimbabwe affrète également des vols quotidiens en direction ou à destination de Victoria Falls.

Les véhicules UTC attendent l'arrivée des avions et offrent un transfert aller-retour pour Hwange Safari Lodge ou Main Camp pour 5 $US par personne, à partir de six personnes.

Bus. Si vous arrivez par le bus Hwange Special Express en provenance de Bulawayo ou de Victoria Falls, descendez à Safari Crossroads, puis effectuez en stop ou à pied les 11,5 km restants jusqu'au Hwange Safari Lodge. Une meilleure solution consiste à emprunter Ajay's Motorways qui vous déposera au Safari Lodge. De là, comptez 5 km à pied ou en stop jusqu'à l'embranchement de Dete. Comme il est impossible de poursuivre sa route à pied au-delà de la voie ferrée, vous devrez attendre à l'entrée que quelqu'un vous prenne en stop pour vous rendre dans le parc.

Si vous avez le temps, descendez du bus Ajay's ou Hwange Special Express à l'est de la ville de Hwange et essayez d'effectuer en stop les 40 km de route difficile jusqu'au Sinamatella Camp. Prévoyez de longues attentes.

Train. Le train reliant Bulawayo et Victoria Falls s'arrête à Dete à 12h45 en direction de l'est et à 1h30 en direction de l'ouest. Pour plus de renseignements, consultez la rubrique *Dete* plus haut dans ce chapitre.

Comment circuler

Voiture. La vitesse étant limitée à 40 km/h dans le parc, n'espérez pas le découvrir dans son ensemble en un jour. A moins que vous souhaitiez rejoindre au plus vite votre campement après l'heure de fermeture, rien ne vous oblige à vous presser. Cependant, si vous avez réservé votre hébergement dans un campement et ne vous y présentez pas avant la fermeture des portes, on partira à votre recherche et vous devrez en rembourser les frais aux rangers.

Hwange Safari Lodge, Main Camp et Sinamatella Camp possèdent des pompes à essence.

En stop. Il est officiellement interdit de se déplacer en stop dans le parc, afin que les visiteurs ne rencontrent pas inopinément des lions ou des éléphants sans pouvoir se réfugier dans un véhicule, de même que pour garantir la tranquillité des visiteurs disposant d'un véhicule et qui souhaitent profiter de la solitude sans avoir à décliner sans cesse les demandes d'éventuels auto-stoppeurs.

Cela dit, l'administration du parc consciente du fait que de nombreux visiteurs ne disposent pas toujours de la possibilité d'acheter ou de louer un véhicule tolère parfois la prise en charge discrète d'auto-stoppeurs cherchant à sortir du parc ou à circuler autour de Main Camp.

Chutes Victoria

Célèbres dans le monde entier, les Victoria Falls, mur liquide de 1 700 mètres de largeur, plongent à la verticale de 61 à 107 mètres de haut dans les gorges géantes du Zambèze. Quelque 550 000 m³ se précipitent chaque minute dans l'abîme, mais durant la période des hautes eaux, de mars à mai, le débit peut atteindre des volumes beaucoup plus importants. Ce spectacle engloutit chaque année des milliers et des milliers de pellicules photographiques et de bandes vidéo.

ZIMBABWE

VICTORIA FALLS

La ville de Victoria Falls est devenue l'archétype du piège à touristes. Bien qu'il leur reste du chemin à faire pour atteindre l'ampleur des commerces canadiens installés non loin des chutes du Niagara, les boutiques de souvenirs kitsch, les spectacles de danses traditionnelles, les parcs aux reptiles, les sports extrêmes, les revues de marimba, le ballet incessant des avions de tourisme et les bus aux flancs ornés de zébrures entretiennent la carnavalesque jungle touristique qui afflue dans la région.

Fort heureusement, attraction principale, les chutes Victoria sont protégées par leur sauvagerie même. En marchant le long des sentiers traversant la forêt tropicale humide (Rain Forest) qui borde les gorges – créée par le jaillissement de l'eau retombant en bruine –, vous ne pouvez imaginer à quel point sont monumentales les "chutes" qui vous détrempent en cours de route.

Histoire

La ville d'origine de Victoria Falls, Old Drift, fut fondée en guise de comptoir commercial façon "Ouest sauvage" sur la rive aujourd'hui zambienne des chutes, peu de temps après que les premiers comptes rendus de David Livingstone aient commencé à circuler en Europe. Celui-ci écrivit en 1865, de son encre violette caractéristique :

> Le soleil matinal dore ces colonnes de vapeur du somptueux éclat d'un double ou triple arc-en-ciel. Le soleil vespéral, luisant dans un ciel jaune, leur confère des teintes sulfureuses créant l'illusion que le gouffre béant s'ouvre sur une fosse sans fond. Aucun oiseau ne chante ni ne bâtit son nid dans cette forêt aux averses perpétuelles...
>
> Le soleil, si puissant partout ailleurs dans ce pays, ne pénètre jamais la profonde obscurité de cette ombre. En présence de l'étrange Mosi-oa-Tunya, nous sympathisons avec toutes les créatures qui, quand le monde était encore jeune, peuplaient la terre, l'air et la rivière en compagnie d'êtres n'ayant pas de forme mortelle. A quelle divinité pouvaient être consacrés cet abîme terrifiant et cette forêt obscure au-dessus desquels s'élève une colonne ininterrompue de nuages ?
>
> Les anciens chefs batoka allaient adorer cette divinité à Kazuruka, aujourd'hui Garden Island, et à Baoruka, île située plus à l'ouest mais également au bord des chutes. L'on peut sans peine imaginer que sous les colonnes de nuage, au pied des arcs-en-ciel éclatants, dans le rugissement perpétuel de la cataracte dont les eaux se déversent comme éternellement de la main du Tout-Puissant, leurs âmes devaient assurément être s'emplir d'une crainte divine.

Au tournant du siècle, la malaria ayant prélevé son dû, la ville d'Old Drift fut déplacée sur le site de l'actuelle Livingstone, en Zambie. Les gorges du Zambèze furent franchies entre 1902 et 1904 par le pont de la ligne de chemin de fer avortée du Cap au Caire. Avec le rail arrivèrent les premiers contingents de touristes. Le Victoria Falls Hotel d'origine fut construit en 1906, et 66 années plus tard, la localité en expansion se vit accorder le statut de ville.

Chasse aux noms

L'être humain est présent dans la région des chutes Victoria depuis plusieurs centaines de milliers d'années. Le premier nom connu des chutes était Shongwe, ainsi que les appelait le peuple tokaleya qui habitait la région avant les invasions nguni. Plus tard, les Ndebele leur donnèrent le nom de Amanza Thunquayo, "Eau montant en fumée". Ensuite, les Makalolo, une tribu fuyant les invasions nguni, leur donnèrent un nouveau nom, Mosi-oa-Tunya, "Fumée grondante". Le 16 novembre 1855, le missionnaire écossais David Livingstone fut amené en pirogue par les Makalolo à proximité des chutes. Celui-ci, appliquant une procédure désormais bien établie, s'empressa de les rebaptiser en l'honneur de la reine.

Durant la chasse aux noms coloniaux à laquelle se livra le Zimbabwe peu de temps après l'indépendance, les chutes Victoria ne furent pas rebaptisées "Mosi-oa-Tunya", pour la raison que le pays ne pouvait s'offrir le luxe de sacrifier la popularité du nom choisi par Livingstone, au risque de limiter le potentiel touristique et les revenus qu'elles représentent. ■

Orientation

La plupart des visiteurs qui ne se rendent pas en avion à Victoria Falls y arrivent par le train. Ils débarquent à la gare coloniale, puis traversent les pelouses et les jardins les conduisant au Victoria Falls Hotel, ou suivent la direction du centre-ville (pour autant que l'agglomération en possède un). La majeure partie des activités touristiques est regroupée sous les arcades longeant Livingstone Way ou Park Way. L'intersection de ces deux rues est appelée Wimpy Corner, en raison du proche fast-food. L'essentiel de la population vit cependant dans le township de Chinotimba, dans Pioneer Rd partant du centre. Vous y trouverez de nombreux magasins de quartier peu onéreux et des halles à bière très fréquentées.

Renseignements

La Victoria Falls Publicity Association (☎ 4202), jouxtant le Town Council Rest Camp & Caravan Park, distribue des publicités locales et commercialise des cartes de la ville (1,30 $US), ainsi que des brochures traitant de la région des chutes (2,50 $US). Elle est ouverte du lundi au vendredi de 8h à 12h30 et de 14h à 16h, et le samedi de 8h à 12h. Si vous recherchez une documentation plus approfondie, procurez-vous un exemplaire de *A Visitors Guide to Victoria Falls*, de Mrs M. Newman (1987), qui regorge d'informations sur la faune, la flore et l'ornithologie locales, et offre un résumé historique.

Argent. Les banques sont alignées en face du parking de la poste. Toutes prélèvent une commission de 1% sur les opérations de change. Si vous arrivez en dehors des heures d'ouverture, essayez le Victoria Falls Hotel, qui pratique un taux raisonnable sans commission. Ne traitez pas avec les changeurs de rue : vous risqueriez de perdre votre argent et d'avoir de graves ennuis avec la police.

Poste et télécommunications. Le bureau de poste de Victoria Falls est incroyablement bondé : il n'est pas rare de devoir attendre au moins une heure simplement pour y acheter des timbres. Heureusement, la plupart des hôtels en vendent.

Films. Vous trouverez des pellicules photographiques dans l'immense magasin Zambezi Productions, Sopers Arcade (qui produit d'innombrables clichés et bandes vidéos de rafting en eau vive), ou chez Photo Fast, en bas de Parkway. Pour un film 36 poses Fujichrome 100, par exemple, comptez 8,50 $US.

Services médicaux. Le docteur H. Vivian (☎ 4319), West Drive, est recommandé.

Librairies. Si vous recherchez désespérément de quoi lire, allez chez Upmarket Book Exchange, à l'étage du Phumula Centre, qui vend également des bijoux et des vêtements traditionnels.

Blanchissage/nettoyage. Victoria Falls ne possède pas encore de laverie automatique (elle est prévue), mais le Town Council Rest Camp & Caravan Park propose un service de blanchissage à un prix très raisonnable.

Victoria Falls Park

Avant de vous mettre en route pour le parc des chutes Victoria, envisagez les conséquences de l'humidité pénétrante sur vos effets personnels. Protégez votre appareil photo et enveloppez dans des sachets en plastique votre argent et tout ce qui pourrait craindre l'eau. J'ai commis l'erreur d'emporter avec moi mes billets d'avion : malgré plusieurs heures de séchage, j'aurais probablement pu embarquer dans un avion à destination d'Ankara plutôt qu'à destination d'Anchorage ! Il sera également sage de porter des vêtements imperméables ou qui ne risquent pas de provoquer un scandale une fois mouillés.

Visite du parc. On peut rejoindre l'entrée du parc en longeant Livingstone Way vers l'est de la ville ou en empruntant le chemin partant du Victoria Falls Hotel.

Les droits d'entrée s'élèvent actuellement à 3 $US pour les étrangers, et le billet autorise plusieurs visites dans la même journée.

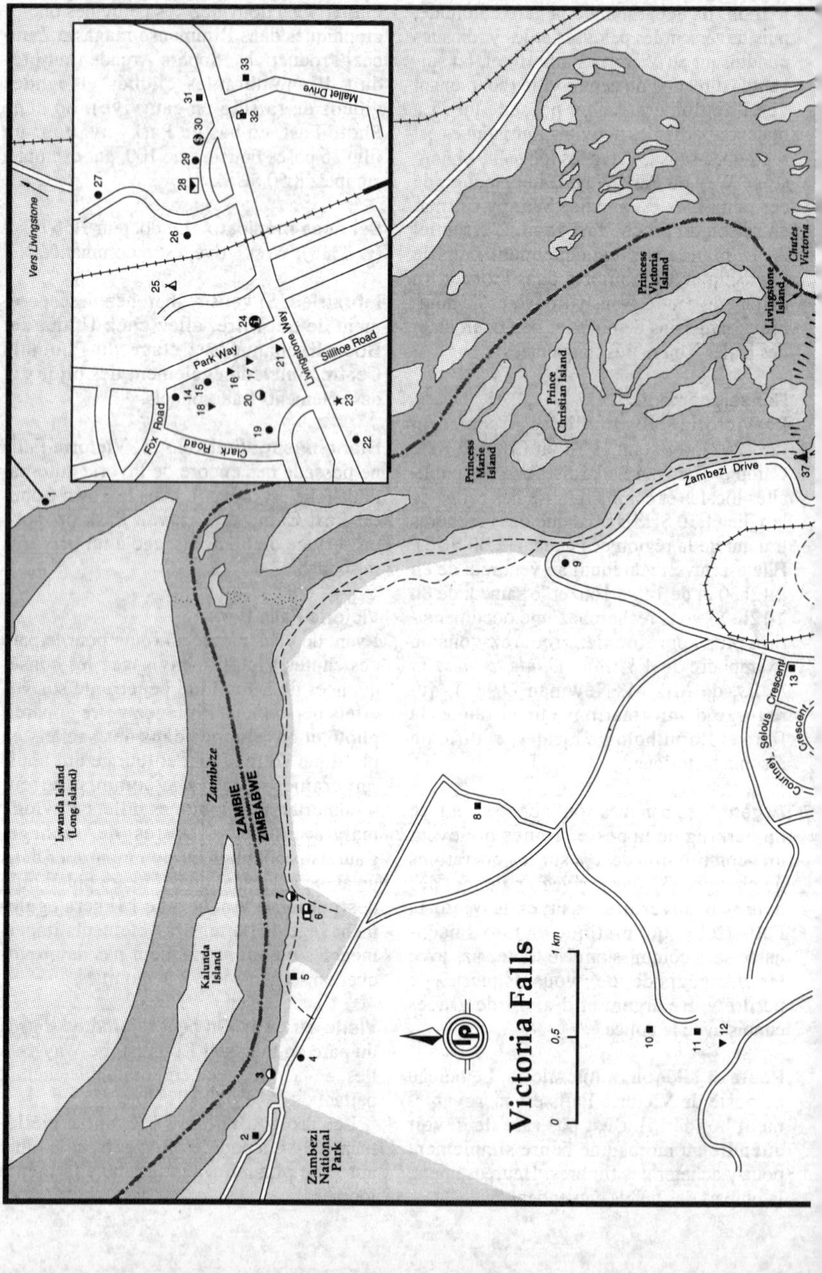
Victoria Falls
0
0,5
1 km
Zambezi National Park
Lwanda Island (Long Island)
Kalunda Island
Zambèze
ZAMBIE
ZIMBABWE
Princess Marie Island
Prince Christian Island
Princess Victoria Island
Livingstone Island
Chutes Victoria
Zambezi Drive
Selous Crescent
Courtney Crescent
Vers Livingstone
Fox Road
Clark Road
Park Way
Livingstone Way
Sillitoe Road
Mallet Drive
1
2
3
4
5
6
7
8
9
10
11
12
13
14
15
16
17
18
19
20
21
22
23
24
25
26
27
28
29
30
31
32
33
37

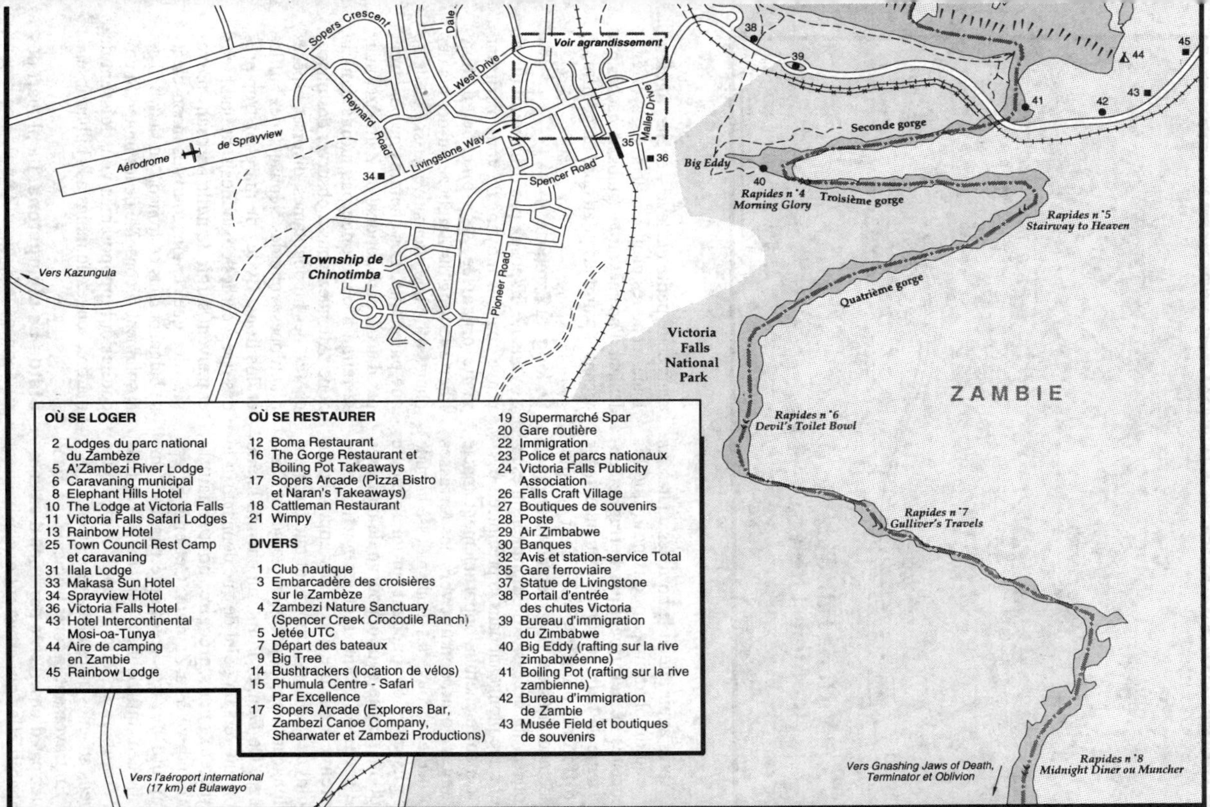
Voir agrandissement
Sopers Crescent
Dale
West Drive
Reynard Road
Livingstone Way
Mallet Drive
Spencer Road
Pioneer Road
Aérodrome de Sprayview
Township de Chinotimba
Vers Kazungula
Vers l'aéroport international (17 km) et Bulawayo
Big Eddy
Rapides n°4 Morning Glory
Seconde gorge
Troisième gorge
Rapides n°5 Stairway to Heaven
Quatrième gorge
Victoria Falls National Park
ZAMBIE
Rapides n°6 Devil's Toilet Bowl
Rapides n°7 Gulliver's Travels
Vers Gnashing Jaws of Death, Terminator et Oblivion
Rapides n°8 Midnight Diner ou Muncher
OÙ SE LOGER
2 Lodges du parc national du Zambèze
5 A'Zambezi River Lodge
6 Caravaning municipal
8 Elephant Hills Hotel
10 The Lodge at Victoria Falls
11 Victoria Falls Safari Lodges
13 Rainbow Hotel
25 Town Council Rest Camp et caravaning
31 Ilala Lodge
33 Makasa Sun Hotel
34 Sprayview Hotel
36 Victoria Falls Hotel
43 Hotel Intercontinental Mosi-oa-Tunya
44 Aire de camping en Zambie
45 Rainbow Lodge
OÙ SE RESTAURER
12 Boma Restaurant
16 The Gorge Restaurant et Boiling Pot Takeaways
17 Sopers Arcade (Pizza Bistro et Naran's Takeaways)
18 Cattleman Restaurant
21 Wimpy
DIVERS
1 Club nautique
3 Embarcadère des croisières sur le Zambèze
4 Zambezi Nature Sanctuary (Spencer Creek Crocodile Ranch)
5 Jetée UTC
7 Départ des bateaux
9 Big Tree
14 Bushtrackers (location de vélos)
15 Phumula Centre - Safari Par Excellence
17 Sopers Arcade (Explorers Bar, Zambezi Canoe Company, Shearwater et Zambezi Productions)
19 Supermarché Spar
20 Gare routière
22 Immigration
23 Police et parcs nationaux
24 Victoria Falls Publicity Association
26 Falls Craft Village
27 Boutiques de souvenirs
28 Poste
29 Air Zimbabwe
30 Banques
32 Avis et station-service Total
35 Gare ferroviaire
37 Statue de Livingstone
38 Portail d'entrée des chutes Victoria
39 Bureau d'immigration du Zimbabwe
40 Big Eddy (rafting sur la rive zimbabwéenne)
41 Boiling Pot (rafting sur la rive zambienne)
42 Bureau d'immigration de Zambie
43 Musée Field et boutiques de souvenirs

Après avoir atteint le bord des chutes, un réseau de chemins, conçus pour que les touristes ne perturbent pas le fragile écosystème de la forêt tropicale humide, mène à différents points de vue. L'un des plus spectaculaires est Cataract View, le plus à l'ouest, qui nécessite d'emprunter un escalier raide plongeant dans le précipice.

Un autre chemin, opportunément appelé Danger Point, conduit vers des terrasses rocheuses recouvertes d'une mousse humide et glissante, débouchant sur un abîme de 100 mètres de haut dépourvu de barrières de sécurité, et qui met les nerfs à rude épreuve à mesure que l'on s'approche du point de vue aussi stupéfiant que terrifiant plongeant dans la première gorge du Zambèze. De Danger Point, un chemin latéral conduit vers un point de vue donnant sur le gracieux, mais précaire, pont reliant le Zimbabwe à la Zambie. Cet endroit est aujourd'hui très fréquenté par les Zimbabwéens qui viennent contempler ces fous d'étrangers se jeter du haut du pont, les pieds attachés à des élastiques géants.

En traversant la forêt tropicale, ne manquez pas d'observer la profusion d'essences inhabituelles qui croissent exclusivement dans cette petite enclave – ébène, figuiers, lianes et autres plantes à fleur. Essayez également d'apercevoir les guibs harnachés qui viennent paître jusqu'au bord du gouffre.

Le long du Zambèze

Si vous ne disposez pas d'un véhicule et n'avez pas les moyens de vous offrir une visite organisée, se promener en toute liberté le long du Zambèze au-dessus des chutes offre une alternative aussi excellente que palpitante. Les chemins ne pénètrent pas dans le parc national du Zambèze, mais la faune n'en abonde pas moins dans la zone. Attendez-vous à observer des phacochères, des hippopotames, diverses espèces d'antilopes, voire des éléphants, des buffles et des lions. Évitez de marchez trop près des rives, car les crocodiles sont nombreux et peuvent surgir de nulle part sans prévenir. Bien que certains touristes inconscients se baignent dans ce tronçon du fleuve, il est absolument déconseillé de les imiter. Si crocodiles et hippopotames vous laissent de marbre, songez au moins à la bilharziose.

Statue de Livingstone. La plupart des randonnées le long du Zambèze commencent devant la statue de Livingstone qui domine Cataract View, à l'extrémité supérieure du chemin du parc de Victoria Falls. De là, on peut admirer les eaux Zambèze prendre de la vitesse avant de se précipiter vers les chutes. En raison du portail fermé et surmonté de barbelés, vous devrez sortir par la porte principale du parc pour rejoindre la promenade longeant le fleuve.

Big Tree. En guise d'attraction et comme but de promenade, le "grand arbre" – imposant en effet – offre une belle destination. Ce corpulent spécimen est un baobab géant, ou "arbre renversé", appelé ainsi car l'un de ses lointains ancêtres aurait gravement offensé quelque dieu qui, pour le punir, l'aurait déraciné avant de le retourner et de le replanter à l'envers. Bien que celui-ci ne fasse que 25 mètres de haut, ses 20 mètres de circonférence lui confèrent un aspect très impressionnant.

Le site de Big Tree était jadis le lieu campement et de rassemblement des premiers colons et négociants attendant de traverser le Zambèze vers Old Drift – et plus tard vers Livingstone – sur la rive opposée.

Falls Craft Village

Ce village reconstitué présentant les modes de vie traditionnels du Zimbabwe comprend diverses huttes ethniques, préfabriquées dans leurs régions d'origine, puis transportées *in situ*. Vous pourrez également y voir des artisans au travail et consulter un nganga qui vous prédira votre avenir – si vous tenez à le connaître. Ce qu'il ne vous dira pas, c'est que vous êtes destinés à traverser une immense boutique de souvenirs avant de sortir du lieu. Des visites guidées sont proposées à 9h30, ainsi qu'un spectacle de danses traditionnelles tous les soirs de 19h à 20h. Le village est ouvert de 8h30 à 16h30 du lundi au samedi, et le dimanche de 9h à 13h.

Curio Row et Snake Park

Le premier colon blanc, Percy Clark, installé dans la région ouvrit une longue série boutiques de souvenirs à Victoria Falls en

Jeux de l'atmosphère, de la brume et de la lumière

L'aspect des chutes Victoria varie en fonction de l'époque de l'année et l'heure de votre visite. Le débit du fleuve est le plus important d'avril à juin, saison où la brume est également la plus dense. Quand souffle le vent, des arcs-en-ciel se forment au-dessus des gorges. Durant la période de basses eaux, de septembre à novembre, vous bénéficierez de la vue la plus dégagée, un grand nombre de rochers apparaissant entre les différents segments des chutes. Au milieu de l'été, l'humidité étouffante et la pluie aussi dense que fréquente rendent aléatoire l'observation des chutes.

Les levers et les couchers du soleil sont les plus beaux de la fin octobre à décembre, quand le soleil est au sud, que l'humidité croît, que les nuages sont les plus spectaculaires et que le fleuve est assez bas pour ne pas boucher la vue d'embruns. Durant la saison sèche, les points de vue situés en face des chutes offrent les meilleurs couchers de soleil, tandis que c'est de Cataract View que vous pourrez assister aux plus beaux levers de soleil. Ce point de vue est cependant situé dans la profondeur de la gorge : le soleil ne l'éclairera qu'au moins une heure après son véritable lever.

Durant la saison sèche, vous pourrez descendre jusqu'à Cataract View en milieu d'après-midi : à cette heure-là l'arc-en-ciel créé par le soleil éclairant directement la gorge est stratégiquement positionné pour une photographie idéale. Si vous recherchez cependant une vue véritablement originale, faites coïncider votre visite avec la pleine lune. Le parc reste ouvert plus tard dans la nuit pour vous permettre d'admirer l'enchanteur arc-en-ciel lunaire qui s'élève au-dessus des chutes.

Cela dit, il est important de souligner que toutes ces précisions ne sont qu'indicatives. L'atmosphère, la brume et la lumière peuvent s'associer pour offrir de magnifiques surprises à partir de n'importe quel point de vue et à n'importe quelle époque de l'année. ■

Gorges du Zambèze

La géologie qui explique la singulière conformation des gorges des chutes Victoria est passionnante. L'aspect du Zambèze se modifie selon qu'il traverse des formations rocheuses alternativement tendres ou plus résistantes. Dans les zones tendres, il suit un large cours ponctué d'îlots sablonneux que crée la vase déposée par les eaux calmes.

Quand le fleuve rencontre des zones géologiques résistantes, l'érosion devient la force principale. Dans le cas du Zimbabwe, des strates successives de basalte dur se sont accumulées durant les éruptions volcaniques du jurassique. Le refroidissement régulier de ces couches basaltiques a fissuré la roche et a provoqué notamment l'apparition d'une profonde crevasse de plus de 1 700 mètres de large. Au cours des ères géologiques ultérieures, l'érosion a poursuivi son œuvre. Toute la région fut même submergée, comme en témoignent les vestiges de créatures aquatiques découverts dans la zone.

Les bouleversements climatiques (provoqués notamment par la dérive des continents) ont asséché les eaux de surface, laissant deux fleuves s'écouler de part et d'autre du plateau basaltique – le Matetsi au nord et le Zambèze au sud. Le soulèvement tectonique intervenu ultérieurement au sud du Zambèze a repoussé progressivement le lit du fleuve vers le nord. Quand celui-ci rencontra la faille déjà mentionnée, profonde de 250 mètres et large de 1 700 mètres, il s'y engouffra et dut se frayer dans cette roche résistante un nouveau cours qui lui fit rejoindre le Matetsi. Les chutes Victoria étaient situées à l'origine à 8 km en aval des cataractes actuelles. Certaines zones basaltiques plus tendres, perpendiculaires au cours de la rivière, et 2 millions d'années d'érosion ont permis au fleuve de traverser sept gorges successives, chacune étant située plus en aval que la précédente. Les chutes que nous admirons aujourd'hui sont en fait les chutes Victoria n°8 ! ■

1903, commerce qui ne connut un essor véritable qu'à l'arrivée du chemin de fer. L'un des magasins, *Soper's Curios*, existe depuis 1911. Jack Soper, le premier propriétaire, avait aménagé devant sa boutique rustique un bassin où vivait un crocodile. Comme de bien entendu, un crocodile se prélasse toujours dans le même bassin.

Presque au bout de la rue, le Victoria Falls Aquarium présente divers poissons et des crocodiles ; l'idée est de vous attirer dans la boutique de souvenirs regorgeant de sculptures, bijoux et de vêtements inspirés du thème des poissons.

Si vous avez toujours souhaité vous offrir une plaque de cuivre découpée en forme de Zimbabwe, équipée d'un mouvement d'horlogerie orné d'un motif de girafe et d'acacia, le tout monté sur un quelconque morceau de bois, l'occasion vous en est ici offerte. La quantité d'objets kitsch qu'offre cette boutique fait vaciller l'imagination. Lorsque vous aurez terminé votre lèche-vitrines, vous pourrez vous rendre au Zambezi Taxidermy Snake Park et dépenser 1,50 $US pour admirer les serpents.

Si vous recherchez en revanche des objets de qualité, allez dans les halls artisanaux à l'extrémité de la rue, où des femmes exposent leurs créations et sont heureuses de marchander leurs prix déjà très concurrentiels. Les négociateurs habiles pourront y faire de véritables affaires tout en contribuant directement à l'économie locale.

Zambezi Nature Sanctuary (Spencer Creek Crocodile Ranch)

Si toutes ces photos montrant des touristes caressant des bébés crocodiles vous impressionnent, vous aurez ici la possibilité de tenter l'expérience. Avec ses 5 000 crocodiles de toutes tailles, la réserve naturelle du Zambèze (anciennement Spencer Creek Crocodile Ranch) met quantités de sauriens à votre disposition pour 2 $US la visite. Elle diffuse également des vidéos sur la vie du crocodile et regroupe un musée du crocodile, un salon de thé, un enclos à félin, une volière, une collection d'insectes, des animaux domestiques et une boutique de souvenirs. La réserve est ouverte de 8h à 17h, tous les jours sauf le jour de Noël.

Activités sportives

Les chutes Victoria sont en train de devenir très rapidement le plus grand terrain de jeu pour touristes en quête de sensations fortes. Les agences y sont nombreuses et les possibilités ne manquent pas en ville. En dépit des tarifs mentionnés ci-dessous, n'hésitez pas à comparer les prix, ce qui vous permettra parfois de dénicher la bonne affaire.

Flight of the Angels. Le nom ("vol des anges") de ce survol de 10 à 15 minutes au-dessus des chutes provient d'une citation usée jusqu'à la corde d'un David Livingstone frappé d'effroi qui, manifestement sous l'influence d'une inspiration religieuse, écrivit dans son journal : "Les anges dans leur vols ont dû contempler des visions aussi magnifiques que celle-ci." La plupart des anges actuels sont de purs produits du Kansas, fabriqués par Piper Aircraft. Le privilège de les rejoindre brièvement vous coûtera la somme à juste titre céleste de 47 $US par personne. Rares sont les visiteurs terre à terre qui apprécient ces avions venus gâcher la vue, mais ceux qui ont tenté l'expérience en sont invariablement enchantés.

Les vols sont organisés par United Air (☎ 4530) à l'aéroport de Sprayview. Vous pouvez réserver directement ou par le truchement de n'importe quelle agence de voyage de Victoria Falls. Les départs ont lieu tous les quarts d'heure environ. Le vol de 30 minutes au-dessus des chutes et du Chundu Loop du parc national du Zambèze coûte 60 $US par personne.

D'autres vols spectaculaires sont proposés par Southern Cross Aviation (☎ 4618) qui organise des survols des chutes de 15 minutes en hélicoptère (53 $US par personne), des vols de 30 minutes en remontant le Zambèze (90 $US), des vols de 25 minutes en Cessna au-dessus des chutes (35 $US) et un vol de 40 minutes en Cessna le long des gorges du Zambèze (50 $US). Si vous recherchez une expédition plus originale, faites-vous déposer en hélicoptère sur une île au milieu du fleuve pour y déguster un petit déjeuner au champagne de 2 heures, pour 390 $US jusqu'à quatre personnes.

Descentes du Zambèze en raft. Ne manquez pas de vivre ces instants palpitants qui consistent à se laisser emporter et ballotter par les eaux en furie du Zambèze en aval des chutes. Des amateurs de sensations fortes en eaux vive accourent du monde entier uniquement pour cela (mais la réactivation du projet de barrage de Batoka, en aval des chutes, pourrait mettre un terme définitif aux activités de rafting).

Les rapides traversant les gorges du Zambèze sont parmi les plus sauvages – et les plus sûrs – de la planète, en raison principalement de la profondeur de l'eau, des parois abruptes des canyons et de l'absence de rocher au milieu du fleuve. Les rapides les plus violents, classés en période de basses eaux en catégorie IV et V (sur une échelle allant de I à VI), sont franchis par des rameurs très expérimentés. Tous les jours des gens tombent des rafts (s'ils parviennent à s'accrocher à l'embarcation, on les appelle "short swimmers" – petits

Qui a soif ?

Voici plusieurs années, un groupe d'hommes d'affaires japonais, en costumes trois-pièces et chaussures cirées, se rendirent à ce qu'ils croyaient être le lieu de rendez-vous de leur croisière boissons comprises sur le Zambèze. Après un discours d'introduction détaillé en anglais, qu'aucun d'entre eux ne comprenait, ils enfilèrent les gilets de sauvetage et les casques qu'on leur remit, puis furent emmenés en bus jusqu'au bord des gorges. Là, on leur expliqua qu'ils devaient avec leur guide descendre un chemin escarpé jusqu'à l'eau où attendaient leurs bateaux. Les Japonais suivirent les instructions et se retrouvèrent au fond de la gorge pour embarquer dans des rafts en caoutchouc. Après 15 km de descente dans les remous, trempés jusqu'à l'os mais visiblement enthousiasmés par l'expérience, ils s'enquirent de savoir quand les boissons prévues leur seraient servies. ■

nageurs ; les "long swimmers" – grands nageurs – sont ceux qui traversent les rapides en dehors de l'embarcation) mais les agences utilisent le meilleur matériel disponible et gardent la situation bien en main. Par conséquent, les blessures sont très rares. Rappelez-vous cependant que Nyaminyami, le dieu du fleuve, réclame normalement quelque offrande de la part des navigateurs : n'emportez rien que vous ne consentiez à perdre.

L'autre défi, c'est l'effort considérable qu'il vous faudra fournir pour remonter le bord du rapide, alors que vous serez encore secoués des décharges d'adrénaline causées par la descente. Si vous avez concentré toute votre attention à vous maintenir dans le raft et avez manqué ainsi de profiter pleinement du voyage, les diverses agences zimbabwéennes diffusent l'enregistrement vidéo des descentes du jour à la Ilala Lodge, tous les soirs à 19h30, où vous pourrez également acheter les vidéos et les photographies de votre propre exploit.

Les principaux opérateurs sont Safari Par Excellence (☎ 4224), au Phumula Centre, ainsi que Frontiers (☎ 4267) et Shearwater (☎ 4471), tous deux situés dans le quartier des arcades. Sur la rive zambienne, vous trouverez Sobek (☎ (260-3) 321432), Katombora Rd, à Livingstone, qui possède également un petit bureau dans Parkway à Victoria Falls. Pour une demi-journée/journée complète de rafting, comptez 80/100 $US sur la rive zimbabwéenne et 75/95 $US sur la rive zambienne. Shearwater et Safari Par Excellence fournissent des vêtements imperméables à manches longues qui vous protégeront de l'eau glacée durant les descentes en hiver.

En période de hautes eaux, la descente des rapides 11 à 18 (ou 23), relativement quelconque, peut être effectuée à partir de la rive zimbabwéenne ou de la rive zambienne du 1er juillet au 15 août, ou bien dès la mi-mai durant les années de faibles chutes de pluie. En période de basses eaux, la descente plus violente sur les 22 km de parcours sinueux des rapides 4 à 18 (ou 23), au Zimbabwe, et des rapides 1 à 18 (ou 23), en Zambie, s'effectue généralement du 15 août à la fin décembre. Les sites de mise à l'eau sont Big Eddy, sur la rive zimbabwéenne, et Boiling Pot, sur la rive zambienne. Si vous souhaitez continuer jusqu'au rapide 23, précisez-le explicitement lors de votre réservation, sinon votre descente s'achèvera au rapide 18 (appelé Oblivion). Toutes les agences contournent à pied le rapide 9, affectueusement surnommé "Commercial Suicide".

Safari Par Excellence offre la possibilité supplémentaire de passer la nuit au Camp Mukuni, en Zambie, avant de revenir à Victoria Falls. Il vous en coûtera 35 $US pour dormir sur la plage et 45 $US sous tente.

Durant la basse saison, de janvier à juillet, Sobek propose des descentes menant plus en aval et commençant à Songwe Gorge, le site des chutes Victoria d'origine. Sobek organise également des descentes avec campement pour la nuit à Songwe Gorge, de même que des expédition en raft de 2 à 7 jours. Frontiers et Safari Par Excellence offrent des expéditions comparables sur la rive zimbabwéenne. La descente de 3 jours revient en moyenne à 250 $US par personne, celle de 5 jours environ 500 $US. La descente de 7 jours par Batoka Gorge coûte 1200 $US, tout compris. Cet itinéraire débutant à Boiling Pot franchit les rapides Chimamba, les chutes Moemba et la gorge Batoka, pour s'achever en aval à l'embouchure de la rivière Matetsi.

Offrant une perspective unique et une option plus civilisée, le "Float of the Angels", proposé par Safari Par Excellence, comporte un circuit en raft, avec petit déjeuner, longeant la base des chutes à partir de Boiling Pot, sur la rive zambienne, pour 50 $US par personne.

Croisières fluviales. Diverses croisières fluviales sont proposées sur le Zambèze en amont des chutes, certaines incluant une escale à Kandahar, l'île au milieu du fleuve. (Curieusement, son nom, contrairement aux apparences, n'a rien d'africain : celui-ci commémore lord Roberts de Kandahar, dont le titre provient de la bataille de

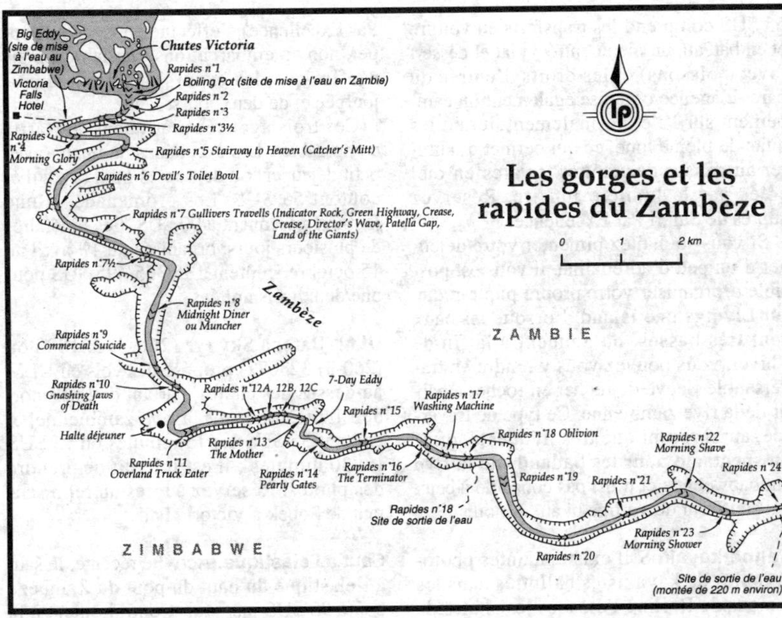

Les gorges et les rapides du Zambèze

Kandahar qui eut lieu en Afghanistan au tournant du siècle.)

Certaines croisières, telle Sundowner Cruise, incluent les boissons dans leurs tarifs et sont de bon rapport qualité-prix. D'autres proposent un bar payant très onéreux. Vous pourrez opter pour un petit déjeuner au champagne (de 6h à 8h), une croisière thé du matin (de 10h à 12h), une croisière déjeuner (de 12h30 à 14h30) ou une croisière thé de l'après-midi (de 14h à 16h) pour 17 $US. Une croisière ornithologique est également proposée de 14h30 à 16h30 pour 11 $US ; une croisière du matin pour randonneurs pour 10 $US ; une croisière au champagne l'après-midi de 16h à 18h pour 18 $US ; une croisière au coucher du soleil de 16h à 18h30 pour 16 $US ; et la plus fréquentée, une croisière avec boissons au coucher du soleil de 17h à 18h30 pour 17 $US. Les bateaux ne s'arrêtent pas en cours de route, de même que la consommation d'alcool, aussi l'ambiance peut-elle devenir assez tumultueuse, mais cette excursion est amusante et le coucher du soleil ne semblera jamais aussi éclatant. Les croisières Sundowner offrent également une option plus légère, en petits bateaux, avec boissons et découverte ornithologique.

Les navires appareillent des jetées aménagées à côté du A'Zambezi River Lodge. Voir Dabula Safaris, Zambezi Wilderness Safaris ou Safari Par Excellence. Le transport au départ des hôtels, inclus dans les tarifs, est organisé 30 minutes avant le départ du bateau.

Pique-nique sur Livingstone Island. Tongabezi Lodge (en Zambie), propose un déjeuner complet au champagne sur le "site de pique-nique le plus original au monde", Livingstone Island, cet énorme rocher qui scinde en deux les chutes Victoria. Le pique-nique, ouvert à tous, est accessible à partir de la rive zimbabwéenne. Le tarif de

65 $US comprend les transferts en voiture et en bateau, un menu entrée, plat et dessert (avec boissons) et les droits d'entrée du parc. L'agence organise également un campement sur l'île, normalement durant les nuits de pleine lune, ce qui permet d'admirer au-dessus des chutes les arcs-en-ciel créés par la lumière lunaire. Réservez auprès de Safari Par Excellence.

Si vous souhaitez pimenter votre déjeuner d'un peu d'adrénaline, il vous est possible d'organiser votre propre pique-nique sur Livingstone Island. Lorsque les eaux sont très basses, notamment à la fin de l'hiver, vous pouvez vous y rendre en traversant le fleuve de rocher en rocher à partir de la rive zambienne. Ce type de traversée, aussi récent que très fréquenté, offre un spectacle pour les badauds de la rive zimbabwéenne et n'est pas conseillé à ceux qui souffrent du vertige ni aux timorés.

Canoë-kayak. S'il existe maintes photographies de kayakistes ballottés dans les remous de Boiling Pot, sous les chutes, la plupart des excursions en canoë-kayak ont lieu en amont des chutes (et, fort heureusement, y demeurent). Il est très agréable de pagayer sur ce vaste fleuve, au cours le plus souvent calme, d'explorer ses nombreuses îles et de descendre ses mini-rapides. Si vous souhaitez effectuer une promenade reposante, ponctuée de quelques passages plus palpitants, explorer à pied les îles inhabitées et découvrir une faune abondante, c'est le moyen idéal pour passer un ou deux jours de détente absolue.

Zambezi Canoe Company propose plusieurs options, de la flânerie d'une demi-journée autour de l'île de Kandahar jusqu'au circuit de trois jours et deux nuits en camping, commençant en amont des rapides Katombora, non loin de la frontière du Botswana.

Kandahar Safaris organise des circuits d'une demi-journée à quatre jours. Le site de mise à l'eau est le même que celui de Zambezi Canoe Company, mais le rythme de la promenade est plus placide. La troisième option, Zambezi Odyssey (Safari Par Excellence) s'effectue en kayaks Klepper, non en embarcations gonflables, mais n'offre que des excursions d'une demi-journée et de deux jours.

Ces trois agences pratiquent des tarifs comparables. Les excursions du matin (avec petit déjeuner) ou de l'après-midi (avec thé) coûtent 55 $US. Les promenades d'une journée reviennent à 90 $US. Les itinéraires de plusieurs jours, organisés du 1er avril au 15 octobre, coûtent 135/365/495 $US pour une/deux/trois nuitées.

ULM. Batoka Sky (☎ (260-3) 321830 ou (260-3) 323672) propose des vols en ULM au-dessus des chutes, partant de l'aéroport de Livingstone, sur la rive zambienne, et coûtant 55 $US les 15 minutes ou 95 $US les 30 minutes ; il est interdit de prendre des photos. Réservez auprès du représentant de Sobek à Victoria Falls.

Saut à l'élastique. Activité récente, le saut à l'élastique du haut du pont du Zambèze coûte 90 $US par saut. Contrairement à la croyance populaire, les sauteurs ne sont plus repêchés dans des rafts comme c'était le cas à l'ouverture de la concession, mais remontés à la force des bras sur le pont par un employé qui, en fin de journée, doit se sentir un peu comme un yoyo. C'est pour cette raison que le saut à l'élastique peut se pratiquer tout au long de l'année.

Pêche. A l'intention des amateurs de pêche, Dabula Safaris organise des sorties sur le Zambèze. Brème jaune, poisson-tigre, *squeaker* et barbeau (poisson-chat) constituent les prises principales. La sortie de pêche de 2 heures, comprenant les boissons et tout l'équipement, coûte 15 $US par bateau et par heure, plus 5 $US par personne par heure. Pour la journée complète, il vous en coûtera 20 $US par bateau plus 5 $US par personne et par heure.

Où se loger – petits budgets

Le *Town Council Rest Camp & Caravan Park* (☎ 4210), en plein centre-ville sur Livingstone Way, est spacieux mais encombré de tentes et de camions de transports routiers internationaux. Attention aux gangs de singes et de babouins qui effectuent plusieurs razzias par jour et dévastent poubelles et campement : ne laissez pas votre tente ouverte. Sinon, le camping est relativement bien gardé.

Le camping coûte 3 $US par personne et des tentes de 2/3/4 places peuvent être louées pour 4/5/6 $US. Les lits en dortoir reviennent à 4,50 $US, mais la sécurité y laissant à désirer, il n'est pas rare que des bagages disparaissent. Les chalets coûtent 5,50 $US par personne (tarif minimum de 7 $US), literie, réfrigérateur et ustensiles de cuisine compris. Le prix des cottages indépendants à 6 lits s'élèvent à 5 $US par personne (minimum 12 $US).

Si vous recherchez davantage de solitude, essayez le camping situé en dehors de la ville entre A'Zambezi Lodge et l'embarcadère, site gigantesque accueillant principalement des caravanes. Des éléphants le fréquentent la nuit et, durant la journée, attendez-vous à y rencontrer des phacochères, des babouins et des antilopes. Le tarif du camping est identique à celui pratiqué en ville, mais vous n'y trouverez ni dortoirs, ni chalets.

Pour les hébergements des parcs nationaux, consultez la rubrique *Où se loger* du chapitre consacré au *Zambezi National Park*.

Où se loger – catégorie moyenne

Le seul hôtel accessible aux voyageurs à petit budget est le *Sprayview* (☎ 4344), situé immédiatement à l'extérieur de la ville dans Livingstone Way, et proposant des simples/doubles à 33/44 $US. Le bar et la discothèque sont très fréquentés par les voyageurs, et la terrasse au bord de la piscine est idéale pour se désaltérer d'une bière bien fraîche.

Où se loger – catégorie supérieure

Tous les hôtels de cette catégorie installés à Victoria Falls pratiquent un système de prix à trois niveaux, les étrangers n'ayant guère d'autre choix.

Le plus agréable de tous en termes d'architecture, et celui dont la fourchette des prix pratiqués pour les étrangers et les Zimbabwéens est la moins étendue est le relativement récent *Ilala Lodge* (☎ 4737 ; fax 4417), perché sur la colline sous la poste. Malgré sa situation centrale, son décor naturel, son restaurant-bar terrasse ensoleillé, ses pelouses verdoyantes et la proximité de la brousse créent cette atmosphère que l'on s'attend généralement à trouver à Victoria Falls. Pour les chambres simples/doubles, les étrangers payent 90/140 $US et les Zimbabwéens 72/88 $US.

Si vous en avez les moyens, l'établissement quatre-étoiles *Victoria Falls Hotel* (☎ 4203, fax 4586) est un charmant hôtel suranné. Après avoir traversé la gare de style Belle Époque, il vous offrira un cadre approprié à la grande illusion coloniale. De cette majestueuse architecture Art nouveau de 1905, parfois accusée de ressembler à un hôpital psychiatrique, émane une atmosphère particulière que ne dément pas son emplacement dominant la seconde gorge du Zambèze.

Pour les chambres simples/doubles, les étrangers payent 162/232 $US et les Zimbabwéens 63/90 $US. Si vous recherchez le summum du luxe, offrez-vous la suite présidentielle à 466 $US.

Les princes arabes, les stars et les gangsters ne sont pas encore arrivés à Victoria Falls, à la différence du casino. Le *Makasa Sun Hotel* (☎ 4275), abritant l'un des quatre casinos du pays, est parvenu à obtenir une troisième étoile. Sa clientèle étincelle et ce n'est que vu de l'extérieur qu'il ressemble à un immeuble d'habitation subventionné par le gouvernement. Les étrangers payent 102/150 $US les chambres simples/doubles et les Zimbabwéens 40/58 $US. Les non-clients peuvent utiliser la piscine pour quelques dollars. Les bandits manchots se réveillent à 10h30 et le reste du casino ouvre ses portes tous les soirs à 20h. Les bars, en revanche, ne sont ouverts que jusqu'à 23h.

Le *Rainbow Hotel* (☎ 4585 ; fax 4536) est un établissement trois-étoiles situé à

Victoria Falls Hotel
L'élégant Victoria Falls Hotel, que maints voyageurs connaissent pour son somptueux petit déjeuner buffet, fut le premier hôtel des chutes. A l'origine, les touristes qui se rendaient aux chutes Victoria voyageaient par voie de terre, soit à pied, soit en chariot, au cours d'un périple de plusieurs jours le long de la piste Pandamatenga partant du Botswana.

A l'arrivée du chemin de fer en 1904, le tourisme fit un grand bon en avant. Durant la première année, les visiteurs durent se contenter de dormir dans les wagons. La nécessité d'un hôtel digne de ce nom se faisant plus pressante à mesure qu'affluaient les ouvriers chargés de la construction du pont ferroviaire et un nombre croissant de voyageurs, on commença en 1905 la construction du premier Victoria Falls Hotel, une bâtisse de bois et de tôle ondulée perchée entre la gare et la seconde gorge du Zambèze. Cet hôtel rudimentaire et peu confortable fut remplacé en 1914 par un édifice en briques. Une voie de trolley fut tracée pour transporter les touristes jusqu'aux chutes dans des wagonnets poussés par des serviteurs. Jadis destination atteinte de haute lutte par les plus intrépides des voyageurs, les chutes Victoria sont désormais à la portée de tous.

L'hôtel actuel a fait l'objet de quelques ajouts, mais il a su conserver une certaine prestance. Ses parcs tout aussi séduisants sont plantés de pelouses verdoyantes, de bougainvillées, de frangipaniers, de flamboyants, de palmiers et d'autres essences tropicales. N'oubliez pas d'apporter de votre pays d'origine un badge que vous laisserez en souvenir au sympathique portier qui a déjà amassé une étonnante collection du monde entier. ■

quelques pas du centre-ville. Son architecture qui semble s'inspirer de quelque palais du Rajasthan paraît incongrue mais son cadre offre tranquillité, pelouses verdoyantes et jardins. Les étrangers payent 90/130 $US les chambres simples/doubles et les Zimbabwéens 33/47 $US.

En dehors de la ville, en face du ranch aux crocodiles, le calme *A'Zambezi River Lodge* (☎ 4561) offre un hébergement trois-étoiles mais, en raison de sa situation éloignée, il sera utile de posséder une voiture. Pour les étrangers, les chambres simples/doubles déboursent 90/130 $US et les Zimbabwéens 33/41 $US. Derrière l'établissement s'étend une vaste pelouse menant jusqu'au Zambèze, avec piscine et terrasse où un buffet braai est servi tous les soirs.

Dominant une colline proche, se dresse l'imposant *Elephant Hills Hotel* (☎ 4793 ; fax 4655). Son architecte a eu la bonne idée d'offrir à chaque chambre un balcon ombragé d'un auvent de chaume dont l'esthétique est malheureusement épouvantable. Son confort est l'un des plus luxueux de Victoria Falls mais, de loin, il ressemble à une immense prison de béton gris (certaines fenêtres sont même dotées de barreaux) ou, au mieux, à un monceau de boîtes à œufs. Les habitants de la région reconnaissent volontiers que c'est le bâtiment le plus laid de tout le Zimbabwe, ce qui peut peut-être justifier votre visite ! Pour les chambres simples/doubles – avec vue et balcon de chaume – les étrangers payent 162/232 $US, les Zimbabwéens 63/90 $US. L'établissement organise une navette jusqu'au Makasa Sun Hotel, tous les jours de 8h à 17h, partant à la demie de chaque heure.

Le plus récent établissement installé à Victoria Falls, c'est *The Lodge at Victoria Falls* (☎ 708737 ; fax 733068, à Harare). Cette immense série de pavillons, d'architecture agréable (qui, de loin, ressemble à des *wats* thaïlandais), offre à tous ses clients une vue imprenable sur le coucher du soleil et ne lésine pas pour mériter ses cinq-étoiles. On s'efforce d'y privilégier le thème écologique : papier toilette et papeterie recyclés, ouvrages de référence d'histoire naturelle dans toutes les chambres, plantes indigènes dans le jardin et conférences périodiques sur les questions d'environnement. Comme cet hôtel venait d'être inauguré à l'époque de la rédaction de ce guide, il ne nous a pas été possible d'évaluer son succès. Étonnamment, le premier tarif proposé aux étrangers ne s'élève qu'à 100 $US par personne, petit déjeuner compris.

Les logements indépendants des *Victoria Falls Safari Lodges* (☎ 4725 ; fax 4792), à côté, coûtent 80/95 $US dans des lodges de 2/3 chambres. Chaque lodge peut accueillir jusqu'à six personnes.

Où se loger – safaris lodges

L'*Imbabala Safari Camp* (☎ 4219), PO Box 110, Victoria Falls, est un campement de luxe installé à côté du Zambèze près de Kazungula, niché dans une forêt dense et offrant une vue sur les rives du fleuve, ainsi qu'un site de pêche très fréquenté. Le tarif de 175 $US par personne et par jour comprend l'hébergement en chalets de chaume, les repas, des excursions à la découverte de la faune, des excursions en bateau et le matériel de pêche.

A proximité, le *Westwood Game Lodge* (☎ /fax 4614), PO Box 132, Victoria Falls, est aménagé dans un bosquet d'arbres sur la rive du fleuve. Il ne peut accueillir à la fois que six personnes dans 3 bungalows en grès et en chaume bâtis à quelques mètres de ses rives. On ne peut y accéder qu'en avion ou en 4x4. Les étrangers payent 187 $US par personne, le tarif comprenant les repas, les transferts et les excursions à la découverte de la faune.

A 7 km de Victoria Falls, le *Masuwe Lodge* (☎ 702634 ; fax 702546), PO Box 66293, Kopje, Harare, est un campement assez récent, géré par Landela Safaris, qui est installé à côté de la rivière Masuwe à l'ouest de la route de Bulawayo. Son nom signifie "lieu de la pierre douce", d'après une sorte de roche oxydée traditionnellement utilisée en guise de cosmétique.

Elle occupe un game ranch privé de 300 hectares jouxtant le parc national du Zambèze : la faune y abonde. Les tentes sont plantées sur des plates-formes en bois surélevées et la zone du restaurant, perchée au-dessus de la vallée, offre une superbe vue panoramique. Le tarif, à partir de 200 $US environ par personne, comprend la pension complète ainsi que diverses activités.

Le *Tongabezi Lodge* (☎ (260-3) 323 235 ; fax (260-3) 323224) est aménagé sur la rive zambienne du Zambèze, à peu près en face du Chundu Camp du parc national du Zambèze. On y met l'accent tant sur l'originalité que sur le luxe, et sa situation centrale en fait un lieu prisé par les riches Zimbabwéens, Zambiens et Namibiens. L'hébergement est proposé soit dans des tentes luxueuses, soit dans des bungalows offrant une vue sur le fleuve, et chaque logement est conçu avec imagination. Si vous recherchez quelque chose de véritablement différent, essayez la suite "lune de miel", isolée en plein air, juchée au sommet d'une falaise et offrant un jardin privatif, une baignoire encastrée et un romantique lit à baldaquin. Si vous en avez les moyens et souhaitez vous faire plaisir, essayez-le, il n'a jamais déplu à quiconque. Le tarif, à partir de 160 $US par personne pour le campement de tente, s'élève jusqu'à 200 $US pour les bungalows.

Le Tongabezi Lodge possède également un petit campement, *Sindabezi*, aménagé sur un îlot au milieu du fleuve, en aval, ainsi qu'un campement mobile sur Livingstone Island, immédiatement en amont des chutes Victoria.

Enfin, le *Chomunzi Camp* (☎ /fax 4453) est un petit campement de tentes décontracté, installé dans le parc national du Zambèze et géré par Dabula Safaris. Son tarif de 140 $US par personne comprend tous les repas et deux randonnées à la découverte de la faune par jour.

Où se restaurer

Si depuis six jours vous prenez vos petits déjeuners à l'hôtel et recherchez quelque chose d'autre, essayez *Naran's Takeaways*, Sopers Arcade, qui propose un "petit déjeuner campeur" avec steak, bacon, œuf, pain grillé, frites et un verre de jus d'orange de Mazoe pour à peine 2 $US. Pour le déjeuner et les casse-croûte, leurs spécialités végétariennes sont imbattables, notamment leurs curries et leurs samosas, superbes. On vous proposera également un curry sadza végétarien. Malheureusement, cet établissement ferme entre 16h30 et 18h, en fonction de l'affluence.

Le *Wimpy* sert également des petits déjeuners de type restauration rapide et propose durant la journée son menu standard de burgers, poulet, frites, etc. Il vous en coûtera environ 2 $US par personne.

Dans Sopers Arcade, l'excellent *Pizza Bistro* est probablement le café-restaurant le plus fréquenté de la ville : vous devrez normalement attendre un peu avant de pouvoir obtenir une table et la maison ne prend aucune réservation – ce qui explique les bonnes affaires de l'Explorers voisin.

Une autre pizzeria, *Eatza Pizza*, dans Parkway, est moins bondée et livre même des pizzas dans le camping situé de l'autre côté de la route.

Le *Cattleman Restaurant*, dans Phumula Centre, propose comme son nom l'indique des spécialités de bœuf. Le *Gorge Restaurant* sert une cuisine "spéciale randonneurs" pour moins de 1,50 $US et *Boiling Pot Takeaways* est commode pour un repas rapide.

Sinon, vous pourrez vous restaurer dans l'un des hôtels ou lodges proposant des buffets au petit déjeuner, au déjeuner et au dîner. Certains servent de véritables banquets et des menus à prix fixe.

Le petit déjeuner buffet jadis très fréquenté du Victoria Falls Hotel est désormais hors de portée de la bourse des randonneurs et autres voyageurs à petit budget. Heureusement, celui du *Ilala Lodge*, tout aussi excellent, ne coûte que 3,50 $US. Le buffet le moins onéreux est celui du Sprayview Motel, dont le petit déjeuner revient à 2 $US et le dîner 3,50 $US.

Le copieux dîner braai du Victoria Falls Hotel, hautement recommandé mais plus onéreux, s'élève à 8,50 $US. Les végétariens pourront savourer un grand choix de salades, de pains, de plats cuisinés et de pâtisseries, tandis que les autres pourront déguster pas moins de quatre plats de viande braai, des sadza accompagnés de divers assaisonnement à la viande et d'innombrables hors-d'œuvre.

Les buffets servis au *Elephant Hills Hotel* sont également excellents (4 $US pour le petit déjeuner et 6 $US pour le déjeuner), de même que le petit déjeuner à volonté (2,30 $US) chaudement recommandé et le déjeuner-pub (2 $US) du *Ilala Lodge*. Le bar sur le toit du *Makasa Sun Hotel* offre une belle vue et des amuse-gueule gratuits tous les soirs à 18h. Le *A'Zambezi River Lodge* sert des repas complets et des mises en bouche toute la journée sur la terrasse de la piscine.

La cuisine du récent *Boma Restaurant* (☎ 4725) des Victoria Falls Safari Lodges a déjà été saluée par des prix. Pour 8,50 $US, vous pourrez savourer un buffet africain de quatre plats (dont du gibier et de la cuisine locale traditionnelle), agrémenté d'un chœur ndebele. L'établissement est situé loin de la ville, mais vient chercher gratuitement sa clientèle sur le perron des grands hôtels.

Pour un dîner plus original, Dabula Safaris (☎ 4453) organise un *Bush Dinner* en plein air, dans une réserve privée jouxtant le parc national du Zambèze. Le menu, qui débute par une entrée de queue de crocodile, propose un potage, un sadza accompagné d'une venaison et un dessert. Le prix de 30 $US par personne comprend le transport et les boissons.

Si vous souhaitez faire votre marché, le meilleur magasin de la région est le Jay's Spar Supermarket, relativement bien approvisionné. Vous trouverez également un marchand de légumes dans Sopers Arcade ainsi qu'une boucherie convenable dans le township de Chinotimba.

Distractions

La bière et les autres boissons étant plus onéreuses que partout ailleurs au Zimbabwe, attendez-vous à payer à Victoria Falls le double pour une Castle coûtant 0,35 $US à Harare.

Bars et discothèques. Jusqu'en début de soirée, la halle à bière du township de Chinotimba vous offrira une bonne ambiance locale. Les bars des grands hôtels proposent des concerts en sourdine, souvent des spectacles "cargos bananiers" pseudo-africains et une musique marimba insipide rappelant celle des mises en attente téléphoniques. Hormis ces possibilités et celle du Makasa Sun Casino, les bonnes adresses sont rares.

La plupart des voyageurs font au moins une fois l'expérience de la discothèque du Sprayview Lodge qui propose une bonne musique reggae, ainsi que des musiques locales quelconques, tous les soirs de 19h30 à 23h. Les habitants de Victoria Falls conseillent aux étrangers de demeurer sur leurs gardes en partant de Sprayview à la nuit tombée : des lions s'aventurent souvent dans les zones habitées et semblent attirés par les fêtards. Un lecteur nous a écrit :

> Le Sprayview possède une discothèque ouverte tous les soirs – très élémentaire mais plaisante et offrant l'occasion de rencontrer les gens du coin. La clientèle est principalement composée de Noirs travaillant dans l'industrie touristique et de quelques touristes aventureux ou de fonctionnaires finlandais de l'ONU en quête d'"hospitalité" locale. La discothèque invite des groupes de reggae de Zambie, mais les adolescents semblent préférer les disques de soul et de disco américaine. L'atmosphère n'est pas si "amicale" que cela : la plupart des clients, qui doivent faire toute la journée des sourires à des Sud-Africains qui les méprisent, souhaitent simplement passer une soirée loin des touristes. A part cela, la boîte est convenable et bien d'autres clients ne refuseront pas de discuter ou de danser avec vous.
>
> **Andy Bollen (Australie)**

L'Explorers, dans Sopers Arcade, est un bar très fréquenté, plus particulièrement par les pilotes de raft et les routiers internationaux, ainsi que des clients qui en d'autres circonstances seraient restés confinés dans l'obscurité de leur tente plantée sur le camping-caravaning. Essayez la spécialité maison, le cocktail Toxic Sludge.

Le Downtime Night Club (supplément de couvert de 2,50 $US), au sous-sol du Ilala Lodge, est principalement fréquenté par des parieurs locaux et des randonneurs. Il est ouvert tous les soirs de 20h à l'aube.

Falls Craft Village. Au coucher du soleil, vers 19h, le Falls Craft Village propose un spectacle de danses traditionnelles pour 3,50 $US. On nous dit que ce spectacle est excellent, offrant des attractions singulières comme les inquiétants tambours perpétuant les mythes ou scandant le rituel de circoncision. Même si vous n'assistez pas au spectacle, vous l'entendrez résonner presque partout en ville.

Africa Spectacular. Le grand spectacle touristique des Falls, c'est l'Africa Spectacular, présenté tous les soirs au Victoria Falls Hotel. Bien que les exécutants aient vraisemblablement joué des milliers de fois leur répertoire, ils parviennent pourtant à transmettre un certain enthousiasme. Si cette prestation n'est pas complètement authentique, elle offre cependant une introduction divertissante aux danses africaines traditionnelles.

Le spectacle commence tous les soirs à 19h dans le pavillon situé derrière l'hôtel, et coûte 4 $US par personne.

Sport. Il serait probablement exagéré de le qualifier de sport, mais vous pouvez désormais faire un tour au Zambezi Survivor Splat Ball, présenté comme une "alternative amusante et sans danger à la guerre véritable". Réservez auprès de Photo Fast, Parkway.

Comment s'y rendre

Pivot touristique de l'Afrique australe, Victoria Falls, à l'intersection de quatre pays, est un carrefour où transitent des voyageurs de toutes conditions sociales. Tous les itinéraires touristiques y convergent et la quasi-totalité des visiteurs se rendant au Zimbabwe, en Zambie, en Namibie et au Botswana y séjournent à un moment ou à un autre de leur périple. Par conséquent, s'y rendre ne présente aucun problème.

Voie aérienne. Air Zimbabwe affrète au moins deux vols quotidiens entre Victoria Falls et Harare ; les vols de 7h15 en provenance de Harare et de 17h15 de Victoria Falls sont directs. Les autres font escale au parc national de Hwange et à Kariba.

Des vols internationaux desservent également Katima Mulilo, en Namibie, et Maun, au Botswana. Le premier, affrété par Air Namibia, coûte 45 $US, dure 25 minutes et offre une magnifique vue aérienne sur les chutes – une sorte de "Flight of the Angels". De fait, certains commandants de bord consacrent aimablement 10 minutes du vol à offrir aux passagers l'occasion de faire de superbes photographies.

Bus. La gare routière des bus Hwange Special Express (et d'autres bus africains) desservant la ville de Hwange et Bulawayo est située à côté du point de remise des bouteilles consignées, derrière Sopers Arcade. Le bus s'arrête également dans Pioneer Rd, dans le township de Chinotimba. Environ trois bus quotidiens circulent en général : ils partent lorsqu'ils sont complets.

Le bus Ajay's Motorways part du Makasa Sun Hotel le mardi et le jeudi à 7h, s'arrête au Hwange Safari Lodge à 9h30 et arrive à Bulawayo à 13h15. Le dimanche, il démarre à 8h, l'horaire des haltes en cours de route étant décalé d'une heure. Le trajet de Victoria Falls au Hwange Safari Lodge coûte 6,40 $US, et 11 $US jusqu'à Bulawayo. Dans la direction opposée, il part du Bulawayo Sun Hotel à 7h les lundi, mercredi et vendredi.

Les bus UTC ou Dabula Safaris, fonctionnant tous les matins, constituent les seuls transports publics desservant Kazungula et Kasane. Le tarif UTC s'élève à 20 $US et celui de Dabula à 30 $US. Le passage de la frontière est direct.

Pour réserver votre place dans le bus UTC, allez au bureau UTC, dans le bâtiment de la poste, et non au bureau Hertz UTC qui ne connaît pas l'existence de ce bus. Si vous n'avez pas réservé, faites signe au conducteur sur la route de Bulawayo, en face du Wimpy – le bus y passe entre 7h20 et 7h30.

Si vous vous rendez en Namibie, le bus Harare-Windhoek quitte la station-service Total de Victoria Falls le mercredi à 7h. Le trajet jusqu'à Windhoek revient à 75 $US.

Train. Jusqu'à récemment, l'attraction romantique du Zimbabwe, c'était le voyage en train à vapeur pour Victoria Falls. Aujourd'hui, toutes les locomotives sont des Diesel.

Les trains quittent Bulawayo tous les jours à 18h30 (et font halte à Dete à 1h30), et partent de Victoria Falls tous les jours à 19h (et passent à Dete à 0h45). Le billet 1re/2e/classe coûte 9/6 $US, et le billet en classe économique 4 $US. Les deux premiers proposent un service couchettes, tandis que seules des places assises sont offertes en classe économique.

Depuis 1995, un service passager biquotidien est proposé sur les trains de marchandises se rendant à Livingstone, en Zambie, *via* le pont du Zambèze. Les trains quittent Victoria Falls tous les jours à 10h et à 17h, et Livingstone à 9h et 15h30. Le trajet de 30 minutes revient à 1,50 $US dans chaque sens.

Le bureau de réservation est ouvert du lundi au vendredi de 7h à 12h et de 14h à 16h, et le matin uniquement durant le week-end.

En stop. La route reliant Bulawayo et Victoria Falls n'est pas vraiment très fréquentée mais vous devrez vraiment jouer de malchance pour ne pas trouver quelque voiture. Si vous vous rendez au Botswana, postez-vous tôt le matin à l'embranchement de Kasane, où vous serez quasi assuré de rencontrer un conducteur charitable.

Comment circuler

La ligne du trolley qui transportait naguère les visiteurs autour de Victoria Falls est depuis longtemps désaffectée, mais il existe d'autres options pour atteindre le parc de Victoria Falls. A partir de là, chacun doit se débrouiller.

Desserte de l'aéroport. L'aéroport de Victoria Falls s'étend à 20 km de la ville le long de la route de Bulawayo. Air Zimbabwe et South African Airways organisent une navette gratuite entre l'aéroport et la ville, au départ et à l'arrivée de tous les vols.

Taxi. Midnight Taxis (☎ 4290) est la compagnie travaillant dans la région. La station de taxi se trouve en face de la station-service Total, derrière le centre commercial du Wimpy Corner.

Moto. Tout détenteur d'un permis de conduire âgé de plus de 18 ans peut louer un scooter 50cc chez Scoot Hire (☎ 4402), dans le Phumula Centre. Il vous en coûtera environ 25 $US par jour, assurance et kilométrage illimité compris.

Bicyclette. Vous pourrez louer des VTT chez Bushtrackers, Parkway, pour 1,30 $US de l'heure, 6,50 $US pour 8 heures et 13 $US pour 24 heures. Toutes les locations requièrent une caution de 13 $US. Les vélos proposés sont souvent en mauvais état : vérifiez le vôtre avant de monter en selle.

CHUTES VICTORIA – RIVE ZAMBIENNE

La plupart des visiteurs s'empressent de traverser la Zambie aussi rapidement que possible, ou ne s'aventurent pas plus loin que Livingstone avant de revenir au Zimbabwe, ce qui ne saurait signifier que ce pays n'a rien à offrir. Malheureusement, malgré ses efforts concertés pour attirer les touristes, le système de prix à plusieurs niveaux pratiqué partout se traduit par la cherté des hébergements, des activités touristiques, ainsi que des droits d'entrée dans les parcs et les musées.

Les émeutes alimentaires et la paranoïa gouvernementale du début des années 90 ont cédé place à une récente transition démocratique : le nouveau gouvernement de Frederick Chilupa a ramené l'espoir et l'optimisme. Les agressions violentes demeurent cependant un problème (plus particulièrement à Lusaka), les étrangers en constituant une cible privilégiée. Si la visite des chutes Victoria sur la rive zambienne – l'attraction touristique majeure de Zambie – ne présente guère de danger, les choses se compliquent au-delà de Livingstone. Ne portez pas de vêtements qui pourraient être considérés de près ou de loin comme militaires (ce conseil est valable pour toute l'Afrique) et soyez très prudents quand vous photographiez les sites. Faire un cliché de tout sujet considéré comme sensible – pont, ligne électrique, édifice public, barrage ou installation militaire – pourra vous créer des ennuis.

La devise zambienne est le kwacha (ZKw) ; son taux de change était de 700 ZKw = 1 $US. Il n'existe pas de marché noir, car l'inflation dépasse 200% par an : ne changez que l'argent dont vous avez besoin, car le taux de change sera supérieur la semaine suivante.

Passer la frontière

La Zambie se trouve à 2 km de marche aisée de Victoria Falls, par le pont du Zambèze. Si la plupart des visiteurs effectuent l'aller-retour dans la journée, certains choisissent de continuer jusqu'à Livingstone, 11 km plus loin, pour y passer la nuit avant de revenir au Zimbabwe. Si vous avez loué un vélo au Zimbabwe, vous pourrez passer la frontière sans problème, mais plusieurs cyclistes nous ont fait part d'agressions violentes sur la route de Livingstone.

Le poste-frontière de Victoria Falls est ouvert de 6h à 20h. Si vous envisagez d'effectuer l'aller-retour en Zambie durant la journée, présentez-vous de bon matin à la frontière, car les files d'attente peuvent être longues et vous risquez de ne pas disposer d'assez de temps pour faire du tourisme, sachant que vous rencontrerez le même problème à votre retour. Les fouilles sont les plus longues en fin de matinée et en début d'après-midi.

Hormis les ressortissants du Commonwealth, d'Irlande et de Scandinavie, tous les autres visiteurs doivent être munis d'un passeport, tant pour un séjour d'une journée que pour un voyage plus long dans le pays. Le visa, qui coûte actuellement 10 $US, est délivré sur place – ou, plus précisément, quand les fonctionnaires sont à leur poste. Les agences de voyage organisant des excursions d'une journée sur la rive zambienne prennent normalement en charge les formalités de visa.

Les étrangers ne peuvent exporter que 500 $Z en devise zimbabwéenne : si vous passez la frontière seulement pour la journée, laissez votre argent à l'hôtel ou confiez-le à la frontière à l'officier d'immigration qui vous le rendra à votre retour. Toute somme en devise zimbabwéenne dépassant les 500 $Z déclarés sur votre formulaire de départ (ou découverte lors d'une fouille douanière) sera définitivement confisquée. Il est cependant rare que les formulaires de départ soient minutieusement examinés à ce poste-frontière.

Visite des chutes

La rive zambienne des chutes Victoria offre un aspect entièrement différent de la rive zimbabwéenne. En Zambie, il est possible de s'approcher des chutes, de descendre un chemin abrupt jusqu'à leur base et d'emprunter des passages surplombant l'abîme. De plus, le gouvernement zambien autorise diverses activités, notamment les vols en ULM, le saut à l'élastique et les piqueniques au milieu du fleuve, interdites par les pouvoirs publics zimbabwéens. On pourrait débattre de l'opportunité de ces activités mais le fait est que la Zambie offre un visage différent des mêmes cataractes.

Non loin du poste-frontière, un réseau de chemins de terre ou empierrés mène aux divers points de vue de la rive zambienne. Maints visiteurs préfèrent admirer les chutes de ce côté-ci du fleuve : bien qu'elles n'offrent pas cet aspect carte postale de la rive zimbabwéenne, elles permettent de se rapprocher davantage des tourbillons hypnotiques et leur environnement moins civilisé crée une atmosphère plus virginale.

A partir du pont, gravissez la colline passant par les services d'immigration et les hôtels, à partir desquels divers chemins mènent dans la végétation dense. Le sentier revenant longer la clôture de la frontière offre un panorama sur le pont du Zambèze et sur les principales gorges du fleuve.

Si vous recherchez un gros plan, la cataracte orientale (Eastern Cataract) est insurpassable. Dans un site vertigineux, les plus courageux (ou les plus inconscients) peuvent ramper sur un tronc d'arbre suspendu au-dessus des flots et plonger le regard directement dans l'extraordinaire muraille d'eau. Ce poste d'observation n'est absolument pas recommandé, surtout si vous souffrez du vertige, mais tout en restant sur la rive, vous pourrez vous rapprocher à moins de 2 mètres du grand plongeon.

Ailleurs, le chemin de Knife Edge Point débouche sur une passerelle précaire balayée par des nuages d'embruns et menant vers une île jouxtant la falaise. Si les eaux sont basses et les vents favorables, vous y découvrirez une vue magnifique et relativement proche des chutes, ainsi que les abîmes béants sous le pont. Si ce n'est pas le cas, la vision est le plus souvent bouchée par des trombes de vapeur d'eau. Dès lors que vous serez bien trempé, empruntez le chemin abrupt dégringolant dans Boiling Pot, d'où l'on admire le fleuve torturé par un maelström ininterrompu.

Environs des chutes

Sur la rive zambienne, derrière les étals de souvenirs installés à côté des hôtels, s'élève le petit musée Field. Édifié sur un site archéologique, il expose quelques témoignages de fouilles archéologiques. Les étals de souvenirs sont de bon rapport qualité-prix, surtout si vous payez en kwacha zambiens. L'excellent choix d'objets artisanaux présentés est bien moins onéreux que du côté zimbabwéen et les commerçants sont souvent enclins à pratiquer le troc, notamment en échange de tee-shirts étrangers intéressants. Un lecteur nous a écrit :

Le jardin est envahi par des nantis faisant du marché noir avec les serveurs. Un homme s'y tient toute la journée, et sa seule fonction consiste à chasser les singes au lance-pierres pour les éloigner des tables. Dehors, des gens sont prêts à vendre tout ce qu'ils possèdent pour une miche de pain, une bouteille d'huile de cuisine, un stylo à bille… On a l'impression qu'avec un T-shirt orné d'un motif original et un vieux badge on pourrait acheter la moitié de la Zambie. Une anecdote affligeante raconte qu'un Américain a troqué tous ses vêtements contre toute la malachite qu'il pouvait emporter…

Andy Bollen (Australie)

Mosi-oa-Tunya National Park

Le parc national de Mosi-oa-Tunya, une insignifiante petite réserve située à proximité du club nautique au nord de la Maramba, s'enorgueillissait jadis de quelques rhinocéros indigènes qui ont tous succombé sous les balles des braconniers et ont été remplacés par six rhinocéros blancs importés d'Afrique du Sud. Ces pauvres spécimens sont probablement les créatures les plus vulnérables au monde. Si vous vous y rendez par vos propres moyens, ne payez pas plus de 0,50 $US environ pour un safari pédestre.

Circuits organisés

Si vous préférez découvrir la rive zambienne en voyage organisé, Savanna Touring Zimbabwe (☎ 4728 ou 4493) propose un circuit à la journée englobant le pont de Knife Edge, le marché de Dambwa, le musée national de Livingstone, une excursion en bateau sur les îles du Zambèze, une visite au centre culturel Maramba et du parc national de Mosi-oa-Tunya pour y voir les six rhinocéros blancs réintroduits.

Si vous ne souhaitez découvrir que le parc national de Mosi-oa-Tunya, l'hôtel Intercontinental propose un circuit rapide pour 20 $US.

Les grands hôtels des chutes Victoria organisent également des croisières nocturnes sur le fleuve partant du club nautique. Les tarifs sont comparables à ceux des croisières partant de la rive zimbabwéenne, les non-clients de ces hôtels sont les bienvenus.

Pour d'autres possibilités sur la rive zambienne, notamment le rafting, l'ULM et les pique-niques sur Livingston, consultez la rubrique *Activités sportives* du chapitre *Victoria Falls*.

Où se loger et se restaurer

Le camping peu séduisant coincé entre l'Intercontinental et le Rainbow Lodge est géré par ce dernier. Bien que sa situation soit très commode, vos effets n'y seront pas en sécurité et doivent être enfermés à clef dans la salle des bagages de l'hôtel lorsque vous quittez votre tente. Le camping coûte 5 $US la nuitée, ce tarif comprenant l'utilisation des équipements de l'hôtel, car le camping n'en possède aucun. Faites attention aux hippopotames qui viennent brouter sur les pelouses de l'hôtel.

L'*Hotel Intercontinental Mosi-oa-Tunya* (☎ (260-3) 321121 ; fax (260-3) 321128), à côté des chutes, offre son luxe au tarif très onéreux de 160 $US la chambre double, payable uniquement en devises étrangères. Les buffets servis le week-end, d'assez bon rapport qualité-prix, coûtent environ 12 $US par personne. Un peu plus raisonnable, le *Rainbow Lodge* (☎ (260-3) 322473) propose des chambres doubles dans des rondavels pour 40 $US.

Le *Rainbow Lodge* propose une cuisine standard. Si vous en avez les moyens, allez plutôt dîner à l'*Hotel Intercontinental* dont la salle à manger plus élégante offre chaque soir une gastronomie différente, chinoise, italienne, américaine, barbecue, etc.

Pour plus de renseignements sur le Tongabezi Lodge très fréquenté, consultez la rubrique *Safari lodges* du chapitre consacré à la rive zimbabwéenne.

LIVINGSTONE (ZAMBIE)

La ville aujourd'hui décrépite de Livingstone constituait jadis le lieu de rassemblement de la quasi-totalité des touristes venus admirer les chutes Victoria. Mais voici plusieurs années, quand la Zambie était engagée dans la voie du chaos économique et politique, la ville fut éclipsée par sa bruyante homologue de l'autre côté du fleuve. Aujourd'hui, alors que s'améliore la situation politique du pays, la rive zambienne des chutes devrait figurer de plus en plus souvent sur les itinéraires touristiques.

L'office du tourisme de Mosi-oa-Tunya Rd constitue une excellente source d'informations sur les événements de Livingstone et peut se charger des réservations dans les hôtels.

Musée du Rail

Le Railway Museum de Livingstone (officiellement appelé Zambezi Sawmills Locomotive Sheds National Monument) est situé à l'ouest de Mosi-oa-Tunya Rd en pénétrant dans la ville par le sud. Il fut déclaré monument national en 1976 pour préserver les hangars à locomotives historiques désaffectés en 1973.

Le dépôt renferme une collection aussi charmante que bigarrée de locomotives anciennes et de matériel roulant d'époque, tandis qu'à l'intérieur sont présentées de nombreuses antiquités relatives aux chemins de fer, ainsi que des expositions sur l'histoire générale du rail. Le musée est ouvert tous les jours de 8h30 à 16h30. Malheureusement, les droits d'entrée pour les étrangers s'élèvent à 5 $US : la visite ne se justifie que si vous êtes un amateur passionné. Cependant, si vous êtes véritablement intéressé, il sera souvent possible d'obtenir une petite réduction.

National Museum

Jouxtant l'office du tourisme, le Musée national possède une intéressante collection archéologique et anthropologique, dont un moulage du crâne d'un homme préhistorique vieux de plus de 100 000 ans. L'original, découvert près de Kabwe, en Zambie (au nord de Lusaka), durant la période coloniale, est aujourd'hui exposé en Grande-Bretagne.

Vous pourrez également y admirer maints objets rituels ainsi que des exemples de l'artisanat batonka, une reconstitution de village africain, une collection d'objets ayant appartenu à David Livingstone et des cartes d'Afrique dont les plus anciennes datent des années 1690. Officiellement, les droits d'entrée pour les étrangers s'élèvent à 5 $US.

Centre culturel Maramba

Situé entre Victoria Falls et Livingstone, à environ 5 km de la seconde, le Maramba Cultural Centre propose des spectacles de danses traditionnelles le samedi de 15h à 17h pour le prix phénoménal de 0,03 $US. Les spectacles sont plus authentiques que ceux d'Africa Spectacular sur la rive zimbabwéenne.

Où se loger

Le *Red Cross Hostel* (☎ (260-3) 322473), dans Mokambo Rd, propre et accueillant, coûte 10 $US pour des chambres doubles impeccables avec lavabo, dans le meilleur quartier de Livingstone. Aux tarifs comparables mais de qualité moindre, le *Windsor Hotel*, dans Edward Rd à proximité du terrain de golf, à environ 15 minutes de marche du centre-ville, propose des chambres simples/doubles indépendantes et peu soignées pour 13/17 $US. L'établissement possède un bar à bières bon marché, mais aucun restaurant.

Le *North-Western Hotel* (☎ (260-3) 320711), demeure coloniale décatie située dans Zambesi St, propose des chambres doubles confortables pour 12 $US. Plus haut de gamme, le *New Fairmount Hotel* (☎ (260-3) 730726), dans Mosi-oa-Tunya Rd, offre des chambres indépendantes pour 45/55 $US, avec une réduction de 15% si les affaires sont calmes. Le modeste casino du New Fairmount est ouvert le soir.

Où se restaurer

L'*Eat Rite*, en face de la poste, pourra convenir pour le déjeuner. Pour le dîner, la meilleure table, c'est le *Mukumba Restaurant*, à un pâté de maison en retrait de la rue principale. Bien que la plupart des regards se concentrent sur les clips vidéo en provenance du Zaïre, la cuisine et le cadre sont à peu près acceptables. Sinon, vous aurez le choix entre plusieurs officines de plats à emporter graisseux ouvertes le long de Mosi-oa-Tunya Rd.

Pour boire un verre, essayez le bar du *North-Western Hotel*, fréquenté par les noctambules du coin, ou celui du *New Fairmount Hotel*. Ce dernier organise à l'occasion des concerts.

Comment s'y rendre

Puisque Livingstone ne se trouve qu'à 11 km de la frontière, nombre de voyageurs effectuent le trajet en bicyclettes louées sur la rive zimbabwéenne. L'importation provisoire d'un vélo en Zambie se fait sans aucune difficulté mais vous devrez présen-

ter le reçu du loueur aux douaniers. Il est très facile de circuler en auto-stop entre Victoria Falls et Livingstone.

Le moyen peut-être le plus facile de se rendre à Livingstone est de traverser en train le pont du Zambèze. Un wagon de voyageurs est désormais accroché aux deux trains de marchandises circulant tous les jours entre Victoria Falls et Livingstone. L'aller simple coûte 1,50 $US. Le train part de Livingstone à 9h et à 15h30, et de Victoria Falls à 10h et à 17h.

Si vous vous rendez à Lusaka, Djafounou, une compagnie de bus de bon rapport qualité-prix, fait halte au North-Western Hotel. Si vous chercher à voyager en stop au nord vers Lusaka, à l'ouest vers la Namibie ou au sud vers le Botswana, essayez le parking de routiers non loin de la gare.

La course de taxi de l'Intercontinental à Livingstone revient à 4 $US environ, tandis que les bus, peu fréquents, coûtent 0,25 $US.

ZAMBEZI NATIONAL PARK

Le parc national du Zambèze (56 000 hectares), vaguement associé avec le parc national de Victoria Falls, englobe 40 km de rives du Zambèze, ainsi qu'une zone de forêts de mopanes et de savanes s'étendant vers l'intérieur des terres et abondante en faune. Bien que le parc soit plus célèbre pour ses troupeaux d'hippotragues noirs, il abrite également des éléphants, des zèbres, des girafes, des lions, des buffles et de nombreuses sortes d'antilopes.

Le bureau du parc est ouvert de 6h à 18h30. Immédiatement à l'est du parc s'étend la zone interdite d'accès minée durant la seconde Chimurenga. Toute cette partie encore truffée de mines antipersonnel non explosées demeure extrêmement dangereuse : tenez compte des panneaux et ne vous en approchez pas.

Activités sportives

Équitation. Les safaris équestres peuvent accueillir jusqu'à 8 cavaliers à la fois. Les enfants de moins de 12 ans doivent prouver qu'ils pratiquent l'équitation depuis au moins un an ou qu'ils ont achevé un cours d'équitation. Les cavaliers expérimentés payent 40 $US pour 2 heures 30 ou 100 $US la journée complète. Réservez auprès de Shearwater ou de Safari Par Excellence à Victoria Falls.

Excursions en voiture. Safari Par Excellence propose des circuits en voiture à la découverte de la faune dans le parc national du Zambèze pour 25 $US (plus 2,50 $US par personne pour les droits d'entrée dans le parc), de 6h à 9h30 et de 15h à 18h30. La journée complète coûte 50 $US.

Randonnées pédestres. Les randonnées à la découverte de la faune dans le parc national organisées par Wild Horizons coûtent 30/65 $US par personne – demi-journée/journée complète. La randonnée de 2 jours revient à 100 $US par personne, tout compris. Dabula Safaris, plus onéreux, propose des randonnées demi-journée/journée complète pour 45/100 $US, déjeuner et casse-croûte compris.

Si vous recherchez plutôt l'aventure sac au dos, Khangela Safaris propose de merveilleux circuits pédestres, en canoë et en camping de 3 jours au moins. L'offre de Backpackers' Africa est comparable mais légèrement plus onéreuse. Réservez longtemps à l'avance auprès de ces agences.

Le seul territoire où vous pourrez circuler à pied par vos propres moyens est situé entre les zones de pique-nique riveraines n°1 à n°25, à proximité de l'enceinte orientale du parc.

Où se loger

Les lodges des parcs nationaux, installés sur la rive du fleuve à l'entrée du parc, possèdent chacun deux chambres à deux lits, un salon et une véranda. Elles sont confortables mais réservées longtemps à l'avance : prenez vos dispositions au bureau de réservation central de Harare.

Les trois campements de pêche, *Mpala-Jena*, *Kandahar* et *Sansimba*, sont tous magnifiquement implantés sur les rives du Zambèze : on y pêche la brème jaune et le poisson-tigre. Chaque campement se compose d'abris rudimentaires et de toilettes. Les eaux du fleuve étant internationales, nul permis de pêche n'est requis. Bien que la route soit fermée durant les mois d'été (de novembre à avril), les campements demeurent ouverts mais ne sont accessibles qu'en canoë. A cette époque de l'année, il est possible de réserver à l'avance à Victoria Falls.

Le parc national offre également cinq campements huppés. On pourra camper la nuit à la *Chamabonda Wildlife-Viewing Platform*, dans une zone reculée située non loin de l'extrémité sud du parc ; ses équipements comprennent l'eau courante, un WC à chasse d'eau et une douche froide. *Chundu 1* et *Chundu 2*, entre Mpala-Jena et Sansimba, occupent une enchanteresse rive du fleuve. *Chamunzi* se trouve sur la berge à 40 km à l'ouest de l'entrée du parc, et *Siamunungu* à 7 km à l'ouest de Chamunzi. Chacun de ces campements peut accueillir des groupes de douze personnes au plus.

Comment circuler

Pour circuler par vos propres moyens dans le parc national du Zambèze, vous devrez

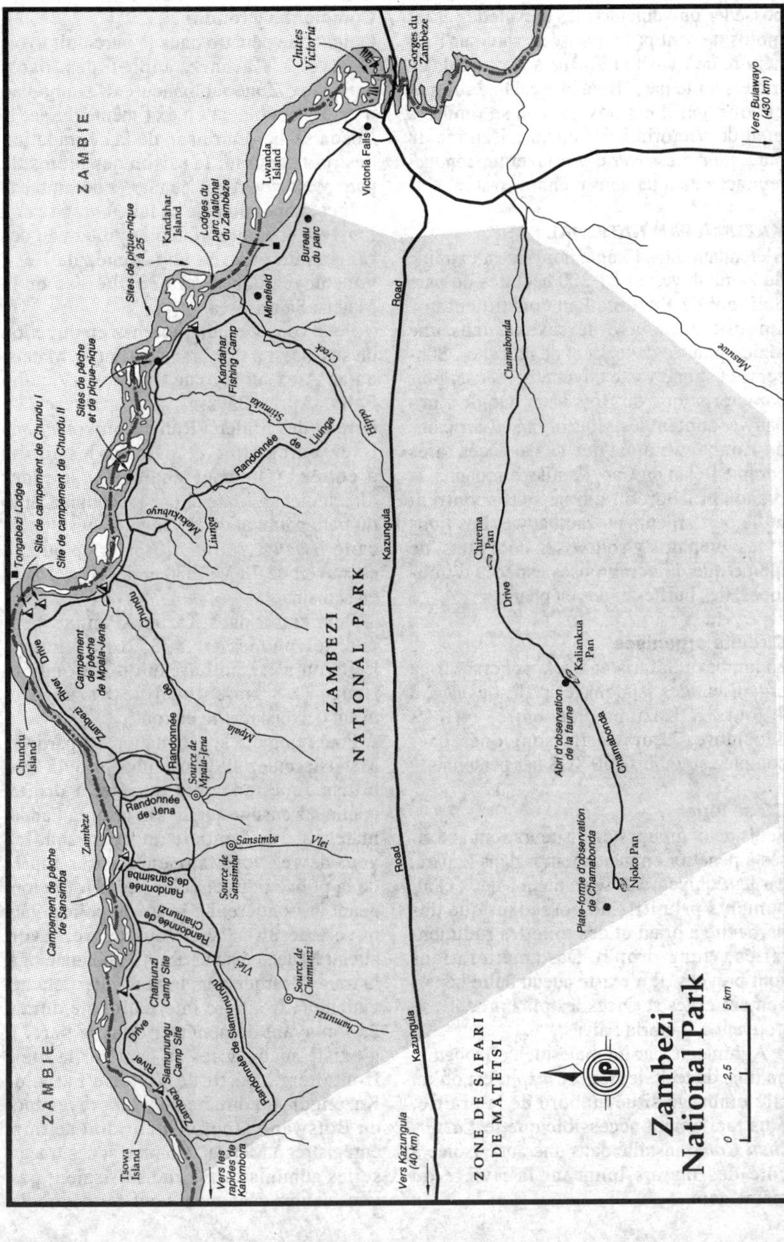
Zambezi National Park
0 2.5 5 km
ZAMBIE
ZAMBIE
ZAMBEZI NATIONAL PARK
ZONE DE SAFARI DE MATETSI
Chutes Victoria
Gorges du Zambèze
Vers Bulawayo (430 km)
Victoria Falls
Lwanda Island
Kandahar Island
Lodges du parc national du Zambèze
Sites de pique-nique 1 à 25
Bureau du parc
Minefield
Kandahar Fishing Camp
Sites de pêche et de pique-nique
Tongabezi Lodge
Site de campement de Chundu I
Site de campement de Chundu II
Chundu Island
Campement de pêche de Mpala-Jena
Randonnée de Liunga
Liunga
Hippo Creek
Kazungula Road
Chamabonda Drive
Chirema Pan
Kaliankua Pan
Abri d'observation de la faune
Plate-forme d'observation de Chamabonda
Njoko Pan
Masuwe
Mpala
Randonnée de Chundu
Source de Mpala-Jena
Randonnée de Jena
Source de Sansimba
Sansimba Vlei
Randonnée de Sansimba
Randonnée de Chamunzi
Campement de pêche de Sansimba
Zambèze
Zambezi River Drive
Chamunzi Camp Site
Siamunungu Camp Site
Source de Chamunzi
Chamunzi
Vlei
Randonnée de Siamunungu
Tsowa Island
Vers les rapides de Katombora
Vers Kazungula (40 km)

posséder un véhicule : les bicyclettes et les motos ne sont pas autorisées, sauf sur l'itinéraire de transit qui mène à Kazungula en traversant le parc. Bien que cela ne soit pas encouragé, il est possible de se rendre à pied de Victoria Falls jusqu'à l'entrée du parc, puis d'essayer d'y trouver un conducteur acceptant de vous prendre en stop.

KAZUMA PAN NATIONAL PARK

S'étendant dans l'angle nord-ouest extrême du Zimbabwe, les 31 300 hectares du parc national de Kazuma Pan constituent une singulière enclave de savane dans une région plantée de tecks et de mopanes. Son centre est une vaste cuvette herbeuse, plus caractéristique du Botswana que du Zimbabwe, abritant les seuls oryx sud-africains du Zimbabwe ainsi que des espèces rares comme l'élan du Cap, l'antilope rouanne, le lycaon et l'ourébi, qui ne se rencontrent nulle part ailleurs au Zimbabwe. Les lions et les guépards y sont assez communs, de même que de nombreuses espèces d'antilopes, des buffles et des éléphants.

Circuits organisés

Kalambeza Safaris et Backpackers Africa organisent des randonnées pédestres de 2 à 4 jours à Kazuma Pan entre avril et décembre. Leurs tarifs sont onéreux : comptez au moins 250 $US par personne.

Où se loger

Seuls deux groupes de visiteurs sont autorisés à pénétrer en même temps dans le parc, car les équipements se limitent à deux campements primitifs ne possédant que des barbecue à braai et des toilettes rudimentaires ("long-drop"). Des améliorations sont prévues. Il n'existe aucun autre hébergement et les services les plus proches se trouvent à Victoria Falls.

Agrémenté par un majestueux baobab et un bois de teck, le *Nsiza Camp* n'est qu'un site ombragé situé au bord de la prairie, plus facilement accessible que le *Katsetsheti Camp* installé dans une zone isolée à côté des marais longeant la rivière du même nom.

Comment s'y rendre

Quiconque pénètre dans le parc doit avoir réservé à l'avance auprès des parcs nationaux. Zone sablonneuse, Kazuma Pan n'est accessible qu'en 4x4 même durant la saison sèche. En raison de la dégradation des routes durant la saison des pluies, le parc n'est ouvert que de mars à décembre.

Il est impossible de se faire enregistrer à l'arrivée et au départ auprès du bureau des rangers du parc. Si vous venez de l'est, vous devez vous arrêter au bureau de la Matetsi Safari Area.

Pour vous y rendre, tournez en direction du sud-ouest à l'embranchement de Matetsi Safari Area sur la route Bulawayo-Victoria Falls. Après 25 km, vous arriverez au bureau des Matetsi Ranger où vous vous ferez enregistrer et paierez les droits d'entrée. (On peut également accéder directement à Matetsi par le Robins Camp du parc national de Hwange – consultez la carte *Hwange National Park*). Le bureau est ouvert de 7h à 12h30 et de 14h à 16h30 en semaine.

Pour entrer dans Kazuma Pan le week-end, téléphonez (☎ 433526) à Victoria Falls ou allez au bureau du Katombora Lodge (à 8 km en aval de Kazungula) avant de vous mettre en route.

Pour rejoindre le parc national à partir de Matetsi, roulez 12 km de plus jusqu'à Tsabolisa Junction, puis tournez à droite, continuez ensuite sur 27 km jusqu'à Pandamatenga, à la frontière du Botswana. Là, vous devrez vous faire enregistrer auprès de la police pour circuler sur la route longeant la frontière. Le poste de police étant ouvert de 8h à 17h, vous devrez avoir atteint Matetsi avant 16h. A Pandamatenga, la route bifurque vers le nord-ouest et chevauche la frontière internationale durant 25 km avant de pénétrer dans le parc. Il n'existe aucun accès au parc par la route frontalière à partir de Victoria Falls, de Kazungula ou directement en provenance du Botswana ; tout visiteur doit se faire enregistrer à Matetsi. Comme si ces tracasseries administratives ne suffisaient pas, vous devrez également vous faire enregis-

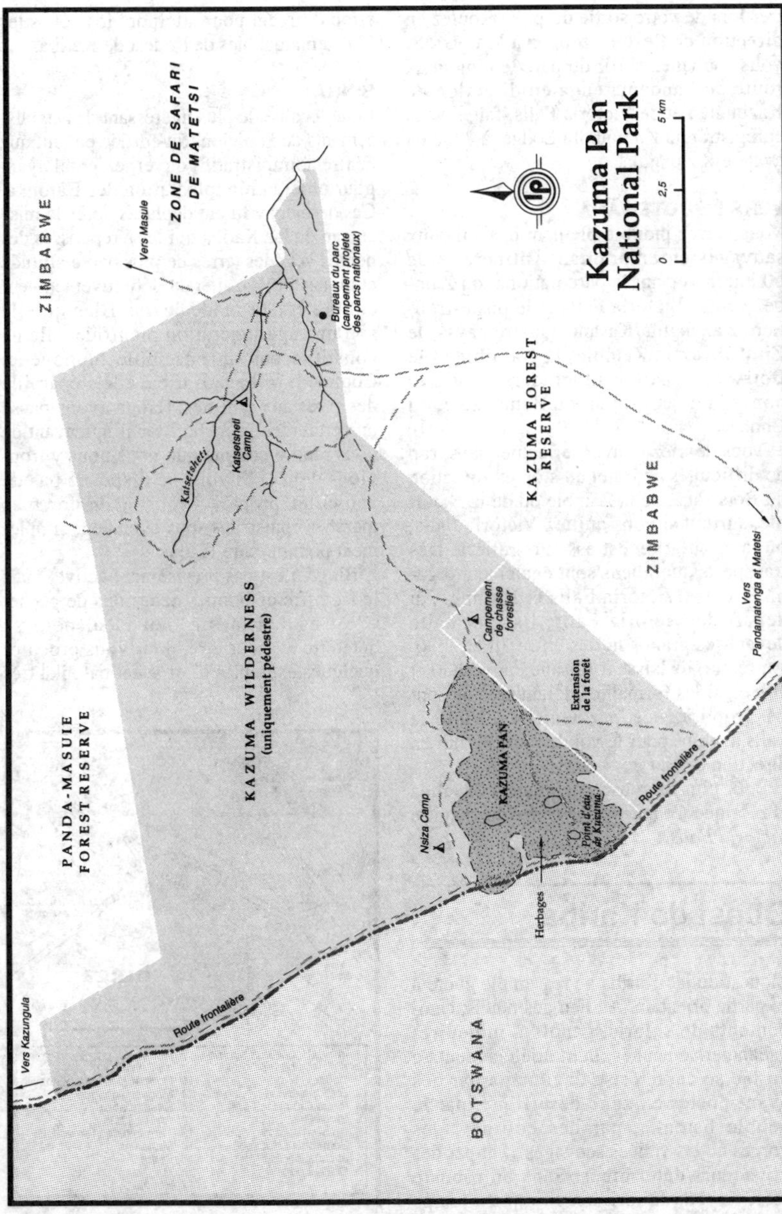
Kazuma Pan
National Park
0
2,5
5 km
ZIMBABWE
ZONE DE SAFARI
DE MATETSI
Vers Masuie
Bureaux du parc
(campement projeté
des parcs nationaux)
Katsetsheti Camp
Katsetsheti
PANDA-MASUIE
FOREST RESERVE
KAZUMA WILDERNESS
(uniquement pédestre)
KAZUMA FOREST
RESERVE
ZIMBABWE
Campement
de chasse
forestier
Extension
de la forêt
Vers
Pandamatenga et Matetsi
Nsiza Camp
KAZUMA PAN
Point d'eau
de Kazuma
Route frontalière
Herbages
BOTSWANA
Route frontalière
Vers Kazungula

trer lors de votre sortie du parc. Roulez en direction de l'est et stoppez à Matetsi. Si vous souhaitez sortir du parc le long de la route de Pandamatenga en direction de Kazungula et de Victoria Falls, faites-vous enregistrer au Katombora Lodge, à 8 km en aval de Kazungula.

VERS LE BOTSWANA

Vous verrez indubitablement des animaux sauvages en empruntant l'itinéraire de 60 km traversant le parc national du Zambèze entre Victoria Falls et le poste-frontière Kazungula/Kasane. Quatre pays – le Zimbabwe, la Zambie, la Namibie et le Botswana – partagent ici leurs frontières non loin du confluent du Zambèze et du Chobe.

Vous devriez pouvoir effectuer sans trop de difficultés ce trajet en stop en direction du Botswana, de la Zambie ou de la Namibie, surtout si vous quittez Victoria Falls, où la circulation est assez régulière. Des transports quotidiens sont également organisés entre Victoria Falls et Kasane. Au départ de Victoria Falls, ils font halte devant les grands hôtels entre 7h et 7h30. Au retour, ils laissent Kasane entre 9h30 et 10h et, si les formalités douanières ne sont pas trop longues, parviennent à Victoria Falls à temps pour le vol de l'après-midi en direction de Harare.

Pour plus de renseignements, consultez la rubrique *Comment s'y rendre* du chapitre *Victoria Falls*.

Ouest de Kariba

L'ouest du lac Kariba ne ressemble guère à sa partie orientale. Au lieu des hôtels, campements de safaris, canots à moteur et vacanciers éméchés, la moitié occidentale du lac se caractérise davantage par des avant-postes en zone désertique, par le peuple batonka, par des collines, des gorges et des vallées sauvages... et par des voyageurs déterminés. Sans un robuste 4x4, il vous faudra beaucoup de temps et/ou d'argent pour atteindre les zones les plus remarquables de l'ouest de Kariba.

BINGA

Cette localité, le plus intéressant des établissements de la région, fut édifiée en tant que centre administratif gouvernemental ayant pour objet la réimplantation des Batonka. Ces derniers y furent déplacés après la mise en eau du lac Kariba qui les a repoussés des berges vers des terres de plus haute altitude et moins fertiles, altérant définitivement leur culture et leur mode de vie. Bien qu'elle soit une agglomération planifiée, elle ne constitue pas un ensemble homogène. Comme la ville de Kariba, elle s'éparpille des rives aux collines. (Nous avons passé un certain temps à chercher Binga avant de nous rendre compte que nous nous y trouvions déjà !) Si vous ne disposez pas de véhicule, préparez-vous à de longues marches épuisantes sous la chaleur simplement pour en faire le tour.

Binga n'est pas précisément active, mais le lac offre de bonnes occasions de pêche. C'est également un lieu idéal pour se détendre et, peut-être, pour vous procurer quelques exemples d'artisanat batonka très

Les Batonka

Jusqu'au déplacement définitif de la tribu batonka lors de la mise en eau du lac Kariba, à la fin des années 50, rares étaient les étrangers à avoir jamais entendu parler des Batonka (également appelés Batonga ou Tonga) de la vallée du Zambèze. Cette tribu fait aujourd'hui presque l'objet d'un culte. Même les colonialistes les plus endurcis, lorsqu'ils parlent de quelqu'un qui, à leurs yeux, est devenu immodérément libéral ou tolérant, disent de lui qu'il est allé "rejoindre les Tonkies".

Les Batonka auraient émigré de la région du lac Malawi vers la vallée du Zambèze au cours du XVe ou du XVIe siècle pour s'installer dans la vallée de Gwembe que se partagent aujourd'hui le Zimbabwe et la Zambie. La langue tonga est un dialecte plus archaïque que le shona ou le ndebele, qui furent modifiés du fait de l'interaction avec d'autres groupes linguistiques. Bien que les Batonka avaient entretenu des relations avec les Portugais et avaient été à l'occasion pourchassés par les Ndebele, l'escarpement du Zambèze les protégeait naturellement contre toute influence extérieure.

Durant l'époque coloniale et après l'indépendance du Zimbabwe, leurs terres furent cependant scindées par les frontières internationales. La montée des eaux du lac Kariba ne fit qu'accentuer un processus déclenché depuis longtemps déjà. Aujourd'hui, le gouvernement, qui a fait goudronner la route desservant Binga, leur capitale, s'efforce d'assimiler les Batonka au Zimbabwe moderne en y construisant des écoles et des hôpitaux.

Pour les Batonka, comme pour les Rastafaris, fumer du *mbanje*, ou cannabis, constitue un mode de vie ancestral : ce n'est que dans cette petite enclave du Zimbabwe que les pouvoirs publics tolèrent la consommation de cette herbe redoutée. En réalité, cette drogue n'est pas si prisée, et toutes les images que les voyageurs pourraient se faire d'un Katmandou-Plage sont largement dépourvues de fondement.

Bien que l'on rencontre encore quelques personnes aux yeux rouges mi-clos, la culture batonka traditionnelle est malheureusement en voie de disparition. Une image stéréotypée des Batonka montre invariablement une femme âgée fumant du mbanje dans une longue pipe taillée dans une calebasse. Des canons esthétiques moribonds auront exigé que son nez soit percé d'un os et que ses incisives aient été arrachées alors qu'elle était encore jeune fille. Il est très peu probable que vous rencontriez encore une telle personne à Binga. ■

prisé – ces tabourets, repose-tête et autres tambours ornementaux qui sont exposés à la National Gallery de Harare.

Crocodile Farm

Au bout de la route, au-delà de l'ensemble de "datchas" de l'élite de Bulawayo, les environs de Crocodile Farm peuvent constituer un but de promenade. La ferme même n'accueille pas vraiment les visiteurs et ne méritera une visite que si vous vous passionnez pour le sujet. Il y a quelqu'un tous les jours sauf le dimanche.

Sources chaudes de Chibwatatata

Les Chibwatatata Hot Springs, dont les plus importantes et les plus chaudes manifestations sont techniquement parlant des fumerolles, se trouvent sur la colline dominant Rest Camp. Depuis longtemps considérées par les Batonka comme un "lieu de pouvoir", elles étaient jadis un site d'invocation de la pluie.

La source chaude beaucoup moins violente jaillissant à proximité alimente la piscine de Rest Camp. Également utilisée comme lavoir et bain, elle est désormais plutôt polluée.

Coopérative de Chilangililo

Le projet de la coopérative de Chilangililo, concept touristique aussi novateur que prospère, est l'œuvre d'une anthropologue de Binga, Peta Jones, qui cherchait à promouvoir l'âne en tant que moyen de transport et à encourager une production artisanale locale de qualité.

Ayant constaté que si la plupart des touristes visitant le Zimbabwe profitaient de nombreuses occasions de découvrir la faune, on ne leur offrait pas la possibilité de connaître les cultures intéressantes du pays, elle mit sur pied Village Visits, une branche de son projet général, qui emmène en bateau des visiteurs à la découverte des kraals batonka et leur donne l'occasion de rencontrer des représentants de ce peuple et de goûter à leur cuisine traditionnelle.

Village Visits étant une véritable expérience culturelle, non destinée au tourisme de masse, vous devrez rassembler un groupe de visiteurs et réserver longtemps à l'avance. Les voyageurs sont encouragés à se détendre, à éviter toute ostentation de richesse et à résister à la tentation de distribuer des cadeaux aux gens (les dons destinés aux projets locaux étant en revanche chaleureusement acceptés). Le coût d'un voyage tout compris pour dix personnes s'élève à 321 $US, plus 100 $US de supplément pour le trajet en bateau.

Si vous ne devez séjourner que peu de temps en ville, allez toutefois visiter Qualitonga Crafts qui commercialise des objets d'art exceptionnels – essentiellement des sculptures sur bois et de la vannerie. Les visiteurs peuvent passer la nuit dans les huttes sur pilotis de Chilangililo pour un tarif modique.

Une marche aussi longue qu'agréable mène au bureau de Peta Jones à partir du Binga Rest Camp. Sinon, il est possible de la contacter par le truchement du Kasambabezi Kiosk ou de la bibliothécaire du village, Mme Rita White (☎ 237).

Où se loger et se restaurer

La *Chilangililo Cooperative*, qui possède plusieurs huttes sur pilotis dressées dans les marécages à proximité des rives du lac, offre l'hébergement le moins onéreux et le plus intéressant de Binga. Ses deux huttes très élémentaires et sa hutte-cuisine constituent une solution idéale pour les randonneurs indépendants (4 $US par personne).

La solution de dépannage, c'est le *Binga Rest Camp* (☎ 244), aménagé dans l'ancienne résidence du commissaire de district. Vous pourrez y planter votre tente et utiliser la piscine pour 3 $US par personne. Les chambres simples/doubles coûtent 11/13 $US. Des chalets sont proposés aux familles. Le restaurant de l'établissement sert une cuisine excellente mais est moins fréquenté que le bar, *le* lieu de rencontre local. Il est également possible de camper le long des berges du lac à côté de la Somabhula Houseboat.

Option plus haut de gamme, le *Kulizwe Lodge* (également connu sous le nom de Butterfly Lodge), est en fait constitué de plusieurs lodges privés. L'un d'entre eux se fait sa propre publicité : *Kabila House* (☎ 67001 ; fax 76172, à Bulawayo) demande 291/378 $US par jour en basse/haute saison pour six personnes au plus, comprenant l'utilisation de la piscine, du service de blanchissage, de la cuisine, d'un 4x4 avec chauffeur, d'un canot à moteur, d'un cruiser et d'un raft de pêche. L'hébergement sans les équipements coûte 32 $US par personne. Des repas sont servis si vous avez réservé à l'avance. Les autres lodges de Kalizwe, qui peuvent accueillir quatre personnes, reviennent à 32 $US par lodge.

Autre possibilité, les *Chilila Lodges* (☎ 72568 ; fax 76854, à Bulawayo) se composent de 5 lodges indépendants de style traditionnel aménagés dans une magnifique région boisée à côté d'un charmant petit port, malheureusement située loin de la ville.

Comment s'y rendre

Si les véhicules se délabraient jadis à vue d'œil sur la redoutable piste en tôle ondulée reliant Dete Crossroads à Binga, la route désormais macadamisée est aussi lisse que de la soie. Il n'est pas trop difficile d'y faire du stop, mais comme le ferry DDF de Binga n'embarque pas de véhicules, inutile de compter sur les horaires du bateau. C'est le samedi matin que vous aurez le plus de chance de trouver une voiture pour Binga. Au retour, il est plus facile d'en partir le dimanche après-midi.

Un bus quotidien dessert dans les deux directions Bulawayo et Siabuwa *via* Binga. Si vous souhaitez vous rendre à Harare, vous devrez emprunter ce bus en direction de l'est, passer la nuit à Siabuwa (sous tente uniquement – vous n'y trouverez aucun hébergement digne de ce nom), puis prendre le lendemain matin le bus pour Karoi et Harare.

Le bus se rendant à Bulawayo part à 5h, du marché installé à côté de la halle à bière : si vous avez passé la nuit au Binga Rest Camp, il vous faudra un réveille-matin bruyant et une lampe torche pour effectuer à pied les 5 km jusqu'à l'arrêt du bus.

Des excursions de pêche ou en bateau à destination de Mlibizi sont organisées de manière informelle avec les propriétaires des embarcations amarrées au port situé en bas de la route en face du Binga Rest Camp. Pour plus de renseignements sur les ferries DDF desservant Binga, consultez la rubrique *Kariba* du chapitre consacré au *Nord du Zimbabwe*.

MLIBIZI

A moins qu'ils ne viennent y pêcher, la plupart des voyageurs ne séjournent qu'une nuit à Mlibizi, à l'arrivée ou au départ du ferry traversant le lac jusqu'à Kariba. A côté de l'embarcadère du ferry, l'hôtel de catégorie moyenne *Mlibizi Zambezi Resort* (☎ 272) propose des chalets à 125 $US la double, ou un camping pour 2 $US par personne. *Attention* : ici, il est nécessaire de faire bouillir l'eau avant de l'utiliser.

Plus loin mais moins onéreux, le *Mlibizi Hotel & Safari Camp* (☎ 271) bénéficie d'une magnifique situation au sommet d'une crête. Pour un bungalow en pierre et en chaume, comptez environ 75 $US ladouble. Vous y trouverez en outre un restaurant, un bar, un terrain de jeu pour enfants, des courts de tennis et une piscine.

Comment s'y rendre

Pour toutes les informations concernant les ferries de Kariba, consultez la rubrique *Kariba* du chapitre *Nord du Zimbabwe*. A Victoria Falls, les réservations peuvent être effectuées à l'étage dans l'immeuble Zimbank Building.

Pour trouver un conducteur vous prenant en stop au départ de Bulawayo ou de Victoria Falls, laissez des messages dans les hôtels et les campings, en précisant si vous souhaitez partager les frais d'essence et autres dépenses. Un transfert est également organisé au départ de Victoria Falls et du parc national de Hwange, coûtant en moyenne 80 $US d'une à six personnes. Un groupe plus important pourra louer un minibus UTC pour 93 $US au départ de Victoria Falls. La course de taxi s'élève à 25 $US environ au départ de Victoria Falls. Méfiez-vous des escrocs au volant de voitures dépourvues de licence faisant des offres raisonnables, mais qui, à l'arrivée, demandent le double du prix convenu, sachant qu'il vous sera difficile de trouver une solution de rechange avant le départ du ferry.

Les auto-stoppeurs devront prévoir beaucoup de temps pour le trajet de Victoria Falls *via* Dete Crossroads. Le sympathique propriétaire de la station-service de Crossroads pourra se laisser persuader de vous emmener à Mlibizi pour 7 $US (50 $Z) par personne, avec un minimum de 20 $US environ. Sinon, empruntez à Dete Crossroads le bus plus ou moins quotidien pour Binga et descendez à l'embranchement de Mlibizi. De là, vous pourrez effectuer à pied les derniers 15 km menant à Mlibizi. Comme le ferry appareille normalement vers 9h, vous devrez passer au moins une nuit à Mlibizi. Il est plus difficile d'effectuer en stop le trajet de Mlibizi à Victoria Falls car les véhicules de tourisme arrivant au ferry sont normalement complets.

DEKA DRUM

Un autre site de pêche, *Deka Drum* (☎ 250 524, Hwange), paresse au confluent du Deka et du Zambèze, à proximité de l'entrée des Devils Gorge. C'est un lieu magnifique où vous pourrez pêcher à satiété. Le camping coûte 2 $US par personne et les élémentaires chalets indépendants reviennent à 8 $US par personne. Le petit restaurant sert des repas et des casse-croûte, et vous pourrez vous procurer de l'essence sur place. Deka Drum ne possède pas d'embarcadère de ferry : on y accède par la route provenant de Victoria Falls ou de la ville de Hwange, mais le site n'est pas desservi par les transports publics.

CHIZARIRA NATIONAL PARK

Le nom de ce parc national de 192 000 hectares, aussi magnifique que reculé, provient du mot batonka *chijalila* qui signifie "fermé" ou "barrière", décrivant parfaitement sa situation géographique. En étudiant la carte du Zimbabwe, on ne trouvera pas une région plus éloignée du réseau routier que son enceinte orientale.

Bien que difficile d'accès, Chizarira est le parc offrant les plus beaux panoramas du Zimbabwe, et sa brousse dense constituait

Énergie et environnement

A l'époque de l'indépendance du Zimbabwe, en 1980, les nouveaux chefs du pays, très optimistes, dressèrent la liste des moyens nécessaires qui permettraient de satisfaire aux besoins énergétiques futurs du pays. En autres propositions, fut exposée l'idée de la construction d'une nouvelle centrale hydroélectrique sur le Zambèze à l'horizon 2002, devant compléter la production du barrage de Kariba.

Le projet initial consistait à créer un nouveau lac de retenue dans les gorges de Mupata, entre Mana Pools et la frontière du Mozambique, ce qui aurait submergé la magnifique plaine inondable de Mana Pools. Des groupes de pression écologiques (notamment la Zambezi Society) parvinrent heureusement à attirer l'attention internationale sur cette proposition, à la suite de quoi Mana Pools fut inscrit à l'inventaire du patrimoine mondial. Le projet capota alors définitivement.

Après l'abandon du plan de barrage sur le Zambèze moyen, on se pencha sur le Zambèze supérieur, et plus précisément sur les gorges de Batoka situées à 50 km en aval des chutes Victoria. Les défenseurs de l'environnement ne furent pas précisément enthousiasmés par ce projet mais concédèrent qu'il était plus acceptable que celui des gorges de Mupata.

Le programme de construction devant commencer en 1996 et s'achever en 2002 se heurte à une série de difficultés. La Zambie, qui devait financer la moitié des dépenses, se retira du projet au début de l'année 1995, après avoir pris connaissance de la facture s'élevant à 3 milliards de dollars US. De toute façon, échaudés par de difficiles négociations relatives à la distribution de l'électricité de Kariba, les Zambiens estiment depuis longtemps que le Zimbabwe n'est pas prêt à allouer équitablement ses ressources énergétiques. En outre, les Zambiens vivant sur les rives du fleuve, déterminés à ne pas quitter leurs demeures ni leurs champs, refusent le destin qui frappa le peuple Batonka lors de la mise en eau du lac Kariba. Un autre inconvénient, mineur au regard des enjeux, ce serait la submersion des gorges du Zambèze et la perte du potentiel touristique qu'elles représentent en termes de rafting en aval des chutes Victoria.

Les esprits s'échauffant, l'UNESCO exigea une étude d'impact sur l'environnement et les groupes écologiques proposèrent une série de barrages de moindre ampleur. Le projet des gorges de Batoka fut provisoirement écarté au profit de l'étude d'autres solutions. Un projet prônait l'exploitation des gisements de charbon récemment découverts à Sengwa, non loin du lac Kariba. Malheureusement, on a estimé que ces gisements ne pourraient garantir que 35 ans d'exploitation et qu'une centrale thermique construite sur le site rejetterait un taux inadmissible de dioxyde de carbone. De plus, l'ampleur de la mine risquerait d'altérer gravement une zone écologique fragile pour un maigre bénéfice potentiel.

Une autre possibilité serait d'acheter une partie de la production électrique que fournira le barrage de Cabora Bassa, au Mozambique, mis en sommeil durant les années de guerre civile qu'a connues ce pays. Or le Mozambique a déjà signé avec l'Afrique du Sud un accord d'approvisionnement d'électricité, de sorte que le petit excédent qui pourrait revenir au Zimbabwe risquerait de s'amoindrir rapidement à mesure de la croissance des besoins de l'Afrique du Sud.

D'autres possibilités réalistes consisteraient à rationner l'électricité, à développer l'immense potentiel du Zimbabwe en termes d'énergie solaire, ou de s'approvisionner auprès de l'immense barrage Inga, en cours de construction sur le Zaïre, que l'on estime capable de fournir en énergie la totalité du continent africain.

Quoi qu'il en soit, si aucune alternative viable n'est envisageable, le gouvernement zimbabwéen s'est résolu à relancer le projet des gorges de Batoka. Mais celui-ci, à cause des récents revers, ne devrait pas être mis en chantier dans un futur proche. ■

jusqu'à ces dernières années la dernière grande place forte du rhinocéros noir. Lors de notre toute dernière visite, il n'abritait cependant plus que quatre rhinocéros noirs. Les autres ont été braconnés et les rares survivants, équipés d'un collier émetteur, ont été transférés dans le parc national de Matusadona où, en théorie, il est plus facile de les surveiller et de les protéger. Il est fort probable que lorsque vous lirez ces lignes, plus aucun rhinocéros n'aura survécu à Chizarira.

Les paysages du parc sont très différenciées, constituant trois zones ne présentant aucun point commun avec les broussailles chaudes et poussiéreuses – ponctuées de baobabs et broutées par les chèvres – des terres communales de la vallée de Gwembe située en contrebas. Au nord, traversant l'escarpement du Zambèze, s'étendent les magnifiques gorges verdoyantes des rivières Mucheni et Lwizilukulu (orthographiée également Ruziruhuru). Ces deux systèmes hydrographiques sont accessibles à pied à partir du quartier général de Manzituba, mais les randonneurs doivent être accompagnés par des guides professionnels.

Dans la partie orientale, l'escarpement du Zambèze est dominé par le pic Tandezi qui s'élève à 1 500 mètres d'altitude. Selon une légende batonka, un énorme et fugace serpent s'enroule autour de son sommet chauve. Aux yeux de certains visiteurs occidentaux, le pic ressemble plutôt à un chapeau aplati. Au-dessus de l'escarpement, le paysage cède place à un plateau d'altitude ponctué de msasa, région de faune abondante, jadis un bastion du rhinocéros noir. Les sommets solitaires du Chingolo et du Gongoriba offrent des points de vue impressionnants et font un excellent but de randonnée d'une journée. Les sources sodées de Mujima, au sud de Gongoriba, sont également un site charmant.

Au sud de la Sinamagoga Ridge, le paysage descend doucement vers la vallée de la Busi (Busi Valley) qui offre une ressemblance étonnante avec les rives fluviales de Mana Pools. Sa végétation composée notamment d'acacias d'hiver (*Acacia albida*) est en effet quasi identique. La vallée abrite également une faune de densité comparable – du porc-épic et du phacochère aux éléphants, lions et léopards – et comprend de superbes paysages comme les surnaturelles gorges de Mvurwi. Pour la plupart des visiteurs, la beauté sauvage et solitaire de la région de Busi constitue le summum de Chizarira.

Circuits organisés

Si sillonner en 4x4 les mauvais sentiers de brousse du parc ne vous satisfait pas, vous devrez faire appel à un guide de randonnée professionnel. Les randonneurs doivent être accompagnés soit par des gardes-chasses des parcs nationaux, soit par des guides d'agences de safaris licenciées. Si vous ne deviez faire qu'une seule extravagance financière au Zimbabwe, vous ne regretterez pas le safari pédestre dans Chizarira.

Les gardes-chasses des parcs nationaux sont autorisés à accompagner des groupes de six randonneurs au plus, lors de safaris pédestres d'un ou plusieurs jours – réservés à l'avance. Les participants doivent apporter leur propre nourriture ainsi que leur matériel de camping et subvenir à leur transport dans l'enceinte du parc. Les tarifs sont les prix standard des parcs nationaux.

La meilleure agence travaillant à Chizarira est Khangela Safaris. Son directeur, qui connaît et aime le parc certainement mieux que personne, assure que chaque randonnée est unique. Vous pouvez choisir entre des safaris sac au dos directs, pour lesquels vous devrez tout emporter, ou des safaris randonnées organisés à partir de campements de base semi-permanents. Le tarif à la journée s'élève à 120 $US par personne, transport et repas compris.

Autre possibilité, Backpackers Africa gère également des safaris sac au dos ou des marches avec camping de 5 à 12 jours, soit dans la région des gorges de la Lwizilukulu, au nord, soit sur le Busi Trail, plus fréquenté, au sud. Cette agence inclut aussi le parc dans un circuit de 12 jours passant par les parcs nationaux de Kazuma Pan, de Hwange, de Chizarira et du Zambèze.

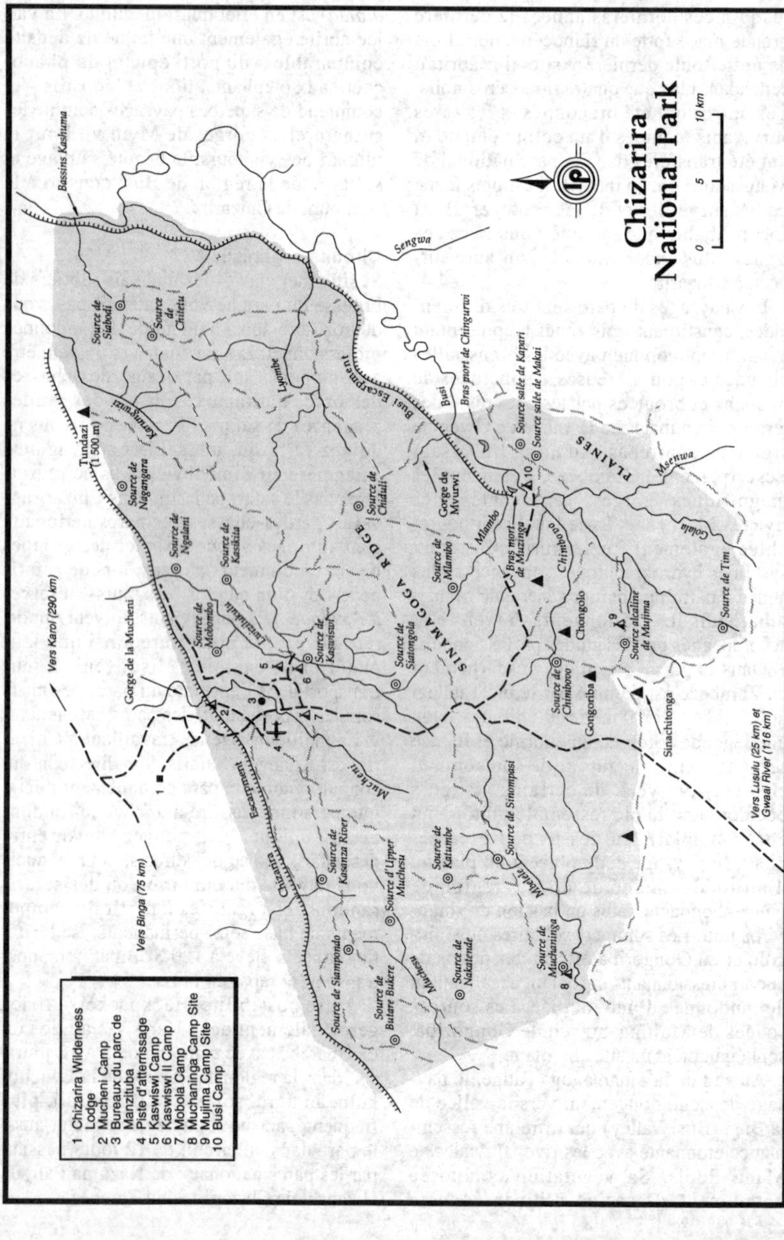
Chizarira National Park
0
5
10 km
1 Chizarira Wilderness Lodge
2 Mucheni Camp
3 Bureaux du parc de Manzituba
4 Piste d'atterrissage
5 Kaswiswi Camp
6 Kaswiswi II Camp
7 Mobola Camp
8 Muchaninga Camp Site
9 Mujima Camp Site
10 Busi Camp
Bassins Kashuma
Sengwa
Source de Siabodi
Source de Chitetu
Lyombe
Busi Escarpment
Busi
Bras mort de Chingurwi
Source salée de Kapari
Source salée de Makai
PLAINES
Msenwa
Tundazi
(1 500 m)
Source de Nagangara
Source de Chiduli
Gorge de Mvurwi
Source de Ngalani
Source de Kasikita
SINAMAGOGA RIDGE
Source de Mlambo
Mlambo
Bras mort de Muzinga
Chimbovo
Source de Mobombo
Source de Kaswiswi
Source de Siatongola
Chongolo
Source alcaline de Mujima
Source de Tim
Vers Karoi (290 km)
Gorge de la Mucheni
Source de Chimbovo
Gongoriba
Sinachitonga
Mucheni
Escarpment
Chizarira
Vers Binga (75 km)
Source de Sinompasi
Source de Katumbe
Source de Kasanza River
Source d'Upper Muchesu
Source de Siampondo
Source de Butare Bukere
Muchesu
Source de Nakatende
Source de Muchaninga
Vers Lusulu (25 km) et Gwaai River (116 km)

Où se loger et se restaurer

Chizarira étant dépourvu de services, tout – nourriture, pièces de rechange, matériel de camping, essence, etc. – devra être apporté de l'extérieur. L'hébergement et le restaurant les plus proches sont ceux du *Chizarira Wilderness Lodge* (☎ 4637 ; fax 4417, Victoria Falls), à proximité du pied de l'escarpement, à l'extérieur du parc. Située sur une falaise dominant les terres communales, cet établissement se révèle relativement commode pour la région de Manzituba, où ses guides conduisent des excursions en voiture et des randonnées à la journée, mais trop éloigné de Busi et d'autres régions reculées du parc pour y effectuer des excursions à la journée.

Quatre campements exclusifs des parcs nationaux sont aménagés à Chizarira, chacun ne pouvant accueillir qu'un seul groupe à la fois et devant être réservé à l'avance à Harare.

Le plus luxueux est le *Kaswiswi Camp*, implanté non loin des sources de la Lwizilukulu, à 6 km de Manzituba. Il est composé de 2 huttes de couchage surélevées, d'une zone de cuisine et de repas et possédant des douches chaudes. Étant au cœur

La mouche tsé-tsé

La mouche tsé-tsé, l'une des nombreuses plaies d'Afrique, ressemble à la mouche commune, à l'exception de ses ailes repliées de manière caractéristique en ciseaux et du fait qu'elle suce le sang. Elle est un vecteur de la trypanosomiase, ou *nagana*, maladie mortelle du bétail que contracte parfois l'homme (maladie du sommeil). La menace de cette affection a rendu inhabitables de vastes zones d'Afrique – dont la vallée du Zambèze et la région de l'Okavango – aux éleveurs et à leurs troupeaux.

Certains écologistes la considèrent comme une bénédiction : en effet, nombreuses sont les dernières zones sauvages d'Afrique à lui devoir leur existence. Les promoteurs et les propriétaires de ranch à bétail qui ne l'entendent pas, bien sûr, de cette oreille ont travaillé avec les gouvernements locaux pour tenter d'éradiquer ce fléau.

Au Zimbabwe, les plus anciennes tentatives d'éradication eurent lieu dans les années 60, dans la vallée du Zambèze. Ces mesures se révélèrent plutôt sommaires. Le premier projet mettait en œuvre un petit *boma* arrondi, juste assez grand pour renfermer une vache et un homme assis sur un tabouret. Lorsqu'une mouche tsé-tsé venait se poser sur la vache, il suffisait à l'homme de l'écraser. Ce programme extrêmement optimiste, visant à détruire quelques milliards de mouches potentiellement dangereuses, ne rencontra bien évidemment qu'un succès très limité ! On peut encore voir de ces boma dans le parc national de Chizarira ainsi que dans d'autres régions proches du Zambèze.

Le second plan d'attaque impliquait la construction d'une clôture longeant le pied de l'escarpement du Zambèze, au nord de laquelle on se proposait d'abattre toute la faune qui y vivait. Cette proposition qui ne souleva pas l'enthousiasme fut vite abandonnée.

On dut inévitablement admettre que la solution de ce problème passerait par l'épandage aérien d'insecticides. La nature fut donc généreusement arrosée d'un cocktail de DDT, de deltaméthrine et d'endosulphane. Cette méthode est toujours utilisée dans le delta de l'Okavango, au Botswana, où elle menace à l'évidence l'écosystème aquatique du delta. Elle a cependant le mérite de montrer que la priorité de ce pays, c'est le bétail. De fait, le gouvernement du Botswana a pris des mesures plus draconiennes encore, allant jusqu'au déboisement, pour priver la mouche d'abris, et à l'abattage des buffles et des koudous, pour la priver de nourriture.

La dernière méthode d'éradication semble heureusement plus efficace : mise en œuvre depuis le début des années 70 et n'impliquant pas des sacrifices aussi considérables en termes d'environnement, elle consiste à accrocher dans les habitats connus de la mouche tsé-tsé des bandes de tissu imprégnées d'un composant hormonal présent dans le souffle des bovins. Ces bandes qui attirent la mouche renferment également un poison spécifique. On peut souvent découvrir ce type de piège, accroché sur des structures métalliques, dans les régions infestées du Nord du Zimbabwe et du Nord-Ouest du Botswana, ainsi que dans le delta de l'Okavango. ■

de la brousse, Kaswiswi n'offre pas un paysage spectaculaire mais sa situation se révèle idéale pour observer les petits troupeaux d'éléphants et de buffles qui vivent dans les environs.

Les deux sites du *Mucheni Camp*, spectaculairement juchés sur une crête dominant les gorges Mucheni, font également office de point d'observation et de lieu de pique-nique.

L'autre campement de la zone septentrionale, le *Mobola Camp*, est installé à côté de la Mucheni, à 6 km des bureaux de Manzituba, sous des arbres servant de perchoirs à chauves-souris (les tentes sont fréquemment bombardées de guano). Le campement est dépourvu d'abris, mais possède un banc de cuisine en béton, une table et l'eau courante (pompée dans la rivière), ainsi que des toilettes à chasse d'eau.

Le *Busi Camp*, composé de deux campements exclusifs, se trouve à 35 km de Manzituba sur une rude piste pour 4x4, dans la plaine inondable de la Busi ponctuée d'acacias. Le site principal possède trois abris, deux étant destinés au couchage et le troisième aux repas

Enfin, *Kaswiswi II*, un campement d'urgence situé à proximité de Kaswiswi, et deux magnifiques sites de campement non aménagés, *Muchinanga* et *Mujima*, sont des lieux aussi isolés que peu connus, même des rangers. On risque de ne pas savoir quoi vous répondre si vous cherchez à les louer à partir de Harare. Ces trois campements sont principalement utilisés par des agences organisant des safaris pédestres et des randonnées.

On ne trouvera de l'eau qu'aux campements de Mabolo et de Kaswiswi, ainsi qu'au quartier général de Manzituba.

Comment s'y rendre

Si vous ne disposez pas d'un 4x4, vous devrez vous résigner à vous joindre à un circuit organisé pour visiter Chizarira. Le parc n'accueille pas assez de visiteurs pour que l'auto-stop y soit même concevable. En fait, lors de notre dernière visite, nous disposions du parc pour nous seuls, à

l'exception des excursionnistes du Chizarira Safari Lodge et d'un Sud-Africain soli taire voyageant en minibus. Les automobilistes trouveront parfois du carburant à Siabuwa. Sinon, il faut rouler sur 90 km, jusqu'à Binga : emportez des jerrycans d'essence.

Le moyen de transport public le plus proche se trouve à l'embranchement pour le parc, à l'ouest de Siabuwa, sur la piste Karoi-Binga. Le quartier général du parc, à Manzituba, est à 24 km de là (en gravissant la colline) mais il est interdit de se déplacer à pied à partir de l'embouchure des gorges de la Mucheni, qui marquent l'entrée du parc. Si vous empruntez cet itinéraire, arrêtez-vous au magasin artisanal de Comednze Batonka, non loin de l'embranchement des routes de Binga et de Siabuwa. Vous y trouverez un choix extraordinaire de véritables objets artisanaux batonka, notamment des tabourets, des repose-tête, des tambours et d'autres articles traditionnels.

Comment circuler

Les 4x4 et les véhicules à haute garde au sol doivent circuler au sud de Manzituba. Bien que le parc soit ouvert toute l'année, de fortes pluies peuvent rendre inaccessibles certaines zones durant la saison humide.

Botswana

Présentation du pays

BOTSWANA

Superficie : 581 730 km^2
Population : 1 500 000
Taux de natalité (1995) : 3,1% (moyenne mondiale : 2,4%)
Capitale : Gaborone
Chef de l'État : Dr Sir Quett Ketumile Masire
Langue officielle : anglais ; setswana (langue nationale)
Unité monétaire : pula
Taux de change : 1 $ US = 2,71 P
PNB par habitant : 2 590 $US (estimation 1993)
Heure locale : GMT/TUC +2

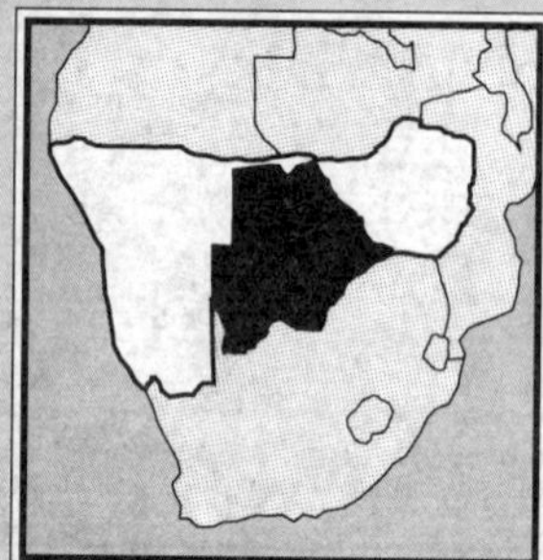

HISTOIRE

Les premiers San et les groupes bantous

Les premiers habitants du Botswana furent les San (Bochimans, ou *Bushmen* en anglais), qui vivent toujours dans les parties du Kalahari situées à l'ouest du pays et à l'est de la Namibie. On suppose que leur présence dans la région remonte à 30 000 ans environ. Ils furent suivis des Khoi-Khoi (Hottentots).

Vinrent ensuite les agriculteurs et les pasteurs bantous. Ils arrivèrent du nord-ouest et de l'est du continent africain entre le Ier et le IIe siècle. Cette "migration bantoue" a probablement contourné le Botswana actuel, évité le rude désert du Kalahari pour continuer jusqu'aux terres plus hospitalières du Transvaal et du Cap, où ils entrèrent en contact avec des San et des Khoi-Khoi. Les trois peuples semblent avoir entretenu des relations amicales, commerçant et se mariant librement entre eux.

Les anthropologues ont divisé les Bantous d'Afrique australe en plusieurs groupes, en se fondant sur les similarités des langues et des structures sociales. Le premier d'entre eux est vraisemblablement arrivé au Botswana au début de notre ère et s'est installé sur les rives du Chobe.

Les Sotho-Tswana, un autre de ces groupes, se divisaient en trois tribus distinctes : les Basotho du Nord, ou *Pedi*, qui se fixèrent dans le Transvaal, les Basotho du Sud, installés dans les contrées du Lesotho d'aujourd'hui, et les Basotho de l'Ouest, ou *Tswana*, qui se déplacèrent vers le nord pour s'établir au Botswana. Les Kgalagadi, première tribu de langue setswana à coloniser le Botswana, atteignirent le Transvaal aux environs du XIVe siècle. Ils occupèrent le sud-est du pays, dans la bande de terre relativement arable et bien arrosée entre Francistown et Gaborone.

A cette époque, le nord-est du Botswana se trouvait en territoire shona et sous l'autorité des dynasties torwa, puis rozwi (reportez-vous, dans la partie *Zimbabwe*, à la rubrique *Histoire* du chapitre *Présentation du pays*). Certaines indications révèlent cependant une occupation antérieure, probablement par le peuple *Leopard's Kopje* ("Hommes-léopards des collines") qui était établi dans la région de Khami, au sud-ouest du Zimbabwe. Par la suite, cette population du langue shona, aujourd'hui appelée Babirwa, s'intégra totalement aux Tswana dont elle adopta l'idiome et les coutumes.

Du XVe siècle à la fin du XVIIe siècle, la majorité des peuples bantous du Botswana vécut à l'est du Kalahari, puis, au début du XVIIIe siècle, la fragmentation pacifique des

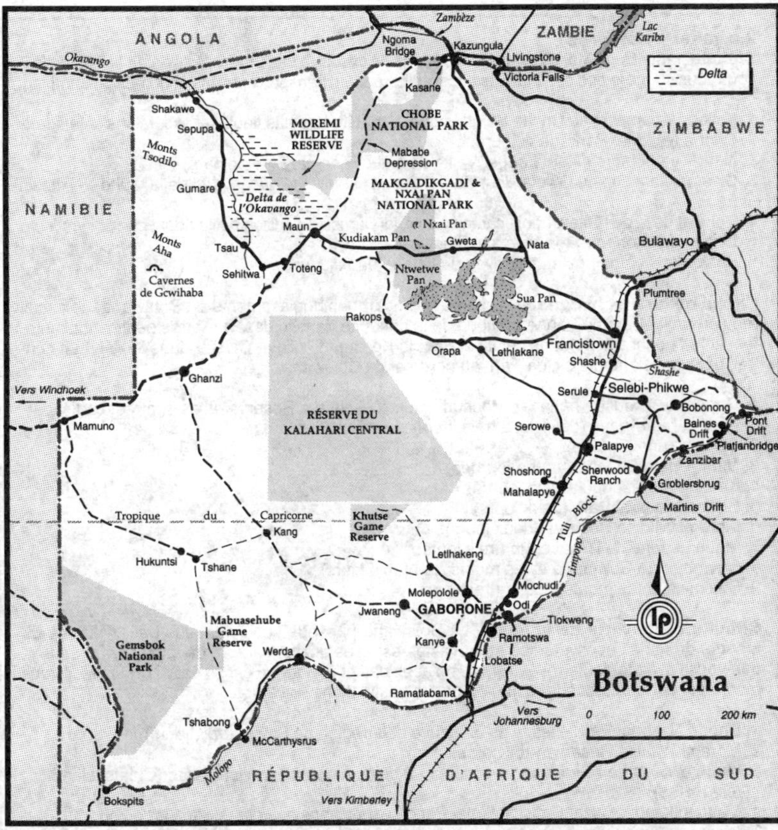

tribus se généralisa. Les différends familiaux et politiques se réglaient en effet à l'amiable : ceux qui n'obtenaient pas satisfaction partaient s'installer ailleurs, accompagnés de leurs partisans.

Cette dispersion offrait une solution idéale aux dissensions tant qu'il restait un "ailleurs" où s'établir. Aux peuples qui vivaient dans le sud-est du Botswana s'ouvraient les vastes étendues occidentales, régions auparavant habitées uniquement par les San et les Khoi-Khoi. Quant à ceux du Nord-Ouest, où régnait l'empire lozi, ils gagnaient le delta de l'Okavango et les rives du lac Ngami.

La scission tswana, sans doute la plus importante pour l'histoire du pays, advint à la suite de la querelle qui opposa Kwena, Ngwaketse et Ngwato, fils du chef Malope (ou Masilo) dont le territoire couvrait la région de la rivière Boteti, dans le Botswana central. Kwena s'installa à Ditshegwane, Ngwaketse à Kanye, à l'extrême sud-est, et Ngwato à Serowe. Le clan de ce dernier se scinda à son tour en raison d'un litige entre le chef Khama I et son frère Tawana, lequel quitta Serowe à la fin du XVIIIe siècle pour établir sa chefferie dans la région de Maun. Ce triple éclatement est à l'origine des trois grands groupes tswana

Itinéraires botswanais

Circuits petits budgets. Bien qu'il n'existe pas de circuits à bas prix au Botswana, la liste ci-dessous vous suggère des destinations accessibles par les transports publics et dotées de camping.

1. Kasane – camping au Chobe Safari Lodge. Expéditions sur le fleuve et excursions safari dans Chobe National Park (deux jours).
2. Nata – camping au Nata Lodge. Visite de Nata Sanctuary (deux jours).
3. Gweta – camping au Gweta Rest Camp. Circuit camping et découverte de la faune à Nxhasin Pan.
4. Maun et delta de l'Okavango – camping à l'Audi Camp. Expédition petit budget camping/mokoro dans le delta oriental (de trois à sept jours).
5. Shakawe – campings sur les rives du fleuve (deux jours).

Circuit culturel et historique. Comme la plupart des déplacements au Botswana, ce circuit requiert un 4x4 et une bonne pratique de la conduite dans le désert. Autres destinations intéressantes non incluses dans cet itinéraire : le Kgalagadi Village Cluster dans le Kalahari central, et Kubu Island dans Sua Pan, au nord-est du Botswana.

1. Gaborone – Musée national, Mochudi, Mokolodi Nature Reserve et les centres d'artisanat dans l'arrière-pays (de deux à trois jours).
2. Serowe (une journée).
3. Nata – Nata Sanctuary (une journée).
4. Kasane et Kazungula (une journée).
5. Chobe National Park (deux jours).
6. Moremi Wildlife Reserve (deux jours).
7. Maun et delta de l'Okavango (trois jours).
8. Cavernes de Gcwihaba et les monts Aha (trois jours).
9. Shakawe et les montsTsodilo (trois jours)

Circuits découverte de la faune. Le Botswana possède l'une des plus belles faunes du monde, de riches écosystèmes et de vastes espaces qui vous feront découvrir l'Afrique telle que vous l'avez toujours rêvée. Si vous n'avez pas opté pour un circuit safari organisé, il vous faudra un 4x4 pour accéder à la plupart des destinations suivantes.

1. Chobe National Park – les rives du fleuve et la région de Savuti (trois jours).
2. Moremi Wildlife Reserve (trois jours).
3. Maun et delta de l'Okavango – accéder au delta intérieur en avion, visiter Chiefs Island (cinq jours).
4. Makgadikgadi et Nxai Pans National Park – expéditions en voiture dans la région de Makgadikgadi Pans et visites des baobabs de Baines et de Nxai Pan (trois jours).
5. Nata Sanctuary (une journée).
6. Serowe et Khama Rhino Sanctuary (réserve de rhinocéros) (une journée).
7. Gaborone et Mokolodi Nature Reserve (une journée).
8. Khutse Game Reserve (deux jours).

modernes. A la fin du XIXe siècle, les Herero, peuple nomade et essentiellement pasteur, fuyant la colonisation allemande en Namibie, commencèrent à migrer vers l'est, puis se fixèrent à l'extrême nord-ouest du Botswana.

Les Zoulous

Au tout début du XIXe siècle, tous les bons pâturages en bordure du Kalahari étant occupés, la fragmentation pacifique devint impraticable. De plus, les Européens, qui avaient débarqué au Cap et avançaient vers le nord, faisaient obstacle à tout déplacement dans cette direction. En 1817, Kuruman, première mission chrétienne en territoire tswana, était créée par Robert Moffat. En 1818, survint un événement qui devait transformer l'histoire de l'Afrique australe. Shaka, le nouveau chef farouche et déterminé des Zoulous, regroupa par la force toutes les tribus régionales, puis il lança son impitoyable machine militaire dans une guerre de conquête, soumettant ou éliminant tous ceux qui lui faisaient obstacle. En 1830, Kwena, Ngwato et Lozi étaient vaincus. Mzilikazi s'enfuit vers le nord où il entama une campagne similaire avec le clan kumalo, connu plus tard sous le nom des Ndebele (reportez-vous, dans la partie *Zimbabwe*, à la rubrique *Histoire* du chapitre *Présentation du pays*).

Les troupes de Mzilikazi semèrent la terreur à travers le Transvaal et le Botswana, lançant des raids meurtriers contre les villages tswana, et contraignant les habitants à se disperser vers le nord et l'ouest. Certains d'entre eux poussèrent même jusqu'à Ghanzi et Tshane, groupe de villages isolés en plein cœur du Kalahari. Ngwaketse, chassé de son territoire, se réfugia dans le désert et s'établit près de Letlhakeng.

Les missionnaires

Les Tswana, ayant pris conscience que la dispersion rendait les populations particulièrement vulnérables, se regroupèrent et fondèrent une société hautement structurée. Chaque nation était gouvernée par une monarchie héréditaire dont le pouvoir économique reposait sur le servage et la possession de grands troupeaux de bétail. Chaque clan disposait de son propre territoire relevant de l'autorité des chefs de village. Ceux-ci étaient chargés de répartir les terres et de recruter la main-d'œuvre obligatoire qui travaillait dans les champs et les pâturages du souverain. Dès la seconde moitié du XIXe siècle, certaines villes s'étaient considérablement développées. Ainsi, Shoshong, capitale du clan ngwato, possédait, en 1860, une population estimée à 30 000 habitants.

L'ordre et l'organisation de cette société impressionnèrent les premiers missionnaires chrétiens de la mission de Kuruman. Le principal promoteur de l'œuvre évangélisatrice était, comme on l'a vu, Robert Moffat, homme dogmatique et intransigeant, à qui l'on doit la première translittération de la langue tswana en alphabet latin et la première traduction de la Bible en tswana écrit. Malgré les longues années qu'il passa en Afrique, Moffat resta indifférent aux caractéristiques et aux problèmes propres au continent africain, intolérant envers les cultures et les croyances traditionnelles.

Les années 1840 virent l'arrivée du charismatique Dr David Livingstone qui s'établit à Kuruman et épousa la fille de Robert Moffat. Son esprit curieux et sa formation scientifique le poussèrent à abandonner sa vie sédentaire. Il quitta la mission et se lança dans une série d'expéditions en direction du nord qui le menèrent sur les rives du lac Ngami, ainsi que sur les terres de l'empire lozi. Décidant finalement de se consacrer entièrement à l'exploration, il expédia sa famille en Angleterre et s'élança à la découverte de contrées inconnues, comme les chutes Victoria et les territoires au-delà. Fait significatif, Livingstone fut, avant son départ, injustement accusé par les Boers de vendre des armes à la population locale et de les inciter à la rébellion. Lors d'une attaque boer contre les Tswana, sa maison de Kuruman fut pillée et détruite.

Si les missionnaires ne convertirent que peu de Tswana, ils purent conseiller, parfois mal d'ailleurs, la population locale dans ses échanges avec les Européens qui accouraient nombreux : explorateurs, naturalistes, négociants, mineurs, etc. Les marchands fournirent des fusils aux Tswana et les dépêchèrent, au nom du commerce, abattre des éléphants, des rhinocéros et des hippopotames, notamment dans les environs du lac Ngami. Si grand fut le carnage que le marché européen se trouva littéralement inondé, et les prix tombèrent à un niveau ne justifiant guère cette quasi-extermination. Dans le même temps, les Tswana, qui étaient payés pour les peaux et l'ivoire qu'ils ramenaient, découvraient l'économie numéraire européenne.

Les Boers

Tandis que Mzilikazi pillait les populations tswana et qu'au nord-ouest les missionnaires s'employaient à les évangéliser, les Boers (des colons néerlandais installés en Afrique australe), fuyant la tutelle britannique, quittèrent Le Cap pour leur "Grand Trek". Persuadés de jouir d'un droit divin sur toute terre qu'ils choisiraient d'occuper en Afrique australe, 20 000 Boers franchirent le fleuve Vaal, pénétrèrent en territoire tswana et zoulou et s'y établirent comme si ces régions étaient inhabitées (de fait, certaines l'étaient, ayant été écumées par Mzilikazi).

Chaque fermier prit possession de 3 000 *morgen* (environ 2 400 hectares). La population locale survivante n'eût d'autre choix que de s'enfuir ou d'accepter le travail obligatoire, comme serviteurs et ouvriers agricoles.

En 1837, Mzilikazi se heurta à la puissance de feu supérieure des Boers, commandés par Hendrik Potgieter, ce qui mit un terme à sa campagne. Il s'enfuit dans le Nord-Est et s'installa dans la région de Bulawayo. Entre 1844 et 1852, les Boers s'appliquèrent à nouer des relations commerciales avec les Hollandais et les Portugais, et créèrent de petites républiques éclatées, indépendantes de tout lien avec les Britanniques du Cap.

Lors de la convention de Sand River, en 1852, la Grande-Bretagne reconnut l'indépendance du Transvaal. Les Boers s'empressèrent alors d'informer les Batswana (peuple tswana) qu'ils étaient désormais sujets de la nouvelle République d'Afrique du Sud. M.W. Pretorius, leur dirigeant, fit savoir aux Anglais que les Tswana achetaient des armes aux marchands et aux missionnaires blancs, et se préparaient à entrer en guerre. Arguant alors des dangers menaçant les voyageurs, il ferma la route qui traversait le Transvaal. L'allégation de Pretorius était techniquement exacte : les Tswana se procuraient effectivement des fusils pour la chasse aux grands animaux.

Le grand chef tswana du clan kwena, Sechele I, et Mosielele, du clan kgatla, décidèrent cependant de se rebeller contre le pouvoir blanc. Les Boers ripostèrent avec férocité et se livrèrent au saccage des communautés tswana. Les lourdes pertes humaines et l'amenuisement de leurs territoires amenèrent les Tswana à envoyer leurs chefs demander protection aux Britanniques. Ces derniers, guère tentés de prendre en charge un pays d'une rentabilité douteuse, proposèrent seulement de faire office de médiateur. En 1877, l'escalade de la violence poussa cependant la Grande-Bretagne à intervenir. Elle annexa le Transvaal, déclenchant la première guerre des Boers à laquelle la convention de Pretoria mit fin en 1881 : Les Anglais acceptèrent de se retirer du Transvaal en échange de l'allégeance des Boers à la couronne britannique.

Le protectorat

Débarrassés des Anglais, les Boers pénétrèrent au nord en territoire tswana et avancèrent à l'ouest dans la région du bassin du Molopo, devenu le Bechuanaland. En 1882, ils s'emparèrent de Taung et de Mafeking (aujourd'hui Mafikeng) et les proclamèrent Républiques de Stellaland et de Goshen. Les Britanniques y virent un empiétement qui menaçait leur "Route du Nord" menant à la Rhodésie et à ses potentielles richesses minières.

Parallèlement, les Tswana tentaient d'obtenir des Anglais le maintien de leur protection contre les Boers et contre le danger d'une agression ndebele au nord-est. John Mackenzie, ami proche du chef chrétien ngwato, Khama III, de Shoshong, se rendit à Londres où il plaida activement en faveur d'une intervention britannique pour stopper l'expansionnisme des Boers. Il fut nommé commissaire adjoint de la région, poste où Cecil Rhodes, manœuvrant en sous main, ne tarda pas à le remplacer. Mackenzie étant opposé à l'annexion du Bechuanaland à la province du Cap, Rhodes le considérait comme une menace pour son grand rêve d'une Afrique anglophone du "Cap au Caire". Il projetait en effet de relier ces deux points par une ligne de chemin de fer passant en plein cœur du continent. Il se plaignait également de ce que l'emprise boer privait sa *British South Africa Company* (BSAC) des ressources en main-d'œuvre venue du nord.

En 1885, la Grande-Bretagne finit par se résigner à l'inévitable. La région au sud du fleuve Molopo devint la British Crown Colony of Bechuanaland (colonie de la couronne britannique du Bechuanaland), rattachée à la colonie du Cap. Dans le même temps, la juridiction et la protection anglaises étaient étendues au British Protectorate of

Bechuanaland (Protectorat britannique du Bechuanaland) nouvellement créé, qui englobait toutes les terres au nord de la colonie du Cap, situées au sud du 22° de latitude et à l'est du 20° de longitude. Le territoire ngwato de Khama III se vit coupé en deux dans ce partage, mais Khama, reconnaissant d'avoir obtenu la protection souhaitée, préféra ne pas soulever le problème.

L'établissement de ce protectorat visait essentiellement à enrayer l'expansionnisme boer au nord et à l'ouest, et à barrer la route aux autres puissances européennes, notamment à l'Allemagne qui occupait le Sud-Ouest africain (Namibie). Malheureusement, les nouveaux "protecteurs" montrèrent très peu d'intérêt pour le Bechuanaland et tentèrent d'en transférer l'administration à la colonie du Cap, laquelle refusa pour des raisons financières.

Rhodes en perte de vitesse

Une nouvelle menace pour l'autorité des chefs tswana se présenta en la personne de Cecil Rhodes qui briguait toujours le contrôle du pays. En 1894, les autorités britanniques convinrent plus ou moins de le laisser faire.

Conscients des aspirations de l'Anglais et de leurs implications, trois chefs tswana de haut rang, Bathoen, Khama III et Sebele, accompagnés d'un missionnaire favorable à leur cause, W. C. Willoughby, se rendirent en Grande-Bretagne pour demander en personne le maintien du contrôle de l'administration britannique sur le Bechuanaland. Le ministre des Colonies, Joseph Chamberlain, leur conseilla de traiter directement avec Rhodes, qui resta naturellement intraitable. Les chefs tswana s'adressèrent alors à la *London Missionary Society* (LMS) qui rendit l'affaire publique. Craignant que la BSAC n'autorise l'alcool au Bechuanaland, la LMS et d'autres associations chrétiennes apportèrent leur soutien à Khama, chrétien sincère, et à son entourage. Les citoyens britanniques jugèrent que l'administration de l'empire était du ressort de la couronne et non de Cecil Rhodes, homme d'affaires d'une intégrité douteuse. Sous la pression de l'opinion publique, Chamberlain accepta de maintenir l'administration anglaise au Bechuanaland, ne cédant à la BSAC qu'une petite langue de terre au sud-est, destinée à la construction d'une ligne de chemin de fer pour la Rhodésie.

En 1890, la bande territoriale située entre le 22° de latitude sud et les fleuves Chobe et Zambèze passa sous contrôle britannique à la suite d'un accord avec l'Allemagne. Rhodes continuait de chercher à prendre pied dans le protectorat. Se faisant passer pour un émissaire de la reine Victoria, il persuada Sekgoma, le roi tswana, de signer un traité d'"amitié" avec l'Angleterre, qui, incidemment, accordait les droits d'exploitation minière à la BSAC. Ce traité, connu sous le nom de "concession Bosman", fut plus tard invalidé par les autorités britanniques. En 1896, le gouvernement convainquit Sekgoma d'ouvrir la région de Ghanzi aux colons blancs en échange de la garantie de la souveraineté tswana sur le reste du Ngamiland. En perte de vitesse, Rhodes ne se résigna pas pour autant à la défaite.

En 1895, au grand embarras des autorités britanniques, Leander Starr Jameson, un ami de Rhodes, prit l'initiative d'un coup de main militaire dans le Transvaal afin d'intégrer ce territoire à une sorte de confédération d'Afrique australe. Le raid échoua et n'intimida guère les Boers. Jameson fut emprisonné et Rhodes dut démissionner de son poste de Premier ministre de la Colonie du Cap. Cette fois, il fut contraint de s'avouer vaincu.

L'époque coloniale

Une fois l'administration britannique en place, les chefs virent leurs rites, leurs traditions et leurs modes de vie tribaux irrémédiablement bouleversés par l'influence du christianisme et de la technologie occidentale. L'économie numéraire s'était solidement implantée et les Tswana commençaient à y prendre une part active. En conséquence, un régime fiscal fut mis en place dans le Protectorat du Bechuanaland et sa capitale fut établie à Mafeking (située en fait en Afrique du Sud, à l'extérieur du protectorat).

Chaque chef se vit attribuer une "réserve" tribale où il avait autorité sur tous les habitants autochtones. Les Britanniques conférèrent aux chefs, qui conservaient une certaine autonomie, la tâche de prélever les impôts, et leur octroyèrent une commission de 10% sur toutes les sommes collectées. Ainsi, tous se virent contraints de contribuer à l'économie numéraire.

En 1899, la Grande-Bretagne décida qu'il était temps de regrouper les États d'Afrique australe et elle déclara la guerre au Transvaal. Les Boers capitulèrent en 1902. Huit ans plus tard, naquit l'Union sud-africaine, qui se composait de la colonie du Cap, du Natal, du Transvaal, de l'État libre d'Orange, et prévoyait l'intégration future du Bechuanaland et de la Rhodésie.

Grâce à la vente de bétail, de bœufs de labour et de céréales aux Européens, venus en quête de terres arables et de minerais, le Bechuanaland jouissait d'une certaine indépendance économique qui fut cependant de courte durée. La construction (au rythme de plus d'un kilomètre et demi par jour !) du chemin de fer traversant le Bechuanaland à destination de la Rhodésie, et une grave épidémie de fièvre aphteuse dans les années 1890, portèrent un coup fatal au commerce de transit.

En 1920, l'Afrique du Sud et la Rhodésie produisaient une telle quantité de maïs que le Bechuanaland fut éliminé du marché. En outre, en 1924, l'Afrique du Sud entreprit de faire pression sur les chefs tswana afin qu'ils votent pour l'intégration du Bechuanaland à l'Union sud-africaine. Leur refus leur valut des sanctions économiques, dont le gel du marché de la viande de bœuf.

La vulnérabilité économique, une vague d'années de sécheresse et le besoin d'argent pour acquitter les impôts anglais contraignirent les sujets du protectorat à partir travailler dans les fermes et les mines d'Afrique du Sud. Un quart de la population mâle du Botswana s'étant exilé, la rupture des modes traditionnels d'occupation des sols s'accéléra et l'autorité des chefs, désormais dépourvus du pouvoir économique, s'affaiblit. Les travaux agricoles et domestiques étaient effectués par les femmes restées au pays. Certains propriétaires et gros éleveurs profitèrent de la situation en étendant leurs zones de culture et la taille de leurs troupeaux.

En 1923, le chef ngwato Khama III s'éteignit à l'âge de 89 ans. Sekgoma, son fils, lui succéda mais il mourut à son tour deux ans plus tard. L'héritier du trône, Seretse Khama, qui n'avait que 4 ans, n'était pas en état de régner sur la plus grande des chefferies tswana, aussi son oncle Tshekedi Khama, âgé de 21 ans, assuma t-il la régence. Ce dirigeant intelligent et compétent fut critiqué par les autorités coloniales car il réglait les différends locaux en se fondant sur la loi tribale. Le châtiment du fouet appliqué à Phineas McIntosh, un Blanc de Serowe, pour le viol d'une femme du pays en est un exemple. Tshekedi Khama fut déposé par le commissaire résident (pas vraiment "résident" puisqu'il vivait à Mafeking), Sir Charles Rey, mais l'opinion publique s'opposa à cette décision et le jeune chef fut rétabli dans ses fonctions.

Lors de la Seconde Guerre mondiale, 10 000 Tswana s'engagèrent dans l'African Pioneer Corps pour défendre l'Empire britannique. A la fin du conflit, l'héritier du trône ngwato, Seretse Khama, partit étudier en Angleterre, où il épousa une Anglaise (pour de plus amples détails, reportez-vous à l'encadré dans la rubrique *Serowe* du chapitre *Est du Botswana*.)

Tshekedi Khama dénonça cette transgression des normes coutumières locales et les autorités d'Afrique du Sud de leur côté, qui espéraient toujours intégrer le Bechuanaland à l'Union, n'apprécièrent pas outre mesure cette union. Le gouvernement britannique bloqua l'accession de Seretse à la chefferie, et celui-ci fut exilé en Angleterre. Les démêlés durèrent jusqu'en 1956, date à laquelle Seretse Khama renonça à son titre, se réconcilia avec son oncle et rentra avec son épouse au Bechuanaland, où il prit les fonctions de vice-président du conseil ngwato.

L'indépendance

Les premiers signes de nationalisme se manifestèrent chez les Tswana vers la fin des années 1940. La décennie suivante et le début des années 1960 amenèrent des bouleversements politiques dans toute l'Afrique, de nombreuses colonies accédant à l'indépendance. Dès 1955, il devint évident que la

Grande-Bretagne se préparait à relâcher son emprise sur le Bechuanaland. Des étudiants politisés revenus d'Afrique du Sud formèrent les premiers partis politiques batswana qui commencèrent à soulever la question de l'indépendance, malgré la fragile assise économique du pays.

A la suite du massacre de Sharpeville en 1960, des réfugiés d'Afrique du Sud, Motsamai Mpho, du Congrès national africain (ANC) et Philip Matante, un pasteur de Johannesburg qui appartenait au Congrès panafricain, se joignirent à K. T. Motsete, un enseignant du Malawi, pour créer le "Bechuanaland People's Party" dont l'objectif numéro un était d'obtenir l'indépendance du protectorat.

En 1962, Seretse Khama et le fermier kanye Quett Masire fondèrent le Bechuanaland Democratic Party (BDP) à tendance plus modérée. Le chef Bathoen II des Ngwaketse les rejoignit bientôt. Le BDP établit un calendrier de l'accession à l'indépendance et bénéficia du soutien des chefs locaux et des Batswana traditionalistes. Ses premières actions consistèrent à obtenir le transfert de la capitale, de Mafikeng à Gaborone, à rédiger une nouvelle constitution non raciale et à fixer les étapes menant à l'indépendance. Les autorités britanniques acceptèrent avec reconnaissance son plan pacifique de transmission du pouvoir et, lors des élections générales de 1965, Seretse Khama fut élu président. Le 30 septembre 1966, le pays accéda paisiblement à l'indépendance et prit le nom de République du Botswana.

Sir Seretse Khama (il reçut son titre peu après l'indépendance) était attaché aux règles d'un système démocratique. Il garantit aux fermiers blancs le maintien de leurs droits de propriété et adopta une position de stricte neutralité (tout au moins jusqu'à la fin de son mandat présidentiel) envers l'Afrique du Sud et la Rhodésie. Il dirigeait l'une des nations les plus pauvres du monde, et une partie importante du revenu national provenait des salaires des travailleurs batswana employés dans les mines sud-africaines.

En outre, le Botswana était fortement tributaire des importations alimentaires de son grand voisin.

Khama refusa néanmoins l'échange de représentation diplomatique avec l'Afrique du Sud et critiquait ouvertement l'*apartheid* dans les milieux internationaux. Il engagea aussi avec courage le Botswana aux côtés des États de la "ligne de front" – la Zambie, la Tanzanie et le Mozambique – pour s'opposer au régime de Smith en Rhodésie et à la mainmise de l'Afrique du Sud sur la Namibie. Il ne consentit pas, cependant, à l'installation de camps d'entraînement pour les combattants zimbabwéens. Lorsque l'armée rhodésienne viola le territoire botswanais, invoquant le "droit de poursuite", et bombarda le ferry de Kazungula, seule frontière du Botswana avec un pays démocratique, la Zambie, Khama réagit en créant une armée, la Botswana Defence Force.

L'évolution récente

Le profil économique du nouvel État s'est transformé depuis 1967, lorsque des champs diamantifères près d'Orapa furent découverts par la société minière sud-africaine De Beers. Celle-ci gère l'exploitation en commun avec l'État, celui-ci se réservant plus de 60% des bénéfices en tant que propriétaire naturel des ressources. Cette manne minière a rapporté au pays d'énormes réserves de devises (4 milliards $US en 1994). Le Botswana a connu jusqu'à ces dernière années le taux de croissance le plus rapide du monde, frisant les 12% par an. Quant à sa monnaie, elle reste la plus forte d'Afrique. Au début des années 1990, la demande de pula dans les pays voisins éclipsait même celle du rand sud-africain, en baisse progressive.

Sir Seretse Khama mourut en 1980, peu après l'indépendance du Zimbabwe, mais le Botswana Democratic Party (BDP) – l'ex Bechuanaland Democratic Party – détient toujours une majorité importante au Parlement. Sir Quett Ketumile Masire, devenu président à la suite de Khama, se conforme à la ligne tracée par son prédécesseur, tandis que le gouvernement poursuit en général une politique prudente et avisée.

Durant la dernière décennie, l'Afrique du Sud accusa le Botswana de servir d'asile aux membres de l'ANC et autres réfugiés politiques fuyant la "justice" sud-africaine. A titre de représailles, elle lança en 1986 deux raids héliportés sur Gaborone tuant plusieurs civils (dont aucun n'appartenait à l'ANC).

Aujourd'hui moins tributaire que naguère de l'Afrique du Sud, le Botswana continue cependant d'entretenir des relations commerciales actives avec elle, et la plupart des importations alimentaires du Botswana proviennent de ce pays. Rare État africain, avec la Namibie, le Sénégal, l'Afrique du Sud et la Zambie, jouissant d'élections libres et d'un régime démocratique, multipartiste et non racial, son gouvernement doit affronter actuellement un problème majeur : le chômage. Celui-ci est dû à la forte augmentation de la population urbaine, conjuguée à une forte croissance démographique (3,1% par an), et à un déficit de personnel qualifié. Néanmoins, la croissance économique, quoique réduite, se maintient à un niveau élevé.

Le Botswana National Front, parti de l'opposition, bénéficie d'un soutien urbain. Il prône la redistribution des richesses et une économie autarcique artificielle, ce qui détruirait la prospérité relativement stable du Botswana. Il trouve principalement audience auprès des travailleurs non qualifiés, issus de l'immigration rurale. L'attribution par le gouvernement de contrats d'exploitation à des sociétés étrangères, faisant appel à de la main-d'œuvre étrangère, est l'un des griefs grandissants, comme l'a prouvé l'explosion de colère du 1er août 1994 de quelque 500 chômeurs à Gaborone.

A en juger par les récents résultats électoraux, la majorité de la population semble cependant satisfaite de son gouvernement. Lors des élections du 15 octobre 1994, le BDP a remporté sa septième victoire consécutive depuis 1966, en enlevant 26 sièges contre 13 au BNF, son principal rival, sur 40 sièges à pourvoir.

GÉOGRAPHIE

D'une superficie de quelque 582 000 km², le Botswana, privé de tout débouché sur la mer, s'étend sur 1 100 km du nord au sud et 960 km de l'est à l'ouest. Grand comme le Kenya ou la France, il est limité au sud et au sud-est par l'Afrique du Sud – au-delà des fleuves Limpopo et Molopo –, par le Zimbabwe au nord-est, et par la Namibie à l'ouest et au nord. A Kazungula, quatre pays (le Botswana, le Zimbabwe, la Zambie et la Namibie) se rejoignent en un point situé au milieu du Zambèze. Ainsi, le Botswana dispose d'un poste-frontière avec la Zambie, bien que ces deux pays soient dépourvus de frontière commune.

La plus grande partie du pays consiste en un vaste bassin de sable caractérisé par une savane broussailleuse. Au nord-ouest, arrivant de la Namibie, coule l'Okavango qui infiltre les sables du désert et forme un delta de 15 000 km², véritable lacis de chenaux et d'îles, tandis que dans les dépressions du Nord-Est s'étendent les grands déserts salins des Makgadikgadi Pans. Près de 85% du Botswana, soit tout le centre et le sud-ouest, est occupé par le Kalahari (Kgalagadi), étendue semi-aride de dépôts de sable éoliens, de longues vallées sablonneuses (parfois lits de rivières temporaires) et de crêtes stabilisées par des arbres et des épineux rabougris. On ne trouve les dunes mouvantes d'un "désert" traditionnel que dans la région de Bokspits, à l'extrême sud-ouest.

Le Botswana ne possède pas de chaînes de montagnes, mais son paysage pratiquement plat est ponctué çà et là de petites collines, notamment le long de la frontière sud-est et à l'extrême nord-ouest. Le point culminant du pays est le mont Otse, de 1 491 m de hauteur, près de Lobatse, mais, de moindre importance, les trois pics principaux des monts Tsodilo, dans le nord-ouest, offrent un tableau plus spectaculaire.

CLIMAT

Bien que traversé par le tropique du Capricorne, le Botswana se caractérise par un climat fortement continental, essentiellement sec, mais avec tout de même une saison des pluies en été, s'étendant grosso modo de novembre à mars.

Les averses l'après-midi et les orages sont les plus fréquentes manifestations de *pula*, denrée si précieuse qu'elle a donné son nom à l'unité monétaire du Botswana.

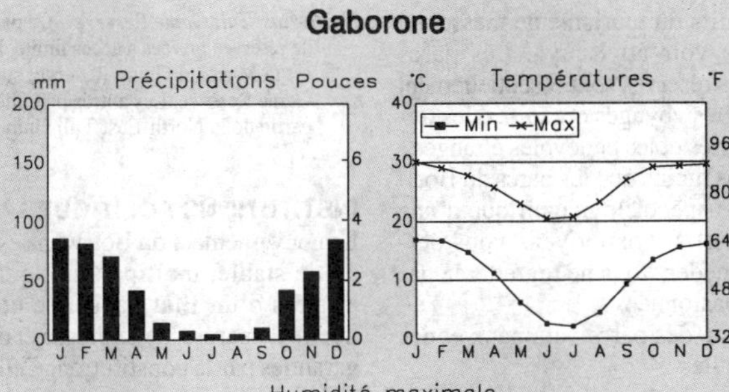

Humidité maximale

J	F	M	A	M	J	J	A	S	O	N	D
38%	40%	39%	39%	32%	29%	27%	24%	21%	26%	33%	39%

En hiver, de fin mai à août, les pluies se font rares sur tout le territoire. Les journées sont en général claires, chaudes et ensoleillées, les nuits fraîches à glaciales. Dans le Kalahari, les températures nocturnes tombent au-dessous de zéro en juin et juillet, et il n'est pas rare qu'il gèle dans les endroits très humides.

Les périodes intermédiaires, avril/début mai et septembre/octobre, sont plutôt sèches, mais avec des journées plus fraîches qu'en été et des nuits plus chaudes qu'en hiver.

PARCS NATIONAUX ET RÉSERVES NATURELLES

Les parcs nationaux du Botswana, sans aucun doute les plus sauvages d'Afrique, se distinguent par de vastes espaces où la nature est reine, même dans les parcs les plus visités, Chobe et Moremi. Mis à part quelques concessions de safari privées, il n'existe pratiquement aucune infrastructure et guère d'équipements.

En 1989, les droits d'entrée pour les étrangers ont brutalement augmenté de 600%, et ils sont devenus le plus grand motif d'irritation des voyageurs. Dans tous les parcs nationaux et les réserves (à l'exception du Gemsbok, rattaché au parc national du Kalahari Gemsbok d'Afrique du sud), les étrangers paient 18,50 $US (50 P) par personne par jour, plus 7,40 $US (20 P) par personne pour camper. Pour les enfants de 8 à 15 ans, l'entrée coûte 9,25 $US (25 P) et le camping 4 $US (10 P). Quant aux véhicules, leurs tarifs s'élèvent à 0,75 $US (2 P) s'ils sont immatriculés au Botswana (y compris les avions), et à 4 $US (10 P) pour les immatriculations étrangères.

Comme le gouvernement privilégie le tourisme en voyage organisé, les participants à ce type de circuit n'acquittent que 11 $US (30 P) de droits d'entrée par personne, et 3,70 $US (10 P) de droit de camping. Pour les résidents étrangers, l'entrée coûte 3,70 $US (10 P) par jour et le camping 1,85 $US (5 P). Aux citoyens botswanais, l'entrée revient à 0,75 $US (2 P) et le camping à 1,85 $US (5 P).

La pratique des prix multiples ne vient pas, comme beaucoup le croient, de la disparité économique entre le Botswana et certains pays étrangers ; les citoyens de la Zambie, du Kenya et du Cameroun sont assujettis aux mêmes tarifs que ceux de Norvège ou du Japon.

On imagine aussi, souvent à tort, que les sommes versées servent à entretenir les parcs et à rémunérer le personnel. En fait, elles vont tout droit dans les caisses du trésor public, et les parcs fonctionnent sur un très petit budget.

Cela dit, les prix élevés se justifient en partie. Le gouvernement espère retirer un revenu maximum du tourisme, tout en investissant au minimum dans l'infrastructure et en limitant les effets négatifs du tourisme de masse, tel qu'on peut le voir au Kenya. Les parcs nationaux et les réserves sont essentiellement fréquentés par les voyages organisés, les travailleurs expatriés et les bénévoles étrangers. Il n'en reste pas moins que les parcs du Botswana offrent le spectacle magnifique d'une nature vierge, et si vos moyens vous permettent d'y accéder, vous ne regretterez pas la dépense occasionnée.

Voici une liste des parcs nationaux et des réserves naturelles :

Central Kalahari Game Reserve – D'une superficie de 52 000 km^2, la réserve du Kalahari central est l'un des plus grands parcs nationaux du monde, autrefois réservé exclusivement à la recherche et aux communautés nomades san et bakgalakgadi. Deception Valley, au nord, est le cadre de l'étude de la hyène brune réalisée par Mark et Delia Owens dans *Le Cri du Kalahari* (voir la rubrique *Livres* du chapitre *Renseignements pratiques*). La réserve est aujourd'hui ouverte au public, mais seule la partie nord est commodément accessible. Une population autochtone de 800 personnes vivent toujours au sud.

Chobe National Park – Le parc national de Chobe offre une gamme diversifiée d'habitats, des rives luxuriantes du Chobe, où affluent les éléphants, aux forêts de mopane de Ngwezumba et aux savanes riches en espèces animales autour des marais de Savuti.

Khutse Game Reserve – C'est la plus proche réserve de Gaborone, quoique tout de même située dans une région très reculée. Elle abrite diverses espèces d'antilopes et de prédateurs, et abonde en petits animaux, tels que les porcs-épics, les écureuils et les chiens oreillards.

Gemsbok National Park – Accessible seulement depuis le parc national de Kalahari Gemsbok d'Afrique du Sud, cet immense désert dépourvu de route est l'une des dernières grandes régions sauvages d'Afrique.

Mabuasehube Game Reserve – Magnifique paysage rougeâtre de dunes dont les six principaux points d'eau sont visités par les gemsboks.

Makgadikgadi et Nxai Pans National Park – Lorsque la route goudronnée Nata-Maun fut achevée, ces deux réserves furent réunies. Pendant la saison sèche, de grands troupeaux gravitent autour des Makgadikgadi Pans ; à la saison des pluies, ils rejoignent au nord les Nxai Pans abondamment arrosés.

Moremi Reserve – La plus belle réserve du Botswana, occupe l'extrémité nord-est du delta de l'Okavango et abrite une stupéfiante variété d'animaux.

North-East Tuli Game Reserve – Ce parc se compose de réserves privées à accès limité. La plus grande est la Mashatu Game Reserve, suivie de la Tuli Game Reserve. Les autres parcelles privées font partie de la North-East Tuli Game Reserve.

INSTITUTIONS POLITIQUES

Le gouvernement du Botswana est une démocratie stable, multipartiste, qui veille aux affaires d'un État pacifique et neutre. La liberté de parole, de la presse et du culte sont garanties par la constitution. Celle-ci prévoit trois organes gouvernementaux. L'exécutif se compose du président, qui est le chef de l'État, de onze ministres et de trois ministres adjoints. Les ministres sont désignés par le Parlement, tandis que le président est élu par vote non obligatoire de tous les citoyens de plus de 21 ans. Les mandats présidentiels et parlementaires sont de même durée.

Le législatif se compose du Parlement, dont une Assemblée nationale de 40 sièges et un président. Les députés sont élus tous les cinq ans à moins que l'Assemblée ne soit dissoute entre-temps par une élection générale. Avant de prendre des décisions concernant l'occupation des terres, l'administration locale et le droit coutumier, le Parlement doit prendre l'avis de la Chambre des Chefs, organe consultatif réunissant les dirigeants des huit tribus les plus importantes du Botswana.

Le pouvoir judiciaire est partagé entre les administrations nationale et locales, les *dikgotla* (conseils municipaux), qui règlent les litiges locaux relevant du droit civil. Les problèmes et les services ruraux sont traités par des conseils régionaux.

ÉCONOMIE

Grâce à un climat politique stable et à de vastes ressources naturelles, le pula est la plus forte monnaie d'Afrique, et l'avenir économique du Botswana se présente bien. En 1993, le PNB s'élevait à près de 4 milliards $US, pour une population de 1,5 millions d'habitants environ. Aux yeux des Occidentaux, ces chiffres peuvent paraître modestes, mais dans la mesure où la majorité de la population vit avec le strict minimum et ne génère pratiquement aucun revenu, il semble évident que les citadins occupant des postes qualifiés jouissent d'un niveau de vie convenable.

Depuis l'indépendance, et jusqu'aux années 1990, la croissance économique du pays, une moyenne de 12% par an environ, fut la plus rapide du monde. Même en tenant compte de l'accroissement démographique, jusqu'en 1992, le taux de croissance par habitant s'établissait à 8,5% par an. En outre, la dette extérieure du Botswana n'est pas très élevée et le gouvernement reste dans les limites de son budget.

Ressources minières

La prospérité du pays est en partie due à sa stabilité politique, mais elle résulte également d'une richesse géologique créée par l'action combinée de la chaleur et de très hautes pressions, à l'intérieur de la croûte terrestre, sur des dépôts de charbon datant de quelque 300 millions d'années. La formation diamantifère du Botswana est connue sous le nom de "Karoo", couche sédimentaire présente dans toute la région du Kalahari. Ces gisements sont des intrusions naturelles appelées filons de kimberlite, roches magmatiques qui se sont frayé un chemin dans la roche de Karoo et ont fourni suffisamment de chaleur et de pression pour cristalliser le carbone, le transformant ainsi en une pierre précieuse, la plus dure de toutes : le diamant.

L'industrie diamantifère représente plus de 40% du PNB, 55% des ressources budgétaires et plus de 70% des devises. Elle est contrôlée par la De Beers Botswana Mining Company Ltd (Debswana) qui extraie, trie et vend les pierres. Les plus grands gisements connus du pays se trouvent dans les environs de Jwaneng (la mine de diamants la plus riche du monde), d'Orapa et de Lethlakane. Leur rendement annuel combiné s'élevait à plus de 16 millions de carats en 1992, et généraient des bénéfices frôlant le milliard de dollars $US.

D'autres ressources minières, bien que d'un moindre poids économique, sont source de rentrées de devises supplémentaires. Deux grands gisements produisent du cuivre et du nickel près de Selebi-Phikwe.

On extrait toujours de l'or dans les environs de Francistown, et du charbon en quantité limitée dans l'est du Botswana. Une installation récente d'extraction de soude et de sel fonctionne à Sua Pan. Il s'agit d'une co-entreprise Botswana-Afrique du Sud, projet à grande échelle qui vise à diversifier l'économie du pays. Le programme prévoit le refoulement de plus de 16 millions de m^3 d'eau salée par an, provenant de 40 puits, dans 25 km^2 de bassins d'évaporation solaire. Le rendement annuel escompté est de 300 000 tonnes de soude et de 700 000 tonnes de chlorure de sodium.

Agriculture

Si l'on excepte l'élevage, l'agriculture ne joue pas un grand rôle dans la balance commerciale, en raison de l'extrême aridité du pays. Il convient de noter toutefois que 80% de la population dépend dans une certaine mesure de l'agriculture.

Les prairies sont occupées par deux fois plus de bovins que d'hommes et, depuis les années 1950, le nombre total de têtes de bétail est passé de quelque 400 000 à 3 millions. Aujourd'hui, la plus grande partie du bétail appartient à 5 000 gros éleveurs seulement, qui bénéficient de prêts de la Banque mondiale. Cette situation résulte largement de la "Tribal Grazing Lands Policy" adoptée en 1975, politique malheureuse qui a distribué la plupart des terres en propriété collective à des fermiers individuels. L'Union européenne (UE) importe annuellement l'équivalent d'environ 100 millions $US de viande de bœuf en vertu d'accords commerciaux avantageux qui permettent au Botswana de pratiquer des prix bien au-dessus du cours du marché.

L'accroissement du nombre de bovins a conduit à une surexploitation destructive des pâturages des grandes zones d'élevage qui s'est faite au détriment des pasteurs traditionnels. Étant donné les conditions quasi désertiques, la plus grande partie de la population dépend, pour ses ressources en eau, de rares puits, dont certains tarissent en période sèche. Les gens viennent alors de très loin avec leurs troupeaux et se rassemblent autour des points d'eau encore en activité, ce qui met l'environnement à rude épreuve. La surexploitation des pâturages provoque une désertification irréversible dont tout le monde pâtit.

Les barrières anti-buffles

Ceux qui ont été arrêté à un poste de contrôle vétérinaire ou ont visité le delta oriental de l'Okavango, connaissent la "*buffalo fence*" longue de 3 000 km et haute de 1,5 m, dont le nom officiel est *Veterinary Cordon Fence*. Il s'agit d'un cordon sanitaire de barrières en fils d'acier à haute tension qui traversent le pays en passant par certains des territoires les plus sauvages du Botswana. Elles furent érigées en 1954 pour séparer les troupeaux de buffles sauvages du bétail domestique et empêcher la propagation de la fièvre aphteuse.

Le problème est que ces barrières empêchent les animaux sauvages d'emprunter les itinéraires séculaires de leurs migrations vers les sources d'eau. Le Botswana consacre de vastes espaces à la protection de la faune, mais ces régions ne constituent pas des systèmes écologiques indépendants.

La population de gnous a chu de 99% au cours des dix dernières années, et tous les buffles et les zèbres sont bloqués au nord des barrières. Mark et Delia Owens, auteurs du livre *Le cri du Kalahari*, ont passé plusieurs années dans le Kalahari central, et ont raconté avoir vu des dizaines de milliers de gnous, ainsi que des troupeaux de zèbres, de girafes et d'autres animaux, stoppés net dans leur migration par la barrière de Kuke qui s'étend le long de la limite nord de la réserve de Central Kalahari. Certains s'empêtrèrent dans la clôture, d'autres moururent d'épuisement en cherchant à la contourner. D'autres encore, coupés des pâturages saisonniers et des points d'eau au nord, périrent de la soif et de faim. La dernière grande hécatombe s'est produite lors de la sécheresse de 1983. Les gnous se dirigeant vers les eaux de l'Okavango, arrêtés par la barrière de Kuke, tournèrent à l'est et la longèrent jusqu'au lac Xau pour le trouver asséché. Ils succombèrent par milliers.

Certes, les barrières ont, dans une certaine mesure, empêché le bétail de pénétrer le delta de l'Okavango, ce qui est essentiel à la survie de la faune du delta. Cependant, la nouvelle clôture de 80 km au nord de ce dernier, actuellement en cours de construction, ouvrira à l'élevage un vaste territoire abritant une faune abondante, mais pour l'instant non protégé. Les organisateurs de safari souhaitaient que la clôture soit placée le plus au nord possible pour protéger le Selinda Spillway aux crues saisonnières ; les éleveurs la voulaient le plus au sud possible pour étendre au maximum l'étendue des nouveaux pâturages ; et les habitants de la région n'en voulaient pas du tout, inquiets à l'idée qu'elle leur ferait tout autant obstacle qu'aux animaux. Le gouvernement s'est rangé du côté des éleveurs et la barrière ouvre 20% du delta de l'Okavango au bétail.

Une bonne partie de l'industrie de l'élevage est subventionnée par l'UE et la Banque mondiale, et les directives internationales requièrent une stricte séparation entre le bétail domestique et les buffles sauvages. La disparition des barrières, et des problèmes qu'elles soulèvent, paraît donc peu probable. Des projets viables, visant à créer des couloirs de migration entre les barrières ont été soumis, mais, pour l'instant, il n'en est rien sorti. ■

Outre l'élevage de bovins, de moutons et de chèvres, l'agriculture de subsistance comprend la culture du maïs, du sorgho, des haricots, des arachides, du coton et autres cultures sèches. De grands projets de plantations de coton et d'agrumes sont en cours dans les terres irriguées de Tuli Block le long du Limpopo. La culture sèche du sorgho et d'autres produits est expérimentée à Pandamatenga, près de la frontière zimbabwéenne.

POPULATION

La population botswanaise est estimée à 1,5 million d'habitants, dont environ 75,5% d'origine tswana. Le taux de fécondité (nombre moyen de naissances par femme en âge de procréer), est tombé de 6,9 en 1965 à 4,2 en 1995 (*World Population Data Sheet,* Population Reference Bureau, Washington). Il en résulte une population jeune, 60% de la population ayant moins de 30 ans. Depuis l'indépendance, l'espérance de vie à la naissance est passée de 46 à 63 ans.

Du fait de l'adoption du christianisme et de la forme essentiellement européenne du gouvernement central, la plupart des pratiques traditionnelles sont progressivement abandonnées et les villages se dépeuplent, leurs habitants affluant dans les zones urbaines dans l'espoir d'y trouver un emploi bien rémunéré.

Cette population urbaine en constante progression est concentrée dans la partie sud-est, entre Lobatse et Francistown, tandis que le petit pourcentage d'Européens et d'Asiatiques vit principalement dans les grandes villes. Les communautés herero, mbukushu, yei, san, kalanga et kgalagadi se répartissent dans les régions ouest et nord-ouest de l'arrière-pays.

Le setswana, la langue prépondérante, ajoute le préfixe "Ba" au début d'un mot pour désigner les groupes tribaux. Ainsi, les Herero sont parfois appelés "Baherero" et les Kgalagadi "Bakgalagadi". Les San sont quelquefois nommés "Basarwa", terme tswana signifiant "peuple de la brousse", ou, plus familièrement, "Bushmen". Les Tswana, quant à eux, portent le nom de Batswana, mais tout citoyen du Botswana, indépendamment de ses origines tribales, est également appelé Batswana.

ETHNIES

Les Tswana

Ils se divisent en plusieurs clans (voir la rubrique *Histoire* plus haut), dont trois prédominants qui descendent des fils de Malope, chef tswana au XIVe siècle : Ngwato, Kwena et Ngwaketse. Les Ngwato sont établis dans la région de Serowe, les Kwena à l'ouest de Molepolole, et les Ngwaketse dans le sud-est. D'une scission des Ngwato naquit un quatrième clan, les Tawana, installés dans les environs de Maun au nord-ouest. Les Kgalagadi sont probablement issus des Tswana dont ils se sont détachés vers le XVe siècle. Ils se sont ensuite mêlés aux San et à d'autres peuples, donnant lieu à un nouveau groupe généralement considéré comme distinct des Tswana.

Le village tswana typique, grand, tentaculaire et très peuplé, se compose essentiellement de cases *daga*. Les maisons individuelles sont en général groupées autour d'un commerce et d'un *kgotla*, salle communale traditionnelle.

L'usage voulait que le chef vive au centre du village, avec les *wards*, ou familles disposées par ordre hiérarchique autour de sa maison en cercles concentriques, les plus proches jouissant du statut le plus élevé. Bien qu'il prît l'avis de conseillers, il était considéré en toutes circonstances comme l'autorité suprême.

Les familles possèdent d'ordinaire trois maisons : une dans le village, une dans leurs champs et une dans leurs pâturages, où les garçons du village ou les San gardent les troupeaux. Comme dans de nombreuses communautés africaines, la prospérité d'une famille se mesurait naguère, et parfois encore aujourd'hui, au nombre de bovins qu'elle détenait. La terre était en propriété collective et allouée aux familles selon le bon vouloir du chef.

Les San

Les San (Bochimans ou Bushmen) du Kalahari ont donné naissance à une abondante littérature. On pense qu'ils vivent en Afrique australe depuis au moins 30 000 ans, longue présence qui ne leur a malheureusement pas rapporté de grands avantages. La plupart des San sont toujours considérés comme des citoyens de deuxième ordre au Botswana comme en Namibie. L'un des peuples les plus fascinants du monde s'est aujourd'hui tristement résigné aux changements qui ont mis un terme définitif à son mode de vie traditionnel, parfaitement intégré et harmonisé aux rudes conditions du désert.

Les San ne possédaient pas de dénomination collective pour désigner leur peuple, mais il est prouvé que certains utilisaient l'expression "peuple inoffensif" ou d'autres termes du même type pour se qualifier eux-mêmes. Les premiers colons européens en Afrique australe les appelèrent "Hommes de la Brousse", ou Bushmen, nom qui leur resta pendant plusieurs siècles. Les Tswana usent en général du terme désobligeant de *Basarwa* qui signifie plus ou moins "peuple de la cambrousse". Le mot "San" se référait à l'origine à la langue d'un groupe d'aborigènes d'Afrique australe (appartenant à la famille linguistique dite "khoisan", comprenant aussi les dialectes Khoi-Khoi), mais lorsque le nom "Bushmen", considéré comme raciste et sexiste, tomba en disgrâce, les Européens utilisèrent "San" pour désigner plusieurs groupes de peuples non négroïdes d'Afrique australe.

Bien que distincts, les idiomes khoisan sont tous des langues à clappements, qui ont même été adoptées par certains groupes bantous tels que les Ndebele (reportez-vous, dans la partie *Zimbabwe*, à la rurbique *Langue* du chapitre *Présentation du pays*). Il existe trois types de clappements san : "!", son palatal obtenu en frappant la langue sur la voûte du palais. "X" ou "/", son latéral produit de la même façon, mais en utilisant les dents du maxillaire supérieur droit. "C" ou "//", clappement dental obtenu en frappant les incisives supérieures avec la langue.

Les San se déplaçaient en groupes d'une quarantaine de personnes, selon les mouvements du gibier et les ressources en eau, sans hiérarchie particulière : les décisions personnelles se prenaient au niveau individuel et les décisions concernant le groupe au niveau collectif. Aucun système n'était imposé, et chacun pouvait quitter cette communauté temporaire quand il le voulait. En période d'abondance, les groupes pouvaient comprendre jusqu'à 120 personnes, mais quand les temps devenaient difficiles, ils devaient se fragmenter pour survivre et se réduisaient alors à des noyaux familiaux de 10 membres, voire moins. Menant une existence nomade, ils ne pratiquaient ni l'élevage ni l'agriculture. Les femmes se consacraient aux enfants et à la collecte des plantes comestibles, tandis que les hommes chassaient ou aidaient à la cueillette.

La légende selon laquelle les San seraient incapables de distinguer les couleurs vient de ce que la plupart de leurs dialectes contiennent peu de mots pour les désigner. En fait, ils s'attachent davantage au tangible qu'à l'abstrait, et ils ont simplement jugé inutile de séparer linguistiquement un objet de ses attributs. De même, il n'existe pas de mot pour signifier le travail, puisqu'il est une composante fondamentale de la vie.

Selon une autre idée reçue, ils seraient doués d'une ouïe, d'une acuité visuelle et d'un sens de l'orientation prodigieux. Les recherches anthropologiques ont cependant démontré que leur perception de l'environnement, qui est effectivement extrêmement développée, a été acquise par nécessité vitale et ne résulte pas d'une adaptation génétique. On s'accorde en général à penser que toute personne vivant dans les mêmes conditions développerait une perception similaire, sous réserve qu'elle y soit accoutumée dès l'enfance.

Chasseur san

Les premiers contacts entre les San et d'autres tribus ont probablement été amicaux. On pense qu'ils coexistèrent pacifiquement et commercèrent peut-être même avec les premiers groupes bantous venus du nord. Finalement, le constant afflux de ces derniers contraignit les San à réagir. Certains se rendirent impopulaires en leur volant du bétail. D'autres tentèrent de s'intégrer à leurs communautés, mais finirent presque toujours comme esclaves. D'autres, enfin, abandonnèrent leurs terrains de chasse traditionnels et s'enfoncèrent dans des régions inhabitées pour y poursuivre leur vie nomade.

Ces territoires vierges s'amenuisaient cependant rapidement. En outre, les Européens, qui avaient débarqué au Cap au milieu du XVIIe siècle, considéraient les San et les Khoi-Khoi comme à peine plus évolués que les animaux sauvages et les tenaient pour des voleurs de bétail potentiels. Les premiers Boers déclenchèrent une campagne d'extermination qui dura 200 ans et fit 200 000 victimes. Sur les quelque 55 000 survivants, environ 60% se trouvent au Botswana, 35% en Namibie, et les autres sont éparpillés en Afrique du Sud, en Angola, au Zimbabwe et en Zambie. Deux mille, peut-être moins, vivent encore de chasse et de cueillette. Les autres travaillent dans les fermes et les pâturages, ou dépérissent dans des villages misérables où sévit l'alcoolisme, situés près des puits dans le Botswana occidental et le nord-est de la Namibie, et dépendent de l'aide de l'État. Leur réputation de voleurs de bétail et d'indésirables les place tout au bas de l'échelle sociale.

L'avenir des San s'annonce très sombre. Le gouvernement du Botswana, qui leur permettait auparavant d'utiliser la réserve du Kalahari central pour y vivre selon leurs coutumes traditionnelles, a commencé à y autoriser la prospection minière et étudie le potentiel offert par la vaste réserve en matière d'élevage et de tourisme. La plupart des San souhaitent s'intégrer aux Batswana, avoir accès à la propriété agricole, à l'éducation, aux services médicaux, et jouir des mêmes droits et privilèges que les autres citoyens. Pour l'instant, le racisme, les préjugés et leur propre sentiment d'inutilité ont empêché tout progrès en ce sens.

Les Kalanga

La plupart des Kalanga, apparentés aux Shona, sont établis aujourd'hui dans le Zimbabwe occidental, mais ils constituent toujours le second groupe important des populations clairsemées du Botswana. On pense qu'ils descendent de l'empire rozwi, bâtisseur de Great Zimbabwe et dont il reste des vestiges dans les environs de Bulawayo. Les Rozwi furent vaincus par les Ndebele dans les années 1830, et se dispersèrent vers l'ouest jusqu'à la rivière Thamalakane, dans le nord du Botswana, et vers le sud jusqu'à la rivière Boteti, où certains s'intégrèrent en partie au clan ngwato de l'ethnie tswana.

Les Mbukushu et les Yei

Les Mbukushu occupant aujourd'hui la région de Ngamiland, dans le delta de l'Okavango, descendent des réfugiés qui arrivèrent de Caprivi, au nord-est de la Namibie, à la fin du XVIIIe siècle, chassés par les troupes du chef Ngombela de l'empire lozi. A leur tour, ils délogèrent les Yei, qui vivaient dans les vallées de Chobe et de Linyanti, au nord-ouest du Botswana. Les Mbukushu atteignirent le sud-est de l'Angola, juste au nord d'Andara, en Namibie. Ils entrèrent au contact des marchands portugais et africains qui achetèrent les Mbukushu de basse caste aux chefs de tribu pour les revendre comme esclaves.

Fondamentalement attachés aux rives des fleuves, certains groupes de Mbukushu descendirent l'Okavango et s'installèrent dans la région de Panhandle où ils cultivèrent du maïs et du sorgho. Leur migration s'acheva enfin. Ils se mêlèrent aux Tawana venus ultérieurement et beaucoup d'entre eux habitent dans des villages tels que Shakawe et Sepupa.

Pendant ce temps, les Yei expulsés se dispersèrent en désordre en direction du sud, et atteignirent le lac Ngami. Société matrilinéaire, ne formant jamais de grands groupes, ils se fondirent dans les îles et les chenaux du delta de l'Okavango, où ils se déplacèrent en *mokoro*, pirogue mue à la perche.

Comme les Mbukushu, de nombreux Yei sont aujourd'hui mêlés aux Tawana qui arrivèrent au milieu du XIXe siècle, encore que l'on ne puisse pas franchement qualifier le rapprochement de volontaire. Les Yei furent vaincus par les Tawana plus puissants, et contraints de se soumettre au système de clientèle, forme d'esclavage sophistiquée où les clients étaient réduits au servage. Fait intéressant, les Yei (citoyens de deuxième ordre dans la société tawana) prirent des clients parmi les San, lesquels se retrouvèrent tout au bas de l'échelle sociale. De nombreux Yei habitent encore dans le delta et vivent principalement de pêche et de chasse.

Les Herero

A Maun et dans le Botswana occidental, vous remarquerez les femmes herero vêtues, même par une chaleur étouffante, de leurs longues jupes de style victorien. Cette tenue inusitée, aujourd'hui trait distinctif de la tribu, leur fut imposée par les pudibonds missionnaires allemands, à la fin du XIXe siècle.

Le peuple herero, sans doute originaire d'Afrique orientale ou centrale, franchit l'Okavango et pénétra au nord-est de la Namibie vers le début du XVIe siècle. Il semble alors que le groupe se soit scindé. Les Ovambo s'installèrent le long des fleuves Kunene et Okavango. Quant aux Herero, ils migrèrent en direction du sud jusqu'au plateau central. Les conflits avec les Nama en expédièrent une partie dans le Kaokoveld, au nord-ouest de la Namibie (où ils devinrent les Himba). A la suite de querelles, un autre sous-groupe se forma, les Mbanderu ; ils s'en furent vers l'est s'établir dans le Kalahari occidental, où ils adoptèrent un mode de vie pastoral. Le peuple nomade herero ne pratiquait pas l'agriculture et vivait de l'élevage du bétail auquel était attribué une valeur religieuse parce qu'il était source de vie. L'aliment de base des Herero était l'*omaeru*, lait aigre épais.

En 1884, les Allemands prirent possession du Sud-Ouest africain (Namibie) et s'approprièrent les pâturages des Herero. Lorsque les Allemands se trouvèrent engagés dans un conflit avec les Nama, les Herero, endurcis par leurs propres années de guerre contre les Nama, sautèrent sur l'occasion de se venger des injustices infligées par les colons et attaquèrent un comptoir allemand, faisant environ 150 victimes. Les Allemands exercèrent d'impitoyables représailles, et les Herero survivants durent abandonner leurs troupeaux pour fuir au Botswana.

Ils se réfugièrent chez les Tawana qui les soumirent au début au système de clientèle, mais ils parvinrent finalement à reconstituer leurs troupeaux et à reprendre leur indépendance. Aujourd'hui, ils comptent parmi les éleveurs les plus prospères du Botswana et, depuis l'indépendance de la Namibie, beaucoup parlent de rentrer "au pays". Cependant, le gouvernement botswanais impose à ceux qui retournent en Namibie de le faire à titre permanent et de laisser au Botswana les animaux et autres biens personnels qu'ils y ont acquis. Jusqu'ici, très peu sont partis.

SYSTÈME ÉDUCATIF

Les autorités coloniales négligèrent malheureusement presque totalement les questions de santé et d'éducation et, cinq ans après l'indépendance, le niveau d'alphabétisation était inférieur à 15%. Au cours de la décennie suivante, les revenus des gisements de diamants ont permis au gouvernement d'intensifier ses programmes d'enseignement primaire. Selon une étude des Nations unies de 1993, 94% des enfants (garçons et filles) en âge d'entrer dans le primaire étaient scolarisés. Cependant, le cycle secondaire complet n'est pour l'instant accessible qu'à 33% de la population. Dans les régions rurales, les écoles assurent seulement de sept à neuf ans de scolarité.

Les Brigades

Les Brigades furent créées en 1965 par Patrick van Rensburg, directeur de la Swaneng Hill Secondary School de Serowe. Elles avaient pour but de fournir une formation professionnelle en menuiserie, horticulture, sylviculture, soudage, construction et autres métiers, aux jeunes qui ne poursuivaient pas de longues études. Ces écoles fonctionnent sur la base d'un système d'apprentissage qui associe les cours théoriques à la formation pratique.

L'Université du Botswana

Le 1er janvier 1964, l'Université du Basutoland, du Bechuanaland et du Swaziland ouvrit ses portes au Lesotho, offrant aux Africains la possibilité de bénéficier d'un enseignement universitaire ailleurs qu'en Afrique du Sud. Lorsque le Lesotho nationalisa le campus en 1975, la nouvelle Université du Botswana et du Swaziland s'ouvrit au Swaziland.

En octobre 1982, l'Université du Botswana fut créée à Gaborone. Le nombre total d'inscriptions s'élève aujourd'hui à plus de 3 000 étudiants à temps plein et 400 étudiants à temps partiel. Le personnel universitaire se compose d'enseignants venant du monde entier et des programmes de troisième cycle devraient bientôt être créés.

ARTS

Architecture

Un village tswana typique se compose essentiellement de cases rondes daga, appelées *ntlo* ou *rondavel*. Certaines de ces cases traditionnelles sont en briques (*dipolwane*) fabriquées avec de la terre de termitière, recouvertes ensuite d'un mélange de bouse de vache (*boloko*) et de terre de termitière. Dans les endroits dépourvus de termitières, les maisons sont faites de branchages entrelacés recouverts de boue ordinaire et de bouse de vache.

Les poteaux (*maotwana*) qui soutiennent la couverture du toit proviennent d'arbres solides et sont attachés ensemble avec des branches souples. Le chaume de toiture, appelé *motshikiri*, est ensuite cousu sur ces branches souples, puis il est enduit d'huile et de cendre pour le protéger des termites. Une bonne toiture peut durer de cinq à quinze ans et une rondavel plus de trente ans.

L'extérieur de la case est souvent peint avec un mélange de bouse de vache et de terres de différentes couleurs. Ces très jolies peintures font montre d'une grande originalité.

Littérature

Comme les langues locales n'ont été écrites qu'après l'arrivée des missionnaires chrétiens, le Botswana ne possède pas une tradition littéraire très abondante. Les poèmes et les mythes anciens des San, des Tswana, des Herero et autres ethnies se sont transmis oralement et ce qu'il en reste n'a été mis par écrit que récemment.

L'écrivain moderne le plus célèbre du Botswana est Bessie Head, native d'Afrique du Sud, qui s'était installée à Serowe, le village de Sir Seretse Khama (voir la rubrique *Livres* dans les *Renseignements pratiques*). Ses œuvres, dont beaucoup ont pour cadre Serowe, dépeignent la rudesse et la beauté de la vie rurale africaine et des paysages du Botswana. Ses ouvrages les plus connus comprennent *Serowe – Village of the Rain Wind*, *When Rain Clouds Gather*, *Maru*, *A Question of Power*, *The Cardinals*, *A Bewitched Crossroad*, et *The Collector of Treasures*, lequel est un recueil de nouvelles. Bessie Head est décédée en 1988.

Arts traditionnels

Le peuple batswana sut depuis toujours donner à ses objets utilitaires originalité et beauté. Ainsi, la vannerie, la poterie, les tissus et les outils étaient décorés de merveilleux motifs inspirés de la vie quotidienne. Les Européens introduisirent ensuite un nouveau type d'art, qui fut en partie intégré et adapté à la tradition locale, notamment en matière de tissage et de tapisserie. Il en est résulté des œuvres magnifiques, d'une facture remarquable, qui comptent parmi les plus belles d'Afrique australe.

Cherchant à procurer un revenu à la population rurale batswana, la Botswana Development Corporation, société publique, a créé la Botswanacraft Marketing Company (PO Box 486, Gaborone, ☎ 312471, fax 313189) dont le but était d'acheter les réalisations les plus intéressantes pour les revendre ou les exporter. La société a été privatisée, et vend des paniers et de l'artisanat de toute l'Afrique, mais elle continue de reverser aux fabricants la plus grande partie des bénéfices. En outre, elle organise tous les ans un concours de paniers où les plus belles créations sont récompensées. Écrivez-lui si vous souhaitez recevoir de plus amples informations ou un catalogue.

Dans les régions rurales, vous aurez la possibilité d'acheter les objets directement aux

Tressage de panier

créateurs. Vous pouvez également vous rendre dans les coopératives de tissage et d'artisanat. La qualité du travail ne manquera pas de vous impressionner.

La vannerie botswanaise. Elle se classe au premier rang des arts traditionnels du Botswana. Il est intéressant de noter que certains de ses plus beaux motifs ne sont pas d'origine locale, mais ont été introduits au siècle dernier dans le nord-ouest du Botswana, en particulier par les réfugiés mbukushu.

Bien que toujours utilisés à des fins pratiques (conservation des graines, des céréales, et de la pulpe de *bojalwa* destinée à la bière de sorgho), les paniers ont pris qualité de véritables œuvres d'art. Certains sont incroyablement raffinés et usent de tourbillons et de motifs aux noms évocateurs, tels que "vol de l'hirondelle", "larmes de la girafe", "trace d'urine du taureau", "genoux de la tortue", "toit de la rondavel", "front du zèbre", "dos du python" ou "course de l'autruche".

Ils sont tressés avec les pousses fibreuses du cœur du palmier *mokolane* (*Hyphaene petersiana*), coupées et bouillies dans des teintures naturelles. Le marron foncé est tiré des racines de *motsentsila* et d'écorces d'arbres, le rose et le rouge d'un champignon poussant dans les enveloppes de sorgho. Le sang, l'ocre, la glaise et la bouse de vache servent également de teintures. Les bandelettes sont enroulées sur une base d'anneaux faits de vignes ou d'herbe. La fabrication d'un panier de taille moyenne peut demander de deux à trois semaines.

Les ouvrages les plus raffinés et les plus coûteux proviennent en général du Ngamiland. La vannerie shashe, au tressage plus lâche mais tout de même très belle, est surtout fabriquée dans les environs de Francistown.

Tissage. Les tissages modernes – tapisseries, petits tapis, dessus-de-lit et autres pièces faites avec la laine de *karakul* – associent les thèmes africains à des concepts artistiques européens pour créer des ouvrages qui plaisent aux deux cultures. La plus grande partie de la production est réalisée dans deux coopératives situées au sud-est du Botswana : la Lentswe-la-Odi Weavers, dans le village d'Odi, et la plus récente Tiro ya Diatla à Lobatse, où le choix des thèmes, des couleurs et de la présentation est laissé à la libre imagination des artistes. Certaines de leurs créations sont de toute beauté.

Sculpture sur bois. Elle s'utilise traditionnellement dans la fabrication d'objets utilitaires, tels que les outils, les cuillères, les bols et les récipients, taillés dans le bois au grain épais de l'arbre mopane.

Les artistes se servent également de cette essence pour confectionner des bijoux, ainsi que des figurines réalistes ou fantasmagoriques d'animaux, et des reproductions aux connotations plus modernes, tracteurs et avions, par exemple.

Poterie. A l'origine, les poteries du Botswana, façonnées à partir de rouleaux de terre lisses, étaient cuites lentement, ce qui les rendait poreuses et permettait un processus d'évaporation fonctionnant comme une sorte de système de réfrigération. Ainsi, les liquides restaient frais. Bien que les créations actuelles

Poterie faite à la main

aient un aspect plus moderne, les ateliers de poterie utilisent toujours des motifs traditionnels. Les plus accessibles sont le Moratwa Pottery à Lobatse, le Thamaga Pottery à Thamaga et le Pelegano Pottery à Gabane. Les deux derniers se trouvent dans des petits villages à l'ouest de Gaborone.

Autres arts traditionnels. Les San du Botswana occidental fabriquent des bracelets et des colliers de graines et de perles, ainsi que des tabliers et des sacs de cuir ornés de perles. Ces dernières étaient naguère faites avec des coquilles d'œufs d'autruche, mais aujourd'hui le plastique est couramment utilisé.

Peut-être ces volatiles s'en réjouissent-ils ? De toute façon, certains pays interdisent l'importation des produits à base d'œuf d'autruche.

Les femmes herero portent d'ordinaire des jupes bouffantes de style victorien et la tenue habituelle des hommes est une variante du kilt écossais. Les femmes fabriquent des poupées vêtues des costumes traditionnels qui ont beaucoup de succès ; vous en trouverez dans les environs de Maun et de Ghanzi.

RELIGION

Les premières religions tribales consistaient principalement en des cultes rendus aux ancêtres qui dirigeaient les affaires de la famille depuis l'au-delà et ne pouvaient être contactés que par l'intermédiaire des chefs de famille. Les rites religieux comprenaient le *bogwera* et le *bojale*, cérémonies d'initiation des jeunes gens et des jeunes filles, ainsi que le *gofethla pula*, destiné à faire pleuvoir. L'être et le créateur suprême, d'une importance secondaire dans l'ordre des choses, était nommé Modimo.

La polygamie était pratiquée. La femme en titre n'était pas nécessairement la première épousée, mais celle avec laquelle un accord de succession était passé avant le mariage. Les biens de l'époux revenaient aux enfants de l'épouse en titre, dont la famille héritait d'ordinaire du bétail.

A l'instar de nombreuses cultures, la mythologie san abonde en explications magiques de phénomènes naturels. Leurs croyances ancestrales sont simples et ne s'embarrassent pas de dogmes. Deux êtres surnaturels représentent le bien et le mal, l'ordre et le désordre. N!odima, le bien, est le créateur omnipotent, qui semble n'avoir que peu de temps à consacrer aux affaires des mortels. Son adversaire, Gcawama, gredin malveillant, s'ingénie sans cesse à perturber la parfaite organisation de la nature mise en place par N!odima. L'existence humaine paraît malheureusement lui inspirer un fâcheux intérêt.

La religion des Herero se fondait également sur le culte des ancêtres, dont le premier, Mukuru, surpassait même Ndjambi, la divinité suprême. Si révérés étaient les ancêtres que les hommes herero pouvaient réserver jusqu'à 200 têtes de bétail à leur usage. Lorsqu'un homme mourait, le bétail réservé était sacrifié pour cultiver leurs bonnes grâces et ne pas attirer leur courroux sur la famille du défunt.

Lorsque les premiers missionnaires chrétiens firent leur apparition, ils introduisirent de tout nouveaux concepts qui expulsèrent pratiquement toutes les traditions des Tswana et de nombreuses autres tribus. Ils interdirent naturellement le culte des ancêtres et les rites associés, de même que la polygamie, les pratiques de succession et... la consommation d'alcool.

Le christianisme est aujourd'hui la religion dominante au Botswana. L'église la plus suivie est la "United Congregational Church of Southern Africa". Les églises luthérienne, catholique, anglicane et méthodiste tiennent également une place importante.

LANGUE

L'anglais est la langue officielle du Botswana et il est employé pour l'enseignement à partir de la cinquième année du primaire. La langue nationale est cependant celle des Tswana, le setswana, idiome bantou du groupe sotho-tswana, compris par plus de 90% de la population, et utilisé pendant les toutes premières années de scolarisation. Le second idiome bantou est le sekalanga, dérivé du shona parlé par les Kalanga vivant dans les environs de Francistown.

La population est en majorité d'origine tswana et les Tswana sont appelés "Batswana" (quoique ce terme en soit également venu à désigner tout citoyen du Botswana), tout comme le peuple yei est nommé le Bayei. De même, un individu tswana (ou un citoyen du Botswana), est appelé Motswana. La langue des Tswana est le setswana, celle des Kalanga le sekalanga, et celle des Anglais, bien sûr, le seenglish ! Le territoire des Tswana porte naturellement le nom de Botswana.

Le setswana s'écrit plus ou moins comme il se prononce à l'exception du "g" qui se prononce comme le "h", ou plus exactement, comme un "g" fortement aspiré.

Les salutations *dumeêa rra*, s'adressant aux hommes, et *dumêla mma*, s'adressant aux femmes, sont des compliments et les Batswana en usent abondamment. Pour vous adresser à un groupe, dites *dumêlang*.

Lorsqu'on vous donne un présent, prenez-le dans vos mains, ou de la main droite et tenez-vous le coude droit avec la main gauche. Expression utile, *go siame*, placée en général en fin de phrase ou de conversation, équivaut à "d'accord, pas de problème".

Le manuel pratique anglais-setswana *First Steps in Spoken Setswana* est en vente au Botswana Book Centre de Gaborone. La liste ci-dessous fournit expressions utiles.

Expressions utiles

Oui/Non	*Ee/Nnyaa*
Parlez-vous... ?	*A o bua Se ?*
D'où êtes-vous ? (lieu de naissance)	*O tswa kae ?*
Je suis australien	*Ke tswa kwa Australia.*
Où habitez-vous ?	*O nna kae ?*
J'habite à Maun	*Ke nna kwa Maun.*
Où allez-vous ?	*O ya kae ?*
Comment vous appelez-vous ?	*Leina la gago ke mang ?*
Je m'appelle...	*Leina la me ke...*
Pouvez-vous m'indiquer le chemin de...	*Tsela...e kae ?*
Où est la gare/l'hôtel ?	*Seteseine/hotele se kai ?*
Est-ce loin ?	*A go kgala ?*
Que désirez-vous ?	*O batla eng ?*
Je voudrais...	*Ke batla...*
Santé/ A la vôtre !	*Pula.*

Formules de salutation et de politesse

S'il vous plaît	*Tsweetswee.*
Merci	*Kea itumela.*
Bonjour (à une femme/ un homme)	*Dumêla mma/ rra.*
Bonjour (à un groupe)	*Dumêlang.*
Bonjour ! (du pas de votre porte)	*Ko ko !*
Entrez !	*Tsena !*
Comment ça va ?	*O kae ?*
Je vais bien (familier)	*Ke teng.*
Comment allez-vous ? (lit. "Comment vous êtes-vous réveillé ?")	*A o tsogile ?*
Vous êtes-vous bien réveillé ?	*A o sa tsogile sentle ?*
Oui, je me suis bien réveillé	*Ee, ke tsogile sentle.*
Comment allez-vous ? (l'après-midi)	*O tlhotse jang ?*
Je vais bien (réponse)	*Ke tlhotse sentle.*
Au revoir (à quelqu'un qui part)	*Tsamayo sentle.*
Au revoir (à quelqu'un qui reste)	*Sala sentle.*
D'accord/ pas de problème	*Go siame.*

Nourriture et boissons

pain	*borotho*
lait	*mashi*
viande	*nama*
nourriture	*dijo*
maïs	*bogobe*
eau	*metsi*

Renseignements pratiques

VISAS ET AMBASSADES

Toute personne entrant au Botswana doit être en possession d'un passeport en cours de validité et doit être valide au moins six mois après le retour. Pour un séjour touristique, les ressortissants des pays francophones suivants n'ont pas besoin d'un visa : la Belgique, le Canada, la France, le Luxembourg et la Suisse.

A l'arrivée, on vous délivrera une autorisation de séjour de 30 jours, qui peut être étendue à trois mois maximum. On vous demandera de présenter un billet d'avion de retour ou de prouver que vous avez les fonds nécessaires à votre séjour.

Si votre séjour touristique doit dépasser trois mois, contactez l'Immigration Office (☎ 374545), PO Box 942, Gaborone, avant votre départ. Sinon, vous aurez l'autorisation de rester un maximum de 90 jours sur une période de douze mois. Les personnes aux compétences professionnelles recherchées au Botswana peuvent en général obtenir des permis de séjour de trois ans renouvelables. Reportez-vous à la rubrique *Travailler au Botswana* traitée plus loin dans ce chapitre.

Il n'existe pas de représentation diplomatique ou consulaire en France, en Suisse et au Luxembourg. Pour tout renseignements, adressez-vous à l'ambassade du Botswana en Belgique. Les citoyens canadiens devront s'adresser à l'ambassade du Botswana à New York. Les ambassades et les missions diplomatiques sont répertoriées dans les encadrés des pages suivantes.

FORMALITÉS COMPLÉMENTAIRES

Aucune vaccination n'est requise, sauf si vous arrivez d'une zone contaminée par la fièvre jaune, dans ce cas vous devrez présenter un certificat de vaccination contre cette maladie.

Les visiteurs peuvent conduire avec leur permis national pendant six mois (les permis non anglais doivent être accompagnés d'une traduction certifiée en anglais). Être en possession d'un permis de conduire international – à se procurer auprès de votre préfecture – semble plus facile. Ensuite, il faut demander un permis botswanais, démarche exempte d'examen de conduite, il suffit de présenter son permis national pour recevoir l'équivalent local.

Si vous entrez au Botswana avec votre propre véhicule, vous devez être en possession d'une carte grise en cours de validité, émanant du pays d'immatriculation du véhicule, et d'une assurance au tiers contractée dans l'un des pays de l'Union douanière de l'Afrique australe (Afrique du Sud, Botswana, Namibie, Lesotho, Swaziland). Sinon, vous devrez prendre une assurance à la frontière. Tous les véhicules étrangers sont soumis à une taxe de sécurité routière de 1,85 $US (5 P) à l'arrivée dans le pays.

DOUANE

Le Botswana, l'Afrique du Sud, la Namibie, le Swaziland et le Lesotho sont membres de l'Union douanière de l'Afrique australe au sein de laquelle la libre circulation des marchandises est autorisée sans restriction ni droits de douane. Les articles importés au Botswana en provenance de tout autre pays sont soumis aux droits de douane usuels du Botswana à moins qu'ils ne soient destinés à être réexportés.

Les visiteurs peuvent importer un maximum de 400 cigarettes, 50 cigares et 250 g de tabac détaxés. Les provisions d'essence et l'alcool d'Afrique du Sud sont soumis aux droits de douane, mais autrement, vous avez droit à deux litres de vin et un litre de bière ou de spiritueux détaxés.

Les appareils-photos, les films et les armes à feu doivent être déclarés à l'arrivée, mais ne sont pas soumis aux droits de douane. Tous les produits comestibles d'origine animale, y compris la viande fraîche, le lait et les œufs, sont confisqués à la frontière.

Des réglementations spéciales s'appliquent à certaines importations, telles que les métaux bruts et les pierres précieuses, les plantes, les

Missions diplomatiques du Botswana

Dans les pays où le Botswana ne possède pas de représentation diplomatique, la haute délégation britannique fournit les renseignements et les visas.

Belgique
Ambassade et consulat du Botswana, 169, av. de Tervueren, 1150 Bruxelles (☎ 2-735 20 70)

États-Unis
Embassy of the Republic of Botswana, 3400 International Dr NW, Washington, DC 20008

Grande-Bretagne
High Commission of the Republic of Botswana, 6 Stratford Place, Londres W1N 9AE

Nations unies
Permanent Mission of the Republic of Botswana to the United Nations, 103 East, 37th Street, New York 10016, USA (☎ 889 22 77 ; fax 725 50 61)

Zambie
High Commission of the Republic of Botswana, 267 Haile Selassie Ave, PO Box 1910, Lusaka

Zimbabwe
High Commission of the Republic of Botswana, 22 Phillip Ave, Belgravia, Harare

BOTSWANA

Ambassades et consulats étrangers au Botswana

Vous trouverez ci-dessous une liste des missions diplomatiques au Botswana, toutes situées à Gaborone. Pour l'instant, l'Afrique du Sud n'y possède pas de représentation diplomatique.

Allemagne
Ambassade, 3rd Floor, Professional House, Broadhurst, PO Box 315 (☎ 353143)

Angola
Ambassade, 2715 Phala Crescent, Private Bag 111, Broadhurst (☎ 300204)

Danemark
Consulat, 142 Mengwe Close, PO Box 367 (☎ 353770)

États-Unis
Ambassade, Badiredi House, The Mall, PO Box 90, Gaborone (☎ 353982)

France
Ambassade, 761 Robinson Rd, PO Box 1424 (☎ 353683)

Grande-Bretagne
Haute délégation, Queens Road, The Mall, Private Bag 0023 (☎. 352841)

Namibie
Ambassade, BCC Building, 1278 Lobatse Rd, PO Box 1586 (☎ 314227)

Pays-Bas
Consulat, Haile Selassie Rd, PO Box 10055 (☎ 357224)

Suède
Ambassade, Development House, The Mall, Private Bag 0017 (☎ 353912)

Union européenne
Délégation de l'UE auprès du Botswana, 68 North Ring Rd, PO Box 1253 (☎ 314455)

Zambie
Haute délégation, Zambia House, The Mall, PO Box 362 (☎ 351951)

Zimbabwe
Haute délégation, Orapa Close, PO Box 1232 (☎ 314495)

trophées d'animaux, les animaux domestiques et les armes à feu. Pour tous renseignements concernant l'importation d'animaux ou d'oiseaux, adressez-vous au Director of Veterinary Services, Private Bag 0032, Gaborone, Botswana.

QUESTIONS D'ARGENT

Si vous voulez vraiment apprécier votre séjour, sachez qu'il vous faudra emporter beaucoup d'argent. La plupart des destinations intéressantes ne sont pas accessibles aux petits budgets. Reportez-vous à la rubrique *Coût de la vie* pour des informations plus précises.

A l'arrivée dans le pays, les voyageurs doivent déclarer la somme d'argent dont ils disposent et, à la sortie, estimer le montant qu'ils ont dépensé. Cela a pour but d'évaluer les dépenses des touristes, et de s'assurer que nul ne repart avec plus d'argent qu'il n'en a apporté.

Officiellement, les étrangers peuvent exporter un maximum de 190 $US (500 P) en espèces ou 380 $US (1 000 P) en billets de banque étrangers. Toute somme au-delà de ces montants doit être en chèques de voyage. Vous entendrez peut-être parler de contrôles pointilleux mais, au cours de mes nombreux voyages au Botswana, on ne m'a jamais demandé de présenter l'argent ou les chèques de voyage que j'avais déclarés.

Monnaie nationale

L'unité monétaire du Botswana est le pula, qui est divisé en 100 thebe. "Pula" figure sur l'emblème national du Botswana, non que les Batswana soient exagérément intéressés par l'argent : en fait, "pula" signifie "pluie", denrée aussi précieuse que l'argent dans ce pays en grande partie désertique. "Thebe", vous l'aurez deviné, signifie "goutte de pluie". Les billets sont émis en coupures de 1, 2, 5, 10, 20 et 50 P. Les pièces existent en 1 t, 2 t, 5 t, 10 t, 25 t, 50 t et 1 P.

Dans certaines régions rurales, il arrive que les habitants se réfèrent au *pondo* (pound), vestige de l'époque coloniale, qui est en principe estimé à 2 P.

Le pula est actuellement une monnaie plus forte et plus demandée même que le rand sud-africain. En général, les importations d'Afrique du Sud sont vendues au même prix en pula qu'en rand de l'autre côté de la frontière, d'où des achats environ 50% plus chers au Botswana.

Dans la théorie, toutes les banques internationales peuvent communiquer entre elles pour des opérations courantes (transferts, etc.). Cependant des frais vous seront demandés et il peuvent varier du simple au double suivant les établissements.

Taux de change

10 FF	=	5,7 pula
1 FS	=	2,4 pula
10 FB	=	1 pula
1 $ Can	=	2,15 pula
1 $ US	=	2,70 pula
1 Rand sud-africain	=	0,75 pula
1 £	=	4,35 pula

Services bancaires

Les villes suivantes offrent tous les jours, sauf le jeudi, la gamme complète des services bancaires habituels : Gaborone, Francistown, Mahalapye, Palapye, Selebi-Phikwe, Serowe, Jwaneng, Kanye, Maun, Mochudi, Ghanzi et Molepolole, ainsi que Kasane. Dans les grandes agglomérations, les banques ouvrent de 9h à 14h30 les lundi, mardi, jeudi et vendredi, de 8h15 à 12h le mercredi et de 8h15 à 10h45 le samedi. Le samedi, la Barclays Bank du Gaborone Sun Hotel est ouverte de 8h30 à 14h. Son bureau de change à l'aéroport international Sir Seretse Khama ouvre de 9h30 à 17h les jours de semaine. Les banques Barclays et Standard Chartered prennent une commission de 1,90 $US (5 P) sur les chèques de voyage.

Les banques itinérantes font régulièrement la tournée des villes et des villages éloignés dépourvus d'agence locales. Elles s'y arrêtent en général une heure ou deux en fin de mois. Elles se rendent à Lethlakane le jour de la paie de la Debswana (De Beers of Botswana), à Shakawe et à Gumare le jour de la paie des fonctionnaires du gouvernement. Certains autres villages disposent de services bancaires une à deux fois par semaine. Pour connaître les dates et les horaires, qui changent périodiquement, renseignez-vous auprès des agences bancaires des grandes villes. Ces services ruraux peuvent accepter de changer les chèques de voyage, mais pas les espèces.

Pour changer de l'argent en fin de mois, il est impératif d'arriver tôt le matin et de se préparer à sacrifier une matinée entière. Les opérations de change, d'une interminable lenteur du fait des nombreux formulaires à remplir, sont encore ralenties par les longues files d'attente des travailleurs venant de percevoir leur salaire.

Cartes de crédit

La plupart des cartes de crédit, particulièrement la Visa de la Barclays, sont acceptées dans les hôtels et les restaurants touristiques des grandes villes, mais vous ne pourrez pas l'utiliser pour régler le plein d'essence. La carte Visa de la Barclays permet d'acheter des chèques de voyage Barclays en dollars américains ou en livres anglaises avec une commission minime ou nulle. Il est possible d'obtenir des avances d'espèces à Gaborone, Lobatse, Maun et Francistown auprès de la Barclays Bank ou de la Standard Chartered Bank. Dans les agglomérations de moindre importance, vous pouvez faire une demande d'avances d'espèces dans les banques, mais l'autorisation prend parfois des heures, voire des journées.

Pour ce qui est des virements depuis l'étranger, le plus commode est de passer par l'intermédiaire de la Barclays qui les reçoit à la Barclay House Branch, située dans Khama Crescent à Gaborone. Si les fonds ne sont pas envoyés par une agence de la Barclays, comptez un délai de 7 à 10 jours ouvrables. A réception, l'argent est converti en pula (avec déduction d'une commission et des frais de virement). Si vous souhaitez le convertir en dollars américains ou en livres anglaises pour acheter des chèques de voyage, vous paierez une commission supplémentaire.

Coût de la vie

La politique touristique du Botswana ne fait pas l'affaire des petits budgets. Voyager à peu de frais est possible, l'auto-stop étant autorisé, mais peu satisfaisant.

Si vous n'avez pas les moyens de prendre l'avion pour aller dans le delta intérieur de l'Okavango, de passer un jour ou deux dans la réserve de Moremi ou le parc national de Chobe, ou de vous offrir une expédition en 4x4 dans le Kalahari, peut-être devriez-vous choisir une autre destination. Pour de plus amples informations, reportez-vous à la rubrique *Parcs nationaux et réserves naturelles* du chapitre *Présentation du pays*.

Les prix des supermarchés, des fast-foods et des restaurants sont les mêmes qu'en Europe ou en Amérique du Nord.

Les petits *food halls* locaux servent des plats bon marché, quoique souvent limités au *bogobe* (porridge de sorgho) et aux garnitures diverses. Voyager en bus et en train revient à un prix raisonnable, mais ne permet pas d'accéder aux régions les plus intéressantes du pays. La moindre location de véhicule coûte cher, et devient ruineuse dans le cas d'un 4x4.

Pourboires

Sans être vraiment obligatoire, grâce à la politique officielle visant à privilégier le tourisme haut de gamme, la pratique du pourboire s'est à présent répandue dans de nombreux hôtels et restaurants touristiques. Il est toutefois conseillé de ne donner un pourboire que si le service est d'excellente qualité. Pratiquement tous les établissements ajoutent automatiquement un supplément pour le service, et si vous souhaitez aller au-delà, 10% devrait suffire. En général, on ne laisse pas de pourboire aux chauffeurs de taxi.

QUAND PARTIR

L'été n'est pas la saison idéale pour qui veut circuler sur les petites routes, observer la faune ou explorer l'Okavango. Les périodes de pluies prolongées rendent les routes de sable impraticables, les rivières infranchissables, et la montée des eaux entraîne parfois la fermeture du parc national de Chobe et de la réserve de Moremi. Mis à part les flamants des puits salants, les animaux sauvages se laissent plus difficilement repérer. Ils se dispersent lorsqu'ils trouvent de l'eau en abondance, et il devient alors inutile de les guetter à proximité des sources. C'est en outre en été que l'humidité est la plus élevée et la chaleur la plus suffocante, la température dépassant parfois 40°C dans la journée.

L'hiver, de fin mai à août, la pluie se fait rare dans tout le pays. Les journées sont d'ordinaire claires, chaudes et ensoleillées, les nuits fraîches, voire froides. Les animaux restent près des points d'eau, aussi a-t-on plus de chances d'en voir qu'en été. N'oubliez pas, cependant, que les vacances scolaires en Europe, en Amérique du Nord et en Afrique du Sud tombent au même moment. En général, il n'y a pas trop foule en juin, au début juillet et de mi à fin septembre. Mais si vous allez à Maun en août, vous aurez l'impression que des milliers de touristes s'y sont donné rendez-vous pour partir explorer l'Okavango.

OFFICES DU TOURISME

A l'étranger

Il n'existe pas d'office du tourisme botswanais dans les pays francophones. Vous pouvez vous adresser auprès de l'ambassade du Botswana en Belgique, qui diffuse des brochures et différents documents touristiques.

Sur place

Commodément situé dans le Mall, au cœur des activités de la capitale, l'office national du tourisme de Gaborone (☎ 353024, fax 371539) dispose de cartes et de brochures. Son personnel répondra à vos questions avec compétence. Les agences de Kasane (☎ 250 327) et de Maun (☎ 260492), en face de l'aéroport, sont moins efficaces.

ORGANISMES A CONNAITRE

Vous pourrez vous adresser à la Chambre de commerce franco-botswanaise, PO Box 1424, Gaborone. Sachez que l'Alliance française de Gaborone peut être contacter par sa boîte postale : PO Box 1817, Gaborone (☎ 35 16 50). D'autres adresses utiles sont données dans le chapitre *Renseignements pratiques de la région*, en début d'ouvrage.

HEURES D'OUVERTURE ET JOURS FÉRIÉS

Les heures d'ouverture normales sont à peu près 8h-17h, avec souvent une coupure d'une ou deux heures pour le déjeuner, en général de 13h à 14h ou 15h. Le samedi, les magasins ouvrent tôt et ferment à 12h ou 13h. Le dimanche, tout s'arrête ou presque.

Pour les heures d'ouverture des banques, reportez-vous à la rubrique *Questions d'argent*.

Dans les grandes villes, les postes fonctionnent de 8h15 à 12h45 et de 14h à 16h. Le samedi, elles ouvrent de 8h à 11h. Les administrations travaillent de 7h30 à 12h30 et de 13h45 à 16h30, du lundi au vendredi. Les *bottle shops* (magasins de vente d'alcool), ouvrent en général en milieu de matinée et ferment à 19h précises, après quoi il faut s'adresser aux bars des hôtels et des restaurants pour acheter des boissons alcoolisées.

Jours fériés

1er et 2 janvier – *Nouvel an*
Mars ou avril – *Vendredi saint, samedi, dimanche et lundi de Pâques*
Avril ou mai – *Ascension*
Juillet – *Jour du Président et lendemain*
30 septembre – *Fête nationale du Botswana*
1er octobre – *Lendemain de la Fête nationale*
25, 26 et 27 décembre – *Noël*

POSTE ET TÉLÉCOMMUNICATIONS

Poste

Bien que généralement fiables, les services postaux sont parfois d'une lenteur désespérante. Comptez plusieurs semaines à un mois d'acheminement postal entre le Botswana et l'étranger. Dans les grandes villes, les postes ouvrent de 8h15 à 16h, avec une coupure entre 12h45 et 14h. Attendez-vous à une longue file d'attente, tandis que les employés nonchalants bavardent entre deux clients au téléphone ou avec leurs collègues.

La poste centrale du Mall de Gaborone dispose de la meilleure poste restante, sans être cependant efficace à 100%. Si vous comptez rester quelques temps au Botswana, faites inscrire votre nom le plus vite possible sur la liste d'attente des boîtes postales. En attendant qu'il s'en libère une, ce qui peut prendre des années, vous devrez vous en remettre à la poste restante, ou, éventuellement, recevoir votre courrier par l'intermédiaire de votre employeur.

L'expédition et la réception de colis se fait au bureau de messageries, sur le côté de la poste centrale ; vous y remplirez les formulaires et paierez les droits de douanes appropriés. Même si vos paquets sont parfaitement fermés avec du ruban adhésif, n'oubliez pas de les attacher avec de la ficelle, sans quoi ils seront refusés. Prévoyez des allumettes pour sceller les nœuds avec la cire rouge fournie. Pour récupérer un colis, vous devez présenter votre passeport ou une autre pièce d'identité munie d'une photo.

Les envois les moins chers sont les aérogrammes, vendus dans les postes, ou les cartes postales, suivis du courrier aérien deuxième classe, que l'on identifie en coupant les coins de l'enveloppe. Pour recevoir du courrier depuis la France, comptez 8 à 10 jours.

Téléphone

Vous trouverez des cabines fiables aux alentours des postes de toutes les grandes villes. La plupart des localités du Botswana s'obtiennent par l'automatique, mais les communications internationales doivent passer par un opérateur et nécessitent une ample provision de pièces de monnaie.

Gaborone et Francistown comptent de bons bureaux de téléphone pour les appels internationaux, quoique lents et fermés en dehors des heures ouvrables normales ; si vous devez joindre quelqu'un en Amérique du Nord, vous risquez fort de le tirer du lit.

Peu de pays ont des accords réciproques de PCV avec le Botswana, cependant, si vous en faites la demande au moment de la réservation, les informations sur la durée et le coût de la communication vous seront fournies dès la fin d'un appel sur téléphone privé.

L'indicatif pays du Botswana est le (267). Il n'existe pas d'indicatifs régionaux, aussi pour appeler le Botswana de l'étranger, composez le (267) suivi du numéro de téléphone privé. Pour appeler l'étranger depuis le Botswana, composez l'indicatif international (00), suivi de l'indicatif du pays, de l'indicatif régional et du numéro de téléphone.

Pour appeler la France depuis le Botswana :
00-33 (min. 12,075 FF)
Pour appeler la Suisse depuis le Botswana :
00-41 (/min. 12,075 FF)
Pour appeler le Canada depuis le Botswana :
00-1 (min. 12,075 FF)
Pour appeler la Belgique depuis le Botswana :
00-32 (min. 12,075 FF)
Pour appeler le Luxembourg depuis le Botswana :
00-352 (min. 12,075 FF)

Fax

Les télécopieurs sont à présent couramment utilisés par les sociétés botswanaises. L'endroit le plus indiqué pour envoyer ou recevoir des fax est le Copy Centre, au deuxième étage de la Hardware House de Gaborone. Pour plus de détails, reportez-vous à la rubrique *Télécommunications* du chapitre *Gaborone*.

BLANCHISSAGE/NETTOYAGE

Il existe en tout et pour tout une laverie automatique à Gaborone et un pressing au centre commercial No Mathatha, également à Gaborone. Les grands hôtels proposent des services de blanchissage, mais au prix fort. Dans les petits villages, vous trouverez sans peine une habitante qui vous dépannera contre quelques pula. La dernière option reste de faire son lavage à la main et de profiter du climat désertique qui sèche les vêtements en un temps record.

LIVRES

Vous trouverez également une liste d'ouvrages en français dans les chapitres *Renseignements pratiques* de la partie générale, ainsi que celles sur la Namibie et sur le Zimbabwe.

Littérature

Mis à part les œuvres récentes de Bessie Head (mentionnée dans la rubrique *Littérature*, section *Arts*, du chapitre *Présentation du pays*) et les écrits du XIXe siècle et du début du XXe siècle de Sol Plaatje, la littérature botswanaise n'est guère abondante. Jetez tout de même un coup d'œil aux rayons de littérature africaine au cas où paraîtrait une nouveauté.

Mémoires. Dans *Question de pouvoirs*, un texte largement autobiographique, Bessie Head, qui vient de quitter l'Afrique du Sud pour un village du Botswana, se souvient de l'exclusion dont elle a été victime dès avant sa naissance (sa mère, blanche, fut internée pour avoir mis au monde une enfant métisse) et lutte pour ne pas sombrer dans la folie (Zoé, coll. Littératures d'émergence, 1995).

June Vendall Clark est née à Madras (Inde) en 1925 et découvre le continent africain à seize ans. Avec *La Vie sauvage : mémoires d'Afrique* (Presses Pocket, 1993), elle relate aujourd'hui les mémoires extraordinaires des 43 années qu'elle a passées dans une réserve proche du désert de Kalahari et qui décrivent la fin de l'époque coloniale. L'auteur a passé de nombreuses années dans la région de Maun avant l'invasion touristique et a joué un rôle fondamental dans la création de la réserve de Moremi. L'ouvrage pêche parfois par exagération, mais il est intéressant.

Récits de voyages. C'est au cœur du Botswana, dans la savane inhabitée de Deception Valley, que Mark et Delia Owens, deux jeunes universitaires américains, dressent leur camp en 1974. Il y resteront sept ans, le temps d'étudier la faune superbe de ce territoire, notamment les hyènes brunes. *Le Cri du Kalahari sur les dernières terres inviolées d'Afrique* (Laffont, coll. Vécu, 1985) témoigne de ce séjour.

Laurens Van der Post, dans *Le Monde perdu du Kalahari : voyage au coeur de l'Afrique* (Lattès, 1993) raconte l'expédition menée à la recherche des San (les Bochimans ou Bushmen), en voie de disparition, et l'exploration du désert du Kalahari. C'est un classique de l'anthropologie, à lire absolument. *Botswana blues* de Lars Bonnevie (Payot/Voyageurs, 1993) est un récit incontournable pour le voyageur au Botswana. *Kalahari, désert rouge*, de Philippe Frey (Laffont, coll. L'Aventure continue, 1993) retrace l'exploit du jeune ethnologue dans l'un des derniers espaces inviolés de la planète : l'immense désert d'Afrique australe.

Histoire, culture et civilisation. La plupart des ouvrages de ce type ne se trouvent qu'en anglais et n'ont pas été traduit traduits en français. *The Harmless People* d'Elizabeth Marshall Thomas (Africa South Paperbacks, David Philip, Le Cap, 1988), difficile à trouver, est un recueil d'observations pleines de sensibilité sur les San du Kalahari, écrit par une Américaine vivant parmi eux. *History of Botswana* de T. Tlou et A. Campbell (MacMillan Botswana, Gaborone, 1984), consacré uniquement à l'histoire du pays, est le meilleur ouvrage en la matière. *A Marriage of Inconvenience : The Persecution of Seretse and Ruth Khama* de Michael Dutfield (Unwin Hyman, Londres, 1990). Cet ouvrage rapporte les réactions négatives, tant africaines que coloniales, au mariage de l'héritier ngwato, Seretse Khama, avec l'Anglaise Ruth Williams dans les années 1950.

Serowe – Village of the Rain Wind de Bessie Head (Heinemann African Writers' Series, Oxford, 1981) est une série d'entretiens avec les habitants de Serowe, tenant du roman historique. Lecture merveilleuse, qui donne un aperçu de la vie dans un village botswanais à l'époque moderne, tout particulièrement conseillée.

Essais économiques. L'ouvrage de Charles Harvey et Stephen R. Lewis, *La Politique du développement au Botswana : choix et résultats* (OCDE, 1990) étudie la gestion de la récente prospérité minière du pays et montre comment la société botswanaise – rurale ou urbaine – a su tirer parti de cette croissance rapide. Le Centre français du commerce extérieur, outre des renseignements pratiques assez à-jour, propose une approche du marché botswanais (CFCE, coll. Un marché, 1990).

Guides de voyage

Marie Lory décrit les habitudes culturelles des peuples autochtones dans un guide très récent, *Le Botswana* (Karthala, coll. Méridiens, 1995). En anglais, les ouvrages suivants sauront être d'une aide précieuse. *Traveller's Guide to Botswana* de Peter Comley et Salome Meyer (Pula Press, Gaborone, 1994), en couleur, détaille peu les villes, mais il est riche en informations sur les régions sauvages et idéal pour les explorations hors des sentiers battus. *Visitors Guide to Botswana* de Mike Main, John et Sandra Fowkes (Southern Book Publishers, Johannesburg, 1991), est un excellent ouvrage pour les voyageurs qui s'aventurent dans le désert avec leur propre véhicule, mais peu fourni en informations générales et pratiques.

Faune et flore. A travers *Kalahari,* Jacques Gilliéron, pose un regard passionné sur la nature sauvage du Kalahari et sur la faune caractéristique de ce véritable sanctuaire (A. Delcourt, coll. Horizons AD, 1988). Les lecteurs anglophones auront plus de choix. *Kalahari - Life's Variety in Dune and Delta* de Michael Main (Southern Book Publishers, Johannesburg, 1987). Etude des nombreuses facettes du Kalahari, allant de la faune et la flore à l'histoire géologique et culturelle. Belles photos en couleur. *Okavango – Jewel of the Kalahari* de Karen Ross (BBC Books, Londres, 1987). Cette publication de la BBC expose les splendeurs naturelles et culturelles du delta de l'Okavango et contient de magnifiques photos en couleur. *Shell Field Guide to the Common Trees of the Okavango Delta & Moremi Reserve* de Veronica Roodt (Shell

Oil). Cet excellent livre de poche contient des informations scientifiques sur la végétation de l'Okavango, ainsi que des légendes sur ses arbres. Les descriptions détaillées sont accompagnées de peintures et de dessins.

Langue

Vous trouverez un ou deux dictionnaires anglais-setswana ainsi que le pratique *First Steps in Spoken Setswana* au Botswana Book Centre de Gaborone.

Il n'existe pas un grand choix de manuels de conversation anglais-setswana. Le *Setswana-English Phrasebook*, de A. J. Wookey, missionnaire à Molepolole au XIXe siècle, est amusant, à défaut d'être utile.

CARTES

Le Department of Surveys and Lands de Gaborone publie des relevés topographiques, des plans de villes, des photos aériennes, des cartes géologiques et des images satellites. Vous pouvez vous y procurer des cartes nationales et régionales, à diverses échelles, à des prix variant de 2 $US à 4 $US. Pour obtenir un catalogue, écrivez au Department of Surveys and Lands, Private Bag 0037, Gaborone. Pour les cartes géologiques, contactez The Director, Department of Geological Survey, Private Bag 14, Lobatse

La carte du pays la plus précise est celle publiée par Freytag, au 1/1 750 000 (75 FF).

Également utile, la *Shell Road Map* répertorie les grandes routes et comprend des plans de plusieurs régions touristiques. Elle est disponible auprès de Shell Oil Botswana, Shell House, The Mall, Gaborone.

La *Botswana Mini-Map*, publiée par Map House, Afrique du Sud, et distribuée par B&T Directories (☎ 371444, fax 373462), PO Box 1549, Gaborone, est elle aussi intéressante. Il en existe plusieurs éditions qui incluent, selon les cas, des cartes des parcs nationaux et des plans de Gaborone. Elles sont en vente à 2,50 $US dans les librairies et les hôtels du Botswana. B&T Directories publie le Botswana Map Pack, qui fournit les plans de Francistown, Selebi-Phikwe et Lobatse sur un feuillet, et consacre un deuxième feuillet à Gaborone et sa banlieue.

LIBRAIRIES

Sur place. Le Botswana Book Centre du Mall de Gaborone, l'une des librairies les plus fournies de la région, propose de nombreuses œuvres de littérature étrangère, des romans, des ouvrages de référence, des manuels scolaires, etc. Botsalo Books, dans le Kagiso Centre, Broadhurst North Mall, ne manque pas non plus d'intérêt. Pour les livres d'occasion, voyez J&B Book à l'étage du Broadhurst North Mall. Selebi-Phikwe possède une excellente librairie, située dans le Mall. A Francistown et à Maun, vous trouverez plusieurs librairies au choix plus limité. La plupart des hôtels touristiques disposent d'une petite sélection de livres divers.

A l'étranger. Reportez-vous à la rubrique *Livres* dans le chapitre *Renseignements pratiques* de la partie générale pour des adresses de librairies dans les pays francophones.

MÉDIAS

Journaux et magazines

Le *Daily News*, publié par le ministère de l'Information et de la Radio-Télévision, est distribué gratuitement à Gaborone. Il renferme des informations relatives au gouvernement botswanais, ainsi que sur l'actualité nationale et internationale. Il existe, en outre, quatre hebdomadaires indépendants. La *Gazette* sort le jeudi, le *Botswana Guardian* le vendredi, et le *Midweek Sun* le mercredi. De tendance modérée, ce sont de bonnes sources d'information sur l'ensemble de l'actualité nationale. Beaucoup plus politisé, le journal de gauche *Mmegi* (Reporter), publié le mercredi, critique sévèrement dans ses colonnes le gouvernement botswanais. Il est la preuve de la tolérance politique pratiquée au Botswana.

L'Alliance française de Gaborone édite un bulletin d'information en français. Elle est également abonnée à des magazines français, que l'on peut librement consulter.

Plusieurs quotidiens d'Afrique du Sud sont également distribués et fournissent un vaste éventail d'opinions et de reportages. Vous pourrez souvent vous procurer l'*International Herald Tribune*, mais datant parfois d'une semaine, au Gaborone Sun et au Botswana Book Centre de Gaborone. Les grands hôtels et les librairies de Gaborone, de Francistown et de Selebi-Phikwe vendent des éditions à jour du *Time* et de *Newsweek*. Le *New African*, magazine consacré à l'actualité africaine, est plus largement diffusé.

Le *Botswana Advertiser*, à Gaborone, et le *Northern Advertiser*, à Francistown, vous tiendront au courant des événements locaux. Gratuits, ils paraissent tous deux une fois par semaine, le vendredi.

Marung, magazine distribué à bord des vols d'Air Botswana, contient des articles sur les activités touristiques, ainsi que des rubriques sur les arts et la culture batswana. Il est également disponible sur abonnement auprès de Marung (☎ (27-11) 463 3350), PO Box 98034, Sloane Park 2152, South Africa.

Hello Botswana, magazine gratuit distribué à Gaborone, traite essentiellement des manifestations locales, des activités touristiques et commerciales. Pour connaître les conditions d'abonnement, adressez-vous à Hello Botswana, Desk Top Publishing & Office Services (☎ 374134 ; fax 357433), Private Bag 0053, Gaborone.

Radio et télévision

Radio Botswana assure la diffusion des programmes, en anglais et setswana, à l'échelon national. Un poste à ondes courtes permet de recevoir le BBC World Service. Vous pourrez également capter Voice of America, la radio des forces armées américaines, et Radio Australia.

Le Botswana possède une station de télévision, la Gaborone Broadcasting Corporation (GBC), qui émet quelques heures le soir, à partir de 19h ; elle diffuse un choix intéressant de programmes étrangers, pour la plupart anglais et américains, et, de temps à autre, des productions locales. On ne peut la capter que dans la capitale. A Maun, divers émetteurs donnent accès à la télévision par satellite.

De plus, le Botswana reçoit les émissions de quatre stations sud-africaines. La BOP-TV, dont l'émetteur est à Mafikeng, bénéficie de la meilleure transmission. Les trois autres, situées à Johannesburg, diffusent des jeux, des actualités et des sitcoms en anglais ou en afrikaans selon les soirs.

A condition de posséder une antenne parabolique, on peut recevoir TV5.

SANTÉ

Grâce à sa relative prospérité, le Botswana jouit de services médicaux d'un haut niveau, et les grands hôpitaux de Gaborone et de Francistown possèdent des installations comparables à ce que vous trouveriez en Europe. Il existe des services de soins dentaires à Gaborone et à Francistown, et toutes les grandes villes, à l'exception de Kasane, disposent de pharmacies bien approvisionnées.

Bien que le risque de malaria soit minime au Botswana, un traitement prophylactique est vivement conseillé en cas de voyage dans les régions du Tuli Block, du nord-est et du delta de l'Okavango. Pour de plus amples informations, reportez-vous, dans la partie *Région*, à la rubrique générale *Santé* du chapitre *Informations pratiques*

DÉSAGRÉMENTS ET DANGERS

Au Botswana, les plus grands dangers proviennent de la nature et des éléments qui s'associent à un manque de préparation adéquat des visiteurs. Certains d'entre eux sont traités dans la rubrique *Désagréments et dangers* du chapitre *Renseignements pratiques* de la partie *Région*. Quant aux risques et aux conseils relatifs aux déplacements dans les régions reculées, reportez-vous au chapitre *Comment circuler*.

Police et armée

Si les barrages routiers policiers et vétérinaires, la paperasserie et les bureaucrates agacent parfois, il ne s'agit cependant que de petits désagréments anodins. Les contrôles pointilleux sont rares, et lorsqu'il arrive aux policiers de passer les bagages et les véhicules au peigne fin, ils sont, en général, simplement à la recherche de produits carnés.

En revanche, la Botswana Defence Force (BDF) prend ses responsabilités très au sérieux et mieux vaut ne pas se trouver en travers de son chemin. Évitez systématiquement la State House de Gaborone, et la nuit, ne passez même pas devant, que ce soit à pied ou en voiture. Si vous utilisez une vieille carte, veillez à ne pas vous approcher de la piste signalée comme étant l'aéroport de Gaborone. C'est aujourd'hui une base de la BDF. Après la tombée de la nuit, ne serait-ce que passer en voiture dans Notwane Rd est extrêmement dangereux. Vous entendrez très certainement parler d'incidents... malheureusement vrais. Les intrus ne sont questionnés qu'après avoir été convaincus de ne plus jamais faire intrusion !

Vol

Le Botswana n'en est pas exempt, mais il jouit d'un taux de criminalité très faible par rapport aux autres pays africains (et à la plupart des nations occidentales). Si vous êtes victime d'un vol et devez le signaler à la police pour être couvert par votre assurance, préparez-vous à perdre un bon nombre d'heures en formalités.

TRAVAILLER AU BOTSWANA

Le Botswana se développe rapidement et le système d'éducation a du mal à faire face à une demande croissante, dans divers domaines, de main-d'œuvre qualifiée. Si vous avez des compétences recherchées au Botswana, vous y serez probablement accueilli à bras ouverts.

Certaines professions sont plus particulièrement demandées, par exemple, médecins, enseignants du secondaire et universitaires, ingénieurs, informaticiens, etc. Pour l'instant, le Botswana ne manque pas d'instituteurs ou d'infirmières, mais cela peut changer, aussi n'hésitez pas à vous renseigner.

Comme la plupart des gens préfèrent rester dans les environs de Gaborone ou de Francistown, vous multiplierez considérablement vos chances si vous êtes prêt à aller travailler au fin fonds du pays.

Les personnes acceptées reçoivent en général un permis de séjour de trois ans renouvelable. Les renseignements et les dossiers de candidature sont à demander auprès de l'Immigration and Passport Control Officer (☎ 374 545), off Khama Crescent, PO Box 942, Gaborone, Botswana. Les dossiers de candidature doivent être soumis depuis l'étranger.

Gaborone est la capitale qui connaît la croissance la plus rapide du monde et la construction de logements ne parvient pas à suivre la demande. De nombreux travailleurs étrangers sont logés dans des hôtels coûteux aux frais du gouvernement ou de la société qui les emploie, l'attribution d'une résidence définitive dépendant d'une longue liste d'attente.

Plusieurs organisations bénévoles internationales – danoises, allemandes, suédoises et norvégiennes, ainsi que l'American Peace Corps – sont très actives au Botswana et peuvent fournir des solutions de rechange.

Chantiers et associations

Il existe des groupes de coordination (voir la liste ci-dessous) qui vous dirigeront vers d'autres associations obtenant ponctuellement des chantiers sur les pays d'Afrique. Le coût du voyage étant généralement à vos frais, il vous faut prendre en charge les frais d'inscriptions qui comprennent une assurance pour la durée de la mission. En composant le 3615 Ibiscus, vous obtiendrez les possibilités offertes par les ONG françaises. Vous pouvez également vous reporter à la rubrique *Organismes à connaître* dans le chapitre *Renseignements pratiques* de la partie générale de cet ouvrage.

Cotravaux (comité de coordination du service volontaire international)
11, rue de Clichy, 75009 Paris (☎ 1-48 74 79 20)
CCSVI
1, rue Miollis, 75015 Paris, (☎ 1-45 68 27 37)
SCI
2, rue Eugène Fournière, 75018 Paris, (☎ 1-42 54 62 43 ; fax 1-42 54 06 18)
SCI (Service civil international)
Cerberngasse 21, CH-3000 Bern 13, Suisse (☎ 31-311 77 27)
35, rue Van Elewiijck, B-1050 Bruxelles, Belgique (☎ 64 90 738)

ÉTUDIER AU BOTSWANA

Pour poursuivre une scolarité française, l'École française de Gaborone (Indépendance Avenue 205, PO Box 1424, Gaborone, ☎ 35 16 50) est la seule solution. Le centre d'examen se trouve à Johanesburg (Afrique du Sud) qui est rattaché à l'académie de Marseille.

A NE PAS MANQUER

A l'extérieur des villes, rien ou presque n'est artificiel ou prétentieux au Botswana. S'il lui manque la diversité des pays avoisinants, il se rattrape par la beauté de ses étendues sauvages et désertiques, ses villages accueillants, nonchalants, et son caractère paisible, stable et sécurisant. A visiter absolument :

Le delta de l'Okavango – C'est la première destination touristique du Botswana et l'un des hauts lieux d'Afrique. Labyrinthe de chenaux et d'îles fourmillant d'animaux, il invite à l'exploration. Les paysages sublimes de la réserve de Moremi, dans le delta oriental, abritent un échantillonnage complet de la faune africaine.

Chobe National Park – Il se compose en fait de plusieurs parcs. Les berges de la rivière, à la faune abondante (dont des éléphants), les marais et les savanes intérieurs font du plus accessible des parcs botswanais la deuxième destination touristique du pays.

Tsodilo Hills – Rendus célèbres par *Le monde perdu du Kalahari* de Laurens van der Post, les lointains monts Tsodilo forment une incroyable galerie de peintures rupestres san et offrent le spectacle des pics les plus impressionnants du pays. Il s'agit en outre de l'une des région les plus propices aux randonnées.

Sua Pan – Ses vastes étendues uniformes ont été immortalisées dans le film *Les Dieux sont tombés sur la tête*, et plus récemment dans le spectaculaire *March of the Flame Birds*. C'est également le site de la toute dernière diversification économique du Botswana : l'exploitation de la soude.

Tuli Block –Situés le long du Limpopo, ses réserves privées et ses paysages saisissants attirent les voyageurs argentés.

Makgadikgadi et Nxai Pan National Park – Les magnifiques prairies et palmiers pratiquement inexploités de Makgadikgadi abritent la plupart des espèces animales existant au Botswana. Les étendues herbeuses de Nxai Pan, ancien lit d'un lac, accueillent les migrations animales à la saison des pluies. Non loin se dressent, farouches, les baobabs de Baines.

Gcwihaba Caverns – Lointaines et oubliées, les cavernes de Gcwihaba, ou grotte de Drotsky, proposent une exploration souterraine au cœur du Kalahari, mais uniquement aux plus téméraires... et à qui a la chance ou les moyens de trouver un moyen de transport pour y accéder.

Serowe – Berceau de Sir Seretse Khama et de ses ancêtres, Serowe est, dit-on, le plus grand village de l'Afrique subsaharienne. Le musée consacré à l'histoire du clan khama mérite réellement le détour. Réserve située à l'extérieur de Serowe, le nouveau Khama Rhino Sanctuary protège les derniers rhinocéros du Botswana.

Le Kalahari – Plusieurs des sites ci-dessus se trouvent dans le Kalahari, mais le désert offre en lui-même une expérience unique. Si vous le pouvez, ne manquez pas de camper une nuit sous la voûte étoilée et dans l'extraordinaire solitude de ces étendues sauvages. Les aborigènes du Botswana, les San, affirment que la nuit, au Kalahari, "on entend les étoiles chanter".

HÉBERGEMENT

Camping

Plusieurs hôtels et lodges possèdent des campings diversement aménagés. La plupart sont pourvus de douches, ainsi que d'installations permettant de faire la cuisine et la lessive. Les campeurs ont accès aux bars et aux restaurants des hôtels, mais ces derniers sont souvent éloignés des commerces difficilement accessibles sans véhicule. Le coût est en moyenne de 6 $US par nuit et par personne.

Les parcs nationaux disposent de campings en général rudimentaires. Les étrangers, qui paient 18,50 $US (50 P) juste pour *entrer* dans le parc, doivent débourser 7,50 $US (20 P) de plus pour planter une tente et utiliser les toilettes, lorsqu'il y en a. La réserve de Moremi et le parc national de Chobe offrent des campings convenables avec *braai* et toilettes. Ailleurs, il s'agit simplement d'espaces débroussaillés. L'exubérance nocturne de l'activité animale vous dédommagera.

Vous pouvez aussi opter pour le camping sauvage, qui n'est pas interdit officiellement, si vous parvenez à ne pas vous faire repérer (ce qui est possible presque partout au Botswana), et êtes muni de provisions suffisantes en nourriture, eau, essence, etc. Vous avez alors tout loisir de vous installer où vous voulez, de cuisiner sur un feu de camp, puis de laisser le Kalahari vous envelopper de ces somptueuses nuits étoilées et vous bercer de ses incroyables sons et odeurs. C'est peut-être là le plus grand attrait du Botswana. Toutefois, si l'on vous remarque dans les environs d'un village et que vous ne pouvez échapper aux questions des habitants, voyez le chef local ou demandez au poste de police la permission de camper et faites-vous faire indiquer un endroit approprié. Ne laissez aucun détritus et cuisinez sur des feux réduits au maximun.

Camps et lodges

La plupart des safari camps et des lodges sont situés dans le parc national de Chobe, le Tuli Block et le delta de l'Okavango/Moremi. Certains sont installés près des routes, d'autres dans des régions reculées et sauvages. Ils proposent divers types d'hébergement : campement simple, camp de tentes fixes, bungalows en briques ou en roseaux et lodges de luxe. Les prix vont de 7,50 $US pour camper à l'Oddball's, dans l'Okavango, à plus de cent fois cette somme pour loger à l'Abu's Camp, lui aussi dans le delta de l'Okavango, et qui propose des excursions à dos éléphant.

L'hébergement dans la plupart des camps haut de gamme se réserve à l'avance depuis l'étranger dans le cadre d'un voyage organisé, ou sur place par l'intermédiaire d'une agence de voyages ou d'un représentant de la société. Certains camps bas de gamme aux environs de Maun et de Kasane font exception : les voyageurs peuvent s'y présenter sans réservation.

Beaucoup de lodges et de camps, notamment dans le delta de l'Okavango, sont implantés dans des régions reculées. Le transport est en principe organisé par l'agence ou le tour-opérateur, et inclus dans le forfait. D'autres camps sont aisément accessibles par la route et ouverts à toute personne disposant d'un véhicule approprié.

Hôtels

Les hôtels du Botswana sont classiques. Toutes les villes en possèdent au moins un, et les grandes agglomérations offrent plusieurs gammes de prix. Il n'existe pas, cependant, de catégorie petits budgets aussi bon marché que dans les autres pays africains, et les établissements les moins chers font souvent aussi fonction d'hôtels de passe.

Bien que la crise du logement s'atténue progressivement à Gaborone, quelques hôtels continuent de servir d'hébergement provisoire aux travailleurs étrangers qui attendent une résidence permanente. Il en résulte des capacités d'accueil très variables. En ce qui concerne l'hébergement haut de gamme, il est toujours préférable de réserver à l'avance pour éviter tout problème. Les autres catégories de prix ouvrent un plus grand choix, sauf lors de manifestations spéciales.

ALIMENTATION

La cuisine botswanaise n'a rien de très extraordinaire, mais si vous faites votre marché, vous découvrirez l'une des meilleures sélections de produits d'Afrique. Les restaurants servent des repas convenables, quoique chers et sans originalité.

En-cas et repas

Les villes du Botswana regorgent d'établissements de fast-food et de plats à emporter. A Gaborone et à Francistown, manger pas cher se résume à un hamburger ou du poulet.

Bien que quelques bons morceaux soient réservés aux hôtels et aux restaurants haut de gamme, la meilleure viande de bœuf est réservée à l'exportation. Ne vous attendez donc pas à trouver des steaks de qualité bon marché dans les petits établissements locaux, où tout prouve que le bétail est considéré davantage comme un signe de prospérité que comme une source d'alimentation ; il n'est d'ailleurs abattu que lorsqu'il est à bout de force.

A ma connaissance, il n'existe qu'un restaurant diététique et végétarien au Botswana : le Kgotla, à Gaborone. Les restaurants des hôtels, souvent prétentieux, et les établissements de catégorie supérieure proposent essentiellement de la viande de bœuf, mais aussi du poisson, du mouton et du poulet.

Seule Gaborone offre un choix international ; les cuisines chinoise, indienne, française, italienne, portugaise et autres y sont représentées. Dans les petites villes, les menus varient peu : poulet, frites, bœuf et fritures sont la norme, ainsi que le *mabele* ou le *bogobe* (porridge de sorgho) avec une garniture de viande. Le *vetkoek*, terme afrikaans qui signifie "gâteau gras" et désigne une sorte de beignet, est en vente pratiquement partout.

Faire son marché

Les visiteurs arrivant du Zimbabwe ou d'autres pays du Nord seront sans doute stupéfiés par la quantité et la variété des produits alimentaires proposés dans certains supermarchés botswanais. On y trouve de tout, du café fraîchement moulu aux pamplemousses, en passant par les crevettes fraîches. Si des fantasmes alimentaires vous ont obsédé au cours de votre voyage en Afrique, le Botswana vous offre l'occasion de les satisfaire.

Cette abondance résulte des liens commerciaux de longue date entre le Botswana et l'Afrique du Sud. Les seules denrées originaires du Botswana sont la viande de bœuf; le maïs, les melons amers et les arachides. A la saison, s'y ajoutent les agrumes, surtout des oranges, cultivés dans le Tuli Block.

Les prix des supermarchés et des magasins de brousse sont comparables, ou légèrement inférieurs, à ceux d'Europe ou d'Amérique du Nord. Vous verrez moins de marchés en plein air qu'au Zimbabwe et dans d'autres pays d'Afrique, mais il en existe à Gaborone et à Francistown. A Gaborone, le marché se tient à côté de la gare. En outre, un petit marché improvisé de produits agricoles se tient entre Broadhurst Mall et l'immeuble BBS. A Francistown, le marché a lieu dans un petit bâtiment de Baines St, tout près de Blue Jacket St, et de nombreux étals s'installent de façon impromptue autour de la gare.

Alimentation traditionnelle

Autrefois, les hommes s'occupaient des troupeaux et se nourrissaient principalement de viande et de lait, tandis que les femmes collectaient et mangeaient les légumes et les fruits sauvages. Si l'aliment premier des Tswana était le bœuf, chaque groupe tswana avait ses propres tabous alimentaires. Nul ne consommait de poisson ou de crocodile, ce dernier étant le totem de l'ensemble de la tribu ; d'autres communautés avait interdiction de manger leur animal totem individuel. L'alimentation de base différait selon les tribus : le poisson pour les Yei de l'Okavango, le sorgho, le millet et le maïs pour les Kalanga, et un épais lait caillé pour les Herero. Aujourd'hui, le *mabele* ou le *bogobe* (respectivement, porridge de millet et de sorgho) forment la base de la plupart des repas batswana, mais ils font rapidement place au porridge de maïs importé, parfois appelé de son nom afrikaans *mielie pap*, ou simplement *pap*.

A l'époque où les importations d'Afrique du Sud n'atteignaient pas les territoires les plus éloignés du Kalahari, le désert procurait tout un éventail de ressources naturelles qui venaient enrichir le menu de base. De nos jours, bien que l'agriculture ou les supermarchés pourvoient aux besoins alimentaires de la majorité de la population, les communautés vivant dans des régions reculées continuent de les utiliser.

L'une des plantes les plus utiles du désert est le *morama*, un immense tubercule souterrain dont la pulpe contient de grandes quantités d'eau ; les habitants du Kalahari s'en servent essentiellement comme source de liquide. A la surface, la plante donne des cosses qui renferment des graines comestibles. Parmi les autres friandises du lieu, citons les fruits *marula*, les prunes sauvages, les baies, les tubercules et les racines, les melons *tsama*, les concombres sauvages et le miel.

Il existe également un type de champignon apparenté à la truffe européenne. Ce délicieux mets san est sorti de l'anonymat du désert, et il est aujourd'hui connu sous le nom de "truffe du Kalahari" dans les milieux commerciaux, où l'on pense qu'il sera bien accueilli sur les marchés occidentaux. Les spores de la truffe se forment sur les racines des arbustes *Grewia flava*, qui fournissent une petite baie ratatinée utilisée pour faire le vin *kadi*. La mythologie du Kalahari considère les truffes comme les œufs de l'oiseau-éclair car leur présence est révélée par des anneaux de terre craquelée autour de l'arbuste après les orages magnétiques.

Nutritive et riche en protéines, la noix *mongongo*, semblable à la noix de cajou, se mange crue ou grillée. Elle est un aliment de base traditionnel de certaines communautés san.

Les habitants du désert se nourrissent également de produits animaux : oiseaux et leurs œufs, petits mammifères et reptiles, et même œufs de fourmis ! Autre aliment intéressant, le ver du mopane, un genre de chenille vivant dans cet arbre, qui se "déguste" après avoir été vidé, puis cuit dans de la cendre chaude pendant environ 15 minutes. Il peut aussi être bouilli à l'eau salée, ou mis à sécher au soleil quelques jours pour être ensuite frit, grillé, ou pilé et consommé cru.

L'insuffisance d'eau limite les cultures traditionnelles aux *monoko* (arachides), *mabele*, *digwana* (gourdes), *magapu* (melons), *dinawa* (haricots) et *mabelebele* (millet).

BOISSONS

Les supermarchés des grandes villes offrent un large choix de jus de fruit 100% naturel, ainsi que différentes variétés de thés, de cafés et de boissons sucrées non alcoolisées.

Il existe trois marques de bière botswanaise (seul alcool fabriqué dans ce pays) : Castle, Lion et Black Label. Les bottle shops sont bien approvisionnées en bières, vins et spiritueux importés, vendus aux mêmes prix qu'en Europe ou en Amérique du Nord. Vous trouverez d'excellents vins rouges et blancs, originaires du Cap à des prix très raisonnables. La vente d'alcool est interdite avant 10h ; les bottle shops ferment à 19h et n'ouvrent pas le dimanche.

Les boissons traditionnelles ne manquent pas. Certaines parmi plus populaires sont illégales, par exemple le *mokolane* ou vin de palme, alcool très fort préparé à partir de la sève fermentée du palmier, ou encore le *kgadi*, provenant de la distillation de sucre brun et de baies ou de champignons, dont la saveur est corsée par des ajouts d'ingrédients divers.

Les boissons légales comprennent le *bojalwa*, bière de sorgho peu coûteuse, commercialisée sous le nom de "chibuku". La fermentation du fruit marula donne un alcool fort. Le *mageu*, léger et non alcoolisé, est fait avec de la pulpe de sorgho ou alors de maïs. Le *madila*, lait caillé épais, sert de garniture ou se boit (ou plus exactement "se mange") nature.

ACHATS

L'artisanat du Botswana est en général d'un très haut niveau. Les magnifiques paniers botswanais, fabriqués à l'origine au Ngamiland, district qui occupe tout le nord-ouest du pays, vous paraîtront peut-être même trop raffinés pour servir de corbeille à papier, de panier à linge ou de porte-revues. Ils décorent très joliment un intérieur, et vous en verrez de très beaux dans les locaux de différentes sociétés botswanaises.

A Gaborone, vous en trouverez au Botswanacraft, dans le Mall, ainsi que dans plusieurs autres coopératives, dont une excellente située au Naledi Industrial Site, dans Old Lobatse Rd, et dirigée par une école pour Batswana handicapés. Maun en offre un vaste choix, mais dans les villages du Panhandle, tels Gumare, les Etshas ou Shakawe, vous les achèterez directement aux artisans, les paierez moins cher et contribuerez à l'économie locale.

Dans les régions occidentales reculées, vous serez submergé d'offres de bijoux et d'articles en cuir ornés de perles san, généralement d'excellente qualité. Vous y découvrirez les célèbres tabliers de cuir, les perles de coquilles d'œuf d'autruche (interdites d'importation dans certains pays), les colliers de graines, de noisettes, de perles, et les morceaux de bois sculpté. Les produits authentiques risquent cependant de se faire rares pour laisser place à une fabrication en série au fur et à mesure de la pénétration du tourisme dans le désert. Les San sacrifient à la demande en confectionnant et vendant de minuscules arcs et flèches, que les étrangers associent souvent à leur culture.

Il existe aussi de superbes tissages et textiles. Bien que les plus belles pièces soient coûteuses, elles le seront probablement bien moins que dans votre pays ; en outre, leur qualité et leur originalité justifient amplement la dépense. Le plus avantageux est de les acheter à la source, dans les coopératives de tissage situées aux environs de Gaborone et de Francistown.

Les Herero, au nord-ouest, proposent des poupées représentant les femmes aux quatre stades de la vie : enfance, puberté, âge adulte et vieillesse. Hormis celles de la dernière catégorie, toutes sont d'ordinaire vêtues de la tenue propre aux femmes herero, une longue jupe de style victorien qui fut introduite en Namibie par les missionnaires allemands. Les poupées figurant les femmes âgées portent les costumes de cuir traditionnels, utilisés avant l'arrivée des Européens. Ils fabriquent aussi des pots à lait, sculptés dans un monobloc de bois, et des récipients pour la conservation de la graisse de cuisson, façonnés dans morceaux de cuir mouillé.

Si les pittoresques timbres botswanais, presque tous consacrés à la faune et à la flore, vous intéressent, voyez alors le bureau philatélique de la poste centrale de Gaborone, ou bien encore écrivez au Philatelic Bureau, Botswana Postal Services, PO Box 100, Gaborone.

Reportez-vous à la rubrique *Arts* du chapitre *Présentation du pays* pour de plus amples informations sur l'artisanat botswanais.

Permis d'exportation

En théorie, il faut un permis d'exportation pour toute marchandise à base de produits d'origine animale, y compris les coquilles d'œuf d'autruche, les peaux de bête, et les plumes. Les articles acquis dans les boutiques d'artisanat seront déclarés sur place. Tout ce qui est acheté directement à la population locale doit être déclaré auprès du bureau vétérinaire.

Comment s'y rendre

VOIE AÉRIENNE

Les liaisons aériennes avec le Botswana sont en général plus chères qu'avec les pays avoisinants. Ainsi, vous bénéficierez de tarifs meilleur marché pour Harare, Windhoek ou Johannesburg que pour Gaborone.

Air Botswana et Air Zimbabwe assurent des vols sans escale entre Harare et Gaborone deux fois par semaine. Le lundi et le vendredi, des vols directs d'Air Botswana relient Lusaka et Gaborone.

Air Namibia dessert les deux aéroports de Windhoek : Eros au centre-ville et Windhoek International, situé à 42 km à l'est de la ville. Le mercredi et le vendredi, elle propose des vols entre Windhoek Eros et Maun, d'où la correspondance avec Gaborone est assuré par Air Botswana. C'est un moyen commode de se déplacer entre le Botswana et la Namibie ; le tarif le plus économique s'élève à environ 150 $US l'aller simple. Le vendredi, il existe un vol aller-retour entre Maun et Katima Mulilo, en Namibie.

L'Afrique du Sud et le Botswana possèdent de bonnes liaisons aériennes. A elles deux, Air Botswana et South African Airways assurent des vols Gaborone/Johannesburg deux fois par jour, avec correspondance pour Durban et Le Cap.

Au Zimbabwe, l'agence d'Air Botswana (☎ 733836) est située au 5e étage de Southampton House, à l'angle de 1st St et Union Ave. A Gaborone, elle se tient dans l'IGI Building, dans le Mall, et fait également fonction d'agent pour Air India, Air Mauritius, Air Zimbabwe, Lufthansa, Royal Swazi Airlines, South African Airways, SAS, Swissair, Air Tanzania, Air Malawi et KLM. L'agence de Zambia Airways (☎ 312027) se trouve dans Zambia House, dans le Mall, à Gaborone.

VOIE TERRESTRE

Postes-frontières

Entrer au Botswana par voie terrestre ne présente d'ordinaire aucune difficulté ; répondez poliment aux douaniers, conformez-vous aux instructions, et vous n'aurez pas de problème. Vous serez tenu de nettoyer toutes vos chaussures, y compris celles enfermées dans vos bagages, avec un désinfectant, afin de ne pas apporter la fièvre aphteuse dans le pays. Les véhicules doivent passer dans une fosse emplie du même liquide.

Les heures d'ouverture des frontières changent fréquemment aussi les horaires ci-dessous sont-ils communiqués à titre indicatif ; prenez soin d'obtenir les informations les plus récentes avant de vous présenter aux postes éloignés, notamment le week-end. Certaines frontières ferment entre 12h30 et 13h45.

Dans les aéroports internationaux de Gaborone, Francistown, Kasane et Maun, les offices d'immigration ouvrent aux heures d'arrivée ou de départ des avions. (NB : en hiver, le Botswana a une heure d'avance sur la Namibie).

Namibie

Mamuno/Buitepos : 6h30/7h30 – 16h/17h en Namibie/Botswana
Pont de Ngoma : 8h/16h
Mohembo/Shakawe : 6h/18h

République d'Afrique du Sud

(NB : les postes sur le Molopo ferment en cas de montée des eaux)
Bokspits/Gemsbok (Molopo) : 8h/16h
Bray (sur le Molopo) : 8h/16h
Martins Drift/Groblersbrug (Limpopo) : 8h/18h
McCarthysrust (sur le Molopo) : 8h/16h
Middelputs : 8h/16h
Parrs Halt/Stockpoort (sur le Limpopo) : 8h/16h
Pioneer Gate-Lobatse/Skilpadsnek-Zeerust : 7h/20h
Pitsane (sur le Molopo) : 8h/16h30
Platjanbridge (sur le Limpopo) : 8h/16h
Pont Drift (sur le Limpopo) : 8h/16h
Ramatlhabama/Mmabatho (route et rail) : 7h/20h
Ramotswa : 8h/16h
Saambou (sur le Limpopo) : 8h/16h
Sikwane/Derdepoort (Mochudi) : 8h/16h
Tlokweng (Gaborone) : 7h/22h
Werda (sur le Molopo) : 8h/16h
Zanzibar (sur le Limpopo) : 8h/16h

Zambie

Ferry de Kazungula (Zambèze) : 6h/18h

Zimbabwe
Kazungula Rd (Kasane/Victoria Falls) : 6h/18h en semaine
Mpandamatenga/Pandamatenga : 6h/16h en semaine
Ramokgwebana/Plumtree (route et rail) : 6h/18h

Depuis/vers la Namibie

Il existe trois points d'entrée : le pont de Ngoma, entre Caprivi est et le parc national de Chobe ; Mohembo/Shakawe sur l'Okavango : Buitepos-Mamuno, à l'ouest de Ghanzi dans le Kalahari.

Aucun transport public ne relie la Namibie et le Botswana à ces trois frontières (excepté le bus Harare/Windhoek qui passe par le pont de Ngoma), et le seul poste régulièrement ouvert aux véhicules, autres que les 4x4, est le pont de Ngoma. Du côté namibien, les frontières Mohembo-Shakawe et Buitepos-Mamuno sont desservies par de bonnes routes de terre et de gravillons, goudronnées à partir de Divundu et de Gobabis, respectivement. Du côté botswanais, les pistes accidentées, recouvertes par endroits de boue ou de sable, imposent l'usage de véhicules tout-terrain.

Du côté botswanais, vous pourrez faire le plein à Kasane, Ghanzi, Etsha 6 et Maun. A Shakawe, l'essence, stockée en tonnelets d'acier, est vendue par les Brigades et coûte presque deux fois plus cher que partout ailleurs ; renseignez-vous à leur camp, à environ 5 km en amont du village.

Contrairement à ce que prétend une rumeur persistante, les activités de guérilla ont cessé à Caprivi (sauf raids occasionnels de factions angolaises). Les restrictions et les permis qui étaient imposés aux voyages dans la région ont été supprimés lorsqu'en 1990 la Namibie a accédé à l'indépendance.

Bus. Le bus Harare (Zimbabwe)/Windhoek (Namibie) passe à Kasane vers 8h le mercredi matin. Le mieux est de l'attendre au poste-frontière de Kazungula.

En stop. Le pont de Ngoma ouvre l'accès le plus commode. La voie de transit de 54 km qui traverse le parc national de Chobe est assez fréquentée, et si vous évitez les routes touristiques des rives du fleuve, vous ne paierez pas l'entrée du parc. Du côté namibien, les routes de la bande de Caprivi sont relativement bien entretenues. Comme presque tout le monde s'arrête pour faire le plein avant de continuer vers la Namibie, si vous faites du stop, peut-être vaut-il mieux se poster à la station-service située à côté du Chobe Safari Lodge, plutôt qu'à l'embranchement de la voie de transit menant au pont de Ngoma proche de Kazungula. En raison d'une portion de 200 m recouverte d'une très épaisse couche de sable, la piste torride Ghanzi-Gobabis (Namibie) reste réservée aux 4x4, et très peu de véhicules l'empruntent. A Ghanzi, adressez-vous à la station-service de l'hôtel Kalahari Arms pour trouver quelqu'un susceptible de vous emmener, sachant que la plupart des départs ont lieu tôt le matin. Vous pouvez prendre un taxi collectif jusqu'à la frontière, puis poursuivre votre chemin sur la bonne route de gravier qui conduit à Gobabis. L'auto-stop devrait s'améliorer sur cet itinéraire lorsque la route nationale Trans-Kalahari entre Gaborone et Windhoek sera achevée. Si vous arrivez après la fermeture de la frontière, du côté namibien, l'*East Gate Service Station & Rest Camp* offre un hébergement bon marché. Côté botswanais, le village de Charles Hill, à 5 km à l'est de la frontière, possède un magasin et un restaurant.

Depuis/vers la République d'Afrique du Sud

Les frontières les plus fréquentées sont Ramatlhabama/Mmabatho (ouverte de 7h à 20h), Tlokweng Gate, à moins de 20 km de Gaborone (7h/22h), et Lobatse/Zeerust plus au sud (7h/20h). Il existe de nombreux autres postes-frontières sur les petites routes le long du Limpopo et du Molopo. Ils ne sont ouverts que de 8h à 16h, à l'exception de Pont Drift qui ferme à 18h. Grâce à l'Union douanière de l'Afrique australe et à l'attitude en général débonnaire des fonctionnaires de l'immigration botswanais, les formalités de douane sont peu contraignantes.

Bus. Les minibus offrent un moyen commode de rejoindre Johannesburg. Lorsqu'ils sont au complet, ils partent de la gare routière principale de Gaborone ; le billet coûte 15 $US par personne. Soyez à la gare très tôt le matin pour être sûr d'avoir une place. De même, des minibus partent de Mafikeng à destination de Lobatse vers 10h du matin ; le coût est de 4 $US.

Greyhound (☎ 372224) assure un service de Gaborone à Johannesburg *via* Zeerust pour 24 $US, avec départ à 8h les lundi, vendredi et samedi du Kudu Service Station Shell Garage dans Queen's Rd, et arrivée à 13h15 à la gare routière de Rotunda de Johannesburg. De Johannesburg, les départs ont lieu à 15h les mêmes jours avec arrivée à Gaborone à 20h15. Pour les renseignements concernant Johannesburg, appelez le ☎ (011) 333 2130.

Train. Il n'existe pas pour l'instant de service de voyageurs entre le Botswana et l'Afrique du Sud.

En stop. L'auto-stop entre l'Afrique du Sud et Gaborone ne pose pas de problème, si vous passez la frontière à Ramatlhabama, Tlokweng ou Lobatse. Tlokweng a la réputation d'être le plus souple des points d'entrée en Afrique du Sud, le contrôle étant pratiqué sans excès de zèle par des fonctionnaires en général bien disposés.

Depuis/vers la Zambie

A part l'avion, la seule option directe consiste à prendre le ferry à Kazungula pour traverser le Zambèze.

Route et ferry. Le ferry de Kazungula est une expérience pittoresque, bien que sans doute moins palpitante qu'autrefois, à l'époque où un gros camion devait foncer à bord pour donner l'élan lui permettant de quitter le rivage, puis freiner à fond. La moindre erreur de calcul le faisait chavirer, ce qui entraînait la fermeture du service pendant la durée des réparations. Le ferry a heureusement été modernisé et peut maintenant se débrouiller tout seul. La traversée est gratuite pour les véhicules immatriculés au Botswana. Dans les autres cas, elle coûte actuellement 10 $US pour les voitures et 20 $US pour les camionnettes.

Sans véhicule, la traversée est rapide. Normalement, le ferry fonctionne de 6h à 18h tous les jours. A Kasane ou du côté zambien, vous pouvez être pris en stop par des camions allant à Livingstone, Lusaka et au-delà. Du côté zambien, vous aurez un choix de bus et de trains à destination de Lusaka.

Si l'attente est trop longue ou si le ferry ne fonctionne pas, vous avez la possibilité de passer la frontière zimbabwéenne à Kazungula, d'aller en stop jusqu'à Victoria Falls et d'entrer en Zambie à Livingstone, mais il se peut que l'immigration zimbabwéenne vous demande de présenter un billet de retour. Naturellement, cette option est aussi valable en sens inverse.

Le mardi et le jeudi, un bus relie Gaborone à Lusaka, Zambie, *via* Francistown, Nata, Kasane, Livingstone et le ferry de Kazungula. Renseignez-vous dans les gares routières. Le trajet Gaborone-Lusaka revient au prix raisonnable de 60 $US l'aller simple.

Depuis/vers le Zimbabwe

Les deux postes-frontières couramment utilisés sont Plumtree/Ramokgwebana, avec accès routier et ferroviaire, et Kazungula/Kasane à l'ouest de Victoria Falls. Il existe également un petit poste-frontière moins fréquenté à Mpandamatenga-Pandamatenga près du parc national de Kazuma Pan, au Zimbabwe, et de la réserve forestière de Kazuma, au nord-est du Botswana. Si vous circulez en voiture, notez que l'essence est nettement moins chère au Zimbabwe.

Bus. Des bus d'Express Motorways (☎ 304470, Gaborone) partent de l'African Mall et du Gaborone Sun Hotel à destination de Francistown, Bulawayo et Harare, le mardi et le samedi à 6h. La situation s'améliore, mais prévoyez tout de même une longue attente à la frontière. United Touring Company propose un service de navettes entre Kasane et Victoria Falls, au prix de 20 $US.

Zimbabwe Omnibus Company, basée à Bulawayo, assure une liaison directe tous les jours (sauf le dimanche) Francistown/Bulawayo. Le trajet dure de 3 à 6 heures, selon l'attente à la frontière. Mach Coach Lines, également à Bulawayo, offre un service un peu plus confortable six jours par semaine à 16h. Le bus Windhoek-Harare passe à Kasane entre 13h30 et 14h le samedi. Comme il utilise la route de transit de Chobe, le mieux est de l'attendre au poste-frontière de Kazungula.

Train. Un train part tous les jours de Gaborone pour Bulawayo à 21h. Vous avez le choix entre des couchettes de 1re et 2e classe ou des places assises en classe économique. Le risque de vol existe dans tous les cas, et plus particulièrement en classe économique, où voyageurs et paquets sont inextricablement entassés. Ce trains possède en général une voiture-restauration, mais veillez à ne jamais laisser vos bagages sans surveillance. Les tarifs sont de 30/45 $US en 1re/2e classe et de 10 $US en classe économique.

Dans les couchettes 1re et 2e classe, les hommes et les femmes sont séparées, à moins de réserver un compartiment entier ou de payer un léger supplément pour un compartiment de deux personnes. Tout achat dans la voiture-restauration doit être réglé dans la monnaie du pays traversé par le train, autrement dit les dollars zimbabwéens ne sont pas acceptés lorsque le train circule en territoire botswanais. Cette voiture faisant parfois défaut, prévoyez nourriture et de boissons.

Les formalités de douane et d'immigration s'accomplissent dans le train. Pour de plus amples informations, reportez-vous, dans la partie *Zimbabwe*, à la rubrique *Depuis/vers le Botswana* du chapitre *Comment s'y rendre*. Les horaires sont indiqués dans le chapitre *Comment circuler*.

En stop. L'auto-stop fonctionne assez bien entre Francistown et Bulawayo, *via* la frontière de Plumtree. Optez pour un départ le matin en direction du Botswana ; en revanche, l'après-midi, la plupart des véhicules circulent en direction de Bulawayo.

Postez-vous à l'embranchement de la route de Kazungula, à environ 1 km au sud-est de la ville, pour vous faire emmener de Victoria Falls à Kazungula/Kasane. De Kasane, considérez l'itinéraire direct pour Maun, à travers le parc national de Chobe, comme impraticable. Le terrain très accidenté interdit l'accès aux véhicules autres que les 4x4, et la chance ne sourit qu'exceptionnellement aux auto-stoppeurs. La route *via* Nata fait faire un détour laborieux, mais vous conduira à Maun beaucoup plus vite.

Comment circuler

Le réseau de transport public du Botswana peut se résumer en deux mots : très limité. Si les services internationaux sont convenables, les vols intérieurs d'Air Botswana et les charters coûtent cher, et seules quelques localités bénéficient d'une desserte régulière. Il n'existe qu'une ligne de chemin de fer, lente mais fiable. Quant aux bus, leurs itinéraires sont circonscrits aux quelques routes principales praticables.

AVION

Des vols intérieurs réguliers de la compagnie nationale, Air Botswana, relient les grandes agglomérations. Air Botswana propose de temps à autre des forfaits, notamment entre Maun et Gaborone, incluant hébergement à hôtel et excursions, et parfois des tarifs à moitié prix aux lycéens et étudiants âgés de 12 à 25 ans. Autrement, elle pratique des prix en général assez élevés (et très fluctuants), mais l'achat d'un billet 14 jours à l'avance peut vous valoir une réduction.

Air Botswana assure quatre vols par semaine entre Gaborone et Francistown (123 $US), et des vols quotidiens entre Gaborone et Maun (173 $US). Les lundi, mercredi et vendredi, des vols relient Francistown et Maun *via* Gaborone (120 $US). Kasane est desservie depuis Francistown (110 $US) le lundi, ainsi que de Gaborone (193 $US) et de Maun (143 $US) les lundi, jeudi et samedi. Air Botswana offre souvent des tarifs week-end spéciaux, tels qu'un aller-retour Gaborone/Francistown à 75 $US, valable le vendredi et le dimanche.

Air Botswana possède des agences aux adresses suivantes : Blue Jacket Mall, PO

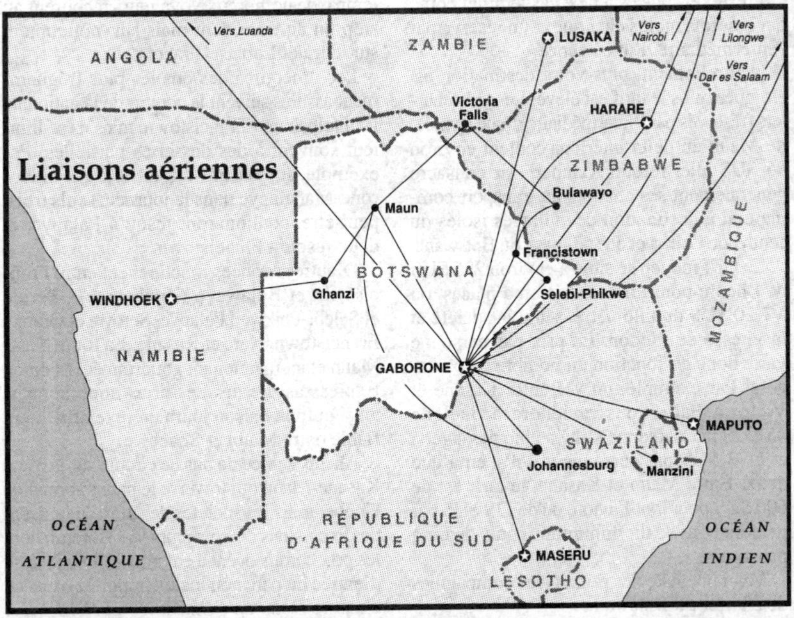

BOTSWANA

Box 222, Francistown (☎ 212393 ; fax 213 834) ; IGI Bldg, The Mall, PO Box 92, Gaborone (☎ 351921 ; fax 374802) ; Airport Rd, PO Box 191, Maun (☎ 660391 ; fax 660598), ainsi qu'à Kasane (☎ 650161) et à Orapa (☎ 270250).

Les charters

Ils fournissent le moyen d'accès le plus commode aux lodges et aux villages isolés. Vous n'en trouverez pas de bon marché, mais si vous réservez un voyage organisé par l'intermédiaire d'une agence de voyages ou d'une société de safari, vous bénéficierez d'un tarif fixe. Autrement, vous paierez l'*aller-retour* au kilomètre, même si vous ne réservez que l'aller simple (les compagnies de charter facturent, ce qui est légitime, le retour à l'aéroport de départ).

Les services charters s'utilisent principalement pour accéder aux lodges du delta intérieur de l'Okavango et au secteur de Savuti du parc national de Chobe. Les passagers de dernière minute peuvent parfois embarquer s'il reste des places, en ce cas le billet coûte quelquefois moins cher que celui réservé par l'intermédiaire d'une agence.

Naturellement, plus votre destination est éloignée, plus le tarif est élevé. Les vols charters (réservés par l'intermédiaire d'une agence) de Maun au delta intérieur coûtent environ 95 $US aller-retour. Kalahari Air consacre généralement ses charters au transport commercial à destination des villages isolés du centre, de l'ouest et du sud-ouest du Botswana.

Le tarif moyen se situe à environ 225 $US de l'heure pour un avion de cinq places, ou à 1,20 $US du kilomètre, selon la société et la vitesse de l'avion. Le prix par personne varie donc en fonction du nombre de passagers. Par exemple, un vol entre Kasane et Victoria Falls vous reviendra à quelque 45 $US par personne s'il y a cinq passagers, et à 73 $US par personne s'il n'y en a que deux. Entre Maun et Kasane, le tarif est de 600 $US pour tout l'avion, ou de 119 $US par personne, avec un minimum requis de cinq passagers.

Voici une liste des principales compagnies de charter du Botswana :

Aer Kavango PO Box 169, Maun Airport, Maun (☎/fax 660393)

Delta Air PO Box 39, Maun (☎ 660044 ; fax 660589)

Elgon Air PO Box 448, Maun (☎ 660654 ; fax 660037)

Executive Air Private Bag SK-6, Sir Seretse Khama International Airport, Gaborone (☎ 375257 ; fax 375258)

Kalahari Air Services PO Box 41278, Broadhurst, Gaborone (☎ 351804 ; fax 312015)

Ngami Air PO Box 119, Maun (☎ 660530 ; fax 660593)

Northern Air PO Box 40, Maun (☎ 660385 ; fax 660379)

Okavango Air Services PO Box 54, Selebi-Phikwe (☎ 313308 ; fax 356949)

Quicksilver Enterprises (Chobe Air) PO Box 280, Kasane (☎ 650532; fax 650223)

Swamp Air Private Bag 13, Maun (☎ 660569 ; fax 660571)

BUS

Les services de bus et de minibus circulent principalement dans l'est du pays. Les bus ne partent qu'une fois pleins d'où des horaires très irréguliers. Le mieux est de se présenter tôt le matin dans les gares routières et d'attendre un départ. Pour éviter de perdre du temps, de nombreux voyageurs recourent au stop ou au train, lent mais sûr, notamment sur le trajet Lobatse-Francistown.

Les itinéraires des bus les plus fréquemment assurés suivent le couloir de la nationale Ramatlhabama-Francistown, mais ils se limitent souvent à des dessertes partielles. Par exemple, sur six bus faisant le trajet Gaborone-Mahalapye dans la journée, seuls trois, peut-être, continueront jusqu'à Palapye, et deux jusqu'à Francistown.

D'autres services fonctionnent entre Francistown et Bulawayo (Zimbabwe) ; Serule et Selebi-Phikwe ; Palapye, Serowe et Orapa ; Francistown, Nata et Kasane. La route Nata-Maun étant maintenant goudronnée, Mahube Express assure des dessertes quotidiennes, ainsi qu'une liaison journalière relativement fiable entre Maun et Shakawe.

Aucun service de bus ne circule sur la route Kasane-Maun qui traverse le parc national de Chobe, mais les sociétés de safari organisent des excursions de trois jours *via* Moremi, dont les prix commencent à environ 220 $US, droit d'entrée du parc non inclus (reportez-vous au chapitre *Delta de l'Okavango et Nord-ouest du Botswana*). Un minibus fait tous les jours le trajet Kasane-Maun *via* Nata. UTC propose un service de navettes coûteux entre Kasane et Victoria Falls ; réservez par l'intermédiaire d'un hôtel de la région de Kasane.

Les compagnies de bus principales, Sesennye (☎ 212112) et Mahube Express (☎ 352660), toutes deux à Gaborone, assurent les trajets entre Gaborone et Francistown. KB Transport (☎ 410202), à Mahalapye, dessert l'itinéraire Gaborone-Mahalapye. Les liaisons Palapye-Selebi-Phikwe relèvent essentiellement de la compagnie Loedza (☎ 810025), située à Selebi-Phikwe

TRAIN

Bien qu'il soit lent, le train offre une façon relaxante de parcourir les vastes étendues de brousse botswanaise. Il traverse le pays de Ramokgwebana, sur la frontière zimbabwéenne, à Ramatlhabama, sur la frontière sud-africaine, mais pour l'instant le service s'interrompt à Lobatse. Les arrêts principaux sont Gaborone, Mahalapye, Palapye, Serule et Francistown. Il existe également des lignes régionales à classe unique entre Gaborone, Pilane et Lobatse.

Vous pouvez consulter les horaires de la ligne principale dans le chapitre *Comment s'y rendre* de la partie *Zimbabwe*. Pour de plus amples informations, voyez les rubriques *Depuis/vers le Zimbabwe* du chapitre *Comment s'y rendre*, dans la partie *Botswana*, et *Depuis/vers le Botswana* du chapitre *Comment s'y rendre*, dans la partie *Zimbabwe*.

Réservations

Renseignements, réservations et billets sont délivrés à la gare de Gaborone les jours ouvrables, de 7h à 13h et de 13h45 à 16h30. A Francistown, les guichets ouvrent les jours de semaine de 8h à 12h et de 13h à 16h. Pour les couchettes de 1re et 2e classe, il est impératif de réserver à l'avance.

Classes et tarifs

Le chemin de fer botswanais est un moyen de transport peu coûteux au Botswana ; depuis 1991; il possède, en outre, des voitures confortables achetées à l'Afrique du Sud.

En classe économique, bondée et inconfortable, le voyage Gaborone-Francistown coûte seulement 8 $US. En compartiment couchettes 2e classe de six personnes, il revient à 25,50 $US. Dans les voitures de 1re classe, en compartiment de quatre personnes, le prix est de 31,50 $US, avec un supplément de 2 $US par nuit pour une couchette de 1re classe ou de 2e classe. Autres prix au départ de Gaborone en 1re/2e/classe économique : 19/14/4 $US pour Mahalapye, 23/19/6 $US pour Palapye et 41/30/10 $US pour Ramokgwebana/Plumtree. Pour Lobatse, il n'existe que la classe économique et le tarif est de 1,50 $US.

VOITURE ET MOTO

Pour profiter au maximum du Botswana, il faut disposer d'un véhicule ou faire du stop. Les voyages en voiture se répartissent en trois catégories : une traversée rapide du pays sur l'excellent réseau routier goudronné ; une progression incertaine sur les routes secondaires en mauvais état ; ou une expédition dans les régions les plus sauvages avec une voiture ou une camionnette tout-terrain solide et dotée d'une haute garde au sol.

Les motos classiques se comportent très bien sur les routes goudronnées et les tout-terrain puissantes sont performantes sur les pistes du désert, mais entre les deux, sur les routes secondaires, les nuages de poussière et de sable soulevés par les véhicules roulant à vive allure rendront la vie difficile aux motards. Notez que les motos sont interdites dans les parcs nationaux et les réserves.

Routes

En 1966, année de l'indépendance, le Botswana ne possédait en tout et pour tout qu'une seule route goudronnée longue de 5 km, reliant la gare au palais de justice de Lobatse. Elle fut construite en 1947 à l'occasion de la visite du roi George VI.

Aujourd'hui, les tronçons suivants sont revêtus : Francistown-Orapa : Francistown-Ramokgwebana ; Nata-Maun ; Maun-Sepupa *via* Sehitwa, Gumare et Nxamseri ; Mopipi-Rakops ; Palapye-Orapa ; Gaborone-Lethlakeng *via* Molepolole ; Kazungula-Ramatlhabama *via* Nata, Francistown et Gaborone ; Tshabong-Werda ; Serule-Bobonong *via* Selebi-Phikwe ; Lobatse-Jwaneng *via* Kanye ; Martin's Drift-Selebi-Phikwe *via* Sherwood. Il est également prévu de construire une route reliant Rakops à la nationale Nata-Maun.

Hormis les nationales goudronnées presque rectilignes qui relient les grandes agglomérations, les routes sont souvent des pistes tracées dans le sable, présentant une viabilité variable. Beaucoup sont impraticables sans 4x4, et certaines difficiles même avec un 4x4. Cela explique en partie l'absence d'un réseau de transport public étendu, fiable et organisé. Même certains tronçons de la voie récemment goudronnée Sehitwa-Sepupa, au nord-ouest, sont fréquemment recouverts de congères de sable.

Code de la route

Comme dans les pays voisins, la conduite est à gauche. La vitesse est limitée à 120 km/h sur les routes goudronnées. Dans les villes et les villages, en l'absence de panneaux indiquant la vitesse à respecter, ne dépassez pas 60 km/h. Le port de la ceinture est exigé, et la souscription à une assurance sans malus obligatoire. Tout accident causant des dommages corporels doit être signalé aux autorités sous 48 heures. S'il s'agit uniquement de dégâts matériels, et si toutes les parties sont d'accord, il suffit de procéder à l'échange des noms et des adresses, puis de laisser les assurances régler le problème par la suite. Tout véhicule immatriculé à l'étranger est soumis à une taxe de sécurité routière de 1,90 $US (5 P) à l'entrée dans le pays.

Lorsque vous roulez en rase campagne, prenez garde au bétail, surtout la nuit. Si, en théorie, c'est aux éleveurs de veiller que leur cheptel ne batifole pas sur les routes, il est évidemment préférable de ne pas heurter un bovin. Outre le choc émotionnel, porter plainte contre l'éleveur vous entraînerait dans des démarches et des paperasseries qui n'aboutiraient probablement à rien et pourraient se retourner contre vous, si l'éleveur parvenait à prouver qu'il y a eu faute du conducteur.

Informez quelqu'un de votre itinéraire et de la date de retour prévue, afin que cette personne alerte les autorités si vous n'êtes pas de retour ou ne la contactez pas dans les délais spécifiés.

Conduite dans le bush et voyage dans le désert

Les pistes de brousse défoncées s'entrecroisent en un enchevêtrement confus totalement déroutant pour les automobilistes. Elles mènent à des villages, puis partent dans toutes les directions, sans que rien n'indique leur destination. Certaines aboutissent à des fermes ou à des petits villages reculés et disparaissent brusquement pour souvent réapparaître de l'autre côté. D'autres conduisent à de grandes routes ou à des points d'eau. Sans compter celles qui s'interrompent brutalement, vous laissant en plan et sans autre recours que de retourner sur vos pas.

Peu d'entre elles figurent sur les cartes. Le Department of Surveys & Lands a renoncé à essayer de répertorier ces pistes qui naissent spontanément et ne durent que le temps de leur praticabilité. Une fois devenues trop défoncées, inondées ou boueuses, d'autres les remplacent. Témoins de leur viabilité capricieuse, de multiples pistes parallèles se séparent, se rejoignent, se croisent, s'égarent, reviennent et parfois disparaissent purement et simplement.

Les conseils ci-dessous vous donneront une première idée des conditions de voyage dans le bush. Le *Visitors' Guide to Botswana* de Mike Main, John et Sandra Fowkes (Southern Book Publishers, Johannesburg, 1992), fournit un aperçu complet de techniques et de tuyaux éprouvés, ainsi que des descriptions de nombreux itinéraires dans les régions reculées. Il est en vente dans les librairies et les boutiques touristiques du Botswana, et dans les librairies spécialisées à l'étranger.

- Procurez-vous le meilleur choix de cartes possible. Le Department of Surveys & Lands de Gaborone dispose de cartes des régions reculées raisonnablement précises et à jour. Cependant, comme les pistes changent fréquemment, faites-vous indiquer le chemin par les gens du cru aussi souvent que possible.
- Emportez une boussole et consultez-la régulièrement pour vous assurer que vous voyagez toujours

dans la bonne direction. Les dispositifs mécaniques créant leur propre champ magnétique, tenez-vous à au moins 3 m de votre véhicule pour obtenir un relevé exact.

- Un réservoir d'essence de secours de 150 litres minimum est indispensable pour les voyages hors-route dans le Botswana central ou occidental. Les seuls endroits où l'approvisionnement en essence est toujours assuré sont Maun, Ghanzi, Kang, Etsha 6 et les localités au-delà des frontières sud-africaines et namibiennes.
- Emportez au moins 5 litres d'eau par personne et par jour (tenez compte des retards et des pannes éventuelles en calculant la durée du trajet). Transportez-la dans un récipient en métal d'une solidité à toute épreuve. Le plastique pourrait ne pas résister aux trépidations du véhicule.
- Même si vous empruntez des itinéraires assez fréquentés, vérifiez à fond votre 4x4 avant de partir. Malgré l'habileté proprement stupéfiante de certains villageois à bricoler des réparations de fortune, s'il vous faut une pièce bien précise introuvable sur place (ce qui est presque toujours le cas), vous devrez la faire venir d'une localité plus importante, ce qui risque de vous coûter un argent et un temps précieux.
- Les voyageurs qui se rendent dans les régions les plus reculées doivent être autosuffisants dans tous les domaines : pièces détachées, outils et aptitude à effectuer toute réparation qui s'avérerait nécessaire. Voici une liste de ce dont il faut impérativement être muni : câble de remorquage, lampe de poche, pelle, courroie de ventilateur de rechange, liquides mécaniques, bougies, fil de fer, câbles de démarrage, fusibles, durits, un bon cric (et une planche en bois pour servir de cale dans le sable ou le sel), plusieurs pneus de rechange (ou un démonte-pneu et une trousse de secours pour crevaisons), et une pompe. Un treuil serait un atout, mais peu de véhicules loués possèdent un équipement complet à ce point.
- Enveloppez les outils et les objets solides ou lourds dans des couvertures ou autres matériaux mous et épais, puis placez-les au fond du coffre. La nourriture doit être soigneusement emballée et transportée dans des récipients hermétiques incassables. Les cartons se désintègrent sur les cahots des pistes. Vous trouverez des récipients en aluminium à moins de 15 $US à Gaborone. Une fois tout l'équipement empaqueté, il doit être solidement arrimé avec une sangle. Rangez les bouteilles en plastique, les aliments fragiles et les objets mal emballés dans l'habitacle.
- Un équipement de camping minimum comprend une tente et un sac de couchage chaud (les nuits du Kalahari peuvent être très froides, notamment en hiver). Un lit de camp ne s'impose pas, le sable fournit un matelas idéal. Pour cuisiner, suivez l'exemple des gens du pays, et utilisez un *potjie*, trépied en fonte (prononcé en général "POY-ki"), en vente partout au Botswana. Il est essentiel de disposer d'une cuvette en plastique et de savon pour la vaisselle, afin d'économiser les réserves d'eau. Prévoyez quelques casseroles, des assiettes et des couverts, un ouvre-boîtes, et une abondante provision de boîtes d'allumettes waterproof.
- Les pistes en sable se négocient plus facilement et présentent un moindre risque d'ensablement le matin ou le soir, lorsque la température est fraîche et le sable plus compact. Pour éviter de caler ou de vous ensabler, roulez le plus rapidement possible et maintenez le moteur à un régime élevé, mais n'accélérez pas brutalement. Rétrogradez avant d'aborder les nappes sablonneuses profondes sous peine de caler et de vous ensabler. Lorsque vous roulez sur une piste de sable droite défoncée, laissez le véhicule se déporter suivant la voie offrant le moins de résistance. Anticipez les virages et tournez le volant un peu plus tôt par rapport à la norme sur une surface solide – ce qui permet au véhicule de déraper en douceur –, puis accélérez doucement à la sortie du virage.
- Dans le Kalahari, vous roulerez souvent au milieu de hautes herbes dont les graines viendront rapidement obstruer le radiateur, causant un problème de surchauffe. Si l'indicateur de température commence à grimper, arrêtez-vous et nettoyez la grille.
- La sortie d'un véhicule enlisé ou la conduite dans le sable peuvent être facilitées en réduisant la pression des pneus, ce qui accroît leur surface d'adhérence.
- Lorsque vous roulez dans les cuvettes salines, suivez les traces des véhicules qui vous ont précédé, ou ne vous éloignez pas de plus de 200 m du bord de la cuvette. Les étendues plates et grises si tentantes sont des cimetières de véhicules qui s'enfoncent, voire s'abîment corps et bien dans des cavités souterraines cachées.
- En ce qui concerne les mesures de précaution contre les animaux sauvages, reportez-vous, dans la partie traitant de la région au début de l'ouvrage, à la rubrique *Désagréments et danger* du chapitre *Renseignements pratiques*. Pour en savoir plus sur la façon de conduire dans les cuvettes salines, voyez l'encadré *Conduire dans les pans*, dans le chapitre *Nord-Est du Botswana*.

Location de voiture

Louer un véhicule, notamment un 4x4, revient très cher, mais donne la liberté de mouvement indispensable à l'exploration des plus belles contrées du pays. De plus, cela permet de visiter le Kalahari, l'une des régions les plus sauvages d'Afrique.

Pour louer un véhicule, il faut avoir 25 ans minimum et être en possession d'un permis de conduire valide, accompagné d'une traduction certifiée en anglais. Votre permis national est valable six mois au Botswana.

Les loueurs pratiquent des tarifs élevés et, étant donné les distances, la facturation au kilomètre grimpe très rapidement. Examinez de très près les contrats de location et les suppléments facturés. Inspectez très soigneusement le véhicule avant de l'accepter, surtout s'il s'agit d'un 4x4. Faites-vous bien expliquer son fonctionnement et vérifiez l'embrayage. Contrôlez aussi les liquides, les freins, la batterie, etc. Le Kalahari n'est pas l'endroit le plus indiqué où s'apercevoir brusquement que l'agence a négligé quelque chose d'important.

Des deux sociétés de location, Avis et Holiday, cette dernière est en général meilleur marché et plus conviviale. Voici quelques tarifs à titre indicatif : pour une Toyota Corolla, Avis demande 29 $US par jour et 0,29 $US du kilomètre, ou 60 $US par jour avec kilométrage illimité et durée de location minimum de six jours. Pour une Toyota Hilux, vous paierez 67 $US par jour et 0,58 $US du kilomètre, ou 121 $US par jour avec kilométrage illimité et durée de location minimum de six jours.

Holiday Car Hire prend, pour la Corolla, 26 $US par jour et 0,26 $US du kilomètre, ou 52 $US par jour avec kilométrage illimité et durée de location minimum de six jours. Une Toyota Hilux tout-terrain, comprenant un réservoir d'essence de secours de 150 litres, coûte 50 $US par jour et 0,45 $US du kilomètre, ou 84 $US par jour avec kilométrage illimité et durée de location minimum de six jours. L'agence centrale de Francistown peut également fournir l'équipement de camping.

Ci-dessous la liste des agences :

Avis

Aéroport international Sir Seretse Khama, PO Box 790, Gaborone (☎ 313093 ; fax 312205)
Sheraton Hotel, Gaborone (☎ 312320)
Aéroport de Francistown, PO Box 222, Francistown (☎ 213901 ; fax 212867)
Aéroport de Maun, Maun (☎ 660039 ; fax 660258)
PO Box 339, Kasane (☎ 650144 ; fax 650145)

Holiday Car Hire

168 Queens Rd, The Mall, Gaborone (☎ 353970 ; fax 314894)
Aéroport international Sir Seretse Khama, Gaborone (☎ 303255)
VIP Travel, Blue Jacket St, PO Box 717, Francistown (☎ 214524 ; fax 214526)
Aéroport de Francistown, Francistown (☎ 215 258)
Chobe Safari Lodge, PO Box 197, Kasane (☎ 650226 ; fax 650129)
Northern Air Bldg, en face de l'aéroport de Maun, Maun (☎ 660820 ; fax 660690)
Syringa Lodge, PO Box 264, Selebi-Phikwe (☎ 810444 ; fax 810450)
Shinga House, Main St, Serowe (☎/fax 430520)

Achat

A moins que vous ne comptiez rester un certain temps au Botswana, vous n'avez pas vraiment intérêt à acheter un véhicule sur place. Même les voitures d'occasion coûtent très cher, et un 4x4, dont vous aurez besoin pour circuler dans les régions les plus intéressantes, est au-dessus des moyens de la plupart des gens. Les prix pour une Toyota Hilux d'occasion, par exemple, démarrent à environ 20 000 $US. Une Land Rover vous reviendrait nettement moins cher, mais vous aurez du mal à en trouver une.

Si, toutefois, vous achetez un véhicule et le revendez au Botswana, vous pourrez transférer le montant de la vente dans votre pays sans problème. Conservez les papiers et prévenez la banque en temps utile.

Une autre possibilité consiste à acheter une voiture d'occasion en Afrique du Sud – il est assez facile de trouver une Land Rover à Johannesburg, par exemple –, où les tarifs sont nettement moins élevés, puis à revenir en Afrique du Sud pour le revendre à la fin du séjour. Si vous vendez un véhicule provenant d'Afrique du Sud au Botswana, vous paierez de lourds droits de douane.

BICYCLETTE

Si l'on excepte le relief pratiquement plat, les cyclistes ne sont pas à la fête au Botswana. Quelques voyageurs se déplacent quand même en deux roues dans l'espoir d'éviter les aléas du stop et des transports publics mais, à moins d'être un "pro" du cyclisme, équipé pour des conditions extrêmes, il vaut mieux ne pas se risquer dans une découverte du Botswana à vélo. Les distances sont énormes, les horizons vastes, le climat chaud et le paysage sec, l'eau rare et les villages très éloignés les uns des autres, même sur les grandes voies de communication. En outre, le soleil brûle intensément dans l'air limpide et semi-tropical du désert, source de risques potentiels inhérents à l'exposition prolongée à la chaleur et aux ultraviolets.

Sur les routes goudronnées, généralement plates et droites, la limitation de vitesse de 120 km/h n'émeut guère les conducteurs, et un semi-remorque roulant à 150 km/h peut par mégarde vous projeter hors de la route. La bicyclette ne permet pas non plus de sortir des sentiers battus ; et même les cyclistes chevronnés ont déclaré impraticables la plupart des routes et des pistes du pays. Sur les pistes, les véhicules soulèvent des tourbillons de sable et de poussière, et sur les parcours moins fréquentés, vous risquez de rencontrer des nappes profondes de sable. A moins d'être prêt à porter votre bicyclette et vos bagages sur de longues distances désertiques, ne sortez pas des routes principales. De plus, n'oubliez pas que les vélos et les motos sont interdits dans les réserves naturelles du Botswana.

Désolé d'être si décourageant. Si vous tentez quand même l'aventure, faites-nous part de vos impressions à votre retour !

EN STOP

Le manque de fiabilité des transports publics incite de nombreux Botswanais et visiteurs à se déplacer en stop, ce qui ne pose, normalement, pas de problème sur les routes principales.

On vous demandera souvent l'équivalent du tarif du bus en échange du transport. Fixez un prix, ou négociez-le, avant de monter, afin d'éviter une surprise désagréable à l'arrivée. Le tarif usuel est de un ou deux thebe au kilomètre par personne, et les conducteurs qui souhaitent se faire payer le précisent en général avant de prendre un passager à bord.

Faire du stop sur les petites routes est moins aisé. Si vous circulez entre Lobatse et Ghanzi, en passant par le Tuli Block, ou allez de Maun à Chobe, à Moremi, à Ghanzi ou en Namibie, emportez un équipement de camping et assez de nourriture et d'eau en prévision de plusieurs jours d'attente.

Pour atteindre des destinations encore plus éloignées, telles que les Makgadikgadi Pans ou les cavernes de Gcwihaba, vous devrez trouver à l'avance quelqu'un de disposé à vous y emmener. Les lodges de Maun, Nata, Gweta, Shakawe et Ghanzi offrent les meilleures chances de succès en la matière. Pour le trajet Lobatse-Ghanzi, essayez la Botswana Meat Corporation à Lobatse.

De Kasane, rejoindre Maun en stop par la route directe à travers le parc national de Chobe est une entreprise très difficile et coûteuse (il faut payer l'entrée du parc). L'itinéraire Kasane-Nata-Maun peut paraître laborieux, mais vous mènera à destination beaucoup plus facilement (reportez-vous à l'avertissement concernant le stop dans le chapitre *Comment circuler* de la partie *Zimbabwe*).

TRANSPORTS LOCAUX

Seule Gaborone possède un réseau de transports en commun, malheureusement peu adapté à sa population grandissante. Les petits minibus blancs bondés, reconnaissables à leur plaque d'immatriculation bleue, circulent suivant des itinéraires fixes. La ligne urbaine principale passe par tous les grands centres commerciaux. Les minibus à destination des villages avoisinants partent de la gare routière principale.

Desserte de l'aéroport

Les seuls moyens de transport fiables entre Gaborone, Francistown, Selebi-Phikwe et leurs aéroports respectifs sont les navettes que les grands hôtels réservent à leur clientèle. Si vous n'en faites pas partie et qu'il reste des places, vous pourrez parfois convaincre le chauffeur de vous emmener contre un pourboire de plusieurs pula. Les taxis ne se montrent à l'aéroport qu'occasionnellement ; il faut en principe téléphoner à la compagnie de taxis pour en obtenir un.

Taxi

Bien que les minibus des transports en commun de Gaborone soient appelés "taxis", vous découvrirez qu'il en existe peu de véritables, même dans la capitale, et qu'il est hautement improbable d'en hêler un dans la rue.

Appeler la compagnie de taxis par téléphone reste le meilleur recours. Si, par chance, vous arrivez néanmoins à en dénicher un, vous devrez négocier le prix de la course avec le chauffeur. Les taxis agréés se reconnaissent à leur plaque d'immatriculation bleue.

CIRCUITS ORGANISÉS

Le gouvernement botswanais encourage activement les voyages organisés et consent dans ce cadre des réductions sur les droits d'entrée des parcs nationaux. La plupart des circuits conduisent à la région du delta de l'Okavango, mais il en existe également pour Nata, Gweta, Shakawe et autres destinations. Les circuits safari coûtent souvent moins cher, si l'on passe par des sociétés botswanaises plutôt que par des agences étrangères.

Nous avons répertorié ci-dessous les principales agences du Botswana citées dans cet ouvrage. Pour de plus amples informations sur des circuits particuliers, reportez-vous aux chapitres sur les régions.

Bonaventures Botswana, PO Box 201, Maun (☎/fax 660502). Elle prend les réservations pour la plupart des camps du delta de l'Okavango, mais n'a de liens étroits avec aucun d'entre eux, et fournit par conséquent une information objective.

Bush Camp Safaris, Baagi House, PO Box 487, Maun (☎/fax 660847). Elle organise les transports et des expéditions en mokoro dans la région de Ditshipi, dans le delta de l'Okavango, ainsi que des safaris camping/mokoro dans la région de Chiefs Island. Elle propose également des safaris mobiles dans d'autres parcs nationaux du Botswana.

Chobe Flyfishing Safaris, Andre Van Aardt, PO Box 206, Kasane (☎ 650414 ; fax 650223). Elle se spécialise dans les expéditions de pêche à la mouche sur le fleuve Chobe qui abonde en brochets, poissons-tigres et brèmes.

Crocodile Camp Safaris, PO Box 46, The Mall, Maun (☎/fax 660265). Elle propose surtout des circuits coûteux dans le delta de l'Okavango, le parc national de Chobe et le Kalahari. Elle organise aussi des voyages au Zimbabwe et en Namibie.

Desert & Delta Safaris, PO Box 32, Kasane (☎ 650340 ; fax 650280). Elle est affiliée à plusieurs lodges haut de gamme du delta de l'Okavango et du parc national de Chobe, dont le Camp Moremi, le Camp Okavango et le Chobe Game Lodge.

Gametrackers, PO Box 100, Maun (☎ 660351). Elle dispose de plusieurs lodges dans le delta de l'Okavango et le parc national de Chobe, dont le Qhaaxwa, le Khwai River Lodge, le Xaxaba, le San-ta-Wani, l'Allan's Camp et le Savuti South. De l'étranger, contactez leur agence d'Afrique du Sud : Gametrackers, Destination Africa (☎ (011) 884 2504 ; fax (011) 8843159), PO Box 786432, Sandton 2146.

Game Trails Safaris, Private Bag 0062, Maun (☎ 660536). Elle organise des safaris mobiles à petits prix dans la réserve de Moremi. Le coût d'environ 120 $US par jour comprend uniquement le transport et les services du chauffeur.

Go Wild Safaris, PO Box 56, Kasane (☎ 650468 ; fax 650223). Cette société très courue, située au Chobe Safari Lodge de Kasane, propose des excursions en voiture le matin et le soir dans le parc national de Chobe et des croisières sur le Chobe, ainsi que des safaris mobiles dans le parc national de Chobe, la réserve de Moremi et le delta de l'Okavango.

Gweta Rest Camp, PO Box 124, Gweta (☎/ fax 612 220). Outre les circuits d'une ou deux journées dans les environs immédiats, dont des excursions à leur camp de brousse de Nxhasin Pan, à 25 km de Gweta, elle organise des safaris à la demande dans tout le Botswana.

Island Safaris, PO Box 116, Maun (☎/fax 660300). Branche safari de l'Island Safari Lodge, elle organise des safaris mobiles à la demande dans les parcs nationaux et les réserves, ainsi que des expéditions en mokoro et en canot à moteur dans le delta de l'Okavango. Réputée être bon marché, elle pratique cependant des prix plus élevés que ses concurrents directs.

Ker & Downey, PO Box 40, Maun (☎ 660211 ; fax 660379). C'est la plus huppée et la plus chère des agences du Botswana. Elle gère les camps d'Abu's, de Machaba, de Pom Pom et de Shinde Island, tous situés dans le delta de l'Okavango.

Merlin Services, Private Bag 0013, Maun (☎ 660351 ; fax 660471). Cette société n'est pas un tour-opérateur, mais elle fait office d'agence de réservation pour plusieurs camps et sociétés de safari de l'Okavango. Elle peut également organiser un programme complet d'excursions et d'activités dans tout le Botswana.

Okavango Explorations (Hartley's Safaris), Private Bag 0048, Maun (☎/fax 660528). Elle gère les camps de luxe de Xugana et de Tsaro dans la réserve de Moremi. De Xugana, elle organise des expéditions en mokoro, et de Tsaro, un extraordinaire safari-randonnée de deux nuits le long de la magnifique rivière Khwai.

Okavango Tours & Safaris, PO Box 39, Maun (☎ 660220 ; fax 660589). Elle se spécialise dans les circuits avec hébergement en lodges dans le delta de l'Okavango. Elle fait également fonction d'agent pour l'Oddball's, camp très apprécié des petits budgets, ainsi que pour le Delta Camp et le Xakanaxa Camp.

Okavango Wilderness Safaris, Private Bag 014, Maun (☎ 660086 ; fax 660632). C'est une filiale de la société qui possède Wilderness Safaris au Zimbabwe. Elle propose des circuits safaris onéreux à destination des camps haut de gamme de Jedibe, de Mombo et de Tchau dans l'Okavango, ainsi que des safaris beaucoup moins coûteux "avec participation" (type de voyage où l'on aide à l'exécution des corvées diverses ce qui permet de bénéficier d'une réduction importante), couvrant les secteurs intéressants entre Maun et Victoria Falls.

Penstone Safaris, PO Box 330, Maun (☎ 660978 ; fax 660623). Elle organise des safaris de luxe, mais à des prix raisonnables, à destination des grands sites du Botswana, y compris tous les parcs nationaux et les réserves. Elle propose même de vous mener à Deception Pan dans le Central Kalahari Game Reserve. Vous pouvez aussi opter pour les safaris "avec participation".

PhotoAfrica Safaris, PO Box 11, Kasane (☎ 650385 ; fax 650383). Elle se spécialise dans les safaris-photos à destination des lointains marais de Linyanti, dans le nord du Botswana, où elle possède trois camps de luxe. Elle organise aussi des safaris mobiles à la demande dans la région, dont le coût est de 47 $US par personne et par jour, nourriture non comprise.

Sitatunga Safaris, Private Bag 47, Maun (☎/ fax 660 570). Elle propose des expéditions avec hébergement en camping dans le delta de l'Okavango, la réserve de Moremi, les Makgadikgadi Pans et Nxai Pan. Elle possède également le Sitatunga Camp près de Maun et organise des excursions à destination du Camp Okuti à Xakanaxa Lediba dans la réserve de Moremi.

Trans Okavango, Private Bag 033, Maun (☎ 660023 ; fax 660040). Elle est propriétaire du Gunn's Camp dans le delta de l'Okavango ; Merlin Services (☎ 660635 ; fax 660571), Private Bag 013, Maun, lui sert d'agent de réservation.

A PIED

D'immenses étendues désertiques et dénuées d'eau séparent les villes. Hors des agglomérations, même les gens du pays ne se risquent pas à se déplacer à pied, preuve que la marche n'est pas une façon de circuler au Botswana.

Les régions les plus propices aux randonnées et aux marches en brousse se situent dans les monts Tsodilo, au nord-ouest du pays, et dans les petites collines des environs de Gaborone et de Lobatse. Dans le delta de l'Okavango et la réserve de Moremi, des lodges privées et des sociétés de safari proposent des randonnées guidées.

Gaboronee

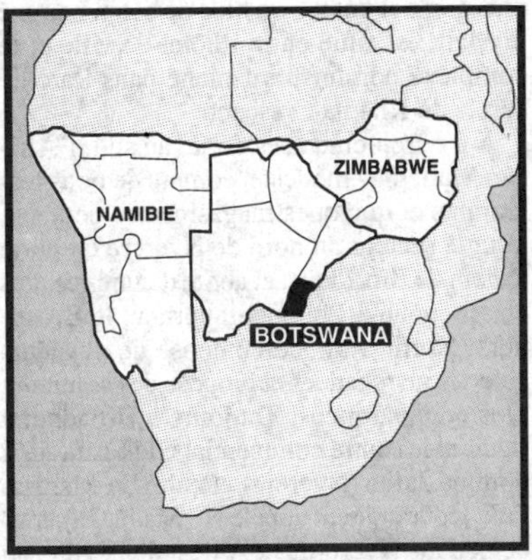

La capitale souffre d'une croissance sauvage et d'un manque de personnalité typiques des cités grandies trop vite. Non dénuée d'intérêt, sa réputation de ville la plus chère du continent n'invite cependant pas les voyageurs au détour, sauf, peut-être, les urbanistes, attirés par la curiosité professionnelle et le désir de mesurer l'ampleur des dégâts.

Gaborone pâtit d'un manque de cohésion et d'une expansion désordonnée qui lui donnent un peu l'apparence d'une Los Angeles lilliputienne. Les distances longues et mornes s'assortissent d'une circulation dense et d'une absence de trottoirs dangereuse pour les piétons. Hormis le Mall, tentative des premiers temps de donner un cœur à la ville, Gaborone ne possède pas de quartier commerçant central. Les immeubles, les centres commerciaux, les complexes industriels sont jetés pêle-mêle, des tours s'élèvent sur le moindre bout de terrain susceptible de les accueillir et les banlieues poussent comme des champignons. Peu de visiteurs s'attardent…

Histoire

Les vestiges archéologiques indiquent que le site de Gaborone est habité depuis le milieu du paléolithique. Les fouilles effectuées sous le barrage en 1966 ont mis au jour des outils et des objets préhistoriques, et pratiquement tous les nouveaux chantiers de construction ont exhumé des découvertes similaires.

Le premier établissement moderne fut construit en 1884 sur les rives de la Ngotwane, à quelques kilomètres seulement de la frontière sud-africaine, par le *kgosi* (chef) Gaborone, du clan tlokwa. A la différence d'Harare, Gaborone n'était pas destinée au départ à devenir une capitale. Les colons blancs de la région l'appelaient "Gaborone's village", nom qui fut abrégé à Gaborones. La ligne de chemin de fer l'atteignit en 1897. Elle passait à 4 km à l'ouest du village d'origine et, très vite, un minuscule comptoir comprenant un hôtel et quelques magasins, baptisé Gaborones Station, s'implanta autour de la gare.

En 1962, en raison de sa situation à proximité d'un fleuve et de sa ligne ferroviaire, cette cité, par ailleurs peu appropriée, fut choisie pour devenir la future capitale du Botswana, avançant à grands pas vers l'indépendance. (A l'époque, le siège du gouvernement se tenait à Mafikeng, en Afrique du Sud, qui faisait office de capitale du Bechuanaland pendant le protectorat.) La construction de la nouvelle capitale commença en 1964, afin de permettre le rapatriement des services administratifs dans le pays.

L'aménagement urbain, conçu seulement pour accueillir 20 000 habitants, fut confié au ministère des Travaux publics. Dès 1990, cependant, la population dépassait ce chiffre de plus de 100 000 habitants. Elle continue de croître à un rythme accéléré, et a aujourd'hui franchi le seuil des 150 000.

En 1968, le "s" de "Gaborones" fut officiellement supprimé pour redonner à la ville le vrai nom de son fondateur auquel on voulait ainsi rendre hommage. Aujourd'hui, le reste du mot a, lui aussi, pratiquement disparu pour laisser place au petit nom affectueux de "Gabs".

Orientation

L'absence d'un quartier commerçant central a pour effet de disperser les activités citadines dans les divers centres commerciaux. Le plus grand d'entre eux, bloc de béton nommé le Mall, est situé entre l'hôtel de ville et le complexe administratif niché dans l'arc de cercle de Khama Crescent.

A environ cinq rues de là, au sud, l'African Mall, plus modeste, compte de bons restaurants et quelques magasins peu coûteux. Tout le secteur au nord de Nyerere Dr porte le nom de Broadhurst et abrite d'autres centres commerciaux. Le plus important, le Broadhurst North Mall, se compose de plusieurs galeries marchandes et propose des boutiques plus sophistiquées. Toujours à Broadhurst figurent le centre commercial Old Spar (aussi nommé Julius Nyerere) et celui de Maru-a-Pula (couramment appelé No Mathatha), tous deux dans Nyerere Dr. A l'est de la ville, au nord de Tlokweng Rd, se tient le Village Mall, haut de gamme. Le Metro Mall se trouve dans le Broadhurst Industrial Estate, à l'ouest de la route de Francistown. Gaborone Ouest, nouvelle banlieue en plein essor, possède également son Gaborone West Mall.

BOTSWANA

Renseignements

L'office du tourisme située dans le Mall dispose d'un large éventail de brochures et de prospectus. Son personnel conseille et s'occupe des réservations d'hôtel avec une efficience que vous ne retrouverez dans aucun autre office du tourisme du Botswana. Le centre d'information du Musée national fournit également des renseignements touristiques sur tout le pays. Consultez l'hebdomadaire *Consumer Info Gaborone* qui publie les programmes de TV et de cinéma, un calendrier des manifestations et des publicités utiles.

La Kalahari Conservation Society (☎ 314 259), PO Box 859, Gaborone, est une source d'informations fiables sur le mouvement de défense de la nature au Botswana et l'exploration des régions sauvages du pays. Elle se trouve dans la Botsalano House, dans le Mall. Pour toute information concernant la visite des parcs nationaux, contactez le Department of Wildlife & National Parks (☎ 371405).

Argent. La succursale Gaborone Sun de la Barclays Bank offre le service le plus efficace et le plus rapide en matière de change d'espèces ou de chèques de voyage. Elle ouvre les lundi, mardi, jeudi et vendredi de 8h30 à 14h, le mercredi de 8h30 à 13h30, et le samedi de 8h30 à 10h45. Si vous changez de l'argent dans l'une des banques du Mall, prenez votre place le plus tôt possible dans la file d'attente. Zimbank et Barclays Bank, dans le Mall, ferment toutes deux à 12h le mercredi, mais Standard Chartered fonctionne jusqu'à 15h. Faites adresser vos virements bancaires à la succursale Barclay House de la Barclays Bank.

Poste et télécommunications. La poste centrale, dans le Mall, est ouverte de 8h15 à 13h et de 14h à 16h, du lundi au vendredi, et de 8h30 à 11h30 le samedi. Attendez-vous à de longues files d'attente et à un service généralement nonchalant quelle que soit l'heure.

Vous trouverez des cabines téléphoniques à l'extérieur de la poste et du Musée national. Pour appeler l'étranger, allez au bureau Botswana Telecom dans Khama Cres ; les communications internationales coûtent en moyenne 3,70 $US la minute. Vous pouvez réserver un appel pour n'importe quel pays du monde, mais prévoyez une longue attente. Le bureau est ouvert du lundi au vendredi, de 9h15 à 13h et de 14h15 à 16h30, et le samedi de 8h15 à 11h30. Les appels en PCV ne sont pas acceptés.

Pour envoyer ou recevoir des fax, voyez le Copy Shop (fax 359922), au deuxième étage de Hardware House, à côté du cinéma Capitol dans le Mall. Prévenez vos correspondants d'indiquer très clairement votre nom sur le fax, ainsi que le nom et le numéro de téléphone de votre hôtel.

Prorogations de visas. Le service de l'immigration (☎ 374545), proche de l'angle de State Dr et de Khama Cres, traite les demandes de renseignements et les prorogations de visas.

Agences de voyages. Le Mall compte plusieurs agences, toutes valables. L'agent de l'American Express est Manica Travel

PETER PTSCHELINZEW

PETER PTSCHELINZEW

A
B

BOTSWANA
A : village près de Maun, delta de l'Okavango
B : magasin, delta de l'Okavango

DEANNA SWANEY

DEANNA SWANEY

DEANNA SWANEY

A	
B	C

BOTSWANA

A : groupes de touristes traversant un pont en rondins, Chief's Island, delta de l'Okavango
B : delta de l'Okavango
C : île sur le delta de l'Okavango

Services (☎ 352021 ; fax 305552) dans la Botsalano (Debswana) House.

Librairies. Botswana Book Centre, dans le Mall, offre l'une des sélections les plus fournies du continent. D'une qualité comparable, Botsalo Books se tient dans le Kagiso Centre (qui fait partie du Broadhurst North Mall). Botsalo possède de vieux numéros de *Botswana Notes and Records*, revue érudite consacrée au pays. Pour les livres d'occasion, voyez J&B Books, à côté du Kgotla Restaurant, à l'étage du Broadhurst North Mall. Kingston's, succursale d'une chaîne zimbabwéenne très connue, est aussi installée au Broadhurst. Les boutiques des grands hôtels vendent des livres-souvenirs et des romans à sensation.

Si vous disposez d'un moyen de transport et de temps, essayez de dénicher un exemplaire de la plaquette *Sites of Historic and Natural Interest in and Around Gaborone*, publiée par le Musée national en 1978. Elle décrit un grand nombre de peintures rupestres, de grottes, de mines abandonnées et de villages en ruine de la région.

Bibliothèques. La bibliothèque de l'université possède une salle entière consacrée au Botswana. La Botswana National Library, juste à l'est du Mall sur Independence Ave, est ouverte du lundi au vendredi de 9h à 18h, et le samedi de 9h à 12h. Elle comprend une salle de documentation renfermant des publications traitant du pays. Les chercheurs pourront s'y adresser avec profit.

L'Alliance française (☎ 351650), sur Independence Ave, près du Mall, projette des films français, propose des cours de langue et possède une bibliothèque de livres et de magazines en français.

La haute délégation britannique, dans le Mall, dispose d'une salle de lecture confortable où consulter les journaux britanniques. A l'American Library, elle aussi dans le Mall, vous pourrez lire les derniers numéros de *Time* et de *Newsweek*, ainsi que divers autres magazines et journaux américains.

Cartes. Les cartes du présent ouvrage fournissent suffisamment d'informations au visiteur de passage, mais il existe plusieurs autres publications. B&T Directories (☎ 371444 ; fax 373462), PO Box 1549, Gaborone, publie un bon plan général de la capitale et de sa proche banlieue, assorti de cartouches des principaux centres commerciaux. Il est inclus dans le *Botswana Map Pack* (3 $US), lequel comprend également une carte du pays et des plans de toutes les autres importantes agglomérations.

Autre carte excellente, la *Gaborone City Centre Street Map*, publiée par Tru-Ads & Promotions, coûte malheureusement le prix excessif de 5 $US

La carte *Republic of Botswana* (Macmillan UK), au 1/1 750 000, contient plusieurs bons plans en encadré, dont un du secteur du Mall de Gaborone.

Dans certaines éditions de la *Botswana Mini-Map*, publiée par Map Studio, Afrique du Sud, figurent des plans de Gaborone ; elle est en vente dans les librairies et les boutiques de cadeaux des hôtels.

Le Department of Surveys & Lands (☎ 352704), à l'angle de Station Rd et de l'ancienne route de Lobatse, publie un plan de la ville à grande échelle en plusieurs feuillets, vendu 4 $US le feuillet. Il est encombrant et vous n'aurez probablement pas l'usage d'une carte si détaillée.

Désagréments et dangers. L'aéroport de la BDF, indiqué sur certaines vieilles cartes comme étant l'aéroport de Gaborone, doit être évité à tout prix. Après la tombée de la nuit, le seul fait de passer en voiture dans Notwane Rd est dangereux (reportez-vous à la rubrique *Désagréments et dangers* du chapitre *Renseignements pratiques*).

Consigne. La gare possède une consigne aux horaires peu pratiques : elle ouvre uniquement les jours de semaine, de 8h à 13h et de 14h à 16h. Réfléchissez bien avant d'y déposer vos bagages.

Blanchissage/nettoyage. Kofifi Laundrette, dans Allison Cres, près du champ de foire, met des machines à laver à votre disposition. Il existe un pressing à côté du Maru-a-Pula

(No Mathatha) Shopping Centre, dans South Broadhurst. En outre, tous les hôtels disposent de services de blanchissage.

Films. Les pellicules ne manquent pas, mais elles coûtent cher et vous aurez de la chance si vous trouvez une bonne pellicule diapos.

Photolab, dans le Mall, propose un service de développement en une heure, de qualité variable.

Équipement de camping. La meilleure adresse dans ce domaine, y compris pour les recharges de butane, est Woolworths, dans le Broadhurst Industrial Estate. Autre possibilité, l'armurerie au nom éloquent d'"Explosions" est plus commodément située dans l'African Mall. Gaborone Hardware, dans le Mall, vend également du matériel de plein air.

En cas d'urgence. L'hôpital Princess Marina (☎ 353221), entre North Ring Rd et Hospital Way, à deux pâtés de maisons à l'est du Mall, est équipé pour prendre en charge les traitements médicaux et les urgences classiques. En cas de problème sérieux, toutefois, il vous faudrait probablement aller à Johannesburg.

Le commissariat de police (☎ 351161) se trouve dans Botswana Rd, en face de l'hôtel Cresta President.

Musée national et Galerie nationale

Le complexe de musées de Gaborone, avec ses animaux naturalisés et ses expositions culturelles, offre l'occasion de se pencher sur l'histoire passée et présente du Botswana. Les collections consacrées à l'artisanat, à la culture traditionnelle et aux techniques de chasse des San couvrent de façon très complète la vie des habitants du désert. D'autres expositions ethnographiques traitent des divers groupes culturels du pays. Le bric-à-brac qui jonche le parc du musée n'est pas dû à un service de nettoyage inefficace ; il expose quelques exemples des premières méthodes technologiques employées dans le Bechuanaland colonial.

La petite Galerie nationale présente tant l'art africain traditionnel et moderne que l'art européen. La plupart des pièces africaines exposées ne sont pas originaires du Botswana (*Cops & Robbers*, de l'artiste zimbabwéen Obert Sithole, est remarquable), mais quelques œuvres san, axées sur les créations en œufs d'autruches, tiennent une place d'honneur.

Outre la collection permanente, le musée organise des expositions temporaires et il accueille également le concours national annuel de paniers botswanais.

Situés sur Independence Ave, juste au nord-est du Mall, le complexe est ouvert du mardi au vendredi de 9h à 18h, et les week-ends et les jours fériés (sauf à Pâques et à Noël) de 9h à 17h. L'entrée est gratuite. La boutique, qui vend des objets artisanaux et des livres, ouvre du mardi au vendredi de 9h à 16h30. Des conférences sont données de temps à autre. Les collections sont transportées dans le *Pitse-ya-Naga* ("zèbre"), le véhicule zébré du musée, pour être exposées dans les villages du pays.

Orapa House

Si vous êtes à Gaborone pour quelque temps et ne craignez pas d'affronter les multiples formalités exigées par un visa de sécurité, rassemblez un groupe et visitez l'Orapa House de Debswana, à l'extrémité sud de Khama Cres. C'est la "place forte" du Botswana, où les diamants sont entreposés, triés et d'où ils sont exportés.

Gaborone Game Reserve

La réserve fut ouverte en mars 1988. Située à seulement 1 km à l'est de Broadhurst, elle n'est accessible qu'avec un véhicule.

Le parc abrite essentiellement diverses espèces d'antilopes, mais il s'y trouve également un rhinocéros blanc mâle, bien gardé dans un enclos séparé. Des négociations sont en cours avec la république d'Afrique du Sud pour offrir une compagne à ce cœur solitaire.

La réserve ouvre tous les jours de 6h30 à 18h30 ; l'entrée coûte 3,70 $US par personne et 2 $US par véhicule.

On y accède par Limpopo Dr ; tournez à l'est sur la petite route, juste au sud de la rivière Segoditshane.

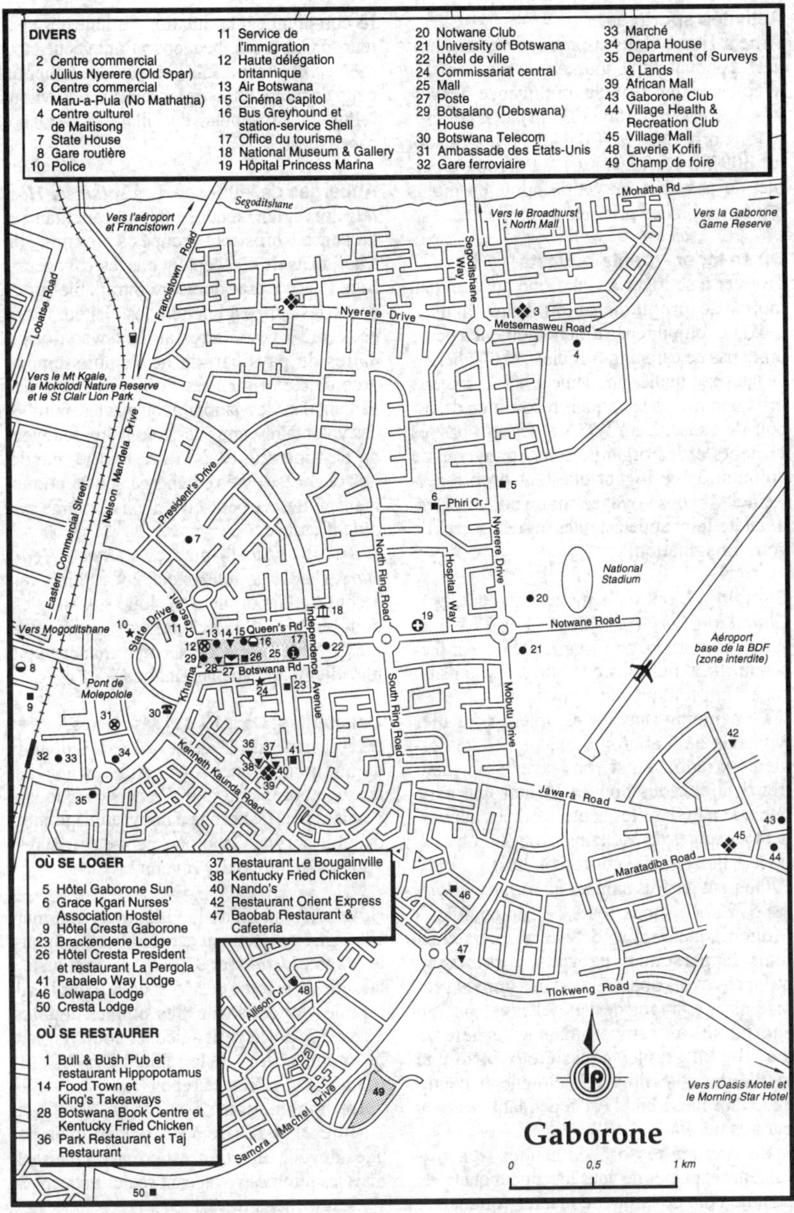
DIVERS
2 Centre commercial Julius Nyerere (Old Spar)
3 Centre commercial Maru-a-Pula (No Mathatha)
4 Centre culturel de Maitisong
7 State House
8 Gare routière
10 Police
11 Service de l'immigration
12 Haute délégation britannique
13 Air Botswana
15 Cinéma Capitol
16 Bus Greyhound et station-service Shell
17 Office du tourisme
18 National Museum & Gallery
19 Hôpital Princess Marina
20 Notwane Club
21 University of Botswana
22 Hôtel de ville
24 Commissariat central
25 Mall
27 Poste
29 Botsalano (Debswana) House
30 Botswana Telecom
31 Ambassade des États-Unis
32 Gare ferroviaire
33 Marché
34 Orapa House
35 Department of Surveys & Lands
39 African Mall
43 Gaborone Club
44 Village Health & Recreation Club
45 Village Mall
48 Laverie Kofifi
49 Champ de foire
OÙ SE LOGER
5 Hôtel Gaborone Sun
6 Grace Kgari Nurses' Association Hostel
9 Hôtel Cresta Gaborone
23 Brackendene Lodge
26 Hôtel Cresta President et restaurant La Pergola
41 Pabalelo Way Lodge
46 Lolwapa Lodge
50 Cresta Lodge
OÙ SE RESTAURER
1 Bull & Bush Pub et restaurant Hippopotamus
14 Food Town et King's Takeaways
28 Botswana Book Centre et Kentucky Fried Chicken
36 Park Restaurant et Taj Restaurant
37 Restaurant Le Bougainville
38 Kentucky Fried Chicken
40 Nando's
42 Restaurant Orient Express
47 Baobab Restaurant & Cafeteria
Segoditshane
Mohatha Rd
Vers l'aéroport et Francistown
Vers le Broadhurst North Mall
Vers la Gaborone Game Reserve
Francistown Road
Segoditshane Way
Lobatse Road
Nyerere Drive
Metsemasweu Road
Vers le Mt Kgale, la Mokolodi Nature Reserve et le St Clair Lion Park
Nelson Mandela Drive
Eastern Commercial Street
President's Drive
Phiri Cr
North Ring Road
Hospital Way
National Stadium
Notwane Road
Vers Mogoditshane
State Drive
Khama Crescent
Queen's Rd
Botswana Rd
Independence Avenue
South Ring Road
Mobutu Drive
Aéroport base de la BDF (zone interdite)
Pont de Molepolole
Kenneth Kaunda Road
Jawara Road
Maratadiba Road
Tlokweng Road
Allison Cr
Samora Machel Drive
Vers l'Oasis Motel et le Morning Star Hotel
Gaborone
0
0,5
1 km

Activités sportives

Arne's Horse Safaris propose des randonnées à cheval d'une journée, ou plus longues avec camping. Contactez l'agence Travelwise (☎ 303244 ; fax 303245) à Gaborone.

Plus original : la Kalahari Flying School (☎ 309775 ; fax 309776), à l'aéroport, permet de passer le brevet de pilote en moins d'un mois, à des prix très raisonnables.

Où se loger – petits budgets

Trouver à se loger à Gaborone pose un peu moins de problème aujourd'hui, mais il n'existe toujours pas d'hébergement à petits prix : pas de campings officiels, ni d'auberges de jeunesse fiables, ni même d'hôtels douteux mais bon marché auxquels recourir en désespoir de cause. Le YWCA n'accepte pas les visiteurs et les organisations étrangères de volontaires ne logent que leur propre personnel. Si vous voyagez sur un budget serré, il faudra faire appel à toutes les ressources de votre imagination.

Camping. L'option la moins onéreuse, le *St Clair Lion Park* (☎/fax 372711), 17 km au sud de Gaborone, revient à 7,40 $US par personne ; la nuit, vous entendrez les lions en cage rugir tout près de votre tente.

Le camping sauvage est interdit dans les environs de Gaborone, mais en toute dernière extrémité et, si vous savez vous montrer discret, vous pouvez planter une tente quelque part dans les petites collines qui bordent les routes de Molepolole ou de Lobatse ; de là, allez en ville en stop ou bus.

On peut parfois camper au *Mogotel Hotel* (☎ 372228), sur la route de Molepolole, à Mogoditshane, pour 8 $US par personne, mais le personnel ne vous y autorisera qu'après avoir obtenu la permission du propriétaire. L'avant de l'hôtel n'est pas un endroit sûr où camper, mais à l'arrière, la parcelle en gravier poussiéreux offre une meilleure protection. Très éloigné du centre de Gaborone, l'hôtel est cependant desservi par des minibus.

En dernier ressort, demandez aux travailleurs expatriés de vous louer pour quelques pula un coin de jardin où planter votre tente. Ils comprennent la situation difficile des visiteurs à Gaborone, beaucoup l'ont vécue eux-mêmes, et sont parfois heureux de donner un coup de main. Essayez les quartiers de Maru-a-Pula, de Broadhurst, du Village ou de Gaborone Ouest.

Auberges de jeunesse. Les *Volunteer Hostels* norvégien, suédois, danois, allemand et du Peace Corps sont groupés à proximité du Mall, mais ils n'acceptent pas les voyageurs. Si le Peace Corps demeure intraitable sur ce point, les autres admettent les visiteurs dans cet ordre : volontaires au Botswana originaires du pays parrain de l'établissement, volontaires originaires du pays parrain travaillant dans les nations avoisinantes, familles des volontaires, amis des volontaires, citoyens du pays parrain et, à la fin, tout le monde. Les chances d'y être hébergé sont pratiquement nulles et peut-être n'est-il même pas utile d'essayer.

S'il reste de la place, le *Grace Kgari Nurses' Association Hostel*, 2684 Phiri Cres, à côté du Gaborone Sun, loue ses simples/doubles 26 $US la nuit aux voyageurs, mais il est d'ordinaire occupé en permanence par une clientèle de pensionnaires.

Couchettes. Dans les cas désespérés, il reste les couchettes de 2e classe, à 26 $US, du train de nuit pour Francistown. Ainsi, vous visiterez Gaborone un jour, Francistown le lendemain, puis Gaborone à nouveau... quoique, une fois hors de Gaborone, peut-être n'aurez-vous guère envie d'y revenir.

Hôtels. Très loin de la ville, mais bon marché et irrégulièrement accessible en minibus, le *Mogotel Hotel* (☎ 372228) se tient juste à la sortie de la route de Molepolole, dans le village de Mogoditshane. Ses simples/doubles, à 18,50/28 $US, petit déjeuner compris, sont les moins chères de la région. Les "resting rooms", chambres de repos (faites travailler votre imagination), coûtent 15 $US pour 2 heures. L'établissement, pris en main par une nouvelle direction, est propre et plaisant, mais les femmes voyageant seules risquent de s'y sentir mal à l'aise.

Lodges. Goûtez un moment de pur bonheur en logeant dans les bungalows du *Mokolodi Nature Reserve* (☎ 353959), à 12 km au sud de la ville. Situés à côté d'un lac où les animaux viennent s'abreuver, ils offrent un séjour de rêve en pleine nature, loin du brouhaha de la ville. L'hébergement en dortoir dans le Mokolodi Environmental Education Centre coûte 12 $US par personne. Les bungalows indépendants de trois/six lits se louent 47/65 $US en semaine, et 56/84 $US le week-end. Le centre administratif de la réserve possède un restaurant en plein air réputé. Pour de plus amples informations, reportez-vous à la rubrique *Mokolodi Nature Reserve* traitée plus loin dans le présent chapitre.

Où se loger – catégorie moyenne

Bed & Breakfast. Gaborone s'est récemment dotée, pour notre plus grand plaisir, de trois bed & breakfast. Au *Lolwapa Lodge* (☎ 359061 ; après 22h30, ☎ 351646), dans Maakakgang Close, près du rond-point de Tlokweng Rd, les prix des simples/doubles avec s.d.b. commune démarrent à 23/37 $US, petit déjeuner compris. Les chambres avec s.d.b. coûtent 34/52 $US.

Le *Pabelelo Way Lodge* (☎ 351682), Plot 838, Pabelelo Way, non loin de l'African Mall, est organisé de façon plus classique et propose ses simples/doubles à 28/44,50 $US. Pour réserver, téléphonez ou écrivez à Pabelelo Way Lodge, PO Box 20661, Gaborone.

Le confortable *Brackendene Lodge* (☎/fax 312886), à quelques minutes à pied du Mall, dispose de simples/ doubles avec s.d.b. commune à partir de 30/ 37 $US, petit déjeuner compris. Les chambres avec s.d.b. coûtent 34/40 $US et les lodges familiaux, pouvant accueillir des familles avec un ou deux enfants, reviennent à 110 $US. De deux à quatre enfants, vous paierez un supplément de 10 $US par enfant. Les repas sont disponibles sur commande. Pour réserver par courrier, écrivez à Brackendene Lodge, PO Box 621, Gaborone.

Hôtels. A 7 km de la ville, dans Tlokweng Rd, se tient le peu reluisant *Morning Star Hotel* (☎ 352301 ; fax 356844), dont la réception retranchée derrière un grillage révèle l'ambiance générale. Il loue ses simples/doubles 30/34 $US, le petit déjeuner coûte 6 $US, le déjeuner ou le dîner 8 $US. L'hôtel n'est pas desservi par les transports publics mais la circulation dense permet de se déplacer en stop assez facilement.

Un net cran au-dessus, mais malheureusement en déclin, l'*Oasis Motel* (☎ 356396 ; fax 312968), également à Tlokweng, possède des simples/doubles à 45/58 $US et des bungalows à 58/67 $US. Là non plus, pas de desserte par les transports publics.

Plus agréable, le *Cresta Gaborone* (☎ 375 200 ; fax 375201), au nord de la gare, remplit le vide laissé par l'historique Gaborone Hotel récemment démoli. Outre un bar plaisant, avec orchestre le week-end, il propose des repas légers et des plats à emporter. Les simples/doubles avec s.d.b. et TV coûtent 43/56 $US. Il jouit d'un grand succès, aussi est-il préférable de s'y prendre à l'avance pour les réservations qui sont centralisées aux numéros suivants : ☎ 312431 ; fax 375376.

Où se loger – catégorie supérieure

Sensiblement plus cher que son petit frère, le Cresta Gaborone, le *Cresta Lodge* (☎ 375 375 ; fax 375376), au sud de Samora Machel Dr, non loin de la vieille route de Lobatse, dispose de simples/doubles à 58/71 $US, avec un supplément de 8/6,50 $US pour un petit déjeuner anglais/continental.

Autrefois connu pour son snobisme, le *Gaborone Sun* (☎ 351111 ; fax 302555), dans Nyerere Dr, s'est fait remettre à sa place par la concurrence. Il est souvent entièrement occupé par une clientèle d'hommes d'affaires et de résidents en attente d'un logement permanent. Il loue les simples/doubles 76/99 $US dans la vieille aile, et 90/115 $US dans la nouvelle, où elles s'appellent chambres "de luxe". Le petit déjeuner anglais/continental en sus coûte 10/7 $US. Quant aux autres repas, le Savuti Grill et le Giovanni's Restaurant pratiquent tous deux des prix prohibitifs. Une cotisation annuelle d'environ 32 $US donne accès à la piscine ainsi qu'aux courts de tennis et de squash.

Dans le Mall, l'accueillant *Cresta President* (☎ 353631, fax 351840) offre un hébergement

ment central. Il possède des simples/doubles classiques à 63/82 $US, et des suites à 75/89 $US. Le petit déjeuner buffet anglais/continental coûte 8/6 $US. Son restaurant en terrasse La Pergola, qui donne sur le Mall, sert une bonne cuisine européenne, comprenant légumes frais, cappuccino et pâtisseries.

Pour un cinq-étoiles de classe internationale, l'immense *Sheraton Hotel* (☎ 312999 ; fax 312989), entre Gaborone Ouest et Mogoditshane, pratique des prix très raisonnables : 76/89 $US pour les simples/doubles classiques, 89/99 $US pour les chambres de luxe.

Où se restaurer

En-cas et déjeuner. Bon marché et très fréquenté à l'heure du déjeuner, le *Food Town*, dans le Mall, vous servira une pleine assiette de ragoût ou de maïs accompagné de garnitures diverses pour 1,50 $US seulement. Essayez aussi le marché à côté de la gare et ses spécialités originales, telles que des épinards marinés, de la chèvre, des vers de mopane ou de la bojalwa (bière de sorgho). Amateurs de fast-food, rendez vous au *King's Takeaways*, dans le Mall.

Dans les *Kentucky Fried Chicken*, situés dans le Mall et dans l'African Mall, un menu poulet-purée-salade vous coûtera environ 3 $US. Il existe également deux *Chicago Fried Chicken*. *Nando's*, dans l'African Mall, se spécialise dans le poulet *peri-peri* à la portugaise. Autre chaîne de fast-food de poulet, *Roosters* dispose d'établissements dans le Kagiso Centre du Broadhurst North Mall et sur la route de Lobatse.

Au No Mathatha Shopping Centre, le *Gourmet 2000 Dial-a-Meal* (☎ 313474) vend sur place ou livre des pizzas, des hamburgers et des desserts de 11h à 21h en semaine et jusqu'à 22h les vendredi et samedi.

La Pergola, en terrasse du Cresta President, mitonne de bons petits plats, tels que des curries aux légumes, de la crème d'asperge et des quiches aux épinards. En dehors de l'heure du déjeuner, vous pourrez y savourer un délicieux cappuccino mousseux et des éclairs à la crème en contemplant le spectacle animé du Mall, et le soir, y déguster un steak pour seulement 5 $US.

Le *Kgotla* (☎ 356091), dans le Broadhurst North Mall, affiche une carte très complète de desserts et de plats végétariens. Il ouvre tous les jours de 9h à 21h. Les salades, les desserts, le cappuccino et le café glacé vous tenteront tout particulièrement.

Deux boulangeries proposent des en-cas appétissants. *Hot & Crusty*, dans le Broadhurst North Mall, vend des parts de pizzas succulentes à 2 $US, ainsi que toute une variété de pains et de friandises.

Sugar & Spicy, dans le centre commercial Old Spar, offre un grand choix de pâtés en croûte, de pâtisseries, de biscuits, de petits pains et autres délectables gourmandises.

Dîner. Dans l'Oasis Motel, le restaurant haut de gamme *Reflections* (☎ 356396) se spécialise dans les fruits de mer. Un verre de sherry et des chocolats sont offerts en fin de repas. C'est un établissement très coté, aussi réservez à l'avance.

L'African Mall compte plusieurs options intéressantes. Très apprécié, le *Park Restaurant* (☎ 351456) à l'ambiance bistrot sert des steaks, du poulet, des crêpes, des salades et de nombreux autres plats savoureux. Il ouvre tous les jours de 11h30 à 14h30 et de 18h à 22h30. Il donne dans le décor de style américain, tandis qu'un néon au-dessus du bar proclame "Harley's – a Botswana Tradition". Il possède des tables de billard et un orchestre s'y produit les vendredi et samedi soir.

Juste à côté, le *Taj* (☎ 313569) prépare de la cuisine indienne, mauricienne, continentale, et d'excellentes salades. Il propose tous les jours un déjeuner buffet à 8 $US. Non loin, le *Mandarin* (☎ 375038) sert des mets chinois, indiens, mauriciens, et, lui aussi, un déjeuner buffet bon marché à 8 $US. Il est ouvert tous les jours.

Dans les petites rues proches de l'African Mall, *Le Bougainville* (☎ 356693), tenu par un Suisse, est un établissement coûteux de cuisine française et continentale. Le mercredi, il affiche comme plat du jour des moules fraîches d'Afrique du Sud.

Da Alfredo (☎ 313604), dans le Broadhurst North Mall, se spécialise dans les fruits de mer et la cuisine italienne. Il est ouvert tous les jours aux heures du déjeuner et du dîner ; il vend également des plats à emporter. Le *Moghul* (☎ 375246), dans le Julius Nyerere (Old Spar) Shopping Centre, possède une carte de plats indiens et pakistanais. Son déjeuner-buffet indien revient à 8 $US. L'*Orient Express* (☎ 356287) est un restaurant chinois réputé, plaisant et select du Village. Dans le Maru-a-Pula (No Mathatha) Shopping Centre, le très apprécié *China Restaurant* (☎ 357254) ouvre de 12h à 14h et de 18h30 à 23h.

Malheureusement difficile d'accès, le *Baobab Restaurant & Cafeteria* (☎ 352488), proche de l'angle de Tlokweng Rd et de Mobutu Dr dans le complexe industriel BNPC, offre un excellent choix pour le petit déjeuner, le déjeuner ou le dîner. La cafétéria propose des buffets composés notamment de plats traditionnels tswana. Le restaurant sert des salades, des grillades, des pâtes et du gibier à des prix raisonnables. L'entrée se trouve dans une petite rue qui part d'Independence Ave. L'établissement ouvre tous les jours de 6h30 jusque tard le soir.

Ambiance anglaise et agréable patio vous attendent au *Bull & Bush Pub* (☎ 375070), non loin de Nelson Mandela Dr ; cherchez le panneau "Police Housing Bull & Bush". Les repas coûtent de 7 à 10 $US, et le jeudi soir, on peut y déguster des pizzas à volonté. L'*Hippopotamus*, qui fait partie du Bull & Bush, verse dans la cuisine italienne. Autres établissements de cuisine européenne : le *Swiss Chalet* (☎ 312247), dans Tlokweng Rd, qui sert des spécialités suisses et italiennes, et l'*O Cheff* (☎ 308354), restaurant portugais situé dans Kenneth Kaunda Rd.

Les grands hôtels possèdent tous des restaurants à l'atmosphère compassée, et des grills plus décontractés, dont le *Chatters* (☎ 313234) du Cresta Lodge. Le restaurant de cuisine italienne et internationale plus coûteux du Gaborone Sun, *Giovanni's* (☎ 351 111), organise un dîner-spectacle. Il est surtout fréquenté par les hommes d'affaires de passage et les travailleurs expatriés logés aux frais du gouvernement. La plupart des restaurants d'hôtels offrent un grand choix de viande de bœuf.

Le restaurant en plein air du *St Clair Lion Park*, ouvert de 16h jusque tard le soir, se spécialise aussi bien dans la cuisine américaine et anglaise que dans la préparation de gibier, comme l'impala, et de plats végétariens. Vous adorerez le merveilleux restaurant et bar à ciel ouvert de la *Mokolodi Nature Reserve* (☎ 353959). On y sert parfois aussi de la venaison. Le soir, les dîneurs ne paient pas l'entrée de la réserve.

Faire son marché. Gaborone ne possède pas de marché en plein air traditionnel mais de plus en plus d'étals improvisés s'installent à côté de la gare et à l'est du Broadhurst North Mall. Les supermarchés les mieux approvisionnés sont les *Spar* du Julius Nyerere (Old Spar) et du Broadhurst North Mall, le *Fairways*, dans le Station House proche de la gare, le *Corner Market*, dans le Mall, et le *Woolworths Market* au Metro.

Chez *Tony's*, dans l'African Mall, vous pourrez vous ravitailler en fruits et légumes frais à très petits prix, mais vous devrez trouver des amateurs avec qui les partager : 50 oranges ne coûtent que 2,50 $US. L'African Mall compte aussi la boucherie la moins chère de Gaborone, le *Gaborone Meat Centre*, qui propose également des produits orientaux.

Distractions

Théâtre et cinéma. Le théâtre de 450 places du centre culturel de Maitisong (☎ 371809), dans la Maru-a-Pula ("Nuage de pluie") Secondary School a ouvert en 1987. Toutes les représentations attirent un public nombreux, aussi faut-il réserver à l'avance. Le calendrier des manifestations est affiché à l'extérieur du centre, et publié dans le *Botswana Advertiser*, en vente le vendredi. Tous les bons groupes de théâtre locaux, y compris de nouvelles troupes africaines excellentes, se produisent exclusivement au Maitisong et, tous les ans, en mars, se déroule pendant neuf jours un fabuleux festival artistique.

La troupe de théâtre amateur Capital Players (☎ 372120) donne également de bons spectacles dans le Memorable Order of Tin Hats (MOTHS) Hall, légèrement en retrait de la route de Molepolole, et elle participe au festival. Pour toute information sur les représentations, consultez le *Botswana Advertiser* ou écrivez à Capital Players, PO Box 65, Gaborone.

Le seul cinéma de Gaborone, le Capitol, situé dans le Mall, se consacre surtout aux films américains. L'Alliance française et la Gaborone Film Society projettent souvent des classiques. Voyez le *Botswana Advertiser* pour toute information à ce sujet.

Casino. L'hôtel Gaborone Sun abrite le seul casino du Botswana, qui propose machines à sous, black-jack et roulette. Les jeux sont ouverts du lundi au vendredi à partir de 19h, et les week-ends et jours fériés (sauf les jours de Noël et du Vendredi saint) à partir de 16h. Il ferme vers 3h, parfois plus tard. L'accès aux machines à sous est ouvert tous les jours de 10h jusqu'à la fermeture. L'âge minimum requis est de 18 ans.

Discothèques et night-clubs. Au Diamond Club, ouvert récemment à l'Oasis Motel de Tlokweng, se produisent principalement des groupes de soul. Sa publicité proclame : "Vous en rêviez… Aujourd'hui, il existe, ne passez pas à côté." Convaincu ?

Le Night Shift, dans le Broadhurst North Mall, jouit d'une popularité de longue date dans le milieu de la jeunesse dorée de Gaborone. Le bar est à l'étage de la discothèque, qui diffuse une musique branchée.

Pour le disco africain, essayez le Platform, établissement très fréquenté situé à côté du casino dans le Gaborone Sun. Également apprécié, le Wadiba Night Club de Mogoditshane, au-delà de la base de la BDF, se spécialise dans la musique "kwasa-kwasa" zaïroise. Le dimanche après-midi est, croyez-le ou non, le meilleur moment pour y aller. Le Club W, lui aussi à Mogoditshane, fait discothèque le samedi soir. L'entrée coûte 3,70 $US.

En ville, le Sinatra's (auparavant appelé le Visions and Club 585), dans le Maru-a-Pula (No Mathatha) Shopping Centre, tient le haut du pavé : tenue habillée de rigueur et entrée à 5,50 $US. La discothèque est ouverte le soir du jeudi au dimanche. Le dimanche, elle propose une soirée jazz.

Les nostalgiques de l'Angleterre aimeront sans doute le Bull & Bush Pub, niché non loin de Nelson Mandela Dr. L'entrée est payante le week-end. Le bar Harley's du Park Restaurant vous accueille dans un cadre décoré de posters Budweiser et Harley-Davidson.

Des groupes de musique folk se produisent à partir de 19h30, le premier samedi du mois, au Gaborone Club situé dans Okwa Rd, dans le Village.

Sports. Il existe des clubs pour à peu près tous les sports : tennis, cyclisme, course à pied, golf, squash, cricket, équitation, voile, etc. Les centres les plus complets, le Gaborone Club (☎ 356333), et le Village Health & Recreation Club (☎ 300990), tous deux dans le Village, proposent natation, tennis, squash, rugby et bowling. L'accès n'est ouvert qu'aux adhérents, toutefois les visiteurs invités par un membre sont les bienvenus.

Le Gaborone Sun autorise l'utilisation de sa piscine ainsi que de ses courts de tennis et de squash contre une cotisation annuelle de 75 $US. Au Notwane Club (☎ 352399) et au Gaborone Squash Racquets Centre (☎ 314620), proches du National Stadium dans Notwane Rd, la cotisation annuelle coûte environ 100 $US. Le *Botswana Advertiser* et le *Consumer Info Gaborone* vous fourniront des renseignements sur d'autres clubs.

Achats

La Botswanacraft Marketing Company (☎ 312471 ; fax 313189), dans le Mall, propose de l'artisanat traditionnel provenant de tout le pays. Vous y découvrirez des petits sacs, des arcs et des bijoux san, des paniers shashe et du Ngamiland, des sculptures en bois d'animaux de la région de Francistown, des tissages d'Odi, des sérigraphies de Mochudi et des poteries de l'arrière-pays de Gaborone. Acheter ces objets sur leur lieu de fabrication peut revenir moins cher, mais la Botswanacraft offre une garantie de qualité.

Mokolodi Crafts, 12 km au sud de Gaborone sur la route de Lobatse, puis 3 km à l'est, dispose de tout un choix de tissus originaux imprimés à la pomme de terre, de tentures murales, de céramiques ainsi que de bijoux et de jouets en os. Il est ouvert du lundi au samedi, de 8h à 16h.

La boutique du Musée national vend des paniers botswanais à des prix très intéressants. Pour d'autres adresses, reportez-vous à *Gabane*, *Mochudi*, *Odi* et *Thamaga*, dans la rubrique *Les environs de Gaborone.*

Comment s'y rendre

Avion. De l'étranger, Air Botswana, British Airways, Zambia Airways, Air Zimbabwe, Air Namibia, Air Malawi, Air Tanzania, Kenya Airways et South African Airways desservent Gaborone. Air Botswana assure des vols intérieurs réguliers pour Kasane, Maun et Francistown. L'aéroport international Sir Seretse Khama est situé à 14 km du centre. L'aéroport plus central, indiqué sur les vieilles cartes comme étant l'aéroport de Gaborone, appartient à la BDF, et ne doit *en aucun cas* être approché.

Bus. La nouvelle gare routière, de l'autre côté du pont de Molepolole par rapport au centre-ville, accueille les arrivées et les départs des bus interurbains, ainsi que des minibus desservant les villages voisins. La plupart des bus attendent d'avoir fait le plein de passagers pour partir, peu sont programmés à heure fixe, aussi faut-il se présenter le plus tôt possible le matin. Les minibus pour Johannesburg démarrent une fois pleins de la gare routière principale (15 $US par personne).

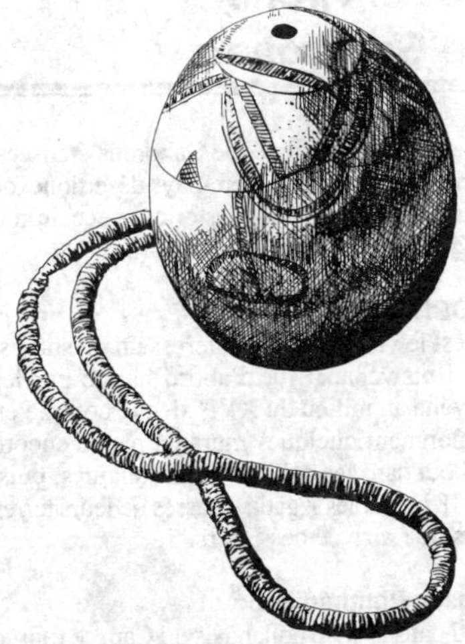

Vase et collier fait en coquille d'œuf d'autruche, utilisé par les premiers San.

Le bus Greyhound Gaborone-Johannesburg (24 $US aller simple) part à 8h les lundi, vendredi et samedi, de la station-service Kudu Shell, dans Queen's Rd. Pour de plus amples détails sur les liaisons internationales, reportez-vous au chapitre général *Comment s'y rendre* de la partie *Botswana.*

Les bus intérieurs longue distance circulent suivant des horaires plus ou moins fixes. Ils desservent (pas toujours directement ou à des heures commodes) Lobatse, Ramatlhabama, Mahalapye, Palapye, Serowe, Selebi-Phikwe, Francistown, Nata, Kasane et Maun, avec des correspondances relativement fiables pour Shakawe. Les voyages vers le nord demandent tous une étape de nuit à Francistown. Le trajet Gaborone-Francistown coûte 10 $US aller simple. Mochudi bénéficie d'une desserte plus régulière ; le billet ne vaut que 1,50 $US.

Train. Des trains quotidiens relient Gaborone à Bulawayo, Francistown et Lobatse. Le train à destination du nord part à 21h ; il comprend des 1re classe, 2e classe, classe économique, avec couchettes 1re et 2e classes. Le tarif pour Bulawayo est de 30/45 $US en 1re/2e classe, et de 10 $US en classe économique. Pour Lobatse, il n'existe que la classe économique, et le billet coûte seulement 1,50 $US. Appelez Botswana Railways (☎ 351401) qui vous fournira des renseignements actualisés.

Les grands hôtels envoient des navettes prendre leurs clients à la gare, aussi lorsque vous réservez, n'oubliez pas de préciser l'heure d'arrivée de votre train et de demander à ce que l'on vienne vous chercher.

En stop. Pour rejoindre Francistown en stop, prenez le Broadhurst 4 Combi et demandez au chauffeur de vous déposer au point de départ habituel des stoppeurs, à l'extrémité nord de la ville. Il n'est pas nécessaire de faire signe aux véhicules. Tous ceux qui ont

BOTSWANA

de la place s'arrêtent pour prendre des passagers. Prévoyez de débourser environ 6 $US par personne.

Comment circuler

Gaborone dispose d'un réseau de transports en commun peu adapté à sa population grandissante, et les habitants vivent une galère quotidienne pour se rendre à leur travail.

Desserte de l'aéroport. Seules les navettes des grands hôtels assurent un transport fiable entre l'aéroport et la ville. Elles sont réservées à leur clientèle mais, s'il reste de la place, vous pourrez peut-être convaincre le chauffeur de vous emmener contre quelques pula. Les taxis ne se montrent que rarement à l'aéroport. Si, par hasard, vous en trouvez un, la course de 14 km jusqu'au centre vous coûtera entre 3 et 12 $US par personne. Autre possibilité : postez-vous sur la route à quelques centaines de mètres de l'aéroport, et essayez le stop.

Minibus. Les minibus blancs, ou combis, reconnaissables à leur plaque d'immatriculation bleue, circulent suivant des itinéraires fixes. Le ticket coûte 0,25 $US (70 t). Le circuit classique passe par tous les grands centres commerciaux. Les minibus à destination des villages avoisinants partent de la gare routière principale, mais n'ont pas d'horaires fixes. Les meilleures sources d'informations sont les chauffeurs ou les autres passagers.

Il y a des combis partout. Ils contiennent environ 20 passagers, et ils vous prennent ou vous déposent où vous voulez sur leur itinéraire. Cela dit, les chauffeurs conduisent comme des fous, ils s'arrêtent n'importe où, n'importe quand – certains vous préviennent par un autocollant fixé sur leur pare-chocs. Quand vous marchez dans la rue, ils vous klaxonnent. J'ai été soulagée d'apprendre qu'ils ne draguaient pas – ils voulaient juste me faire savoir qu'ils étaient là.

Rachel (États-Unis)

Voiture. Holiday Car Hire (☎ 353970 ; fax 314894) se tient au 168 Queen's Rd, tout près du Mall. Le siège d'Avis (☎ 313093 ; fax 312205) est situé à l'aéroport international Sir Seretse Khama.

Conduire à Gaborone est une expérience dingue. Il y a bien un code de la route, mais il est peu appliqué. L'avantage, c'est que si vous perturbez le trafic, les autres conducteurs se montrent en général accommodants. Des disputes éclatent néanmoins à tous les ronds-points et les agents de la circulation ne sont pas d'un grand secours. Nous avons eu droit un jour à une réprimande parce que nous n'avions pas bloqué un carrefour ! Les rues principales semblent être tout le temps en travaux et les déviations sont mal conçues. Les embouteillages aux environs du Mall sont particulièrement exaspérants. Évitez de vous y trouver à l'heure du déjeuner et à la sortie des bureaux. Les routes de Francistown et de Lobatse sont inaccessibles le vendredi.

Rachel (États-Unis)

Taxi. Les minibus des transports en commun de Gaborone sont appelés "taxis", mais les véritables taxis (dits "special taxis") sont rares. Même les grands hôtels auront du mal à vous en trouver. On les reconnaît à leur plaque bleue, et les tarifs sont laissés à la fantaisie des chauffeurs. Mieux vaut se résigner à marcher, à utiliser les minibus, à louer un véhicule ou à faire du stop.

Les environs de Gaborone

Une fois les ressources de Gaborone épuisées, dirigez-vous vers l'arrière-pays désertique, où plusieurs sites naturels, historiques et culturels méritent toute votre attention.

MOCHUDI

C'est le village le plus intéressant du sud-est du Botswana. Il fut d'abord habité par les Kwena au milieu du XVIe siècle, comme en témoignent quelques murs en pierre encore debout dans les collines environnantes, puis, en 1871, par les Kgatla, chassés de leurs terres lors de l'arrivée des Boers.

Musée Phuthadikobo

Bâti dans le style hollandais du Cap, ce musée fondé en 1976, l'un des meilleurs du Botswana, se consacre à l'histoire de Mochudi et du peuple kgatla. Il se dresse sur la colline sacrée de Phuthadikobo, ancien site cérémonial et domaine de Kwanyape, la vipère du Gabon "faiseuse de pluie". Le tracteur de 1936 campé au pied de la colline appartenait au chef Isang Pilane ; vous verrez çà et là d'autres vestiges datant de la même époque.

Le musée est logé dans la première école d'enseignement secondaire du Botswana, la Mochudi National School, créée en 1921 par Isang Pilane. Las de l'éducation confessionnelle dispensée par la mission de l'Église réformée de Hollande, les habitants contribuèrent au projet par des donations ou en travaillant à la construction. La brochure du musée précise que tous les matériaux, y compris les 300 000 briques nécessitées par le bâtiment, furent soit fabriqués à la main dans le village, soit payés par les citoyens de Mochudi. L'école ouvrit en 1923.

Le musée est ouvert du lundi au vendredi, de 8h à 17h, et les week-ends de 14h à 17h. L'entrée est gratuite, mais les dons sont acceptés avec reconnaissance. En semaine, un atelier de sérigraphie fonctionne dans la cour. Il a été créé en 1980 par un volontaire allemand pour fournir une source de tissu de confection aux villageoises ; il s'est transformé en une entreprise prospère qui fabrique des rideaux, des tentures murales et des vêtements.

Autres curiosités

Vous pouvez consacrer une heure ou deux à la visite du village qui offre une intéressante architecture de terre d'un style inhabituel, notamment les insolites rondavel à deux murs, les cases *sefala* (petits greniers), et plusieurs maisons décorées de motifs aux tons sombres typiques de la région. Jetez aussi un coup d'œil aux pots en argile sous les avant-toits, caractéristiques de Mochudi.

Au pied de la colline du musée, le *kgotla*, plate-forme couverte et dépourvue de mur, sert de lieu d'assemblée et de cour de justice. Si vous avez la chance de vous trouver là au moment d'une réunion, vous pouvez y assister, mais sans entrer dans le kgotla.

En face, s'élève le "kraal royal", sépultures du chef Lentswe Pilane I, mort en 1924 à 89 ans, et du chef Molefi Kgamanyane Pilane, décédé en 1958. Plusieurs autres chefs kgatla sont enterrés dans le cimetière royal à côté de l'église de la mission. La brochure *Guide to Mochudi*, éditée par le musée de Phuthadikobo, vous en apprendra plus sur Mochudi. Le livre *A History of the Bakgata-Bagakgafêla*, de I Schapera, en vente à 1,50 $US à la boutique du musée, traite des Kgatla.

Où se loger et se restaurer

Il n'existe pas d'hôtel à Mochudi même, mais le *Sedibelo Hotel*, à 6 km seulement, à Pilane, sur la route de Francistown, dispose d'un hébergement au bas de la catégorie moyenne. Les simples/doubles coûtent 32 $US. Le village possède plusieurs restaurants simples : le *Good Hope*, le *Road & Rail* et le *Ranko*.

Comment s'y rendre

Des bus partent de Gaborone pour Mochudi au moins six à sept fois par jour. Vous pouvez également prendre un bus en direction du nord, descendre à Pilane et faire les six derniers kilomètres en stop. En semaine, un train régional dessert Pilane. Il part de Gaborone à 5h et à 17h45 ; il quitte Pilane à 6h30 et à 18h30. Le samedi, le départ en direction du sud est à 5h, et en direction du nord à 6h30. Le billet coûte 0,30 $US aller simple.

Si vous avez un moyen de locomotion, suivez la route de Francistown sur 35 km en direction du nord, puis prenez à l'est à Pilane. 6 km plus loin, tournez à gauche au croisement en T, puis à droite juste avant l'hôpital pour entrer dans le centre historique du village. La route s'arrête au pied de la colline, avec le kraal à sa gauche et le *kgotla* à sa droite. De là, un chemin monte au musée.

LES ENVIRONS DE MOCHUDI

Le roc gravé de Matsieng

Matsieng, cavité contenant des empreintes de pied gravées dans le roc, est considérée par les Tswana comme un lieu d'origine de la création. Les empreintes de pied sur les murs appartenaient aux premiers hommes qui en sortirent, suivis des animaux sauvages et des domestiques. Matsieng, située à environ 700 m à l'est de la nationale, est accessible par un chemin accidenté qui bifurque à 8 km

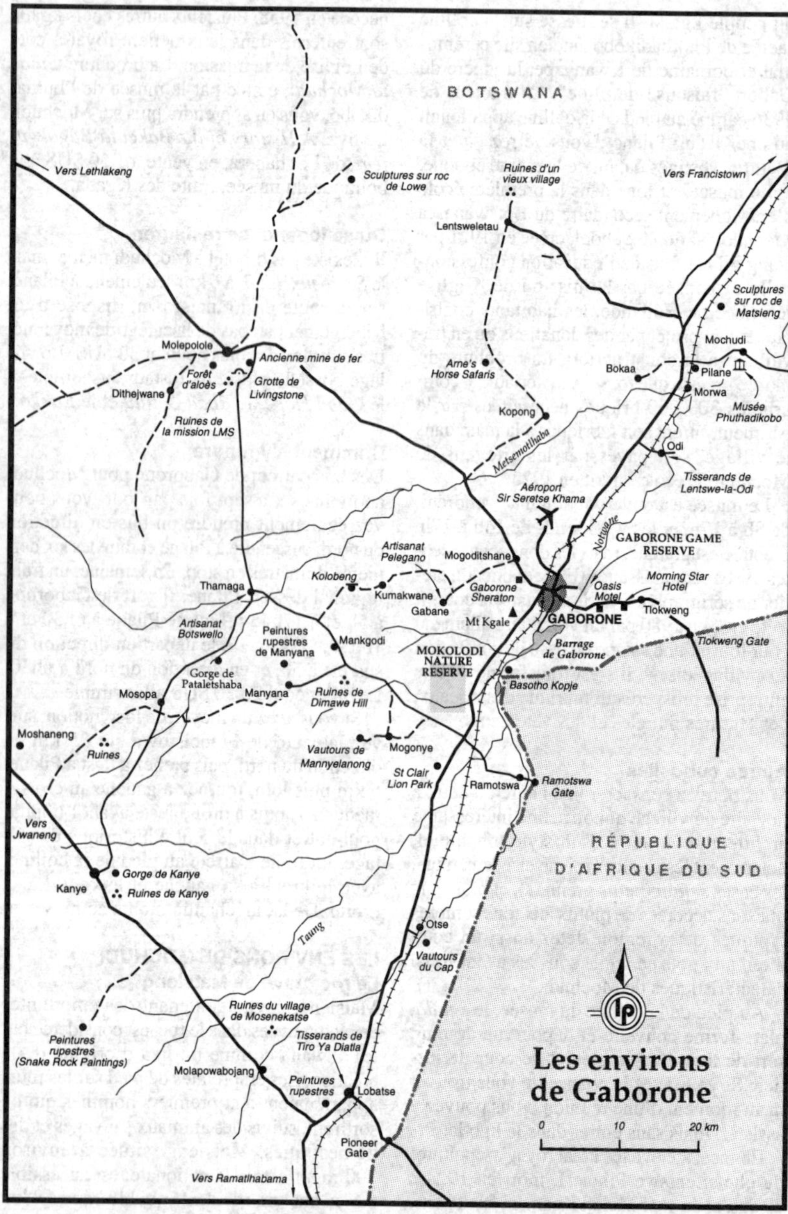
BOTSWANA
Vers Lethlakeng
Sculptures sur roc de Lowe
Ruines d'un vieux village
Lentsweletau
Vers Francistown
Sculptures sur roc de Matsieng
Mochudi
Molepolole
Ancienne mine de fer
Forêt d'aloès
Grotte de Livingstone
Dithejwane
Ruines de la mission LMS
Arne's Horse Safaris
Bokaa
Pilane
Morwa
Musée Phuthadikobo
Kopong
Metsemotlhaba
Odi
Tisserands de Lentswe-la-Odi
Aéroport Sir Seretse Khama
Notwane
GABORONE GAME RESERVE
Artisanat Pelegano
Mogoditshane
Kolobeng
Kumakwane
Gabane
Gaborone Sheraton
Mt Kgale
Oasis Motel
Morning Star Hotel
Tlokweng
GABORONE
Tlokweng Gate
Thamaga
Artisanat Botswello
Peintures rupestres de Manyana
Mankgodi
MOKOLODI NATURE RESERVE
Barrage de Gaborone
Basotho Kopje
Gorge de Pataletshaba
Manyana
Ruines de Dimawe Hill
Mosopa
Moshaneng
Ruines
Vautours de Mannyelanong
Mogonye
St Clair Lion Park
Ramotswa
Ramotswa Gate
Vers Jwaneng
RÉPUBLIQUE D'AFRIQUE DU SUD
Kanye
Gorge de Kanye
Ruines de Kanye
Taung
Otse
Vautours du Cap
Ruines du village de Mosenekatse
Tisserands de Tiro Ya Diatla
Peintures rupestres (Snake Rock Paintings)
Molapowabojang
Peintures rupestres
Lobatse
Pioneer Gate
Vers Ramatlhabama
Les environs de Gaborone
0
10
20 km

BOTSWANA

au nord de Pilane, et à 3 km au nord de l'embranchement pour Lentswelatau.

ODI

L'intérêt de ce village tient surtout aux tisserands (☎ 312368) de Lentswe-la-Odi (collines d'Odi). La coopérative fut fondée en 1973 par les Suédois Ulla et Peter Gowenius. Devenue la plus renommée du Botswana, elle s'est taillé une réputation internationale.

La laine, filée à la main et teinte au-dessus d'un feu, est tissée par des artistes qui improvisent des motifs au gré de leur imagination. La plupart des tissages dépeignent la faune africaine et la vie rurale au Botswana. L'atelier fabrique et vend des créations aux couleurs somptueuses, dont des sacs à main, des napperons, des dessus-de-lit, des chapeaux, des gilets, des tapisseries et des nappes. On peut même vous tisser des pièces personnalisées sur la base de photos, de dessins ou de récits. Le prix des tapisseries est fixé au mètre et non en fonction de leur valeur esthétique. Malheureusement, la qualité semble avoir baissé ces dernières années mais l'atelier mérite tout de même une visite.

Il est ouvert de 8h à 16h en semaine et de 14h à 16h30 le dimanche. Café, thé, biscuits et *vetkoek* sont servis aux visiteurs.

Comment s'y rendre

De Gaborone, suivez la route de Francistown sur 18 km en direction du nord et prenez à l'est au poteau indicateur d'Odi. Un trajet de 5 km vous mènera à la ligne de chemin de fer et au pont de la Notwane. La route vire brusquement à gauche aux "deux collines d'Odi" et traverse le village sur environ 1 500 m avant de parvenir à la coopérative.

Par les transports publics, prenez à Gaborone un bus ou un minibus en direction du nord et descendez à l'embranchement d'Odi. De là, allez au village à pied ou en stop.

L'OUEST DE GABORONE

Gabane

Ce village situé à 12 km au sud-ouest de Mogoditshane, à une courte distance en voiture de Gaborone, doit sa célébrité à la Pelegano Pottery, où vous pourrez acheter de belles et originales céramiques peintes à la main, dont des masques, des bols délicatement décorés et de très jolies figurines d'animaux.

Manyana

Accessible avec un véhicule, ce village au sud-ouest de Gaborone comporte des peintures rupestres de style zimbabwéen, une rareté dans le sud-est du Botswana. A environ 500 m au nord de l'agglomération, sur la route à l'ouest de la rivière, se dresse une paroi de 8 m de haut. Face à un surplomb de son extrémité sud, vous verrez les peintures de trois girafes, d'un éléphant et de plusieurs antilopes.

Molepolole

Le nom de ce village à flanc de coteau, à 52 km au nord-ouest de Gaborone, signifie "Qu'il l'annule". Il proviendrait de paroles prononcées par le chef à propos d'un mauvais sort jeté sur le site sur lequel est bâti le village d'aujourd'hui. Molepolole fut d'abord habité par la tribu des Kgwatleng, au XVIe siècle. Les Kwena les délogèrent et y vécurent près d'un siècle avant de l'abandonner. Une communauté kwena revint à Molepolole au milieu du XIXe siècle pour s'y fixer définitivement.

Allez voir l'hôpital écossais Livingstone, dont les murs sont couverts de peintures effectuées par les élèves de deux écoles locales.

Où se loger et se restaurer. Le *Mafenya-Tlala* (☎ 320394), seul hôtel du village, propose un hébergement en bungalow avec s.d.b. Son restaurant vend des plats à emporter. Molepolole compte également une bottle shop et une discothèque qui ouvre le week-end.

Comment s'y rendre. Des minibus partent de Gaborone pour Molepolole lorsqu'ils ont leur plein de passagers. Si vous avez un véhicule, prenez le pont de Molepolole qui surplombe la voie ferrée et suivez la nationale sur 52 km, jusqu'au village.

Les environs de Molepolole

Ils offrent une bonne journée d'exploration à qui possède de l'énergie ou un véhicule solide.

Dans Molepolole même, vous remarquerez les enclos fermés par des murs en pierre construits par les Kwena pour diviser le village en clans familiaux.

A 1 km à l'ouest de l'hôpital Livingstone se dresse une vaste et étrange forêt d'aloès de Marloth (*Aloe marlothii*). D'après la légende, en 1850, les Boers marchèrent sur Molepolole pour punir le chef Sechele des Kwena d'avoir apporté son aide à David Livingstone. S'approchant furtivement par une nuit sombre, ils se trouvèrent soudain face aux aloès et s'enfuirent terrifiés, croyant avoir affaire à des centaines de guerriers kwena.

A 6 km de Molepolole, sur la route de Letlhakeng, les ravines juste au nord-ouest de l'aérodrome contiennent de larges gisements d'amiante qui ressemble à du bois pétrifié. Le site est protégé et il est interdit de ramasser des pierres. Trois centres d'intérêt vous attendent au sud de Molepolole, à l'ouest de la route menant à Thamaga. Tout d'abord, une ancienne excavation d'où les Kwena extrayaient du fer. Deux kilomètres plus loin, s'ouvre une grotte à flanc de colline où David Livingstone entra malgré une mise en garde du chaman kwena, prédisant une mort rapide à qui y pénétrerait. Que Livingstone ait survécu serait, dit-on, à l'origine de la conversion au christianisme du chef Sechele.

A un kilomètre au sud de la grotte, vous arriverez aux ruines de la mission de la LMS, dirigée de 1866 à 1884 par le révérend Roger Price et son épouse, Elizabeth, fille de Robert Moffat. A l'ouest du ruisseau, en aval de la mission, s'élève une haute paroi d'où les Kwena précipitaient dans le vide les personnes accusées de sorcellerie.

Les rochers gravés de Lowe

Il faut un 4x4 pour atteindre les sculptures rupestres de Lowe. Elles représentent des traces humaines et animales ainsi que des bovins grossièrement reproduits. Pour s'y rendre depuis Molepolole, suivez le chemin de Botlhapatlou sur environ 30 km en direction du nord, prenez le sentier à droite qui conduit, 5 km plus loin, à Kopong. De là, vous devez faire à pied les deux ou trois derniers kilomètres menant à Lowe.

Thamaga

Ce village abrite le Thamaga Pottery Workshop qui fabrique et vend des céramiques originales, dont des plats et autres objets utilitaires. Le Botswelelo Handicrafts propose des chaises pliantes traditionnelles en bois richement sculpté, avec un siège fait de lanières de cuir entrelacées. Pas trop lourdes, elles sont assez faciles à transporter.

A 15 km de Thamaga, à l'écart de la route de Gaborone, se trouvent les ruines de Kolobeng, la mission de David Livingstone dans les années 1840. Ce fut le premier établissement de style européen du Botswana et le site de la première église chrétienne. Il ne reste que le plancher vermoulu de la maison de Livingstone et plusieurs tombes, dont celle de la fille de Livingstone. Il est prévu d'y fonder un musée.

LA ROUTE DE LOBATSE

Le mont Kgale et Basotho Kopje

Le "géant endormi" qui domine Gaborone offre, au terme d'une ascension aisée, une très belle vue de la capitale. Prenez un bus pour Lobatse jusqu'à la voie d'évitement de Kgale, ou faites en stop, sur la nouvelle route de Lobatse, les huit kilomètres qui séparent la ville de l'antenne satellite. A environ 200 m en direction de la ville, en face de l'antenne, un échalier en béton enjambe une barrière. Empruntez-le, tournez à gauche et suivez la barrière jusqu'à une ravine peu profonde. De là, une volée de pierres blanchies à la chaux conduisent au sommet.

Juste à l'est de la voie ferrée, à 9 km au sud de Gaborone, se trouve Basotho Kopje, où eut lieu une escarmouche en février 1900 lors de la guerre des Boers. Le pont de chemin de fer fut détruit et, peu après, une forteresse fut bâtie par les forces rhodésiennes pour protéger le pont réparé. Quelques tombes et une partie d'un mur en pierre sont encore visibles. Au nord de la colline, apparaît le gué d'origine de la rivière, établi par les chariots à bœufs des Voortrekkers dans les années 1830.

Le barrage de Gaborone

Le barrage de la Notwane fournit l'approvisionnement en eau de la capitale et sert accessoirement de parc de loisirs. Depuis l'antenne satellite, sur la nouvelle route de Lobatse, au sud de Gaborone, le lac est à 3 km sur l'ancienne route de Lobatse. Suivez la route goudronnée, vous arriverez à une barrière ; de là, marchez jusqu'à l'endroit où la route s'enfonce dans l'eau (ce qui devrait vous expliquer la dichotomie ancienne/nouvelle route de Lobatse). L'endroit est propice à l'observation des oiseaux, mais la baignade est interdite. Prenez garde aux crocodiles.

L'accès au mur du barrage requiert une autorisation de la Water Utilities Corporation, située dans Luthuli Rd, au sud du rond-point de Khama Cres, à côté de la gare de Gaborone. Pour aller au mur du barrage, prenez Mobutu Dr et tournez à gauche au panneau Sanitas Nursery, juste au nord du Cresta Lodge ; un trajet de 5 km sur cette route vous mènera à destination.

Mokolodi Nature Reserve

A 12 km au sud de Gaborone, les trois mille hectares de la réserve de Mokolodi (☎ 353959 ; fax 313973) valent vraiment le détour. Elle a pour mission première la réadaptation des animaux à la vie sauvage, avec comme objectif annexe la création de réserves naturelles dans le Sud-Est du Botswana et la protection des espèces du pays en voie de disparition. Elle fait aussi fonction d'installation de recherche, de centre d'élevage pour les espèces menacées, ainsi que de réserve pour les animaux orphelins ou blessés.

Mokolodi est le seul habitat protégé des reduncas de montagne au Botswana. Des rhinocéros blancs et des éléphants provenant d'Afrique du Sud y ont également été réintroduits. Dans ce magnifique cadre, vous verrez aussi des zèbres, des babouins, des phacochères, des hippopotames, ainsi que diverses espèces d'antilopes, dont les gemsboks, les koudous, les impalas, les cobes à croissant, les oréofragues, les steenbocks, les céphalophes de Grimm et les bubales rouges. Vous aurez plus de mal à apercevoir les léopards, les ratels, les chacals, les hyènes et les civettes. Les excursions guidées de 2 heures à pied ou en voiture reviennent à 5,50 $US par personne.

L'entrée coûte 2 $US par voiture, plus 2 $US par adulte et 1 $US par enfant. La réserve possède des bungalows confortables et un très bon restaurant. Pour de plus amples détails, reportez-vous aux rubriques *Où se loger* et *Où se restaurer* du chapitre *Gaborone*. Il est préférable de réserver l'hébergement et les excursions à l'avance.

Pour vous y rendre, prenez un minibus à destination de Lobatse et descendez à 12 km au sud de Gaborone, puis faites à pied, en direction de l'ouest, le dernier kilomètre et demi qui mène à l'entrée de la réserve.

St Clair Lion Park

Si la vue de lions enfermés dans des enclos ne vous dérange pas, le parc St Clair vous plaira sans doute. Un petit zoo y a été installé pour les enfants. On vous propose des randonnées à cheval dans les environs à 10 $US de l'heure et des promenades guidées jusqu'à un site proche datant du paléolithique. Le parc fera le bonheur des ornithologues amateurs et les visiteurs ont même la possibilité de nourrir les vautours.

St Clair est le seul camping de Gaborone. Pour plus de détails, reportez-vous aux rubriques *Où se loger* et *Où se restaurer* du chapitre *Gaborone*.

Otse

Le village d'Otse ("OUT-si"), qui vivait autrefois de l'extraction du manganèse et de l'exploitation du bois, se trouve à 45 km au sud de Gaborone. Il est aujourd'hui connu parce qu'il abrite, sur la colline de Mannyelanong, l'un des deux seuls sites du pays de nidification de vautours du Cap. Le second se situe sur une autre Mannyelanong (qui signifie "endroit où les vautours défèquent"), près du village de Mogonye, mais il est moins accessible. A Otse, vous pouvez aisément approcher et observer les disgracieux rapaces tournoyer au-dessus de leurs nids.

Dans un cadre de falaises spectaculaires au sud d'Otse, ce site était auparavant utilisé par des milliers de couples de vautours. A la fin des années 60, il n'en venait plus qu'environ 60, mais ce chiffre a augmenté depuis. En venant de Gaborone, prenez à gauche à la station-service Shell pour entrer dans le village, puis tout de suite à droite et suivez la route très accidentée jusqu'au chemin qui mène aux falaises.

A une courte distance au nord, du côté ouest de la même colline, la grotte du refuge ouvre une large faille à 50 m de hauteur dans la paroi rocheuse. On y a mis au jour des poteries et on pense qu'elle a servi de cachette lors des incursions des Boers des années 1870.

LOBATSE

Malgré son cadre agréable à 68 km au sud de Gaborone, Lobatse est l'une des villes les plus ternes du Botswana ; son nom évoque surtout l'hôpital psychiatrique national et le plus grand abattoir du pays. Elle fut fondée par les Ngwaketse à la fin du XVIIIe siècle. La cour suprême du Protectorat du Bechuanaland y était installée lorsque Mafikeng servait de siège au gouvernement.

Renseignements

Peu de visiteurs viennent d'au-delà de Gaborone, aussi un véritable office du tourisme ne s'impose-t-il pas. Le complexe Choppy's Cash & Carry possède une librairie convenable.

Coopératives artistiques

Tiro Afrique Knitwear crée des tricots haute couture avec de la laine Accorda néo-zélandaise. Les produits finis sont destinés à la France. Des vêtements de qualité sont en vente à des prix raisonnables. Le personnel sert des rafraîchissements aux visiteurs et leur fait visiter l'atelier.

Les tisserands de Tiro ya Diatla Weavers, en face de la Botswana Meat Commission, fabriquaient des tapisseries et des vêtements artistiques avec les mêmes matériaux, et vendent les produits finis aux prix usine. Eux aussi font visiter leur atelier.

Église anglicane

St Mark Church, un bâtiment en pierre au toit de chaume, serait tout à fait à sa place dans un village anglais. C'est le plus bel édifice de Lobatse et les visiteurs y sont les bienvenus.

Abattoir de la BMC

En 1934, l'Imperial Cold Storage, société de conservation frigorifique, s'ouvrit à Lobatse. Après l'indépendance, Imperial fut repris par le gouvernement qui forma la Botswana Meat Corporation (BMC). L'abattoir de Lobatse est le plus grand du pays. Pour quelque obscure raison, BMC organise des visites des locaux. Mais que les amateurs d'émotions sanglantes ne se dérangent pas : BMC proclame avec fierté faire son travail "avec humanité".

Où se loger et se restaurer

Les collines derrière la ville se prêtent au camping officieux. Le Lobatse Hotel est à présent fermé, et il ne reste plus que le *Cresta Cumberland* (☎ 330281 ; fax 332106), haut de gamme, sur la route de Gaborone. Il loue les simples/ doubles avec s.d.b. 60/86 $US, petit déjeuner compris, et les suites 74/ 91 $US. Le restaurant de l'hôtel, ouvert à tous, sert des petits déjeuners buffet anglais à 8 $US et continentaux à 6,50 $US. Les repas au grill coûtent de 10 $US à 15 $US.

Moins cher, le *El Shaddai Restaurant & Takeaway*, dans le centre commercial Madiba (Spar), propose des pâtes, des steaks et des fruits de mer. Vous ne pouvez le manquer, il ressemble à un Rubik's cube. Dans la rue principale, le *Dakar Restaurant* prépare une cuisine simple. La rue parallèle à la voie ferrée recèle deux fast-foods, le *Chicken Licken* et le *You & I Takeaway*. Vous pourrez faire vos emplettes au *Choppy's Cash & Carry* ou au supermarché *Spar* du centre commercial Madiba.

Comment s'y rendre

Les bus font fréquemment le trajet de Gaborone à Lobatse ; ils partent de la gare routière principale. Des trains régionaux quotidiens quittent Gaborone à 6h05, 10h, 15h10 et 17h45. De Lobatse, ils partent à 6h05, 11h10 et 14h. Le billet coûte 1,20 $US (3 P) l'aller simple.

KANYE

A 50 km sur la route goudronnée au nord-ouest de Lobatse, le grand village de Kanye se dresse au sommet d'une colline. Il servit autrefois de capitale à la branche ngwaketse

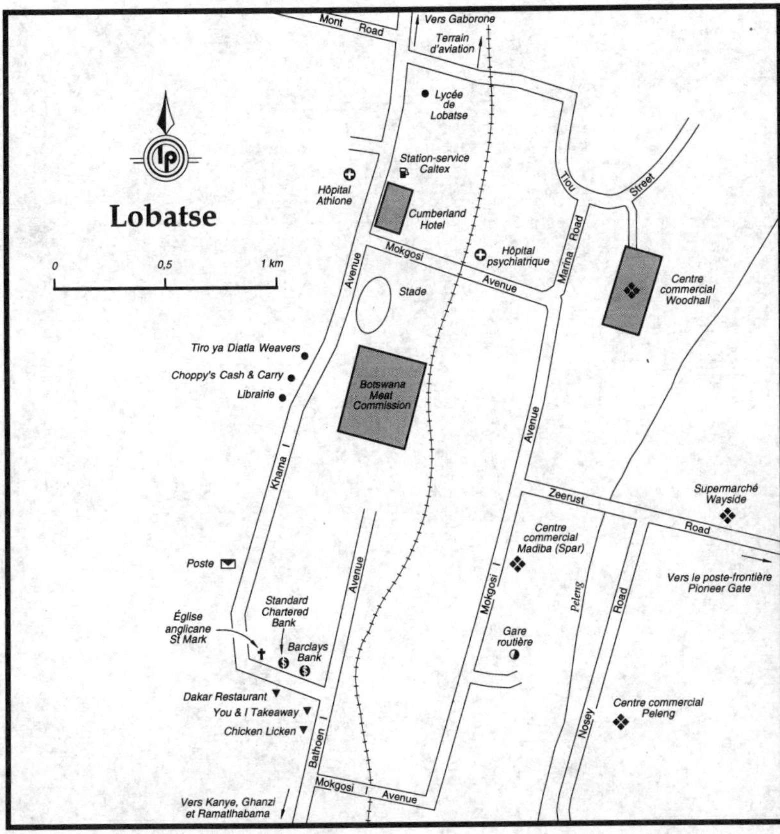

des Tswana. Aujourd'hui, c'est l'une des plus jolies bourgades du Botswana. A l'est de l'école, l'impressionnante gorge de Kanye cacha un jour tous les habitants du village lors d'un raid ndebele. Suivez la paroi sur environ 1 500 m vers le sud, depuis l'extrémité est de la gorge, pour atteindre les ruines d'un village entouré d'un mur de pierre datant du début du XVIIIe siècle, niché au cœur d'une kopje rocailleuse.

Où se loger et se restaurer

The Center (☎/fax 340885), nouvel hôtel confortable de Kanye, loue les chambres classiques 23/30 $US, et les "suites pour P.D.G." 37/56 $US. Il est situé à l'est du centre-ville. Son restaurant réputé sert d'excellents repas. Plus rudimentaire, le *Marapalalo Hotel* (☎ 340308) possède également un restaurant. Vous pourrez aussi vous restaurer au *Halley's Comet* ou au *Lempu*.

Est du Botswana

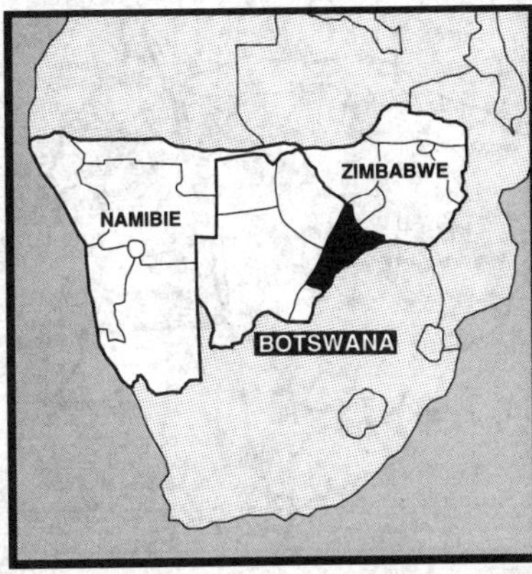

Bien qu'il ressemble fort à un désert en hiver, le territoire broussailleux en bordure des frontières sud-africaine et zimbabwéenne forme la province du Botswana la plus propice à l'agriculture, et donc à l'habitat humain. On ne pourrait qualifier la région de luxuriante, mais elle bénéficie des précipitations les plus abondantes du pays et revêt en été un plaisant manteau verdoyant.

FRANCISTOWN

Aussi peu planifiée que Gaborone, Francistown est sans prétention. Centre industriel et minier, elle est surtout considérée comme la cité du commerce de gros et de détail. La deuxième ville du Botswana ne présente guère d'attrait pour les visiteurs. Hormis un petit musée, on n'y rencontre ni monument, ni église intéressante, ni même une statue ou un soupçon d'architecture kitsch.

Histoire

L'intérêt de Francistown réside dans son histoire. Des outils de pierre et des peintures rupestres prouvent que la région est habitée depuis au moins 80 000 ans par les San ou leurs prédécesseurs. L'agriculture fut introduite par les Bantous vers le IIe siècle. La contrée fut ensuite intégrée aux États shona – torwa et rozwi – qui gouvernèrent la plus grande partie du Zimbabwe actuel jusqu'au début du XIXe siècle. Le sekalanga parlé à Francistown est un dialecte shona, et non setswana ; de même, les ruines au nord-est du district ressemblent à celles des environs de Bulawayo et non à des villages tswana.

Les routes commerciales des Swahilis et des Portugais passaient par la région de Francistown et les vieilles mines d'or des environs datent de l'époque du Grand Zimbabwe, entre le XIIe et le XVe siècle.

Dans les années 1820, les Ndebele déferlèrent en un ouragan qui s'arrêta près de Bulawayo. Le territoire kalanga, au nord-est du Botswana, tomba alors sous leur coupe. Le missionnaire Robert Moffat fut le premier Européen à pénétrer dans la région et dans le village de Nyangabgwe (le plus proche de la Francistown moderne).

Moffat fut suivi du géologue Karl Mauch. Celui-ci changea le cours de l'histoire locale en découvrant de l'or le long de la rivière Tati en 1867, ce qui déclencha la première grande ruée vers le métal précieux en Afrique australe. Il vint même des prospecteurs de Californie et d'Australie. Un établissement de fortune naquit sur la Tati pour accueillir les Blancs qui s'installaient sans se soucier du peuple kalanga vivant dans la région.

En 1869 arriva un groupe d'Australiens accompagné de l'Anglais Daniel Francis. Ce dernier creusa un puits de 20 mètres qui se révéla productif et lui permit de fonder sa propre société, la Tati Concessions. En 1870, il se retira de l'affaire et partit pour Kimberley où l'on venait de découvrir des gisements de diamants. Il revint 10 ans plus tard pour négocier des droits d'exploitation minière avec Lobengula, le roi des Ndebele (établi à Bulawayo), et contribua à la conception du plan de la ville qui porte aujourd'hui son nom.

Bien que l'on y extraie toujours de petites quantités d'or, l'essor industriel actuel de

Francistown ne prit réellement naissance qu'à la fin des années 70. Menacées de fermeture sous l'effet des sanctions économiques qui précédèrent l'indépendance du Zimbabwe, de nombreuses sociétés rhodésiennes prirent le chemin du Botswana pour se fixer à Francistown, à 2 heures de route de Bulawayo. Depuis, la croissance se poursuit sans discontinuer. Francistown est devenue le pivot économique de l'est du Botswana, et elle se développe sans se préoccuper de cohérence ou de planification.

Le feu vert a été donné récemment à la construction du barrage de Letsibogo sur la Motloutse, au sud de la ville. Les travaux, qui devraient s'achever en 1998, entraîneront la réimplantation de plusieurs villages. Il est prévu à terme de construire une canalisation reliée à Gaborone.

Orientation

Les commerces se concentrent essentiellement dans les quelques rues délimitées par la voie ferrée à l'ouest, Khama St à l'est, Selous Ave au nord et le Thapama Lodge au sud. La rue principale, Blue Jacket St (rue de la "Veste bleue"), porte le nom de la mine d'or Blue Jacket. Celle-ci tenait son appellation du sobriquet donné à un pittoresque mineur danois, Sam Andersen, qui ne séparait jamais de sa veste en toile de cette couleur.

Les centres commerciaux se multiplient et, ces deux dernières années, trois nouveaux complexes ont vu le jour. Au plus ancien, le Mall, se sont ajoutés le Blue Jacket Mall, le Barclays Plaza Mall et le Blue Jacket Plaza... et l'avenir nous en réserve d'autres. Les magasins de vente en gros sont regroupés dans la zone industrielle à l'ouest du centre.

Au-delà de l'enclave centrale, Francistown donne l'image d'une agglomération poussiéreuse, décousue, dont la périphérie a le triste privilège de receler les bidonvilles les plus sordides du Botswana. C'est l'un des rares endroits de ce pays prospère où règne une réelle pauvreté.

Renseignements

Étant dépourvue de curiosités touristiques, Francistown n'a pas jugé utile de se doter d'un office du tourisme. Si vous avez besoin d'informations, vous pouvez vous adresser au musée Supa-Ngwao. Les hebdomadaires gratuits *The Northern Advertiser* et *Francistown News & Reviews*, tous deux en vente le vendredi, vous renseigneront sur les manifestations locales.

Argent. Francistown compte plusieurs banques, dont la Standard Bank, dans Haskins St, en face de la gare, et quelques autres dans Blue Jacket St. Pour changer de l'argent, présentez-vous tôt le matin et armez-vous de patience, notamment à la fin du mois. Vous devrez faire la queue une fois pour les formulaires et une seconde fois pour l'opération de change elle-même.

Poste et télécommunications. La poste centrale est située dans Blue Jacket St. Pour téléphoner, allez au Teletswana Office, dans Lobengula Ave, près de Blue Jacket St. Il est ouvert du lundi au vendredi, de 7h45 à 12h30 et de 13h45 à 16h, et le samedi de 8h à 11h.

Agences de voyages. La plus grande agence de Francistown, VIP Travel (☎ 213909), à l'angle de Lobengula Ave et de Blue Jacket St, offre d'excellents services. Elle organise l'hébergement, le transport ou la location de voiture, et s'occupe également des réservations sur les lignes aériennes internationales avec une efficacité étonnante. Holiday Car Hire dispose d'un bureau dans les mêmes locaux.

Blanchissage/nettoyage. Il existe une laverie automatique, Polina Laundromat, à l'extrémité nord de Blue Jacket St.

Librairies. Le Blue Jacket Mall possède une bonne succursale du Botswana Book Centre. Le Blue Jacket Plaza propose la Northern Botsalo Books, et le Barclays Plaza Mall la librairie Chapter's. La Francistown Stationers Bookshop, dans Haskins St, en face de la gare, dispose d'un choix limité de romans et de magazines. BGI, de l'autre côté de la voie ferrée par rapport au centre, vend de beaux livres-souvenirs sur l'Afrique.

Équipement de camping. Ebrahim Store, dans Tainton Ave, est la meilleure adresse.

Consigne. La consigne de la gare est ouverte du lundi au vendredi, de 4h45 à 12h30 et de 14h à 21h, et le samedi de 4h45 à 10h30 et de 17h à 21h.

En cas d'urgence. Le récent hôpital Nyangabgwe est situé à quelques centaines de mètres à l'est du rond-point proche du Cresta Thapama Lodge. Pour obtenir le service des urgences médicales, composez le ☎ 997. La pharmacie Hana du Blue Jacket Plaza est la mieux approvisionnée. Le commissariat de police (police-secours ☎ 999) se trouve dans Haskins St, au nord du centre-ville.

A voir et à faire

Un musée culturel et historique, le Supa-Ngwao, a été aménagé dans l'ancien palais de justice de Francistown et fait office de musée régional pour le nord-est du Botswana. Il accueille également des manifestations et des expositions itinérantes. Sa petite boutique vend des cartes, des livres et des revues érudites consacrés à la région. Il ouvre du mardi au samedi de 9h à 13h et de 14h à 17h.

Ouvrez l'œil pour essayer de repérer l'homme qui s'est auto proclamé roi du Botswana : il porte un complet noir et circule sur une bicyclette qui arbore son drapeau.

Où se loger

Accueillant et récemment rénové, le *Marang Hotel* (☎/fax 213991), à 5 km du centre, sur l'ancienne route de Gaborone, est la meilleure option. On peut camper au bord de la Tati, sur une belle pelouse isolée, pour 5 $US par personne, ce qui comprend l'accès aux installations de l'hôtel (douche chaude, piscine, possibilité de faire sa lessive, etc.). L'hébergement en rondavel sur pilotis ou dans des chambres confortables coûte 65 $US. Les clients, y compris les campeurs, ont droit à un service gratuit de ramassage en ville, en taxi londonien de surcroît ! Pour l'aéroport, l'hôtel demande 3,70 $US. Si vous venez du centre à pied ou en stop, prenez à gauche vers "Matsiloje" au rond-point du Thapama Lodge.

Le *YWCA* (☎ 213046) satisfera également les petits budgets. Prenez la route de Marang, tournez à droite dans Teemana Dr au niveau du Botsalano Bar, au-delà de l'hôpital Nyangabgwe, et faites encore 200 m, le YWCA est sur la gauche. L'hébergement en dortoir pour femmes et hommes coûte 15 $US.

Si vous préférez le centre-ville, le *Tati Hotel* (☎ 212255), dans Lobengula Ave, loue 19/21 $US ses simples/doubles défraîchies avec toilettes et douche, mais il est déconseillé aux femmes seules.

Le township Satellite propose le *Satellite Guest House* (☎ 214665 ; fax 202115), hommage à l'architecture préfabriquée dans une enceinte close. Les simples/doubles coûtent 41/56 $US. Les repas sont servis à heures fixes. Du rond-point du Cresta Thapama Lodge, suivez la route de Marang sur 3 km, prenez à gauche en face de l'école pour les malentendants et continuez sur encore 250 m.

L'hôtel le plus haut de gamme de Francistown, le *Cresta Thapama Lodge* (☎ 213872 ; fax 213766), à l'angle de Doc Morgan Ave et de Blue Jacket St, est surtout fréquenté par les hommes d'affaires. Agrandi récemment, il possède des simples/doubles à 78/93 $US, petit déjeuner compris.

Où se restaurer

Le *Marang Hotel* sert de bons petits déjeuners anglais ; le soir, il propose un buffet de salades et un menu à environ 10 $US par personne. Le petit déjeuner buffet du *Cresta Thapama Lodge* coûte 8 $US ; au dîner, essayez son restaurant Ivory Grill, dont la carte offre un choix de grillades et de curries. Des en-cas sont servis sur la terrasse de la piscine l'après-midi, et des repas légers sont disponibles au bar.

Le *Francistown Sports Club*, ouvert tous les jours sauf le lundi, vous régalera de mets délicieux et peu coûteux, mais les visiteurs doivent verser 2 $US d'adhésion temporaire. Il propose également des plats à emporter.

Un *Kentucky Fried Chicken* a récemment ouvert dans le Blue Jacket Plaza. A l'autre bout de la même rue, le *Chicken Run* se spécialise lui aussi dans le poulet. De l'autre côté de la rue, le *Tasty Eats* "strictement Halaal" propose des curries, des rotis, des grillades et de savoureux en-cas. Vous mangerez grec au *Donna Café*, dans Selous Ave. L'*Eriotta Café*, restaurant classique, se trouve à l'angle de Haskins St et de Blue Jacket St.

Haskins St et les rues environnantes comptent aussi plusieurs cafés bon marché qui offrent des plats à emporter, dont le *Ma Kim's*, le *HO Café*, le *Bus Stop* et le *Francistown Café*. De l'autre côté de la voie ferrée, le *Curry Den Takeaways* prépare de la cuisine indienne. Si vous voulez juste prendre un café, essayez le *Coffee Hut* dans le Barclays Plaza.

Outre quatre supermarchés bien approvisionnés, il existe un petit marché en plein air. A la gare routière, des étals offrent tout un choix de fruits, de légumes et d'en-cas chauds. La *Hot & Crusty Bakery*, dans le Mall, vend du pain frais et des pâtisseries. On peut également y prendre son petit déjeuner.

Distractions

Vous n'aurez guère de choix. Grand favori, le Ritzma Sounds Bar, dans Doc Morgan Ave, juste après le pont sur la Tati, sert des boissons alcoolisées et des en-cas de 6h à minuit, sur fond de musique jazz et de danse le soir. Le week-end, The Tube Disco, dans Blue Jacket St, remporte les suffrages de la jeune génération, mais la sécurité est douteuse. Cine

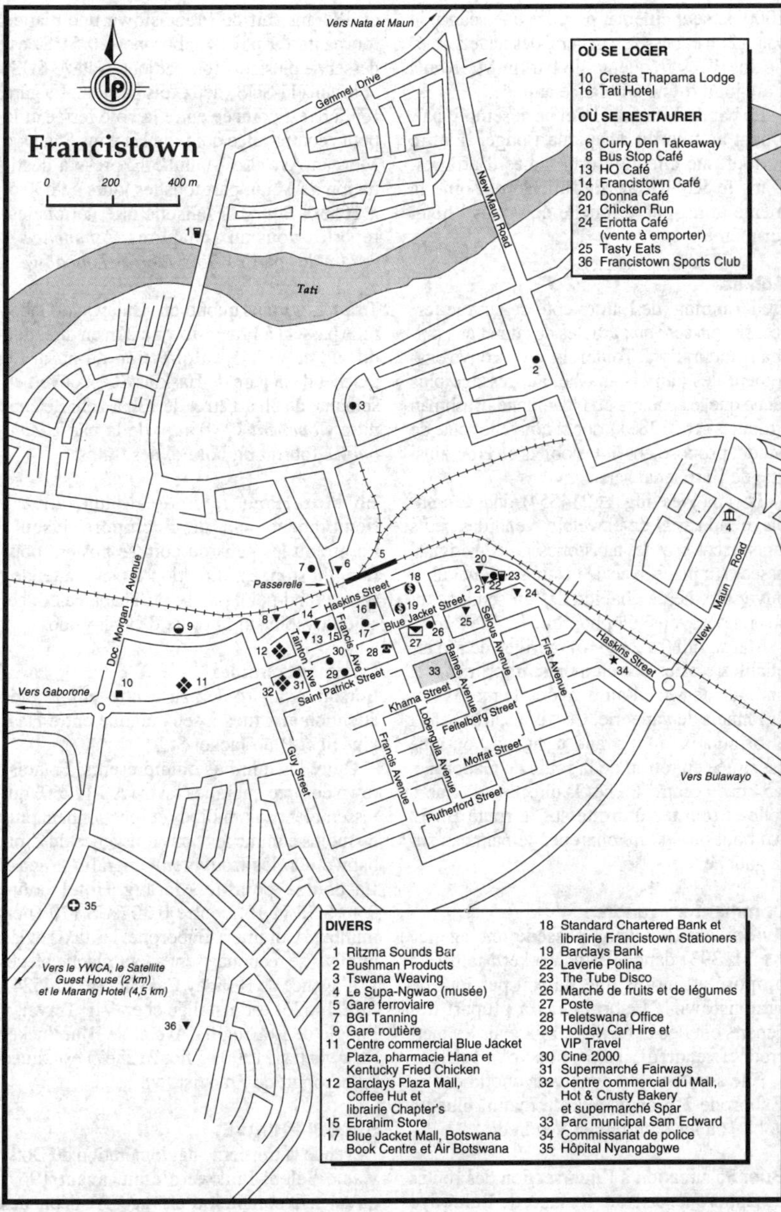
Francistown
0 200 400 m
Vers Nata et Maun
Gemmel Drive
New Maun Road
Tati
Doc Morgan Avenue
Passerelle
Haskins Street
Blue Jacket Street
Tainton Ave
Francis Ave
Saint Patrick Street
Selous Avenue
Baines Avenue
First Avenue
Khama Street
Lobengula Avenue
Feitelberg Street
Moffat Street
Rutherford Street
Francis Avenue
Guy Street
Vers Gaborone
Vers Bulawayo
Vers le YWCA, le Satellite Guest House (2 km) et le Marang Hotel (4,5 km)
OÙ SE LOGER
10 Cresta Thapama Lodge
16 Tati Hotel
OÙ SE RESTAURER
6 Curry Den Takeaway
8 Bus Stop Café
13 HO Café
14 Francistown Café
20 Donna Café
21 Chicken Run
24 Eriotta Café (vente à emporter)
25 Tasty Eats
36 Francistown Sports Club
DIVERS
1 Ritzma Sounds Bar
2 Bushman Products
3 Tswana Weaving
4 Le Supa-Ngwao (musée)
5 Gare ferroviaire
7 BGI Tanning
9 Gare routière
11 Centre commercial Blue Jacket Plaza, pharmacie Hana et Kentucky Fried Chicken
12 Barclays Plaza Mall, Coffee Hut et librairie Chapter's
15 Ebrahim Store
17 Blue Jacket Mall, Botswana Book Centre et Air Botswana
18 Standard Chartered Bank et librairie Francistown Stationers
19 Barclays Bank
22 Laverie Polina
23 The Tube Disco
26 Marché de fruits et de légumes
27 Poste
28 Teletswana Office
29 Holiday Car Hire et VIP Travel
30 Cine 2000
31 Supermarché Fairways
32 Centre commercial du Mall, Hot & Crusty Bakery et supermarché Spar
33 Parc municipal Sam Edward
34 Commissariat de police
35 Hôpital Nyangabgwe

2000, le seul cinéma, propose une séance le soir à 20h et passe en général des navets américains. Très fréquenté, le bar du Ma Kim's Café jouit d'une ambiance animée.

Le bar du Marang Hotel ne désemplit pas. Quant au pub du Thapama Lodge, il attire surtout une clientèle d'hommes d'affaires. Dans le Kudu Bar du Tati Hotel règne la même atmosphère louche que dans l'hôtel lui-même.

Achats

BGI Tanning, de l'autre côté de la voie ferrée, se consacre aux articles de cuir et aux animaux naturalisés. Toutefois, on y trouve également des paniers shashe, au tressage plus lâche que les paniers du Ngamiland. Bushman Products (☎ 213821), sur la nouvelle route de Maun, propose aussi des objets en cuir, ainsi que de l'artisanat san.

Tswana Weaving (☎ 214554), dans le complexe industriel de Tswelelo, vend des petits tapis en coton et des tapisseries au style original tissées sur place avec de la laine de karakul. Il ouvre aux heures habituelles en semaine, et sur rendez-vous téléphonique le week-end.

Marothodi (☎ 213646) fabrique de remarquables étoffes et vêtements, imprimés à la main de dessins d'animaux et de motifs traditionnels de vannerie. Les tissus, très beaux et originaux, sont grand teint. La boutique est située en retrait de la route de Gaborone, à 5 km du centre. Prenez la direction de Gaborone et tournez à droite sur la route BML. Au bout de 200 m, cherchez le panneau sur la gauche.

Comment s'y rendre

Avion. Air Botswana possède une agence (☎ 212393) dans le Blue Jacket Mall. Elle propose au moins une liaison par jour de Francistown à Gaborone. La plupart des départs ont lieu entre 8h et 13h, mais les mercredi et vendredi, il existe un vol à 18h15.

Elle assure un ou deux vols quotidiens de Gaborone à Francistown le matin, plus un vol à 16h les mercredi et vendredi.

Bus. Sa situation à l'intersection des routes de Gaborone, de Nata/Kasane, de Bulawayo et d'Orapa fait de Francistown une plaque tournante du pays. Gaborone (10 $US) est desservie plusieurs fois par jour, Nata (3 $US) et Maun (11 $US) deux fois par jour. La gare routière est coincée entre la voie ferrée et la petite contre-allée qui relie Haskins St à Doc Morgan Ave. Le Mahube Express à destination de Maun part tous les jours à 9h30 et à 10h30. Pour les liaisons internationales, reportez-vous aux chapitres *Comment s'y rendre* des parties *Botswana* et *Zimbabwe*.

Train. Les trains quotidiens Bulawayo-Gaborone passent à Francistown à 21h en direction du sud et à 6h45 en direction du nord. Le guichet de la gare de Haskins St est ouvert en semaine de 8h à 12h et de 13h à 16h. Le chapitre *Comment s'y rendre* de la partie *Zimbabwe* fournit un horaire des trains.

En stop. Pour rejoindre Maun, allez à l'embranchement de l'aéroport, jusqu'à l'arbre où les gens du coin se postent pour faire du stop. En direction du sud, attendez soit au rond-point proche du Thapama Lodge, soit plus loin sur la route de Gaborone.

Comment circuler

Lorsque vous roulez au centre-ville, faites attention aux rues à sens unique entre Haskins St et Blue Jacket St.

Outre les minibus omniprésents, Francistown compte quelques taxis (☎ 212260) qui ressemblent aux minibus et fonctionnent plus ou moins comme les taxis d'urgence du Zimbabwe. On les trouve en général à la gare. La course pour le Marang Hotel coûte 0,40 $US (1 P), contre 0,30 $US (70 t) en minibus. Comme à Gaborone, les taxis et les minibus se reconnaissent à leur plaque bleue.

L'agence de Holiday Car Hire (☎ 214524 ; fax 214526) est installée chez VIP Travel, à l'angle de Lobengula Ave et de Blue Jacket St. Avis (☎ 213901 ; fax 212867) est située à l'aéroport de Francistown.

SELEBI-PHIKWE

Devenue la troisième agglomération du Botswana, Selebi-Phikwe n'était, avant 1967, qu'un petit comptoir d'élevage. Au début des années 60, on avait découvert les gisements de cuivre, de nickel et de cobalt de Selebi et de Phikwe, distantes de 14 km. La Bamangwato Concessions Ltd (BCL) en prit le contrôle et l'exploitation commença en 1973. Aujourd'hui, le rendement annuel des mines s'élève au total à 2,5 millions de tonnes.

Selebi-Phikwe s'est transformée en une grande ville d'entreprise, abritée à l'ombre d'une colline entre les deux mines. Elle est heureusement nichée dans un beau cadre naturel de petites kopje rocailleuses, de savane et de basses collines que pourraient lui envier bien d'autres localités de l'est du Botswana. Elle est également l'une des rares cités dotées d'un plan d'urbanisation cohérent, et la municipalité s'emploie à agrémenter le quartier des affaires d'arbres fleuris et de diverses plantations. Elle offre un tableau plaisant, mais peu d'activités touristiques. Peut-être un jour se décidera-t-on à organiser des visites des exploitations, et l'on pourra contempler le puits impressionnant de la mine de Phikwe.

Renseignements

Le Mall, cœur de la ville (voir carte page suivante), regroupe le commissariat de police, le Teletswana, les bureaux de poste et quelques restaurants, ainsi que l'une des meilleures librairies du Botswana. Le *Phikwe Bugle*, publié le vendredi, vous informera des activités des nombreux clubs sportifs.

Où se loger et se restaurer

L'agréable *Bosele Hotel* (☎ 810675 ; fax 811083), dans Tshekedi Rd près du Mall, reçoit surtout la clientèle de l'industrie minière. Les simples/doubles coûtent 70/90 $US. Il possède un restaurant classique, et organise souvent des *braais* ou buffets peu coûteux. Les clients peuvent demander à ce que l'on vienne les chercher à l'aéroport ou à l'arrêt de bus.

Si vous ne tenez pas à loger au centre, le *Syringa Lodge* (☎ 810444 ; fax 810450), à l'angle d'Independence Rd et d'Airport Rd, est plaisant. Il loue les simples/doubles avec s.d.b. 69/84 $US, un peu moins cher avec douche. Son *Red Lobster Restaurant* est le meilleur de la ville et il possède également deux bars.

Pour vous restaurer, vous trouverez dans le Mall le *Pioneer Restaurant & Takeaways*, le *Southern Fried Chicken Takeaways* et le *Copper & Nickel Takeaways*. Plus à l'est, Independence Rd propose l'*Old Spice Catering Restaurant & Takeaways*. Le marché au nord du Mall vend des produits d'alimentation et des en-cas chauds à petits prix. Pour faire votre marché, allez au *Fairways Supermarket* et au *Louise Garden Fresh Fruit & Vegetables*, tous deux dans le Mall.

Comment s'y rendre

Le seul intérêt de Selebi-Phikwe pour les touristes, c'est son trafic commercial qui permet de trouver un transport à destination du Tuli Block. Les bus circulent d'ordinaire entre Selebi-Phikwe, Seruli et Francistown une à deux fois par jour.

Comment circuler

Le Syringa Lodge héberge une agence de Holiday Car Hire (☎ 810450).

LES COLLINES DE LEPOKOLE

Prolongement de celles de Matobo au Zimbabwe, ces collines se dressent à environ 25 km au nord-est du village de Bobonong, et sont accessibles avec un véhicule traditionnel. Plus arides et désolées que leur sœurs zimbabwéennes, elles montrent néanmoins des dômes et des kopje caractéristiques, révélateurs de leur parenté géologique. Elles fourmillent de grottes, de gorges et de surplombs ornés de peintures attribuées aux premiers San. Au reste, ces collines sont considérées comme leur dernier domaine dans l'est du Botswana, et ce peuple leur attribuerait une grande signification religieuse.

Près de la principale grotte, vous verrez des ruines entourées d'un mur de pierre datant de l'époque du Grand Zimbabwe, probablement du début du XVe siècle. Comme à Matobo, la faune est abondante. Parmi les espèces couramment observées, citons les damans de rocher, les babouins, les oréotragues et de plus grandes antilopes. Les léopards se laissent difficilement repérer.

Les collines ne bénéficient pas d'une desserte par les transports publics et sont dépour-

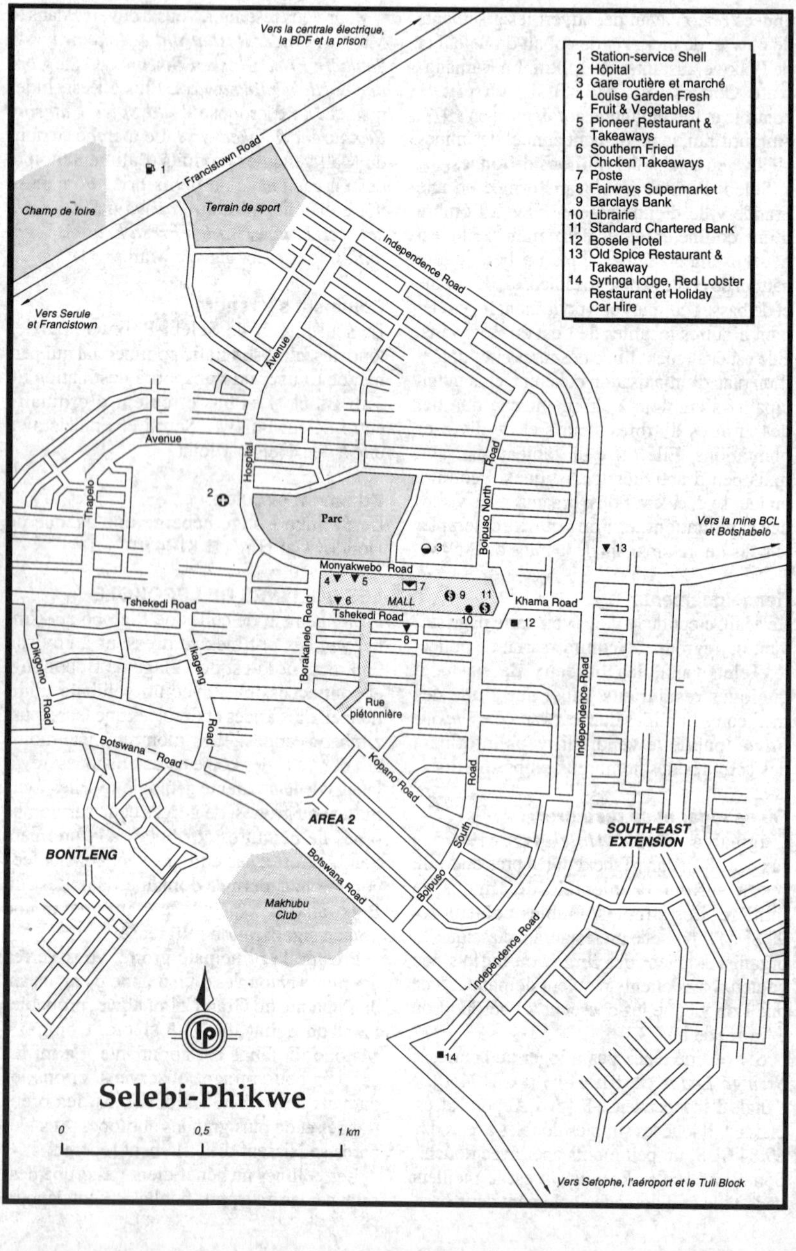
Vers la centrale électrique, la BDF et la prison
1 Station-service Shell
2 Hôpital
3 Gare routière et marché
4 Louise Garden Fresh Fruit & Vegetables
5 Pioneer Restaurant & Takeaways
6 Southern Fried Chicken Takeaways
7 Poste
8 Fairways Supermarket
9 Barclays Bank
10 Librairie
11 Standard Chartered Bank
12 Bosele Hotel
13 Old Spice Restaurant & Takeaway
14 Syringa lodge, Red Lobster Restaurant et Holiday Car Hire
Francistown Road
Champ de foire
Terrain de sport
Independence Road
Vers Serule et Francistown
Avenue
Hospital
Parc
Boipuso North Road
Vers la mine BCL et Botshabelo
Monyakwebo Road
MALL
Khama Road
Tshekedi Road
Thapelo
Borakanelo Road
Ikageng Road
Dikgomo Road
Rue piétonnière
Botswana Road
Kopano Road
South Road
AREA 2
SOUTH-EAST EXTENSION
BONTLENG
Boipuso
Makhubu Club
Selebi-Phikwe
0
0,5
1 km
Vers Sefophe, l'aéroport et le Tuli Block

vues d'infrastructure touristique. Seuls des produits de première nécessité sont vendus à Bobonong. Pour camper ou faire une randonnée en brousse, munissez-vous de provisions suffisantes en nourriture et en eau, ainsi que des cartes topographiques appropriées.

LE TULI BLOCK

Le Tuli Block est une longue bande de terres arables longeant sur 350 km la rive nord du Limpopo, de Buffles Drift à Pont Drift, et qui s'étend sur une largeur de 10 à 20 km. Il était autrefois occupé par la tribu des Ngwato, mais peu après l'établissement du Protectorat du Bechuanaland, il fut cédé à la BSAC qui voulait y établir une ligne de chemin de fer. Toutefois, les multiples cours d'eau temporaires imposaient la construction de nombreux ponts dont le coût rendit le projet irréalisable. Le territoire fut alors ouvert aux colons blancs, et la voie ferrée passa au nord-ouest de son emplacement présent.

L'attrait majeur du Tuli Block réside dans la North-East Tuli Game Reserve de 90 000 hectares. Elle englobe les réserves de Mashatu et de Tuli, toutes deux ouvertes au public, ainsi que plusieurs réserves privées. Les deux parcs principaux abritent un large échantillonnage de la faune indigène et vous feront découvrir les plus beaux panoramas du Botswana, paysages de savane, de kopje rocailleuses, de rivières aux berges escarpées, de forêts fluviales, ponctués de pimpants villages.

Le Limpopo n'a rien de très remarquable et ne rappelle pas précisément les *Histoires comme ça* de Kipling, mais il peut parfois être qualifié de "gris-vert". Il y pousse l'*Acacia xanthophloea* d'Afrique australe, hautes mimosacées des marais aux fleurs jaunes odorantes. A Martin's Drift, un barrage forme dans le lit de la rivière un ravissant réservoir.

Sherwood et Zanzibar

Villages rustiques et étiolés, Sherwood (Martin's Drift) et Zanzibar n'offrent guère d'intérêt, si ce n'est leur position frontalière entre le Botswana et l'Afrique du Sud. Ils sont tous deux dépourvus de capacité d'hébergement, mais Sherwood Ranch, à 8 km du poste-frontière de Martin's Drift (ouvert de 8h à 18h), possède un petit magasin, une banque, une poste, une station-service et une bottle shop. Sherwood avait retrouvé une certaine vitalité avec l'arrivée de la route goudronnée de Selebi-Phikwe, mais la fermeture du Stevensford Game Ranch, à 14 km à l'est, en annula les effets positifs.

Les 105 kilomètres entre Sherwood et Zanzibar vous font affronter une route de gravier épouvantable qui pique fréquemment du nez pour traverser les lits de rivière asséchés. Zanzibar ne propose qu'un petit magasin et une bottle shop. Entre Zanzibar et Pontdrift se trouvent deux postes-frontières de peu d'importance fermant à 16h, Saambou et Platjanbridge. Aux approches de Baine's Drift, où vous passerez un contrôle de police, vous jouirez d'un point de vue panoramique sur la spectaculaire chaîne de Blaberg en Afrique du Sud. Le microclimat et les sources naturelles de ce monde perdu ont donné naissance à une végétation de jungle où poussent des bananiers sauvages et autres fruitiers tropicaux.

Pont Drift

Point le plus à l'est du Botswana, ce village se résume au poste-frontière et aux services de police et d'immigration afférents. Il ne possède pas de pont, aussi, lorsque le Limpopo est trop profond pour être passé à gué, les véhicules ne peuvent pas traverser. Un antique téléphérique fait franchir le fleuve aux voyageurs pour 4 $US par personne.

Le bureau de la réserve de Mashatu se tient juste après le poste de l'immigration.

La traversée de la Motloutse

La sablonneuse rivière Motloutse ("grand éléphant") pénètre comme une entaille de sable dans le Limpopo, à environ 27 km à l'ouest de Pont Drift. Elle est en général à sec, mais son lit profondément ensablé ne peut être traversé qu'en 4x4. Juste à l'est de la rivière, la route entre dans une petite portion isolée de la Mashatu Game Reserve, aux jolis panoramas et riche en faune.

La progression laborieuse dans le lit de la rivière vous donnera l'occasion de contempler le filon stérile de basalte à gros grain res-

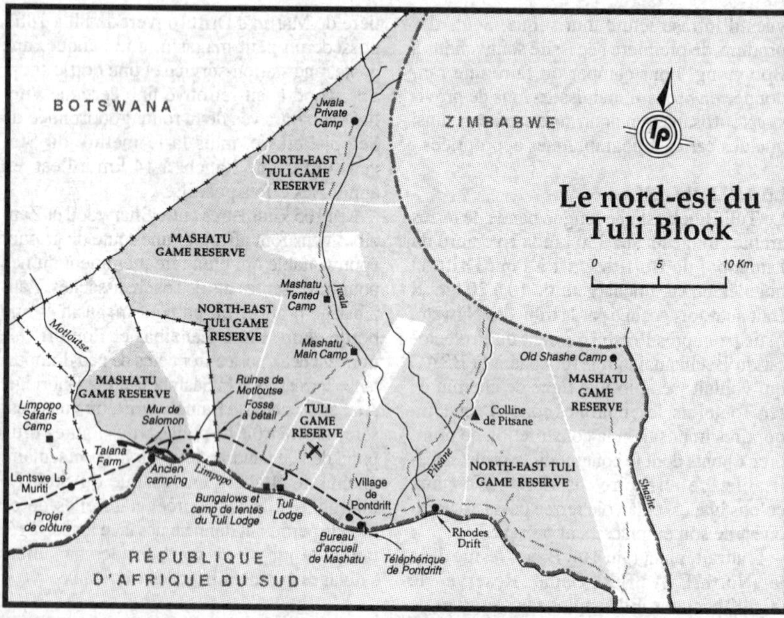

semblant à du granit, haut de 30 mètres, qui déchire le paysage des deux côtés de la piste. Cette formation est appelée "Mur de Salomon" et vaut la peine d'être explorée à pied ; restez du coté ouest de la rivière, la berge fait partie de Mashatu. Le lit de la rivière vous livrera des agates et des cristaux de quartzite.

On pouvait naguère camper dans le bouquet d'arbres mashatu juste à l'ouest de la rivière (qui appartient à la Talana Farm), mais c'est à présent interdit.

Mashatu Game Reserve

La plus importante réserve privée d'Afrique occupe 45 000 hectares entre le Shashe et le Limpopo, à la frontière du Zimbabwe et de l'Afrique du Sud. Elle se prête tout particulièrement à l'observation des félins, des antilopes et des grands troupeaux d'éléphants. Vous y admirerez également les majestueux arbres mashatu qui ont donné leur nom à la réserve. Plus reculées, proches du Limpopo, subsistent les ruines de Motloutse, village en pierre datant de l'époque de Great Zimbabwe, qui appartenait au royaume de Mwene Mutapa.

Où se loger. Le camping sauvage est interdit, et à l'exception de la petite parcelle isolée juste à l'est de la Motloutse, la réserve n'est ouverte qu'aux clients des lodges de Mashatu. Le point d'accès est le bureau d'accueil de Mashatu, situé à côté du téléphérique de Pontdrift. Dans la réserve, l'une des villégiatures les plus luxueuses du pays, le *Mashatu Main Camp* (anciennement *Majale Lodge*) (☎ 845321) s'enorgueillit d'une piscine et d'un centre de conférence. Le Gin Trap, un bar-pirogue, donne sur un point d'eau illuminé. Plus loin dans le bush, le *Mashatu Tent Camp* (ex-*Thakadu Tent Camp*), agrémenté lui aussi d'une piscine, offre un "rustique de luxe". Toutes les tentes, meublées comme des chambres d'hôtel, sont équipées de toilettes et de douches.

Le Mashatu Main Camp loue ses bungalows simples/doubles 249/386 $US. Les tentes du Mashatu Tent Camp coûtent 186/297 $US. Les prix comprennent l'hébergement, les repas, les excursions en voiture et le transport depuis l'aérodrome de Tuli Lodge ou le téléphérique de Pont Drift. Pour réserver et demander des renseignements, contactez la Mashatu Game Reserve (☎ (011) 789 2677 ; fax (011) 886 4382), Suite 4, Tulbaugh, 360 Oak Ave, Ferndale (PO Box 2575, Randburg 2125), Afrique du Sud.

Tuli Game Reserve

Elle couvre 7 500 hectares, apparemment soustraits à la réserve de Mashatu. Le *Tuli Lodge* (☎/fax 845303) occupe le cadre magnifique d'une oasis verdoyante en bordure du Limpopo, où l'on accède en traversant un ravissant paysage de rocailles rouges. L'hébergement est plus modeste et un peu plus abordable qu'à Mashatu. Le Tuli Lodge fut à une époque le sponsor de Gareth Patterson, héritier de *Born Free* de George et Joy Adamson. Lorsque George Adamson fut assassiné au Kenya en 1989, Patterson transféra les lionceaux dans l'environnement relativement sûr de l'est du Botswana.

Les chambres du lodge principal ombragé coûtent 176/298 $US, ou 474/784 $US pour trois nuits. Les prix comprennent l'hébergement, trois repas, deux excursions en voiture et une randonnée à pied.

A 2 km en amont, à l'ancien Nokolodi Camp, le Tuli Lodge propose des bungalows indépendants à 43 $US par personne, ce qui inclut l'hébergement en rondavel et une excursion en voiture. Un immense arbre mashatu, qui serait vieux de plus de mille ans, se dresse à cet endroit. Il existe également, au même prix, un petit camp de tentes avec possibilité de faire la cuisine, qui peut accueillir 8 personnes. Les clients des deux camps ont accès à toutes les installations du lodge principal, à savoir le restaurant, le bar et la piscine. Le camping n'est plus autorisé. Pour réserver, contactez le Tuli Lodge (☎ (011) 482 2634 ; fax (011) 482 2635), PO Box 32533, Braamfontein 2017, Afrique du Sud. L'atterrissage sur la piste privée coûte 4 $US par siège d'avion (que les sièges soient occupés ou non), plus 21 $US de frais de douane.

Limpopo Safaris Camp

Juste à l'ouest de la réserve de Mashatu, s'étend, sur 12 000 hectares, la concession de chasse de Limpopo Safaris, qui possède une agence à Lentswe-le-Muriti, à l'ouest de la Motloutse. Le camp de chasse, à 5 km au nord de la route principale (accessible en 4x4 seulement), est ouvert à tous pour 30 $US par personne, prix qui comprend l'hébergement, très rudimentaire, et des excursions en voiture. Les repas ne sont pas assurés.

La concession abrite des koudous, des impalas, des gnous, des guibs harnachés, des céphalophes de Grimm, des steenbocks, des zèbres, des léopards et des hyènes. Évidemment, ils ont été quelque peu échaudés par les chasseurs, et vous risquez de les trouver un brin farouches. Il a été suggéré de construire une clôture entre la concession, Talana Farm et la réserve de Mashatu pour empêcher les animaux d'aller dans la zone de chasse.

Pour vous renseigner et réserver, adressez-vous à Gerhard Pretorius, Limpopo Safaris (☎ (011) 780 3374 ou (011) 976 3674) à Johannesburg, Afrique du Sud.

Comment s'y rendre

Avion. Okavango Air (☎ 313308) propose un aller-retour entre Gaborone et l'aérodrome de Pont Drift (qui appartient au Tuli Lodge) tous les dimanches. Le départ est assuré si deux personnes ou plus sont intéressées. Le prix s'élève à pas moins de 178 $US aller-retour.

Voiture et moto. Si, du côté botswanais, certaines routes de gravier ou de terre sont relativement accessibles aux véhicules traditionnels, les secteurs les plus intéressants requièrent un 4x4, notamment la Motloutse à l'ouest de Pont Drift.

De Gaborone, la solution la plus simple consiste à passer la frontière pour emprunter les nationales goudronnées d'Afrique du Sud. Toutefois, si le Limpopo déborde de nouveau et ne peut être franchi à gué, vous devrez laisser votre véhicule en Afrique du Sud et entrer au Botswana par le téléphérique de Pont Drift. Prévenez le lodge de votre arrivée pour qu'on vienne vous chercher à Pont Drift. N'oubliez pas que la frontière ferme à 18h.

La protection des rhinocéros

Aucun grand animal d'Afrique australe n'est plus en danger que le rhinocéros, dont le massacre a soulevé des cris d'alarme et d'indignation tant en Afrique que dans le reste du monde, et cela à juste titre. Au cours des vingt-cinq dernières années, près de 70 000 rhinocéros noirs et d'innombrables rhinocéros blancs ont été exterminés par les braconniers, en grande partie pour leur corne. En effet, les Asiatiques lui attribuent des vertus médicinales et aphrodisiaques, tandis que, pour les Yéménites, posséder un poignard en corne de rhinocéros est une marque de virilité.

La médecine traditionnelle chinoise utilise surtout la corne de rhinocéros comme fébrifuge, remède efficace dans une certaine mesure, mais nettement moins que l'aspirine. Les tentatives d'introduction de produits de substitution, par exemple la corne de buffle, se sont heurtées à l'opposition des pharmaciens chinois. Ceux-ci prétendent que la "constitution délicate" des Chinois sédentaires ne supporterait pas des remèdes aussi "grossiers".

La diminution spectaculaire du nombre de rhinocéros a fait grimper le prix de la corne africaine à environ 5 700 $US le kg sur le marché asiatique (la corne asiatique plane à 52 000 $US le kg !). Résultat, les rhinocéros ont complètement disparu de certains pays d'Afrique et d'Asie.

Il est difficile de blâmer les braconniers. Les risques sont grands, mais ils peuvent gagner, avec une seule corne de rhinocéros – de 100 $US à 350 $US – ce que leur rapporterait une vie entière à travailler aux champs. Les gains potentiels atteignent de tels sommets que rien ne les décourage, pas même les quelque 200 braconniers abattus au seul Zimbabwe. La plupart des programmes de protection mis en place au Zimbabwe, au Botswana et en Namibie n'obtiennent que des résultats médiocres. De nombreux animaux transplantés ne s'adaptent pas à leur nouvel environnement et meurent. La surveillance radio ne sert qu'à apprendre l'emplacement des animaux morts ; quant aux patrouilles des parcs, elles sont dangereusement exposées et découragées par la férocité des braconniers. En outre, les fonds manquent.

Décorner les rhinocéros a paru à une époque apporter la solution, puisque cela leur ôtait toute valeur commerciale. Ce programme a eu un succès limité (notamment en Namibie et en Afrique du Sud, moins touchées par le braconnage que les autres pays).

Premièrement, un braconnier tuera un rhinocéros pour le plus petit moignon de corne. Deuxièmement, s'il perd 4 ou 5 jours à pourchasser un rhinocéros décorné, il l'éliminera pour s'éviter une traque inutile à l'avenir. Troisièmement, les négociants d'Extrême-Orient sont parfaitement conscients de ce que l'extinction des rhinocéros rendra inestimables leurs quelque 5 à 10 tonnes de cornes aujourd'hui en stock dans la seule île de Taiwan (actuellement évaluées entre 35 et 70 millions $US). Les réserves de la Chine continentale sont estimées à 9 tonnes, pour la plupart originaires du Yémen. Pour accélérer le processus, les braconniers ont reçu l'ordre d'abattre tous les rhinocéros, avec ou sans corne. En septembre 1993, sur les 90 rhinocéros victimes du braconnage dans le parc national de Hwange, 84 étaient décornés. En outre, la corne repousse au rythme d'environ 6 cm par an.

Le pronostic est sombre pour les rhinocéros noirs. En Afrique, leur population est passée de 65 000 en 1970 à quelque 1 500 aujourd'hui ; ils sont abattus beaucoup plus vite qu'ils ne se reproduisent. Leur quasi-extinction se traduit déjà par une augmentation du nombre de rhinocéros blancs tués au Zimbabwe, en Afrique du Sud et au Swaziland.

Zimbabwe. Les estimations plaçaient la moitié de la population survivante au Zimbabwe, mais nombre d'experts les jugent optimistes et penchent plutôt pour un chiffre de 100 à 200. Le braconnage fait trois victimes par semaine.

Aujourd'hui, la guerre contre les braconniers utilise la technologie moderne. Les rhinocéros noirs sont transférés de territoires à risque, tels que le parc national de Chizarira, dans les zones de protection intensive des parcs nationaux de Matobo, Hwange, Matusadona, et de la région de Chipinge dans les hautes terres orientales. On leur implante ensuite, sous la peau du cou, un récepteur à puce relié à une base de données qui déclenche une alarme retentissante si un rhinocéros cesse de bouger ou s'aventure dans un secteur à haut risque. Ce système permet de ramener le rhinocéros dans une zone protégée ou, s'il a été tué, d'arrêter les braconniers avant qu'ils n'aient eu le temps de s'enfuir.

Malheureusement, la protection des rhinocéros est un domaine où le Zimbabwe ne s'illustre guère. Il argue du manque de fonds, mais les responsables sont surtout tellement désireux de vendre leur stock de cornes que le gouvernement zimbabwéen s'est bruyamment opposé à toutes les tentatives internationales de briser le marché. De plus, des preuves concluantes révèlent que des employés des parcs nationaux et des fonctionnaires de haut niveau sont eux-mêmes impliqués dans le commerce des cornes. A la fin des années 80, tous les rhinocéros du parc national de Gonarezhou furent tués par l'armée zimbabwéenne. En 1992, quatre membres des services de renseignements se firent prendre en possession de deux cornes. En 1993, un ministre et six autres personnes furent condamnés pour possession illégale de deux cornes. En deux occasions, des diplomates nord-coréens ont été surpris en train de sortir des cornes du pays par la valise diplomatique. Il est prouvé que plusieurs fonctionnaires du ministère des Parcs nationaux ont été mêlés tant au trafic qu'aux nombreuses tentatives de dissimulation des affaires. Les avions et les véhicules des patrouilles antibraconnage ont été réquisitionnés par des responsables du gouvernement pour leur usage personnel. Au moins huit personnes en possession de preuves accusant des fonctionnaires ou ayant osé élever la voix ont trouvé la mort dans un "accident". D'autres ont été arrêtées sous des inculpations inventées de toutes pièces, afin de les discréditer.

Botswana. En 1992, une enquête réalisée dans le nord du pays révéla qu'il restait seulement neuf rhinocéros blancs au Botswana. Le Khama Rhino Sanctuary fut alors créé près de Serowe, afin de protéger les quelques survivants mais, avant son ouverture, quatre rhinocéros succombèrent au braconnage. La réserve abrite aujourd'hui quatre rhinocéros. La réserve de Mokolodi, au sud-est du Botswana, a fait venir plusieurs rhinocéros blancs d'Afrique du Sud. A moins qu'on ne mette un terme définitif à la vente des cornes, l'Afrique ne verra probablement plus jamais les rhinocéros s'ébattre en liberté.

Namibie. Elle possède actuellement la troisième population de rhinocéros noirs du monde, dont beaucoup vivent dans la région sauvage et non protégée du Damaraland nord. Environ 5% par an sont abattus par les braconniers, chiffre qui ne cesse d'augmenter. A la fin du siècle, les rhinocéros du désert du Damaraland auront peut-être complètement disparu.

La Namibie a été un des premiers pays à entreprendre de décorner ses rhinocéros pour les protéger. Hélas, les femelles décornées s'avérèrent alors incapables de protéger leur progéniture des attaques des hyènes. Lors de la sécheresse de 1993, quand le gibier se fit rare, toutes perdirent leurs petits.

L'organisation non gouvernementale Save the Rhino Trust (☎ (061) 222281 ; fax (061) 223077), PO Box 22691, Windhoek, Namibie, a été fondée pour sensibiliser l'opinion publique à la protection des rhinocéros, encourager le parrainage d'animaux individuels et fournir des sources de revenus dans les régions afin d'éloigner la tentation du braconnage. La ville de Khorixas, où le taux de chômage est de 80%, pose un problème particulièrement délicat.

La population du Damaraland soutient activement la protection des rhinocéros, des éléphants, des lions et autres espèces vivant dans le désert, dans l'espoir de voir son économie s'améliorer sous l'effet de l'accroissement du tourisme. Jusqu'ici, les projets les plus réussis de la STR ont été les ventes de produits artisanaux à Khorixas et les campings pour touristes, gérés par des gens de la région, qui ont été installés à Khowarib, à Ongongo et à Twyfelfontein.

Solutions. Dans les régions où vivent des rhinocéros, la solution la plus efficace consiste, semble-t-il, à sensibiliser la population à la sauvegarde de la faune et à lui prouver que les rhinocéros sont plus utiles à leur communauté vivants que morts. Beaucoup ont préconisé d'autoriser une chasse limitée et à prix fort, afin de financer tant les fonds de protection que les collectivités locales. Toutefois, voir certains tuer des rhinocéros tandis que d'autres s'acharnent à les préserver de l'extinction pourrait troubler les fermiers locaux, peu versés dans ce type de pratique économique.

Au niveau mondial, chacun peut aider. Le pire contrevenant, Taiwan, est une nation industrielle moderne dont l'économie dépend lourdement des exportations. Les États-Unis ont déjà cessé d'importer de Taiwan les produits d'origine animale, mais les écologistes jugent cette mesure trop timide et prônent le boycott de tous les biens fabriqués par les sociétés à participation taiwanaise. Peut-être alors le gouvernement de Taiwan se décidera-t-il à appliquer ses propres lois réprimant le commerce des espèces en voie de disparition. Si ce sujet vous intéresse, reportez-vous, dans la partie *Présentation de la région*, à la rubrique *Organisations utiles* du chapitre *Renseignements pratiques*.

Il a été suggéré de décorner les rhinocéros dans un but commercial. Inonder le marché de produits légaux ferait s'effondrer les prix et donc le trafic illicite. Et si les rhinocéros ne sont pas massacrés, la corne devient une ressource renouvelable. Contre-argument : actuellement, décorner un rhinocéros revient à environ 1 000 $US, et il est donc impossible de commercialiser les cornes à un prix assez bas pour saper les activités des trafiquants.

Mais peut-être est-il déjà trop tard. ■

Depuis la nationale Gaborone-Francistown, sept accès mènent au Tuli Block : Artesia (à 53 km au nord de Gaborone) ; Dinokwe ; Mahalapye (si vous arrivez du nord, il existe un raccourci cahoteux au départ de Lose) ; à 10 km au sud ou à 20 km au nord de Palapye ; de Seruli à Zanzibar *via* Selebi-Phikwe ; enfin le plus fréquenté, la route goudronnée de Selebi-Phikwe à Sherwood *via* Sefophe.

En stop. Les petites routes voient peu de circulation et il faut se préparer à de longues attentes. Seul transport public, un bus fait de temps à autre le trajet de Selebi-Phikwe à Bobonong et Molalatau. Il continue parfois jusqu'à Mathathane, à 23 km de Platjanbridge. Le service est irrégulier, aussi renseignez-vous à la gare routière de Selebi-Phikwe.

PALAPYE

A l'origine, elle s'appelait Phalatswe, ce qui signifie "nombreux impalas" en sekgalagadi ou "grands impalas" en setswana. L'orthographe présente résulte d'une mauvaise transcription par les premiers officiers coloniaux. A ses débuts, Palapye servait modestement de gare et de voie de garage à l'ancienne capitale des Ngwato.

Lorsque ces derniers transférèrent leur capitale à Serowe, à 50 km à l'ouest de Palapye, la ville se tourna vers l'agriculture, mais quand les plus grandes réserves de charbon du Botswana furent découvertes à Morupule, dans le désert à l'ouest de la ville, l'activité minière se révéla plus lucrative. Une énorme centrale électrique a été mise en service en 1986 à Morupule, ce qui a valu à Palapye le surnom de "Powerhouse du Botswana".

Renseignements

Le centre commercial Engen, le cœur de la ville, situé sur la route principale, possède une station-service, quelques établissements de plats à emporter et la librairie Crossroads. Après le coin, à 200 m sur la route vers le village, une galerie propose de l'artisanat local.

Ruines de l'ancienne église de Phalatswe

Avec un véhicule, vous pourrez visiter l'ancienne église de Phalatswe, 20 km à l'est de Palapye. Elle s'élevait dans l'ancienne capitale ngwato de Phalatswe, au pied des collines de Tswapong, près de la Malaka moderne. Lorsque le roi chrétien des Ngwato, Khama III, arriva de Shoshong avec son peuple, en 1889, Phalatswe, coin perdu dans le désert, se transforma presque du jour au lendemain en une cité de 30 000 habitants. L'église de style "gothique", aujourd'hui en ruine, fut achevée en 1892. Elle coûta 3 000 P, financés par la population elle-même.

Quand Serowe devint la capitale ngwato en 1902, le roi Khama envoya un régiment incendier Phalatswe (la voie de garage de Palapye ne fut pas touchée), mais l'église resta debout. Depuis, le temps a fait son œuvre et une partie des matériaux de l'édifice a été réutilisée dans des projets de construction de Serowe. Actuellement, il ne subsiste plus qu'un fronton et demi, mais des travaux de restauration ont commencé et l'église est destinée à prendre le rang de monument national. Il reste également les poteaux du kgotla du roi Khama et les vestiges d'autres édifices anciens en pierre de Phalatswe. Naturellement, la loi botswanaise exige que tout soit laissé intact.

Où se loger et se restaurer

Palapye compte deux hôtels. Le haut de gamme *Cresta Botsalo* (☎ 420245), sur la route Gaborone-Francistown, sert surtout d'étape aux automobilistes sur le trajet monotone entre les deux plus grandes villes du Botswana. Les chambres coûtent 66/83 $US, petit déjeuner compris. Le restaurant de l'hôtel est sans doute le meilleur de la ville, et son bar jouit d'une grande popularité.

Le petit *Palapye Hotel* (☎ 420277) se tient en face de la gare, à 5 km à l'est de la nationale. Son apparence extérieure paraît un peu défraîchie, mais il est très convenable, accueillant, et offre un bon rapport qualité/prix : 34/43 $US pour les simples/doubles avec TV et petit déjeuner. Il dispose de chambres plus simples à 23/34 $US.

Le centre commercial Engen, sur la route principale, propose deux options pour manger sur le pouce : *Chicken Licken*, qui sert l'éternel poulet-frites, et le *Tla Pitseng Takeaways*.

CHRIS BARTON

DEANNA SWANEY

DEANNA SWANEY

A
B
C

BOTSWANA

A : éléphants pendant leurs ablutions, Chobe National Park

B : hippopotame, Chobe National Park

C : cavernes de Gcwihaba (grotte de Drotsky)

DEANNA SWANEY

DEANNA SWANEY

DEANNA SWANEY

DEANNA SWANEY

A	B
C	D

BOTSWANA

A : Female Hill, monts Tsodilo

B : monts Aha

C : peintures san, monts Tsodilo

D : peintures san, monts Tsodilo

Comment s'y rendre

Les bus qui font le trajet Gaborone-Francistown passent à Palapye. Le billet depuis/vers Gaborone coûte 6,50 $US. Le train s'y arrête également ; qu'il vienne du sud ou du nord, il arrive aux petites heures du matin.

MAHALAPYE

Mahalapye offre de vastes ciels, de lointains horizons et l'occasion de faire une agréable pause. La plupart des automobilistes passent le curieux panneau qui annonce le tropique du Capricorne et filent droit à Mahalapye, radio à fond, capote ouverte, rêvant des bons petits plats du Kaytee's – les routiers ne ratent jamais cette étape – avant d'affronter de nouveau la route.

Bien qu'elle ne paie pas de mine, Mahalapye est l'une des petites villes les plus plaisantes du Botswana. Affable, elle accueille les visiteurs dans un cadre assez délabré mais relaxant. Elle est fréquemment confondue avec Palapye, à 69 km au nord. Son nom était à l'origine Mhalatswe et fut lui aussi victime d'une mauvaise transcription ; il venait probablement du mot sekgalagadi signifiant "un grand troupeau d'impalas". Ville étape très fréquentée, Mahalapye possède un grand nombre de stations-service, de commerces et de fast-foods.

Shoshong

Dans les collines de Shoshong, 45 km à l'ouest de Mahalapye, reposent les ruines de la ville qui fut la capitale des Ngwato avant Phalatswe (Palapye). Les environs recèlent également d'anciennes mines qui pourraient remonter au VIIIe siècle.

Le village moderne de Shoshong, accessible depuis Mahalapye, est conçu suivant le mode traditionnel batswana, avec un kgotla principal et ses annexes. Il subsiste les vestiges de la mission Hermannsburg et de la mission de la LMS, toutes deux établies au milieu du XIXe siècle.

Où se loger et se restaurer

Pour rejoindre le *Mahalapye Hotel* (☎ 410 200), prenez à l'est à la poste, à gauche au rond-point et continuez jusqu'à ce que vous voyiez le panneau de l'hôtel, à environ 1,5 km. L'hôtel loue ses simples/doubles 45/52 $US, petit déjeuner non compris. Il autorise le camping, qui revient à 6 $US par personne, avec accès au service de blanchissage. Le petit déjeuner anglais à menu fixe coûte 6 $US. Vous pouvez également déjeuner et dîner au restaurant, qui n'est pas trop coûteux.

La plupart des voyageurs s'arrêtent chez *Kaytee's*, le meilleur restaurant de la nationale, situé à l'extrémité sud de la ville. Le service convivial vous donne le choix entre les plats à emporter et les repas à la carte. Au-dessus du bar, une affiche proclame "Kaytee's, la fierté du Botswana". Autres possibilités : le *Mr Rooster Golden Crisp Chicken*, le *Safari Restaurant*, le *Corner House Restaurant* et le *Chicago Takeaways Wagon*. Mahalapye propose également un supermarché bien approvisionné.

Distractions

Madiba, 4 km à l'ouest de Mahalapye, possède une discothèque qui n'ouvre que le jeudi. Le vendredi, le Railway Club projette des films mais, pour y assister, il faut être invité par un membre du club. Il a été créé par les employés du Zimbabwe Railway, à l'époque où le Zimbabwe administrait le chemin de fer. La cotisation, qui comprend l'accès au cinéma, au basket-ball, aux courts de tennis et de squash, à la piscine, aux tables de ping-pong et au bar le moins cher de Mahalapye, coûte 35 $US par famille et par an.

Comment s'y rendre

Mêmes transports que pour Palapye, mais plus de bus circulent entre Mahalapye et Gaborone. Le trajet en bus depuis/vers Gaborone coûte 5 $US.

SEROWE

Avec sa population d'environ 90 000 habitants, Serowe représente la plus grande agglomération du Botswana, et l'une des plus importantes de l'Afrique subsaharienne. Capitale du district politique le plus étendu du pays, le district central, Serowe a succédé à Phalatswe au rang de capitale ngwato en 1902. Comme Mochudi, son histoire en fait l'un des villages les plus intéressants du Botswana. Il captiva tant l'écrivain Bessie Head qu'elle l'immortalisa dans son œuvre *Serowe – Village of the Rain Wind*, et en fit la toile de fond d'autres ouvrages.

Les Brigades du Botswana virent le jour à la Swaneng Hill Secondary School de Serowe. Créé en 1965, ce mouvement extrêmement efficace a permis aux régions les plus reculées de bénéficier d'un enseignement professionnel.

Musée-mémorial de Khama III

De l'autre côté de la colline par rapport au Mall se tient le musée de Khama III (☎ 430519). Financé par les citoyens de Serowe, notamment par Leapeetswe Khama qui fit don de sa demeure, la "maison rouge", pour l'abriter, il fut inauguré en octobre 1985.

Il brosse toute l'histoire de la famille Khama. Les collections comprennent des effets personnels du roi Khama III et de ses descendants, ainsi que des objets illustrant l'histoire de Serowe. Le musée propose également une collection de plus en plus importante d'insectes africains et une exposition sur les serpents de la région.

Il ouvre du lundi au vendredi de 8h30 à 12h30 et de 14h à 16h30, et le samedi de 11h à 16h. L'entrée est gratuite.

Le cimetière royal

Au sommet de la colline de Thathaganyana, au centre de Serowe, se trouvent les ruines d'un village du XIIe siècle prouvant que ce lieu était habité bien avant l'arrivée des Ngwato, et de la dynastie Khama, en 1902. Les tombeaux royaux reposent en haut de la colline dominant le kgotla. La tombe de Khama III est ornée du bronze d'un céphalophe de Grimm, totem des Ngwato. La police considère cet endroit comme dangereux et demande aux visiteurs de se faire accompagner d'une escorte policière.

Khama Rhino Sanctuary

En cours d'aménagement, la réserve des rhinocéros, à 20 km au nord-ouest de Serowe,

BOTSWANA

Sir Seretse Khama

A la mort du chef ngwato Khama III, en 1923, son fils Sekgoma lui succéda, mais il s'éteignit à son tour à peine deux ans plus tard. Comme l'héritier du trône, Seretse Khama, n'avait que 4 ans, la régence fut confiée à son oncle, Tshekedi Khama, âgé de 21 ans, qui revint d'Afrique du Sud où il poursuivait ses études.

La dynastie Khama fut secouée par une onde de choc en 1948 lorsque Seretse Khama, parti à Londres étudier le droit, épousa Ruth Williams, une Anglaise. Le rang de Seretse exigeait qu'il prenne femme dans l'une des familles royales tswana. Scandalisé par cette transgression des coutumes tribales, Tshekedi Khama fit déshériter son neveu. Seretse fut banni de Serowe par le gouvernement ngwato, et du Protectorat par les autorités britanniques, lesquelles lui assurèrent que l'air de Londres lui conviendrait beaucoup mieux que celui du Bechuanaland.

Tshekedi Khama perdit la régence lorsqu'une écrasante majorité de la population ngwato soutint Seretse contre lui, ce qui l'obligea à rassembler ses partisans et à aller s'installer ailleurs. Des crises survenues dans la structure tribale ngwato l'incitèrent à revenir, en 1952, dans un état d'esprit nettement plus conciliant. Seretse était toujours retenu en Grande-Bretagne et ce n'est qu'en 1956, lorsqu'il renonça à ses droits au trône, qu'on l'autorisa à rentrer à Serowe avec son épouse et à s'y installer. Seretse et Ruth Khama entreprirent de faire campagne pour l'indépendance du Botswana qui survint 10 ans plus tard. Seretse Khama fut fait chevalier de la couronne britannique et devint le premier président du pays, fonction qu'il occupa jusqu'à sa mort, 14 ans plus tard.

Sir Seretse Khama est inhumé dans le cimetière royal de Serowe. Son fils, Ian Khama, a reçu le titre de *kgosi* "chef" des Ngwato, et lady Ruth Khama a aujourd'hui rang de *Mohumagadi Mma Kgosi*, "épouse honorée du roi et mère du chef".

A Marriage of Inconvenience – The Persecution of Seretse & Ruth Khama, de Michael Dutfield, relate cette étonnante histoire dans le détail et se lit comme un roman. Reportez-vous à la rubrique *Livres* du chapitre *Renseignements pratiques*. ■

servira de havre aux quelques rhinocéros survivants du Botswana. Les quatre spécimens vivant actuellement dans un enclos seront mis en liberté lorsque le périmètre de la réserve sera totalement clôturé. Un camp de tentes et un camping sont en projet.

Lorsqu'au début des années 90 il devint urgent d'assurer la protection des rhinocéros, la réserve fut créée, à l'initiative des citoyens de Serowe, pour fournir aux rhinocéros blancs et noirs un refuge sûr, à l'écart des frontières vulnérables du Botswana.

Il fut ensuite décidé de rendre les 12 000 hectares choisis à la nature et de réintroduire toutes les espèces endémiques du Botswana central. Deux points d'eau furent creusés à Serowe Pan et les fermiers locaux reçurent une indemnisation leur permettant de se réinstaller ailleurs. Des unités de la BDF, stationnées dans le village de Paje, patrouilleront la réserve. Celle-ci peut accueillir 30 rhinocéros blancs et autant de noirs. Hélas, une enquête réalisée en 1992 recensait seulement 9 rhinocéros blancs survivants au Botswana, dont 4 ont depuis été victimes du braconnage.

L'entrée coûte ce que vous pouvez donner ; soyez assuré que votre don ira à une bonne cause. Pour de plus amples informations, contactez Raymond et Norma Watson, à la station-service Dennis de Serowe (☎ 430232 ; fax 430992), PO Box 60, Serowe.

Où se loger et se restaurer

Le *Serowe Hotel* (☎ 430234), du côté Palapye du village, propose des simples/doubles claires avec s.d.b. commune, à partir de 45/52 $US, et des chambres sans téléphone moins chères. Le petit déjeuner anglais coûte 5 $US et le continental 4 $US seulement.

Le *Tshwaragano Hotel* (☎ 430 377), décrépit, à flanc de colline au-dessus du Mall, loue 37/45 $US ses simples/doubles assez rebutantes. De l'extérieur, il aurait l'air convenable si ce n'était les ordures qui traînent partout ; lorsque j'y suis allée, l'entrée d'une chambre était ornée d'un W.-C. cassé. Ne mangez au restaurant que si vous êtes doté d'une infinie patience. Les repas très simples coûtent de 3 $US à 6 $US. Le bar de l'hôtel, d'une efficacité étonnante, est le rendez-vous des habitants de l'agglomération.

Pour vous restaurer, choisissez le restaurant du Serowe Hotel ou le *Tshukudu (Rhino) Takeaways* de la station-service Engen. Autre possibilité : le *Central Supermarket Restaurant*, dans le Mall, propose des plats à emporter indiens et chinois.

Achats

La sculpture sur bois de Serowe se reconnaît aisément à son ornementation complexe. Elle provient de Marulamans, aux abords de Serowe. Vous en verrez des exemples au magasin Serowe Woodcarvers, près du Cash Bazaar, dans le Mall, ou à l'atelier, d'accès compliqué depuis le centre. Faites-vous indiquer le chemin à la mission catholique qui parraine les artistes.

Comment s'y rendre

Par les transports publics, il faut d'abord rejoindre Palapye, puis prendre un des bus qui font tous les jours le trajet de 46 km jusqu'au village. Certains continuent jusqu'à Orapa. Y aller en stop de Palapye ne pose pas de problème, car la mine de diamant d'Orapa génère un trafic important.

Que les automobilistes tentés d'essayer le raccourci pour Maun *via* Orapa et Rakops se méfient : la route s'arrête à Rakops et la piste ravinée qui mène à la route Nata-Maun requiert un 4x4. Stoppeurs, considérez cet itinéraire comme impraticable.

Comment circuler

Holiday Car Hire possède une agence (☎ /fax 430520) installée à Shinga House, dans le centre.

Nord-Est du Botswana

Le Nord-Est du Botswana offre aux visiteurs l'aubaine de ses parcs nationaux et de ses réserves naturelles. Le parc national de Makgadikgadi et de Nxai Pan déploie des paysages d'une sauvage beauté, mais il est d'accès difficile et dépourvu d'infrastructures, aussi le parc national de Chobe reste-t-il l'atout majeur des voyageurs. De fait, nombre de touristes ne voient du Botswana que les rives du Chobe, où ils font une rapide incursion d'un ou deux jours depuis les chutes Victoria, au Zimbabwe.

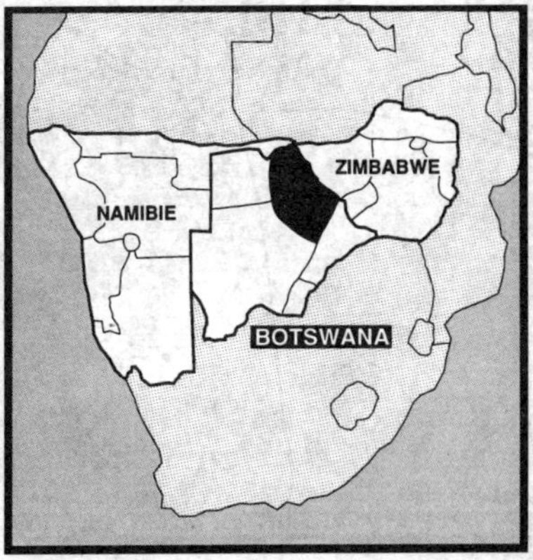

La région des Makgadikgadi Pans

Les Makgadikgadi Pans se composent des grandes cuvettes salines, appelé *pans*, de Sua (ou Sowa) et de Ntwetwe qui couvrent plus de 12 000 km^2. Ne les confondez pas, toutefois, avec le parc national du même nom qui comprend seulement une petite partie de Ntwetwe Pan. C'est là que Tim Liversedge a tourné son film *March of the Flame Birds*. Dans un autre registre, les pans fournissent le décor désolé de la scène du film *Les Dieux sont tombés sur la tête* où un minuscule tracteur traverse des étendues de sel étincelantes en remorquant une Land Rover en triste état. En outre, les ruines de l'île de Kubu, au sud-ouest de Sua Pan, ont inspiré à Wilbur Smith sa nouvelle fantastique, *The Sunbird*.

Les espaces salants ne ressemblent à aucun autre paysage au monde. La chaleur étouffante des derniers jours de l'hiver enveloppe les pans d'un voile éthéré hanté de mirages qui vous transporte dans un monde parfaitement surréaliste : des lacs miroitent puis s'évanouissent, des autruches volent, des pierres se transforment en montagnes flottant en plein ciel.

En septembre, les grands troupeaux de gnous, d'antilopes et de zèbres commencent à pénétrer les prairies assoiffées à l'ouest des pans, en prévision des premières pluies. En quelques heures, celles-ci transforment les pans en un parfait reflet du ciel qui dissout toute notion de distance, de direction, où le haut et le bas se confondent. Les pluies durent peu, mais les animaux gravitent autour des dépressions où les retenues d'eau perdurent, après l'évaporation de la couche de surface.

Puis, vers décembre, commence le déluge. La frange herbeuse reverdit et les animaux viennent par troupeaux entiers prendre part à la fête. Comme par miracle, des millions de flamants, de pélicans, de canards, d'oies et autres oiseaux aquatiques s'abattent à l'embouchure de la Nata, à Sua Pan. Ils construisent leurs nids sur les bords de la rivière et se nourrissent d'algues et de minuscules crustacés restés en sommeil dans le sel en attendant les pluies.

Géologie

Les pans de Makgadikgadi sont les vestiges d'un immense lac qui couvrait autrefois une grande partie du nord du Botswana, alimenté par des rivières charriant le sel provenant de son bassin hydrographique. Les anciennes terrasses indiquent que sa profondeur pou-

BOTSWANA

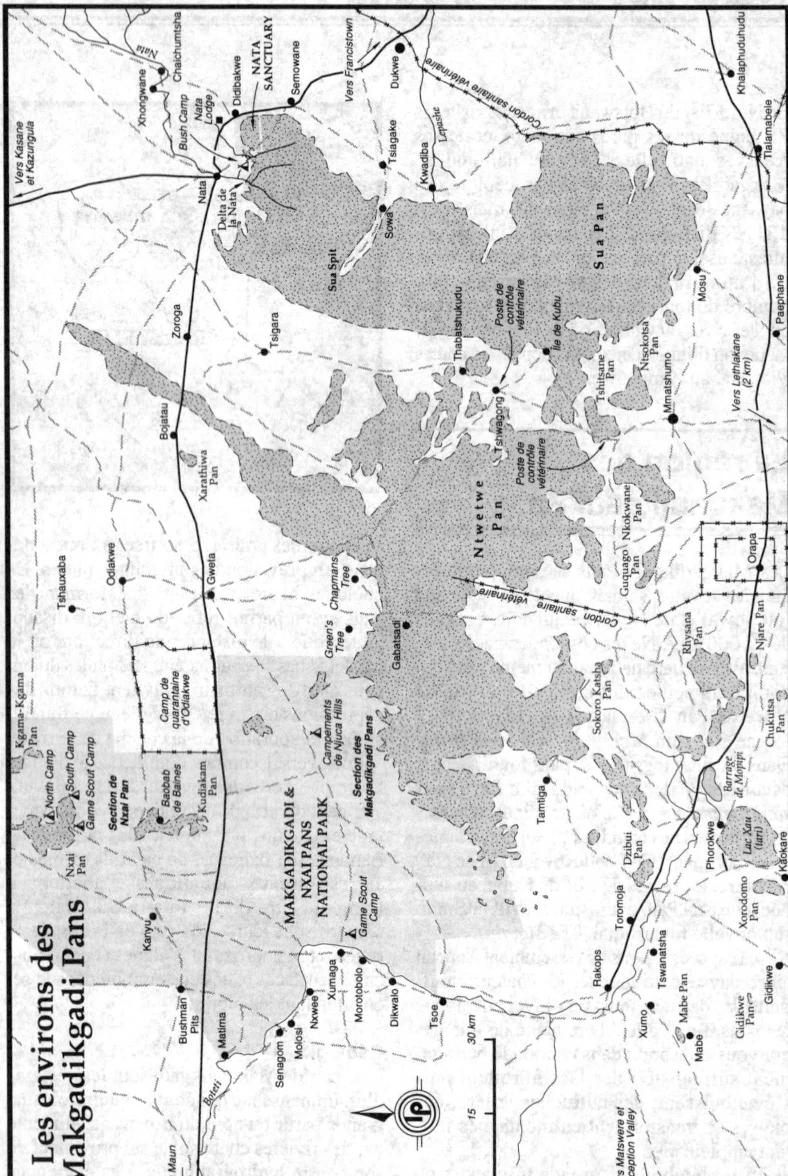
Les environs des Makgadikgadi Pans
Vers Kasane et Kazungula
Xhongwane
Chaichumtsha
Nata
Bush Camp
Nata Lodge
Didibakwe
NATA SANCTUARY
Semowane
Vers Francistown
Dukwe
Cordon sanitaire vétérinaire
Tsiagake
Lepashe
Kwadiba
Sowa
Sua Spit
Delta de la Nata
Sua Pan
Mosu
Paephane
Khalaphuduhudu
Tlalamabele
Zoroga
Tsigara
Thabatshukudu
Poste de contrôle vétérinaire
Île de Kubu
Tshwagong
Tshitsane Pan
Ntsokotsa Pan
Mmatshumo
Vers Lethlakane (2 km)
Bojatau
Xarathiwa Pan
Ntwetwe Pan
Nkokwane Pan
Guquago Pan
Orapa
Odiakwe
Tshauxaba
Gweta
Chapmans Tree
Green's Tree
Gabatsadi
Camp de quarantaine d'Odiakwe
Kgama-Kgama Pan
North Camp
South Camp
Game Scout Camp
Section de Nxai Pan
Baobab de Baines
Kudiakam Pan
Campements de Njuca Hills
Section des Makgadikgadi Pans
Sokoro Katsha Pan
Rhysana Pan
Njare Pan
Chukutsa Pan
Barrage de Mopipi
Tamtiga
Dzibui Pan
Phorokwe
Lac Xau (tari)
Kaokare
Xorodomo Pan
Nxai Pan
MAKGADIKGADI & NXAI PANS NATIONAL PARK
Game Scout Camp
Kanyu
Bushman Pits
Matima
Xumaga
Nxwee
Morotobolo
Dikwalo
Tsoe
Toromoja
Tswanatsha
Rakops
Mabe Pan
Xumo
Mabe
Gidikwe Pan
Gidikwe
Senagom
Molosi
Boteti
Vers Maun
0
15
30 km
Vers Matswere et Deception Valley

vait atteindre 33 m et, à son envergure maximum, il s'étendait sur 60 000 km². Comme la cuvette n'avait pas d'issue, le sel se concentrait au plus profond du lac. A la suite des bouleversements climatiques survenus il y a moins de 10 000 ans, le lac s'évapora, mettant à nu les dépôts salins.

NATA

Nata a beau être au carrefour de trois nationales importantes, il n'en est pas moins resté un bourg poussiéreux. Les distances séparant les stations-service en font une étape obligatoire pour les automobilistes circulant entre Francistown, à 190 km, Kasane et Maun, toutes deux à 300 km. De nombreux autostoppeurs en chemin pour l'une de ces trois villes passent à Nata et la plupart logent au Sua Pan Lodge qui offre un hébergement en camping bon marché. Nata est aujourd'hui pourvu d'un mécanicien, Peter Robson (☎ 611226).

Circuits organisés

Pour des groupes de 4 à 10 personnes, le Nata Lodge propose des excursions menant aux bords de Sua Pan. Il organise également des safaris à destination des pans, du parc national de Makgadikgadi et de Nxai Pan, et même de Chobe et de l'Okavango.

Où se loger et se restaurer

Le cœur de la (très relative) animation se situe au *Sua Pan Lodge* (☎/fax 611220), équipé de pompes à essence, d'une bottle shop, d'un bar, d'un restaurant, d'un hôtel, d'une piscine (polluée par la poussière) et d'un camping. Il loue les rondavel simples/doubles avec s.d.b. 37/45 $US et l'emplacement de camping 4 $US par personne. Le rondavel simple sans s.d.b. ne coûte que 28 $US. Le camping est installé au carrefour des trois nationales, à 50 m seulement du bar, aussi ne peut-on le qualifier de paisible. Si vous ne faites pas partie de la clientèle, vous pourrez utiliser la piscine pour 4 $US par personne.

Le sympathique *Nata Lodge* (☎/fax 611 210), à 10 km au sud-est de Nata, sur la route de Francistown, possède un camping beaucoup plus agréable au sein d'une oasis verdoyante, plantée de marulas, de mokolanes et autres palmiers. Il possède un excellent restaurant aux prix abordables, un bar en plein air, une station-service Shell et une piscine ombragée. Les bungalows de trois lits coûtent 63 $US et les lits d'appoint 8 $US. Les tentes fixes de quatre lits, comprenant le matériel de couchage, sont louées 37 $US, une bonne affaire pour un groupe. Camper dans votre tente ou votre caravane vous reviendra à 4 $US par personne, ce qui inclut l'accès à la piscine. Le petit déjeuner continental/anglais coûte 6/7 $US et un menu de trois plats 15 $US. On se déplace facilement en stop entre le lodge et la ville.

Le Nata Lodge dispose aussi d'un *bush camp* isolé, dans le lit d'ordinaire tari et sablonneux de la Nata, qu'il aime à dépeindre comme "une plage sans la mer". Douze campeurs peuvent y loger pour 30 $US par personne et par nuit, tarif qui comprend le transport depuis le Nata Lodge, ainsi que des excursions en voiture et à pied dans les magnifiques espaces désertiques. La région est particulièrement propice à l'observation des oiseaux, notamment pendant la saison des pluies. Le lodge envisage d'organiser des randonnées à cheval.

Pour d'autres possibilités de camping dans les environs, reportez-vous à la rubrique *Nata Sanctuary*.

Comment s'y rendre

Tous les bus qui circulent entre Kasane, Francistown et Maun s'arrêtent à Nata. Les stoppeurs ont intérêt à se poster à la station-service du Sua Pan Lodge, où la plupart des automobilistes font étape. Ils peuvent aussi essayer de trouver un transport au bar du Nata Lodge. Le Mahube Express à destination de Maun passe entre 10h et 11h.

SUA PAN

Sua Pan se compose essentiellement d'une étendue de boue incrustée de sel s'étalant dans la cuvette inférieure du nord-est du Botswana. *Sua* signifie "sel" dans la langue des San, qui extrayaient autrefois le sel de la cuvette et le vendaient aux Kalanga. Sauf pendant les années de sécheresse, les oiseaux aquatiques affluent lors de la saison humide

Conduire dans les pans

Aux principes de conduite en brousse mentionnés dans le chapitre *Comment circuler* de la partie *Botswana*, s'ajoutent des règles particulières à respecter dans les pans. D'abord, suivez les traces laissées par les autres voitures (à moins, évidemment, de ne voir que des bouts de véhicule émergeant de la surface). Si les conducteurs précédents sont passés, le chemin est probablement sec. Ensuite, vérifiez toujours votre direction à l'aide d'une carte et d'une boussole. Si vous roulez dans une zone difficile en bordure des pans, notez toutes les îles et les points de repère que vous rencontrerez.

Si vous n'êtes pas sûr que le pan soit sec, restez au bord de la cuvette. En cas de pluies récentes, ne vous hasardez pas du tout dans les pans, à moins d'être *absolument* certain que la surface de sel et l'argile sous-jacente sont sèches. Un sel à l'odeur nauséabonde signale un pan humide et potentiellement dangereux, très similaire en apparence, et en caractère, à du béton non solidifié. Lorsque l'argile sous-jacente se sature, les véhicules risquent de passer à travers et de s'enliser irrémédiablement.

Si vous vous enlisez mais avez un treuil, fixez un point d'ancrage en creusant un trou et en plantant fermement la roue de secours ou le cric – ou tout autre objet auquel le treuil peut être attaché – dans la surface du pan. Avec un peu de chance, vous bloquerez plus solidement votre point d'ancrage que le pan n'a bloqué votre véhicule ! ■

et bâtissent leurs nids dans le delta de la Nata, à l'extrême nord de Sua Pan. A cette époque de l'année, le pan tout entier est souvent recouvert de quelques centimètres d'eau. Nappe inquiétante et surréaliste semblant s'étendre à l'infini, fidèle image du ciel.

Nata Sanctuary

La réserve de Nata, de 230 km², dont 45% dans le pan, a été créée pour offrir un refuge à la faune de la région de Sua Pan. Le Nata Conservation Committee émit l'idée d'un sanctuaire en 1988. Le savoir-faire de la Kalahari Conservation Society associé aux subventions provenant d'organisations botswanaises et étrangères permirent au projet de voir le jour quatre ans plus tard. La population locale transplanta bénévolement 3 500 têtes de bétail dans des pâturages adjacents et construisit un réseau de routes de terre.

La faune se compose surtout de la variété ailée ; quelque 165 espèces ont été dénombrées, des martins-pêcheurs et des guêpiers aux aigles, aux outardes, et aux autruches, sans oublier les innombrables petits oiseaux de la savane et des bois. Lorsque coule la Nata, la réserve se transforme en un paradis aquatique qui attire des oiseaux de toute l'Afrique, parmi lesquels les sarcelles, les canards, les oies, les pélicans, les spatules et les flamants.

Les mammifères se limitent à quelques variétés d'antilopes – les bubales, les koudous, les reduncas, les springboks, les steenbocks – et à de petites espèces africaines telles que les chacals, les renards, les singes et les écureuils. On réintroduit également les élans du Cap, les gemsboks et les zèbres. Il est prévu d'aménager un point d'eau permanent, qui sera alimenté par de l'eau pompée dans le lit de la Nata.

Pendant la saison sèche, un 4x4 ne s'impose pas, mais une haute garde au sol est conseillée. L'entrée se trouve à 20 km de Nata, sur la route de Francistown. La réserve est ouverte de 7h à 19h tous les jours ; on peut obtenir une autorisation spéciale pour la visiter tôt le matin ou en début de soirée. L'entrée coûte 4 $US par personne, ce qui comprend une nuit de camping et l'utilisation du braai. Les recettes vont à la collectivité locale qui gère la réserve. A l'entrée, des femmes des villages environnants vendent des paniers de Nata tressés à la main.

L'île de Kubu

Près de l'angle sud-ouest de Sua Pan s'étend une authentique île déserte. Hormis un mince doigt herbu, l'affleurement émerge d'une mer de sel telle une apparition irréelle peuplée de baobabs fantomatiques. L'île, un vieux rocher qui s'est vigoureusement frayé un chemin à la surface, s'élève à environ 20 m au-dessus des salants et offre un point du vue imprenable, mais quasi dénué de relief.

L'île comprend, en une extrémité, un vieil enclos en pierre en forme de croissant, dont on ne connaît ni l'âge ni l'origine. On y a découvert des objets anciens : tessons de poteries, divers outils en pierre et perles en coquille d'œuf d'autruche. D'après les estimations, elle aurait été habitée il y a 500 à 1 500 ans. Fait curieux, le nom de l'île signifie "hippopotame" dans des langues apparentées au zoulou, mystère qui reste à élucider.

S'il ne fait pas trop chaud, Kubu se prête magnifiquement au camping. Lieu étrange et enchanté, aux humeurs fantasques, l'île vous donnera l'impression d'être un naufragé de l'espace échoué sur une planète oubliée.

Comment s'y rendre. L'accès à Kubu n'est pas des plus simples. Il faut d'abord franchir un labyrinthe d'îlots herbeux et de baies salantes, puis traverser une vaste étendue de sel. Toutefois, un nombre croissant de véhicules empruntent les pistes, ce qui les creuse de plus en plus profondément et les rend apparentes. Un 4x4 et une bonne boussole sont néanmoins indispensables.

L'un des itinéraires démarre de la route Nata-Maun, par un chemin non signalisé à environ 17 km à l'ouest de Nata. Deux ou trois km après, vous traverserez l'ancienne route Nata-Maun ; ne la prenez pas. Suivez les méandres des pistes en direction du sud. Le chemin aboutit de temps à autre à un poste de bétail et semble s'arrêter. Ne vous désespérez pas, cherchez dans le bush une autre piste menant au sud. Au bout d'environ 65 km, vous atteindrez le hameau de Thabatshukudu situé sur une basse corniche dans un cadre surnaturel. Les habitants vous renseigneront.

Juste au sud de Thabatshukudu, la piste longe le bord d'une cuvette saline. Quinze kilomètres plus loin, à peu près, elle passe par un poste de contrôle vétérinaire. A 1,5 km au sud de ce barrage, elle rejoint l'embranchement de la route nord pour Kubu. Là, prenez au sud-est (à gauche).

Vous pouvez également vous y rendre par le sud. Quittez la route Francistown-Orapa à environ 20 km à l'est d'Orapa pour prendre au nord le chemin qui passe entre les pans Sua et Ntwetwe. Vingt kilomètres plus loin, vous atteindrez le village de Mmatshumo, enroulé sur lui-même. Veillez à prendre le bon chemin en sortant du village ; plusieurs pistes en partent sans indication de direction. En arrivant de Francistown, il est aussi possible de rejoindre Mmatshumo par la petite route qui part de Tlalamabele et passe à Mosu.

Au nord de Mmatshumo, 14 km sur une piste tour à tour rocailleuse et sablonneuse conduisent à une ligne d'arbres perpendiculaire à la route. Les arbres signalent une faille et la présence d'eau en sous-sol. Six kilomètres plus loin, vous atteindrez le poste de contrôle vétérinaire sud. De là, il reste 5 km jusqu'à l'embranchement pour Kubu, indiqué seulement par un petit cairn. Prenez à l'est (à droite).

Que vous arriviez de l'embranchement nord ou sud, l'île de Kubu est à moins de 20 km. Il devrait se trouver au moins de vagues traces de véhicule traversant l'étendue de sel et de touffes d'herbes. Le sommet rocheux ne tardera pas à apparaître. Si vous n'êtes pas sûr que le pan soit sec, restez sur la route en bordure du sel.

Ntwetwe Pan

Couvrant un plus grand territoire que Sua Pan, il était autrefois alimenté par la Boteti, mais celle-ci a été détournée par le barrage de Mopipi pour approvisionner en eau la mine de diamants d'Orapa. Depuis, la cuvette est restée presque tout le temps asséchée. La rive ouest de Ntwetwe Pan offre le paysage le plus intéressant de la région de Makgadikgadi, composé de labyrinthes d'affleurements rocheux, de dunes, d'îlots et de chenaux.

Comment s'y rendre

Des deux grandes cuvettes, Sua Pan est la plus accessible, mais pour l'explorer à fond, il faut un 4x4, une carte et une boussole fiables, être sûr de ses talents de conducteur et de son sens de l'orientation, et posséder un solide bon sens. Les pans ont un effet hypnotique et il en émane une sensation de liberté absolue. Parfois, tout sens de l'orientation, toute notion de logique, de raison et de sens commun semblent se dissoudre. On est alors tenté de s'élancer dans les grands espaces vides, blancs et de s'abandonner à la griserie de la vitesse. Ne cédez pas à la tentation, cela pourrait tourner au désastre. Roulez toujours dans les traces des véhicules qui vous ont précédé et restez au bord de la cuvette. Camper au bord du pan ne pose pas de problème mais vous devez vous munir de tout le nécessaire, nourriture, eau, essence, etc.

Le Nata Lodge (voyez la rubrique *Nata*) organise des safaris itinérants dans le pan. Les circuits sont coûteux, mais vous feront économiser le temps et l'argent que vous perdriez à mettre sur pied une expédition privée. Le lodge propose également des excursions à destination des bords de Sua Pan, à 19 $US par personne (pour des groupes d'un minimum de 4 personnes).

Voiture et moto. Bien que de nombreuses pistes sillonnent les pans, les itinéraires sûrs varient constamment, aussi faites-vous toujours conseiller par les gens du pays avant de vous aventurer dans les régions reculées. Trois réseaux de pistes nord-sud relient la route de Nata-Maun à celle de Francistown-Orapa : deux passent de chaque côté des pans, le troisième entre les pans (très près de l'île de Kubu). Tous tiennent plus de l'expédition que de la simple excursion.

Pendant la saison sèche, plusieurs secteurs de Sua Pan peuvent être visités superficiellement sans 4x4. Le Nata Sanctuary offre l'accès le plus aisé et le plus rapide. Un autre itinéraire praticable part de l'embranchement pour Sua Spit, à environ 10 minutes de route au nord de la barrière antibuffles de Dukwe. Sua Spit, mince langue de terre qui s'enfonce profondément dans Sua Pan, est au cœur de l'activité d'extraction de la soude. L'usine est interdite au public, mais vous pouvez aller jusqu'à Sua, au bord du pan.

En stop. Renseignez-vous au Nata Lodge ou au Gweta Rest Camp pour trouver un transport. Autre option : rendez-vous en stop jusqu'au Nata Sanctuary et ensuite déplacez-vous à pied. Des cartes des pistes sont disponibles à l'entrée.

GWETA

A 100 km à l'ouest de Nata, le village de Gweta permet aux voyageurs de se ravitailler en essence et de faire une halte reposante. Son nom provient d'une onomatopée, comme Kwe Kwe au Zimbabwe, imitant le coassement des crapauds-buffles (*Pyxicephalus adspersus*.) Ceux-ci s'enfouissent dans le sable jusqu'à ce que les pluies leur fournissent assez d'eau pour en émerger et s'accoupler.

Circuits organisés

Le Gweta Rest Camp organise des excursions dans les environs et des safaris à la demande dans des régions plus éloignées. Destination très appréciée des voyageurs, son camp de Nxhasin Pan, 25 km au nord de Gweta, occupe un site peuplé de nombreux oiseaux. L'endroit est également fréquenté par les éléphants, les lions, les koudous, les chacals, les hyènes et diverses autres espèces. Une expédition d'une journée et une nuit jusqu'au pan coûte 45 $US par personne, prix qui inclut l'hébergement, le dîner, le petit déjeuner et le transport depuis Gweta. Le Gweta Rest Camp propose aussi tous les jours des excursions de 3 heures à destination de Nxhasin Pan, avec départ à 15h, pour 12 $US par personne seulement.

Ses autres activités comprennent des randonnées à cheval de 3 heures à 12 $US par personne ; des expéditions en 4x4 d'une journée dans les cuvettes salines à 75 $US ; ou, tout simplement, des visites du village de Gweta à 2 $US par personne. Les circuits de 2 jours dans les pans en véhicules tout-terrain, incluant une nuit à Gweta et l'autre à Nxhasin Pan, coûtent 149 $US par personne.

Où se loger et se restaurer

Centre des activités touristiques du village pittoresque, l'accueillant *Gweta Rest Camp* (☎/fax 612220) s'avère une étape aux prix abordables sur la route Nata-Maun, équipée des meilleures douches chaudes du Botswana. Son bar-restaurant sert de bons repas et en-cas peu coûteux. Les rondavel simples/doubles au toit de chaume coûtent, avec s.d.b. commune, 28/34 $US, et avec s.d.b. privative, 36/45 $US. Le camping revient à 4 $US par personne. Les automobilistes pourront faire le plein à la coopérative aux tarifs raisonnables, située à côté de l'entrée arrière.

Comment s'y rendre

Gweta est situé un peu en retrait de la route Nata-Maun. Vous pouvez vous y rendre en bus par le Mahube Express soit depuis Maun (5 $US), soit depuis Francistown (6 $US).

MAKGADIKGADI & NXAI PAN NATIONAL PARK

A l'ouest de Gweta, la route traverse le parc national de Makgadikgadi et Nxai Pan. En raison de leur complémentarité sur le plan des migrations animales, la réserve des Makgadikgadi Pans et le parc national de Nxai Pan furent créés conjointement au début des années 70, l'objectif étant de protéger l'écosystème dans sa totalité. En 1992, lorsque la nouvelle nationale goudronnée fut achevée, le parc national de Nxai Pan s'agrandit pour englober les baobabs de Baines au sud. Les deux réserves sont aujourd'hui regroupées en un seul parc : le Makgadikgadi & Nxai Pan National Park.

Les visiteurs paient les prix d'entrée usuels, à régler aux Game Scout Camps de Xumaga ou de Nxai Pan. Un tarif identique s'applique à tous les campings du parc, quels que soient les équipements.

Section de la Makgadikgadi Pans Game Reserve

Au sud de la route Nata-Maun, la réserve des Makgadikgadi Pans déroule un magnifique paysage de pans, de prairies et de savane sur 3 900 km². La faune y est abondante mais, comme la réserve n'est pas clôturée, les animaux peuvent entrer et sortir à leur guise et vous ne les verrez pas en aussi grand nombre qu'à Chobe. En hiver, pendant la saison sèche, ils gravitent autour de la Boteti, mais de février à avril, d'immenses troupeaux de zèbres et de gnous partent au nord, à Nxai Pan et au-delà, pour ne revenir à la Boteti que début mai, lorsque les pluies cessent.

Les antilopes, parmi lesquelles les impalas, les gemsboks, les bubales et les koudous, ne se montrent pas en grands troupeaux, sauf lors des migrations de mai et juin. La nuit, les lions et les hyènes manifestent bruyamment leur présence (le Game Scout Camp retentit de leurs clameurs). On aperçoit parfois des guépards, une population d'hippopotames robustes vit près de la Boteti et une stupéfiante profusion d'oiseaux peuple le parc. En revanche, vous ne verrez ni éléphants ni buffles, à cause du manque de points d'eau permanents, sauf pendant les saisons extrêmement humides où quelques spécimens s'aventurent dans le parc.

> **Le palmier mokolane**
> Le parc est parsemé d'îlots de palmiers mokolane (*Hyphaene petersiana*) dont provient l'ivoire végétal. Au Zimbabwe, on les appelle palmiers "ilala" et en Namibie palmiers "makalani". Cette solide noix blanche convient idéalement à la sculpture, à la fabrication des bijoux et des objets d'artisanat. Les feuilles offrent aux beaux paniers botswanais leur matière première. La sève, que l'on laisse fermenter ou que l'on distille, donne un alcool fort appelé vin de palme. Les palmiers de Makgadikgadi sont officiellement protégés contre ce type d'utilisation, mais ailleurs, la surexploitation et le nombre croissant de bovins qui mangent les jeunes pousses menacent gravement cette espèce. ■

Où se loger. Le camping se trouve au *Game Scout Camp*, près de Xumaga, à la limite occidentale du parc. Il dispose de toilettes, d'une douche froide qui fonctionne de temps en temps et d'une eau potable très sulfureuse. Le camping sauvage est interdit. Certains s'y hasardent quand même, mais cela peut être dangereux et on risque de très sévères amendes.

Il existe également deux *wild camp sites*, campings au sommet des collines de Njuca, à 20 km du Game Scout Camp. Tous deux sont équipés de toilettes à la turque, mais ils sont dépourvus d'eau.

Comment s'y rendre. Un 4x4 est indispensable. La solution la plus simple consiste à prendre la route non signalisée qui part au

BOTSWANA

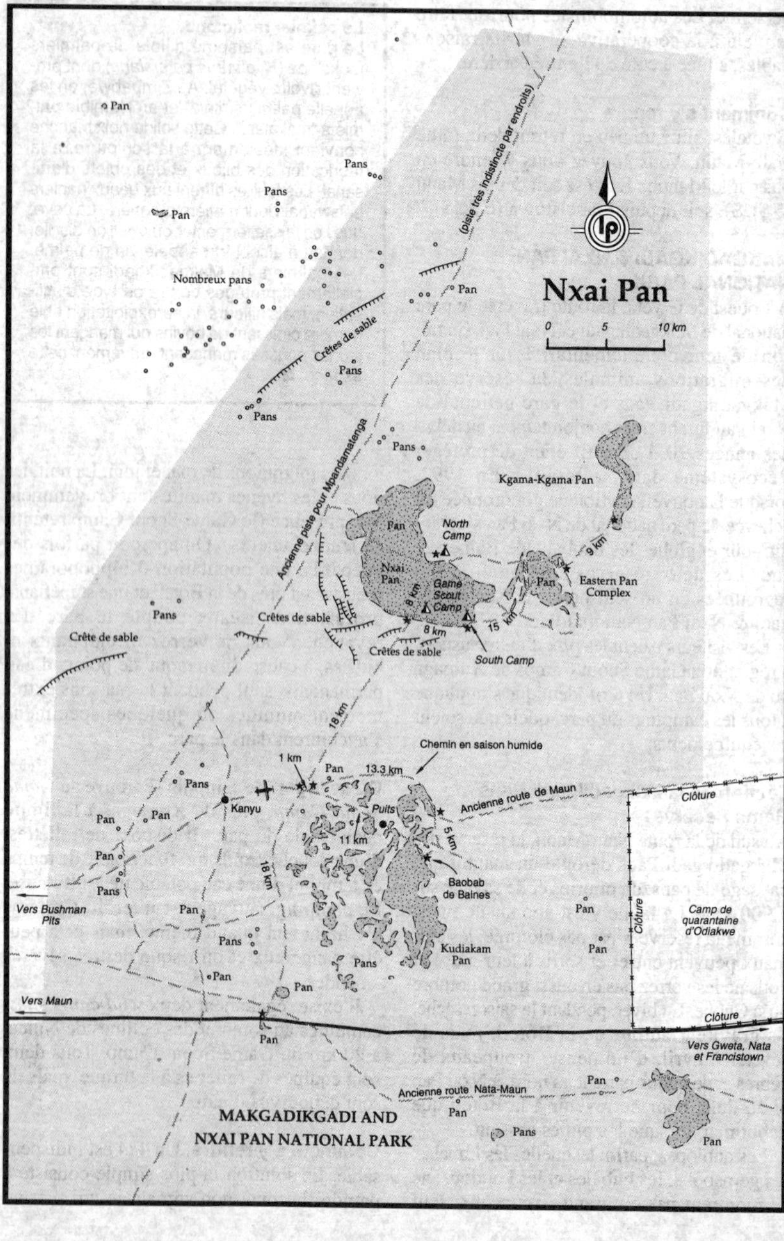

Nxai Pan
0
5
10 km
(piste très indistincte par endroits)
Pan
Pans
Pan
Pans
Nombreux pans
Pan
Crêtes de sable
Pans
Pans
Pans
Ancienne piste pour Mpandamatenga
Kgama-Kgama Pan
Pan
North Camp
Nxai Pan
Game Scout Camp
8 km
9 km
Pan
Eastern Pan Complex
15 km
8 km
South Camp
Pans
Crêtes de sable
Crête de sable
Crêtes de sable
18 km
Chemin en saison humide
1 km
Pan
13.3 km
Pans
Kanyu
Puits
Ancienne route de Maun
Clôture
Pan
Pan
11 km
5 km
Pan
Baobab de Baines
Pans
18 km
Vers Bushman Pits
Pan
Clôture
Pan
Camp de quarantaine d'Odiakwe
Pans
Pan
Kudiakam Pan
Pans
Pan
Pan
Vers Maun
Pan
Clôture
Vers Gweta, Nata et Francistown
Pan
Ancienne route Nata-Maun
Pan
Pans
Pan
MAKGADIKGADI AND NXAI PAN NATIONAL PARK

sud de la route Nata-Maun, à 8 km à l'est de la route d'accès de Phuduhudu. Ensuite, 30 km de sable profond traversent de magnifiques bouquets de palmiers et une vaste savane avant d'arriver au Game Scout Camp au bord de la Boteti.

Section du Nxai Pan National Park
Récemment agrandi, le parc de Nxai Pan est passé de 2 100 km² à plus de 4 000 km². Le pan de Nxai Pan fait partie du même ancien lac que ceux de Sua et Ntwetwe, mais comme il était plus en hauteur, lorsque le lac s'est évaporé, il a échappé aux incrustations de sel. Toutefois, Kudiakam Pan, au sud du parc, se compose d'un ensemble de pans miniatures du même type que Sua et Ntwetwe.

Nxai Pan se présente comme l'un des rares endroits intéressants du Botswana en saison humide, notamment de février à avril, époque idéale pour le visiter. Malgré l'inconvénient des crues, on peut y profiter d'un impressionnant spectacle.

Des milliers de gnous, de gemsboks et de zèbres envahissent les zones herbeuses, aux côtés de grands troupeaux d'autres antilopes et de girafes. Les lions, les hyènes, les chiens sauvages viennent se repaître eux aussi du menu varié et les chiens oreillards apparaissent également en force. Le parc, parsemé d'acacias-ombrelles, ressemble alors parfois à une version plus sauvage de Serengeti (sans les véhicules de safari). Pendant la saison sèche, les animaux se tournent vers le point d'eau artificiel.

Depuis le camping de South Camp, un trajet de 15 km mène à la partie orientale du pan, elle aussi riche en faune. Neuf kilomètres plus loin, vous atteindrez l'extrême sud de Kgama-Kgama Pan, où le roi Khama III possédait un poste de bétail.

Baobabs de Baines. Autrefois appelés les *Sleeping Sisters*, les "Sœurs endormies", ces majestueux baobabs furent immortalisés dans une toile peinte par Thomas Baines en 1862. Aventurier, artiste, cartographe, et naturaliste autodidacte, Baines traversa le Botswana en 1861, alors qu'il se rendait de Namibie aux chutes Victoria en compagnie du négociant et naturaliste John Chapman. Il participa initialement à l'expédition de David Livingstone au Zambèze, mais, accusé à tort de vol par le frère de ce dernier, il dut quitter le groupe.

Ces baobabs n'ont rien d'extraordinaire, mais lorsque le pan se remplit d'eau, ils forment un tableau plein de charme. En les comparant à la peinture de Baines, on s'aperçoit qu'en plus d'un siècle une seule branche est tombée.

Après l'achèvement de la nouvelle route Nata-Maun, les baobabs de Baines furent intégrés au parc national de Makgadikgadi et Nxai Pan. Il faut une autorisation du Game Scout Camp de Xumaga, dans les Makgadikgadi Pans, ou de celui de Nxai Pan, pour y aller ou y camper. Camper dans le bush est possible avec une autorisation, mais il n'existe aucune installation.

Où se loger. Les visiteurs doivent être autosuffisants. Du Game Scout Camp, le camping North Camp, parfois inaccessible en saison humide, est à 8 km au nord, de l'autre côté du pan, et le South Camp à 8 km à l'est. Le South Camp dispose de toilettes, en général d'eau et d'un poste d'observation qui domine le pan. Le North Camp est équipé de toilettes et d'un robinet d'eau. Réglez les frais de camping au Game Scout Camp.

Comment s'y rendre. Là encore, un 4x4 est nécessaire. Prenez au nord la piste qui part de la route Nata-Maun, à 170 km à l'ouest de Francistown, et suivez-la sur environ 35 km jusqu'au Game Scout Camp de Nxai Pan.

Il faut aussi un 4x4 pour se rendre aux baobabs de Baines. Prenez le même embranchement que pour aller à Nxai Pan ; roulez 18 km en direction du nord, puis tournez à droite. Un kilomètre après, la route bifurque. En saison humide, suivez la piste de gauche qui contourne Kudiakam Pan. Au bout d'environ 13 km, tournez à droite et suivez la petite piste sur 4 km jusqu'aux baobabs. Pendant la saison sèche, prenez le chemin de droite qui coupe à travers Kudiakam Pan et conduit, 11 km plus loin, aux baobabs.

Si vous n'avez pas de véhicule, accéder au parc est soit très coûteux, soit quasi impossible. Vous pouvez aisément organiser un safari itinérant dans le parc par l'intermédiaire des agences de voyages de Maun. Sinon, il ne vous reste plus qu'à compter sur le coup de chance inespéré qui hante les rêves de tous les stoppeurs au Botswana.

ORAPA

La raison d'être d'Orapa, ce sont ses diamants et plusieurs énormes clôtures en interdisent l'accès au public. Pour visiter cette communauté indépendante et jeter un coup d'œil aux mines, il faut une autorisation de la Debswana (☎ 351131 ; fax 352941), PO Box 329, Gaborone. Orapa est desservi par des bus de Francistown et de Palapye.

LETLHAKANE

Ce petit centre minier à l'atmosphère un peu froide se situe à 40 km au sud-est d'Orapa. Sa mine, moins grande que celle d'Orapa, donne en général des diamants de meilleure qualité. La ville elle-même se résume aux logements des employés de la mine, aux bâtiments administratifs et aux stations-service. La vue des terrils vous impressionnera.

A la station-service Shell, *Granny's Kitchen* vous propose de déguster, à la lueur des chandelles, des mets aussi typiquement botswanais que le pudding au porto du Yorkshire. En façade, l'enseigne conseille : "Réservez à l'avance pour éviter une déconvenue".

BOTSWANA

MPANDAMATENGA

Tout près de la route Nata-Kasane, ce petit poste-frontière est planté au cœur du pays du sorgho et du maïs, entre les réserves forestières de Kazuma et de Sibuyu. Son nom lui vient de la Mpandamatenga Trail, piste qui partait du Botswana central et était empruntée par les premiers chasseurs blancs pour transporter l'ivoire jusqu'au Zambèze. Il ne s'y passe pas grand-chose et même la station-service Shell semble être fermée en permanence.

Si vous entrez au Zimbabwe par Mpandamatenga (le nom du village zimbabwéen s'écrit Pandamatenga, mais se prononce de la même façon), présentez-vous au commissariat de police du côté zimbabwéen, ouvert jusqu'à 17h du lundi au vendredi. Les formalités d'immigration peuvent être réglées à Bulawayo ou à Victoria Falls. Notez qu'il est impossible de visiter le parc national de Kazuma Pan au Zimbabwe sans être d'abord passé aux services de l'immigration, aussi ce chemin n'offre-t-il pas un raccourci pour le parc.

Chobe National Park

Après avoir visité la région dans les années 30, le commissaire résident du Bechuanaland, sir Charles Rey, proposa de faire de Chobe une réserve naturelle, mais ce n'est qu'en 1960 qu'une petite partie fut placée sous protection officielle. Il fallut ensuite attendre 1968 pour voir la création du parc national actuel. Aujourd'hui, il couvre 11 000 km^2 et s'enorgueillit de la faune la plus variée du Botswana.

Au nord, les berges du fleuve bénéficiant d'un approvisionnement en eau permanent accueillent naturellement les plus grandes concentrations animales, mais les beaux marais de Savuti, dans la dépression de Mababe, à l'ouest de Chobe, procurent eux aussi un habitat de choix à la faune et, lorsqu'ils recèlent de l'eau, des myriades d'oiseaux aquatiques y élisent domicile. Les pans et les forêts de mopane peu visités de Ngwezumba forment le troisième grand secteur du parc. Au nord-ouest de Chobe s'épanouit un autre magnifique écosystème, les vastes marais de Linyanti, région qui pour l'instant n'est pas protégée.

L'entrée nord du parc, à 8 km à l'ouest de Kasane, est accessible avec un véhicule classique. Toutefois, pour traverser le parc ou arriver de Maun, il faut un 4x4 doté d'une haute garde au sol. En raison de la montée des eaux et des couches profondes de boue, la zone de Savuti est d'ordinaire impraticable (et fermée) de janvier à mars.

KASANE ET KAZUNGULA

Kasane servit jadis de capitale aux Makololo, venus se réfugier dans la région lors des invasions ndebele, et qui soumirent ses habitants, la tribu lozi. Ce sont des Makololo qui guidèrent David Livingstone aux chutes Victoria.

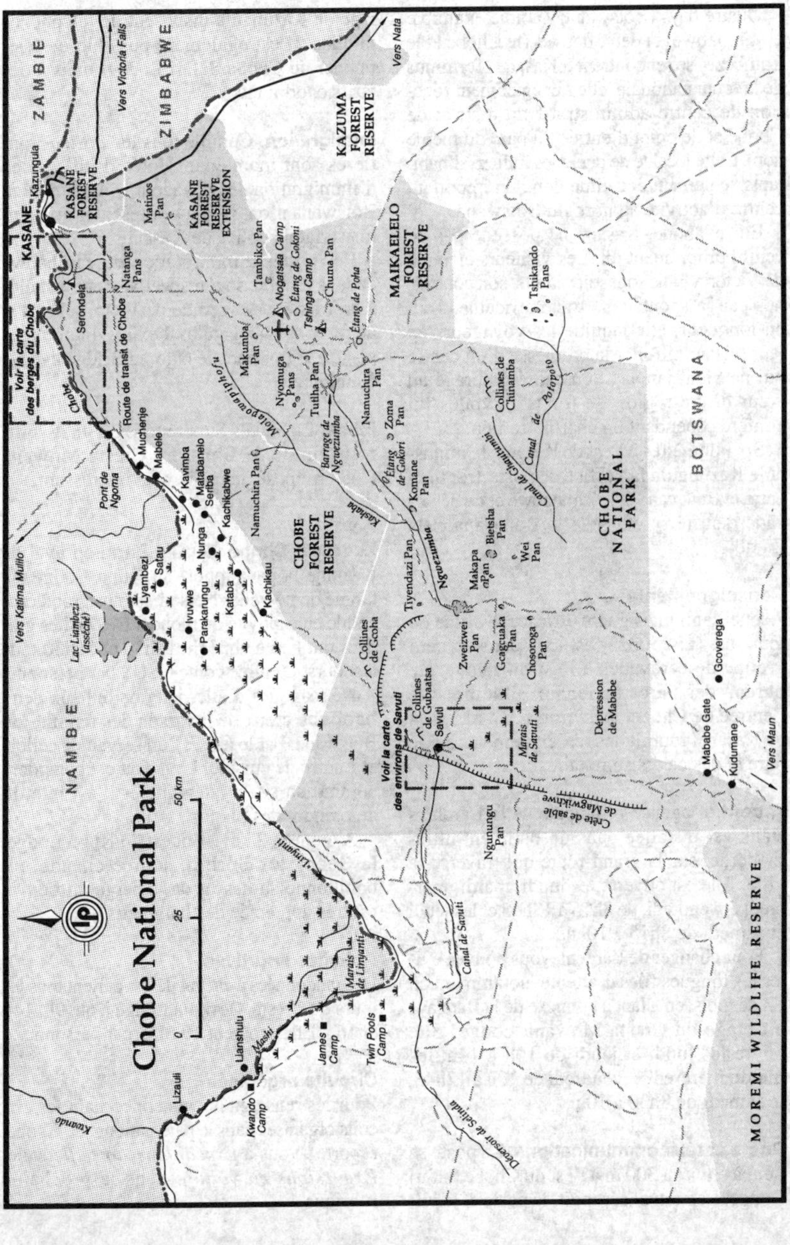
Chobe National Park
0
25
50 km
NAMIBIE
ZAMBIE
ZIMBABWE
BOTSWANA
KASANE
Kazungula
KASANE FOREST RESERVE
KASANE FOREST RESERVE EXTENSION
KAZUMA FOREST RESERVE
MAIKAELELO FOREST RESERVE
CHOBE FOREST RESERVE
CHOBE NATIONAL PARK
MOREMI WILDLIFE RESERVE
Vers Victoria Falls
Vers Nata
Vers Katima Mulilo
Vers Maun
Voir la carte des berges du Chobe
Voir la carte des environs de Savuti
Lac Liambezi (asséché)
Chobe
Serondela
Natanga Pans
Matinos Pan
Route de transit de Chobe
Pont de Ngoma
Muchenje
Mabele
Kavimba
Matabanelo
Seriba
Kachikabwe
Nunga
Satau
Lyambezi
Ivuvwe
Parakarungu
Kataba
Kachikau
Tambiko Pan
Nogatsaa Camp
Étang de Gokoni
Tshinga Camp
Chuma Pan
Étang de Poha
Makumba Pan
Nyomuga Pans
Tutlha Pan
Namuchira Pan
Namuchira Pan
Zoma Pan
Barrage de Ngwezumba
Étang de Gokori
Komane Pan
Kashaba
Ngwezumba
Tiyendazi Pan
Makapa Pan
Bietsha Pan
Wei Pan
Tshikando Pans
Collines de Chinamba
Canal de Potopoto
Collines de Gcoha
Collines de Gubaatsa
Savuti
Zweizwei Pan
Gcagcuaka Pan
Chosoroga Pan
Marais de Savuti
Dépression de Mababe
Gcoverega
Mababe Gate
Kudumane
Crête de sable de Magwikhwe
Ngunungu Pan
Canal de Savuti
Déversoir de Selinda
Linyanti
Marais de Linyanti
Twin Pools Camp
James Camp
Kwando Camp
Lizauli
Lianshulu
Mashi
Kwando

Quatre pays (Botswana, Zambie, Namibie et Zimbabwe) et deux fleuves (le Chobe et le Zambèze) se rencontrent à Kasane. Terminus de la route nationale, elle fait également fonction de centre administratif du district de Chobe et de point d'entrée du parc du même nom. Cette localité de quelques milliers d'habitants seulement constitue donc un important centre d'activité au nord du Botswana.

En revanche, Kasane ne possède pas de centre proprement dit. Les visiteurs arrivant de Victoria Falls sont soit séduits, soit consternés par sa spontanéité toute africaine. Tout en longueur, elle taquine les voyageurs en leur faisant miroiter la promesse d'un centre qui ne vient jamais. Son cadre ombragé au cœur d'une région de forêts fluviales lui confère cependant un charme certain.

Six kilomètres à l'est de Kasane, le minuscule Kazungula fait office de poste-frontière entre le Botswana et le Zimbabwe et de débarcadère au ferry qui relie le Botswana et la Zambie.

Renseignements

Accueillant, mais guère efficace, l'office du tourisme (☎ 250327) est logé dans un petit groupe de caravanes à l'est du fleuve. Le bureau des parcs nationaux situé près de l'entrée de Chobe, à environ 6 km à l'ouest de Kasane, fournit des renseignements sur le parc et des cartes sommaires.

Argent. L'agence principale de la Barclays Bank est installée dans un bâtiment ultramoderne, sur la grand-route qui traverse la ville. Elle est ouverte les lundi, mardi, mercredi et vendredi, de 8h15 à 12h45 et les jeudi et samedi de 8h15 à 10h45.

Pour changer de l'argent, vous pouvez éviter les longues files d'attente, notamment en fin de mois, en allant à l'annexe de la Barclays à l'étage du Cresta Mowana Lodge. Elle ouvre les lundi et jeudi de 10h à 14h, les mardi, mercredi et vendredi de 10h à 12h45, le samedi de 8h30 à 10h.

Poste et télécommunications. La poste se tient à environ 300 m à l'est du Chobe Safari Lodge. Le nouvel aéroport, la poste et le village de Kazungula disposent de téléphones publics. Il est également possible de téléphoner du Chobe Safari Lodge, mais à des tarifs exorbitants.

Immigration. Comme tous les postes-frontières sont maintenant dotés d'un service d'immigration, les voyageurs qui entrent au Botswana n'ont plus à se présenter au commissariat de police de Kasane.

Les postes d'immigration du Zimbabwe et de la Zambie sont respectivement installés à la frontière de la route de Victoria Falls et au ferry de Kazungula. Il existe un nouveau poste à la frontière de Ngoma Bridge avec la Namibie.

Films. La Sava's Superette vend un assortiment limité de films. Le Cresta Mowana Hotel propose un choix plus intéressant.

A voir

Le récent **Chobe Reptile Park**, en aval de Kazungula par rapport au Kubu Lodge, se targue de posséder Nelson, le plus grand crocodile en captivité du monde. Des visites guidées ont lieu à 9h, 11h, 14h30 et 16h30 tous les jours. L'entrée coûte 6 $US par personne.

Ne manquez d'aller jeter un œil aux deux **baobabs** creux de la Prison des femmes du Botswana. Par le passé, l'un servait de cellule et l'autre de cuisine. L'endroit est considéré comme un site stratégique et il est interdit de prendre des photos.

A environ 2 km à l'ouest du Kubu Lodge, la **Seep Hot Spring**, source chaude qui bouillonne au-dessus de la berge du fleuve, est très appréciée des baigneurs.

Activités sportives

Des randonnées à cheval de 2 h partent tous les jours du Cresta Mowana Lodge à 6h, 9h, 14h et 16h. Elles coûtent 19 $US par personne.

Circuits organisés

Pour les renseignements concernant les circuits organisés dans le parc national de Chobe, reportez-vous à *Expéditions sur le fleuve* et *Excursions en voiture* dans la prochaine rubrique.

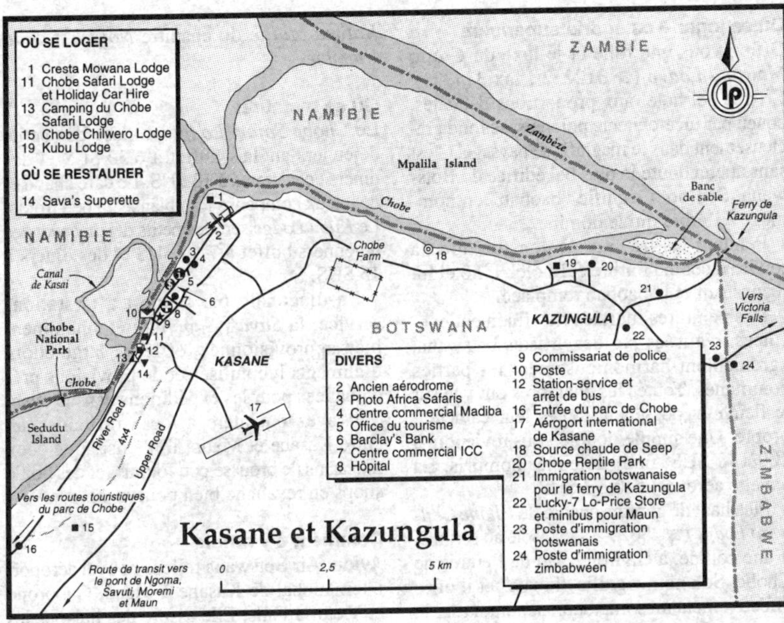

Où se loger – petits budgets

Grand favori des voyageurs, le camping du *Chobe Safari Lodge* (☎ 250336), derrière la station-service de Kasane, se montre le plus pratique et le moins cher. Il est installé sur la berge du fleuve, juste à la limite du parc national. En 1994, les éléphants affamés du parc se prirent d'affection pour l'endroit. Ils mastiquant bruyamment et renversaient des arbres sur leur passage, au point qu'ils devinrent une menace pour les campeurs, pas forcément accoutumés aux visites de pachydermes. Lors de mon dernier séjour, un homme dormant dans sa voiture fut brutalement arraché de son sommeil par une forte secousse : un éléphant avait trébuché contre son véhicule, déclenchant l'alarme et une panique générale. Une clôture a été construite pour tenir les éléphants à distance.

L'emplacement tente ou caravane coûte 10 P par personne. Le camping est spacieux, mais il lui arrive d'être bondé et bruyant, notamment le week-end et les jours fériés.

Où se loger – catégorie moyenne

Commodément situé au cœur de Kasane, le *Chobe Safari Lodge* (☎ 650336 ; fax 650437) donne sur le fleuve. Il loue les rondavel simples/doubles rudimentaires 29/35 $US, les bungalows avec s.d.b. 50/58 $US, les "suites sur le fleuve" 54/65 $US, et l'emplacement de camping (comme mentionné plus haut), 6 $US par personne. Il propose un service de blanchissage, une bottle shop, une piscine, un restaurant et trois bars. Réservez notamment pour les week-ends et jours fériés.

A 1 km environ au nord de la route principale Kasane-Kazungula, le populaire *Kubu Lodge* (☎ 650312 ; fax 650412) vous rapprochera de 8 km des frontières zambienne et zimbabwéenne, mais vous éloignera de Chobe. Les chalets suisses simples/doubles au toit de chaume coûtent 52/65 $US, les rondavel rudimentaires de deux lits 47 $US et les emplacements de camping au bord du fleuve 8 $US par personne. Le lodge propose une navette aéroport, à 8 $US par personne.

Où se loger – catégorie supérieure

Offrez-vous une folie et le luxe du *Cresta Mowana Lodge* (☎ 312222 ; fax 374321). Ce très bel hôtel aux proportions délicates, conçu par un architecte polonais, se fond gracieusement dans le magnifique paysage. C'est sans aucun doute le plus bel édifice du Botswana. Son nom signifie "baobab" en hommage à l'arbre qui le domine.

Pendant les travaux de construction, la foudre incendia l'arbre et l'hôtel. L'hôtel fut reconstruit et le baobab remplacé.

Des peintures murales très finement exécutées, réalisées par des artistes batswana, agrémentent harmonieusement les parties communes. Toutes les chambres ont vue sur le fleuve et possèdent toutes leur caractère propre. Une simple/double vous reviendra à 109/188 $US, petit déjeuner compris. La navette aéroport coûte 3 $US.

Plus haut de gamme encore, le *Chobe Chilwero Lodge* (☎ 250234) s'est isolé au sommet d'une colline, à environ 3 km de l'entrée de Chobe. Son nom signifie "la vue" et il offre effectivement un somptueux panorama sur le parc et le fleuve. Il dispose de simples/doubles en bungalow à 207/441 $US, ce qui comprend l'hébergement, les repas, le blanchissage, l'entrée du parc, des excursions en voiture et des expéditions sur le fleuve.

Princier, le *Chobe Game Lodge* (☎ 650340 ; fax 650223), dans le parc national, donne sur le Chobe et les plaines de Namibie. Les lions, les éléphants et les hippopotames flânent dans les parages. Richard Burton et Elizabeth Taylor ont passé l'une de leurs lunes de miel dans une suite fastueuse avec piscine privée qui coûte aujourd'hui la modique somme de 560 $US la nuit. Le lodge possède des simples/doubles plus modestes à 278/482 $US, ce qui inclut l'entrée du parc, la pension complète (petit déjeuner et déjeuner buffet plantureux, dîner gastronomique cuisiné par des chefs réputés), des excursions en voiture et sur le fleuve à volonté. Opter pour une formule plus simple, avec petit déjeuner inclus seulement, met les simples/doubles à 110/175 $US.

Les informations sur l'Ichingo Camp, dans l'île de Mpalila, du côté namibien, vous sont fournies dans la rubrique *Les environs de Katima Mulilo* du chapitre *Nord-Est de la Namibie*.

Où se restaurer

Le *Chobe Safari Lodge* propose des petits déjeuners anglais buffet à 6,50 $US et des dîners consistants à 13 $US. Le café chaud et délicieux compense l'ambiance un peu froide. Le *Kubu Lodge* sert des petits déjeuners et des déjeuners buffet à 7,50 $US et des dîners à 15 $US.

En diagonale par rapport à la station-service, la *Sava's Superette* étonnamment bien approvisionnée, offre un large choix d'aliments lyophilisés et de provisions pré-emballées pour les expéditions dans le bush. Vous avez tout intérêt à vous y ravitailler car, entre Kasane et Maun, il n'existe que deux magasins de brousse peu fournis (et des bottle shops en revanche bien pourvues).

Comment s'y rendre

Avion. Air Botswana relie le nouvel aéroport international de Kasane à Maun, Gaborone et Victoria Falls. Elle assure des liaisons les lundi et les samedi avec Gaborone et Maun, les jeudi avec Johannesburg et Maun. Si vous arrivez de Gaborone, notez qu'Air Botswana propose depuis peu un forfait "Chobe Weekend Getaway" à 296 $US, tarif qui comprend l'aller-retour pour Gaborone, quatre nuits au Chobe Safari Lodge, deux excursions en voiture et une expédition sur le fleuve.

Les charters de Quicksilver Enterprises (☎ 640532 ; fax 650223), aussi appelée Chobe Air, desservent, au départ de Kasane, Maun et d'autres destinations du nord du Botswana ainsi que Victoria Falls. Les monomoteurs de cinq places se louent en moyenne 0,75 $US du kilomètre ; les clients doivent payer l'aller-retour même s'ils ne font que l'aller. Le tarif d'un charter de cinq passagers pour Maun se situe aux environs de 600 $US.

Bus. En théorie, deux bus quotidiens circulent entre Kasane et Nata ; ils sont censés partir de la station-service entre 9h et 13h, mais ne sont pas très fiables. Le trajet demande une journée et coûte 10 $US. Du Lucky-7 Lo-Price Store – ou Gumba Shop –

à Kazungula, un minibus part tous les jours pour Francistown à 6h. Si vous voulez qu'il vous prenne ailleurs, réservez à la réception du Chobe Safari Lodge.

UTC assure un service quotidien entre Kasane et Victoria Falls, à 20 $US par personne. Les navettes quittent Victoria Falls vers 7h30 ; elles font le tour des hôtels de Kasane entre 9h30 et 10h, puis reviennent à Victoria Falls. Quand tout va bien, le trajet prend environ 2 heures, formalités de douane comprises. Le poste-frontière est ouvert tous les jours de 7h à 20h.

Il existe également un bus hebdomadaire Harare (Zimbabwe)-Windhoek (Namibie), qui traverse Kasane. En direction de l'ouest, il passe le mercredi matin vers 8h, et en direction de l'est le samedi en milieu ou fin d'après-midi. Le mieux est de l'attendre au poste-frontière de Kazungula.

Voiture et moto. Le ferry de Kazungula fait la navette entre le Botswana et la Zambie de 6h à 18h. Comme les camions doivent traverser un par un, il est conseillé aux automobilistes de se présenter tôt le matin afin de limiter le délai d'attente. Le ferry est gratuit pour les passagers à pied et les véhicules immatriculés au Botswana ou en Zambie. Pour les autres, la traversée pour les voitures coûte 10 $US et 20 $US pour les camionnettes ou autres grands véhicules. Le chapitre *Comment s'y rendre* de la partie *Botswana* fournit de plus amples détails.

En stop. Le stop se révèle d'ordinaire plus efficace que le bus pour rejoindre Nata ou Francistown. Le matin, le croisement des routes pour Kazungula et Francistown voit une circulation dense. On peut parfois augmenter ses chances en se postant à la station-service. Cette démarche s'avère d'ordinaire fructueuse pour aller à Ngoma Bridge, desservi par le bus une fois par semaine seulement. Si vous trouvez un transport pour Ngoma Bridge, demandez au conducteur s'il a l'intention de passer par la route de transit ou par les voies touristiques, les *drives*, des bords du fleuve, auquel cas vous devrez payer l'entrée du parc.

L'itinéraire Kasane-Maun *via* le parc national de Chobe est impraticable en stop. La plupart des automobilistes qui empruntent cette route épouvantable en profitent pour faire une halte d'un jour ou deux dans le parc de Chobe et visiter la réserve de Moremi au passage. Or, ne l'oubliez pas, vous devez payer chaque journée passée dans le parc. La seule façon d'éviter cette dépense consiste à faire le long détour *via* Nata pour rejoindre Maun.

Safaris itinérants. La rubrique *Maun* du chapitre *Okavango et Nord-Ouest du Botswana* vous renseignera sur les safaris itinérants entre Kasane et Maun *via* le parc de Chobe.

Comment circuler

Avis (☎ 650144 ; fax 650145) se trouve au Kubu Lodge et Holiday Car Hire (☎ 650226 ; fax 650129) au Chobe Safari Lodge. Le chapitre *Comment circuler* de la partie *Botswana* fournit quelques tarifs à titre indicatif. La rubrique suivante, *Les berges du Chobe*, donne des informations sur les excursions en voiture et les expéditions sur le fleuve possibles dans le parc.

LES BERGES DU CHOBE

Pour les petits budgets, la visite de Chobe se composera probablement d'une expédition sur le fleuve ou d'une excursion en voiture. Aux prix raisonnables de ces circuits, il faut ajouter les droits d'entrée pour chaque journée ou demi-journée passée au parc.

Le paysage frappe tout d'abord par son aspect ravagé dû aux grands troupeaux d'éléphants (voir encadré ci-après), mais ce n'est pas là sa seule singularité. Vous avez de bonnes chances d'y voir des lions et des guépards, et le fleuve fourmille d'hippopotames s'immergeant à l'aube et réapparaissant au crépuscule. Les buffles se comptent par milliers, tandis que dans la brousse vit un grand nombre de zèbres et de girafes.

On y rencontre la plupart des espèces d'antilopes endémiques du Botswana, entre autres : les koudous, les élans du Cap, les antilopes rouannes, les hippotragues noirs, les gnous, les sassabys, les guibs harnachés, les impalas et les cobes à croissant. Les grysbocks et les ourébis font également de rares apparitions. Dans les parties marécageuses, on aperçoit souvent deux variétés caractéristiques du Chobe, les cobes lechwe rouges et les rarissimes cobes de Buffon, dont il ne reste plus que 100 survivants environ. Cette antilope ressemble de tête au cobe à croissant, mais ses cornes marquées de crans s'incurvent vers l'intérieur et elle est bâtie comme un impala petit mais râblé.

Signalons aussi les chacals, les phacochères, les hyènes brunes et tachetées, les babouins, les chiens sauvages, les crocodiles, et les loutres à joues blanches que l'on voit souvent jouer dans le fleuve.

Le Chobe attire également une exubérante faune ailée, des rolliers à poitrine lilas aux guêpiers, aux outardes kori, aux oiseaux secrétaires, aux vautours et aux marabouts. Dans le fleuve, s'ébattent des jacanas, des poules d'eau, des hérons, des canards et bien d'autres encore. Les rives retentissent des glatissements des aigles d'Ayres qui se nourrissent de poissons et s'exercent à l'art du piqué.

Les éléphants de Chobe

Les berges du Chobe accueillent la population animale la plus dense du parc et, en l'occurrence, le mot "animal" semble synonyme d'éléphants. Environ 73 000 pachydermes vivent au parc national de Chobe et des troupeaux de parfois 500 individus dévastent les berges, comme en témoigne le bush piétiné et la quantité d'arbres déracinés, renversés, écrasés, déchiquetés qui jonchent le paysage. On croirait voir un pays ravagé par la guerre.

Jusqu'à récemment, le gouvernement botswanais estimait qu'il fallait laisser la nature suivre son cours. Il édicta des interdictions de chasse dans l'espoir de voir les éléphants quitter les rives du Chobe lorsqu'ils pourraient migrer vers d'autres zones sûres. Malheureusement, les pachydermes ont continué à se multiplier, d'autant que des pays voisins sont arrivés des réfugiés venus s'abriter dans ce havre (la faune a disparu depuis longtemps des rives namibiennes du Chobe où l'on ne voit plus que du bétail). En 1990, les autorités botswanaises prirent la décision de commencer à éliminer des éléphants à compter de l'année suivante. Comme au Zimbabwe, des troupeaux entiers, et non des éléphants isolés, devaient être abattus. Le projet n'a cependant pas été mis à exécution et les éléphants continuent de prospérer. ■

BOTSWANA

Activités

Expéditions sur le fleuve. Se joindre à l'une des expéditions organisées par les lodges des environs de Kasane permet de profiter pleinement des berges du Chobe, mais comme la plupart pénètrent dans le parc, vous devez ajouter au coût de l'excursion celui de l'entrée du parc. Choisissez la fin d'après-midi, moment où les hippopotames rejoignent placidement la terre ferme et où les rives s'emplissent d'éléphants venus s'abreuver et folâtrer dans le fleuve.

Le Chobe Safari Lodge propose une excursion de 3 heures l'après-midi dans un bateau à plusieurs niveaux, le *Fish Eagle*. Elle coûte 12 $US par personne pour les clients du lodge (y compris les campeurs) et 17 $US pour les autres. Le Cresta Mowana Lodge organise des explorations de 3 heures l'après-midi dans son bateau le *Mmadikwena*, à 17 $US, ainsi que le matin de bonne heure, avec petit déjeuner à bord, pour 26 $US.

Le Chobe Game Lodge propose une expédition l'après-midi, sur le *Mosi-oa-Tunya*, assez bonne réplique de l'*African Queen*, à 17 $US par personne. Dans la journée, il fait des excursions de 2 heures à la demande à bord d'un petit canot automobile, qui coûtent 19 $US aux personnes ne faisant pas partie de la clientèle. Les petites embarcations offrent plus d'agrément car elles transportent des groupes moins importants et peuvent se rapprocher des animaux sans leur faire peur ou les mettre en danger.

Excursions en voiture. Du Kubu Lodge et du Chobe Game Lodge, les départs ont lieu à 6h15 et à 16h, moments propices à la visite du parc. Les promenades parcourent les bords du fleuve et durent 2 heures 30. Si vous optez pour l'excursion du matin, cela vous permet de participer à une expédition sur le fleuve

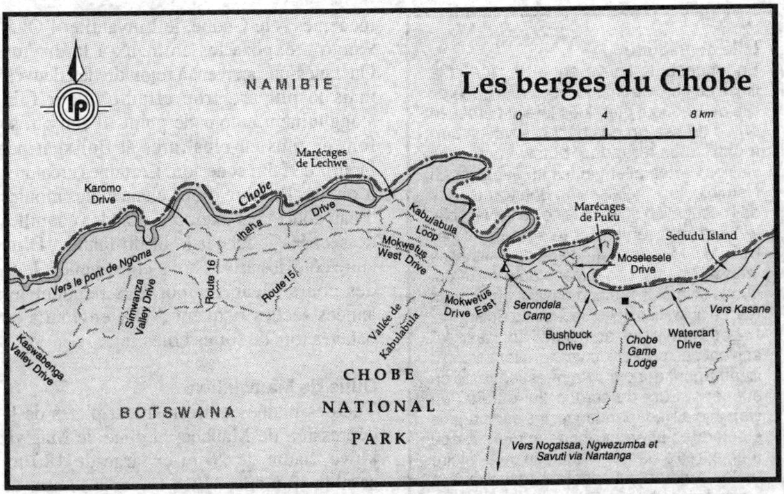

l'après-midi en ne payant l'entrée du parc qu'une fois. La méthode la plus économique consiste à faire les deux excursions en voiture et une petite promenade en bateau à midi. Les excursions en voiture coûtent 17 $US.

Le Cresta Mowana Lodge offre une variante de 5 heures comprenant soit un petit déjeuner dans le bush (26 $US), soit un brunch au champagne (41 $US).

Où se loger

Le *Serondela Camp*, à 10 km à l'ouest de l'entrée du parc, est le camping le plus accessible de Chobe. Serondela était, paraît-il, un village habité qui fut déplacé à Kasane lorsque Chobe devint un parc national.

Situé dans un joli cadre, le camping dispose de toilettes, de douches froides et se prête magnifiquement à l'observation de la faune, mais on n'y dort que d'un œil. La nuit, les alentours bruissent d'une incessante activité ; les bruits souvent impossibles à identifier peuvent devenir inquiétants et donner un sentiment de vulnérabilité. Le jour, les campeurs sont soumis à la surveillance constante de babouins impudents qui ont compris depuis longtemps l'aubaine offerte par les tentes et les sacs à dos.

Le Chobe Game Lodge, le Kubu Lodge et le Chobe Safari Lodge (Go Wild Safaris) associent le transport depuis/vers le Serondela Camp aux excursions en voiture du matin et de l'après-midi, mais ce n'est pas un circuit organisé, aussi paie-t-on au plein tarif l'entrée du parc et le camping. On peut venir vous chercher le lendemain.

Comment s'y rendre

Entrée nord. Située à 8 km à l'ouest de Kasane, elle est accessible avec un véhicule classique. Toutefois, pour arriver de Maun ou traverser le parc en direction du sud, il faut un 4x4 doté d'une haute garde au sol. En raison de la montée des eaux, Savuti est d'ordinaire fermé (et de toute façon impraticable) de janvier à mars.

Route de transit. Emprunter en voiture ou en stop la route de transit du parc jusqu'à Ngoma Bridge, à la frontière namibienne, est gratuit. Ne croyez pas toutefois visiter ainsi le parc à peu de frais. La voie droite et large traverse un paysage peu intéressant et les animaux restent cachés dans la forêt. La station-service de Kasane offre de bonnes occasions de transport aux stoppeurs.

L'île de Sedudu
En longeant le fleuve entre Kasane et la limite du parc de Chobe, vous remarquerez l'île de Sedudu, étendue plate et herbeuse où se dresse un poste d'observation surmonté d'un drapeau botswanais. Les vieilles cartes allemandes la plaçaient en Namibie, les anglaises au Botswana. Lors de l'occupation sud-africaine de la Namibie, le litige s'envenima et le soin de régler l'affaire fut confié à l'arbitrage des instances internationales. Les experts déterminèrent que le lit le plus profond passait au nord de l'île, ce qui situait donc Sedudu au Botswana.

Les Namibiens appellent l'île "Kasikile" et n'ont pas accepté le verdict international : ils affirment donc que la question reste en suspens. Lors du scrutin qui eut lieu en Namibie à l'indépendance, les campagnes électorales usèrent abondamment de ce thème, réclamant la restitution du territoire "volé". Aujourd'hui encore, l'affaire revient sur le tapis chaque fois qu'un politicien a besoin d'une cause nationale susceptible de rassembler le peuple. ■

SAVUTI ET LA DÉPRESSION DE MABABE

La dépression de Mababe, comme les Makgadikgadi Pans et Nxai Pan, est un vestige du gigantesque lac qui occupait une grande partie du nord du Botswana. Elle englobe presque tout le sud de Chobe, y compris la région de Savuti, deuxième destination préférée des visiteurs.

Les étendues plates et foisonnantes de faune de Savuti forment une étape obligatoire des safaris itinérants et des voyages par voie terrestre entre Kasane et Maun. Cette contrée aux teintes et aux paysages austères, aux grands espaces sauvages, ne décevra pas les visiteurs. La masse de la population animale, notamment de novembre à mai, peut parfois paraître écrasante. Savuti fourmille d'éléphants ; les lions, les chiens sauvages et les hyènes rôdent dans les immenses troupeaux de buffles, de zèbres, de gnous, d'impalas et de quantités d'autres antilopes.

Si Savuti jouit normalement d'une bonne pluviosité, les années sèches ne sont pas rares et son éloignement des sources d'eau permanentes – le Chobe, le Linyanti et l'Okavango – expose les animaux à la disette. Quelques-uns arrivent à rejoindre les fleuves, mais la plupart, trop affaiblis pour fuir, s'agglutinent autour de points d'eau qui se font de plus en plus rares et finissent par mourir de faim et de soif. Certaines créatures n'ont pas l'ombre d'une chance : les moules d'eau douce, par exemple, dont les coquilles desséchées jonchent le lit du marais. D'un autre côté, les arbres qui s'enracinent le long des cours d'eau temporaires pendant les années sèches risquent d'être engloutis ou balayés lors de fortes crues.

Dune de Magwikhwe

Vue des plaines uniformément plates de la dépression de Mababe, la dune de Magwikhwe, haute de 20 m et large de 180 m, semble immense. Elle traverse le sud de Chobe sur plus de 100 km et l'on pense qu'elle formait autrefois une barrière de sable sur la rive occidentale de l'ancien grand lac.

Les collines de Gubaatsa et de Gcoha

Les collines de Gubaatsa se dressaient beaucoup plus haut par le passé, mais des années d'érosion les ont réduites à leur taille actuelle. Les faces nord-est ont gardé les traces des flots qui venaient battre leurs flancs à l'époque où la dépression de Mababe était encore immergée. La colline de Gobabis, au sud de l'entrée de Savuti, près du canal de Savuti, comprend plusieurs ensembles de peintures rupestres vieilles de 4 000 ans, probablement d'origine san. Vous en verrez quelques-unes du côté nord, près du pied de la colline, mais les plus belles sont situées à peu près à mi-chemin du sommet, face à l'est. C'est le seul endroit où vous pouvez laisser votre véhicule et faire un tour dans les environs ; la colline est à une courte distance à pied de la route.

Au nord du secteur principal de Savuti, un autre groupe de minuscules collines, les Gcoha, marquent l'extrémité nord de la dune de Magwikhwe. Malgré leur petite taille, elles arborent une allure de montagnes alpines dans cette vaste plaine. Elles étaient autrefois habitées par les Yei, chassés de Caprivi et du sud de l'Angola par les troupes de l'empire

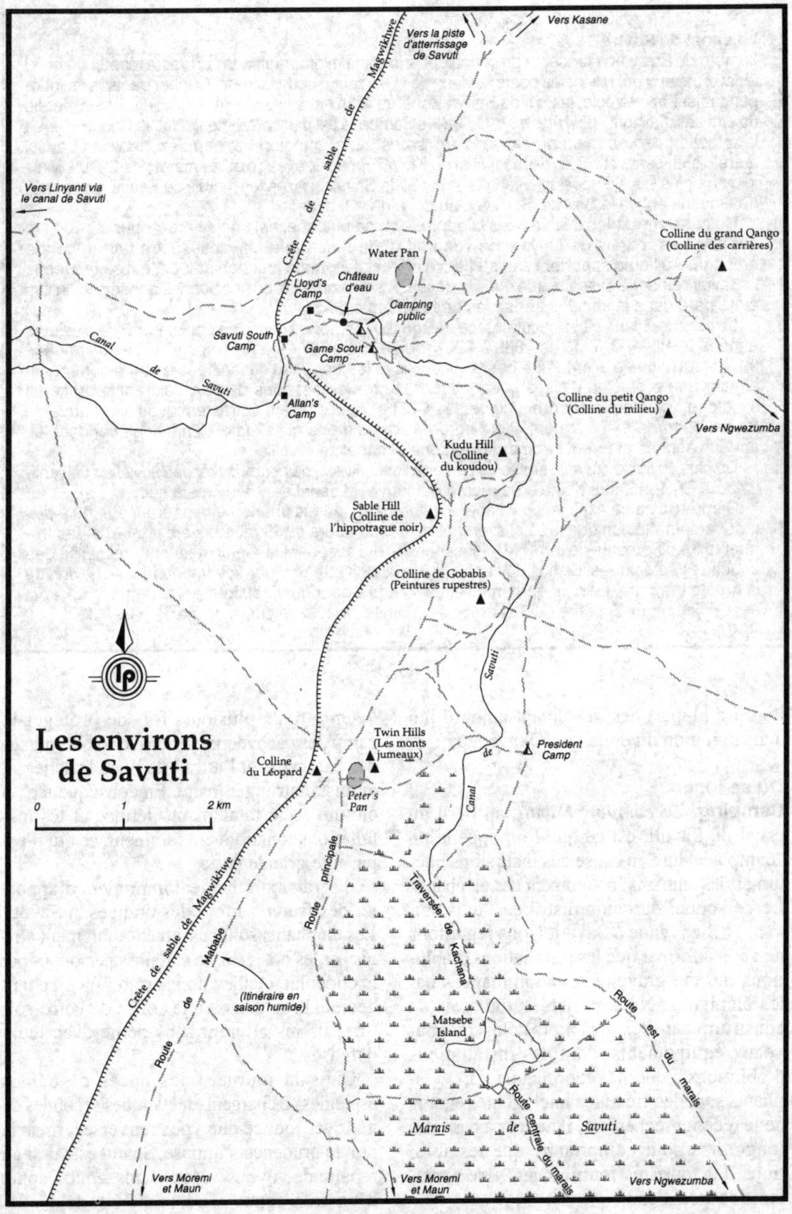
Les environs de Savuti
Vers Kasane
Vers la piste d'atterrissage de Savuti
Crête de sable de Magwikhwe
Vers Linyanti via le canal de Savuti
Colline du grand Qango (Colline des carrières)
Water Pan
Château d'eau
Lloyd's Camp
Camping public
Savuti South Camp
Game Scout Camp
Canal de Savuti
Allan's Camp
Colline du petit Qango (Colline du milieu)
Vers Ngwezumba
Kudu Hill (Colline du koudou)
Sable Hill (Colline de l'hippotrague noir)
Colline de Gobabis (Peintures rupestres)
Twin Hills (Les monts jumeaux)
President Camp
Colline du Léopard
Peter's Pan
0 1 2 km
Route principale
Traversée de Kachana
Route de Mababe
(Itinéraire en saison humide)
Matsebe Island
Route est du marais
Route centrale du marais
Marais de Savuti
Vers Moremi et Maun
Vers Moremi et Maun
Vers Ngwezumba

Le canal de Savuti

Le nord du Botswana présente un curieux phénomène hydrographique : un vaste réseau de mystérieux canaux qui relient les cours fluviaux de l'Okavango et du Linyanti-Chobe, par ailleurs indépendants. Par exemple, le Selinda Spillway charrie l'eau entre le delta de l'Okavango et les marais de Linyanti. Fait tout aussi étonnant, lorsque le Zambèze est particulièrement haut, le Chobe inverse la direction de son courant, causant des crues dans la région de Liambezi. Il existait aussi autrefois un canal entre le réseau fluvial du Khwai dans l'Okavango et les marais de Savuti. Mais le cas le plus insolite nous est offert par le canal de Savuti qui relie les marais de Savuti aux marais de Linyanti et, *via* le Selinda Spillway, au delta de l'Okavango.

Ce canal mystérieux, situé dans la dépression de Mababe, est une rivière longue de 100 km qui part des marais de Linyanti, à l'endroit où le réseau du Linyanti-Chobe fait un coude brusque. Au lieu d'apporter l'eau au fleuve principal, comme tout bon affluent qui se respecte, le Savuti l'emporte et la déverse dans le désert. A son extrémité, où, les bonnes années, il s'infiltre et se perd dans le sable, il arrose les beaux marais de Savuti.

Le plus troublant, c'est l'incohérence de son flux. Parfois, il cesse de couler pendant plusieurs années d'affilée, comme de 1888 à 1957, de 1966 à 1967, et à présent, de 1979 aux années 90. Lorsqu'il coule, il crée une oasis qui abreuve les troupeaux assoiffées et attire comme un aimant une profusion d'oiseaux aquatiques. Entre les périodes de flux, l'extrémité du canal s'éloigne des marais pour revenir vers le Chobe, tandis qu'à d'autres époques les marais de Savuti débordent et s'étalent. Il est bordé d'arbres morts qui s'étaient enracinés pendant les années sèches et furent submergés lorsque le canal se réveilla.

De plus, le flux du canal semble ne pas être lié au niveau des eaux du réseau fluvial du Linyanti-Chobe. En 1925, lors d'une crue record du fleuve, le canal de Savuti resta sec.

D'après la seule explication valable avancée à ce jour, le phénomène pourrait être dû à des mouvements tectoniques. Le glissement actuel du cours du Zambèze vers le nord et les fréquents tremblements de terre de faible intensité qui secouent la région révèlent l'instabilité des couches géologiques. Le flux du canal de Savuti doit être régi par une imperceptible flexion de la croûte terrestre. Le changement minimum requis pour ouvrir ou fermer les vannes du canal serait d'au moins 9 m, ce qui est arrivé au moins cinq fois au cours du siècle passé. ■

lozi. La plupart des Yei vivent aujourd'hui dans la région du delta de l'Okavango.

Où se loger

Camping. Le *camping Savuti*, au bord du canal de Savuti, est ce que l'on appelle un "camp à la dure" à cause des incursions nocturnes des animaux, notamment des éléphants. Le personnel du camp distribue l'avis suivant : "Bienvenue à Savuti. Nous regrettons de vous informer que les installations d'ablutions ont été gravement endommagées par les éléphants. Nous projetons toutefois de construire dans les plus brefs délais de nouveaux équipements, dont des installations d'ablutions modernes et protégées." Les éléphants sont des créatures intelligentes et, lors de la récente sécheresse, il ne leur a pas fallu longtemps pour comprendre que les ablutions des touristes fournissaient une excellente source d'eau.

On a tenté plusieurs fois de protéger le camp des pachydermes, mais les pique-niques des campeurs et l'attrait de l'eau fraîche ont aiguisé leur ingéniosité. En conséquence, la clôture a été totalement piétinée et les installations fonctionnent rarement, ce qui n'est pas une grande perte.

Il serait extrêmement imprudent d'apporter des fruits, surtout des oranges, à Savuti. Les éléphants sont aussi inexorablement attirés par les oranges que certaines personnes par le chocolat, et allez donc arrêter un éléphant décidé. Protégez bien le coffre de votre voiture, ils les ouvrent sans peine avec leurs défenses.

Dans la journée, des nuées de calaos espiègles se chargent en quelques secondes de nettoyer tout ce que vous renversez, mais la nuit la prudence s'impose. Savuti est aussi un repaire de voyous – les chacals – que l'appât d'un bon repas rend très impudents. Ils s'empareront de tout ce qui a une odeur de nourriture, aussi ne laissez jamais traîner de conserves vides où même de casseroles sales la nuit, et rangez toutes vos provisions, soigneusement emballées, dans un véhicule. Parfois, les babouins se mettent de la partie et on doit les tenir énergiquement à distance sous peine d'être totalement dévalisé dès qu'on tourne le dos.

Si l'aventure vous tente, l'accès se trouve au sud-est du camping.

Safari Lodges. Au nord-ouest du camping, il existe trois camps privés où l'hébergement doit être réservé à l'avance.

Le plus intéressant, le *Lloyd's Camp* (☎/fax 660351), PO Box 246, Maun, appartient aux Wilmot, qui soulignent qu'il ne s'agit pas d'un "camp de luxe". Le Lloyd's Camp est connu pour offrir des contacts directs avec la faune, en grande partie grâce à son poste d'observation et à son point d'eau privé. Il est également réputé pour ses guides excellents et sa cuisine "exotique" de Californie. En haute saison, les simples/doubles coûtent 305/ 470 $US, ce qui comprend l'hébergement, les repas et les activités. Les personnes voyageant seules et prêtes à partager l'hébergement paient seulement 235 $US. Les cartes de crédit ne sont pas acceptées.

L'*Allan's Camp*, tout proche, est géré par Gametrackers (☎ 660302 ; fax 660571) à Maun, qui aime à le décrire comme la destination des "initiés". Il propose un hébergement en bungalows à toit de chaume et des activités axées sur les excursions en voiture en association avec les lodges que Gametrackers possède dans le delta de l'Okavango. Les simples/ doubles coûtent 470/590 $US, plus les droits du parc.

Son camp frère, le *Savuti South* (☎ 260 302), dispose d'un hébergement sous la tente et donne également sur le canal de Savuti. Il pratique les mêmes tarifs que l'Allan's Camp, sauf en novembre et décem-bre où les prix passent à 168/210 $US, mais il n'est accessible qu'aux safaris itinérants.

Le transport en avion de Kasane à l'Allan's Camp ou au Savuti South revient à 70 $US par personne.

Comment s'y rendre

Dans des conditions optimales, 4 heures de route conduisent de l'entrée nord à Savuti. L'itinéraire le plus fréquenté part du parc national au sud de Ngoma Bridge et longe la vaste étendue marécageuse au sud du réseau fluvial du Chobe-Linyanti. Jusque-là, la route de gravier est praticable pour les véhicules traditionnels. Au village de Kachikau, toutefois, elle tourne au sud pour pénétrer dans la réserve forestière de Chobe et se transforme en une piste de sable ravinée nécessitant un 4x4 avec une haute garde au sol.

Au bout d'une cinquantaine de kilomètres laborieux, elle entre de nouveau dans le parc et continue, sur 40 km également très ensablés, jusqu'à Savuti. Hormis les traversées des petits villages donnant sur les plaines fluviales et dans les environs immédiats de Savuti, le trajet ne présente guère d'intérêt.

Pendant la saison sèche, l'itinéraire de rechange moins connu qui passe par les pans de Ngwezumba est praticable en 4x4, mais la route est peu utilisée et le personnel du parc la déconseille.

On peut également arriver de Maun et de Moremi. A l'exception des 100 premiers kilomètres, le sable envahit pratiquement tout le reste de la route et certains tronçons, particulièrement à l'extrême sud du parc national de Chobe, imposent une progression très lente. Il n'existe aucune pompe à essence sur le chemin.

LES PANS ET LE BARRAGE DE NGWEZUMBA

Ngwezumba se situe à peu près à mi-chemin entre Serondela et Savuti sur l'itinéraire de rechange. Il se signale par un barrage artificiel et des pans argileux au milieu d'une forêt de mopane. Vous n'y verrez pas une faune aussi importante que sur les berges du Chobe ou à Savuti, mais il abrite des troupeaux de buffles et d'éléphants, ainsi que des reduncas, des gemsboks et des antilopes rouannes.

On aperçoit parfois l'ourébi dans sa villégiature botswanaise préférée. Cette petite antilope insolite aux cornes pointues se distingue par des glandes noires circulaires odoriférantes, placées juste sous les oreilles, et

Excursions en voiture : matin ou soir ?
Le matin vous plaira si vous aimez les atmosphères subtiles, intemporelles : l'odeur suave et poudrée du bush empli des derniers frémissements des créatures nocturnes ; le lever du soleil d'un rouge brumeux ; les hippopotames s'immergeant pesamment dans le fleuve ; et l'apparition des animaux diurnes qui rappelle les cycles régissant le bush.

La fin d'après-midi est plus mouvementée. Il se passe tout le temps quelque chose et l'heure est propice aux photos. On voit d'ordinaire tellement d'animaux (notamment pendant la saison sèche) qu'on finit presque par ne plus y prêter attention. Les grands félins paressent sous l'œil inquiet des antilopes effarouchées. D'immenses troupeaux d'éléphants viennent s'abreuver, s'asperger et s'ébattre dans le fleuve. Les hippopotames remontent à pas lourds sur la berge. Des centaines de buffles paissent paisiblement. Les vautours becquettent les carcasses des malchanceux. Et des myriades d'oiseaux dansent des ballets multicolores dans les derniers rayons du soleil couchant. ■

une touffe de poils noirs au bout de la queue. Les ourébis vivent en groupes de quatre ou cinq et non en troupeaux.

Où se loger

Ngwezumba possède deux campings. Isolé et plaisant, le *Nogatsaa Camp*, à 85 km de l'entrée nord du parc, est équipé de douches froides et de toilettes (si la pompe alimentée par énergie solaire fonctionne), ainsi que d'un poste d'observation donnant sur le barrage de Nogatsaa. Une piste d'atterrissage a été construite dans les environs par la BDF dans le cadre de sa lutte contre le braconnage, mais elle ne peut servir d'accès au camping dont elle est très éloignée. Le camping est devenu plus ou moins un lieu de détente de la BDF et son entretien laisse un peu à désirer.

A 22 km, le rudimentaire *Tshinga* (aussi écrit Tjinga ou Tchinga) *Camp* ne comporte aucune installation, hormis une citerne dotée d'une pompe capricieuse dont la mise en marche requiert certaines compétences mécaniques. Il est donc prudent d'apporter des provisions d'eau. L'endroit se résume à un espace débroussaillé où planter sa tente. Ne campez pas près du pan, afin de ne pas perturber les animaux.

Comment s'y rendre

L'argile des environs de Ngwezumba, couramment connue sous le nom de "sol de coton noir", se transforme, lorsqu'elle est mouillée, en une sorte de mélasse impraticable même en 4x4. De la voie de transit de Chobe ou du Serondela Camp, la route de Ngwezumba part au sud, longe les Nantanga Pans et parvient à Nogatsaa. Elle traverse ensuite plusieurs pans jusqu'au barrage de Ngwezumba où elle tourne à l'ouest pour suivre la rivière temporaire Ngwezumba et se diriger vers Savuti, à 120 km de là. Par cet itinéraire, le trajet de Kasane à Savuti demande une journée entière de route. Pour vous rendre de Nogatsaa à Tshinga, prenez au sud-est à l'embranchement situé à quelque 5 km au sud-ouest de Nogatsaa.

LES MARAIS DE LINYANTI

A l'ouest de Chobe, sur la frontière entre le Botswana et la Namibie, s'étendent les marais de Linyanti. Cette belle région de 900 km^2 rappelle le delta de l'Okavango par sa végétation, mais, en fait, il s'agit simplement d'une vaste plaine inondée en bordure du fleuve du même nom.

Le Linyanti prend sa source dans le sud de l'Angola, où il est nommé "Cuando". En Namibie, il devient le "Kwando", sauf dans la bande de Caprivi où on l'appelle "Mashi". Dès qu'il arrive aux marais et tourne à l'est, il prend le nom de Linyanti, puis, plus en aval, au-delà de l'ancien lac Liambezi, celui de Chobe.

Le lac Liambezi, qui couvrait autrefois jusqu'à 10 000 hectares lorsqu'il était à pleine capacité, est tari depuis 1985 ; une grande partie du côté namibien est à présent occupée par des fermiers et leurs troupeaux. Même les années de fortes pluies n'ont pas réussi à le remplir et on considère à présent sa disparition comme définitive. D'après les experts, seule une crue gigantesque du Zambèze relayée par le Chobe pourrait le sauver. Pour de plus amples informations, reportez-vous au chapitre *Nord-est de la Namibie*.

De même, le canal de Savuti (dont le sens du courant dépend des conditions tectoniques – voyez l'encadré dans la rubrique *Savuti*) n'arrose plus le sud de Chobe. Depuis 1979, les marais de Savuti sont restés asséchés. Un autre canal, le Selinda Spillway ou canal de Magwegqana, relie les réseaux fluviaux de l'Okavango et du Linyanti, permettant au trop-plein de couler de l'un à l'autre. Plus au sud et à l'ouest, cependant, les marais jouissent toujours d'un bon approvisionnement en eau. Du côté namibien, ces marécages bénéficient de la protection de deux parcs nationaux de création récente, Mudumu et Mamili (reportez-vous à la partie *Namibie*). Au Botswana, ils ne sont protégés que par leur isolement, à l'exception de la lisière de 7 km qui appartient au parc national de Chobe. La chasse est autorisée de façon réglementée dans la majeure partie de la région, où sévissent également des braconniers venant de Namibie.

Où se loger

Les seules options sont les camps de tentes luxueux *Twin Pools*, *James Camp* et *Kwando Camp*, tous gérés par Photo Africa Safaris (☎ 630385 ; fax 650383) dont l'agence est située face au centre commercial Madiba à Kasane. Pour l'instant à l'écart des chemins touristiques, ces camps devraient devenir plus fréquentés à l'avenir en raison de leur magnifique situation.

Le plus au sud, Twin Pools, donne sur deux ravissants étangs en bordure de la plaine Mashi/Kwando où vit une large population de prédateurs, notamment de lions. Particulièrement plaisante, la tente-restaurant est perchée sur un promontoire avec vue sur les étangs.

Le James Camp, lui aussi contigu à la plaine Mashi/Kwando, offre la possibilité d'observer des cobes lechwe rouges, ainsi que le rare et solitaire sitatunga.

Particulièrement propice à la pêche, le Kwando Camp, niché dans une zone boisée sur la rive sud du Mashi/Kwando, permet également d'apercevoir des sitatungas.

A Twin Pools et au Kwando Camp, les simples/doubles coûtent 250/371 $US par jour, tarif qui comprend l'hébergement en pension complète, des activités d'observation de la faune (marches, excursions en voiture, expéditions sur le fleuve dans un bateau à deux niveaux) et les services de blanchissage. Twin Pools accepte les enfants, mais les huit lits doivent être occupés par un seul groupe. Au James Camp, équipé seulement d'installations s.d.b. et toilettes communes, vous paierez 234/337 $US pour une simple/double, ce qui inclut les mêmes services et activités que dans les autres camps.

Comment s'y rendre

En véhicule 4x4, vous pouvez rejoindre ce secteur soit en longeant le fleuve depuis Kasane, soit depuis Savuti, par la piste qui suit le canal de Savuti jusqu'à l'embranchement pour le James Camp situé sur la route en bordure du Selinda Spillway.

Photo Africa Safaris peut également organiser votre transport en avion ou par voie de terre depuis Kasane. Jusqu'à cinq passagers, les vols charters à destination des camps coûtent 460 $US aller simple. Au départ de Maun, les tarifs aériens démarrent à 150 $US par personne.

Delta de l'Okavango et Nord-Ouest du Botswana

Le delta de l'Okavango s'ouvre à la façon d'une main ouverte tenant au creux de la paume la plus grande partie du nord-ouest du Botswana. Il exerce un attrait irrésistible sur les voyageurs, auxquels les lodges et les tour-opérateurs proposent une pléthore de circuits organisés. Les autres agréments de la région se laissent moins facilement approcher. Ainsi, les lointains monts Tsodilo dressent en pleine nature une galerie d'art rupestre, fascinant témoignage de l'évolution culturelle des peuples du désert, et proposent les plus belles randonnées du pays. Plus reculés encore, les cavernes de Gcwihaba et les monts Aha s'enveloppent de silence et de solitude. De vastes espaces, ponctués de villages éparpillés çà et là, séparent ces hauts lieux du Botswana, qui présente en cette contrée le summum de sa culture et de sa beauté naturelle.

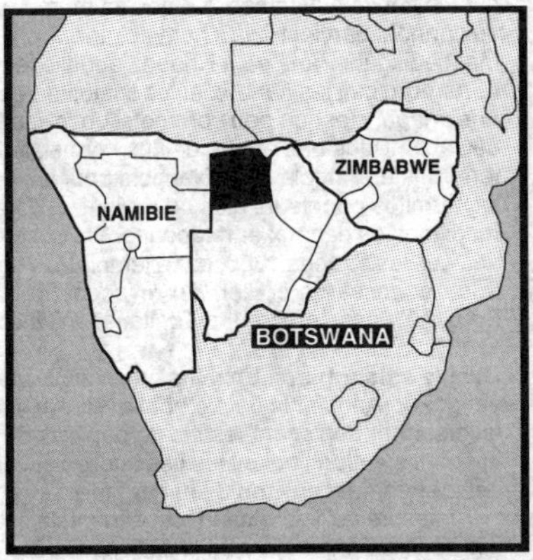

Le delta de l'Okavango

Long de 1 300 km, l'Okavango, le troisième fleuve de l'Afrique australe, prend sa source près de la ville de Nova Lisboa, dans l'Angola central. Il coule vers le sud-est, traverse la bande de Caprivi, en Namibie, où il descend en cascade les chutes de Popa, avant d'entrer au Botswana non loin de Shakawe. Ses dix-huit milliards et demi de mètres cubes annuels commencent alors à s'étaler largement, avidement absorbés par l'air sec et les sables du Kalahari. On décrit souvent l'Okavango comme "le fleuve qui ne trouve jamais la mer" mais, à la différence de la plupart des rivières condamnées à disparaître dans le désert des pans salants, il se perd en un vaste labyrinthe de lagunes, de canaux et d'îles s'étendant sur 15 000 km^2.

L'Okavango forme le plus grand delta intérieur du monde, d'une superficie égale à celle de la Suisse ou du Massachusetts. Il fourmille d'oiseaux et de nombreux autres animaux, dont les éléphants, les zèbres, les buffles, les gnous, les girafes, les hippopotames et les koudous. Son extrémité orientale est occupée par la réserve de Moremi, non moins riche en faune, et que beaucoup considèrent comme la plus belle réserve zoologique de l'Afrique australe.

Hormis quelques visiteurs blasés, peu résistent au charme apaisant de ces paysages somptueux d'îles et de canaux qui semblent totalement hors du monde. Si vos moyens vous le permettent, ne manquez surtout pas d'explorer Moremi ou l'intérieur du delta.

Il est difficile de visiter le delta à peu de frais, mais il existe des circuits à des prix raisonnables. La plupart d'entre eux comprennent une expédition en *mokoro* (au pluriel *mekoro*), pirogue taillée dans le tronc d'un ébénier ou d'un arbre à saucisse (*kigelia*), parfaitement adaptée aux eaux peu profondes du delta. Un homme debout à l'arrière fait avancer le mokoro avec un *ngashi*, perche faite du bois de l'arbre *mogonono* (*Terminalia sericea*). La pirogue peut contenir trois

Histoire naturelle du delta de l'Okavango

Géologie. Il y a environ 2 millions d'années, l'Okavango rejoignait probablement le Limpopo et se jetait dans la mer, mais l'activité tectonique finit par le détourner vers le Kalahari. Il y a quelques milliers d'années, il coulait dans un grand lac qui couvrait les Makgadikgadi Pans, Nxai Pan, la dépression de Mababe et le lac Ngami. L'ensablement joint à l'imperceptible et continuel redressement des terres à l'est firent disparaître le lac et créèrent la nouvelle cuvette qui tient le fleuve à distance. De nos jours, même les bonnes années, de 2% à 3% seulement du flux annuel parvient à la Thamalakane. Celle-ci le transmet à la Boteti qui le véhicule vers les Makgadikgadi Pans et la Nhabe, laquelle le transporte jusqu'au lac Ngami.

Aujourd'hui, les canaux et les limites du delta ne cessent de se déplacer. Pour vous donner une image, c'est un peu comme si on laissait couler un tuyau d'arrosage dans un énorme tas de sable. Dans une année de flux normal, le fleuve charrie 2 millions de tonnes de sable et de terre pris en Angola et en Namibie pour les déposer le long des grands canaux. Emportés par les termites pour leurs nids ou remués et déplacés par l'activité tectonique de faible niveau, ils modifient les canaux et refaçonnent le delta.

Dans les années 1880, par exemple, la Thaoge, qui autrefois alimentait le lac Ngami, fut obstruée et cessa de couler. En revanche, à la suite de tremblements de terre en 1952-53, la Boro, qui passe au cœur du delta, se mit à couler pour la première fois de mémoire d'homme.

Cycles saisonniers. En mars ou en avril, à la fin de la saison des pluies aux sources de l'Okavango, en Angola, le fleuve gonfle, se rue vers le sud et entre au Botswana à Shakawe, bouleversant et déplaçant les lits de papyrus du Panhandle. Dès le début juin, les eaux du delta intérieur s'enflent, noient les îles basses et déracinent la végétation en progressant vers le sud-est au rythme d'environ 3 km par jour.

A mesure qu'il se répand, cependant, le fleuve s'évapore et environ 95% des eaux qui déferlent dans le Panhandle sont ensuite absorbées par l'air sec. 2% se perdent dans le sable. En juillet, un flux considérablement affaibli passe à Maun et seuls 2%-3% du flot d'origine parviennent à la Thamalakane, puis à la Boteti et à la Nhabe. Lors des années de flot médiocre, et l'année qui suit, la Boteti n'est plus qu'un filet d'eau et la Nhabe reste à sec, ce qui est le cas depuis près de 20 ans.

Les eaux de l'Okavango sont donc à leur plus bas niveau pendant la saison des pluies entre novembre et mars, période où les canaux se rétrécissent et l'accès aux secteurs les plus intéressants est limité. Dans le Panhandle, le fleuve est au plus haut en avril et en mai, tandis que Chiefs Island et le delta intérieur atteignent leur niveau optimal de fin mai à fin juin et restent propices aux visites jusqu'à fin septembre. Le delta oriental peut voir ses eaux monter de fin juin à fin juillet, mais de façon probablement négligeable à ce stade, notamment pendant les mauvaises années. L'époque favorable aux visites se situe de juillet à septembre.

Documentation. Si vous êtes intéressé par les cultures, la faune, la géologie et les cycles complexes du delta, consultez l'ouvrage *Kalahari – Life's Variety in Dune & Delta* de Michael Main (SouthernBook Publishers, Johannesburg, 1987). La publication *Okavango – Jewel of the Kalahari*, de Karen Ross (BBC Books, Londres, 1987) est également remarquable. L'excellent *Shell Field Guide to the Common Trees of the Okavango Delta & Moremi*, de Veronica Roodt (Shell Botswana, Gaborone) vous renseignera sur les arbres. Ces trois livres sont en vente dans plusieurs boutiques de souvenirs de Maun et dans les librairies de Gaborone.

Géo Magazine donne dans son numéro de septembre 1991 un très bon article sur le delta, intitulé "l'Okavango, sauvage éden", et les récents problèmes qui l'affectent.

Vous trouverez des informations sur les différentes communautés qui vivent dans la région du delta – les Yei, les Mbukushu et les Herero – dans la rubrique *Ethnies* du chapitre *Présentation du pays*, dans la partie *Botswana*. ■

BOTSWANA

personnes, y compris le pilote. Son apparence fragile cache une étonnante solidité.

Avant que vous n'entrepreniez le voyage pour Maun, sachez qu'un très petit budget ne donne pas accès au delta. En effet, vous devrez très certainement passer par l'intermédiaire d'un spécialiste quelconque, agence de voyages, tour-opérateur, voire propriétaire de mokoro indépendant. Face au déluge ahurissant d'options, il est sage de faire un tour d'horizon avant de choisir celle convenant le mieux à ses possibilités financières.

Les destinations préférées des visiteurs se situent dans la réserve de Moremi, région de marécages encadrée à l'ouest par Chiefs Island, l'île du Chef – ainsi baptisée en hommage au chef batswana Moremi –, et à l'est par la péninsule de Moremi (tenant galement son nom du chef Moremi, et appelée parfois Moremi Tongue, langue de Moremi). La réserve est un des environnements les mieux protégés et les plus riches en faune du delta, mais elle est assujettie aux droits d'entrée. C'est le domaine des safaris camps de luxe aux prix étourdissants.

Plus ou moins au même niveau, l'intérieur, à l'ouest et au nord de Chiefs Island, offre un tableau classique du delta. L'hébergement admet plusieurs gammes de prix mais il faut compter le coût du voyage en avion, qui peut demander une heure depuis Maun. Les excursions en mokoro au départ des camps pour petits budgets permettent de faire des incursions dans la réserve de Moremi, mais si vous ne voulez pas payer les droits d'entrée, précisez au pilote de rester à l'extérieur de la réserve. Ce serait bien le diable si vous ne voyiez pas tout de même des hippopotames et quelques antilopes.

Rejoindre le delta oriental, destination la plus économique, requiert l'emploi combiné d'un 4x4, d'un canot automobile et d'un mokoro. Pour l'instant, aucune réglementation ne s'applique aux excursions dans ce secteur, pour la plupart organisées par des lodges de Maun, et les pilotes de mokoro sont d'ordinaire des indépendants non agréés qui espèrent acquérir une expérience suffisante pour être employés par les camps haut de gamme. Toutefois, si vous voyagez avec un budget très limité, cette région vous donnera au moins un aperçu de ce qu'est le delta de l'Okavango. Avant de se rendre dans le delta oriental, il est bon de prendre conseil auprès de personnes qui l'ont déjà visité, afin de se renseigner sur les voyagistes, les pilotes et sur les zones les plus intéressantes.

Dans le Panhandle, la bande étroite qui s'étire vers le nord-ouest depuis le delta principal, quelques camps de pêche s'échelonnent le long du fleuve, mais ils ne sont accessibles qu'en avion ou demandent un long détour par la nationale. La région présente un intérêt culturel certain, mais la plupart des camps se consacrent aux activités de pêche et ne prétendent pas fournir une expérience classique du delta, à savoir expéditions en mokoro et faune spectaculaire. Les camps du Panhandle sont traités dans la rubrique *Le Nord-ouest du Botswana* de ce chapitre.

La période la plus propice à l'exploration du delta s'étale de juillet à septembre, moment où le niveau des eaux est élevé et le temps sec. Pour de plus amples informations à ce sujet, voyez l'encadré *Histoire naturelle du delta de l'Okavango*. Pendant la saison des pluies, notamment de janvier à mars, plusieurs lodges profitent de la baisse de la fréquentation touristique pour fermer. Quelques-uns restent cependant ouverts, permettant à ceux que la pluie, la chaleur étouffante et l'humidité ne dérangent pas de faire la découverte rare d'un delta quasi exempt de visiteurs.

Les expéditions en mokoro

La plupart consistent en un périple de plusieurs jours, entrecoupé de randonnées dans les îles, avec étapes de nuit dans des camps ou en camping sauvage. La qualité de l'expédition dépend dans une large mesure de l'habileté du pilote et de l'ambiance du groupe.

On ne saurait trop insister sur l'importance des compétences du pilote. Votre sort repose en grande partie sur lui, particulièrement lorsqu'il négocie un dédale de chenaux ou vous guide dans le bush. Les pilotes les plus valables parlent un peu anglais et sont en outre capables d'identifier les plantes et les animaux rencontrés en chemin, d'expliquer les traditions des habitants du delta, voire d'initier leurs clients aux pratiques traditionnelles de pêche.

Renseignez-vous sur place auprès des autres occupants du camp ou à Maun, auprès des voyageurs revenant du delta et faites-vous conseiller un bon mentor.

Si vous organisez une expédition à petit budget dans le delta oriental ou le delta intérieur, réglez au préalable la question de la nourriture. Bien que le pilote apporte en géné-

Le delta de L'Okavango
0
25
50 km
ANGOLA
NAMIBIE
CAPRIVI OUEST
KAVANGO
BOTSWANA
Vers Rundu
Mucusso
Andara
Bagani
Mohembo
Kaokwe
Shakawe
Hauxa
Nxamaseri
Monts Tsodilo
Sepupa
Mawana
Dungu
Seronga
Gqoro
Betsaa
Eretse
Cada
Delta
Aga Island
Duba Islands
Kwihum Island
Les Etshas (1-13)
Motshupatsila Island
Nqogha Island
Letenetso Island
Dindiga Island
Lopis Island
Madinare Island
Chiefs Island
Moremi Wildlife Reserve
Kandalengoti
Gumare
Tubu Island
Xudum
Sandveldt Tongue
Lions Island
Bobo Island
Bokwi Island
Beacon Island
Nokaneng
Vers les monts Aha
Barrière anti-buffles
Vers les cavernes de Gcwihaba et les monts Aha
Tsau
Thaoge
Vallée de Nxaragha
Nhobe
Vers Sehitwa
Vers Ghanzi
Toteng
1 Drotsky's Cabins
2 Shakawe Fishing Camp
3 Xaro Lodge
4 Nxamaseri Camp
5 Guma Lagoon Camp
6 Qhaaxwa (Makwena) Camp
7 Jedibe Camp
8 Xugana Camp
9 Shinde Island Camp
10 Camp Okavango
11 Mombo Camp
12 Abu's Camp
13 Tchau Camp
14 Pom Pom Camp
15 Xaxaba Camp
16 Delta Camp
17 Oddball's Camp
18 Gunn's Camp (Ntswi Camp)
19 Sitatunga Camp
20 Island Safari Lodge
21 Audi Camp
22 Crocodile Camp
23 San-ta-Wani Lodge
24 Camping de South Gate (Makwee)
25 Fourth Bridge
26 Camping de Third Bridge
27 Camping de Xakanaxa
28 Xakanaxa Camp
29 Camp Moremi
30 Camp Okuti
31 Camping de North Gate (Khwai)
32 Tsaro Lodge
33 Aérodrome de la Khwai
34 Khwai River Lodge
35 Machaba Camp
36 Twin Pools Camp
37 James Camp
38 Kwando Camp

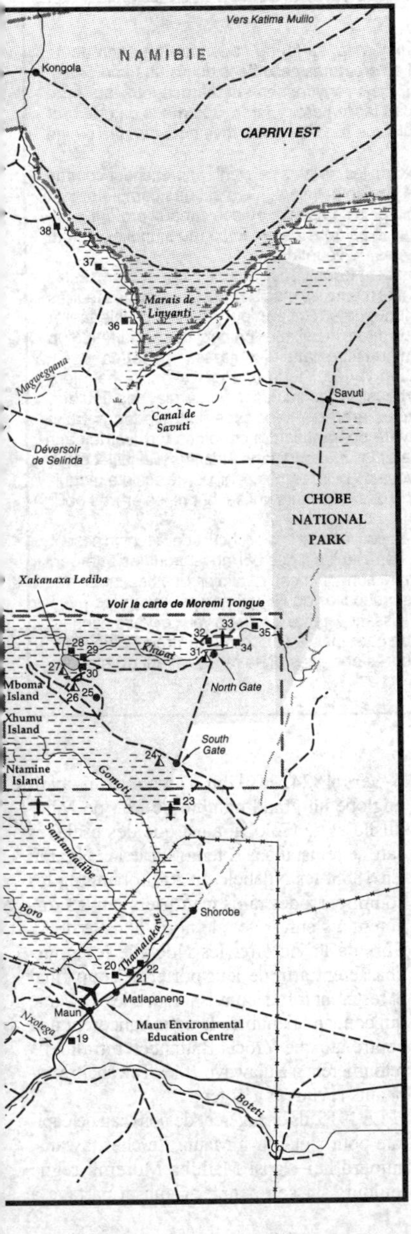

ral ses propres provisions, beaucoup de voyageurs préfèrent partager les repas, aussi vaut-il mieux se mettre d'accord avant le départ avec son cicérone. Ce dernier fournit en principe un sac de farine de maïs et les ustensiles de cuisine, tandis que les passagers apportent les garnitures : boîtes de curries, de ragoûts et de légumes. Si vous vous êtes entendus avec le pilote sur la fourniture de repas theri, les rations quotidiennes standard se décomposent comme suit : 500 g d'un plat à base de porridge de maïs, 250 g de sucre blanc, six sachets de thé, ainsi que du sel et du lait en poudre en quantité suffisante.

Pour de plus amples informations sur l'organisation des expéditions, reportez-vous aux rubriques *Delta oriental* et *Delta intérieur* de ce chapitre.

MAUN

Avant-poste en bordure du delta aujourd'hui axé sur l'industrie touristique, Maun se donne les allures d'un club fermé. L'extraordinaire brassage de personnages pittoresques originaires de tous les secteurs de la société batswana, sans compter la petite moisson d'immigrants venus du monde entier, fait oublier l'attitude dédaigneuse affichée à l'égard des touristes.

Du reste, Maun perd peu à peu son cachet d'avant-poste isolé aux confins du pays. Depuis qu'elle est reliée à Nata par une route goudronnée, elle est devenue accessible à tous et les constructions vont bon train. Des immeubles de bureaux de six étages surgissent aux côtés des huttes de terre consolidées à grand renfort de canettes de bière, et les 4x4 Toyota Hilux omniprésents côtoient les voitures de tourisme immatriculées en Afrique du Sud. Sa toute nouvelle prospérité attire un flot continu de nouveaux venus et l'ancienne Maun a probablement disparu à jamais.

Histoire

A l'origine, Maun s'appelait *Maung*, "l'endroit des roseaux courts", mot créé par l'ajout du suffixe de lieu setswana à une forme altérée du terme yei *kau* qui signifie "roseaux courts". Les mauvaises transcriptions des premiers visiteurs européens achevèrent de mutiler le

Faune et flore

Si le delta de l'Okavango possède une flore luxuriante, sa faune vous paraîtra sans doute insaisissable, sauf dans la réserve de Moremi. Les créatures assoiffées du Kalahari ne dédaignent pas, bien sûr, une telle abondance d'eau, mais l'environnement marécageux leur offre de nombreuses cachettes et ils ne se laissent pas facilement repérer. Comme le dit une brochure publicitaire, "Si vous voyez 10% de ce qui vous regarde, vous reviendrez la tête pleine de souvenirs".

Le monde du delta est passionnant. De leur mokoro, les visiteurs peuvent l'appréhender comme un marécage engorgé de papyrus et parsemé d'îles de palmiers. Ce n'est pas complètement faux, mais l'Okavango possède une hydrographie plus complexe, où des canaux profonds, au courant rapide, côtoient des étendues d'eaux paisibles appelées *madiba* (au singulier *lediba*) plus ou moins permanentes et presque dépourvues de végétation.

Les roseaux et les papyrus abondent et s'amassent le long des canaux, bloquant la vue des passagers des mekoro. Les canaux au courant lent et même les madiba sont tapissés des feuilles violacées et des fleurs blanches et roses de nénuphars. Grillée, leur tige est délicieuse et même les fleurs sont comestibles. Les pilotes vous diront aussi que l'on peut couper la tête d'un nénuphar et boire l'eau par la tige qui agit comme un filtre naturel contre les impuretés.

Les îles de palmiers présentent une végétation variée. Outre une profusion de palmiers *hyphaene* (mokolani), on y voit des savanes herbeuses, des saules, des marula, des figuiers, des acacias épineux, des ébéniers et les étranges arbres à saucisses dont les longs fruits caractéristiques produisent un agent qui s'est avéré opérant contre certaines formes de cancer de la peau. En janvier, on déguste les marula et les mangoustans africains. En juillet et en août, mûrit le savoureux fruit de l'ébénier. Le bel ivoire du palmier mokolani, qui se sculpte magnifiquement, mûrit en septembre. Il est très apprécié des éléphants qui secouent les arbres pour en faire tomber une pluie de fruits.

Les eaux recèlent des petits barbeaux, poissons au goût exquis. Les pêcheurs de la région posent des filets ou construisent des pièges complexes, semblables à des barrages, pour les attraper. Plus près du Panhandle, la brème et le poisson-tigre sont au menu quotidien des habitants.

L'univers reptilien du delta est dominé par les crocodiles du Nil qui paressent sur les rives des îles ou s'immergent dans l'eau, immobiles, ne laissant paraître que leurs yeux et leurs narines. Bien qu'ils soient relativement petits, ne vous baignez pas à l'aube ou au crépuscule. Aux autres heures de la journée, renseignez-vous auprès des gens de la région avant de plonger dans ces eaux exemptes de bilharzioze.

nom en l'amputant de son "g" final. Le village prit son essor en 1915, lorsqu'il devint la capitale de la tribu tawana. Selon la tradition, vers 1795, le roi Mathiba des Ngwato choisit comme successeur son fils Khama I au lieu de Tawana, l'aîné de son épouse favorite et héritier légitime du trône. Ce dernier protesta vigoureusement et finit par se quereller violemment avec son frère.

Au bord de la guerre, la tribu se divisa en deux camps. Se sentant trahi par sa famille et son peuple, Tawana partit vers le nord-ouest avec ses partisans. En chemin, ils conquirent et assimilèrent d'autres communautés qui vinrent renforcer leurs rangs. Ils confortèrent ainsi leur domination sur la région avant de se fixer dans les collines de Kgwebe, à l'est du lac Ngami.

Vers 1824, la tribu Tawana, qui avait englobé un grand nombre de Yei, de Mbukushu et de Gologa, ainsi que des esclaves san, se réinstalla à Toteng, sur le lac Ngami. En 1883, les Ndebele du roi Lobengula les soumirent à des raids meurtriers qui les forcèrent à s'enfuir vers le nord, dans le delta. Sûrs de la victoire, les Ndebele les pourchassèrent afin de leur porter le coup final et restèrent fort déconfits lorsque les Tawana, qui connaissaient bien le delta, lancèrent une contre-attaque féroce. Battant en retraite, ils retournèrent à Bulawayo et les Tawana triomphants revinrent à Toteng.

En 1915, ils changèrent de nouveau de capitale pour s'établir à Maun. Le chef tawana, aujourd'hui Kgosi Mathiba Moremi, règne toujours sur son peuple. Celui-ci partage à

Au nombre des reptiles dignes d'attention figurent les énormes lézards d'eau carnivores qui nagent en eau peu profonde ou se prélassent dans le sable. Le monde amphibien est représenté par les minuscules grenouilles qui vivent dans les roseaux et parfois bondissent sur vos genoux lorsque vous passez en mokoro. Leurs appels aigus font partie des sons inoubliables du delta, tandis que les coassements carillonnant des grenouilles à clochettes et ceux, plus sonores, des crapauds-buffles, font un joli chœur nocturne.

Un voyage au delta fait la joie des ornithologues amateurs. Pour ne citer que quelques espèces, vous verrez des jacanas africains, des guêpiers carmin, des *snakebirds*, des huppes, des ibis, des cigognes, des aigrettes, des perroquets, des pies-grièches, des martins-pêcheurs, des calaos, de grands hérons blancs et des hérons au dos violet et vert. Mentionnons aussi les oies-pygmées psychédéliques (en fait des canards bien déguisés) et le rollier au plumage éclatant où se mêlent bleu vif, vert, lilas et bien d'autres couleurs qui n'apparaissent que dans une certaine lumière. Vous observerez également des rapaces, tels que la chouette pêcheuse de Pel, l'autour tachiro, le pygargue vocifère et l'aigle pêcheur d'Afrique.

Outre tous les grands animaux de la réserve de Moremi, la partie nord-est du delta abrite le rare sitatunga, antilope des marais aux sabots tournés vers le dehors, qui se déplace avec un art consommé sur les sols mous, saturés de boue et détrempés des marécages. Lorsqu'il est effrayé, il s'immerge comme un hippopotame et ne laissent apparaître que ses minuscules narines à la surface. Pour l'attirer à portée de leurs fusils, les chasseurs de la région mettent le feu à des buissons de papyrus qui donnent peu après de nouvelles pousses vertes, friandises auxquelles le sitatunga est incapable de résister.

Le delta accueille environ 30 000 cobes lechwe rouges, antilopes des marais également, qui vivent pour la plupart dans les îles de palmiers. On les reconnaît aisément à leur large croupe. Dans les étangs peu profonds et immobiles, vous apercevrez des reduncas barbotant dans l'eau et broutant des plantes aquatiques. De grands troupeaux d'impalas habitent aussi dans les îles.

Les hippopotames, également présents dans tout le delta, passent la journée immergés dans l'eau, remontant le soir sur le rivage pour paître paisiblement. Autour des camps, vous rencontrerez des troupes de babouins chapardeurs.

Seul grand félin vivant à l'extérieur de la réserve de Moremi, le léopard est d'ordinaire un animal nocturne et plutôt timide, mais le personnel de l'Oddball's Camp raconte qu'un jour, un léopard a tué un impala puis traîné sa carcasse en plein jour dans l'arbre donnant sur le bar du camp ! Du côté des canidés, 30% de la population mondiale de lycaons, aussi appelés chiens sauvages d'Afrique, vit dans la réserve de Moremi. ■

présent la ville avec d'autres communautés, parmi lesquelles les Herero de Namibie et une population grandissante d'Européens.

Orientation et renseignements

Comme la plupart des cités botswanaises, Maun ne possède pas de centre-ville. Elle s'étire sur plusieurs kilomètres le long de la route goudronnée parallèle à la Thamalakane. Les divers centres commerciaux regroupent les magasins, tandis que le "guet-apens" des sociétés touristiques à la sortie de l'aéroport constitue *de facto* le centre.

Office du tourisme. A côté de Northern Air, à l'entrée de l'aéroport, l'office du tourisme (☎ 660492) est ouvert de 7h30 à 12h30 et de 13h45 à 16h30 du lundi au vendredi. Il se montre peu efficace, mais pour vous rendre dans le delta, vous devrez de toute façon faire le tour des agences de voyages. Les lodges de Matlapaneng, notamment l'Audi Camp, peuvent également vous renseigner utilement.

Argent. Le Mall accueille les agences de la Barclays Bank et de la Standard Chartered Bank.

Poste. Située sur la route goudronnée, près du Mall, elle ouvre de 8h15 à 13h et de 14h15 à 16h en semaine, et de 8h30 à 11h30 le samedi.

Immigration. Le service de l'immigration se trouve derrière le Labour Office, du côté sud de la route, entre le Riley's Hotel et la route de l'aéroport.

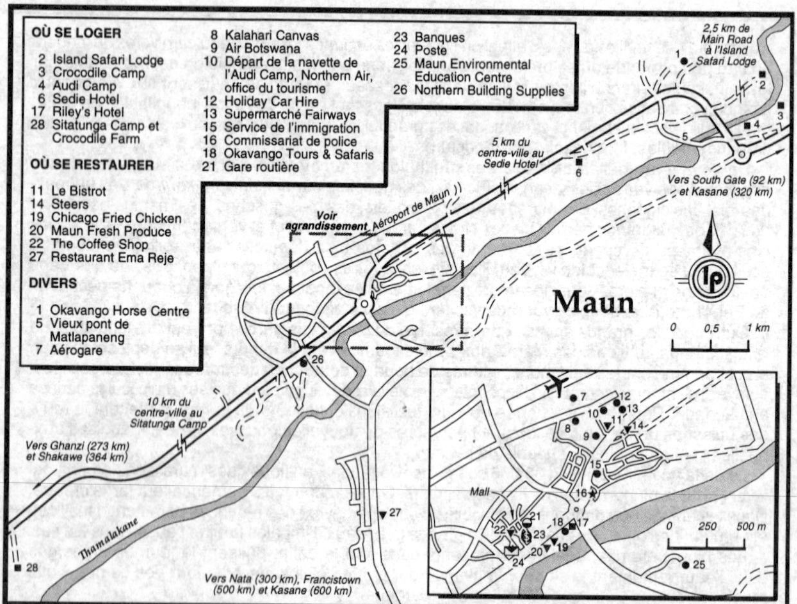

Agences de voyages et sociétés de safaris. Elles s'occupent des réservations pour Moremi et le delta intérieur. Chaque agence est affiliée à un certain nombre de camps, aussi faut-il en visiter plusieurs afin de bien s'informer sur les diverses possibilités d'hébergement. La rubrique *Circuits organisés* du chapitre *Comment circuler*, dans la partie *Botswana*, fournit des renseignements sur toutes les sociétés citées dans le présent chapitre.

Films et photos. Hunter's World (☎ 660 924), dans le Mall, dispose d'un service de développement en une heure pour les tirages papier et certains types de diapositives.

Équipement de camping. Northern Building Supplies, à l'angle de la route Nata-Maun, vend des lanternes, des recharges de butane et quelques accessoires de camping. On peut louer du matériel de camping et de cuisine chez Kalahari Canvas, juste à l'ouest de l'aéroport, ou au Bush Camp Safaris, dans le Mall. Les tentes de montagne légères (3,6 kg) coûtent 6 $US et les sacs de couchage 2 $US par jour. Les heures d'ouverture sont : de 8h à 13h et de 14h à 17h, du lundi au vendredi, et de 8h30 à 12h30 le samedi. L'Island Safari Lodge loue des tentes et des sacs de couchage à ses clients et plusieurs lodges bon marché du delta louent également du matériel sur place.

Maun Environmental Education Centre Situé sur la rive est de la Thamalakane, en face du Riley's Hotel, ce centre éducatif de l'environnement de 2,5 km^2 fournit une brochure qui vous mènera aux quatre chemins de randonnée et aux postes d'observation d'où vous pourrez apercevoir des cobes lechwe, des gnous, des impalas, des girafes, des zèbres, des phacochères et d'autres espèces.

L'entrée coûte 3,70 $US aux étrangers, 0,70 $US aux résidents du Botswana, et 0,20 $US aux habitants de la ville. Emportez des provisions d'eau.

BOTSWANA

Pour vous y rendre depuis la ville, traversez le pont de la Thamalakane, sur la route de Francistown, tournez à gauche juste à l'est de la rivière et faites encore 2 km sur cette route jusqu'au Wildlife Training Centre.

Okavango Swamps Crocodile Farm

La ferme des crocodiles (☎ 660570), à côté du Sitatunga Camp, à 12 km au sud de Maun sur la route de Sehitwa, est gratuite aux visiteurs. Elle n'organise pas de visites guidées mais un prospectus donne des informations générales sur l'élevage, la vie et les amours des crocodiles du Nil.

Activités sportives

L'Okavango Horse Centre (☎ 660449 ; fax 660493), sur la route transversale près du nouveau pont de Matlapaneng, propose des leçons d'équitation, des promenades à cheval d'une journée dans les environs de Maun, et même des randonnées à cheval et en mokoro au nord-ouest de l'île du Chef. Pour les safaris plus longs, le forfait s'élève à 182 $US par personne et par jour. La durée minimum de ces excursions est de 6 jours, sauf en avril, mai, août et septembre où elle est de 4 jours.

La Kalahari Flying School (☎ 309775 ; fax 309776) vous apprendra à piloter pour un prix raisonnable. Son stage intensif prépare à la licence de pilote privé en 2 ou 3 semaines.

Circuits organisés. Plusieurs sociétés de safaris itinérants organisent des circuits à destination du parc national de Makgadikgadi et Nxai Pan, de la réserve de Moremi, et même de Kasane. Elles pratiquent des tarifs élevés mais évitent d'avoir à recourir au stop ou au long détour par Nata. De plus, leurs excursions offrent une façon commode de voir Third Bridge et la péninsule de Moremi, ainsi que Savuti dans le parc national de Chobe, en bénéficiant des réductions sur les droits de parc offertes aux safaris organisés.

Le safari avec "participation", formule la plus économique, consiste pour les clients à aider le personnel à faire la cuisine, la vaisselle et à monter les tentes. Les tarifs des versions de luxe démarrent à 200 $US par jour, droits de parc compris.

Vous ne trouverez pas plus économique et plus sympathique que les circuits organisés par l'Audi Camp dans la réserve de Moremi. Sitatunga Safaris, situé au Sitatunga Camp au sud de Maun, fournit des safaris itinérants à destination de Moremi, de Savuti et de Nxai Pan pour 130 $US par personne et par jour, droits de parc non compris.

Island Safaris met sur pied des safaris itinérants à la demande, pour toute destination, à 186 $US par jour jusqu'à 6 personnes, tarif comprenant le transport, les services d'un chauffeur/guide et 100 km gratuits, au-delà desquels le kilomètre coûte 0,50 $US. A l'intention des visiteurs pressés, il prévoit des expéditions d'une journée en voiture, canot automobile et mokoro à 50 $US par personne, pour un minimum de 6 personnes. Les sorties d'une journée en canot automobile coûtent 130 $US pour 6 personnes.

Chez Bush Camp Safaris, les safaris itinérants à la demande reviennent à 112 $US par jour, ce qui n'inclut que le véhicule. Les prix des services des guides commencent à 26 $US pour cinq personnes maximum ; les tarifs augmentent pour des groupes plus importants. Les forfaits safaris, comprenant l'hébergement en tente, le transport, trois repas et les droits de parc, coûtent 130 $US par personne et par jour. On peut également louer du matériel de camping.

Game Trails Safaris organise des safaris à petits prix à destination de Moremi, à 121 $US par personne et par jour, tarif qui inclut seulement un 4x4, l'essence et les services d'un chauffeur. Les droits de parc et les frais de camping sont en sus, mais vous bénéficiez des réductions offertes aux voyages organisés. Les promenades en hors-bord dans le delta coûtent 112 $US par jour.

Crocodile Camp Safaris propose également des safaris itinérants pour Moremi, Chobe, Kasane et des destinations plus éloignées. Son safari Orient Express de 11 jours offre le Xaxaba Lodge et une expédition en mokoro dans le delta, 2 jours de découverte de la faune dans la réserve de Moremi, une excursion à Kasane *via* Savuti et s'achève à Victoria Falls. Il revient à 2549 $US, droits de parc non inclus.

Eaux gaspillées ?
Dès leur arrivée, les premiers colons européens ont vu dans le delta de l'Okavango une source d'eau susceptible de transformer le nord-ouest du Botswana en une riche région agricole. Nombre de nouveaux venus qualifiaient les vastes marécages d'"eaux gaspillées", ignorant apparemment que la population locale en retiraient ses moyens d'existence.

Aujourd'hui, pourtant, l'accroissement démographique, les intérêts miniers et l'augmentation du tourisme, notamment dans la région de Maun, mettent les ressources du delta à rude épreuve, et le place au cœur d'une polémique où s'affrontent les éleveurs, les ingénieurs, les promoteurs, les tour-opérateurs, la population rurale et les écologistes.

La toute dernière controverse porte sur le projet d'aménagement de l'Okavango sud conçu en 1985 par les autorités botswanaises. Il prévoit le dragage sur 42 km de la Boro, à l'extrémité orientale du delta. En théorie, il en résulterait une réduction de la superficie des eaux, diminuant les pertes dues à l'évaporation et permettant de disposer d'assez d'eau pour remplir plusieurs petits barrages à l'extrémité orientale du delta. Ce dispositif fournirait un réservoir pour les besoins grandissants de Maun et servirait également à irriguer 10 000 hectares de terres destinées à la culture dans la région de Maun. Le trop-plein serait détourné sur la Boteti et irait alimenter les fermes en aval. Malheureusement, le sol sablonneux et l'environnement luxuriant devraient être aspergés de grandes quantités d'engrais chimiques et de pesticides avant de pouvoir donner lieu à une agriculture à grande échelle.

Aucune étude valable sur les conséquences écologiques n'a été réalisée et l'on s'est demandé si le souci du bien-être de Maun ne cachait pas d'autres motivations. Depuis que le lac Xau (à environ 200 km en aval, sur la Boteti) s'est tari dans les années 80, les mines de diamants d'Orapa ne sont plus approvisionnées que par l'eau des puits. Au début des années 90, Orapa utilisait 5 millions de mètres cubes par an et ce chiffre devrait doubler d'ici la fin du siècle. Le niveau des nappes phréatiques baisse et, à ce rythme, elles seront épuisées en 2010.

La population locale est partagée. Les organisateurs de safaris refusent de voir l'image du delta se détériorer ; dans d'autres secteurs de l'industrie des services, on se rend compte que l'expansion de la ville requiert plus d'eau que la région n'en possède. Outre les autorités botswanaises, les autres partisans du plan sont les éleveurs, à qui une réduction du delta rapporterait un accroissement des pâturages, et la Snowy Mountain Engineering Corporation, le bureau d'étude engagé à titre d'expert-conseil.

Les communautés traditionnelles sont presque toutes opposées au projet. Elles arguent que le delta leur fournit leurs moyens d'existence : tout ce qui représente une menace pour l'eau,

Pour rejoindre Maun de Kasane, on peut opter pour les mini-safaris de Go Wild Safaris, situé au Chobe Safari Lodge de Kasane. D'une durée de 6 jours, ils passent par les berges du Chobe, Savuti, Moremi, Maun et le Gunn's Camp (Ntswi Camp) dans le delta de l'Okavango. Ils coûtent 955 $US par personne, transport, repas et matériel de camping compris.

Demandez à Maun où trouver Litten and Fleur de About Safaris, ou essayez de repérer leur véhicule inimitable, *On Dah Moon*. Ils effectuent fréquemment le trajet Maun-Victoria Falls et pratiquent des tarifs modérés. Ils affichent également à leur programme de safaris-aventures pour toutes les destinations les plus éloignées du Botswana. De septembre à novembre, les sportifs apprécieront leurs expéditions en canoë de 15 à 21 jours dans le delta à 852/926 $US par personne, pour un minimum de cinq personnes. En Afrique du Sud, vous pouvez les contacter chez About Safaris (☎ (03931) 44461 ; fax (03931) 7115), PO Box 1430, Manaba 4276.

Renseignez-vous également auprès des routiers qui logent en général à l'Island Safari Lodge. Quelques-uns vont vers le nord et, s'ils ont de la place, vous pourrez peut-être vous joindre à un groupe ; le tarif habituel est de 15 $US par jour, plus les droits de parc.

Où se loger

En ville. Le *Riley's Hotel* (☎ 660204 ; fax 660 580) représente le haut de la gamme ; confortable, il n'entre cependant pas dans la catégorie luxe. Il dispose de simples/doubles à

représente une menace pour elles. Les petits fermiers craignent que le dragage ne perturbe le cycle du flux qui apporte des substances nutritives à leurs terres. Certains des groupes les plus militants ont même menacé d'avoir recours aux armes et au sabotage si le dragage était entrepris.

Les écologistes préconisent de faire octroyer au delta le statut d'héritage mondial, ce qui lui permettrait de bénéficier de subventions internationales. Ils mettent en avant les cinquante millions annuels rapportés aujourd'hui par le tourisme dans le delta et font remarquer que toute publicité négative nuirait à cette industrie profitable. D'un autre côté, on ne peut nier que le tourisme lui-même met le delta en danger et la politique du Botswana orientée vers le haut de gamme attire des visiteurs auxquels il faut fournir des services à haut impact, tels que le blanchissage, les douches chaudes, les toilettes modernes, les excursions motorisées, etc. En raison du lien avec Orapa, en 1991, Greenpeace a essayé d'organiser un boycott international des diamants du Botswana sous le slogan "Les diamants tuent". Certains consultants internationaux et organisations humanitaires furent tellement gênés d'être associés au projet qu'ils ont préféré prendre leurs distances.

Les écologistes partent du principe que tout changement apporté à l'hydrographie naturelle du delta déstabilisera irrémédiablement son écosystème unique et conduira tôt ou tard à sa destruction. Néanmoins, Alec Campbell, ancien directeur du Musée national du Botswana, pense que le dragage tel qu'il est prévu aurait peu de conséquence sur l'ensemble du delta de l'Okavango. La vrai menace, dit-il, viendra des projets en amont, en Angola et en Namibie, d'où arrive l'Okavango. Si les plans de barrage sont mis à exécution et que le robinet du Botswana est fermé, il pourrait en résulter des "conséquences catastrophiques".

En 1991, sous l'effet des nombreuses pressions, le gouvernement suspendit le projet et demanda à l'Union internationale pour la Conservation de la Nature et des Ressources naturelles de formuler les principes directeurs d'une étude complète sur les conséquences écologiques. Les autorités convinrent d'étudier d'autres solutions, tout en laissant l'option du dragage ouverte comme plan de secours, au cas où on ne trouverait aucun autre moyen pour approvisionner en eau la population de Maun.

Pour plus d'informations sur les réactions locales, contactez le Tshomolero Okavango Conservation Trust (☎ (660060 ; fax 660059), Private Bag 0013, Maun. Cette association se compose essentiellement de Batswana de la région de Maun dont les moyens d'existence sont directement menacés par le projet. ■

BOTSWANA

82/98 $US et de suites à 91/99 $US. Le samedi, il organise un déjeuner braai ouvert à tous.

A 4 km au nord de la ville, le *Sedie* (ou Sedia) *Hotel* (☎ 660177 ; fax 660374) loue ses simples/doubles avec clim. 47/56 $US, petit déjeuner et transport depuis le centre compris. Camper dans le parc revient à 3,70 $US par personne. L'hôtel possède une piscine agréable. Les vendredi et samedi soir, son bar fait discothèque jusqu'à 4h.

Si vous avez un budget limité et arrivez à Maun trop tard pour aller à Matlapaneng, adressez-vous à la police qui parfois autorise les voyageurs à camper dans le commissariat.

Matlapaneng. Huit kilomètres au nord-est de Maun, vers Chobe, Matlapaneng offre plusieurs options à des prix abordables. Allez jeter un coup d'œil à la vieille digue de Matlapaneng ("Old Matlapaneng Causeway"), devenue monument national. De Maun, vous pouvez téléphoner aux lodges pour qu'on vienne vous chercher, ou vous y rendre en stop (voir*Delta oriental* pour les excursions dans le delta organisées par les lodges de Matlapaneng.

Jack et Eve Drew tiennent l'établissement le plus accueillant, l'*Audi Camp* (☎ 660599 ; fax 660581), au bord de la rivière. Si vous possédez une tente, l'emplacement vous reviendra à 3,70 $US par personne. Les tentes prémontées de 2 personnes, avec matériel de couchage, coûtent 12 $US pour deux. Le petit déjeuner est à 3,70 $US, le dîner à 7 $US. Doté d'un bar, d'un restaurant, d'une piscine, et des douches en plein air – les plus célèbres du Botswana –, l'Audi Camp se taille un succès grandissant. Il possède également un golf à neuf trous ; le parcours coûte à peine 1 $US par personne, location de l'équipement comprise. La location de bateau, les excursions en 4x4 et les expéditions en mokoro s'inscrivent aussi au programme de l'Audi Camp. Sa navette gratuite part de Maun, de l'agence Northern Air, vers 17h, et du camp vers 8h30, à temps pour le bus de Francistown.

A côté, le *Crocodile Camp* (☎ 660265 ; fax 660793), créé par le chasseur de crocodiles Bobby Wilmot, dispose d'un camping peu attrayant, coincé dans une enceinte clôturée loin de la rivière, à 3,70 $US par personne. Il propose à 52/58 $US ses simples/doubles en bungalows plaisants, sans doute les retraites les plus paisibles des environs de Maun. Le dimanche après-midi, on peut s'y régaler d'un braai de 12h à 15h, pour 7 $US, boissons comprises. Le bar offre une "Happy Hour", de 18h à 22h. Le transport depuis Maun coûte 13 $US pour 8 passagers. Le camp loue également des canoës pour se promener sur la Thamalakane.

Connu pour son ambiance exubérante, l'*Island Safari Lodge* (☎ 660300), à 4 km de la route de Chobe depuis le nouveau pont de Matlapaneng, ne conviendra peut-être pas à qui cherche le repos, mais on ne s'y ennuie pas et son cadre agréable, avec vue sur la rivière et les hippopotames, le pare de beaucoup de charme. Les campings ombragés mais rocailleux coûtent 3,70 $US par personne et les bungalows 48/56 $US. Les campeurs paient 12 $US le transport depuis Maun, qui est gratuit pour les clients des bungalows. Le restaurant est surtout destiné à ces derniers, et les campeurs et les autres doivent réserver longtemps à l'avance ou manger au bar. Cependant, le petit déjeuner buffet à 6 $US fonctionne sur le principe du premier arrivé/premier servi. Le lodge met à votre disposition un service de blanchissage à un tarif décent et des lavabos où faire vous-même votre lessive. L'entretien des installations de camping fait preuve de laisser-aller. A l'accueil, une boutique vend des films, des cartes postales et des paniers du Ngamiland à bas prix.

Autres camps. Isolé et plus calme, situé à côté de la ferme des crocodiles, le *Sitatunga Camp* (☎/fax 660570), à 12 km au sud de la ville, loue 5 $US l'emplacement de camping, 34 $US la tente prémontée et 48 $US le bungalow simple ou double indépendant. Il possède un petit magasin d'alimentation.

Plus loin, le *Xyga Camp*, 35 km à l'est de la ville sur la route de Nata, propose des bungalows doubles à 37 $US et un camping à 4 $US par personne en bordure d'une ravissante étendue de papyrus de la Boteti. Si vous souhaitez pêcher, ou explorer la rivière, il loue des bateaux à 8/37 $US de l'heure/de la journée.

Où se restaurer

A la fermeture du légendaire Duck Inn, *Le Bistrot* (☎ 660718), dans le centre commercial BGI, près de l'embranchement pour l'aéroport, est devenu le rendez-vous local. Comme le dit sa publicité, il offre "une bonne chère, en agréable compagnie, dans un décor agrémenté de beaux tableaux". Il concocte une excellente cuisine, notamment un succulent satay dans une sauce aux cacahouètes, *Saté Ajam Soerabaja*, sur lequel toute la ville s'extasie, ainsi qu'un grand choix de mets délicieux et étonnamment bon marché, allant du poisson et des crevettes, à l'agneau et aux steaks. De plus, il vous propose d'arroser votre dîner d'un vin d'Afrique du Sud et de le couronner d'un dessert de gourmet.

Dans le Mall, en face du Bistrot, *Steers*, chaîne de fast-food sud-africaine, vend des hamburgers, du poulet, des frites, des steaks et des glaces. A côté d'Okavango Tours & Safaris, le *Chicago Fried Chicken* annonce le sempiternel poulet-frites.

The Coffee Shop, dans le Mall, est tout indiqué pour manger sur le pouce.

A Matlapaneng, l'*Island Safari Lodge* sert au bar des pizzas, du poulet-frites, des pâtés en croûte et autres en-cas bon marché ; son restaurant affiche une carte variée. Le déjeuner et le dîner coûtent de 8 $US à 13 $US, et le petit déjeuner 6 $US.

Au *Crocodile Camp*, comptez 7 $US pour un petit déjeuner anglais, 10 $US pour le déjeuner et 15 $US pour le dîner.

Faire son marché. *Fairways*, à côté du Bistrot, est le supermarché le mieux approvisionné. Si vous allez dans le delta en avion, n'oubliez pas que vous avez droit à 10 kg de bagages seulement, matériel de camping compris, aussi ne vous surchargez pas de nourriture. Dans le Mall, une boucherie vend du *biltong* à des prix raisonnables ; aliment léger, parfait pour le camping, il accompagne bien les conserves lors des expéditions en mokoro. A côté d'Okavango Tours & Safaris, *Maun Fresh Produce* offre un choix varié de produits d'alimentation, de pains ainsi que de délicieux fruits et légumes.

Distractions

L'Island Safari Lodge, à Matlapaneng, occupe le devant de la scène. Sa clientèle se compose principalement de routards indépendants et de groupes organisés voyageant en camion. Ils se regardent un peu en chiens de faïence, ce qui ne nuit en rien à la joyeuse ambiance de l'endroit. Le bar commence d'ordinaire à servir force cocktails vers 18h et dès 21h, les clients sont sur la piste, se livrent à des danses acrobatiques, boivent des margaritas à l'envers (si, c'est possible), et organisent des concours d'escalade du poteau de soutien du toit. Lors de l'un de mes séjours, la fête s'est prolongée jusqu'à l'aube, et la moitié d'un groupe a manqué le départ de son expédition en mokoro le matin suivant.

Le Sports Bar, à l'étage du magasin d'ameublement jouxtant la Barclays Bank, est un simple bar, mais il sert aussi des repas légers. Le vendredi et le samedi soir, dans le bar du Sedie Hotel, la discothèque jouit d'une ambiance animée jusqu'à 4h.

Comment s'y rendre

Avion. Lieu de passage des touristes, du fret et des organisateurs de safaris circulant entre Maun et les camps du delta, l'aéroport bourdonne d'activité.

Air Botswana assure des vols quotidiens entre Maun et Gaborone (173 $US), avec départ entre 14h30 et 15h30. Les lundi, mercredi, vendredi et dimanche, les vols pour Gaborone continuent jusqu'à Francistown (120 $US). Les mercredis et les dimanches, Harare (170 $US) est également desservi *via* Victoria Falls (120 $US). Des vols directs relient Maun à Johannesburg (123 $US) et à Windhoek (143 $US) trois fois par semaine. La liaison avec Windhoek est assurée par Air Botswana les samedis, par Air Namibia les mercredis et les vendredis. Les lundi, jeudi et samedi, il existe des vols entre Maun et Kasane (110 $US).

La plupart des trajets courts sont pris en charge par des compagnies de charter, telles que Aer Kavango, Northern Air, Delta Air et Ngami Air. Outre les vols touristiques et les transports pour les camps du delta, aisément organisés par les agences de voyages, ils desservent des destinations plus lointaines. Par exemple, ils peuvent mener 5 personnes aux monts Tsodilo pour environ 800 $US aller-retour. Pour plus d'informations sur les charters, reportez-vous au chapitre *Comment circuler* de la partie *Botswana*.

Bus. La gare routière se trouve à l'angle nord-est du Mall. Deux bus Mahube Express partent tous les jours pour Francistown (11 $US) à 7h30 et à 8h30. Un bus quotidien est censé se rendre à Shakawe, avec départ entre 8h30 et 10h30.

En stop. Les stoppeurs ne tarissent pas d'anecdotes sur le trajet depuis/vers Maun, mais tous finissent par arriver. La plupart voyagent à l'arrière d'Hilux ou de camionnettes du même style. En direction de l'est, l'Ema Reje Restaurant, sur la route de Nata, fournit un bon emplacement.

Depuis/vers Kasane, la solution la plus commode et la plus économique consiste à faire le long détour par Nata. La route du nord à travers le parc national de Chobe commence plutôt bien, mais se détériore rapidement en une piste profondément ensablée accessible uniquement aux 4x4.

Le stop n'est pas impossible, mais il est plus prudent de trouver à Maun quelqu'un qui vous emmène.

D'autre part, n'oubliez pas que la plupart des automobilistes passent par Moremi et que vous devrez payer les droits pour chaque journée passée dans les parcs.

Safaris itinérants. Les safaris itinérants offrent également un moyen de rejoindre Kasane, en passant par Moremi et Chobe. Bien que coûteux, ils permettent de voir certains des plus beaux sites du Botswana en chemin. Pour plus de détails, voir la rubrique *Circuits organisés* du présent chapitre.

Comment circuler

Location de voiture. L'agence de Holiday Car Hire est logée dans le bâtiment de Northern Air, près de l'aéroport. Avis se situe sur la route parallèle à la piste de l'aéroport. Pour les tarifs, voyez le chapitre *Comment circuler* de la partie *Botswana*. Avant de partir pour le delta, vous pouvez mettre votre véhicule en sécurité dans l'enceinte de Merlin Services pour 4 $US par jour.

Bicyclette. Bush Camp Safaris, dans le Mall, loue des bicyclettes 1 $US de l'heure.

En stop. En général, on circule facilement en stop entre Maun et les lodges de Matlapaneng. Le transport pour l'Audi Camp et le Sitatunga Camp sont gratuits. L'Island Safari Lodge demande 12 $US par groupe, et le Crocodile Camp 13 $US, qui peuvent être partagés entre un maximum de 8 passagers.

LE DELTA ORIENTAL

Le secteur généralement défini comme le delta oriental englobe les marécages situés entre la limite sud de la réserve de Moremi et la barrière anti-buffles qui longe les rivières Boro et Santandadibe, au nord de Matlapaneng. Il s'avère une solution économique de découvrir la région pour qui n'a pas les moyens d'accéder au delta intérieur.

Expéditions en mokoro

Certaines des expéditions les moins coûteuses sont organisées par des lodges de Maun qui engagent des pilotes indépendants. Bien qu'elles aient l'avantage d'offrir un aperçu de la lisière du delta à moindre frais, peu de pilotes indépendants ont suivi les cours d'histoire naturelle et de connaissance du delta requis pour être agréé par l'État. Comme la sécurité et la qualité de l'expédition dépendent en grande partie du pilote, il est important de faire le bon choix. Certains voyageurs ont vu plus d'animaux et ont reçu un service de meilleure qualité lors de ces expéditions que ceux ayant payé beaucoup plus pour un voyage dans le delta intérieur. D'une façon générale, la faune devient plus abondante à mesure que l'on s'avance vers le nord.

Les expéditions les moins chères sont organisées par l'Audi Camp, le Sitatunga Camp, l'Island Safari Lodge, Bush Camp Safaris et la Community Development Corporation. Elles coûtent de 13 $US (Community Development Corporation) à 21 $US (Island Safari Lodge) par jour pour 2 personnes, plus une gratification pour le pilote (de 5 P à 10 P par jour) et les frais de transport jusqu'aux points de départ au-delà de la barrière anti-buffles sur la Boro ou la Santandadibe. Ceux-ci démarrent à 25 $US par personne pour l'Audi Camp et grimpent à 43 $US pour l'Island Safari Lodge. Prévoyez toujours d'apporter vos propres provisions et votre matériel de camping.

Bush Camp Safaris monte des expéditions de Maun à l'île de Ditshipi, au nord de l'île du Chef, à 19 $US par jour pour 2 personnes. La Community Development Corporation, représentée par Ensign Agencies (☎ 660978 ; fax 60571), en face de l'aéroport de Maun, propose les formules les moins coûteuses, mais leurs pilotes manquent souvent d'expérience (dès qu'ils en acquièrent suffisamment, ils sont embauchés par des lodges privés).

Il est possible de se passer des tour-opérateurs et des lodges, sauf pour le transport jusqu'à la barrière anti-buffles où l'on peut louer directement les services d'un pilote. Ne l'oubliez pas, les tarifs des indépendants n'incluent pas leurs repas, et les clients doivent fournir la nourriture.

Dans le village de Matlapanenge, les plus aventureux peuvent mettre sur pied leur propre voyage à la barrière anti-buffles ou à Maun en cherchant des propriétaires de mokoro intéressés par ce type d'expédition. Cependant, la plus grande circonspection s'impose : tous ne connaissent pas aussi bien le lacis complexe des voies d'eau du delta qu'ils voudraient vous le faire croire.

Excursions en canot automobile

Elles permettent aux visiteurs pressés de faire un tour rapide dans le delta. L'Island Safari Lodge propose des excursions d'une journée dans les environs de l'île de Mporota, à 130 $US pour 3 à 6 personnes.

Pour des raisons écologiques, ce mode de transport n'est cependant pas encouragé. Dans le silence du delta, le bruit des moteurs s'apparente au rugissement d'un 747 et perturbe la faune. En outre, le sillage soulève des vaguelettes dans les eaux presque stagnantes, cause de bouleversements des îles de sable et de la végétation. De plus, le risque de pollution par l'essence est constant.

DELTA INTÉRIEUR

Le delta intérieur s'étend à l'ouest de l'île du Chef, grosso modo entre la réserve de Moremi et la base du Panhandle. Il déploie de magnifiques paysages que les lodges et les camps de ce secteur mettent à la portée de divers budgets. Pour plus de commodité, la présente rubrique inclut également les lodges et les camps situés sur la rive ouest de Chiefs Island à la limite de la réserve de Moremi.

Prix des lodges et des camps du delta

Tous les lodges et les camps du delta de l'Okavango jouissent d'un cadre magnifique dans le bush ou dans les îles de palmiers. Sauf mention contraire, leurs prix répertoriés dans ce chapitre comprennent l'hébergement, les repas et les activités. Nous indiquons les tarifs de haute saison, qui s'appliquent de juillet à octobre. Les tarifs de basse saison diminuent en moyenne de 20%. Notez toutefois que certains lodges ferment durant cette période, c'est-à-dire de décembre à février.

Tous les tarifs simples ont été calculés en ajoutant le supplément simple, souvent conséquent, au tarif standard par personne. Dans certains cas, le supplément ne sera pas appliqué si un voyageur seul accepte de partager une chambre à deux lits avec un autre client. Renseignez-vous au moment de la réservation. Pour calculer le tarif simple moins le supplément, il suffit de diviser le tarif double par deux. ■

Expéditions en mokoro

Elle sont presque toujours organisées par l'intermédiaire des camps, qui possèdent tous leur propre équipe de guides/pilotes agréés (ou stagiaires).

La plupart des organisateurs présument que vous voulez visiter la réserve de Moremi et la prévoient automatiquement au programme. On règle les droits appropriés après le voyage. Si vous ne souhaitez pas payer ces droits et les frais de camping – respectivement réduits à 30 P (12 $US) et 10 P (4 $US), les expéditions en mokoro entrant dans la catégorie des voyages organisés –, précisez-le à votre pilote avant le départ et il choisira un autre itinéraire. Vous ne verrez pas autant d'animaux que dans la réserve, mais les paysages sont tout aussi beaux. Vous devriez apercevoir des antilopes, des babouins, des phacochères, des hippopotames, peut-être même un léopard. Prévenez également le pilote si vous désirez entrecouper votre périple de randonnées dans les îles de palmiers.

Les expéditions les moins chères coûtent de 19 $US à 22 $US par personne et par jour, pour le bateau et les services du pilote. Un mokoro accueille en général le pilote, deux passagers, les provisions et le matériel de camping. Les lodges haut de gamme mettent sur pied des voyages avec étapes dans des camps permanents relativement luxueux. Dans ce cas, vous n'avez pas besoin d'emporter votre propre équipement, mais les tarifs sont nettement plus élevés. Le Gunn's Camp offre la formule la plus économique. Leurs expéditions, comprenant les services du pilote, les repas à se faire soi-même ainsi que le matériel de cuisine et de camping, reviennent à 93/130 $US par jour pour une/deux personnes, droits de parc non inclus.

Autres excursions

Les lodges haut de gamme organisent des excursions en bateau à ponton et en canot automobile (mais reportez-vous aux commentaires à ce sujet dans la rubrique *Excursions en canot automobile*). Les prix et les services varient. Par exemple, le Gunn's Camp, relativement bon marché, propose des sorties en hors-bord à 75 $US par jour. Les agences de voyages de Maun vous renseigneront sur les options existantes, mais, en général, elle ne fournissent que les informations concernant leurs propres lodges.

Camps – petits budgets

Les deux lodges bon marché se trouvent juste de l'autre côté du canal par rapport à l'île du Chef et à la réserve de Moremi, à environ 70 km de Maun. En théorie, les campeurs devraient venir avec leurs provisions et leurs équipements, mais la limite de 10 kg de bagages restreint les possibilités. La plupart comptent sur les repas du camp et louent le matériel sur place. Les deux lodges pratiquent les mêmes tarifs pour les expéditions en mokoro : 30 $US par jour pour une ou deux personnes.

Oddball's Palm Island Luxury Lodge (Okavango Tours & Safaris) Oddball's (☎ 660220 ; fax 660589). Situé sur l'île de Noga, ses petits prix ne l'empêchent pas de jouir d'un aussi beau cadre naturel et d'une atmosphère aussi accueillante que les lodges haut de gamme. Le camping revient à 7,50 $US par personne. Il est pourvu d'un bar rustique, de douches, d'un magasin d'alimentation, Molly's Quickserv, d'une location de matériel de camping et de deux pensionnaires éléphants affligés d'un gros penchant pour les palmiers mokolani et le linge des campeurs. Il loue 80 $US sa ravissante "suite lune de miel" perchée à 5 m de hauteur dans les arbres, merveilleux endroit où passer la nuit. Le petit déjeuner coûte 3,50 $US, le déjeuner 4 $US et le dîner 9,50 $US. Idéales pour les expéditions en mokoro, les délicieux pains maison sont vendus 1,50 $US. Prévoyez quelques jours de détente et de randonnées dans le bush des environs du camp en plus de votre expédition en mokoro. Les enfants sont bienvenus. L'aller-retour en avion coûte 93 $US et se réserve par l'intermédiaire d'Okavango Tours & Safaris à Maun.

Gunn's Camp (Trans Okavango) Gunn's Camp (☎ 660023 ; fax 660040) – aussi appelé *Ntswi Camp* – sur l'île de Ntswi parsemée de palmiers, est légèrement plus haut de gamme que l'Oddball's. Le camping coûte 7,40 $US par personne. Les installations comprennent des douches chaudes, des toilettes avec chasse d'eau, un barbecue, un magasin vendant des articles de première nécessité et un bar. Les "tentes de luxe" simples/doubles se louent 182/245 $US, repas compris. Le vol aller-retour, au départ de Maun, revient à 93 $US par personne ; on peut également prendre l'aller simple à 45 $US et revenir à Maun en canot automobile pour 38 $US. Les expéditions en mokoro coûtent 30 $US par jour pour 2 personnes. Pour plus d'informations, voyez la rubrique *Expéditions en mokoro*.

Camps – catégories moyenne et supérieure

Abu's Camp (Ker & Downey). Il s'agit sans doute du camp le plus remarquable (et le plus cher) du delta. Relativement récent, il a été créé par Randall Moore. Celui-ci décrit, dans son livre *Back to Africa*, comment il a ramené au Botswana trois éléphants originaires d'Afrique, dressés au cirque en Amérique du Nord, et a mis leurs talents au service des activités de safaris. Les transfuges, Abu, Bennie et Kathy, ainsi qu'une petite nichée d'éléphanteaux orphelins qui les suivent partout, sont aujourd'hui les stars de l'Abu's Camp. La grande nouveauté qui attire les touristes est la possibilité de faire des excursions dans le bush africain à dos d'éléphant. Toutefois, l'originalité se paie, et le prix d'un séjour de 5 nuits, comprenant les repas et ces promenades, s'élève à 4 000 $US par personne, soit 800 $US par jour...

Delta Camp (Okavango Tours & Safaris). Situé près de l'extrémité sud de l'île du Chef et non loin de son petit frère, l'Oddball's, le Delta Camp occupe un beau cadre ombragé, au bout de son aérodrome privé (pourvu de salles d'embarquement en rondins affichant "Domestic" et "International"). Le propriétaire, Peter Sandenburgh, interdit l'accès du secteur aux hors-bord, ce qui préserve la sérénité des lieux. Les forfaits expéditions en mokoro et les excursions guidées dans l'île sont en option. Le tarif haute saison de 268/389 $US comprend l'hébergement en bungalows simples/doubles, trois excellents repas, les boissons et le blanchissage.

Jedibe Camp (Okavango Wilderness). Camp le plus reculé du delta intérieur, Jedibe ("excrément d'autruche") peut accueillir 16 personnes. Les véhicules à moteur sont interdits, aussi jouit-on d'un calme et d'un isolement presque complets. Vous y rencontrerez des chouettes pêcheuses de Pel, des cobes lechwe rouges et des sitatungas, courants dans la région. Le camp met sur pied de luxueuses expéditions en mokoro, des parties de pêche, des randonnées dans la nature et des excursions en bateau à ponton. Le transport par air depuis Maun est onéreux, mais pour un camp de luxe, Jedibe pratique des prix étonnamment raisonnables : 276/441 $US pour une simple/double.

Mombo Camp (Okavango Wilderness). Tout près de l'extrémité nord-ouest de l'île du Chef, le Mombo Camp s'illustre par sa faune. Ce secteur, réputé pour sa population de chiens sauvages du Cap, donne aux visiteurs l'occasion d'observer ces animaux d'habitude insaisissables. Le camp peut recevoir 12 personnes et met à leur disposition des

BOTSWANA

expéditions en mokoro, des safaris et des randonnées guidées dans le bush. Les simples/doubles coûtent 276/441 $US. Le Mombo Camp se trouvant dans la réserve de Moremi, il faut y ajouter les droits de parc.

Pom Pom Camp (Ker & Downey). Ce camp de tentes éloigné est accessible par avion ou par une piste en brousse qui part de l'extrémité sud-ouest du delta. La région est particulièrement propice à l'observation des oiseaux. Le programme comprend des excursions en voiture et de courtes expéditions en mokoro. Les repas et les activités sont compris dans les prix, mais c'est l'un des camps les plus chers du delta intérieur : 515/840 $US pour une simple/double.

Tchau Camp (Okavango Wilderness). Situé sur l'île de Tchau, dans la réserve de Moremi, le Tchau Camp se tient en un lieu isolé près de l'extrémité nord de l'île du Chef. Les clients sont amenés en bateau, par la Boro, depuis le Xaxaba Camp à une heure de là. Les simples/doubles coûtent 276/441 $US. Pour un groupe d'un minimum de 4 personnes, le camp organise des expéditions camping/mokoro semi-luxe de 4 jours comprises dans le prix.

Xaxaba Camp (Gametrackers). Ce camp de luxe orné d'une magnifique lagune peut accueillir un maximum de 24 personnes, auxquelles il propose des repas gastronomiques, une piscine et un bar. Son nom signifie "île des grands arbres". Expéditions en mokoro, excursions en bateau, randonnées guidées et observation des oiseaux figurent au programme. Les simples/doubles en bungalows en roseaux coûtent 470/590 $US et le transport par air depuis Maun revient à 70 $US par personne.

MOREMI WILDLIFE RESERVE

La réserve de Moremi qui s'étend sur 3 000 km^2 obtint son statut officiel dans les années 60, quand on s'aperçut que la chasse à outrance décimait la population animale.

Destinée à la protection de la faune, elle affiche une double personnalité, de larges espaces secs s'élevant au milieu de vastes marécages. Deux étendues de terres sèches se signalent particulièrement : Chiefs Island, profondément enfoncée dans le delta intérieur, et la péninsule de Moremi, ou Moremi Tongue, qui englobe l'extrémité nord-est de la réserve. L'île du Chef se rejoint d'ordinaire en mokoro depuis les safari camps du delta intérieur, tandis que la plus grande partie de la péninsule de Moremi est accessible en 4x4. Les habitats varient des forêts de mopane et des broussailles épineuses à la savane sèche ; des forêts riveraines, aux prairies ; des plaines inondées, aux marais ; des voies d'eaux permanentes, aux lagunes et aux îles.

Moremi a attiré de nombreux safari lodges mais seuls les campings de South Gate, de Third Bridge, de Xakanaxa Lediba et de North Gate conviennent aux petits budgets. Les deux entrées sont ouvertes de 6h à 18h30 de mars à septembre, et de 5h30 à 17h30 d'octobre à février.

South Gate

L'entrée la plus au sud de Moremi, pertinemment nommée South Gate (Porte sud), se situe à 84 km au nord de Maun. Les visiteurs y règlent les droits de parc. Juste à côté de l'entrée se tient un camping propre, aménagé, pourvu de douches et d'une aire de pique-nique ombragée.

Third Bridge

L'aire de camping la plus intéressante de Moremi se trouve à Third Bridge, le "troisième pont" en rondins après South Gate à 48 km de là. La beauté rustique du pont, la Sekiri au fond sablonneux et les nombreux animaux, notamment les lions, font de cet endroit un véritable éden.

Malgré l'avis officiel de danger, presque tout le monde se baigne à Third Bridge. Si vous ne pouvez vraiment pas résister à la tentation, baignez-vous seulement en plein jour en surveillant les roseaux de très près, il s'y cache des crocodiles. Ne campez pas sur le pont et ne dormez pas à la belle étoile pour ne pas tenter les nombreux lions. Les campings s'échelonnent le long de la route des deux côtés du pont. Ils ne possèdent pas d'installation, aussi usez de votre bon sens pour faire la cuisine et votre toilette. Brûlez vos détritus, enterrez les déchets solides bien à l'écart de l'eau, utilisez une cuvette pour faire la vaisselle et jetez l'eau dans le sable.

L'île de Mboma

La savane herbeuse de cette île de 100 km^2, qui forme en réalité un long prolongement de la péninsule de Moremi, offre un contraste frappant avec les paysages environnants. La route sablonneuse qui en fait le tour se prend à quelque 2 km à l'ouest de Third Bridge et propose une agréable promenade.

Xakanaxa Lediba

La plupart des camps privés de la réserve de Moremi sont installés dans les environs de Xakanaxa Lediba. Il existe également un camping, qui occupe une étroite langue de terre entourée de marais et de lagunes. L'endroit abrite l'une des plus grandes héronnières d'Afrique et justifie sa réputation de paradis pour les ornithologues. On découvre des marabouts et des becs-en-ciseaux d'Afrique, des aigrettes, des tourterelles, des ibis sacrés, ainsi que sept espèces de hérons.

North Gate

Les automobilistes arrivant de Chobe et se dirigeant vers le sud entrent à Moremi à North Gate (Porte nord), où se trouve un camping aménagé. Ils pénètrent dans la réserve par un long pont en rondins bruyant qui enjambe la Khwai. Le trajet entre North Gate et Xakanaxa Lediba suit une route panoramique. Arrêtez-vous au poste d'observation des Hippo Pools, d'où vous êtes assuré de voir une foule d'hippopotames sur les berges de la rivière, et aux Paradise Pools, deux étangs aussi ravissants que leur nom le laisse penser.

Lors des deux nuits que nous avons passé à North Gate, nous avons eu le camping pour nous seuls. Des troupeaux d'impalas sont passés tout près de nos tentes et des éléphants sont venus nous observer avec curiosité depuis la lisière des arbres en bordure de la Khwai. Le premier soir, les hyènes ont saccagé les caisses en métal contenant nos provisions. Elles les ont emportées en les traînant littéralement, ont arraché les serrures, ont crevé les boîtes et ont tout avalé, y compris la bière. Les singes ont mangé la margarine et en ont répandu partout avant notre réveil.

Ann Shuttleworth (Australie)

Les camps et les lodges de Moremi

Cette rubrique cite les camps et les lodges haut de gamme à l'intérieur et immédiatement au nord de la réserve de Moremi.

Camp Moremi (Desert & Delta Safaris). A l'est de Xakanaxa Lediba, Camp Moremi est plus entouré de savane que de marécages. Il propose des excursions en voiture, des randonnées d'observation des oiseaux et une croisière au coucher du soleil sur le delta. Les simples/doubles coûtent 398/640 $US, hébergement, repas, transport et activités compris. On y accède *via* l'aérodrome de Xakanaxa et en 4x4.

Camp Okavango (Desert & Delta). Ce très joli camp, niché au milieu d'arbres à saucisses et de jackalberry trees, a été créé par un Californien au goût raffiné. Si vous souhaitez découvrir l'Okavango dans un décor élégant, vous avez trouvé votre bonheur. Les prix sont à l'avenant : 415/675 $US par jour pour une simple/double, et séjour minimum de deux nuits. Ils comprennent l'hébergement en tente, le transport par air depuis Maun, trois repas gastronomiques, des expéditions en canoë et un service soigné.

Camp Okuti (Sitatunga Safaris). Camp Okuti, à Xakanaxa Lediba, peut accueillir 14 personnes dans ses bungalows en brique au toit de chaume. Le tarif journalier de 160 $US par personne comprend la pension complète, des excursions en voiture et en canot automobile ainsi que des randonnées guidées. Les droits de parc sont en sus.

Khwai River Lodge (Gametrackers). Bien que rattaché davantage aux terres sèches de Moremi qu'aux eaux de l'Okavango, l'endroit fourmille d'éléphants et d'hippopotames. Le lodge possède une piscine et un bar. Des excursions en voiture, des safaris-randonnées et des excursions guidées d'observation des oiseaux sont compris dans le prix de 470/590 $US pour une simple/double. Avec une capacité d'hébergement de 24 personnes dans des bungalows en brique au toit de chaume, c'est l'un des plus grands lodges du delta et son personnel est très accueillant.

Machaba Camp (Ker & Downey). Il se tient dans une réserve de chasse sur la Khwai, juste à l'extérieur de Moremi. Son nom lui vient du terme local désignant les sycomores à l'ombre desquels s'abritent les tentes. Des centaines d'animaux, dont des éléphants, des antilopes et des zèbres, viennent s'abreuver dans ses parages. Le camp peut accueillir 10 personnes dans des tentes de luxe. Le prix inclut des excursions en voiture et des safaris-photos à Moremi. Les tarifs tout compris des simples/doubles s'élèvent à 515/840 $US. Les droits de parc sont en sus.

San-ta-Wani Lodge (Gametrackers). Situé sur une île près de South Gate, ce lodge offre des repas gastronomiques,de superbes expéditions découverte de la faune et des excursions en canot automobile. Les bungalows simples/doubles coûtent 470/ 590 $US, droits de parc en sus. Hors-saison (novembre et décembre), les prix chutent à 168/210 $US, mais l'accès n'est ouvert qu'aux safaris itinérants.

Shinde Island Camp (Ker & Downey). Au bord d'une lagune, dans une région reculée de la réserve de Moremi, ce camp organise des excursions en 4x4 et des expéditions en mokoro menant aux héron-

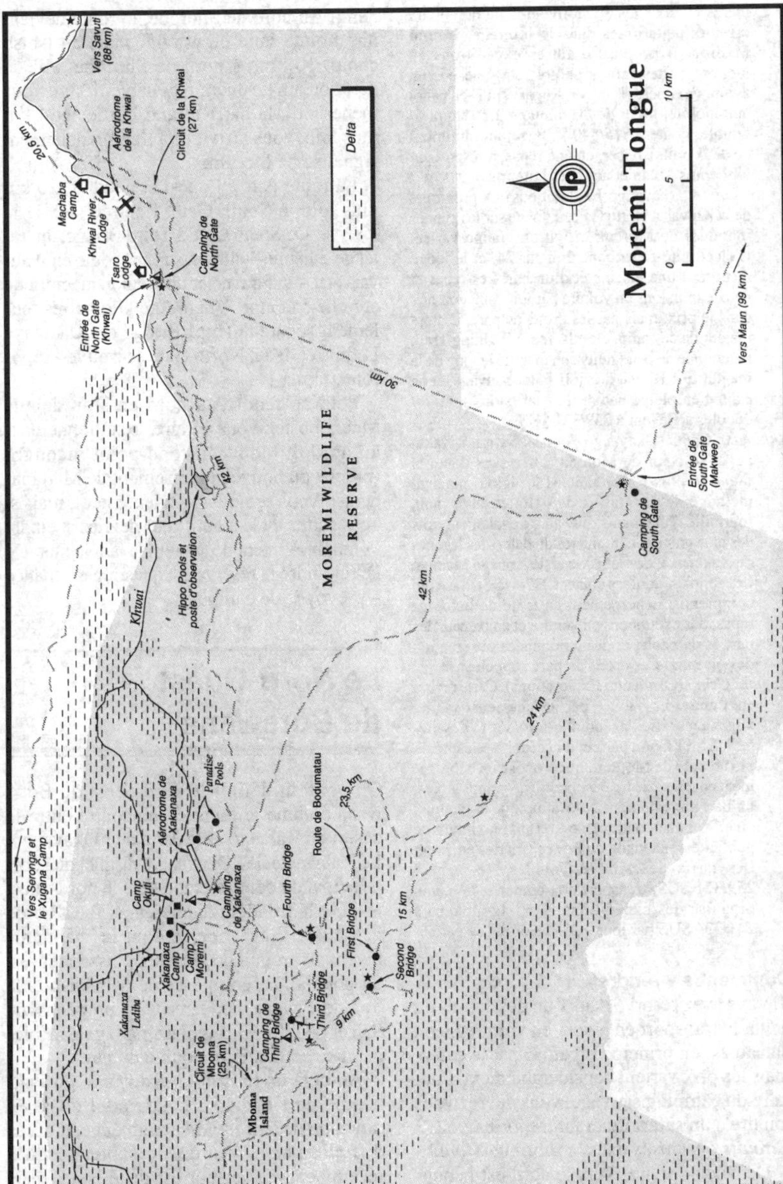
Moremi Tongue
0
5
10 km
Delta
Vers Savuti (88 km)
20,9 km
Aérodrome de la Khwai
Circuit de la Khwai (27 km)
Machaba Camp
Khwai River Lodge
Tsaro Lodge
Camping de North Gate
Entrée de North Gate (Khwai)
30 km
Vers Maun (99 km)
Entrée de South Gate (Makwee)
Camping de South Gate
MOREMI WILDLIFE RESERVE
42 km
Hippo Pools et poste d'observation
Khwai
42 km
24 km
Paradise Pools
Aérodrome de Xakanaxa
Vers Seronga et le Xugana Camp
Camp Okuti
Camping de Xakanaxa
Route de Bodumatau
23,5 km
Fourth Bridge
First Bridge
15 km
Second Bridge
Third Bridge
Camping de Third Bridge
9 km
Xakanaxa Camp
Camp Moremi
Xakanaxa Lediba
Circuit de Mboma (25 km)
Mboma Island

BOTSWANA

nières et aux sites de nidification de nombreux oiseaux aquatiques dans le lointain Moremi Madiba. Il propose d'autres expéditions en mokoro et des safaris-photos. On y accède en avion, *via* l'aérodrome de Xugana, puis en canot automobile, trajet de 30 minutes. Les simples/doubles coûtent 515/840 $US (séjour minimum de deux nuits), hébergement, repas, transport par air depuis Maun et activités compris.

Tsaro Lodge (Okavango Explorations). A proximité de la Khwai, à North Gate, il donne sur les plaines inondées de Moremi où vit une faune variée. L'électricité fonctionne 24h sur 24, et le lodge dispose d'une piscine et d'un bar. Les repas et deux excursions en voiture par jour sont compris dans le prix, mais pas les droits de parc. L'atout majeur de ce camp, c'est la Tsaro Walking Trail, randonnée de deux nuits : on marche le long de la magnifique Khwai où vit la faune sauvage, et on campe en pleine nature. Les tarifs des simples/doubles s'élèvent à 259/371 $US.

Xakanaxa Camp (Okavango Tours & Safaris). Xakanaxa, au cœur de Moremi, offre sans doute la faune la plus foisonnante. La région, plaisant mélange de végétation du delta et de savane, fourmille d'éléphants. Elle abrite également trois des plus grandes héronnières du delta - les lagunes de Xakanaxa, de Gadikwe et de Xobega Madiba. Les simples/ doubles coûtent 297/445 $US, ce qui comprend l'hébergement en tente de luxe, les repas, des excursions en voiture et en bateau, des parties de pêche et des randonnées observation des oiseaux. Les droits de parc sont en sus.

Xugana Camp (Okavango Explorations). Cette région était autrefois habitée par les chasseurs san, et xugana signifie "agenouille-toi pour te désaltérer". Seul l'avion permet d'accéder à ce camp, le plus reculé de Moremi, qui propose un hébergement en tentes de luxe à l'ombre de grands arbres, un bar, un restaurant gastronomique et une piscine. Xugana continue de tirer un maximum de publicité de la visite du Prince Charles en 1984. Les tarifs des simples/doubles s'élèvent à 259/371 $US, transport non compris. Le camp organise des expéditions camping/mokoro à 241/334 $US par jour, plus les droits de parc.

Comment s'y rendre

Si vous avez réservé dans l'un des camps du delta, le transport en avion, en voiture ou en bateau est en principe organisé par le camp, mais les prix varient considérablement. Pour faire du camping sauvage, vous devrez vous joindre à un safari itinérant (reportez-vous à *Circuits organisés* dans la rubrique *Maun*).

De Maun, prenez vers le nord-est la nouvelle route goudronnée qui passe à Matlapaneng. Au nord de Shorobe, la route devient une bonne voie de gravier mais au tsetse camp, 10 km au nord de Shorobe, elle se détériore en un chemin de sable. 13 km vous mèneront à la barrière anti-buffles et 4 km plus loin, vous arriverez à l'embranchement signalisé de Moremi.

La route part à l'ouest et conduit, 20 km plus loin, à South Gate, l'entrée sud de la réserve. De South Gate à Third Bridge, un trajet de 2 heures – 48 km sur une route en mauvais état – fait traverser une région magnifique et riche en faune. Vingt-cinq kilomètres seulement séparent Third Bridge de Xakanaxa Lediba et de là, North Gate se trouve à environ 60 km.

Pour se rendre au nord en stop depuis Maun, postez-vous à l'aire de stationnement au nord du nouveau rond-point incongru (proche du nouveau croisement de Matlapaneng). Vous progresserez lentement, mais si vous partez tôt le matin, vous devriez atteindre l'embranchement de Moremi avant la nuit. De là, rejoindre la réserve est question de chance – prévoyez de camper.

Le Nord-Ouest du Botswana

On pourrait définir le nord-ouest du Botswana comme le point de rencontre entre le désert du Kalahari et le delta de l'Okavango. Le Panhandle de l'Okavango, distinct du corps principal du delta, s'étend vers le nord-ouest jusqu'à la frontière namibienne. Il est bordé de petits villages reclus dont les habitants vivent du produit de ses eaux poissonneuses. Sa population, composée de Mbukushu, de Yei, de Tswana, de Herero, d'Européens, de San et de réfugiés angolais, partage paisiblement ce petit coin tranquille du pays.

Au-delà de la bande verdoyante du Panhandle, le Kalahari s'étale vers l'ouest en direction de la frontière namibienne, d'accès difficile par les routes de sable. Jusqu'à récemment, ce secteur est resté isolé, mais ce ne sera bientôt plus le cas grâce à la nouvelle voie goudronnée presque terminée entre Maun et Shakawe, qui rejoindra le réseau routier namibien à Mohembo. Cette contrée ne manque pas de sites intéressants. Au sud-ouest de Maun se trouve le lac Ngami qui a joué un rôle important dans l'histoire et l'évolution de la région. Il est à sec depuis de nombreuses années et envahi par le bush. Plus captivant, l'extrême ouest du pays offre les cavernes de Gcwihaba, les monts Aha et un paysage émaillé de jolis villages.

A l'extrémité nord-ouest du Botswana, au sud de Shakawe, les monts Tsodilo surgissent, abrupts et solitaires, d'une plaine dénuée de tout autre relief. Pour l'instant, les visiteurs ont tout loisir de faire des randonnées, d'escalader les collines, de camper et de s'imprégner du mystère de ce que l'explorateur et écrivain Van der Post appelait "le Louvre du désert". L'accessibilité accrue amènera des changements et des aménagements touristiques.

Dans tout le Ngamiland, district qui occupe le Nord-Ouest entier, vous aurez l'occasion d'admirer et d'acheter les beaux produits artisanaux de la région, notamment les célèbres paniers. Dans les villages de l'ouest du désert, vous découvrirez l'artisanat san, entre autres les armes traditionnelles, le travail du cuir, les colliers en bois et en graines et les bijoux ornés de perles.

L'approvisionnement en essence pose un problème majeur. Bien que Shakawe ait obtenu une concession de station-service, pour l'instant seules les Brigades vendent de l'essence à peu près au double du prix pratiqué à Maun. La source d'approvisionnement la plus fiable est la coopérative d'Etsha 6 lorsqu'elle a été livrée récemment. En cas d'urgence, vous pourrez peut-être acheter quelques litres au Shakawe Fishing Camp, au sud de Shakawe. Sinon, le point de ravitaillement le plus proche se trouve à Divundu, à 40 km en Namibie ; pensez à vous munir de rands sud-africains ou de dollars namibiens, les pula sont acceptés mais au taux médiocre de 1:1.

LE LAC NGAMI

Le lac Ngami et la plaine de Xautsha furent sans doute découverts par les chasseurs kwena du XVIIIe siècle, mais les Tawana, branche des Ngwato, furent les premiers à s'installer dans la région, à la fin du XVIIIe siècle. En 1824, ils établirent leur capitale à Toteng, près de l'extrémité nord-est du lac. Pour de plus amples informations sur les Tawana, reportez-vous à *Histoire*, dans la rubrique *Maun*. Lorsque David Livingstone arriva en 1849, le lac Ngami formait une magnifique étendue d'eau fréquentée par des myriades d'oiseaux, où vivaient des hippopotames et autres grands animaux. Il estima sa superficie à 810 km^2, et des rives anciennes révèlent que par le passé il devait couvrir environ 1 800 km^2.

Le lac Ngami n'a pas de débit et il ne se remplit que lorsqu'un trop-plein de l'Okavango s'y déverse par l'intermédiaire de la Nhabe. Il attire alors par centaines des flamants, des ibis, des pélicans, des aigles, des cigognes, des sternes, des mouettes, des martins-pêcheurs, des canards et des oies qui viennent déguster ses crustacés (lesquels, pendant les saisons sèches, restent en sommeil dans le lit du lac en attendant l'eau). Peu après avoir été découvert par Livingstone, le lac se tarit, puis fit une réapparition de courte durée plus tard au XIXe siècle. Il fallut attendre 1962 pour qu'il se remplisse à nouveau ; il resta en activité pendant 20 ans et couvrait seulement 250 km^2.

Le lac est à sec depuis 1982, aussi ne vous laissez pas abuser par la nappe bleue figurant sur les cartes du Botswana ou les jolies photos des brochures touristiques montrant pélicans et oies s'ébattant joyeusement dans l'eau. Lorsque vous lirez ce texte, le lac Ngami aura peut-être repris du service, mais pour l'instant il s'agit juste d'une banale étendue de brousse. Il n'existe pas d'hébergement à Toteng et à Sehitwa, mais vous pouvez camper où vous voulez à l'écart de la grand-route et des villages.

Comment s'y rendre

Le lac Ngami n'est pas desservi par les transports publics mais s'il se remplit, il attirera probablement de nombreux amateurs de pêche de Maun. Le bus Maun-Shakawe passe par Sehitwa, village proche du lac. Sehitwa, situé sur la route goudronnée venant de Maun, est facile à rejoindre en autostop.

La principale route d'accès du lac part de la route goudronnée à environ 2 km au nord de Sehitwa. N'écoutez pas ceux qui vous diront de chercher le panneau "Fishing Camp", il a disparu depuis des années. Cherchez plutôt le premier chemin important au nord-est de Sehitwa. Cela dit, toutes les pistes partant vers l'est de la route goudronnée au nord de Sehitwa conduisent au lac Ngami.

LES CAVERNES DE GCWIHABA (GROTTE DE DROTSKY)

Dans la langue !kung, le nom de ce réseau de grottes situées dans les collines de Gcwihaba, près de la frontière namibienne, signifie "terrier de hyène". Les cavernes, leurs stalagmites et leurs stalactites, qui peuvent atteindre 10 m de longueur, ont été formées par des infiltrations d'eau qui ont dissous la roche dolomitique. L'eau en tombant goutte à goutte a déposé des minéraux et a façonné ces ornementations. Les Européens n'ont probablement appris l'existence des cavernes qu'au milieu des années 30, lorsque les !Kung les montrèrent à un fermier de Ghanzi, Martinus Drotsky et pendant des années, on les appela grotte de Drotsky. Une légende dit qu'un trésor est enterré à Gcwihaba : le riche fondateur de Ghanzi, Hendrik Matthys van Zyl, aurait caché à la fin du XIXe siècle une partie de sa fortune fabuleuse quelque part dans les cavernes.

Visite des grottes

Elles possèdent deux entrées séparées de 300 m (le chemin qui les relie est sinueux et donc plus long), et on peut aller d'une entrée à l'autre, mais il n'y a ni guide, ni lumière, ni indication du chemin à suivre.

La lumière du jour ne pénètre pas du tout dans les cavernes, aussi devez-vous emporter plusieurs lampes électriques (et piles) puissantes ; prévoyez aussi des sources de lumière de secours, telles qu'allumettes et briquets.

L'exploration la plus facile commence de l'entrée inférieure, cachée à mi-chemin de la colline à partir de l'extrémité de la route. On entre dans une grande salle, puis on prend un passage qui se fait de plus en plus pentu. Le seul moment difficile est une courte descente à la verticale dans un puits, et la remontée de l'autre côté jusqu'à une saillie où il faut se frayer un passage avant d'arriver dans une grande salle. Il existait auparavant une corde pour faciliter les deux derniers mètres de l'escalade hors du puits, mais selon des informations récentes, elle a été enlevée.

Le reste du chemin, environ 1 km, passe par une suite de grandes salles et de galeries, avec de nombreux couloirs latéraux qui s'enfoncent dans les ténèbres. A mi-chemin environ, on peut observer diverses espèces de chauves-souris qui vivent dans les grottes. La plus courante est la grande chauve-souris de Commerson.

En approchant de la sortie, vous verrez de la lumière filtrer de l'entrée supérieure, en haut d'une pente raide. Après cette ténébreuse visite, il est agréable de grimper au sommet de la colline pour admirer le coucher de soleil sur les étendues mauves du Kalahari.

Le site est dépourvu d'eau et d'installation, mais vous découvrirez de nombreux endroits plaisants où camper sous les arbres non loin des entrées. A pied ou en voiture, faites attention, aux alentours de l'entrée supérieure, aux nombreux terriers d'oryctéropes. Les véhicules risquent de s'y embourber et les randonneurs de s'étaler brutalement ou de s'enfoncer dans le sable jusqu'aux genoux.

Comment s'y rendre

Il passe très peu de véhicules sur la route de Gcwihaba – peut-être un par semaine –, aussi le stop paraît-il peu indiqué. Vous pouvez essayer de trouver quelqu'un se rendant à Gcwihaba dans les lodges de Maun ou de Matlapaneng. Les automobilistes sont souvent heureux de partager les frais et le volant. Assurez-vous avant le départ que les provisions d'eau sont suffisantes pour tous les passagers. Sinon, emportez votre propre réserve dans des récipients *solides*.

Les conducteurs doivent prévoir un 4x4 avec une haute garde au sol, des réserves d'essence importantes, des réserves d'eau et du matériel de camping. A l'exception d'une bottle shop à Sehitwa, il n'existe aucun service entre Maun et les cavernes de Gcwihaba.

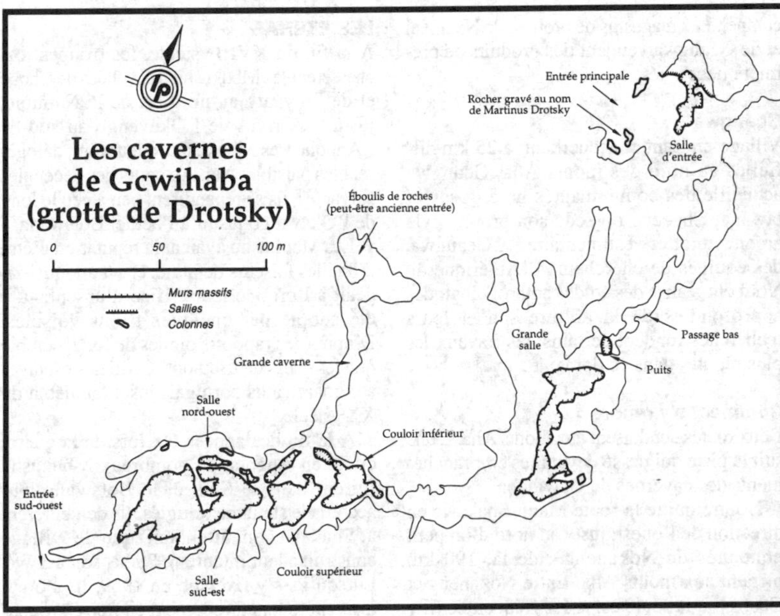

Une bonne route goudronnée mène de Maun à l'embranchement des cavernes, à un peu moins de 2 km à l'ouest de Tsau (il n'est pas signalisé). Au départ, le chemin est convenable, mais il se détériore en une piste de dunes, d'ornières et de sable profond. Au bout de 86 km, vous atteindrez l'embranchement pour le puits de Xhaba, à 27 km au sud. Cette route traverse la vallée fossile de Gcwihabadum sur 55 km avant d'arriver aux cavernes, situées dans les basses collines rocailleuses de Gcwihaba.

Vous pouvez également continuer tout droit. A 144 km de l'embranchement de Tsau, prenez le chemin qui part à gauche vers la vallée fossile de Nxainxaidum et suivez-le sur 27 km jusqu'aux cavernes.

LES MONTS AHA

A cheval entre le Botswana et la Namibie, les monts Aha, vieux de 700 millions d'années, dressent leurs trois cents mètres de calcaire et de dolomite au-dessus du désert plat du Kalahari. Ils offrent un tableau magnifique, mais leur attrait vient surtout de leur isolement donnant l'impression de bout du monde. De l'absence totale d'eau résulte une absence presque aussi radicale de faune. On ne voit aucun oiseau et très peu d'insectes. Si de grands animaux passent parfois dans les parages, la nuit est curieusement exempte des bruits si caractéristiques de la nature en Afrique australe. Le silence le plus absolu qui règne ici ne se retrouve nulle part ailleurs.

La plus grande partie de ce secteur est encore inexplorée. En raison du manque d'eau et de cartes fiables, faire des randonnées à pied dans la région exige une excellente préparation. On a découvert plusieurs grandes dolines dans les monts Aha, et on soupçonne l'existence d'importants réseaux de cavernes. Si vous rencontrez ce genre de formation, ne vous risquez pas à une exploration.

Les monts Aha sont dépourvus d'installations, mais vous trouverez deux ou trois endroits où vous pourrez quitter la route et

BOTSWANA

camper. Les magasins de brousse de Nxainxai et de Gcangwa vendent des produits de première nécessité.

Gcangwa

Village plaisant et accueillant, à 25 km difficiles au nord des monts Aha, Gcangwa accueille des communautés herero, san et tawana. Chacune possède son propre style architectural et vestimentaire. A Gcangwa, des équipes de chercheurs d'Amérique du Nord ont réalisé des études anthropologiques approfondies de la culture san et leurs recherches fondent certains des travaux les plus réputés dans ce domaine.

Comment s'y rendre

Deux routes conduisent aux monts Aha. L'une suit la piste qui passe devant les embranchements des cavernes de Gcwihaba.

L'autre quitte la route Maun-Shakawe en direction de l'ouest, juste au nord d'un petit pont près de Nokaneng ; de là, 190 km mènent aux monts Aha. Entre Nokaneng et Gcangwa, la route est assez fréquentée (il y passe au moins un véhicule par jour) et elle est relativement praticable, avec malgré tout trois ou quatre mauvais passages de hautes dunes. Entre Gcangwa et les monts Aha, le chemin est accidenté et difficile, surtout lorsqu'il vous fait passer sur de durs rochers, dangereux pour les pneus.

En venant des cavernes de Gcwihaba, une assez bonne route remonte la vallée fossile de Nxainxaidum jusqu'au village de Nxainxai (écrit Caecae sur certaines cartes), à 42 km des cavernes. Nxainxai possède un puits, mais demandez l'autorisation avant de puiser de l'eau. Ensuite, 15 km sur une piste défoncée et profondément ensablée conduisent aux monts Aha. Ce trajet prend au moins une heure et se négocie mieux à bas régime.

GUMARE

Entre Tsau et Gumare, la route goudronnée est souvent recouverte d'amas de sable qui rendent la conduite pénible. Le pimpant village de Gumare mérite une petite exploration de 2 ou 3 heures. Il dispose d'une boulangerie et de deux magasins de brousse.

LES ETSHAS

A la fin du XVIIIe siècle, les troupes lozi chassèrent les Mbukushu des vallées de Chobe et de Linyanti, au nord-est de la Namibie, jusqu'aux rives de l'Okavango au sud de l'Angola. Les Mbukushu, à leur tour, délogèrent les paisibles Yei. Au cours des décennies suivantes, ils se répandirent peu à peu le long de l'Okavango jusqu'à l'actuel Botswana.

Les Mbukushu avaient la réputation d'être d'habiles faiseurs de pluie, et cet art, qui exigeait à l'origine le sacrifice d'un enfant, a été adopté par quelques tribus voisines. D'après des rapports dignes de foi, il semble que les chefs de tribu ont fourni des esclaves aux marchands portugais jusqu'au début du XXe siècle.

A la fin des années 60, lors de la guerre civile en Angola, de nombreux Mbukushu fuirent dans le Sud, et le Botswana leur accorda le statut de réfugiés. Ils demeurèrent à Shakawe en attendant que le village construit à leur intention, Etsha, soit achevé. Lorsqu'ils s'y fixèrent, en 1969, ils s'organisèrent tout naturellement en treize groupes sur la base de leur structure clanique et sociale traditionnelle. Ces derniers s'installèrent à environ un kilomètre les uns des autres. Pour simplifier l'administration, les autorités botswanaises donnèrent un numéro à chaque village – de Etsha 1 à Etsha 13.

Il n'existe pas de possibilité d'hébergement aux Etshas qui, si ce n'est le ravitaillement en essence et en provisions au magasin de brousse bien fourni d'Etsha 6, ne présentent guère d'intérêt pour les visiteurs, à moins que vous ne soyez intéressé par la vannerie mbukushu. Pour répondre aux besoins de la population grandissante, le gouvernement a fait construire une nouvelle école secondaire.

Comment s'y rendre

Prenez la route qui part à l'est de la nationale à environ 15 km au nord de Gumare. Treize kilomètres plus loin, vous arriverez aux Etshas.

SHAKAWE

Avec l'arrivée imminente de la route goudronnée, ce village pittoresque commence à

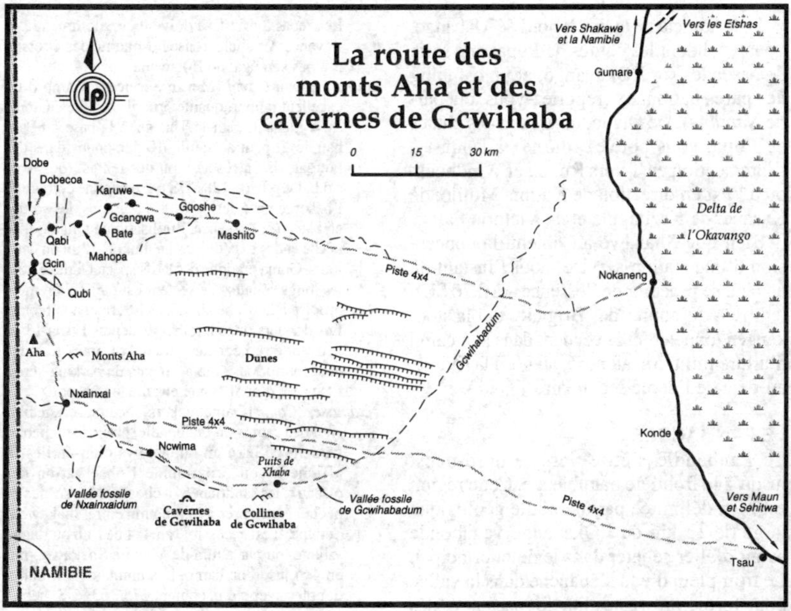

émerger de son état de petit avant-poste somnolent sur l'Okavango. Pour les voyageurs, Shakawe représente un visa d'entrée ou de sortie botswanais, ou une étape de ravitaillement avant d'aller explorer les monts Tsodilo, à 40 km. Pour les Sud-Africains, c'est en général le départ d'une expédition de pêche dans le Panhandle.

Si vous vous rendez en Namibie, essayez de changer vos pula en dollars namibiens ou en rands sud-africains soit au Shakawe Fishing Camp, soit au Wright's Trading Store.

Où se loger et où se restaurer

Les activités se concentrent autour du Wright's Trading Store, du nouveau supermarché et de la bottle shop. Dans l'enceinte en face du Wright's, *Mma Haidongo's Nice Bread Bakery* vend du pain maison à 1 $US. L'*Ema Reje Liquor Restaurant* sert des repas simples.

Si vous avez un véhicule, vous trouverez à vous loger et à vous restaurer au Drotsky's Cabins ou au Shakawe Fishing Camp, respectivement à 5 et 8 km au sud de la ville. Pour plus de détails, reportez-vous à la rubrique *Le Panhandle*.

Comment s'y rendre

Bus. Officiellement, le bus Shakawe-Maun circule tous les jours et le trajet dure 8 heures ; en fait, il part une fois plein et ne fonctionne pas sur un horaire précis. Jetez un coup d'œil au commissariat de police et au Wright's Trading Store : si le bus est garé devant l'un d'eux, il partira pour Maun après 9h le lendemain matin.

Voiture et moto. La route de Shakawe à Mohembo est en mauvais état par endroits mais de l'autre côté de la frontière, une bonne route de gravier prend le relais. En Namibie, vous devez vous arrêter à l'entrée de la Mahango Game Reserve pour obtenir un visa d'entrée. Traverser le parc en transit est gratuit, mais si vous souhaitez le visiter, vous devrez payer les droits d'entrée.

Juste au-delà de la limite nord de Mahango, vous attendent les chutes de Popa, une série de cascades sur l'Okavango, et un camping des parcs nationaux (reportez-vous à la partie *Namibie*). De Divundu, au nord des chutes de Popa, vous pouvez tournez à l'ouest à l'intersection en T vers Rundu et Windhoek, ou à l'est en direction de Katima Mulilo, de Kasane, de Kazungula et de Victoria Falls

Bien que Shakawe ait obtenu la concession d'une station-service, pour l'instant on ne peut se procurer de l'essence – à 0,70 $US le litre – qu'auprès des Brigades qui la stockent en tonnelets et la vendent dans leur camp d'allure militaire, au nord, au bord la rivière, au-delà de l'école secondaire.

LE PANHANDLE

Le Panhandle s'étire vers le nord-ouest jusqu'à la frontière namibienne. Cette région est bien délimitée par une faille géologique large de 15 km où l'Okavango vagabonde avant d'aller se jeter dans le delta principal. Le trop-plein d'eau s'épanche dans la vallée pour former de vastes lits de roseaux et des lagunes encombrées de papyrus. Les communautés locales mbukushu, yei, tswana, herero et angolaise vivent essentiellement de la pêche. Elles ont bâti leurs villages sur les terres sèches des berges du fleuve.

Les camps du Panhandle

La plupart entrent dans la catégorie moyenne et s'adressent aux amateurs de pêche. Les eaux poissonneuses recèlent une large variété d'espèces, notamment le poisson-tigre, la brème, le brochet et le barbeau. Elles vous livreront volontiers des poissons-tigres, sauf en juillet et en août, et des barbeaux de mi-septembre à décembre.

Drotsky's Cabins (Merlin Services) Drotsky's Cabins (☎ 660978 ou 660571 ; fax 660623 ou 660351). Ce joli camp accueillant, tenu par Jan et Eileen Drotsky, se tient au bord d'un canal de l'Okavango, à environ 5 km au sud de Shakawe. Niché au cœur d'une épaisse forêt fluviale habitée par une exubérante faune ailée, il donne sur de belles étendues de roseaux et de papyrus. Les prix de l'hébergement en bungalow se situent dans la catégorie moyenne, mais des emplacements de camping bon marché sont parfois disponibles. Les repas à prix fixe doivent être commandés à l'avance. La chaleureuse hospitalité des Drotsky n'a pas son égal au Botswana.

Guma Lagoon Camp (Merlin Services). Camp d'un excellent rapport qualité/prix, il est situé au nord-est d'Etsha 13, sur la Thaoge, à la base du Panhandle. Il peut accueillir 10 personnes dans des bungalows en roseaux ou des tentes, tous avec s.d.b. Le prix de 128 $US par personne comprend l'hébergement, les repas, les boissons, les sorties en bateau et l'essence, l'utilisation du matériel de pêche et des expéditions en mokoro d'un ou deux jours. Guma pratique des tarifs spécial famille pour les longs séjours. Ce secteur est particulièrement propice à la pêche au poisson-tigre et à la brème. Les derniers onze kilomètres depuis Etsha 13 ne peuvent être négociés qu'en 4x4, mais le lodge peut fournir des emplacements de parking sûrs à Etsha 13, d'où il assure ensuite le transport.

Nxamaseri Camp (Gametrackers). Nxamaseri, le plus cher des camps du Panhandle, propose un hébergement de luxe en bungalows cinq-étoiles. Il affiche à son programme l'observation des oiseaux, les randonnées à cheval et les sorties de pêche. A peu près à mi-chemin entre Shakawe et Sepupa, il est accessible en 4x4 de l'un ou l'autre village, ou par avion de Maun à Shakawe, puis en 4x4 jusqu'au camp. Les bungalows simples/doubles avec s.d.b. coûtent 275/363 $US, hébergement, repas et matériel de pêche compris. L'aller-retour en avion depuis Maun revient à 167 $US. Les enfants sont les bienvenus.

Qhaaxwa (Makwena) Lodge (Gametrackers). A la base du Panhandle et à l'est des Etshas, le Qhaaxwa Lodge se trouve dans un environnement plus proche du delta intérieur qu'aucun autre camp du Panhandle. Son nom signifie "lieu de naissance des hippopotames", mais son apparence redoutable a apparemment incité le lodge à le doubler du nom "Makwena". Vous y verrez très certainement des cobes lechwe rouges et même des sitatungas, ainsi que des oiseaux aquatiques et des oiseaux de proie. Pour 295/590 $US vous aurez l'hébergement en simple/double dans des bungalows de roseaux, les repas, des excursions en canot automobile, des sorties de pêche et des randonnées observation des oiseaux. Le

prix petit budget de 28 $US par personne ne comprend que l'hébergement. Le petit déjeuner ou le déjeuner coûtent 10 $US, le dîner 12 $US. Le transport entre les Etshas et le camp revient à 4 $US aller simple. Les excursions sur l'île de Mokoro valent également 4 $US et les expéditions en mokoro, organisées directement avec les pilotes, 13 $US par jour pour deux personnes. Le lodge loue des canots automobiles à l'heure (23 $US) ou à la journée (82 $US).

Shakawe Fishing Camp (Travel Wild) Shakawe Fishing Camp (☎ 6608222 ; fax 660493). A 8 km au sud de Shakawe, ce camp original se tient à l'extrême nord du Panhandle, au bord de l'Okavango. Il est aisément accessible en 4x4 de Shakawe, ou en avion de Maun à Shakawe, puis en 4x4. Il possède un bar et une piscine. Dans le camping au bord du fleuve, vous pouvez planter une tente, pêcher et jouir d'une jolie vue pour 3,50 $US par personne. Les bungalows pour quatre personnes coûtent 75 $US, et les tentes prémontées pour trois personnes 56 $US. Les repas sont chers : petit déjeuner à 12 $US, déjeuner à 15 $US et dîner à 23 $US. Le camp propose un forfait de 158 $US par personne comprenant l'hébergement, les repas, les sorties en bateau et le transport depuis l'aérodrome. Il vous louera un véhicule 150 $US par jour, plus 1 $US du kilomètre, pour aller explorer les monts Tsodilo. Ne vous récriez pas devant le prix avant d'avoir vu la route.

Xaro Lodge (Ensign Agencies). Camp de tentes luxueux, Xaro Lodge (☎ 660978) se trouve juste au sud du Shakawe Fishing Camp. De nombreux oiseaux aquatiques nidifient sur les rives sablonneuses du fleuve, surtout pendant la saison sèche. On rencontre couramment des chouettes de Pel, des hérons, des aigles pêcheurs et diverses espèces de guêpiers. Le tarif, tout compris, s'élève à 145 $US par personne. Le lodge est ouvert de mars à septembre. Il organise des excursions en canot, des sorties de pêche, des randonnées guidées et des expéditions avec supplément à destination des monts Tsodilo. On ne peut y accéder qu'en bateau.

LES MONTS TSODILO

Nul n'échappe au puissant envoûtement émanant des monts Tsodilo qui semblent habités de l'âme des anciens. A l'instar d'Ayers Rock, en Australie, ces rochers solitaires se dressent abruptement au milieu du désert. Imprégnés de mythes et de légendes, ils revêtent une valeur spirituelle tant pour les San makoko et dzucwa que pour les Mbukushu. Ces derniers croient que les dieux descendirent avec leur bétail au bout d'une corde pour prendre pied sur la colline femelle, tandis que les San voient dans les monts Tsodilo le lieu même de la création.

Sir Laurens van der Post appela ces quatre masses rocheuses les "collines insaisissables". En ce lieu, ses caméras se bloquèrent sans raison aucune, ses magnétophones cessèrent mystérieusement de fonctionner et son groupe fut attaqué par des essaims d'abeilles trois matins de suite. Lorsqu'il apprit par un guide de la région que deux personnes de son expédition avaient fâché les esprits de Tsodilo en tuant, au mépris de toute étiquette, un phacochère aux approches des collines sacrées, van der Post se sentit obligé d'enterrer une lettre d'excuses sous la remarquable paroi de peintures rupestres portant aujourd'hui son nom.

Le nom "Tsodilo" est tiré du mot mbukushu *sorile* qui signifie "abrupt". Les couches de peintures pariétales superposées et l'abondance des vestiges archéologiques, laissent supposer que l'endroit a été habité par les ancêtres des San pendant 35 000 ans. Les établissements bantous de la région remontent au VIe siècle et de nombreux outils de pierre ont été mis au jour. En outre, plus de 3 500 dessins au trait ont été découverts dans plus de 350 sites, et on en trouve de nouveaux tous les ans. Bien que la plupart des peintures ne puissent être datées, il semble clair que certaines remontent à une période assez récente, postérieure au VIIIe siècle. Cette hypothèse s'appuie sur leur degré de conservation et sur la nature du bétail représenté, introduit par les pasteurs bantous à cette époque. Au sommet de la colline femelle subsistent les vestiges de deux villages, Nqoma et Divuyu, dont la date se situe entre le VIe siècle et le XIe siècle.

Orientation et renseignements

Les monts Tsodilo se composent de quatre collines principales : le mâle, la femelle, l'enfant, et une petite butte baptisée "colline du nord", restée longtemps sans nom. D'après une légende, il s'agit d'une épouse de la colline mâle à qui ses façons chicanières valurent d'être répudiée. Rejoindre la colline enfant et la colline du nord présentent des difficultés et seules les collines mâle et femelle sont fréquemment explorées.

Le mont le plus haut, le mâle, consiste en un seul pic s'élevant abruptement à 300 m depuis sa base sud-ouest. La colline femelle présente une suite irrégulière de vallées et de sommets où figurent nombre des peintures les plus impressionnantes. Les escarpements et les parois des deux collines sont striées de teintes éclatantes mauve, orange, jaune, turquoise et lavande.

A quelques centaines de mètres à l'ouest de la colline mâle, se trouve un village !kung san, mais ne vous attendez pas y rencontrer le San tenu en si haute estime par Laurens Van der Post ou décrit avec tant de fantaisie dans *Les Dieux sont tombés sur la tête*. Sous l'effet des influences extérieures (dont le tourisme), les habitants démunis sont uniquement préoccupés de vendre des colifichets.

Le village mbukushu plus au sud a inondé les environs de son bétail, à la consternation des San qui tiennent ce territoire pour sacré. Certaines indications laissent supposer que les Mbukushu ne vivent dans la région que depuis le début du XIXe siècle, bien qu'ils prétendent être là depuis beaucoup plus longtemps.

Si vous souhaitez vous documenter plus à fond, vous serez sans doute intéressé par *Contested Images*, ouvrage érudit publié par l'Université de Witwatersrand, à Johannesburg, qui comprend un chapitre sur les monts Tsodilo écrit par A. Campbell, et par le non moins savant *Conference Proceedings on Southern African Rock Paintings* de T. Dowson.

Visite des collines

A votre arrivée, présentez-vous au chef Mbukushu et signez son livre d'or. Les habitants du village n'ont pas le droit de faire payer l'exploration des collines, sauf évidemment s'ils sont engagés comme guides. Dans un avenir proche, un droit d'entrée de 10 P par adulte et par visite, quelle que soit la longueur du séjour, sera appliqué et encaissé par un centre d'accueil des visiteurs.

Naturellement, c'est à pied que l'on visite le mieux les monts Tsodilo. Une exploration convenable demande plusieurs jours, et même ainsi, nombre des meilleures peintures risquent de vous échapper. Il est possible de louer les services d'un guide san au village !kung. Si plusieurs connaissent bien la flore et la faune ainsi que les traditions locales, en revanche, se pose le problème de la langue. Il n'existe pas de tarif fixe. La plupart des groupes déboursent environ 5 $US pour une journée de randonnée dans les collines. Vous pouvez également payer en nature avec du sucre, des chaussures ou même des piles.

S'il a plu récemment, cherchez dans les flaques temporaires des petites cuvettes rocheuses les minuscules crevettes qui se nourrissent des algues et des résidus se déposant au fond. Les crevettes pondent leurs œufs avant que la flaque ne s'évapore mais ceux-ci n'éclosent qu'après avoir été d'abord exposés à l'air, puis de nouveau immergés. Soyez aussi à l'affût des geckos bruns qui filent entre les rochers : cette espèce particulière *Pachydactylus tsodiloensis* ne vit en aucun autre endroit au monde.

Peintures rupestres. Si certains chercheurs qualifient l'art pariétal des monts Tsodilo d'"ordinaire", peu de visiteurs adhèrent à cette opinion. Mesurées à l'échelle moderne, les représentations minimalistes d'animaux, d'humains et de formes géométriques pourraient être considérées comme ingénieuses. Peut-être s'agissait-il simplement de griffonnages, mais il est tentant d'imaginer un Michel-Ange des temps anciens couvrant de chefs-d'œuvre les murs de sa "chapelle Sixtine".

La plupart des peintures sont exécutées dans des ocres ou des blancs tirés de pigments naturels. Les plus anciennes, que l'on situe entre la fin du paléolithique et l'âge de fer, sont en général attribuées aux San. En revanche, les plus récentes sont très certainement l'œuvre de "contrefacteurs" bantous. Fait curieux, ni les San ni les Mbukushu ne veulent en endosser la paternité, assurant que les peintures sont là depuis toute éternité.

L'une des plus marquantes, le zèbre stylisé sur un petit affleurement au nord de la colline femelle, sert aujourd'hui de logo aux musées et aux monuments nationaux du Botswana. Également intéressants, la baleine et le pingouin peints dans la cavité orientale de la colline femelle donnent à penser qu'il y a eu contact entre les premiers San et la côte namibienne. Ils pourraient être aussi des représentations naïves d'un oiseau et d'un poisson du lac aux eaux peu profondes qui s'étendait autrefois au nord-ouest de la colline femelle.

Après le coin à l'ouest, vous découvrirez un portrait d'une famille de rhinocéros et une girafe bien exécutée. Dans la cavité la plus profonde de la colline femelle, une autre peinture de rhinocéros comprend aussi un buffle, "contrefaçon" d'origine récente. En face, de l'autre côté de la vallée, figure l'une des rares œuvres de Tsodilo représentant des humains. Elle dépeint un groupe de danseurs au comble de l'excitation sexuelle. Alec Campbell, le plus grand spécialiste des collines et de leurs peintures, l'a baptisée les "Pénis dansants".

Si vous êtes un expert de l'escalade, grimpez jusqu'au panneau de Laurens Van der Post qui domine la piste près de l'angle sud-ouest de la colline femelle. Un chemin dangereux y mène par l'arrière. La face nord de la colline mâle propose deux peintures remarquables : l'une reproduit un lion solitaire, et l'autre associe un gemsbok et un rhinocéros.

Randonnées. Le plan d'aménagement des monts Tsodilo prévoit la création de plusieurs circuits que l'on pourra suivre seul ou avec un guide. Ils passeront par les peintures les plus intéressantes et permettront également aux visiteurs de voir les collines sous de multiples angles. En attendant leur mise en place, il existe diverses possibilités de randonnées. La plupart vous feront explorer les peintures au pied des collines ; d'autres peuvent durer plusieurs jours.

La colline mâle se grimpe en moins de 2 heures en partant du lion peint à sa base. Le chemin est rocailleux, inégal, et jalonné de fausses crêtes irritantes, mais le sommet offre une vue inégalable du Kalahari.

Sur la colline femelle, une escalade courte (mais hasardeuse) mène au panneau de Van der Post. Plus au nord, on peut prendre le chemin abrupt qui monte du camping jusqu'à un petit puits au fond duquel des libellules et des papillons volettent au-dessus de cette mare verdâtre. Non loin se s'élève l'arbre étrange décrit à Van der Post comme l'*Arbre de la vraie connaissance* par le San qui l'y mena. D'après cet homme, le grand esprit s'agenouilla près de cette petite mare fétide le jour où il créa le monde. Malheureusement, celle-ci se transforme en un peu attrayant trou boueux lorsqu'elle se tarit. Dans les rochers au-delà de la mare, plusieurs "empreintes de sabot" marquent la pierre. Les Mbukushu disent qu'elles ont été faites par le bétail qui, avec les premiers humains, fut posé sur la colline par le dieu Ngambe.

L'étonnante citerne naturelle dans la grotte proche de l'angle nord-ouest de la colline femelle contient de l'eau toute l'année. Les San croient qu'un grand serpent aux cornes torsadées l'habite et que les visiteurs doivent le prévenir de leur arrivée en jetant un petit caillou dans l'eau. Ce réservoir est également encadré de plusieurs peintures.

Un chemin dégagé gravit la cavité proéminente du versant est de la colline femelle. A mesure que l'on monte, le chemin se rapproche de la paroi droite. Après une courte grimpette jusqu'au sommet, le sentier continue et passe par plusieurs kopje qui offrent des vues panoramiques, puis disparaît dans une large vallée herbeuse encadrée de pics. Ce paysage insolite donne l'impression d'avoir été brutalement transporté dans un univers parallèle.

Circuits organisés

Plusieurs agences de voyages de Maun organisent des excursions d'une journée avec transport par avion charter jusqu'aux monts Tsodilo, mais la visite dure quelques heures seulement, ne couvre que les peintures les plus importantes et ne laisse pas le temps de faire des randonnées ou des explorations individuelles. L'aller-retour en charter au départ de Maun coûte 298 $US par personne, pour un minimum de deux personnes, et comprend le survol du delta de l'Okavango en chemin. Si vos moyens vous le permettent, le mieux est de louer un véhicule au Shakawe Fishing Camp. Reportez-vous à la rubrique *Comment s'y rendre* dans ce chapitre.

Où se loger

Il n'existe pas de magasins ou de services dans les village san et mbukushu, mais vous avez toute liberté de camper où vous voulez au pied des collines. Un puits à quelques centaines de mètres de l'aérodrome fournit de l'eau. Celle-ci est surtout destinée au bétail et recèle un certain nombre de saveurs intéressantes, pas forcément appétissantes, mais lorsqu'on a soif, on s'en soucie peu. Il est prudent de purifier l'eau avant d'en boire.

Le plan d'aménagement des monts Tsodilo prévoit un centre d'accueil des visiteurs, des campings aménagés pour 120 personnes, équipés de toilettes et de douches, et des chemins de randonnées. Lorsque vous lirez ces lignes, les travaux devraient être bien avancés. Il est regrettable de devoir sacrifier l'aspect sauvage de ce lieu magique pour le protéger, mais ainsi va le monde, semble-t-il (en partie à cause des auteurs de guides touristiques).

Le camping est situé à côté d'une fissure à la base ouest de la colline femelle. C'est en principe le premier occupé par les groupes. Il en existe un second plus au sud, près de la peinture des rhinocéros et de la girafe, et un troisième proche de l'extrémité sud de la colline femelle dans un endroit retiré, mais public, derrière le panneau "Tsodilo Hills". Dans une cavité non loin du versant est de la colline femelle, près de la peinture des rhinocéros et du buffle, se trouve un très plaisant emplacement ombragé. L'aire à côté de la peinture du lion sur la colline mâle est également agréable, surtout au retour de l'escalade de la colline.

Comment s'y rendre

Voiture et moto. Si vous allez aux monts Tsodilo en avion, vous vous priverez d'une expérience épouvantable, mais inoubliable. Il existe deux routes d'accès principales. L'une part de l'est, elle est signalisée et tourne vers les monts Tsodilo à 7 km au sud de Sepupa ; l'autre part du nord-est et l'embranchement se trouve en face de l'entrée du Shakawe Fishing Camp. Tant que la nouvelle nationale n'est pas achevée, prenez à gauche à la bifurcation, immédiatement à l'ouest de l'embranchement, et franchissez les travaux de construction de cette nationale jusqu'au point où la route continue.

En très mauvais état, la route du sud partant non loin de Sepupa commence assez bien sur les vingt-deux premiers kilomètres, mais elle se détériore au poste de bétail où elle aborde une dune. Les quinze derniers kilomètres représentent une lutte harassante à bas régime. L'itinéraire de rechange de 41 km est cependant pire encore, il revient un peu à chevaucher un cheval sauvage pendant 3 ou 4 heures. Le nouveau plan d'aménagement prévoit de fermer cet itinéraire, ce qui, étant donné sa notoriété, semble presque dommage.

Une troisième route d'accès peu utilisée bifurque vers l'ouest près de Nxamaseri, à environ 20 km au nord de Sepupa. Sur la plus grande partie du chemin, elle passe dans du sable très profond, zigzague à travers des villages abandonnés et des postes de bétail, et se fraie difficilement un chemin dans les arbres.

Le Shakawe Fishing Camp, à Shakawe, loue des 4x4 150 $US par jour plus 1 $US le kilomètre, essence comprise, ce qui n'est pas trop mal étant donné les mauvais traitements infligés au véhicule. Si vous préférez ne pas affronter la route vous-même, le camp peut vous fournir les services d'un chauffeur/guide à condition d'être prévenu en temps utile.

En stop. Bien que ce soit définitivement déconseillé, certains voyageurs essaient de faire à pied ou en stop les quarante kilomètres depuis la route principale, mais le Kalahari ne doit pas être pris à la légère. Informez quelqu'un de votre itinéraire et prévoyez une réserve d'eau très importante. Pour passer 2 jours à marcher dans la chaleur sèche du Kalahari, il faut un *minimum* de 8 litres d'eau par personne, peut-être plus.

Le Kalahari

S'étendant à sept pays – le Botswana, la Zambie, la république d'Afrique du Sud, le Zimbabwe, la Namibie, l'Angola et le Zaïre –, le Kalahari forme l'une des réalités physiques les plus frappantes d'Afrique. Il ne s'agit pas d'un désert classique, mais plutôt d'un vaste dépôt de sédiments sableux. A la différence du Sahara, par exemple, il est couvert d'arbres, de broussailles, et parcouru de rivières saisonnières et imprévisibles. En été, il lui arrive de recevoir des précipitations abondantes sous la forme d'orages d'après-midi, et récemment encore, il y a environ 100 ans, il possédait des nappes d'eau permanentes. On y rencontrait couramment des sources, des points d'eau et même des marécages et des lits de roseaux : surexploitées par l'homme, ses ressources se sont taries.

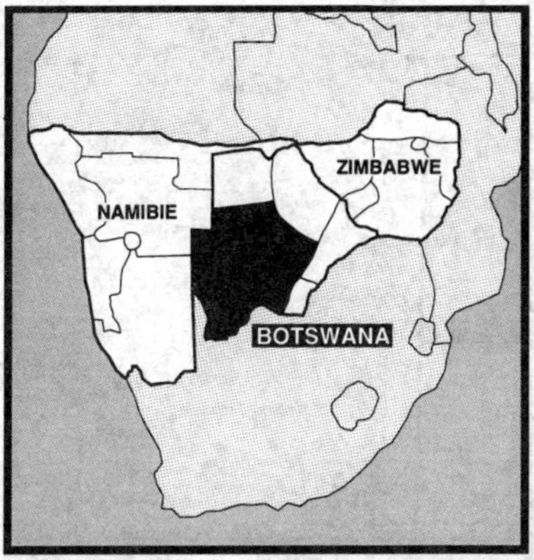

Explorer le Kalahari, ou plus exactement le Kgalakgadi comme l'appellent les Tswana, n'est pas chose aisée. Y font obstacle les distances énormes, les routes rudimentaires, les transports quasi inexistants, le manque d'infrastructures ; quant aux rares villages, ils se blottissent autour de puits anémiques. Néanmoins, lorsque le revêtement de la route Gaborone-Ghanzi, qui se poursuivra jusqu'en Namibie, sera achevé, gageons que le Kalahari connaîtra des transformations radicales.

Si ses vastes ciels et ses immenses espaces le parent d'un indéniable attrait, le Kalahari ne possède que peu de pôles d'attraction à proprement parler et aucune agglomération vraiment importante. Le centre minier de Jwaneng à l'extrémité orientale et Ghanzi, "métropole" somnolente du Kalahari occidental, ville-étape entre le Botswana et la Namibie, seraient ailleurs considérées comme de minuscules avant-postes. Plus au sud, le Kalahari Village Cluster, groupe de tout petits villages reclus où vit l'une des populations les plus isolées du Botswana, peut offrir une destination intéressante.

Les quatre grands parcs nationaux et réserves qui envahissent la carte du Botswana occidental – Khutse, Central Kalahari, Mabuasehube et Gemsbok – déploient des paysages somptueux mais abritent une faune clairsemée. Idéals pour qui aspire à la solitude et à la communion avec les grands espaces silencieux du désert, ils risquent de désappointer les voyageurs venus pour observer la faune.

Géologie

Selon la théorie de la dérive des continents, le Kalahari est né pendant la première période de l'ère secondaire, lorsque l'Afrique faisait partie du continent de Gondwana (réunissant l'Amérique méridionale, l'Afrique, l'Arabie, l'Inde, l'Australie et l'Antartique). Pendant 10 millions d'années, la surface rocheuse continentale fut broyée en dépôts de sable et de sédiments, aujourd'hui appelés "système du Karoo" (ensemble de plateaux étagés de l'Afrique du Sud).

Lorsque le Gondwana commença à se disloquer, l'activité volcanique créa d'immenses jaillissements de lave qui se répandirent sur la partie méridionale de la plaque africaine et la recouvrirent de coulées atteignant parfois 9 000 m d'épaisseur. Pendant 120 millions d'années, la lave s'éroda et forma le plateau presque plat qui caractérise la plus grande partie de l'Afrique australe.

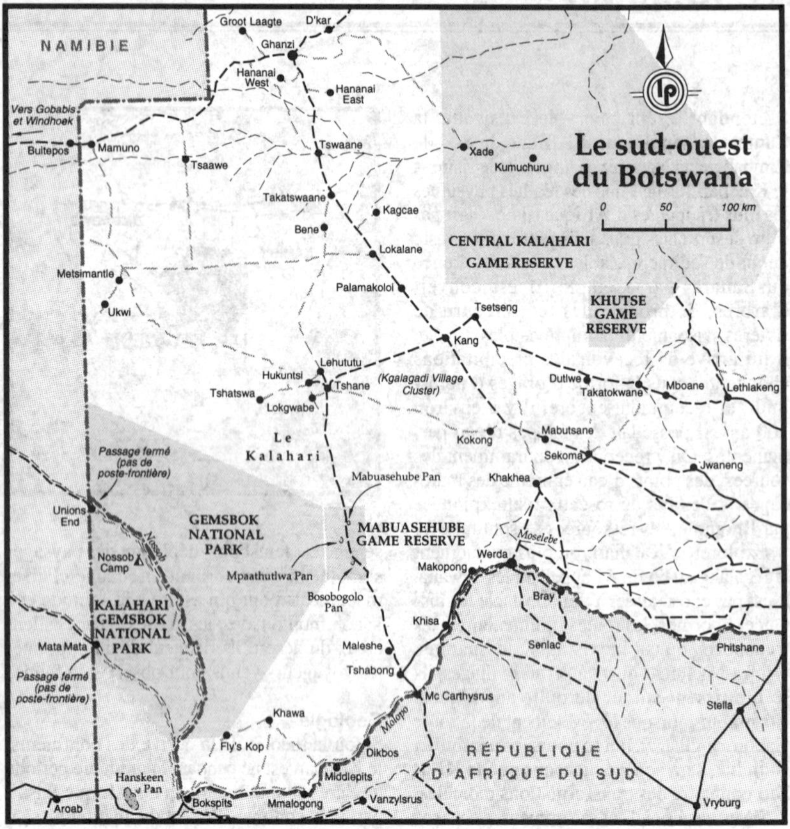

Il y a 65 à 2 millions d'années, des vents forts et des cours d'eau éphémères engendrèrent une érosion continue produisant une sédimentation sableuse étalée sur de vastes étendues, puis déplacée par d'insistants mouvements tectoniques. Au nord-est, le grand rift se forma, fracturant l'Afrique. Le rift, qui s'acheva en une série de failles sillonnant le Zimbabwe et le nord du Botswana, provoqua un étirement de la masse terrestre et fit naître un immense bassin peu profond sur le plateau de l'Afrique australe. Un redressement des bords du bassin rejeta les fleuves, tandis que les dépôts de sable continuaient à avancer et à se consolider, pour se fixer finalement dans les zones les plus basses.

Plus récemment, il y a 25 000 à 10 000 ans, les précipitations étaient beaucoup plus abondantes qu'aujourd'hui et les parties inférieures du bassin étaient occupées par un grand lac dont il nous reste les Makgadikgadi Pans, le delta de l'Okavango, la dépression de Mababe et le lac Ngami. L'aridité croissante et un soulèvement tectonique le firent disparaître.

LETHLAKENG

Cet avant-poste à l'extrême est du Kalahari ouvre l'accès à la réserve de Khutse, la plus proche de la capitale. Le nom kwena du village signifie “le lieu des roseaux” et la tradition garde la mémoire de sources bouillonnantes où venaient s’abreuver en grand nombre les éléphants, les rhinocéros et les buffles.

Lethlakeng est situé à la fin de la route goudronnée, à 116 km de Gaborone et à 124 km accidentés et sablonneux de l’entrée de Khutse.

KHUTSE GAME RESERVE

Relativement petite (2 600 km^2), la réserve de Khutse dote les habitants de Gaborone d’une destination de week-end très appréciée. Son nom signifie “là où l’on s’agenouille pour boire”. En raison de la période de sécheresse prolongée de ces dernières années, elle n’est pas fréquentée par une faune aussi riche que le nord du Botswana pourrait le laisser espérer, mais les pans et la savane jouissent d’une solitude presque complète. Vous y verrez diverses espèces d’antilopes – gnous, élans du Cap, céphalophes de Grimm, steenbocks, bubales, koudous, gemsboks et springboks – mais en nombre limité. La réserve abrite également des lions, des léopards, des hyènes tachetées et brunes, des chacals, des caracals (incarnation de l’étoile du matin, dans la tradition san) et même des chiens sauvages.

La brochure du parc conseille aux visiteurs de rester à l’affût de plus petites créatures, notamment dans les environs des pans, telles que les écureuils terrestres, les écureuils du bush, les lièvres (trois espèces), les chiens oreillards, les gerboises à pattes velues, les pangolins, les divers oryctéropes, les porcs-épics et les phacochères.

En outre, une faune ailée abondante et variée habite la réserve, et, d’après la brochure, si vous laissez des fruits ou des tranches de melons tsama (ils ressemblent à des balles de tennis et poussent dans tout le Kalahari) près de votre camping, l’humidité attirera de nombreux oiseaux, peut-être même des autruches. Je n’ai pas essayé, mais cela paraît très vraisemblable.

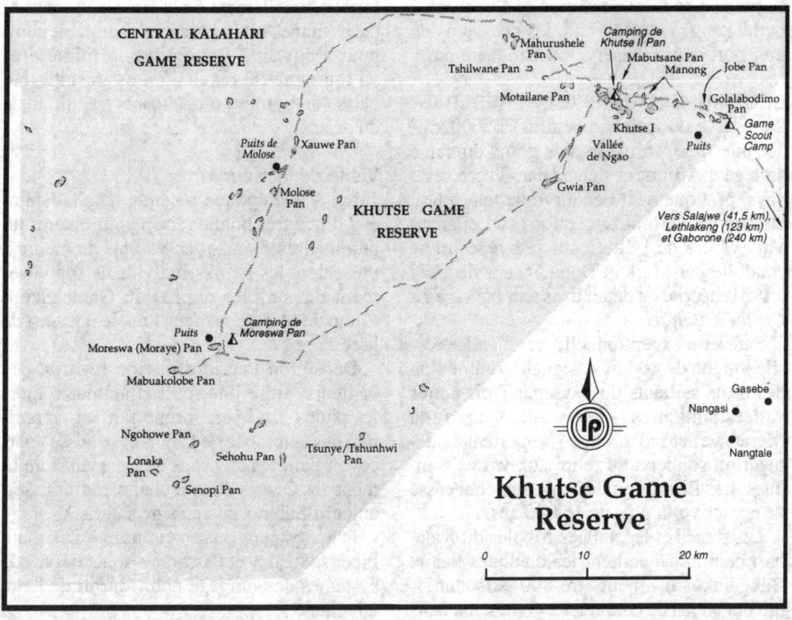

Où se loger

Khutse possède trois campings, mais seul le Game Scout Camp de Golalabodimo Pan, près de l'entrée, est équipé d'eau courante et de douches. L'eau a un goût légèrement salin, aussi peut-être préférerez-vous apporter des provisions d'eau. A 14 km à l'ouest de l'entrée se tient le camping rudimentaire de Khutse II Pan. Moreswa Pan propose un cadre beaucoup plus agréable, mais à 67 km de l'entrée, donc loin à l'intérieur de la réserve.

Comment s'y rendre

Bien que certains prétendent le trajet faisable avec un véhicule traditionnel, un 4x4 est vivement conseillé. La route entre Lethlakeng et l'entrée de Khutse est sablonneuse et un véhicule robuste donne un sentiment de sécurité dans cette région isolée. Comptez au moins 5 heures de Gaborone à l'entrée de la réserve, et emportez des provisions suffisantes en essence, en nourriture et en eau pour tout le voyage.

Les stoppeurs devraient parvenir sans trop de peine à se faire emmener de Gaborone à Lethlakeng. Le week-end, les occasions de transport pour la réserve ne manquent pas.

CENTRAL KALAHARI GAME RESERVE

La réserve du Kalahari central (52 000 km^2 de superficie) forme le plus grand domaine protégé d'Afrique et s'étend dans le centre du pays, pratiquement dépourvu de tout relief. On connaît surtout Deception (ou Letiahau) Valley, site de l'étude sur la hyène brune conduite par Mark et Delia Owens de 1974 à 1981, décrite en détail dans leur ouvrage *Le Cri du Kalahari.*

Sans être exceptionnelle, cette vallée fossile longue de 80 km se signale comme l'un des traits saillants du paysage. Trois autres vallées similaires – l'Okwa, la Quoxo (ou Meratswe) et la Passarge – apportent également un soupçon de relief aux vastes étendues. Les fleuves qui les arrosaient ont cessé de couler voilà plus de 16 000 ans.

Les dunes et les vallées fossiles du Kalahari central accueillent les quelques San et Bakgalakgadi – peut-être 800 personnes – qui ont choisi de continuer à vivre selon leurs traditions millénaires de la chasse et la cueillette. La plupart se sont installés dans le sud de la réserve. Bien que fondamentalement nomades, beaucoup habitent aujourd'hui des villages permanents.

De nombreux autres San, dénués de biens et poussés au désespoir par le chômage, les ravages de l'alcoolisme et le racisme, entre autres problèmes, ont abandonné leur mode de vie séculaire et leur territoire ancestral pour un travail sédentaire ou une vie de pauvreté en marge de la société.

La politique non raciale d'intégration sociale du Botswana garantit qu'aucune communauté ne bénéficie d'un traitement privilégié, aussi n'existe-t-il pas de programme destiné à résoudre leurs problèmes spécifiques.

Dans le Kalahari central, les San subissent les pressions des éleveurs, de la prospection minière, de quelques groupes écologistes malavisés et, dans le nord de la réserve, du tourisme. Comme si cela ne suffisait pas, le gouvernement les incite à quitter ce territoire, officiellement à des fins de protection de la faune, mais plus vraisemblablement pour l'ouvrir à l'exploitation minière et au tourisme de luxe. Il en est résulté une baisse du nombre d'occupants traditionnels du désert.

Visite de la réserve

Jusqu'à une époque récente, il fallait faire état d'une très bonne raison pour obtenir un permis d'entrée. Il n'en va plus de même à présent, et les permis individuels sont aisément disponibles auprès du Game Scout Camp de Matswere, dans l'angle nord-est de la réserve.

Deception Pan, destination favorite des visiteurs, attire une foule d'animaux après les pluies. La hyène brune fait son apparition dès la tombée de la nuit et se laisse apercevoir dans les environs de l'ancien campement des Owens dont le vieil aérodrome sert aujourd'hui aux sociétés de safaris.

D'autres pans du secteur nord – Letiahau, Piper's, Sunday et Passarge – sont pourvus de systèmes de pompage pour fournir de l'eau à la faune.

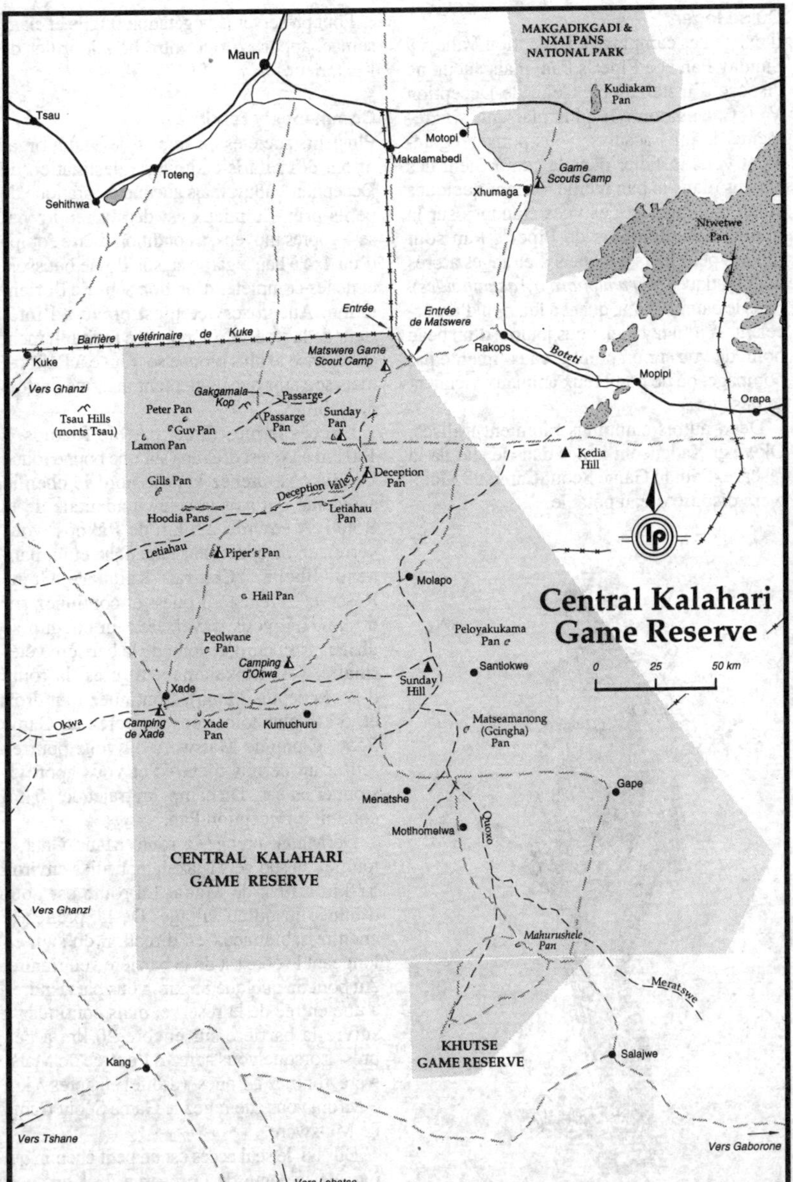

MAKGADIKGADI & NXAI PANS NATIONAL PARK
Maun
Tsau
Kudiakam Pan
Motopi
Makalamabedi
Toteng
Game Scouts Camp
Xhumaga
Sehithwa
Ntwetwe Pan
Entrée
Entrée de Matswere
Barrière vétérinaire de Kuke
Rakops
Boteti
Kuke
Matswere Game Scout Camp
Mopipi
Vers Ghanzi
Gakgamala Kop
Passarge
Orapa
Peter Pan
Passarge Pan
Sunday Pan
Tsau Hills (monts Tsau)
Guv Pan
Lamon Pan
Kedia Hill
Gills Pan
Deception Pan
Deception Valley
Letiahau Pan
Hoodia Pans
Letiahau
Piper's Pan
Molapo
Hail Pan
Central Kalahari Game Reserve
Peloyakukama Pan
Peolwane Pan
Camping d'Okwa
Sunday Hill
Santiokwe
0
25
50 km
Xade
Okwa
Camping de Xade
Xade Pan
Kumuchuru
Matseamanong (Gcingha) Pan
Gape
Menatshe
Motlhomelwa
Quoxo
CENTRAL KALAHARI GAME RESERVE
Vers Ghanzi
Mahurushele Pan
Meratswe
KHUTSE GAME RESERVE
Salajwe
Kang
Vers Tshane
Vers Gaborone
Vers Lobatse

BOTSWANA

Où se loger

Il existe des campings à Deception Valley, à Sunday Pan et à Piper's Pan, mais aucun ne dispose d'installations. Celui de Deception Valley, sans doute le plus plaisant, s'agrémente de jolis acacias. Vous pouvez également vous installer dans le campement des Owens, dans le pan même, offrant quelques coins ombragés et des vues étendues sur la plaine. Les alentours de Piper's Pan sont réputés pour leurs bouquets d'étranges arbres fantomatiques (*Commiphora pyracanthoides*), mais le camping n'a, quant à lui, rien d'ensorcelant. A Sunday Pan, vous jouirez d'un beau point de vue sur un point d'eau alimenté par pompage, où de nombreux animaux viennent se désaltérer.

Deux autres campings rarement utilisés, Okwa et Xade, sont isolés dans le sud de la réserve. Seul le Game Scout Camp de Matswere dispose d'eau potable.

Bochiman du Kalahari

Pour préserver la végétation fragile et clairsemée, apportez tout votre bois à brûler de l'extérieur.

Comment s'y rendre

Plusieurs sociétés de safaris de Maun organisent des safaris-camping à destination de Deception Valley, mais aucune ne pratique de petits prix. Le mieux est de s'y rendre par ses propres moyens, à condition d'être équipé d'un 4x4 à haute garde au sol, d'une boussole et de les compléter d'un bon sens de l'orientation. Aucun service n'est prévu à l'intérieur de la réserve. Le point de ravitaillement en essence le plus proche se trouve à Rakops, mais son approvisionnement manque parfois de fiabilité.

L'accès le plus direct part de Rakops, à 170 km à l'ouest d'Orapa sur une bonne route. De Rakops, prenez vers le nord le chemin accidenté qui suit la rive occidentale de la Boteti. A environ 2,5 km de Rakops, vous verrez un raccourci sur la gauche et un panneau libellé "Central Kalahari Game Reserve". Prenez à l'ouest et continuez sur 60 km. Là, vous traverserez un chemin se dirigeant au nord, le long de la barrière vétérinaire, vers Makalamabedi (c'est la route d'accès depuis Maun). Continuez tout droit et, 5 km plus loin, vous arriverez au Game Scout Camp de Matswere où vous pourrez retirer un permis d'entrée et vous approvisionner en eau. Du camp, un trajet de 70 km conduit à Deception Pan.

De Maun, prenez la route Maun-Nata et tournez au sud vers Makalamabedi, à environ 52 km à l'est de Maun. La route est goudronnée jusqu'au village. De là, prenez le chemin sablonneux en direction du sud, en longeant le côté est de la barrière vétérinaire. Au bout de quelque 85 km, vous parviendrez à une entrée de la réserve, mais continuez à suivre la barrière sur encore 20 km à peu près. Lorsque vous serez à l'entrée de Matswere, tournez à l'ouest (droite) et, après 5 km environ, vous atteindrez le Game Scout Camp de Matswere.

Du sud, le seul accès est un petit chemin qui part de la route de la réserve de Khutse et mène aux Mahurushele Pans, juste après la limite sud du Kalahari central. Toutefois, Deception Pan est à plus de 400 km de là, sur une route très accidentée et indirecte. Il est tout aussi rapide de faire le voyage *via* Gaborone, Serowe et Rakops.

JWANENG

A la fin de l'ère secondaire, il y a quelque 85 millions d'années, d'énormes pressions d'origine volcanique s'exercèrent sur les couches carbonifères profondément enfouies sous la croûte terrestre. Des roches en fusion furent poussées vers la surface et pénétrèrent le revêtement rocheux solide, entraînant des intrusions de carbone cristallisé par la chaleur et la pression, appelées en Afrique australe "pipes de kimberlite". Cette roche très particulière contient les diamants qui fournissent à présent 85% des revenus à l'exportation du Botswana.

Le plus grand gisement de diamants du monde a été découvert à Jwaneng (alors pertinemment nommé Jwana, "montagne des petites pierres") en 1978. Dès 1981, le hameau s'était transformé en une ville de plus de 5 500 habitants. La mine ouvrit en 1982 et à la fin de la décennie, la population de la cité conçue par la Debswana était passée à 14 000 habitants. La production annuelle de la mine s'élève aujourd'hui à plus de 9 millions de carats et, en un mois, 480 000 tonnes de roches sont déplacées et traitées. La sécurité est si stricte qu'un véhicule ayant reçu l'autorisation d'entrer dans la mine n'en sort plus jamais, de crainte qu'il ne serve à la contrebande.

A la différence d'Orapa, Jwaneng est une ville ouverte, et les personnes non employées par la Debswana ont le droit de s'y installer. Des visites de la mine peuvent être organisées sur rendez-vous par l'intermédiaire de la Debswana (☎ 351131 ; fax 352941), Botsalano House, PO Box 329, Gaborone.

Où se loger et se restaurer

Si vous vous dirigez vers le nord-ouest, sachez que Jwaneng possède le dernier hôtel-restaurant avant Ghanzi. Au *Mokala Lodge* (☎ 380614), petit établissement confortable au plaisant jardin, les simples/doubles coûtent 58/78 $US, petit déjeuner compris. L'hôtel propose également un restaurant et un bar. *KRM Takeaways*, dans le Mall, sert des en-cas, des glaces et des boissons non alcoolisées bon marché.

DE JWANENG A GHANZI

Les six cent cinquante kilomètres entre Jwaneng et Ghanzi suivent la route du bétail qui va des ranches du Ghanzi Block à l'abattoir de la BMC de Lobatse. Bien que les conducteurs de bestiaux aient à présent adopté les semi-remorques, on voit encore de temps à autre des rassemblements de bétail. Si vous voulez vivre la version botswanaise du Far West, allez-y avant que la route ne soit goudronnée, après il sera trop tard.

Pour l'instant, vous serez rudement cahotés tout au long du trajet sur des routes en piètre état mais assez fréquentées, ce qui donne une bonne chance de succès aux stoppeurs. On ne peut faire le plein d'essence qu'à Kang, aussi les automobilistes doivent-ils se munir d'un réservoir de secours. Avec un bon 4x4, le voyage demande de 11 à 14 heures.

Jwaneng marque la fin de la voie goudronnée, et l'on roule ensuite sur une pénible piste de gravier ondulée jusqu'à Sekoma, où la route pour Tshabong et Bokspits part vers le sud. A l'ouest de cet embranchement, commencent le sable et les ornières. Après quelque 170 km de ce mauvais traitement, vous entrerez à Kang, village hospitalier et pittoresque, où vous trouverez de l'essence, bien sûr chère, ainsi qu'un bazar tenu par un couple afrikaner chaleureux. Tout le monde y fait étape aussi est-il tout indiqué pour les stoppeurs.

Le village propose également un garage, une boulangerie et un atelier de soudage dirigé par les Brigades.

A Kang, prenez au sud si vous vous rendez au Kgalagadi Village Cluster ou à Tshabong, situé à 360 km de là *via* la Mabuasehube Game Reserve. Sinon, continuez vers le nord-ouest en direction de Ghanzi.

La route est profondément ensablée sur 150 km jusqu'au village san de Takatswaane, à 125 km de Ghanzi.

KGALAGADI VILLAGE CLUSTER

Les quatre villages reclus du Kgalagadi Village Cluster – Tshane, Hukuntsi, Lokgwabe et Lehututu – forment un centre de population inattendu au cœur du Kalahari. Le premier est à 104 km à l'ouest de Kang. La route de sable profond ne peut être négociée qu'en 4x4. Hukuntsi dispose d'un stock d'essence, mais destiné aux véhicules du gouvernement, et vous ne pourrez vous ravitailler en essence dans aucun des villages.

Hukuntsi

Hukuntsi, le plus grand des quatre, éparpille ses habitations clairsemées sur un large espace. Il a pris le pas sur Lehututu, à 12 km au nord, pour devenir le noyau commerçant du groupe, et fait également fonction de centre administratif. Bien qu'environné d'un paysage de sable désolé, il possède le puits le plus fiable de la région. Son magasin de brousse est pourvu d'un approvisionnement varié.

Tshane

A Tshane, à 12 km à l'est d'Hukuntsi, ne manquez pas d'aller voir le commissariat de police, bâtiment colonial datant du début du siècle qui doit être bientôt rénové par le Musée national. Il donne sur Tshane Pan où, en raison de la pénurie d'eau, le bétail se désaltère dans des puits creusés à la main autour du périmètre du pan.

Lokgwabe

Il se situe à 11 km au sud-ouest d'Hukuntsi. Son seul titre de gloire est d'avoir été fondé par Simon Cooper qui se mit sous la protection des Britanniques au Bechuanaland après avoir mené la révolte nama en 1904 dans le Sud-Ouest africain allemand (Namibie).

Tshatswa

A environ 60 km au sud-ouest d'Hukuntsi, Tshatswa, village san de 277 habitants, souffre d'une grave pénurie d'eau, aussi les visiteurs doivent-ils apporter leur propre réserve. Le puits ne débite que 150 litres d'eau saline par jour qu'il faut rendre potable par condensation et dessalement. Le sel extrait est ensuite vendu pour rapporter quelques revenus au village.

La route d'Hukuntsi à Tshatswa vous fera passer par de nombreux pans au sel blanc étincelant et malgré son aspect désolé, la région abrite d'importantes populations de gemsboks, d'autruches et de bubales.

Où se loger

L'hôtel d'Hukuntsi est réservé aux fonctionnaires du gouvernement, et n'est accessible au public qu'en cas d'urgence. Les visiteurs doivent donc soit connaître quelqu'un chez qui loger, soit camper. Avant de planter votre tente, demandez l'autorisation du chef du village et faites-vous conseiller un emplacement où vous ne perturberez pas les activités des villageois.

Comment s'y rendre

Le Kgalagadi Village Cluster, à 104 km à l'ouest de Kang et à environ 255 km au nord de Tshabong, est réellement très isolé. Sans 4x4, le seul moyen de l'atteindre est de rejoindre Kang en stop, puis d'attendre qu'un véhicule s'arrête au bazar. Revenir pose un problème plus épineux encore.

MABUASEHUBE GAME RESERVE

La lointaine réserve de Mabuasehube (ou Mabuashegube), petit prolongement de 1 800 km² au parc national de Gemsbok, s'établit autour de pans, dont trois importants. Chaque pan est encadré, au sud et à l'ouest, de magnifiques dunes rouges parfois hautes de 30 m. En segologa, le nom de la réserve signifie "terre rouge".

Tout au nord, le plus vaste des pans, Mabuasehube Pan, sert de salant aux troupeaux itinérants d'élans du Cap et de gemsboks. A son extrémité occidentale, les éleveurs gologa ont foré des puits pour leur bétail, qui contiennent souvent de l'eau même lorsque le reste du pan est sec. Plus au sud, le Bosobogolo Pan herbeux accueille de grands troupeaux de springboks ; il est également fréquenté par des prédateurs, tels que les lions, les guépards, les hyènes brunes et les chiens sauvages. La réserve comprend encore quatre autres grands pans – Lesholoago, Monamodi, Khiding et Mpaathutlwa – et plusieurs de plus petite taille.

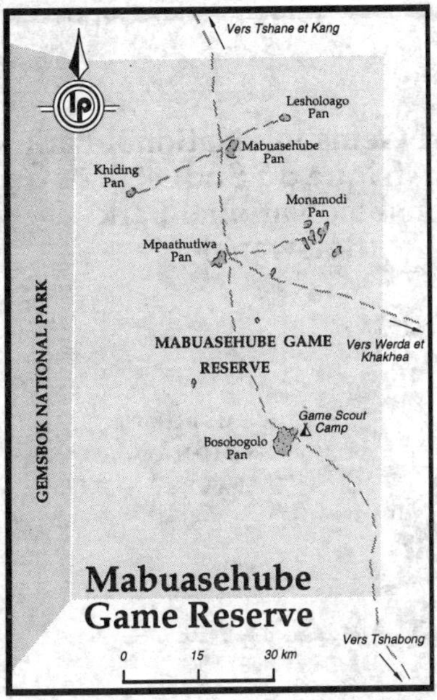

L'époque la plus propice aux visites se situe à la fin de l'hiver et au début du printemps, lorsque les troupeaux d'élans du Cap et de gemsboks quittent le parc de Gemsbok pour migrer dans les environs immédiats à l'ouest.

Où se loger

La réserve compte un camping, situé près du Game Scout Camp au Bosobogolo Pan. Bien qu'il soit dépourvu d'installations, si le personnel du parc est là, vous devrez tout de même payer le tarif standard. Le puits du Bosobogolo Pan ne fournit pas toujours de l'eau, aussi emportez des réserves suffisantes pour tout votre séjour.

Comment s'y rendre

Le très mauvais état des routes menant à Mabuasehube impose l'usage d'un 4x4 solide. Il existe trois routes d'accès. La plus viable, et la plus courte, si vous arrivez de l'est, est la piste peu fréquentée partant de la route Khakea-Werda. L'embranchement pour Mabuasehube se trouve à environ 50 km au sud de Khakhea et 20 km au nord de Werda.

L'itinéraire le plus simple part de Tshabong, siège du district du Kgalagadi, que l'on rejoint *via* Jwaneng et Sekoma, mais il fait faire un large détour, à moins d'arriver d'Afrique du Sud. La route la plus difficile passe par Kang et le Kgalagadi Village Cluster pour entrer dans la réserve par le nord.

Sur ces trois parcours, la circulation quasi inexistante exclut le stop. L'extrême éloignement de cette région exige des automobilistes une bonne pratique de la conduite dans le bush et de tous les voyageurs une autosuffisance complète.

Les pompes à essence fiables les plus proches se trouvent à Kang, à Ghanzi et à Jwaneng. Tshabong, à 100 km au sud de la réserve, ne bénéficie pas d'un approvisionnement régulier. En dernière extrémité, on peut aller se ravitailler en Afrique du Sud.

BOKSPITS

Sur le Molopo, à l'extrême sud-ouest du Botswana, le poste-frontière pittoresque de Bokspits est campé dans un paysage de dunes rougeâtres. Centre de fabrication de laine de karakul, il présente cependant un intérêt limité. On y accède par l'Afrique du Sud ou en suivant le lit asséché du Molopo depuis McCarthysrus, près de Tshabong. Il n'existe pas de possibilité d'hébergement et, généralement, les automobilistes ne font que passer sur leur route depuis/vers l'Afrique du Sud, souvent à destination du parc national de Gemsbok.

GEMSBOK NATIONAL PARK

L'immense parc national de Gemsbok occupe 11 000 km^2 dans le lointain sud-ouest du Botswana. A l'ouest, il jouxte le parc national de Gemsbok d'Afrique du Sud et, ensemble, ils forment l'une des plus grandes régions sauvages du monde. Vous y verrez les dunes mouvantes que beaucoup considèrent à tort comme caractéristiques du Kalahari.

L'époque la plus favorable à l'observation des gemsboks, qui ont donné leur nom au parc, se situe de mars au début mai, quand les

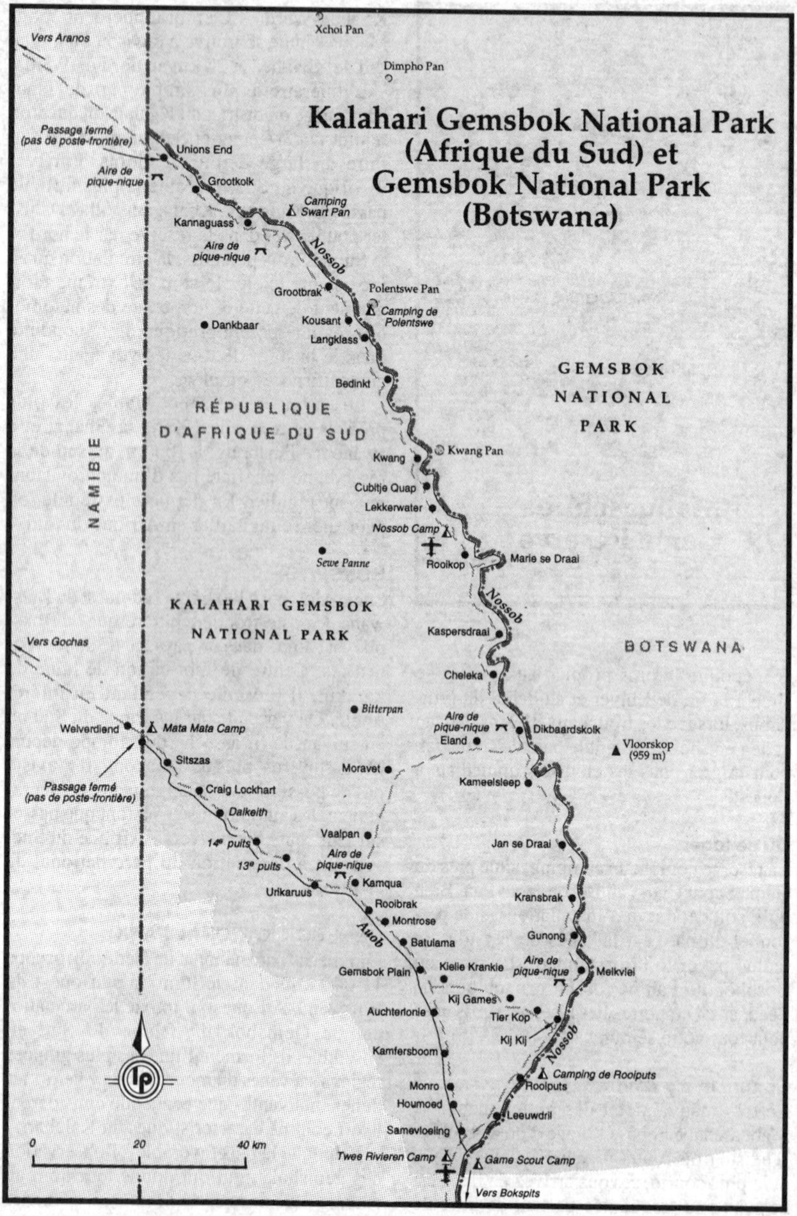
Kalahari Gemsbok National Park (Afrique du Sud) et Gemsbok National Park (Botswana)
Xchoi Pan
Dimpho Pan
Vers Aranos
Passage fermé (pas de poste-frontière)
Unions End
Aire de pique-nique
Grootkolk
Camping Swart Pan
Kannaguass
Aire de pique-nique
Nossob
Grootbrak
Polentswe Pan
Camping de Polentswe
Kousant
Dankbaar
Langklass
GEMSBOK NATIONAL PARK
Bedinkt
RÉPUBLIQUE D'AFRIQUE DU SUD
NAMIBIE
Kwang Pan
Kwang
Cubitje Quap
Lekkerwater
Nossob Camp
Sewe Panne
Rooikop
Marie se Draai
Nossob
KALAHARI GEMSBOK NATIONAL PARK
Kaspersdraai
BOTSWANA
Vers Gochas
Cheleka
Bitterpan
Aire de pique-nique
Dikbaardskolk
Welverdiend
Mata Mata Camp
Eland
Vloorskop (959 m)
Sitszas
Moravet
Passage fermé (pas de poste-frontière)
Kameelsleep
Craig Lockhart
Dalkeith
Vaalpan
Jan se Draai
14e puits
13e puits
Aire de pique-nique
Kamqua
Urikaruus
Kransbrak
Rooibrak
Montrose
Auob
Gunong
Batulama
Gemsbok Plain
Kielie Krankie
Aire de pique-nique
Melkvlei
Kij Games
Auchterlonie
Tier Kop
Kij Kij
Nossob
Kamfersboom
Camping de Rooiputs
Monro
Rooiputs
Houmoed
Leeuwdril
Samevloeling
0
20
40 km
Twee Rivieren Camp
Game Scout Camp
Vers Bokspits

pluies parent d'une touche verdoyante le paysage d'un rouge écrasant. A cette période, les springboks, les élans du Cap, les bubales rouges et les gnous bleus se montrent également en assez grand nombre, mais le reste de l'année, vous aurez de la chance si vous parvenez à en apercevoir quelques-uns.

Comme le côté botswanais n'est pas réellement accessible par la route – on accède au parc en traversant officieusement la Nossob d'ordinaire à sec depuis l'Afrique du Sud – les droits de parc ne sont pas appliqués.

Où se loger

Il existe deux grands rest camps du côté sud-africain de la Nossob. Reportez-vous ci-dessous à la rubrique *Kalahari Gemsbok National Park (Afrique du Sud).*

Le côté botswanais propose un camping équipé de douches froides et de toilettes, au Game Scout Camp, sur la Nossob, en face de Twee Rivieren, ainsi que trois campings non aménagés, également sur la Nossob : Rooiputs, à 30 km au nord-est de Twee Rivieren, Polentswe Pan, à 60 km au nord de Nossob, et Swart Pan, à 30 km au sud-est de Unions End.

Si vous campez à Polentswe ou à Rooiputs, renseignez-vous sur l'approvisionnement en eau et en bois à brûler auprès du Game Scout Camp.

On accède aux trois campings depuis la rive sud-africaine de la Nossob.

Comment s'y rendre

On ne peut pas accéder au parc national de Gemsbok par le Botswana ; il faut donc entrer en Afrique du Sud à Bokspits, puis suivre la route de gravier qui longe la Nossob. Celle-ci constitue la limite occidentale du Botswana et du parc. Pour rejoindre les campings botswanais, il suffit de traverser la rivière au bon endroit.

Depuis Twee Rivieren, à 53 km en amont de Bokspits, 160 km mènent au Nossob Camp. La route continue ensuite sur 130 km jusqu'à la barrière fermée de Unions End, où le Botswana, la Namibie et l'Afrique du Sud se rejoignent. Il n'existe pas de poste-frontière à cet endroit. Le point d'entrée en Namibie le plus proche se trouve sur la route de l'Aoub, de l'autre côté de Twee Rivieren.

KALAHARI GEMSBOK NATIONAL PARK (AFRIQUE DU SUD)

Il s'étend sur 10 000 km^2 et se caractérise par un paysage semi-désertique de dunes, de prairies parsemées d'épines-à-dromadaire, traversé des lits asséchés de l'Auob et de la Nossob. Il est situé dans une région sauvage et reculée de l'Afrique du Sud, entre le Botswana et la Namibie.

La plus grande partie de la faune vit dans les vallées des rivières ou aux environs des pans. Comme les parcs sud-africain et botswanais communiquent, les animaux ne sont pas confinés dans les limites du Kalahari Gemsbok. On rencontre couramment des springboks et des gemsboks et, de temps à autre, des troupeaux de gnous bleus. Les élans du Cap ont élu domicile dans les zones de dunes, et vous apercevrez peut-être des bubales rouges à l'extrémité nord de la Nossob. Le parc héberge également des prédateurs, parmi lesquels des lions, des guépards, des léopards, des chiens sauvages, des chacals, ainsi que des hyènes brunes et tachetées. Deux cent trente-huit espèces d'oiseaux sont représentées, dont 44 espèces de rapaces.

Hyène

Où se loger et se restaurer

Il existe des rest camps à Twee Rivieren et à Nossob, tous deux sur la Nossob, ainsi qu'à Mata Mata, à l'endroit où l'Auob entre en Namibie. Tous possèdent des campings pour tentes et caravanes, des bungalows et des cottages indépendants, ainsi que des cases rudimentaires économiques avec s.d.b. et cuisine communes. Les trois vendent des produits d'alimentation. Twee Rivieren compte un restaurant, ouvert de 6h30 à 21h et une piscine pour les clients du rest camp. Les barrières du parc et des rest camps ferment au crépuscule.

L'hébergement au parc national du Kalahari Gemsbok est géré par le South African National Parks Board. Les réservations, requises pour les week-ends, les jours fériés et les vacances scolaires, peuvent être effectuées auprès du National Parks Board (☎ (012) 343 1991; fax (012) 343 0905), PO Box 787, Pretoria 0001, Afrique du Sud.

Comment s'y rendre

Du Botswana, entrez en Afrique du Sud à Bokspits et suivez la route qui longe la Nossob. Le centre administratif du parc se tient à Twee Rivieren, à 53 km de Bokspits. Du centre, un trajet de 3 heures 30 conduit au Nossob Camp, et de 2 heures 30 à Mata Mata.

On ne peut ni entrer dans le parc ni en sortir à Unions End. L'accès de Mata Mata a également été fermé, en raison d'une utilisation excessive de la route comme voie de transit rapide entre la Namibie et l'Afrique du Sud. Apparemment, l'accroissement de la circulation perturbait la faune.

On entre en Namibie au poste-frontière d'Aroab/Rietfontein.

GHANZI

Le nom Ghanzi est dérivé du terme san désignant un instrument de musique à une corde muni d'un résonateur en calebasse et non, curieusement, du mot setswana *gantsi*, qui signifie "les mouches" et serait pourtant parfaitement approprié.

Ghanzi est située sur une crête de calcaire longue de 500 km qui va du lac Ngami, au nord-est, jusqu'à Windhoek, capitale de la Namibie, à l'ouest. Elle contient de très importantes réserves souterraines d'eau qui rendent l'agriculture et l'élevage non seulement possibles, mais aussi rentables.

Histoire

Ghanzi a connu une histoire bien mouvementée pour une petite ville isolée. Son fondateur, Hendrik Matthys van Zyl, arriva en 1868. Homme brutal, cet ancien ministre du Transvaal parcourut les régions sauvages du Botswana, faisant le troc de munitions, abattant des éléphants, tuant des San et s'attirant le respect des chefs bantous locaux. En 1874, il se fixa au lac Ngami où il prit brièvement la tête de factions dissidentes de la tribu tawana du chef Moremi. Un jour, il entreprit de venger le meurtre d'un Boer, William Frederick Prinsloo, commis par un San. Sous la promesse de tabac et de cognac, il attira 33 San dans un piège et les assassina tous de sang-froid.

En 1877, au retour d'un voyage profitable au Cap, Van Zyl s'établit à Ghanzi. Au cours de sa première année dans la région, il massacra plus de 400 éléphants qui lui rapportèrent au moins 4 tonnes d'ivoire. Avec les bénéfices, Van Zyl construisit une maison de deux étages ornée de vitraux, l'emplit d'un fastueux mobilier importé, et s'installa dans une vie de maharajah. Les rumeurs courant sur son pouvoir et son caractère déplaisant empêchèrent de nombreux Boers de se fixer dans cette contrée.

On ne sait pas comment Van Zyl est mort. Plusieurs versions peu crédibles ont circulé. Certaines le font abattre par un San criant vengeance, d'autres par un serviteur san rusé. On a aussi attribué son meurtre aux Damara ou aux Khoi-Khoi. La seule chose certaine, c'est qu'après sa mort, sa femme, ses trois fils et sa fille s'enfuirent au Transvaal et qu'on n'entendit plus jamais parler d'eux.

Ghanzi s'achemina alors sans conviction vers la fin du XIXe siècle. Elle aurait probablement disparu si Cecil Rhodes n'avait formé des projets pour ce territoire. Bien que la menace allemande ait été invoquée comme motif officiel de l'annexion du Ghanzi Block par les Anglais, les raisons tenaient proba-

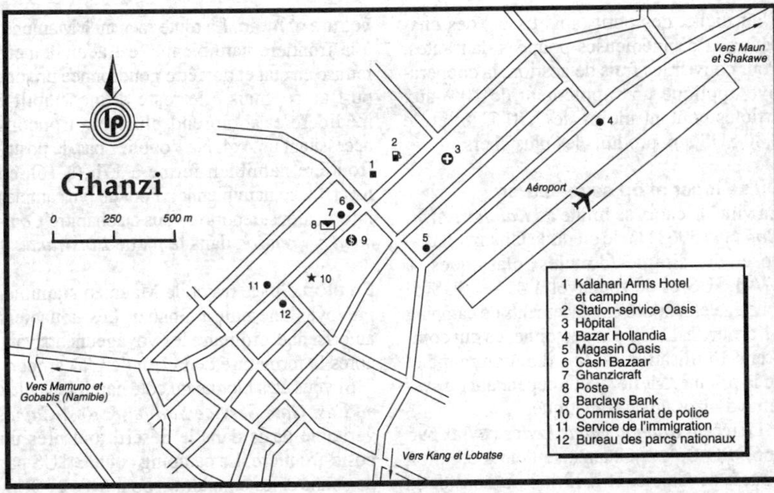

blement plus de la stratégie commerciale que militaire. Après avoir frauduleusement obtenu des concessions tawana, Rhodes convainquit un groupe de "Voortrekkers" (participants au "Grand Trek" boer) de s'installer à Ghanzi : leur présentant la région comme un paradis sur terre, il leur fit don de terres et de matériel. Les plans ambitieux de Rhodes s'écroulèrent à la suite du raid dont Jameson prit l'initiative dans le Transvaal et qui visait à déstabiliser les républiques boers pour les forcer à s'intégrer à la colonie du Cap. Le coup de main échoua, Jameson fut emprisonné, Rhodes dut démissionner de son poste de Premier ministre du Cap et les colons boers de Ghanzi furent abandonnés à leur sort.

En 1908, la plupart des fermiers avaient quitté la région et Ghanzi paraissait destinée à devenir une ville morte. En 1913, presque toutes les fermes furent vendues aux enchères à des éleveurs bien décidés à exploiter le vaste potentiel du territoire lequel, en cinquante ans, se transforma en la région d'élevage la plus prospère du Botswana. Bien que l'ère des rassemblements de troupeaux se dirigeant vers l'abattoir de Lobatse soit aujourd'hui révolue, Ghanzi n'a rien perdu de son atmosphère de Far West.

Renseignements

Malgré son histoire palpitante, Ghanzi possède peu de centres d'intérêt susceptibles de retenir les visiteurs, et pour la plupart d'entrte eux, elle se résume à une étape de transit. Toutes les activités sont concentrées autour du Kalahari Arms Hotel doté d'un restaurant et d'un pub. La Barclays Bank ouvre du lundi au vendredi, de 8h à 13h et le samedi de 9h à 11h. Pour les renseignements touristiques, voyez l'hôtel.

Ghanzicraft

La coopérative Ghanzicraft, gérée par des volontaires danois, a été créée en 1953 pour offrir un point de vente et un centre de formation aux artisans de la région. Association à but non lucratif, tous ses bénéfices sont reversés aux artistes. C'est sans doute là que l'on trouve l'artisanat san le plus authentique – à part dans les villages, naturellement – à des prix souvent de 30 à 50% inférieurs à ceux de Maun ou de Gaborone. On peut y acheter des textiles teints, des sacs décorés, des arcs et des flèches, des pagnes en peau de springbok, des tabliers de cuir, des arcs musicaux, des colliers ornés de perles de plastique ou d'éclats de coquilles d'œufs d'autruche, des petit tapis tissés, des chapeaux et d'ingénieuses poupées dansantes. Pour couvrir les frais de gestion, la coopérative applique un supplément de 10% aux articles coûtant moins de 7,50 $US, et de 0,80 $US aux produits les plus chers.

Où se loger et où se restaurer

En ville, le choix se limite au *Kalahari Arms Hotel* (☎ 596311), le cœur de Ghanzi. Il dispose de simples/doubles classiques à 37/41 $US et de rondavel à 41/49 $US. Il loue également des emplacements de camping à l'arrière à 4 $US par personne, ce qui comprend l'utilisation de la s.d.b. commune et de la piscine. Méfiez-vous cependant du système d'arrosage automatique.

Le récent *Kanana Game Lodge* (☎/fax 596 166), PO Box 2, Ghanzi, se tient à 55 km à l'ouest de Ghanzi et à 12 km au nord de la route de Mamuno. Le camping, les bungalows et le restaurant donnent sur un point d'eau fréquenté par de nombreux animaux et le lodge organise des excursions découverte de la faune. Plus loin encore, le *Jakkalsputz* (☎ 596241), ferme située à 71 km à l'ouest de Ghanzi, propose des emplacements de camping, des aires équipées d'un braai et des repas.

Pour se restaurer, la meilleure option reste le Kalahari Arms Hotel qui sert des plats sans grande originalité, mais convenables.

BOTSWANA

Comment s'y rendre

Avion. Kalahari Air Services (☎ 351804 ; fax 312015), PO Box 41278, Gaborone, assure des vols de Gaborone à Ghanzi le mardi à 9h et le vendredi à 7h30. Dans l'autre sens, les départs ont lieu les mêmes jours respectivement à 16h et à 14h30.

Bus. Le bus régulier Lobatse-Ghanzi part de Lobatse le lundi matin et de Ghanzi le mercredi matin. Le coût est de 17 $US l'aller simple.

Voiture et moto. La route menant à Mamuno, à la frontière namibienne, est actuellement remise en état et doit être goudronnée un jour ou l'autre, mais elle reste d'une viabilité médiocre et comprend plusieurs tronçons nécessitant un 4x4. Ne l'oubliez pas, le poste-frontière namibien ferme à 17h (à 16h en hiver, heure namibienne). Pour de plus amples informations, reportez-vous au chapitre *Comment s'y rendre*, dans la partie *Botswana*.

En stop. Sur le trajet de Maun en Namibie, prévoyez une nuit à Ghanzi. Les douaniers autorisent d'ordinaire les voyageurs arrivant après la fermeture de la frontière à camper.

Si vous êtes bloqué du côté namibien, allez au *East Gate Service Station & Rest Camp*, véritable oasis dans le désert, tout près du poste-frontière. Le camping coûte 3 $US par personne et les bungalows pour trois 27 $US.

Dans l'autre sens, la plupart des véhicules se dirigent vers Maun et vous pouvez espérer y parvenir sans étape. De nombreux camions à bestiaux circulent en direction de Jwaneng et Lobatse (sauf les vendredi et samedi), aussi la patience finit-elle par être récompensée. Il est également possible de se faire emmener par un camion de ravitaillement. Renseignez-vous à l'Oasis Hardware ou à la station-service.

D'KAR

Si vous passez à D'kar, à 38 km au nord de Ghanzi sur la route de Maun, peut-être serez-vous intéressé par le Kuru Development Trust, fructueuse entreprise san. Elle fournit des formations en agriculture et en élevage, organise des activités de travail du cuir et d'artisanat, et fabrique toutes sortes de produits allant des porte-documents en cuir aux harnais d'âne. Elle vend le fruit de ses efforts dans un magasin situé sur la route qui traverse le village. Pour plus d'informations, contactez Kuru Crafts (☎ 596285), PO Box 219, Ghanzi.

Namibie

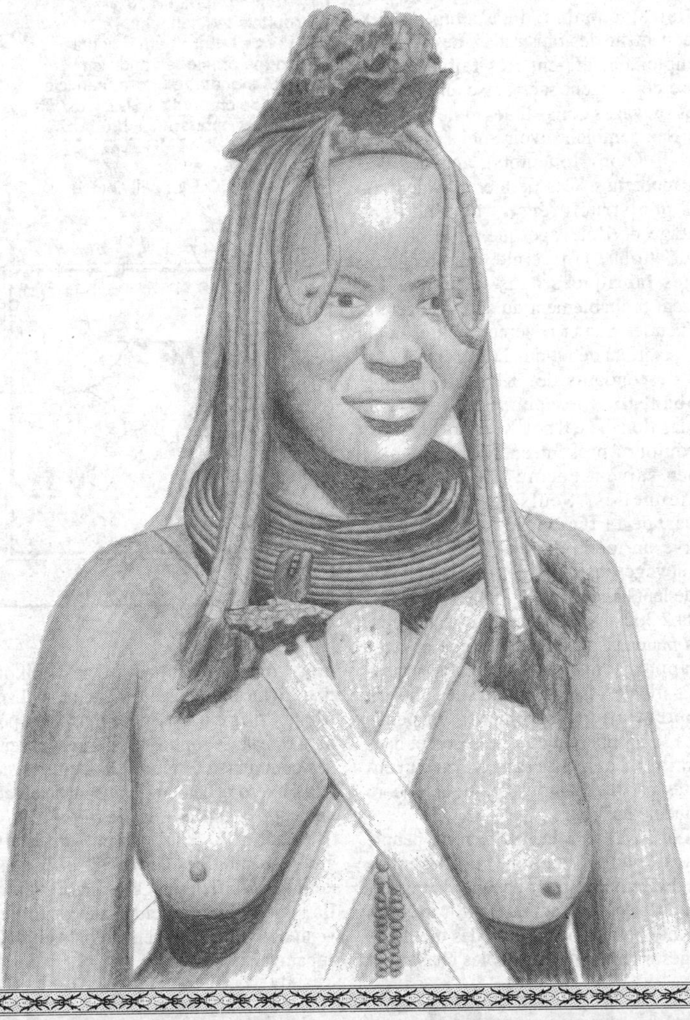

Présentation du pays

HISTOIRE

Histoire précoloniale

Les San (Bochimans ou *Bushmen*, en anglais), premiers habitants de l'Afrique australe, formaient un peuple nomade organisé en grandes communautés familiales, capable de s'adapter aux environnements les plus rudes. Les densités de peuplement étaient très faibles et les clans se déplaçaient sans cesse en quête de plantes sauvages comestibles et de gibier.

Les San semblent avoir subi la poussée des Khoi-Khoi (Hottentots), ancêtres des Nama modernes. Ces derniers vivaient en tribus peu structurées et dépendaient davantage de l'élevage que de la chasse. On leur attribue la paternité des premières poteries fabriquées dans la région. Ils arrivèrent probablement du sud, délogèrent peu à peu les San et restèrent maîtres de la région jusqu'au début du XVIe siècle.

Les descendants des Khoisan (groupe englobant tous les peuples d'Afrique australe, dont les Khoi-Khoi et les San) sont toujours présent en Namibie, mais très peu suivent encore leurs coutumes traditionnelles. Seuls les Hottentots Topnaar, de la région de la Kuiseb, ont conservé un mode de vie pastoral, fondé sur l'élevage des chèvres, très proche de celui de leurs ancêtres.

Voilà 2 300 ans, les Bantous s'installèrent sur les plateaux d'Afrique australe et, avec eux, apparurent les premières vraies sociétés tribales. Les communautés khoisan déclinèrent progressivement. On pense qu'elles se réfugièrent dans le désert et dans les marais de l'Okavango, ou furent asservies par les Bantous (pratique encore répandue de nos jours).

Vers le XVIIe siècle, les Herero, peuple pasteur de langue bantoue, quittèrent la région du Zambèze pour occuper le nord et l'ouest du pays. Entrant en conflit avec les Khoi-Khoi pour la possession des meilleurs pâturages et points d'eau, ils les chassèrent de ce qui est aujourd'hui le Kaokoland, mais évincèrent aussi les San et les Damara (dont l'origine est inconnue). Le peuple nama de la Namibie moderne descendrait des communautés Khoi-Khoi qui résistèrent aux Herero et les combattirent avec acharnement des années 1840 à 1880.

A la fin du XIXe siècle, un nouveau groupe bantou, les Ovambo, se fixa dans le nord sur les fleuves Okavango et Kunene. Ils sont probablement issus d'un peuple venu de l'Afrique orientale plus de 500 ans auparavant.

NAMIBIE

Superficie : 824 290 km^2
Population : 1 635 000
Taux d'accroissement démographique : 3%
Capitale : Windhoek
Chef de l'État : Sam Nujoma
Langue officielle : anglais
Unité monétaire : dollar namibien
Taux de change : 1 \$US = 3,7 \$N
PNB par habitant : 1 120 \$US
Heure locale : TMG/TUC + 2 (octobre – avril)
TMG/TUC + 1 (avril - octobre)

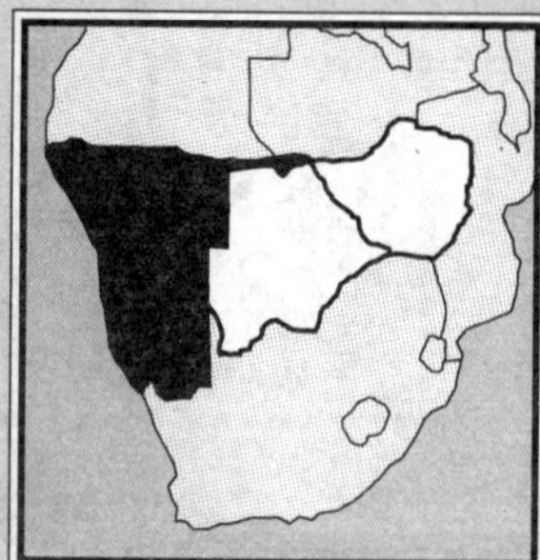

Les Européens

Les marchands et les missionnaires européens commencèrent à faire leur apparition dans ce contexte de guerres tribales. La Namibie présentant l'un des littoraux les plus arides et inhospitaliers du monde, elle resta longtemps ignorée des nations maritimes européennes. Les premiers visiteurs furent des marins portugais cherchant la route des Indes à la fin du XVe siècle. En 1484, le capitaine Diego Cão toucha le cap Cross où il érigea un *padrão* de calcaire (dédié à son protecteur royal, João II) pour marquer ce grand jour. La croix devait également servir de repère maritime pour les explorateurs portugais ultérieurs.

En 1487, le jour de Noël, Bartolomeu Dias accosta à l'endroit aujourd'hui nommé Lüderitz, alors qu'il se dirigeait vers le cap de Bonne-Espérance. Au Dias Point, légèrement au sud de la ville, une autre croix célèbre l'événement.

Au début du XVIIe siècle, des marins hollandais venant des colonies du Cap explorèrent la redoutable côte désertique du nord de la Namibie mais n'établirent aucun comptoir.

En 1750, Jacobus Coetse, un chasseur d'éléphants du Cap, fut le premier Blanc à traverser l'Orange, ouvrant le chemin aux marchands, aux chasseurs et aux missionnaires qui pénétrèrent peu à peu dans la Namibie intérieure. En 1878, craignant des incursions anglaises, américaines et françaises, les autorités du Cap placèrent les ports d'Angra Pequena et de Walvis Bay sous protection hollandaise.

L'année 1805 marqua le réel début de l'œuvre évangélisatrice avec la création de plusieurs missions, notamment à Bethanie, à Windhoek, à Rehoboth et également à Keetmanshoop. En 1844, la société missionnaire rhénane, dirigée par le Dr Hugo Hahn, entreprit sans grand succès de christianiser les Herero. Les luthériens de l'Église de Finlande trouvèrent un plus grand écho auprès des Ovambo, chez qui ils s'étaient installés en 1870.

Dès 1843, les riches dépôts côtiers de guano avaient commencé à attirer l'attention. L'Angleterre annexa les îles de guano en

Itinéraires namibiens

Circuits petits budgets. Ces suggestions s'adressent aux personnes qui n'ont pas de véhicule. Malheureusement, en raison des aléas du stop, ils risquent de ne pas avoir le temps de voir les plus beaux sites de Namibie.

Pour aller aux dunes de Sossusvlei, partez de Windhoek, et pour le canyon de Fish River, de Keetmanshoop ou de Grünau. Ces destinations ne sont toutefois pas incluses dans l'itinéraire ci-dessous. Si vous parvenez à vous y faire emmener, supprimez les étapes sept et huit.

1. Katima Mulilo (une journée)
2. Rundu (une journée)
3. Tsumeb. Visitez le musée et essayez de trouver un transport pour l'Etosha National Park (une journée)
4. Avec de la chance, Etosha National Park (de deux à quatre jours)
5. Windhoek (de trois à quatre jours)
6. Swakopmund, avec une excursion d'une journée à la Cape Cross Seal Reserve (trois jours)
7. Keetmanshoop (une journée)
8. Lüderitz (une journée)

Circuit culturel et historique. Si vous souhaitez visiter le Bushmanland ou le Kaokoveld, qui sont les régions les plus intéressantes sur le plan culturel, vous aurez besoin de plus de temps et d'au moins un 4x4.

1. Windhoek (deux jours)
2. Swakopmund (deux jours)
3. Damaraland – Spitzkoppe, Brandberg et Twyfelfontein (trois jours)
4. Etosha National Park (deux jours)
5. Ovamboland – Ombalantu, Oshakati et Ondangwa (deux jours)
6. Kavango – Rundu (deux jours)
7. Caprivi – Katima Mulilo, village de Lizauli et Mudumu National Park (trois jours)

Circuits histoire naturelle. La Namibie possède l'une des flores, des faunes et des géologies les plus insolites du monde. A vous de choisir ce que vous voulez voir. En général, les voyageurs scindent leur visite entre les régions nord et sud. Dans les deux cas, il faut une voiture.

Le nord de la Namibie

1. Windhoek, avec une visite au Daan Viljoen Game Park (deux jours)

1867, puis la région de Walvis Bay en 1878. Elle joua aussi un rôle important de médiateur entre les Khoisan et les Herero, engagés dans un conflit sans issue.

La période coloniale

En 1883, Adolf Lüderitz négocia l'achat d'Angra Pequena et de ses environs au chef nama Joseph Fredericks, et demanda au chancelier Bismarck de placer ce territoire sous "protection" allemande. Occupé par d'autres soucis en Europe, le chancelier se montra peu enthousiaste, préférant laisser le terrain colonial aux Anglais, aux Français et aux Belges. "Ma carte de l'Afrique est ici, en Europe, déclara-t-il. La Russie est là, la France est là, et nous nous sommes là, au milieu. Voilà ma carte de l'Afrique." L'action de puissants groupes de pression et la crainte que les Britanniques ne s'emparent de la colonie l'obligèrent cependant à accorder le statut de protectorat sollicité par Lüderitz. Des années plus tard, alors que les puissances européennes se

2. Spitzkoppe *via* Otjihaenamparero Dinosaur Footprints et peut-être le Ranch Ameib (deux jours)
3. Cape Cross Seal Reserve et Skeleton Coast Park (une journée)
4. Damaraland – Twyfelfontein, Wondergat, Organ Pipes, Burnt Mountain, Petrified Forest (trois jours)
5. Palmwag (une journée)
6. Etosha National Park (quatre jours)
7. Tsumeb et Grootfontein – lac Okjikoto, météorite d'Hoba et musée de Tsumeb (une journée)
8. Waterberg Plateau Park (deux jours)
9. Dordabis – Arnhem Cave (une journée)

Le sud de la Namibie

1. Windhoek, avec une visite au Daan Viljoen Game Park (deux jours)
2. Brukkaros Crater (une journée)
3. Keetmanshoop – Kokerboom Forest et Giant's Playground, Singing Rocks (deux jours)
4. Canyon Fish River et Ai-Ais, avec une journée de randonnée au fond du canyon (trois jours)
5. Lüderitz – chevaux sauvages, péninsule de Lüderitz (deux jours)
6. Sesriem et Sossusvlei (deux jours)
7. Naukluft, avec randonnée dans les environs de Waterkloof ou Olive Trail (deux jours)
8. Namib Desert Park – Kuiseb Canyon, circuit en voiture Homeb et Welwitschia (deux ou trois jours)
9. Walvis Bay, avec une excursion à Sandwich Harbour (une journée)

Circuit découverte de la faune. Si vous êtes venu en Namibie pour la faune, vous ne serez pas déçu. Pour visiter le Kaokoveld ou la Khaudom Game Reserve, il faut prévoir plus de temps et au moins deux 4x4.

1. Windhoek, avec une visite au Daan Viljoen Game Park (deux jours)
2. Waterberg Plateau Park (deux jours)
3. Etosha National Park (quatre jours)
5. Mahango Game Reserve (deux jours)
4. Damaraland, y compris le Palmwag Lodge (deux jours)
5. Cape Cross Seal Reserve (deux heures)
6. Walvis Bay – paradis des oiseaux, lagune, salins et excursion d'une journée à Sandwich Harbour (deux jours)
7. Sesriem et Sossusvlei (deux jours) ■

disputaient les colonies, des conflits territoriaux surgirent entre l'Allemagne et la Grande-Bretagne, et Adolf Lüderitz persuada le chancelier de riposter en annexant le pays tout entier.

Au début, cependant, les Allemands s'impliquèrent peu en Namibie. De 1885 à 1890, l'administration coloniale se composait en tout et pour tout de trois fonctionnaires qui dirigeaient le pays depuis le village d'Otjimbingwe, à environ 55 km au sud de Karibib. Une compagnie coloniale, du même type que la compagnie anglaise des Indes orientales, veillait aux intérêts coloniaux allemands, mais elle était incapable de maintenir l'ordre public.

Suite à la reprise du conflit entre les Nama et les Herero dans les années 1880, le gouvernement allemand chargea Curt von François, accompagné de 23 soldats, de mettre un terme aux approvisionnements d'armes que les tribus recevaient de Walvis Bay et de restaurer la paix. Le petit régiment évolua pour devenir, au début des années 1890, la puissante et sinistre organisation Deutsche Schutztruppe. Des forts furent érigés et les troubles réprimés.

A ce stade, la Namibie devint un protectorat allemand à part entière, appelé le Sud-Ouest africain. Les premiers fermiers allemands arrivèrent en 1892 pour occuper les terres laissées vacantes par les expropriations sur le plateau central. Ils furent bientôt suivis de marchands et d'autres colons. A la fin des années 1890, les Portugais en Angola, les Anglais au Bechuanaland et les Allemands se mirent finalement d'accord sur les frontières de la Namibie.

Les tribus locales en conçurent, à juste titre, de l'amertume. Les lois, les impôts, la façon dont les étrangers s'étaient saisis des droits en matière d'eau et des terres communales, les outrageaient. En 1904, les Nama, menés par leur chef Hendrik Witbooi, se révoltèrent en masse contre le pouvoir colonial. Un peu plus tard, les Herero se joignirent à eux, alliance pour le moins curieuse quand on pense que leurs guerres incessantes étaient dans une large mesure responsables de la présence coloniale accrue.

La Schutztruppe écrasa la rébellion au cours de laquelle périrent 75% de la nation herero ainsi qu'un grand nombre de Nama et d'Allemands. En 1910, les Herero se réfugièrent dans la région inhospitalière à l'est de Windhoek (certains allèrent jusqu'au Botswana) où beaucoup moururent de faim. Les survivants furent finalement transférés dans le "homeland" que leur attribua le gouvernement, le district d'Hereroland en quatre parties situé dans l'aride Kalahari occidental.

Parallèlement à ces événements, la découverte de diamants à Grasplatz, à l'est de Lüderitz, par un ouvrier agricole sud-africain, Zacharias Lewala, avait fait affluer les prospecteurs, bien que le gisement fût jugé peu prometteur par la De Beers. En 1910, les autorités allemandes décrétèrent le territoire entre Lüderitz et l'Orange *Sperrgebiet*, "zone interdite", expulsa les prospecteurs et octroya les droits exclusifs au Deutsche Diamanten Gesellschaft.

A la veille de la Première Guerre mondiale, les Allemands avaient démantelé les structures tribales herero et s'étaient approprié toutes les terres khoi-khoi et herero. Les meilleures d'entre elles furent distribuées aux colons arrivant d'Europe en nombre grandissant qui se trouvèrent de ce fait propriétaires d'un vaste territoire.

Les Ovambo, dans le nord, eurent plus de chance et parvinrent à éviter l'occupation jusqu'à la Première Guerre mondiale, pendant laquelle ils subirent l'invasion des forces portugaises combattant aux côtés des Alliés. En 1914, la Grande-Bretagne pressa l'Afrique du Sud d'envahir la Namibie. L'armée sud-africaine, sous le commandement du Premier ministre Louis Botha et du général Jan Smuts, marcha vers le nord, forçant la Schutztruppe à battre en retraite, et porta le coup final aux Allemands en mai 1915, à Khorab près de Tsumeb. Une semaine plus tard, une administration sud-africaine était mise en place à Windhoek.

En 1920, de nombreux Allemands avaient vendu leurs fermes aux colons afrikaners et l'exploitation des mines de diamants fut confiée à la compagnie sud-africaine Consolidated Diamond Mines (CDM), qui en détient toujours la concession aujourd'hui.

L'occupation sud-africaine

Le traité de Versailles de 1919 faisait obligation à l'Allemagne de renoncer à toutes ses possessions coloniales et, en 1920, la Société des Nations donna mandat à l'Afrique du Sud d'administrer le Sud-Ouest africain comme partie intégrante de l'Union, mission qui ne prévoyait pas de le préparer à l'indépendance. Cependant, à la suite d'une brève rébellion en 1924, les Basters de Rehoboth obtinrent un certain degré d'autonomie, et l'année suivante, la Constitution fut modifiée pour permettre à la population blanche d'instaurer une législation territoriale.

Le mandat fut renouvelé par l'ONU à la fin de la Seconde Guerre mondiale. L'Afrique du Sud, résolue à faire du Sud-Ouest africain une province de l'Union à part entière, ne tint aucun compte des limites que lui fixait le mandat et remania la constitution. La Cour internationale de justice jugeant qu'elle avait outrepassé ses prérogatives, les Nations unies constituèrent un Comité pour le Sud-Ouest africain chargé de faire respecter les termes du mandat. En 1956, l'ONU décida qu'il fallait mettre fin d'une manière ou d'une autre au contrôle de l'Afrique du Sud.

Le gouvernement sud-africain avait resserré son emprise et accordé en 1949 à la population blanche une représentation parlementaire à Pretoria. La majeure partie des terres cultivables appartenaient à quelque 6 000 colons blancs, tandis que les diverses communautés ethniques étaient reléguées dans les "homelands tribaux" nouvellement délimités. Le propos officiel était "d'axer le développement économique sur les zones rurales pauvres", mais de toute évidence, il s'agissait simplement d'une façon commode de réserver les meilleures terres aux Blancs. Il en résulta une ligne de démarcation nette entre les régions prospères du centre et du sud occupées principalement par les Blancs, et les territoires du nord plus pauvres. Peut-être l'imposition de limites tribales eut-elle pour seul effet positif d'empêcher les querelles territoriales entre des communautés autrefois mobiles, à présent contraintes de vivre sous le joug d'un même pouvoir politique. Cette organisation fut maintenue jusqu'à l'indépendance de la Namibie en 1990.

L'indépendance

Tout au long des années 50, malgré des pressions croissantes de l'ONU, l'Afrique du Sud refusa de lâcher prise. Son intransigeance se fondait sur la crainte de voir un autre gouvernement hostile se dresser à ses frontières et de perdre les revenus miniers que lui rapportait ce territoire. Riche en minerais, tels que l'uranium, le cuivre, le plomb et le zinc, la Namibie possède également les gisements diamantifères les plus productifs du monde. Toutes ces ressources étaient exploitées par des multinationales sud-africaines et occidentales qui bénéficiaient d'un régime fiscal généreux leur permettant d'exporter un tiers de leurs bénéfices par an.

Depuis l'époque de la colonisation allemande, la plupart des Namibiens avaient dû se soumettre au travail obligatoire, facteur qui joua un rôle déterminant dans les manifestations massives et le sentiment nationaliste grandissant à la fin des années 50. Plusieurs partis politiques virent le jour et organisèrent des grèves, suivies non seulement en Namibie, mais aussi par les ouvriers agricoles travaillant sous contrat en Afrique du Sud. L'Ovamboland People's Congress fut fondé à cette époque au Cap, sous la direction de Shafiishuna Samuel Nujoma et Adimba Herman Toivo ja Toivo.

En 1959, le Parti prit le nom d'Ovamboland People's Organisation et Sam Nujoma soumit la question de l'occupation sud-africaine à l'assemblée des Nations-unies à New York. En 1960, son parti

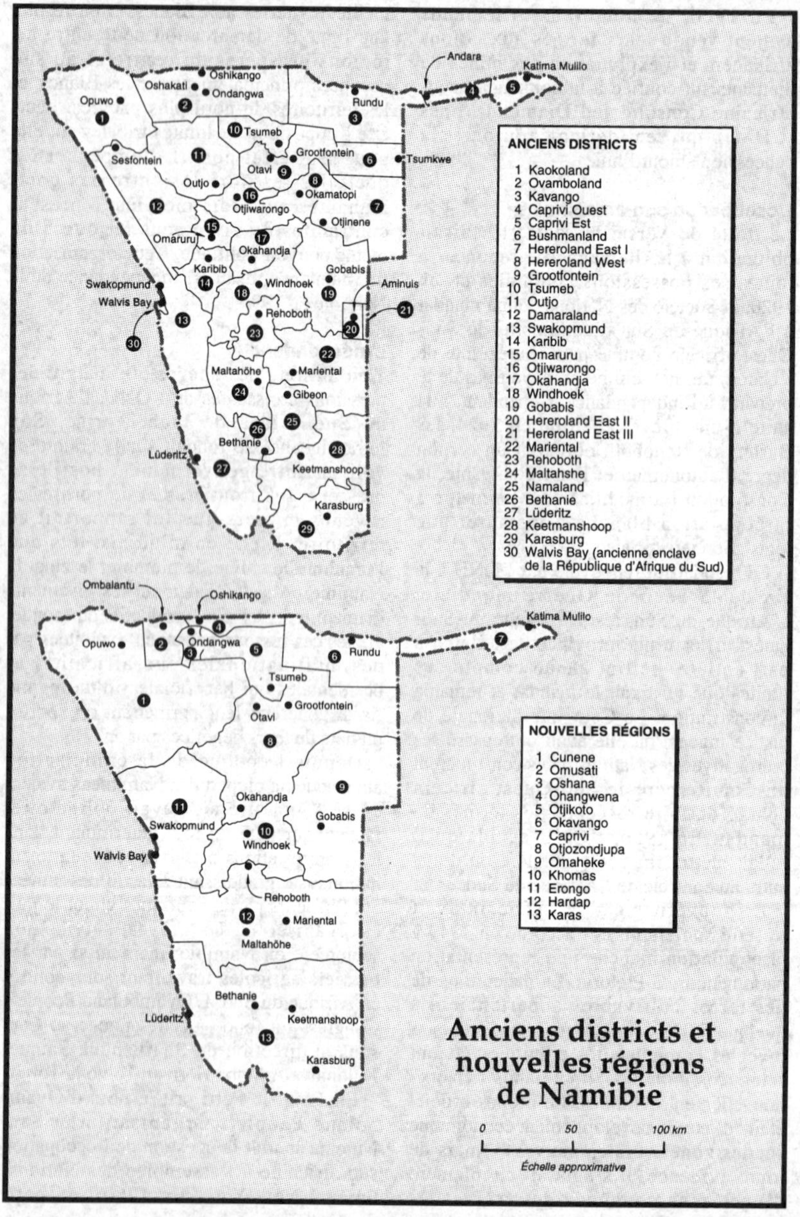

Anciens districts et nouvelles régions de Namibie

NAMIBIE

fusionna avec plusieurs autres mouvements pour devenir la South West African People's Organisation, ou SWAPO, basée à Dar es-Salaam. Se préparant à la guerre, l'organisation envoya des militants en Égypte pour y recevoir une formation militaire.

En 1966, la SWAPO saisit la Cour internationale de justice. Celle-ci se prononça en faveur de l'Afrique du Sud, mais l'Assemblée générale des Nations unies vota la révocation du mandat de l'Afrique du Sud et son remplacement par un Conseil pour le Sud-Ouest africain (rebaptisé Commission pour la Namibie en 1973) chargé d'administrer le territoire.

Le 26 août 1966, jour devenu fête nationale en Namibie, la SWAPO déclencha sa campagne de guérilla à Omgulumubashe dans l'Ovamboland. L'année suivante, l'un des fondateurs de la SWAPO, Toivo ja Toivo, condamné pour terrorisme, fut incarcéré en Afrique du Sud. Il ne devait sortir de prison qu'en 1984. Sam Nujoma resta en Tanzanie.

En 1972, l'ONU déclara enfin illégale l'occupation du Sud-Ouest africain et exigea le retrait de l'Afrique du Sud. Le secrétaire général des Nations unies, Kurt Waldheim, reconnut la SWAPO comme représentant légitime du peuple namibien.

Le gouvernement sud-africain riposta en tirant sur les manifestants et en arrêtant des milliers de militants. Parallèlement, les événements se précipitaient en Angola qui finit par proclamer son indépendance en 1975, avec à sa tête le MPLA (Mouvement populaire pour la libération de l'Angola), à tendance marxiste. L'Afrique du Sud lança alors une invasion en Angola pour aider l'UNITA (Union nationale pour l'indépendance totale de l'Angola), dont les forces tenaient le sud de l'Angola, à écraser le MPLA L'opération échoua et en mars 1976, les dernières troupes sud-africaines s'étaient retirées, mais les incursions se poursuivirent jusque dans les années 80.

En Namibie, 1975 vit la création de la Democratic Turnhalle Alliance (DTA, du nom de l'endroit où se tenaient les sessions). Composée de partis ethniques et blancs, elle s'avéra une chambre des débats inefficace et passa le plus clair de son temps en démêlés avec le gouvernement sud-africain au sujet de l'étendue de ses responsabilités.

A la fin des années 70, des dissensions se firent jour au sein de la SWAPO lorsque deux responsables du gouvernement en exil, Solomon Mifima et Andreas Shipanga, demandèrent la tenue d'élections dans le Parti. Pour toute réponse, Sam Nujoma, le président de la SWAPO, les fit emprisonner avec des centaines de leurs partisans en Zambie. Des associations européennes de défense des droits civils parvinrent à les faire libérer et ils dirigent aujourd'hui un parti minoritaire, la SWAPO-D ("D" pour démocrates).

En 1983, après que la DTA eut annoncé qu'elle accueillerait la SWAPO, elle fut dissoute et remplacée par une autre entité, la Conférence multipartite, qui se montra plus impuissante encore et disparut rapidement, laissant le contrôle de la Namibie à un administrateur général nommé par l'Afrique du Sud, le juge Steyn.

Malgré sa difficulté à mettre en place une solution interne, l'Afrique du Sud refusa de négocier l'indépendance de la Namibie sous l'égide de l'ONU tant que les troupes cubaines, estimées à 19 000 hommes, resteraient stationnées en Angola. La SWAPO réagit en intensifiant la lutte armée. En conséquence, les déplacements dans le nord du pays furent restreints.

En fin de compte, ce ne sont peut-être pas les seules activités de la SWAPO ou les sanctions internationales qui obligèrent l'Afrique du Sud à s'asseoir à la table des négociations. La population blanche elle-même était lasse du conflit qui, en outre, affectait gravement l'économie. Les problèmes internes de l'Afrique du Sud jouèrent également un rôle important. En 1985, la guerre coûtait quelque 480 millions de rands (environ 250 millions de dollars) par an et la conscription était généralisée. Les exportations de minerais, qui constituaient auparavant 88% du PIB, avaient chuté à 27% en 1984, essentiellement en raison de la baisse de la demande mondiale et des prix, mais aussi à cause de la contrebande et de la corruption.

En 1988, la situation était arrivée à maturation. Sous le regard vigilant de l'ONU, des États Unis et de l'URSS, des négociations s'ouvrirent entre Cuba, l'Angola, l'Afrique du Sud et la SWAPO L'accord conclu prévoyait le retrait des troupes cubaines d'Angola et des troupes sud-africaines de Namibie. Il stipulait également que la période de transition précédant l'indépendance de la Namibie commencerait officiellement le 1er avril 1989 et serait suivie, en novembre 1989, d'élections au suffrage universel supervisées par les Nations-unies. Quelques querelles au sein de la SWAPO menacèrent de faire échouer le processus, mais finalement le plan fut mis à exécution. En septembre, Sam Nujoma revint de son exil de trente ans. Lors des élections, la SWAPO obtint une nette majorité, insuffisante cependant pour l'investir du pouvoir de rédiger seule la nouvelle constitution.

Après des délibérations entre les divers partis et des consultants internationaux, dont les États Unis, la France, l'Allemagne et l'U.R.S.S., une Constitution fut élaborée. Elle encourageait la coopération entre les corps exécutif et législatif et dressait une impressionnante déclaration des droits, comprenant les droits des familles et des enfants, la liberté de parole, de la presse et du culte, la protection de l'environnement ainsi que de nombreuses autres clauses. Elle fut adoptée en février 1990 et l'indépendance fut proclamée un mois plus tard, le 21 mars, sous la présidence du dirigeant de la SWAPO, Sam Nujoma. Sa politique repose sur un programme de réconciliation nationale visant à cicatriser les plaies ouvertes par 25 années de lutte armée, et sur un plan de reconstruction maintenant le principe d'une économie mixte et du partenariat avec le secteur privé.

Jusqu'à présent, tout s'est déroulé pour le mieux. Lors du scrutin de décembre 1994, le président Sam Nujoma et la SWAPO l'ont emporté haut la main, avec 68% des voix, sur leur adversaire, la Democratic Turnhalle Alliance (DTA), dirigée par Mishake Muyongo.

GÉOGRAPHIE

La Namibie présente une configuration physique très différenciée que l'on peut décomposer en quatre grands secteurs : le désert du Namib et les plaines côtières, le plateau central, le Kalahari aux frontières botswanaise et sud-africaine, et le bushveld boisé du Kavango et de Caprivi.

Le plus vieux désert du monde, le Namib, occupe toute la façade atlantique du pays et reçoit des précipitations annuelles variant de 15 à 100 mm. Il doit sa formation, remontant à plus de 80 millions d'années, au courant froid de Benguela qui arrive de l'Antarctique et coule vers le nord. Les vents chauds du large, venus des tropiques, soufflent sur les mers froides, créant un brouillard dense sur la côte. Cette condensation fournit l'humidité nécessaire à la croissance de lichens et de plantes – le plus bas échelon de la chaîne alimentaire du désert – et favorise une flore et une faune spécifiques au Namib, adaptées à des conditions hostiles.

Le Namib déroule un paysage de gigantesques dunes rouges dans le sud, de plaines intérieures, et de montagnes isolées, escarpées, au sommet aplati – dites inselbergs – dans le centre. La côte des Squelettes (Skeleton Coast), au nord, est célèbre pour ses dunes nues et desséchées.

A mesure que l'on se déplace vers l'est, l'altitude augmente et les dunes laissent peu à peu place aux plaines côtières dont la largeur varie de quelques kilomètres dans le Kaokoveld nord à près de 300 km à Lüderitz, dans le sud. Dans le Damaraland, la plaine s'émaille de montagnes et d'inselbergs spectaculaires, certains d'origine volcanique, truffés de grottes et d'antres rocheux où vécurent les premiers humains. Les montagnes de Brandberg et d'Erongo, au nord de Karibib, en sont des exemples bien connus.

Le désert du Namib est parcouru de plusieurs rivières, qui prennent leur source dans le plateau central, mais qui lui apportent rarement de l'eau. Certaines, telle l'éphémère Tsauchab, se jetaient autrefois dans l'océan, mais se perdent aujourd'hui dans des pans salés. D'autres ne coulent que pendant la saison des pluies, en été. A une époque lointaine, elles charriaient d'énormes volumes d'eau et ont sculpté des canyons impressionnants comme le Fish et le Kuiseb.

A l'est des plaines côtières, le terrain se fait plus rocailleux et franchit d'abrupts canyons déchiquetés avant de parvenir aux prairies de savane du plateau central. Celui-ci est sillonné de rivières fossiles et en grande partie recouvert de broussailles épineuses. Plus à l'est, il descend en pente douce vers les vallées sablonneuses et les dunes du Kalahari occidental.

La langue de terre longeant la frontière angolaise, au nord-est, comprend l'Ovamboland, le Kavango et Caprivi. Caractérisée par un bushveld bien arrosé, elle est bordée par les grands fleuves – le Kunene, l'Okavango, le Kwando-Mashi-Linyanti-Chobe et le Zambèze – qui sont en eau toute l'année et approvisionnent la population namibienne.

Sur le plan politique, la Namibie est aujourd'hui divisée en treize régions qui remplacent les anciens districts ethniques délimités par les puissances coloniales. Cependant, comme il se passera de longues années avant que les Namibiens s'habituent à ces nouvelles régions et s'y réfèrent de façon courante, le présent ouvrage fait usage des anciens noms et divisions. Pour éviter toute confusion, reportez-vous aux cartes de cette rubrique.

CLIMAT

Le climat dans l'ensemble désertique admet cependant des variations régionales correspondant aux secteurs géographiques. Le plus aride touche le Namib central, balayé par les vents et bénéficiant d'un temps clair. La région est rafraîchie en été par les vents froids du large dérivés de la zone de hautes pressions atmosphériques de l'Atlantique. Le courant de Benguela et les vents du large produisent d'importantes variations des températures entre l'océan et le littoral. La rencontre des brises froides, humides et de la chaleur sèche du désert donne instantanément naissance à la condensation et au brouillard. Dans le désert, en été, la température dépasse les 40°C dans la journée, mais peut tomber au-dessous de zéro la nuit. Le brouillard se forme d'ordinaire la nuit et dure souvent bien avant dans la matinée, jusqu'à 20 km à l'intérieur des terres.

Windhoek

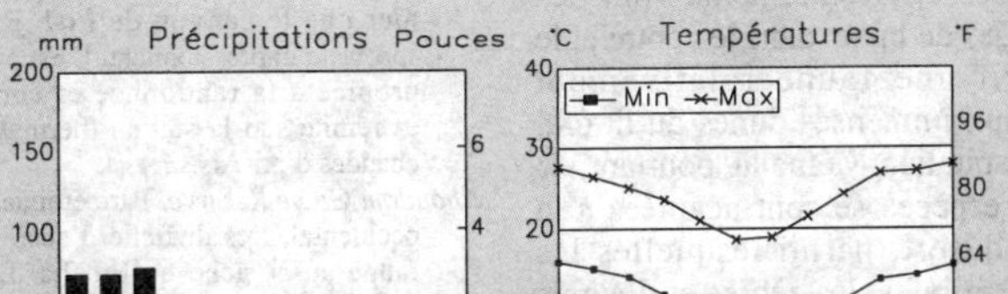

Humidité maximale

J	F	M	A	M	J	J	A	S	O	N	D
27%	35%	35%	29%	23%	22%	17%	13%	11%	13%	19%	22%

En hiver, le Namib est réchauffé par des vents d'est, dont l'intensité maximum se situe entre juin et août. A mesure qu'ils descendent du plateau central, ils deviennent de plus en plus chauds et secs. Ils soulèvent des tourbillons de sable qui obscurcissent le soleil et pénètrent partout, créant souvent des conditions de vie très difficiles, notamment dans la région de Swakopmund et de Walvis Bay.

Sur le plateau central, la faible humidité et la douce brise des mois d'hiver procurent un climat plaisant. En été, la température et le taux d'humidité grimpent à des niveaux inconfortables. Il tombe en moyenne des précipitations de 200 à 400 mm par an dans la région, uniquement en été. A l'est du plateau central, la pluviosité diminue, et le long des frontières botswanaise et sud-africaine, on retrouve les conditions quasi désertiques du Kalahari.

En allant vers le nord, les précipitations augmentent régulièrement pour atteindre plus de 600 mm par an le long de l'Okavango qui jouit d'un climat subtropical. Les régions du nord et de l'intérieur connaissent deux saisons des pluies : les "petites pluies" entre octobre et décembre, et les fortes précipitations de janvier à avril.

PARCS NATIONAUX ET RÉSERVES FAUNIQUES

Malgré l'âpreté du climat, la Namibie déploie des paysages grandioses et possède certaines des réserves les plus belles d'Afrique. Les environnements vont des vastes étendues de bush, dans le centre et le nord, où vit une faune relativement abondante, aux immenses dunes du littoral aride et inhospitalier. Même là, pourtant, de nombreuses espèces se sont adaptées à la rudesse du désert, parmi lesquelles les éléphants, les girafes, les zèbres et d'autres grands herbivores. Les lions, qui autrefois descendaient jusqu'à la mer, ont été décimés par les gardiens de troupeaux et les braconniers. L'extrême sud s'enorgueillit d'une merveille de la nature, le canyon de Fish River, l'un des sites les plus fabuleux d'Afrique.

L'accès à la plupart des parcs animaliers n'est autorisé qu'en véhicule fermé ; les bicyclettes et les motos sont interdites. En général, un véhicule classique suffit, sauf dans certains lieux reculés, telles les petites routes du parc de Namib-Naukluft, où il faut un 4x4. Le stop est interdit dans les réserves abritant de grands animaux et, dans les parcs exempts d'animaux dangereux, il n'est souvent pas praticable faute de circulation. S'ils ne parviennent pas à réunir un groupe pour louer un véhicule, il ne reste comme solution aux stoppeurs que de se joindre à un circuit organisé ou de se poster aux stations-service près de l'entrée des parcs en espérant que la chance leur sourie.

Voici une liste des principaux parcs nationaux :

Daan Viljoen Game Park. Petit parc proche de Windhoek, il est très apprécié par les groupes scolaires et les promeneurs du week-end venant y pique-niquer et y camper. Outre une agréable excursion en voiture, il propose un chemin de randonnée de 9 km.

Etosha National Park. Le plus connu des parcs namibiens s'étale en une vaste étendue de prairies semi-arides et de broussailles épineuses entourant un pan salé. Etosha Pan ne contient de l'eau que quelques jours par an, mais il attire alors d'immenses troupeaux d'animaux, des vols de flamants et d'autres oiseaux. Pendant la saison sèche, de mai à septembre, les nombreux points d'eau sont fréquentés par une faune variée et abondante.

Fish River Canyon National Park. S'il est exagéré de prétendre que seul le Grand Canyon américain le surpasse en ampleur, on ne peut nier que le canyon de Fish River offre un spectacle impressionnant. Il est particulièrement propice à la randonnée et comprend à son extrémité sud la station thermale aux sources chaudes d'Ai-Ais.

Khaudom Game Reserve. Parc étonnant du Kalahari occidental, très difficile d'accès, il abrite une faune aussi riche qu'Etosha. Le paysage en grande partie boisé est sillonné d'omiramba (au singulier omuramba), vallées fossiles.

Mahango Game Reserve. Ce petit parc a subi les ravages du braconnage mais, grâce au renforcement de la sécurité, il s'avère un excellent endroit où observer les éléphants à la saison sèche. Le rest camp proche de Popavalle (chutes de Popa) fournit un hébergement plaisant.

Mamili National Park. Nouveau parc assez isolé, il couvre les vastes marais de Linyanti le long du réseau fluvial Kwando-Mashi-Linyanti-Chobe. On décrit souvent la région comme un mini-delta de l'Okavango, comparaison que justifient les paysages marécageux et la faune abondante.

Mudumu National Park. Également récent, il embrasse les beaux marécages du réseau fluvial Kwando-Mashi-Linyanti-Chobe ainsi que les régions sauvages voisines. Bien qu'il ait été pillé par les braconniers et dégradé par le bétail, il s'agit certainement de l'un des plus jolis paysages de Namibie où pullulent les oiseaux. Il héberge le Lianshulu Lodge, l'une des meilleures entreprises de tourisme du pays.

Namib-Naukluft Park. Le plus grand parc du pays englobe la majeure partie du Namib ainsi que les plaines environnantes et l'impressionnant massif du Naukluft. A Sossusvlei, les dunes se dressent à plus de 300 m au-dessus des plaines. Le reste du parc se répartit entre la région Namib central/Kuiseb et le massif du Naukluft, zone montagneuse magnifique pourvue de superbes chemins de randonnées, refuge du zèbre de Hartmann. Sandwich Harbour, au sud de Walvis Bay, est une célèbre réserve d'oiseaux.

Skeleton Coast Park & Wilderness. Le littoral sauvage, noyé dans les brumes, a longtemps été un cimetière de navires et de leurs équipages incapables de survivre dans le désert. Seul le sud, entre l'Ugab et Terrace Bay, est accessible au public. Sans permis spécial, les visites sont limitées à une journée. La réserve de Skeleton Coast Wilderness, entre l'Hoanib et le Kunene, ne peut être explorée qu'en passant par le concessionnaire officiel.

National West Coast Recreation Area. Les déserts gris au nord de Swakopmund, paradis des pêcheurs, proposent aux touristes la Cape Cross Seal Reserve, où vivent jusqu'à 100 000 otaries.

Waterberg Plateau Park. Ce plateau est utilisé pour la réintroduction d'espèces en voie d'extinction ou qui ne sont plus endémiques en Namibie. Il offre des vues somptueuses, un rest camp confortable, de nombreuses excursions en voiture et chemins de randonnées, dont un circuit de 4 jours.

West Caprivi Game Reserve. A cause du braconnage considérable et de l'empiétement de la population humaine, la réserve de Caprivi ouest est presque totalement dépourvue de faune.

Permis et hébergement

L'hébergement dans les parcs nationaux et les rest camps doit être réservé à l'avance auprès des bureaux du ministère de l'Environnement et du Tourisme (MET) à Windhoek, à Swakopmund ou à Lüderitz. Les réservations peuvent être effectuées jusqu'à 18 mois à l'avance. Toutefois, seul le bureau de Windhoek traite les réservations pour les parcs de la côte des Squelettes (Skeleton Coast) et de Namib-Naukluft. Les permis d'entrée pour ce dernier sont disponibles en dehors des heures ouvrables et le week-end au garage Hans Kriess de Swakopmund et à la station-service CWB de Walvis Bay. Les permis de transit pour le parc de la Skeleton Coast, autorisant le passage entre Ugabmund et Springbokwater, sont en vente à l'Okaukuejo Camp, dans le parc d'Etosha.

Les permis d'entrée coûtent 1,50 $US par voiture et 1,50 $US par personne, que l'on règle à l'entrée des parcs.

A Windhoek, les permis et l'hébergement sont traités par le bureau des réservations du MET (☎ (061) 236975 ; fax (061) 224900), Private Bag 13267, Windhoek. Il se situe dans le Oode Voorpost Building, à l'angle de John Meinert Strasse et de Moltke Strasse.

Si vous réservez par courrier ou par fax, veillez à bien préciser le type d'hébergement souhaité, le nombre d'adultes, l'âge des enfants et les dates de votre séjour (soumettez éventuellement plusieurs dates possibles). Vous recevrez par courrier la confirmation et la facture. Les frais doivent être réglés avant la date d'échéance indiquée sur le formulaire sinon la réservation sera annulée.

Il est interdit de ramasser du bois et de faire des feux en plein air dans les parcs. Même à l'extérieur des réserves, il est vivement conseillé aux randonneurs de se munir d'un réchaud et d'éviter d'allumer des feux qui risquent de se propager dans ces environnements très secs. Si vous devez vraiment faire un feu, notez qu'il est illégal d'utiliser d'autres bois que le mopane ou l'acacia épines-de-dromadaire. Si vous êtes surpris en train de brûler, ou de transporter, une tout autre espèce, vous encourrez une amende sévère. Cette loi s'applique également à l'extérieur des parcs nationaux.

Du bois à brûler, en général de l'acacia épines-de-dromadaires, est en vente à un prix raisonnable (environ 2 $US le fagot) dans les rest camps des parcs nationaux, la plupart des campings privés et les bazars. Idéal pour les campeurs circulant en voiture, il permet de ne pas piller le désert ou détruire le bush. Emportez une hachette pour couper les branches et en faire du petit bois.

Randonnées

Le nombre de participants est limité pour les randonnées de plusieurs jours dans les région du plateau de Waterberg, des montagnes de Naukluft, de l'Ugab et du canyon de Fish River, aussi faut-il réserver le plus à l'avance possible. Vous devez former un groupe d'au moins trois personnes et une fois à Windhoek, vous faire établir un certificat par un médecin de la ville (ne datant pas de plus de 40 jours avant la randonnée) attestant de votre bon état de santé. Chez les Dr Rabie et Retief, à l'angle de John Meinert Str. et de Stübel Str., le bref examen médical vous coûtera à peu près 6 $US. Dans les dispensaires publics, les consultations sont nettement meilleur marché, mais parfois au prix d'une journée d'attente. Retirez les formulaires au bureau du MET, à l'angle de John Meinert Str. et de Moltke Str.

Aussi pesant que paraisse le système de réservation, il protège efficacement l'environnement des foules qui ne manqueraient pas d'envahir les parcs si ceux-ci étaient ouverts sans restriction.

INSTITUTIONS POLITIQUES

La Namibie est une république indépendante dont le président est élu au suffrage universel pour un maximum de deux mandats de 5 ans. Le corps législatif, l'Assemblée nationale, se compose de 72 membres élus par le peuple à titre de représentants des circonscriptions électorales.

Tout amendement à la Constitution doit être approuvé à la majorité des deux tiers par l'Assemblée. S'il y a blocage entre l'exécutif et le législatif, le président a le pouvoir de dissoudre l'Assemblée ; dans ce cas, il doit lui aussi se représenter aux élections.

Le pouvoir judiciaire, indépendant de l'exécutif et du législatif, est dirigé par le président de la Cour suprême.

Toutes les fonctions gouvernementales sont centralisées dans la capitale, Windhoek. Le pays est divisé en treize régions, chacune possédant sa propre administration régionale, laquelle est subdivisée en municipalités.

Depuis l'indépendance, le 21 mars 1990, la SWAPO, qui a emporté 70% des votes lors des élections de 1994, détient la majorité à l'Assemblée. Le principal parti de l'opposition, alliance de onze partis à tendance modérée du nom de Democratic Turnhalle Alliance (DTA), est arrivé au second rang avec 22% des voix.

Il existe toujours des partis d'extrémistes, tel le Hersigte Nationale Party (HNP), partisan de l'apartheid, mais ils sont dépourvus de tout poids politique. Cependant, l'Action Front for the Retention of the Turnhalle Principles (AKTUR), parti à prédominance blanche, plus à droite que la DTA, conserve encore quelque influence.

La Namibie ne semble pas tendre vers l'extrémisme politique et, malgré ses anciennes affiliations marxistes, la SWAPO prend des décisions pragmatiques en ce qui concerne l'économie intérieure et les relations internationales. Le président, Sam Nujoma, ancien dirigeant de la SWAPO, jouit du respect général, et depuis l'indépendance, hormis quelques incidents provoqués par des gardes du corps trop zélés, le climat politique est resté stable, démentant les sombres prédictions de l'importante communauté blanche. Espérons toutefois que les récentes allégations de corruption et de pratiques gouvernementales douteuses répercutées dans la presse ne seront pas étouffées.

ÉCONOMIE

Elle se fonde sur les industries minières (diamants et uranium), l'élevage des bovins et des moutons, le tourisme, la pêche, ainsi que sur l'agriculture de subsistance. Avec un produit intérieur brut atteignant le double de la moyenne des pays africains, la Namibie a déjà atteint une prospérité relative, bien qu'elle souffre de plusieurs handicaps : pénurie d'eau, manque de sources locales d'approvisionnement en essence, distances énormes et population dispersée.

Elle doit importer plus de 80% des produits alimentaires et manufacturés d'Afrique du Sud, ce qui créé une dépendance économique dangereuse. La croissance de la Namibie repose sur sa capacité à attirer les investissements étrangers et sur la mise en valeur, par le biais de l'éducation et de la formation, de ses ressources humaines.

Industries minières

La Namibie doit son revenu minier, le quatrième d'Afrique et le dix-septième du monde, essentiellement à ses gisements diamantifères et à sa mine d'uranium. Les diamants sont extraits des sables et des graviers alluviaux de la célèbre Sperrgebiet, "zone interdite", située entre Lüderitz et l'Orange. Principal exploitant et l'un des plus gros employeurs de Namibie, la Consolidated Diamond Mines (CDM) fouille 20 millions de tonnes de terre par an pour un rendement de 200 kg (un million de carats) de diamants. A Rössing, près de Swakopmund, la plus grande mine d'uranium du monde livre une production supérieure à 60 millions de tonnes par an.

Les autres ressources minérales comprennent, entre autres, le lithium, le germanium, l'argent, le vanadium, l'étain, le cuivre, le plomb, le zinc et le tantale. La Tsumeb Corporation Ltd exploite 70% de ces gisements dans les environs fabuleusement riches de Tsumeb, de Grootfontein et d'Otavi au nord de la Namibie centrale. Outre cette région, les principales zones minières sont Uis, exploitée pour l'étain, Rosh Pinah, près de l'Orange, pour le zinc, le plomb et l'argent, et Karibib pour le quartz, le lithium et le béryllium.

Élevage et agriculture

Environ 16% de la population active travaillent dans l'élevage commercial, mais plus de 70% des Namibiens dépendent dans une certaine mesure de la terre. La plupart des fermiers se consacrent à l'agriculture de subsistance dans les territoires communaux très peuplés du nord, notamment dans l'Ovamboland, le Kavango et à Caprivi. Cependant, plus de 80% des recettes agricoles proviennent de l'élevage commercial exercé dans le centre et le sud du pays.

Le secteur compte une majorité de fermiers d'origine allemande ou afrikaner qui pratiquent l'élevage de bétail, notamment des bovins et des moutons. Cette activité présente des risques, étant donné les pénuries d'eau, mais les fermes sont en général bien organisées. La tendance actuelle est au *game ranching* : de nombreux fermiers élèvent des gemsboks, des zèbres et des springboks pour leur viande et leur peau, ainsi que pour le tourisme et la chasse. L'élevage d'autruches prend également une importance grandissante.

Les régions arides du sud montrent une préférence pour les moutons karakul, qui ressemblent à des chèvres faméliques. Bien adaptés à l'environnement, ils fournissent une viande et une laine de qualité. La laine de karakul contribuait à l'essor d'une industrie de tissage et dominait le marché des exportations des produits en cuir et en peau, mais celui-ci s'est effondré ces dernières années et la reprise reste incertaine.

Il existe également une petite quantité de cultures, principalement de maïs, concentrées en majeure partie dans les environs d'Otavi, de Grootfontein et de Tsumeb. Grâce à l'irrigation fournie par le barrage d'Hardap, Mariental voit s'agrandir sa zone cultivable, et la région d'Omaruru s'est spécialisée dans les agrumes.

Pêche

Les eaux côtières namibiennes sont parmi les plus poissonneuses du monde, ce qu'elles doivent en grande partie au courant de Benguela dont l'exceptionnelle richesse en plancton explique l'abondance des anchois, des sardines et des maquereaux. Les droits de pêche en haute mer ont soulevé des problèmes, les pêcheurs n'appréciant guère que des pays tels que l'Espagne et la Russie aient légalement accès aux réserves de poissons du large. La Namibie a maintenant imposé une zone économique exclusive de 200 milles nautiques afin de rendre ses pêcheries concurrentielles.

Les eaux au large de Lüderitz livrent des langoustes, destinées pour la plupart à l'exportation vers le Japon. La zone d'opération de la flottille de pêche, qui comprend vingt bateaux, s'étend de l'embouchure de l'Orange à l'Hottentot Bay, 75 km au nord de Lüderitz. Des limites strictes sont fixées quant aux saisons et à la taille des prises pour éviter l'épuisement des ressources. Cette industrie emploie 1 000 personnes. Le port de Lüderitz produit également du poisson en conserve, de la farine de poisson et de l'huile de poisson. Cependant, le déclin de l'industrie de la pêche s'est fait gravement sentir : sur les onze usines de transformation tournant à plein rendement il y a 20 ans à Walvis Bay et à Lüderitz, moins de la moitié restent en activité. Les régions de Swakopmund et de Walvis Bay pratiquent également l'ostréiculture, et un parc à huîtres s'est récemment ouvert près de Lüderitz.

Industries manufacturières

Actuellement, la Namibie doit importer la plupart des produits manufacturés d'Afrique du Sud. Cette branche d'activité représente moins de 5% du produit national brut, provenant en majeure partie des conserves de viande, ainsi que des biens et des équipements destinés à l'industrie minière.

D'une importance vitale pour la Namibie, le développement de ce secteur est freiné par le coût élevé des matières premières, la pénurie de main-d'œuvre qualifiée et une certaine incertitude politique. Aujourd'hui, la Namibie recherche désespérément des investissements étrangers pour ses projets industriels dont la réalisation déterminera, dans une large mesure, l'avenir économique du pays.

Tourisme

En quelques années, la Namibie s'est transformée, de pays perdu déchiré par la guerre, connu seulement des chasseurs, des pêcheurs et des vacanciers sud-africains, en une destination touristique en vogue, voire huppée. La chute brutale du nombre de visiteurs sud-africains consécutive à l'indépendance n'a pas duré. La Namibie attire également un grand nombre de touristes allemands, ce qui n'a rien de surprenant car on la qualifie souvent de "plus allemande que l'Allemagne". Ce n'est pas tout à fait exact, encore qu'à Windhoek, à Swakopmund et à Lüderitz, cette affirmation prenne tout son sens.

Comme au Botswana, le gouvernement souhaite capter un tourisme haut de gamme, composé essentiellement des Européens, des Australasiens et des Nord-Américains fortunés qui en ont assez de la criminalité et des parcs bondés de l'Afrique orientale. En revanche, contrairement au Botswana, les mêmes droits d'entrée dans les parcs s'appliquent à tous. Bien que raisonnables pour la majorité des touristes et les Namibiens prospères, ils restent hors de portée de la plupart des habitants du pays.

Commerce de détail

Ce secteur est en pleine expansion et un nombre grandissant de centres commerciaux se créent à Windhoek et à Swakopmund. La plupart des Namibiens dépendent cependant pour leur approvisionnement des petites échoppes des marchés et des étals ambulants. Dans l'Ovamboland et d'autres régions du nord, la distribution est assurée par de petites *cuca shops* échelonnées le long des routes principales, tirant leur nom d'une marque de bière angolaise.

POPULATION ET ETHNIES

Population

La Namibie possède une population estimée à 1 635 000 habitants et l'une des plus faibles densités d'Afrique, avec 1,5 habitant par km^2. En revanche, le taux de croissance annuel supérieur à 3% est l'un des plus hauts du monde. Les trois quarts de la population vivent dans les régions rurales, mais la migration, impossible à contenir, vers les zones urbaines (notamment Windhoek) de personnes en quête de travail ou d'un salaire plus élevé a entraîné une augmentation du nombre de sans-abri, du chômage et de la criminalité dans la capitale, ainsi que dans plusieurs autres agglomérations.

La population se compose d'au moins onze groupes ethniques, qui vont des éleveurs et des chasseurs-récolteurs aux fermiers et aux citadins. Bien que cette mosaïque culturelle soit marquée de fortes influences allemandes et afrikaners, la Namibie s'attache depuis l'indépendance à mettre en valeur l'histoire et les traditions de chaque communauté.

Ethnies

La présente rubrique dresse les grandes lignes de l'histoire et des caractéristiques de chaque grande communauté.

Les Ovambo. Ils constituent l'ethnie la plus importante du pays, largement majoritaire au sein de la SWAPO. Ils vivent dans le nord et se subdivisent en douze tribus. Quatre occupent la région du Kunene du sud de l'Angola, tandis que les huit autres forment la couche de population principale de l'Ovamboland. Le plus grand, les Kwanyama, représente 35% des Ovambo de Namibie. Ensuite viennent les Ndonga, avec 30%, et les Kwambi, avec 12%. Les cinq groupes restants entrent chacun pour de 1 à 8% dans le total.

Autrefois, chaque tribu était gouvernée par un roi héréditaire omnipotent qui avait sous son autorité un conseil de chefs. Aujourd'hui, en raison des transformations amenées tant par le christianisme que par les influences allemandes et sud-africaines, la plupart des tribus sont dirigées par un conseil de chefs. Parmi les autres changements, on note le passage graduel du système de succession généralement matrilinéaire au régime patrilinéaire.

Le chef de chaque groupe tribal se charge de la répartition des terres. Il est impossible de posséder, de vendre ou de léguer un terrain. A la mort de l'occupant d'une terre, celle-ci est attribuée aux siens ou à une autre famille sur décision des autorités.

Dans les régions rurales de l'Ovamboland, toutes les familles possèdent à présent leur propre *kraal*, ou *eumbo*, qui ressemble à un petit village clos par une palissade. A l'intérieur, les habitations consistent en des cases rondes ou carrées au toit de paille, et une aire est toujours réservée aux grands récipients servant au stockage, faits d'écorce tressée et de boue. Ils contiennent en général du *mahango*, millet qui donne une bière excellente. Au centre de chaque eumbo brûle l'*omulilo gwoshilongo* de la famille, le “feu sacré” où flambe nuit et jour une bûche de mopane. L'eumbo est entouré des terres de la famille, servant à l'agriculture et au bétail.

Récemment, de nombreux Ovambo ont quitté le Nord pour aller à Windhoek et dans d'autres agglomérations importantes travailler comme ouvriers agricoles, artisans ou exercer une profession libérale.

Les Kavango. Les 120 000 Kavango sont divisés en cinq groupes : les Mbukushu, les Sambiyu, les Kwangari, les Mbunza et les Geiriku. Depuis les années 70, leur population s'est accrue rapidement, grossie principalement par les immigrants et les réfugiés arrivant de l'Angola en guerre. Un grand nombre de Kavango, notamment des jeunes, partent dans le Sud chercher un emploi dans les fermes, dans les mines ou dans les zones urbaines.

La plupart des Kavango vivent dans les plaines inondables boisées du Nord-Est, au sud de l'Okavango. Ils pratiquent la pêche, l'élevage, et cultivent du millet, du maïs et du sorgho pour leurs besoins personnels.

Passés maîtres dans l'art de la sculpture, ils créent certaines des plus belles œuvres du pays, vendues sur les bords des routes du Kavango et dans les boutiques touristiques. Bien que la plupart des sculpteurs considèrent leur travail comme une simple entreprise commerciale, certains font montre d'un grand talent artistique.

La société kavango est organisée selon le principe de la filiation matrilinéaire qui régit la succession, le mariage et les rites religieux traditionnels. Sur le plan politique, toutefois, la tribu est gouvernée par des chefs mâles héréditaires dont les membres de la famille et les agents constituent, avec les représentants de chaque clan, les différents échelons des autorités tribales.

Les Herero. Le peuple herero, essentiellement pasteur, occupe différentes régions et se divise en plusieurs groupes. La communauté la plus importante comprend les Tjimba et les Ndamuranda dans le Kaokoland, les Maherero dans les environs d'Okahandja et les Zeraua installés à Omaruru. Les Himba du Kaokoland, un sous-groupe herero (reportez-vous au paragraphe les concernant), et les Mbandero vivent dans le territoire d'Hereroland, dans la région de Gobabis, à l'est de la Namibie.

Depuis le début du siècle, les Herero ont créé diverses organisations, dont des conseils de chefs, pour revendiquer leur identité, veiller à leur défense ainsi qu'aux affaires tribales. L'un des chefs, Hosea Katjikururume Kutako, devint un héros national en raison des nombreuses pétitions qu'il adressa directement à l'ONU afin d'obtenir son intervention pour l'indépendance de la Namibie.

Les Herero se dirigèrent vers le sud lors des premières migrations bantoues, leur tradition situant leur origine dans la vallée du Grand Rift de l'Afrique orientale. Ils arrivèrent en Namibie au milieu du XVIe siècle. Après un séjour de 200 ans dans le Kaokoland, ils descendirent plus au sud pour occuper la vallée de Swakop et le plateau central. Jusqu'à la période coloniale, ils demeurèrent dans ces prairies relativement riches, élevant du bétail et vivant de façon semi-nomade.

Il s'ensuivit cependant de sanglants affrontements avec les Nama. En outre, des rébellions violentes les opposèrent aux colons et aux troupes allemandes. Les combats anéantirent 75% de la nation herero et les survivants furent dispersés dans le pays.

Beaucoup s'enfuirent au Botswana où ils pratiquèrent l'agriculture de subsistance, cultivant des céréales, des légumes secs, et élevant des moutons, des bovins et des volailles. Depuis l'indépendance, nombre d'entre eux voudraient revenir à leurs racines, mais les autorités botswanaises impose à ceux qui retournent en Namibie de laisser derrière eux leurs troupeaux et leurs biens. Dans certains cas, les familles se sont séparées en deux groupes, l'un partant en Namibie, l'autre restant au Botswana pour veiller sur les biens familiaux.

La plupart des Herero vivant dans les régions rurales de Namibie considèrent toujours leur bétail comme leur possession la plus précieuse. La hiérarchie tribale divise les responsabilités en matière de succession entre la filiation *eendag* (matrilinéaire) et *oruzo* (patrilinéaire). Les mères lèguent les biens matériels, y compris le bétail, tandis que les pères transmettent l'éducation religieuse et politique, les rites et l'autorité, ainsi que les possessions jugées sacrées.

La tenue très particulière des femmes herero est un héritage des missionnaires allemands de l'époque victorienne qui s'offusquèrent de ce qui leur apparaissait comme un manque de pudeur. Elle consiste en une énorme crinoline portée sur une kyrielle de jupons et en une coiffe en forme de corne.

Les Himba. Les Himba (ou Ovahimba, "ceux qui demandent des choses") du Kaokoveld sont issus d'une communauté d'éleveurs herero délogée par les guerriers nama au XIXe siècle. Elle se réfugia dans le lointain nord-ouest, où elle reprit son mode de vie semi-nomade, élevant des moutons, des chèvres et quelques bovins.

Les Himba continuent de résister au monde moderne, et la “police de la pudeur” missionnaire ne parvint jamais à convaincre les femmes himba de se couvrir la poitrine. Elles portent toujours leur gracieuse tenue traditionnelle, une jupette faite de couches superposées en peau de chèvre et des bijoux en coquillage, en cuir et en fer incrustés d'ocre et de boue. Elles s'enduisent la peau d'un mélange de beurre, de cendre et d'ocre pour lui conserver sa jeunesse (ça doit marcher, les femmes himba âgées arborent une peau lisse magnifique) et couvrent leurs tresses de la même mixture. L'effet est absolument saisissant.

Les Damara. Les quelque 100 000 Damara ont en commun une famille linguistique mais probablement pas de lien de parenté avec les Nama auxquels ils se sont violemment affrontés par le passé.

Ce peuple présente l'une des plus grandes énigmes d'Afrique : comment expliquer qu'une communauté de chasseurs-récolteurs d'origine bantoue parle un dialecte khoisan ? En raison de leur ressemblance avec quelques peuples bantous d'Afrique occidentale, certains anthropologues pensent que les Damara furent parmi les premiers à quitter le nord pour migrer en Namibie. Il est tentant d'en conclure qu'ils se sont établis dans la région bien avant les autres Bantous et que leurs premiers échanges commerciaux avec les Nama et les San les ont poussés à adopter le khoisan. Cette explication reste cependant au stade de l'hypothèse, aucune preuve n'étant venue l'étayer.

Avant les années 1870, les Damara occupaient la majeure partie de la Namibie centrale, de la région de Rehoboth aux rivières Swakop et Kuiseb à l'ouest, et à Outjo et Khorixas au nord. Lorsque les Herero et les Nama commencèrent à pénétrer les terres des Damara, ces derniers furent délogés, tués ou réduits en esclavage. Des années 1870 jusqu'au début du XXe siècle, la Société missionnaire rhénane s'employa à persuader les chefs herero et les autorités coloniales de céder des parcelles de territoire pour créer un “homeland” damara.

Lorsque les Européens arrivèrent dans la région, les Damara semi-nomades vivaient de l'élevage, de la chasse et de la cueillette. Ils se livraient aussi à l'extraction minière à petite échelle, à des travaux de fonderie et à des échanges commerciaux. La politique coloniale les amena à adopter un mode de vie sédentaire d'élevage et d'agriculture de subsistance. Dans les années 60, l'administration sud-africaine acheta pour les Damara plus de 4,5 millions d'hectares de pâturages appartenant à des Européens dans les étendues désolées du Damaraland d'aujourd'hui. Malheureusement, le sol de cette région est peu productif, la plupart des terres sont en propriété collective et dépourvues des bons pâturages caractéristiques du centre et du sud de la Namibie. La majorité des Damara travaillent dans les zones urbaines et dans les fermes européennes ; très peu (environ 30 000) vivent au Damaraland.

Les Européens. Les Européens, pour la plupart d'origine allemande (20 000) et afrikaner (65 000), vivent dans les zones urbaines, dans le centre et dans le sud. Les marins portugais furent les premiers à toucher le sol namibien au XVe siècle, mais aucun comptoir n'y fut créé avant 1760. A partir de 1780 affluèrent marchands, chasseurs et missionnaires.

Aujourd'hui, les Européens travaillent essentiellement dans l'élevage, le commerce, le secteur industriel et l'administration.

Les 52 000 personnes d'ascendance européenne et africaine, parfois appelées *Coloureds*, sont en général établies à Windhoek et dans d'autres agglomérations.

Les Capriviens. A l'extrême nord-est, sur les rives fertiles du Zambèze et du Kwando, 80 000 Capriviens se répartissent en cinq communautés tribales distinctes : les Lozi, les Mafwe, les Subia, les Yei et les Mbukushu. La plupart vivent de la pêche, de l'agriculture et de l'élevage. Jusqu'à la fin du XIXe siècle, Caprivi fut gouverné par les rois lozi et le rotsi, langue véhiculaire des diverses tribus capriviennes, provient du lozi, toujours parlé dans certaines régions de la Zambie et de l'Angola.

Les San. Ils furent les premiers habitants de la Namibie et 37 000 San vivent toujours dans le Nord-Est. Ils se divisent en trois groupes : les Naro dans la région de Gobabis, les !Xukwe dans le Bushmanland occidental, au Kavango et à Caprivi, et les Ju/hoansi (sous-groupe des Qgu ou des !Kung) dans le Bushmanland oriental, notamment dans les environs de Tsumkwe. Depuis plus d'une décennie, les San namibiens ont abandonné leur mode de vie traditionnel et beaucoup travaillent à présent comme serviteurs et ouvriers agricoles au Kavango et à Caprivi.

Pour plus d'informations sur la culture san, reportez-vous aux rubriques *Ethnies* du chapitre *Présentation du pays* dans la partie *Botswana*, et *Bushmanland* dans le chapitre *Nord-Est de la Namibie*.

Les Nama. Groupe khoisan, ils sont également connus sous les noms de Bergdama, Oorlam, Khoi-Khoi ou encore Hottentots. Environ 60 000 Nama vivent en Namibie. Comme les San, la plupart ont la peau claire et une ossature menue, mais ils sont un peu plus grands. Ils ont d'ordinaire les pommettes saillantes, le nez légèrement aplati et de beaux yeux en amande de type asiatique.

Les Nama sont originaires du sud du Cap où on les appelait les Hottentots. Au tout début de la colonisation du Cap, ils furent exterminés ou repoussés vers le nord par les fermiers européens. Ils se fixèrent dans le Namaqualand, dans la région de l'Orange. Ils suivirent un mode de vie semi-nomade et pastoral jusqu'au milieu du XIXe siècle, époque où leur chef Jan Jonker Afrikaner les conduisit dans la contrée de Windhoek.

Sur le plateau central, ils entrèrent en conflit avec les Herero qui occupaient déjà ce territoire. Les deux communautés s'affrontèrent en une longue succession de guerres meurtrières et les autorités allemandes finirent par les confiner dans des réserves.

De nos jours, les Nama sont établis dans le Namaland, qui s'étend plus ou moins de Mariental à Keetmanshoop. Nombre d'entre eux s'habillent à l'occidentale et ont adopté le christianisme. Ils travaillent à présent en ville ou dans des fermes. Ils sont réputés pour leur extraordinaire talent musical et littéraire. Leur musique, leurs contes, leurs proverbes et leur poésie se sont transmis de génération en génération pour devenir aujourd'hui le fondement de leur culture.

Les Topnaar. Les Topnaar (ou Aonin), en théorie une branche des Nama, occupent principalement l'ouest du Namib central, Walvis Bay et ses environs. Contrairement aux Nama, dont les terrains étaient en propriété collective, les Topnaar se transmettaient leurs terres par héritage.

Les Topnaar forment peut-être la communauté la plus marginale de Namibie. Autrefois, ils dépendaient entièrement du melon *!nara*, fruit d'une plante épineuse du désert de la famille des cucurbitacées, dont les longues racines pivotantes s'enfoncent profondément dans le sol pour y puiser l'eau nécessaire à sa croissance. Il offrait aux Topnaar leur seule source de revenus et l'élément de base de leur alimentation, laquelle était complétée par la chasse. Aujourd'hui, leurs terrains de chasse font partie du parc de Namib-Naukluft et le melon est menacé de disparition en raison de l'épuisement des nappes phréatiques qui sont exploitées pour pourvoir aux besoins des industries de Walvis Bay.

C'est pourquoi de nombreux Topnaar sont partis pour Walvis Bay. Il se sont installés dans le township de Narraville et travaillent dans les conserveries de poisson. D'autres n'ont pas de domicile et vivent de ce qu'ils trouvent dans les décharges. La communauté topnaar établie au sud-est de Walvis Bay dispose d'une école primaire et d'un foyer, mais peu d'écoliers poursuivent leurs études, qui leur imposerait de déménager pour Narraville. Ceux qui sont restés dans le désert subsistent tant bien que mal en cultivant des melons !nara et en élevant du bétail, principalement des chèvres.

Les Basters. Les Basters (35 000 environ), métis de Nama (Hottentots) et de colons hollandais du Cap, ont très tôt embrassé la religion calviniste. A la fin des années 1860, rejetés par les Blancs du Cap, ils se réfugièrent au nord de l'Orange et créèrent le village de Rehoboth, où la plupart vivent toujours. Cette communauté farouchement indépendante porte fièrement son nom, dérivé de "bastards", car il souligne son héritage mixte. Ils ont adopté un mode de vie citadin ou pratiquent l'élevage de bovins, de moutons et de chèvres.

Les Tswana. Les Tswana, qui forment la plus petite communauté ethnique (8 000), sont apparentés aux Tswana d'Afrique du Sud et du Botswana. Ils vivent principalement à l'est, dans les régions d'Aminuis et d'Epukiro.

SYSTÈME ÉDUCATIF

A l'époque coloniale allemande et sous le mandat sud-africain, l'enseignement des masses ne figurait pas parmi les priorités du gouvernement. Un fossé profond s'est par conséquent creusé entre le niveau d'instruction des Blancs, qui fréquentaient en général des écoles privées, et celui des communautés ethniques. Moins de 75% des enfants namibiens achevaient un cycle scolaire de cinq ans, seuls 8% suivaient un enseignement secondaire et moins de 1% bénéficiaient d'une formation universitaire ou professionnelle. A l'indépendance, le manque d'enseignants qualifiés s'est fait gravement sentir. Très peu de Noirs namibiens possédaient un acquis scolaire suffisant pour avoir accès aux centres de formation des maîtres subventionnés par le gouvernement dans l'Ovamboland et à Windhoek.

Aujourd'hui, l'instruction est en principe obligatoire, avec l'anglais comme langue véhiculaire de l'enseignement. Dans certaines écoles primaires, toutefois, les cours peuvent être également dispensés en afrikaans ou en bantou, et quelques écoles privées restent fidèles à l'allemand. Au cours des quatre ans qui ont suivi l'indépendance, 832 salles de classe ont été construites, des enseignants étrangers ont été engagés, du matériel pédagogique de qualité a été acheté et le nombre d'enfants scolarisés a augmenté de 21%. De 1991 à 1993, le taux de réussite aux examens du secondaire est passé de 38 à 51%. Près de 75% de la population ont reçu, ou reçoivent, au moins un enseignement primaire. Le gouvernement a créé plus de 700 centres d'alphabétisation, destinés aux enfants comme aux adultes, pour rattraper le retard dans ce domaine.

La Namibie possède trois établissements d'enseignement supérieur. L'université de Namibie, ouverte en 1993, propose des cursus de lettres, d'économie politique, de formation pédagogique et de médecine. Le Technikon, institut universitaire de technologie, forme au commerce, à l'agriculture, à l'écologie, ainsi qu'aux professions d'infirmière et du secrétariat. Le College for Out-of-School Training fournit des formations théoriques et pratiques aux métiers de l'artisanat et d'infirmière.

De nombreux Namibiens partent faire leurs études universitaires en Afrique du Sud (à Stellenbosch, à Witwatersrand ou au Cap) ou en Europe grâce à des bourses des Nations unies ou du Commonwealth.

ARTS ET CULTURE

La Namibie jouit d'une tradition florissante en matière d'arts musicaux, visuels et architecturaux. Elle est également un vivier d'artisans talentueux dans les domaines de la sculpture, de la vannerie, de la tapisserie et de la fabrication de jouets, de vêtements et de biens d'équipement ménager, simples mais de conception ingénieuse.

Musique

Les San furent les tout premiers musiciens namibiens. Leurs mélopées probablement inspirées des cris des animaux accompagnaient danses et contes. Les Nama, dont la technique musicale était plus élaborée, faisaient usage de tambours, de flûtes et d'instruments à cordes simples, également pour rythmer les danses. Certains de ces instruments furent adoptés et adaptés par les Bantous qui y ajoutèrent les marimbas, les percussions en calebasse et les trompettes en corne.

Aujourd'hui, les tambours, marimbas et percussions sont toujours utilisés et il n'est pas rare de voir des danseurs portant des ceintures de canettes remplies de cailloux qui fournissent un accompagnement à leurs pas de danse.

Le chœur constitue une importante contribution européenne à l'art musical namibien. Dès le début de l'époque coloniale, les missionnaires créèrent des chorales religieuses dans la population locale. Des chorales scolaires et paroissiales continuent de donner des représentations régulières. Le très célèbre Cantare Audire Choir, chœur namibien multiracial fondé par un professeur de musique de Windhoek, Ernst von Biljon, exécute des œuvres religieuses, classiques, traditionnelles, tant africaines qu'européennes, devant les publics du monde entier.

Les colons allemands ont naturellement importé leurs orchestres traditionnels "oum-pa-pa" qui se produisent essentiellement à l'occasion du carnaval et d'autres fêtes allemandes.

Arts visuels

La plupart des peintres et des photographes modernes réputés de Namibie sont d'origine européenne. Ils s'attachent à brosser la magie de la lumière et des paysages, la faune, et plus récemment, la diversité ethnique. Au nombre des noms connus figurent François de Mecker, Axel Eriksson, Fritz Krampe et Adolph Jentsch. Carl Ossman et Ernst Vollbehr, paysagistes coloniaux célèbres, sont exposés en Allemagne.

Les Namibiens non européens, qui se sont consacrés principalement aux arts tridimensionnels, ont commencé depuis peu à cultiver leur propre tradition. L'art des townships se fonde sur des thèmes sobres rendus dans un style expressif, coloré et généralement enjoué. Né dans les townships d'Afrique du Sud pendant les années d'apartheid, il s'est répandu en Namibie au cours de la dernière décennie. Tembo Masala et Joseph Madisia font partie des artistes réputés.

Architecture

L'empreinte architecturale la plus évidente a été laissée par les colons allemands qui avaient essayé de recréer en Namibie l'Allemagne de la fin du XIXe siècle. Lüderitz, Swakopmund et Windhoek en offrent les plus beaux exemples, mais d'autres villes du centre et du sud illustrent également ce style.

Les bâtiments les plus monumentaux et ornementés, parmi lesquels la gare et l'ancienne prison de Swakopmund, furent construits dans l'esprit de ce que l'on nomme le *Wilhelminischer Stil*. Les influences de l'Art nouveau se remarquent particulièrement à Lüderitz et dans l'église luthérienne de la Christuskirche, à Windhoek.

RELIGION

Au moins 75% des Namibiens sont chrétiens et appartiennent en majorité à l'Église luthérienne. Les catholiques occupent également une place importante, surtout dans le centre et dans quelques régions isolées du nord, notamment au Kavango. (Les personnes de langue portugaise sont en général catholiques.) Les Namibiens non christianisés vivent pour la plupart dans le nord du pays et beaucoup, particulièrement les Himba, les Herero et les San, restent fidèles aux anciennes traditions animistes. Ces croyances se caractérisent par le culte des ancêtres, considérés comme toujours vivants mais ayant adopté une autre forme. Ils continuent à s'intéresser aux affaires des mortels et servent de messagers entre leurs descendants et les dieux.

LANGUE

Langues africaines

La majorité des Namibiens parlent soit un idiome bantou, ce qui comprend les dialectes ovambo, herero et caprivien, soit une langue khoisan, qui peut être le khoikhoi (nama), le damara ou le san.

La famille linguistique bantoue compte huit dialectes ovambo. Le kwanyama et le ndonga sont les langues officielles de l'Ovamboland. Le groupe kavango se compose de quatre dialectes distincts : le kwangali, le mbunza, le sambiyu et le geiriku, le kwangali étant le plus couramment utilisé. A Caprivi, la langue la plus parlée est le rotsi (ou lozi), originaire du Barotseland, en Zambie. Les Herero parlent le herero, chantant et mélodieux. La plupart des noms de lieux commençant par un "O" – Okahandja, Omaruru, Otjiwaron-

Salutations et formules de politesse	
Bonjour	*Hallo*
Bonjour, monsieur (le matin)	*Goeiemre, meneer*
Bonjour, madame (l'après-midi)	*Goeiemiddag, mevrou*
Bonsoir, mademoiselle	*Goeienaand, juffrou*
Bonne nuit	*Goeienag*
S'il vous plaît	*Verskoon*
Merci	*Asselbief*
Comment allez-vous ?	*Hoegaand ?*
Bien, merci	*Goed dankie*
Pardon	*Ekskuus*
Mots et phrases utiles	
Oui	*Ja*
Non	*Nee*
Quoi ?	*Wat ?*
Comment ?	*Hoe ?*
Combien ?	*Hoeveel ?*
Quand ?	*Wanneer ?*
Où ?	*Waar ?*
Urgence	*Nood*
Parlez-vous anglais/ afrikaans ?	*Praat u English/ u Afrikaans ?*
Je ne comprends qu'un peu l'afrikaans	*`n' bietjie Afrikaans* *Ek verstaan net*
De quel pays venez-vous ?	*Waarvandaan kom u ?*
De...	*Van...*
Où habitez-vous ?	*Waar woon u ?*
A l'étranger	*Oorsese*
Quel est votre métier ?	*Wat is jou beroep ?*
Oui, non, peut-être, bien sûr	*Ja-nee*
Bientôt	*Nou-nou*
N'est-ce pas ?	*N ?*
Fils	*Seuns*
Filles	*Dogsters*
Épouse	*Vrou*
Époux	*Eggenoot*
Mère	*Ma*
Père	*Pa*
Sœur	*Suster*
Frère	*Broer*
Gentil/bon/agréable	*Lekker*
Mauvais	*Sleg*
Bon marché	*Goedkoop*
Cher	*Duur*
Fête	*Jol*
Chiffres	
1	*een*
2	*twee*
3	*drie*
4	*vier*
5	*vyf*
6	*ses*
7	*sewe*
8	*agt*
9	*nege*
10	*tien*
11	*elf*
12	*twaalf*
13	*dertien*
14	*veertien*
15	*vyftien*
16	*sestien*
17	*sewentien*
18	*agtien*
19	*negentien*
20	*twintig*
21	*een en twintig*
30	*dertig*
40	*veertig*
50	*vyftig*
60	*sestig*
70	*sewentig*
80	*tagtig*
90	*negentig*
100	*honderd*
1000	*duisend*

Indications horaires

Voyage	*Reis*
Arrivée	*Aankoms*
Départ	*Vertrek*
Vers	*Na*
De	*Van*
Aujourd'hui	*Vandag*
Demain	*Mre*
Hier	*Gister*
Jours fériés	*Openbare vakansiedag*
Quotidien	*Daagliks*
Aller simple	*Enkel*
Aller-retour	*Retoer*
Billet	*Kaartjie*
Matin (avant 12h)	*Vm*
Après-midi et soir	*Nm*

Jours de la semaine

Lundi	*Maandag*, abrégé en *Ma*
Mardi	*Dinsdag, Di*
Mercredi	*Woensdag, Wo*
Jeudi	*Donderdag, Do*
Vendredi	*Vrydag, Vr*
Samedi	*Saterdag, Sa*
Dimanche	*Sondag, So*

Circuler en ville

Gauche	*Links*
Droite	*Regs*
Sortie	*Uitgang*
Au coin	*Op de hoek*
(Grande) ville	*Stad*
Centre-ville	*Middestad*
Ville	*Dorp*
Avenue	*Laan*
Rue	*Strasse*
Route	*Pad verkeerslig*
Office du tourisme	*Toeristeburo*
Information	*Inligting*
Renseignements	*Navrae*
Chambres	*Kamers*
Bureau	*Kantoor*
Bâtiment	*Gebou*
Galerie d'art ou musée	*Kunsgalery*
Pharmacie	*Apteek*
Gare	*Stasie*
Église	*Kerk*
Prêtre	*Dominee*

Circuler dans le pays

Camionnette ouverte	*Bakkie*
Rivière	*Rivier*
Montagne	*Berg*
Baie	*Baai*
Gué	*Drift*
Route	*Pad*
Promontoire	*Punt*
Plage	*Strand*
Champ ou plaine	*Veld*
Marécage	*Vlei*
Camping pour caravanes	*Woonwapark*
Réserve naturelle	*Wildtuin*
Chemin de randonnée	*Wandelpad*

Nourriture et boissons

Légumes	*Groente*
Fruit	*Vrugte*
Viande	*Vleis*
Saucisse	*Boerwors*
Viande salée et séchée	*Biltong*
Poisson	*Vis*
Fromage	*Kaas*
Pain	*Brood*
Tasse de café	*Koppie koffie*
Verre de lait	*Glas melk*
Vin	*Wyn*
Bière	*Bier*
Bar d'hôtel	*Kroeg*
Barbecue	*Braaivleis* ou *braai*

go, etc. – sont dérivés de l'idiome herero. Les dialectes khoisan se caractérisent par les "clics", ou claquements, qui les rendent difficiles à apprendre. Les noms qui incluent un point d'exclamation sont d'origine khoisan. Ces clics sont produits en pressant la langue contre différentes parties de la cavité buccale pour former des sons différents. Ils ressemblent un peu au claquement de langue que l'on émet pour encourager un cheval, mais avec un côté caverneux, semblable au "plop" d'une bouteille que l'on débouche. Il existe trois autres clics. L'un se forme en écartant la langue des incisives supérieures, son représenté par /. Le deuxième, claquement de langue désapprobateur, se désigne par //. Le troisième, fait en écartant la langue de la voûte du palais, est figuré plus ou moins par une ligne verticale avec deux barres.

Le premier dictionnaire anglais-ju/hoansi (dialecte parlé par la majorité des San namibiens) a été composé en 1992 par le défunt Patrick Dickens et publié par la Florida State University, aux États-Unis.

De nombreuses personnes de langue khoisan parlent également au moins une langue bantoue et une langue européenne, en général l'afrikaans. Les Damara, d'origine bantoue, parlent un dialecte khoisan.

Langues européennes

La nouvelle Constitution a désigné l'anglais comme langue officielle de la Namibie, choix à première vue étrange, dans la mesure où l'anglais est la langue maternelle de seulement 2% des Namibiens, mais il a été décidé qu'ainsi toutes les communautés se trouveraient sur un pied d'égalité.

Bien que souvent rejeté comme la langue de l'apartheid, l'afrikaans est la langue maternelle de plus de 100 000 Namibiens d'horizons ethniques divers, aussi n'est-il pas appelé à disparaître de sitôt. La plupart des Namibiens d'origine mixte et des Basters de Rehoboth parlent afrikaans. L'anglais ne prend le pas sur l'afrikaans qu'à Caprivi. Écrit, ce dialecte guttural des Hollandais peut sembler compréhensible mais la langue parlée est plus difficile. Bien que, dans les régions rurales, certaines personnes parlent uniquement l'afrikaans, les anglophones auront peu de problèmes de communication.

L'allemand est également couramment utilisé, mais il est la langue maternelle de quelque 2% des Namibiens seulement. A l'extrême nord, dans les régions de Rundu et de Katima Mulilo, vous entendrez aussi beaucoup le portugais.

L'afrikaans

Langue phonétique, l'afrikaans s'écrit en général comme il se prononce. On retrouve l'accentuation gutturale et les "r" roulés caractéristiques des langues germaniques. Le guide de prononciation ci-dessous n'est pas exhaustif, mais il inclut les sons les plus difficiles.

a comme dans b*a*s
e comme dans b*ê*te
i comme dans pr*e*mier
o comme dans d*o*nner, ou dans b*oy*
u comme dans pr*e*mier, mais avec les lèvres resserrées en une moue
r r roulé
aai comme dans *ail*
ae comme dans *ah*
ee comme dans m*ie*ux
ei comme dans tr*eille*
oe comme dans f*ou*le
oë comme dans j*oueu*r
ooi comme dans *œil*, précédé de w
oei comme dans *oui*, précédé de w
tj comme dans *tch*èque

Renseignements pratiques

VISAS ET AMBASSADES

Début 1995, les ressortissants belges, français, italiens, luxembourgeois, suisses et canadiens n'avaient pas besoin de visa, ainsi que les citoyens d'Afrique du Sud, du Botswana, du Zimbabwe, de la Zambie, de la Tanzanie, de l'Angola, du Mozambique et du Kenya.

Les visiteurs doivent être en possession d'un passeport délivré par leur pays de résidence valide au moins six mois après la date prévue de leur sortie de Namibie, ainsi que d'un billet de retour d'avion, de bus ou de train. On leur octroie une première autorisation de séjour touristique de 60 jours.

Prorogation de séjour. L'autorisation de séjour peut être prorogée par le Ministry of Home Affairs (☎ (061) 398 9111, 398 2036), Private Bag 13200, Windhoek, à l'angle de Kasino St et d'Independence Ave. Pour faciliter la procédure, présentez-vous à l'ouverture à 8h, remettez votre demande aux bureaux du 3e étage (et non au rez-de-chaussée), et montrez-vous poli.

Formalités complémentaires. Si vous souhaitez conduire dans le pays, il vous faudra un permis de conduire international, à vous procurer auprès de votre préfecture.

DOUANE

Les articles provenant d'une nation de l'union douanière de l'Afrique australe – le Botswana, l'Afrique du Sud, le Lesotho et le Swaziland – ne sont pas soumis aux droits de douane. Les visiteurs peuvent importer des autres pays en franchise de douane 400 cigarettes ou 250 grammes de tabac, deux litres de vin, un litre de spiritueux et 250 ml de parfum. Aucune limite n'est fixée aux importations de devises, mais les formulaires d'entrée et de sortie du territoire vous demandent combien vous avez l'intention de dépenser ou avez dépensé en Namibie.

Les armes à feu requièrent un permis d'importation temporaire et doivent être déclarées à l'arrivée. Pour les animaux domestiques, il faut fournir un certificat de santé accompagné du dossier vétérinaire complet. Ne l'oubliez pas, ces derniers sont interdits dans les parcs nationaux et les réserves.

QUESTIONS D'ARGENT

Pendant les trois années qui ont suivi l'indépendance, la Namibie a utilisé le rand sud-africain mais depuis le 15 septembre 1993, elle émet sa propre monnaie. Le dollar namibien équivaut à 100 cents et en Namibie, sa valeur est égale à celle du rand sud-africain. En Afrique du Sud, toutefois, il vaut environ 0,70 R. En Namibie, le rand continue d'avoir cours légal au taux de 1=1.

Le système peut dérouter dans la mesure où il circule trois jeux de pièces et de billets : l'ancienne et la nouvelle monnaie sud-africaine, plus la monnaie namibienne. Pour compliquer encore les choses, les trois pièces de même dénomination sont toutes de taille différente. Il faut quelque temps pour s'y retrouver.

Le dollar namibien est émis en billets de 10, 20, 50 et 100 $N. Tous portent le portrait du chef nama Hendrik Witbooi. Les pièces existent en 5 cents, 10 cents, 20 cents, 50 cents, 1 $N et 5 $N. Les coupures sud-africaines sont de 5, 10, 20, 50 et 100 R, les pièces de 1 cent, 2 cents, 5 cents, 10 cents, 20 cents, 50 cents, 1 R et 2 R. La Namibie tente actuellement de retirer progressivement les pièces de 1 et 2 cents en encourageant la pratique des prix arrondis aux 5 cents les plus proches.

Les devises ou les chèques de voyage importés en Namibie ne sont assujettis à aucune limitation. Ils peuvent être changés dans n'importe quelle banque, les chèques de voyage bénéficiant en général d'un meilleur taux. Lors du change, vous avez le choix entre le rand et le dollar namibien. Si

Missions diplomatiques namibiennes

Il existe peu d'ambassades ou de hautes délégations namibiennes ; les Suisses et les Canadiens devront s'adresser respectivement à l'ambassade de Namibie à Bruxelles et à New York. Si vous avez des problèmes pour obtenir votre visa, envoyez les renseignements nécessaires, en précisant la durée de votre séjour, par fax ou par courrier au Ministry of Home Affairs, Private Bag 13200, Windhoek (☎ 398 9111 ; fax 22 3817). Bien que les visas soient parfois délivrés à l'arrivée à l'aéroport international de Windhoek, ils ne le sont jamais aux frontières terrestres. La Namibie possède les représentations diplomatiques suivantes :

Afrique du Sud
Tulbagh Park, Eikendal Flat, Suite 2, 1243 Church St, Colbyn, PO Box 29806, Sunnyside, 0132 Pretoria (☎ (27-12) 342 3520 ; fax (27-12) 342 3565)

Allemagne
Namibien Botschaft, Konstantinstrasse 25a, 5300 Bonn 2 (☎ (228) 359 091/094 ; fax (228) 359 051)

Angola
Embassy of Namibia, Rua Rei Katyavala 6, PO Box 953, Luanda (☎ (244-2) 611966)

Belgique
Ambassade de Namibie, 454, avenue de Tervuren, 1050 Bruxelles (☎ (2) 771 14 10 ; fax (2) 771 96 89)

France
Ambassade de Namibie, 80, avenue Foch, (entrée 17, square de l'avenue Foch) 75116 Paris (☎ (1) 44 17 32 65 ; fax (1) 44 17 32 73)

Grande-Bretagne
Namibia High Commission, 34 South Molton St, Londres (☎ (44-171) 408 2333 ; fax (44-171) 409 7306)

États-Unis
Embassy of Namibia, 1605 New Hampshire Ave NW, Washington, DC 20009 (☎ (1-202) 986 0540 ; fax (1-202) 986 0443)
Permanent mission at the United Nations, 135 East, 36th Street, New York (☎ (212) 685 2003 ; fax (212) 685 1561)

Zambie
Namibia High Commission, 6968 Kabanga Rd and Addis Ababa Dr, Rhodes Park, Lusaka (☎ (260-1) 252 250 ; fax (260-1) 252 497)

Zimbabwe
Namibia High Commission, Lintas House, 46 Union Ave, Harare (☎/fax (263-4) 47930)

vous devez changer le reliquat à l'extérieur de la Namibie, le rand est une meilleure option.

Il est également possible de changer les chèques de voyage en dollars américains, quand les espèces sont disponibles, mais les banques prennent une commission de 7%. Il n'existe pas de marché noir, aussi méfiez-vous des changeurs de rue qui proposent des taux mirifiques, il peut s'agir de personnes écoulant de la fausse monnaie, ou vous piégeant pour vous dévaliser.

Taux de change

10 FF	=	7,50 $N
10 FB	=	1,30 $N
1 FS	=	3,20 $N
1 $Can	=	2,80 $N
1 $US	=	3,70 $N
1 £	=	5,90 $N
1 DM	=	2,65 $N
1 pula botswanais	=	1,35 $N
1 $ zimbabwéen	=	0,45 $N

Cartes de crédit

Elles sont acceptées dans la plupart des magasins, des restaurants et des hôtels. Les retraits d'espèces sont possibles auprès des BOB, distributeurs de billets de la First National Bank. Il en existe à Windhoek, à Gobabis, à Rehoboth, à Keetmanshoop, à Lüderitz, à Mariental, à Swakopmund, à Walvis Bay, à Okahandja, à Tsumeb, à Grootfontein, à Rundu, à Otjiwarongo, à Oranjemund, à Oshakati et à Ondangwa.

Banques étrangères

La BNP dispose d'un bureau de représentation, the Commercial Bank for Namibia, installé 12-20 Bülow St, Windhoek (☎ 295

Ambassades étrangères en Namibie

Depuis l'indépendance, un nombre croissant de pays établit des missions diplomatiques en Namibie. Toutes les adresses ci-dessous sont à Windhoek.

Afrique du Sud
RSA House, à l'angle de Jan Jonker et de Nelson Mandela Dr, Klein Windhoek, PO Box 23100 (☎ 229765 ; fax 224140)

Allemagne
6th Floor Sanlam Centre, 154 Independence Ave, PO Box 231 (☎ 229217 ; fax 222981)

Angola
Angola House, 3 Ausspann St, Ausspannplatz, Private Bag 12020 (☎ 227535 ; fax 221498)

Botswana
101 Nelson Mandela Rd, PO Box 20359 (☎ 221942 ; fax 236034)

Canada
111A Gloudina St, Ludwigsdorf, PO Box 2147 (☎ 222941 ; fax 224204)

France
1 Goethe St, PO Box 20484 (☎ 229021 ; fax 231436)

Grande-Bretagne
116A Robert Mugabe Ave, PO Box 22202 (☎ 223022 ; fax 228895)

Italie
Angle de Anna St et Gevers St, Ludwigsdorf, PO Box 24065 (☎ 228602 ; fax 229860)

Kenya
5th Floor, Kenya House, 134 Robert Mugabe Ave, PO Box 2889 (☎ 226836 ; fax 221409)

Malawi
56 Bismarck St, Windhoek West, PO Box 23547 (☎ 221391 ; fax 227056)

Suisse
Southern Life Tower, 2nd floor, Post Street Mall 39, PO Box 22287 (☎ 222359 ; fax 227922)

USA
14 Lossen St, Ausspannplatz, Private Bag 12029 (☎ 221601 ; fax 229792)

Zambie
à l'angle de Sam Nujoma et de Republic Rd, PO Box 22882 (☎ 237610 ; fax 228162)

Zimbabwe
à l'angle d'Independence Ave et de Grimm St, PO Box 23056 (☎ 228134 ; fax 226859)

9111 ; fax 224417). American Express est représenté par Woker Travel Services (☎ 237946), dans Peter Müller Strasse, à Windhoek. La Nedbank délivre des espèces contre un chèque personnel, mais moyennant des frais élevés.

Coût de la vie

Grâce au taux de change favorable, la Namibie reste une destination relativement bon marché. Vous dépenserez sans doute beaucoup plus qu'au Zimbabwe, mais moins qu'au Botswana ou en Afrique du Sud.

Si vous campez ou logez dans les auberges de jeunesse, cuisinez vos repas et vous déplacez en stop ou en minibus local, tablez sur un minimum de 15 $US par jour. Malheureusement, circuler dans le pays avec ce type de budget restreint sensiblement les possibilités et fait perdre du temps car le stop fonctionne mal et les itinéraires des bus sont limités aux routes principales.

Un budget de catégorie moyenne, comprenant l'hébergement en B&B ou en hôtel bon marché, les transports publics et au moins un repas au restaurant par jour, se situera dans une fourchette approximative de 50 $US à 80 $US par personne (si les coûts d'hébergement sont partagés par deux personnes).

Dans la catégorie supérieure, tout est possible. Si vous souhaitez séjourner dans des hôtels haut de gamme, manger uniquement au restaurant et vous déplacer en circuits organisés ou en 4x4, comptez un minimum de 300 $US par personne et par jour. Il serait peut-être préférable de réserver à l'étranger une formule avion/voiture ou un voyage organisé, plutôt que de prendre vos dispositions sur place.

Le transport pose problème en Namibie. Pour rejoindre aisément les régions les plus intéressantes du pays, il faut ajouter aux frais la location d'un véhicule et l'essence. Si vous parvenez à réunir un groupe de quatre personnes, le supplément vous coûtera dans les 20 $US par jour, évaluation basée sur une moyenne quotidienne d'environ 200 km avec un véhicule autre qu'un 4x4 loué dans l'agence la moins chère, taxe, assurance et kilométrage illimité compris. Si vous préférez louer une voiture à deux, multipliez ce chiffre par deux, toujours sur la base d'une moyenne de 200 km par jour avec kilométrage illimité.

Une location de 4x4 partagée à deux vous reviendra à 50 $US de plus par personne. Le 4x4 présente l'avantage d'être souvent équipé de matériel de camping, ce qui vous permet d'économiser sur l'hébergement.

Si vous louez un véhicule pour une période courte, en général moins de sept jours, notez que la plupart des agences facturent 0,20 $US (0,75 $N) de plus au kilomètre.

Pourboires

Ils ne sont espérés que dans les établissements touristiques haut de gamme lorsqu'un supplément pour le service n'est pas déjà automatiquement appliqué. Ne laissez pas plus de 10% du montant de la note. Les pourboires sont officiellement interdits dans les parcs nationaux et les réserves.

Marchandage

Il ne se pratique que lorsqu'on achète de l'artisanat directement au fabricant ou à l'artiste, par exemple dans les échoppes des bords des routes. Souvent, cependant, les articles sont vendus à bas prix, et à leur juste valeur marchande, aussi n'est-il pas nécessaire de marchander.

Les exceptions à la règle sont les produits importés du Zimbabwe, généralement beaucoup plus chers en raison du coût du transport. En principe, les prix en magasin ne se négocient pas, mais vous pourrez peut-être obtenir des réductions sur des articles très coûteux.

Taxes

Une taxe de 11%, la GST, est appliquée à la plupart des prix, y compris ceux des restaurants et des hôtels, mais elle n'est en général pas incluse dans les tarifs indiqués. Les achats de produits de luxe, tels le cuir et les bijoux, peuvent en être exemptés sur présentation par le voyageur de son passeport et de son billet d'avion.

QUAND PARTIR

Dans l'ensemble, la Namibie bénéficie d'un ensoleillement annuel minimum de 300 jours, mais le climat s'avère d'habitude plus plaisant en hiver. En outre, il est préférable d'éviter les parcs de Namib-Naukluft et d'Etosha lors des grandes chaleurs de décembre à mars.

Dans la journée, les températures du plateau central montagneux et semi-aride (y compris Windhoek) sont légèrement plus basses que dans le reste du pays, mais le temps se montre d'ordinaire agréable la plus grande partie de l'année. Pendant la saison sèche, de mai à octobre, escomptez des journées claires, chaudes, ensoleillées et des nuits froides, avec des températures souvent au-dessous de zéro. Comme en Europe, les fruits mûrissent en général entre juillet et septembre.

Les "petites pluies" durent d'octobre à décembre, et la grande saison des pluies s'étend de janvier à avril. Elle se caractérise par des averses courtes et des orages qui purifient l'atmosphère et balaient la poussière. En janvier, les températures peuvent grimper à 40°C à Windhoek.

Les régions à basse altitude de l'est du pays sont généralement beaucoup plus chaudes que le plateau central et, à l'exception du Kavango et de Caprivi, reçoivent moins de précipitations. De janvier à mars, les rivières de Caprivi débordent fréquemment, rendant certaines routes infranchissables ou très difficiles à négocier.

Certains établissements, dont la station thermale d'Ai-Ais, ferment pendant une partie de l'année. D'autres, à Swakopmund par exemple, sont toujours complets à Noël, à Pâques et lors des vacances scolaires.

OFFICES DU TOURISME

Sur place

Windhoek possède un office local et national, ainsi qu'un office du tourisme privé qui aide à organiser les voyages et s'occupe des réservations : Namibia Tourism, Ground Floor, Continental Building, 272 Independence Ave, Private Bag 13346, Windhoek (☎ (061) 284 9111 ; fax (061) 221930)

Il existe également des offices du tourisme dans les bâtiments municipaux de la plupart des villes. Karibib, Usakos, Omaruru, Okahandja et Gobabis mettent à votre disposition des petits bureaux d'information aux heures ouvrables. Au nombre des guides en anglais, signalons le *SWA Namibia Accommodation Guide for Tourists* et le *Guidebook - Travel in Namibia* d'Engen Oil, publiés tous les ans et disponibles gratuitement auprès des offices du tourisme publics, ou en vente à environ 1,50 $US dans les offices du tourisme privés et les librairies.

A l'étranger

L'office du tourisme national dispose de peu de bureaux à l'étranger et les pays francophones n'en ont pas, même si les ambassades jouent un peu ce rôle en diffusant des brochures. Ci-dessous les adresses de Namibia Tourism, organisme qui pourra vous aider à préparer votre voyage.

Allemagne

Namibia Verkehrsbüro, Im Atzelnest 3, Postfach 2041, W-6380 Bad Homburg 3 (☎ (06172) 406650 ; fax (06172) 406690)

Afrique du Sud

Namibia Tourism, 200 Level, 209 Red Route, Carlton Centre, PO Box 11405, Johannesburg 2000 (☎ (011) 331 7055 ; fax (011) 331 2037)

Namibia Tourism, Shell House, 4 Waterkant St, PO Box 739, Le Cap 8000 (☎ (021) 419 3190 ; fax (021) 215840)

Royaume-Uni

Namibia Tourism, 6 Chandos St, London W1M 0LQ (☎ (0171) 636 2924 ; fax (0171) 636 2969)

ORGANISMES A CONNAITRE

Après l'indépendance, les ministères du Tourisme et de la Nature ont été réunis en un seul, le ministère de l'Environnement et du Tourisme (MET). Il supervise aujourd'hui tous les parcs nationaux et les réserves ainsi que la plupart des complexes touristiques appartenant à l'État ; il renseigne également sur la faune et la protection de la nature. Le bureau d'information et de réservation principal est situé sur Independence Ave, à Windhoek. Par courrier, adressez-vous au Ministry of Environment & Tourism, Private Bag 13267, Windhoek (☎ (061) 36975/réservations, (061) 33875/ informations).

Pour tout renseignement concernant l'état des routes, contactez l'Automobile Association of Namibia, 15 Carl List House, Independence Ave, PO Box 61, Windhoek 9000 (☎ (061) 224201 ; fax (061) 222446).

HEURES D'OUVERTURE ET JOURS FÉRIÉS

Heures d'ouverture

Les heures ouvrables habituelles sont, du lundi au vendredi, de 8h à 13h et de 14h30 à 17h. En hiver, quand la nuit commence à tomber vers 15h30, certains magasins ouvrent à 7h30 pour fermer à environ 16h. La coupure du déjeuner se pratique presque partout. Dans les agglomérations, la plupart des boutiques travaillent le samedi de 8h à 13h.

Les banques, les administrations et les bureaux d'information observent tous ces horaires de même que les entreprises, y compris les agences de location de voiture. En ville et sur les nationales très fréquentées, de nombreuses stations-service ouvrent 24h sur 24, mais dans les régions isolées, vous aurez du mal à trouver de l'essence en dehors des heures ouvrables et le dimanche. En ville, les supermarchés demeurent généralement ouverts à l'heure du déjeuner et le week-end. Au niveau régional, il arrive que des petites épiceries travaillent tard le soir.

Jours fériés et vacances scolaires

Les vacances scolaires namibiennes et sud-africaines remplissent les stations touristiques. Les dates varient, mais d'une façon générale, en Namibie, les vacances vont de mi-décembre à mi-janvier, de fin avril au début juin et de la dernière semaine d'août à la deuxième semaine de septembre. Les vacances scolaires du Transvaal comprennent les périodes du début décembre à la mi-janvier, la dernière semaine de mars et les deux premières semaines d'avril, les trois premières semaines de juillet et deux semaines à la mi-octobre. Dans le reste de l'Afrique du Sud, les vacances sont sensiblement identiques à une semaine près dans un sens ou dans l'autre.

Les banques et la plupart des magasins ferment les jours fériés. Lorsqu'un jour férié tombe un dimanche, le lundi est chômé.

1er Janvier
Nouvel an
Mars/avril
Vendredi saint, dimanche et lundi de Pâques
21 mars
Fête de l'indépendance
Avril/mai
Ascension (40 jours après Pâques)
1er mai
Fête du travail
4 mai
Jour de Cassinga
25 mai
Fête de l'Afrique
26 août
Jour des héros
10 décembre
Fête des droits de l'homme
25 et 26 décembre
Noël/Fête de la famille

MANIFESTATIONS CULTURELLES

Le Jour de Maherero, grande célébration qui se tient le week-end le plus proche du 26 août, les Herero au drapeau rouge (Red Flag Herero People) se réunissent en costume traditionnel à Okahandja pour commémorer la mort des chefs tués lors des guerres contre les Khoi-Khoi et les Allemands. Une manifestation similaire est organisée, également à Okahandja, par les Mbanderu ou Herero au drapeau vert (Green Flag Herero People) le week-end le plus proche du 11 juin. Les Herero au drapeau blanc (White Flag Herero People) se rassemblent à Omaruru pour rendre hommage à leur chef Zeraua le week-end le plus proche du 10 octobre.

Le carnaval de Windhoek (le Windhoek Karnival – WIKA) fin avril ou début mai, le carnaval Küska (Küste Karnival) à Swakopmund fin août ou début septembre, la foire agricole de Windhoek fin septembre, et l'Oktoberfest de Windhoek fin octobre constituent des manifestations importantes, surtout au sein de la communauté européenne. Vous trouverez plus de détails à ce sujet dans les chapitres concernés.

POSTE ET TÉLÉCOMMUNICATIONS

Poste

Dans les grandes villes, les postes ouvrent aux heures normales de bureau. Dans les stations touristiques, elles fonctionnent aux mêmes heures, mais disposent de services limités. L'acheminement postal intérieur est lent ; une lettre peut mettre six semaines à franchir la distance entre Lüderitz et Katima Mulilo, par exemple. La poste aérienne fonctionne mieux et n'est ralentie que par le délai nécessaire à l'envoi d'un courrier à Windhoek.

Bien qu'en augmentation, les tarifs postaux restent raisonnables et l'expédition de colis volumineux par courrier ordinaire bénéficie de prix réellement intéressants.

Toutes les postes vendent de très jolis timbres commémoratifs. La poste centrale de Windhoek propose, à l'étage, un service philatélique.

Recevoir du courrier

La poste restante fonctionne naturellement mieux à Windhoek. Demandez à vos correspondants d'écrire votre nom clairement en capitales, de le souligner et d'adresser leurs lettres à : Poste Restante, GPO, Windhoek, Namibie. Plus vous êtes loin de Windhoek, plus la correspondance mettra du temps à vous parvenir. On vous remettra votre courrier sur présentation d'une pièce d'identité munie d'une photo.

Les détenteurs d'une carte de crédit ou de chèques de voyage American Express peuvent recevoir leur correspondance chez le représentant d'American Express à Windhoek, Woker Travel Services (☎ (061) 237946 ; fax (061) 225932), 6 Peter Müller Strasse. Faites adresser le courrier à votre nom, American Express Client, PO Box 211, Windhoek, Namibie.

Télécommunications

Elles fonctionnent relativement bien. Vous ne verrez pas de cabine téléphonique dans les rues, mais vous pouvez obtenir des communications locales ou internationales dans les postes ou sur les téléphones privés. Telecom Namibia a mis en circulation une nouvelle télécarte à 10 $N (3 $US), en vente dans les postes et certains magasins, quoique, pour l'instant, on trouve très peu de téléphones à carte.

Le tarif international s'élève actuellement à 3,50 $US la minute pour tous pays. La plupart des villes disposent à présent de bureaux de télécopie privés où vous pouvez envoyer et recevoir des fax.

Les téléphones cellulaires restent pratiquement inconnus et dans les zones très rurales, les communications se font souvent par radio à ondes courtes. Dans certains secteurs isolés, on utilise les radiotéléphones dont les numéros, précédés de l'indicatif régional (0020), figurent à l'annuaire. Pour les appeler, il faut passer par un opérateur. De nombreuses personnes vivant en brousse sont abonnées à un service de messages géré par Walvis Bay Radio (☎ (0642) 3581). Chacune possède son propre numéro de code et les messages sont relayés par radio.

Il n'existe qu'un mince annuaire pour toute la Namibie, mais il répertorie commodément la plupart des adresses privées et professionnelles des abonnés et il consacre une section aux administrations. Les pages jaunes couvrent également tout le pays.

Pour appeler la Namibie de l'étranger, composez l'indicatif pays (264), suivi du code régional sans le premier zéro et du numéro de téléphone. Pour appeler l'étranger depuis la Namibie, faites le (09), puis l'indicatif pays, l'indicatif régional et le numéro de téléphone.

Indicatifs interurbains

Lorsque vous téléphonez à l'intérieur de la Namibie, n'oubliez pas le premier zéro de l'indicatif interurbain. Certaines zones rurales ont un indicatif de ferme au lieu - ou en plus - de l'indicatif interurbain habituel. Dans ce cas, il faut composer l'indicatif et demander le numéro à l'opérateur. Voici quelques indicatifs utiles :

Abenab, Horabe et Maroelaboom (06738)
Aus (063332)
Bethanie (06362)
Dordabis, Seeis et Khomas Hochland (0628)
Gobabis (0681)
Gochas (06662)
Grootfontein (06731)
Grünau et Noordoewer (0020)
Helmeringhausen (06362)
Henties Bay (06442)
Kalkfeld (06532)
Kamanjab et Hobatere (06552)
Karabib and Otjimbingwe (062252)
Karasburg (06342)
Katima Mulilo (067352)
Keetmanshoop (0631)
Khorixas (065712)
Kombat (067362)
Lüderitz (06331)
Maltahöhe et Solitaire (06632)
Mariental (0661)
Okahandja et Gross Barmen (06221)
Omaruru (062232)
Omitara (06202)
Onathinge (067568)
Ondangwa (06756)
Opuwo (06562)
Oranjemund (06332)
Oshakati (06751)
Otavi (06742)
Otjiwarongo (0651)
Outjo (06542)
Radiotéléphone (indicatif) (0020)
Rehoboth (06271)
Rundu et Divundu (067372)
Stampriet (06652)
Swakopmund (0641)
Tsumeb et Etosha National Park (0671 ; indicatif de ferme 0678)
Uis (062262)
Usakos et Ameib (062242)
Walvis Bay (0642)
Windhoek (061)
Witvlei (06832)

Pour appeler la France, composez le 09-33
(11, 475 $ N/min.15,11 FF)
Pour appeler la Suisse, composez le 09-41
(11, 475 $ N/min.15,11 FF)
Pour appeler le Canada, composez le 09-1
(11, 475 $ N/min.15,11 FF)
Pour appeler la Belgique, composez le 09-32
(11, 475 $ N/min.15,11 FF)
Pour appeler le Luxembourg, composez le 09-352
(11, 475 $ N/min.15,11 FF)

BLANCHISSAGE/NETTOYAGE

Même les plus petits hôtels proposent un service de blanchissage et la plupart des petites villes comptent une blanchisserie, mais les laveries automatiques sont rares hors de Windhoek et de Swakopmund.

Les campings et les complexes touristiques appartenant à l'État sont souvent pourvus d'installations de lavage.

Des pressings existent dans les grandes agglomérations ; ils demandent environ 2 $US par pièce.

LIVRES

L'histoire, la diversité des cultures et l'environnement de la Namibie donnent naissance à un nombre grandissant de publications en anglais, ainsi qu'en allemand et en afrikaans. La distribution dans les pays francophones de ces livres est cependant limitée. Tentez votre chance auprès des librairies spécialisées, dont la liste est donnée à la rubrique *Livres et cartes* du chapitre général des *Renseignements pratiques*.

Essais politiques et historiques

Ouvrage daté, *Namibie : un siècle d'histoire*, de Marc Aicardi de Saint Paul, présente néanmoins l'avantage de retracer le passé de cette colonie allemande, administrée dès la fin de la Première Guerre mondiale par l'Afrique du Sud (Albatros, 1984).

L'indépendance de la Namibie proclamée le 21 mars 1990 a tourné la page du plus singulier des conflits de décolonisation que l'Afrique ait connu. Après l'histoire diplomatique de la colonisation manquée de la Namibie, Mwayila Tshiyembe, dans *La Namibie dans la tourmente de l'indépendance,* observe les enjeux et les stratégies des protagonistes namibiens, de l'intérieur comme de l'extérieur (Présence africaine, coll. Travaux et recherches de l'Institut panafricain de géopolitique, 1990).

La Namibie indépendante : les coûts d'une décolonisation retardée, de Jean-Claude Fritz (L'Harmattan, 1991), analyse l'héritage de cette décolonisation tardive et évalue l'impact de la politique sud-africaine dans le domaine social, économique et politique.

Concernant l'économie namibienne, le Centre français du Commerce extérieur (CFCE), outre des renseignements pratiques assez à-jour, propose une approche du marché de la Namibie (1992)

En anglais, *Namibia – the Struggle for Liberation*, d'Alfred T. Moleah (Disa Press, 1983, Wilmington, USA) relate la lutte pour l'indépendance menée par la SWAPO. Sans doute serez-vous intéressé par l'autobiographie de Sam Nujoma, *To Free Namibia : The Life of the First President of Namibia* (James Currey Publishers, R.U., 1995).

Littérature

La tradition littéraire namibienne est encore en gestation et ne saurait tarder à s'épanouir. Les ouvrages de fiction ayant pour cadre la Namibie sont souvent des romans d'aventure, tels l'excellent *Les Feux du désert* de Wilbur Smith paru en français aux Presses de la Cité (1994) sous le titre de *La Montagne de diamants* (tome 1) et, en anglais, *A Hooded Crow* de Craig Thomas.

Témoignages. A travers une série de lettres envoyées à son frère resté en Suisse, réunies sous le titre *Namibie : les derniers colons d'Afrique,* Christine von Garnier restitue le film des événements qui ont bouleversé les données de la vie politique et sociale namibienne (L'Harmattan, 1987).

Anthropologie

Pasteurs habitant le Kaokoland, les Himba tentent de survivre malgré la sécheresse qui a décimé, en partie, leur bétail. *Himba : peuple nomade de Namibie*, de Margaret Jacobson, prises de vues de Peter et Beverly Pickford, est un témoignage photographique sur une des dernières ethnies nomades, en sursis (Éd. Peuples et continents, 1991). Éric Robert et Sylvie Bergerot présentent notamment les coutumes ancestrales épargnées de cette ethnie, dans *Himbas : tribu de Namibie* (Denoël, coll. Planète, 1989).

Guides d'histoire naturelle

Jean-Paul Roux, avec les photographies d'Éric Robert et de Sylvie Bergerot, offre avec *Namibie, un désert vivant* (Denoël, coll. Planète, 1989) les paysages du désert du Namib, qui présente une faune et une flore très diversifiées et encore intactes.

Jacqueline Ripart, dans *J'irai jusqu'au bout du monde : une vie avec les chevaux* (Belfond, 1994), décrit l'extraordinaire itinéraire d'une jeune fille éprise d'aventure, d'Aix-en-Provence au désert du Namib, bravant tous les dangers pour suivre la piste des chevaux sauvages et se faire accepter parmi eux.

En anglais, *Namib Flora : Swakopmund to the Giant Welwitschia via Goanikontes*, de Patricia Craven et Christine Marais (Gamsberg, Windhoek, 1986), remarquable petit ouvrage, vous permettra d'identifier les plantes du parc de Namib-Naukluft. *The Namib – Natural History of an Ancient Desert*, de Mary Seely (Shell Guides Namibia, Windhoek, 1993) est un guide utile écrit par la directrice du Centre de Recherche du Désert.

Guides de voyage

La liste ci-dessous n'offre malheureusement qu'un seul titre en français, le *Grand guide de la Namibie* (Gallimard), richement illustré. En anglais, *Guide to Backpacking & Wilderness Trails* de Willie et Sandra Olivier (Southern Book Publishers, Johannesburg, 1989) décrit des itinéraires de randonnée en Afrique du Sud et en Namibie. *Guide to Namibian Game Parks*, de Willie et Sandra Olivier (Longman Namibia Ltd, Windhoek, 1993) renseigne sur tous les parcs nationaux, les réserves et autres domaines protégés du pays. Il fournit des cartes et des conseils utiles sur l'observation de la faune. *Visitors' Guide to Namibia* de Willie et Sandra Olivier (Southern Book Publishers, Halfway House, Afrique du Sud, 1994), petit ouvrage passionnant, traite presque exclusivement de l'histoire naturelle et des sites intéressants, mais il est peu documenté sur le plan pratique et culturel.

En allemand, *Namibia und Botswana*, de Karl-Günther Schneider et Bernd Weise (DuMont Büchverlag, Köln, Allemagne, 1991), foisonne en informations sur l'histoire politique, les arts et la culture ainsi que sur les sites intéressants. La partie concernant la Namibie est particulièrement solide.

Toujours dans la langue de Goethe, *Reise-Handbuch Namibia* éditions Michael Iwanowski, réactualisé chaque année), donne d'excellentes informations culturelles et des tarifs clairement précisés.

Publications diverses

Là encore, les titres proposés sont en anglais. *Kaokoveld – the Last Wilderness*, d'Anthony Hall-Martin, J. du P. Bothma et Clive Walker (Southern Book Publishers, Johannesburg, 1988), recueil grand format, présente des photos superbes qui vous feront prendre sur le champ le chemin du nord-ouest de la Namibie.

National Atlas of South-West Africa, de J.H. van der Merwe (University of Stellenbosch, 1983), bien qu'un peu dépassé aujourd'hui, reste un puits d'informations utiles. *This is Namibia*, de Peter Joyce et Gerald Cubitt (Struik, Le Cap, 1992), beau livre grand format, contient de belles photos, accompagnées d'un texte clair, concis et richement documenté. *Skeleton Coast*, d'Amy Schoeman (Macmillan South Africa, Johannesburg, 1984) mérite également un coup d'oeil.

CARTES

Des cartes topographiques et des photos aériennes sont disponibles auprès de l'Office of the Surveyor General (☎ 2852332 ou 238110), Ministry of Justice, Private Bag 13267, Windhoek. Le bureau est situé dans le Ministère de la Justice, à côté de la poste centrale, sur Independence Ave. Au 1/250 000, les cartes coûtent 2 $US et au 1/50 000 1,50 $US.

La carte *Shell Namibia 1994* se montre sans doute la plus indiquée pour circuler sur les petites routes, mais elle ne fait pas ressortir clairement les chemins négociables uniquement en 4x4, et Caprivi n'apparaît qu'en cartouche à petite échelle. Au verso figure le meilleur plan existant de Windhoek. Shell a également publié une bonne carte du nord-ouest de la Namibie, *Kaokoland-Kunene Region Tourist Map*, qui répertorie l'ensemble des routes et des chemins de cette région isolée. Elle est en vente dans les librairies et les offices du tourisme à 2 $US ou 3 $US.

La *Namibia Travellers' Map* de Macmillan, au 1/2 400 000, se présente comme l'une des plus belles, l'impression est claire et une gradation de couleurs marque les niveaux d'altitude. Toutefois, elle ne recense pas les petites routes et elle contient quelques erreurs importantes. Le verso porte des plans convenables de Windhoek, Swakopmund, Lüderitz, Walvis Bay ainsi que des parcs nationaux d'Etosha et de Namib-Naukluft.

Le MET édite la carte *Republic of Namibia* au 1/2 000 000, qui comprend les grandes routes et les sites présentant un intérêt touristique ; elle suffit pour la plupart des voyages dans le pays. Mise à jour à peu près tous les ans, elle est distribuée gratuitement dans les offices du tourisme, les hôtels et les agences de voyages. Le verso arbore des plans détaillés de Windhoek et de Swakopmund.

L'Automobile Association Travel Service (☎ (061) 224201 ; fax (061) 222446) a fait paraître la carte *Namibia* au 1/2 500 000, qui inclut la plupart des petites routes et des villages, bien que de grands pans du pays, tels le Kaokoveld et le Bushmanland, soient laissés en blanc. Très utile, la hiérarchie des localités est établie non selon leur population, mais en fonction de l'existence de services comme l'hébergement, l'essence et les garages. Le verso intègre plusieurs plans de ville. Le bureau de l'AA se trouve au rez-de-chaussée du Carl List Building, à l'angle de Peter Müller Strasse et d'Independence Ave. Pour retirer une carte auprès de l'AA, il faut être membre d'une filiale de l'Automobile Association.

Librairies. Pratiquement toutes les librairies namibiennes comprennent un rayon d'ouvrages consacrés à la Namibie et à l'Afrique. Windhoek possède plusieurs bonnes librairies, dont deux succursales de la chaîne sud-africaine CNA. Elles vendent une vaste gamme allant des journaux et des magazines aux dictionnaires. Toutes comportent des rayons séparés pour les écrits en afrikaans, en allemand et en anglais. Swakopmund propose également un bon choix de librairies. Dans les petites localités, les supermarchés et les bazars disposent en général d'un assortiment de romans à sensation.

MÉDIAS

Journaux et magazines

Sur les sept principaux journaux en anglais, six sont édités à Windhoek : *The Windhoek Advertiser*, qui paraît du lundi au jeudi et le samedi, le *Namibia Today* bihebdomadaire, *The Times of Namibia*, publié en semaine comme *The Namibian*, le *Windhoek Observer*, en vente le samedi, et le *New Era*, journal appartenant au gouvernement. Le septième, *The Namib Times*, est publié à Walvis Bay et paraît deux fois par semaine. Les périodiques en allemand comprennent le quotidien *Allgemeine Zeitung* et le *Namibia Nacrichten*, qui sort le dimanche.

Le nombre de journaux reflète la politique de liberté de la presse de la Namibie. Malheureusement, la rubrique internationale laisse quelque peu à désirer. Les quotidiens sud-africains, aisément disponibles, couvrent mieux l'actualité mondiale.

La publication mensuelle *Namibia Review* se distingue surtout dans les sujets

NAMIBIE

politiques, culturels et économiques nationaux. Elle est disponible sur abonnement auprès de Namibia Review (☎ (061) 222246 ; fax (061) 224937), Ministry of Information & Broadcasting, Private Bag 11334, Windhoek.

Le *Flamingo*, magazine distribué à bord des vols d'Air Namibia, traite de thèmes touristiques, culturels et artistiques. On peut également s'y abonner auprès de Flamingo (☎ (27-11) 463 3350), PO Box 98034, Sloane Park 2152, Afrique du Sud. Pour vous renseigner à Windhoek, contactez M. Cornel du Plessis dont le numéro de téléphone vous sera fourni par Air Namibia.

Pour s'abonner au *Monde* hebdomadaire, rentrez en contact avec la rédaction du journal avant de partir. En outre, une sélection de magazines français sont disponibles en consultation à l'ambassade de France ainsi qu'à l'Alliance française. Divers périodiques européens, dont les quotidiens londoniens, l'*International Herald Tribune*, le *Washington Post* ainsi que plusieurs grands journaux allemands, sont en vente à Windhoek et à Swakopmund, où l'on trouve également un vaste choix de magazines tels *Der Spiegel*, *The Economist*, *Time* et *Newsweek*.

Radio et télévision

La Namibian Broadcasting Corporation (NBC) gère neuf stations de radio qui émettent sur différentes fréquences en douze langues. La radio nationale fonctionne 24h sur 24 ; les bulletins d'information sont diffusés toutes les heures de 6h à 13h en semaine, le samedi à 7h, 8h, 11h, 13h, 18h, 19h, 21h, 22h, 23h et minuit, le dimanche à 8h, 11h, 13h, 19h, 21h, 22h et minuit. Il existe également des bulletins en allemand.

La chaîne de télévision NBC émet en anglais et en afrikaans de 17h à 23h en semaine, plus tard le vendredi et le samedi. Le dimanche, elle passe des émissions religieuses de 11h à 13h, puis reprend les programmes à partir de 15h. Les actualités sont diffusées à 20h tous les soirs.

Seuls les grands hôtels possèdent des chambres équipées de TV (avec accès à CNN). Toutefois, certains petits établissements proposent la TV en option. Avec une antenne parabolique, on peut recevoir la chaîne francophone TV5 par le satellite.

SEULE EN VOYAGE

A Windhoek et dans les autres centres urbains, le port de shorts et de robes ou de chemisiers sans manches ne pose pas problème. Même dans les villages, les tenues occidentales commencent à se répandre. Toutefois, dans les anciens territoires tribaux ou dans les missions du nord, optez pour des jupes couvrant les genoux ou des pantalons amples. Les vêtements de plage n'offenseront pas à Swakopmund, mais seraient peu appropriés ailleurs.

Sur le plan de la sécurité, les femmes voyageant seules devraient rencontrer peu de difficultés, mais, bien sûr, un minimum de bon sens s'impose. Dans la journée, une femme peut en général circuler en ville sans danger, encore que, ces dernières années, le nombre de viols et d'agressions ait augmenté dans la capitale. A Windhoek, prenez toujours un taxi la nuit et ne vous promenez pas seule dans les quartiers isolés quelle que soit l'heure du jour ou de la nuit. Dans les townships, faites-vous indiquer par les habitants les secteurs à éviter.

Quant au stop, la Namibie est sans doute plus sûre que l'Europe et nettement moins dangereuse que l'Amérique du Nord. Il reste préférable d'essayer de faire du stop en compagnie d'un homme, ou au moins d'une autre femme, cela dit, le plus grand danger viendra des chauffeurs en état d'ébriété.

DÉSAGRÉMENTS ET DANGERS

A Swakopmund, la garde présidentielle campe sur le trottoir près du palais d'été lorsque le président y réside. A en juger par quelques incidents, les gardes semblent avoir la gâchette facile et mieux vaut les éviter.

Si vous vous dirigez vers Lüderitz en venant de l'est, ne vous approchez pas de la Sperrgebiet, la zone diamantifère interdite. Les patrouilles armées peuvent faire de l'excès de zèle et elles risquent de ne pas poser de questions. Cette zone se trouve immédiatement au sud de la route A4 Lüderitz-Keetmanshoop, elle continue jusqu'à l'ouest d'Aus et de là, la limite de la Sperrgebiet part au sud vers l'Orange.

A part dans le centre de Windhoek et dans deux ou trois localités du nord, le vol ne fait pas de grands ravages dans le pays. Cependant, il est certain que Windhoek connaît une augmentation des larcins et des agressions. Évitez de vous promener seul la nuit et si vous portez des objets de valeur, cachez-les.

Le vol dans les campings, même ceux censés être gardés, est un problème particulièrement pénible. A Swakopmund, à Grootfontein et, dans une moindre mesure, à Tsumeb, des gangs organisés sévissent dans les campings. On ne peut rien laisser dans les véhicules, notamment à Grootfontein, où les tentes sont souvent cambriolées alors que leurs occupants dorment à l'intérieur.

Le Kavango et Caprivi sont infestés de moustiques, aussi faut-il prendre toutes les précautions antipaludéennes adéquates. La bilharziose affecte le Kunene, l'Okavango ainsi que le réseau fluvial Kwando-Mashi-Linyanti-Chobe, et il est préférable de ne pas se baigner. La mouche tsé-tsé, présente dans l'est de Caprivi, est particulièrement active au crépuscule. Tous les fleuves du nord abritent d'importantes populations de crocodiles présentant un danger pour les baigneurs, les pêcheurs et les canoéistes. On y trouve aussi un grand nombre d'hippopotames qui peuvent s'en prendre aux bateaux même s'ils ne sont pas attaqués. Enfin, histoire d'ajouter une petite note guillerette, la lèpre est une maladie relativement répandue dans le Nord, et Rundu possède un grand hôpital pour les lépreux.

TRAVAILLER EN NAMIBIE

Les possibilités restent limitées, mais certaines personnes arrivent à trouver un emploi. La politique officielle consiste à accepter uniquement les investisseurs étrangers qui veulent créer une entreprise en Namibie ou ceux possédant des qualifications et un savoir-faire non disponibles dans le pays. Si on vous propose un emploi, vous (ou mieux, votre futur employeur) devez obtenir un permis de résidence temporaire auprès du Ministry of Home Affairs (☎ (061) 398 9111 ; fax (061) 223817), Private Bag 13200, Windhoek. On vous demandera alors un extrait de votre casier judiciaire, un bilan de santé, vos diplômes et un certificat de mariage le cas échéant, le tout traduit en anglais par un traducteur assermenté.

Si vous êtes intéressé par l'investissement ou la création d'entreprise en Namibie, adressez-vous à l'Investment Centre, Ministry of Trade & Industry (☎ (061) 220241), Third Floor, Government Offices, Private Bag 13340, Windhoek, ainsi que le Poste d'expansion économique attaché à l'ambassade de France sur place.

A NE PAS MANQUER

A la riche fresque des cultures africaines s'est superposée une infrastructure moderne rappelant l'héritage colonial allemand et sud-africain. L'angle germanique ajoute une dimension insolite : dans quel autre pays pourrait-on se perdre dans la contemplation de flamants survolant le désert tout en mangeant du *sachertorte* ?

Etosha National Park. Troisième parc du monde, Etosha vous laissera un souvenir ébloui. Il entoure un vaste pan salé qui s'emplit parfois d'eau et attire alors de grands vols de flamants. Le bushveld environnant est ponctué de points d'eau où l'on peut s'asseoir et observer la faune. Etosha possède trois rest camps dont un étonnant, Namutoni, fort colonial allemand blanchi à la chaud.

Le Namib. Aucun reportage sur la Namibie ne serait complet sans une photo du déferlement flamboyant des dunes rouges et roses caractéristiques du désert dont le pays tire son nom. La plupart des voyageurs visitent l'oasis de Sossusvlei, pan désertique entouré de dunes gigantesques contenant de l'eau de temps à autre. Le nord du Namib, plus plat et rocailleux, s'émaille de massifs isolés surgissant des plaines.

Fish River Canyon . Il compte sans aucun doute parmi les sites naturels les plus spectaculaires d'Afrique. Souvent comparée au Grand Canyon américain, cette immense gorge de 161 km de long atteint des largeurs de 27 km et s'enfonce à près de 550 m. Ai-Ais vous plonge dans les délices des sources chaudes, des soins de beauté et des massages.

Lüderitz. Le sud isolé et aride du Namib étale une extraordinaire palette de pastels dont la "petite Bavière" permet commodément de profiter. Lüderitz est située à la limite nord de la riche Sperrgebiet. Non loin, la ville morte de Kolmanskop disparaît peu à peu sous les dunes.

Caprivi National Park & Game Reserve. La bande de Caprivi, étroit couloir qui s'étire à l'est vers le Zimbabwe et la Zambie, comprend trois petits parcs et réserves isolés – Mudumu, Mamili et Mahango –, où vous découvrirez le côté verdoyant de la Namibie. Les rives luxuriantes de l'Okavango et des rivières Kwando-Mashi-Linyanti-Chobe vous offriront de nombreuses occasions d'observer la faune des marécages.

Parc du plateau deWaterberg. Merveilleux endroit où se détendre et jouir du vaste panorama, ce petit parc accueille les espèces africaines en voie d'extinction telles que le rhinocéros blanc. Les visiteurs peuvent pratiquer la randonnée ou explorer la réserve du haut plateau grâce aux excursions en voiture organisées.

Kaudom Game Reserve. Sauvage et difficile d'accès, ce parc situé dans le Nord-Est est un cadeau inattendu. Il pullule de toutes les espèces animales vivant en Namibie et il est si peu visité que vous l'aurez sans doute pour vous tout seul. Il n'est accessible qu'en 4x4.

Swakopmund. Le port de Swakopmund, avec sa longue plage, fait plus vacances que Lüderitz. On y parle allemand et il regorge de bâtiments coloniaux, de petits *konditorei* et également de cafés-jardins.

La Skeleton Coast et le Damaraland. Les rivages noyés de brumes de la célèbre côte des Squelettes ont englouti bien des navires et leurs équipages. Ne manquez pas de visiter la réserve de Cap Cross, vous n'aurez pas de meilleure occasion de voir des otaries à fourrure du Cap. Les vastes espaces du Damaraland abritent une large variété d'espèces du désert, hors de toute réserve protégée. Les attraits de la région comprennent l'imposant Spitzkoppe, le massif du Brandberg et ses nombreuses peintures rupestres, les gravures sur roche de Twyfelfontein ainsi que la forêt pétrifiée et la montagne brûlée, merveilles géologiques.

Windhoek. La capitale de la Namibie offre un mélange d'architecture allemande et post-moderne style "gâteau d'anniversaire" : la majeure partie du centre-ville ressemble à une friandise. Çà et là, au milieu des tours aux couleurs bizarres et des immeubles de bureaux, sont égarés de splendides édifices coloniaux datant de la fin du XIXe siècle et du début du XXe siècle. C'est une ville attrayante implantée dans un beau cadre naturel de chaînes montagneuses arides couvertes d'aloès.

HÉBERGEMENT

La variété de l'hébergement permet de satisfaire toutes les catégories de budgets : hôtels, rest camps, campings de tentes et de caravanes, guest farms, auberges de jeunesse, B&B, pensions et safari lodges. La plupart des établissements sont classés suivant un système d'étoiles lesquelles sont attribuées sur la base d'inspections régulières réalisées par le ministère de l'Environnement et du Tourisme. La classification T désigne les établissements orientés essentiellement vers le tourisme étranger. Les hôtels munis d'un restaurant se voient allouer un Y : YY dénote une licence limitée à la restauration, tandis que YYY signale une licence complète. Un annuaire est disponible auprès des offices du tourisme et des agences de voyages.

L'hébergement et la restauration sont assujettis à une taxe de 11%, incluse dans les prix indiqués. Certains hôtels pratiquent des tarifs spéciaux hors saison : n'hésitez pas à vous informer des réductions éventuelles.

Pour les renseignements et les réservations concernant les guest farms et les safaris lodges, contactez l'agence centrale des réservations, le Lodge & Guest Farm Reservation Service (☎ 226979 ; fax 226999), PO Box 21783, Windhoek.

Camping

La plupart des villes possèdent des terrains de camping et de caravaning. Les tarifs s'appliquent en principe à l'emplacement, loué pour un maximum de huit personnes et de deux véhicules. Certains campings disposent également de bungalows ou de rondavel, ainsi que d'une piscine, d'un restaurant et d'un magasin. Il n'existe pas de bureau central des réservations, mais les campings privés et municipaux sont rarement complets.

Dans les parcs nationaux, le camping est limité aux aires conçues à cet effet. Camper dans le bush sur les terrains publics est interdit sans une autorisation spéciale. Le MET fait respecter ce règlement à la lettre et il est préférable de ne pas fâcher cet organisme. L'encadré *Les campings, les rest camps et les complexes touristiques du MET* vous fournira de plus amples renseignements. Pour s'installer sur les terrains privés ou communaux, il faut obtenir l'autorisation du propriétaire ou du village concerné.

Auberges de jeunesse

Il existe à présent plusieurs Hostelling International Hostels et auberges de jeunesse privées à Windhoek et à Swakopmund. D'autres sont prévus, dont une auberge de jeunesse privée à Rundu dans un proche avenir. Ils fournissent un hébergement en dortoir et la possibilité de faire la cuisine à des prix très raisonnables, allant de 6 $US à 10 $US par personne.

Hôtels

La classification s'applique à tous les établissements, des plus petites pensions aux grands hôtels.

Dans les une-étoile, au moins un quart des chambres doit être équipé d'une salle de bain ou d'une douche, et au moins une salle de bain commune ou des sanitaires doivent être prévus pour huit lits. Ces établissements fournissent un hébergement simple, propre et confortable, avec une bonne literie et des serviettes, à des tarifs allant d'environ 19 $US à 25 $US (de 70 $N à 90 $N) pour une double, petit déjeuner compris. Ils sont plus chers à Windhoek, à Swakopmund et à Lüderitz. Tous possèdent un petit restaurant et un bar, mais peu proposent des extras tels que la climatisation.

Dans les deux-étoiles, au moins la moitié des chambres est munie d'une salle de bain, et les installations communes portent sur sept chambres. Ces hôtels doivent être dotés d'un chauffage, d'une réception ouverte 14 heures par jour, et d'un chef à plein temps. La classification deux-étoiles est la plus courante et englobe une vaste gamme d'établissements. Les prix démarrent à environ 27 $US (100 $N) et grimpent jusqu'à 54 $US (200 $N) pour une double dans des hôtels comme The Strand à Swakopmund.

Les quelques trois-étoiles sont tenus aux normes internationales minimum : salles de bain privatives, chauffage, moquette, salles communes, réception ouverte 24h sur 24, service dans les chambres et restaurant. Ils louent les doubles à partir d'environ 54 $US (200 $N).

Il existe pour l'instant un seul quatre-étoiles – le Kalahari Arms, à Windhoek – mais d'autres sont en projet. Pour entrer dans cette catégorie, l'hôtel doit être un palace climatisé, muni de tous les équipements d'un trois-étoiles, plus un salon, un service de garage des voitures et des services auxiliaires destinés aux hommes d'affaires et aux diplomates.

Le mot "Garni" dans le nom d'un établissement indique un service de restauration limité au petit déjeuner.

Guest farms

Un nombre grandissant de fermes privées s'ouvrent au tourisme et donnent un aperçu du mode de vie rural des Blancs. Souvent, une grande partie des terres a été transformée en réserve, offrant aux visiteurs de nombreuses occasions d'observer la faune. Quelques fermes sont devenues des réserves de chasse.

La tendance s'est accentuée à la suite de la récente sécheresse, qui a incité de nombreux propriétaires à se tourner vers le tourisme, et il est difficile de suivre le rythme. Les fermes principales sont décrites dans cet ouvrage. La brochure *Namibia - Accommodation Guide for Tourists*, disponible dans la plupart des hôtels et des offices du tourisme de Namibie, en donne la liste complète.

La classification appliquée aux guest farms va de une à trois étoiles. En général plus chères que les hôtels, elles disposent rarement de plus de six chambres, d'où la nécessité de réserver très à l'avance. Les propriétaires s'attachent à offrir un service

Les flamants

Les flamants affluent en grand nombre dans les pans du Botswana et de Namibie, ainsi qu'aux environs des plans d'eau de la côte namibienne, notamment dans la région de Walvis Bay et de Sandwich Harbour. Ils sont particulièrement attirés par les algues et les crustacés qui prolifèrent dans les lacs temporaires du delta de la Nata au Botswana et des pans d'Etosha en Namibie. Ils ont une remarquable capacité de vol et peuvent franchir jusqu'à 500 km en une nuit.

Les flamants sont munis d'un système complexe et sophistiqué pour filtrer la nourriture puisée dans les lacs salés hautement alcalins (et toxiques), l'eau de mer et les pans saumâtres. Les petits flamants filtrent les algues et les diatomées en aspirant et en expulsant l'eau vigoureusement par le bec plusieurs fois par seconde. Les particules microscopiques sont prises dans de fines saillies semblables à des cils qui couvrent l'intérieur des mandibules. La succion est produite par l'épaisse langue charnue située dans un repli de la mandibule inférieure fonctionnant à la façon d'un piston. D'après les estimations, un million de petits flamants peuvent consommer plus de 180 tonnes d'algues et de diatomées par jour.

Les grands flamants, quant à eux, vont chercher leur nourriture en profondeur. Aux algues, ils ajoutent les petits mollusques, les crustacés et autres particules organiques enfouis dans la vase. Tout en mangeant, ils tournent en cercle en tapant des pieds, apparemment pour faire sortir leurs proies de leur cachette.

On distingue les grands et les petits flamants à leur couleur. Les grands flamants ont un plumage blanc à rose pâle, et un bec blanchâtre à l'extrémité noire. Les petits flamants d'un rose plus intense, souvent rougeâtre, ont un bec rouge foncé. ■

personnalisé, et souvent un certain luxe rural au charme vieillot.

Lors de la réservation, à effectuer toujours à l'avance, assurez-vous que la ferme ne fait pas uniquement réserve de chasse (à moins que vous ne soyez un chasseur, bien entendu). Quelques-unes ont une "saison de chasse" fixe, mais sont ouvertes aux activités découverte de la faune et photo à d'autres époques de l'année.

Le problème majeur est le soin que prennent les propriétaires d'enfermer les animaux sauvages en enclos comme dans un zoo, pratique curieuse dans la mesure où la plupart des fermes font partie de vastes game ranches où la place ne manque certes pas. Si suffisamment de visiteurs montrent leur étonnement, peut-être les propriétaires se rendront-ils compte que les étrangers préféreraient voir les animaux en liberté.

Safaris lodges

Dans ce secteur également, la création de nouveaux établissements va bon train. Les safaris lodges sont, pour la plupart, installés dans de grands ranchs privés et proposent un hébergement luxueux assorti d'une succulente cuisine internationale. Ils présentent des avantages par rapport à leurs équivalents zimbabwéens et botswanais. Avant tout, ils ne pratiquent pas des prix multiples, aussi les étrangers et les Namibiens paient-ils les mêmes tarifs raisonnables. Une nuit dans un lodge à l'extérieur

Les campings, les rest camps et les complexes touristiques du MET dans les parcs nationaux

Les rest camps et les complexes touristiques gérés par le ministère de l'Environnement et du Tourisme fournissent un hébergement d'un excellent rapport qualité/prix. La rubrique *Permis et hébergement* du chapitre *Présentation du pays*, dans la partie *Namibie*, vous renseignera sur les réservations.

Les emplacements de camping des parcs nationaux et des rest camps peuvent accueillir huit personnes, et coûtent de 3 $US pour une aire non aménagée à 7 $US pour un emplacement dans un grand rest camp, avec accès à une piscine, à un magasin, à un restaurant, à une cabine téléphonique et à des installations d'ablutions bien entretenues.

Le MET propose plusieurs autres possibilités d'hébergement. La plupart des complexes sont pourvus d'un restaurant et d'un magasin. Les draps, les serviettes et le savon sont en principe fournis, mais les clients doivent apporter leur vaisselle et matériel de cuisine. On peut occuper l'hébergement de midi le jour de l'arrivée à 10h le jour du départ.

Les prix sont déterminés en fonction du nombre de chambres, de lits et du niveau de luxe. Par exemple, un appartement de quatre lits, avec possibilité de faire la cuisine, des sanitaires et une douche chaude, se loue 35 $US. Une case de quatre lits avec installations communes et aire de cuisine revient à 21 $US. Les bungalows de deux/cinq lits avec cuisine, sanitaires et douches coûtent 16/33 $US. Une chambre dortoir de dix lits vaut 16 $US seulement. L'option la plus chère se trouve à Terrace Bay, dans le parc de la côte des Squelettes, où l'hébergement en simples/doubles, comprenant toutes les installations, coûte 44/68 $US, repas inclus.

Les résidents namibiens bénéficient d'une réduction de 20% sur les prix d'entrée des parcs (mais pas sur les coûts des véhicules ou d'hébergement) dans tous les complexes du MET. Pendant les vacances scolaires, les séjours sont limités à trois nuits dans les camps du parc d'Etosha, et à dix nuits dans tous les autres camps. Les animaux domestiques sont interdits dans les parcs nationaux, mais il existe des chenils aux entrées de Daan Viljoen, du barrage de Von Bach, de Gross-Barmen, d'Ai-Ais et du barrage d'Hardap. ■

du parc d'Etosha vous coûtera le tiers de ce que vous paieriez dans le delta de l'Okavango. En outre, les prix sont d'ordinaire fixés par personne, sans supplément simple, ainsi les voyageurs seuls ne sont pas pénalisés.

ALIMENTATION

Cuisine traditionnelle

Chaque communauté ethnique a ses propres préférences. Par exemple, les Ovambo du nord privilégient le *mielie pap*, le même porridge de maïs qu'au Zimbabwe, au Botswana et dans toute l'Afrique. Leur deuxième mets favori, le *mahango* (millet), se prépare en porridge ou en soupe. Ces préparations accompagnent en général un ragoût de bœuf, de mouton, de chèvre ou de poisson mijoté dans un *potjie*, marmite noire à trois pieds. Les potirons, les poivrons et les oignons figurent également en bonne place dans la cuisine ovambo.

Les Nama apprécient particulièrement le *!nara*, (*Acanthosicyos horrida*), melon rond épineux, parent des concombres, qui pousse là où il peut exploiter les nappes d'eau souterraines. Il croît dans les vignes le long des cours d'eau. Il est préparé en gâteau au goût sucré naturel, séché dans de la farine, ou écrasé et mis à fermenter pour donner une bière. Ses racines auraient des vertus médicinales. On le trouve dans la vallée inférieure de la Kuiseb.

Le !nara (le point d'exclamation se prononce comme un clic glottal) jouait un rôle de premier plan dans la culture du peuple nama. Tous les ans, à l'époque de la cueillette, on peut voir des charrettes tirées par des ânes, débordant des melons que les Nama ramènent au village pour les faire sécher. Les graines sont ensuite retirées et séchées pour être mangées. La pulpe est étalée sur le sable et accommodée en un gâteau un peu difficile à mâcher, qui se conserve bien. Le !nara semble avoir été ainsi utilisé depuis des siècles et le musée de Swakopmund dispose d'une liste complète de ses emplois.

Autrefois, les Herero se nourrissaient principalement de produits laitiers tels le lait caillé et le beurre. Ils en consomment toujours, mais aujourd'hui, leur alimentation est surtout axée sur le mielie, la viande et les haricots noirs.

L'alimentation traditionnelle des San dépendait de leurs déplacements et du cycle des saisons. Elle se composait essentiellement de plantes du désert – fruits sauvages, noix, baies et tubercules – ainsi que d'œufs d'oiseaux (notamment d'autruches, un seul suffisant à nourrir tout le clan), de lézards, de sauterelles et du gibier tué avec des petites flèches empoisonnées.

Cuisine européenne

A l'extérieur de Windhoek et de Swakopmund, les restaurants ne cherchent pas à donner dans la gastronomie. Les hôtels servent trois repas, mais les menus, en général à base de viande, ne font pas preuve d'une grande originalité.

Offrez-vous un festin dans un konditorei où vous vous délecterez d'*apfelstrüdel*, de *sachertorte*, de *Schwartzwälder kirschtorte* et autres savoureuses pâtisseries. Gathemann's, à Windhoek, et Anton's, à Swakopmund, sont des institutions nationales. Windhoek, Swakopmund, Lüderitz et plusieurs autres villes s'agrémentent d'agréables cafés et petites cafétérias. Essayez également les koeksesters et *melktart* afrikaners. Vous apprécierez sans doute aussi les délicieux, mais chers, chocolats à la liqueur Springer fabriqués à Windhoek.

Les petits déjeuners cuisinés comprennent toujours du bacon et des boerewors ou "saucisses du fermier", et ne vous étonnez pas de voir quelque chose de bizarre – des rognons au curry, par exemple – accompagner vos œufs.

Les hôtels servent d'ordinaire un petit déjeuner cuisiné avec céréales et toasts, et la plupart des grands établissements incluent un petit déjeuner buffet dans le prix de la chambre. Aux composants classiques du breakfast anglais, ils ajoutent parfois des kippers (harengs fumés), du porridge, divers pains allemands, de la viande froide, des céréales et des fruits. Si vous profitez pleinement du buffet, vous devriez pouvoir vous passer de manger jusqu'au soir.

Les en-cas se montrent la formule la plus économique au déjeuner. Parmi les favoris, signalons les fish & chips, les pâtés en croûte et les sandwiches faits avec du *brötchen* ou "petit pain".

Au dîner, la viande, en général le bœuf, tient la première place et les restaurants servent des morceaux de choix. Un énorme tournedos vous coûtera dans les 8 $US. Quant au poisson, presque toujours du hareng, mieux vaut en manger à Swakopmund ou Lüderitz, où il devrait être frais. Le poulet s'accompagne en général d'une sauce peri-peri très épicée.

Fruits et légumes

La petite récolte de fruits et légumes mûrit en hiver, à peu près de mai à septembre. Aux autres époques, ils doivent être importés d'Afrique du Sud et sont vendus à des prix élevés. Les Namibiens sont donc peu accoutumés aux produits agricoles frais et la cuisine végétarienne n'a pas fait beaucoup d'adeptes. Les pommes de terre se servent en général sous forme de frites et les légumes verts, rarement au menu, sortent souvent d'une boîte ou du congélateur.

Les légumes frais les plus appréciés comprennent les *gems squash*, petites courges vertes savoureuses, les potirons et les *butternut squash* (courge à chair douce) qui ressemblent à des gourdes. Parmi les fruits, généralement chers, citons les oranges, délicieuses pendant la saison, et les papayes, dans la région de Kavango, dont la cueillette s'effectue à l'aide d'une perche de six mètres et d'un panier pour les attraper. Elles sont servies avec une pointe de citron ou de lime.

On peut acheter des fruits en gros dans les supermarchés de Windhoek, au marché en plein air de Tal Strasse ou chez l'un des grossistes du North Windhoek Industrial Estate. Dans le nord, et parfois dans d'autres régions, les échoppes au bord des routes vendent des fruits.

Faire son marché

Toutes les grandes agglomérations possèdent au moins un supermarché approvisionné en articles de première nécessité. A mesure que l'on s'éloigne de Windhoek, les prix des produits d'alimentation augmentent, aussi prévoyez de faire vos provisions avant de partir explorer le pays. Beaucoup de localités sont pourvues de petits magasins, appartenant souvent à des Portugais, où l'on trouve de tout, des aliments pour animaux au poulet rôti à la broche.

Les *slagtery* (boucheries) fournissent les meilleures viandes et saucisses, ou *wors*. Le biltong (viande séchée) de bœuf ou de *wildsbiltong* (en général de gemsbok ou d'autruche) est vendu sous diverses formes et tailles. Il existe également un grand choix de viandes fumées et de salamis allemands ainsi qu'un produit appelé *landjäger*. Très dur, il se ronge comme un os, mais il est bon marché, délicieux et dure longtemps.

Coûteux, le fromage fait preuve de peu de variété. L'Edam est le plus répandu. Les campeurs préféreront peut-être acheter de la fèta (fromage au lait de chèvre) en boîte, qui se conserve beaucoup plus longtemps que les fromages emballés sous plastique.

BOISSONS

Boissons sans alcool

L'eau du robinet se boit sans risque, mais dans certains secteurs, elle a un goût salé et peu agréable, notamment dans les régions du désert et d'Etosha. L'eau en bouteille, coûteuse, n'est vendue qu'en récipient d'un litre.

On peut se rabattre sur les jus de fruits. Les meilleurs, les jus Ceres, sont fabriqués en Namibie et 100% naturels. Liquifruit, d'origine sud-africaine, a également beaucoup de succès. Les deux marques proposent les saveurs abricot, pêche, mangue-ananas et autres combinaisons. Le jus de pêche mélangé à un vin pétillant fait un cocktail rafraîchissant. Les variétés les moins chères sont l'orange et la goyave.

Les établissements de vente à emporter servent du café et du thé ainsi qu'une tisane insipide, le *rooibos* (bush rouge), réputée avoir des vertus thérapeutiques. Windhoek et Swakopmund recèlent toutes deux de très beaux cafés.

Alcools

Tous les hôtels namibiens sont pourvus d'un bar et plusieurs grands établissements s'agrémentent d'un café-jardin. Beaucoup servent tant des repas que des boissons, mais certains n'ouvrent que le soir. Les bars des petits hôtels bon marché sont cependant moins sophistiqués. Vous ne trouverez de cocktails que dans les villes et les lodges. De nombreux cafés proposent du vin et de la bière. Le dimanche, en dehors des heures d'ouverture légales, seuls les bars des hôtels vendent des boissons alcoolisées.

Les alcools ne sont pas disponibles en supermarché, ils doivent être achetés dans les *drankwinkel* (magasins de vins et spiritueux) qui vendent également de la glace. Les heures d'ouverture habituelles sont, en semaine, de 8h à 18h, et le samedi, de 8h30 à 13h.

Bière. Le plus grand brasseur du pays, Namibia Breweries (anciennement South-west Breweries) fabrique la marque la plus populaire, Windhoek Lager, bière blonde légère et rafraîchissante, vendue en canettes et en bouteilles allant du *dumpi* de 375 ml à la "grande" bouteille de 500 ml. Un dumpi coûte de 0,75 $US à 1,25 $US dans un café-jardin. Dans les drankwinkel, les packs de 24 bouteilles valent quelque 10 $US. Namibia Breweries produit également la Windhoek Export, plus forte et plus amère, la Windhoek Special, légèrement âpre, la Windhoek Light, d'une teneur en alcool de 1,9%, mais tout de même très agréable, ainsi que la Guinness Extra Stout sous licence.

Son principal concurrent est Hansa, de Swakopmund. A l'extrême nord, la marque angolaise Cuca emporte les préférences au point qu'elle est aussi brassée à Swakopmund. Les bières sud-africaines, telles Lion, Castle et Black Label, sont très répandues.

Quand on campe dans le bush, une excellente façon de refroidir une boisson consiste à placer la canette ou la bouteille dans une chaussette trempée d'eau que l'on attache ensuite à une branche, voire au rétroviseur. Le contenu est rafraîchi par le processus d'évaporation.

Vin. On trouve un grand choix d'excellents vins sud-africains. La plupart des magasins de vente d'alcool disposent d'un large assortiment allant des bouteilles de 75 cl aux conteneurs de un à cinq litres et aux pichets économiques de un ou deux litres. Les vins rouges se distinguent particulièrement, notamment le cabernet et le pinot produits dans la région de Stellenbosch de la province du Cap. Nederberg Winery fabrique des vins remarquables, vendus en bouteilles de 25 et 75 cl.

Liqueur. Spécialité namibienne faite avec le fruit marula, la crème d'amarula rappelle un peu, mais en mieux, le Bailey's. Elle se sert frappée ou avec des glaçons.

Boissons traditionnelles. Dans les régions rurales de l'Ovamboland, de minuscules bars de fortune servent des boissons bon marché tels que le *mahango* (bière de millet), le *mataku* (vin de pastèque), le *tambo* ou *mushokolo* (bière faite d'une variété de petite graine), et le *walende*, provenant de la fermentation de la sève du palmier makalani et dont le goût évoque la vodka. Tous ces alcools, sauf le walende, sont fabriqués le matin et bus le jour même. Ils se vendent à un prix dérisoire, environ 0,10 $US le verre, et certains, notamment le mahango, sont excellents.

DISTRACTIONS

Bien entendu, la capitale en ce domaine est Windhoek dont les bars, les discothèques et les night-clubs satisferont tous les goûts. Elle propose également des cinémas, des pièces de théâtre, des concerts et des manifestations sportives.

La station balnéaire de Swakopmund, avec ses discothèques et son atmosphère de vacances, se taille un franc succès auprès de la jeunesse dorée namibienne.

Dans le Nord, les centaines de cuca shops, de bush bars, de bottle shops, de discothèques et de night-clubs au bords des routes fournissent l'animation.

Dans les bush bars, on se détend et on discute autour d'un verre de *mahango*, de *tambo* ou autre boisson traditionnelle, réunions auxquelles prennent part tant les hommes que les femmes, particulièrement dans l'Ovamboland.

ACHATS

Les souvenirs vont des bibelots africains kitsch et de l'art d'aéroport aux magnifiques paniers ovambo et sculptures sur bois kavango. La plupart des produits vendus dans Post Street Mall, à Windhoek, viennent du Zimbabwe. Vous verrez les mêmes à Victoria Falls, à des prix nettement inférieurs. Sur la nationale entre Rundu et Grootfontein, de nombreuses échoppes installées au bord de la route vendent des objets de fabrication locale, par exemple, des petits tapis tissés, des paniers ou de jolis avions et hélicoptères en bois, spécialité kavango.

Tambours ngoma – faits du bois de l'arbre mutiti

A Rundu et dans d'autres territoires du Nord-Est, vous pourrez admirer l'art traditionnel san : arcs et flèches, perles en œufs d'autruche, sacs en cuir et bijoux faits de graines et de noisettes.

Les teintes pastel du Namib offrent une inépuisable source d'inspiration aux artistes de la région. De nombreuses galeries de Windhoek et de Swakopmund exposent leurs peintures et leurs sculptures. De belles pièces sont fabriquées, souvent sur commande, en laine de karakul, tels des petits tapis, des tentures murales et des textiles. A Windhoek, centre de l'industrie du cuir de luxe, vous trouverez des articles de qualité, allant des ceintures et des sacs à main aux superbes vestes faites sur mesure. Attention, cependant, aux produits en crocodile ou autres espèces protégées. Notez également que les chaussures confortables appelés *Swakopmunders* sont en peau de koudou. Plusieurs magasins ont à présent cessé d'en vendre.

Achats très appréciés des voyageurs, les minéraux et les pierres gemmes se présentent à l'état brut ou, taillés et polis, sous forme de bijoux et de sculptures. La malachite, l'améthyste, la calcédoine, l'aigue-marine, la tourmaline, le jaspe, le quartz rose sont au nombre des plus beaux. Les échiquiers et autres objets d'art sont faits avec du marbre provenant d'une carrière proche de Karibib. Le magasin House of Gems, près de l'angle de Stübel St et de John Meinert Strasse, à Windhoek, pratique des prix plutôt honnêtes.

Si vous cherchez quelque chose de plus original, essayez de dénicher un *ekipa*, médaillon traditionnel que portaient les femmes ovambo, en chapelets pendant à la ceinture, en signe de prospérité et de statut social. A l'origine faits en ivoire ou en dent d'hippopotame, les ekipa furent plus tard sculptés dans de l'os, du bois ou de l'ivoire végétal (fruit du palmier makalani). Les premiers étaient enterrés dans de la terre imprégnée d'urine pour les jaunir et décorés de motifs géométriques. Quelques boutiques spécialisées de Windhoek et de Swakopmund en proposent.

Acquérir des objets provenant d'espèces protégées – les guépards, les léopards, les éléphants ou (pire que tout) les rhinocéros – est moralement indéfendable et punissable à la douane de votre pays. A Windhoek et dans d'autres localités, nombre de pièces et de bijoux en ivoire sont en vente, mais tout ce qui est importé de Hong Kong est d'une origine hautement douteuse et doit être évité à tout prix. Le seul ivoire légitime est celui clairement marqué comme venant des parcs nationaux namibiens. L'idéal est de ne pas acheter d'ivoire du tout afin de cesser d'alimenter un commerce qui fait du braconnage et du massacre des animaux une activité profitable.

Comment s'y rendre

VOIE AÉRIENNE

South African Airways (SAA) assure des vols quotidiens entre Johannesburg, Le Cap et l'aéroport international de Windhoek, à environ 42 km à l'est de la ville. Air Namibia propose tous les jours des vols entre l'aéroport d'Eros, situé dans Windhoek, et Alexander Bay, l'aéroport d'Oranjemund. L'aller simple pour Johannesburg ou Le Cap coûte à peu près 175 $US.

Air Namibia dessert également Windhoek deux fois par semaine depuis Harare, Lusaka, Maun et Gaborone.

VOIE TERRESTRE

Postes-frontières

Il existe des postes-frontières entre la Namibie et le Botswana à Ngoma Bridge (de 6h à 19h), Buitepos/Mamuno (de 7h à 17h), Mohembo/Mahango (de 6h à 19h) et Mpalila Island/Kasane (de 7h à 17h). Le seul poste-frontière entre la Namibie et la Zambie se trouve à Wenela/Sesheke (de 6h à 19h), à 4 km au nord de Katima Mulilo. Vous pouvez franchir la frontière entre la Namibie et l'Angola à Rundu/Calai (de 7h à 17h), Oshikango/Namacunda (de 6h à 19h) et Ruacana/Koaleck (de 6h à 22h).

Le trafic routier entre l'Afrique du Sud et la Namibie traverse la frontière à Velloorsdrift-Onseepkans/Pofadder (de 6h à 22h), Karasburg/Nonieput (de 6h à 17h), Nakop/Ariamsvlei (24h sur 24), Hohlweg-Aroab/Rietfontein (de 7h à 21h), Klein Menasse-Aroab/Rietfontein (de 7h à 21h), ou Noordoewer/Vioolsdrift (24h sur 24), poste situé sur la nationale goudronnée entre Windhoek et Le Cap.

L'accès Alexander Bay-Oranjemund est interdit au public sans autorisation de la compagnie minière CDM ; le poste-frontière est ouvert de 6h à 22h.

Depuis/vers l'Angola

Les trois postes-frontières sont situés à Ruacana, Oshikango et Rundu, mais il faut un visa angolais autorisant l'entrée par voie terrestre. La plupart des voyageurs retirent leur visa à Windhoek, au consulat angolais, Angola House (☎ 227535), 3 Auspann Strasse, Private Bag 12020, Windhoek.

A Ruacana Falls, on peut entrer dans la zone frontalière sans visa à titre temporaire ; il suffit de se faire enregistrer au poste-frontière.

Depuis/vers le Botswana

Une route de gravier mène de Windhoek à la frontière de Buitepos, *via* Gobabis. Du côté botswanais, la route n'est pour l'instant praticable qu'en 4x4, mais la nationale transkalahari à destination de Gaborone devrait être achevée d'ici deux ans et des transports publics seront alors probablement mis en place.

Du côté namibien, l'*East Gate Service Station & Rest Camp*, étape accueillante et bon marché, propose des emplacements de camping et des bungalows bien entretenus. Elle est particulièrement bien venue pour les stoppeurs qui ne parviennent pas à trouver un transport pour le Botswana ou qui arrivent après la fermeture de la frontière à 17h. Du côté botswanais, en revanche, il n'existe qu'un emplacement poussiéreux où planter une tente au poste-frontière, aussi est-il sans doute préférable d'attendre une voiture du côté namibien.

On peut également opter pour les points d'entrée de la bande de Caprivi, Ngoma Bridge ou Mohembo (du côté botswanais de la frontière de Mohembo, la route requiert l'usage d'un 4x4).

La circulation médiocre rend le stop plutôt difficile, mais on finit par obtenir gain de cause. Le nouveau poste-frontière Mpalila Island/Kasane est surtout utilisé par les lodges de l'île.

Le bus Windhoek-Harare (voir la rubrique *Depuis/vers le Zimbabwe*) passe à Kasane et offre donc également une possibilité de rejoindre le nord du Botswana.

Depuis/vers l'Afrique du Sud

Bus. Intercape Mainliner (☎ 227847) propose un service en bus de luxe de Windhoek au Cap (90 $US) ou à Johannesburg (92 $US) deux fois par semaine. En Afrique du Sud, réservez par l'intermédiaire de son agence du Cap (☎ (021) 386 4400) ou de Johannesburg (☎ (011) 333 5231).

Plus simple, *P E Doyle Executive Liner & DD Minibus Services* (☎ (061) 214182 ou 213459) assure le trajet Windhoek-Le Cap le vendredi pour 50 $US, repas compris. Le bus d'*Ekonoliner* (☎ (0642) 5935), à Walvis Bay, part également pour Le Cap le vendredi et revient le dimanche. Le billet standby aller simple coûte 52 $US, repas inclus.

Train. Il existe une liaison ferroviaire en classe économique/couchettes (26/62 $US) entre Windhoek et De Aar, en Afrique du Sud, passant à Ariamsvlei et Upington. Le voyage dure environ 36 heures. A De Aar, des correspondances commodes permettent de rallier Johannesburg et Le Cap.

Voiture et moto. De bonnes voies goudronnées conduisent d'Afrique du Sud en Namibie : la route qui part du Cap, au sud, franchit la frontière à Noordoewer, et celle de Johannesburg, à l'est, passe au poste de Nakop. Un autre itinéraire important est la route de gravier entrant par Rietfontein/Aroab, au sud-est de la Namibie.

En stop. Vous pouvez rejoindre Le Cap pour remonter jusqu'à la frontière de Noordoewer, ou Upington, et entrer en Namibie à Nakop. Les routiers s'arrêteront assez facilement pour vous prendre, mais la plupart d'entre eux voudront être dédommagés, aussi mettez-vous d'accord sur un prix avant de monter à bord. Le tarif habituel s'élève à environ 1,50 $US pour 100 km, mais les chauffeurs commenceront sans doute par vous demander plus.

Depuis/vers la Zambie

Le poste-frontière de Wenela/Sesheke (ouvert de 6h à 19h) se trouve à environ 4 km au nord de Katima Mulilo. Pour aller au seul autre point d'accès, le ferry de Kazungula, il faut passer par la route de transit du parc national de Chobe, dans le nord du Botswana.

De Livingstone, des bus partent pour Sesheke à 8h et à 14h tous les jours. Le trajet dure quelque 5 heures sur une route épouvantable. De Sesheke, les départs de bus pour Livingstone ont lieu à environ 7h et 13h.

L'UBZ Line zambienne assure un service de bus hebdomadaire Grootfontein-Lusaka *via* Katima Mulilo et Livingstone. Le billet coûte 35 $US pour Livingstone et 47 $US pour Lusaka. Leur bureau (☎ 2222) de Grootfontein vous fournira de plus amples informations.

Depuis/vers le Zimbabwe

La Namibie et le Zimbabwe ne sont pas reliés par une voie directe. Il faut emprunter la route de transit du parc national de Chobe, au nord du Botswana, de Ngoma Bridge à Kasane/Kazungula, puis rejoindre Victoria Falls.

Il existe à présent un bus entre Windhoek et Harare. Il part de la gare routière de Wernhill Park Centre, à Windhoek, le vendredi à 7h, passe à Katima Mulilo le samedi à 11h, à Victoria Falls (Zimbabwe) le dimanche à 7h, et parvient à Harare le lundi matin. Le billet revient à 92 $US pour Harare et à 75 $US pour Victoria Falls. Réservez au bureau de renseignements Tourist Rendez-vous Information Centre, dans Peter Müller Strasse.

Comment circuler

AVION

Air Namibia dessert les lignes intérieures au départ de l'aéroport d'Eros, à Windhoek. Elle assure des vols pour Tsumeb ; Rundu et Katima Mulilo ; Keetmanshoop, Lüderitz et Alexander Bay (Afrique du Sud) ; et Swakopmund et Oshakati.

Agences d'Air Namibia

Air Namibia possède les agences suivantes :

Réservations centrales, Windhoek (☎ (061) 298 2552 ; fax (061) 221382)
Aéroport d'Eros, Windhoek (☎ (061) 238220 ; fax (061) 236460)
Gustav Voigts Centre, Independence Ave, Windhoek (☎ (061) 229630 ; fax (061) 228763)
Aéroport international, Windhoek (☎ (0626) 40315 fax (0626) 40367)
Katima Mulilo (☎/fax (067352) 191)
Keetmanshoop (☎ (0631) 2337 ; fax (0631) 292290)
Lüderitz (☎ (06331) 2850 ; fax (06331) 2845)
Oshakati (☎ (06751) 20284 ; fax (06751) 21230)
Oranjemund (☎ (06332) 2764 ; fax (06332) 2225)
Rundu (☎ (067372) 854)
Swakopmund (☎ (0641) 4123 ; fax (0641) 2196)
Tsumeb (☎ (0671) 20520 ; fax (0671) 20821)
Walvis Bay (☎ (0642) 3102 ; fax (0642) 2928)

Charters

Il existe quelques compagnies de charters, en général coûteuses, dont Bay Air (☎ (0642) 4319), à Walvis Bay, et Namibia Commercial Aviation (☎ (061) 223562), à l'aéroport d'Eros de Windhoek. A titre d'exemple, les tarifs aller-retour pour cinq passagers s'élèvent, au départ d'Eros, à 1 650 $US pour Victoria Falls, 1 975 $US pour Etosha et 700 $US pour Swakopmund.

BUS

Les lignes de bus restent limitées. Le seul service de luxe est proposé par Intercape Mainliner qui assure des liaisons régulières entre Windhoek, Le Cap et Johannesburg. Il dessert également Swakopmund, Walvis Bay et Tsumeb. Sur tous ces trajets, on ne peut emporter que deux bagages d'un poids total de 30 kg maximum. Les tarifs comprennent les repas.

Des minibus locaux circulent sur la B1 entre Oshakati et Keetmanshoop. De Windhoek, les minibus pour Swakopmund et Walvis Bay partent de l'angle de John Meinert St et de Mandume Ndomufayo St. En direction du sud, pour Rehoboth, Mariental et Keetmanshoop, les départs ont lieu du grand parking au nord du Wernhill Park Centre, et à destination du Nord, pour l'Ovamboland et le Kavango, de la résidence des célibataires dans le township de Katutura. Cependant, comme il serait imprudent de se rendre à Katutura avec tous ses bagages, mieux vaut attendre le bus sur le pont de la rampe d'accès d'Independance Ave à la bretelle ouest.

Les minibus démarrent quand ils ont leur plein de passagers. Les tarifs se situent à environ 0,03 $US du kilomètre, avec souvent un supplément de 2,70 $US (10 $N) par bagage volumineux. Au départ de Windhoek, des départs supplémentaires sont prévus le vendredi après-midi, surtout en direction de l'Ovamboland. Depuis l'Ovamboland, les services sont étoffés le dimanche après-midi.

Les chemins de fer transnamibiens gèrent une ligne de bus entre Keetmanshoop et Lüderitz, ainsi qu'entre Otjiwarongo et Outjo.

TRAIN

Les chemins de fer assurent également une desserte convenable, mais lente, de la plupart des grandes villes. En outre, comme les trains se composent de voitures de passagers et de wagons de marchandises, ils s'arrêtent souvent à toutes les gares.

D'un autre côté, les trains n'étant pas un mode de transport très utilisé, ils sont rarement complets. Tous comprennent des compartiments couchettes de quatre ou six lits et des voitures de 3e classe, avec uniquement des places assises. Réservez à l'avance si vous voulez une couchette. Lorsqu'il n'y a pas de réservations, la voiture 1re classe est supprimée. Celles-ci s'effectuent dans les gares ou auprès du Windhoek Booking Office (☎ (061) 2982032). Les billets doivent être retirés avant 16h le jour du départ.

De Windhoek, carrefour ferroviaire de la Namibie, des trains partent pour le sud, vers De Aar, en Afrique du Sud (où des correspondances commodes permettent de rejoindre Le Cap et Johannesburg) ; pour le nord, vers Tsumeb ; pour l'ouest, vers Swakopmund et à Walvis Bay et pour l'est, vers Gobabis. Le week-end (du vendredi au lundi), les tarifs sont deux fois plus élevés que dans la semaine. Voici quelques exemples de tarifs économiques/couchettes au départ de Windhoek : Keetmanshoop 5/16 $US (semaine) et 11/33 $US (week-end), Gobabis 5/13 $US, Swakopmund 3/9 $US (semaine) et 7/20 $US (week-end), Walvis Bay 5/13 $US (semaine) et 10/29 $US (week-end), Tsumeb 13/39 $US, Upington 16/44 $US, De Aar 26/62 $US.

VOITURE ET MOTO

Les transports routiers individuels sont de très loin le mode de déplacement le plus pratique pour découvrir le pays. Un excellent réseau goudronné le parcourt dans toute sa longueur, de Nakop et Noordoewer (à la frontière sud-africaine), à Divundu, au nord-est, et à Ruacana, au nord-ouest. Quand les deux cents kilomètres entre Divundu et Kongola, dans la bande de Caprivi, seront achevés, on pourra rouler de la frontière sud-africaine à Katima Mulilo sur des routes revêtues.

De même, des embranchements goudronnés relient les grands axes nord-sud à Gobabis, à Lüderitz, à Swakopmund et à Walvis Bay. Les agglomérations et les sites touristiques du reste du pays sont d'ordinaire accessibles par de bonnes routes de gravier. En règle générale, les nationales B et C sont bien entretenues et praticables pour tous les véhicules. Les routes D, plus inégales, restent en principe viables pour les véhicules classiques, mais pas toujours ; au Kaokoveld, par exemple, la plupart nécessitent l'usage d'un 4x4.

La conduite est à gauche, comme partout en Afrique australe. La vitesse est limitée à 120 km/h sur route et à 60 km/h dans les agglomérations. Le port de la ceinture est obligatoire à l'avant. L'essence coûte environ 0,45 $US (1,50 $N) le litre.

En théorie, il faut un permis de conduire international, mais généralement un permis national valide suffit. Les motos sont interdites dans les parcs nationaux ; seules les routes principales du parc de Namib-Naukluft leur sont ouvertes.

Location de voiture

Les agences n'ouvrent qu'en semaine aux heures de bureau. Louer une voiture revient cher : aux tarifs journaliers et kilométriques, n'oubliez pas qu'il faut ajouter l'assurance suppression de franchise, les droits de timbre et la taxe de 10% (GST). Le parc de véhicules étant limité, pensez à réserver à l'avance.

Pour circuler dans un pays voisin avec une voiture louée, vous aurez besoin d'une documentation spéciale. L'Afrique du Sud, le Botswana et les autres pays de l'Union douanière de l'Afrique australe ne requièrent que la carte grise (Blue Book), document portant la description du véhicule (numéro de série du moteur, etc). Si vous vous rendez au Zimbabwe, demandez le justificatif d'assurance et tous les papiers nécessaires à l'obtention d'un permis d'exportation temporaire.

Certaines grosses agences de location offrent la possibilité de restituer les véhicules au Cap moyennant les frais d'essence seulement, mais on ne dispose que de 24h pour y arriver.

Les sociétés les moins chères louent la compacte simple de 43 $US à 55 $US par jour, kilométrage illimité et parfois une durée de location minimum. La plupart exigent une caution de 285 $US (1 000 $N) et n'acceptent pas les clients de moins de 25 ans. Elles disposent en général de 4x4. Louer une voiture en Afrique du Sud coûte moins cher, une autorisation spéciale de l'agence est nécessaire pour passer la frontière.

Routes de gravier
Conduire sur les routes de gravier s'avère au mieux délicat, au pire dangereux. Les conseils suivants pourront vous être utiles :

- Ne roulez pas à plus de 100 km/h.
- Suivez les traces faites par les autres véhicules.
- Quand vous roulez sur du gravier ondulé, accélérez graduellement jusqu'à atteindre la vitesse adéquate, autrement dit, jusqu'à ce que les vibrations cessent.
- Soyez particulièrement prudent dans les virages et ralentissez avant d'aborder un tournant.
- Les rares véhicules que l'on croise soulèvent des tourbillons de poussière. Lorsque vous voyez approcher une voiture en sens inverse, ralentissez et rangez-vous le plus à gauche possible. Sur les routes isolées, on a coutume de saluer de la main l'autre conducteur.
- Les routes de gravier demandent une pression des pneus légèrement inférieure par rapport aux voies goudronnées.
- Évitez si possible de rouler la nuit, la poussière et les distances créent toutes sortes de mirages.
- Les jours de pluie, les routes de gravier se transforment parfois en bourbiers et les cuvettes du désert risquent de se remplir d'eau. Si vous n'êtes pas sûr de la profondeur de l'eau, attendez que la cuvette se vide avant de traverser.
- Prenez garde aux animaux. Les koudous, en particulier, posent des problèmes la nuit ; ils refusent de quitter la route et la rencontre n'est guère plaisante.
- Évitez de donner un coup de volant brusque ou de freiner brutalement sous peine de perdre le contrôle du véhicule. Si les roues arrière se mettent à glisser, suivez doucement la direction du dérapage jusqu'à ce que vous repreniez le contrôle. Si ce sont les roues avant qui chassent, tenez fermement le volant et tournez-le dans le sens opposé au dérapage.
- La poussière pénètre partout. Enveloppez la nourriture, les vêtements et le matériel photo dans du plastique imperméable aux poussières ou rangez-les dans des récipients hermétiques.
- Lorsque l'air est chargé de poussière, allumez vos phares. Dépasser peut être extrêmement dangereux car la visibilité est obscurcie par la poussière que soulève le véhicule devant vous. Faites des appels de phare pour signaler au conducteur que vous voulez doubler (ce n'est pas considéré comme grossier en Namibie). Quand un automobiliste vous fait des appels de phare, serrez-vous le plus possible sur la gauche. Si vous voyez qu'il peut doubler sans danger, mettez votre clignotant gauche en marche. ■

Namib 4x4 pratique les tarifs de location de 4x4 les plus avantageux : 70 $US par jour (minimum cinq jours) avec kilométrage illimité. Swakop-Auto Rent, à Swakopmund, loue les Land Rover à des prix très compétitifs.

En cas de paiement par carte de crédit, demandez une copie du contrat, ainsi vous saurez combien les kilomètres supplémentaires vous sont facturés. Si vous rendez la voiture à l'aéroport avant de quitter le pays, vérifiez que la caution vous est restituée dans une devise utilisable à l'extérieur du pays et non sous forme d'un chèque en monnaie namibienne. Mettez-vous également d'accord avec l'agence sur les réparations à votre charge ; si possible, essayez de les limiter aux pneus et aux vitres, sinon on risque d'essayer de vous facturer tout et n'importe quoi.

Dans la liste d'agences de location de voiture, de camping-car et de 4x4 .

Adventure 4 Hire, PO Box 9544, Windhoek (☎ 226188 ; fax 224936)

Asco Car Hire, 10 Diehl St, Southern Industrial Area, Windhoek (☎/fax (061) 232245)

Avis Car Hire, Hotel Safari, Jean St, PO Box 2057, Windhoek (☎ (061) 233166 ; fax (061) 223072)
10 Moltke Strasse, Swakopmund (☎ (0641) 2527 ; fax (0641) 5881)

Safari Centre, Jordaan St, Tsumeb (☎ (0671) 20520 ; fax (0671) 20821)

Aéroport de Rooikop, Walvis Bay (☎/fax (0642) 7527)

Bonanza Car Hire, Tal Total Service Station, Mandume Ndomufayo St, Windhoek (☎ (061 240317 ; fax (061) 240318)
Dolphin Motors, 38 Kaiser Wilhelm Strasse, Swakopmund (☎ (0641) 4503 ; fax (0641) 5273)
Cash Service Station, à l'angle de 13 Rd et de 8th St, Walvis Bay (☎/fax (0642) 5936)
Budget Car Hire, 72 Mandume Ndomufayo, Windhoek (☎ (061) 228720 ; fax (061) 227655)
Roon St, PO Box 180, Swakopmund (☎ (0641) 4118 ; fax (0641) 4117)
Suidwes Diensstasie, à l'angle des 10th et 13th Sts, PO Box 1591, Walvis Bay (☎ (0642) 4624 ; fax (0642) 2931)
Camping Car Hire, à l'angle d'Edison St et de Mandume Ndomufayo St, PO Box 5526, Windhoek (☎ (061) 237756 ; fax (061) 237757)
Cardboard Box Car Hire, 15 Johan Albrecht St, Windhoek West (☎ 228994 ; fax 52128)
Champion Car Hire, PO Box 6221, Windhoek (☎ (061) 51306 ; fax (061) 51620)
Econo Car Hire, Mezzanine Floor, Levinson Arcade, PO Box 2656, Windhoek (☎ (061) 236675 ; fax (061) 227841)
Imperial Car Hire, 43 Stübel St, Windhoek (☎ (061) 227103 ; fax (061) 222721)
Kessler 4x4 Hire, à l'angle de Sam Nujoma et de Mandume Ndomufayo, PO Box 20274, Windhoek (☎ (061) 233451 ; fax (061) 224551)
Namib 4x4 Hire, 90 Gobabis Rd, La Pardiz Centre, Windhoek (☎ (061) 220604 ; fax (061) 220605)
22 Kaiser Wilhelm Strasse, PO Box 4048, Swakopmund (☎ (0641) 4100 ; fax (0641) 5277)
Odyssey Car & Aircraft Hire, 36 Joule St, Southern Industrial Area, PO Box 20938, Windhoek (☎ (061) 223269 ; fax (061) 228911)
Okavango Car Hire, PO Box 854, Rundu (☎ (067372) 476)
Pegasus Car & Camper Hire, 88 Uhland St, Klein Windhoek, PO Box 21104, Windhoek (☎/fax (061) 223423)
Punyu Car Hire, International Hotel, PO Box 247, Ondangwa (☎ (06756) 40313 ; fax (06756) 40177)
Rent-a-Safari Automobile, PO Box 2976, Windhoek (☎ (061) 235328 ; fax (061) 222741)
Swakop Auto Rent, PO Box 3991, Swakopmund (☎/fax (0641) 61506)
Tempest Car Hire, 49 John Meinert St, Windhoek (☎ (061) 239163 ; fax (061) 230722)
Windhoek Engineering Microbus Hire, Parson St 36, PO Box 1038, Windhoek (☎/fax (061) 21767)
Windhoek 4x4 Hire, Mr B Koudelka, Windhoek (☎/fax (061) 240945)
Woodway Service Camper Hire, PO Box 11084, Windhoek (☎ (061) 222877 ; fax (061) 220335)
Zimmerman Garage Car Hire, 5 Wright St, Southern Industrial Area, PO Box 2672, Windhoek (☎ (061) 237146)

EN STOP

Le stop ne marche pas trop mal en Namibie, mais il est interdit dans les parcs nationaux et la faible circulation impose de longues attentes. En revanche, il n'est pas rare de faire 1 000 km dans le même véhicule. Des demandes et des offres de transport sont diffusées tous les jours sur la radio de Windhoek (☎ 291311) et affichées au Cardboard Box Backpackers' de Windhoek. Au Ministry of Wildlife, Conservation & Tourism Office, également dans la capitale, vous trouverez un panneau d'offres et de demandes de partage de location de véhicule, de transports, etc.

Les routiers s'attendent d'ordinaire à être payés, aussi faut-il se mettre d'accord sur le prix au préalable ; le tarif habituel est de 1,50 $US pour 100 km. Traverser Caprivi en stop s'avère particulièrement lent en raison du trafic clairsemé. Reportez-vous à l'avertissement concernant le stop dans le chapitre *Comment circuler* de la partie *Zimbabwe*.

TRANSPORTS LOCAUX

Desserte de l'aéroport

Un service de bus régulier relie l'aéroport international à l'aéroport d'Eros et à l'arrêt de bus Grab-a-Phone au centre-ville de Windhoek. Les horaires de bus correspondent aux arrivées et aux départs des vols.

Prendre le taxi de l'aéroport international au centre de Windhoek coûte cher, environ 14 $US (50 R), et n'est pas plus pratique que le bus, à moins de partager la course à trois. Des taxis viennent parfois attendre l'arrivée des vols à l'aéroport d'Eros, sinon, il faut en appeler un de la cabine téléphonique.

Taxi

A Windhoek, la station principale est située à la station de bus Grab-a-Phone (☎ (061) 237070), en face du Kalahari Sands Hotel. Il est préférable, toutefois, de héler un taxi dans la rue (difficile), d'aller à la station de Wernhill Park Centre ou d'en demander un par téléphone. C'est particulièrement vrai pour les personnes qui arrivent à l'arrêt

Grab-a-Phone par le bus de l'aéroport. Le tarif standard est de 0,60 $US (2 $N) où que vous alliez à l'intérieur de Windhoek, Khomasdal et Katutura compris, mais les chauffeurs inventent toutes sortes de suppléments à l'intention des touristes ignorants. Si vous avez besoin d'un taxi la nuit, mieux vaut le réserver à l'avance.

Seule Windhoek propose des taxis. Pour obtenir un taxi dans un aéroport ou une gare de province, consultez les cartes de visite accrochées dans les cabines téléphoniques.

Bus locaux

A Windhoek, des bus locaux relient le centre-ville aux townships de la périphérie. Ils ne circulent pas suivant un horaire précis, mais sont plus fréquents, bien sûr, aux heures d'ouverture et de fermeture des bureaux. La meilleure méthode consiste à partir à pied pour sa destination, puis à se renseigner en chemin auprès des passants sur l'emplacement des arrêts de bus, et sur leur fréquence.

CIRCUITS ORGANISÉS

Même les détracteurs des voyages organisés doivent reconnaître des avantages aux circuits camping. Ils permettent d'explorer des régions reculées et difficiles d'accès telles que la côte des Squelettes, le Damaraland, le Kaokoveld, la vallée du Cunene, l'Ovamboland, le Bushmanland et les territoires les plus sauvages du Namib. En outre, lorsqu'on ne parvient pas à réunir un groupe pour louer une voiture, ils épargnent les aléas du stop ou des transports publics. Beaucoup n'offrent que le strict minimum : les participants exécutent eux-mêmes les diverses corvées du camp et préparent leurs repas.

Les bonnes agences de tourisme ne manquent pas en Namibie. La liste qui suit en cite quelques-unes. Les circuits et les tarifs particulièrement intéressants sont détaillés dans les chapitres appropriés.

Africa Adventure Safaris 72 Tal St, PO Box 20274, Windhoek (☎ 234720 ; fax 230001). Visites de Windhoek, Daan Viljoen, Etosha et Sossusvlei. Bonne option pour les voyageurs pressés par le temps, souhaitant néanmoins effectuer un circuit autour du pays .

African Extravaganza Holstein St 9, Lafrenz Township, PO Box 22028, Windhoek (☎ (061) 63086 ; fax (061) 216356). Elle s'occupe principalement d'organiser des circuits en Namibie, ainsi qu'au Zimbabwe et au Botswana, pour des agences étrangères, mais il lui arrive de proposer les places vacantes à des prix avantageux.

Baobab Tours PO Box 24818, Windhoek (☎ (061) 232314 ; fax (061) 224017). Circuits camping culturels et écologiques à des prix raisonnables, axés sur les parcs nationaux et bénéficiant aux communautés locales.

Beach Buggy Safaris Roon St, PO Box 4178, Swakopmund (☎/fax 5377). Cette agence propose un concept inhabituel : des excursions en buggy de 1 à 3 jours sur les longues plages de dunes de Swakopmund.

Bona Safaris PO Box 804, Gobabis (☎/fax (0681) 2988). Voyages à destination des principaux sites touristiques et des régions plus isolées, telles le Bushmanland, Caprivi, Khaudom et le Kalahari Gemsbok National Park d'Afrique du Sud.

Canyon Tours 64 4th St, N Hoek, PO Box 375, Keetmanshoop (☎ 2095 ; après les heures ouvrables ☎ 2119). Excursions d'une journée à petits prix et circuits plus longs à destination du Fish River Canyon, de la Gallap Ost Karakul Farm, de Lüderitz et de Kokerboomwoud.

Charly's Desert Tours 11 Kaiser Wilhelm Strasse, PO Box 1400, Swakopmund (☎ 4341 ; fax 4821). Excursions d'une journée dans la région de Swakopmund à des prix raisonnables : Spitzkoppe, Welwitschia Dr, Cap Cross, Sandwich Harbour etc.

Desert Adventure Safaris Namib Centre, Roon St, PO Box 1428, Swakopmund (☎/fax 4072). Cette agence organise des excursions d'une journée bon marché dans la région de Swakopmund, à Spitzkoppe et au Cap Cross ainsi que des voyages plus longs à destination du Damaraland et du Kaokoveld. Elle gère également le célèbre Palmwag Lodge au Damaraland et le beau Serra Cafema Lodge sur le Cunene, qui fait face à la chaîne Serra Cafema située de l'autre côté du fleuve, en Angola.

Ermo Safaris PO Box 80205, Windhoek (☎/fax 51975) – ou composez le 0020 et demandez Kamanjab 1312. Installée à l'Ermo Safari Lodge près d'Etosha, cette compagnie met sur pied des safaris camping de plusieurs jours combinant l'exploration du Kaokoveld et du parc d'Etosha.

Farm Hilton W & A Fritsche, PO Box 20706, Windhoek (☎ (0628) 1111). Située dans une ferme du Khomas Hochland, cette agence propose de longues randonnées à cheval dans la région. En outre, les passionnés d'équitation apprécieront l'expédition camping de 10 jours qui part de la ferme, traverse le Namib et arrive à Swakopmund. Cette option doit être réservée très à l'avance.

Footprints The Cardboard Box, PO Box 9639, Eros, Windhoek (☎/fax 249190). Safaris randonnée-camping axés sur les contacts culturels (notamment dans le Kaokoland, l'Ovamboland et le Bushmanland) et qui bénéficient aux communautés locales. La randonnée de 4 jours le long du Cunene, entre les chutes de Ruacana et Swartbooi's Drift, est particulièrement plaisante. Ces circuits n'ont rien de luxueux, mais ils laissent un souvenir inoubliable.

Gloriosa Safaris PO Box 212, 215 7th St, Walvis Bay (☎ 6300 ; fax 2455). Cette compagnie se spécialise dans les excursions d'une journée aux environs de Walvis Bay et dans les circuits longs à destination du parc de Namib-Naukluft, du Damaraland et d'Etosha.

Gondwana Tours Canyon Hotel, PO Box 690, Keetmanshoop (☎/fax 3892). Elle organise des excursions d'une journée pour Kokerboomwoud, Lüderitz, Fish River Canyon et d'autres régions du sud de la Namibie.

Inshore Safaris Casa Mia Hotel, PO Box 2444, Walvis Bay (☎ 2609 ; fax 2198). Bon choix pour visiter Sandwich Harbour, les dunes, la réserve naturelle et Welwitschia Dr. Ses options plus longues comprennent des circuits de 10 jours dans le nord et le sud de la Namibie pour un prix forfaitaire d'environ 1 850 $US.

Kaokohimba Safaris PO Box 11580, Windhoek (☎/fax 222378). Circuits culturels de 12 à 15 jours dans le Kaokoveld et le Damaraland, expéditions découverte de la faune dans le parc d'Etosha et randonnées dans le nord de la Namibie.

Kolmanskop Tour Company PO Box 257, Lüderitz (☎ 2445 ; fax 2526). Aux visites de Kolmanskop, cette agence ajoute l'exploration des autres secteurs récemment ouverts de la Sperrgebiet (Diamond Area 1) tels Elizabeth Bay, Atlas Bay et Bogenfels. Les services sont fournis en anglais, en allemand et en afrikaans.

Mola-Mola Safaris PO Box 34, Walvis Bay (☎ 3820 ; fax 7593). Sorties en bateau d'une demi-journée à 38 $US par personne, itinéraires observation des oiseaux marins à 55 $US par personne, et excursions d'une journée comprenant Bird Island, Pelican Point et Sandwich Harbour, avec huîtres de Walvis Bay au déjeuner, à 82 $US.

Namibia Exquisit Safaris Roon Strasse 10, PO Box 4178, Swakopmund (☎/fax 5377). Conçus pour une clientèle allemande, ces circuits de 1 à 10 jours mènent principalement au Damaraland, au Kaokoveld, au désert du Namib et dans le Sud.

Namibia Pappot Safaris PO Box 130, Maltahöhe (☎ 42 ; fax 180). Circuits peu communs dans le désert au sud de la Namibie, axés sur la conduite en terrain accidenté pour les mordus du 4x4.

Namibia Photo Tours 8 Roon St, PO Box 442, Swakopmund (☎/fax 4561). Circuits consacrés à la photo et à la pêche à Swakopmund et dans ses environs. Les excursions d'une journée coûtent 36 $US par personne pour Welwitschia Dr ou Cap Cross et 38 $US pour Spitzkoppe. Pour 23 $US, vous pourrez admirer les dunes au soleil couchant. Les sorties de pêche au requin reviennent à 60 $US par personne. Des expéditions plus longues peuvent être organisées.

Namibian Tourist Friend Eros Airport, Gus Uys Flying School, PO Box 11099, Windhoek (☎/fax 233485). Originale, cette agence propose des visites de la ville de 4 heures dans des petits véhicules du type tuk-tuk pour 34 $US par personne. Elle se spécialise dans les excursions aériennes coûteuses au-dessus des principaux sites touristiques de la Namibie. A cinq, la balade à Sossusvlei avec petit déjeuner au champagne vous reviendra à 228 $US par personne.

Namib Sky Adventure Safaris PO Box 197, Maltahöhe (☎ 5703). Cette compagnie organise des excursions en montgolfière au-dessus de la région de Sesriem, dans le désert du Namib. Particulièrement agréable, le vol de l'aurore partant avant le lever du soleil dans l'air immobile du petit matin. L'agence est affiliée au Namib Rand Guest Ranch.

Okakambe Trails PO Box 1591, Swakopmund (☎ 2319 ; fax 5874). Promenades à cheval dans la région de Swakopmund, dont une randonnée, avec une nuit incluse, le long de la Swakop jusqu'à l'oasis de Goanikontes. Des leçons d'équitation sont également proposées.

Okashana Wilderness Tours PO Box 96, Okahandja (☎ (06221) 2802 ; fax (061) 31600). Circuits culturels de plusieurs jours dans le Nord, notamment dans le Kaokoveld, la région du Cunene et l'Ovamboland. Ils offrent l'occasion de découvrir les modes de vie traditionnels du nord-ouest de la Namibie.

Ondese Safaris PO Box 6196, Ausspannplatz, Windhoek (☎ (061) 220876 ; fax (061) 239700). Circuits à tarifs forfaitaires très coûteux, en Namibie et dans les pays voisins.

Oryx Tours 11 Van der Bijl St, Northern Industrial Area, PO Box 2058, Windhoek (☎ (061) 217454 ; fax (061) 63417). Excursions d'une journée et circuits longs à destination des grands sites de la Namibie, ainsi que pour le Kavango, Caprivi, Victoria Falls et le delta de

PETER PTSCHELINZEW

CHRIS BARTON

CHRIS BARTON

A
B
C

NAMIBIE

A : gare ferroviaire de Swakopmund
B : ville-fantôme de Kolmanskop
C : château de Duwisib dans le désert de Namib

DEANNA SWANEY

DEANNA SWANEY

A	
B	

NAMIBIE
A : Fish River Canyon
B : dunes de Sossusvlei

l'Okavango. L'agence travaille surtout avec des voyages organisés de l'étranger, mais accepte parfois les réservations sur place.

Otjimburu Trails PO Box 5144, Windhoek (☎ 234359 ; fax 228461). Visites de Windhoek et circuits plus longs à la demande.

Otsa Safaris PO Box 140, Hotel Erongoblick, Karibib (☎ (062252) 9). Conçus pour une clientèle allemande, safaris toutes destinations, plus particulièrement le Nord-Ouest et la région de Swakopmund.

Pasjona Safaris PO Box 24256, Windhoek (☎/fax 223421). Circuits à destination des grands sites du Nord et du Sud, principalement adressés aux voyageurs allemands.

Pleasure Flights Tours PO Box 537, Swakopmund (☎ 4500 ; fax 5325). Excursions aériennes au-dessus de toute la Namibie, de la côte des Squelettes au Fish River Canyon. Il faut être cinq pour que le voyage revienne à un prix raisonnable, mais la vue aérienne offre une perspective unique.

Rhino Tours PO Box 4369, Swakopmund (☎/fax 5757). Excursions d'une journée dans la région de Swakopmund et safaris plus longs à destination du désert du Namib, de la côte des Squelettes, du Damaraland et du Kaokoveld, y compris les chutes d'Epupa.

Skeleton Coast Fly-In Safaris PO Box 2195, Windhoek (☎ 224248 ; fax 225713). Cette agence propose des circuits de 5 jours avec au programme la côte des Squelettes (Skeleton Coast), le Cunene et le parc d'Etosha, pour 2 055 $US par personne, transport en avion, hébergement et repas compris. L'itinéraire de 4 jours, couvrant seulement la côte des Squelettes et la région du Cunene, coûte 1 810 $US par personne. Tous les voyages prévoient une étape à Sossusvlei dans le Namib central. Le nombre de participants va de quatre à dix personnes.

Southern Cross Safaris 43 Independence Ave, PO Box 941, Windhoek (☎ 237567 ; fax 225387). Safaris camping dans les régions les plus sauvages du Kaokoland et de Caprivi ainsi qu'au Zimbabwe et au Botswana.

Sun Safaris Namibia PO Box 80226, Windhoek (☎/fax 51069). Visites de Windhoek, de la région de Swakopmund et d'Etosha. Tarifs intéressants offerts aux réservations de dernière minute.

SWA Safaris 43 Independence Ave, PO Box 20373, Windhoek (☎ (061) 237567 ; fax (061) 225387). Circuits longs, à des prix moyens, dans toute la Namibie, d'Etosha au Fish River Canyon.

Trans-Namibia Tours Shop 28, Gustav Voigts Centre, 123 Independence Ave, PO Box 20028, Windhoek (☎ (061) 221549 ; fax (061) 2982033). Excursions d'une journée, randonnées et safaris avion dans tout le pays, itinéraires plus longs et excursions sans chauffeur. Cette agence met un point d'honneur à respecter l'environnement. Un de ses grands classiques, le Fish Eagle Hiking Trail, randonnée dans le sud de la Namibie, coûte 700 $US par personne, tout compris.

Westcoast Angling Tours Otavi St 9, PO Box 545, Swakopmund (☎ 2377 ; fax 2532). Cette compagnie se spécialise dans les circuits de pêche, en haute mer ou dans les rochers et les vagues de la plage. Les pêcheurs à la ligne ont même une chance de s'essayer aux requins tachetés que l'on peut ferrer depuis la plage.

Wilderness Safaris Namibia The Namib Travel Shop, PO Box 6850, Windhoek (☎ 225178 ; fax 239455). Cette agence organise des safaris camping, des excursions étude des roches, et des circuits dans le désert du Namib, ainsi que de fabuleuses descentes en rafting du Cunene.

Wildlife Tours PO Box 24374, Windhoek (☎ (061) 240817 ; fax (061) 240818). Circuits de luxe axés sur la nature, avec notamment marche, bateau, canoë-kayak, montgolfière et VTT.

Windhoek

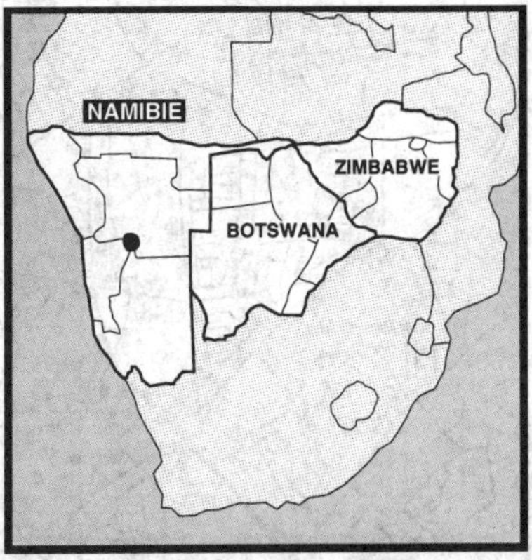

Malgré sa petite taille, la capitale domine de toute son autorité les hautes terres du centre. Cœur géographique du pays, Windhoek – tout imprégnée de l'atmosphère germanique de ses débuts – en est aussi la plaque tournante aérienne, ferroviaire et routière, ainsi que le pôle économique et culturel.

Perchée au milieu de douces collines, à une altitude de 1 650 m, elle jouit d'un agréable climat tempéré sec et pur, caractérisé par des variations très sensibles des températures. On y enregistre des précipitations annuelles de 260 à 360 mm qui ont lieu en novembre et de janvier à avril, mois durant lesquels les jardins sont luxuriants et les fleurs magnifiques.

Sa population de 130 000 habitants offre un vivant reflet de la diversité ethnique de la Namibie. Vous y rencontrerez des Ovambo, des Herero et des Damara, des Nama et quelques San, des métis et des Européens, tous essayant d'avancer ensemble.

Histoire

Windhoek n'existe que depuis un peu plus d'un siècle, mais son histoire est aussi mouvementée que sa population est mélangée. En raison des sources chaudes naturelles, le lieu d'origine – aujourd'hui centre de la ville nommé Klein Windhoek – fut appelé *Aigams* ou "eaux de feu" par les Nama et *Otjomuise*, ou "lieu des vapeurs", par les Herero, qui s'y étaient installés, attirés par l'abondante végétation. Lors de sa visite en 1836, l'explorateur anglais James Alexander prit la liberté de rebaptiser l'endroit Queen Adelaide's Bath. En 1840, le retour des Nama (qui s'étaient repliés plus loin à la suite des luttes inter-ethniques) entraîna un nouveau changement d'appellation. Ils choisirent le nom de Winterhoek, en souvenir des monts entourant la ferme natale de leur chef, Jan Jonker Afrikaner.

A la fin du XIXe siècle, l'Allemagne y installa le quartier général de sa garnison (Schutztruppe), sous le commandement du major Curt von François, investi de la mission de ramener la paix entre les Herero et les Nama. Winterhoek fut déformé en Windhoek, "coin venteux" en afrikaans, pendant l'occupation coloniale allemande. Dix ans durant, Windhoek joua le rôle de capitale administrative du Sud-Ouest africain.

A la suite de la construction de la voie ferrée la reliant à Swakopmund, en 1902, Windhoek connut un soudain essor. Elle évolua peu à peu pour devenir le centre économique et administratif de la Namibie, mais n'accéda officiellement au rang de cité qu'en 1965. Elle accueille aujourd'hui toutes les administrations, ainsi que la plupart des entreprises du pays.

Orientation

Le centre-ville (mais seulement le centre) est dessiné selon un quadrillage simple ponctué d'espaces verts, où se côtoient édifices coloniaux et immeubles modernes aux couleurs acidulées. S'il ne correspond pas à l'image que l'on se fait d'une ville africaine, il se révèle aussi intéressant que plaisant. Visible à des lieues à la ronde, Christuskirche, la belle église luthérienne,

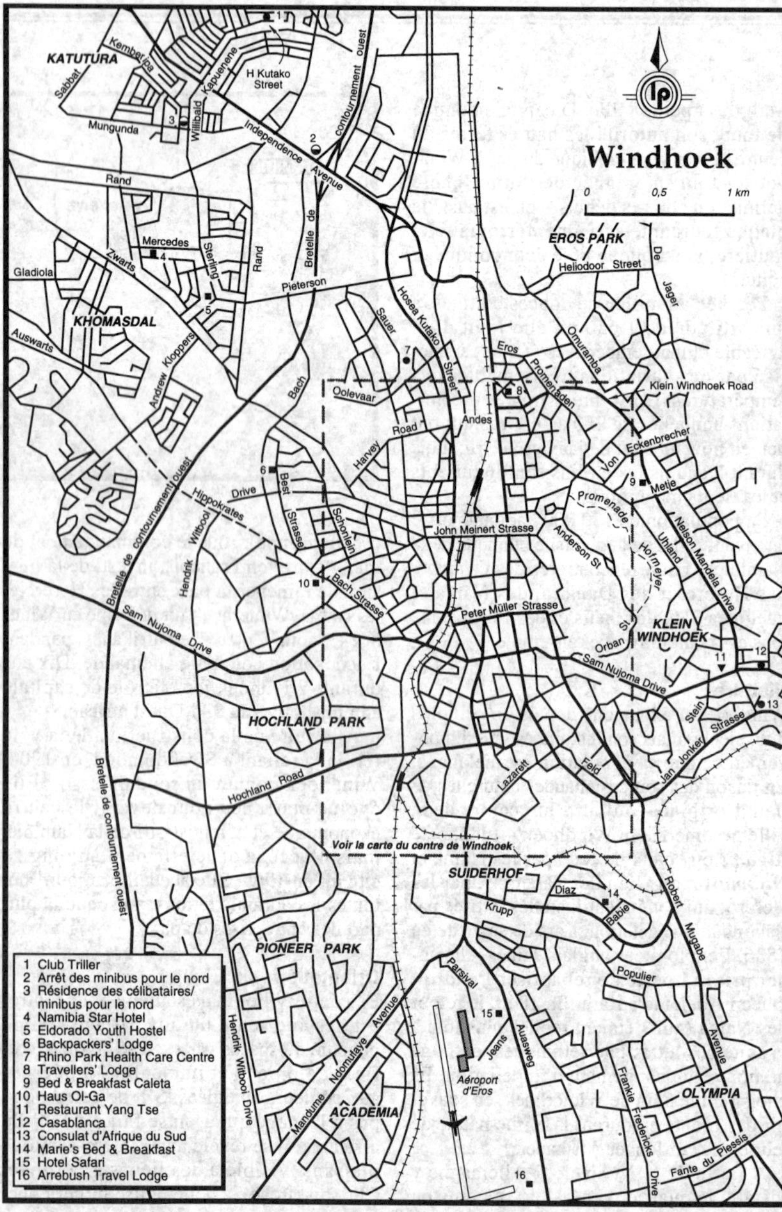
Windhoek
0
0,5
1 km
KATUTURA
KHOMASDAL
EROS PARK
HOCHLAND PARK
KLEIN WINDHOEK
SUIDERHOF
PIONEER PARK
ACADEMIA
OLYMPIA
Kemberiba
Sabbat
H Kutako Street
Kapuenene
Willibald
Mungunda
Independence Avenue
Bretelle de contournement ouest
Rand
Mercedes
Sterling
Zwarts
Gladiola
Pieterson
Auswarts
Andrew Kloppers
Bach
Sauer
Hosea Kutako Street
Heliodoor Street
De Jager
Omuramba
Eros
Promenaden
Klein Windhoek Road
Oolevaar
Road
Andes
Harvey
Von Eckenbrecher
Metje
Drive
Best Strasse
Schonlein
Hippokrates
Hendrik Witbooi
Promenade
John Meinert Strasse
Anderson St
Hofmeyer
Uhland
Nelson Mandela Drive
Bach Strasse
Peter Müller Strasse
Sam Nujoma Drive
Orban St
Stein
Jan Jonker Strasse
Feld
Lazarett
Hochland Road
Voir la carte du centre de Windhoek
Diaz
Babie
Krupp
Robert Mugabe Avenue
Populier
Parsival
Jeans
Auasweg
Aéroport d'Eros
Ndomufaye Avenue
Mandume
Hendrik Witbooi Drive
Frankie Fredericks Drive
Fante du Plessis
1 Club Triller
2 Arrêt des minibus pour le nord
3 Résidence des célibataires/ minibus pour le nord
4 Namibia Star Hotel
5 Eldorado Youth Hostel
6 Backpackers' Lodge
7 Rhino Park Health Care Centre
8 Travellers' Lodge
9 Bed & Breakfast Caleta
10 Haus Ol-Ga
11 Restaurant Yang Tse
12 Casablanca
13 Consulat d'Afrique du Sud
14 Marie's Bed & Breakfast
15 Hotel Safari
16 Arrebush Travel Lodge

NAMIBIE

domine Klein Windhoek. Parmi les autres édifices marquants se signalent l'ancien bâtiment de l'administration, surnommé le Tintenpalast ("palais de l'encre"), l'Alte Feste, vieille forteresse transformée en musée, et trois châteaux, dont l'un a été transformé en musée.

Independence Ave coupe la ville en deux et abrite la plupart des bureaux administratifs et les principaux magasins. La tour de l'hôtel Kalahari Sands et le Gustav Voigts Centre constituent un point de repère plutôt commode.

Le centre du quartier commercial comprend la zone piétonne de Post Street, du Gustav Voigts Centre, du Wernhill Park Centre et de Levinson Arcade, plus bas de gamme. Le Verwoerd Park (ou Zoo Park), à côté de la poste centrale, offre une halte agréablement ombragée où déjeuner sur le pouce.

Les banlieues s'étendent de façon très impressionnante sur les collines environnantes, mais la nature reprend vite ses droits dès les portes de la ville franchies. Suivre Independence Ave en direction du nord conduit à la zone industrielle de North Windhoek.

Renseignements

L'accueillant et utile Windhoek Information & Publicity Office (☎ 3912050 ; fax 3912091), dans Post Street Mall, vous fournira les quatre brochures de la publication trimestrielle *What's On in Windhoek* : *Restaurants & Entertainment*, *Shopping Guide*, *Trails & Excursions* et *Housing & Accommodation*. Elles peuvent rendre service, quoiqu'elles contiennent surtout de la publicité. Presque aussi sympathique, mais moins efficace, le Namibia Tourist Bureau, dans Independence Ave, possède de la documentation sur tout le pays.

L'organisme privé Tourist Rendezvous Information Centre (☎ 221225 ; fax 224 218), situé dans Peter Müller Str., près de Stübel Str., renseigne sur les possibilités de voyage. Il organise et réserve des safaris pour toutes destinations, y compris des safaris camping dans le Kaokoveld ou des expéditions de rafting sur l'Orange. Il se charge également de la location de bus ou de minibus et met à votre disposition un bureau de change. Son Rendezvous Coffee Shop vous servira un agréable cappuccino.

Le ministère de l'Environnement et du Tourisme (☎ 236975), autrefois nommé Directorate of Nature Conservation puis Ministry of Wildlife, Conservation & Tourism, est aujourd'hui appelé tout simplement MET. Il dispose de renseignements détaillés sur les parcs nationaux et s'occupe des réservations pour les campings, les rondavels et les lodges. Le bureau se trouve dans l'Oode Voorpost, à l'angle de John Meinert Str. et de Moltke Str.. Il ouvre du lundi au vendredi, de 8h à 13h pour les réservations et les règlements, et de 14h à 15h pour les réservations uniquement.

Les journaux locaux, notamment le *Windhoek Advertiser*, constituent des sources de précieuses informations. Quant à l'Arts Association of Namibia (☎ (061) 231160), elle tient à jour le calendrier des manifestations culturelles.

Argent. Vous pourrez changer de l'argent et, en principe, vous procurer des rands sud-africains dans toutes les grandes banques de Windhoek, regroupées en majorité dans Independence Ave. Pour les opérations avec la VISA, adressez-vous à la First National Bank. Ses distributeurs automatiques, appelés BOB, vous fourniront des espèces. Comme partout ailleurs, ces derniers sont souvent à sec le week-end.

L'American Express est représenté par l'agence Woker Travel Services (☎ 237946), dans Peter Müller Str.. Elle ne change pas les chèques de voyage.

Poste et télécommunications. La poste centrale se tient dans Independence Ave, à côté du Verwoerd Park. Pour la poste restante, voyez les guichets quatre ou cinq. Les cabines téléphoniques sont installées dans l'entrée. Le bureau des télécommunications en haut de la colline permet d'appeler l'étranger et d'envoyer ou de recevoir des fax de 8h30 à 13h et de 13h30 à 16h30 du lundi au vendredi, et de 8h30 à 12h30 le samedi.

Autre possibilité (encore que coûteuse) pour les communications internationales ou intérieures : le commode Grab-a-Phone, sur Independence Ave, qui sert de gare routière principale. On peut également téléphoner ou transmettre des télécopies au Tourist Rendezvous Information Centre (☎ 221225 ; fax 224218), dans Peter Müller Str.. La réception de fax est gratuite ; l'envoi à l'étranger, quelle que soit la destination, coûte 0,05 $US (0,17 $N) la seconde.

Immigration. Pour toutes les questions relevant de ce domaine, y compris les prorogations de visa et les renseignements sur les permis de travail, adressez-vous au Ministry of Home Affairs (☎ 3982036), proche de l'angle d'Independence Ave et de Kasino Str.. Il ouvre du lundi au vendredi, de 8h à 13h.

En cas d'urgence. L'annuaire répertorie les médecins dans la rubrique *Medical and dentists*, sous *Dentists*. Le Dr Rabie et le Dr Retief (☎ 237213), dont le cabinet se trouve à l'angle de John Meinert Str. et de Stübel Str., sont conseillés pour les consultations.

Dans Windhoek North, à une demi-heure à pied du centre, le Rhino Park Health Care Centre offre des services médicaux relativement bon marché. La clinique Medi-City (☎ 222687), dans Heljudor Str., à Eros, demande à être payée d'avance et pratique des tarifs élevés, mais elle fournit des soins de qualité. Si vous êtes désargenté et disposez d'une journée entière, allez au Windhoek State Hospital (☎ 3039111) ou au dispensaire public dans Robert Mugabe Ave, près de l'angle de John Meinert Str..

Blanchissage/nettoyage. Il existe une laverie automatique près de l'Ausspannplatz, en face de la Tucker's Tavern.

Désagréments et dangers. Le centre de Windhoek paraît paisible, mais les pickpockets continuent de sévir. L'un des stratagèmes des vendeurs de journaux consiste à vous fourrer le journal sous le nez ; pendant que vous lisez les gros titres, leurs complices vous vident les poches. La politesse parvient souvent à désamorcer les situations de ce genre. Dites par exemple "Non merci, j'ai déjà lu le journal" (*No thanks, I have already read it*).

Si, d'une façon générale, les rues de la capitale ne présentent pas de danger dans la journée, en revanche ne sortez pas seul la nuit. Les townships de Goreangab, Wanaheda, Hakahana et les secteurs sud de Katutura, où l'ennui et le chômage posent de sérieux problèmes, doivent être évités à toute heure du jour et de la nuit, à moins, évidemment, d'avoir une raison particulière de s'y rendre.

Agences de voyages. La plupart sont regroupées dans le centre. La plus grande, Trip Travel (☎ 236880), se montre aussi la plus efficace. Woker Travel Services (☎ 237946), dans Peter Müller Str., représentant de l'American Express, propose aussi des prestations de qualité. SAR Travel possède une succursale (☎ 2982532) dans le Gustav Voigts Centre. Toutes renseignent sur les possibilités de voyage, et s'occupent des réservations d'avion, d'hébergement et de circuits organisés.

Librairies et bibliothèques. Les deux succursales des CNA Bookshops, dans le Kalahari Sands (Gustav Voigts) Centre et le Wernhill Park Centre, vendent des livres, des cartes et de la papeterie. Dans Peter Müller St, la librairie Der Bücherkellar dispose d'un choix de romans en anglais et en allemand. L'Uncle Spike's Book Exchange, à l'angle de Garten St et de Tal Str. pratique des petits prix.

La Windhoek Public Library (☎ 224163), bibliothèque municipale au 18 Lüderitz Str., ouvre du lundi au vendredi de 9h à 18h et le samedi de 9h à 12h. Les visiteurs peuvent obtenir une carte temporaire.

Cartes. Des cartes topographiques sont disponibles auprès de la section cartes du bureau du Surveyor General (☎ 2852332 ou 238110), situé à l'étage du ministère de la Justice, en face de la tour de l'horloge, dans Independence Ave.

Films et photos. Express Foto Photo Lab, au rez-de-chaussée du Wernhill Park Centre, offre une bonne sélection de films à des prix raisonnables.

Équipement de camping. Gav's Camping Hire (☎ 238745 ; fax 239015), 49 John Meinert Str., loue du matériel de camping. Les tentes coûtent de 3 $US à 5,50 $US par jour et les sacs de couchage 11 $US la semaine ; les glacières, les jerrycans, les camping-gaz et les ustensiles de cuisine reviennent à moins de 1 $US par jour la pièce. On peut également acheter du matériel de camping et de cyclisme, mais presque tout est importé d'Afrique du Sud. Cymot's (☎ 234131), dans Mandume Ndomufayo Str. et Gorelicks Camping Accessories (☎ 237700), 119 Independence Ave, sont les meilleures adresses en la matière. Le Trip, au rez-de-chaussée du Wernhill Park Centre, vend aussi quelques accessoires de camping.

Hendrik Verwoerd Park (Zoo Park)

Le parc Hendrik Verwoerd servit de zoo jusqu'en 1962. Vous n'y verrez aujourd'hui qu'une colonne sculptée par l'artiste namibien Dörthe Berner représentant une chasse à l'éléphant qui eut lieu à cet endroit il y a quelque 5 000 ans. En effet, les ossements de deux éléphants préhistoriques et plusieurs outils de quartz utilisés pour en découper les carcasses furent mis au jour dans le parc cette année-là. Exposés sous verre *in situ* jusqu'en 1990, les fossiles et les outils montrèrent des signes de dégradation et durent être transférés au State Museum.

L'obélisque du Kriegerdenkmal (soldat), surmonté d'un aigle impérial, a été dédié en 1987 à la mémoire des soldats allemands tombés en combattant les troupes du chef nama Hendrik Witbooi, lors des guerres de 1893-1894.

Christuskirche

Au bout de Peter Müller Str. se dresse la Christuskirche, l'originale église luthérienne allemande conçue par Gottlieb Redecker, dont la première pierre fut posée en 1907. Bâtie en grès du pays, elle mêle les styles néogothique et Art nouveau. Pour la visiter, retirez la clé pendant les heures ouvrables auprès du bureau de l'église en bas de la rue.

Alte Feste et le State Museum

Les remparts blanchis à la chaux de l'Alte Feste, le plus vieux bâtiment de Windhoek, datent des années 1890-1892. Ils abritaient le quartier général de la garnison allemande arrivée en 1889, sous le commandement du major Curt von François. Les transformations mineures effectuées en 1901 n'ont pas modifié le caractère général de cette imposante forteresse qui héberge aujourd'hui la section histoire du State Museum, où sont présentés des collections et des photos portant sur la période coloniale ainsi que des objets archéologiques locaux.

Ne manquez surtout pas de visiter la superbe exposition illustrant l'histoire de la lutte pour l'indépendance.

Le musée est ouvert en semaine de 8h à 18h, le week-end de 10h à 12h et de 15h30 à 18h. Il est également pourvu d'un restaurant et d'un pub.

Les locomotives et les wagons exposés à l'extérieur proviennent de l'un des premiers trains ayant circulé dans le pays. La statue équestre en bronze de von François, nommée Reiterdenkmal, a été érigée en mémoire des soldats allemands tués au cours des guerres herero-nama de 1904-1908. Elle fut inaugurée le 27 janvier 1912, jour de l'anniversaire de l'empereur Guillaume II.

L'Owela Museum, l'autre section du State Museum située dans Robert Mugabe Ave, se consacre à l'histoire naturelle et culturelle de la Namibie. Il ouvre aux mêmes heures que le département histoire.

Tout à côté, le théâtre de Windhoek, édifié en 1960 par l'Arts Association, est le centre culturel le plus important de la capitale.

Tintenpalast

La route partant à l'est du Reiterdenkmal conduit au Tintenpalast, aujourd'hui le Parlement. Dessiné également par Gottlieb Redecker, il fut construit avec des matériaux locaux dans les années 1912-1913 pour tenir lieu de siège administratif du Sud-Ouest africain. Son nom signifie "palais de l'encre", allusion aux litres d'encre engloutis par la paperasserie pléthorique coloniale. Il a servi de centre administratif à tous les gouvernements, y compris à celui qui est actuellement au pouvoir.

Des visites de 45 minutes sont organisées en semaine, sauf pendant les sessions parlementaires. Réservez une place par téléphone (☎ 229251). Ses agréables jardins aménagés dans les années 30 comprennent une oliveraie et un terrain de boules.

Autres édifices historiques

Près de l'angle de Lüderitz Str. et de Park Str. se tient l'**Old Magistrates' Court**. Construit en 1897-1898, il était à l'origine destiné à devenir la résidence de l'architecte Carl Ludwig. Comme celui-ci ne l'utilisa jamais, il fut reconverti en tribunal d'instance. La véranda du côté sud faisait office de salle d'attente ombragée. Le Namibia Conservatorium l'occupe aujourd'hui.

En face, vous verrez un édifice datant de 1896, église luthérienne jusqu'à la construction de la Christuskirche, abritant à présent une école maternelle.

En descendant Park Str. depuis le Tintenpalast, vous atteindrez la South West Africa House, maintenant appelée **State House**. La résidence du gouverneur colonial allemand se dressait autrefois en ce lieu, mais elle fut rasée en 1958 pour être remplacée par le bâtiment actuel, où demeura l'administrateur sud-africain, puis, à partir de 1977, l'administrateur général. Après l'indépendance, le président namibien en fit sa résidence officielle. De la construction originelle ne subsiste qu'une partie du vieux mur du jardin.

Diagonalement opposé à Christuskirche, toujours dans Lüderitz Strasse, l'**Hauptkasse**, bâti en 1898-1899, fut utilisé comme perception par l'administration allemande. Agrandi en 1906 et en 1909, il devint ensuite un foyer d'étudiants. Il appartient désormais au ministère de l'Agriculture.

Une rue plus loin, à l'angle de Neser Str. et de Peter Müller Str., la **Ludwig von Estorff House**, érigée en 1891 pour accueillir le mess des officiers du génie militaire, tire son nom du commandant de la Schutztruppe qui y vécut de 1902 à 1910. Au fil des ans, elle a fait successivement office de résidence pour les officiers supérieurs, de foyer et de collège technique. La Windhoek Reference Library (bibliothèque d'ouvrages de référence) l'a maintenant investie.

En suivant Robert Mugabe Ave vers le sud, vous jouirez d'un beau point de vue sur la ville. L'avenue est bordée d'édifices intéressants, dont, la **Kaiserliche Realschule** (à droite), première école primaire allemande de Windhoek datant de 1907-1908. Elle ouvrit en 1909 avec un effectif de 74 élèves et dut être rapidement agrandie pour faire face au nombre croissant d'inscriptions. La curieuse tourelle aux lames de bois, élément de la construction d'origine, assurait la ventilation. La bâtisse devint successivement le premier lycée allemand de Windhoek, puis, après la Seconde Guerre mondiale, un collège anglais. A l'extérieur, une plaque vous rappellera que Berlin est à 11 000 km.

Au bas de l'avenue, l'**Officer's House** fut érigée en 1905-1906 par la division des travaux publics de l'administration coloniale à titre de résidence pour les officiers supérieurs. Elle est fermée au public, mais on peut visiter les dépendances qui comprennent une écurie de six stalles et une sellerie reconverties en garages.

Les environs de Werth Str. recèlent également de belles demeures, ainsi la **Villa Migliarina** et la **Villa Lanvers** qui furent conçues en 1907 par Otto Busch. La seconde se pare d'une tour qui lui donne un petit air de château. Toutes deux possèdent de jolis jardins, mais elles ne sont pas ouvertes au public. Les escaliers mènent au

Werth Lookout, belvédère d'où vous pourrez contempler le cœur de la ville.

A l'angle de Korner Str. et de Robert Mugabe Ave, l'**ancienne cour suprême**, édifice en brique à pignons datant de 1908, fut le siège du tribunal de 1920 à 1930, époque durant laquelle la machine judiciaire sud-africaine se substituait progressivement au système allemand. Les affaires étaient jugées en fonction du régime politique qui semblait convenir le mieux aux circonstances.

Dans Robert Mugabe Ave se trouve l'ancien **Turnhalle** (gymnase), créé par Otto Busch en 1909. Il fut rénové en 1975 et transformé en salle de conférence. Le 1er septembre 1975, elle accueillit la première conférence constitutionnelle sur l'indépendance du Sud-Ouest africain, plus connue sous le nom de "Conférence de la Turnhalle". Au cours des années 80, elle vit également les sommets et les débats politiques qui devaient conduire la Namibie à l'indépendance.

Après le coin de John Meinert Str., les **Officials' Houses** forment un groupe de six maisons bâties en 1908 pour héberger les fonctionnaires. Non loin, à l'angle de John Meinert Str. et de Moltke Str., l'**Oode Voorpost**, construction classique de 1902, abritait les bureaux des géomètres coloniaux. Les cartes y étaient conservées dans des archives à l'épreuve du feu. Restauré en 1988, il est aujourd'hui occupé par le bureau des réservations du MET.

Au sud d'Independence Ave, vous jetterez un coup d'œil aux trois édifices conçus par l'architecte Willi Sander. A l'extrême sud, s'élève le **Kronpinz Hotel**, datant de 1902, dont Heinrich Gathemann fit l'acquisition en 1920 pour le transformer en entreprise privée et l'associer à la **Gathemann House**, adjacente, qu'il avait fait bâtir en 1913. Plus au nord, l'**Erkrath Building** de 1910 était à l'origine une demeure et une entreprise privée.

Monuments

A l'angle d'Independence Ave et de John Meinert Str., une **statue en bronze** est dédiée aux nombreux **koudous** victimes de l'épidémie de peste bovine de 1896. Autres monuments importants : l'**Ovambo Campaign Memorial** (décrit ci-dessous dans *Gare*) et la **Cross of Sacrifice**, dans Robert Mugabe Ave. Une **statue de Curt von François**, fondateur de Windhoek, se dresse devant les bâtiments municipaux, dans Independence Ave.

Gare

Bâtie dans l'ancien style hollandais du Cap, la très jolie gare de Windhoek date de 1912 et fut agrandie en 1929 par l'administration sud-africaine. Face à l'entrée est exposée la locomotive à vapeur allemande, *Poor Old Joe* ("Pauvre vieux Joe"), expédiée à Swakopmund en 1899 pour assurer la liaison avec Windhoek.

A l'étage, le petit et très intéressant Trans-Namib Museum brosse l'histoire des transports en Namibie. Il ouvre du lundi au vendredi, de 9h à 12h et de 14h à 16h. L'entrée coûte 0,70 $US.

A l'entrée du parking de la gare, l'Ovambo Campaign Memorial fut érigé en 1919 pour commémorer la campagne anglo-sud-africaine de 1917 contre les Ovambo kwanyama et leur chef Mandume qui, à court de munitions, préféra le suicide à la reddition.

Cathédrale anglicane St George

En face du State Museum, dans Love Str., s'élève la plus petite cathédrale de l'Afrique australe. Dans le parc de la proche école diocésaine St George, l'insolite Mansard Building, autrefois demeure privée, appartient aujourd'hui à l'école. Il s'illustre par son toit à la Mansart, le seul de ce style en Namibie, totalement inadapté au climat africain.

Post Street Mall et l'exposition de météorites

Au cœur du quartier commercial palpite la rue piétonne de Post Street dont le caractère particulièrement bigarré pourrait convenir à un décor de film. Des alignements de vendeurs y proposent des bibelots, de l'artisanat, des vêtements et à peu près tout ce qui peut présenter un intérêt pour les touristes.

Au milieu de la rue se dresse une composition faite de 33 fragments de météorites provenant d'une fantastique pluie cosmique, d'au moins 21 tonnes de roches ferrugineuses, qui s'abattit dans la région de Gibeon, au sud de la Namibie. La chute simultanée d'une telle quantité d'objets célestes est exceptionnelle ; selon l'hypothèse communément retenue, il s'agirait des débris d'une explosion survenue dans l'espace, amalgamés sous l'effet du champ de la gravitation terrestre.

Entre 1911 et 1913, peu après leur découverte, les météorites furent transportées à Windhoek et exposées au Verwoerd Park, puis à l'Alte Feste.

Châteaux

A une courte distance à pied du centre, non loin de la route de Gobabis, vous découvrirez les trois châteaux de Windhoek, dont deux sont des propriétés privées : Schwerinsburg dans Schwerinsburg Str., Heinitzburg dans Heinitzburg Str. et Sanderburg dans Kastell Str.. Seul l'Heinitzburg Castle (☎ 227044) a été transformé en musée d'art accessible au public.

Le cimetière européen, en bas de la côte, mérite une visite.

South-West Brewery

Encore récemment, et depuis 1902, la Brasserie du sud-ouest, dans Tal Str., abritait la fabrication de la Windhoek Lager, boisson favorite des Namibiens. A présent, elle héberge The Warehouse, le meilleur night-club de Windhoek. Le brassage a été transféré dans la zone industrielle nord à l'extérieur de la ville, sur la route d'Okahandja. Pour vous renseigner sur les visites guidées de la nouvelle brasserie, qui ont lieu à 10h et à 14h du lundi au vendredi, appelez le ☎ 238100.

Hofmeyer Walk

La promenade de Hofmeyer traverse la vallée de Klein Windhoek. Elle part soit de Sinclair Str., soit d'Uhland Str., et vous conduit vers le sud à travers le bush jusqu'au point où Orban Str. devient Anderson Str. Elle représente environ une heure de marche et offre une vue panoramique de la ville. Elle vous permettra également d'admirer de près les aloès (*Aloe littoralis*) qui couvrent les flancs des collines. Ces plantes aux feuilles charnues fleurissent en hiver, et leurs hampes d'un rouge éclatant attirent alors de minuscules oiseaux, dont des bulbuls.

Katutura

A la différence de ses équivalents sud-africains, le township de Katutura (mot herero signifiant "nous n'avons pas de demeure permanente") est relativement sûr dans la journée, si vous restez dans les secteurs nord ou si un habitant du quartier peut vous servir de guide. Independence Ave s'orne de très belles peintures murales aux couleurs vives sur le thème de l'indépendance. La course en taxi du centre-ville à Katutura coûte seulement 0,75 $US (2 $N).

Goreangab Dam

Le barrage de Goreangab, à 9 km au nord-ouest de Windhoek, propose un grand lac artificiel aux passionnés de sports nautiques. Bizarrement, la baignade est interdite, mais les plaisirs du bateau et de la planche à voile restent autorisés. L'endroit se prête aussi agréablement aux piqueniques et aux braais. Aucun transport public ne dessert le barrage.

Penduka

Idéale pour les achats d'artisanat et plaisante excursion, la coopérative de Penduka ("réveille-toi") se niche au sein de jolies collines à environ 15 km du centre-ville. Elle travaille en collaboration avec plus de 300 artistes femmes représentant les traditions san, herero, himba, damara, nama et ovambo.

Elle met aussi à votre disposition un salon de thé et des chemins de randonnée, tel le circuit Baboon Trail. Elle est ouverte de 8h à 17h du lundi au samedi.

Circuits organisés

Pour visiter Windhoek, vous disposez de plusieurs options, parmi lesquelles : Otjimburu Trails (☎ 234359 ; fax 228461), Sun Safaris Namibia (☎/fax 233485), aux tarifs intéressants pour les réservations de dernière minute, et Africa Adventure Safaris (☎ 234720 ; fax 230001), 72 Mandume Ndomufayo Str. Toutes ces agences organisent des visites d'une demi-journée ou d'une journée entière. Certaines prévoient aussi une excursion à la réserve de Daan Viljoen. Originale, la Namibian Tourist Friend (☎/fax 233485) propose des visites de la ville de 4 heures en "ricksha"(véhicule du style tuk-tuk) à 34 $US par personne. Elle est située à la Gus Uys Flying School, à l'aéroport d'Eros.

Manifestations culturelles

Fidèle à son cachet en partie germanique, Windhoek organise son "Oktoberfest" (fête de la bière), vers la fin octobre, vivement conseillée aux amateurs de cette boisson. Fin avril, le Windhoek Karnival (carnaval) - ou WIKA – offre diverses manifestations et des bals qui se déroulent pendant environ une semaine. Fin septembre/début octobre se tient la foire agricole, commerciale et industrielle de Windhoek qui a lieu dans le parc d'exposition de Jan Jonker Str., au sud du centre-ville.

Où se loger

Les possibilités d'hébergement s'avèrent d'un assez bon rapport qualité/prix par rapport à l'Europe ou à l'Amérique du Nord. Avant l'indépendance, les visiteurs sud-africains se rendaient nombreux à Windhoek et se loger posait souvent problème. Ils commencent à revenir mais aujourd'hui, on croise dans les hôtels autant de touristes de Milan ou d'Édinbourg que du Cap ou de Pretoria. Trouver un lit peut se révéler particulièrement difficile pendant les vacances scolaires.

Où se loger – petits budgets

Camping. Le camping le plus proche de la ville se situe à l'*Arebbusch Travel Lodge* (☎ 52255 ; fax 51670), PO Box 554, sur la route du sud. Il revient à 6 $US par personne en tente ou en caravane. Le lodge loue les doubles sans/avec s.d.b. 29/35 $US et les bungalows de deux/cinq lits avec s.d.b. 52/63 $US. Il comprend un bar, un magasin, une laverie automatique, une piscine et un trampoline. La course en taxi depuis le centre coûte 3,50 $US (12 $N).

Le camping du *Daan Viljoen Game Park*, à 18 km de la ville, emporte la faveur des voyageurs. Les emplacements peuvent être loués à l'avance auprès du MET. Pour de plus amples informations, reportez-vous à la rubrique *Environs de Windhoek*.

Camper à l'*Harmony Seminar Centre*, 15 km au sud de la ville et 2 km à l'est sur la D1504 revient à 3 $US par personne. Pour y aller, prenez un minibus en direction du sud à la gare routière située au nord du Wernhill Park Centre, descendez à l'embranchement de la D1504 et faites le reste du chemin à pied.

Lorsque vous lirez ces lignes, un nouveau camping, pourvu d'un hébergement rudimentaire en dortoir, devrait s'être ouvert à la coopérative de *Penduka* (☎ /fax 264366), dans les collines à 15 km au nord-ouest de Windhoek. Les chemins de randonnée, le snack plaisant et les vues magnifiques en feront sans nul doute un merveilleux havre de repos.

Auberges de jeunesse. La grande favorite des voyageurs (et l'une des plus accueillantes de Namibie) est *The Cardboard Box* (☎ 228994 ; fax 52128), 15 Johann Albrecht Str. au coin de John Meinert Str., à un quart d'heure à pied du centre-ville. Elle loue les lits en dortoir 6 $US, avec possibilité de faire la cuisine et accès à la piscine. Le petit déjeuner, des en-cas et des boissons sont disponibles. Les stoppeurs pourront consulter le panneau où sont affichées les demandes/offres de transport pour l'ensemble du pays. L'auberge est tout particulièrement indiquée si vous cherchez à réunir un groupe pour partager la location d'un véhicule (Cardboard Box Car Hire est l'agence la moins chère de

Namibie), et les frais de voyage à destination de Sossusvlei, Etosha, etc. Le propriétaire, Aulden Harlech-Jones, organise les transports pour l'aéroport, des balades au coucher du soleil dans les environs de Windhoek le samedi soir, des braais le dimanche et même des excursions dans les night-clubs.

La sympathique *Eldorado Youth Hostel* (☎ 213630 ; fax 214009), à l'angle de Sterling et d'Austin Str. à Khomasdal, très appréciée des commerciaux de la région, est localisée dans un quartier un peu délicat, mais elle assure une bonne sécurité. Les lits en dortoir reviennent à 7 $US aux membres d'Hostelling International. Les clients ont la possibilité de faire la cuisine et accès à la salle de TV. Elle est loin du centre, mais la course en taxi coûte seulement 0,50 $US (2 $N) – n'acceptez pas de payer plus.

La plus ancienne et originale auberge de jeunesse, *Backpackers' Lodge* (☎ 228355), 25 Best Str., loue les lits en dortoir 7 $US par personne. Cependant, lors de nos recherches, beaucoup de voyageurs ont émis des réserves au sujet de cet établissement. En outre, il est réellement gênant d'être à la porte de 10h à 16h.

Autre option bon marché, le *Travellers' Lodge* (☎ 236547), dans Eros Park, demande 8 $US par personne aux "clients étrangers". Si vous restez un minimum de trois nuits, le tarif passe à 7 $US. Il comprend le café et le thé gratuits, la possibilité de faire la cuisine et l'accès à la salle de TV.

Bed & Breakfast. Plus éloigné du centre, mais d'un excellent rapport qualité/prix, l'hospitalier *Marie's Bed & Breakfast* (☎ 51787 ; fax 52128), 156 Diaz Str., propose de grandes simples/doubles à 17/26 $US, petit déjeuner compris, et des lits en dortoir à 7 $US. Pendant la saison sèche, il dispose d'une tente prémontée où l'on peut loger pour 4/6 $US avec une/deux personnes ; dans ce cas, le petit déjeuner coûte 1,50 $US. Un appartement pour six personnes revient à 36 $US, petit déjeuner inclus. Les clients ont accès à la piscine, au patio et au barbecue, seule installation permettant de faire la cuisine. Présidente de la Namibian Bed & Breakfast Association, Marie peut également vous conseiller sur les possibilités d'hébergement bon marché dans le pays.

June et Hans Bunke, les propriétaires du confortable *Caleta* (☎ 226054), 91 Nelson Mandela Dr, mettent à votre disposition deux chambres avec s.d.b. à partir de 19/35 $US la simple/double. Les prix comprennent le petit déjeuner servi dans le patio, avec vue sur les proches collines.

L'*Haus Ol-Ga* (☎ 235852), 91 Bach Str., PO Box 20926, Windhoek, offre une ambiance allemande. Il tire son appellation des noms de ses propriétaires, Gesa Oldach et Erno Gauerke. Les simples/doubles coûtent 19/30 $US, petit déjeuner compris.

Hôtels. Bon marché, mais à 3 km du centre, à Khomasdal, le *Namibia Star Hotel* (☎ 213205) possède des simples/doubles à 15/23 $US. Récemment, la qualité s'est améliorée, toutefois en raison de son éloignement et de sa réputation d'hôtel de passe, il n'est pas conseillé aux femmes voyageant seules.

Un peu plus onéreux, le *Tucker's Tavern* (☎ 223249 ; fax 227698), tenu par un Irlandais, jouit d'une situation centrale et sert d'étape aux routiers. Les simples/doubles, relevant en fait de la catégorie moyenne, coûtent 39/56 $US, petit déjeuner et linge inclus. A 16 $US par personne, sans le petit déjeuner, les chambres dortoirs de quatre lits présentent peu d'intérêt. Cependant, si vous aimez le rugby, vous ne sauriez mieux tomber.

Où se loger – catégorie moyenne

L'un des meilleurs marché, l'insolite *Hotel-Pension Handke* (☎ 234904 ; fax 225660), 3 Rossini Str., affiche dix simples/doubles à 35/50 $US, petit déjeuner compris. Les grandes chambres pouvant accueillir trois ou quatre personnes reviennent à 23 $US par personne. Les anciens appelés dans l'armée allemande se retrouveront en terrain connu.

Plus haut de gamme, l'accueillant *Hotel-Pension Cela* (☎ 226295 ; fax 226246), 82 Bülow Str., loue 43/67 $US ses simples/doubles, petit déjeuner inclus. Les chambres de trois/quatre personnes coûtent 84/104 $US. Les équipements comprennent TV, radios, téléphones, ventilateurs et une piscine.

De type motel, l'*Hotel-Pension Moni* (☎ 228350 ; fax 227124), 7 Rieks van der Walt Str., juste au sud-est du centre, dispose de simples/doubles claires et propres, avec téléphone, radio et minibar, à 38/54 $US.

L'*Hotel-Pension Steiner*, 10 Wecke Str., possède des doubles à 64 $US, petit déjeuner compris. Les chambres impeccables sont équipées de TV et de s.d.b. L'hôtel est également pourvu d'une piscine, d'un braai et d'un salon.

Dans le même style, l'*Hotel-Pension Uhland* (☎ 229859 ; fax 220688), 147 Uhland Str., applique des tarifs similaires. Il compte une piscine et toutes les chambres sont munies d'une s.d.b.

Dans Johann Albrecht Str., nous vous conseillons le *Villa Verdi* (☎ 221994 ; fax 222574), où l'Afrique et la Méditerranée se mêlent avec bonheur. Il loue 57/95 $US les simples/doubles avec s.d.b., téléphone et TV.

Independence Ave recèle également quelques options. Le *Thüringer Hof* (☎ 220 631 ; fax 232981), célèbre pour son café-jardin, propose les simples/doubles à 65/95 $US. D'un bon rapport qualité/prix, le central *Continental Hotel* (☎ 237293 ; fax 231539), après la poste en descendant Independance Ave, offre un hébergement de qualité. Les prix des simples/doubles avec s.d.b. commencent à 49/63 $US, les suites de luxe coûtent 65/71 $US, et les simples avec s.d.b. commune valent 27 $US. Tous les tarifs comprennent le petit déjeuner.

L'*Hotel Fürstenhof* (☎ 237380 ; fax 228 751), grand et impersonnel, pratique cependant des prix avantageux : 53/79 $US pour les simples/doubles avec douche ou s.d.b. Guère plus chères, les simples/doubles de luxe reviennent à 57/87 $US. Le petit déjeuner est compris.

Si vous avez un véhicule, vous pouvez opter pour le simple et charmant *Aris Hotel* (☎ 236006) de M. Hans Vonderstein, à Aris, 27 km au sud de la ville, sur la route de Rehoboth. Il dispose de simples/doubles à 25/38 $US, et possède une piscine, un braai, un bar et un restaurant.

Où se loger – catégorie supérieure

Le plus plaisant des hôtels haut de gamme, l'immense *Hotel Safari* (☎ 238560 ; fax 235652), près de l'aéroport d'Eros, à 3 km du centre, dispose d'un joli parc, d'un café-jardin ombragé, d'une grande piscine et d'un golf situé juste à côté. Il loue ses simples/doubles 70/85 $US, tarif qui inclut un énorme petit déjeuner buffet.

Seul quatre-étoiles de classe internationale de Namibie, le *Kalahari Sands* (☎ 222300 ; fax 222260), 129 Independence Ave, PO Box 2254, se tient au cœur de la ville. Il possède 187 chambres, toutes équipées de TV, téléphone, minibar et cafetière électrique. La qualité du service est cependant inégale. Les simples/doubles classiques coûtent 99/116 $US, les chambres de luxe 122/137 $US. Le petit déjeuner anglais ou continental en sus revient à 7/9 $US.

Le luxueux *Watersworld Hotel*, nouveau bâtiment bleu près de l'aéroport d'Eros, a été construit tout spécialement pour le concours de Miss Univers. Il a adopté un thème aquatique, à la mode de Las Vegas, avec fontaines, pelouses verdoyantes et forêts à l'avenant, qui paraît incongru dans cet environnement.

Guest farms

Pour situer ces fermes, reportez-vous à la carte *Nord de la Namibie centrale* dans le chapitre suivant.

De style allemand, le *Gästefarm Elisenheim* (☎/fax 64429), PO Box 3016, Windhoek, se trouve à 15 km de la ville, dans les montagnes d'Eros. Ses propriétaires, Andreas et Christina Werner, proposent neuf chambres doubles avec s.d.b., une piscine et la possibilité d'observer la faune sur les terres du ranch. Ils louent les simples/

Le centre de Windhoek

Chicken
59 Wecke & Voigts
63 Sardinia's
64 King Pies
70 Gourmet's Inn

DIVERS

1 Hôpital
2 Joe's Beer Garden
5 Ancienne cour suprême (Obergericht)

…e du Kenya
…ant Grand
…ue de Werth
…iarina
…vers
…le (gymnase)
…Ministère de
…onnement
…Tourisme
… Voorpost)
…ensaire
…rt Mugabe
…dise Alley
…mbo Campaign
…morial
…re ferroviaire
…nibus
…ur Swakopmund
… Walvis Bay
…inibus pour le sud
…Gav's Camping Hire
…Cathédrale catholique et hôpital catholique
Dr Rabie et Retief
Model 7-Day Store
Namibia Tourist Bureau
Ministry of Home Affairs (immigration)
32 Officials' Houses
33 Cathédrale anglicane St George
34 State (Owela) Museum
37 South-West Africa House (State House)
38 Poste
39 Windhoek Information & Publicity Office

40 Minibus pour le sud
41 Wernhill Park Centre
43 Tourist Rendezvous Information Centre
44 Ancien Magistrates' Court
45 Hendrik Verwoerd Park (Zoo Park)
46 Ancienne église luthérienne allemande
47 Hauptkasse
48 Christuskirche
49 Tintenpalast
50 Alte Feste et State Museum
51 Kaiserliche Realschule
52 Ludwig von Estorff House (Windhoek Reference Library)
53 Gare routière Grab-a-Phone
54 Woker Travel Services
55 Librairie Der Bücherkellar
60 Officers' House
61 Namibia Crafts Centre
62 The Warehouse
65 Laverie automatique
67 Ausspannplatz
68 The Weaver's Nest
69 Rockafella's
72 Château Sanderburg
73 Château Heinitzburg
74 Château Schwerinsburg

doubles 34/54 $US. Un petit déjeuner complet revient à 7 $US et les autres repas à 10 $US. L'établissement ferme du 15 décembre au 31 janvier. Pour y parvenir, prenez la route d'Okahandja et sortez à l'échangeur de Brakwater. Suivez la D1473 jusqu'à ce qu'elle s'infléchisse vers le nord ; tournez à l'est à la première occasion et continuez sur ce chemin jusqu'à la ferme. Le transport depuis Windhoek vaut 6 $US par voyage, à diviser entre tous les passagers, et 41 $US de l'aéroport.

Également très apprécié, le ranch *Düsternbrook* (☎ 232572 ; fax 234758) propose un hébergement en pension complète à 49 $US par personne. Il offre de beaux panoramas et un grand choix d'activités. Comme dans beaucoup de guest farms, cependant, les animaux sont enfermés dans des enclos. En l'occurrence, il s'agit de léopards et le dimanche, les visiteurs paient 8,50 $US pour les nourrir. Les excursions en voiture coûtent 8,50 $US ; les promenades à cheval sont au même prix pour une heure. Pour vous y rendre, suivez la B1 sur 30 km en direction d'Okahandja et bifurquez à l'ouest sur la D1499. De là, 18 km vous conduiront à la ferme.

NAMIBIE

Où se restaurer

Le *Steenbras*, dans Bahnhof Str., près d'Independence Ave, vend les meilleurs plats à emporter. Son poisson, ses chickenburgers et ses frites croustillantes vous enchanteront. Autre bonne option, *King Pies*, à l'angle d'Independence Ave et de Garten Str., sert des tourtes à la viande et aux légumes.

Pour un en-cas rapide, allez au commode *City Treff*, dans Post St Mall. Windhoek compte un *Kentucky Fried Chicken*, dans Mandume Ndomufayo Str., près de Sam Nujoma Dr.

Le *Grand Canyon Spur Steakhouse*, dans Independence Ave, près de la poste, affiche un menu varié et des prix avantageux. En outre, on peut manger sur le balcon qui surplombe la rue. Ne manquez pas de goûter le fabuleux buffet de salades et les brownies.

Le Bistro, dans Post St Mall, ressemble un peu à un bocal. Il est célèbre pour ses petits déjeuners, ses pizzas et ses salades. Il sert le petit déjeuner de 7h à 11h. Le "health breakfast" ou petit déjeuner continental coûte 2,50 $US et le breakfast anglais complet 3 $US. A midi et le soir, le restaurant de l'*Alte Feste* propose une bonne cuisine allemande et namibienne à des prix modérés ; l'après-midi, il se montre une halte agréable où déguster un café et un en-cas.

Attrayant et décontracté, le *Central Café*, dans Levinson Arcade, idéal pour se restaurer ou faire une pause-café, est ouvert du mardi au samedi à midi et le soir. Il ouvre pour le déjeuner seulement le lundi, et de 8h à minuit le dimanche. Il est bondé à l'heure du déjeuner, mais un guichet vend des *brötchen* fourrés et autres en-cas à emporter. Dans la même galerie, le *Café Schneider*, moins plaisant, lui fait pratiquement face. Le *Manhattan's*, au-dessus de Bülow Str., dans Post Street Mall, est un peu plus cher mais très bon.

Autres possibilités : la cafétéria du grand magasin *Wecke & Voigts*, dans le Gustav Voigts Centre et le *Rendezvous Coffee Bar* du Tourist Rendezvous Information Centre, à l'angle de Peter Müller Str. et de Stübel Str.. Ils servent du bon café, ainsi que des cappuccinos et des expresso.

Le *Mike's Kitchen*, dans le Wernhill Park Centre, restaurant familial devenu rendez-vous des yuppies, dispose d'une carte classique : salades, steaks, hamburgers et frites. Offrez-vous un repas au *Gathemann's*, situé dans un bel édifice colonial sur Independence Ave. Vous savourerez en terrasse des spécialités allemandes et locales, dont les meilleurs escargots au beurre d'ail de toute la Namibie. Comptez environ 15 $US par personne. Le matin et l'après-midi, on s'y régale de succulentes pâtisseries européennes et on peut acheter des sandwiches au rez-de-chaussée.

Pour de la cuisine italienne, rendez-vous au *Sardinia's*, dans Independence Ave, près de Sam Nujoma Dr, où vous dégusterez aussi des glaces excellentes dans la journée. Mieux encore, le *Roxy's*, proche de l'angle d'Independence Ave et d'Uhland Str., sert des plats à emporter, de bons repas et les meilleures pizzas de Windhoek. Le soir, il assure le service à table et s'agrémente d'un orchestre.

D'un très bon rapport qualité/prix, le *Jägerstübe*, café-jardin de l'hôtel Thüringer Hof, propose, outre de la Windhoek Lager, un buffet à volonté de charcuteries, fromages, salades et plats chauds. Il sert des repas de 12h à 14h et de 19h à 22h30. Cependant, le café-jardin attenant est un rendez-vous favori des prostituées.

Le *Yang Tse*, dans Sam Nujoma Dr, près des stations-service à Klein Windhoek, offre la meilleure cuisine chinoise. Autre option dans ce domaine : le *Grand China Restaurant* à l'ambassade du Kenya, dans Korner Str..

Le *Seoul House*, près d'Ausspannplatz, se spécialise dans la cuisine coréenne ; il est ouvert au déjeuner et au dîner.

Restaurant espagnol et bar à tapas de l'hôtel Kalahari Sands, le *Viva España* (☎ 222300) ouvre du lundi au vendredi, de 12h à 14h et de 19h à 22h, le samedi de 19h à 22h. Un authentique repas ibérique pour deux, avec vin, vous coûtera environ 40 $US.

Le *Marco Polo* (☎ 230141), dans Post St Mall, prépare une cuisine italienne de qualité, mais les portions sont un peu modestes. Tous les matins, il propose un petit déjeuner au champagne à 6 $US. Il se tient dans le Kaiserkrone Centre, édifice datant de 1927 qui faisait fonction à l'origine d'hôtel et de foyer social.

Également haut de gamme, le *Gert's Klause*, restaurant discret dans la galerie au sud de Post St Mall, vous plongera dans une atmosphère allemande.

Envie de faire une folie ? Essayez le *Gourmet's Inn*, dans Jan Jonker Str., près de Centaurus, rendez-vous des ambassadeurs, des ministres, des dignitaires et autres VIP. Obtenir une réservation est difficile et les prix reflètent l'ambiance select.

L'*Hotel Fürstenhof* (☎ 237380), à l'écart dans Hosea Kutako Str., possède un excellent restaurant de cuisine française. Un repas gastronomique avec vin vous reviendra de 10 $US à 20 $US.

Si vous recherchez la quantité, le dîner buffet à volonté de l'*Hotel Safari* vous rassasiera pour 8 $US.

Faire son marché. Vous découvrirez un vrai paradis de l'épicerie, dont les grands représentants sont *Woolworths*, dans le Wernhill Park Centre, *OK Supermarket*, bon marché et animé, dans le Gustav Voigts Centre ou le proche *Wecke & Voigts*. Grand magasin coûteux spécialisé dans les produits allemands, ce dernier propose un excellent rayon d'alimentation et d'épicerie fine au sous-sol. Il vend un très large assortiment de viandes fumées et de biltong, ainsi que de très bons pains et gâteaux. En outre, on vous préparera des brötchens et des sandwiches avec les ingrédients de votre choix.

Meilleur marché, mais offrant une sélection plus limitée, le *Model 7-Day Store*, toujours bondé, se tient dans Independence Ave, près du croisement avec John Meinert Str..

Plus grand que son nom ne le laisse entendre, le *Mini-Mark*, dans Klein Windhoek, ouvre de 7h à minuit 7 jours sur 7.

En semaine, un petit marché dans Mandume Ndomufayo Str. propose des fruits et des légumes ainsi que des paniers et des sculptures sur bois.

Distractions

Pubs, discothèques et night-clubs. Windhoek compte de fabuleux lieux de rendez-vous nocturnes. The Warehouse Theater, situé dans l'ancienne South-West Brewery, dans Tal Str., se classe largement en tête du palmarès. Il s'agit probablement du seul club vraiment intégré d'Afrique australe, grâce, essentiellement, à son propriétaire éclairé. Il ouvre presque tous les soirs. Les spectacles musicaux et théâtraux, tant africains qu'européens, prennent le pas sur le night-club, mais la plupart des clients se lèvent et dansent de toute façon. On y passe une merveilleuse soirée dans une ambiance amicale et sûre. Le prix de l'entrée varie en fonction de la représentation et se situe en moyenne à 3 $US. The Warehouse mérite à lui seul que l'on s'attarde quelques jours à Windhoek.

Le township de Katutura recèle le remarquable Club Thriller, où l'entrée coûte 2,50 $US. Après qu'on se soit assuré que vous ne portez pas d'arme, vous pénétrez dans une atmosphère rythmée et étonnamment sûre. Les étrangers n'essuient qu'un minimum de tracasseries, la plupart des gens sont là pour s'amuser, mais il est tout de même préférable de ne pas porter d'objets précieux. Autour, se trouvent un snack-bar, des braais et des tables de billard. Toutefois, ne circulez pas à pied dans Katutura la nuit, prenez toujours un taxi, la course vous reviendra à seulement 0,50 $US.

Si vous cherchez un cadre plus calme, vous apprécierez le Tucker's Tavern, un pub irlandais dans Independence Ave. Une douce ambiance vous attend au Joe's Beer Garden, dans Independence Ave, entre Luther Str. et Uhland Str., lieu idéal où discuter autour d'un verre. A côté, Roxy's propose un orchestre et de délicieuses pizzas. Le minuscule Club Taj Pomodzi, à Katutura, se spécialise dans la musique kwasa-kwasa du Zaïre et fait payer l'entrée 2,75 $US. Cependant, il n'est pas très sûr. En outre, il est perdu dans les petites rues de Katutura et difficile à localiser, aussi sans un taxi et l'aide d'un habitant du quartier, n'essayez pas de vous y rendre.

Agréable établissement à l'entrée gratuite, le Casablanca, dans Sam Nujoma Dr, dispose d'un bon orchestre et sert des repas. Prenez garde au Windhoek Mini-Weekend, le mercredi, institué soirée d'ébriété générale. Parmi les autres possibilités figurent le Manhattan's, petit et intime, mais aux heures d'ouverture irrégulières ; l'historique Alte Feste Pub, assez à droite ; dans le fort du même nom (ouvert du lundi au samedi, de midi à minuit), le Paradise Alley, club aux lumières vives et rendez-vous de yuppies ; le Club Latino, à Khomasdal, version plus agressive du Paradise Alley ; et le Rockafella's, réouvert depuis peu.

Cinéma et théâtre. Windhoek possède un excellent cinéma, le Kine 300, dans Nelson Mandela Dr, ainsi que le Windhoek Drive-In Cinema, près de l'aéroport d'Eros. Le centre culturel franco-namibien (☎ 225672), 1 Mahler Str., à l'angle de Sam Nujoma Dr, présente des films français et internationaux. Il accueille également des expositions et des spectacles théâtraux itinérants.

Des pièces de théâtre sont montées de temps à autre à l'Academy, et le Windhoek Conservatorium donne des concerts. L'hôtel Kalahari Sands organise des soirées cabaret. Le National Theatre of Namibia, dans Robert Mugabe Ave, met sur pied des productions théâtrales. The Warehouse propose des concerts de jazz et de musique légère ou classique ; pour plus d'informations, reportez-vous à *Pubs, discothèques et night-clubs* ci-dessus.

Des *Sjordes*, des concerts et des pièces de théâtre, ont parfois lieu au Space Theatre, dans la maternité coloniale, Elisabeth House, de l'autre côté de la voie ferrée par rapport au centre, dans Storch Str..

Conférences. Le State Museum, dans l'Alte Feste, accueille les expositions itinérantes et organise en soirée des conférences, des projections de films et de diapositives. Renseignez-vous à l'accueil.

Activités sportives. Windhoek offre de bons équipements sportifs. Il existe une piscine municipale à l'extrémité sud de la ville, près de l'angle de Jan Jonker Str. et de Centaurus Str.. La branche locale des Hash House Harriers (☎ 224550) se réunit le dimanche à 16h30.

Achats

Également capitale dans ce domaine, Windhoek propose un choix complet, allant du matériel de camping aux articles de cuir, et la plupart des magasins peuvent s'occuper des expéditions. Parfois un peu intimidantes à cause de leurs dispositifs de sécurité, les maroquineries vendent bon marché des ceintures et des sacs à main de qualité. Les prix sont variables : la peau d'autruche est la plus onéreuse, tandis qu'une ceinture en peau de buffle coûte 22 $US et dure à vie. Vous trouverez des sacs à partir de 110 $US, des mallettes pour le double de cette somme.

Lederwaren, dans la zone industrielle nord, est une bonne adresse où acheter des chaussures en cuir à petits prix. Plusieurs boutiques, dont The Weaver's Nest, dans Nachtigal Str., près d'Ausspannplatz, proposent des produits en laine de karakul.

La florissante industrie de la bijouterie se fonde sur l'or, les minéraux et les pierres fines d'origine locale. Ces produits sont vendus dans des boutiques spécialisées où des artisans travaillent sur commande et créent des modèles originaux. Certaines des plus belles pièces sont réalisées en malachite et en agate œil-de-tigre. Pour les minéraux bruts et les pierres gemmes, l'House of Gems, près de l'angle de Stübel Str. et de John Meinert Str. offre les meilleurs prix de Windhoek, ainsi qu'une intéressante leçon sur les gemmes et la minéralogie. Le propriétaire, Sid Pieters, est le plus grand expert de Namibie en la matière. En 1974, il a découvert, sur la côte du Namib, 45 cristaux d'un type de tourmaline bleu marine, la gemme la plus rare de la planète. On n'en avait trouvé qu'une seule fois précédemment, en Sibérie au milieu du XIXe siècle.

Si vous n'allez pas dans le Kalahari et souhaitez voir de l'artisanat san, la Bushman Art Gallery, 187 Independence Ave, vous permettra de découvrir un grand choix de très beaux produits. Elle se spécialise également dans les arts traditionnels himba.

Le premier et le troisième samedi du mois, un marché à ciel ouvert, dans Independence Ave, donne l'occasion de rencontrer des gens du pays et d'acheter de l'artisanat. Dans l'ancienne South-West Brewery, 40 Tal Str., le Namibia Crafts Centre (☎ 222236) offre une étonnante variété d'objets. Il ouvre du lundi au vendredi, de 8h à 17h, le samedi de 8h à 13h.

Si Windhoek ne manque pas de boutiques vendant souvenirs kitsch, T-shirts, sculptures sur bois et objets artisanaux fabriqués en série, quelques autres proposent des articles plus originaux, et plus chers, mais informez-vous de l'origine des produits et assurez-vous que vous n'avez pas besoin d'un permis d'importation/d'exportation. Les magasins autorisés à vendre des antiquités doivent posséder une licence spéciale. Avant d'acheter quoi que ce soit d'exotique et d'onéreux, il peut être utile de se renseigner auprès de la police.

Les objets vendus dans Post Street Mall sont pour la plupart importés par camions entiers du Zimbabwe, et seul un petit pourcentage présente de l'intérêt. Voyez plutôt les poupées herero, à l'extérieur de l'hôtel Kalahari Sands, ou les paniers et les sculptures sur bois dans les environs du Verwoerd Park.

Si vous avez l'intention de visiter le pays, vous aurez l'occasion d'acquérir des œuvres meilleur marché et de meilleure qualité directement auprès des artistes ou des coopératives d'artisanat, créées en de nombreux endroits.

Rendez également une visite à Penduka, coopérative d'artisanat à l'extérieur de la ville, mentionnée précédemment dans la rubrique *Windhoek.*

Cuillère en bois traditionnelle

Comment s'y rendre

Avion. Air Namibia assure des vols quotidiens entre l'aéroport international de Windhoek, Le Cap et Johannesburg. Il existe aussi une liaison deux fois par semaine avec Londres et Francfort. Plusieurs compagnies aériennes desservent Gaborone, Maun, Harare, Lusaka et Victoria Falls. Les lignes intérieures d'Air Namibia relient l'aéroport d'Eros à Katima Mulilo, Keetmanshoop, Lüderitz, Oshakati, Rundu, Swakopmund et Tsumeb.

Voici les adresses des principales compagnies aériennes :

Aeroflot, Carl List Building, à l'angle d'Independence Ave et de Peter Müller Str., PO Box 6604, Ausspannplatz (☎ 229120)
Air France, Sanlam Centre, 4th Floor, 154 Independence Ave, PO Box 20975, Windhoek (☎ (061) 227688 ; fax (061) 232944)
Air Namibia, Ground Floor, Gustav Voigts Centre (☎ 229630 ; fax 228763)
LTU, 141 Stübel Str. (☎ 238205 ; fax 222350)
Lufthansa, Third Floor, Sanlam Centre, 154 Independence Ave, PO Box 3161 (☎ 226662 ; fax 227923)
South African Airways, Carl List Building, à l'angle d'Independence Ave et de Peter Müller Str., PO Box 902 (☎ 237670 et 231118)

Zambia Airways, 55 Independence Ave, PO Box 2933 (☎ 223623 ; fax 223439)

Bus. Le bus de luxe d'Intercape Mainliner relie deux fois par semaine Windhoek au Cap (90 $US) et à Johannesburg (92 $US), *via* Upington (54 $US). En route, il s'arrête à (tarifs au départ de Windhoek) : Rehoboth (18 $US), Mariental (22 $US), Keetmanshoop (30 $US) et Grünau (36 $US). Intercape Mainliner assure également les trajets Windhoek-Walvis Bay (25 $US) *via* Swakopmund (25 $US) et Windhoek-Tsumeb (37 $US) *via* Okahandja (14 $US), Otjiwarongo (19 $US) et Otavi (25 $US).

Plus commodes et bien moins coûteux, les minibus locaux partent lorsqu'ils sont au complet ; ils reviennent à environ 0,03 $US du kilomètre. Par exemple, le billet pour Oshakati, dans l'Ovamboland, coûte environ 16 $US. Pour Swakopmund et Walvis Bay, les minibus démarrent de l'angle de John Meinert Str. et de Mandume Ndomufayo Str.. Dans les deux cas, le trajet revient à 11 $US. En direction du sud, Rehoboth, Mariental et Keetmanshoop, la gare routière se trouve au grand parking au nord du Wernhill Park Centre. A destination du nord, l'Ovamboland et le Kavango, les départs ont lieu du marché proche de la résidence des célibataires, quartier un peu délicat du township de Katutura. Pour ne pas vous y risquer avec vos bagages, mieux vaut attendre à la rampe d'accès de la bretelle de contournement ouest, à l'extrémité nord d'Independence Ave. La fréquence des services augmente le vendredi après-midi.

Le bus express jaune SWAPO circule entre Windhoek, Ondangwa et Oshakati. Il quitte la gare routière de la résidence des célibataires, à Katutura, le vendredi à 17h, et part d'Oshakati le dimanche après-midi. Dans le nord, les départs ont lieu de la station-service BP à Ondangwa et de la gare routière du marché à Oshakati. Les billets coûtent seulement 11 $US de Windhoek à Oshakati. Veillez à réserver le plus tôt possible le vendredi matin. Dolphin Express (☎ 221225) offre un service pratique de Windhoek à Swakopmund et Walvis Bay. Il dessert quotidiennement la côte pour 14 $US aller simple. Réservez ou achetez votre billet au Tourist Rendezvous Information Centre, dans Peter Müller Str.. La compagnie Cheetah Liner (☎ 227935) pratique des tarifs identiques. Réservez par téléphone.

Il existe aussi un bus lent Windhoek-Harare, au Zimbabwe, qui démarre de la gare routière au nord du Wernhill Park Centre le vendredi à 7h. Il s'arrête à Katima Mulilo le samedi à 11h, quitte Victoria Falls (Zimbabwe) le dimanche à 7h et atteint Harare le lundi matin. Le billet coûte 92 $US pour Harare, et 75 $US pour Victoria Falls. Réservez au Tourist Rendezvous Information Centre, dans Peter Müller Str..

Train. Le mercredi, le *Suidwester* relie Windhoek à De Aar, en Afrique du Sud (26/62 $US en classe économique/couchettes), où des correspondances commodes sont assurées avec Le Cap et Johannesburg, et effectue le trajet retour De Aar-Windhoek le vendredi. Il permet de rejoindre Rehoboth, Mariental, Keetmanshoop et Karasburg. Le tarif au départ de Windhoek est de 9/25 $US en classe économique/couchettes pour toutes les destinations en Namibie. Un train régional hebdomadaire circule entre Windhoek et Keetmanshoop, en direction du sud le vendredi et du nord le dimanche. De Windhoek, les tarifs s'élèvent en semaine à : Rehoboth 2/5 $US, Mariental 4/10 $US, Keetmanshoop 11/33 $US. Ils doublent le week-end.

Au nord, la ligne raccorde Windhoek à Tsumeb *via* Okahandja et Otjiwarongo, où elle bifurque pour mener d'un côté à Otavi et à Tsumeb, et de l'autre à Otavi et à Grootfontein. Un bus des chemins de fer dessert Outjo. Les services vers le nord et le sud fonctionnent le vendredi et le dimanche.

Les liaisons de Windhoek à Swakopmund et à Walvis Bay *via* Okahandja sont assurées les mardi, vendredi et dimanche. Un train de nuit très lent fait le trajet Windhoek-Gobabis les mardi, jeudi et dimanche. De Keetmanshoop à Lüderitz, le train a été remplacé par un service de bus des che-

Les rapaces

Noms scientifiques : *Neophron percnopterus, Neophron monarchus, Trigonoceps occipitalis, Pseudogyps africanus.*

On recense de nombreuses espèces différentes de rapaces en Afrique australe, dont les plus répandues sont le percnoptère d'Égypte, le néophron moine, le griffon africain à dos blanc et le vautour à tête blanche. Toutes préfèrent la savane et sa faune foisonnante, et vivent en grand nombre à Hwange, à Chobe, à Moremi, à Mana Pools, à Chizarira et à Etosha, mais on les trouve également dans tous les parcs plus petits.

Les plus grands spécimens atteignent une envergure de 3 m et peuvent peser 5 kg. Peu doués pour le vol, ils doivent s'en remettre aux courants ascendants pour prendre de l'altitude et planer, aussi ne les voit-on dans le ciel que tôt dans la matinée, quand l'air chaud commence à monter.

Ils se nourrissent presque exclusivement de charognes et, heureusement pour eux, sont dépourvus d'odorat. Ils sont donc totalement tributaires de leur vue remarquablement perçante pour la localisation de leurs repas. Dès qu'ils repèrent une proie, ils atterrissent rapidement et attendent leur tour à côté de la carcasse. Bien sûr, d'autres rapaces ne tardent pas à se joindre au festin et, très vite, il en arrive de 50 km à la ronde.

Ce sont d'excellents dépeceurs et un groupe important de rapaces (il n'est pas pas rare d'en voir jusqu'à cent rassemblés) peut réduire la dépouille d'une antilope à l'état de squelette en une demi-heure. Une fois le ventre plein, ils sont incapables de prendre leur envol et ils s'installent à l'écart pour digérer tranquillement. ■

mins de fer, dont les départs ont lieu le vendredi et le dimanche en direction de l'ouest, le samedi et le dimanche à destination de l'est.

Le guichet des réservations et de vente des billets de la gare est ouvert de 7h30 à 16h du lundi au vendredi.

Voiture et moto. La capitale est littéralement le carrefour de la Namibie, où se croisent le grand axe nord-sud (B1) et les routes est-ouest (B2 et B6). En approchant de la ville, vous traverserez un spectaculaire paysage de magnifiques collines, et n'aurez aucun difficulté d'orientation, les routes étant clairement signalisées et la bretelle de contournement ouest permettant d'éviter le centre.

Le chapitre *Comment circuler* de la partie *Namibie* fournit une liste d'agences de location de voiture.

En stop. Grâce à la circulation dense sur les grandes voies, vous devriez rejoindre Windhoek facilement d'où que vous arriviez.

Comment circuler

Desserte de l'aéroport. Des bus font la navette entre l'aéroport international de Windhoek, à 42 km du centre, la gare routière Grab-a-Phone, dans Independence Ave, l'aéroport d'Eros (pour les lignes intérieures) et l'Hotel Safari.

Ils assurent la correspondance avec les arrivées et les départs de tous les vols ; le trajet aéroport-ville coûte 5,50 $US (20 $N) par personne. Les horaires sont affichés sur le mur au Grab-a-Phone.

En règle générale, les bus quittent l'aéroport une heure après l'arrivée d'un vol international, et depuis Grab-a-Phone ils démarrent 2 heures 10 avant les départs internationaux.

Bus. Dans les bus urbains, le trajet coûte 0,15 $US (0,50 $N). Du fait de la petite taille de Windhoek et des tarifs avantageux des taxis, peu de voyageurs prennent le bus, sauf pour se rendre en banlieue. Les horaires sont régulièrement affichés aux arrêts, mais disparaissent en général peu après.

Voiture et moto. Le parking le plus commode se trouve sous le Wernhill Park Centre où vous paierez environ 0,30 $US (1 $N) de l'heure.

Taxi. Il existe deux compagnies principales. Windhoek Radio Taxis (☎ 237070) possède un bureau au 452 Independence Ave (la gare routière Grab-a-Phone), en face de l'hôtel Kalahari Sands. Plus rudimentaire, F & P Radio Taxis (☎ 211116) est située à Khomasdal. Peut-être aurez-vous l'occasion d'essayer l'un des quatre nouveaux taxis collectifs tuk-tuk, importés de Bangkok, pratiquant le prix fixe de 0,30 $US pour toutes les courses dans le quartier central des affaires.

Le tarif officiel des taxis de 0,60 $US (2 $N) s'applique à toutes les destinations dans Windhoek, y compris Khomasdal et Katutura. Les chauffeurs qui chargent au Grab-a-Phone demandent souvent beaucoup plus et réclament parfois un supplément pour les bagages. La station au nord du Wernhill Park Centre est une meilleure option. Vous pouvez également commander un taxi par téléphone, ou en héler un, encore que l'on en trouve peu dans la rue.

Environs de Windhoek

DAAN VILJOEN GAME PARK

Le très belle réserve de Daan Viljoen s'étend dans le Khomas Hochland, à environ 25 km à l'ouest de Windhoek. L'absence d'animaux dangereux laisse tout loisir de

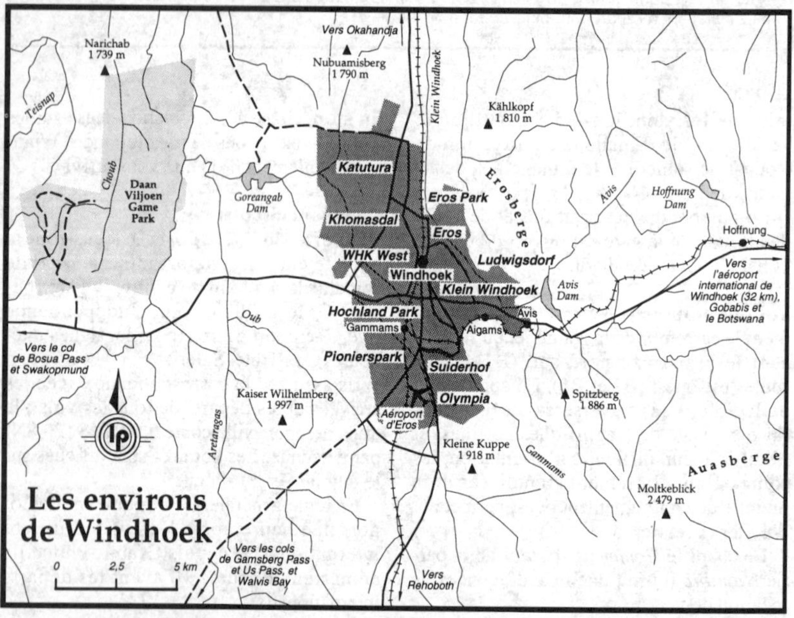

se promener dans les jolies collines et les vallées. La faune abondante vous permettra certainement d'apercevoir des gemsboks, des koudous, des zèbres de montagne, des springboks et des bubales. Notons aussi la présence particulièrement importante des élans du Cap.

Également réputé pour la diversité de sa faune ailée, Daan Viljoen compte plus de 200 espèces, dont le rare héron strié à tête noire et le tétra à longue queue.

Le bureau du parc vend une brochure qui vous aidera à identifier les oiseaux. Les eaux poissonneuses du barrage recèlent, notamment, des barbeaux, et des perches truitées. Les pêcheurs doivent être titulaire d'un permis.

Les collines couvertes d'une végétation broussailleuse se prêtent bien à l'exploration pédestre que l'on peut effectuer en suivant des chemins balisés. Le plus court et le plus facile (3 km aller-retour), le chemin de Wag'n Bietjie ("attends un peu"), part d'un point proche du bureau du parc et longe le lit asséché d'une rivière jusqu'au barrage de Stengel.

Le sentier de Rooibos, circuit de 9 km, franchit des collines et des crêtes et offre un très beau point de vue sur Windhoek.

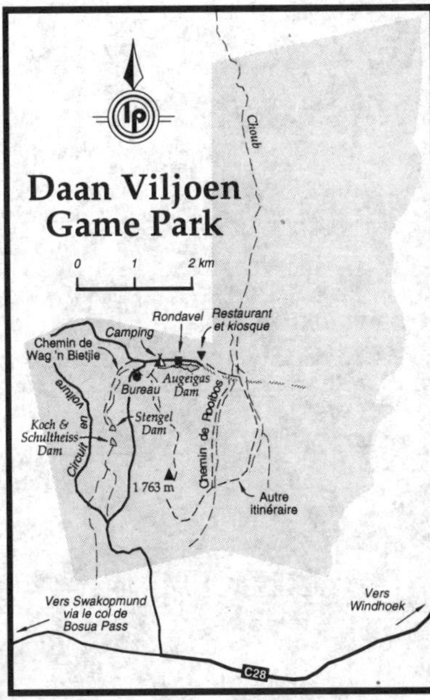

Où se loger et se restaurer

La réserve de Daan Viljoen est très appréciée des habitants de la capitale, aussi faut-il réserver son hébergement à l'avance auprès du MET à Windhoek. Elle est ouverte toute l'année du lever du soleil à 18h aux visiteurs qui viennent en journée. Elle possède un restaurant, ouvert de 7h30 à 9h, de 12h à 14h, de 19h à 22h, ainsi qu'un kiosque à boissons et une piscine. L'entrée coûte 1,50 $US par personne.

Le rest camp borde le barrage d'Augeigas. Le camping coûte 7 $US pour huit personnes, et les rondavels doubles de deux lits 23 $US, petit déjeuner compris.

Comment s'y rendre

Daan Viljoen n'est pas desservi par les transports publics, et la circulation clairsemée rend le stop difficile, mais les obstinés trouveront sûrement une solution.

Plusieurs agences de voyages prévoient le parc dans leurs visites de la capitale (reportez-vous à *Circuits organisés* dans la rubrique *Windhoek*).

Si vous avez un véhicule, depuis Windhoek suivez la C28 en direction de l'ouest, Daan Viljoen est à environ 18 km. Les motos sont interdites dans le parc.

Nord de la Namibie centrale

Malgré sa richesse historique et sa beauté naturelle, la région à l'est du Damaraland, au sud d'Etosha, au nord et à l'est de Windhoek, reste souvent ignorée des voyageurs. L'itinéraire touristique s'attache, il est vrai, à diriger les visiteurs sur la destination la plus célèbre du pays, le parc d'Etosha, l'une des plus grandes réserves naturelles du monde.

Cette contrée possède cependant bien d'autres attraits, dont Gross Barmen, station thermale de sources chaudes, le barrage de Von Bach, réserve de pêche, et des petites localités pittoresques telles Okahandja, Tsumeb et Grootfontein. Vous ne serez pas déçu par le parc du plateau de Waterberg, havre en plein ciel des espèces en voie d'extinction. Les monts Erongo ornés de spectaculaires peintures rupestres bordent la route de Windhoek à Swakopmund. A l'est de Windhoek, dans la zone d'élevage des moutons karakuls, Gobabis offre au Kalahari namibien sa principale agglomération. Plus au nord, s'étendent une riche région d'élevage et deux grands districts miniers.

OKAHANDJA

A moins d'une heure au nord de Windhoek, Okahandja fait office de centre de service routier et de carrefour entre le grand axe nord-sud (B1) et la route de Swakopmund. Elle est le centre administratif du peuple herero, qui envahit au début du XIXe siècle ce territoire alors occupé par les Nama, déclenchant une longue succession de guerres entre les deux communautés.

Un musée doit être créé dans l'ancien fort allemand (pour l'instant fermé au public). Si vous souhaitez vous renseigner sur l'état d'avancement du projet, appelez le ☎ 2700.

Histoire

En 1827 vint le premier missionnaire allemand, Heinrich Shmelen, suivi en 1843 par

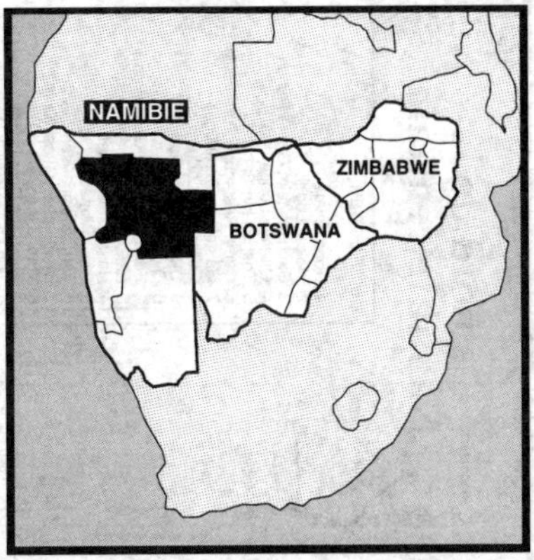

Heinrich Kleinschmidt et Carl Hahn. Six ans plus tard, Friedrich Kolbe fonda une mission mais le conflit entre les Herero et les Nama, menés par le fougueux Jan Jonker Afrikaner, réduisit ses efforts à néant quelques mois plus tard.

L'escalade de la violence aboutit, le 23 août 1850, lors de la bataille de Moordkoppie, au massacre de plus de 700 Herero par les forces nama commandées par le chef Kahitjenne. La moitié des victimes étaient des enfants et des femmes dont les corps furent mutilés pour être dépouillés des bracelets de cuivre ornant leurs bras et leurs jambes. Cette tragédie se déroula sur la petite colline rocailleuse de Moordkoppie, juste à l'est de la B1, entre Okahandja et l'embranchement de Gross Barmen.

Cimetières

A l'extrémité sud de Church St, Friedenskirche, l'église de la mission rhénane consacrée en 1876, possède un cimetière où vous verrez les tombes de plusieurs grandes figures de l'histoire, dont le chef herero, Willem Meherero.

En face de l'église sont enterrés trois autres personnages célèbres : Jan Jonker

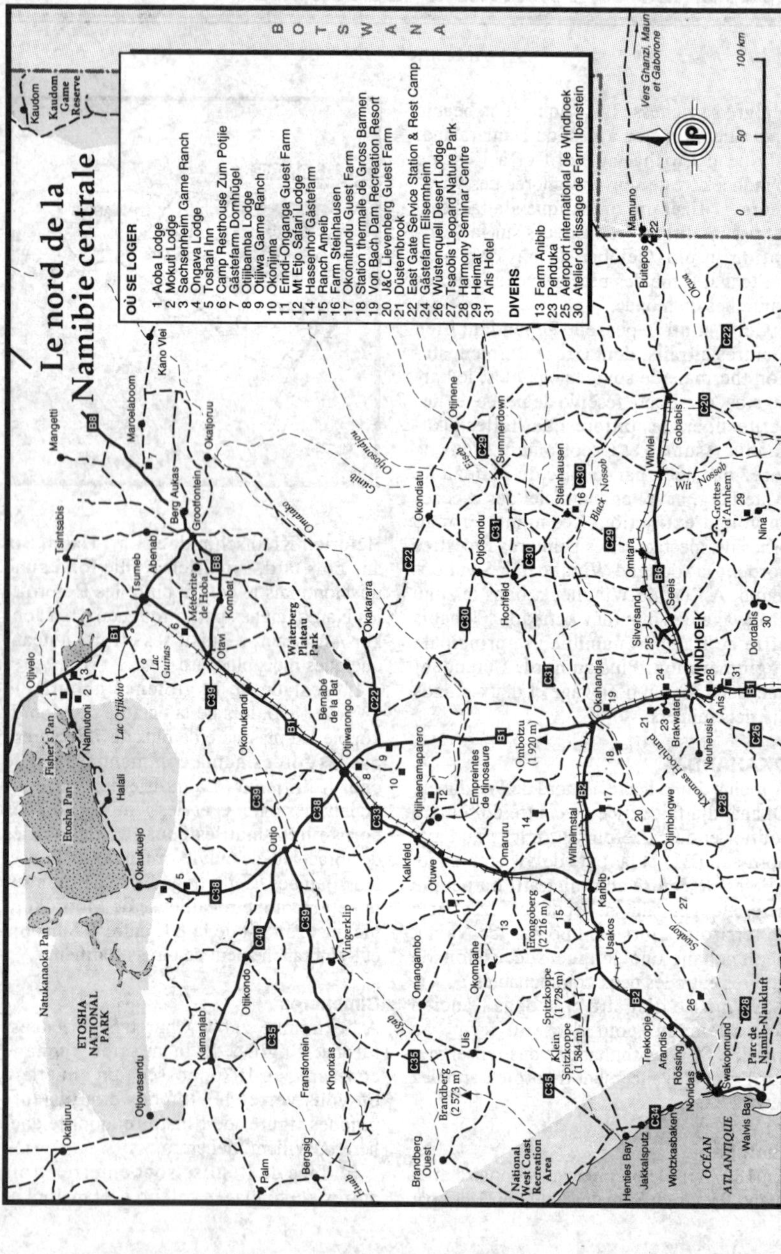
Le nord de la Namibie centrale
OÙ SE LOGER
1 Aoba Lodge
2 Mokuti Lodge
3 Sachsenheim Game Ranch
4 Ongava Lodge
5 Toshari Inn
6 Camp Resthouse Zum Potjie
7 Gästefarm Dornhügel
8 Otjibamba Lodge
9 Otjiwa Game Ranch
10 Okonjima
11 Erindi-Onganga Guest Farm
12 Mt Etjo Safari Lodge
14 Hassenhof Gästefarm
15 Ranch Ameib
16 Farm Steinhausen
17 Okomitundu Guest Farm
18 Station thermale de Gross Barmen
19 Von Bach Dam Recreation Resort
20 J&C Lievenberg Guest Farm
21 Düstembrook
22 East Gate Service Station & Rest Camp
24 Gästefarm Elisenheim
26 Wüstenquell Desert Lodge
27 Tsaobis Leopard Nature Park
28 Harmony Seminar Centre
29 Heimat
31 Aris Hotel
DIVERS
13 Farm Anibib
23 Penduka
25 Aéroport international de Windhoek
30 Atelier de tissage de Farm Ibenstein
BOTSWANA
Vers Ghanzi, Maun et Gaborone
0
50
100 km
Kaudom
Kaudom Game Reserve
ETOSHA NATIONAL PARK
Etosha Pan
Fisher's Pan
Natukanaoka Pan
Lac Otjikoto
Lac Guinas
Okaukuejo
Halali
Namutoni
Otjivelo
Tsintsabis
Tsumeb
Abenab
Grootfontein
Berg Aukas
Mangetti
Maroelaboom
Okatjoruu
Kano Vlei
Météorite de Hoba
Kombat
Otavi
Waterberg Plateau Park
Okomukandi
Bernabé de la Bat
Otjiwarongo
Okakarara
Okondiatu
Otjinene
Summerdown
Otjosondu
Hochfeld
Steinhausen
Omitara
Witvlei
Gobabis
Buitepos
Mamuno
Grottes d'Arnhem
Nina
Dordabis
Seeis
Silversand
WINDHOEK
Aris
Brakwater
Neuheusis
Okahandja
Ombotzu (1 920 m)
Otjihaenamaparero
Empreintes de dinosaure
Kalkfeld
Omaruru
Otuwe
Wilhelmstal
Karibib
Otjimbingwe
Usakos
Erongoberg (2 216 m)
Omangambo
Okombahe
Spitzkoppe (1 728 m)
Klein Spitzkoppe (1 584 m)
Uis
Brandberg (2 573 m)
Brandberg Ouest
Outjo
Otjikondo
Vingerklip
Kamanjab
Fransfontein
Khorixas
Otjovasandu
Okatjuru
Palm
Bergsig
National West Coast Recreation Area
Henties Bay
Jakkalsputz
Wlotzkasbaken
Arandis
Trekkopje
Rössing
Nonidas
Swakopmund
Walvis Bay
Parc de Namib-Naukluft
OCÉAN ATLANTIQUE
Omatako
Otjosondjou
Gunib
Eiseb
Black Nossob
Wit Nossob
Olifants
Khomas Hochland
Swakop
Ugab
Huab
B1
B2
B6
B8
C20
C22
C26
C28
C29
C30
C31
C33
C34
C35
C38
C39
C40

Afrikaner, chef des Nama, mort en 1861 ; Clement Kapuuo, ancien président de la Democratic Turnhalle Alliance, assassiné à Windhoek en 1978 ; et Hosea Kutako, président de la DTA, le premier à adresser une pétition aux Nations unies pour protester contre l'occupation de la Namibie par l'Afrique du Sud. A ce titre, il est considéré comme le père de l'indépendance namibienne.

Près de l'extrémité nord de Church St, à côté de la piscine moderne, s'élève le tombeau commun des trois chefs herero, Maherero, Samuel Maherero et Tjamuaha, morts à la fin du XIXe siècle.

C'est le point de départ de la procession suivie tous les ans par les Herero au drapeau rouge pour rendre hommage à leurs chefs et, dans un esprit d'unité et de réconciliation, à leur ancien ennemi, Jan Jonker Afrikaner.

Von Bach Dam Recreation Resort

Le parc de loisirs du barrage de Von Bach, au sud-est d'Okahandja, est essentiellement une réserve de pêche. Même les visites en journée doivent être réservées à l'avance (☎ 2475). L'hébergement limité comprend un cabanon double dépourvu d'équipement. L'utilisation des aires de camping et de pique-nique coûte 5,50 $US, plus 1,50 $US par véhicule. Des permis de pêche sont en vente à l'entrée. A part la pêche, le parc propose d'agréables pique-niques, l'observation des oiseaux et deux ou trois courtes randonnées dans les environs du camp.

Manifestations culturelles

Le grand événement d'Okahandja, le Jour de Maherero, se déroule le week-end le plus proche du 26 août.

Les Herero au drapeau rouge se rassemblent, vêtus de leurs costumes traditionnels, pour célébrer la mémoire de leurs chefs tombés dans les combats contre les Nama et les Allemands. Une manifestation similaire est organisée par les Mbanderu, Herero au drapeau vert, le week-end le plus proche du 11 juin.

Où se loger

Seule possibilité d'hébergement en ville, l'*Okahandja Hotel* (☎ 3024) dispose d'un restaurant modeste. Il loue ses simples/doubles rudimentaires à partir de 15/23 $US. Si vous cherchez moins cher, renseignez-vous aux Riding Stables, juste à l'extérieur de la ville, où vous pourrez peut-être planter une tente.

Les environs d'Okahandja comptent deux "guest farms" (gîtes à la ferme). Particulièrement plaisante, l'*Okomitundu* (☎ 6403), au sud de Wilhelmstal, sur la D1967, s'assortit d'un game ranch situé dans un beau paysage de collines rocailleuses. Elle propose des safaris-randonnées et des excursions en voiture. Relativement bon marché, l'hébergement coûte 40 $US par personne avec petit déjeuner, et 55 $US par personne en pension complète. Les activités et le transport sont en sus.

Si vous préférez une ambiance allemande, l'*Haasenhof Gästefarm* (☎ 82131) exaucera votre souhait pour 41 $US par personne avec petit déjeuner et 52 $US en pension complète. Des excursions dans la région et le transport peuvent être organisés moyennant un supplément. Suivez la D2110 sur 62 km au nord-ouest d'Okahandja, tournez vers le nord au panneau puis faites encore 6 km jusqu'au ranch.

Où se restaurer

Hormis l'*Ol Time Pizza Hut & Restaurant* dans le centre, sans doute le meilleur choix, et le café de l'Okahandja Hotel, il existe plusieurs établissements de repas à emporter dans les stations-service de la B1 et dans le centre-ville. Pour faire vos courses, essayez le *Sentra Supermarket*, à la station-service BP. La *Namibia Biltong Factory*, sur la B1, comblera les fans de biltong ; elle vend un biltong de bœuf assaisonné au peri peri particulièrement savoureux.

Achats

Les atouts majeurs d'Okahandja sont ses deux immenses marchés d'artisanat qui se tiennent l'un le long de la rue principale du centre-ville, l'autre au bord de la route près de l'entrée sud de la ville. Ce dernier se montre supérieur au marché central peu à peu envahi par les articles importés du Zimbabwe, vendus ici nettement plus chers.

Comment s'y rendre

Okahandja n'est située qu'à 70 km au nord de Windhoek, sur l'excellente route B1. Elle est desservie par les lignes de chemin de fer Windhoek-Tsumeb et Windhoek-Swakopmund. En direction du nord, les trains passent à 22h30 les vendredi et les dimanche, à 19h30 les mardi et les jeudi ; vers le sud, à 3h25 les mardi, mercredi, vendredi et samedi ; et vers l'ouest, Swakopmund et Walvis Bay, à 21h30 tous les jours, sauf le samedi. De Swakopmund à Windhoek, ils s'arrêtent à 4h40 tous les jours, sauf le dimanche.

Elle se trouve aussi sur l'itinéraire du bus Windhoek-Tsumeb de Mainliner. Il quitte Windhoek le jeudi à 7h et passe à Okahandja à 7h55. Le dimanche, il part de Windhoek à 14h et s'arrête à Okahandja à 14h55. Le trajet coûte 4 $US. A destination de Windhoek, les départs ont lieu le lundi à 12h et le vendredi à 19h.

GROSS BARMEN

Gross Barmen, à 26 km au sud-ouest d'Okahandja, autrefois une mission, est devenue aujourd'hui la station thermale la plus en vogue de Namibie. Ses sources chaudes riches en minéraux alimentent des bains thermaux, une piscine intérieure à 39°C et un bassin extérieur. Également pourvue d'un magasin, d'un bar, d'un restaurant et de courts de tennis, la station tient à la fois de l'oasis et de l'établissement de cure.

L'entrée coûte 1,50 $US par personne et 1,50 $US par véhicule. Il faut compter 0,50 $US de plus pour l'utilisation de la source thermale et des bains. Les deux séances quotidiennes ont lieu de 8h à 13h et de 14h à 18h.

Où se loger et où se restaurer

Les aires de camping et de pique-nique coûtent 6 $US pour huit personnes. En raison du succès de la station, même les visites en journée doivent être réservées à l'avance (☎ 2091). Les attrayantes chambres doubles ou les plaisants bungalows indépendants valent 16 $US et les bungalows de cinq lits 35 $US.

Le restaurant sert d'énormes biftecks d'aloyau et de la bière Windhoek Draught peu coûteuse. Gross Barmen est également dotée d'une station-service.

Comment s'y rendre

Gross Barmen n'est pas desservie par les transports publics mais, le week-end, il ne devrait pas être difficile de s'y rendre en stop depuis l'embranchement au sud d'Okahandja.

KARIBIB

Née du chemin de fer, la petite ville de Karibib fut tout d'abord une gare à mi-chemin sur la ligne Windhoek-Swakopmund. Les premiers trains ne circulant que le jour, elle devint une étape de nuit idéale pour les voyageurs. Pendant la période coloniale, elle n'abritait pas moins de six hôtels.

De nos jours, elle est surtout connue en raison de la mine d'or de Navachab découverte en 1985, à environ 5 km au sud-ouest de la ville. Consolidated Diamond Mines en consortium avec l'Anglo-American Corporation exploite la mine depuis novembre 1989. La production annuelle s'élève aujourd'hui à plus de 700 000 tonnes de minerai, au rendement relativement bas de 3 g d'or par tonne.

Karibib est également réputée pour les marbrières de Palisandro. Ces carrières produisent plus de 1 200 tonnes de marbre de bonne qualité par an, traité dans la proche *Marmorwerke* (qui signifie, on s'en doute, "marbrerie" en allemand).

Renseignements

L'office du tourisme du Wolfgang Henckert Tourist Centre (☎ 28 ; fax 230), dans la grand-rue, fournit d'utiles informations. Il vous renseignera sur les visites de la mine d'or de Navachab, organisées deux fois par mois, et de la marbrière de Palisandro.

Édifices historiques

La plupart des bâtiments qui bordent la grand-rue de Karibib reflètent son histoire. Parmi eux figurent l'ancienne gare datant de 1900 ; le Rösemann & Kronewitter Building, érigé à la même époque pour servir de siège à une firme commerciale allemande ; le Haus Woll, bâti en granit dans la première décennie du siècle, et la Christuskirche de 1910, première église du pays construite partiellement en marbre.

Où se loger

Ex-pensionnat, l'*Hotel Pension Erongoblick* (☎ 9 ; fax 95) a été rénové et s'est presque complètement affranchi de son ancienne atmosphère d'internat. Doté d'une piscine et d'un restaurant aux prix raisonnables, il se classe avec les honneurs dans la catégorie moyenne. Il loue ses simples/doubles à partir de 14/28 $US avec s.d.b. commune et de 22/33 $US avec s.d.b. privative. Tous les prix comprennent le petit déjeuner. Pour 9 $US par personne, il organise des excursions au coucher du soleil de 2 heures 30 au game ranch privé de Karibib. Plus coûteux, l'*Hotel Stroblhof* (☎ 81 ; fax 240), à l'extrémité est de la ville, propose des simples/doubles climatisées à 25/40 $US. Il possède un restaurant et une piscine.

Où se restaurer

Karibib n'offre guère de choix en dehors des deux hôtels-restaurants et de la *Karibib Bakery*, petite boulangerie-café de la grand-rue occupant un immeuble datant de 1913, l'un des premiers hôtels de la ville.

Achats

Plusieurs points de vente commercialisent des pierres fines, dont le Wolfgang Henckert Tourist Centre spécialisé dans les tourmalines de Karibib et l'artisanat local de qualité. Le Karibib Webschule vend des articles tissés en laine de karakul.

Comment s'y rendre

Karibib est desservie par tous les bus circulant entre Windhoek et Swakopmund (reportez-vous à *Comment s'y rendre* dans la rubrique *Windhoek*). Le bus d'Intercape Mainliner s'arrête à l'Hotel Stroblhof. De Windhoek, le trajet coûte 19 $US et demande environ 2 heures 30.

La desserte en train est également assurée *de* Windhoek ou Swakopmund tous les jours sauf le samedi, et *vers* l'une ou l'autre ville tous les jours sauf le dimanche. Le train passe à Karibib en direction de l'est à 2h05 et de l'ouest à 0h40. Au départ de Windhoek, les tarifs en classe économique/couchettes sont de 3/9 $US du lundi au jeudi et de 7/19 $US le week-end.

OTJIMBINGWE

Qui pourrait se douter que ce petit village oublié, à 55 km au sud de Karibib sur la D1953, était autrefois la capitale administrative du Sud-Ouest africain ? Son nom herero, "lieu de rafraîchissement", fait référence à la source proche du confluent des rivières Omusema et Swakop. Ses ressources en eau et sa situation sur la route des chariots, à mi-chemin entre Windhoek et Walvis Bay, décidèrent le Reichs Kommissar Heinrich Göring d'en faire la capitale au début des années 1880.

Histoire

Tout d'abord une mission rhénane fondée par Johannes Rath en 1849, Otjimbingwe ne vit la construction de son église qu'en 1867. Après la découverte de cuivre au milieu des années 1850, la Walvis Bay Mining Company s'y implanta et la paisible petite mission se transforma en une ville minière exubérante. Sa position à mi-chemin entre Windhoek et le port de Walvis Bay la désignèrent pour devenir le siège administratif du Sud-Ouest africain et, en 1888, elle accueillit la première poste du pays. A la suite du transfert de la capitale à Windhoek en 1890, Otjimbingwe commença à décliner. Son sort fut scellé quand elle se vit contournée au début du siècle par le chemin de fer Windhoek-Swakopmund.

Édifices historiques

Se signalent à notre attention, l'église rhénane, le magasin WBM, la génératrice pour éolienne qui alimentait la fabrique de chariots Hälbich et la poudrière de 1872, première ligne de défense contre les attaques des Nama.

Tsaobis Leopard Nature Park

Ce parc naturel privé occupe 35 km^2 rocailleux sur la rive sud de la Swakop. En 1889, le major Curt von François fit construire à cet endroit un fort pour la Schutztruppe. Moins d'un siècle plus tard (en 1969), une réserve de léopards y fut établie. Elle abrite aujourd'hui de nombreuses espèces, notamment des antilopes et des zèbres de montagne, ainsi que des chiens sauvages et des guépards. D'autres animaux sont enfermés dans des enclos.

Propice aux randonnées, l'agréable rest camp de ce très beau parc fournit un hébergement confortable. Sans véhicule, toutefois, il est quasi impossible d'y accéder. Il se trouve à quelque 35 km vers l'ouest de Otjimbingwe, à l'ouest du croisement de la C32 et de la D1976.

Où se loger

Le rest camp du *Tsaobis Leopard Nature Park* (☎ 1304), 35 km à l'ouest de Otjimbingwe, loue les bungalows doubles indépendants de deux lits à partir de 35 $US. L'option pension complète existe moyennant un supplément de 15 $US à 20 $US par personne et doit être demandée à l'avance.

Luxueuse, la guest farm de *J&C Lievenberg* (☎ 3112), sur la Swakop entre Otjimbingwe et Gross Barmen, propose un hébergement à partir de 85 $US par personne en pension complète, légèrement moins cher avec le petit déjeuner seulement. Les activités comprennent le tennis et des circuits en voiture.

USAKOS

Usakos ("saisi par le talon") prit son essor comme gare sur la voie étroite qui reliait le port de Walvis Bay aux mines du Triangle d'or. Au début du siècle, on la jugea idéalement placée pour accueillir les premiers ateliers du chemin de fer et Usakos devint la capitale du rail, distinction qu'elle conserva jusqu'en 1960. Cette année-là, une voie à écartement normal fut mise en place, les locomotives à vapeur cédèrent le pas aux diesels et le dépôt de chemin de fer fut transféré à Windhoek.

Locomotive n°40

En l'honneur de son passé, Usakos expose fièrement la locomotive n°40 devant la gare. Il s'agit de l'une des trois machines à haut rendement fabriquées en 1912 par la société Henschel & Son à Kassel, en Allemagne. Sa petite sœur, la locomotive n°41, occupe une position similaire à la gare de Otjiwarongo.

Où se loger et où se restaurer

Seule possibilité d'hébergement, le *Usakos Hotel* (☎ 259), propre mais austère, possède des simples/doubles à 19/35 $US, petit déjeuner compris.

A 70 km au sud-ouest de Usakos, sur la D1914, l'accueillant *Wüstenquell Desert Lodge* (☎ 1312 ; fax 277), dont le nom allemand signifie "source du désert", est installé en bordure du Namib. Il pratique des tarifs modestes : 30 $US par personne avec petit déjeuner ou 45 $US par personne en pension complète. Il loue les emplacements de camping 5 $US par personne et peut fournir le matériel. Les excursions vous permettront de découvrir les insolites formations rocheuses et une gare abandonnée datant de 1900.

Comment s'y rendre

Usakos est située sur l'itinéraire de tous les bus et minibus (ainsi que, naturellement, celui du train) circulant entre Windhoek, Swakopmund et Walvis Bay. Les trains vers l'est passent à 0h40 et vers l'ouest à 1h55 tous les jours sauf le samedi. Le tarif à destination de Windhoek, de Swakopmund ou de Walvis Bay est de 3/8,50 $US en classe économique/couchettes.

MONTS ERONGO

D'origine volcanique, ils se dressent à une altitude de 2 320 m au nord de Karibib et de Usakos. Après une période d'éruptions, il y a quelque 150 millions d'années, le volcan s'effondra et la caldeira s'emplit de matières ignées refroidissant lentement. Elles formèrent un noyau de granit dur qui, débarrassé par l'érosion de toutes ses scories, donna naissance aux monts Erongo.

Ils sont surtout connus pour leurs grottes et les peintures rupestres qu'elles renferment. Ainsi dans la caverne de Phillips (Phillips Cave) sur le domaine de l'Ameib game ranch, profonde de 50 m, on peut admirer la célèbre peinture de "l'Éléphant blanc". Il s'agit d'un pachyderme sur lequel une grande antilope à bosse de couleur rouge se superpose ; tout autour, d'autres animaux sont représentés, dont des autruches et des girafes. Ces peintures ont été étudiées par l'abbé Breuil, spécialiste français de la Préhistoire, dans son ouvrage intitulé *Phillips Cave*, mais ses théories sur les origines méditerranéennes de l'œuvre sont aujourd'hui écartées.

La caverne de Phillips, à 3 km de la route, est ouverte aux visiteurs du ranch Ameib. Une marche de 45 minutes environ vous y conduira. Après la visite du site, faites une halte à l'aire de pique-nique nichée près de plusieurs empilements de rochers. Un remarquable groupe de roches rondes et lisses ressemble à un cercle de bovins en train de papoter, d'où son nom de "Bull's Party" (réunion de taureaux). Un autre, souvent photographié, semble être une femme herero en costume traditionnel se tenant debout avec deux enfants. Les visites en journée de la grotte et de l'aire de pique-nique coûtent 2 $US par personne.

Au nord du ranch Ameib, la D1935 contourne les monts Erongo avant de se diriger vers le nord et le Damaraland. Vous pouvez également prendre la D1937 vers l'est en direction de Omaruru. Cette route ceinture pratiquement le massif et donne accès à de petits chemins, praticables en 4x4, menant au cœur des montagnes, ainsi qu'à de très belles randonnées dans le bush.

Où se loger

Le *Ranch Ameib* (☎ 1111), dont le nom signifie "verte colline", est campé dans un décor magnifique sous les contreforts des monts Erongo. Mission rhénane lors de sa création en 1864, il abrite aujourd'hui une luxueuse guest farm et un camping. Y séjourner donne un peu l'impression de pénétrer dans l'histoire germano-namibienne. Là encore, vous verrez des animaux dans une sorte de zoo fermé.

L'hébergement dans la ferme historique, aux meubles d'époque, coûte 67 $US par personne en pension complète, avec accès à l'agréable piscine. Si vous avez réservé une chambre dans la ferme, on viendra vous chercher à Usakos, mais les campeurs doivent payer 8 $US de transport.

Le camping revient à 7 $US par personne, prix qui comprend l'utilisation des braais, des sanitaires et des douches chaudes. Les tentes doubles déjà montées se louent 17 $US. Les caravanes sont interdites. Les tarifs des repas s'élèvent à 4 $US pour le petit déjeuner, à 8 $US pour le déjeuner, et à 10 $US pour le dîner copieux.

OMARURU

Son cadre aride et poussiéreux au bord du lit ombragé de la rivière Omaruru n'est pas sans rappeler l'outback australien. Omaruru signifie "lait épais amer" en herero, référence au lait produit par le bétail nourri d'une plante robuste du bush (*Pechuelloeschae leubnitziae*). Pendant la saison sèche, elle reste verte et attrayante bien après que tout autre forme de végétation se soit fanée.

Histoire

L'agglomération naquit en 1870 sous forme de comptoir et de mission rhénane, où furent traduits pour la première fois le Nouveau Testament et les liturgies en oshaherero (langue des Herero). Comme nombre de localités de la Namibie centrale, elle devint un peu plus tard une ville de garnison allemande et, à ce titre, un théâtre d'opérations de la résistance locale.

En janvier 1904, elle fut attaquée par les forces herero, commandées par le chef Manassa. Le capitaine Victor Franke, alors occupé à réprimer une révolte dans le sud

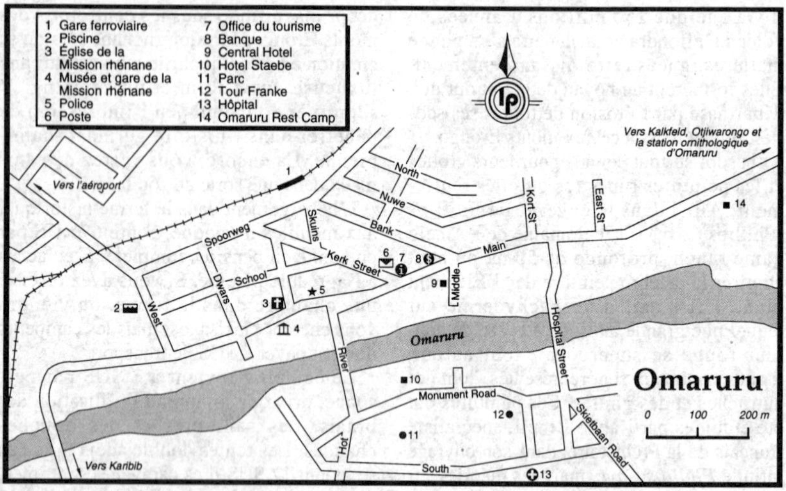

de la Namibie, demanda au gouverneur Leutwein l'autorisation de se rendre dans le Nord, afin de libérer la ville assiégée. Après 20 jours d'une marche de 900 kilomètres, il parvint à Omaruru et lança une charge de cavalerie qui provoqua la déroute des assaillants. En 1908, les résidents allemands de Omaruru lui prouvèrent leur reconnaissance en érigeant la Tour Franke (Franke Tower).

Renseignements

L'office du tourisme (☎ 277), dans le bâtiment municipal de la grand-rue, ouvre du lundi au vendredi, de 8h à 13h et de 14h15 à 17h.

Tour Franke

Déclarée monument national en 1963, la tour du capitaine Franke porte à présent une plaque commémorative. Elle offre un beau point de vue sur la ville ; si vous voulez en profiter, demandez la clé au Central Hotel ou à l'Hotel Staebe.

Musée de la Mission rhénane

Bâtie en 1872 par Gottlieb Viehe, la mission rhénane abrite aujourd'hui le musée de la ville, où sont exposés des ustensiles ménagers et des outils agricoles du XIXe siècle, un vieux distributeur à boissons, ainsi que de nombreuses et anciennes photographies.

En face, dans le cimetière reposent le chef herero Wilhelm Zeraua et plusieurs résidents allemands, parmi les premiers colons de Omaruru. Pour visiter, retirez les clés du musée auprès de l'office du tourisme, face au Central Hotel dans la grand-rue. L'entrée est gratuite.

Station ornithologique d'Omaruru

Un pique-nique ou un braai à la station ornithologique (☎ 2802) constituent peut-être la meilleure raison de visiter Omaruru. Située à côté d'un point d'eau sur l'Omaruru, à 4 km de la ville, elle est pourvue d'un poste d'observation qui donne tout loisir de découvrir la riche faune ailée de la région. Pour y aller, faites 1 km sur la route de Kalkfeld (C33), puis tournez à l'est sur la D2329.

Anibib Farm

A la ferme Anibib (☎ 1711), légèrement en retrait de la D2315, vous visiterez l'une des

CHRIS BARTON

PETER PTSCHELINZEW

DEANNA SWANEY

CHRIS BARTON

A	B
C	D

NAMIBIE

A : nids de tisserins sur un kokerboom
C : Ubusis Canyon, monts Naukluft
B : phoque de Cape Cross
D : route Lüderitz-Aus

PETER PTSCHELINZEW

DEANNA SWANEY

A
B

NAMIBIE

A : épave sur la Skeleton Coast

B : flamands roses à Grosse Bucht, près de Lüderitz

plus grandes expositions d'art rupestre de Namibie. Cette collection de peintures est particulièrement réputée pour ses représentations d'humains et d'animaux occupés à diverses activités. Les propriétaires organisent deux visites guidées par jour pour des groupes de six personnes ou moins. Il est impératif de réserver à l'avance.

Manifestations culturelles

Tous les ans, le week-end le plus proche du 10 octobre, les Herero au drapeau blanc organisent une procession qui part du faubourg d'Ozonde et se rend au cimetière où leur chef, Wilhelm Zeraua, fut inhumé, après qu'il eut trouvé la mort dans les combats contre les Allemands.

Où se loger

Le touffu *Omaruru Rest Camp* (☎ 109 ; fax 309) demande 3 $US par emplacement de camping et 0,50 $US par personne. Il loue 12/19 $US les bungalows rudimentaires de deux/trois lits et 22 $US les bungalows indépendants pour quatre personnes. Un golf miniature est en construction.

L'*Hotel Staebe* (☎ 35 ; fax 339), dirigé par des Allemands, occupe un agréable site arboré de l'autre côté de la rivière par rapport au centre. Il propose les simples/doubles à 32/44 $US, petit déjeuner compris.

Plus petit et plus rudimentaire, le *Central Hotel* (☎ 30) se tient, comme son nom l'indique, dans le centre-ville. Les simples/doubles coûtent 22/28 $US, sans le petit déjeuner.

Omaruru est au cœur de la région des guest farms aussi aurez-vous le choix dans ce domaine. Option conseillée, l'accueillante *Erindi-Onganga Guest Farm* (☎ 1202) se trouve à 6 km de la D2351, à quelque 75 km au nord-ouest de Omaruru. Elle dispose de simples/doubles avec s.d.b. à 44/55 $US en pension complète.

Où se restaurer

Dans la grand-rue, le *White House Café & Milk Bar* s'est douillettement installé dans un édifice datant de 1907. Outre les pâtisseries allemandes de rigueur, elle sert des petits déjeuners "farmhouse" (comme à la ferme), des déjeuners et des en-cas. Elle ouvre tous les jours de 8h à 19h.

Également dans la grand-rue, le *Mini-Markt* vend des plats à emporter, du pain frais et des glaces.

Les deux hôtels possèdent un restaurant. Nous vous conseillons tout spécialement les repas de bonne cuisine allemande de l'*Hotel Staebe*. Dans cette importante région de culture fruitière, des agrumes sont vendus à bas prix sur le bord des routes de juillet à septembre.

Comment s'y rendre

Omaruru, à 280 km de Windhoek, n'est pas desservie par les bus. Si vous avez un véhicule, la C33 bien entretenue, qui traverse Omaruru, vous fournira l'itinéraire le plus rapide entre Swakopmund et Etosha.

Dans le sens Windhoek-Tsumeb, les trains s'arrêtent à Omaruru à 4h15 les samedi et les lundi, et à 1h18 les mercredi et les vendredi. De Tsumeb à Windhoek, ils passent à 21h15 les lundi, mardi, jeudi et vendredi. Au départ de Windhoek, le billet en classe économique/couchettes coûte 4,20/12 $US en semaine, 8,50/25 $US le week-end.

KALKFELD

La minuscule ville de Kalkfeld ne présente pas d'intérêt touristique en elle-même, mais une excursion intéressante vous conduira aux empreintes datant de 170 millions d'années imprimées dans le grès rouge de Etjo par un saurien de 25 mètres. Il y a quelque 200 millions d'années, la Namibie était recouverte d'une mer peu profonde qui s'emplit peu à peu de sable apporté par le vent et de limon. Cette argile molle a conservé les traces de ce dinosaure bipède à trois orteils, peut-être un très lointain ancêtre des oiseaux d'aujourd'hui.

Les empreintes se situent à 29 km de Kalkfeld, sur les terres de la ferme Otjihaenamaparero, tout près de la route D2414. Le site a été déclaré monument national en 1951, mais il faut tout de même obtenir l'autorisation du fermier pour entrer.

Les autruches

L'autruche d'Afrique est le plus grand oiseau du monde. Très répandue dans les plaines de la savane du Zimbabwe, du Botswana et de la Namibie, elle se voit couramment à l'intérieur comme à l'extérieur des parcs et des réserves, notamment dans le Botswana central et dans les plaines désertiques de la Namibie occidentale.

L'oiseau adulte mesure environ 2 m et peut peser 150 kg. Ses longues pattes lui permettent de se propulser à des vitesses allant jusqu'à 50 km/h. Le mâle se reconnaît aisément à son plumage noir et épais, orné de plumes blanches sur la queue et les ailes, quant à la femelle, d'un brun grisâtre uniforme, elle est un peu plus petite et légère. Pendant la saison des amours, le cou et les pattes nus du mâle deviennent rouge vif. Les autruches vivent en groupes de six, rarement plus, et dans des territoires délimités. Elles se nourrissent de feuilles, de fleurs et de graines. Lorsqu'elles mangent, elles accumulent la nourriture dans leur jabot, puis la font descendre dans l'estomac en grosses boules successives, spectacle amusant à contempler.

Pendant la saison sèche, le mâle se livre à une cour impressionnante. Après s'être débarrassé de tous ses rivaux, il trotte jusqu'à la femelle la queue dressée, puis s'accroupit et se balance d'un côté à l'autre tout en battant alternativement de chaque aile. Il joue aussi du cou et en impose visiblement aux femelles. Il peut s'accoupler avec plusieurs femelles, et ses partenaires pondent toutes dans le même nid accueillant parfois jusqu'à 30 œufs.

Dans la journée, ils sont couvés par la première femelle avec laquelle il s'est accouplé ; la nuit, le mâle prend le relais. Ses autres partenaires ne s'occupent ni des œufs, ni des petits. ■

Il n'existe pas d'hébergement à Kalkfeld, toutefois l'endroit se visite aisément depuis Otjiwarongo ou du proche Mt Etjo Safari Lodge.

Où se loger

Seule possibilité d'hébergement, très appréciée des voyageurs, le luxueux *Mt Etjo Safari Lodge* (☎ 1602 ; fax 1644), PO Box 81, Kalkfeld, se cache au cœur de la réserve naturelle privée appartenant à l'écologiste Jan Oelofse. Etjo, "lieu de refuge", a pris place dans l'histoire en avril 1989, date où furent signés les accords de paix du Mt Etjo mettant fin à la guérilla et ouvrant la voie de l'indépendance. Les simples/doubles avec s.d.b. coûtent 68/124 $US en pension complète, excursions en voiture comprises. Avec un lit "king-size" et une véranda privée, elles vous reviendront à 75/137 $US. L'appartement de luxe se loue 260 $US. Le transport est en sus.

OUTJO

Petite cité attrayante fleurie de bougainvillées presque toute l'année, Outjo fut fondée en 1880 par le marchand Tom Lambert. Née plus tard que les autres localités de la région, elle ne servit jamais de mission. Devenue ville de garnison allemande au milieu des années 1890, elle n'essuya néanmoins pas assez de troubles pour se tailler une place dans l'histoire.

De nos jours, ses environs s'enorgueillissent d'une agrumiculture florissante et, comme dans la plus grande partie de la Namibie centrale, l'élevage y tient la première place.

Pour les visiteurs, Outjo s'avère une base idéale d'où partir explorer la région de Okaukuejo dans le parc d'Etosha.

Naulila Monument

Il commémore le sacrifice des soldats allemands attaqués par les Portugais le

19 octobre 1914, près du fort Naulila sur le Cunene en Angola, ainsi que ceux tombés le 18 décembre 1914, lors de représailles menées par le major Franke.

Franke House

Il s'agit de l'un des premiers édifices de Outjo nommé à l'origine Kliphuis, "maison de pierre". Le major von Estorff le fit bâtir en 1899 à titre de résidence pour lui-même et les commandants qui lui succéderaient. La demeure fut plus tard occupée par le major Victor Franke qui lui laissa son nom. Elle abrite aujourd'hui le musée de Outjo consacré à l'histoire naturelle et politique de la ville et ouvre du lundi au vendredi, de 10h à 12h30 et de 15h à 17h. En dehors de ces horaires, retirez la clé auprès de l'office du tourisme, situé dans la grand-rue. L'entrée est gratuite.

Windmill Tower

Sur la C39, à l'est de Outjo, se dresse une vieille éolienne en pierre, près de l'Hotel Etosha. Elle fut construite en 1900 pour alimenter en eau l'hôpital, ainsi que les militaires allemands et leurs chevaux.

Où se loger

Le *Municipal Camp Site* (☎ 13) loue 3 $US l'emplacement de camping plus 0,30 $US par personne. Les bungalows indépendants rudimentaires pour deux/quatre personnes coûtent 10/17 $US.

L'établissement haut de gamme d'Outjo, l'*Hotel Onduri* (☎ 14 ; fax 166), possède des simples/doubles avec s.d.b. à 29/40 $US, petit déjeuner non compris. Il s'adresse principalement aux touristes en route pour Etosha. Sa jolie cour est parfumée par d'odorants citrus. Plus petit, l'*Hotel Etosha* (☎ 26), sur la route d'Otavi, dispose de simples/doubles à 37/45 $US.

Où se restaurer

Les restaurants et les bars des deux hôtels servent des repas et des en-cas. Dans la grand-rue, diagonalement opposé à l'office du tourisme, le petit *Café-Bäckerei* propose de bons repas simples, composés surtout de poulet, d'escalopes viennoises et de hamburgers ; son pain et ses gourmandises sucrées sont réputés dans toute la région.

Comment s'y rendre

Seule desserte, le bus des chemins de fer circule trois fois par semaine entre Outjo et Otjiwarongo. Il part de Outjo à 7h30 le lundi, à 13h les mercredi et les vendredi. Le trajet d'une heure coûte 2 $US l'aller simple. En stop, Outjo est un point de départ logique pour se rendre au parc d'Etosha, l'entrée d'Andersson, près de l'Okaukuejo Camp, se trouvant à seulement 105 km sur la C38 goudronnée.

Outre la C38, qui relie Otjiwarongo à Etosha, un raccourci à 10 km au nord de Kalkfeld (sur la C33 venant de Karibib) permet de rejoindre Outjo. Du Damaraland, le mieux est de suivre la C39 récemment goudronnée ; elle traverse les montagnes de Fransfontein à partir de Khorixas. Les stoppeurs progresseront lentement sur toutes ces routes, y compris la C38.

OTJIWARONGO

Centre d'agriculture et d'élevage, le"lieu plaisant", en herero, possède une population de 8 500 habitants. A ce carrefour du nord de la Namibie se rencontrent les routes de Windhoek, de Swakopmund, de Outjo/Etosha et celles du Triangle d'or. En septembre et début octobre, Otjiwarongo explose littéralement de couleurs lorsque s'épanouissent les jacarandas et les bougainvillées. Elle fait également fonction de ville-étape sur la route du magnifique parc du plateau de Waterberg.

En 1891, après la signature d'un traité entre les missionnaires et le chef herero Kambazembi, une mission rhénane s'y établit, suivie en 1904 d'une garnison allemande. Lorsque la ligne de chemin de fer reliant Swakopmund aux mines d'Otavi et de Tsumeb entra en service en 1906, la ville de Otjiwarongo fut officiellement fondée.

Renseignements

L'office du tourisme est installé dans les bureaux municipaux, indiqués depuis la grand-route. L'hôtel Hamburger Hof fournit également des renseignements touristiques.

Locomotive n°41

Exposée devant la gare, la locomotive n°41 a été fabriquée par la société Henschel de Kassel, en Allemagne, en 1912 et expédiée en Namibie pour haler le minerai des mines de Tsumeb au port de Swakopmund. Elle prit sa retraite en 1960, lorsque la voie étroite de 0,6 m fit place à une ligne d'un écartement de 1,067 m.

Crocodile Ranch

Ce ranch de crocodiles ouvre tous les jours de 9h à 18h. Indiqué depuis la grand-route, il est installé près du parc de caravanes, à une courte distance à pied du centre-ville.

Où se loger

Le camping municipal de Otjiwarongo (☎ 2231 ; fax 2098) est commodément placé à côté du ranch de crocodiles, ce qui permet aux campeurs de profiter du café. L'emplacement coûte 6 $US plus 0,80 $US par personne.

Assez bon marché également, le *Rent-a-Room* (☎ 2517), diagonalement opposé à l'hôtel Hamburger Hof, loue 17/26 $US les simples/doubles rudimentaires avec s.d.b. commune.

Le plus attrayant des deux hôtels de la ville, l'*Hamburger Hof* (☎ 2520 ; fax 3607), qui n'a rien d'un fast-food, dispose de simples/doubles économiques à 21/26 $US, et de chambres avec TV à 30/45 $US. Le petit déjeuner continental/anglais coûte 3/6 $US en sus.

Avant sa fermeture pour rénovation il y a quelques années, l'*Hotel Brumme* (☎ 2420), plus petit, proposait les simples/doubles avec s.d.b. à 25/35 $US. Il devrait être réouvert lorsque vous lirez ces lignes.

Dans les environs. A moins de 1 km à l'ouest de la B1, à 3 km au sud de Otjiwarongo, le *Otjibamba Lodge* (☎ 3133 ; fax 3206), établissement aux prix modérés, vous logera dans des petits bungalows simples/doubles plaisants à 37/46 $US, petit déjeuner compris. Il possède un restaurant, un bar, une piscine et un golf à neuf trous.

Sur la B1, à 30 km au sud de la ville, le *Otjiwa Game Ranch Rest Camp* (☎/fax 11 002) offre des bungalows pour une/trois personnes à 29/40 $US et un bungalow pour huit à 65 $US. La possibilité de faire la cuisine existe moyennant un supplément. L'observation de la faune constitue le principal intérêt de ce ranch privé.

Si vous êtes en fonds, ne manquez pas de passer au moins une nuit ou deux à l'*Okonjima* (☎ 18212 indicatif de ferme ; fax 4382), le "lieu des babouins". Il est classé dans les guest farms, quoiqu'il tienne davantage du safari lodge. Tenu par les écologistes Wayne et Lise Hanssen, il figure parmi les plus fabuleuses villégiatures de Namibie. L'hébergement en bungalow double coûte 60 $US par personne, prix comprenant trois excellents repas, des randonnées et des excursions en voiture. Les promenades à cheval doivent être réservées à l'avance et sont en supplément.

Il est équipé de trois postes d'observation d'où l'on peut contempler de la faune ailée. D'après la brochure, plus de 200 espèces d'oiseaux ont été identifiées dans le ranch, dont le moqueur damara, le calao de Monteiro et le francolin de Hartlaub. Parmi les autres attraits du séjour, signalons le Bushman Trail, excursion consacrée au mode de vie traditionnel des San en Namibie, et le Bantu Trail, qui permet de comparer les traditions san avec celles de leurs voisins bantous.

Mais le plus grand charme de la ferme est la passion de ses propriétaires pour les félins. Ils ont fondé un centre de réadaptation où ils apprennent aux guépards et aux léopards à ne pas attaquer le bétail. Ils ont également créé une organisation, Africat, pour protéger tous les félins indigènes menacés par l'homme. Du fait de la présence des félins, les enfants de moins de 12 ans ne sont pas admis.

Pour plus d'informations sur Africat, contactez l'organisation dont l'adresse est mentionnée, dans la partie *Région*, sous la rubrique *Organismes à connaître* du chapitre *Renseignements pratiques*.

Pour vous rendre à Okonjima, suivez la B1 sur 49 km au sud de Otjiwarongo et tournez à l'ouest sur la D2515, juste après le panneau "Okahandja 130 km". Faites 15 km sur cette route, puis prenez sur la gauche le chemin qui conduit, 10 km plus loin, à la ferme.

Où se restaurer

Les deux hôtels possèdent un bar et un restaurant. La cafétéria du ranch des crocodiles sert des repas simples.

La grand-rue offre le choix habituel d'établissements de vente à emporter. Une excellente boulangerie, *Carstensen's*, se tient dans le centre-ville.

Comment s'y rendre

Le bus d'Intercape Mainliner quitte la gare routière Grab-a-Phone de Windhoek, pour Tsumeb, les lundi, mercredi, vendredi et dimanche à 7h ; il passe à Otjiwarongo à 9h30. Il part de Tsumeb à 13h les lundi, mercredi, vendredi et dimanche, pour s'arrêter à Otjiwarongo à 15h. Le tarif, au départ de Windhoek ou de Tsumeb, s'élève à 19 $US.

Tous les minibus circulant entre Windhoek et l'Ovamboland traversent Otjiwarongo. Ils s'arrêtent à la station-service Engen. Aux approches de la ville, en arrivant du sud, guettez les pics jumeaux des Omatako – "fesses" en herero – à l'ouest de la route. Un minibus dessert de temps à autre Okakarara et peut vous déposer à une distance raisonnable (25 km) du parc du plateau de Waterberg.

De Windhoek à Tsumeb, le train part à 21h les vendredi et les dimanche (arrivée à Otjiwarongo à 7h33), à 18h les mardi et les jeudi (arrivée à Otjiwarongo à 4h25). A destination du sud, il quitte Tsumeb à 11h30 les lundi, mardi, jeudi et vendredi, pour passer à Otjiwarongo à 15h39.

Le bus des chemins de fer assure le trajet Otjiwarongo-Outjo. Il part de Otjiwarongo le lundi à 8h30, le mercredi à 16h30 et le vendredi à 17h.

PARC DU PLATEAU DE WATERBERG

Le parc occupe un plateau de grès de 50 km de long sur 16 km de large, qui se dresse à 150 m au-dessus de la plaine. De ce monde perdu aux flancs abrupts naît une profusion de sources, grâce essentiellement à la nappe aquifère naturelle créée par les strates de grès et l'argile sédimentaire sous-jacente. L'eau de pluie infiltre les strates jusqu'à atteindre la déclivité argileuse au sud-ouest, coule le long de la pente pour sourdre au pied des falaises. Il en résulte une mosaïque luxuriante d'arbres et de savane broussailleuse. Il abrite des espèces rares et en voie d'extinction, dont les hippotragues noirs et les antilopes rouannes, ainsi que les rhinocéros blancs et noirs. Les chiens sauvages, les sassabys, les buffles, les guépards et les petits galagos se laissent fréquemment repérer. Le Waterberg est également particulièrement propice à l'observation des léopards.

Le Waterberg compte plus de 200 espèces d'oiseaux, dont l'aigle noir, la rare outarde de Rüppell, le calao de Monteiro et le martinet de Bradfield.

Histoire

En 1873, Waterberg accueillit une mission rhénane, qui fut détruite en 1880 lors des guerres herero-nama. En 1904 se déroula la décisive bataille du Waterberg entre les forces coloniales et la résistance herero. Les Allemands vainquirent grâce à leur meilleur système de communication.

Tous les ans, le week-end le plus proche du 11 août, la population herero locale, les Scouts, les MOTH et l'Alte Kamaraden (la légion allemande) commémorent le combat. La cérémonie a lieu au monument aux morts du cimetière, près du bureau du parc. Si vous souhaitez y assister, veillez à vous habiller sobrement.

Renseignements

Le bureau du gardien, au Bernabé de la Bat Rest Camp, fournit les renseignements touristiques. Le camp est ouvert toute l'année de 8h à 13h et de 14h au coucher du soleil. L'entrée du parc coûte 1,50 $US par per-

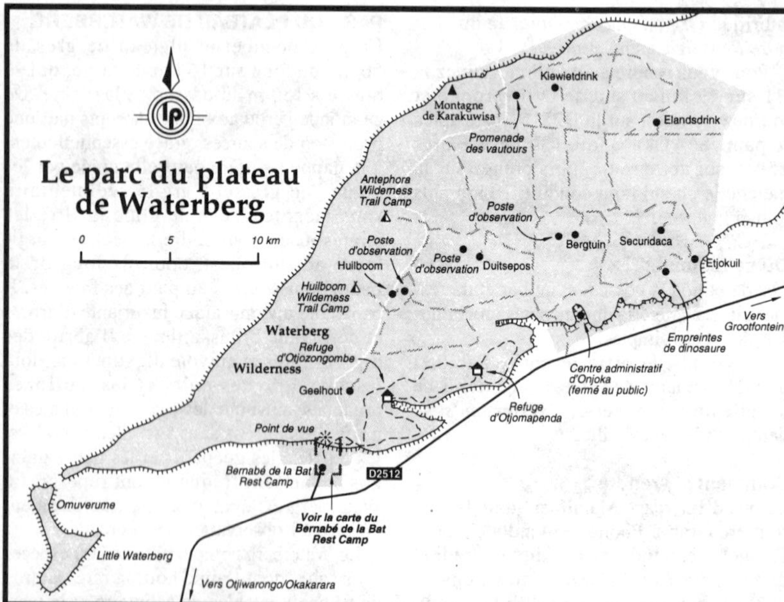

sonne plus 1,50 $US par véhicule. Si vous cherchez de la documentation, reportez-vous à la plaquette *Waterberg Flora : Footpaths in & Around the Camp*, de Craven et Marais, disponible pour 8 $US au magasin du camp. En outre, nombre de librairies et de rest camps du pays vendent le guide Shell *Waterberg Plateau Park* d'Ilme Schneider.

Chemins de randonnées de Bernabé de la Bat

Les environs du rest camp principal, construit dans un très joli grès rose local, offrent neuf courtes randonnées, dont l'une menant au bord du plateau, à Mountain View. Elles s'effectuent en une ou deux journées de marche aisée et permettent d'apprécier la nature en prenant tout son temps. Toutefois, faites attention aux serpents, qui aiment à se chauffer au soleil sur les rochers et les chemins. Il n'est pas nécessaire de réserver.

Okarukuvisa Vulture Sanctuary

Les montagnes de Okarukuvisa, à l'extrémité occidentale du plateau, hébergent la seule réserve de vautours du Cap de Namibie. L'espèce fut presque exterminée dans les années 50, en grande partie à cause des insecticides pulvérisés dans les fermes avoisinantes. Le MET s'efforce à présent d'accroître leur population ; dans ce but a été créé un "restaurant pour les vautours" près de l'extrémité nord du plateau. Les visiteurs peuvent observer les vautours tous les mercredi matin.

Randonnée pédestre non guidée

Des randonnées non guidées de 4 jours et de 42 km dans la partie sud du parc partent à 9h tous les mercredi du 1er avril au 30 novembre. Il faut les réserver auprès du MET de Windhoek et les groupes doivent se composer de trois à dix personnes.

L'itinéraire commence par le sentier menant au belvédère de Mountain View.

Après une marche de 6 heures le long de l'escarpement de 13 km, on passe la première nuit au refuge de Otjozongombe. Le deuxième jour comporte un parcours de seulement 3 heures et 7 km jusqu'au refuge de Otjomapenda. Le troisième jour, on suit une boucle de 8 km qui revient au refuge précédent. Le dernier jour, une marche de 14 km ramène en 6 heures à Bernabé de la Bat. Les deux refuges sont équipés d'eau potable, mais vous devez emporter une provision suffisante pour la journée, de 3 à 4 litres pendant les mois relativement chauds d'avril, mai, octobre et novembre.

Un certificat médical délivré moins de 40 jours avant la randonnée est exigé. Le circuit coûte 10 $US par personne et l'âge minimum est de 12 ans. L'hébergement en refuge évite de prévoir une tente, mais vous devez vous munir de provisions suffisantes en nourriture et d'un sac de couchage. Si vous êtes seul, le MET pourra peut-être vous mettre en contact avec des groupes incomplets.

Circuits organisés

Les visiteurs n'ont pas le droit d'explorer le parc avec leur propre véhicule, aussi le MET organise-t-il des excursions en voiture deux fois par jour dans des 4x4 ouverts : le matin de 8h à 11h30 et l'après-midi de 15h à 18h30. En chemin, des postes d'observation judicieusement placés permettent d'admirer la faune. Ces promenades coûtent 14 $US par personne.

Il existe également le Waterberg Wilderness Trail, randonnée pédestre guidée qui a lieu tous les deuxième, troisième et quatrième week-ends du mois, d'avril à novembre. Des groupes de six à huit personnes sont accompagnés de guides armés. Le coût de cette excursion, à réserver à l'avance auprès du MET, s'élève à 25 $US par personne. Les participants doivent être en bonne forme physique, et apporter leur nourriture, et leur sac de couchage. Des cabanes simples fournissent l'hébergement. La randonnée commence à 16h le jeudi, au départ du centre administratif de Onjoka, et s'achève le dimanche en début d'après-midi. Les groupes sont amenés en voiture sur le plateau, point de départ de la marche. L'itinéraire n'est pas fixe, le guide en décide à son gré en tenant compte des centres d'intérêt et de la condition physique du groupe.

Où se loger et se restaurer

Les activités sont concentrées au *Bernabé de la Bat Rest Camp*, dont la construction s'est terminée en 1989. Les emplacements de tente et de caravane coûtent 7 $US pour huit personnes, avec deux véhicules et une cavarane ou une tente. Les bungalows

Bernabé de la Bat Rest Camp

NAMIBIE

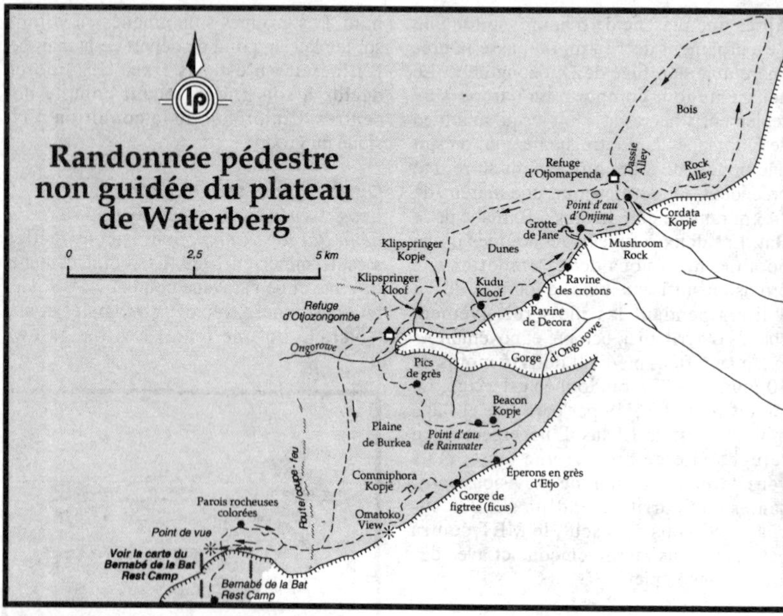

indépendants de trois/quatre lits se louent 25/36 $US. Un hébergement plus rudimentaire est fourni dans les "bus quarters", équipé de sanitaires et de douches mais dépourvus de possibilité de faire la cuisine. Il revient à 25 $US la double.

Le restaurant du camp ouvre de 7h à 8h30, de 12h à 13h30, de 19h à 21h, le bar de 12h à 14h et de 18h à 22h. Un magasin dispose d'articles de première nécessité et un kiosque vend des en-cas dans la journée. Le camp possède également des braais et une station-service. Très agréable, sa piscine est alimentée d'eau de source.

Comment s'y rendre

Il n'existe pas de transport public régulier à destination du Waterberg, aussi la plupart des voyageurs dépourvus de véhicule essaient-ils le stop. Il est possible de prendre le train ou le bus jusqu'à Otjiwarongo et de continuer en taxi, mais la course peut revenir à 22 $US l'aller simple. Ne l'oubliez pas, les bicyclettes et les motos sont interdites dans le parc.

Si vous avez un bon véhicule et du temps, la D2512 entre le Waterberg et Grootfontein vous offrira de très beaux panoramas.

OTAVI

Entre Otjiwarongo et Tsumeb, la B1 passe à Otavi, non loin des monts du même nom. Il s'agissait à l'origine d'une ville de garnison allemande. Elle prit son essor après la construction de la voie ferrée, en 1906, qui la relia à Swakopmund et devint un grand centre d'extraction de cuivre.

A 2 km au nord d'Otavi, le mémorial de Khorab, érigé en 1920, commémore la reddition des troupes allemandes face à l'armée sud-africaine, commandée par le général Louis Botha, le 9 juillet 1915. Suivez la route passant devant l'hôtel, traversez la voie ferrée et prenez à droite le chemin signalisé.

De nos jours, Otavi est surtout connue pour être le site de la découverte du "singe d'Otavi". En 1991, des paléontologues français et américains mirent au jour le maxillaire d'une créature préhistorique (*Otavipithecus namibiensis*) qui apportera peut-être de nouvelles lumières sur le maillon manquant de la chaîne de l'évolution.

Où se loger et se restaurer

Le très rudimentaire camping (☎ 22), à côté des bureaux municipaux, dispose de dix emplacements dans les herbages à 3 $US plus 0,50 $US par personne. Les six bungalows indépendants de quatre lits, avec douche/sanitaires et possibilité de faire la cuisine, coûtent 8 $US plus 0,50 $US par personne.

Le seul hôtel de la ville, l'*Otavi Hotel* (☎ 229 ; fax 73), possède onze chambres à 21/27 $US la simple/double, petit déjeuner compris. Son bar et son restaurant sont ouverts aux personnes extérieures à l'hôtel. Sinon, il vous reste la vente à emporter.

Comment s'y rendre

Tous les bus et les minibus circulant entre Windhoek, Tsumeb et Oshakati passent à Otavi.

MÉTÉORITE DE HOBA

La plus grosse météorite du monde a été découverte en 1920 par le chasseur Jacobus Brits sur les terres de la ferme Hoba, à 25 km au nord-est d'Otavi. Ses quelque 54 tonnes ont dû provoquer un fracas de tous les diables lors de son atterrissage, qui remonterait à environ 80 000 ans. Sa forme cuboïde, rare pour un astéroïde, laisse à penser qu'il s'est brisé lors de l'impact et que, peut-être, d'autres fragments restent à exhumer. D'après les analyses, il se compose de 82% de fer, de 16% de nickel et de 0,8% de cobalt et des traces de différents autres métaux.

En 1955, pour la protéger des chasseurs de souvenirs qui en détachaient des morceaux, la météorite fut déclarée monument national et la Rössing Foundation subventionna un projet de conservation. Aujourd'hui, un bureau d'information, un court chemin de randonnée dans le bush et une aire de pique-nique ombragée attendent les visiteurs. L'entrée coûte 1 $US par personne.

Comment s'y rendre

Il existe de fréquents services de minibus, mais, malheureusement, il ne permettent pas de revenir le même jour, et Kombat est dépourvue de capacité d'hébergement. Hoba n'est pas desservie par les transports publics, mais peut-être pourrez-vous prendre un taxi de Otavi ou de Grootfontein pour à peu près 14 $US (50 $N).

En voiture, prenez la B8 qui relie Otavi à Grootfontein. Aux mines de cuivre de Kombat, à environ 25 km de Otavi, tournez au nord en direction de la ferme Hoba et suivez les panneaux "Meteoriet".

Pour aller aux proches mines abandonnées de Ghaub, suivez la D3022, qui part de la B1, où Ghaub est indiqué.

GROOTFONTEIN

Baignée d'une forte atmosphère coloniale, Grootfontein se caractérise principalement par son ambiance "d'honnête respectabilité". Nombre de ses bâtiments sont construits en calcaire de la région et elle arbore fièrement des avenues de jacarandas. Centre de la plus grande zone d'élevage de Namibie, elle constitue une étape plaisante.

Renseignements

L'efficace office du tourisme est situé à l'extrémité du bâtiment municipal, juste à côté de la grand-route de Rundu, après le Meteor Hotel.

Histoire de la source de Grootfontein

Les Herero nommaient l'endroit *Otjivanda tjongue*, "colline du léopard". L'appellation actuelle, "grande source" en afrikaans, provient du nom nama de même signification *Geiaus*. Pendant des milliers d'années, la source attira les hommes comme les animaux, et servit également de halte aux chasseurs européens dès les années 1860.

Plus tard, elle motiva l'installation des premiers colons européens. En 1885, quarante familles de trekkers du Dorsland ("terre assoiffée") venues d'Angola s'établirent sur ce territoire acheté par leur chef, Will Jordan, au chef ovambo Kambonde. Elles fondèrent la "République d'Upingtonia" dont la durée n'excéda pas deux petites années. En 1893, la compagnie du Sud-Ouest africain (South West Africa Company) s'implanta à Grootfontein, qui accueillit de ce fait une importante population de colons afrikaners.

La source et le Tree Park adjacent, planté par la compagnie du Sud-Ouest africain, se trouvent près de la piscine, à l'extrémité nord de la ville.

Fort allemand et musée

En 1896, un contingent de la Schutztruppe stationné à Grootfontein fit construire par la main-d'œuvre locale un fort entre Upingtonia St et Eriksson St, faisant de la localité une ville de garnison. L'édifice fut agrandi plusieurs fois au début du siècle et, en 1922, on lui ajouta une grande annexe. Jusqu'en 1968, il servit de pensionnat, puis tomba en désuétude.

En 1974, on le rénova pour y installer le musée municipal. Il comprend des collections diverses ainsi qu'un atelier restauré de charpentier et de forgeron. Il ouvre le mardi et le vendredi de 16h à 18h, le mercredi de 9h à 11h. En dehors de ces horaires, appelez M. Menge (☎ 2061) pour toute visite.

Cimetière

Le cimetière, légèrement en retrait de la grand-route de Rundu, renferme les tombes de plusieurs soldats de la Schutztruppe.

Dragon's Breath Cave

A 46 km de Grootfontein, la grotte du "souffle du dragon" recèle le plus grand lac souterrain connu du monde. Ce fabuleux réservoir de 2 hectares occupe une salle immense à 60 m sous terre. Suffisamment éclairées, ses eaux cristallines offrent une visibilité de 100 m. Son nom lui vient de la condensation produite par la pénétration de l'air chaud et humide à l'intérieur de la salle fraîche. Il est actuellement fermé aux simples visiteurs.

Parvenir au lac exige en effet une endurance et expérience certaines. Les premiers 4 m se franchissent au moyen de cordes et d'une échelle suspendue ; il faut ensuite descendre 15 m en rampant avant de glisser sur 7 m jusqu'à un rebord. De là, une effrayante descente de 18 m conduit à une autre corniche qui a vue sur le toit en forme de dôme de la salle du lac. Les derniers 25 m à la verticale menant au lac et à sa petite plage se négocient à l'aide de cordes.

Où se loger

L'*Olea Municipal Camp & Caravan Park* (☎ 2930), à côté de la piscine, loue l'emplacement de camping 5 $US, plus 1,50 $US par véhicule et 1 $US par personne. Il propose les bungalows de quatre lits à 22 $US, plus 3,50 $US pour le linge de lit. Un bungalow indépendant de luxe coûte 42/50 $US le simple/double, ou 58/66 $US pour trois/quatre personnes. Un sérieux problème de sécurité se pose dans le camp. Ne laissez rien dans votre tente ou votre véhicule lorsque vous vous absentez et rien dehors la nuit. Même à l'intérieur de la tente, ne posez pas de sacs près de l'entrée, plusieurs lecteurs nous ont signalé avoir été cambriolés durant leur sommeil.

Grootfontein possède deux hôtels. L'accueillant *Meteor Hotel* (☎ 2078 ; fax 3072), dans Kaiser Wilhelm St, dispose de simples/doubles à 29/52 $US, petit déjeuner compris. Son bar animé procure une plaisante bouffée d'air frais. Plus petit et plus rudimentaire, le *Nord Hotel* (☎/fax 2049), près de la grand-route, compte 11 chambres et demande 20 $US par personne.

A 42 km de Grootfontein, sur la C44 en direction de Tsumkwe, le *Gästefarm Dornhügel* (☎ 8164 ; fax 3349, Abenab) loue ses chambres 36 $US par personne avec petit déjeuner et dîner, 40 $US avec trois repas. Les excursions en voiture coûtent 7 $US par personne.

Où se restaurer

Le restaurant du Meteor Hotel, spécialisé dans les fruits de mer, mitonne la meilleure cuisine de la ville. Les deux hôtels sont pourvus d'un bar, et un petit restaurant est installé à côté du camping.

La boulangerie-cafétéria *Bäckerei Steinbach* sert des pâtisseries, des repas légers et du café de 7h à 18h. Ne manquez pas de goûter les bananes enrobées de chocolat.

Si l'envie d'une folie vous prend, essayez *Le Club*. La station-service Shell et le supermarché Sentra vendent des plats à emporter.

Comment s'y rendre

Compte tenu de sa taille et de son importance, il semble curieux que Grootfontein ne se trouve plus sur la ligne de chemin de fer ou sur la route d'Intercape Mainliner. Le stop marche relativement bien, le mieux étant de se poster aux stations-service. Des minibus circulent entre Grootfontein, Kombat, Otavi et Tsumeb.

Comment circuler

Grootfontein ne dispose que d'un service de taxi limité. Le Meteor Hotel sert de représentant local à Imperial Car Hire.

TSUMEB

Tsumeb se situe à la pointe du Triangle d'or formé par les routes la reliant à Otavi et à Grootfontein. Son nom est né de la fusion du terme san *tsoumsoub* "creuser dans un sol meuble" et du mot herero *otjisume*, "lieu des grenouilles", non que la population de ces charmants amphibiens soit particulièrement importante dans la région de Tsumeb ; simplement, les veines rouges, brunes, vertes et grises des minéraux ressemblent à de l'écume séchée (en afrikaans, *paddaslyk*, ou œufs de grenouille) dont on aurait aspergé les rochers. Les armoiries de la ville arborent des grenouilles et le matériel de forage.

Tsumeb fonde sa prospérité sur la présence de cuivre et de minéraux associés (plomb, argent, germanium et cadmium) autour d'une cheminée volcanique. Sa mine de plomb, la plus grande d'Afrique, se classe au 5e rang mondial. Sur 184 minéraux découverts ici, une dizaine sont inconnus dans les autres régions du globe. A juste titre, les collectionneurs de minéraux comptent Tsumeb au nombre des merveilles naturelles de la planète.

Histoire

Les nombreux sites d'extraction préhistoriques mis au jour dans la région font remonter l'histoire minière de Tsumeb à l'âge du Fer. Traversant la contrée lors d'un voyage vers le nord, en 1851, Sir Francis Galton fut le premier Européen à voir ces riches filons. Il fallut pourtant attendre plus de 40 ans pour que les Européens s'y intéressent sérieusement. Le 12 janvier 1893, un géomètre anglais, Matthew Rogers, employé par la compagnie londonienne du Sud-Ouest africain, découvrit la cheminée volcanique aux extraordinaires couleurs. Dans son rapport, il écrivit : "De ma vie je n'ai vu un tel spectacle et je doute fort d'avoir l'occasion d'en voir un semblable ailleurs".

En conséquence, la prospection démarra activement dès le tournant du siècle. La société d'exploitation allemande Otavi Minen-und Eisenbahn Gesellschaft avait très tôt jugé que l'étendue des gisements justifiait une desserte ferroviaire et, en novembre 1903, elle signa un contrat avec la compagnie du Sud-Ouest africain pour la construction d'une voie ferrée de 560 km jusqu'à Swakopmund. Les guerres hereroallemandes interrompirent le projet, mais la ligne de chemin de fer fut finalement achevée en août 1906.

L'extraction commença en 1907 et, au début de la Première Guerre mondiale, la production atteignait 75 000 tonnes de minerai par an. Le conflit paralysa l'exploitation qui reprit en 1921 pour fournir, dès 1930, un rendement annuel de 236 000 tonnes. La Seconde Guerre mondiale provoqua un nouvel arrêt des activités minières. En 1946, l'Otavi Minen-und Eisenbahn Gesellschaft fut mise en vente par le "conservateur des biens ennemis" et achetée 1 million de livres sterling par la Tsumeb Corporation, consortium sud-africain, américain et britannique formé à cette occasion.

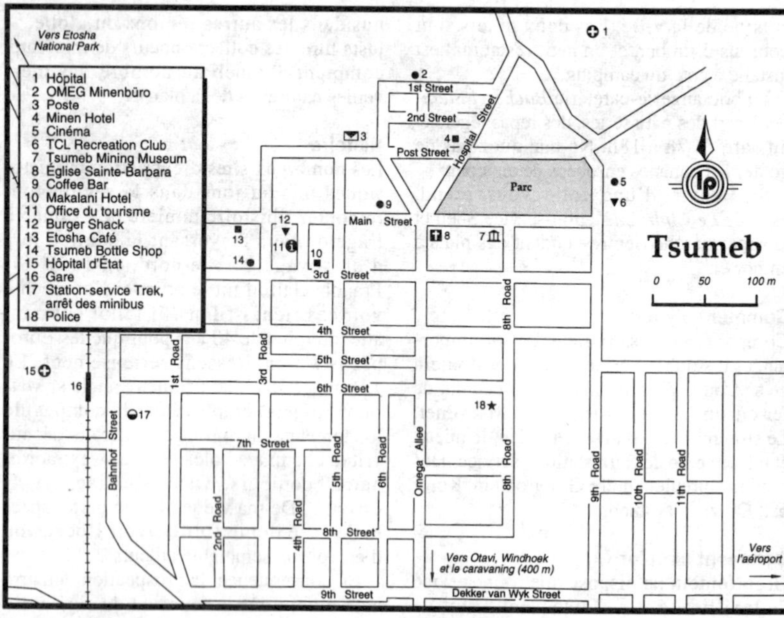

En 1948, les mines fonctionnaient à nouveau normalement et furent équipées d'une nouvelle usine permettant de séparer le zinc du cuivre et du plomb. Au milieu des années 60, elles produisaient plus de 1 million de tonnes de minerai par an.

Renseignements

Très accueillant, l'office du tourisme (☎ 20728 ; fax 20916) fournit des renseignements sur tout le pays, s'occupe des réservations d'hébergement et de transport et propose une large gamme de services, dont la transmission de fax et la mise à disposition de coffres pour les randonneurs. Il vend également de très jolis objets artisanaux créés par les San et les Herero.

Tsumeb Mining Museum

L'intéressant petit musée de la mine évoque l'histoire de Tsumeb. Il est installé dans l'ancien bâtiment scolaire privé datant de 1915 qui servit pour l'enseignement à deux courtes reprises et, pendant quelque temps, d'hôpital pour les troupes allemandes. Outre de remarquables collections de minéraux, de machines minières et d'objets ethniques, il expose tout un attirail militaire, dont les armes récupérées dans le lac Otjikoto. L'entrée coûte 1,50 $US. Le musée ouvre de 9h à 12h et de 15h à 18h en semaine, de 15h à 18h le samedi.

Église de Sainte-Barbara

Consacrée en 1914 et dédiée à la sainte patronne des mineurs, l'église catholique de Tsumeb contient de belles peintures murales de l'époque coloniale. Son curieux clocher lui confère moins l'air d'une église que d'une mairie de petit village allemand.

OMEG Minenbüro

A cause de sa flèche élancée, on confond souvent le bâtiment ultramoderne de l'Otavi Minen-und Eisenbahn Gesellschaft Minenbüro, dans 1st St, avec une église.

On ne devinerait jamais que cet édifice, sans doute le plus imposant de Tsumeb, date de 1907.

Où se loger

Le *caravaning municipal* (☎ 21056 ; fax 21464) occupe un cadre agréable à environ 1 km du centre-ville. Il loue l'emplacement de camping 3 $US plus 1,50 $US par adulte, et 1,50 $US les aires de pique-nique en journée. Il est à présent ceint d'une clôture électrifiée mais, surveillez tout de même vos affaires de près.

L'hospitalier *Etosha Café* (☎ 21207), dans Main St, offre les chambres les moins chères et les plus propres de la ville, ainsi qu'un sympathique café-jardin où prendre une collation ou un verre.

Option plaisante dans la catégorie moyenne, le central *Makalani Hotel* (☎ 21051 ; fax 21575) compte des simples/doubles avec TV et téléphone à 41/51 $US, petit déjeuner compris. Le restaurant sert de bons déjeuners buffet de style européen à 3 $US seulement. L'hôtel possède également deux bars : le Golden Nugget Bar très animé, et le Pierre's Pub, bar privé plus calme.

Au *Minen Hotel* (☎ 21071 ; fax 21750), les simples/doubles climatisées coûtent 33/41 $US avec douche, 37/49 $US avec s.d.b. et toilettes. L'hôtel se dresse dans un cadre joliment arboré, près de l'extrémité d'une belle avenue de jacarandas.

Sur la nationale, à environ 60 km au sud de Tsumeb, le *Camp Resthouse Zum Potjie*, niché dans un charmant décor vallonné, propose un restaurant et un hébergement simple en lodge.

Le très attrayant *Sachsenheim Game Ranch* (☎ 13521 indicatif de ferme ; fax 21891) est situé sur les terres d'un game ranch appartenant à Gerd et Babi Sachse, légèrement en retrait de la B1, à 80 km au nord-ouest de Tsumeb et à 30 km de l'entrée de Von Lindequist du parc d'Etosha. Il loue ses chambres 21 $US par personne, petit déjeuner compris, et l'emplacement de camping 3 $US par personne plus 4 $US par véhicule.

Où se restaurer

A l'*Etosha Café* (☎ 21207), en-cas et café se dégustent dans une atmosphère confortable. Le *Burger Shack* assure une restauration rapide convenable ; il ouvre de 8h30 à 14h et de 18h à 23h du lundi au samedi. La tonitruante discothèque qui anime les vendredi et les samedi soirs sert de très bonnes pizzas.

Bonne cafétéria à petits prix, la *TCL Recreation Club*, à côté du cinéma, est réservée aux adhérents, mais les visiteurs peuvent retirer une carte de membre temporaire à l'office du tourisme.

Il existe aussi plusieurs plus petits établissements, dont ceux de vente à emporter des stations-service et le *Coffee Bar*, dans Main St, près du parc.

Achats

Plusieurs magasins se spécialisent dans les minéraux et les minerais (telle l'azurite) pour les collectionneurs. Ils commercialisent également des sculptures, des bibelots et des bijoux faits en minéraux de la région. La boutique de l'office du tourisme offre un excellent rapport qualité/prix.

Comment s'y rendre

Air Namibia dessert Tsumeb quatre fois par semaine au départ de l'aéroport d'Eros, à Windhoek. Le vol continue ensuite sur Rundu et Katima Mulilo, puis reprend le chemin en sens inverse pour revenir dans la capitale.

De Tsumeb, les bus d'Intercape Mainliner partent du Minen Hotel les lundi, mercredi, vendredi et dimanche à 13h et arrivent à Windhoek à 17h30. Ils quittent la capitale les lundi, mercredi, vendredi et samedi à 7h pour parvenir à Tsumeb à 11h30. L'aller simple coûte 27 $US. L'office de tourisme fait fonction d'agent de réservation.

Les minibus circulant entre Windhoek et Oshakati s'arrêtent à la station-service Trek (cherchez le zèbre en fibre de verre). La plupart passent vers midi.

Lorsque la liaison ferroviaire avec Windhoek fonctionne, des trains lents quittent

Tsumeb les lundi, mardi, jeudi et vendredi à 11h30 pour atteindre Windhoek à 5h06 le lendemain matin.

De Windhoek, ils partent à 21h les vendredi et les dimanche (arrivée à 14h42 le lendemain), à 18h les mardi et les jeudi (arrivée à 9h25 le lendemain). Du mardi au jeudi, les tarifs en classe économique/couchettes s'élèvent à 6/18 $US ; ils doublent du vendredi au dimanche.

De nombreux stoppeurs pleins d'espoir passent à Tsumeb, tremplin idéal pour Namutoni, dans le parc d'Etosha. Cependant, comme la circulation n'est pas aussi importante que la popularité du parc pourrait le laisser espérer, le stop peut prendre un peu de temps.

Comment circuler

Avis Car Hire (☎ 20520) possède une agence au Safari Centre, dans Jordaan St.

ENVIRONS DE TSUMEB

Lac Otjikoto

Otjikoto ("trou profond" en herero) s'étend à 24 km environ au nord-ouest de Tsumeb, tout près de la B1. En mai 1851, les explorateurs Charles Andersson et Francis Galton tombèrent sur ce lac insolite enchâssé dans une ancienne caverne de calcaire dont le toit s'est effondré, créant un énorme aven de 100 m sur 150 m.

Galton évalua sa profondeur à 55 m. Otjikoto et Guinas, non loin, sont les seuls lacs naturels de Namibie.

En 1915, les troupes allemandes en retraite jetèrent des armes et des munitions dans le lac Otjikoto pour éviter que le matériel tombe entre les mains des Sud-Africains. Elles y auraient immergé 5 canons, 10 supports de canons, 3 mitrailleuses et de 300 à 400 wagons de munitions. Une action concertée de l'armée sud-africaine, de la Tsumeb Corporation et du Windhoek State Museum permit plus tard de repêcher une partie de l'équipement.

La plupart des éléments furent récupérés en 1916, moyennant une entreprise coûteuse et difficile. En 1970, des plongeurs découvrirent à 41 m de profondeur un wagon intact de munitions, aujourd'hui exposé au State Museum de Windhoek. En 1977 et en 1983, deux autres transports de munitions furent ramenés à la surface. Parmi les trouvailles suivantes, on compte un canon pris aux forces sud-africaines au début du siècle ; restauré, il trône à présent au musée de Tsumeb.

Le lac Otjikoto et le proche lac Guinas sont les seuls habitats connus du poisson "cichlid" (*Pseudocrenilabrus philander*) dont la femelle porte sa ponte dans la bouche jusqu'à éclosion des œufs. Il se caractérise par d'éclatantes couleurs allant du vert foncé au bleu, au jaune et au rouge vif. D'après les biologistes, ces brillantes colorations pourrait être liées à l'absence de prédateurs d'où l'inutilité pour les poissons de se créer un camouflage. Les premiers cichlid proviendraient d'une espèce de brème (famille des Cyprinidés) apportée dans le lac par d'anciennes crues.

Un habitant de la région entreprenant a installé près de cette étape naguère gratuite des toilettes et une boutique de bibelots, et a entouré le site d'une clôture : l'entrée coûte 0,25 $US. Aujourd'hui encombré d'objets divers, le lac mérite tout de même qu'on s'y arrête, ne serait-ce que pour lire l'enseigne peinte sur la boutique.

Les plongeurs confirmés qui souhaitent explorer le lac, où il reste du matériel allemand, peuvent contacter Theo Schoeman du Windhoek Underwater Club (☎ (061) 238320).

Lac Guinas

Au sud-ouest de Otjikoto, le lac Guinas, géologiquement similaire, est utilisé pour irriguer les cultures environnantes. Nettement plus petit et moins touristique que son voisin, il est deux fois plus profond, moins encombré, et la visite est gratuite.

Néanmoins, on n'y accède pas aussi facilement, et il vous faudra un véhicule. Faites 27 km au nord-ouest de Tsumeb sur la B1 et tournez au sud-ouest sur la D3043. Au bout d'environ 20 km, prenez au sud-est sur la D3031. Un trajet de 5 km de plus vous conduira au lac.

NAMIBIE

Etosha National Park

Le parc national d'Etosha offre sans conteste l'un des plus beaux tableaux de la vie sauvage du monde. Il embrasse plus de 20 000 km^2 où vivent 114 espèces de mammifères, 340 variétés d'oiseaux, 16 espèces de reptiles et d'amphibiens, une espèce de poisson et d'innombrables variétés d'insectes. Le parc tire son nom, qui signifie "grand endroit blanc d'eau asséchée", du vaste Etosha Pan blanc verdâtre. Ce sont toutefois les bois et les prairies environnantes qui abritent la faune et les végétaux.

L'Etosha Pan forme un immense désert salin plat couvrant plus de 5 000 km^2, qui naquit il y a 12 millions d'années sous forme d'un lac peu profond alimenté par le Cunene. Par la suite, les bouleversements climatiques et tectoniques réduisirent le niveau de l'eau et créèrent ce pan saumâtre qui ne s'emplit que de temps à autre. Les années de pluies abondantes, la dépression est approvisionnée par des cours d'eau, appelés *oshanas*, lits de rivière asséchés, et *omiramba*, vallées fluviales fossiles qui peuvent être souterraines. Ceux-ci comprennent les oshanas Ekuma et Oshigambo au nord et l'omuramba Ovambo (*omuramba* est le singulier d'omiramba) à l'est. Tous les ans, pendant quelques jours, Etosha Pan se transforme en une lagune peu profonde fourmillante de flamants et de pélicans blancs.

Histoire

Les marchands et explorateurs John Andersson et Francis Galton, arrivés en chariot à Namutoni en 1851, furent les premiers Européens à contempler Etosha, suivis en 1876 par un marchand américain, G. McKeirnan, qui observa : "Ouvrir les ménageries du monde entier ne serait rien comparé au spectacle que j'ai vu aujourd'hui".

Etosha n'attira pourtant l'attention des spécialistes de l'environnement qu'après le début du siècle. Alarmé par la diminution de la population animale, le gouverneur du Sud-Ouest africain allemand, le Dr F. von Lindequist, alloua le statut de réserve à un territoire de 99 526 km^2 comprenant Etosha Pan. Aucune clôture n'entourait alors le parc aussi les animaux pouvaient-ils toujours migrer suivant leurs itinéraires habituels. Par la suite, les limites de la réserve furent modifiées plusieurs fois et, en 1970, Etosha était réduit aux 23 175 km^2 actuels.

Orientation et renseignements

Seuls les deux tiers du parc est sont ouverts au public. Le tiers ouest est réservé aux tour-opérateurs. Les trois rest camps disposent d'un centre d'informations ouvert aux heures de bureau. Aux entrées principales, le personnel vend des plans du parc et vous indiquera le chemin.

Poste et télécommunications. Namutoni compte un téléphone à pièces et un téléphone à carte d'où l'on peut appeler l'étranger. A Okaukuejo, les communications se demandent à la poste. Halali et Namutoni ne possèdent pas de poste.

Faune et flore

Les bois de mopanes qui bordent le pan constituent environ 80% de la végétation du parc. De décembre à mars, les arbres se vêtent d'un plaisant manteau verdoyant. Le bush comprend également diverses sortes d'acacias, dont l'*Acacia torilis*, et d'autres essences fort appréciées des animaux.

Propres à Etosha, les étranges arbres *moringa* (*Moringa ovalifolia*), semblables à des baobabs, occupent le lieu dit la Forêt hantée, à l'ouest de Okaukuejo. D'après la légende san, après avoir réparti toutes les plantes et les animaux sur la terre, Dieu découvrit des moringa oubliés. Il les lança en l'air et ils tombèrent sur la terre leurs racines pointées vers le ciel ; ainsi ils demeurèrent. Ces derniers temps, ils ont particulièrement souffert des ravages des éléphants.

Parmi la faune d'Etosha figurent des espèces protégées comme l'impala à face noire (*Aepyceros melampus*) et le rhinocéros noir. Y vivent également en grand nombre des animaux plus répandus, tels les

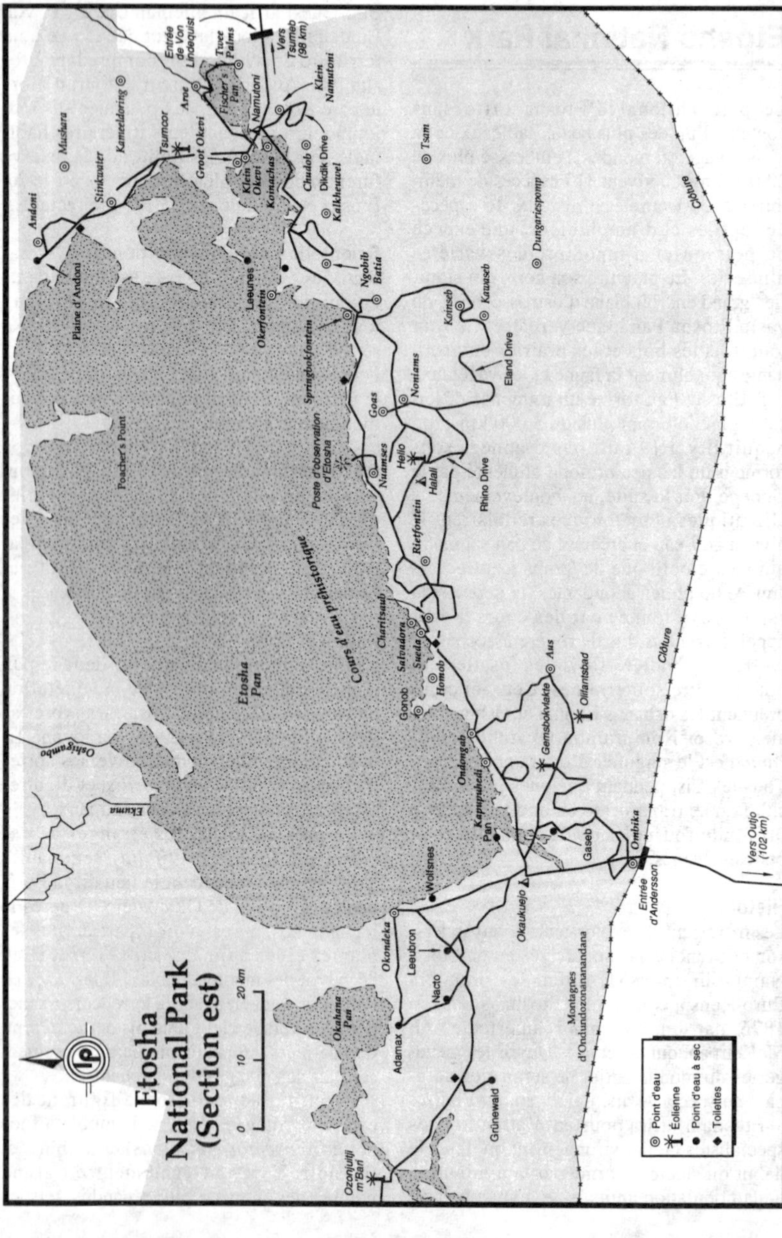
Etosha
National Park
(Section est)
0
10
20 km
Point d'eau
Éolienne
Point d'eau à sec
Toilettes
Andoni
Mushara
Stinkwater
Kameeldoring
Tsumcor
Aroe
Entrée de Von Lindequist
Twee Palms
Vers Tsumeb (98 km)
Fischer's Pan
Namutoni
Klein Namutoni
Groot Okevi
Klein Okevi
Koinachas
Chudob
Dikdik Drive
Kalkheuwel
Tsam
Plaine d'Andoni
Leeunes
Okerfontein
Ngobib
Batia
Springbokfontein
Dungariespomp
Koinseb
Kawaseb
Nomiams
Goas
Eland Drive
Poacher's Point
Poste d'observation d'Etosha
Nuamses
Helio
Halali
Rhino Drive
Rietfontein
Cours d'eau préhistorique
Etosha Pan
Charitsaub
Salvadora
Sueda
Homob
Aus
Olifantsbad
Clôture
Gonob
Gemsbokvlakte
Ondongab
Oshigambo
Ekuma
Kapupuhedi
Pan
Gaseb
Ombika
Entrée d'Andersson
Vers Outjo (102 km)
Wolfsnes
Okaukuejo
Okondeka
Leeubron
Nacto
Adamax
Okahana Pan
Grünewald
Montagnes d'Ondundozonananandana
Ozonjuitji m'Bari

NAMIBIE

éléphants, les girafes, les zèbres de Burchell, les zèbres de montagne, les springboks, les bubales rouges, les gnous bleus, les gemsboks, les élans du Cap, les koudous, les antilopes rouannes, les autruches, les chacals, les hyènes, les lions, ainsi que quelques guépards et léopards. Les visiteurs ont en général l'occasion d'apercevoir la plupart de ces espèces. Les points d'eau de Rietfontein et de Kalkheuwel sont propices à l'observation des prédateurs.

La faune varie, bien sûr, en fonction de l'environnement. Comme son nom l'indique, l'Oliphantsbad (près de Okaukuejo) a la faveur des éléphants. Pour les rhinocéros, vous ne trouverez pas mieux que le point d'eau éclairé de Okaukuejo. Plus on se dirige vers l'est, plus on voit de gnous, de koudous et d'impalas s'ajouter aux springboks et aux gemsboks. Le secteur de Namutoni, qui reçoit 443 mm de précipitations par an (contre 412 mm à Okaukuejo), s'avère le plus favorable à l'observation des impalas à face noire et du dik-dik de Damara, la plus petite antilope d'Afrique. Outre ces grands mammifères, Etosha compte des mangoustes jaunes et rouges des ratels.et des lézards.

Une exubérante faune ailée peuple le parc. Les petits calaos à bec jaune se distinguent couramment. Au sol, cherchez l'énorme outarde kori qui pèse 15 kg et vole rarement. Abondent aussi les marabouts, les griffons africains à dos blanc et bien d'autres espèces. Vous êtes également assuré d'observer de nombreux rapaces.

Visite du parc

A l'entrée de Namutoni ou d'Andersson, on vous délivrera un permis à 2,50 $US par adulte et 3 $US par véhicule, valide pour tout le séjour. Ce document doit ensuite être présenté au rest camp où vous réglerez les frais d'hébergement.

Toutes les routes du secteur est sont aisément praticables avec un véhicule classique, néanmoins une Land Rover, un bakkie ou un minibus, plus hauts, se prêtent mieux à l'observation de la faune. La route principale du parc, reliant Namutoni et Okaukuejo, suit le bord du pan et offre de superbes panoramas du blanc désert salin. Le pan est interdit aux véhicules, mais un réseau de bonnes routes de gravier entoure les prairies et les bois de mopanes environnants. Dans cet immense espace, l'affluence touristique ne se fait pas encore trop sentir.

La vitesse est limitée à 60 km/h pour protéger la végétation et les animaux de la poussière. Emballez dans du plastique les affaires susceptibles d'en souffrir. Il existe dans tous les rest camps des services de nettoyage de voiture bon marché.

En hiver, durant la saison sèche, la faune gravite autour des points d'eau ; pendant les mois d'été chauds et humides, elle se disperse, cherchant dans la journée l'abri des arbres et des buissons. En été, les températures peuvent atteindre 44°C ce qui rend l'habitacle fermé des véhicules assez inconfortable. Toutefois, comme la saison de la mise bas correspond à cette époque, peut-être aurez-vous la chance de voir de minuscules bébés zèbres et de fragiles nouveau-nés springboks.

Le point du jour et la fin d'après-midi offrent les heures les plus propices aux excursions en voiture. Les trois rest camps disposent de livres de "sightings" où est noté ce qui a été vu récemment et à quel endroit. Si vous vous promenez dans l'après-midi, soyez à l'affût des animaux se reposant sous les arbres, même pendant la saison sèche.

Où se loger

Si l'on peut se limiter à une excursion d'une journée, profiter vraiment d'Etosha nécessite au moins 3 jours. La plupart des visiteurs optent pour un séjour de 2 nuits minimum dans l'un des trois rest camps (Namutoni, Halali et Okaukuejo), à environ 70 km les uns des autres, qui revêtent chacun des caractères bien distincts.

Tous les camps possèdent un restaurant, un bar, un magasin, une station-service et un kiosque. Les restaurants servent des repas de 7h à 8h30, de 12h à 13h30 et de 18h à 20h30 tous les jours. Ils proposent une spécialité délicieuse, et inattendue à

Etosha, des escargots au beurre d'ail. Les kiosques sont ouverts pendant les heures de fermeture des restaurants ; évitez les glaces qui donnent l'impression d'avoir été recongelées plusieurs fois. Les magasins ouvrent, du lundi au samedi, de 7h à 9h, de 11h30 à 13h30 et de 17h à 19h, le dimanche de 7h à 8h, de 11h30 à 13h30 et de 17h30 à 18h30.

Camping et hébergement indépendant. Les trois camps, ouverts toute l'année, sont pourvus d'aires de pique-nique, d'une piscine et vendent du petit bois. L'emplacement de camping coûte 7 $US pour huit personnes. Un quatrième camp doit un jour ou l'autre se construire à l'entrée de Galton (Otjovasandu), à l'extrémité occidentale du parc. Pour l'instant, il sert de camp aux chercheurs qui étudient l'environnement.

L'hébergement indépendant comprend la fourniture du linge de lit, des serviettes, du savon et la possibilité de faire la cuisine, mais les clients doivent apporter leur matériel de cuisine. Vous devez arriver aux rest camps avant le coucher du soleil, et ne pouvez en partir qu'après le lever du soleil. Les heures exactes sont affichées aux entrées. Si vous rentrez trop tard, vous trouverez porte close. Il suffit de klaxonner pour que l'on vienne vous ouvrir, mais attendez-vous à un sermon sur les méfaits du noctambulisme et à un mauvais point sur votre permis.

Okaukuejo. L'Okaukuejo (prononcez "o-ka-KUAÏ-yo") Camp, site de la station de recherche d'Etosha, met à votre disposition une agréable piscine, un restaurant et un point d'eau éclairé doté de bancs stratégiquement situés. C'est là que vous aurez les meilleures occasions de voir des rhinocéros, notamment entre 20h et 22h. Une autre activité touristique très courue consiste à prendre frénétiquement le coucher du soleil en photo du haut de la tour de pierre, point de repère de Okaukuejo, d'où le panorama s'étend jusqu'à la lointaine chaîne des monts de Ondundozonananandana ; essayez de prononcer ça après trois demis de Windhoek Lager (et même avant).

L'hébergement indépendant est plaisant ; en revanche, le camping, sorte de coin poussiéreux, apparaît sans doute comme le moins attrayant des trois. Les bungalows indépendants accueillent deux/trois/quatre personnes pour 19/25/29 $US. Tous sont équipés d'une cuisine, d'un braai, d'une s.d.b. et de sanitaires. Les bungalows "de luxe" de quatre lits coûtent 36 $US, et les chambres doubles "bus quarters", avec s.d.b. mais sans cuisine, 25 $US.

Le centre d'accueil des visiteurs informe sur les recherches en cours dans le parc. Il existe aussi une tour restaurée d'où l'on a un beau point de vue. Restaurant et piscine sont à votre disposition pour les trois repas de la journée et on y sert également des boissons.

Halali. Halali se tient au centre du parc, dans un cadre d'affleurements dolomitiques surprenants. Il tire son nom du terme de chasse à courre "hallali" désignant la sonnerie du cor qui en annonce le terme, et le camp a pris le cor pour emblème. La courte randonnée de Tsumasa vous conduira au sommet de Tsumasa Kopje, la colline la plus proche du rest camp.

Un point d'eau éclairé permet d'observer la faune nocturne. Halali propose les mêmes équipements que Okaukuejo, mais l'hébergement indépendant, qui s'abrite sous des mopanes, coûte un peu moins cher. Les "bus quarters" doubles reviennent à 25 $US, les bungalows doubles à 33 $US, et les bungalows de quatre lits, avec réfrigérateur et installations communes, à 15 $US. La tente prémontée de quatre lits se loue 10 $US.

Namutoni. Camp le plus apprécié des voyageurs, il est aussi le mieux entretenu. Au centre, se dresse un vieux fort allemand blanchi à la chaux. Namutoni servait autrefois d'avant-poste aux troupes allemandes et, en 1899, le régiment de cavalerie y construisit un fort pour surveiller les Ovambo. Lors de la bataille du 28 janvier 1904, sept soldats allemands tentèrent en vain de le défendre contre 500 guerriers ovambo. Rénové en 1906, l'édifice devint un poste de police. On le restaura à l'identique en 1956 et deux ans plus tard, le fort s'ouvrit à l'hébergement touristique.

De la tour et des remparts, on jouit d'un panorama magnifique et tous les jours, une foule de visiteurs vient y admirer le coucher du soleil. Cela ne vaut la peine, toutefois, que si l'on arrive assez tôt pour s'approprier une bonne place. Chaque soir, a lieu une petite cérémonie au crépuscule, durant laquelle les couleurs sont amenées au son du clairon. Le matin, un rituel similaire vous tirera brutalement du lit.

A côté du fort jaillit une jolie source au milieu des roseaux et des grenouilles. Toutefois, peu utilisée par les animaux, elle se prête davantage à d'agréables pique-niques qu'à l'observation de la faune.

Le camping spacieux est plaisant, mais il subit de fréquents raids nocturnes des chacals, aussi, veillez à mettre tous les produits comestibles en lieu sûr.

A Namutoni, ne laissez pas vos chaussures à l'extérieur de la tente. Les chacals volent tout ce qui traîne, et particulièrement les chaussures. En regardant hors de la tente une nuit, j'ai vu au moins cinq faces de chacals tout près de là.

Rainer Feil (Allemagne)

Les emplacements pour huit personnes avec deux caravanes et une tente coûtent 7 $US. Namutoni dispose également d'autres possibilités d'hébergement, dont des chambres de deux/trois lits dans le fort, avec installations communes, à 9/14 $US. Les doubles indépendantes avec s.d.b. coûtent 25 $US. Il existe aussi des "bus quarters" doubles à 25 $US. De très grandes caravanes de quatre lits, installées sous des toits brûlants en tôle ondulée, logent quatre personnes pour 19 $US seulement.

Safaris lodges. Le luxueux *Mokuti Lodge* (☎ 13084) se trouve à 2 km sur une petite route partant au sud à l'entrée de Von Lindequist. Il accueille en général les voyages organisés haut de gamme et ceux qui jugent les rest camps trop rudimentaires. Avec sa centaine de chambres, plus une piscine et une réserve privée, il offre une vaste capacité d'hébergement. Ses bâtiments discrets se répartissent sur un vaste espace aussi donne-t-il l'impression d'être beaucoup plus petit. Les tarifs commencent à environ 80 $US par personne en demi-pension. Réputé à des lieues à la ronde, le restaurant justifie presque le prix à lui seul. Les excursions en voiture dans le parc coûtent 35 $US par personne.

Ne manquez pas le spectacle de serpents qui se déroule chaque après-midi et dont tous les acteurs ont été capturés aux environs immédiats de Mokuti. Pensée réconfortante, n'est-ce-pas ?

L'accueillant *Aoba Lodge* (☎ 13503), PO Box 469, Tsumeb, situé dans un ranch privé de 70 km^2, peut accueillir vingt personnes dans des bungalows confortables. Les tarifs démarrent à 65 $US par personne, dîner et petit déjeuner compris. Les excursions en voiture à Etosha sont en sus.

Au sud de l'entrée d'Andersson, à 27 km d'Etosha, le *Toshari Inn* (☎ 3602 ; fax 182, Outjo) pratique des prix modestes, mais n'est pas pourvu d'une piscine. Il loue ses seize chambres, toutes avec s.d.b., à partir de 35/48 $US la simple/double, petit déjeuner compris. La pension complète vous reviendra à 52/90 $US.

Plus haut de gamme, le select *Ongava Lodge* (☎ 3422, Outjo) se tient dans sa propre réserve naturelle à 3 km au sud de l'entrée d'Andersson, à proximité des monts de Ondundozonanandana. Son nom herero signifie "rhinocéros noir". Au lodge principal, qui propose un hébergement luxueux et une piscine ombragée, s'ajoute un camp de tentes dans le bush un brin plus rustique. Innovation récente, le Himba Camp se compose de plusieurs cases rondes installées dans le bush. Les installations sont confortables, mais simples, et les repas sont cuisinés dans un potjie. Les clients peuvent s'initier aux techniques de survie dans le bush et à l'écologie de la région. Ils découvrent la faune lors de marches ou de promenades à cheval.

Le camp de tentes et le Himba Camp, options les moins chères, reviennent à environ 70 $US par personne, repas et activités découverte de la faune inclus. Au lodge principal, le prix du séjour s'élève à 165 $US par personne, hébergement en bungalow de pierre et chaume, repas et excursions en voiture compris. Les randonnées à cheval coûtent 33 $US.

Où se restaurer

Tous les rest camps sont munis d'un restaurant, d'un bar, d'un kiosque avec boissons et en-cas, et d'un magasin vendant des articles de première nécessité, ainsi que des pellicules, quelques livres et des souvenirs.

Comment s'y rendre

Tsumeb possède l'aéroport le plus proche d'Etosha. On peut également prendre le bus ou le train jusqu'à Tsumeb. Ensuite, il faut se joindre à un circuit organisé ou louer une voiture, car il n'existe pas de transport public régulier.

Etosha comprend deux entrées principales : Von Lindequist (Namutoni), à l'ouest de Tsumeb, et Andersson (Okaukuejo), au nord de Outjo. De Windhoek ou de Swakopmund, vous devez d'abord rejoindre Otjiwarongo ; ensuite, vous pouvez opter pour le côté est ou ouest du parc. Si vous arrivez de Caprivi, Tsumeb représente le meilleur choix. Avis Rent-a-Car dispose d'une agence dans cette ville, mais veillez à réserver longtemps à l'avance.

Vous parviendrez peut-être à rallier Etosha en stop. Essayez les stations-service dans les villes des environs, notamment Outjo ou Tsumeb. Cela ne va pas, néanmoins, sans quelques complications :

> On peut aller en stop à Etosha. Renseignez-vous dans le camp la veille, et vous devriez trouver quelqu'un qui vous emmène. Toutefois, le personnel à l'entrée n'aime pas du tout les stoppeurs. Comme le conducteur garde les documents d'entrée, vous n'aurez aucune pièce à présenter lorsque vous quitterez le camp. Les documents d'entrée mentionnent le nombre de personnes dans chaque véhicule, aussi les écarts dus aux stoppeurs utilisant des véhicules différents agacent-ils le personnel. Cela dit, quelques paroles aimables suffisent en général à résoudre le problème.
>
> **Sharon Freed (Australie)**

Les conducteurs qui prennent des stoppeurs risquent eux aussi de rencontrer des difficultés lorsqu'ils partiront, des membres de leur groupe ayant disparu dans la nature. Pour éviter ce problème, expliquez, lors de votre arrivée au parc, que vous avez besoin d'un permis d'entrée séparé à titre de justificatif. Cependant, il est sans doute peu judicieux de dire que l'on est un stoppeur.

Au bureau de Okaukuejo, on peut retirer des permis de transit qui permettent de traverser le parc de la Skeleton Coast de Springbokwater à Ugabmund, mais non de se rendre à Torra Bay ou à Terrace Bay. Toutefois, en décembre et en janvier, les voyageurs en transit ont la possibilité de passer à Torra Bay pour faire le plein. Vous devez atteindre Springbokwater avant 13h et sortir à Ugabmund à 15h au plus tard.

Comment circuler

La circulation à pied, en bicyclette, en moto et en stop dans le parc est prohibé. Si vous avez un bakkie ouvert, vous devez couvrir l'arrière. Les animaux domestiques et les armes sont interdits. A l'extérieur des rest camps, les visiteurs ne doivent pas sortir de leur véhicule.

Bien que le stop lui-même soit interdit, à Okaukuejo ou à Namutoni, vous trouverez peut-être des employés chargés de l'entretien qui font régulièrement la navette entre les camps, disposés à vous emmener.

Est de Windhoek

GOBABIS

Gobabis, centre administratif du peuple tswana, s'étend à 120 km seulement de la frontière du Botswana, à Buitepos. Le nom khoi-khoi signifie "le lieu des querelles", mais une légère différence d'écriture donne "Goabbis", "lieu des éléphants", variante préférée par la plupart des habitants.

Située au cœur d'une grande contrée d'élevage de bovins et d'ovins, elle représente le centre de ravitaillement pour plus de 800 fermes. Pendant la saison des

NAMIBIE

pluies, de janvier à avril, la région prend un aspect relativement luxuriant.

Le seul édifice historique, le Lazaret, ancien hôpital militaire, servit à une époque de musée municipal. Il est en principe fermé, mais si vous voulez le visiter, demandez une clé à la bibliothèque.

Histoire

Gobabis est né en 1856 de l'établissement d'une mission rhénane. En 1865, la tentative du chef de la mission de ramener la paix entre les Damara et les Khoi-Khoi causa son expulsion de la région et une fermeture temporaire de la mission. L'œuvre reprit en 1876 pour être interrompue à nouveau. Fatigués de se combattre, les deux groupes entamèrent une rébellion contre l'occupation allemande. La situation dégénéra au point qu'en 1895 le major Leutwein ordonna aux troupes de réprimer les troubles. Le fort construit à cette occasion fut ensuite détruit.

Où se loger et où se restaurer

Le plus agréable des deux hôtels de Gobabis, le *Gobabis Hotel* (☎ 2568 ; fax 2703) propose des simples/doubles à 24/33 $US et des chambres familiales à 46 $US. Sa piscine, son bar, son restaurant et sa discothèque ouverte le week-end représentent au moins 80% des activités de la ville. Le *Central Hotel* (☎ 2094 ; fax 2092), dans Voortrekkerstrasse, moins attrayant mais meilleur marché, loue 19/25 $US ses simples/doubles. Il possède également un bar et un restaurant.

Le *Witvlei Hotel* (☎ 4), dans la proche Witvlei, à l'est de Gobabis, pratique des petits prix, mais le bar prend le pas sur l'hébergement et peu de clients arrivent à y passer une nuit entière.

L'une des plus plaisantes guest farms, la *Farm Steinhausen* (☎ 3240) fournit un hébergement en simple/double à 35/ 70 $US, petit déjeuner compris. Elle est reliée au central téléphonique de Omitara. De Gobabis, faites environ 3 km en direction de Windhoek sur la B6 et tournez au nord sur la C30. De là, 117 km conduisent à Steinhausen.

A la ferme *Heimat* (☎ 3622), PO Box 22, Dordabis, qui appartient à Rainer et Marianne Seifart, vous verrez de près comment fonctionne une ferme d'élevage namibienne. Pour une chambre et des repas de cuisine familiale, vous paierez 34 $US par personne ; on peut également camper. La ferme se trouve à Nina. De Windhoek, faites 40 km à l'est de l'aéroport international et tournez au sud sur la D1808. Un trajet de 58 km vous mènera à un carrefour en T. Prenez à gauche et continuez sur 37 km jusqu'à Nina. Le transport de retour à Windhoek coûte 27 $US. Pour réservez, composez le code de Dordabis (0628) et demandez à l'opérateur Nina, 3622.

Les "squats"

Au cours de votre voyage, vous remarquerez sans doute des petites rangées de cabanes délabrées au bord des routes. Vous ne verrez rien d'aussi rudimentaire dans le reste de la Namibie, mais ces cabanes indiquent seulement que les terres de la ferme voisine doivent être reprises et redistribuées par le gouvernement.

Les personnes qui les ont construites, pour la plupart des habitants de Windhoek, profitent simplement d'une opportunité : si elles peuvent prouver l'occupation de la terre en question, elles se trouveront en tête de liste lors de la répartition des terrains. Les "habitants" des cabanes sont en général des enfants et des grands-mères, qui "tiennent la boutique" pendant que les membres de la famille en âge de travailler vaquent à leurs occupations dans la capitale. ■

Comment s'y rendre

Gobabis est aisément accessible par la B6 goudronnée venant de Windhoek, mais de nombreuses petites routes D du Hereroland requièrent un 4x4. Seuls transports publics à la desservir, les trains quittent la capitale les mardi, jeudi et dimanche, et Gobabis les lundi, mercredi et vendredi. Dans les deux sens, ils partent à 22h et arrivent à 5h45. Le billet en classe économique/couchettes coûte 4/13 $US.

ENVIRONS DE GOBABIS

Dordabis et les ateliers de tissage de karakul

Le secteur entre Gobabis et Dordabis, au milieu de la région d'élevage du karakul, compte plusieurs ateliers de tissage. Parmi ceux-ci, le plus apprécié est la Farm Ibenstein, à 4 km de Dordabis, sur la C15. Vous pourrez y découvrir les techniques de filage, de teinture et de tissage, et y acheter les produits finis. Elle ouvre du lundi au vendredi, de 8h à 12h30 et de 14h30 à 17h30, le samedi de 8h à 12h. On peut également visiter les deux autres ateliers de tissage, Dorka Teppiche et Kiripotib, situés à quelques kilomètres de Dordabis.

On atteint plus facilement Dordabis de Windhoek que de Gobabis. De Windhoek, prenez à l'est sur la B6. A 20 km de la ville, tournez à droite sur la C23 et suivez cette route sur 66 km jusqu'à Dordabis.

Arnhem Cave

La caverne d'Arnhen, de 2 800 m de long est certainement le plus important réseau de grottes de Namibie. Découverte par le fermier D. N. Bekker en 1930, elle était autrefois exploitée pour le guano de chauves-souris. Elle s'est formée dans une couche de calcaire et de dolomite, intercalée entre du quartzite et du schiste, dans la succession de synclinaux et d'anticlinaux nommés les collines d'Arnhem. En raison de son air sec, elle contient peu de stalagmites ou de stalactites, mais elle abrite cinq espèces de chauves-souris : l'*Hipposideros commersoni*, l'*Hipposideros caffer*, la *Miniopterus schrelbersi*, la *Rhinolophus denti* et la *Nycteris thebalca*. Elle est aussi peuplée d'une grande variété d'insectes, de vers, de musaraignes et de crevettes.

La grotte se tient sur les terres d'une ferme privée au sud de l'aéroport international. Si vous souhaitez la visiter, contactez M. J. Bekker (☎ 1430) à Dordabis. Pour vous y rendre, tournez au sud, juste à l'est de l'aéroport, sur la D1458, en direction de Nina. Au bout de 66 km, prenez au nord-est la D1506 et continuez sur 11 km jusqu'au carrefour en T. Là, tournez au sud sur la D1808. 6 km plus loin, vous arriverez à la ferme.

L'entrée coûte 3 $US par personne, la location de casques et de lampes 2 $US. Il existe des installations de camping et de braai ; les repas peuvent être réservés à l'avance.

BUITEPOS

Planté dans le désert, Buitepos se résume essentiellement à une station-service et aux postes des douanes et de l'immigration.

Où se loger

Du côté namibien de la frontière, l'*East Gate Service Station & Rest Camp* surgit du désert tel un mirage. On ne s'attend certes pas à tomber sur un établissement aussi accueillant, au fin fonds du pays, équipé, qui plus est, de sanitaires remarquables. Le camping coûte 3 $US par personne, un bungalow pour trois personnes 27 $US.

Comment s'y rendre

Suivez le prolongement de la B6 à l'est de Gobabis. Regardez bien les panneaux car la route fait plusieurs détours. Jusqu'à la frontière, vous roulerez sur une assez bonne chaussée de gravier, mais pour continuer sur Ghanzi et Maun au Botswana, vous aurez besoin d'un 4x4 avec une haute garde au sol.

Nord-Est de la Namibie

L'Ovamboland, le Kavango et Caprivi, qui affichent la plus forte densité de population du pays, forment le cœur traditionnel et culturel de la Namibie. Parfois appelées "Pays des rivières", ces trois régions aux paysages variés sont bordées par le Cunene et l'Okavango le long de la frontière angolaise, par le Zambèze et le réseau Kwando/Mashi/Linyanti/Chobe à l'est.

Très différent, sur le plan géographique, du reste de la Namibie, le Nord-Est reçoit les précipitations les plus abondantes de la Namibie. La plupart des habitants vivent dans de petits villages au bord ou près de l'Okavango, coulant vers l'est pour aller alimenter les marais du delta de l'Okavango et marquant une partie de sa frontière avec l'Angola.

Le Bushmanland voisin, contrée sauvage de broussailles et de forêts d'acacias, à la population clairsemée, longe la limite nord du Kalahari, formant une barrière désertique à la frontière du Botswana.

Jusqu'à l'indépendance du pays, il fallait un permis pour circuler dans la région au nord de Grootfontein. Ces temps sont heureusement révolus, et l'on peut voyager librement dans les territoires "communaux", ou anciens *homelands*.

Si la paix a rendu la vie des populations nettement plus facile, le retrait des militaires, la fin du boom économique lié au conflit, l'afflux de réfugiés angolais – ainsi que d'immigrants illégaux – a entraîné un déclin dans les domaines des transports et de la santé.

Lors d'une épidémie de maladie intestinale, qui se déclencha en 1990 et en 1991, l'état d'urgence dut être déclaré.

Par ailleurs, en raison de la guerre latente en Angola, les voyages dans la région comportent toujours un léger risque, notamment dans la bande de Caprivi.

Aujourd'hui, néanmoins, la plupart des raids frontaliers sont simplement motivés par le vol et n'ont pas de connotation politique.

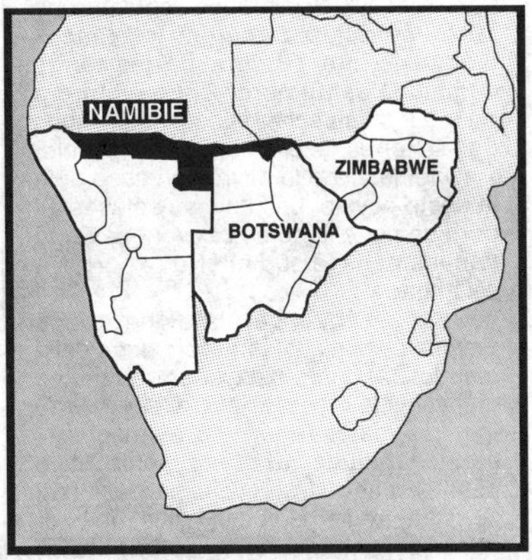

Ovamboland

Comme son nom l'indique, l'Ovamboland est le territoire des Ovambo qui constituent l'ethnie la plus importante de Namibie. La majorité de ses huit clans pratiquent l'agriculture de subsistance, faisant pousser leurs propres cultures et élevant des bovins et des chèvres. Les visiteurs seront frappés par l'aspect net et soigné de l'Ovamboland qui donne l'image d'une société prospère.

Pendant la guerre d'indépendance, la SWAPO était basée dans l'Ovamboland, sa principale zone d'appui. En conséquence, les villages d'Ombalantu, d'Oshakati et d'Ondangwa se virent transformés en bases et en centres d'approvisionnement par l'armée d'occupation. Après le départ des Sud-Africains, ces nouveaux foyers économiques ont attiré un nombre croissant de personnes entreprenantes, dont beaucoup créent de petits commerces. En outre, l'État injecte actuellement des crédits substantiels qui se matérialisent dans les domaines du logement, de l'électricité, de l'infrastructure routière, de l'irrigation, de

La ligne rouge
Entre Grootfontein et Rundu, et entre Tsumeb et Ondangwa, la B1 et la B8 franchissent la "ligne rouge", cordon sanitaire vétérinaire séparant les ranchs d'élevage intensif du sud, des terres communales du nord. Cette clôture a pour but d'empêcher les animaux venus de ces terres de circuler et de préserver ainsi le bétail de la fièvre aphteuse etde la peste bovine. Les animaux élevés au nord de cette ligne ne peuvent pas être vendus dans le sud ni être exportés à l'étranger.

En conséquence, la ligne rouge marque également la frontière entre deux mondes. Au sud, le paysage s'étend en un bushveld broussailleux et aride, territoire de vastes ranchs où vivent seulement quelques *ranchers* isolés et le bétail. Au nord, les voyageurs pénètrent dans une région de bush épais, de baobabs, de mopanes et de petits kraals ; les habitants et les animaux flânent le long des routes et l'air est empli de la fumée émanant des feux de cuisine ou des opérations de défrichage. ■

l'agriculture, de la santé, de l'éducation, du réseau téléphonique, etc.

Le paysage de l'Ovamboland déroule des plaines sablonneuses parsemées de palmiers makalani, de savane et de forêts de mopanes. Le climat semi-désertique se traduit par des nuits fraîches et des journées chaudes ; en été, les températures peuvent dépasser 40°C dans la journée.

La plus grande partie de la population se concentre dans la région nommée Oshana, en raison des cours d'eau éphémères – ou oshanas – du système hydrographique fluvial du Culevai, approvisionnant pratiquement toute la province en eau. Ils s'emplissent lors des périodes de pluies abondantes – ou *efundja* – et, grâce à la roche solide sous-jacente, conservent l'eau en sous-sol pendant le reste de l'année. Certains kraals et villages sont alimentés par des puits, mais la distribution principale est assurée par le grand aqueduc qui suit la C46. L'eau revêt une importance particulière pour la culture de l'*omavo*, ou oignon d'eau, aliment de base local.

Le territoire est réputé pour la qualité de ses paniers et de ses objets en rotin, vendus dans les échoppes au bord des routes ou chez l'artisan lui-même à des prix nettement inférieurs à ceux de Windhoek. Vous admirerez, entre autres, des paniers ronds avec couvercle de toute taille, allant jusqu'à un mètre de diamètre, ainsi que des bols et des plats tressés peu profonds. Les dessins simples et gracieux comprennent d'ordinaire un motif géométrique brun tressé dans le roseau jaune pâle.

OSHAKATI

Accueillante et bourdonnante d'activité, la capitale de l'Ovamboland n'est cependant qu'une agglomération étirée le long de la nationale, version africaine d'une ville d'autoroute de l'Ouest américain.

Les voyageurs ont peu de raisons de s'y attarder, excepté pour passer une heure ou deux à flâner dans le grand marché couvert où flottent toutes sortes d'odeurs (toutes ne sont pas forcèment très plaisantes). On y trouve de tout, des vêtements et des paniers, des vers de mopane et du *tambo* fraîchement brassé.

Renseignements

Si vous ne faites que passer, notez que les toilettes de la station Caltex sont d'une impeccable propreté. Pour changer de l'argent, voyez les agences de la Barclays et de la Standard Chartered Bank, dans le centre commerçant. Vous pourrez acheter divers types de pellicules Fuji et Agfa à l'Agfa Oshakati Photo Shop, du côté sud de la rue, à environ 600 m à l'ouest du marché.

L'agglomération possède trois hôpitaux : l'hôpital d'État de 800 lits, l'hôpital luthérien d'Onandjokwe et l'hôpital catholique d'Oshikuku. En cas de besoin, optez pour l'établissement luthérien ou catholique.

Où se loger

L'*International Guest House*, sans doute la meilleure option, loue 27/35 $US les simples/doubles climatisées. L'*Oshandira Hotel & Restaurant* et le *Continental #1 Guest House* pratiquent à peu près les mêmes tarifs que l'International. Le *Santorini Inn*, sur la route principale, propose des simples/doubles climatisées avec s.d.b. à 27/34 $US ainsi qu'un excellent restaurant.

Peut-être préférerez-vous la mission catholique, *Okatenda*, à 5 km d'Oshakati où 10 $US par personne vous obtiendront une chambre impeccable et un bon petit déjeuner. Du centre, la course en taxi coûte 0,75 $US par personne.

Camper dans les environs d'Oshakati, ou de toute autre ville et village de l'Ovamboland, n'est pas conseillé. Les gens du pays n'apprécient pas, et le risque de vol existe toujours. Si vous n'avez pas d'autre solution, demandez aux habitants où vous pouvez planter votre tente sans déranger.

Où se restaurer

Bon établissement, le *Club Oshandira* est ouvert pour le petit déjeuner, le déjeuner et le dîner. Un restaurant (apparemment sans nom), sur la nationale à l'est de la ville, se spécialise dans le poulet grillé. Plusieurs restaurants attrayants bordent la route d'accès du côté nord de la nationale.

Distractions

Oshakati offre tout loisir de découvrir cet aspect de la vie locale. Pour vous mettre dans l'ambiance, commencez par le Club Put More Fire et le Moby Jack, où en principe se produisent des orchestres.

Comment s'y rendre

L'aéroport d'Oshakati se situe à 35 km, à Ondangwa. Air Namibia (☎ 20284 ; fax 21230) assure la liaison avec l'aéroport d'Eros, à Windhoek, *via* Tsumeb et Mokuti (parc national d'Etosha) les mardi et les jeudi.

Rejoindre Oshakati et circuler dans l'Ovamboland ne présente pas de difficulté. Les axes C46 et B1 sont tous deux goudronnés et en très bon état, mais les autres routes, moins bien entretenues, imposeront souvent l'usage d'un 4x4, notamment pendant la saison des pluies. Vous pourrez faire le plein à Ombalantu, à Oshakati et à Ondangwa.

Au départ de la gare routière du marché, à Oshakati, des minibus blancs desservent diverses sections de la route entre Ruacana et Oshivelo. La plupart, cependant, font le trajet Oshakati-Ondangwa. Il existe aussi un service à destination de Windhoek (*via* Tsumeb) plusieurs fois par jour, avec des départs supplémentaires le dimanche après-midi. Les minibus partent une fois pleins, aussi faut-il se présenter le plus tôt possible. De Windhoek, ils partent de la résidence des célibataires, dans le township de Katutura, plusieurs fois par jour, avec des départs supplémentaires le vendredi après-midi.

Le grand bus jaune SWAPO qui circule entre Oshakati et Windhoek quitte la gare routière de Katutura le vendredi après-midi à 17h et le marché d'Oshakati le dimanche après-midi. Le billet vaut seulement 11 $US, contre 16 $US sur les minibus. Il fait souvent le trajet en semaine également, mais vous devez arriver au marché tôt le matin pour réserver une place.

ONDANGWA

La deuxième ville de l'Ovamboland abrite d'énormes entrepôts qui approvisionnent plus de 6 000 minuscules *cuca shops*. Le mot "cuca" provient de la bière angolaise très appréciée et toujours servie ici.

Olukonda

Ce village, à 13 km au sud-est d'Ondangwa, sur la D3606, abrite plusieurs missions finlandaises historiques. La première, Nakambale House, fut bâtie à la fin des années 1870 par le missionnaire Martti Rauttanen, appelé Nakambale par les gens du cru. C'est le plus ancien édifice du nord de la Namibie. En 1889, le révérend Rauttanen construisit également la première église de la région. Lorsqu'elle fut remplacée, en 1972, elle se détériora et ne fut rénovée qu'en 1991, grâce aux subventions du gouvernement finlandais. Martti Rauttanen et sa famille, de même que le chef local, Ellifas, reposent dans le cimetière de l'église.

Lac Oponono

Perdu dans le lacis de routes et de chemins au sud d'Ondangwa, le lac Oponono forme une vaste étendue de marécages alimentés par les oshanas du Culevai. Après les pluies, ils attirent une faune ailée étonnamment variée, dont des jabirus, des grues couronnées, des flamants et des pélicans. Le lac se situe à 27 km d'Ondangwa.

Où se loger et se restaurer

L'*ABC Trading Centre* (☎ 40121), situé à Oluno, un faubourg d'Ondangwa, vend quasiment de tout et propose aussi un bar, un restaurant et un hébergement à petits prix. Établissement similaire, le *Punyu Wholesalers* (☎ 40313 ; fax 40177), dans la proche banlieue d'Onethindi, dispose de simples/doubles à 26/30 $US. Il loue également des 4x4.

A Oniipa, à 5 km environ à l'est d'Ondangwa, se tient l'*Elcin Guesthouse* bon marché.

Achats

Allez faire un tour au marché des produits ménagers en face du Desert Inn Pub, près de l'extrémité est de la ville. Vous y dénicherez tout une foule de petites choses fonctionnelles, allant des ustensiles de cuisine en bois à d'étonnants pièges à souris.

Comment s'y rendre

En ce qui concerne les informations sur les liaisons aériennes, reportez-vous à *Comment s'y rendre* dans la rubrique *Oshakati*. Tous les minibus circulant entre Oshakati et Windhoek s'arrêtent à la station-service BP d'Ondangwa. Le dimanche après-midi, le bus SWAPO procure le transport le moins cher pour Windhoek, mais il ne reste généralement plus aucune place lorsqu'il arrive à Ondangwa.

OMBALANTU

Cette petite localité chaude et poussiéreuse pourrait bien être l'une des villes commer-

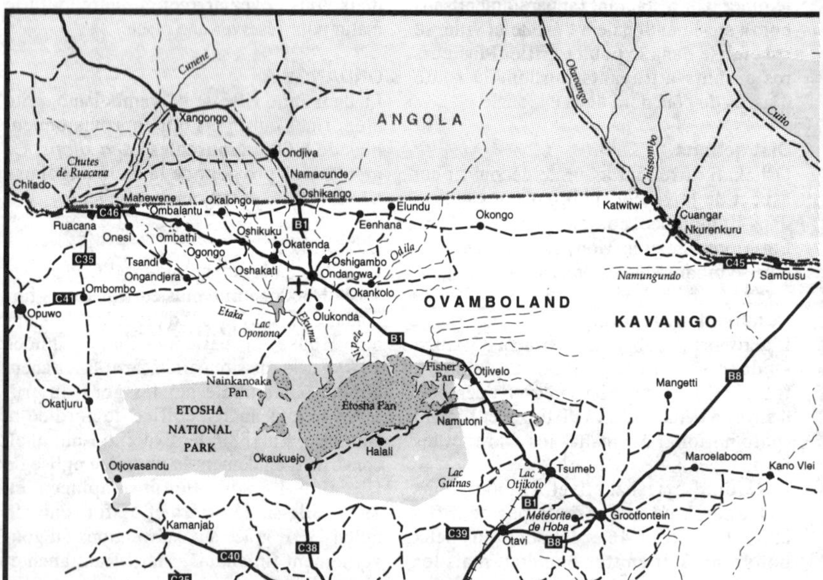

çantes les plus typiquement "africaines" de Namibie, mais elle n'offre par ailleurs rien d'exceptionnel. Son intérêt majeur réside dans l'ancienne base militaire sud-africaine où une chapelle avec cafétéria a été aménagée dans un énorme baobab. Une pancarte sur le mur annonce "*Die Koffiekamer Koelte*", ce qui se traduit plus ou moins par "Le culte salle à café".

L'entrée de la base est située sur la route à environ 350 m au sud de la station-service. Demandez tout d'abord l'autorisation de la visiter au commissariat de police derrière le petit marché. Les policiers sont très aimables et n'y voient en général aucune objection.

RUACANA

La minuscule Ruačana, sur le Cunene, tire son nom des mots herero *orua hakahana*, "les rapides". Elle a été créée spécialement pour fournir les logements et les services requis par la construction de l'installation hydroélectrique souterraine de 320 mégawatts qui pourvoit aujourd'hui à plus de la moitié des besoins de la Namibie. De ce fait, elle arbore un aspect plus ordonné que les autres localités de l'Ovamboland. Pendant la guerre, elle servit également de base aux forces sud-africaines.

A Ruacana, le Cunene se divise en plusieurs chenaux avant de dévaler des escarpements en escalier et de s'engouffrer dans une gorge creusée par ses eaux sur 2 km. En 1926, à la suite de litiges soulevés au début du siècle, il fut décidé que le haut Cunene ferait partie du territoire angolais, tandis qu'au-dessous des chutes, la frontière suivrait le bras principal jusqu'à l'Atlantique.

En direction de l'ouest et du Kaokoveld, Ruacana est la dernière station-service avant l'Atlantique aussi veillez à vous munir d'une provision d'essence suffisante pour atteindre Opuwo ou bien revenir à Ruacana.

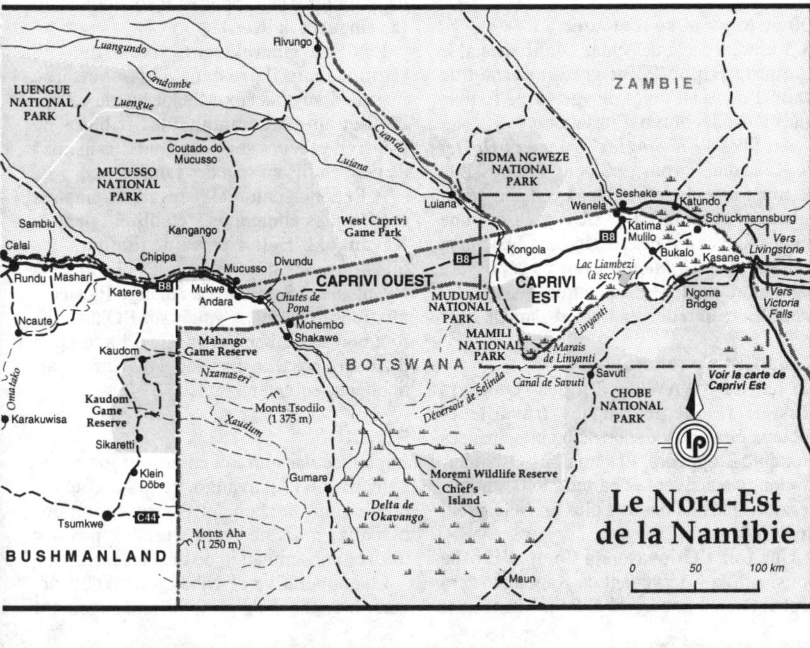

Le Nord-Est de la Namibie

Chutes de Ruacana

Ces chutes spectaculaires de 85 mètres de hauteur offraient un magnifique spectacle naturel jusqu'à la construction du barrage de Calueque en Angola, à 50 km en amont. Le fleuve est également contrôlé par un barrage de prise d'eau, à 1 km au-dessus des chutes, qui dirige le flot vers la centrale hydroélectrique. En conséquence, on ne les voit cascader que pendant les saisons très humides, les barrages libérant l'excès d'eau lorsque les usines électriques sont saturées. Aux mois de mars ou avril, peut-être aurez-vous une chance de contempler les chutes en action.

Pour les atteindre, ou tout au moins l'endroit où elles devraient être, suivez la route sur 15 km à l'ouest de la ville jusqu'au poste-frontière sur le Cunene. Les visiteurs doivent sortir temporairement de Namibie et signer le registre de l'immigration. Ensuite, vous pourrez descendre les marches (488 degrés) menant à l'ancienne usine électrique située dans la gorge.

Où se loger et se restaurer

A 5 km à l'ouest des chutes de Ruacana, le camping Hippo Point gratuit permet de jouir d'un beau point de vue sur le fleuve, mais il est dépourvu d'installation.

Au *SWAWEK Singles' Quarters Hostel* de Ruacana, il vous sera peut-être possible de louer une chambre (bien qu'il soit généralement complet) à 17 $US par personne ou de camper à l'arrière. On peut également y manger. Le *Ruacana Club* vous laissera camper et utiliser les sanitaires, mais seulement les mercredi, vendredi et samedi.

Comment s'y rendre

Le bar du SWAWEK Singles' Quarters Hostel, fréquenté par les travailleurs sociaux étrangers, donne de bonnes chances aux auto-stoppeurs. Les minibus Oshakati-Ondangwa arrivent et partent de la station-service, mais ne passent plus après le début de l'après-midi.

Une fois l'Otjovasondu Camp d'Etosha construit, la C35 venant de Kamanjab sera probablement goudronnée. Pour l'instant, la C46 en provenance d'Oshakati fournit l'accès le plus aisé à Ruacana. La route est desservi de temps à autre par les minibus locaux. A l'ouest des chutes, la route se perd en chemins (nécessitant un 4x4) qui mènent aux lointaines montagnes de Baynes et au Zebraberg. Pour en savoir plus, reportez-vous au chapitre *Nord-ouest de la Namibie*.

Kavango

Un paysage doucement vallonné, verdoyant et boisé, dominé par l'Okavango et ses vastes plaines inondables caractérise le Kavango. Sur les berges du fleuve, vous verrez des milliers de papillons, ainsi qu'une importante population de crocodiles. Les habitants cultivent du maïs, du sorgho, du millet, des légumes verts et capturent les poissons dans des pièges tressés en forme d'entonnoir. Les hommes pêchent également au harpon depuis les berges ou de leurs pirogues appelées *watu* ou *mekoro* (au singulier *mokoro*).

Les San mbarakweno vivent dans la région, mais ils restent dans une large mesure assujettis aux Mbukushu, aux Sambiyu et autres communautés tribales de Caprivi, et leurs services sont "transmis" de père en fils au sein des familles.

A l'époque coloniale, des missionnaires catholiques allemands s'établirent dans le Kavango. L'Église parraine toujours des missions, des hôpitaux et des cliniques à Nyangana, à Sambiu et à Andara. Plusieurs missions et hôpitaux situés sur l'Okavango font bon accueil aux voyageurs. La mission d'Andara possède une statue du Christ particulièrement intéressante.

RUNDU

Implantée dans un joli cadre, sur les escarpements de l'Okavango, cette localité est idéale pour la pêche et l'observation des oiseaux, mais ne vous attendez pas à y trouver une animation de tous les instants.

La coopérative de Mbangura Woodcarvers, branche d'un projet d'aménagement de l'État, mérite une visite. Elle vend des tambours traditionnels et de jolis meubles.

L'Ekongoro Youth Camp, à 2 km au nord-est de la ville, possède un petit zoo installé dans de plaisants jardins tropicaux où des lions apprivoisés se promènent avec des allures de chiens de garde. L'entrée coûte 0,85 $US.

Rundu doit se doter d'un musée du Kavango (le bâtiment est déjà construit), mais le projet ne s'est pas encore concrétisé. A 30 km à l'est de Rundu, à Sambiu, le musée de la mission catholique (☎ 1111) expose des sculptures sur bois et de l'artisanat traditionnels du sud de l'Angola et du Kavango. Il est préférable de téléphoner à l'avance pour organiser la visite.

Où se loger

L'hébergement le plus central est fourni par le *Rundu Service Centre* (☎ 787), proche de l'Hunter's Tavern, à la station-service Shell. Les simples/doubles classiques coûtent 29/44 $US, les chambres pour trois/quatre personnes 57/65 $US. On peut y camper pour 6 $US par personne mais le Sarasungu Lodge, au bord de la rivière, dispose d'emplacements plus agréables.

Rundu doit accueillir une auberge de jeunesse dans un proche avenir. Renseignez-vous auprès du Cardboard Box backpackers' à Windhoek, ou appelez Ms Margaret Monanango (☎ 119, après les heures ouvrables ☎ 553) à Rundu. Option bon marché, le *ROC Club*, près du Kavango River Lodge à l'extrémité de la ville, ancien foyer de l'armée sud-africaine pendant la guerre, loue les simples 14 $US.

Perché au-dessus du fleuve, à environ 1 km à l'ouest du centre, le *Kavango River Lodge* (☎ 244 ; fax 13) offre la plus belle vue de la ville, notamment au coucher du soleil. Il propose des bungalows climatisés simples/doubles indépendants, avec des provisions de petit déjeuner, à partir de 40/50 $US. Demandez-en un avec véranda. Les appartements pour famille pouvant accueillir quatre personnes reviennent à 55 $US. Tous les clients ont accès aux courts de tennis. L'hôtel prévoit d'ajouter une piscine et d'acheter quelques canoës.

Délicieux établissement, l'hospitalier *Sarasungu River Lodge* (☎ 161 ; fax (061) 220694) germano-portugais, se love dans un cadre ombragé au bord du fleuve à quelque 4 km du centre. Le camping coûte seulement 5 $US par personne, et les six ravissants bungalows simples/doubles, construits en matériaux naturels, 43/66 $US, petit déjeuner compris. Dans ce décor enchanteur, vous pourrez louer des canoës ou des VTT et faire des randonnées guidées. Les installations comprennent des douches chaudes, un restaurant très sympathique spécialisé dans les pizzas, une véranda fraîche et une piscine. Si vous prévenez Ines ou Eduardo à l'avance, ils viendront vous chercher à la station-service Shell sur la grand-route.

L'établissement suivant en aval, le *Kaisosi Safari Lodge* (☎/fax 265), un peu morne, possède des bungalows simples/doubles à 33/45 $US et des chambres de

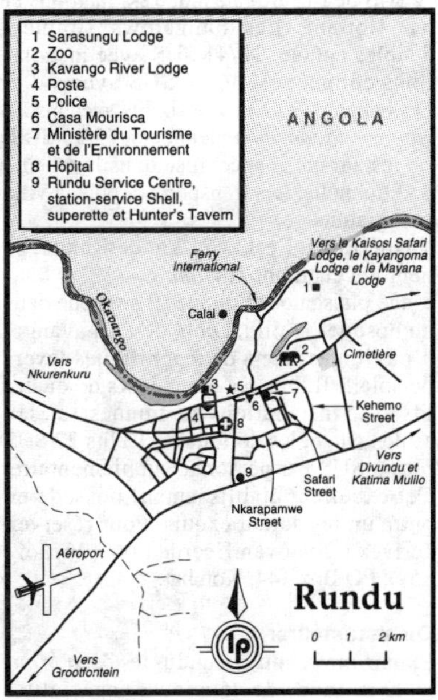

quatre lits à 60 $US, plus 6 $US par personne supplémentaire. Demandez une chambre à l'étage, d'où vous jouirez d'une belle vue sur le fleuve. L'emplacement de camping se loue 3 $US par tente ou caravane plus 3 $US par personne. Le petit déjeuner complet revient à 4 $US. Les promenades sur le fleuve coûtent 7 $US par personne et par heure. Les transports depuis/vers Rundu s'élèvent à 8,50 $US le voyage, et la navette aéroport à 14 $US.

A environ 20 km à l'est de Rundu et à 4 km de la route, le nouveau *Kayangoma Lodge* (☎ 221646 ; fax 230706, tous deux à Windhoek), PO Box 50150, Windhoek, porte, d'après ce qu'on m'a dit, le nom d'un chef local qui signifie "l'homme sans dents de devant". Lors de ma dernière visite, ses propriétaires afrikaners n'avaient pas encore mis au point tous les détails, mais il semble que les activités aquatiques seront à l'honneur : canoë-kayak (4 $US de l'heure), promenades sur la rivière en bateau à ponton ou en canot automobile (9 $US de l'heure) ainsi que ski nautique et bar flottant. Les bungalows simples/doubles coûtent 30/41 $US avec installations communes, 36/46 $US avec s.d.b. Les bungalows de quatre/six lits avec installations communes reviennent à 65/95 $US. Le restaurant se spécialise dans la cuisine traditionnelle. Les transports depuis la ville sont gratuits.

Non loin à l'est, à 21 km de Rundu, se tient l'accueillant *Mayana Lodge* (☎ 888) d'une plaisante simplicité. Il se niche dans un bosquet feuillu à côté de l'Okavango, d'où l'on assiste à de magnifiques levers du soleil. Il loue les bungalows de quatre lits avec installations communes 15 $US seulement, et les dortoirs de 12 lits 27 $US plus 3 $US par personne supplémentaire. Cet excellent établissement possède en outre un restaurant exquis. Pour réserver, écrivez à Juan van Heerden (☎ (067362) 157), PO Box 144, Kombat.

Où se restaurer

Plaisir inattendu à Rundu, le *Casa Mourisca* mitonne de délicieuses spécialités portugaises. Il ouvre les lundi, mercredi, jeudi et vendredi, de 10h à 14h et de 17h à minuit, le samedi de 17h à 24h, le dimanche de 10h à 14h et de 17h à 22h.

A la station-service Shell situé à l'embranchement de la B8 pour le centre-ville, l'*Hunter's Tavern* sert le petit déjeuner, le déjeuner et le dîner 7 jours sur 7. Le *ROC Club*, près du Kavango River Lodge, propose des poisson frit-frites convenables.

Pour faire vos courses, vous apprécierez le supermarché du centre bien approvisionné et la superette presque trop fournie de la station-service Shell, ainsi que les nombreux petits commerces et échoppes. De juillet à septembre, vous dégusterez de savoureuses papayes fraîchement cueillies.

Achats

Réputés pour leur talent de sculpteur sur bois, les Kavango produisent les œuvres les plus remarquables du pays, dont les figurines d'animaux, les masques, les cannes et les boîtes, fabriqués dans un bois dur local appelé *dolfhout* (teck sauvage). Les plus belles créations peuvent être difficiles à dénicher, mais les échoppes qui bordent la B8, en direction de Grootfontein, vendent de très jolies pièces. L'une d'elles, bien connue, se spécialise dans les camions, les avions et les hélicoptères miniature, devenus très en vogue. Ne vous tracassez pas si vous n'apercevez aucun vendeur : quelqu'un apparaît comme par magie dès qu'une voiture s'arrête.

Les San de la région de Rundu viennent également en ville vendre leur artisanat (en général des arcs, des flèches et des carquois), et s'installent souvent près de la station-service Shell. Ils proposent aussi des perles en coquille d'œuf d'autruche montées en attrayants colliers et autres bijoux.

Comment s'y rendre

Air Namibia relie l'aéroport d'Eros de Windhoek à Rundu et Katima Mulilo, *via* Tsumeb, deux ou trois fois par semaine.

Le minibus d'Egoli Liner assure la liaison entre Rundu, Windhoek et Katima

Mulilo. Il s'arrête à la station-service Shell. Pour de plus amples informations, renseignez-vous à la station-service, ou appelez soit le ☎ 53 à Katima Mulilo soit le ☎ 3345 à Okahandja.

Bien que la B8 ne soit pas très fréquentée, les stoppeurs circuleront sans trop de problème entre Grootfontein et Rundu. Voyager vers l'est, de Rundu à Katima Mulilo, s'avère toutefois un peu plus aléatoire. Si vous souhaitez suivre la magnifique route du fleuve en direction de Mashari, préparez-vous à de longues attentes et à une succession de courts transports.

Avec un visa angolais, vous pouvez prendre le ferry international à destination de Calai, sur la rive angolaise de l'Okavango.

Comment circuler

Okavango Car Hire (☎ 476), PO Box 854, à Rundu, fonctionne de temps à autre, mais pratique des tarifs plus élevés que ceux de Windhoek et du reste du pays. Elle loue également du matériel de camping.

KAUDOM GAME RESERVE

La réserve sauvage de Kaudom, qui couvre 384 000 hectares à la frontière du Bushmanland, ne ressemble à aucun autre parc africain. Sur les chemins sablonneux qui parcourent le bush, vous rencontrerez des antilopes rouannes, des chiens sauvages, des éléphants, des zèbres et pratiquement toutes les espèces animales présentes à Etosha, mais dans un cadre totalement naturel et exempt de touristes.

Le parc est traversé par des *omiramba*, vallées fluviales fossiles parallèles aux dunes orientées est-ouest du Kalahari. En raison du mauvais état des routes, la réserve se prête mieux à l'exploration pendant les mois secs d'hiver, de juin à octobre. La saison humide se distingue cependant par l'abondance de la faune ailée.

Où se loger

La réserve possède deux camps, Kaudom et Sikaretti (oui, ça veut dire cigarette) qui louent les bungalows rudimentaires de quatre lits 10 $US et les emplacements de

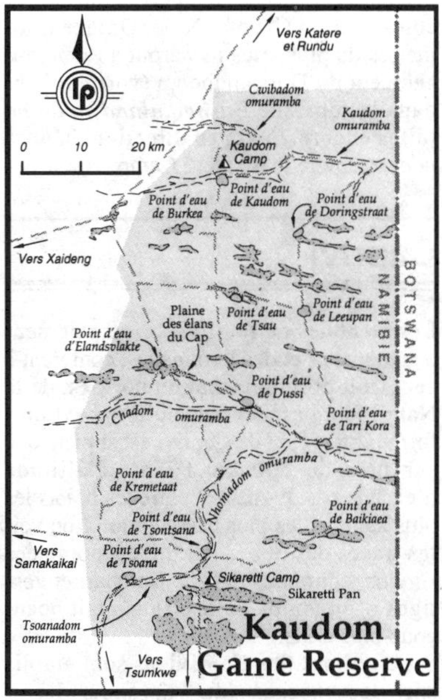

camping pour huit personnes 6 $US. L'hébergement se réserve à Windhoek, à Rundu ou à Katima Mulilo.

Comment s'y rendre

Kaudom est difficile d'accès mais vous ne regretterez pas vos efforts. Épouvantables pendant la saison sèche, les routes de sable profond se transforment en pistes boueuses et glissantes en saison humide. Le MET exige des visiteurs qu'ils voyagent en convoi d'au moins deux 4x4 entièrement équipés, avec trois jours de provisions de nourriture et d'eau. Les caravanes, les remorques et les motos sont interdites.

Du nord, on peut prendre le chemin sablonneux qui part de Katere, sur la B8, où Kaudom est indiqué, à environ 120 km à l'est de Rundu. Au bout de 45 km, vous atteindrez l'omuramba Cwiba ; là, tournez à l'est (gauche) pour entrer dans le parc.

Du sud, on accède à Kaudom *via* Tsumkwe et Sikaretti. De Tsumkwe, 20 km conduisent à Groote Dobe. Quinze kilomètres de plus vous mèneront à l'embranchement du Dorslandboom (voir *Baobabs* dans la rubrique *Bushmanland*) ; de là, faites encore 25 km en direction du nord pour atteindre le Sikaretti Camp.

Caprivi

Les étendues de feuillus, principalement des mopanes et des terminalias, confèrent à cet étroit prolongement du nord-est de la Namibie un aspect particulièrement uniforme. La région de Caprivi est si plate que sur près de 500 km l'écart d'altitude n'excède pas 39 mètres, entre les points les plus hauts et les plus bas. Partout, l'on voit les traces des dunes parallèles, nommées *shonas*, courantes dans le Kalahari et vestiges d'un temps où le climat était beaucoup plus aride.

La plupart des Capriviens sont établis sur les berges du Kwando/Mashi/Linyanti/Chobe, de l'Okavango et du Zambèze. Les premiers habitants de la région pratiquaient l'agriculture de subsistance et cultivaient les rives du Zambèze et du Kwando. De nombreux San vivent à Caprivi mais ils ont abandonné leur existence nomade et leurs activités traditionnelles de chasseurs-récolteurs.

Les petites routes de Caprivi sont d'une viabilité médiocre et, hormis deux ou trois cuca shops au bord de la route, la Golden Highway est dénuée de services entre Divundu et Kongola. On ne peut faire le plein qu'à Rundu, Divundu, Kongola, Linyanti et Katima Mulilo.

Les routes relativement bonnes de Caprivi permettent aux auto-stoppeurs de circuler aisément entre le Zimbabwe, le Botswana et la partie principale de la Namibie. Toutefois, les voyageurs qui s'attardent, et sont dotés soit de quelque argent, soit de beaucoup de patience, découvriront des petits joyaux tels que les parcs de Mudumu et de Mamili, le village traditionnel de Lizauli, le triangle de Caprivi Ouest et Katima Mulilo, ville plaisamment africaine.

Histoire

Jusqu'à la fin du XIXe siècle, les rois lozi (ou barotse) gouvernèrent la région, appelée alors Itenge. Bien que les Capriviens descendent pour la plupart des tribus mafwe, subia, bayei et mbukushu, le lozi sert toujours de *lingua franca* à Caprivi et véhicule l'instruction dans les écoles primaires.

La curieuse forme géographique de Caprivi a des origines historiques. A la fin du XIXe siècle, cette bande de terre faisait partie du Protectorat britannique du Bechuanaland (aujourd'hui le Botswana). En 1890, l'Allemagne revendiqua l'île de Zanzibar, sous administration anglaise, située au large de l'Est Africain (la Tanzanie actuelle). Les Anglais s'y opposèrent et en juillet 1890, la conférence de Berlin se réunit pour régler le différend.

En fin de compte, la reine Victoria acquit Zanzibar, et le territoire à la frontière orientale du Sud-Ouest africain allemand fut annexé au Bechuanaland. L'Allemagne reçut l'Héligoland (une île de la mer du Nord) et la langue de terre plus tard baptisée Bande de Caprivi, du nom du chancelier allemand, le général comte Georg Leo von Caprivi di Caprara di Montecuccoli.

Avec cet échange, les Allemands voulaient se procurer un territoire reliant le Sud-Ouest africain au Zambèze pour disposer d'un accès aisé au Tanganyika et à l'océan Indien. La colonisation britannique de la Rhodésie les arrêta bien en amont des chutes Victoria, obstacle de taille à la navigation sur le Zambèze.

L'intégration de Caprivi au Sud-Ouest africain en 1890 ne se remarqua guère et certains habitants de la région réalisèrent qu'ils étaient sous domination allemande près de 20 ans plus tard seulement. En octobre 1908, lorsque Herr Hauptmann Streitwolf fut envoyé de Windhoek pour devenir le premier "résident impérial" de Caprivi, l'autorité allemande s'imposa pleinement.

Les Lozi réagirent en rassemblant le plus de bétail possible, y compris celui appartenant aux tribus rivales, et en quittant le territoire. Les bovins finirent par être restitués à leurs propriétaires légitimes, mais les Lozi choisirent de rester en Zambie et en Angola plutôt que de se soumettre au pouvoir allemand.

Le 4 août 1914, l'Angleterre déclara la guerre à l'Allemagne ; un mois plus tard, la police britannique basée à Sesheke s'empara du siège administratif de Schuckmannsburg, de l'autre côté du fleuve.

Selon une autre version (non reconnue), en septembre 1914, le gouverneur allemand von Frankenburg prenait le thé avec l'administrateur anglais, dans le nord de la Rhodésie, lorsqu'un serviteur apporta un message des autorités britanniques de Livingstone. Après en avoir pris connaissance, l'administrateur annonça à son invité qu'il était prisonnier de guerre, procédant ainsi sans peine à la prise de Schuckmannsburg. Quoi qu'il en soit, ce fut le premier territoire ennemi occupé par les Alliés.

Les Britanniques intégrèrent Caprivi au Bechuanaland mais ne s'en préoccupèrent guère, et la région se tailla une réputation de territoire frontière en marge de la loi. En 1935, lorsque l'administration passa aux mains des Sud-Africains, les Anglais déménagèrent leur quartier-général pour l'installer à Katima Mulilo. Les adventistes du septième jour y établirent une mission, et les marchands suivirent. En 1939, le major Lyle French W. Trollope, magistrat très particulier, fut nommé à Katima Mulilo où il resta si longtemps qu'on en vint à le considérer comme un roi local.

MAHANGO GAME RESERVE ET LES CHUTES DE POPA

Bien que rattaché au Kavango, ce territoire attrayant situé immédiatement à l'ouest de l'Okavango se trouve en fait dans la bande de Caprivi. Il offre aux visiteurs les chutes de Popa, assez intéressantes, et la réserve de Mahango à la faune abondante.

Mahango Game Reserve

Cette réserve, petite (25 400 hectares) mais étonnamment variée, occupe un vaste lit majeur au nord de la frontière du Botswana et à l'ouest de l'Okavango. Elle est réputée pour les énormes troupeaux d'éléphants qui l'envahissent pendant la saison sèche. C'est le seul parc animalier de Namibie où les visiteurs ont l'autorisation de se promener seuls. L'hiver se montre la saison la plus propice à l'observation de la faune.

Avec un véhicule classique, on peut la traverser par la voie de transit ou emprunter la route touristique qui passe devant l'aire de pique-nique de Kwetche, à l'est de la route principale. Un 4x4 permet de suivre le circuit de 20 km le long de l'omiramba Thinderevu et du Mahango, qui mène aux zones les plus riches en faune. Vous serez séduit par le spectacle de la rivière l'après-midi, où les éléphants se désaltèrent en compagnie des hippopotames et des crocodiles.

La réserve est dépourvue de capacité d'hébergement. Les chutes de Popa, à 15 km au nord de Mahango, proposent le camp du MET le plus proche.

Divundu

Pour autant que l'on puisse en juger, Divundu semble être né du carrefour de la nationale, les vrais centres étant les villages voisins de Mukwe, Andara et Bagani. L'agglomération ne représente guère qu'une station-service ouverte 24h sur 24, mais au sud se tiennent plusieurs jolis lodges en bordure du fleuve, le Popa Falls Rest Camp et la réserve de Mahango.

Au nord, s'étend l'Angola, au sud le Botswana, à l'est la longue et morne route de gravier qui traverse la réserve de Caprivi Ouest.

La proximité de l'Angola expose cette zone au risque d'incursions frontalières. Au cours de ma dernière visite, trois adolescents de la région ont été tués lors d'une tentative de vol orchestrée par l'UNITA. Si vous y passez quelque temps, veillez à vous tenir informé.

Chutes de Popa

Près du village de Bagani, l'Okavango forme une succession de cascades connues

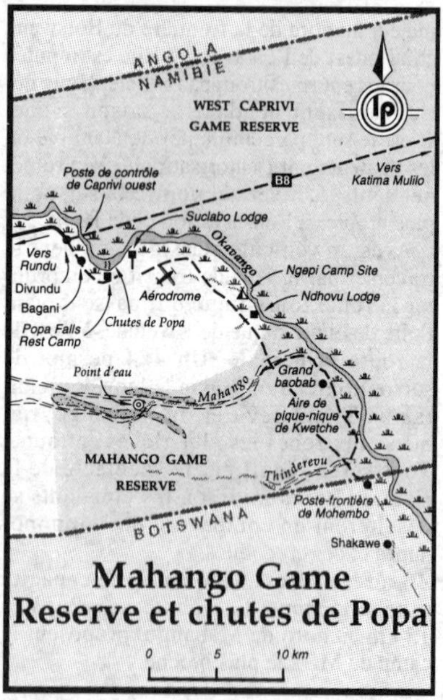

Mahango Game Reserve et chutes de Popa

sous le nom trompeur de chutes de Popa. Elles n'ont en effet rien d'exceptionnel, encore que les périodes de basses eaux révèlent un dénivelé de 4 mètres. Cependant, elles accueillent un rest camp du MET particulièrement plaisant et l'extraordinaire variété de l'avifaune ravira les ornithologues amateurs.

L'entrée coûte 1,50 $US par personne et 1,50 $US par véhicule. Les emplacements de camping avec braai reviennent à 6 $US pour huit personnes, les bungalows de quatre lits à 23 $US. Un petit magasin vend des articles de première nécessité : conserves, bière, bougies et spirales anti-moustiques.

Où se loger et où se restaurer

Si vous ne souhaitez pas loger aux chutes, il existe deux ou trois autres options. Le pittoresque *Ngepi Camp Site*, tenu par des Capriviens, se situe à 4 km de la grand-route, sur un chemin à prendre en 4x4 (il est projeté de le rendre accessible aux voitures classiques). Son nom signifie "comment allez-vous ?" en mbukushu. Il offre un beau cadre de verdure au bord du fleuve. L'emplacement de camping coûte 6 $US plus 1,50 $US par personne et 1,50 $US par véhicule. Les canoës se louent 3 $US par jour.

Derrière le centre de recherche sur la lutte contre la malaria de Bagani, le *Suclabo Lodge* (☎ 6222), PO Box 894, Rundu, tenu par des Allemands, se perche sur un haut escarpement dominant l'Okavango, à 500 m en amont des chutes de Popa, et jouit d'une vue splendide. A 1 km seulement de la grand-route, il est aisément accessible avec un véhicule classique. Les bungalows avec installations communes reviennent à 21 $US par personne, petit déjeuner compris ; avec douche et toilettes, ils valent 36 $US. Les promenades en bateau coûtent 9 $US de l'heure et les excursions en voiture dans la réserve de Mahango 10 $US par personne. Si vous n'êtes pas Allemand, vous risquez toutefois de vous sentir un peu perdu.

Roy et Lynne Vincent proposent sans doute le meilleur établissement, le *Ndhovu Lodge* (☎ 259), PO Box 894, Rundu. Blotti dans un coin ravissant au bord de l'Okavango, ce camp de tentes baigne dans une atmosphère accueillante. Le lodge loue ses simples/doubles confortables 46/82 $US, petit déjeuner compris. Les autres repas se prennent à la table d'hôte du grand bar-restaurant au toit de paille. Les promenades en bateau découverte de la faune coûtent 6 $US par personne, les excursions en voiture dans la réserve de Mahango 11 $US par personne. Pour réserver par fax, contactez l'agent du lodge à Windhoek, Ondese Safaris (fax (061) 239700).

Comment s'y rendre

Avec un véhicule classique, vous pouvez vous rendre d'Andara à la frontière botswanaise, *via* la réserve de Mahango, mais au Botswana, le chemin profondément ensablé menant à Shakawe impose l'usage d'un 4x4.

Si vous souhaitez seulement traverser le parc et rester sur la route principale, vous n'aurez pas besoin d'un permis d'entrée. Emprunter les circuits touristiques coûte 1,50 $US par véhicule plus 1,50 $US par personne.

WEST CAPRIVI GAME RESERVE

La route de terre de Rundu à Katima Mulilo traverse la réserve de Caprivi Ouest qui, à cause des lourdes pertes dues au braconnage et de l'empiétement de la population, est aujourd'hui presque dénuée de faune. En fait, la majeure partie de la réserve sera sous peu classée officiellement zone d'établissement, mais les terres immédiatement à l'ouest du Kwando et à l'est de l'Okavango conserveront peut-être un statut protégé. Les voyageurs doivent passer aux postes de contrôle du MET de Divundu, à l'ouest et de Kongola, à l'est.

Triangle de Caprivi Ouest

Bordé au nord par l'Angola, au sud par le Botswana, à l'ouest par la réserve de Caprivi et à l'est par le Kwando, le triangle non protégé de Caprivi Ouest s'avère le territoire le plus peuplé d'animaux de la région. La chasse, le défrichement et l'établissement humain s'étant accrus, une demande de protection officielle en cours veut en faire une nouvelle réserve ou l'adjoindre au parc national de Mudumu.

La route sud, le long de la rive ouest du Kwando, près de Kongola, fournit l'accès le plus aisé. Toutefois, la faune est plus abondante au nord de la route principale.

Où se loger

Le seul camping, situé à Nambwa, 23 km au sud de Kongola, dans le triangle de Caprivi Ouest, est dépourvu d'aménagements. On peut réserver à l'avance auprès du MET à Katima Mulilo, à Rundu ou à Windhoek. Pour aller au camping, prenez vers le sud le chemin, accessible en 4x4, qui suit la rive ouest du Kwando. Une fois arrivé, retirez votre permis à la station de rangers de Susuwe, au nord de la nationale, sur la berge ouest du fleuve.

KATIMA MULILO

A l'extrémité de la Bande de Caprivi, est implantée l'avant-poste le plus reculé de la Namibie et le point le plus éloigné de Windhoek (plus de 1 200 km). Son nom lozi signifie "éteindre le feu", référence probable au fait que les braises transportées par les voyageurs étaient fréquemment éteintes lors de la traversée des rapides de Mbova.

Localité plaisante à la végétation luxuriante et aux arbres énormes, elle était autrefois célèbre pour ses éléphants. Aujourd'hui, à part les hippopotames et les crocodiles du Zambèze, il reste peu d'animaux.

Katima Mulilo donne un peu l'impression d'être déjà en Zambie, située il est vrai à 4 km seulement. L'opulente végétation, foisonnante d'arbres immenses, d'oiseaux tropicaux et de singes, offre d'agréables randonnées à qui ne craint pas la chaleur.

Renseignements

Il n'existe pas d'office du tourisme à Katima Mulilo. Le bureau du MET (☎ 27 ; fax 341), Private Bag 1020, sur la route de Ngoma Bridge, juste à l'est de la ville, fournit des informations et des permis de camping pour les parcs de Mudumu et de Mamili, ainsi que pour la réserve de Caprivi Ouest.

Argent. La Bank of Windhoek, à côté de la grand-place-parking, change les espèces et les chèques de voyage à un rythme typiquement tropical. Elle dispose rarement de rands sud-africains, aussi devrez-vous acquérir des dollars namibiens. Elle ouvre du lundi au vendredi, de 9h à 12h45 et de 14h à 15h30.

Poste et télécommunications. Le téléphone public se trouve devant la poste, également sur la grand-place. Les communications passent toujours par un opérateur, mais Katima Mulilo doit être équipée de l'automatique dans un proche avenir.

La poste ouvre du lundi au vendredi de 8h à 13h et de 14h à 17h, sauf les second et troisième mercredi du mois, où elle ouvre à partir de 9h.

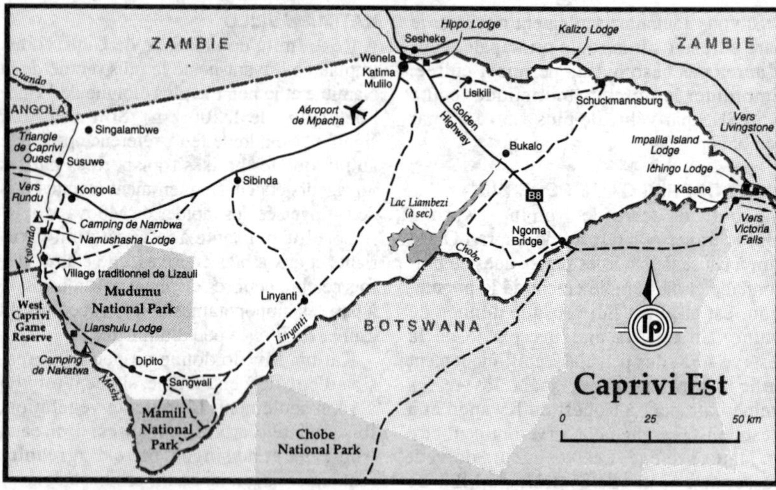

En cas d'urgence. Katima Mulilo possède un hôpital bien équipé (☎ 12) ainsi que plusieurs médecins et une pharmacie (☎ 203).

Réparations de véhicule. L'accueillant Katima Spares est une bonne adresse pour les réparations et les pièces détachées.

Caprivi Arts Centre

Le centre des arts propose une large gamme d'objets artisanaux, dont certains d'une qualité remarquable, tels que des sculptures sur bois représentant des éléphants et des hippopotames, des paniers, des bols, des articles tissés, des ustensiles de cuisine, des armes traditionnelles, etc.

Festivals

Le festival culturel de Caprivi se déroule à Katima Mulilo vers la fin septembre.

Où se loger

D'un niveau convenable, le calme *Hippo Lodge* (☎ 685), à 6 km en aval du centre-ville, loue ses emplacements de camping 3 $US par personne, et ses simples/doubles 46/57 $US. Son restaurant prépare une cuisine étonnamment bonne. De beaux couchers de soleil sur le fleuve et le concert fascinant des grenouilles le soir embellissent encore le séjour. Téléphonez pour qu'on vienne vous chercher en ville. Attention, cependant : si vous faites du canoë ou vous promenez le long de cette partie du fleuve, prenez garde au tristement célèbre Musanga Hippo, un authentique maraudeur masqué responsable de plusieurs morts.

Le *Guinea Fowl Inn* (☎ 349 ; fax 285), bâtiment préfabriqué au bord du fleuve, derrière le commissariat de police, demande 6 $US par personne pour le camping et 25/35 $US pour les simples/doubles sans s.d.b. Les simples/doubles avec s.d.b. et toilettes coûtent 29/41 $US. Fred, le directeur, est un homme amical et intéressant, mais si vous aimez les éléphants, vous vous sentirez peut-être mal à l'aise ici. Les panneaux représentant une pintade vous conduiront à l'établissement.

En haut de la gamme, le *Zambezi Lodge* (☎ 203) dispose de bungalows simples/doubles indépendants à 54/62 $US et de chambres familiales à 85 $US pour deux adultes et deux enfants. Le camping, dans un jardin fleuri, revient à 3 $US par personne plus 1,50 $US par véhicule. Le petit déjeuner coûte 4 $US. Le lodge s'agrémente d'une piscine, d'un restaurant et d'un bar flottant, ainsi que d'un golf.

Renseignez-vous sur les croisières à bord du *Zambezi Queen*.

Les trois lodges mentionnés ci-dessus louent des canoës, à environ 7 $US par jour, pour explorer le fleuve. Restez bien à l'écart des hippopotames et résistez à la tentation d'aborder en Zambie. Franchir subrepticement la frontière est illégal, et les fonctionnaires zambiens risquent de confisquer le canoë.

Plus loin en aval, le *Kalizo Lodge*, havre en pleine nature réputé pour ses excellentes possibilités de pêche et d'observation des oiseaux, n'est cependant accessible qu'en 4x4. Le camping coûte 6 $US par personne et les tentes prémontées 14 $US par personne. L'hébergement simple/double en bungalow à toit de paille revient à 62/102 $US, ce qui comprend la pension complète et le transport aller-retour pour Katima Mulilo ou l'aéroport de Mpacha. Le lodge propose un forfait spécial de trois nuits à 419/671 $US la simple/double. Les campeurs paient 44 $US le transport depuis Katima Mulilo. Le matériel de pêche est disponible pour 7 $US par jour. Réservez auprès de Kalizo Fishing & Photographic Safaris (☎ 203 ; fax (27-011) 764 4606), PO Box 195, Wilgeheuwel, Roodepoort 1736, Afrique du Sud.

Où se restaurer

La meilleure option, le *Lyambai Restaurant & Takeaways*, près du magasin Pep, dans le centre commercial, ouvre à l'heure du déjeuner. Le *Coimbra Restaurant & Takeaways*, à une rue de là, se spécialise dans la cuisine portugaise et africaine. Ses tables à l'extérieur s'avèrent particulièrement agréables pour se reposer de la moiteur.

Si vous vous dirigez vers le Zambezi Lodge, cherchez le café logé dans une canette de bière géante, près de la base militaire juste à l'extérieur du centre-ville.

Plus conventionnel, le restaurant du *Zambezi Lodge* sert des déjeuners convenables et de délicieux dîners. Le restaurant du *Guinea Fowl Inn* est spécialisé dans les pizzas. Le *Katima Mulilo Yacht Club* possède un restaurant avec licence, mais coûteux. Dans les stations-service, vous pourrez acheter des sandwiches, des tartes et des boissons.

Le centre commercial est pourvu d'un supermarché, près du Lyambai Restaurant. Le florissant marché en plein air, qui se tient tous les jours près du Caprivi Arts Centre, et un marché moins régulier dans le parking du centre commercial vous feront découvrir les aliments traditionnels.

Achats

Le Caprivi Arts Centre offre le meilleur choix. En allant à Kongola, vous remarquerez plusieurs échoppes sur le bord de la route qui proposent les célèbres sculptures capriviennes d'éléphant en bois et en stéatite.

Comment s'y rendre

Avion. Air Namibia relie Windhoek (aéroport d'Eros) à l'aéroport de Mpacha de Katima Mulilo (à 18 km au sud-ouest de la ville) deux ou trois fois par semaine *via* Tsumeb et Rundu. Le vendredi, elle assure la liaison Katima Mulilo-Maun, au Botswana.

Les lundi, mercredi et vendredi, vers midi, Air Namibia propose des vols pour Victoria Falls. Le trajet permet de contempler des vues magnifiques des chutes et le pilote gratifie souvent les voyageurs d'un passage rapproché. L'aller simple coûte 45 $US.

Bus. Le minibus d'Egoli Liner (☎ 53) relie Katima Mulilo à Rundu et à Windhoek plusieurs fois par semaine. Il s'arrête à la station-service Shell qui vous renseignera sur les horaires.

Le grand bus bleu Windhoek-Harare part de Windhoek le vendredi matin, passe à Katima Mulilo le samedi à 11h, continue sur Victoria Falls et arrive à Harare le lundi matin. Il quitte Harare à 7h le mardi, arrive à Victoria Falls à 7h le mercredi, traverse Katima Mulilo environ 5 heures plus tard et poursuit sa route vers Windhoek. Au départ de Katima Mulilo, le billet coûte

50 $US pour Harare et 20 $US pour Victoria Falls. Les bus partent de la place du marché, près de la banque.

Il existe aussi un service local entre Katima Mulilo et Ngoma Bridge. Le bus part du centre commercial principal de Katima Mulilo, mais ne circule pas suivant des horaires réguliers. L'aller simple vaut 3 $US.

Voiture et moto. La route transcaprivienne, couramment appelée Golden Highway, est presque entièrement goudronnée, hormis entre Divundu et Kongola, tronçon de gravier de 210 km qui doit être revêtu pour la fin 1997. En saison sèche, il est praticable avec un véhicule classique, mais quelques sections accidentées risquent de vous surprendre si vous roulez à vive allure. Les petites routes non revêtues présentent en général une viabilité très médiocre.

En stop. Le stop entre Rundu et Katima Mulilo est difficile, notamment sur la route peu fréquentée Divundu-Kongola. Si vous vous trouvez bloqué dans l'une de ces localités, le mieux est d'attendre aux stations-service ou aux postes de contrôle de la réserve de Caprivi Ouest. Pendant la saison des pluies, de novembre à mars, les crues rendent certaines routes infranchissables.

En arrivant du Botswana, on peut rejoindre Katima Mulilo *via* le poste-frontière de Ngoma Bridge, ouvert tous les jours de 6h à 19h. C'est un point de passage relativement fréquenté, notamment par les automobilistes se rendant au Zimbabwe, ce qui facilite le stop entre Kasane et Ngoma Bridge sur la voie de transit de 54 km qui traverse le parc de Chobe. Si vous évitez les routes touristiques des berges du Chobe, du côté botswanais, vous n'aurez pas à payer les lourds droits de parc. Le seul transport public sur cet itinéraire est le bus Windhoek-Harare mentionné ci-dessus.

Quatre kilomètres seulement séparent Katima Mulilo du poste-frontière de Wenela avec la Zambie. Si vous souhaitez juste passer une journée en Zambie, Sesheke, en face de Wenela, vous propose un marché plein d'animation. Ensuite, aller en stop, ou par les transports publics, à Livingstone (trajet de 5 heures sur une route épouvantable) et au-delà ne pose aucun problème. Les bus partent à environ 7h et 13h tous les jours.

ENVIRONS DE KATIMA MULILO

Schuckmannsburg

L'agglomération de Schuckmannsburg, à 40 km à l'est de Katima Mulilo sur le Zambèze, porte le nom du gouverneur du Sud-Ouest africain. Le résident impérial Herr Hauptmann Streitwolf la fonda en 1909 pour en faire la capitale administrative de Caprivi. Lors de la Première Guerre mondiale, elle fut le premier territoire ennemi occupé par les Alliés (reportez-vous à *Histoire* au début de la rubrique *Caprivi*). Lorsque l'Afrique du Sud prit le relais, en 1935, le centre administratif de Caprivi fut transféré à Katima Mulilo et Schuckmannsburg s'étiola.

Aujourd'hui, on y parvient avec difficulté en 4x4. Il n'y reste plus qu'une clinique, un poste de police et quelques habitations, et, à moins d'être un passionné d'histoire, elle ne justifie guère les efforts requis pour l'atteindre. Si la visite vous tente, suivez la C87 (la route de Ngoma Bridge) en direction de Bukalo, à 27 km au sud-est de Katima Mulilo, et tournez au nord-est sur la D3509. Du croisement, un trajet de 47 km accidentés vous y conduira.

Mpalila Island

Plantée entre le Botswana et la Zambie, l'île de Mpalila est située tout au bout de la Namibie. Un banc de sable à son extrémité orientale s'étend jusqu'à toucher l'ouest du Zimbabwe. L'île abrite deux récents safaris lodges, conçus pour être proches à la fois du parc de Chobe, au Botswana, et des chutes de Victoria, pôle d'attraction majeur du Zimbabwe.

Où se loger. L'*Impalila Island Lodge* est affiliée au Kalizo Lodge, plus en amont (voir *Où se loger* dans la rubrique *Katima Mulilo*). Elle n'est disponible que dans le cadre d'un voyage organisé conjointement avec un séjour à Kalizo. Les circuits de 6 jours, comprenant deux nuits au Kalizo Lodge, le transport en bateau pour l'Impalila Island Lodge, deux nuits sur l'île, plus des croisières découvertes de la faune, des expéditions en mokoro, des excursions en voiture et des randonnées dans le bush, coûtent 584 $US par personne. Le prix inclut l'hébergement, la pension complète, tous les transports et les activités.

Également sur l'île de Mpalila, l'*Ichingo Camp* (☎ (267) 650143 ; fax (267) 660040), Private Bag 33, Maun, Botswana, se tient en face de Kasane, au Botswana. Ce luxueux camp de tentes appartient aux mêmes personnes qui exploitent le Gunn's Camp, dans le delta de l'Okavango. Le plus simple est d'y accéder en bateau, depuis Kasane, au Botswana, mais vous pouvez également prendre un avion charter à Maun ou à Victoria Falls. Les tarifs simples/doubles s'élèvent à 178/245 $US. Ils comprennent l'hébergement, les repas et les activités : croisières sur le Chobe, excursions en voiture dans le parc de Chobe, pêche dans le Chobe et le Zambèze.

Lac Liambezi

Jusqu'en 1958, ce lac n'existait pas. Cette année-là, les crues du Zambèze atteignirent un tel niveau record que le reflux charrié par le Chobe alla se déverser dans les hautes terres entre Ngoma Bridge et Katima Mulilo, créant le Liambezi qui attira les oiseaux aquatiques.

En 1985, les faibles précipitations ne suffirent pas à alimenter le lac qui s'assécha. Au cours des deux années suivantes, des incendies ravagèrent les roseaux morts et transformèrent son lit en un trou calciné et poussiéreux. On pense que la décimation des hippopotames pourrait avoir joué un rôle dans sa disparition. Sans les hippopotames pour écraser les roseaux sur leur sillage, les canaux furent envahis par la végétation, obstruant l'afflux du Chobe.

On accède au lac en 4x4 par des chemins partant de la route Katima Mulilo-Ngoma Bridge.

MUDUMU NATIONAL PARK

Jusqu'à la fin des années 80, Mudumu était une concession de chasse où, au fil des années, la faune fut décimée tant par les amateurs de trophées que par les gens de la région. En 1989, le parc national de Mudumu et le parc national de Mamili furent créés pour mettre un terme à la dévastation de cette zone.

Il subsiste des problèmes, dont le plus épineux est que les Capriviens croient fermement que mettre le feu au bush amènera des pluies abondantes l'année suivante ; une bonne partie de Mudumu n'offre que des terres brûlées.

Avant que la chasse effrénée et les feux ne mutilent l'environnement, ce territoire accueillait la faune la plus riche de Namibie. Il fourmillait d'éléphants, de rhinocéros, de girafes, de zèbres, de buffles, d'hippopotames, de crocodiles, de loutres à joues blanches, de cobes à croissant, d'élans du Cap, d'antilopes rouannes, de gnous, d'impalas, de sassabys, d'hippotragues noirs, de cobes lechwe, de sitatungas et de cobes de Buffon, animaux extrêmement rares, ainsi que de nombreux prédateurs : des lions, des guépards, des léopards, des chiens sauvages, des hyènes, etc.

Depuis qu'il est protégé, la faune commence progressivement à se reconstituer, mais il faudra de longues années et une prise de conscience de la communauté avant qu'il ne retrouve sa gloire passée.

Village traditionnel de Lizauli

L'accroissement de la population animale du parc de Mudumu ne va pas sans soulever des conflits avec les villages locaux. Comme dans de nombreuses régions d'Afrique, les éléphants dévastent les récoltes, les hippopotames causent des blessures graves et les lions et les crocodiles s'emparent du bétail et autres animaux domestiques.

Les habitants n'apprécient pas, bien sûr, que l'on protège la faune à leurs dépens et les animaux sauvages font souvent les frais de l'amertume des communautés auxquelles les parcs et le tourisme ne rappor-

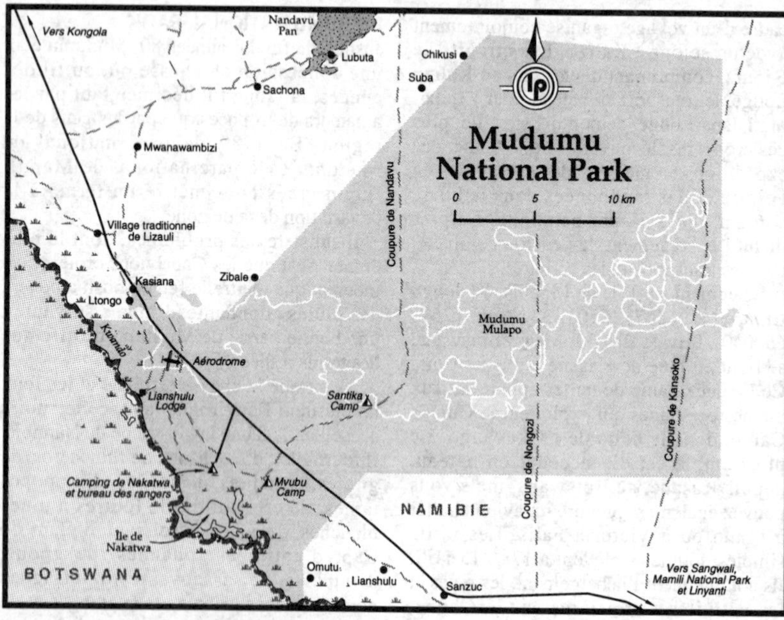

tent aucun avantage économique. Résultat, tout le monde est perdant.

Dans l'espoir d'associer la protection de la faune et l'utilisation durable des ressources naturelles de la région de Mudumu au développement économique local, Grant Burton et Marie Holstensen, du Lianshulu Lodge, le MET, le secteur privé et l'autorité tribale de Linyanti ont aidé la communauté de Lizauli à créer le village traditionnel de Lizauli. Intéressante et instructive, la visite du village permet de découvrir l'alimentation locale, les techniques d'agriculture et de pêche, la musique, la médecine traditionnelle, etc. En outre, les "game scouts" (gardes-chasse) de Mudumu sont recrutés à Lizauli et dans les autres localités ; ils sont chargés de sensibiliser la communauté à la protection de la faune et d'enrayer le braconnage.

La visite coûte 5,50 $US par personne. Ensuite, vous pourrez choisir des objets artisanaux fabriqués dans la région, proposés à des prix raisonnables ; personnellement, j'ai choisi un "appeleur d'hippopotames", appareil ingénieux qui sert à empêcher les hippopotames de razzier les récoltes. Cette entreprise locale est l'une des plus réussies que j'ai vue en Afrique. Elle mérite réellement le détour, d'autant que soutenir de tels projets constitue sans doute la façon la plus efficace d'améliorer l'économie des villages environnants et de contribuer à la restauration de Mudumu.

Le village est situé à 38 km sur la D3511, au sud de la station-service de Kongola.

Où se loger

Le meilleur et plus beau lodge de toute la Namibie est, à mon avis, le *Lianshulu Lodge* (Walvis Bay Radio ☎ (0642) 3581, indicatif 277 ; fax 486), PO Box 142, Katima Mulilo. Concession privée dans le parc de Mudumu, elle est dirigée par Marie Holstensen et Grant Burton qui jouèrent un rôle capital dans la création du village traditionnel de Lizauli. Toutes leurs décisions concernant l'aménagement tiennent compte de l'environnement et des sensibilités locales. Il en résulte un lodge bien entretenu, occupant un cadre enchanteur.

Les activités comprennent des excursions en voiture dans le parc, des croisières sur le bateau à ponton *Jacana* et des promenades sur le Kwando qui offrent le spectacle des colonies de guêpiers carmins se nichant dans les escarpements, ainsi que de 400 autres espèces ailées et d'un nombre surprenant d'animaux. Nous avons vu un troupeau de plus de 100 éléphants au bord du fleuve. Si vous le demandez à l'avance, on peut vous organiser des excursions dans le parc de Mamili. Le soir, les hippopotames viennent paître sur la pelouse, tandis que la charmante sérénade des insectes, des oiseaux et des grenouilles, où se distingue le *tink-tink* caractéristique des *bell frogs*, accompagne les dîners.

Le lodge propose de confortables bungalows avec s.d.b., construits en matériaux de la région achetés aux communautés locales. Les menus du restaurant, l'un des meilleurs du pays, font une large place au poulet, au poisson et aux mets végétariens. Si vous réservez de l'intérieur de la Namibie, l'hébergement en simple/double vous reviendra à 81/110 $US en pension complète. Avec les excursions, les randonnées et les croisières, le prix passe à 109/163 $US. Les tarifs incluent une taxe de 5 $N (1,50 $US), destinée à subventionner des projets d'aménagement locaux et à dédommager les habitants en cas de dégâts causés par la faune. En outre, le personnel du lodge est recruté dans les villages de la région.

Le transport aller-retour de Katima Mulilo coûte 41 $US par personne. Si vous avez un véhicule, suivez la D3511 sur 52 km au sud de la station-service de Kongola, puis prenez à l'ouest le chemin où Lianshulu est indiqué. Le lodge se trouve à 5 km, négociables avec un véhicule classique à condition de rouler prudemment.

Entre Mudumu et Kongola, le *Namushasha Lodge* (☎/fax 240375), PO Box 21182, Windhoek, perché au-dessus du Kwando, se situe à l'extérieur de Mudumu, mais on accède aisément au parc en bateau ou en voiture. Il lui vient tous les week-ends une fidèle clientèle de Katima Mulilo. Le forfait, comprenant l'hébergement le petit déjeuner, le dîner, une excursion en voiture d'une heure et une promenade en bateau d'une heure, s'élève à 76 $US par personne. Si vous prenez uniquement l'hébergement, vous paierez 44 $US. La demi-pension vaut 9 $US par jour. Les promenades en bateau reviennent en moyenne à 6 $US de l'heure et l'excursion en voiture 40 $US.

Le seul camping officiel de Mudumu se tient à *Nakatwa*, près du Game Scout Camp, à 7 km au sud-est du Lianshulu Lodge. Très bel endroit où pique-niquer et planter une tente, avec une jolie vue sur les vastes marécages, il est cependant dépourvu d'installation. Le camping était gratuit à l'époque de la rédaction du présent ouvrage, mais une somme minime sera demandée à l'avenir.

Deux autres camps, le *Santika* (*Sitwe*) et le *Mvubu* étaient par le passé gérés par Touch Africa Safaris. On ne sait pas s'ils rouvriront prochainement.

MAMILI NATIONAL PARK

Sauvage et peu visité, le parc de Mamili représente l'équivalent namibien du delta de l'Okavango, une féerie d'îles traversées de canaux et ponctuées de ravissants marécages. Les îles boisées, foisonnantes de figuiers-platanes, d'arbres à pain des singes, de tecks, d'arbres à saucisses, sont bordées de marais, gorgés de roseaux et de papyrus, et de vleis ouverts.

Malgré les ravages du braconnage, Mamili abrite toujours une imposante population animale, composée notamment d'espèces semi-aquatiques, tels les hippopotames, les crocodiles, les cobes lechwe rouges et de Buffon, les sitatungas et les loutres. Vous verrez également des éléphants, des buffles, des phacochères, des girafes et des prédateurs qui vivent pour la plupart dans les deux îles assez grandes de Lupala et de Nkasa. Mais

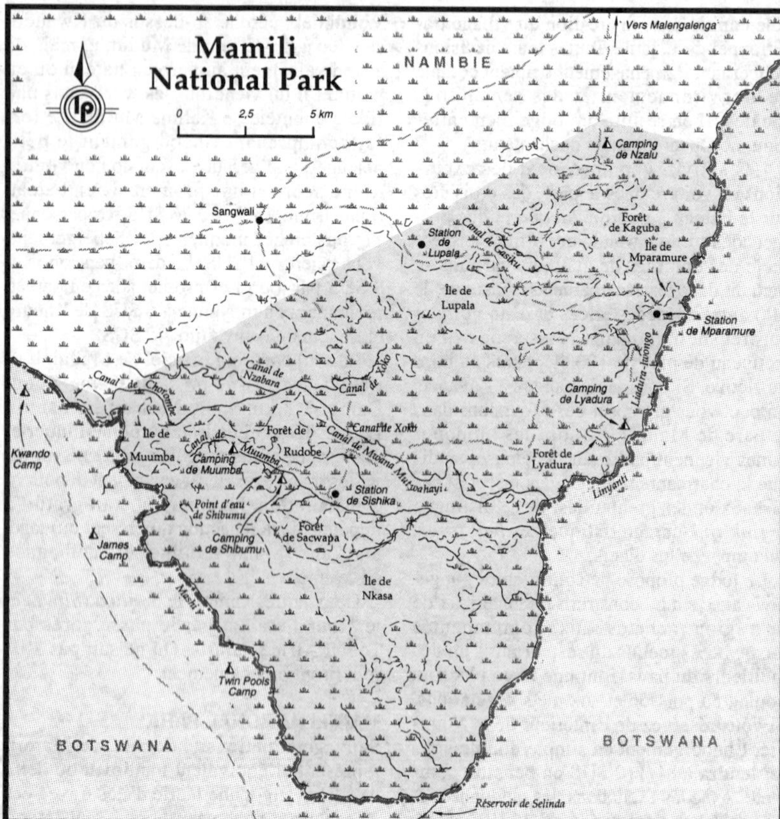

Mamili s'illustre surtout par sa faune ailée dont les plus de 430 espèces recensées feront la joie des ornithologues amateurs.

Comme dans certaines parties du delta de l'Okavango, la période des hautes eaux se situe pendant la saison sèche, aussi, à moins de circuler en bateau, mieux vaut sans doute visiter le parc entre septembre et le début novembre.

Où se loger

L'hébergement se limite à cinq campings non aménagés : à l'est du parc *Lyadura* et *Nzalu*, et à l'ouest *Muumba*, *Shibumu* et *Sishika*. Les permis de camping sont disponibles auprès du MET de Katima Mulilo ou de Windhoek.

La rive botswanaise du Kwando recèle trois lodges haut de gamme confortables : Le *Twin Pools*, le *James Camp* et le *Kwando Camp*. Pour plus de détails, reportez-vous à la rubrique *Les marais de Linyanti* du chapitre *Nord-Est du Botswana*.

Comment s'y rendre

On rejoint Mamili par un chemin à prendre en 4x4 de Malengalenga, au nord-est du parc, ou du village de Sangwali, au nord.

Prévenu en temps utile, le Lianshulu Lodge, dans le proche parc de Mudumu, peut organiser des excursions à destination de Mamili.

Bushmanland

Comme il fournit un accès à Caprivi *via* la réserve de Kaudom, le Bushmanland commence à s'ouvrir aux visiteurs. Cette jolie contrée isolée, pays des San, appartient à la communauté Ju/hoansi, sous-groupe des !Kung. Bien que toujours associés, dans l'esprit des Occidentaux, à l'image légendaire d'une société autarcique de chasseurs-récolteurs, voilà maintenant bien plus de dix ans qu'en Namibie, les San ont abandonné ce mode de vie.

Histoire

Pendant des millénaires, les San pratiquèrent leurs activités traditionnelles dans le rude désert du Kalahari. Le XXe siècle, cependant, apporta de nombreux bouleversements dans cette région du monde.

Entre 1970, l'année de l'établissement du Bushmanland – *homeland* san – et l'indépendance namibienne en 1990, leur territoire passa de 33 300 km^2 à 9 700 km^2 et onze de leur quinze puits furent expropriés. Parqués alors dans un espace ne leur permettant plus de poursuivre leur existence traditionnelle, nombre de Ju/hoansi durent quitter leur terres ancestrales (appelées *n!oresi* - "patrie" ou "les terres où l'on a son cœur"). Ils durent travailler dans les fermes, où on ne les traitait guère mieux que des esclaves, ou à Tsumkwe qui les mit au contact des influences occidentales. Dans les deux cas, les attendaient inévitablement la maladie, la prostitution, l'alcoolisme, la violence domestique, la malnutrition et autres problèmes liés à la pauvreté.

Pendant la guerre d'indépendance, leur *n!ore* (singulier de n!oresi) fut utilisée par les Sud-Africains comme base militaire. Cent cinquante San se laissèrent tenter par la solde somptueuse des forces de défense

San (Bushman)

territoriales. Ils formèrent un bataillon bushman, appelé bataillon 31, qui combattit les rebelles de la SWAPO en Angola et dans l'extrême nord de la Namibie. Le concept occidental de système monétaire s'introduisit ainsi dans leur économie traditionnelle. Ce peuple qui, de tout temps, avait préféré migrer plutôt qu'entrer en conflit, découvrit la guerre et ses atrocités. Notons, cependant, que certains de leurs ancêtres virent bon nombre d'horreurs car les San étaient autrefois employés de force comme bourreaux dans les kraals des chefs ovambo.

En 1980, deux cinéastes, l'américain John Marshall et sa collègue britannique Claire Marshall, vinrent dans le Bushmanland et cherchèrent des moyens d'aider les San. Durant la décennie suivante, ils forèrent des puits, créèrent 35 villages et formèrent la Ju/hoansi Bushmen Development Foundation, qui les incitait à revenir sur leurs terres traditionnelles et à adopter le "dry farming", ainsi que l'élevage. Cette fondation donna naissance à la Nyae Nyae

Le mode de vie traditionnel des San

Nous en savons beaucoup à ce sujet car les San font partie des peuples les plus étudiés dans l'histoire de l'anthropologie. L'intérêt pour leur mode de vie est né en grande partie de ce qu'on les voyait comme l'une des dernières authentiques communautés de chasseurs et de cueilleurs. Les recherches donnèrent l'image d'une société autarcique qui se répandit bientôt dans le public. En réalité, les San ont été en contact et ont commercé avec d'autres peuples pendant des siècles.

Autrefois, les femmes collectaient les fruits, les noix et les racines qui composaient l'essentiel de l'alimentation quotidienne, tandis que le gibier rapporté par les hommes, principalement diverses espèces d'antilopes, constituait un mets de choix et la nourriture la plus précieuse. Certaines recherches ont suggéré que les San menaient une existence d'"abondance primitive" parce qu'ils ne devaient consacrer que peu d'heures par jour à assurer l'ensemble de leurs besoins. Peut-être était-ce vrai lorsque les saisons et l'environnement s'y prêtaient, mais l'imprévisibilité du désert pouvait rendre leurs conditions de vie très difficiles.

Organisés en communautés nomades de 25 à 35 personnes, comprenant plusieurs familles, ils possédaient leur propre système de répartition des terres, et les groupes occupaient des territoires bien définis, de parfois 1 000 km². Les membres de la communauté passaient ensemble une partie de l'année près d'un point d'eau, puis s'éparpillaient pendant la saison humide. Il n'existait pas de pouvoir politique ou de chef : le groupe prenait les décisions de façon collective, et les femmes comme les hommes avaient voix au chapitre.

Cependant, les San ne se contentaient pas tous de la chasse et de la cueillette. Au début du XIXe siècle, ils établirent l'un des plus vastes réseaux commerciaux de l'époque précoloniale, qui s'étendait à tout le Kalahari...

Aujourd'hui, ils ne possèdent plus de terres et vivent dans la pauvreté. Certains adoptent de nouveaux modes de vie. Ils s'initient à l'agriculture et élèvent un petit nombre de bovins et de chèvres sur le territoire qui leur reste, mais beaucoup chassent toujours quand ils en ont l'occasion. En Namibie, un groupe de ces fermiers s'est associé pour former la Nyae Nyae Farmers' Cooperative (NNFC), qui est subventionnée par la Ju/hoansi Bushmen Development Foundation.

En 1991, lors de la Namibian National Land Conference, le ministre de l'Agriculture a déclaré que le système san de propriété des terres serait reconnu par l'État.

La souplesse de leur société leur avait permit d'échapper à toute domination, mais cette caractéristique leur rendit, en revanche, très difficile la tâche de s'organiser pour former des groupes de pression susceptibles de défendre leurs droits. Aujourd'hui, grâce à des mouvements tels que la NNFC en Namibie et The First People of the Kalahari au Botswana, leur situation commence enfin à s'améliorer. Les premiers signes d'espoir sont apparus lors des deux conférences régionales sur le Development for Africa's San Peoples' (en 1992 et 1993) auxquelles des délégations san de Namibie et du Botswana ont participé et ont fait entendre leur voix. ■

Farmer's Cooperative Organisation, conçue pour surveiller les récoltes et participer aux prises de décision concernant les intérêts des fermiers.

Malheureusement, ces dernières années, des conflits d'ordre idéologique opposent le personnel étranger de la fondation. Les points majeurs de désaccords portent apparemment sur l'introduction du bétail (pierre angulaire de la fondation à l'origine) et le tourisme, considérés, par certains puristes, comme sources de perturbation. D'autres, plus pragmatiques, pensent que ces deux activités peuvent aider les San à sortir d'une situation désespérante.

BUSHMANLAND ORIENTAL

Ce territoire sans relief recouvert d'une végétation rabougrie possède des zones plus arrosées, aux alentours des sinueux omiramba plantées de bosquets d'acacias épineux et d'acacias-parasol rouges.

Les tentatives de créer une réserve se sont heurtées à la résistance de la communauté locale qui y voit une menace pour le bétail, l'agriculture et la cueillette. Cela dit,

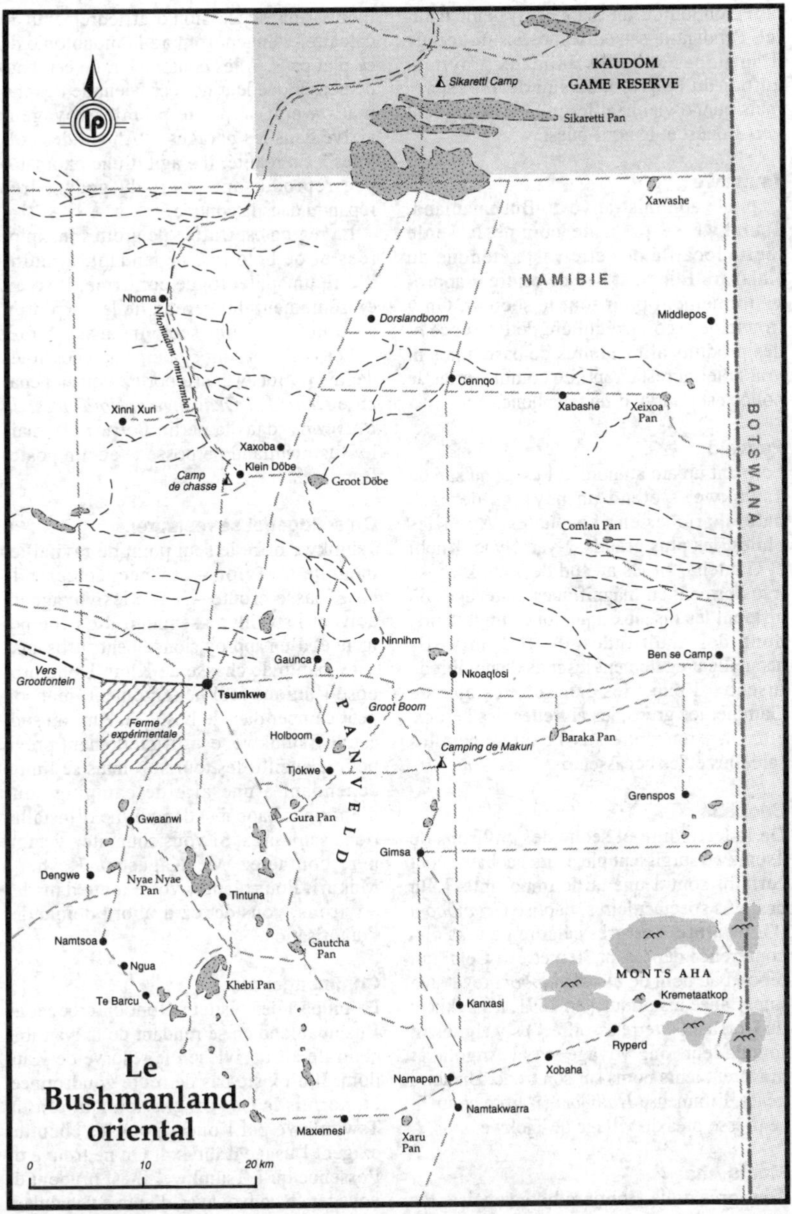

Le Bushmanland oriental

la région jouit d'un riche écosystème naturel. Pendant la saison sèche, des troupeaux d'antilopes et autres animaux gravitent autour du Panveld, au sud de Tsumkwe, mais quand viennent les pluies, ils migrent vers l'ouest et le nord-ouest.

Tsumkwe

Capitale administrative du Bushmanland, Tsumkwe se présente comme la seule réelle localité de cette vaste étendue du Kalahari. Elle tient lieu de centre d'approvisionnement pour tout le secteur. On y trouve de façon irrégulière de l'essence et des produits alimentaires de base, mais ni vrai hôtel ni restaurant. Le commissariat de police est pourvu d'un téléphone.

Panveld

Formant un arc au nord, à l'est et au sud de Tsumkwe, s'étend un paysage de pans naturels riches en phosphates. Après les pluies, les plus grands, Nyae Nyae, Khebi et Gautcha, situés au sud de Tsumkwe, se transforment en magnifiques marécages où affluent les oiseaux aquatiques migrateurs, dont des multitudes de flamants. Ils accueillent également les nids de nombreux oiseaux d'eau : les canards, les oies de Gambie, les grues, les aigrettes, les hérons, etc. On y rencontre aussi couramment les sarcelles et les bécasseaux.

Baobabs

De la terre dure et sèche des environs de Tsumkwe surgissent plusieurs baobabs, dont certains sont d'une taille imposante. L'un des plus spectaculaires, baptisé *Grootboom* ("gros arbre") est très célèbre pour sa circonférence dépassant 30 mètres ! Celui qui répond au nom de *Dorslandboom* revêt une importance historique : en 1891, les trekkers du Dorsland ("terre assoiffée") s'y abritèrent lors de leur long voyage vers l'Angola, et gravèrent leurs noms sur son tronc. Un autre géant, l'immense *Holboom* (l'"arbre creux"), se dresse près du village de Tjokwe.

Monts Aha

Tout près de la frontière botswanaise, les monts Aha, succession d'affleurements de calcaire, viennent rompre la monotonie de ce plat pays. A les contempler, on est tenté de penser que leur nom provient de l'exclamation poussé par le premier voyageur arrivé dans les parages : "Ah ah, des collines". En réalité, il s'agit d'une onomatopée reproduisant le cri du gecko, très répandu dans la contrée.

La région est truffée de grottes inexplorées et de bétoires, cependant, à moins d'être un spéléologue confirmé, il serait extrêmement dangereux de les explorer, surtout dans un secteur aussi isolé.

Les collines sont également accessibles depuis le Botswana (reportez-vous au chapitre *Delta de l'Okavango et Nord-ouest du Botswana*, dans la partie *Botswana*), mais le Bushmanland ne possède aucun poste-frontière.

Où se loger et se restaurer

Tsumkwe offre le seul point de ravitaillement de la région – essence, épicerie de base, casse-croûte –, aussi les voyageurs doivent-ils veiller à se munir d'un équipement et d'un approvisionnement suffisants.

Le camp de chasse de Klein Dobe propose l'unique réel hébergement, mais on peut camper dans le bush. Makuri, au sud-est de Tsumkwe, est officiellement prévu pour accueillir les touristes mais se limite cependant à une aire de camping sous d'énormes baobabs, dépourvue d'installations sanitaires. Si vous souhaitez y camper, contactez M. Kageshe/ Kashe à Makuri. Pour planter votre tente dans les environs, vous devez d'abord demander l'autorisation.

Comment circuler

La plupart des visiteurs font un crochet au Bushmanland en se rendant de la Namibie centrale à Caprivi, *via* la réserve de Kaudom. Il n'existe pas de route goudronnée, et, hormis la C44 en graviers qui rejoint Tswumkwe par l'ouest, tous les chemins exigent l'usage d'un 4x4. On ne trouve de l'essence qu'à Tsumkwe. Il est prudent de voyager en convoi avec d'autres véhicules.

Nord-Ouest de la Namibie

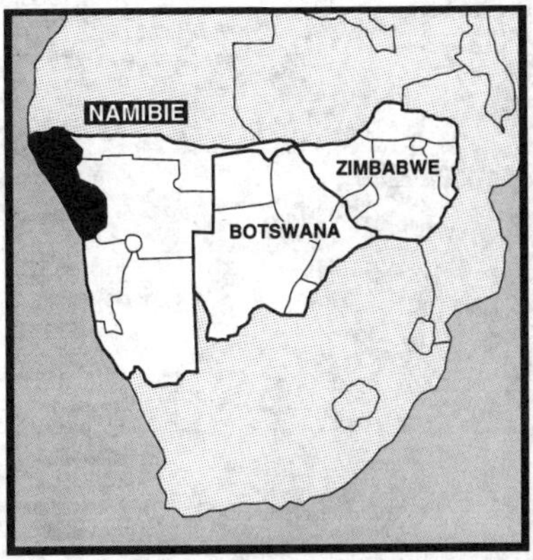

On associe souvent la Namibie à l'image de la Skeleton Coast (côte des Squelettes), rivage mystérieux et désolé jonché d'épaves noyées sous d'épaisses brumes. L'industrie du tourisme contribue largement à alimenter cette vision romantique, au reste étonnamment proche de la réalité. Aucune brochure ne s'estimerait complète sans la photo d'un navire échoué, enveloppé d'un sinistre linceul de brouillard. Si c'est là ce que vous souhaitez voir, le nord-ouest du pays répondra à vos vœux.

Cette contrée, en grande partie désolée, comprend également le Damaraland et le Kaokoland, qui possèdent certains des sites naturels les plus insolites du pays et abritent des peuples aux cultures fascinantes, dont les énigmatiques Himba. D'accès difficile, elle récompensera largement les visiteurs du temps, de la patience et de l'argent investis pour l'atteindre.

A distance de la côte, seules Uis, Khorixas, Palmwag, Kamanjab et Opuwo vous ravitailleront en essence. Le stop, très laborieux, ne vous permettra probablement pas de rejoindre les sites intéressants, à moins d'un extraordinaire coup de chance.

Damaraland

Le peuple damara, qui compose la majorité de la population, a donné son nom à ce territoire, zone de transition vallonnée entre la côte des Squelettes aride et le plateau broussailleux à l'est. A mesure qu'il s'éloigne de la côte, le terrain s'élève graduellement, laissant derrière lui les dunes et les plaines pour aller rejoindre les contreforts des montagnes, où les rivières traversant le nord du Namib (l'Uniab, l'Huab, l'Ugab et l'Omaruru) prennent leur source.

Vaste et peu peuplé, le Damaraland renferme de nombreux attraits naturels, dont le plus haut pic du pays, le Königstein ("pierre du roi"), qui se dresse à 2 573 m dans le dangereux massif du Brandberg. Celui-ci, comme la région de Spitzkoppe et de Twyfelfontein, recèlent certaines des peintures et des gravures pariétales les plus célèbres de Namibie.

SPITZKOPPE

Tel un mirage, le Spitzkoppe ("colline pointue") domine de ses 1 728 mètres les poussiéreuses plaines du Damaraland sud, fournissant l'un des points de repère les plus reconnaissables du pays. Si sa forme spectaculaire lui a valu le surnom de "Cervin d'Afrique", la ressemblance entre cet inselberg de granit et le sommet glaciaire des Alpes s'arrête cependant à leur pic pointu. Le Spitzkoppe, vestige d'un ancien volcan, s'est formé de la même façon que les montagnes voisines de Brandberg et d'Erongo. Gravi pour la première fois en 1946, il est aujourd'hui couramment escaladé tant par les gens de la contrée que par les alpinistes étrangers.

Immédiatement à l'est du Spitzkoppe se trouve un petit massif, les monts de Pondok – parfois appelés Gross Spitzkoppe. En

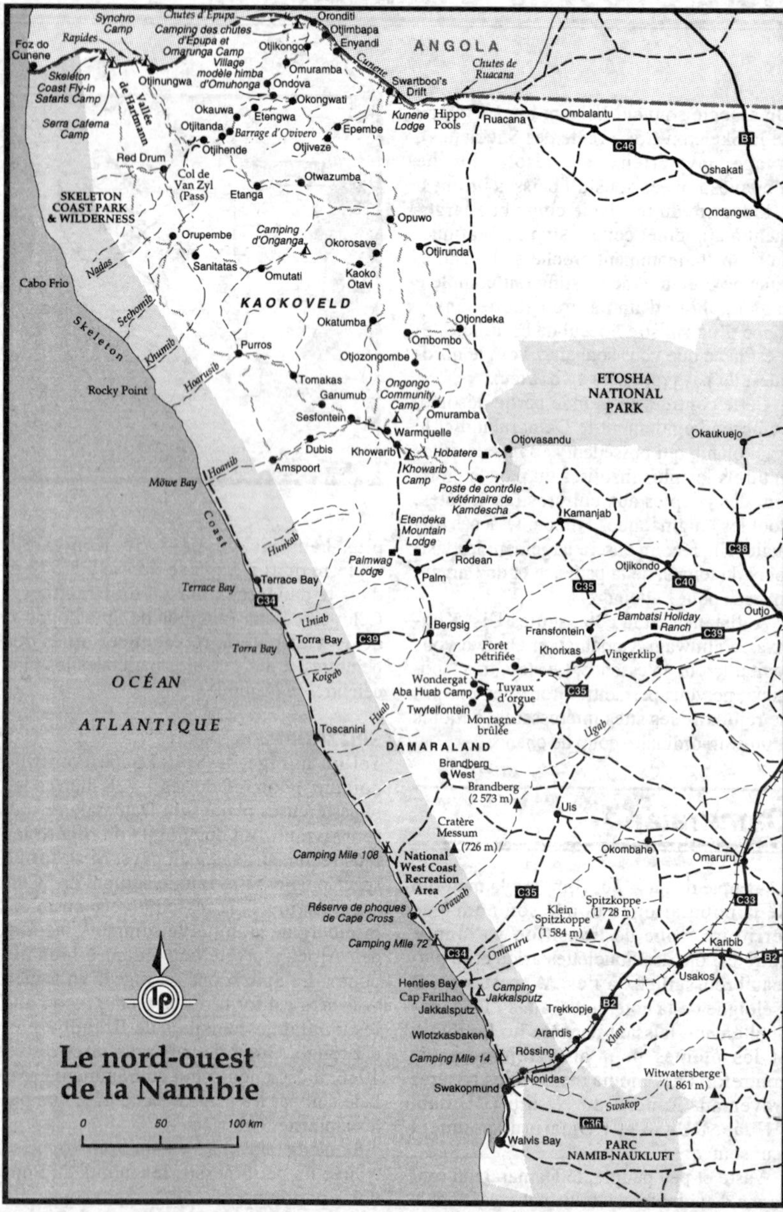
Le nord-ouest
de la Namibie
ANGOLA
Chutes d'Epupa
Synchro Camp
Camping des chutes d'Epupa et Omarunga Camp
Village modèle himba d'Omuhonga
Rapides
Foz do Cunene
Skeleton Coast Fly-in Safaris Camp
Serra Cafema Camp
Vallée de Hartmann
Otjinungwa
Oronditi
Otjimbapa
Enyandi
Otjikongo
Omuramba
Ondova
Okongwati
Cunene
Chutes de Ruacana
Swartbooi's Drift
Kunene Lodge
Hippo Pools
Ruacana
Ombalantu
Oshakati
Ondangwa
B1
C46
Okauwa
Etengwa
Otjitanda
Barrage d'Ovivero
Otjihende
Epembe
Otjiveze
Red Drum
Col de Van Zyl (Pass)
Etanga
Otwazumba
SKELETON COAST PARK & WILDERNESS
Opuwo
Orupembe
Camping d'Onganga
Okorosave
Otjirunda
Sanitatas
Omutati
Kaoko Otavi
Nadas
Cabo Frio
Sechomib
KAOKOVELD
Okatumba
Otjondeka
Ombombo
Skeleton
Khumib
Purros
Otjozongombe
Hoarusib
Tomakas
Rocky Point
Ganumub
Ongongo Community Camp
Omuramba
ETOSHA NATIONAL PARK
Sesfontein
Warmquelle
Otjovasandu
Okaukuejo
Dubis
Khowarib
Hobatere
Amspoort
Khowarib Camp
Poste de contrôle vétérinaire de Kamdescha
Hoanib
Möwe Bay
Coast
Kamanjab
Etendeka Mountain Lodge
Hunkab
Rodean
C38
Palmwag Lodge
Palm
Otjikondo
C40
Terrace Bay
Terrace Bay
C35
C34
Outjo
Uniab
Bergsig
Bambatsi Holiday Ranch
Fransfontein
C39
Torra Bay
C39
Torra Bay
Forêt pétrifiée
Khorixas
Vingerklip
Koigab
OCÉAN
Wondergat
Aba Huab Camp
Tuyaux d'orgue
C35
Twyfelfontein
Montagne brûlée
ATLANTIQUE
Huab
Toscanini
Ugab
DAMARALAND
Brandberg West
Brandberg (2 573 m)
Uis
Cratère Messum (726 m)
Okombahe
Omaruru
Camping Mile 108
National West Coast Recreation Area
C35
C33
Réserve de phoques de Cape Cross
Orawab
Klein Spitzkoppe (1 584 m)
Spitzkoppe (1 728 m)
Camping Mile 72
C34
Omaruru
Karibib
B2
Henties Bay
Camping Jakkalsputz
Usakos
Cap Farilhao
Jakkalsputz
B2
Trekkopje
Wlotzkasbaken
Arandis
Khan
Rössing
Camping Mile 14
Nonidas
Witwatersberge (1 861 m)
Swakopmund
Swakop
C36
Walvis Bay
PARC NAMIB-NAUKLUFT
0
50
100 km
NAMIBIE

1896, la compagnie allemande du Sud-Ouest africain établit une ferme à la base sud-est de ce fouillis rocailleux et construisit un barrage destiné à l'irrigation. Juste à l'est de ce dernier, un treuil métallique en acier vous aidera à gravir la pente de granit lisse, jusqu'à une grande cuvette recouverte de végétation nommée le "Paradis du Bushman". Sous une corniche, à une extrémité de la cuvette, vous verrez une paroi ornées d'anciennes peintures rupestres san, très abîmées.

Bien que le Spitzkoppe ait été transféré de l'administration damara au MET en 1986, ni droit d'entrée ni restriction ne s'appliquent pour l'instant. S'il vous semble incroyable qu'un tel endroit ait pu échapper à l'attention de la bureaucratie, rassurez-vous : on envisage aujourd'hui de le placer sous le statut de zone protégée. Cette désignation officielle est probablement inévitable, et indispensable pour préserver le site des ravages du tourisme, mais le Spitzkoppe n'inspirera sans doute plus le même sentiment écrasant de magnificence solitaire.

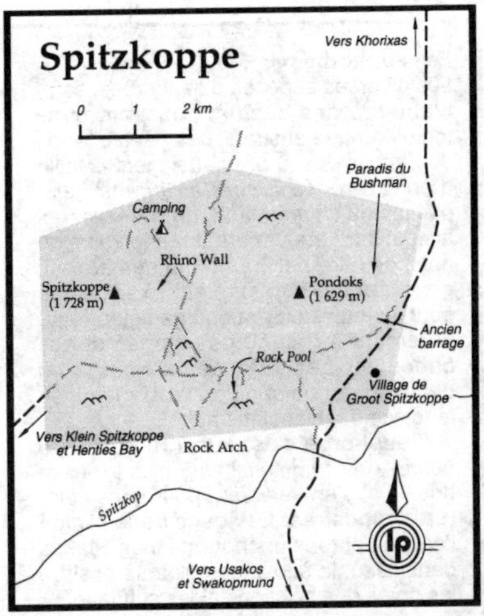

Où se loger

Il existe à présent un camping géré par une association locale qui devrait mettre un terme aux dégâts causés par le camping sauvage aux alentours du pied de la montagne. Les recettes sont partagées avec le village voisin de Gross Spitzkoppe. Le camping comprend un bureau d'accueil, des installations d'ablutions et de braai, mais l'eau doit toujours être apportée par camion. L'emplacement coûte environ 6 $US. Les services de guides locaux sont disponibles et l'association construit également une boutique d'artisanat.

Comment s'y rendre

Aucun transport public ne dessert le Spitzkoppe. Si vous êtes muni de provisions en eau et en nourriture suffisantes pour plusieurs jours, vous pouvez descendre de n'importe quel bus effectuant le trajet Windhoek-Swakopmund au croisement de la B2 et de la D1918, avec l'espoir de trouver une voiture qui vous mènera près de la montagne, distante de 30 km.

Le pic est si imposant que vous ne risquerez pas de vous perdre. Si vous arrivez de la B2, roulez au nord-ouest sur la D1918 en direction d'Henties Bay ; 15 km après, prenez au nord la D3116, qui passe à côté de la montagne 15 km plus loin. Depuis Uis, empruntez vers le sud la D1930, à l'est de la ville. Au bout de 90 km, qui vous offriront de très belles vues sur le pic, tournez à droite sur la D3116 pour faire les derniers kilomètres conduisant au Spitzkoppe. Le trajet peut être effectué avec un véhicule classique, mais en cas de pluie, les routes aux environs de la montagne seront infranchissables.

Autre possibilité pour une courte visite : plusieurs agences de voyages de Swakopmund proposent des excursions d'une journée (reportez-vous à *Circuits organisés*, dans la rubrique *Swakopmund* du chapitre *Namib central*).

BRANDBERG

Le Brandberg, "montagne de feu", tire son nom du rougeoiement incandescent qui embrase sa face occidentale à l'heure du

Les euphorbes

Les diverses espèces d'euphorbes, semblables à des cactus, poussent dans toute l'Afrique australe, des hautes terres du Zimbabwe, où elles atteignent la taille d'un arbre (*Euphorbia ingens*) aux plaines du Damaraland, en Namibie, qui accueillent une variété dite *melkbos*, ou buisson laiteux (*Euphorbia damarana*), en raison de son suc laiteux. Toxique pour les humains, l'euphorbe figure régulièrement au menu des singes et des babouins. Les rhinocéros noirs s'en délectent au point qu'on l'a surnommée la "glace du rhinocéros noir".

L'euphorbe s'est aussi rendue utile auprès des hommes. Les San la faisaient bouillir et s'en servaient pour leurs peintures rupestres. Les gens de la région l'emploient toujours pour pêcher. Placée dans l'eau, la substance gluante obstrue les ouïes des poissons et les suffoque. ■

couchant. Son sommet, le Königstein, le plus haut sommet de Namibie, culmine à 2 573 mètres.

Son ascension n'est pas exactement technique, mais franchir les nombreux rochers et parois des ravins de Tsisab et de Numas exige *beaucoup* d'attention. Toutefois, les possibilités ouvertes aux amateurs d'escalade très avertis ne manquent pas.

NAMIBIE

Ravin de Tsisab

Les visiteurs se rendent au Brandberg principalement pour la galerie de peintures rupestres du ravin de Tsisab ("léopard"), découverte en 1918 par le Dr Reinhard Maack, géomètre allemand, alors qu'il descendait le Königstein.

Le site le plus connu – Maack's Shelter (le refuge de Maack) – renferme la célèbre "Dame blanche". Le personnage, qui n'est pas nécessairement une femme, au corps recouvert, de la poitrine aux pieds, de peintures rituelles, mesure environ 40 cm. Il tient dans une main ce qui semble être la moitié d'un œuf d'autruche monté sur une tige (tel un verre à pied), et dans l'autre un arc et plusieurs flèches. Ses cheveux, raides et de couleur claire, ont un aspect distinctement non-africain. Il occupe apparemment le centre d'une bizarre procession de chasse comprenant plusieurs femmes, dont l'une a transpercé un petit animal – une antilope aux pattes rayées et aux cornes de gemsbok ; Un autre personnage, qui pourrait être un chaman, paraît tenir une botte de carottes dans la main gauche et un bâton dans la main droite, dont il se sert pour pousser la silhouette blanche.

La première étude de la peinture fut réalisée par l'abbé Henri Breuil en 1948, qui émit l'hypothèse d'une origine égyptienne ou crétoise, en raison de similitudes avec des œuvres anciennes de la région méditerranéenne. Cette théorie a aujourd'hui été écartée et l'on a retenu la thèse d'une origine locale. La Dame blanche n'a pas été datée avec certitude, mais elle pourrait remonter à 16 000 ans.

Du parking, une marche de 45 minutes conduit au Maack's Shelter, le long d'un joli chemin au tracé bien délimité. Soyez à l'affût des babouins, des oérotragues et des zèbres de montagne, et emportez une ample provision d'eau. Plus haut, le ravin révèle de nombreux autres abris et surplombs également ornés de peintures et de gravures. A mesure que vous grimperez, le relief devient plus difficile et impose par endroits de très pénibles escalades de rochers grands comme des maisons.

Comment s'y rendre. L'accès au ravin de Tsisab se situe à 15 km au nord de Uis, sur la D2369. Là, un chemin indiqué "Witvrou" bifurque pour arriver 26 km plus loin au parking de Tsisab, dépourvu d'installation, mais dont le gardien surveillera votre voiture moyennant un pourboire.

Ravin de Numas

La face occidentale du Brandberg est coupée par le ravin de Numas, autre mine de peintures rupestres. Celles-ci ne se laissent pas découvrir facilement et, sans un guide, votre quête de l'art préhistorique risque de se transformer en une agréable promenade dans un paysage spectaculaire. Une grimpée d'environ une demi-heure mène à un rocher faisant face à la berge sud du lit de la rivière, où vous verrez les peintures d'un serpent, d'une girafe et d'une antilope. Gravissez le ravin pendant encore une demi-heure et vous atteindrez une source, semblable à une oasis, dont les environs immédiats livrent d'autres trésors picturaux.

Où se loger. Des aires de campings non agréés sont installées aux parkings, près de l'entrée des ravins de Numas et de Tsisab. Elles ne possèdent ni eau ni installation. Malgré le tonneau installé dans les parkings, les ordures ne sont pas ramassées, aussi veillez à emporter tous vos détritus.

Comment s'y rendre. Le ravin de Numas est accessible depuis la D2342. A 14 km au sud de Uis, tournez à l'ouest, et continuez sur 55 km jusqu'à un chemin accidenté qui part à l'est. Au bout de 10 km environ, vous atteindrez une bifurcation. La piste de droite, qui nécessite un 4x4, conduit au parking du ravin.

Cratère de Messum

L'un des sites naturels les plus reculés et d'accès difficile du Damaraland est le cratère de Messum, vestige volcanique à l'allure mystérieuse perdu dans les montagnes de Gobobose, à l'ouest du Brandberg. Au milieu de ce vaste cratère, dont le diamètre dépasse 20 km, vous ne rencontrerez probablement personne.

L'itinéraire le plus simple part de la D2342, à l'ouest du Brandberg, mais ne vous aventurez pas sur cette route sans les cartes topographiques appropriées, disponibles auprès du Surveyor General de Windhoek. Avec un 4x4, suivez le chemin qui longe le Messum en direction de l'ouest ; après quelque 30 km, une brèche s'ouvre dans le bord du cratère par laquelle vous pénétrerez dans l'immense cuvette. Là, la piste tourne au sud vers un kopje qui

Les champs de lichens

Végétaux complexes, les lichens sont le fruit de l'association d'un champignon et d'une algue vivant en symbiose. L'algue comme le champignon sont des plantes cryptogames – autrement dit, des plantes pluricellulaires qui n'ont ni fleurs, ni fruits, ni graines – incapables de se reproduire de la même manière que les plantes.

Il existe de nombreuses espèces de lichens. Les *crustose*, sans doute les plus connues, forment des anneaux orange, noirs, marrons ou vert pâle sur les rochers. Les lichens *foliose*, eux, croissent librement. Dans les plaines du Namib, poussent les plus grands champs de foliose du monde ; ils fixent le sol meuble de cette terre à la végétation clairsemée. Ils se composent principalement de lichens gris (*Parmelia hypomelaena*) et noirs (*Xanthomaculina convoluta*) ; on trouve aussi une variété orange plus rare (*Teleschistes capensis*), particulièrement touffue, qui peut atteindre 10 cm.

Dans la journée, les champs de lichens ressemblent à des buissons ratatinés d'arbrisseaux morts, mais ils se transforment magiquement sous l'effet de l'eau. Les nuits de brouillard épais, les mornes champs gris et noirs s'épanouissent en "fleurs" bleues, vertes et orange. C'est le champignon qui fournit le système radiculaire et la rigidité des lichens, absorbe les gouttelettes d'eau et tire du sol des substances nutritives en quantité limitée. Aux premières lueurs de l'aube, avant que le soleil ne dissipe le brouillard et ne boive l'humidité, l'algue vient apporter sa contribution : elle utilise les gouttes d'eau, la lumière et le gaz carbonique afin de photosynthétiser les hydrates de carbone pour elle et le champignon.

Les lichens sont incroyablement fragiles et poussent très lentement. La plus infime perturbation peut les dévaster et il faut parfois attendre de 40 à 50 ans pour qu'un signe de régénération apparaisse. La conduite hors-piste cause aujourd'hui la plus grande partie des dommages. Certains lieux portent toujours les cicatrices des blessures infligées par des véhicules de l'époque coloniale allemande.

Le sud-ouest du cratère de Messum, des secteurs dispersés le long de la route entre Swakopmund et Terrace Bay, et les approches de Welwitschia Dr offrent les meilleures occasions de découvrir les lichens du Namib. ■

se dresse au centre et fournit plusieurs emplacements de camping.

Ensuite, vous pouvez repartir par le même chemin ou rejoindre la côte *via* le parc national de loisirs de West Coast (West Coast National Recreation Area). Si vous choisissez la deuxième solution, prenez soin de rester sur la piste pour ne pas abîmer les fragiles lichens qui tapissent les plaines.

UIS

Cette ville d'entreprises est entièrement axée sur la mine d'étain qui fonde son économie. Vous y trouverez un supermarché et une station-service ouverte de l'aube au crépuscule tous les jours, sauf le dimanche où elle applique une fourchette horaire plus courte.

Où se loger et où se restaurer

A ceux qui ne souhaitent pas camper au Brandberg, Uis propose le *Brandberg Rest Camp* (☎/fax 235), qui jouit d'une vue parfaitement dégagée sur un amas de déblais miniers ! Le camping coûte 4 $US par personne. L'hébergement simple/double revient à 17/29 $US. Vous y trouverez aussi des appartements pour quatre personnes à 41 $US et des bungalows pour six personnes à 49 $US. Le camp comprend un restaurant.

KHORIXAS

Capitale administrative du Damaraland, Khorixas fait une excellente base pour sillonner les environs. Cependant, cette ville défraîchie n'offrant ni curiosité ni activité touristique, ni atmosphère particulièrement plaisante, peu de visiteurs s'y attardent. Sans doute préférerez-vous l'Aba-Huab Camp, plus à l'ouest, près de Twyfelfontein.

Renseignements

Les bureaux municipaux fournissent des informations touristiques. La banque ouvre seulement en matinée, les jours de semaine. Si vous passez à Khorixas en mai, renseignez-vous sur les dates du festival d'art qui s'y déroule tous les ans.

Où se loger et se restaurer

Le commode *Khorixas Rest Camp* (☎ 196) se tient à 3 km au nord-ouest de la ville, en retrait de la route de Torra Bay. Le camping coûte 6 $US par véhicule plus 6 $US par personne. Les 40 bungalows simples/doubles entièrement meublés se louent 43/57 $US. Le camp possède un restaurant, une aire de braai, une piscine et un magasin. Le soir, il organise des barbecues à l'ambiance très sympathique.

Les possibilités de se restaurer à Khorixas se résument au restaurant du rest camp et à la vente à emporter de la station-service. Au *Makro Shop*, censé vendre de l'alimentation, le choix peut s'avérer très limité. Un lecteur nous a dit y avoir déniché uniquement de la sauce *Marmite* et des olives dénoyautées.

Achats

Le Khorixas Community Craft Centre mérite une halte. Il s'agit d'une coopérative fondée pour assurer la diffusion du travail des artistes et des artisans de la région.

Comment s'y rendre

Les transports publics ne desservent pas plus Khorixas que le reste du Damaraland. Pour accéder aux merveilles naturelles de l'intérieur, il faut disposer de son propre moyen de locomotion, ou s'essayer au stop, toutefois extrêmement peu fiable. Notez que la station-service de Khorixas manque tout autant de fiabilité et peut se trouver à court d'essence pendant plusieurs jours d'affilée.

PETRIFIED FOREST

A l'ouest de Khorixas, la forêt pétrifiée constitue le premier site intéressant. Ce veld est parsemé d'une cinquantaine de troncs, à demi-enfouis dans le grès environnant, dont la longueur atteint parfois 30 m et la circonférence 6 m. Sur certains, les détails de l'écorce et de la texture du bois se distinguent pleinement. Leur âge est estimé à environ 260 millions d'années. L'absence de racines et de restes de branches laissent supposer qu'ils ont été déposés en ce lieu par une grande crue. Certains sont si parfaitement pétrifiés dans le silicate, écorce et cercles compris, qu'il est difficile de croire qu'ils furent un jour des arbres. Ils appartenaient pourtant à une ancienne famille de conifères appelée *gymnospermae*, qui comprend des plantes modernes comme les cycas et même les *welwitschias*.

En 1950, la forêt pétrifiée commençant à pâtir de la chasse aux souvenirs, elle fut classée monument national. Il est strictement interdit de prendre le plus infime fragment de bois fossilisé et les visiteurs sont désormais accompagnés tout au long d'un circuit organisé. L'entrée coûte 1,50 $US, mais vous voudrez peut-être donner aussi une petite gratification au guide, disons 2 $N (0,50 $US). Le site comprend un grand abri de pique-nique au toit de paille et une petite boutique vendant surtout des cristaux et des gemmes de la région.

Comment s'y rendre

La forêt pétrifiée, indiquée "Versteende Woud", se situe à 40 km à l'ouest de Khorixas sur la C39. Après l'entrée, prenez le sentier de gauche.

Si vous arrivez de Khorixas, guettez la remarquable formation de grès nommée *The Ship* ("le navire"), juste au sud de la C39, 52 km à l'ouest de Khorixas.

TWYFELFONTEIN

L'intérêt majeur de Twyfelfontein ("source douteuse") provient de sa grande galerie de gravures pariétales, l'une des plus riches du continent africain. Autrefois, cette source de la vallée d'Aba-Huab s'appelait Uri-Ais, "source bondissante" ; D. Levin, colon européen, la rebaptisa en 1947 car il jugeait son débit quotidien d'un mètre cube insuffisant pour survivre dans ce rude environnement.

Gravures pariétales

A la différence de la plupart des sites préhistoriques de l'Afrique australe, la collection de Twyfelfontein se compose pour l'essentiel, non de peintures mais de gravures réalisées dans le grès rouge. Avec le temps, elles furent recouvertes d'une patine dure les protégeant de l'érosion. La plus grande partie des œuvres sont dues aux chasseurs san et remontent au paléolithique, de 3 à 4 000 ans avant notre ère. Les différences de couleurs et d'usure ont permis d'identifier un minimum de six phases d'exécution distinctes. Quelques gravures, cependant, ont été, de toute évidence, exécutées par des "imitateurs" et ne datent que du XIXe siècle.

Si les traces animales et les dessins géométriques apparaissent aux différentes époques, en revanche très peu de personnages humains sont représentés. On y voit des animaux, dont certains ne se rencontrent plus aussi loin au sud : des éléphants, des rhinocéros, des girafes et des lions. Une otarie témoigne d'un contact avec la côte, distante de plus de 100 km. Un lion est figuré avec des empreintes à la place des pattes et une queue anguleuse.

Classée monument national en 1952, le site ne reçut toutefois aucune réelle protection jusqu'en 1986, année où il fut transféré au MET et devint une réserve naturelle. Dans l'intervalle, certains de ces précieux témoignages préhistoriques ont été saccagés et d'autres ont même tout bonnement disparu.

Twyfelfontein renferme au moins 2 500 gravures, mais seuls deux circuits, couvrant les huit sites les plus remarquables, sont ouverts au public, pour une visite de moins de 2 heures. Il est cependant possible d'obtenir l'autorisation d'explorer plus avant. Les services d'un guide, en principe obligatoires, se louent à l'entrée. Le coût est de 0,50 $US plus les honoraires du guide à négocier ; comptez environ 5 $N (1,50 $US) par groupe pour la visite d'une à deux heures.

Wondergat

Cet norme gouffre offre des vues impressionnantes et inquiétantes du monde souterrain. Quittez la D3254 en direction de l'ouest, à 4 km au nord du croisement avec la D2612. Environ 500 m plus loin, vous atteindrez Wondergat.

Où se loger

L'*Aba-Huab Camp*, qui se décrit lui-même comme "simple, rustique et naturel", demande 3 $US par personne. Grâce à l'excellente direction assurée par M. Elias Xoageb, de nombreux voyageurs classent cet endroit paisible au nombre des meilleurs camps de Namibie. On campe dans des petits abris ouverts sur le côté. Pendant les mois d'hiver, vous aurez même droit à des douches chaudes. Il vend des boissons chaudes et froides, ainsi que quelques produits d'alimentation, et fournit des repas à la demande. Pour le reste, les voyageurs doivent se munir de leurs propres provisions. Le camp se tient au bord de l'Aba-Huab, juste au nord de la bifurcation entre Twyfelfontein et la montagne brûlée (Burnt Moutain).

Comment s'y rendre

Du fait de l'absence de transport public et de la circulation très clairsemée, il vous faudra sans doute une voiture particulière pour rejoindre Twyfelfontein. Depuis Khorixas, suivez la C39 en direction de l'ouest sur 73 km et tournez au sud sur la D3254. Un trajet de 15 km vous conduira à un embranchement ; prenez à droite et 11 km plus loin, vous atteindrez votre destination.

BURNT MOUTAIN ET ORGAN PIPES

A une dizaine de kilomètres au sud-est de Twyfelfontein, s'étend sur 12 km l'aride chaîne volcanique de la "montagne brûlée", qui semble effectivement avoir été exposée au feu. Dans ce paysage désolé, dénué de végétation, les rochers s'illuminent en une spectaculaire explosion de couleurs au lever et au coucher du soleil.

En vous dirigeant vers la montagne brûlée, sur la D3254, arrêtez-vous au parking du côté est de la route, à 3 km au sud de l'embranchement de Twyfelfontein. De là, suivez le sentier qui descend dans la petite gorge où vous verrez une gigantesque muraille de basalte à gros grain de 100 mètres de long formée d'insolites colonnes de 4 mètres de haut, baptisées "tuyaux d'orgues" (Organ Pipes).

KAMANJAB

Kamanjab est un petit centre d'approvisionnement pour le Damaraland nord et le Kaokoveld sud. Environnée d'une jolie campagne, la ville n'a en elle-même rien d'extraordinaire. On peut admirer une belle collection de gravures pariétales aux Peet Alberts Kopjes, sur les terres de la ferme Kamanjab, à 10 km à l'est sur la route d'Outjo. Sur la route nord, sont ouverts les derniers supermarché et station-service avant Opuwo et Sesfontein. La banque n'ouvre qu'une fois par mois, aussi, à moins d'arriver à point nommé, n'espérez pas y changer de l'argent.

Une bonne route de gravier, en principe accessible avec un véhicule classique, conduit vers le nord, à Hobatere et à Ruacana. A environ 10 km au nord d'Hobatere, la route franchit la ligne rouge de la barrière vétérinaire (Red Line) et l'on passe des terres d'élevage intensif à celles de l'agriculture de subsistance. Au nord de cette ligne, la végétation a été ravagée par les chèvres et le paysage semi-dénudé commence déjà à ressentir les effets de l'érosion.

Où se loger

Kamanjab même est dépourvue de possibilités d'hébergements, mais à 86 km au nord (juste "de l'autre côté de la barrière" par rapport à l'Otjovasandu Camp prévu à Etosha), se tient l'*Hobatere* (☎ 2022), game ranch et lodge privé tenu par Steve et Louise Braine. Son nom signifiant "vous le trouverez ici" semble riche de promesses. Le vaste ranch, magnifique paysage de désert, rappelle certains endroits de la vallée du Rift, au Kenya. Il abrite des zèbres de montagne, ainsi que des impalas à face noire et des dikdiks damara, aussi aurez-vous de bonnes occasions d'observer la faune.

L'hébergement dans les cottages dispersés sur un large espace coûte 65 $US par personne en pension complète. Les excursions en voiture reviennent à 25 $US par véhicule et par heure, les randonnées à 6 $US par heure et par groupe. De Kamanjab, suivez la route de Ruacana sur 70 km vers le nord et tournez à l'ouest à l'entrée indiquée "Hobatere". 16 km plus loin, vous parviendrez à bon port.

VINGERKLIP

Aussi appelé Kalk-Kegel, ce curieux rocher en forme de doigt se dresse sur les terres de la ferme Bertram, à 75 km de Khorixas. Ce monolithe de calcaire de 35 mètres de haut émergeant d'une base couverte de décombres est le vestige d'un plateau formé voilà plus de 150 millions d'années. A son pied, une grotte impressionnante lui donne une apparence encore plus instable. Le Vingerklip (*Finger Rock*) fut escaladé pour la première fois en 1970 par l'américain Tom Choate.

Où se loger

Le *Bambatsi Holiday Ranch* (☎ (06542) 1104) propose neuf chambres, une piscine et un court de tennis près du croisement de la C39 et de la D2743, à 54 km à l'est de Khorixas et à 21 km au nord du Vingerklip. L'hébergement en pension complète coûte 48 $US par personne. Comme pour toutes les gîtes de ferme, il est essentiel de réserver. Le paysage assez sauvage se caractérise par une étendue de forêt de mopanes.

Comment s'y rendre

Pour rejoindre le Vingerklip, roulez sur 54 km à l'est de Khorixas sur la C39 et tournez au sud sur la D2743. La ferme Bertram est située à 21 km et le Vingerklip à environ 1 km à l'ouest de la ferme.

PALMWAG

Après la traversée des austères dunes rouges et des plaines côtières, on ne s'attend guère à la l'oasis de Palmwag. Les étranges paysages de la contrée vous plongeront dans la perplexité, notamment les étendues recouvertes d'une couche de pierres méticuleusement réparties, d'une taille presque identique.

La région de Palmwag comprend deux concessions naturelles : le Palmwag Lodge au sud et à l'ouest, l'Etendeka Mountain Lodge au nord et à l'est.

Si vous souhaitez explorer les petits chemins, les lodges peuvent organiser d'excellentes excursions en voiture par l'intermédiaire de leur concession.

Où se loger

Géré par Desert Adventure Safaris (☎ 4459), PO Box 339, Swakopmund, le lodge et camping *Palmwag Lodge* s'isole dans un cadre magnifique. Pelotonné près d'un marais étonnamment verdoyant, il jouit d'un air d'une extraordinaire pureté où pas la moindre molécule d'oxyde de carbone ne semble avoir pointé le bout du nez. Le point d'eau des humains donne sur celui des éléphants, bordé de palmiers makalanis, et procure un havre bienvenu lors des après-midis torrides et paresseux. Même les rhinocéros noirs viennent y faire un saut de temps à autre.

L'hébergement dans les bungalows de roseaux coûte 44 $US par personne en pension complète. L'emplacement de camping, avec accès aux douches luxueuses, vaut 6 $US plus 6 $US par personne. Les clients ont à leur disposition un restaurant, un bar, une piscine, un magasin et un service de blanchissage. La station-service répare les crevaisons.

Pour une visite, retirez un permis à la réception du Palmwag, où on vous indiquera les itinéraires. Vous pouvez également vous joindre à un circuit organisé par Desert Adventure Safaris. Destination la plus appréciée sur l'Uniab, la gorge de Van Zylsgat fourmille d'animaux.

Non loin, l'*Etendeka Mountain Lodge*, camp de tentes tenu par Barbara et Dennis Liebenberg, est situé dans les plaines à l'est de Palmwag, sous les contreforts occidentaux des montagnes tronquées de Grootberg. Bien qu'étant assez rudimentaire, ses tarifs sont plus élevés que ceux du Palmwag. Les réservations doivent être effectuées à l'avance auprès de Namib Travel Shop (☎ 226174 ; fax 239455 à Windhoek). Si vous êtes en voiture, on viendra vous chercher à l'entrée pour vous amener au camp dans le véhicule du lodge. A ne pas manquer : les circuits pédestres de

3 jours et 4 nuits, avec étape dans des camps en pleine nature, à travers la concession. L'hébergement comprenant les repas, les randonnées et les excursions en voiture coûte 70 $US par personne.

Achats

Les pendentifs en *uinidi* ou "ivoire végétal", noix du palmier makalani, font de très jolis souvenirs et leur achat contribue à soutenir l'esprit d'entreprise dans cette région affectée par un chômage presque total. Ils sont sculptés de motifs animaux, montés sur une lanière et vendus par les adolescents de la région à 5 $N (moins de 1,50 $US).

Comment s'y rendre

Palmwag se trouve légèrement en retrait de la D3706, à 157 km au nord-ouest de Khorixas et à 105 km au sud de Sesfontein. En arrivant du sud, vous franchirez la ligne rouge à 1 km au sud du lodge.

SESFONTEIN

Ville la plus au nord du Damaraland, Sesfontein ("six sources") est presque entièrement encerclée par le Kaokoland. En 1896, à la suite d'une épidémie de peste bovine, les autorités allemandes mirent en place un poste de contrôle sous commandement militaire. Une caserne vint s'ajouter en 1901, transformée, quatre ans plus tard, en un fort et une base militaire. En 1909, la présence militaire s'avérant inutile, une unité de la police réquisitionna la base et l'utilisa jusqu'au début de la Première Guerre mondiale.

Le fort a été restauré en 1987 par l'administration damara, mais on ne s'en douterait jamais à voir l'édifice aujourd'hui. Le cimetière historique proche ne manque pas d'intérêt. Le sommet de la colline derrière l'hôpital vous offrira une vue d'ensemble de la ville poussiéreuse à l'allure un peu défraîchie.

Quelques petits commerces vendent des produits de première nécessité, mais pour l'instant, Sesfontein ne possède pas de station-service. Si vous cherchez un endroit où camper, renseignez-vous auprès du commissariat de police.

Warmquelle

Sur le plan administratif, Warmquelle fait partie du Kaokoveld. Cependant, sa localisation sur la route Palmwag-Seifontein la lie plus étroitement au Damaraland. Elle tire son nom des sources chaudes qui s'écoulent du système artésien à moins de 1 km à l'est de la D3706, le long de la Hoanib.

Les sources étaient comprises dans les terres, acquises en 1900 par le Dr C. Schletwein, pour une ferme où il cultivait des légumes pour approvisionner les troupes allemandes stationnées à Sesfontein. Au début des années 20, la propriété fut vendue au gouvernement et intégrée à une réserve destinée aux Khoi-Khoi topnaar.

Pour vous rendre aux sources, tournez à l'est à l'embranchement de l'école primaire et suivez cette route vers la gauche sur quelque 600 mètres. Vous pouvez vous y baigner mais vous risquez de vous faire remarquer.

Où se loger

La région de Sesfontein compte à présent deux rest camps publics, créés conjointement par le MET, le Save the Rhino Trust de Khorixas, et la Natal Branch de la Wildlife Society of Southern Africa. Ils sont maintenant gérés par les communautés locales, qui perçoivent directement les recettes.

Le petit *Ongongo Community Camp*, dont le nom signifie "beau petit endroit", se situe à 6 km en amont de l'aqueduc d'irrigation, de construction italienne, qui part de Warmquelle. Cette jolie oasis recèle les paradisiaques cascade et piscine naturelle de Blinkwater, fruits d'une formation incongrue de tuf calcaire. Allez voir les tortues qui vivent dans la petite mare. Camper dans sa propre tente ou dans des cases très rudimentaires coûte 3,50 $US. A votre arrivée, vous aurez peut-être du mal à dénicher le réceptionniste. Aucune autre installation n'étant disponible, prévoyez un sac de couchage et un tapis de sol ; les journées étouffantes sont suivies de nuits froides.

Plus au sud, à environ 3 km à l'est de Khowarib, sur la D3706, le *Khowarib Camp*, tenu par M. Eliu Ganuseb, occupe un promontoire donnant sur plusieurs points d'eau du canyon de la Hoanib. Camper dans des abris rustiques coûte 3 $US par personne, et sur le plancher d'un bungalow rond 10 $US pour deux personnes. Les bungalows très simples de deux lits valent 14 $US. Dans les camps de tentes, *Laughing Dove Camp* ou *Waterfall Camp*, l'emplacement se loue de 7 $US à 21 $US plus 3 $US par personne. Les toilettes sont rustiques et les douches chaudes sont fournies en seaux. Les prix semblent un peu élevés par rapport aux équipements mais reconnaissons que le cadre est très beau. Vous pouvez également louer les services d'un guide pour partir en randonnée ou en excursion dans une charrette tirée par un âne, au tarif raisonnable de 10 $US par jour. Une petite boutique vend l'artisanat de la région, authentique mais en général sans grande originalité.

Il n'existe pas de restaurant ou de commerce dans ces deux camps, mais le village de Khowarib propose un bush shop.

Le Kaokoveld

On décrit souvent le Kaokoveld comme "la dernière grande contrée vierge d'Afrique". Bien que ce ne soit pas tout à fait exact, cette région lointaine, assurément sauvage, est peut-être celle qui incarne le plus la Namibie primordiale. Ce vaste territoire de montagnes désertiques, peuplé de communautés aux cultures fascinantes, n'est traversé que par des pistes de 4x4 rocailleuses, non signalisées, et fait preuve d'un manque rafraîchissant d'aménagements touristiques.

Même la faune du Kaokoveld s'est spécifiquement adaptée aux conditions locales. L'éléphant du désert, dont ne subsistent qu'environ 35 rescapés, en est l'exemple le plus célèbre. Il survit dans environnement rude et aride auquel aucun autre éléphant ne résisterait. Cette adaptabilité, ainsi que ses pattes particulièrement longues, ont conduit les taxinomistes à classer les éléphants du Kaokoveld dans une sous-espèce séparée. Outre les éléphants, la région abrite une petite population de rhinocéros noirs, des gemsboks, des koudous, des springboks, des autruches, des girafes et des zèbres de montagne.

Vous l'aurez deviné, circuler au Kaokoveld n'est pas chose simple et le circuit classique demande au moins 5 jours de route. Certains secteurs mettent à rude épreuve les 4x4 les plus robustes. Au-delà d'Opuwo, la circulation se fait rare, et on ne rencontre que des petits villages dénués de tout service. Shell propose le meilleur guide de la région, le nouveau *Kaokoland-Kunene Region Tourist Map*.

Bien que le Kaokoveld englobe en principe des parties du Damaraland et l'ancien district colonial du Kaokoland, pour des raisons pratiques, "Kaokoveld" et "Kaokoland" sont ici employés indifféremment.

Voici quelques mots d'oshaherero qui pourront vous être utiles :

Bonjour	*Moro*
Comment allez-vous ?	*Muwepe nduka ?*
Bien, merci	*Nawa*
Oui	*Eh*
Non	*Eee*
Au revoir	*Kana ranawa*

OPUWO

La "capitale" administrative du Kaokoveld n'offre guère plus au regard qu'un ensemble poussiéreux de bâtiments commerciaux en béton entourés de rondavels et de cases himba traditionnelles.

Vous rencontrerez de nombreux Himba et Herero mais beaucoup de touristes dénués de tact sont passés par là, et les gens de la région n'apprécient plus qu'on leur brandisse des objectifs sous le nez (qui apprécierait, d'ailleurs ?). A Opuwo, le tarif d'un "cliché de personne" est actuellement de 2 $N (0,60 $US). N'essayez pas de prendre une photo sans autorisation, la situation pourrait dégénérer en pugilat. Respectez les souhaits des habitants, et payez ou rangez votre appareil.

Où se loger

La mission catholique, sans doute le meilleur choix, demande seulement 14 $US par personne pour une chambre propre et sûre. Une nouvelle pension s'est ouverte dans une maison en pierre derrière la station-service. Elle n'héberge qu'un groupe à la fois pour un coût de 41 $US jusqu'à cinq personnes. La proximité de la station-service et du *drankwinkel* risquent toutefois de perturber votre sommeil.

Il existe également deux pensions peu reluisantes, surtout utilisées par les marchands ambulants. Elles louent leurs chambres de 4 $US à 6 $US par personne, mais ne sont pas conseillées aux femmes étrangères. Renseignez-vous à la boutique d'artisanat.

Opuwo ne possède pas de camping officiel, cependant le propriétaire du magasin de vente en gros vous laissera peut-être camper dans son jardin pour 5 $N (1,50 $US) environ. En cas de fiasco total, voyez le commissariat de police ; les policiers amicaux autorisent parfois le camping sur leur pelouse.

Où se restaurer

La boulangerie près de la station-service représente pour Opuwo l'équivalent de délices gastronomiques. Elle vend des beignets, des pâtisseries, du pain et de savoureux friands.

A côté de la boutique d'artisanat se tient un supermarché peu approvisionné. Si vous partez en expédition, ravitaillez-vous plutôt au supermarché *Groothandel*, après le coin, et au drankwinkel proche, pourvu en boissons non alcoolisées et en alcools.

Achats

La boutique d'artisanat aux couleurs gaies constitue le principal intérêt d'Opuwo. Créée par un groupe chrétien, elle vend aujourd'hui des objets fabriqués dans la région. A quelques exceptions près, la plupart de ces articles sont utilisés par les gens du cru, et vous découvrirez toutes sortes d'ornements himba enduits d'ocre : des pendentifs en conque, des bracelets, des broches, et même des coiffes portées par les femmes le jour de leur mariage. Vous admirerez également un grand choix de bijoux, de taies d'oreiller brodées, de poupées himba et herero, de tambours et de sculptures sur bois. La boutique ouvre du lundi au vendredi, de 8h30 à 13h et de 14h30 à 17h30, le samedi de 8h30 à 12h30.

Si vous recherchez encore plus original, adressez-vous au petit magasin de tissus près du drankwinkel. Les vendeuses accueillantes vous vendront l'étoffe du chapeau traditionnel herero, et seront heureuses de vous montrer comment lui donner la forme de bicorne classique. Le chapeau coûte généralement 25 $N (7 $US).

Comment s'y rendre

Le Kaokoland est totalement dépourvu de transport public. Pour rejoindre Opuwo en stop, le meilleur point de départ est le township à 2 km de Ruacana ; deux ou trois véhicules au moins en partent tous les jours. Comme la plupart des voitures circulent *via* Ruacana ou Oshakati, se déplacer en stop depuis ou vers le sud s'avère extrêmement difficile. De toute façon, à moins que vous n'ayez un but précis, vous vous demanderez peut-être pourquoi vous avez pris la peine de venir à Opuwo.

KAOKOVELD OCCIDENTAL

A l'ouest de Ruacana et d'Opuwo s'étend le Kaokoveld dont rêvent les voyageurs : les austères montagnes désertiques aux contours déchiquetés, les vastes paysages, la végétation rabougrie et clairsemée, la faune résistante, et les minuscules villages de cases rondes des Himbas nomades.

On envisage actuellement de faire de cette région, qui jouxte le parc de la Squeleton Coast et de la réserve sauvage, une zone protégée.

Si un voyage dans le Nord-Ouest isolé et sauvage se révèle une expérience vraiment

Un barrage en pays himba

"Parlons de l'eau, à présent. Tous les Himba sont nés ici, au bord du fleuve. Le fleuve fait du bon travail. Quand les vaches boivent son eau, elles engraissent, beaucoup plus que lorsqu'elles boivent une autre eau. L'herbe verte poussera toujours près du fleuve. Les vaches qui vivent loin du fleuve meurent. Près du fleuve poussent de grands arbres, et les légumes que nous mangeons. Voilà comment le fleuve nous nourrit. Voilà le travail du fleuve."

Ces mots furent prononcés par Hikomenune Kapika, un chef du peuple himba occupant la région du Nord-Ouest namibien et du Sud-Ouest angolais. Ce peuple forme l'une des sociétés les plus autarciques d'Afrique. Il a élaboré un système d'utilisation des pâturages qui lui a permis de rester indépendant, voire prospère, au travers des périodes de sécheresse et de guerre. Il a ainsi été très peu pénétré par les influences extérieures, et a réussi à conserver son mode de vie traditionnel.

Aujourd'hui, cependant, ses traditions sont menacées. Les gouvernements namibien et angolais projettent la construction d'un barrage hydroélectrique sur le Cunene, qui inondera 290 km^2 de leur territoire. De 4 000 à 5 000 personnes, du seul côté namibien, devront être déplacées, et des milliers d'autres seront touchées. En outre, le réservoir ainsi créé recouvrira de nombreux lieux de sépulture ancestraux, revêtus d'une grande valeur religieuse. En effet, les Himba vénèrent leurs morts et consultent les esprits des ancêtres avant de prendre des décisions importantes. De surcroît, le barrage détruirait les chutes d'Epupa, l'un des plus beaux sites naturels de la région.

Le barrage demeure pour l'instant à l'état de projet – une étude de faisabilité a été entamée en 1995 – mais on se demande dans quelle mesure il est vraiment essentiel aux besoins en énergie de la Namibie. D'autres installations feraient tout aussi bien l'affaire et même la Banque mondiale a mis en doute sa rentabilité.

Ses partisans assurent que les Himba l'acceptent mais ceux qui saisissent pleinement les implications du projet ressentent une profonde colère. Comme l'a dit Hikomenue Kapika : "Nous refusons ce barrage. Le fleuve est notre espoir, notre vie. Nous refusons ce barrage – ce barrage est notre mort." Voilà qui mérite réflexion.

Survival International

inoubliable, il exige toutefois une préparation très soigneuse. On accède aux parties les plus reculées *via* un réseau de pistes de 4x4 extrêmement accidentées, tracées par l'armée sud-africaine pendant la guerre d'indépendance. Ces chemins ne sont entretenus que par les roues des véhicules.

Voyager au Kaokoveld

Avant d'envisager une expédition individuelle dans le Kaokoveld, sachez que la région à l'ouest d'Opuwo est dénuée d'hôtels, de magasins, de douches, d'hôpitaux, ainsi que d'ateliers de réparation ou de pièces détachées. Si vous préférez un voyage moins hasardeux, vous pouvez vous joindre à un circuit organisé par une agence de voyages, ou visiter d'autres provinces de la Namibie.

Si l'aventure vous tente, une préparation minutieuse s'impose. Tout trajet à l'ouest de Ruacana ou d'Opuwo, ou au nord de Sesfontein, requiert un 4x4 robuste, du temps et un ravitaillement suffisant pour toute la durée du voyage, provisions d'eau comprises. On rencontre peu de puits, et les ressources naturelles sont peu fiables. Nous vous conseillons aussi d'engager un guide qui connaît la région, et de voyager en convoi d'au moins deux véhicules afin de pouvoir faire face à tout problème. Équipez-vous de deux pneus de rechange par véhicule, d'un démonte-pneu, d'une bonne trousse de secours pour crevaisons et d'un jeu complet de pièces détachées. Emportez également deux fois plus d'essence que les distances ne paraissent l'exiger. Pour vous diriger, prévoyez une boussole et/ou le Global Positioning System, ainsi que les meilleures cartes disponibles. La carte topographique à acheter est l'*Opuwo 1711* au 1/500 000, mais la carte Shell mentionnée plus haut fait tout aussi bien l'affaire.

Pendant les mois plus secs d'hiver, le mauvais état des routes oblige parfois à rouler à 5 km/h. En été, les ruisseaux et la boue peuvent immobiliser les véhicules. Le circuit classique demande un *minimum* de 5 jours, durée qui n'inclut pas les haltes volontaires pour profiter du magnifique paysage.

En raison de la fragilité de l'environnement et de la flore, roulez dans les traces de véhicule. Dans ce climat sec, les dommages causés par la conduite hors-piste risquent de rester apparents pendant des siècles.

Si vous êtes un vrai passionné de randonnées, vous pouvez accomplir à pied le périple enchanteur de 120 km entre Ruacana et les chutes d'Epupa en 6 jours. Vous ne serez jamais très éloigné de l'eau, mais les crocodiles pullulent et, même en hiver, vous subirez parfois une chaleur oppressante et épuisante. Certains randonneurs choisissent la période de la pleine lune et font une partie du chemin la nuit. Une fois aux chutes d'Epupa, se pose le problème du retour…

Circuit du Kaokoveld occidental

La Cunene. La route commence à Ruacana, dans l'Ovamboland, et se dirige vers l'ouest le long de la Cunene pour atteindre Swartbooi's Drift, qui abrite un monument à la mémoire des Trekkers du Dorsland et un petit camp. Si vous avez du temps, prenez, à quelques kilomètres à l'est de Swartbooi's Drift, le chemin menant à la mine de sodalite. Celle-ci est interdite aux visiteurs, mais vous découvrirez de nombreuses sodalites bleues sur le bord de la route.

De Swartbooi's Drift, une piste de 93 km conduit aux chutes d'Epupa. Même par temps sec, le trajet entier Ruacana-chutes d'Epupa demande en moyenne 12 heures, aussi prévoyez de partir très tôt. Vous pouvez également opter pour la piste plus facile, mais moins belle, qui rejoint les chutes *via* Opuwo.

Chutes d'Epupa. A environ 135 km en aval de Ruacana bondissent des cascades dites chutes d'Epupa, dont le nom herero désigne l'écume produite par le jaillissement de l'eau. Ici, le fleuve se ramifie et se déverse dans une suite de ravins parallèles. Il dévale une déclivité de 60 mètres sur une distance de quelque 1,5 km et atteint 500 m à son point le plus large. La grande cascade de près de 37 mètres communément identifiée comme *les* chutes d'Epupa plonge dans une crevasse sombre la faisant ressembler à une mini-Victoria Falls.

Ne tardez pas à aller contempler ce spectacle car le site doit accueillir un projet d'aménagement hydroélectrique qui contiendra les eaux de la Cunene et inondera les terres jusqu'à trois kilomètres en amont des chutes (reportez-vous à l'encadré plus haut). Outre l'alimentation en électricité de la Namibie, le barrage produira de l'énergie destinée à l'exportation dans les pays voisins. La meilleure époque pour la visite se situe en avril et en mai, lorsque le fleuve atteint son plus haut niveau, mais à moins de s'y rendre en avion, l'accès est difficile.

Plusieurs endroits abrités permettent de nager autour des chutes. Les bassins juste au-dessus du bord forment de fabuleux jacuzzis naturels, cependant, en aval, les crocodiles et les hippopotames peuvent parfois poser des problèmes. Vous serez plus en sécurité dans les remous formés par les chutes.

Angle nord-ouest. Depuis les chutes d'Epupa, le circuit part vers le sud en direction de Okongwati où se tient un petit bottle store. Au village de Omuhonga, à 12 km au nord-ouest de Okongwati, les habitants ont établi un "kraal traditionnel himba" modèle à l'intention des touristes.

De Okongwati, la piste se dirige vers l'ouest, franchit le spectaculaire, et dangereusement abrupt, col de Van Zyl, pour pénétrer dans la vallée de Otjinjange (le haut de la vallée est appelé "Marienflüss").

Si vous souhaitez explorer les vallées de Otjinjange ou de Hartmann, qui descendent jusqu'à la Cunene, accordez-vous une marge de temps supplémentaire. La piste de Otjinjange s'arrête au Synchro Camp, sur la Cunene, appartenant à Kaokohimba Safaris. Celle de Hartmann s'achève au Skeleton Coast Fly-In Safaris' Camp, au bord de la Cunene, ouvert uniquement aux clients de Fly-In Safaris.

Retour à Opuwo. Au sud de Orupembe, vous avez le choix les directions est ou ouest. En chemin, vous pouvez faire étape au camping de Onganga. Ensuite, une longue piste de 186 km conduit vers l'est à Opuwo *via* Kaoko Otavi, qui mérite une halte. Vous y verrez les vestiges de l'église bâtie par les Trekkers du Dorsland à la fin des années 1870. Bien que classée monument national en 1951, elle est aujourd'hui pratiquement réduite à l'état de décombres.

Circuits organisés

De nombreuses agences ayant compris que le Kaokoveld constituait une destination pleine de mystère proposent des circuits dans la région. Outre Ermo Safaris (mentionnée dans *Où se loger* ci-dessous), qui possède un camp permanent aux chutes d'Epupa, Footprints Safaris (☎ 249190 ; fax 248000), PO Box 2639, Windhoek, est également conseillée. Elle organise des circuits culturels et des randonnées aventure de 4 jours le long de la Cunene entre Ruacana et Swartbooi's Drift.

Autre excellente option : le rafting sur la Cunene, mis sur pied par Wilderness Safaris Namibia. Ces expéditions parcourent les 120 km fabuleux des chutes de Ruacana aux chutes d'Epupa. Elles doivent cependant être coordonnées avec le niveau des eaux du fleuve conditionné par l'installation hydroélectrique de Ruacana. Elles durent 10 jours, dont 5 jours sur le fleuve même, le reste du circuit étant consacré au parc national d'Etosha et au plateau de Waterberg. Le voyage coûte 1 650 $US par personne, tout compris.

Skeleton Coast Fly-In Safaris propose des expéditions dans la région de la Cunene, dans la vallée de Hartmann et dans la vallée du haut Hoarusib. Les circuits de 5 jours, couvrant le bas de la côte des Squelettes, la Cunene, la vallée de Hartmann et le parc d'Etosha, reviennent à 2 055 $US, ce qui comprend le transport en avion, les repas et l'hébergement. L'excursion de 4 jours, à destination de la côte des Squelettes et de la région de la Cunene, coûte 1 810 $US par personne. Ces voyages incluent également une courte halte à Sossusvlei, dans le Namib central.

Desert Adventure Safaris, à Swakopmund, organise des expéditions avec transport en avion, ou en 4x4 entre le Palmwag Lodge, dans le Damaraland, et le Serra Cafema Camp, magnifiquement situé sur la Cunene. Je vous conseille l'option 4x4, qui vous fera couvrir une distance de 400 km dans la partie la plus sauvage de la Namibie. Le voyage par moment est éreintant mais il vous donnera l'occasion de vraiment ressentir l'âpreté de ce paysage à l'aspect surnaturel.

Pour de plus amples détails sur ces agences et autres sociétés, reportez-vous à la rubrique *Circuits organisés*, du chapitre *Comment circuler*, dans la partie *Namibie*.

Où se loger

Hormis les adresses mentionnées ci-dessus à Opuwo et les camps sur le fleuve, la région est dépourvue de toute réelle possibilité d'hébergements, aussi les voyageurs doivent-ils être équipés pour le camping.

Camping. Camper dans le Kaokoveld requiert une bonne connaissance de l'environnement et de la population locale. Ne plantez pas votre tente dans les lits de rivière, aussi ombragés et tentants soient-ils.

Les grands animaux s'en servent souvent comme voie de passage, et même par temps clair, des inondations éclair peuvent les submerger avec une puissance et une rapidité effrayantes.

Les sources naturelles étant vitales pour la population locale, le bétail et la faune, n'utilisez pas les ruisseaux, les sources ou les points d'eau pour vous laver ou nettoyer votre équipement. De même, ne campez pas près des sources ou des points d'eau, vous risqueriez d'effrayer les animaux et de les empêcher de boire.

Les voyageurs doivent demander l'autorisation avant de pénétrer ou d'installer leur tente sur un terrain proche d'un village ou d'un camp, notamment pour éviter d'entrer par inadvertance dans un des lieux sacrés de sépultures. Ne prenez pas de photos sans en avoir d'abord obtenu la permission. La plupart des Himba, particulièrement ceux qui ont eu peu de contacts avec les touristes, n'y verront pas d'inconvénient. Certains vous demanderont une contrepartie, en général sous forme de sucreries, de tabac, de sucre, de maïs, ou de boissons non alcoolisées. Pour protéger des dents qui ne verront sans doute jamais de dentiste, mieux vaut probablement s'en tenir au maïs. Offrez également quelques fruits, denrée précieuse dans la région.

Aux chutes d'Epupa, un camping doté de toilettes à chasse d'eau est tenu par les Himba. Il est gratuit, mais nous vous conseillons de faire une petite donation au gardien pour participer à l'entretien du camp.

Il est interdit de camper dans les vallées de Hartmann et de Otjinjange (Marienflüss). Le seul camping officiel ouvert aux touristes est le *Synchro Camp*, à l'est de l'embouchure de la Otjinjange.

Pour vous renseigner sur les réservations, contactez Kaokohimba Safaris, à Windhoek.

Swartbooi's Drift. A l'est de Swartbooi's Drift, à 45 km à l'ouest des chutes de Ruacana sur la Cunene, Pete, d'origine portugaise et namibienne, a créé le *Kunene Lodge*, petit camp possédant plusieurs bungalows rudimentaires et une aire de camping. Il propose également des promenades peu coûteuses sur le fleuve. Il a l'intention d'agrandir le camp pour en faire un vrai lodge touristique, avec restaurant et piscine. Renseignez-vous à Ruacana.

Safaris lodges. Le *Omarunga Camp* représente le seul réel hébergement de ce secteur. Ce petit camp se niche dans un bosquet de palmiers makalanis, au bord de la Cunene, tout près des chutes d'Epupa. Outre un sentiment de paix et de solitude, les environs offrent de nombreuses possibilités aux amateurs de géologie, d'ornithologie et d'archéologie (vous devez, bien sûr, tout laisser en l'état). Le camp organise aussi d'agréables promenades en bateau sur la Cunene.

Les tarifs d'environ 115 $US par personne comprennent l'hébergement, les repas et les activités. Il est impératif de réserver à l'avance. Contactez Ermo Safaris (☎/fax 51975), Top Travel, PO Box 80205, Windhoek. Les plupart des clients y vont en avion en suivant le circuit d'Ermo Safaris qui couvre Etosha et autres sites touristiques locaux, mais les plus audacieux peuvent s'y rendre en voiture. En une longue journée, il est possible de faire le trajet de 180 km Ruacana-Omarunga, par la piste très accidentée qui longe le fleuve. Les 270 km de la route de Opuwo *via* Okongwati se franchissent plus aisément et bien plus rapidement

Desert Adventure Safaris, à Swakopmund, gère le *Serra Cafema Camp*, à l'entrée de la vallée de Hartmann, qui tire son nom de la saisissante chaîne de montagnes se dressant de l'autre côté du Cunene, en Angola. L'accès est limité aux clients de Desert Adventure Safaris.

Comment s'y rendre

Comme peu de voyageurs ont les moyens de louer deux 4x4 à haute garde au sol, la solution la plus simple consiste à se joindre à un safari camping organisé. Il n'existe pas d'option bon marché, mais dans la catégorie moyenne, les voyageurs trouveront des safaris "avec participation". L'agence fournit le transport, l'équipement, les services des guides et des chauffeurs ; les clients montent eux-mêmes leur tente, préparent les repas à tour de rôle, et aident à empaqueter et à charger le matériel dans les véhicules. Quelques compagnies de transport font également des voyages dans le Kaokoland. S'il reste de la place, vous devriez pouvoir vous inscrire sans problème pour un tarif raisonnable, surtout à Opuwo.

Sinon, tout ce que je peux vous suggérer, c'est d'attendre aux stations-service de Ruacana ou de Opuwo, dans l'espoir de parvenir à vous joindre à une expédition. Les cuisiniers, les mécaniciens et les médecins sont sans doute les mieux placés pour convaincre quelqu'un de leur utilité.

La sterne du Damara

Environ 90% de la population mondiale des minuscules sternes du Damara (*Sterna Balaenarum*), dont il ne reste que 2 000 couples, nidifient exclusivement sur les rivages et dans les baies sablonneuses de la côte du Namib, de l'Afrique du Sud à l'Angola. Les sternes du Damara adultes ont le dos et les ailes grises, la tête noire, et mesurent 22 cm seulement. Elles ressemblent davantage aux hirondelles qu'aux autres espèces de sternes, et sont aussi beaucoup plus vives. Dans leur environnement naturel, elles vont en petits groupes se nourrir en mer de crevettes et de larves de poisson.

Les sternes du Damara nichent dans des plaines caillouteuses bien à l'écart des oiseaux susceptibles d'attirer l'attention des chacals, des hyènes et autres prédateurs. Elles ne couvent en général qu'un seul oisillon par an. A cause de leur petite taille, les sternes du Damara ne peuvent pas transporter la nourriture jusqu'aux îles exemptes de prédateurs, aussi doivent-elles rester près de leur source de subsistance.

En cas de danger, elles s'envolent en poussant des cris aigus pour tenter de détourner la menace. Leurs nids, bien dissimulés, ne sont en général pas repérés. Si le lieu de ponte est dérangé d'une façon quelconque, les parents quittent le nid et abandonnent l'œuf ou l'oisillon aux éléments. L'année suivante, ils se cherchent une autre demeure, mais découvrent souvent tous les endroits potentiels occupés par d'autres espèces qu'ils fuient instinctivement.

Ces quelques dernières saisons, ce problème s'est posé sur la côte du Namib, à cause, essentiellement, de la multiplication de la conduite hors-route le long du littoral entre Swakopmund et Terrace Bay. Voilà plusieurs années, à présent, que les sternes n'ont pas réussi à couver et en conséquence, leur espèce aura probablement disparu d'ici 20 ans. ■

Skeleton Coast

L'expression "côte des Squelettes" se réfère en principe à la partie du littoral situé entre les embouchures de l'Ugab et de la Cunene. Cependant, on l'utilise souvent pour désigner toute la côte jusqu'à Lüderitz. Pour des raisons pratiques, cet ouvrage traitera de le zone de loisirs de la West Coast (National West Coast Recreation Area), au nord de Swakopmund, et du parc de la Skeleton Coast, qui s'étire de l'Ugab au Cunene, à la frontière angolaise.

Les parcs de la Skeleton Coast couvrent près de 2 millions d'hectares de plaines et de dunes constituant l'un des territoires arides les plus inhospitaliers du monde. Le nom provient de la nature perfide de son littoral qui fut longtemps un cimetière pour les bateaux et leurs équipages, incapables de survivre dans son terrible désert. Noyé de brumes la majeure partie de l'année, ce rivage désolé est toujours imprégné d'une atmosphère mystérieuse.

NATIONAL WEST COAST RECREATION AREA

Longue de 200 km et large de 25 km, la zone nationale de loisirs de West Coast s'étend de Swakopmund à l'Ugab et forme l'extrémité sud de la côte des Squelettes. Vous n'avez pas besoin d'un permis pour la visiter, et la route est aisément accessible avec un véhicule classique.

Les pêcheurs à la ligne apprécient particulièrement cette partie du littoral. Ils viennent même du Zimbabwe et d'Afrique du Sud pour s'essayer aux poissons de mer. Entre Swakopmund et l'Ugab, vous remarquerez le long du rivage des centaines de bâtiments en béton, échelonnés à intervalles de 100 m environ. Ce ne sont pas des blockhaus gardant le pays contre une attaque maritime, mais tout simplement des toilettes installées à l'intention des pêcheurs campant le long de la côte.

Le brouillard enveloppant la côte presque tous les matins est causé par la rencontre des brises marines soufflant sur le courant froid de Benguela et les vents chauds continentaux, mais le soleil reste intense et peut brûler gravement, même à travers la brume.

Sur le bord des routes, votre regard sera peut-être attiré par des plantes feuillues, inhabituelles dans les régions désertiques. Il s'agira sans doute de tabac sauvage, espèce originaire des Amériques. Personne ne sait comment il s'est implanté ici, mais on suppose que les graines sont arrivées avec le foin des chevaux pendant les guerres germano-khoi-khoi. Des botanistes sont en train de déplacer le tabac sauvage pour en étudier les effets sur les espèces indigènes.

Henties Bay

Au village de Henties Bay, 80 km au nord de Swakopmund, la relativement fiable Omaruru se jette dans l'Atlantique. Riche aire de pâture pour les poissons du littoral, Henties Bay accueille les passionnés de pêche de toute l'Afrique australe. La ville a reçu son nom de Hentie van der Merwe, qui visita la source d'eau douce en 1929. Aujourd'hui, elle se compose essentiellement de résidences secondaires. Elle constitue aussi une étape appréciée où l'on peut se ravitailler en essence et s'approvisionner pour les expéditions de pêche. Si vous n'êtes pas amateur de pêche, vous avez le choix entre la C35, qui se dirige à l'intérieur des terres vers Uis et Khorixas, et la route côtière conduisant au nord à la réserve d'otaries du cap Cross.

Cape Cross Seal Reserve

On connaît surtout le cap Cross pour sa réserve de milliers d'otaries à fourrure (reportez-vous à l'encadré). Malgré les nombreux panneaux et brochures signalant la fermeture de la réserve le vendredi, elle est à présent ouverte tous les jours de 10h à 17h toute l'année. L'entrée coûte 1,50 $US par personne plus 1,50 $US par véhicule. Il n'existe pas de possibilité d'hébergement, mais à côté de l'abattoir, se tient un snack-bar très simple pourvu de toilettes publiques. Les animaux domestiques et les motos sont interdits dans la réserve. Les visiteurs n'ont pas le droit de franchir la barrière basse entre l'aire d'observation et les rochers où vit la colonie.

En 1486, l'explorateur portugais Diego Cão, premier Européen à fouler le sol de Namibie, érigea une croix de pierre (padrão) de 2 mètres de haut et d'un poids de 360 kg au cap Cross, en hommage au roi Jean Ier du Portugal. En 1893, le capitaine allemand Becker du navire *Falke* enleva la croix et la rapporta en Allemagne. En 1894, l'empereur Guillaume II en fit faire une réplique portant les inscriptions originales en latin et en portugais, ainsi qu'une inscription commémorative en allemand. En 1980, a été érigée une deuxième croix à l'endroit même où se dressait le padrão d'origine de Cão.

Des tables circulaires de béton, comportant des informations sur l'histoire de la région, sont disposés en forme de Croix du Sud, constellation qui guida la première expédition de Diego Cão.

Où se loger et se restaurer

Le long de la route qui remonte la côte depuis Swakopmund, plusieurs petits campings rudimentaires sont installés sur la plage, essentiellement à l'intention des pêcheurs : le *Mile 4* (reportez-vous à la rubrique *Swakopmund* du chapitre *Centre de la Namibie*), le *Mile 14*, le *Jakkalsputz*, le *Mile 72* et le *Mile 108*. Tous louent les emplacements 3 $US par personne, plus 0,50 $US pour les douches chaudes, et les deux derniers possèdent une station-service

Les otaries à fourrure du Cap

Le cap Cross abrite la colonie d'otaries à fourrure du Cap (*Arctocephalus pusillus*) la plus connue de la côte du Namib. Sous une première couche de poils grossiers, cet animal attrayant porte une épaisse fourrure rase, qui reste sèche et retient l'air, d'où une isolation qui lui permet de conserver une température interne de 37 °C et de passer de longues périodes dans les eaux froides. L'importante colonie du cap Cross profite pleinement des riches apports en poisson du courant froid de Benguela.

Les mâles pèsent en moyenne moins de 200 kg, mais pendant la saison des amours, ils revêtent une épaisse couche de graisse et peuvent atteindre jusqu'à 360 kg, voire plus. Beaucoup plus petites, les femelles font en moyenne 75 kg et donnent naissance à un seul bébé aux yeux bleus fin novembre ou début décembre. Environ 90% des petits de la colonie naissent sur une période d'à peine plus d'un mois.

Les bébés commencent à téter moins d'une heure après leur venue au monde, mais sont bientôt laissés dans des garderies communes, pendant que les mères vont chercher la nourriture. Lorsqu'elles reviennent, elles identifient leur petit à l'odeur et à la voix.

Les petits muent à quatre ou cinq mois, et passent du gris sombre au brun olive. Le taux de mortalité de la colonie est élevé : un quart des bébés ne survivent pas à la première année, et la plupart meurent la première semaine suivant la naissance. 25% succombent aux hyènes brunes (*Hyaena brunnea*) et aux chacals à chabraque (*Canis mesomelas*), leurs principaux prédateurs. Les survivants restent un an avec leur mère.

Les otaries à fourrure du Cap ingèrent tous les jours une quantité de nourriture équivalent à environ 8% de leur poids, et les colonies vivant sur la côte occidentale d'Afrique australe consomment tous les ans plus d'un million de tonnes de poissons et autre produits marins (essentiellement les poissons des hauts-fonds tels les sardines, et les céphalopodes comme les calmars et les pieuvres). Ce chiffre représente quelque 300 000 tonnes de plus que le produit des industries de la pêche de Namibie et d'Afrique du Sud conjuguées. Il en est résulté naturellement une source de conflit entre les otaries, les pêcheurs à la ligne et les entreprises de pêche.

La réaction instinctive consista fatalement à réduire artificiellement la population d'otaries. Autrefois, le massacre des otaries donnait lieu à une véritable foire d'empoigne, mais ces dernières années, des éliminations contrôlées ont régulé son développement. Toutefois, la réduction de la colonie des otaries entraînant une prolifération des autres prédateurs marins, celle-ci n'a pas amené à l'industrie de la pêche l'augmentation du nombre de poissons espérée.

Pourtant, l'élimination continue. Le programme est actuellement géré par une société privée, Sea Lion Products, qui possède un abattoir à côté du snack-bar. Là, les animaux sont transformés en peaux de haute qualité et en une sorte de boue protéique qui sert à l'alimentation du bétail. La saison de l'élimination dure du 1er août au 15 novembre. La société a de toute évidence conscience de sa position délicate et si les visites sont autorisées, il est interdit de prendre des photos.

La nature fait également de nombreuses victimes. En 1993, la colonie comptait 250 000 otaries, mais en 1994, une prolifération de marée rouge (une algue dont la croissance est stimulée par un haut niveau de toxines et/ou un bas niveau d'oxygène), éloigna les poissons de la côte, ce qui se répercuta dramatiquement sur la population d'otaries. Au milieu de l'année 94, la côte des Squelettes était jonchée des corps des bébés et des adultes morts de faim et d'après les estimations, il restait moins de 25 000 survivants. La marée rouge semble se manifester suivant un cycle de 30 ans, aussi les poissons ne devraient-ils pas tarder à revenir. Tout sera probablement rentré dans l'ordre lorsque vous lirez ces lignes.

D'après des révélations récentes, la colonie va également fournir des pénis d'otarie pilés, auxquels on attribue à tort des vertus aphrodisiaques et qui se vendent à plus de 2 000 $US le kilo sur les marchés clandestins d'Extrême-Orient. Cela semble d'autant plus alarmant que le gouvernement vient d'annoncer une élimination massive visant à réduire la population totale d'otaries à environ un demi-million, "à des fins de gestion" et a décidé d'en supprimer 300 000. Cependant, les biologistes s'inquiètent de ces chiffres, qu'ils jugent prématurés dans la mesure où on ne connaît pas encore le chiffre exact des otaries ayant survécu à la marée rouge. ■

ouverte jusqu'à 18h. Pendant les vacances scolaires, ils disposent également de kiosques qui vendent des produits de première nécessité. Aux autres époques, on peut parfois acheter du poisson aux pêcheurs sur la plage, mais il est tout de même préférable de prévoir ses propres provisions. Le litre d'eau vaut 0,05 $US.

Seul Henties Bay permet de s'approvisionner. Il compte également plusieurs possibilités d'hébergement. L'*Hotel De Duine* (☎/fax 1), PO Box 1, Henties Bay, propose les simples/doubles à 21/30 $US sans s.d.b., et à 25/36 $US avec s.d.b.

Au *Die Oord Holiday Cottages* (☎ 239), PO Box 82, Henties Bay, les cottages indépendants pour trois/cinq/six personnes coûtent 20/25/30 $US. Apportez vos propres serviettes de toilette et réserves de papier hygiénique.

Enfin, l'*Eagle Shopping Centre Flats* (☎ 32 ; fax 299) loue 35 $US ses appartements pour quatre personnes, équipés de la TV et de la possibilité de faire la cuisine.

Le *Spitzkoppe Restaurant & Pub* (☎ 394), sans doute le meilleur choix à Henties Bay, se spécialise dans les fruits de mer, se flatte de posséder le plus long bar de Namibie et expose une collection assemblée avec soin de bouteilles rares.

SKELETON COAST PARK

A Ugabmund, 110 km au nord du cap Cross, la route franchit l'entrée du parc de la Skeleton Coast.

La région sud du parc constitue l'habitat le plus méridional des grands animaux de la côte du Namib. Au nord de l'Ugab, vous avez de bonnes chances de voir des éléphants du désert, des rhinocéros, des girafes et des lions, tous remarquablement adaptés au rude environnement désertique. Pour préserver cette diversité naturelle et maîtriser le tourisme, le MET étudie la possibilité de créer une zone de conservation du Kaokoland, qui engloberait la moitié occidentale du Kaokoveld et doublerait la taille des secteurs protégés du nord-ouest de la Namibie. Seule la partie au sud de l'Hoanib est ouverte au tourisme individuel, et tous les voyageurs ont besoin d'un permis. Celui-ci coûte 2,50 $US par personne plus 3 $US par véhicule ; il requiert de séjourner au moins une nuit soit à Torra Bay (ouvert en décembre et en janvier uniquement) soit à Terrace Bay. Si vous vous rendez dans l'un de ces camps, vous devez passer à Ugabmund avant 15h et à Springbokwater avant 17h.

Les visites d'une journée ne sont pas autorisées, mais des permis de transit permettant d'emprunter la route entre Ugabmund et Springbokwater sont disponibles à 2,50 $US par personne et 3 $US par véhicule auprès des bureaux du MET de Windhoek et de Swakopmund, au Okaukuejo Camp du parc d'Etosha et aux postes de contrôle de Springbokwater et d'Ugabmund. Vous devez entrer par l'un avant 13h et sortir par l'autre avant 15h le même jour. Les permis de transit ne donnent pas accès à Torra Bay ou à Terrace Bay, mais, en décembre et en janvier, les voyageurs peuvent passer à Torra Bay pour faire le plein.

Randonnée de la rivière Ugab

La randonnée pédestre de 50 km le long de l'Ugab a lieu les deuxième et quatrième mardi du mois. Cette excursion guidée se fait en groupe de six à huit personnes, part à 9h d'Ugabmund et s'achève le jeudi après-midi. Faire étape le lundi soir au camp Mile 108 (40 km au sud d'Ugabmund) permet d'être au départ avant 9h. La randonnée coûte 25 $US par personne et se réserve à l'avance auprès du bureau du MET de Windhoek. Comme d'habitude, un certificat médical délivré moins de 40 jours avant la randonnée est exigé. Les participants fournissent et transportent leurs provisions et leur matériel de camping.

Le chemin commence par traverser la plaine côtière, puis grimpe dans les collines et suit un double circuit à travers des champs de lichens, des grottes anciennes, des sources naturelles et des formations géologiques insolites. Soyez à l'affût des lions, des hyènes, des gemsboks et autres antilopes.

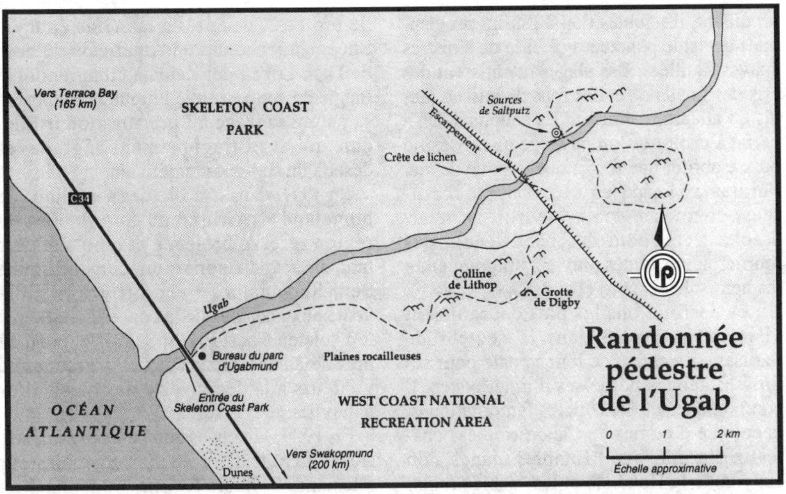

Torra Bay

Le camping de Torra Bay ouvre uniquement en décembre et en janvier, à l'époque des vacances scolaires. Les emplacements de tente ou de caravane coûtent 3 $US pour huit personnes, plus une tente ou caravane. L'essence, l'eau, le petit bois et les produits de première nécessité ne sont disponibles qu'en décembre et en janvier. Les campeurs peuvent utiliser le restaurant de Terrace Bay.

Juste derrière Torra Bay, vous contemplerez un exemple classique de barkhanes (dunes en forme de croissant perpendiculaires au vent). C'est la partie la plus méridionale de l'extraordinaire étendue de dunes qui s'étire jusqu'au Curoca, en Angola.

Terrace Bay

A 49 km au nord de Torra Bay, Terrace Bay, nettement plus luxueux, ouvre toute l'année. Comme tous les hébergements de la côte, il répond principalement aux besoins des pêcheurs et les environs ne présentent pas d'intérêt particulier, hormis les dunes au nord et la végétation côtière clairsemée. Quant à la faune, on n'y rencontre que des chacals à chabraque et des hyènes brunes.

Les simples/doubles avec s.d.b. coûtent 44/73 $US, ce qui comprend les douches chaudes, trois repas, sans oublier, bien sûr, l'espace dans le congélateur pour les prises du jour. Terrace Bay possède un restaurant, un magasin et une station-service.

Comment s'y rendre

La zone de loisirs de la West Coast et la moitié sud du parc de la Skeleton Coast sont accessibles par la bonne route littorale qui part de Swakopmund et s'achève à 70 km au nord de Terrace Bay. Les distances sont indiquées en miles à partir de Swakopmund. Le paysage morne, les vents froids, le brouillard et les fréquentes tempêtes de sable rendent cet itinéraire peu propice au stop.

On peut également rejoindre le parc par la C39, route de gravier qui relie Khorixas à Torra Bay. Les motos sont interdites dans le parc de la Skeleton Coast.

SKELETON COAST WILDERNESS

Cette réserve naturelle, entre la Hoanib et la Cunene, forme les deux tiers nord du parc de la Skeleton Coast, où le littoral sauvage se révèle dans toute sa gloire. Baigné de brouillard, il semble étirer à l'infini ses étendues de sable ponctuées çà et là de sinistres épaves rouillées. Les plages retentissent des cris des goélands et des fous de bassan tandis qu'au large cabriolent les dauphins. On a peine à croire qu'un paysage aussi désolé puisse abriter une forme quelconque de vie. Pourtant, 64 espèces ailées ont été recensées, composées pour environ un quart d'échassiers, dont des bécasseaux, des tourne-pierres et des pluviers, migrant entre les hémisphères nord et sud.

Les destinations les plus couramment visitées se situent dans le secteur de Sarusas, site connu de longue date pour ses grosses géodes porteuses d'améthystes. Il comprend les dunes côtières fantomatiques, la colonie d'otaries de Cabo Frio, les "châteaux d'argile", ou "Temples blancs", du canyon de la Hoarusib et les "sables rugissants", ainsi baptisés parce que le son produit par les millions de grains de sable se rapproche du registre le plus bas d'une contrebasse.

Un ranger solitaire vit à Möwe Bay et transmet des bulletins météo quotidiens par radio. Il tient également un petit musée où sont exposés des restes d'épaves et des coupures de presse rapportant les récits des survivants de naufrages.

Histoire

Au début des années 60, Louw Shoemann, un avocat de Windhoek, commença à amener des relations d'affaires dans cette région et s'associa à un consortium pour construire un port à Möwe Bay, près de l'extrémité sud de l'actuelle réserve naturelle de la Skeleton Coast. En 1969, cependant, les autorités sud-africaines abandonnèrent le projet. A peu près à la même époque, Shoeman rencontra un Américain du nom de Dick Logan qui l'aida à comprendre la magie de cette contrée unique en opposant sa nature sauvage à l'urbanisation irréfléchie qui avait tragiquement dégradé les déserts du sud-ouest américain.

En 1971, dans le cadre de sa politique de homeland, l'Afrique du Sud déclara la région réserve protégée et cinq ans plus tard, accepta d'autoriser un tourisme limité. Seul Shoemann fit une offre lors de la vente aux enchères de la concession. Il créa le Skeleton Coast Fly-In Safaris et pendant près de 20 ans, mena des petits groupes de visiteurs à la découverte des merveilles naturelles de la côte.

En 1993, la concession se trouva mystérieusement transférée au tour-opérateur allemand, Olympia Reisen. Au terme d'un procès houleux, le transfert fut déclaré nul et non avenu. Cependant, la cour d'appel cassa cette décision et le Skeleton Coast Fly-In Safaris perdit l'accès à la région pour au moins 10 ans. Louw Shoemann décéda pendant la procédure judiciaire qui, lorsqu'elle s'acheva, contraignit sa famille à modifier les itinéraires de la société pour les limiter au parc de la Skeleton Coast, à la région de la Cunene et à l'intérieur des terres.

Olympia Reisen met actuellement à exécution de nouveaux projets d'aménagements touristiques dans le parc.

Comment s'y rendre

La réserve de la Skeleton Coast est fermée au tourisme individuel. On ne peut y accéder qu'en se joignant aux safaris organisés par le concessionnaire officiel.

Namib central

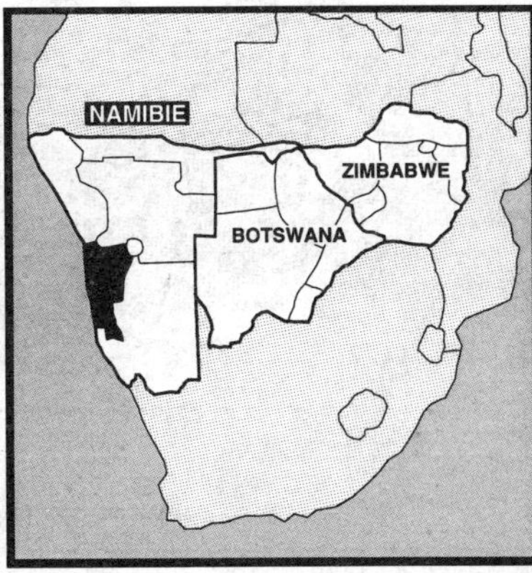

La majeure partie du Namib donne une impression d'aridité totale. Ses deux mille kilomètres étirés le long de la côte sud-ouest, de la rivière Oliphants en Afrique du Sud à San Nicolau, dans le sud de l'Angola, recèlent cependant de multiples attraits. En nama, le nom "namib" signifie très prosaïquement "vaste plaine aride" : chaque détour de ses chemins nous réserve une surprise et on ne se lasse pas des trésors qu'elle dévoile.

Plusieurs cours d'eau, semblables à des oasis linéaires, traversent les étendues caillouteuses et sablonneuses avant d'aller se jeter dans la mer. Certains coulent régulièrement, d'autres ne s'emplissent qu'aux périodes exceptionnellement pluvieuses. Cependant, ces lits de rivière contiennent suffisamment d'eau souterraine pour se parer de bosquets d'arbres verdoyants.

Le Namib est en grande partie recouvert d'une véritable mer de dunes qui s'étend de l'océan Atlantique aux plaines intérieures. Au nord, elles s'arrêtent brusquement à la Kuiseb, où elles laissent place à d'arides plaines pierreuses ponctuées de chaînes et de collines isolées, nommées *inselbergs*. Si les dunes semblent dénuées de vie, elles jouissent en fait d'un écosystème complexe qui extrait l'humidité des brouillards fréquents (reportez-vous à l'encadré *Communauté du Namib*). Ces brumes proviennent de la condensation née de la rencontre entre les vents froids du large et la chaleur sèche du désert. Elles se forment la nuit et le soleil les dissipe dans la journée.

Dans les plaines caillouteuses vivent des autruches, des gemsboks, des springboks, des zèbres, des écureuils, des mangoustes et un petit nombre d'autres animaux tels les chacals à chabraque, les chiens oreillards, les caracals et les oryctéropes. Les périodes de pluies abondantes font germer des graines et le sol apparemment stérile se transforme en une prairie de hautes herbes fourmillante de faune. Malheureusement, les précipitations sont restées faibles ces dernières années, mais vous rencontrerez tout de même des petits troupeaux de zèbres, de koudous, de gemsboks et d'autruches.

Le Namib tout entier abrite des sites archéologiques témoignant de la vie des peuples de chasseurs-cueilleurs qui ont occupé la région pendant quelque 750 000 ans. Le littoral est parsemé d'anciens amas de coquillages et d'arêtes de poisson, vestiges alimentaires de ceux que les gens de la région appellent les *strandlopers* ("marcheurs de plage"), probablement les premiers Khoi-Khoi ou San. A l'intérieur des terres, subsistent des cercles de pierre et des peintures rupestres, œuvres des chasseurs san.

KHOMAS HOCHLAND

Les hautes terres du Khomas Hochland forment une zone de transition entre les plaines caillouteuses du désert du Namib et le plateau central où Windhoek s'est implanté.

De la capitale, trois routes de montagne partent vers l'ouest à travers le Khomas Hochland et franchissent les cols de Bosua,

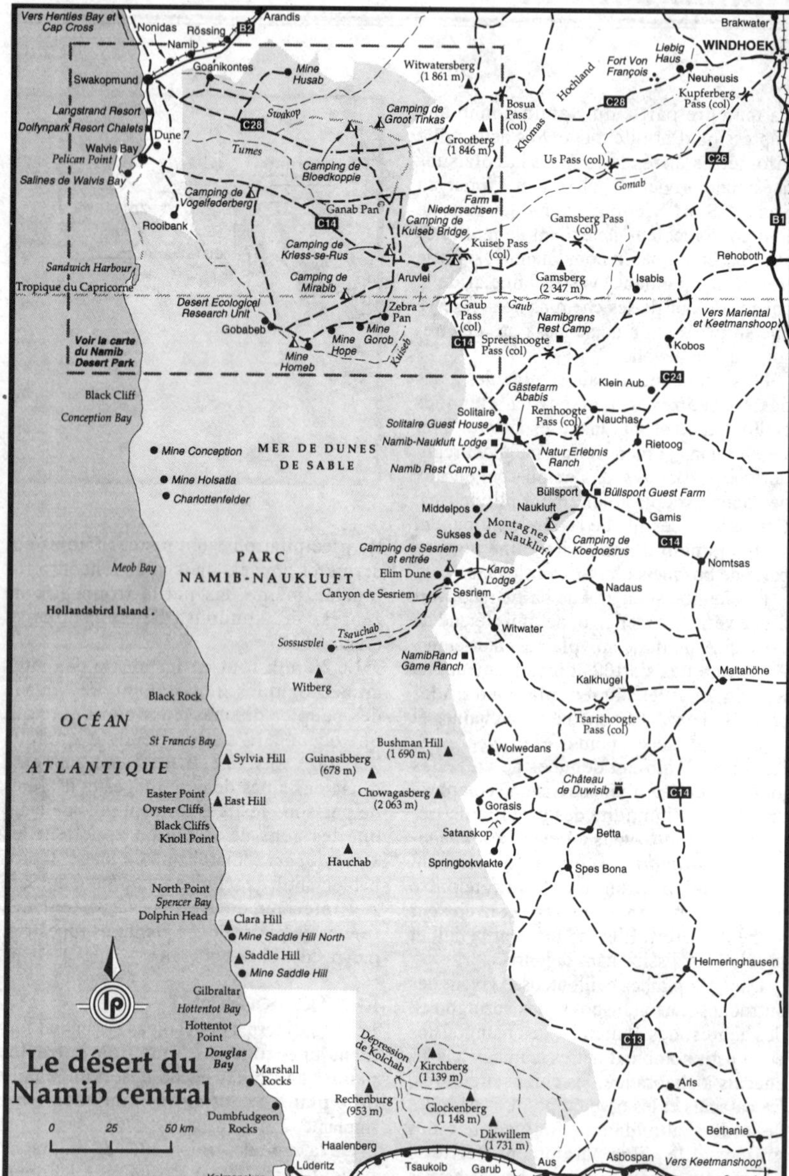
Le désert du Namib central
0 25 50 km
Vers Henties Bay et Cap Cross
Arandis
Nonidas
Rössing
B2
Namib
Goanikontes
Mine Husab
Swakopmund
Langstrand Resort
Dolfynpark Resort Chalets
Dune 7
Walvis Bay
Pelican Point
Salines de Walvis Bay
Swakop
C28
Tumes
Camping de Groot Tinkas
Camping de Bloedkoppie
Camping de Vogelfederberg
Rooibank
Ganab Pan
C14
Camping de Kuiseb Bridge
Camping de Kriess-se-Rus
Camping de Mirabib
Aruvlei
Sandwich Harbour
Tropique du Capricorne
Desert Ecological Research Unit
Gobabeb
Zebra Pan
Mine Gorob
Mine Hope
Mine Homeb
Kuiseb
Voir la carte du Namib Desert Park
Witwatersberg (1 861 m)
Grootberg (1 846 m)
Bosua Pass (col)
Khomas
Hochland
Fort Von François
Liebig Haus
WINDHOEK
Brakwater
Neuheusis
Kupferberg Pass (col)
C28
C26
Us Pass (col)
Gomab
Farm Niedersachsen
Kuiseb Pass (col)
Gamsberg Pass (col)
Gamsberg (2 347 m)
Isabis
B1
Rehoboth
Gaub Pass (col)
Gaub
Namibgrens Rest Camp
Vers Mariental et Keetmanshoop
Spreetshoogte Pass (col)
Kobos
C14
C24
Klein Aub
Black Cliff
Conception Bay
Gästefarm Ababis
Solitaire
Remhoogte Pass (col)
Solitaire Guest House
Nauchas
Namib-Naukluft Lodge
Natur Erlebnis Ranch
Rietoog
Mine Conception
MER DE DUNES DE SABLE
Mine Holsatia
Charlottenfelder
Namib Rest Camp
Büllsport
Büllsport Guest Farm
Middelpos
Naukluft
Montagnes de Naukluft
Gamis
Sukses
Camping de Koedoesrus
C14
PARC NAMIB-NAUKLUFT
Camping de Sesriem et entrée
Nomtsas
Meob Bay
Elim Dune
Karos Lodge
Sesriem
Canyon de Sesriem
Nadaus
Hollandsbird Island
Witwater
Tsauchab
Sossusvlei
NamibRand Game Ranch
Witberg
Maltahöhe
Kalkhugel
Black Rock
OCÉAN ATLANTIQUE
Tsarishoogte Pass (col)
St Francis Bay
Sylvia Hill
Guinasibberg (678 m)
Bushman Hill (1 690 m)
Wolwedans
Château de Duwisib
Easter Point
East Hill
Oyster Cliffs
Chowagasberg (2 063 m)
C14
Gorasis
Black Cliffs
Knoll Point
Satanskop
Betta
Hauchab
Springbokvlakte
Spes Bona
North Point
Spencer Bay
Dolphin Head
Clara Hill
Mine Saddle Hill North
Saddle Hill
Mine Saddle Hill
Helmeringhausen
Gilbraltar
Hottentot Bay
Hottentot Point
Douglas Bay
Dépression de Kolchab
Kirchberg (1 139 m)
C13
Marshall Rocks
Rechenburg (953 m)
Glockenberg (1 148 m)
Aris
Dumbfudgeon Rocks
Dikwillem (1 731 m)
Bethanie
Haalenberg
Lüderitz
Tsaukoib
Garub
Aus
Asbospan
Vers Keetmanshoop
Kolmanskop
Zone diamantifère I
Grasplatz
Rotkop
Ausweiche
Ausnek
Schakalskuppe
Goageb
Guibes

NAMIBIE

d'Us et de Gamsberg. Elles offrent les itinéraires d'accès au Namib les plus intéressants et les plus spectaculaires.

Prévoyez un trajet de 6 à 7 heures. La route de Gamsberg se montre la plus belle des trois, mais toutes présentent des passages très escarpés ; mieux vaut par conséquent les aborder d'est en ouest. Elles sont dépourvues de ravitaillement, aussi munissez-vous de toutes les réserves nécessaires.

Bosua Pass

Itinéraire le plus au nord, le col de Bosua fournit l'accès le plus court mais pas nécessairement le plus rapide entre Windhoek et Swakopmund. En descendant vers les plaines du Namib, cette route caillouteuse, l'une des plus raides de Namibie, accuse une pente de 20%, et ne convient donc pas aux remorques.

Prenez vers l'ouest la C39 qui passe à côté du parc de Daan Viljoen. Les environs montagneux de la Matchless Mine, à l'ouest du parc, renferment de riches gisements de cuivre. Au XVIIe siècle et XVIIIe siècle, les habitants de la région procédaient à l'extraction par fusion à petite échelle. Les colons européens reprirent l'idée et créèrent la Walfisch Bay Mining Company en 1856. La production cessa en 1860, et, à l'exception d'une brève période d'activité en 1902, la mine ne rouvrit que dans les années 60. La Tsumeb Corporation la dirigea jusqu'à sa fermeture, en 1983.

Sur la route vers l'ouest, Neuheusis mérite une courte halte pour la demeure de deux étages dite Liebig Haus. Elle fut construite en 1908 à l'intention du directeur d'un consortium agricole anglo-allemand. Aujourd'hui en ruine, cette résidence coloniale était à l'époque l'image de l'opulence et arborait même une somptueuse fontaine dans le salon.

Près du village de Karanab, à 15 km à l'ouest de Neuheusis, subsistent les ruines du Fort Von François et de ses écuries. Le fort porte le nom du major Curt von François, qui établit plusieurs postes militaires protégeant la route Windhoek-Swakopmund.

Us Pass

Sur le bel itinéraire du col d'Us, la D1982 franchit la distance la plus courte entre Windhoek et Walvis Bay. La route, moins escarpée que celle de Bosua, avec une pente de seulement 10%, s'avère parfois d'une viabilité médiocre, surtout après les pluies. De Windhoek, suivez la C26 vers le sud-ouest ; au bout de 38 km, tournez au nord-ouest sur la D1982, indiquée "Walvis Bay via Us Pass".

Gamsberg Pass

La route C36 de gravier de Windhoek à Walvis Bay quitte le bord du plateau central au col de Gamsberg, qui culmine à 2 334 m au sommet de la chaîne de Gamsberg. Par temps clair, elle offre un panorama magnifique sur le désert du Namib, mais en général, la poussière masque la vue. Le nom du col combine le khoisan et l'allemand, et signifie "chaîne cachée", en raison du pic à cime plate du Gamsberg, de 2 347 m, qui bouche la vue au sud. La montagne est coiffée d'une couche de grès qui résiste à l'érosion.

L'ouest du col, abrupt, doit généralement se franchir en seconde, mais n'est pas aussi dangereux que certains le prétendent. Ne vous laissez pas décourager, sous peine de vous priver de très beaux paysages.

Où se loger

Sur la route de Gamsberg, à 65 km au sud-ouest de Windhoek, la rudimentaire *Farm Hilton* (☎ (0628) 1111) se consacre aux activités équestres. Le transport peut être organisé depuis la capitale. Le camp propose des excursions à cheval dans les environs de la ferme, et des safaris camping de 3 à 5 jours. Les vrais passionnés d'équitation apprécieront la randonnée de 10 jours qui part de la ferme pour rejoindre l'océan à Swakopmund. Bien qu'elle soit coûteuse, près de 1 700 $US par personne, tout compris, cette option est cependant complète au moins 6 mois à l'avance.

Sur la route du col d'Us, à 72 km à l'est du croisement avec la C14, la *Farm Niedersachsen* (☎ (0628) 1102), PO Box 3636,

Windhoek, tenue par Barbara et Klaus Ahlert, est classée ferme de chasse, mais fait aussi bon accueil aux non-chasseurs. Sur les terres de la ferme se trouve l'une des cachettes utilisées par Henno Martin et Hermann Korn pendant la Deuxième Guerre mondiale. L'hébergement en chambre double, comprenant tous les repas, coûte 49 $US par personne. Des excursions en 4x4 sont également organisées dans les environs.

SWAKOPMUND

Ses rues bordées de palmiers, ses promenades en bord de mer et ses beaux hôtels ont valu à Swakopmund le statut de principale destination de vacances de Namibie. Son climat plaisant et ses plages agréables attirent surfeurs, pêcheurs et amateurs de plaisirs balnéaires de toute l'Afrique australe. En outre, elle se montre hospitalière et peu onéreuse.

Swakopmund aime à se décrire comme un paradis en bord de mer, ce qui explique sans doute pourquoi les brochures touristiques ne dévoilent jamais l'origine de son nom. Si, en allemand, il signifie simplement "embouchure de la Swakop", des recherches plus approfondies vous révéleront que le mot *swakop* est une variante des termes nama *tsoa xoub*, se traduisant littéralement par "excrément du fond". Cette appellation fut inspirée par l'aspect de la mer autour de l'embouchure de la rivière aux époques de montée importante des eaux.

Parfois qualifiée de plus allemande que l'Allemagne, elle recèle des jardins fleuris, des maisons en partie en bois et des édifices de style Art nouveau qui, si ce n'étaient les vents de sable et les palmiers, ne paraîtraient pas déplacés sur la côte de la mer du Nord. De nombreux germano-Namibiens y possèdent des résidences secondaires, tandis que des touristes germanophones venus monde entier affluent dans cette cité où ils se sentent comme chez eux. Cette ambiance germanique contribue au *Gemütlichkeit* (terme qualifiant une atmosphère de confort et d'hospitalité) général de l'endroit.

Swakopmund se remplit aux époques de vacances scolaires, en décembre et en janvier, quand le thermomètre affiche en moyenne 25°C, mais on voit peu de touristes pendant les mois plus frais d'hiver, où les températures stagnent aux environs des 15°C.

Grâce à son climat tempéré et ses précipitations peu abondantes, elle bénéficie en général d'un temps magnifique. La médaille a cependant son revers : lorsque souffle le vent d'est, la ville est battue par les sables, tandis qu'en hiver, une froide brume marine crée souvent une atmosphère lugubre et un crachin presque permanent. Ce brouillard pénètre jusqu'à 30 km à l'intérieur des terres, fournissant de l'humidité à la faune et aux plantes du désert, dont les 80 espèces de lichen.

Histoire

Swakopmund, né en 1892 pour concurrencer Walvis Bay contrôlée par la colonie britannique du Cap, représenta le seul port viable du Sud-Ouest africain. En conséquence, la localité prit une importance que ses conditions portuaires relativement médiocres ne justifiaient pas. En effet, l'accostage des navires était dangereux en raison de la houle et des récifs, et les premiers voyageurs devaient être amenés à terre dans de petites chaloupes. Après l'installation d'une jetée en bois, les passagers furent transbordés dans des cages semblables à des paniers actionnées par un treuil. Le musée de la ville expose un exemple de ce curieux dispositif.

Le premier bâtiment de la ville fut une sorte de forteresse, appelée aujourd'hui l'Alte Kaserne ("la vieille caserne"), édifiée en septembre 1892. L'année suivante, elle abritait 120 soldats de la Schutztruppe. Quant aux maisons des nouveaux colons, elles furent fabriquées en Allemagne et expédiées par bateau.

Ville portuaire, Swakopmund devint le principal centre d'import-export du pays, attirant alors bureaux administratifs et compagnies de transport. Mais, durant la Première Guerre mondiale, lorsque le Sud-

Ouest africain passa sous le contrôle de l'Afrique du Sud, le port fut délaissé au profit de Walvis Bay, pourvu de bien meilleures installations. La ville se transforma peu à peu en station balnéaire et le port ensablé devint un lieu de baignade. C'est pourquoi Swakopmund arbore un aspect généralement avenant, tandis que Walvis Bay demeure une ville portuaire assez terne.

Si la Rössing Corporation, qui exploite la plus grande mine d'uranium à ciel ouvert du monde, juste à l'est de la ville, représente aujourd'hui une importante source d'emplois, son économie se fonde principalement sur le tourisme. Bien que le climat changeant, notamment en hiver, perturbe parfois les projets des visiteurs, la station séduit les vacanciers.

Renseignements

L'efficace Namib Information Centre (☎ 2224 ; fax 5101), dans la Woermannhaus, ouvre du lundi au vendredi, de 8h30 à 13h et de 14h à 17h, le samedi de 9h à 11h. Il vous fournira la brochure *What's On at the Coast*, publié tous les ans, qui s'avère en fait d'une utilité limitée.

Tout aussi accueillant, le bureau du MET (☎ 4576) se situe une rue plus loin, dans Brücken Str. Il vend des permis pour le parc de Namib-Naukluft et loue des emplacements de camping (3 $US) dans le parc. Il remet aussi gratuitement le guide *Engen* de Namibie. Il est ouvert du lundi au vendredi, de 7h30 à 13h et de 14h à 16h30. Après les heures ouvrables et le week-end, on peut retirer les permis d'entrée du parc auprès du garage Hans Kriess, à l'angle de Kaiser Wilhelm Str. et de Breite Str.

Argent. Plusieurs banques sont présentes à Swakopmund, dont la Standard, la First National et la Swabank. Elles ouvrent du lundi au vendredi, de 9h à 15h30, le samedi de 8h à 11h.

Poste et télécommunications. La poste centrale, dans Garnison Str., possède un téléphone public pour les communications internationales. Le bureau de fax public (☎ 2720), situé dans la poste, permet d'envoyer et de recevoir des télécopies. Il existe également un bureau de fax privé (☎ 5872 ; fax 5874), 55 Kaiser Wilhelm Str., ouvert du lundi au vendredi, de 8h30 à 13h.

L'Hotel-Pension Rapmund dispose d'un téléphone public qui accepte les télécartes.

Librairies et bibliothèques. Swakopmund compte plusieurs bonnes librairies, grâce sans doute à son statut de lieu de villégiature. Le Swakopmunder Büchhandlung, dans Kaiser Wilhelm Str. offre un large choix d'œuvres namibiennes, ainsi que des romans en langue allemande et anglaise. Pour des ouvrages plus spécialisés, notamment sur l'art et l'histoire locale, voyez The Muschel Book & Art Shop, 32 Breite Str. A l'angle de Moltke Str. et de Brücken Str., une librairie d'occasion propose une pièce remplie de livres en anglais, en allemand et en afrikaans à moins de 1 $US.

Si vous faites des recherches sur la Namibie ou l'Afrique, allez à la Sam Cohen Library, près de l'Otavi Bahnhof (gare d'Otavi). Cette bibliothèque renferme les archives de la ville, y compris des journaux datant de 1898, ainsi que 6 000 ouvrages, dont au moins 2 000 traitent de thèmes spécifiquement africains.

Blanchissage/nettoyage. La Swakopmund Laundrette (laverie automatique) (☎ 2135) se tient au 15 Swakop Str., en face de l'Hansa Brewery, dans le même lotissement que le Rest Camp. Les clients peuvent passer le temps au Le Club Casino & Joy World, à l'étage, pendant que les machines s'occupent de leurs vêtements. Le casino est ouvert à partir de 19h tous les soirs, et des leçons gratuites de black-jack, de poker et de roulette sont données de 19h à 20h.

Bois à brûler. Si vous partez en expédition pour la Skeleton Coast, le Damaraland ou le désert du Namib, vous pourrez acheter du bois à brûler à 2,25 $US le fagot de 15 kg à la Swakopmund Laundrette. Après les heures ouvrables, vous en trouverez au

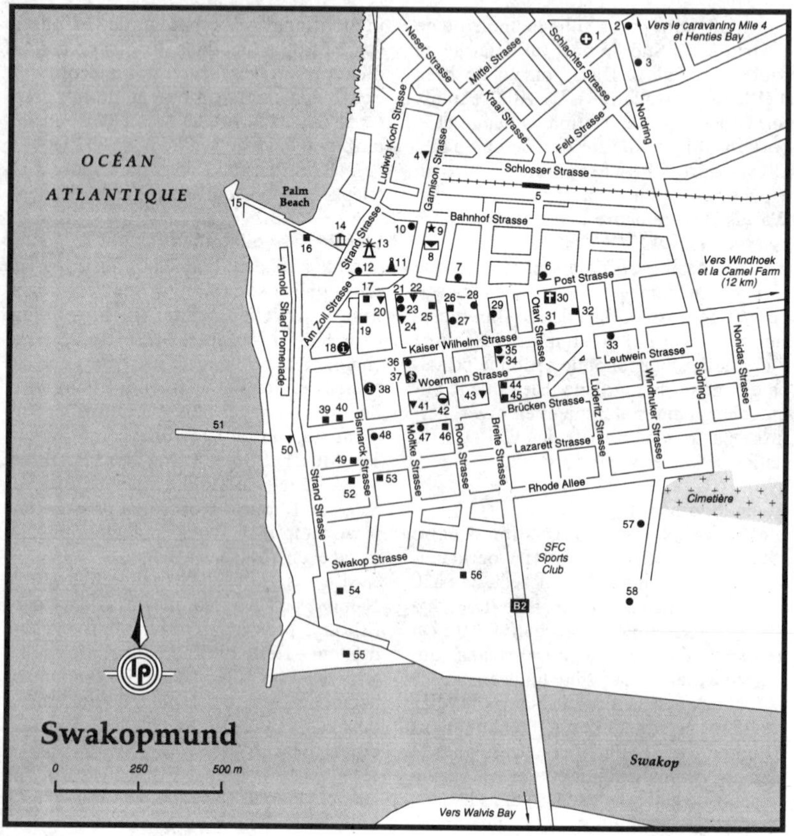

garage Hans Kriess, à l'angle de Kaiser Wilhelm Str. et de Breite Str.

Désagréments et dangers. Lorsque le chef de l'État séjourne à la State House, une unité de la garde présidentielle campe sur le trottoir. Les gardes semblent un peu nerveux, aussi mieux vaut éviter ce secteur quand le président est en ville.

Édifices historiques

Swakopmund regorge d'édifices historiques et elle passionnera les amateurs d'architecture allemande traditionnelle. Si vous souhaitez vous documenter sur l'histoire coloniale de la ville, procurez-vous le livre *Swakopmund – A Chronicle of the Town's People, Places and Progress*, disponible au musée et dans les librairies.

Jetée. En 1905, un quai de débarquement convenable pour les marchandises et les passagers devenant indispensable, les fondateurs de Swakopmund édifièrent une jetée en bois. Au cours des années suivantes, elle se détériora sous l'action des rongeurs et des déferlantes de l'océan. En 1911, on commença la construction d'une

OÙ SE LOGER

16 Strand Hotel
17 Hotel Pension Schweizerhaus et café Anton
19 Hotel-Pension Rapmund
25 Hansa Hotel
26 Atlanta Hotel et Fagin's
32 Deutsches Haus
39 Pension Dig-by-See
40 Jay Jay's Restaurant & Hotel
44 Hotel Grüer Kranz
45 Hotel Schutze
46 Hotel-Pension d'Avignon
49 Hotel Europa Hof
52 Pension Prinzessin-Rupprecht-Heim
53 Alte Kaserne et auberge HI
54 Hotel Garni Adler
55 Alte Brücke Holiday Resort
56 Swakopmund Rest Camp

OÙ SE RESTAURER

4 Bayern Stubchen
20 Swakopmund Bistro
22 Erichs
24 Western Saloon
34 La Paloma (vente à emporter) et gare de minibus
41 Kücki's Pub
43 Napolitana Pizzeria et Mediterranean Restaurant
50 The Tug

DIVERS

1 Hôpital
2 Karakulia
3 Vieille prison
5 Gare historique
6 Ancienne école allemande
7 Ancien hôpital franciscain (St Antonius Gebaude)
8 Poste
9 Police
10 Altes Amtsgericht (ancien tribunal d'instance)
11 Mémorial de la Marine
12 Kaiserliches Bezirksgericht (State House)
13 Phare
14 Musée
15 Môle
18 Ministère de l'Environnement et du Tourisme
21 Ludwig Schröder Haus
23 Scandal's Nightclub et Altona Haus
27 Cinéma Atlanta
28 Litfass-Saule
29 The Muschel Book & Art Shop
30 Église luthérienne évangélique allemande
31 Villa Wille
33 OMEG Haus
35 Station-service Hans Kriess
36 Hotel Kaiserhof
37 Deutsche-Afrika Bank
38 Woermannhaus et Namib Information Centre
42 Arrêt des bus longue distance
47 Édifice Hohenzollern
48 MC Human Flats
51 Jetée
57 Centre d'équitation et Okakambe Trails
58 Swakop River Angoras

jetée métallique devant s'avancer de plus d'un demi-kilomètre en mer. Cependant, lors de l'arrivée des forces sud-africaines, le port cessa d'être utilisé et le projet fut abandonné. On enleva la dangereuse jetée en bois en 1916, et le nouveau débarcadère, dont moins de 300 m étaient construits, resta inachevé. Fortement endommagé par le ressac, il dut être fermé en 1985 pour des raisons de sécurité.

L'année suivante, une souscription publique réunit un quart de million de rands pour sa restauration.

Môle. Conçue par l'architecte F.W. Ortloff en 1899, la digue était destinée à améliorer les installations portuaires de Swakopmund et à créer un mouillage pour les grands navires de marchandises. Malheureusement, Ortloff connaissait mal le courant de Benguela qui, coulant vers le nord, charrie une grande quantité de sable provenant des déserts du sud. En quatre ans et demi, le sable ferma l'entrée du port et deux ans plus tard, l'envahit.

Celui-ci fut ensuite transformé en plage abritée, aujourd'hui baptisée Palm Beach. Le môle fournit à présent un mouillage aux bateaux de plaisance.

Phare. Sympathique point de repère de Swakopmund, le phare atteignait 11 m lors de sa construction en 1902. Dix mètres lui furent ajoutés en 1910.

Alte Kaserne. Cette imposante forteresse fut conçue et édifiée en 1906 par la compagnie des chemins de fer qui avait contribué à l'essor économique de Swakopmund en construisant la jetée deux ans plus tôt. Elle abrite aujourd'hui l'auberge de jeunesse d'Hostelling International.

Mémorial de la Marine. Souvent appelé par son nom allemand "Marine Denkmal", ce mémorial fut commandé en Allemagne en 1907 par l'infanterie de Marine de Kiel, et réalisé par le sculpteur berlinois A.M. Wolff. Il rend hommage au corps expéditionnaire de la marine qui aida à réprimer les insurrections herero de 1904. Au titre de monument national historique, il restera bien sûr en place, mais on se demande quand les Herero érigeront leur propre mémorial.

Kaiserliches Bezirksgericht (State House). Assez impressionnant, cet ancien tribunal de district fut conçu et construit par Carl Schmidt en 1901-1902, agrandi en 1905 et flanqué d'une tour en 1945. Après la Première Guerre mondiale, on le transforma pour en faire la résidence secondaire de l'administrateur territorial. Il sert aujourd'hui de résidence officielle du président de la République.

Altes Amtsgericht. Dessinée par Otto Ertl, cette ancienne école privée à pignon date de 1908. Lorsqu'elle ferma, faute de crédits, l'État la réquisitionna pour y installer un tribunal d'instance. Dans les années 60, le bâtiment accueillit un foyer scolaire, et il héberge aujourd'hui les bureaux municipaux. Vous ne pouvez le manquer, les mots *Altes Amtsgericht* sont peints sur la façade.

Bahnhof. Érigée en 1901, la gare, ou Bahnhof, très ornementée fut classée monument national en 1972. Elle était à l'origine le terminus de la voie ferrée de la Kaiserliche Eisenbahn Verwaltung (Autorité impériale des chemins de fer) reliant Swakopmund à Windhoek. En 1910, lorsque le chemin de fer national ferma, elle devint le point de départ de la ligne Swakopmund-Otavi. Aujourd'hui, elle a été rénovée et fait partie d'un hôtel luxueux.

Ancien hôpital franciscain. Cette structure hospitalière connue sous le nom d'hôpital Saint-Antoine (St Antonius Gebaude), bâtie en 1907 sur les plans de l'architecte Otto Ertl, fut en activité jusqu'en 1987. Elle est située dans Post Str., à une rue à l'est de l'ancienne poste.

Litfass-Saule. Baptisées du nom de l'imprimeur berlinois Litfass qui reprit/inventa, en 1855, le concept des colonnes dites Morris. Ces colonnes constituaient une source d'informations et de publicité couramment utilisée autrefois par les citoyens de Swakopmund. Il n'en reste qu'une seule à l'angle de Post Str. et de Breite Str.

Édifice Hohenzollern. Au coin de Moltke Str. et de Brücken Str. se dresse la construction la plus imposante et la plus insolite de Swakopmund. Vieil hôtel de style néo-baroque, il date de 1906. Son architecture assez bizarre est couronnée par "Atlas soutenant le monde", moulage en fibre de verre de l'original en équilibre précaire sur le toit avant les rénovations effectuées en 1988.

Église luthérienne évangélique allemande. Conçue par Otto Ertl, la néo-baroque église luthérienne évangélique allemande, située dans Otavi Str., fut érigée en 1910-1911 pour accueillir la congrégation organisée en 1906 par le Dr Heinrich Vedder. Sa consécration eut lieu le 7 janvier 1912.

Ancienne école allemande. En face de l'église luthérienne se tient le bâtiment de style néo-baroque (Old German School). qui héberge les anciens collèges municipaux et d'État. Un concours présida au choix de son architecte en 1912 qui désigna

Emil Krause. La construction fut achevée en 1913.

Deutsche-Afrika Bank. Ce plaisant bâtiment de style néo-classique, près de l'angle de Woermann Str. et de Moltke Str., est une succursale de l'établissement bancaire Deutsche-Afrika Bank depuis la date de sa construction en 1909.

Kaiserhof. L'ancien Hotel Kaiserhof, au coin de Kaiser Wilhelm Str. et de Moltke Str., se composait de deux étages lors de sa construction en 1905. Détruit par un incendie neuf ans plus tard, il fut rebâti sur un seul étage.

Prinzessin Rupprecht Heim. Cette jolie construction d'un étage datant de 1902 est l'un des premiers bâtiments de Swakopmund. Hôpital militaire à l'origine, celui-ci fut transféré en 1914 à la Bavarian Womens' Red Cross, qui lui donna le nom de sa protectrice, la princesse Rupprecht, épouse du prince héritier de Bavière. Il accueillit alors les convalescents venus profiter des effets salubres des brises marines. Récemment encore, une aile était utilisée comme maternité (les brochures touristiques assurent que sa fermeture est due à une grève des cigognes). Il est à présent reconverti en pension privée.

Woermann Haus. Particulièrement pittoresque, cette vaste demeure servit d'hébergement aux marins de la marine marchande durant leurs escales. Vu du rivage, ce délicieux archétype de l'architecture allemande éclipse tous les bâtiments environnants et on pourrait aisément le prendre pour l'hôtel de ville. En fait, il est occupé par la bibliothèque et l'office du tourisme.

Dessiné par Friedrich Höft, l'édifice fut construit en 1905 pour devenir le siège de la Damara & Namaqua Trading Company. En 1909, il fut repris par la Woermann & Brock Trading Company, dont il porte le nom. Foyer scolaire dans les années 20, il se délabra par la suite, mais fut classé monument national et restauré en 1976.

La tour, dite tour du Damara, servait autrefois de château d'eau et de point de repère pour les navires et les marchands qui arrivaient en chars à bœufs de l'intérieur des terres. Elle renferme à présent un petit musée militaire et offre une vue magnifique sur la ville. La tour et le musée sont ouverts aux mêmes heures que le Namib Information Centre, où vous pouvez retirer une clé.

Anciennes demeures allemandes. A l'angle d'Otavi Str. et de Kaiser Wilhelm Str., la Villa Wille appartint à un entrepreneur, Karl Hermann Wille, qui la fit bâtir en 1911. Comprenant deux étages et agrémentée d'une tour ornementée, elle est particulièrement attrayante. Une rue plus loin, au nord, au coin de Post Str. et d'Otavi Str., remarquez la demeure et cabinet médical du médecin de la ville des années 1910, le Dr Schwietering. La belle résidence coloniale voisine, dans Post Strasse, mérite également une halte.

La Bismarck Str., juste au sud de Brücken Str., est bordée de demeures et d'immeubles coloniaux, simples et sans prétention, dont le MC Human Flats, construction datant de 1902.

A l'extrémité ouest de Post Str., l'ancienne Lüdwig Schröder Haus, bâtie en 1903 pour un employé de la Woermann Shipping Lines, était une annexe du siège de la compagnie de navigation. L'année suivante, une autre résidence, abritant des bureaux, fut construite après l'angle, dans Moltke Str. Conçue par Friedrich Höft, elle reçut le nom d'Altona Haus.

Alte Gefängnis. L'impressionnante prison, Alte Gefängnis, créée par l'architecte Heinrich Bause date de 1909 et ressemble plus à un établissement thermal du Bade-Wurtemberg qu'à une maison d'arrêt. En fait, le bâtiment principal était réservé au logement du personnel, tandis que les prisonniers occupaient des quartiers moins luxueux sur le côté. Toujours utilisée comme prison, elle est classée secteur sensible et ne peut être prise en photo.

OMEG Haus. La compagnie coloniale Otavi Minen-und Eisenbahn-Gesellschaft supervisait les riches mines de la région d'Otavi et de Tsumeb, au nord de la Namibie centrale. Comme une voie ferrée relia les mines à la côte au début des années 1900, la compagnie installa également un bureau à Swakopmund. Jusqu'en 1910, l'édifice de l'OMEG, dans Kaiser Wilhelm Str., servit d'entrepôt. A côté, se trouve l'Otavi Bahnhof, la gare de la ligne Swakopmund-Tsumeb. Il est projeté d'en faire un musée des transports.

Plages

Swakopmund est *la* station balnéaire de Namibie, mais n'en attendez pas trop tout de même. Même en été, la mer est froide et les températures dépassant rarement 22°C rappellent davantage l'île de Wight ou Santa Cruz, en Californie, que la côte du Kenya. La plage la plus prisée se trouve près du phare. Au nord de la ville, vous pourrez vous promener sur des kilomètres de plages désertes qui s'étirent en direction de la Skeleton Coast. Dans la lagune à l'embouchure de la Swakop, vous admirerez les nombreux oiseaux aquatiques : les canards, les flamants, les pélicans, les cormorans, les goélands et les échassiers.

Dans la ville même, vous pourrez apprécier la promenade, la jetée, les jardins tropicaux, le minigolf et la piscine chauffée, ouverte de 8h à 10h et de 14h30 à 19h.

Dunes

De l'autre côté de la Swakop, s'étendent des dunes accessibles à pied depuis le centre-ville, offrant une agréable excursion de 2 ou 3 heures.

Musée de Swakopmund

En cas de mauvais temps, le magnifique musée de Swakopmund, au pied du phare, se montre un refuge idéal. Il propose des collections sur l'histoire et l'ethnologie de la Namibie, ainsi que sur sa flore et sa faune.

Le melon !nara, qui joua un rôle essentiel dans la vie des premiers habitants khoikhoi du pays, fait l'objet d'une présentation extrêmement intéressante. Le musée renferme aussi une reconstitution bien conçue d'intérieurs coloniaux, dont la boutique de l'apothicaire Emil Kiewittand, et une exposition instructive sur la mine de Rössing. Il fera également le bonheur des passionnés de la chose militaire. A noter tout particulièrement : les uniformes étouffants que portaient le Camel Corps, et la pièce Shell, ainsi baptisée parce que le mobilier fut fabriqué pendant la dépression des années 30 avec des bidons d'essence et de pétrole métalliques.

Le musée occupe l'emplacement de l'ancien entrepôt du port détruit en 1914 par un destroyer britannique. Il ouvre de 10h à 12h30 et de 15h à 17h30. L'entrée coûte 1,20 $US ; les étudiants paient demi-tarif.

Brasserie Hansa

Les amateurs de bière, notamment de lager allemande, seront certainement intéressés par la Hansa Brewery (☎ 5021), 9 Rhode Allee, qui brasse le nectar ambré favori des habitants de Swakopmund. Si vous souhaitez visiter la brasserie et goûter ses spécialités, prenez rendez-vous par téléphone le plus à l'avance possible.

Activités sportives

Il est préférable de se baigner à l'abri du môle, bien que, même en été, la température de l'eau ne dépasse jamais 20°C. Vous opterez sans doute pour la piscine municipale, ouverte du lundi au vendredi, de 8h à 10h et de 17h à 19h, le samedi jusqu'à 12h et de 17h à 19h, le dimanche de 17h à 19h. Nordstrand ou "Thick Lip", près de Vineta Point, offre les meilleures possibilités de surf. Le Rössmund Golf Club (☎ 5644) propose un parcours de 18 trous, à 5 km à l'est de Swakopmund, sur la route principale. On peut louer l'équipement sur place. Le golf est ouvert tous les jours, sauf le lundi.

Festivals

Swakopmund organise plusieurs manifestations, essentiellement de style germanique, dont un Reitturnier (gymkhana) en janvier et le Swakopmund Karnival (carnaval) en août. Celui-ci donne lieu à de nombreuses festivités où l'on consomme force Hansa, la marque de bière de la ville. Les réjouissances comprennent un défilé de chars décorés de façon extravagante et un bal masqué traditionnel.

Circuits organisés

Plusieurs agences organisent des excursions d'une à deux journées. Au nombre des favorites, citons Charly's Desert Tours, 11 Kaiser Wilhelm Str., Namibia Photo Tours, Roon Str. 8, Rhino Tours, dans Garnison Str., et Desert Adventure Safaris, dans Roon Str.

Elles proposent en général des options similaires, les différences portant sur les prix, – légèrement moins élevés dans certaines – les jours d'excursions et la taille minimum du groupe. Si un circuit est annulé, elles adressent souvent leurs clients à d'autres agences pour compléter des groupes, aussi avez-vous de bonnes chances de partir le jour de votre choix.

Les options d'une demi-journée comptent : cap Cross (41 $US), des excursions géologiques dans les environs de la mine de Rössing (31 $US), et Welwitschia Drive (31 $US). Les excursions d'une journée incluent : Sandwich Harbour (63 $US) ; le Spitzkoppe (44 $US) ; le delta de la Kuiseb et la lagune de Walvis Bay, avec visite d'un village nama (52 $US) ; une excursion géologique et botanique (52 $US) et Welwitschia Drive (41 $US) ; la visite de Swakopmund et de ses édifices historiques (11 $US) ; Walvis Bay (20 $US).

Namibia Photo Tours organise également des sorties au coucher du soleil dans les dunes ou en mer (22 $US), des braais sur la plage (29 $US) et des expéditions de pêche au requin (60 $US). Rhino Tours vous conduira au Brandberg (55 $US).

Tous les prix indiqués sont les tarifs moyens par personne.

Si vous souhaitez survoler les salins, le Brandberg, le désert du Namib, la Skeleton Coast, ou même des régions plus lointaines, adressez-vous à Pleasure Flights (☎ 4500 ; fax 5325), dans Kaiser Wilhelm Str. Coûteuses, ces excursions permettent cependant de contempler les paysages surnaturels de cette partie du monde sous un angle inhabituel. Le survol d'une heure des environs de Swakopmund, de Welwitschia Drive et de Sandwich Harbour vous reviendra à 44 $US par personne, avec cinq passagers. Une excursion aérienne d'une journée dans le sud de la Namibie, comprenant le canyon de Fish River et la Sperrgebiet, vaut 320 $US par personne, avec cinq passagers.

Pour sillonner les plages et les dunes, voyez Beach Buggy Safaris (☎ 5377), dans Roon Str., qui propose également des excursions et une nuit en camping.

Westcoast Angling Tours (☎ 2377 ; fax 2532) met sur pied des expéditions de pêche en haute mer, ainsi que dans les rochers et les vagues de la plage. De novembre à mai, les eaux abondent en requins tachetés, dont le poids peut atteindre 180 kg. Toutes les expéditions de Westcoast Angling Tours coûtent 48 $US par personne et par jour, matériel compris. Les amateurs de pêche ne dénicheront pas d'option plus originale.

Okakambe Trails (☎/fax 2799) organise des randonnées équestre, avec une nuit incluse, le long de la Swakop jusqu'à l'oasis de Goanikontes sur Welwitschia Drive. Une promenade à cheval de 2 heures, à 17 $US par personne, vous fera descendre la Swakop, traverser une étendue de dunes, puis revenir sur la plage de Swakopmund. Les randonnées d'une journée, qui partent de Goanikontes et longent la rivière jusqu'en ville, valent 41 $US par personne, déjeuner au club de golf compris. Les voyages aller-retour de Swakopmund à Goanikontes, avec une nuit de camping à l'oasis, coûtent 68 $US par personne, repas compris.

Enfin, si vous êtes germanophone, vous pourrez faire une excursion pittoresque dans le Swakopmund historique avec Ms A. Flamm-Schneeweiss (☎ 61647). Téléphonez-lui ou contactez-la par l'intermédiaire du Namib Information Centre.

Pour de plus amples détails sur les agences, reportez-vous à la rubrique *Circuits organisés* du chapitre *Comment circuler*.

La vie dans les dunes

Malgré leur apparence stérile, les dunes du Namib jouissent d'un écosystème unique. En nul autre lieu de la planète, les espèces animales et végétales n'existent dans des conditions aussi hostiles. Ici, elle résistent, grâce essentiellement aux graines et aux matières végétales déposées par le vent, ainsi qu'à l'humidité apportée par le brouillard.

Même une courte promenade dans les dunes révèle les traces de cette communauté bien adaptée. Le sable abrite diverses petites créatures. Dans la journée, les températures en surface atteignent parfois 70°C, mais l'espace considérable entre les particules de sable permet à l'air de circuler librement sous la surface, fournissant un refuge frais. La nuit, il retient un peu de la chaleur absorbée dans la journée et procure un abri chaud. Il fait également une excellente cachette où les animaux s'enfouissent en cas de danger.

Sossusvlei et les dunes au sud d'Homeb, sur la Kuiseb, se montrent idéals pour l'observation. Tôt le matin, vous repérerez les traces laissées par les activités nocturnes des divers coléoptères, lézards, serpents, araignées et scorpions.

Elles abritent une grande quantité de coléoptères attirés par les matières végétales, et 200 espèces de la seule famille des *ténébrionidés* vivent dans le Namib. On ne les voit cependant que lorsque la surface est chaude. Aux autres moments, ils se réfugient sous la surface en "nageant" dans le sable.

Des coléoptères (*Onomachris unguicularis*), appelés dans la région *toktokkies*, ont une façon particulièrement originale de boire. Dans la journée, ils circulent sur les dunes, se nourrissant des détritus de plantes, mais la nuit, ils s'ensevelissent en recueillant la condensation d'humidité. Les matins de brouillard, ils s'alignent sur les crêtes, baissent la tête, se lèvent sur leurs pattes postérieures et laissent glisser les fines gouttelettes d'eau le long de leur carapace jusqu'à leur tête. Ils peuvent consommer une quantité d'eau équivalente à 40% de leur poids en une seule matinée.

La grande araignée dansante, dite la "dame blanche du Namib" (*Orchestrella longpipes* – on dirait le nom d'un personnage de conte d'enfants !) vit dans des tunnels qu'elle tapisse de soie pour les étayer. Cette énorme araignée peut aisément faire son repas de grandes créatures tels les geckos à pattes palmées.

Les dunes accueillent également l'adorable taupe dorée (*Eremitalpa granti*), carnivore de couleur jaunâtre qui passe la plus grande partie du jour enfouie. Découverte en 1837, elle ne fut plus revue jusqu'en 1963. Dépourvue d'yeux et d'oreilles, elle ne creuse pas comme les autres taupes, mais nage dans le sable. Bien qu'on l'aperçoive rarement, regardez attentivement aux alentours des touffes d'herbe ou des tertres pour essayer de distinguer son large museau rond qui apparaît souvent à la surface. Elle sort la nuit et parcourt les dunes à la recherche de coléoptères, de larves et autres insectes.

Où se loger

Pendant les vacances scolaires d'octobre à mars (et plus particulièrement de décembre à janvier), les établissements sont complets très longtemps à l'avance, aussi doit-on soit se préparer à camper, soit réserver le plus tôt possible.

Où se loger – petits budgets

Le morne *Mile 4 Caravan Park* (☎ 61871 ; fax 62901), sur la plage, à 4 km en direction de Henties Bay, possède 400 emplacements de camping à 3 $US par tente plus 2 $US par personne et un tarif fixe de 3 $US par véhicule. Il est exposé au vent, au sable et à la bruine, la sécurité peut poser problème, mais vous verrez peu de campings aussi insolites.

L'utilisation à la journée coûte 1,50 $US par personne, et des raccordements électriques sont disponibles à 1,50 $US, ce que les campeurs en caravane apprécieront peut-être, car on ne peut faire fonctionner les générateurs que de 18h30 à 20h. Les petits bungalows se louent 11 $US, et le cottage indépendant 41 $US. Ces deux options doivent être réservées 3 mois à l'avance, sauf pour le mois de décembre... où les locations se prennent un an à l'avance ! Il n'existe ni restaurant ni kiosque, mais pendant les

Une espèce de lézard, l'*Aporosaura anchitae*, utilise une méthode unique pour résister à la chaleur lorsqu'il se déplace. Il tolère des températures corporelles de 44°C mais pour s'adapter à la surface brûlante, il se livre à une sorte de danse thermorégulatrice en soulevant alternativement les pattes deux à deux. En cas de danger, il disparaît instantanément sous le sable.

Autre créature assez attrayante, le petit gecko à pattes palmées (*Palmatogecko rangei*), aussi appelé gecko palmipède, se sert de ses pattes comme de pelles pour creuser le sable. Cet animal nocturne translucide, au dos brun rose et au ventre blanc, est long de 10 cm. Ses yeux énormes lui sont utiles pour chasser la nuit. Les photos le représentent souvent en train d'enlever le sable et la poussière de ses yeux à l'aide de sa longue langue, qu'il utilise également pour recueillir les gouttelettes de brouillard condensées sur sa tête et son museau. D'autres espèces de geckos habitent dans les dunes, dont le gecko aboyeur (*Ptenopus garrulus*) et le gecko au museau aplati (*Chondrodactylus anguilifer*).

Autre lézard des dunes, le bizarre namaqua (*Chamaeleo namaquensis*) à l'aspect redoutable, peut atteindre 25 cm. On le reconnaît sans peine à la frange de bosses brunâtres le long de son épine dorsale. Lorsqu'il est menacé, il émet un sifflement sinistre, et ouvre grand son énorme bouche de couleur jaune, découvrant sa langue visqueuse qui tue jusqu'à 200 grands coléoptères par jour. Comme tous les caméléons, ses yeux se meuvent de façon indépendante dans leur orbite conique, ce qui lui permet de regarder dans plusieurs directions à la fois.

La petite vipère du Namib (*Bitis peringueyi*) se camoufle parfaitement dans le sable grâce à sa couleur chamois. Longue de 25 cm seulement, elle se déplace obliquement avec élégance. Ses yeux étant placés sur le haut de sa tête, elle peut s'enterrer presque complètement dans le sable et continuer de surveiller la surface. Lorsque passe une proie, en général un gecko ou un lézard, la vipère l'immobilise de son venin avant de la dévorer. Bien qu'également toxique pour les humains, le venin très léger cause rarement plus qu'une irritation.

Les trois espèces de serpents de sable du Namib (*Psammophis sp.*) sont plus longues, plus souples et plus rapides que leur consœur, mais chassent les mêmes proies. Dotés de crochets arrière, ils s'emparent de leur proie, la mastiquent jusqu'à ce qu'elle soit immobilisée par le venin, puis l'avalent tout entière. Leur couleur, du blanc cassé au gris pâle, leur offre aussi un excellent camouflage. Leur dos est marqué de rayures pâles ou de points.

On confond couramment les diverses variétés de scinques du Namib (*Typhlosaurus s.p*) avec des serpents. Comme ils se déplacent en nageant dans le sable, leurs membres sont soit petits et atrophiés, soit inexistants. Leurs yeux, leurs oreilles et leurs narines sont minuscules, donc bien protégés des particules de sable. Ils portent au bout du nez une "écaille rostrale", qui agit comme une lame de bulldozer et leur permet d'avancer dans le sable. Les scinques passent le plus clair de leur temps enfouis sous la surface, mais le soir, ils sortent dans les dunes en quête de nourriture. Le matin, vous verrez souvent leurs traces révélatrices. ■

vacances scolaires de décembre, un restaurant itinérant, le Grub Tub, s'installe au camping et sert des repas simples.

Le *Swakopmund Rest Camp* (☎ 2807), Private Bag 5017, dispose de cabanons de quatre lits à 32 $US, de "fishermen's shacks" rudimentaires de deux lits à 12 $US, de "fishermen's cabins" de quatre lits à 19 $US, et de cabanons de six lits à 34 $US. Un "VIP bungalow" indépendant pour six personnes, équipé de la TV, d'une cuisine et d'une s.d.b., coûte 58 $US. Tous les clients ont accès aux installations de barbecue. Les cabanons se remplissent rapidement les week-ends et pendant les vacances scolaires, aussi mieux vaut réserver à l'avance. Les animaux et les motos sont interdits.

Le Swakopmund Rest Camp est toujours d'un bon rapport qualité/prix, surtout si on loge dans un "fishermen's shack" pour deux personnes. C'est exactement ce que l'on attend d'une cabane de pêcheur, rien de luxueux, mais un endroit où on peut se détendre et économiser son énergie en utilisant à la fois le lavabo, la douche et les toilettes.

Philippa Woodward (Grande-Bretagne)

Au récent *Hostelling International Hostel* (☎ 4164), dans l'Alte Kaserne, sur Lazarett Str., les clients ont la possibilité de faire la

NAMIBIE

cuisine et leur lessive. L'organisation n'est pas encore tout à fait au point, mais pour l'instant l'approche quelque peu militaire risque de paraître contraignante à certains voyageurs. L'hébergement en dortoir coûte 7/7,50 $US aux adhérents/non-adhérents de HI. Les doubles privées reviennent à 13 $US. Vous remarquerez les étonnantes peintures de style germanique qui ornent les murs, dont les armoiries des États fédéraux allemands de l'époque coloniale.

Le meilleur choix bon marché, le *Jay Jay's Restaurant & Hotel* (☎ 2909), dans Brücken Str. propose des simples/doubles sans fioritures à 8/16 $US et des lits en dortoir à 7 $US. Propre et proche de la mer, il compte un restaurant simple au rez-de-chaussée et le bar, rendez-vous local, est parfois très animé.

Un peu plus cher, mais pas aussi propre, l'*Hotel Schutze* (☎/fax 2718), d'aspect assez morne, demande 14 $US pour une simple avec installations communes, et 17/30 $US pour une simple/double avec s.d.b. L'objet de cet établissement semble lié à ses relations avec son Ho-Yin's Pub, aussi les femmes seules préféreront-elles peut-être l'éviter. Toutefois, son restaurant sert une excellente cuisine allemande. Consultez le menu, écrit sur un tableau à l'extérieur.

Au 81 Seeadler Str., un accueillant B&B bon marché est proposé par *Mrs Viviane Schultz* (☎ 61683). L'hébergement en simple/double coûte 11/20 $US. Pour réserver par courrier, écrivez à PO Box 3182, Swakopmund.

Plus original, le *Villa Anna* (☎ 2371), logé dans le cloître d'un ancien couvent, 1 Breite Str., est tenu par Madame Joost et revient à 7 $US par personne.

NAMIBIE

Où se loger – catégorie moyenne

La plaisante *Pension Dig-by-See* (☎ 4130 ; fax 4170), couramment appelée Digby's, 4 Brücken Str., PO Box 1580, possède des simples/doubles à 19/32 $US, comprenant un petit déjeuner substantiel et varié. Les chambres pour trois/quatre personnes valent 17 $US par personne, petit déjeuner compris, et les appartements de vacances indépendants 60 $US. Toutes les chambres sont pourvues d'une baignoire, d'une douche, de toilettes et de la TV.

La *Pension Prinzessin-Rupprecht-Heim* (☎ 2231 ; fax 2019) s'abrite dans l'ancien hôpital colonial et s'agrémente d'un joli jardin. Elle loue 29/46 $US les simples/doubles avec s.d.b., petit déjeuner compris. Les petites chambres simples avec installations communes coûtent 13 $US et les appartements familiaux 44 $US pour deux, plus 13 $US par occupant supplémentaire, quatre personnes maximum.

Plus coûteux, l'hospitalier *Hotel-Pension Rapmund* (☎ 2035 ; fax 4524), PO Box 425, près du phare, dispose de simples/doubles à 33/51 $US, petit déjeuner compris, et réserve un accueil extrêmement chaleureux aux voyageurs.

Comme son nom le laisse présager, la *Deutsches Haus* (☎ 4896 ; fax 4861), PO Box 13, Lüderitz Str. 13, baigne dans une atmosphère allemande. D'une impeccable propreté, elle n'est cependant pas très cordiale. Les simples/doubles reviennent à 30/46 $US, petit déjeuner compris, la chambre à trois lits à 60 $US. Vous paierez l'utilisation du garage 2,50 $US par jour, et la TV 3 $US.

L'*Hotel-Pension d'Avignon* (☎ 5821 ; fax 5542), dans Brücken Str., offre un accueil poli, mais l'ambiance m'a paru assez collet monté. Sa clientèle se compose essentiellement de touristes allemands, et les autres risquent de se sentir un peu déplacés. Il demande 28/42 $US pour ses simples/doubles avec s.d.b., petit déjeuner compris.

Établissement rénové et convenable, l'*Atlanta Hotel* (☎ 2360 ; fax 5649), situé dans le centre, 6 Roon Str., propose les simples/doubles à 25/39 $US et les chambres familiales pour quatre personnes à 44 $US, petit déjeuner compris. Toutes les chambres sont équipées de s.d.b. et d'un téléphone. La TV est disponible sur demande, pour 3 $US par jour.

Dans la même gamme, l'*Hotel Grüner Kranz* (☎ 2039 ; fax 5016) loue les simples/doubles avec TV et s.d.b. 27/44 $US et les suites 33/55 $US. Le petit déjeuner revient à 4 $US. L'hôtel cible la clientèle jeune et compte une discothèque au premier étage, aussi l'ambiance est-elle très animée. Il existe aussi un salon où l'on peut voir des films vidéo tous les soirs.

Haut de gamme dans la catégorie moyenne, l'*Hotel Europa Hof* (☎ 5898 ; fax 2391) ressemble à un chalet bavarois auquel il ne manque ni les jardinières colorées ni les drapeaux européens flottant aux fenêtres du premier étage. Vous paierez les simples/doubles 44/63 $US, et l'utilisation du garage 6 $US par jour.

Près de la mer, établissement très apprécié jouissant d'une belle vue sur le phare, l'*Hotel Schweizerhaus* (☎ 2419 ; fax 5850) est probablement mieux connu comme l'hôtel du Café Anton. Les simples/doubles classiques coûtent 37/67 $US, les chambres grand standing avec balcon 46/73 $US, et les chambres de luxe, également avec balcon, 52/82 $US.

Si vous souhaitez n'entendre que le bruit de l'océan, descendez au *Alte Brücke Holiday Resort* (☎/fax 4918), proche de l'embouchure de la rivière, au sud de la ville. Il possède des bungalows de luxe indépendants à 41 $US pour deux personnes, et à 53/67 $US pour trois/quatre adultes. Les bungalows familiaux accueillant un maximum de deux adultes et deux enfants valent 53 $US. Option, plus simple, pour des appartements de vacances, le *K & E Wojtas* (☎ 2402), 4 Windhuker Str., propose deux appartements indépendants, à 8 $US par personne, avec un règlement minimum de 28 $US.

Où se loger – catégorie supérieure

Dans le centre, le *Hansa Hotel* (☎ 311 ; fax 2732) aime à se qualifier de "luxe dans le désert". Le plus haut de gamme de Swakopmund, il s'enorgueillit d'avoir accueilli des hôtes célèbres. Ses premiers tarifs de 49/71 $US offrent donc en général des simples/doubles un peu ternes par rapport au prix. Mieux vaut opter pour une chambre avec balcon et vue sur le jardin à 61/88 $US. Les suites de luxe, toutes meublées et décorées différemment, coûtent 75/102 $US.

Le Hansa risque d'être bientôt détrôné par le quatre-étoiles très chic en cours d'aménagement dans la gare historique rénovée.

Sur la plage principale, derrière le môle, le deux-étoiles *Strand Hotel* (☎ 315 ; fax 4942) n'occupe pas un édifice des plus attrayants, mais il jouit d'une belle vue sur la mer. Il dispose de simples/doubles à 57/76 $US, prix comprenant un petit déjeuner copieux.

Bien situé également et assez familial, l'*Hotel Garni Adler* (☎ 5045 ; fax 4206), 3 Strand Str., semble une résidence moderne perdue dans un faubourg allemand. Il loue les simples classiques de 43 $US à 50 $US, et les doubles 70 $US. Les simples/doubles avec vue sur l'océan coûtent 59/81 $US. Les studios reviennent à 88/135 $US. Tous les prix comprennent le petit déjeuner. Vous paierez l'utilisation du garage ou d'une TV 3 $US. Les saunas valent 6 $US.

Où se restaurer

Comme toute station balnéaire qui se respecte, Swakopmund affiche un vaste choix, allant de la simple vente à emporter aux restaurants quatre-étoiles. *La Paloma Takeaways*, dans Breite Str., au sud de Kaiser Wilhelm Str., vend d'excellents plats à emporter à petits prix. Elle fait également fonction de gare de minibus.

Dans la même catégorie, le *Wurst Bude*, pas cher et hautement recommandé, se tient non loin de l'angle de Moltke Str. et de Woermann Str. Plus banal, le *Kentucky Fried Chicken* (☎ 5687), 13 Roon Str., reste ouvert jusqu'à 22h.

Autre option très simple, mais débordante d'animation, le *Fagin's* (☎ 2360), pub bon marché près de l'Atlanta Hotel, est très apprécié des habitants de Swakopmund. Son personnel jovial et sa clientèle fidèle en font un bistrot bon enfant.

Également conseillé, le superbe *Napolitana Pizzeria & Mediterranean Restaurant* (☎ 2773), 33 Breite Str., pratique des prix modestes. Le nom dit tout ou presque – le menu s'orne aussi du dessin d'un canal vénitien. Il ouvre du lundi au dimanche de 10h à 14h et de 17h30 à 22h. Ne manquez pas de goûter leur excellente bière pression glacée. Mieux encore, il livre des pizzas jusqu'à 21h30 pour 0,75 $US en ville, ou pour 1,10 $US à Vineta, y compris au Mile 4 Caravan Park.

Le *Ron's Hideaway*, près de l'angle de Roon Str. et de Brücken Str., propose aussi de très bonnes pizzas, ainsi qu'un bar à l'arrière.

Le *Strand Hotel* (☎ 315) sur le môle offre des petits déjeuners copieux à 3 $US. Il est aussi recommandé pour les autres repas, qui sont servis à la mode allemande et doivent s'accompagner d'une Hansa à la pression. Le *Swakopmund Bistro* (☎ 2333) affiche un excellent menu plein d'imagination, comprenant des salades, des spécialités végétariennes, des crêpes, des steaks et des fruits de mers. Il est ouvert tous les soirs jusqu'à 22h.

Il existe des restaurants plus petits spécialisés dans les fruits de mer dont le haut de gamme *Erichs* (☎ 5141), dans Post Str., ouvert au déjeuner et au dîner. Sa carte composée de plats de poisson et de viande compte une délicieuse *Tiroler knödelsuppe*. Tout aussi chic, *The Ol' Steamer* (☎ 4806), dans Moltke Str. est ainsi nommé en hommage à la pauvre vieille locomotive à vapeur *Martin Luther*, qui se morfond juste à l'extérieur de Swakopmund. Il propose un très bon buffet de salades, des steaks et du poisson dans une charmante ambiance. Il est fermé le dimanche.

Autre bon choix pour le poisson, *The Tug* occupe le remorqueur échoué *Danie Hugo*, près de la jetée, à l'extrémité de Brücken Str. Peut-être l'adresse la plus prestigieuse pour les spécialités de poisson est-elle l'*Admiral's Restaurant*, sur la plage, non loin du Strand Hotel.

Le *Western Saloon* (☎ 5395) décoré style Far West, Moltke Str. 8, est réputé pour ses huîtres, ses nombreux fruits de mer et ses steaks. Le poisson sort en principe tout droit de l'océan, sauf problème d'approvisionnement. Il est ouvert du lundi au samedi, de 17h30 à 21h30, et le dimanche de 18h à 21h.

Le *Wagon Wheel*, dans Moltke Str., au nord de Kaiser Wilhelm Str., sert lui aussi de bons steaks. Excellent choix pour les travers grillés, les steaks et les fruits de mer, le *De Kelder* (☎ 2433), assez chic, s'abrite dans le Klimas Building, 10 Moltke Str. Il ouvre tous les jours, sauf le lundi, pour le déjeuner et le dîner. Après le repas, vous pourrez tenter votre chance dans son Desert Dunes Casino.

Quant aux spécialités allemandes, parce qu'après tout, nous sommes à Swakopmund, essayez le *Bayern Stubchen*, dans Garnison Str., dont les prix se situent dans la catégorie moyenne. Le restaurant très simple et bon marché du *Jay Jay's*, dans Brücken Str., sert de copieux *boerekos*, mets afrikaners.

N'oublions pas de mentionner l'assez prétentieux *Café Anton* (☎ 2419) de l'Hotel Schweizerhaus. Son patio et ses savoureux (quoique coûteux et chiches) cafés, *apfelstrüdel*, *kugelhupf*, *mohnkuchen*, *linzertorte* et une foule d'autres délices, sont presque légendaires. Au nombre des autres *konditorei* allemands figurent le *Seebad Cafe*, dans Kaiser Wilhelm Str., pourvu d'une bonne boulangerie-pâtisserie, et le *Hansa Bäckerei & Cafe Treff*, un peu plus loin dans la même rue.

Le *Kücki's Pub* (☎ 2407), l'un des meilleurs restaurants de Namibie, sert d'excellents repas de bistrot. La plupart des plats sont à un prix raisonnable, mais si vous avez un petit pécule de côté, ne manquez pas l'extraordinaire plateau de fruits de mer.

Le Sentra Supermarket, près de l'angle de Moltke Str. et de Kaiser Wilhelm Str., vous permet de faire vos courses ou de manger sur le pouce à la cafétéria, qui ouvre même le dimanche matin.

Distractions

Très prisé des adultes, le Scandal's Nightclub privilégie la musique locale et la danse disco. Il est ouvert de 20h à 4h tous les soirs. Les plus jeunes préfèrent en général la discothèque The Stage Night Club, à l'étage de l'Hotel Grüner Kranz. Un bar privé calme se tient en face de l'hôtel.

Le Bacchus Taverna, pub prosaïque situé dans la rangée d'immeubles historiques en face de l'Europa Hof Hotel possède un charme légèrement suranné. Le bar du Jay-Jay's reste ouvert jusqu'aux petites heures du matin et jouit d'une grande popularité auprès des habitants de Swakopmund. Autre grand favori des gens du cru comme des visiteurs, le Fagin's Pub se tient près de l'Atlanta Hotel, dans Roon Str. A côté, le cinéma Atlanta propose un film tous les soirs à 20h.

Achats

Au Swakop River Angoras, vous achèterez des vêtements de qualité en poil de lapin angora. Vous découvrirez aussi les techniques de filage, de teinture et de tissage. Il ouvre tous les jours de 10h à 17h.

Rendez également visite au magasin Karakulia, dans le First National Development Corporation (ENOK) Centre, près de l'ancienne prison, au coin de Mittel Str. et du Nordring. Il fabrique et vend des carpettes, des tapis et des tentures murales tissés à la main en laine de karakul. Il propose d'autres produits de qualité, dont de l'artisanat local, des minéraux et des gemmes. La boutique d'artisanat de l'Hotel-Pension Rapmund dispose d'une sélection de plaisantes peintures.

Swakopmund est réputée pour ses chaussures solides en peau de koudou, appelées "Swakopmunders", commercialisées à la Swakopmund Tannery, 7 Leutwein Str. Cette dernière offre aussi des sacs à main, des sandales, des ceintures, et toutes sortes d'articles en cuir à de très bons prix.

Diverses boutiques et petites galeries se spécialisent dans les gravures et les peintures de la région, allant des aquarelles classiques à l'art africain surréaliste moderne. La galerie Reflections, proche du Café Anton, expose souvent les œuvres des artistes locaux. Swakopmund possède plusieurs magasins de bibelots et de souvenirs africains, ainsi que des bijouteries onéreuses, dont les créations utilisent le plus souvent des pierres fines et des gemmes de la région. On peut commander des bijoux et regarder l'orfèvre travailler. La fabrique de T-shirts dans Woermann St imprime et vend des modèles exclusifs.

Comment s'y rendre

Swakopmund jouit d'une excellente desserte aérienne, ferroviaire et routière.

Avion. Un vol d'Air Namibia quitte l'aéroport d'Eros de Windhoek pour Swakopmund à 9h30 les mardi, jeudi, vendredi et dimanche. De Swakopmund à Windhoek, les départs ont lieu les lundi, mercredi, vendredi et dimanche. Des liaisons sont également assurées avec Lüderitz, Oranjemund et Le Cap quatre fois par semaine.

Bus. Des minibus à bas tarif partent le matin de La Paloma Takeaways à destination de Windhoek et de Walvis Bay. On peut aussi héler ceux qui se rendent à Walvis Bay à l'angle de Breite Str. et de Rhode Allee.

Entre Swakopmund/Walvis Bay et Windhoek, circule également Dolphin Express (☎ (0642) 4118), cinq fois par semaine, et Cheetah Liner (☎ 62454), dont les bus quotidiens font le trajet pour 15 $US l'aller simple. Plus luxueux, Intercape Mainliner relie Windhoek à Swakopmund/Walvis Bay quatre fois par semaine, pour 25 $US l'aller simple. Les réservations pour tous ces bus, y compris les minibus, peuvent être effectuées auprès de Trip Travel (☎ 4013 ; fax 2114), 11 Post Str.

Train. Swakopmund est également accessible par train de nuit depuis Windhoek. Le train quitte Windhoek à 20h tous les jours, sauf le samedi, passe à Swakopmund à 5h05, puis continue vers Walvis Bay. Dans l'autre sens, il part de Walvis Bay à 18h35 du lundi au samedi, s'arrête à Swakopmund à 19h57 et atteint Windhoek à 6h21. Il permet également de rejoindre Usakos et Karibib. Le tarif Windhoek-Swakopmund en classe économique/couchettes s'élève à 3/9 $US du lundi au jeudi, et à 7/19 $US du vendredi au dimanche.

En stop. Le stop est possible mais – surtout si vous dirigez vers le désert du Namib ou la Skeleton Coast – dans des conditions très rudes. On risque le coup de chaleur, l'hypothermie ou le "décapage" par une tempête de sable.

Comment circuler

Les taxis desservent l'aéroport mais Swakopmund est si ramassée que l'on peut aisément aller partout à pied. La plupart des grandes agences de location de voitures de Windhoek possèdent une succursale à Swakopmund. Le chapitre *Comment circuler* fournit une liste d'adresses.

ENVIRONS DE SWAKOPMUND

La *Martin Luther*

Dans le désert, à 4 km à l'est de la ville, vous découvrirez une petite locomotive à vapeur solitaire et mélancolique. La machine de 14 tonnes importée de Halberstadt, en Allemagne orientale, en 1896, devait remplacer les chars à bœufs qui transportaient les marchandises entre Swakopmund et l'intérieur. Le déclenchement des guerres nama-herero retarda sa mise en service, et elle resta à se morfondre à Walvis Bay en attendant la fin du conflit. Malheureusement, dans l'intervalle, l'ingénieur chargé d'assurer son fonctionnement rentra en Allemagne sans avoir livré le secret de sa mise en route. Un chercheur d'or américain parvint finalement à la faire démarrer, mais la locomotive consommait d'énormes quantités d'eau qui n'étaient tout simplement pas disponibles. En fait, il fallut 3 mois pour parcourir les 30 km séparant Walvis Bay de Swakopmund. Elle n'assura que deux courts trajets avant de s'immobiliser définitivement dans un grincement de freins en vue de Swakopmund. Lorsqu'il devint évident que ce type de mécanique ne facilitait la vie de personne, on la laissa sur place. Elle reçut le surnom de *Martin Luther*, par référence à la célèbre réponse du grand réformateur protestant à la Diète de Worms en 1521 : "Je reste ici. Que Dieu me vienne en aide, car je ne peux faire autrement." Restaurée en 1975, elle est classée monument national.

Burg Hotel Nonidas

Sur la route principale, à environ 10 km à l'est de Swakopmund, l'intéressant Burg Hotel Nonidas (☎ 4544) a l'allure d'un château. Il fut élevé sur l'emplacement d'un poste de douane et de police datant des années 1890. Il n'en subsiste que la partie bar, décorée de nombreux objets et photos anciens. L'hôtel est fermé depuis 1993, mais devrait rouvrir tôt ou tard.

Camel Farm

Si vous voulez jouer les Lawrence d'Arabie du Namib, rendez visite à la Camel Farm (☎ 363), à 15 km à l'est de Swakopmund sur la B2. Les promenades à dos de chameau de 40 minutes coûtent 7 $US. La ferme est ouverte de 15h à 17h. Pour louer une monture et organiser votre transport depuis la ville, téléphonez et demandez Madame Elke Elb.

Mine d'uranium de Rössing

A 55 km à l'est de Swakopmund, la Rössing Uranium Mine (☎ 2046), la plus grande mine à ciel ouvert d'uranium du monde, mérite assurément une visite. Peter Louw découvrit l'uranium dans les années 20 et tenta sans succès d'en lancer l'exploitation. En 1965, la concession fut transférée à Rio Tinto Zinc. Des études détaillées évaluèrent l'étendue du gisement à quelque 3 km de long sur 1 km de large. L'extraction commença en 1970, mais n'atteignit son rendement maximum que huit ans plus tard. A présent, l'ampleur de l'exploitation est gigantesque et, à pleine capacité, la mine produit environ un million de tonnes de minerai par semaine.

Rössing (filiale de Rio Tinto Zinc) joue aujourd'hui un rôle de premier plan dans l'économie de Swakopmund et emploie 2 500 personnes. Créée par la compagnie, la Fondation Rössing a pour tâche de fournir un centre d'enseignement et de formation à Arandis, au nord-est de Rössing. Elle est également chargée de construire et de subventionner les installation médicales, ainsi que les logements des employés. La compagnie a assuré qu'une fois le gisement épuisé et la mine fermée, elle nettoiera entièrement le site pour le rendre aussi plaisant que possible. Espérons qu'elle tiendra ses promesses.

Les visites de la mine, d'une durée de 4 heures 30, partent du Café Anton le vendredi à 8h et coûtent 3 $US par personne, transport compris. Toutes les recettes sont versées au musée. Réservez la veille au musée.

Trekkopje

Le cimetière militaire de Trekkopje s'étend à environ 112 km à l'est de Swakopmund et à 1 km au nord de la B2. En janvier 1915, lorsque les forces sud-africaines occupèrent Swakopmund, les Allemands entreprirent de saboter les voies ferrées pour couper les sources d'approvisionnement de la ville. Les Sud-Africains avaient cependant déjà commencé à remplacer la vieille voie étroite par une ligne à écartement normal et, à Trekkopje, l'équipe chargée des travaux rençontra les troupes allemandes. Le 26 avril 1915, celles-ci attaquèrent le chantier, mais les Sud-Africains se défendirent à l'aide de canons montés sur des véhicules blindés et l'emportèrent aisément. Les soldats des deux camps tombés lors de ce combat reposent dans ce cimetière, situé immédiatement au nord de la voie ferrée, près de l'ancienne gare.

Welwitschia Drive

Si vous avez un véhicule, ou les moyens de vous joindre à un circuit organisé, la Welwitschia Drive vous offrira une belle promenade. Partant de la route du col de Bosua, à l'est de Swakopmund, cette piste est intégrée au parc de Namib-Naukluft, mais fait en général l'objet d'excursion d'une journée au départ de Swakopmund, aussi l'avons-nous inclus dans la présente rubrique.

Le bureau du MET de Swakopmund vous fournira un permis d'entrée ainsi qu'une brochure décrivant le circuit et portant des références numérotées pour indiquer les sites intéressants. Le circuit entier ne demande que quelques heures mais prenez votre temps. Les numéros entre parenthèses se réfèrent aux "points phares".

Les champs de lichens gris et noirs (1) constituent l'un des grands attraits du circuit. Ils semblent presque des petits buissons morts qui s'épanouissent comme par magie sous l'effet de l'humidité.

Autre halte intéressante : l'ancienne Baaiweg (3), empruntée autrefois par les chars à bœufs transportant les marchandises entre la côte et le centre de la Namibie. Elle est toujours visible car le lichen détruit lors de ces passages a repoussé au rythme de 1 mm par an seulement. Un peu plus loin, vous observerez d'autres témoignages des dommages infligés par les hommes à ces environnements fragiles sous la forme d'un camp (7) utilisé par les troupes sud-africaines pendant quelques jours en 1915. Elles n'étaient visiblement pas adeptes du camping écologique.

Plus à l'est, s'étend le Moon Landscape (4), paysage lunaire de collines érodées et de vallées sculptées par la Swakop. Là, un rapide crochet au nord, de 12 km allerretour, vous conduira à la ferme et la verte oasis de Goanikontes, qui date de 1848. Sertie dans un cadre magnifique de montagnes désertiques, c'est un agréable endroit verdoyant où pique-niquer au bord de la Swakop. Elle propose également plusieurs campings ombragés et bungalows simples à des prix très raisonnables.

Quelques kilomètres après le camp sud-africain, la route part au nord en direction des plaines de welwitschias. Vous approcherez alors d'un dyke de dolérite noir (9) qui déchire le haut d'une crête. Il se forma lorsqu'une matière éruptive en fusion se fraya un passage à travers une fissure du revêtement de granit et refroidit.

Vous atteindrez ensuite les plaines de *welwitschia mirabilis* (11), où poussent plusieurs anciens spécimens de cette

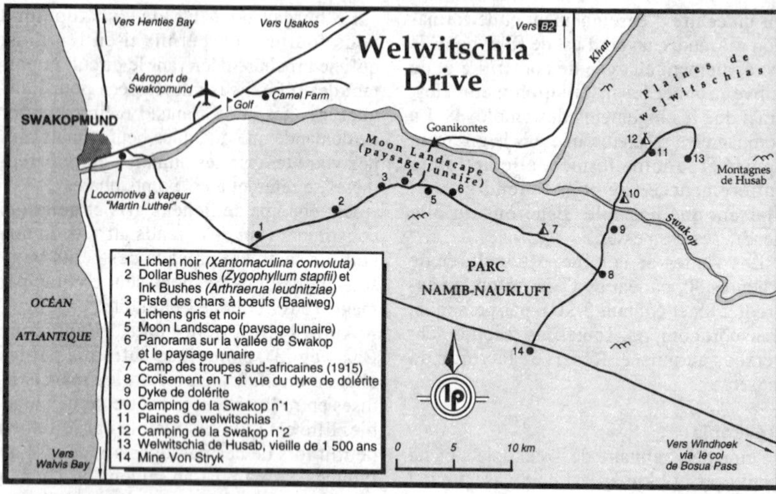

espèce (voir l'encadré). Ces plantes uniques (certaines ont 2 000 ans) se reconnaissent à leurs deux longues feuilles robustes, en général déchiquetées en un enchevêtrement de lanières fouettées par le vent. Elles croissent en divers lieux des plaines du Namib qui pour la plupart ne sont pas ébruités, afin de les protéger du vandalisme et du vol. Ici, le public peut en admirer de superbes spécimens. La grande welwitschia de Husab (12) serait âgée d'au moins 1 500 ans.

Où se loger. Sur la route qui mène aux plaines de welwitschias, de l'autre côté de la Swakop, un camping des parcs nationaux peut accueillir un groupe de huit personnes maximum. Il doit être réservé auprès du MET de Windhoek ou de Swakopmund.

Salines

Au nord du Mile 4 Caravan Park, s'étendent des salines dignes d'une visite ou d'un survol aérien. A l'origine, il s'agissait seulement de l'une des nombreuses cuvettes salées qui bordent la côte au nord de Swakopmund. De 1933 à 1953, la famille Klein en tira du sel, mais lorsque celui-ci s'épuisa, elle creusa des bassins d'évaporation peu profonds destinés à le concentrer. Ces bassins sont alimentés par de l'eau pompée directement dans l'océan et la brise du large fournit un catalyseur idéal à l'évaporation. Pendant une période de 12 à 18 mois, l'eau passe de bassins en bassins : les minéraux qu'elle renferme sont concentrés par évaporation et des cristaux de sel finissent par se former. La variété des algues présentes dans les cuvettes salines au cours de ces différentes étapes les fait étinceler d'une couleur différente, violette, rouge, orange, jaune, et même verdâtre.

L'environnement abrité et les concentrations de petits poissons contenues dans les bassins attirent une multitude de flamants, d'avocettes, de bécasseaux, de sarcelles, de grèbes, de goélands, de cormorans, de sternes, etc. Les Klein ont à présent fait enregistrer le site comme réserve naturelle privée. Ils ont également érigé une grande plate-forme en bois – une île artificielle – où les cormorans nidifient. A la fin de la saison de ponte, les dépôts de guano y sont collectés. Une autre entreprise périphérique, la Richwater Oyster Company, s'est créée en 1985 avec l'importation de

500 000 huîtres de l'île de Guernesey. Le banc d'huîtres occupe le premier bassin.

Les visites des salines et de l'huîtrière ont lieu du lundi au vendredi à 16h45 et durent 1 heure 30. Pour réserver, allez ou téléphonez aux bureaux des salines (☎ 2611) de Swakopmund. Après les heures ouvrables, appelez le ☎ 4015. On peut aussi vous organiser des visites ornithologiques guidées.

WALVIS BAY

Malgré son manque de cachet, Walvis Bay (prononcez *VAHL-faïes*) représente tout de même une intéressante possibilité d'excursion depuis Swakopmund, à 30 km au nord. Il émane d'elle une sorte de charme vague qui échappera peut-être à certains visiteurs, mais encore récemment, elle s'illustrait essentiellement par ses conserveries de poisson et son statut de seule installation portuaire convenable entre Lüderitz et Luanda. Elle doit son magnifique port à Pelican Point (pointe du Pélican) qui forme un brise-lame de sable naturel.

Aujourd'hui, Walvis Bay apparaît comme une ville dynamique de 40 000 habitants,

Les welwitschias

De toutes les curiosités botaniques de Namibie, l'extraordinaire *Welwitschia mirabilis*, qui pousse uniquement dans les plaines caillouteuses du nord du Namib, de la Kuiseb au sud de l'Angola, se montre sans doute la plus étrange. Elle entra dans l'histoire scientifique en 1859, lorsque le médecin et botaniste autrichien, Friedrich Welwitsch, en dénicha un grand spécimen à l'est de Swakopmund. Il suggéra de la baptiser *tumboa*, l'une des appellations locales de la plante, mais l'importance de la découverte était telle qu'on lui donna son nom. Plus récemment, les Afrikaners l'ont surnommée *tweeblaarkanniedood* ou "deux feuilles ne peuvent mourir".

C'est dans les plaines à l'est de Swakopmund, près du confluent de la Khan et de la Swakop qu'on les rencontre en plus grand nombre. Ces vilains petits canards du monde végétal se sont bien adaptés à leur rude habitat. On pensa à une époque qu'elles étaient pourvues d'une racine pivotante leur donnant accès à la nappe phréatique, à 100 mètres ou plus sous la surface. En fait, leur racine ne dépasse jamais 3 mètres, et selon l'hypothèse communément retenue aujourd'hui, si elles puisent un peu d'eau dans les ressources souterraines, la plus grande partie de leur humidité provient de la condensation du brouillard. Les pores des feuilles retiennent l'humidité et les longues feuilles arrosent les racines de la plante en dirigeant les gouttelettes sur le sable environnant.

Malgré leur apparence échevelée, elles ne comptent en fait que deux longues feuilles robustes qui poussent de chaque côté de la tige semblable à un bouchon. Au fil des ans, ces feuilles sont tannées par le soleil et déchiquetées en lanières par le vent, donnant à la plante l'aspect d'une laitue géante flétrie.

Curieusement, les welwitschias sont en fait des arbres apparentés aux conifères, spécifiquement aux pins, mais elles possèdent également quelques caractéristiques des plantes à fleurs et des mousses. Il s'agit d'une espèce dioïque, autrement dit les plantes mâles et femelles sont distinctes, mais leur méthode exacte de pollinisation reste à définir. On pense que les gros grains de pollen poisseux sont transportés par les insectes, plus précisément par les guêpes. Les plantes femelles portent de grands cônes de couleur jaune verdâtre à brune contenant les graines, et les mâles des cônes plus nombreux mais plus petits et de couleur saumon.

Les welwitschias croissent lentement ; les plus grandes, dont la masse enchevêtrée de feuilles lacérées peut atteindre 2 mètres, sont âgées de 2 000 ans. Cependant, la plupart des plantes de taille moyenne ont moins de 1 000 ans. (Elles ne fleurissent qu'au bout de 20 ans au moins.) Elles doivent probablement leur longévité à certains de leurs composés au goût désagréable pour les animaux, encore que les rhinocéros noirs ne détestent pas les grignoter à l'occasion. Le principal habitant de la plante, la punaise orange et noire (*Probergrothius sexpunctatis*), vit du suc de la plante. On l'appelle couramment la punaise "pousse-moi-pousse-toi" en raison de ses accouplements dos à dos pratiquement ininterrompus. ■

pourvue d'un mouillage pour les tankers, d'un bassin de radoub, et d'installations de chargement/déchargement de porte-conteneurs. Elle est également nantie de salines et d'une industrie de traitement du poisson. Cependant, la baisse du stock de poissons s'était soldée à la fin des années 80 par la fermeture de nombreuses usines et par un taux de chômage élevé. Des réglementations strictes ont à présent stabilisé l'industrie et la situation semble se redresser. Pour diversifier son économie, Walvis Bay souhaite se tourner vers la clientèle des touristes et des congressistes. A cette fin, un vaste plan d'aménagement du front de mer, prévu sur dix ans, est actuellement en cours d'élaboration.

Histoire

A bord de son navire le *São Cristóvão*, le navigateur portugais Bartolomeu Dias accosta dans la baie le 8 décembre 1487. Il nomma l'endroit Bahia de Santa Maria da Conceição, et plus tard, Bahia das Baleias, “baie des baleines”. En raison de l'absence d'eau douce, ce havre naturel tomba dans l'oubli pendant près de trois siècles. La richesse de ses eaux s'ébruita cependant et,

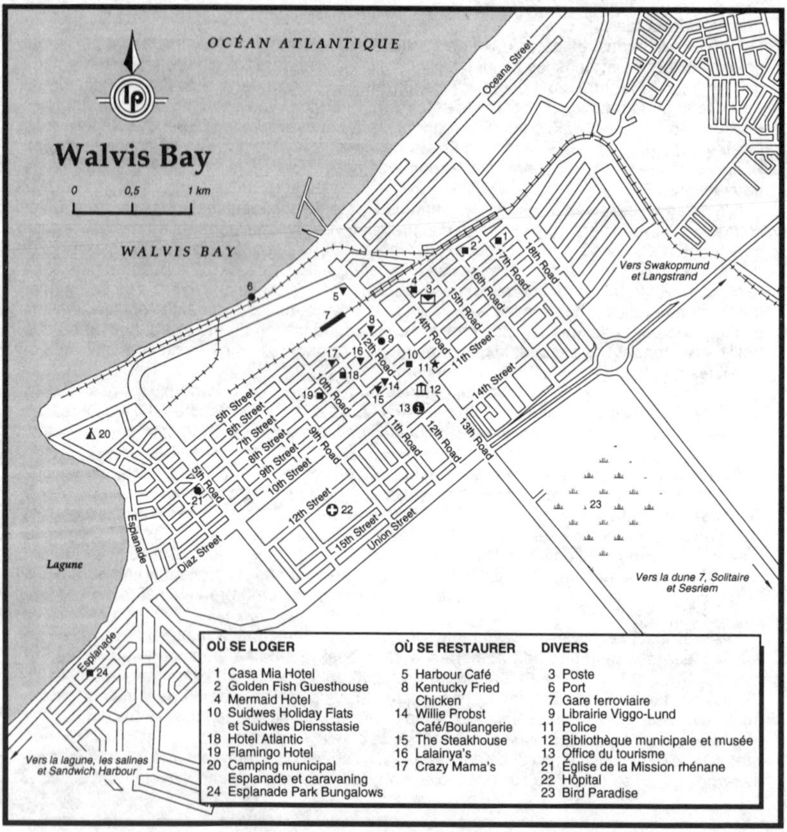

le 23 janvier 1793, le vaisseau hollandais *Meermin* envoyé par le gouvernement hollandais du Cap annexa la baie, dont le nom fut traduit en néerlandais : Walvisbaai.

En 1795, lorsque la colonie du Cap passa sous contrôle britannique, le capitaine de la flotte Alexander appareilla pour le nord et revendiqua la baie au nom de la Grande-Bretagne, afin d'assurer la sécurité des navires faisant route vers le Cap. En 1878, l'intérêt évident de l'Allemagne pour l'enclave poussa la colonie britannique du Cap à l'annexer officiellement. En 1910, elle fut incorporée à l'Union sud-africaine, tandis que le reste du Sud-Ouest africain restait sous domination allemande. Après la Première Guerre mondiale, l'Afrique du Sud reçut mandat d'administrer le Sud-Ouest africain, et l'enclave de Walvis Bay fut transférée au territoire sous mandat. En 1977, l'Afrique du Sud décida unilatéralement de réintégrer le port à la province du Cap. Les Nations unies, n'appréciant guère cet acte d'agression, exigèrent la restitution immédiate de l'enclave au mandat, sans aucun succès.

En 1990, la nouvelle constitution de la Namibie indépendante incluait Walvis Bay dans le territoire namibien, mais l'Afrique du Sud refusa obstinément de lâcher prise. La valeur stratégique du port naturel, les salines (qui produisent 90% du sel d'Afrique du Sud, soit 400 000 tonnes par an), les plates-forme de guano en mer et le potentiel de pêche, firent du contrôle de Walvis Bay une préoccupation majeure de la Namibie.

En 1992, comme les jours du gouvernement blanc sud-africain approchaient de leur fin, les deux pays convinrent que l'Afrique du Sud retirerait ses postes de douane et d'immigration, et qu'ils administreraient conjointement l'enclave. L'année suivante, les négociations se poursuivirent. Finalement, devant faire face à des problèmes intérieurs croissants et à ses premières élections démocratiques, l'Afrique du Sud céda.

A minuit, le 28 février 1994, le drapeau sud-africain fut amené pour la dernière fois et l'aube du 1er mars vit s'élever le drapeau namibien. Preuve de la rapidité de la transition, les plaques d'immatriculation province du Cap-Walvis Bay CWB furent presque immédiatement remplacées par les plaques namibiennes NWB.

Orientation

Walvis Bay est assez petite et aménagée en un quadrillage simple, il est donc difficile de se perdre. Un système bizarre préside à l'appellation des rues. Les "street" 1st à 14th vont du nord-est vers le sud-ouest. Les "roads" 1st à 18th se dirigent du nord-ouest vers le sud-est. Évidemment, cela peut prêter à confusion.

Renseignements

L'efficace office du tourisme est installé dans l'énorme Civic Centre. Il ouvre en semaine de 8h à 13h et de 14h à 17h. Le vendredi, il ferme à 16h30. Demandez à voir les boiseries sculptées qui ornent le mur de la pièce adjacente.

Si vous n'avez pas déjà retiré un permis pour le parc de Namib-Naukluft à Windhoek ou à Swakopmund, la Suidwes Diensstasie (station-service Total) et la station-service CWB pourront vous le fournir.

Poste et télécommunications. La poste de 7th Rd possède des cabines téléphoniques et des services de fax.

En cas d'urgence. Les services comprennent la police (☎ 2055), l'ambulance (☎ 5443), l'hôpital (☎ 3441), les pompiers (☎ 3117) et le secours en mer (☎ 2064).

Librairie. Viggo-Lund Booksellers & Stationers, dans 7th St, dispose d'un choix limité d'ouvrages.

Musée de Walvis Bay

La bibliothèque abrite le musée de la ville, qui se consacre essentiellement à l'histoire et au contexte maritime de Walvis Bay. Il propose également une collection d'objets archéologiques et de minéraux, ainsi qu'une présentation de l'histoire naturelle du désert du Namib et de la côte atlantique.

Il ouvre en semaine de 9h à 12h et de 15h à 18h. L'entrée est gratuite.

Église de la Mission rhénane
Située dans 5th Rd, c'est est le plus ancien monument de Walvis Bay. Construite à Hambourg, elle fut assemblée à côté du port en 1880 et les offices s'y tinrent à partir de l'année suivante. En raison de l'expansion des installations portuaires, on la transféra à l'endroit qu'elle occupe à présent, où elle continua de remplir sa fonction jusqu'en 1966.

Bird Island
Sur la route de Swakopmund, regardez vers le large à environ 10 km au nord de Walvis Bay, et vous verrez l'immense plate-forme en bois dite Bird Island. L'"île aux oiseaux" fut construite pour fournir un perchoir et un site de nidification aux oiseaux de mer, ainsi qu'une source de guano pour les engrais. Le rendement annuel d'environ 1 000 tonnes laisse une odeur mémorable.

Port
Pour visiter les installations portuaires, demandez l'autorisation du responsable des relations publiques du Portnet (☎ 8320 ; fax 8390) ou de la police des chemins de fer, au bout de 13th Rd, et prenez votre passeport.

Dune 7
Elle se dresse dans les étendues désolées proches de la C14, à 8 km à l'est de la ville. Les gens du pays aiment descendre ses pentes de sable en luge ou à ski.

Une aire de pique-nique ombragée par plusieurs palmiers se niche à l'abri de la dune. L'endroit est dépourvu d'eau.

Réserves naturelles
La lagune, le Bird Paradise, près de l'installation d'épuration, et les salines, forment à eux trois le plus important marécage côtier, fréquenté notamment par les oiseaux migrateurs d'Afrique australe. Environ 150 000 visiteurs ailés s'y arrêtent chaque année.

Les melons !nara
Les hommes purent survivre dans le Namib grâce à un fruit épineux insolite, le melon !nara (*Acanthosicyos horrida*). Sa première description taxinomique fut établie par le même Freidrich Welwitsch qui donna son nom aux welwitschias.

Bien que le melon !nara pousse dans le désert, et soit dépourvu de feuilles afin d'éviter une perte d'eau par transpiration, il n'entre pas dans la catégorie des plantes du désert car il puise son humidité dans la nappe phréatique par l'intermédiaire d'une longue racine pivotante. L'absence de feuilles le protège également des animaux, encore que les autruches grignotent ses tendres pousses naissantes.

Comme chez les welwitschias, les organes de reproduction mâles et femelles sont portés par des plantes séparées. Les plantes mâles fleurissent toute l'année, mais c'est la femelle qui, chaque été, donne naissance aux melons de 15 cm, régal des chacals, des insectes et des hommes. Ils restent en effet un aliment de base des Khoi-Khoi topnaar et font également l'objet aujourd'hui d'une activité commerciale locale. Tous les ans, à l'époque de la cueillette, les Topnaar dressent des camps autour du delta de la Kuiseb pour les récolter. Ils peuvent être consommés cru, mais la plupart des gens préfèrent les faire sécher, ou les préparer et les expédier aux marchés urbains. ■

Lagune. Cette étendue peu profonde et abritée de 45 000 hectares, au sud-ouest de la ville et à l'ouest de l'embouchure de la Kuiseb, attire de nombreux oiseaux aquatiques. On rencontre principalement des flamants, mais aussi des pluviers de Magadi et des bécasseaux cocorli, ainsi que d'autres espèces migratrices. La rare sterne du Damara en a fait son foyer permanent. Ce marécage accueille à lui seul la moitié de la population des flamants d'Afrique australe.

Les salines. Au sud-ouest de la lagune s'étendent les salines de Walvis Bay.

L'ensemble de 3 500 hectares couvre actuellement plus de 90% des besoins de l'Afrique du sud. Pour les visiter, prenez rendez-vous par téléphone au ☎ 2376.

Bird Paradise. Près de l'installation d'épuration municipale, la réserve d'oiseaux nommée Bird Paradise propose un court itinéraire ornithologique. Il consiste en plusieurs points d'eau artificiels peu profonds bordés de roseaux, où un poste d'observation permet de mieux contempler la faune ailée. Le "paradis des oiseaux" se trouve à 500 mètres à l'est de la ville, à l'écart de la C14, en direction de l'aéroport de Rooikop.

Rooibank

A l'extrême sud-est de l'ancienne enclave de Walvis Bay, Rooibank tire son nom d'affleurements de granit rouge qui bordent la rive nord de la Kuiseb. Cette région abrite l'un des rares villages khoi-khoi topnaar de Namibie. Vous observerez la végétation insolite qui comprend le succulent dollar-bush (*Zygophyllum stapffii*) et le !nara (*Acanthosicyos horrida*), plante dénuée de feuilles et peu avenante qui porte les melons !nara épineux. Ces derniers font toujours partie de l'alimentation de base des Topnaar. Ils sont dotés d'une longue racine pivotante qui puise l'humidité dans les ressources souterraines, et fournissent donc un parfait système de surveillance du niveau hydrostatique : leur bonne santé atteste de celle des nappes phréatiques.

A l'est de Rooibank, à 1,5 km en amont en direction de Scheppmansdorp, un chemin de randonnée balisé de 3 km vous conduira le long du lit de rivière sablonneux à quelques dunes pittoresques. A Scheppmansdorp même, un monument marque le site d'une ancienne église bâtie par le missionnaire Scheppman en 1846.

Circuits organisés

Gloriosa Safaris, 215 7th St, organise des excursions d'une journée dans la région, ainsi que des expéditions camping plus longues dans tout le pays. Également cotée, Inshore Safaris propose des visites d'une demi-journée, ou d'une journée entière, de la ville, de la Swakop et de Welwitschia Drive à 30/35 $US par personne, pour un minimum de quatre personnes. Les expéditions en 4x4 d'une demi-journée à la lagune des oiseaux de Sandwich Harbour (reportez-vous à la rubrique *Parc Namib-Naufkluf*) coûtent 44 $US par personne.

Mola-Mola Safaris se consacre aux excursions en bateau. Les promenades d'une demi-journée au départ de Walvis Bay valent 38 $US par personne et les itinéraires observation des oiseaux marins 55 $US par personne. Les sorties d'une journée entière comprenant Bird Island, Pelican Point et Sandwich Harbour, avec huîtres de Walvis Bay au déjeuner, reviennent à 82 $US. Tous les départs ont lieu du yacht club.

Manifestations culturelles

Le Walvis Bay Arts & Crafts Festival (WAC) se déroule tous les ans de mi à fin décembre et se compose d'une foule de manifestations artistiques. On peut s'initier à la gravure sur verre, à la peinture sur porcelaine, au batik et au vitrail. Ont lieu également des concours d'échecs, de peintures murales et de dessins sur trottoirs.

Où se loger

La région de Walvis Bay comprend deux campings. L'accueillant *Esplanade Municipal Camp & Caravan Park* (☎ 6145 ; fax 4528), près de l'Esplanade, en ville, loue l'emplacement 5 $US plus 0,50 $US par personne. Il existe plusieurs aires de camping spécial randonneurs avec possibilité de faire la cuisine. Les campeurs ont également accès aux courts de tennis.

Le *Langstrand Resort* (☎ 5981), à 15 km au nord de la ville, demande également 5 $US par emplacement plus 0,50 $US par personne. Il dispose en outre de bungalows de deux/quatre lits à 17/29 $US. Il offre l'image parfaite d'un mirage, surtout dans le brouillard ou dans une tempête de sable. Il possède également un restaurant, qui jouit d'une bonne réputation, ainsi qu'une piscine et une jetée. Toujours à Langstrand, se tient la *Guesthouse Levo* (☎ 7555), de catégorie moyenne, qui appartient à M. et Mrs Lieppert.

Bon marché, mais peu reluisant, le *Mermaid Hotel* (☎ 6212 ; fax 6656), dans 6th St, propose la simple/double à 21/25 $US pour une nuit entière, mais se satisferait sans doute tout autant de la louer pour une heure ou deux seulement. Veillez à bien mentionner que vous voulez la chambre la plus calme et la plus sûre possible.

La *Golden Fish Guesthouse* (☎ 2775 ; fax 2455) fournit un hébergement d'hôtel à petit prix. Les doubles avec/sans douche coûtent 19/17 $US, petit déjeuner non compris. Le *Flamingo Hotel* (☎ 5975 ; fax 4097) pratique également des tarifs raisonnables : 35/46 $US pour une simple/double, petit déjeuner compris. Toutefois, il est doté d'un magasin de vente d'alcools bruyant, nommé The Boozerama. Plus cher, mais d'un bon rapport qualité/prix, l'*Hotel Atlantic* (☎ 3811 ; fax 5063), dans 7th St, entre 10th Rd et 11th Rd, compte des simples/doubles à 36/47 $US, petit déjeuner compris.

Dans l'hôtel le plus haut de gamme de Walvis Bay, l'hospitalier *Casa Mia* (☎ 5975 ; fax 6596), vous paierez la chambre simple/double 55/70 $US, et la suite simple/double 79/92 $US. Récemment rénové, cet établissement s'ingénie à vous faire sentir que vous êtes chez vous. Le restaurant mérite une étape, même si vous ne séjournez pas à l'hôtel, et les bars s'avèrent de confortables haltes.

A la Suidwes Diensstasie (la station-service Total), à l'angle de 13th Rd et de 10th St, le *Suidwes Holiday Flats* (☎ 2260 ; fax 2931) loue les appartements doubles indépendants 29 $US.

Autre option convenable d'hébergement indépendant, l'*Esplanade Park Bungalows* (☎ 5981) possède des bungalows de cinq/sept lits à 34/48 $US pendant la saison des vacances, un peu moins cher hors-saison. Il est tout particulièrement indiqué pour les groupes. Il se situe près de la digue, à l'ouest du centre-ville.

Similaire, le *Lagoon Chalets* (☎ 7151 ; fax 7469), au sud-ouest de la ville, propose des bungalows de deux chambres et six lits à 41 $US, des bungalows d'une chambre et six lits à 36 $US et des bungalows de trois chambres et huit lits à 46 $US. Tous sont indépendants.

Le récent *Dolfynpark Resort Chalets*, à environ 12 km au nord de la ville, dispose d'une piscine et d'un parc aquatique. Les bungalows indépendants de quatre/six lits coûtent 34/41 $US.

Où se restaurer

Le *Crazy Mama's* constitue à lui seul une raison de rendre visite à Walvis Bay. On ne saurait trop le recommander. Outre un excellent service et une superbe ambiance, il offre notamment des pizzas, des salades et des plats végétariens succulents, à des prix raisonnables.

The Steakhouse (☎ 5490) sert des mets délicieux – steaks, poissons, langoustes et huîtres de Walvis Bay – à des petits prix. Il mitonne également de fabuleux repas de bistrot fort appréciés des employés de bureau du quartier. Vous aimerez également le *Willie Probst Café/Bakery* et le *Harbour Café*. L'éternel *Kentucky Fried Chicken* ne manque évidemment pas à l'appel.

L'élégant *Lalainya's* (☎ 2574), dans 7th St, affiche une carte gastronomique comprenant un excellent plateau de fruits de mer. Il est également pourvu d'une salle de banquet.

Si vous souhaitez acheter du poisson frais, voyez Sea Pride Food Services (☎ 7661). Il vend la pêche du jour, ainsi que des homards de Lüderitz, du saumon fumé d'Alaska, et d'autres produits de la mer surgelés ou transformés, par l'intermédiaire de son magasin de gros au coin de 13th Rd et de 6th St. Il est ouvert du lundi au vendredi de 8h30 à 13h et de 14h à 17h30, le samedi de 8h à 13h.

Distractions

Lorsque vous verrez Walvis Bay, vous vous demanderez probablement si le mot distraction fait seulement partie de son vocabulaire. Rassurez-vous, il existe quelques lieux sympathiques où passer la soirée.

Outre des films, le Plaza Cinema propose un bar et une piste de danse animés. La discothèque Palace, dans le township de Narraville, à l'est du centre-ville, se montre plus exubérante. Le Casa Mia Hotel possède deux bars : le Nautilus Karaoke Bar et le plus intime Captain Simon's.

Comment s'y rendre

Avion. L'aéroport de Walvis Bay se trouve à Rooikop ("colline rouge"), à 10 km à l'est de la ville sur la C14. Air Namibia assure des liaisons entre Walvis Bay et Windhoek les lundi, mardi et dimanche, mais l'on peut aussi emprunter les vols plus fréquents pour Swakopmund. Les mercredi et les dimanche, il existe un vol direct depuis/vers le Cap.

Bus. Le bus d'Intercape Mainliner relie Walvis Bay, les lundi, mercredi, vendredi et dimanche, à Windhoek et à Swakopmund. Le billet pour Windhoek coûte 25 $US. Pour décourager les voyageurs d'effectuer un trajet aussi court, le tarif pour Swakopmund, à 30 km, s'élève à 13 $US. Le bus s'arrête au Flamingo Hotel & Casino.

Les bus de Dolphin Express (☎ 4118) circulent tous les jours entre Windhoek et Walvis Bay (15 $US par personne).

Il existe également un bus privé entre Walvis Bay et Mariental. Il quitte Mariental le lundi et Walvis Bay le mardi. Comme il livre des marchandises à plusieurs fermes et bush shops en chemin, le trajet prend pratiquement toute la journée. Il passe soit par Büllsport, soit par Sesriem. Renseignez-vous à la Suidwes Diensstasie (station-service Total).

Train. La ligne de Windhoek-Walvis Bay passe par Swakopmund. Les trains partent de Windhoek à 20h tous les jours, sauf le samedi, traverse Swakopmund à 5h45 le lendemain matin et atteint Walvis Bay à 7h05. Ils quittent Walvis Bay à 18h35 les mêmes jours et s'arrêtent à Swakopmund à 19h57. Les tarifs économique/couchettes Windhoek-Walvis Bay s'élèvent à 5/13 $US du lundi au jeudi, et à 10/28 $US du vendredi au dimanche.

Chouette rayée

En hiver, la liaison entre Swakopmund et Walvis Bay est souvent affectée par les sable qui recouvre et endommage les voies. Ce problème n'est pas nouveau : à 5 km à l'est de la ville, sur la C14, vous apercevrez un talus sous lequel est enterré un tronçon de la voie à écartement étroit datant du siècle dernier. En face de la gare, sont exposés les vestiges de la vieille locomotive *Hope* qui assurait la liaison sur la voie d'origine. Gare et locomotive furent abandonnées car les rails étaient sans cesse ensevelis sous des dépôts de 10 m de sable apportés par les tempêtes. La *Hope*, monument national, se tient devant la gare dans 6th St.

Comment circuler

Les minibus de Dolphin Express circulent en ville et dans d'autres secteurs de l'ancienne enclave.

Les bureaux de Budget et de Kessler Car Hire sont situés à la Suidwes Diensstasie (station-service Total), à l'angle de 10th St et de 13th Rd. Reportez-vous à la rubrique *Location de voiture* dans le chapitre *Comment circuler*.

Parc Namib-Naukluft

Le parc Namib-Naukluft, la plus vaste réserve naturelle de Namibie, est l'un des plus grands parcs nationaux du monde. Ses limites actuelles ont été fixées en 1978, lors de la fusion du Namib Desert Park (parc du désert du Namib) et du Naukluft Mountain Zebra Park avec des secteurs de la Diamond Area 1 et quelques terres environnantes appartenant à l'État. Aujourd'hui, le parc englobe un territoire désertique et semi-désertique de plus de 23 000 km^2, comprenant les divers habitats du Namib Desert Park, entre la Kuiseb et la Swakop, le Naukluft (anciennement le Naukluft Mountain Zebra Park), les hautes dunes de Sossusvlei et la lagune aux oiseaux de Sandwich Harbour.

Le Namib forme l'un des plus anciens et plus arides déserts du monde. De même que l'Atacama, dans le nord du Chili, il résulte d'un courant froid, dans son cas le courant de Benguela coulant vers le nord depuis l'Antarticque. Celui-ci retient et condense l'air humide qui serait sinon dispersé par les vents.

Le cœur du Namib se compose d'une véritable mer de dunes de sable aux teintes abricot parsemées de pans asséchés. Le plus connu, Sossuvlei, est entouré de dunes de 300 m de haut. Dans de rares cas, quand la Tsauchab coule, le pan s'emplit d'eau et attire des gemsboks, des springboks, des autruches, ainsi que de nombreux oiseaux aquatiques.

Au nord de Sossusvlei, les dunes s'interrompent brusquement à la rivière Kuiseb. Le Namib revêt alors un caractère complètement différent et déroule un paysage grisâtre de plaines caillouteuses interminables ponctuées de kopjes isolés. Il abrite des gemsboks, des springboks, des zèbres de montagne et les bizarres welwitschias, dont la seule source d'humidité provient de la rosée et du brouillard. Autrefois, y vivaient aussi des éléphants du désert et des rhinocéros noirs, mais ils ont déserté la région et les tentatives de réintroduction ont échoué.

A l'extrême est du parc, se dressent les montagnes de Naukluft, haut plateau délimité par des gorges, des grottes et des sources pénétrant profondément dans les formations dolomitiques. Des circuits de randonnée de 1, 4 et 8 jours permettent de parcourir cette belle région.

Heureusement pour les voyageurs, la plupart des voies principales du parc sont praticables avec un véhicule classique, mais les petites routes, souvent en mauvais état, présentent une viabilité limite. Étant donné la rareté des services, si vous voyagez hors des grands axes, munissez-vous d'une tente, d'un sac de couchage, de nourriture, de jerricanes d'eau et d'essence et de deux pneus de rechange. En cas de panne sur une petite route, mieux vaut rester sur place plutôt que de partir à pied chercher de l'aide, car les distances sont énormes. Quelqu'un finira par passer. Quelques stoppeurs parviennent à circuler, mais se déplacer en stop n'est pas conseillé, et requiert d'être entièrement approvisionné pour plusieurs jours, la chance n'étant pas toujours au rendez-vous.

Dans cette rubrique, nous avons divisé le parc en quatre parties : Sandwich Harbour,

Le trésor de Sandwich Harbour
D'après la légende locale, voilà plus de 200 ans, un navire transportant de l'or, des pierres précieuses et de l'ivoire, présents de Lord Clive à l'empereur des Moghols, s'échoua à Sandwich Harbour alors qu'il faisait route pour l'Inde. Le chargement, estimé à 6 millions de livres sterling, reposerait quelque part sous les imposantes dunes. On n'en a cependant pas trouvé la moindre trace jusqu'ici, et ce n'est pourtant pas faute de chercher. ■

réserve marécageuse côtière, au sud de Walvis Bay ; le parc du désert du Namib, qui couvre l'extrémité nord du parc et le désert du Namib central ; le parc de Naukluft, comprenant le massif du Naukluft et ses environs ; et Sesriem/Sossusvlei, qui fournit un accès aisé à la vaste mer de dunes.

Un permis n'est pas requis pour simplement traverser le parc par les grands axes (la C28, la C14, la D1982 ou la D1998). Il le devient pour circuler sur les autres routes, utiliser les aires de pique-nique ou visiter les sites à l'écart des voies principales, dont Sandwich Harbour et Welwitschia Drive (reportez-vous à la rubrique *Environs de Swakopmund*).

Les permis coûtent 1,50 $US par personne. Ils se retirent au bureau du MET de Swakopmund, ou à Sesriem, au barrage de Hardap (voir le chapitre *Sud de la Namibie*) et, après les heures ouvrables, dans plusieurs stations-service de Swakopmund et de Walvis Bay (reportez-vous à la rubrique *Renseignements* de ces deux villes).

L'hébergement en camping doit être réservé à l'avance auprès des bureaux du MET de Windhoek ou de Swakopmund. Vous le réglerez au moment de la délivrance du permis.

Les permis d'entrée et de randonnée pour les sections Sesriem/Sossusvlei et Naukluft se réservent à Windhoek.

SANDWICH HARBOUR

A une cinquantaine de kilomètres au sud de Walvis Bay, Sandwich Harbour était autrefois un port de pêche et de commerce. Son nom provient peut-être d'un baleinier anglais, le *Sandwich*, qui opérait dans ce secteur au milieu des années 1780, et dont le capitaine aurait dressé la première carte du littoral. Il pourrait également être tiré du mot allemand *sandfische*, un requin des sables répandu dans ces parages.

Sandwich Harbour hébergeait jadis de nombreuses entreprises, allant de la transformation du poisson et de l'extraction d'huile de requin à la chasse aux phoques et au ramassage de guano. A la fin du XIXe siècle, l'extrémité sud de la lagune accueillait un grand abattoir. Il ne subsiste de ces activités qu'une cabane de l'époque du ramassage de guano (du début au milieu du siècle), une barge rouillée, un cimetière et deux ou trois poutres en bois, restes de l'abattoir.

La crique s'est considérablement ensablée et l'extrémité nord de cette ravissante lagune forme un environnement propice à une extraordinaire prolifération de vie ailée. Sandwich Harbour même s'étire sur 8 km au sud du marécage. Du haut de l'une des énormes dunes qui flanquent la lagune, vous aurez une très belle vue générale.

Le site ouvre tous les jours de 6h à 20h. Il n'existe aucun aménagement, pas même un camping. Les permis se retirent à Windhoek, à Swakopmund et à Walvis Bay (reportez-vous à la rubrique *Renseignements* de ces villes).

Marécages

A l'extrémité nord de la réserve, à 3,5 km au sud du parking de la concession de pêche, s'étend une succession d'étangs marécageux alimentés à la fois par la mer et par les sources d'eau douce d'Anichab, probablement créées par l'eau de la Kuiseb, naissant à 40 km au nord et courant sous les dunes jusqu'ici. Les sources ont été ainsi nommées par les premiers habitants nama de la région, pour qui le mot *anichab* signifiait simplement "eau de source".

Les étangs emplis de roseaux fournissent subsistance et sites de nidification à une stupéfiante variété d'oiseaux aquatiques. On a recensé plus de 100 espèces à Sandwich Harbour, peuplé en moyenne de 150 000 habitants à plume.

Dans des conditions normales, les sources d'Anichab réduisent la salinité des marécages et les rendent accessibles aux oiseaux dulcicoles. Ces dix dernières années, cependant, le sable a empiété sur la partie sud de la lagune, faisant reculer le banc de sable qui protège les étangs. De ce fait, l'étendue ouverte à la mer s'est élargie et le ressac accru a bâti une plage sur la rive est. Avec l'arrivage massif de sédiments, la lagune est devenue moins profonde et plus salée, et le banc de sable la protégeant au nord s'est déplacé vers l'intérieur des terres. L'ensablement qui en résulte a fait fuir de nombreux oiseaux de terre et échassiers. On pense que la lagune pourraient disparaître dans les quelques décennies à venir.

Comment s'y rendre

Sandwich Harbour n'est accessible qu'avec un solide 4x4 à haute garde au sol. De Walvis Bay, dirigez-vous vers le sud et prenez l'embranchement de gauche au bout de 5 km. Lorsque la route se divise, tournez de nouveau à gauche.

Continuez à travers les salins et le delta marécageux de la Kuiseb, qui ne ressemble à aucun autre delta. Cette région faisait partie de l'ancienne réserve naturelle sud-africaine qui occupait le tiers sud de l'enclave de Walvis Bay. Vous atteindrez le poste de contrôle du parc de Namib-Naukluft 15 km plus loin, où l'on vous demandera de montrer votre permis.

Pour effectuer les vingt derniers kilomètres, vous pouvez soit prendre tout droit la route sablonneuse de la plage (il vous faudra calculer votre voyage de façon à passer à marée basse), soit bifurquer à gauche après le poste de contrôle et suivre les pistes conduisant à l'intérieur des terres. Par endroits, vous traverserez de pénibles passages dans de hautes dunes, aussi prévoyez une pelle, un câble de remorquage et deux ou trois planches au cas où vous vous ensableriez. Les véhicules sont interdits au-delà du parking situé à la limite sud de la concession de pêche, à 3,5 km au nord de la cabane d'Anichab du MET.

Inshore Safaris, au Casa Mia Hotel, peut organiser des excursions d'une demi-journée au départ de Walvis Bay. Vous paierez 175 $US jusqu'à quatre personnes, 44 $US par personne supplémentaire.

NAMIB DESERT PARK

Partie la plus accessible du Namib, le parc du désert du Namib s'étend entre les canyons de la Kuiseb, au sud, et de la Swakop, au nord. Bien qu'il comprenne de petites dunes linéaires, il se caractérise surtout par de vastes plaines caillouteuses ponctuées de chaînes de collines abruptes et imposantes. Un inselberg (petit kopje de granit), un arbre épineux ou une autruche viennent çà et là animer le paysage.

La rubrique *Environs de Swakopmund* vous renseignera sur la Welwitschia Drive, qui fait partie du parc, mais se visite en général depuis Swakopmund.

Canyon de la Kuiseb

Ce spectaculaire canyon est situé sur la route de Gamsberg, à l'ouest du Khomas Hochland. La majeure partie de l'année, l'éphémère Kuiseb se résume à un large lit de rivière sablonneux. Il lui arrive de couler deux ou trois semaines par an, mais elle n'atteint jamais la mer. Les bonnes années, elle rejoint Gobabeb, puis va se perdre dans les sables plus à l'ouest. A Rooibank, l'eau potable de Walvis Bay est pompée dans cette réserve souterraine.

Si cette région n'abrite pas beaucoup de grands animaux, elle n'est pas dénuée de faune pour autant. Le canyon accueille des familles de babouins chacma, qui se montrent souvent sur le bord de la route, ainsi que des oréotragues, et même des léopards. Vous verrez des damans de rocher se chauffer au soleil sur les kopjes, et, la nuit, entendrez hurler les hyènes tachetées. Les chacals vivent grassement des troupeaux de springboks des plaines supérieures.

C'est dans le canyon de la Kuiseb que les géologues Henno Martin et Hermann Korn se cachèrent pendant trois ans, lors de la Seconde Guerre mondiale Le haut canyon n'est pas habité, mais plus bas, à l'endroit où la vallée s'élargit, plusieurs villages khoi-khoi topnaar sont éparpillés le long de la berge nord.

Desert Ecological Research Unit

A l'écart de la grand-route, à l'ouest de Homeb, Gobabeb, "lieu des figuiers", héberge l'unité de recherche écologique de la Desert Research Foundation of Namibia, créée par le Dr Charles Koch, chercheur

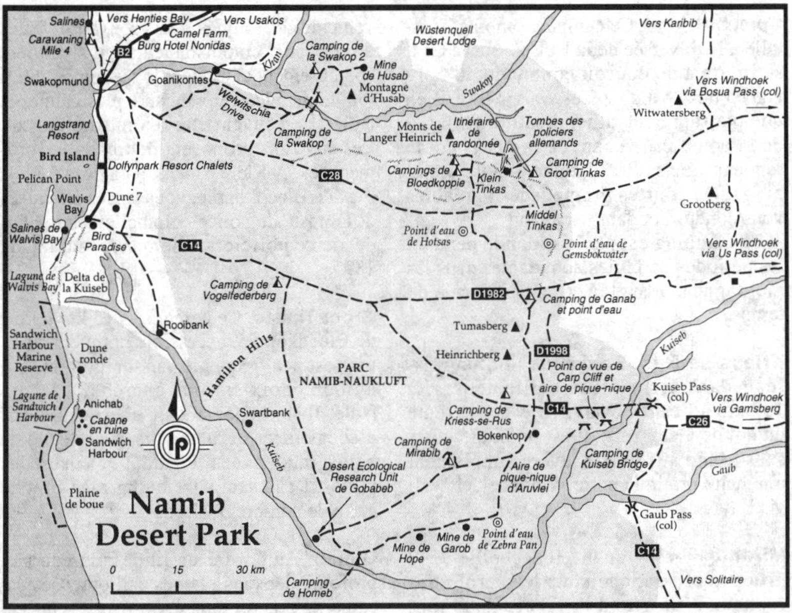

sud-africain, en 1963. Le complexe, composé de laboratoires, d'installations de recherches et d'une station météorologique, est placé au point de transition entre les trois différents écosystèmes du Namib : les plaines caillouteuses, la mer de dunes et la vallée de la Kuiseb.

Le centre n'est en principe pas ouvert au public. Toutefois, il organise une ou deux journées "porte ouverte" tous les ans, avec, au programme, des randonnées le long d'itinéraires aménagés, des conférences, des explications sur le terrain, ainsi que des démonstrations instructives réalisées par la communauté topnaar locale.

Pour de plus amples informations, écrivez au Director, Desert Ecological Research Unit, PO Box 1592, Swakopmund, ou aux Friends of Gobabeb Society, The Desert Research Foundation, PO Box 37, Windhoek. Si vous souhaitez visiter l'unité à des fins de recherche scientifique, contactez le Dr Hu Berry par radiotéléphone depuis les bureaux du MET de Windhoek ou de Swakopmund.

Où se loger

La région du Namib central possède huit campings rudimentaires dont certains ne peuvent loger qu'un seul groupe à la fois : Kuiseb Bridge, Mirabib, Kriess-se-Rus, Vogelfederberg, Bloedkoppie, Groot Tinkas, Ganab et Homeb. Ils font également office d'aires de pique-nique, auxquelles un simple permis d'utilisation à la journée donne accès. Les campings sont pourvus de tables, de toilettes et de braais, mais rien de plus. Aucun n'est équipé d'un approvisionnement en eau suffisant (encore que quelques-uns disposent d'une eau saumâtre convenant à la cuisine), aussi apportez toutes les réserves dont vous aurez besoin.

Les emplacements doivent être réservés à l'avance auprès du MET de Windhoek ou de Swakopmund. Vous réglerez les frais de camping lors de la délivrance du permis.

Kuiseb Bridge. Ce camping ombragé, installé à la traversée de la Kuiseb, sur la C14, se limite à un endroit commode où faire étape entre Windhoek et Walvis Bay. Bien que plaisamment situé, il pâtit du bruit et de la poussière venant de la route, qui le rendent moins attrayant que d'autres campings. De courtes promenades agréables vous conduiront dans le canyon.

Le camping est parfois inondé pendant les périodes de pluies abondantes dans les montagnes, aussi tenez-vous informé du temps.

Kriess-se-Rus. Bordant le lit d'un ruisseau dans les plaines caillouteuses, à 107 km à l'est de Walvis Bay sur la route du col de Gamsberg, il est ombragé, mais sans grand attrait. Il s'avère simplement une halte pratique entre Windhoek et Walvis Bay.

Mirabib. Très avenant, il accueille deux groupes et se niche sous les surplombs rocheux d'un grand inselberg de granit. Ces abris étaient utilisés par les peuples nomades il y a 9 000 ans, ainsi que par les bergers nomades au IVe et au Ve siècle.

Vogelfederberg. Ce petit inselberg, à quelque 2 km au sud de la C14, se montre une étape commode à distance raisonnable de Walvis Bay (51 km) mais il est davantage utilisé comme aire de pique-nique ou lieu de courtes promenades. Grimpez jusqu'au sommet pour jeter un coup d'œil aux mares intermittentes où vit une espèce de crevettes d'eau salée dont les œufs n'éclosent que lorsque l'eau de pluie emplit les mares. La seule ombre est offerte par un petit surplomb doté de deux tables de pique-nique et de braai.

Bloedkoppie. Les beaux campings du grand inselberg, Bloedkoppie, ou "colline de sang", se classent parmi les préférés des voyageurs. Si vous arrivez de Swakopmund, ils se situent à 55 km au nord-est de la C28, sur un chemin balisé. Les campings du nord sont aisément accessibles aux véhicules classiques, mais souvent infestés de ce type d'empoisonneurs qui s'enivrent copieusement et rendent la vie impossible à tout le monde. Ceux du sud, plus calmes et isolés, ne peuvent être rejoints qu'en 4x4. Les environs proposent de très jolies promenades. A Klein Tinkas, à environ 5 km à l'est de Bloedkoppie, vous verrez les ruines d'un poste de police colonial et les tombes de deux policiers allemands datant de 1895.

Groot Tinkas. Ce camping à 15 km à l'est de Bloedkoppie, accessible uniquement en 4x4, est peu fréquenté, aussi représente-t-il un bon choix si vous cherchez un coin isolé. Il se cache dans un charmant décor d'ébéniers, et ses alentours se prêtent à de belles randonnées. Pendant la saison des pluies, l'eau saumâtre du barrage proche attire de nombreux oiseaux.

Ganab. Au bord d'un lit de ruisseau peu profond, dans les plaines caillouteuses, ce camping poussiéreux exposé aux vents est ombragé par de robustes acacias. Les antilopes viennent se désaltérer au point d'eau proche du camp.

Homeb. Joliment situé, le camping de Homeb peut accueillir plusieurs groupes et se trouve en amont des dunes les plus faciles d'accès du Namib central, plaisante destination d'une courte promenade. La Kuiseb parvient rarement jusqu'ici, mais un flux de quelques jours par an suffit à empêcher les dunes de progresser vers plaines de la rive nord. Les habitants du village topnaar creusent des puits dans le lit asséché pour atteindre la nappe phréatique. L'un de leurs aliments de base, le melon !nara est muni d'une longue racine pivotante qui va lui aussi puiser l'humidité en profondeur. Grâce à cette eau souterraine, des arbres, dont des acacias épines-à-dromadaire, des ébéniers et des ficus, poussent sur les berges. Vous avez de bonnes chances d'apercevoir des steenbocks, des gemsboks et des babouins, qui viennent profiter de l'eau.

Plusieurs campeurs nous ont dit avoir été assaillis de demandes d'argent et d'alcool par les villageois. Résistez à la tentation de jouer les pères Noël ou de prendre des photos à tort et à travers. Vous risqueriez de porter atteinte aux valeurs de la communauté, et de rendre impossible à l'avenir toute réelle communication entre les gens du pays et les visiteurs.

Campings de la Swakop. Ils sont installés, vous l'aurez deviné, sur les rives de la Swakop, à l'extrémité nord du parc. La partie sud possède cinq emplacements, qui jouissent de l'environnement le plus agréable – acacias épines-à-dromadaire, *anas* et tamaris –, tandis que la section nord, à côté d'une plaine de welwitschias, étale un paysage totalement plat et dénué d'arbres, où seule une curieuse aire de pique-nique en contrebas est ombragée.

Les campings sont accessibles *via* Welwitschia Drive, par la route qui conduit aux plaines de welwitschias, et donc très fréquentée. Pour plus d'informations sur ce secteur, reportez-vous à la rubrique *Environs de Swakopmund*.

Comment s'y rendre

Seul transport public dans cette partie du parc, un bus hebdomadaire relie Mariental à Walvis Bay, *via* Maltahöhe et Solitaire. Il circule en direction de l'ouest le lundi, et en direction de l'est le mardi. Les itinéraires alternent entre Büllsport et Sesriem. Naturellement, vous serez bien mieux loti avec un véhicule.

PARC NAUKLUFT

Créé en 1964, sous le nom du Naukluft Mountain Zebra Park, pour servir de réserve au zèbre de montagne de Hartmann, il est aujourd'hui incorporé au parc de Namib-Naukluft. La chaîne montagneuse du Naukluft ("gorge étroite" en afrikaans) domine les plaines caillouteuses du Namib central, formant un plateau aux pics déchiquetés et aux gorges escarpées. La Tsondab, la Tsams et la Tsauchab prenant leur source dans le massif, la relative abondance de l'eau en fait un habitat idéal pour les zèbres de montagne, les koudous, les léopards, les springboks et les oréotragues.

Histoire

Au début des années 1890, le Naukluft fut le théâtre d'une résistance acharnée des Nama witbooi contre les troupes coloniales. Le combat nama était mené par Hendrik Witbooi, talentueux stratège militaire qui refusait de se soumettre à la domination allemande. En janvier 1893, un contingent de soldats de la Schutztruppe, sous le commandement du major Curt von François, fut posté près d'Oniab, au nord du Naukluft. Les Allemands parvinrent à déloger Witbooi et ses partisans de leur village de Hoornkrans. Le major Theodore Leutwein remplaça Von François en mars 1894 et entama une vaste offensive contre les forces nama dans les montagnes du Naukluft. A la fin du même mois, le cavalier allemand Richard Kramers fut tué lors d'une escarmouche près du présent refuge de Hiker's Haven, dans la vallée de Naukluft (l'on peut toujours y voir sa tombe).

Les Allemands pensaient vaincre les Nama en quelques jours, mais leur méconnaissance du terrain et les actions de guérilla les ralentirent considérablement. Cependant, à la fin août, ils s'emparèrent du camp nama d'Oniab, forçant Witbooi et ses hommes à se réfugier dans les montagnes. Les Allemands les pourchassèrent, armés de toute leur puissance de feu – des tronçons de la vieille route du canon sont toujours visibles – à travers le plateau.

Après avoir subi de lourdes pertes, Witbooi fit parvenir une proposition de reddition conditionnelle aux Allemands : il accepterait leur souveraineté et les laisserait établir un poste militaire à Gibeon, s'il pouvait garder son titre de chef et si les Nama conservaient leurs terres et leurs armes. Leutwein accepta et ainsi s'acheva la bataille du Naukluft.

Circuits de randonnée

La plupart de visiteurs suivent l'un des deux circuits d'une journée, le Waterkloof

Trail ou l'Olive Trail. Ceux-ci sont ouverts à tous et ne se réservent pas, mais si vous souhaitez camper à Naukluft, louez un emplacement le plus à l'avance possible.

Il existe également deux randonnées plus longues – de 4 et de 8 jours – assorties de certaines restrictions. En raison de la chaleur inconfortable des mois d'été et des risques de pluies abondantes, elles ne sont disponibles que du 1er mars au 31 octobre, les premier et troisième dimanche et mercredi du mois. Le prix de 10 $US par personne comprend l'hébergement au refuge de Hikers' Haven, près du centre administratif du parc, la veille et le lendemain de la randonnée, ainsi que le camping dans des abris rudimentaires (seul le canyon d'Ubusis possède un vrai refuge de montagne). Les groupes doivent se composer d'un minimum de trois et d'un maximum de douze personnes. Un certificat médical, délivré moins de 40 jours avant la randonnée, est requis des participants.

Waterkloof Trail. Ce joli circuit de 17 km demande quelque 7 heures, et s'effectue dans le sens inverse des aiguilles d'une montre. Il part du camping de Koedoesrus, à environ 2 km à l'ouest du centre administratif du parc. Prévoyez deux à trois litres d'eau par personne.

Le chemin suit tout d'abord la Naukluft, passe à côté d'un barrage, remonte une chute de tuf calcaire et une succession de bassins, qui offrent l'occasion d'une baignade rafraîchissante. A 1 km environ après le dernier bassin, il se dirige vers l'ouest, s'éloigne de la Naukluft pour emprunter l'un de ses affluents. De là, jusqu'à mi-chemin, il traverse un paysage de plateau de plus en plus ouvert.

Peu après la marque de mi-chemin, il grimpe abruptement pour atteindre une large crête (1 910 m) constituant le plus haut point du trajet, et d'où vous jouirez d'un magnifique panorama sur le désert. Ensuite, vous entamerez la longue marche escarpée menant à la vallée de Gororosib. En abordant cette vallée, vous longerez plusieurs étangs attrayants emplis de roseaux et de têtards, puis effectuerez la descente d'une chute de tuf calcaire particulièrement impressionnante avant d'arriver à la Naukluft. Là, vous tournerez à gauche et suivrez le chemin de 4x4 jusqu'au centre administratif du parc.

Olive Trail. Ce circuit de 10 km, nommé Olive Trail en raison des oliviers sauvages qui poussent le long du chemin, part du parking, à environ 4 km au nord-est du centre administratif du parc. La randonnée suit un parcours triangulaire dans le sens des aiguilles d'une montre et dure de 4 à 5 heures. Emportez de quoi déjeuner et au moins deux litres d'eau par personne.

Débutant par une grimpée escarpée jusqu'au plateau, offrant de belles vues sur la vallée de Naukluft, le chemin tourne brusquement vers l'est et de descend une vallée fluviale de plus en plus profonde et abrupte, jusqu'à atteindre la paroi d'un canyon dominant un étang, que l'on doit franchir à l'aide de chaînes fixées spécialement pour aider les randonneurs. A l'endroit où la rivière est rejointe par un grand affluent, le chemin traverse une piste de 4x4, puis part vers le sud, revient à la piste de 4x4 et la suit jusqu'au parking.

Circuits de quatre et huit jours. Pour certaines personnes, dont je fais partie, le Naukluft est un lieu magique, mais il respire un charme plus subtil que, disons le canyon de Fish River. Il déploie quelques

Léopard

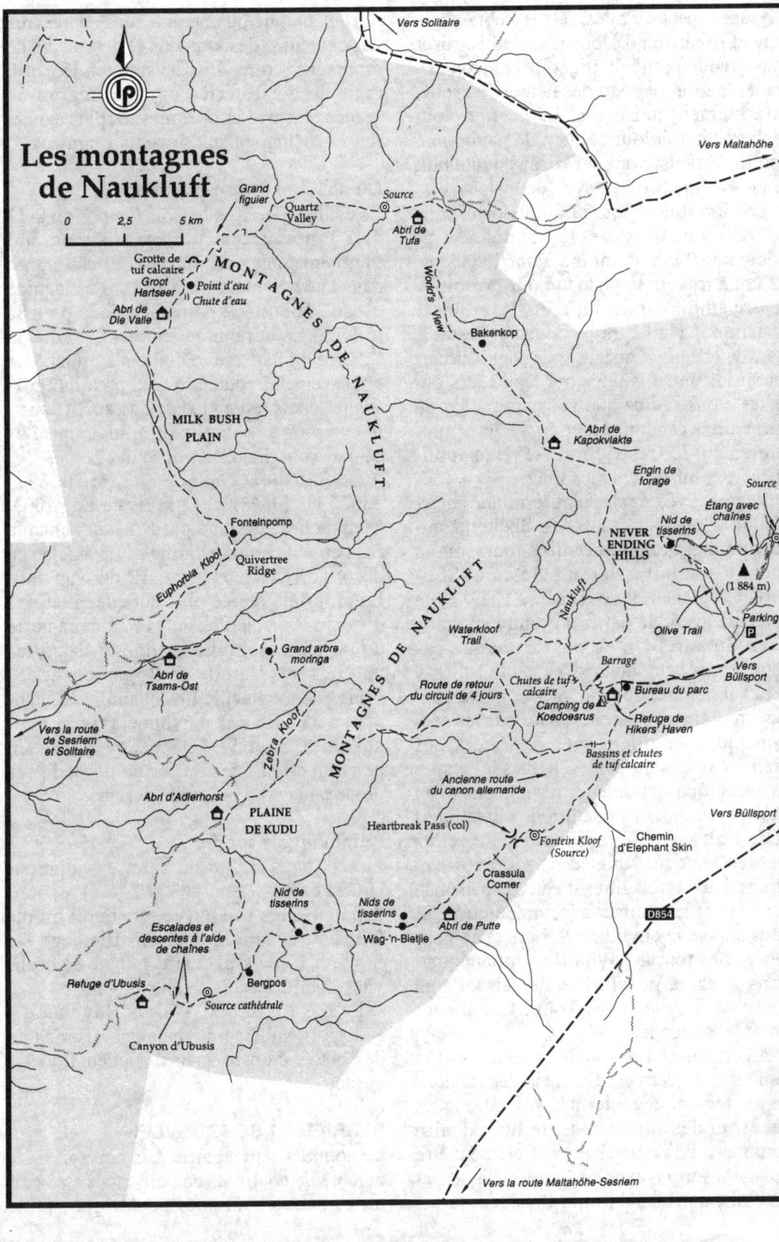
Les montagnes de Naukluft
0
2,5
5 km
Vers Solitaire
Vers Maltahöhe
Grand figuier
Quartz Valley
Source
Abri de Tufa
Grotte de tuf calcaire
Groot Hartseer
Point d'eau
Chute d'eau
Abri de Die Valle
MONTAGNES DE NAUKLUFT
World's View
Bakenkop
MILK BUSH PLAIN
Abri de Kapokvlakte
Engin de forage
Source
Étang avec chaînes
Nid de tisserins
NEVER ENDING HILLS
(1 884 m)
Fonteinpomp
Quivertree Ridge
Euphorbia Kloof
Naukluft
Parking
Olive Trail
Waterkloof Trail
Grand arbre moringa
Abri de Tsams-Ost
MONTAGNES DE NAUKLUFT
Barrage
Vers Büllsport
Route de retour du circuit de 4 jours
Chutes de tuf calcaire
Bureau du parc
Camping de Koedoesrus
Refuge de Hikers' Haven
Vers la route de Sesriem et Solitaire
Zebra Kloof
Bassins et chutes de tuf calcaire
Ancienne route du canon allemande
Abri d'Adlerhorst
PLAINE DE KUDU
Heartbreak Pass (col)
Fontein Kloof (Source)
Vers Büllsport
Chemin d'Elephant Skin
Crassula Corner
Nid de tisserins
Nids de tisserins
Abri de Putte
Wag-'n-Bietjie
D854
Escalades et descentes à l'aide de chaînes
Bergpos
Refuge d'Ubusis
Source cathédrale
Canyon d'Ubusis
Vers la route Maltahöhe-Sesriem

NAMIBIE

paysages spectaculaires, tels le Zebra Highway et le canyon d'Ubusis, toutefois, sur la plus grande partie du trajet, les randonnées traversent un plateau désertique, au relief relativement uniforme. En bref, si vous recherchez l'éblouissement de panoramas époustouflants, vous serez sans doute plus impressionné par le canyon de Fish River.

Le circuit de 4 jours/60 km correspond au premier tiers de la randonnée de 8 jours/120 km, combiné à une balade de 22 km à travers le plateau pour revenir au centre administratif du parc. Il rejoint le Waterkloof Trail à mi-parcours, et le suit le reste du chemin. Lorsque vous commencerez à voir les détritus jetés par les excursionnistes, vous saurez que vous approchez du terme de la randonnée, et apprécierez probablement les restrictions sévères appliquées aux itinéraires plus longs.

Vous pouvez également terminer le circuit de 4 jours au Tsams Ost Shelter, à mi-chemin de la randonnée de 8 jours, où un chemin conduit à la route Sesriem-Solitaire. Cependant, il vous faudra y laisser un véhicule avant de partir du centre administratif du parc. On ne peut en aucun cas commencer la randonnée à Tsams Ost.

Les itinéraires sont simples et balisés par des empreintes blanches, sauf sur les sections qui coïncident avec le Waterkloof Trail, où elles sont jaunes. Seules les étapes de nuit proposent un approvisionnement en eau sûr. Du fait des conditions climatiques et de l'absence de ressources naturelles fiables en eau, vous devez prévoir au moins deux à trois litres d'eau par personne par jour, et les utiliser avec modération. Si vous suivez le circuit de 8 jours et ne pouvez porter tout le ravitaillement adéquat, vous avez la possibilité de laisser une cache de provisions au Tsams Ost Shelter avant la randonnée.

A certains endroits, telle la descente et la remontée du canyon d'Ubusis, les randonneurs doivent négocier des cascades asséchées, et des formations de tuf calcaire abruptes à l'aide de chaînes. Cela peut être rebutant, surtout avec un lourd sac à dos, et nécessite une bonne forme physique.

Tout au long du chemin, vous apercevrez des babouins, des koudous et des zèbres de montagne, voire, à l'occasion, un léopard, mais ce n'est certes pas une région de grands fauves. Les créatures les plus dangereuses se limitent aux serpents venimeux.

Où se loger et se restaurer

Le camping de Koedoesrus ("repos du koudou"), non accessible aux visiteurs qui viennent pour une journée, est implanté dans une très plaisante vallée. Il est équipé d'eau courante et d'installations pour la toilette. Le bureau des rangers, à côté de l'entrée du parc, vend du bois à brûler. Les emplacements coûtent 6 $US pour huit personnes, mais il n'en existe que quatre, aussi le camping se remplit-il rapidement. Les séjours sont limités à trois nuits.

La *Büllsport Guest Farm* (☎ (06632) 3302 ; fax (06632) 141), Private Bag 1003, Maltahöhe, est tenue par Ernst et Johanna Sauber. Un certain charme se dégage de ce décor austère, sous le massif du Naukluft. La propriété recèle plusieurs destinations d'excursion à pied ou en 4x4, dont un poste de police colonial en ruine et des sites naturels tels l'arche de Bogenfels et des étangs de montagne. Les chambres reviennent à 38 $US par personne avec le petit déjeuner, ou à 51 $US par personne en pension complète. La ferme possède ses propres magasin et station-service.

Comment s'y rendre

La section Naukluft du parc se rejoint par la C24 depuis Rehoboth et la C14 au nord depuis Gamis (ou par le raccourci moins fréquenté de la D1206 depuis Rietoog). De Sesriem, à 103 km, la D854, toute en déclivités, fournit l'accès le plus proche.

Le bus Mariental-Walvis Bay passe à Büllsport, situé à une distance raisonnable de l'entrée du parc, mais difficile à franchir en stop.

SESRIEM ET SOSSUSVLEI

Le nom Sesriem signifie "six courroies", le nombre de courroies de cuir de char à bœuf mises bout à bout pour pouvoir puiser de

Les dunes du Namib

Élevées à des dimensions mythiques dans les brochures touristiques, les magnifiques dunes du Namib s'étendent de l'Orange à la Kuiseb au sud (région nommée la "mer de dunes"), et de Torra Bay, dans le parc de la Skeleton Coast, à la Curoca, en Angola, au nord. Elles se composent de sable quartzeux coloré, et se présentent sous des teintes allant du blanc cassé à l'orange et du rouge au violet.

A la différence de celles du Kalahari, elles sont mobiles, c'est-à-dire que le vent les déplace et même les sculpte en leur imprimant toutes sortes de formes distinctes. La partie supérieure de la dune, qui fait face à la direction de la migration, est appelée *slipface* (face de glissement) : le sable s'écoule de la crête et glisse jusqu'à la base. Des fragments de plantes et de déchets animaux s'y accumulent, fournissant une maigre subsistance aux créatures du sable. C'est ici que la plus grande partie de la faune des dunes est regroupée.

Le long de la région orientale de la mer de sable, y compris dans les environs de Sossusvlei, les dunes sont dites paraboliques ou multicycliques et résultent des vents variables. Il s'agit des dunes les plus stables du Namib, et donc, des plus fournies en végétation.

Près de la côte, au sud de Walvis Bay, les formations sont appelées transversales. Ces longues dunes linéaires s'étendent perpendiculairement aux vents du sud-ouest dominants. Leur slipface est donc orientée vers le nord et le nord-est.

Entre ces deux types de dunes, il en existent des linéaires (ou *seif*), par exemple aux environs de Homeb, dans le Namib central, les dunes, qui forment d'énormes ondulations orientées nord-ouest-sud-est. Elles atteignent des hauteurs de 100 mètres et sont espacées d'environ 1 km. On les voit distinctement sur les photos satellites de la région. Elles sont constituées par les vents saisonniers. En été, sous le vent du sud, les slipfaces s'établissent sur le versant nord-est. En hiver, le vent souffle dans la direction opposée, et les slipfaces s'édifient sur le versant sud-ouest.

Dans les régions où les dunes individuelles sont exposées à des vents multidirectionnels, des formations en étoile apparaissent. Elles possèdent des crêtes multiples et, vues du ciel, peuvent en effet ressembler à des étoiles. Nettement plus petites, les dunes mamelons se bâtissent autour de végétation – principalement près de sources d'eau – et ne s'élèvent qu'à 2 ou 3 mètres.

Dans la partie sud du parc de la Skeleton Coast et au sud de Lüderitz, prévalent les dunes barkhanes, les plus mobiles de toutes, créées par des vents unidirectionnels. En se déplaçant, elles adoptent une forme de croissant dont les cornes pointent dans la direction de la migration. Ce sont ces barkhanes qui dévorent lentement la ville morte de Kolkmanskop, proche de Lüderitz. On les nomme aussi "dunes rugissantes", à cause du grondement qu'elles émettent lorsque les grains de sable roulent sur le slipface. Le rugissement atteint son niveau maximum sur les très grandes dunes, ou lorsqu'il fait particulièrement chaud. ■

l'eau au fond de la gorge de la Tsauchab.

Le canyon de Sesriem et Sossusvlei sont ouverts toute l'année du lever au coucher du soleil. Si vous souhaitez voir le soleil se lever sur Sossusvlei, il vous faudra loger au camping de Sesriem, l'heure d'ouverture du parc ne permettant pas d'atteindre Sossusvlei à temps.

Canyon de Sesriem

A 4 km au sud de Sesriem s'ouvre le canyon de Sesriem, profond de 30 mètres. La Tsauchab qui prend sa source dans le massif du Naukluft a sculpté cette profonde faille dans les agglomérats rocheux et les dépôts de sable vieux de 15 millions d'années. Le canyon propose une promenade agréable et intéressante depuis le parking, vers son extrémité étroite en amont, et vers sa partie élargie en aval. Après les pluies, il contient souvent de jolis étangs propices à la baignade.

Elim Dune

Cette dune rouge fréquemment visitée, à 1,5 km du camping de Sesriem, se rejoint avec un véhicule classique, mais peut également faire l'objet d'une excursion à pied le matin ou l'après-midi. Elle se dresse sur les terres de l'ancienne Elim Farm, aujourd'hui intégrée au parc de Namib-Naukluft.

Dune 45

A 45 km de Sesriem, d'où son nom, la dune 45 est la plus accessible des grandes dunes rouges bordant la route entre Sesriem et Sossusvlei. Dominant de plus de 150 mètres les plaines environnantes, elle est flanquée de plusieurs arbres étiques, mais pittoresques, qui feront un excellent premier-plan pour vos photos.

Sossusvlei

La région de Sossusvlei s'offre comme la partie la plus accessible de la mer de sable, longue de 300 km et large de presque 150 km, qui recouvre plus de 32 000 km^2 de la Namibie occidentale. Cette vaste étendue comprise entre la Khoichab dans le sud et la Kuiseb dans le nord est réputée renfermer certaines des dunes les plus hautes et les plus belles du monde.

Le sable est probablement venu du Kalahari il y a 3 à 5 millions d'années. Emporté par l'Orange jusqu'à la mer, il a été charrié vers le nord par le courant de Benguela, puis déposé sur la côte.

Sossusvlei même consiste en un énorme pan éphémère, situé au sein de dunes rouges se dressant à 200 mètres au-dessus de la vallée et à plus de 300 mètres des strates sous-jacentes. On y rencontre des gemsboks et des autruches à tout moment de l'année, mais pendant les mois d'été, vous aurez peut-être la chance de voir le pan emplit d'eau. Cela n'arrive que lorsque le flux de la Tsauchab atteint un volume et une puissance lui permettant de traverser les plaines assoiffées et de parvenir à la mer de sable. Dans ce cas, il s'épanouit en une vision sublime de dunes rouges reflétées dans un étang immobile où s'ébattent une multitude d'oiseaux, dont des flamants.

Du faîte d'une dune, même si l'escalade est ardue, le spectacle du sable s'étalant sur 75 à 150 km tout autour, vous donnera une petite idée de l'immensité de cet océan.

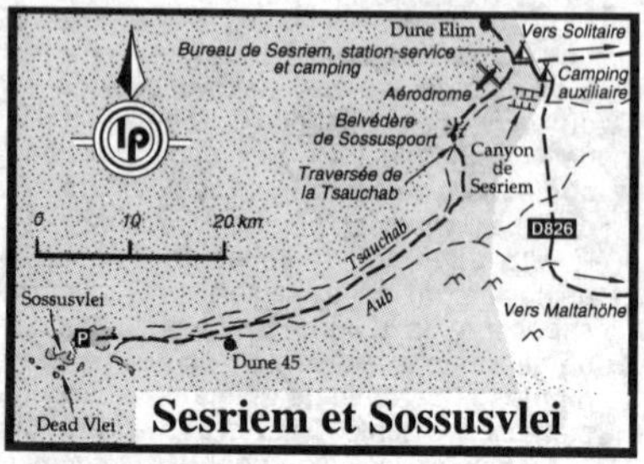

Sesriem et Sossusvlei

Activité sportives

Aller en Namibie pour faire du ski ne viendrait à l'esprit de personne, mais le skieur français Éric Lon y a pensé. Il se pratique avec des skis nordiques souples, les chaussures se fixant uniquement à l'orteil. Le dessous des skis est conçu de façon à offrir une bonne prise pour grimper – il est plus facile d'escalader une dune chaussé de skis – et une surface plus lisse pour la glisse. Il n'existe pas encore d'exploitation commerciale de ce sport à l'intention des touristes. mais si vous êtes intéressé, écrivez à Éric Lon au 2 rue J.B. Baudin, 83000 Toulon, France.

Circuits organisés

La plupart des lodges et des pensions de la région proposent des excursions d'une journée pour Sossusvlei à des prix en général proportionnels aux tarifs de l'hébergement. Reportez-vous à la rubrique *Où se loger* ci-dessous. Le Maltahöhe Hotel, à Maltahöhe, organise d'excellentes excursions d'une journée. Pour plus de détails, voyez le chapitre *Sud de la Namibie*.

Où se loger

Sesriem. C'est le camping le plus commode pour Sossusvlei. Les emplacements se réservent à Windhoek et coûtent 6 $US. Veillez à arriver avant le coucher du soleil, si vous ne voulez pas que votre emplacement soit attribué à quelqu'un d'autre. Cette "loterie" du soir donne une chance d'admission à ceux qui n'ont pu obtenir une location à Windhoek. Sinon, vous serez relégué dans le camping auxiliaire à l'extérieur. Il coûte également 6 $US, mais, loin d'être aussi agréable que le camp principal, il ne comprend ni braai ni installations sanitaires. Les toilettes ne sont disponibles qu'aux heures d'ouverture de la station-service.

Malheureusement, une vue disgracieuse est venue récemment gâcher le décor de ce joli camping, sous forme d'un hôtel de luxe, le *Karos Lodge* (☎ (27-11) 643 8052 ; fax (27-11) 643 4343 – les deux numéros sont à Johannesburg). L'hébergement en simple/double dans des petits bungalows cubiques coûte 123/176 $US, dîner et petit déjeuner compris. Pour réserver en Namibie, contactez Trip Travel à Windhoek (☎ 236880 ; fax 225430).

Environs de Sesriem. Bon marché et relativement commode, la très accueillante *Solitaire Guest House* (☎ 3230), Private Bag 1009, Maltahöhe, se tient à la station-service de Solitaire, à 65 km au nord de Sesriem.

Plaisamment anachronique, elle semble avoir inspiré *Baghdad Café*. Les emplacements de camping poussiéreux ou les places à même le sol où étendre un sac de couchage coûtent 1,50 $US. Les chambres se louent 6 $US. Le restaurant sert un menu du jour limité mais toujours bon.

Le *Namib Rest Camp* (☎ (06632) 3211), PO Box 1075, Swakopmund, tenu par Pieter et Ella Vosges, est installé sur les terres de la Dieprivier Farm, à 16 km au sud de Solitaire et juste à l'ouest de la C36. Un peu plus luxueux que son nom ne le laisse supposer, il s'agrémente d'une piscine. Il propose des bungalows indépendants de deux/quatre lits à 39/49 $US, repas non compris. En demi-pension/pension complète, les deux types de bungalows reviennent à 34/45 $US par personne. Le rest camp organise des excursions à des prix raisonnables pour Sesriem et Sossusvlei. Ses terres recèlent une insolite formation de grès de Tsondab de couleur violette. Il s'agit d'une section exposée d'un champ de dune solidifié par l'humidité il y a quelques 20 millions d'années. Cette formation sous-tend la majeure partie de la mer de sable du Namib, y compris les dunes des environs de Sossusvlei.

Un peu plus loin au sud, le relativement chic *Namib-Naukluft Lodge* (☎ (06632) 3203), PO Box 22028, Windhoek, dispose de chambres doubles à 65 $US par personne, en pension complète, et de bungalows indépendants à 50 $US par personne, avec petit déjeuner. Il peut organiser le transport par route ou par air depuis Windhoek moyennant une somme coquette. Pour réserver, contactez African Extravaganza (☎ 63082 ; fax 215356) à Windhoek.

Le proche *Gästefarm Ababis* (☎ 3340), PO Box 1004, Maltahöhe, est installé juste au sud de la C14, à 15 km au sud-est de Solitaire. Meike et Klaus Würriehausen, les propriétaires de la ferme, pratiquent essentiellement l'élevage des bovins, des ovins et des autruches. Comme une faune abondante vit dans la propriété, ils organisent des excursions en voiture, et des séances-repas pour les vautours. L'hébergement en pension complète coûte 50 $US par personne.

Excellente option, le *Namibgrens Rest Camp* (☎ (0628) 1322), PO Box 21587, Windhoek, tenu par M. J.J. Rabie, offre tout un programme. Cette ferme réputée pour ses chemins de randonnées occupe un beau cadre au col de Spreetshoogte (la route la plus raide de Namibie, avec une pente effrayante de 25%) au nord-est de Solitaire. Ses itinéraires formant plus ou moins un 8 se parcourent en un à trois jours, avec un hébergement dans des refuges rudimentaires aux endroits où les boucles se croisent. Des puits permettent aux randonneurs de remplir leurs bouteilles d'eau et des barrages de terre fournissent de l'eau à la faune. On peut également préférer une option plus douce et visiter la ferme en voiture, pour 7 $US par personne. L'hébergement en simple/double dans la vieille ferme spacieuse revient à 23/41 $US, petit déjeuner et utilisation de la cuisine compris. Si vous préférez ne pas cuisiner, le déjeuner coûte 8 $US et le dîner 10 $US.

Au sud de Sesriem et à l'ouest de la route de Maltahöhe, s'étend le *Namib Rand Game Ranch* (☎ (06632) 5230) de 140 000 hectares, la plus grande propriété privée d'Afrique australe. L'hébergement va du camping au camp de luxe de Mwisho, mais la plupart des voyageurs viennent pour les exceptionnels, et coûteux, vols de montgolfière du petit matin au-dessus de la mer de dunes. L'hébergement en pension complète coûte 65 $US par personne, et le vol 135 $US par personne et par heure. Pour réserver, contactez leur agent de Windhoek, The Namib Travel Shop (☎ 236720 ; fax 220102), PO Box 5048, Windhoek.

En cours d'aménagement, le *Natur Erlebnis Ranch*, à la Farm Rustenberg, se trouve sur la D1261, la route du col de Remhoogte, près du croisement de la C14. Dans la catégorie petit budget, il fournira un hébergement très simple pour 6 $US seulement. Il demandera 6 $US pour les repas et les promenades à cheval, 9 $US par personne pour la navette bihebdomadaire depuis Windhoek. Sont également projetés des safaris à cheval, des excursions d'une journée à destination de Sossusvlei, et des circuits plus longs dans le reste du pays à des prix très raisonnables. Pour vous informer de sa date d'ouverture, appelez Stefan Rust (☎ (0628) 1221) à Seeis, ou Heidi Rust (☎ (061) 41299) à Windhoek.

Où se restaurer

Mis à part les divers hébergements et le magasin/restaurant de Solitaire, il ne reste que la petite boutique du bureau de Sesriem, dont l'approvisionnement se borne plus ou moins à des chips et à des boissons fraîches.

Comment s'y rendre

Pour rejoindre Sesriem, prenez l'embranchement indiqué, qui part de la route Maltahöhe-Solitaire (C36). Seul transport public, un bus hebdomadaire circule de Mariental à Walvis Bay le lundi, et revient le mardi. Petit inconvénient, il ne passe par Sesriem qu'une semaine sur deux. L'autre semaine, il fait le trajet *via* Büllsport.

La route de 65 km au sud-ouest de Sesriem arbore une bonne chaussée de gravier jusqu'à 4 km de Sossusvlei. Ensuite, elle pénètre dans du sable profond et requiert un 4x4. La plupart des visiteurs se garent au bout de la route de gravier et font le reste du chemin à pied, ce qui représente une marche très plaisante d'environ une heure.

Une fois à Sossusvlei, vous ressentirez peut-être une curieuse impression de *déjà vu*. En effet, presque tous les articles de presse concernant la Namibie s'assortissent systématiquement d'une photographie de Sossusvlei, qui figure également dans de nombreux films et publicités diffusés dans le monde entier.

Sud de la Namibie

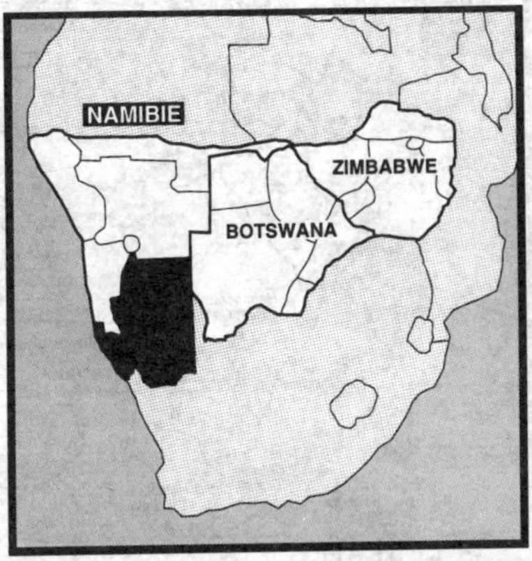

Le Sud de la Namibie englobe toute la partie du pays allant de Rehoboth au sud à la frontière sud-africaine à l'est, et de la frontière botswanaise à la côte des diamants à l'ouest. Il comprend la riche région d'élevage du Namaland, les limites semi-désertiques du Kalahari, la contrée interdite du Namib sud, ainsi que le spectaculaire Fish River Canyon, proche de la frontière sud-africaine.

Cette gorge impressionnante offre l'un des spectacles naturels les plus captivants d'Afrique et mérite quelques jours d'exploration. A l'extrême sud du canyon, près de la rivière Fish, la station thermale d'Ai-Ais propose un cadre splendide où camper, faire des randonnées, et profiter des sources chaudes en paressant au soleil. De Hobas, au bord de l'extrémité nord du canyon, vous jouirez d'un point de vue fabuleux sur le précipice.

La majorité des visiteurs se compose de groupes de safaris, de randonneurs ou de vacanciers d'Afrique australe. Il n'existe aucun hôtel de luxe, aussi viennent-ils par avion en voyage organisé pour une journée seulement.

La situation centrale du Hardap Dam Recreation Resort, plus au nord, en fait un commode lieu de séjour, où l'on peut se promener tout à loisir dans son excellente réserve naturelle. Parmi les autres pôles d'attraction figurent le château de Duwisib, la forêt de *kokerbooms* (ou "arbre-à-carquois"), le cratère de Brukkaros, et Lüderitz, curieuse ville de style bavarois regorgeant d'architecture coloniale.

Les trois villes de Rehoboth, Mariental et Keetmanshoop s'échelonnent le long du couloir de la B1. Petites mais significatives, elles sont reliées par le train, le bus et le réseau routier. Malheureusement, les sites les plus intéressants alentour ne sont pas desservis par les transports publics. Pour visiter le canyon de la Fish, par exemple, il faut soit posséder un véhicule, soit supporter de longues attentes en stop, ou encore se joindre à un circuit organisé.

Plateau central

Le plateau central du Sud de la Namibie se caractérise par un paysage désert et largement ouvert dont les villes très espacées, généralement sans grand attrait, sont vouées essentiellement aux échanges commerciaux. Si elle représente la plus riche contrée d'élevage de bétail et de mouton karakul du pays, l'économie des environs de Mariental repose sur les agrumes et les cultures maraîchères irriguées.

La région est divisée en deux par le grand axe nord-sud (B1), qui, venant de Windhoek, traverse le plateau central en direction de la frontière sud-africaine. Beaucoup d'automobilistes ne voient du Sud que cette excellente route, paradis des conducteurs pressés, se privant ainsi des agréments de l'arrière-pays, à l'écart des chemins battus.

Celui-ci ouvre de larges possibilités d'exploration à qui possède du temps et un

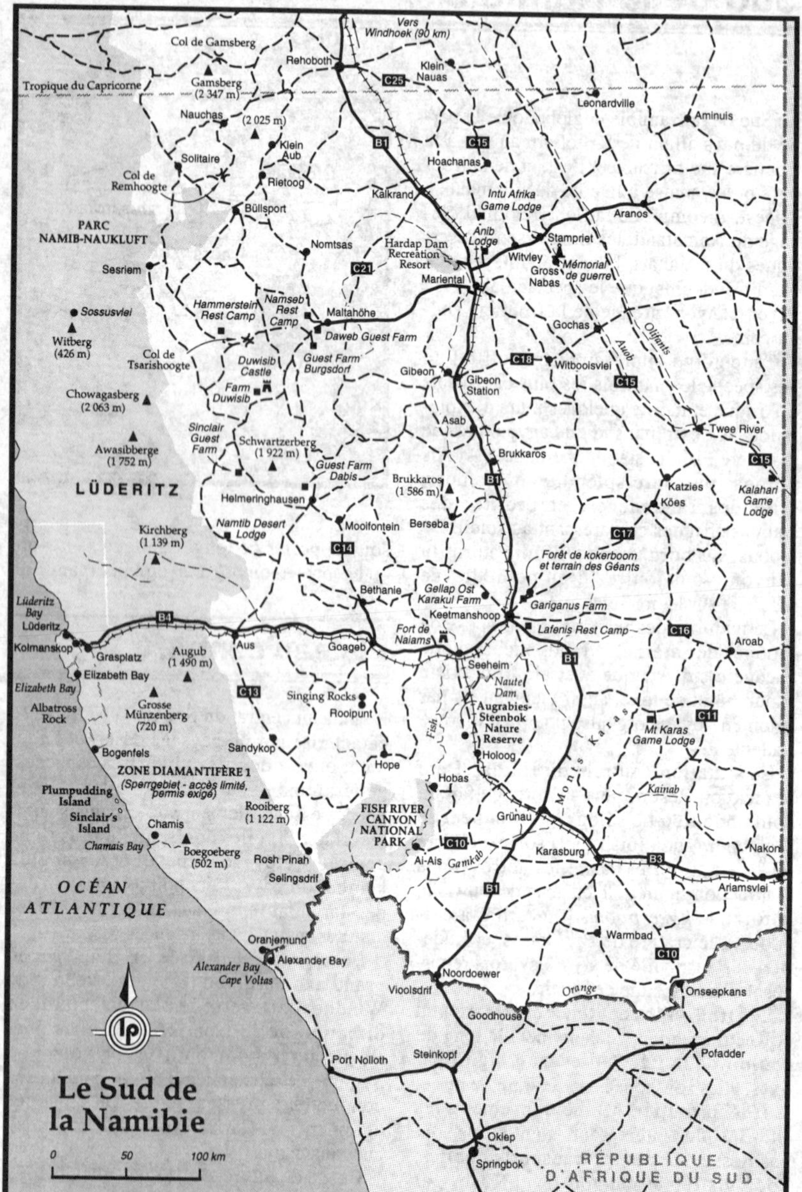
Vers Windhoek (90 km)
Col de Gamsberg
Rehoboth
Klein Nauas
C25
Tropique du Capricorne
Gamsberg (2 347 m)
Leonardville
Nauchas
(2 025 m)
Aminuis
Klein Aub
B1
C15
Hoachanas
Solitaire
Col de Remhoogte
Rietoog
Kalkrand
Intu Afrika Game Lodge
Büllsport
Aranos
PARC NAMIB-NAUKLUFT
Anib Lodge
Nomtsas
Hardap Dam Recreation Resort
Stampriet
Witvley
Mémorial de guerre
Gross Nabas
Sesriem
C21
Mariental
Sossusvlei
Hammerstein Rest Camp
Namseb Rest Camp
Maltahöhe
Witberg (426 m)
Daweb Guest Farm
Gochas
Col de Tsarishoogte
Duwisib Castle
Guest Farm Burgsdorf
C18
Witbooisvlei
Olifants
Auob
Gibeon
Gibeon Station
C15
Chowagasberg (2 063 m)
Farm Duwisib
Asab
Twee River
Awasibberge (1 752 m)
Sinclair Guest Farm
Schwartzerberg (1 922 m)
Brukkaros
C15
Guest Farm Dabis
Brukkaros (1 586 m)
Katzies
Kalahari Game Lodge
LÜDERITZ
Helmeringhausen
Köes
Mooifontein
Berseba
Namtib Desert Lodge
C17
C14
Kirchberg (1 139 m)
Forêt de kokerboom et terrain des Géants
Bethanie
Gellap Ost Karakul Farm
Gariganus Farm
Lüderitz Bay
Lüderitz
B4
Keetmanshoop
Lafenis Rest Camp
C16
Kolmanskop
Grasplatz
Aus
Goageb
Fort de Naiams
Aroab
Augub (1 490 m)
Seeheim
B1
Elizabeth Bay
Elizabeth Bay
Naute Dam
Albatross Rock
Grosse Münzenberg (720 m)
C13
Singing Rocks
Rooipunt
Fish
Augrabies-Steenbok Nature Reserve
Monts Karas
Mt Karas Game Lodge
C11
Sandykop
Bogenfels
Hope
Holoog
ZONE DIAMANTIFÈRE 1
(Sperrgebiet - accès limité, permis exigé)
Hobas
Kainab
Plumpudding Island
Rooiberg (1 122 m)
Sinclair's Island
FISH RIVER CANYON NATIONAL PARK
Grünau
Chamis
Chamais Bay
Boegoeberg (502 m)
Rosh Pinah
C10
Ai-Ais
Gamkab
Karasburg
Nakop
B3
Selingsdrif
Ariamsvlei
OCÉAN ATLANTIQUE
B1
Warmbad
C10
Oranjemund
Alexander Bay
Alexander Bay
Cape Voltas
Noordoewer
Vioolsdrif
Orange
Onseepkans
Goodhouse
Port Nolloth
Steinkopf
Pofadder
Le Sud de la Namibie
0
50
100 km
Okiep
Springbok
RÉPUBLIQUE D'AFRIQUE DU SUD

brin de curiosité, et l'on n'y rencontre guère qu'une poignée de touristes.

REHOBOTH

La petite ville de Rehoboth (sur la B1), à 85 km au sud de Windhoek, immédiatement au nord du tropique du Capricorne, est plus vivante que la plupart des localités situées au sud de la Ligne rouge (Red Line). Ses rues très animées bourdonnent d'activité.

Les premiers habitants de la région furent les Nama, que les Herero délogèrent au milieu du XIXe siècle. Une agglomération se développa autour de la Mission rhénane, fondée en 1844 par Heinrich Kleinschmidt. Il la baptisa Rehoboth du nom du lieu biblique des grands espaces vides.

Abandonnée en 1864, la mission refit surface au début des années 1870, lorsque les Basters, des métis de colons afrikaners et de Khoi-Khoi, fuirent Le Cap, menés par leur chef Hermanus van Wyk. Ils souhaitaient à l'origine s'établir dans la région de l'Orange, mais lorsque le gouvernement du Cap commença à réclamer, au milieu des années 1860, les titres de propriété des terres, ils reprirent la route et parvinrent à Rehoboth. Pour avoir le droit de s'y installer, ils durent payer un tribut annuel d'un cheval aux Nama, aux Afrikaners et aux Herero.

Les Basters de Rehoboth affichent avec fierté leur héritage et leur nom, qui signifie littéralement "bâtards". Peu leur importe qu'ailleurs ce mot soit une insulte, pour eux, il met en valeur une noble ascendance.

Musée de Rehoboth

Pour en apprendre davantage sur l'héritage des Basters, visitez le musée (☎ 2954) près de la poste, aménagé dans la résidence (datant de 1903) du premier receveur des postes du village. Il brosse l'histoire naturelle et culturelle de la région et présente une exposition de photos portant sur la période 1893-1896. On y voit aussi la mission d'origine reconstruite par les Basters.

Vous trouverez à l'extérieur un jardin des plantes régionales, ainsi que des exemples de demeures et de moyens de transport d'autrefois. L'annexe archéologique, installée dans un site de l'âge de fer, à 10 km de la ville, se visite sur rendez-vous.

Le musée ouvre du lundi au vendredi, de 10h à 12h et de 14h à 16h, le samedi jusqu'à 12h. L'entre coûte 0,25 $US aux résidents de Rehoboth, 1,50 $US aux autres.

Reho Spa

Bâti autour d'une source chaude, le complexe thermal de Reho est équipé d'une piscine à 39°C, de bungalows et d'un camping (reportez-vous à *Où se loger*, ci dessous). Les Nama nommaient l'endroit *aris* ("fumée") à cause de la vapeur dégagée par la source. L'hébergement doit être loué à l'avance, mais l'établissement thermal est ouvert sans réservation de 7h à 18h. L'entrée coûte 1,50 $US par personne, plus 0,50 $US par personne pour l'utilisation des bains chauds.

Oanab Dam

A 10 km à l'ouest de Rehoboth, le barrage d'Oanab fut construit en 1990 dans le but d'utiliser au mieux les ressources en eau du district. La route est bien indiquée à partir de la B1. Le belvédère offre une vue impressionnante sur la retenue de 2,7 km², une aire de pique-nique et une petite exposition sur l'histoire et la construction du barrage. Plusieurs sentiers pédestres ont également été tracés.

Où se loger

La plupart des visiteurs profitent des possibilités thermales du *Reho Spa Recreation Resort* (☎ 2774), situé sur une route de gravier, à moins de 1 km de la grand-rue, dont l'embranchement se trouve à côté de l'église.

L'hébergement indépendant va du bungalow d'une pièce et cinq lits ou d'une chambre et quatre lits à 19 $US, au bungalow de deux chambres et quatre lits à 36 $US. L'emplacement de camping pour huit personnes coûte 4 $US. Les installations comprennent une cafétéria, une piscine et un bain thermal.

Le médiocre *Rio Monte Hotel* (☎ 2161), près de la gare, dispose d'équipements minimum, et loue 18/21 $US les simples/doubles.

Où se restaurer

Le restaurant *Reho Spa* sert une cuisine convenable et bon marché. Le centre-ville compte le *Sigi's à la Carte Restaurant* et le *Dolphin Fish & Chips*, simple mais très apprécié de la population locale.

Comment s'y rendre

Si vous souhaitez quitter Windhoek en stop, notez que la course en taxi du centre-ville jusqu'au sud de la capitale (endroit favorable où se poster), vous reviendra à 3,50 $US, tandis qu'avec les minibus de la gare routière proche du Wernhill Park Centre, le trajet coûte seulement 2 $US par personne. Les minibus partent une fois pleins, soit toutes les vingt minutes environ.

Le bus d'Intercape Mainliner Windhoek-Le Cap s'arrête à Rehoboth, également desservi par le train Windhoek/Keetmanshoop/De Aar, en Afrique du Sud.

MARIENTAL

Petit centre administratif et commercial au cœur de la région d'élevage du karakul, Mariental accueille également divers programmes agricoles nouveaux, dont l'irrigation à grande échelle et l'élevage des autruches. Elle demeure le principal bastion des Nama, pour la plupart d'origine khoi-khoi. Étape commode, elle ne vous frappera cependant pas par son animation : Mariental est l'une des villes les plus léthargiques que j'ai jamais vues.

Histoire

Les Nama avaient nommé l'endroit *Zaragaebia*, "poussiéreux", mais il doit son appellation actuelle, signifiant "vallée de Maria", au premier colon blanc de la région, Hermann Brandt, qui avait ainsi baptisé sa ferme en hommage à son épouse Anna Maria Mahler. Brandt avait acheté ses terres au chef nama Hendrik Witbooi en 1890.

De 1903 à 1907, les forces coloniales et nama combattirent pied à pied dans cette province, et de nombreux civils allemands périrent lors de raids de guérillas. Lorsque le chemin de fer traversa Mariental en 1912, les habitants demandèrent le statut de village, mais la reddition allemande aux troupes sud-africaines en 1915 anéantit leurs espoirs. Ce n'est qu'en 1920, lorsque la première église réformée hollandaise fut construite, que Mariental naquit officiellement.

Renseignements

Incroyable, mais vrai, Mariental possède un office du tourisme, situé à la mairie, tout près de Michael van Niekerk St, à environ 1 km du centre-ville.

Où se loger

Le barrage de Hardap propose le camping le plus proche de Mariental (mentionné plus loin). Le *Sandberg Hotel* (☎/fax 2291), non loin de l'embranchement nord de la B1, loue des simples/doubles rudimentaires 29/45 $US. Vous paierez 50/60 $US les chambres de trois/quatre lits. L'hôtel dispose d'un restaurant et d'un bar. La direction m'a paru très accueillante et efficace, mais l'établissement ne fait pas l'unanimité.

Une rue plus loin sur Main St, le nouveau *Mariental Hotel* (☎ 856) se montre une option plus confortable avec des simples/doubles à 35/46 $US.

Le plaisant *Guglhupf Café* (☎ 718) propose le logement le moins cher, à 25/35 $US pour une simple/double, ainsi qu'une piscine et un café qui sert d'excellents steaks et des plats à base de bœuf.

A mi-chemin entre Mariental et Stampriet, à 3 km au nord de la C20, l'*Anib Lodge* (☎ 12421), PO Box 800, Mariental, pratique des prix raisonnables. Anka et Claus Schultz, ses propriétaires – qui qualifient leur ferme de "nid aux limites du Kalahari" – offre un hébergement confortable, avec installations privées, et une piscine dans un cadre isolé propice à l'observation des oiseaux. La formule bed and breakfast coûte 32 $US par personne, la pension complète 43 $US.

Un peu plus loin, dans un grand game ranch, le chic *Intu Afrika Game Lodge* (☎ 4274 ; fax 4921, numéros à Walvis Bay), PO Box 652, Walvis Bay, compte des simples/doubles à 103/168 $US et des bungalows à 114 $US par personne. Tous les prix incluent l'hébergement, la pension complète et les excursions en voiture dans le ranch. Il est aménagé sur les terres de la ferme Onze Rust, sur la D1268, à quelque 44 km au nord de la C20. Initiative originale, la direction tente d'organiser l'installation de cinq familles San dans la réserve naturelle, qui pourraient y poursuivre leurs activités de chasse et de cueillette, et enseigner aux visiteurs le mode de vie traditionnel san.

Où se restaurer

Mis à part les restaurants des hôtels, il n'existe que deux ou trois boutiques rudimentaires de vente à emporter, où les touristes se feront remarquer. Essayez le *Bambi's Takeaways*, à côté de la station-service Engen, près du Sandberg Hotel.

Comment s'y rendre

Bus. Le bus d'Intercape Mainliner s'arrête à la station-service Engen à 21h45 les lundi, mercredi, vendredi et dimanche en direction du sud ; à 3h45 les mardi, jeudi, samedi et dimanche en direction du nord. Le tarif s'élève à 22 $US pour Windhoek, et à 18 $US pour Keetmanshoop. Des minibus circulent également tous les jours entre Windhoek et Keetmanshoop.

Un bus privé Mariental-Walvis Bay part tous les lundi et livre des marchandises aux fermes et aux magasins en chemin. Il s'arrête à Maltahöhe et à Solitaire, passant tantôt par Büllsport, tantôt par Sesriem.

Train. Le train de Windhoek à destination de Keetmanshoop et De Aar (Afrique du Sud) traverse Mariental à 17h04 le mercredi (pour De Aar), et tous les jours, sauf le dimanche, à 0h37 (pour Keetmanshoop uniquement). En direction du nord, le train de Keetmanshoop passe à 23h10 tous les jours, sauf le samedi, le train de De Aar à 3h34 le samedi. Le billet pour Windhoek en classe économique/couchettes coûte 4/10 $US du lundi au jeudi, et 8/22 $US du vendredi au dimanche. Pour Keetmanshoop, ôtez environ 30% à ces tarifs.

HARDAP DAM RECREATION RESORT & GAME PARK

Le barrage de Hardap s'élève à 15 km au nord de Mariental. L'idée d'endiguer le cours supérieur de la Fish avait été soulevée dès 1897 par un professeur allemand, mais il fallut attendre 63 ans pour en voir la réalisation. Le mur de la digue mesure 39 m de haut et retient un lac artificiel de 25 km^2. Son nom est un terme nama signifiant "mamelon", en raison des collines coniques surmontées de bosses de dolérite, typiques de la région.

Le plan d'eau rompant l'aridité du paysage constitue le rendez-vous des vacanciers et des pêcheurs, qui pourront y attraper des carpes, des barbeaux et diverses autres espèces, à condition de posséder un permis. Celui-ci est délivré au bureau du parc, ouvert du lever du soleil à 13h et de 14h au coucher du soleil. Vous trouverez également un centre d'information et un aquarium empli d'une population aquatique plutôt apathique, dépourvu malheureusement d'étiquettes identifiant les espèces. Un centre de recherche du MET étudie les techniques d'élevage des poissons et de leur exploitation commerciale.

Les permis d'entrée coûtent 1,50 $US par personne et 1,50 $US par véhicule. Ils donnent un accès illimité à la splendide piscine et aux aires de pique-nique. La baignade est interdite. Vous pouvez retirer un plan au bureau du parc mais celui présenté dans cet ouvrage sera probablement suffisant.

Centre d'accueil des visiteurs

Perché sur un rocher escarpé au-dessus du barrage, le discret centre d'accueil forme l'un des plus grands attraits de Hardap. Cependant, il donne sur un paysage auquel la végétation clairsemée, les couleurs sombres et le niveau bas des eaux confèrent une allure austère.

Hardap Dam Game Park

Les quatre-vingts kilomètres de routes de gravier à l'ouest du barrage vous permettront d'explorer les 25 000 hectares du parc de Hardap, où vivent oiseaux, antilopes, zèbres et petits animaux. Comme il est quasi exempt de faune dangereuse, on peut s'y promener à son gré. L'extrémité nord propose un chemin de randonnée de 15 km, avec un raccourci au milieu qui le réduit à 9 km. Il n'est pas bien balisé, aussi faites attention à ne pas vous en écarter.

La végétation combine les buissons de savane et les acacias épines-à-dromadaire. Vous verrez des koudous, des gemsboks, des springboks, des autruches, des zèbres de montagne, voire un élan du Cap ou un bubale rouge. Sur les kopjes rocailleux, vous apercevrez des damans de rocher et peut-être des oréotragues.

Au nord du parc vivent trois rhinocéros noirs, amenés du Damaraland en 1990. Le terrain se montre idéal pour les guépards, et le barrage de Hardap en accueillait autrefois une large population. Cependant, la richesse du gibier entraîna une telle prolifération de ces fauves que pour protéger les antilopes, le MET les transféra tous dans d'autres parcs (ce qui semble un peu radical, on aurait pu en laisser quelques-uns).

La réserve est également peuplée de plus de 260 espèces d'oiseaux et une exubérante faune ailée fréquente aujourd'hui les abords du plan d'eau : des flamants, des aigles pêcheurs, des pélicans, des spatules blanches, des hérons goliath, ainsi que de nombreuses variétés d'oiseaux migrateurs et d'habitants du bush. Toutefois, mieux vaut ignorer le panneau "Voëlparadys" (paradis des oiseaux), indiquant un bosquet d'acacias épines-à-dromadaire morts où une colonie de cormorans à poitrine blanche installa ses pénates dès le remplissage du barrage, en 1963. Lorsque le niveau des eaux baissa, les oiseaux s'éclipsèrent pour aller chercher ailleurs un nouveau paradis.

Où se loger et se restaurer

Les emplacements du camping du barrage de Hardap coûtent 7 $US, et les bungalows de deux/cinq lits 17/35 $US. Le terne bungalow dortoir de dix lits se loue 17 $US pour l'ensemble, et les quelques chambres adjacentes de deux lits reviennent à 10 $US seulement. Les installations comprennent

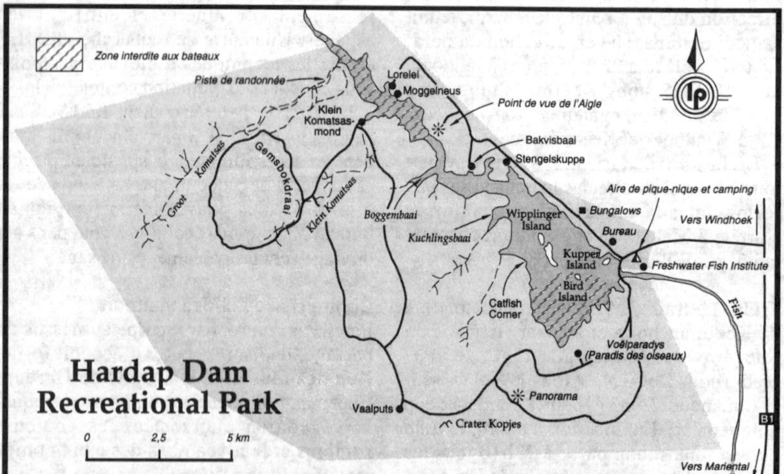

un magasin, un restaurant, un kiosque, une piscine et une station-service. Le restaurant juché sur une terrasse dominant le lac offre une vue magnifique, de même que la piscine perchée au sommet d'une falaise.

Vous trouverez des aires de pique-nique au rest camp, à Lorelei, près de l'extrémité nord-ouest du lac et à Crater Hills, non loin de la limite sud de la réserve.

Comment s'y rendre

L'embranchement pour le barrage de Hardap sur la B1 est indiqué à 15 km au nord de Mariental. De là, 6 km conduisent à l'entrée. Aucun transport public ne dessert le parc, mais il est possible de descendre du bus d'Intercape Mainliner ou d'un minibus à l'embranchement de la B1, et de faire les derniers six kilomètres à pied. Prévoyez une ample provision d'eau. Entre le lever et le coucher du soleil, on peut circuler librement dans la réserve, mais le camping n'est autorisé qu'au rest camp.

STAMPRIET ET GOCHAS

Le petit village de Stampriet, accessible *via* un embranchement vers l'est, à 10 km au nord de Mariental, s'étend au cœur d'une région de culture fruitière et maraîchère. Les nombreuses sources des environs attirent également une faune ailée d'une abondance inhabituelle dans ces parages plus ou moins désertiques.

A la ferme Gross Nabas, à environ 25 km au sud de Stampriet sur la C15, un monument commémore la bataille qui se déroula du 2 au 4 janvier 1905 entre les forces coloniales, sous le commandement du lieutenant von Burgsdorff, et la résistance nama menée par Hendrik Witbooi. Les Allemands subirent de lourdes pertes et furent vaincus.

Gochas (nom nama signifiant "nombreux acacias épines-à-dromadaire), au bord de l'Auob à 53 km plus au sud, présente également un intérêt historique. Au sud-ouest du village, sur la C18, en direction de Witbooisvlei, se dressent deux autres monuments aux morts. Ils marquent les combats du 3 et 5 anvier 1905, qui eurent lieu sur les terres de la ferme Haruchas (☎ 1121) entre les troupes allemandes du Général Stuhlmann et les Nama commandés par Simon Koper. Téléphonez si vous souhaitez visiter l'endroit. A Gochas même, un cimetière renferme les tombes de nombreux soldats allemands tombés lors de ces batailles et d'autres combats contre la résistance nama.

Où se loger et se restaurer

Seule possibilité d'hébergement de la région, le rudimentaire *Gochas Hotel* (☎ 44) dispose de simples/doubles à 20/37 $US, d'un restaurant très simple et, bien sûr, d'un bar.

Au Sandheuwel Game Ranch, à 170 km au sud-est de Gochas, le haut de gamme *Kalahari Game Lodge* (☎ (06662) 3112), PO Box 22, Koës, se tient au bord du lit asséché de l'Auob et offre des bungalows avec installations privées. Il possède un restaurant, un bazar, un bottle store, une boutique de bibelots, une piscine, et une station-service, le tout environné par les dunes du Kalahari.

Campé à la frontière sud-africaine, en face du camp Mata Mata du parc national de Kalahari Gemsbok, ce ranch protégé propose des possibilités d'observation de la faune identiques à celle du parc. Malheureusement, l'entrée de Mata Mata est à présent fermée, aussi pour rejoindre le parc national, les automobilistes doivent-ils faire le long détour par Aroab et Twee Rivieren.

GIBEON

A 91 km au sud de Mariental et 9 km à l'ouest de la B1, cette ancienne Mission rhénane fut fondée par le missionnaire Knauer à côté de la source Gorego-re-abes ("là où les zèbres boivent") en 1863. Elle reçut le nom du personnage biblique mentionné dans le *Livre de Josué*.

En 1894, une garnison allemande sous le commandement du major Theodore Leutwein prit ses quartiers à Gibeon. Pendant la construction du fort, les troupes furent logées dans l'église de la mission.

Le début du siècle connut une brève période de prospection de diamants, mais, en raison d'une bataille particulièrement acharnée qui s'y déroula le 27 avril 1915, le nom de Gibeon restera toujours associé à la perte, par les Allemands, du sud de la Namibie tombée aux mains des forces sud-africaines. Les victimes des affrontements reposent dans le cimetière, à côté de la gare de Gibeon, immédiatement à l'est de la B1, à 10 km à l'est du village.

Aujourd'hui, Gibeon est également célèbre pour avoir subi dans un très lointain passé un extraordinaire bombardement de météorites. Trente-trois fragments de ces rochers décorent aujourd'hui le Post Street Mall de Windhoek. Ces derniers, ainsi qu'une quarantaine d'autres gros spécimens, découverts sur une superficie de 2 500 km^2, sont tombés en une seule fois et sont composés d'au moins 90% de fer.

MUKUROB

Autrefois spectaculaire piton rocheux dressé en équilibre, Mukurob s'est soudainement effondré le 8 décembre 1988, peu après que les ondes de choc provoquées par le grand tremblement de terre qui frappa l'Arménie le 7 décembre eussent atteint Windhoek. Toutefois, l'édition 1994 de la carte officielle du gouvernement, *The Republic of Namibia*, porte encore une photo du pic avant sa chute.

Le nom nama de cette curiosité géologique signifie "regarde le cou", sans doute en référence au grêle piédestal sur lequel elle reposait. Les Afrikaners la nommaient *Vingerklip*, ou "doigt de pierre", et les Anglo-Namibiens l'avaient baptisée "doigt de dieu". Lorsque le pic s'écroula, les Namibiens blancs y virent une manifestation du mécontentement divin à l'idée de l'indépendance namibienne. Les Noirs répliquèrent en demandant pour quelle raison Dieu aurait-il tenu ce doigt levé *jusqu'à* la perspective de l'indépendance namibienne !

Ce qui reste de Mukurob, un simple rocher large de 1,5 m sur un piédestal, supportait auparavant une masse de 500 tonnes, dont des débris gisent toujours à l'entour. Il s'agissait du vestige d'une formation de grès, traversée par des intrusions verticales d'une roche plus tendre. Lorsqu'elle fut désagrégée par l'érosion, les blocs de grès restants s'affaissèrent, sauf celui-ci qui demeura là, en équilibre, pendant au moins 50 000 ans.

Comment s'y rendre

Pour atteindre Mukurob, tournez à l'est sur la D1066, qui part de la B1 à environ 2 km au sud d'Asab. Douze kilomètres plus loin, prenez à droite sur la D620 et continuez sur 10 km jusqu'à votre destination.

BRUKKAROS

Depuis la B1, entre Mariental et Keetmanshoop, vous verrez parfaitement le cône du volcan éteint de Brukkaros. Son nom serait une association des mots afrikaans *broek*, "pantalons", et *karos*, "tablier de cuir", par égard pour le nom nama, "Geitsigubeb", qui signifie la même chose et vient de la ressemblance de la montagne avec un article vestimentaire traditionnel porté par les femmes nama.

Du parking, un chemin de 3,5 km (30 minutes de marche) conduit au bord sud du cratère. Il fut tracé dans les années 30 par le Smithsonian Institute pour mener à une station scientifique chargée d'étudier les taches solaires, installée ici en raison de la clarté extraordinaire de l'air. Il faut encore 1 heure 30 de marche dans le cratère pour atteindre le poste recherche abandonné, sur le bord occidental du volcan.

Vous pouvez camper partout autour du volcan, et la pureté du ciel étoilé donnera à vos nuits une qualité magique, mais comme il n'existe aucune source d'eau disponible, apportez toutes les réserves nécessaires.

Histoire

Brukkaros s'est créé il y a quelque 80 millions d'années, lorsque se sont produits de grands mouvements de l'écorce terrestre libérant le magma qui entra en contact avec une nappe d'eau souterraine, à environ 1 km sous la surface. L'eau surchauffée se vaporisa et se dilata, provoquant un renflement à la surface large de 10 km et haut de près de 500 m. L'espace ainsi ouvert permit à davantage de magma de s'introduire, lequel chauffa encore plus d'eau, augmentant le volume de l'immense bulle jusqu'à l'explosion inévitable. Celle-ci précipita toute l'eau dans la cheminée, déclenchant une succession de déflagrations qui projetèrent des matières éruptives autour de cratère béant, créant une bordure supérieure (ou rim).

Bientôt, un lac et des sources chaudes se formèrent dans le cratère. L'érosion rejeta la lèvre supérieure dans le lac, et les sources apportèrent des dépôts de quartz et d'autres minéraux à la surface, fournissant un amalgame qui cimenta les sédiments déplacés par l'activité volcanique. Au cours des millions d'années qui suivirent, l'érosion mis en relief le culot de lave dure haut de 650 m présent aujourd'hui.

Comment s'y rendre

De Tses, à 80 km au nord de Keetmanshoop, vous verrez Brukkaros se dresser à environ 35 km à l'ouest de la B1. Pour le rejoindre, suivez la C98 vers l'ouest sur 40 km, puis tournez au nord sur la D3904. Ensuite, 18 km conduisent au parking.

KEETMANSHOOP

Ville de 15 000 habitants, Keetmanshoop constitue le principal carrefour du Sud et un centre de l'industrie de la laine karakul. Elle possède plus de stations-service par habitant que toute autre ville namibienne, ce qui peut fournir une indication quant à son utilité première pour les voyageurs.

Histoire

Village nama sur les rives de la Swartmodder, au nom évocateur de "Nugoaes" – signifiant "boue noire", comme le mot afrikaans "Swartmodder" –, jusqu'à l'arrivée du révérend John Schröder de la Mission rhénane qui fonda la Keetmanshoop actuelle en avril 1866. Il lui donna le nom de l'industriel et philanthrope allemand Johann Keetman, président de la mission.

Le successeur de Schröder, le révérend Thomas Fenchel, resté à son poste durant 33 ans, bâtit la première église de la ville. Une inondation emporta celle-ci en 1890, mais elle fut reconstruite cinq ans plus tard. En 1950, après avoir cessé ses activités, elle fut occupée par des squatters qui la dégradèrent.

Rénovée dix ans plus tard, elle abrite aujourd'hui le musée municipal. La même année, Keetmanshoop accueillit une brasserie et une fabrique de glace.

Renseignements

Le bureau d'information Southern Tourist Forum (☎ 3316 ; fax 3813), dans le bâtiment municipal, ouvre du lundi au vendredi, de 7h30 à 12h30 et de 14h à 17h, le samedi de 9h à 11h. Il vend tout un choix de cartes postales de Keetmanshoop, qui seront un jour des pièces de collection.

Musée de Keetmanshoop

Logé dans l'église de la Mission rhénane de 1895, le musée mérite une visite. Les expositions consacrées à l'histoire de Keetmanshoop comprennent de nombreuses vieilles photos et des spécimens des premiers outils agricoles, un chariot ancien, ainsi qu'une maison nama traditionnelle. Le jardin est planté d'une grande variété de plantes locales. Il ouvre du lundi au vendredi de 7h30 à 12h30 et de 14h à 17h, le samedi de 9h à 11h. L'entrée est gratuite.

Vieille poste

Keetmanshoop recèle plusieurs beaux exemples d'architecture coloniale, dont le plus remarquable, la Kaiserliches Postampt (poste impériale), aujourd'hui occupée par Air Namibia et l'office du tourisme, s'élève à l'angle de 5th Laan et de Fenchelstrasse. Conçue par l'architecte Gottlieb Redecker, elle fut construite en 1910 pour abriter les nouveaux services de poste et de télégraphe. Le pignon saillant en façade soutenait le mât du télégraphe et le reste du bâtiment hébergeait les fonctionnaires de la poste qui, à cette époque, distribuaient encore le courrier à dos de chameau.

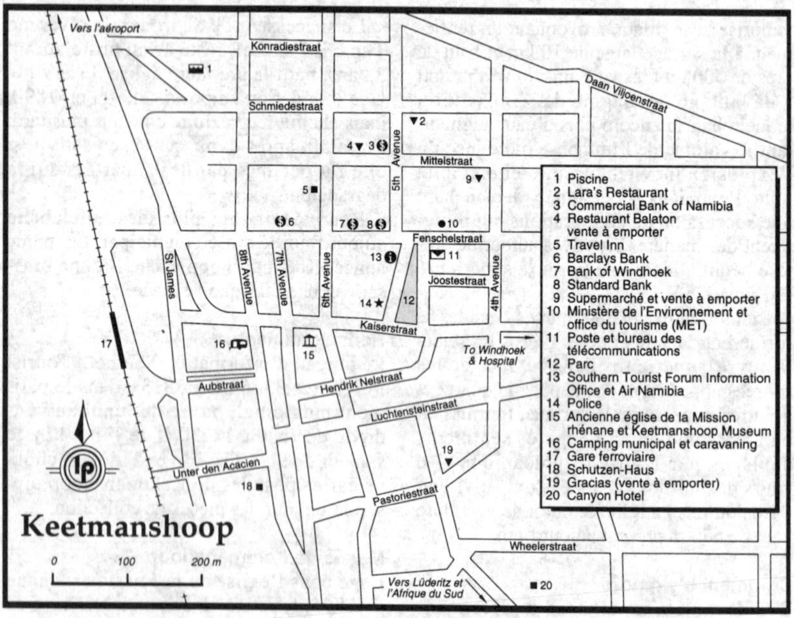

Circuits organisés

M. Wynand Erasmus de Canyon Tours (☎ 2095 ; après les heures ouvrables ☎ 2119) organise des excursions d'une journée à destination du Fish River Canyon (Hobas), à 52 $US par personne, déjeuner compris. Il en propose également pour la Gallap Ost Karakul Farm, à Lüderitz, Ai-Ais et le Kokerboomwoud. Il projette de créer une auberge de jeunesse. N'hésitez pas à l'appeler pour de plus amples informations.

Gondwana Tours, au Canyon Hotel, met également sur pied des circuits organisés dans le Sud, mais à des tarifs nettement plus élevés.

Où se loger

Le grand *Municipal Camp & Caravan Park* (campinf-caraving municipal) orné de bougainvillées demande 1,50 $US par véhicule, 2 $US pour une caravane et 1,50 $US par personne. Vous serez sans doute heureux de voir la laverie à pièces, mais vous devez apporter votre propre lessive. Luxueux, le récent *Lafenis Rest Camp*, à 5 km au sud, sur la route d'Afrique du Sud, possède des bungalows de deux/quatre lits entièrement équipés à 28/43 $US. Les clients ont accès à la laverie et aux douches chaudes. Le camp propose également une piscine, des promenades à cheval et un minigolf.

Quoi qu'en dise l'office du tourisme, vous pouvez aussi loger au Kokerboomwoud, à la *Gariganus Farm* (☎ (0638) 11302 ou 11303), tenue par Coenie Nolte. Le camping coûte 3 $US par personne et les simple/doubles reviennent à 25/38 $US.

D'autres possibilités d'hébergement bon marché sont fournies par le Community Development Project, dirigé par Mrs Esau (☎ 3454), Gate 12, Schmeide St, PO Box 1381, Keetmanshoop. Les lits en dortoir valent 7 $US, et les chambres 14 $US par personne. Pour ce qui est des bed and breakfast, Mr et Mrs Gessert (☎ 8832 ou 3892), 138 13th Ave, PO Box 680, Keetmanshoop, disposent de six chambres, toutes avec s.d.b., à 25/41 $US la simple/double.

Il existe également deux hôtels convenables dont le *Travel Inn* (☎ 3344 ; fax 2138), dans 6th Ave, qui loue les simples/doubles climatisées 41/57 $US, petit déjeuner et un lavage de voiture gratuit. Les simples économiques coûtent 28 $US et les chambres familiales pour quatre personnes 77 $US. Un restaurant, un café-jardin, une laverie et un service de fax comptent parmi les installations. Le second, le *Canyon Hotel* (☎ 3892 ; fax 3714), un peu plus plaisant et plus apprécié des voyageurs, possède des chambres à partir de 46/72 $US. L'agence affiliée, Gondwana Tours, organise des excursions d'une journée à destination du Kokerboomwoud, de Lüderitz et du Fish River Canyon.

Le *Schutzen-Haus*, à 200 m au sud du camping municipal, propose des simples/doubles avec douche et toilettes à 30 $US.

Où se restaurer

Grand favori au décor étrange et à la musique non moins bizarre, le *Lara's Restaurant*, au coin de 5th Ave et de Schmeide St, sert une bonne cuisine. Le *Schutzen-Haus*, pub et restaurant de style allemand, à 200 m au sud du camping municipal, prépare des repas simples. Sa partie bar s'agrémente d'une table de billard, plaisir inhabituel, et il dispose également de possibilités d'hébergement.

Autre bon établissement, le *Balaton Restaurant & Takeaways* (☎ 2539), axé sur la cuisine hongroise, ouvre à l'heure du petit déjeuner, du déjeuner et du dîner.

Vous pourrez prendre un café ou un encas à la cafétéria du Canyon Hotel, de 9h à 19h. Le restaurant de l'hôtel ouvre tous les jours de 6h30 à 9h, de 12h30 à 14h et de 19h à 22h. Le restaurant du Travel Inn pratique des prix en moyenne plus élevés, sans offrir une meilleure qualité.

A l'angle de 4th Ave et de Mittel St, un supermarché avec vente à emporter travaille tard le soir. Le *Gracias Takeaways*, dans Pastorie St, propose également de bons plats à emporter.

Distractions

Keetmanshoop ne s'illustre pas dans ce domaine mais elle possède une piscine de 50 m, dans Konradie St, à l'extrémité nord-ouest de la ville, ouverte en semaine de 10h à 19h.

Comment s'y rendre

Avion. L'aéroport J. G. van der Wath de Keetmanshoop s'étend au nord-ouest de la ville, sur la D609. Air Namibia assure la liaison de Windhoek au Cap, *via* Keetmanshoop, les lundi, jeudi et samedi matin. Les lundi et jeudi, les vols de retour font escale à Keetmanshoop l'après-midi et continuent sur Windhoek. L'aller simple Keetmanshoop-Windhoek coûte environ 100 $US.

Bus. Le bus d'Intercape Mainliner Windhoek-Le Cap passe à Keetmanshoop à minuit les lundi, mercredi, vendredi et dimanche en direction du sud, et à 1h45 les mardi, jeudi, samedi et dimanche en direction du nord. Le tarif pour Windhoek s'élève à 30 $US. Le bus s'arrête à la station-service BP Du Toit de Keetmanshoop. Les minibus circulent également entre Windhoek et Keetmanshoop. Ils démarrent une fois pleins de la gare routière au nord du Wernhill Park Centre de Windhoek.

Train. Les trains circulent tous les jours, sauf le samedi, entre Windhoek et Keetmanshoop. Ils partent à 18h30, dans les deux sens, et arrivent entre 5 et 6h le lendemain matin. Les trains Windhoek-De Aar, en Afrique du Sud, traversent également Keetmanshoop. Ils quittent Windhoek le mercredi à 11h et passe à Keetmanshoop à 21h46. De Keetmanshoop, ils partent le vendredi à 22h17 pour atteindre Windhoek à 10h10 le lendemain. Les tarifs économique/couchettes sont de 5/15 $US du lundi au mercredi, et de 11/33 $US du vendredi au dimanche.

En stop. Le stop se pratique assez aisément sur la B1, entre Keetmanshoop et Windhoek ou Grünau, mais la circulation se fait plus rare entre Keetmanshoop et

Lüderitz. Les stoppeurs se dirigeant vers le Fish River Canyon ont intérêt à prendre la route pour Ai-Ais, qui s'en va vers l'ouest, à 30 km au sud de Grünau.

ENVIRONS DE KEETMANSHOOP

La forêt de kokerbooms et la Cour des Géants

La plus grande forêt de *kokerbooms*, ou "arbre-à-carquois" (*Aloe dichotoma*) de Namibie s'étend sur les terres de la Gariganus Farm, à 14 km au nord-est de la ville. L'entrée et l'utilisation des aires de pique-nique coûtent 3 $US par véhicule plus 1,50 $US par personne.

L'entrée au "Kokerboomwoud" donne également accès à la Cour des Géants (*Giant's Playground*), insolite champ d'affleurements rocheux situé à 5 km. Ces curieuses formations géologiques de couleur noire résultent des coulées de lave qui pénétrèrent la couche rocheuse supérieure, voilà quelque 170 millions d'années. Lorsque ces roches sédimentaires tendres furent désagrégés par l'érosion, il ne subsista que le solide *ysterklip* ou "roche de fer" (qui ne contient pas de fer du tout, mais seulement du basalte).

Il existe des possibilités d'hébergement à la Gariganus Farm. Reportez-vous à *Où se loger* dans la rubrique *Keetmanshoop*.

Gellap Ost Karakul Farm

La Gellap Ost Karakul Farm (☎ 11503) de 13 700 hectares fut créée dans les années 30 à titre de ferme expérimentale pour améliorer la qualité de la laine karakul. A la différence des autres laines, tondue sur les moutons adultes, cette dernière provient des agneaux nouveau-nés, ce qui, bien sûr, requiert de les abattre dès leur naissance. Lorsque les cours de la laine sont bas, les agneaux sont vendus comme viande de mouton. La ferme est ouverte au public, sur rendez-vous téléphonique, du lundi au vendredi, de 10h à 12h. De Keetmanshoop, suivez la D609 vers le nord-ouest en direction de l'aéroport. Au bout de 15 km, tournez à gauche à l'embranchement indiqué menant à la ferme.

Étonnant kokerboom

Vous ne manquerez pas d'apercevoir des kokerbooms *(Aloe dichotoma)*, ou "arbres carquois", dans le sud de la Namibie et au nord-ouest de l'Afrique du Sud. Il s'agit en fait d'aloès pouvant atteindre huit mètres de haut. Les chasseurs san avaient coutume d'évider les branches les plus légères pour confectionner des carquois, d'où le nom donné à cet arbre.

De croissance lente, il pousse essentiellement sur des sols rocheux, plats ou pentus. Les feuilles, juteuses, ainsi que le tronc et les branches, de nature fibreuse, ont la particularité de retenir l'eau. Une couche cireuse sur les feuilles et les branches limite les pertes hydriques dues à la transpiration. En juillet et en août, époque de la floraison des kokerbooms, le désert est constellé de petites taches jaunes. ■

Naute Dam

Fréquenté par une abondante faune ailée, ce grand barrage sur la Löwen, environné de basses collines tronquées, doit devenir un parc de loisirs et une réserve naturelle. Pour l'instant, il est principalement utilisé comme site de pique-nique, et le camping est autorisé sur le côté sud. Roulez sur la B4 sur 30 km à l'ouest de Keetmanshoop et tournez au sud sur la D545. A peu près 20 km plus loin, vous apercevrez le barrage.

Fort de Naiams

A environ 13 km à l'ouest de Seeheim (carrefour où la B4 bifurque vers le nord du Fish River Canyon), à la ferme de Naiams, un panneau indique une marche de 15 minutes pour atteindre les ruines d'une forteresse allemande édifiée en 1906. Elle était destinée à protéger les voyageurs et les marchandises transitant par la route de Lüderitz des attaques des Nama.

Singing Rock

Sur les terres de la Rooipunt Farm, à 50 km au sud de la B2, vous découvrirez l'une des curiosités les plus étranges de Namibie : le Singing Rock, le "rocher chantant", une grande pierre noire plate, perforée intentionnellement de trous blancs. Quand vous la frappez d'un caillou, la pierre produit différentes notes, comme un marimba. Personne ne sait qui a percé ces trous, mais on pense qu'elle devait servir d'instrument de musique. La ferme renferme également quelques magnifiques gravures rupestres.

A la gare de chemin de fer de Goageb (à 106 km à l'ouest de Keetmanshoop), prenez la D459 vers le sud et roulez sur 50 km jusqu'à Rooipunt Farm. Comme ils sont difficiles à dénicher, si vous voulez voir le "rocher chantant" et les gravures rupestres, téléphonez au propriétaire, M. De Vries (☎ (06362) 81). Il vous en coûtera une modeste participation, mais cela en vaut la peine, car M. De Vries connaît une multitude d'histoires sur la région.

BETHANIE

Bethanie, une des plus anciennes missions de Namibie, fut créée en 1814 par la Société missionnaire de Londres (London Missionary Society). Cependant, le révérend Heinrich Schmelen envoyé ici était allemand. Il semblerait que la mission anglaise, ayant des problèmes de recrutement, ait fait appel à des religieux formés à Berlin. La mission porta d'abord le nom de Klipfontein ("cascade" en afrikaans) et fut ensuite rebaptisée Bethanien (transformé par la suite en Bethanie), nom biblique d'un petit bourg proche de Jérusalem.

La mission a dû être abandonnée au bout de sept ans, du fait de nombreuses querelles tribales. A plusieurs reprises, Schmelen tenta de la faire revivre mais il échoua en raison de la sécheresse et partit définitivement en 1828. Douze ans plus tard, Bethanie fut confiée à la Mission rhénane (Rhenish Missionary Society).

A voir

A l'origine, la mission établie par Schmelen en 1814, connue aujourd'hui sous le nom de Schmelenhaus, se résumait à une maison d'un étage. Elle fut brûlée quand le révérend quitta Bethanie en 1828, puis reconstruite en 1842 par le premier missionnaire de la Mission rhénane, Hans Knudsen. Elle se situe aujourd'hui sur les terres de l'Église luthérienne et abrite un musée relatant l'histoire de la mission à partir d'anciennes photos. Celui-ci est généralement ouvert pendant la journée, mais si vous trouvez porte close, un petit mot vous dira où prendre la clef.

Entre autres monuments, vous pouvez visiter une église édifiée en 1859 par le missionnaire Hermann Kreft. Les deux tours qui l'ornaient à l'origine menaçant de s'écrouler furent détruites. Elle a servi d'école, mais elle est actuellement très délabrée. Sa restauration – avec les tours – est à l'ordre du jour.

Jetez aussi un coup d'œil à la maison du capitaine Joseph Fredericks, le chef nama qui signa un contrat avec les représentants d'Adolf Lüderitz, le 1er mai 1883, entérinant la vente d'Angra Pequena, aujourd'hui Lüderitz. C'est dans cette maison, au mois d'octobre de l'année suivante, que le capitaine Fredericks et le consul général allemand Friedrich Nachtigal paraphèrent le traité scellant le protectorat de l'Allemagne sur tout le territoire.

Où se loger et se restaurer

Le très simple *Bethanie Hotel* (☎ 13) dispose de six chambres coûtant de 21 à 34 $US. On peut y prendre ses repas. Sinon, vous pouvez choisir le *Bethanie Outfitters & Motors* (☎ 7, en dehors des heures d'ouverture : 2 ; fax 87), au nom énigmatique, qui propose des emplacements de camping à 7 $US par véhicule, jusqu'à cinq personnes, et des simple/double avec petit déjeuner pour 17/21 $US.

Comment s'y rendre

Bethanie se situe sur la C14, à une trentaine de kilomètres au nord de la B4, dont l'embranchement est à 140 km à l'ouest de Keetmanshoop. Il n'existe aucun moyen de transport public.

CHÂTEAU DE DUWISIB

A environ 70 km au sud de Maltahöhe, l'insolite château de Duwisib fut édifié en

1909 pour le baron capitaine Hans-Heinrich von Wolf, noble saxon originaire de Dresde. Après avoir participé au conflit germano-nama, il retourna à Dresde et épousa Jayta Humphries, la fille du consul américain. Ensemble, ils rejoignirent ensuite le Sud-Ouest africain, où Wolf chargea l'architecte Willie Sanders de concevoir une demeure qui refléterait son dévouement à la cause militaire allemande en rappelant les forteresses de Namutoni, Gibeon et Windhoek.

A l'exception de la pierre provenant d'une carrière voisine, la plupart des autres matériaux nécessaires à sa construction furent importés d'Allemagne et transportés sur des chars à bœufs depuis Lüderitz, à travers 640 km de désert. Artisans et maçons furent engagés en Irlande, au Danemark, en Suède et en Italie pour édifier ce château d'allure médiévale en forme de U, comprenant 22 pièces, décorées de portraits de famille et de tout un attirail militaire. La majorité de ces salles pourvues d'étroites ouvertures indiquent l'obsession de son propriétaire pour la sécurité.

En août 1914, le couple s'embarqua pour l'Angleterre, à la recherche d'étalons pour leurs écuries. Mais la Première Guerre mondiale éclata, et leur navire fut détourné sur Rio de Janeiro. Jayta, de nationalité américaine, réussit à s'embarquer sur un vaisseau néerlandais à destination des Pays-Bas mais son époux fut obligé de voyager clandestinement. Quand il parvint en Allemagne, il rejoignit l'armée et fut tué en France, lors de la bataille de la Somme en 1916. Jayta s'installa en Suisse et vendit le château à une famille suédoise, qui le cédera à son tour, en 1937, à une entreprise, la Duwisib Pty Ltd.

A la fin des années 70, le château et ses 50 hectares de terrain revinrent à l'État. Il est accessible au public depuis 1991 et abrite aujourd'hui une impressionnante collection d'armures et d'objets des XVIIIe et XIXe siècles.

Il est ouvert tous les jours de 8h à 13h et de 14h à 17h. L'entrée coûte 1,50 $US et des visites guidées sont possibles.

Où se loger

Vous pouvez camper au camping du MET, sur les terres du château, pour 6 $US par emplacement pouvant recevoir jusqu'à huit personnes. La *Farm Duwisib* (☎ 5304), près du château, dispose d'une boutique, d'un restaurant proposant des plats à emporter, d'une piscine, d'aires de pique-nique et d'un camping rudimentaire. Des bungalows équipés pour deux/quatre personnes vous reviendront à 23/39 $US. L'emplacement de camping coûte 6 $US.

Comment s'y rendre

Il n'existe aucun mode de transport en commun pour se rendre au château de Duwisib. En venant de Helmeringhausen, roulez sur 62 km vers le nord sur la C14, puis prenez la D831 vers le nord-ouest. Au bout de 27 km, empruntez la D826 vers l'ouest et continuez encore pendant 15 km avant de parvenir à destination.

MALTAHÖHE

Maltahöhe, au cœur d'une région d'élevage de moutons karakul, ne présente guère d'intérêt si ce n'est un excellent petit hôtel. Grâce à la route secondaire reliant Lüderitz au parc de Namib-Naukluft qui traverse la région, les guest farms et les rest camps privés s'y multiplient.

Le nom de cette petite ville signifie "les hauteurs de Malta", à la mémoire de Malta von Burgsdorf, épouse du lieutenant von Burgsdorf, nommé commandant du district de Gibeon après la guerre germano-nama. Les cimetières perpétuent le souvenir des terribles batailles qui eurent lieu ici. L'un d'eux, juste à l'est de la petite ville, renferme les tombes des soldats allemands tombés lors des guerres qui opposèrent l'armée coloniale aux Nama d'Hendrik Witbooi. La Nomtsas Farm, à 55 km au nord de Maltahöhe, abrite celles de la famille et des voisins d'Ernst Hermann, tués par les résistants d'Hendrik Witbooi, en 1904.

Où se loger et se restaurer

Le camping de Maltahöhe, non gardé et mal entretenu, ne doit être envisagé qu'en dernier recours. Les toilettes sont particulièrement en mauvais état.

Accueillant et confortable, le *Maltahöhe Hotel* (☎ 13 ; fax 133), PO Box 20, Maltahöhe, dirigé par Manfred et Gerda Schreiner, propose des chambres simples/doubles pour 19/27 $US. Le restaurant et le bar sont ouverts le soir et le propriétaire organise des excursions quotidiennes bon marché à Sossusvlei dans son 4x4. Il a reçu, en 1991, le prix du meilleur hôtel de Namibie.

A deux kilomètres au sud de Maltahöhe, sur la C14, la *Daweb Guest Farm* (☎ 1840 ; fax 66) est un endroit agréable tenu par Rolf et Rosemarie Kirsten. Le mot "daweb" signifie "tamaris" en langue nama. Les simples/doubles avec salle de bain, construites dans le joli style hollandais du Cap, sont à 30 $US par personne, petit déjeuner compris, et 40 $US pour la pension complète. C'est un lieu parfait pour ceux qui s'intéressent à l'élevage en Namibie. Des randonnée guidées et des expéditions en 4x4 peuvent être organisées dans la campagne environnante.

Pour plus de pittoresque, vous choisirez le *Namseb Rest Camp* (☎ 166, fax 157), PO Box 76, Maltahöhe, dans un game ranch d'élevage dirigé par des spécialistes de l'autruche, Jan et Piens Bruwer. En bordure de la Schwarzrand Range, au bout d'une petite route à 5 km au nord-ouest de Maltahöhe, se cache cet endroit idéal pour tout savoir sur l'élevage de ces gros oiseaux. Placé sur une hauteur, le logement bénéficie d'une belle vue. Les chambres simples/doubles sont à 23/34 $US et les chalets pour deux personnes coûtent 45 $US. Le restaurant où vous pouvez prendre vos repas sert effectivement de l'autruche!

Plus familial, la *Guest Farm Burgsdorf* (☎ 1330 ; fax 141), à 25 km au sud de Maltahöhe, est un élevage de bovins et de caprins dirigé par Walter et Lindi Kirsten. Plusieurs sites archéologiques sont à découvrir dans les alentours et la diversité du paysage permet de nombreuses excursions à pied ou en voiture. Les prix sont de 41 $US par personne avec petit déjeuner et de 55 $US pour la pension complète. En réservant à l'avance, vous pourrez aller visiter le château de Duwisib, Sesriem et Sossusvlei.

A mi-chemin entre Maltahöhe et Sesriem, à 1 km à l'est de la C36, le *Hammerstein Rest Camp* (☎ 5111) est dirigé par Anton et Gerty Porteus. Il offre plusieurs chambres avec coin cuisine pour deux/quatre personnes à 33/46 $US. En pension complète, le tarif s'élève à 41 $US par personne.

Comment s'y rendre

Un bus privé relie Mariental et Walvis Bay. Le lundi, il traverse Maltahöhe en direction de l'ouest, et le mardi, il fait le trajet inverse. Il lui arrive de passer par Büllsport et parfois par Sesriem.

HELMERINGHAUSEN

Ce petit hameau se résume à une maison, un hôtel et une station-service, propriété de la famille Hester depuis 1911.

Musée agricole

Ne manquez pas l'extraordinaire Musée agricole, créé en 1984 par la Helmeringhausen Farming Association, cet incroyable bric-à-brac se révélant fort intéressant. Des meubles anciens et des équipements agricoles d'un autre âge : chariots, machines, outils, etc., tout a été recueilli dans les fermes de la région, de même qu'une voiture de pompier, véritable pièce d'antiquité récupérée à Lüderitz. Le musée est ouvert tous les jours et la visite est gratuite. Demandez la clef à l'hôtel voisin.

Mooifontein

A la fin du XIXe siècle, une garnison allemande occupait Mooifontein ("jolie source"), à 21 km au sud-est de Helmeringhausen. La ferme actuelle a été construite à partir des bâtiments d'origine, "préfabriqués" en Allemagne en 1899 et importés sur les bords de la rivière Konkiep. Vous pouvez visiter le cimetière militaire semicirculaire où reposent les soldats allemands tués pendant le conflit germano-nama, entre 1903 à 1907.

Où se loger

Accueillant, le *Helmeringhausen Hotel* (☎ 7), PO Box 21, Helmeringhausen, dirigé par Heinz et Altna Vollerston, offre des chambres avec petit déjeuner pour 21 $US par personne. La pension complète revient à 30 $US par personne. On y mange très bien, la bière est toujours fraîche et la cave bien approvisionnée. Néanmoins, même les amateurs de gibier risquent d'être mal à l'aise dans la salle du restaurant décorée d'animaux naturalisées, dont une tête de girafe avec la moitié de son cou. Des excursions sont organisées dans la journée jusqu'au cimetière de Mooifontein et pour aller admirer les peintures rupestres de la région.

La deux-étoiles *Sinclair Guest Farm* (☎ 6503), PO Box 19, Helmeringhausen, menée par Gunther et Hannelore Hoffmann, se trouve à 65 km à l'ouest de Helmerinhausen, sur la D407. Dans les années 1870, deux Écossais voulant exploiter le cuivre utilisé par les Namas depuis des siècles achetèrent ces terres à un de leurs chefs. Selon la légende, ils les payèrent avec deux brouettes chargées de bouteilles de cognac. Par la suite, ils construisirent une ferme qu'ils vendirent aux grands-parents des actuels propriétaires. Les clients peuvent désormais bénéficier de tours organisés, à pied ou en voiture, et d'excursions à l'ancienne mine de cuivre, à 3 km de la ferme. Les cinq chambres sont au prix très raisonnable de 41 $US par personne, avec pension complète.

A quelques kilomètres au nord-ouest de la localité, à 7 km de la C14, la *Guest Farm Dabis* (☎ 6820), PO Box 15, Helmeringhausen, est située au milieu de l'élevage de moutons karakul de Jo et Heidi Gaugler. L'hébergement simple et confortable revient à 60/105 $US pour une simple/double avec pension complète, activités comprises. La demi-pension coûte 48/82 $US. Le pain est de fabrication maison et les œufs, la viande et les légumes sont des produits de la ferme. Les activités comprennent des randonnées, des découvertes de la faune, des excursions au soleil couchant, ainsi que tous les renseignements concernant le travail de l'éleveur de karakuls. Les paysages ocre rouge qui entourent la ferme sont fascinants.

NAMIBIE

Côte sud

Cette région englobe la ville de Lüderitz, riche en exemples d'architecture coloniale, le Sperrgebiet (zone interdite du diamant) et le sud du désert du Namib.

AUS

Petite ville propre et paisible, Aus, dont l'étrange nom signifie "dehors" en allemand, est située à 125 km à l'est de Lüderitz. Après la reddition allemande devant les forces sud-africaines à Otavi, le 9 juillet 1915, la ville abrita l'un des deux camps de prisonniers de la Première Guerre mondiale. Alors que les officiers et les membres de la police militaire étaient envoyés à Okanjanje, dans le Nord, plus de 1 550 simples soldats y furent internés, surveillés par 600 Sud-Africains.

Les prisonniers étaient logés sous des tentes et vivaient dans des conditions très difficiles, aggravées par les températures extrêmes du désert. Cela incita les détenus à fabriquer des briques et à construire leurs propres maisons, puis à vendre les briques restantes à leurs gardiens, 10 shillings les 1 000. Loin d'être luxueuses, ces maisons, aux toits en boîtes de conserve aplaties les mettaient malgré tout quelque peu à l'abri des éléments. Ils fabriquèrent aussi plusieurs fours à bois. Finalement, les Sud-Africains firent des sondages pour trouver de l'eau et bâtirent des baraquements pour les gardiens.

Après le traité de Versailles, le camp fut démantelé et fermé en mai 1919. Il n'en reste pas la moindre trace aujourd'hui, malgré certaines tentatives pour reconstruire l'une des maisons en brique. Le site, à 4 km à l'est du village –prendre à droite au bout d'un chemin de gravier – est marqué d'une plaque commémorative.

Si vous voulez en savoir plus sur ce lieu (et si vous lisez l'afrikaans), un livre, *Aus 1915-1919*, accompagné d'une carte, vous exposera l'histoire et le contexte de ces événements étonnants. Vous pouvez en dénicher une copie à la librairie de Lüderitz.

Où se loger

Une partie du charme rustique d'Aus tient au pittoresque et accueillant *Bahnhof Hotel* (☎ 44) qui dispose de chambres simples/doubles à 17/27 $US. Les grandes chambres avec salles de bain sont à 20/35 $US. Le bar et le restaurant sont très bien.

En bordure des sévères et grandioses monts Tirasberge, au nord d'Aus, vous trouverez le *Namib Desert Lodge* (☎ 6640), PO Box 19, Aus, une ferme d'hôte tenue par Renate et Walter Theile. Le subjuguant paysage ne ressemble à rien d'autre en Namibie. Les simples/doubles, en pension complète, sont très abordables : 40 $US par personne. Roulez sur la C13 vers le nord sur 55 km, puis roulez sur la D707 vers l'ouest sur 60 km.

Comment s'y rendre

Si vous êtes arrivé jusqu'à Aus, il y a de fortes chances pour que vous soyez en route pour Lüderitz. Or le bus des chemins de fer qui relie Keetmanshoop à Lüderitz dessert Aus.

Le paysage de Namibie méridionale, à l'ouest d'Aus, n'a rien à voir avec les étendues caillouteuses des plaines du Nord. Les monts Awasib et Uri-Hauchab aux tons

Les chevaux sauvages du désert

Dans les plaines arides à l'ouest d'Aus, on rencontre les seuls chevaux sauvages du monde vivant en milieu désertique. Différentes théories cherchent à expliquer l'origine de ces équidés excentriques. Selon l'une d'elles, ils descendraient des chevaux des troupes coloniales allemandes abandonnés après l'invasion du Sud-Ouest africain, en 1915. Une autre postule qu'ils furent introduits par des pillards nama sévissant au nord de l'Orange. Une autre encore affirme qu'ils sont les descendants d'un troupeau embarqué à bord d'un navire européen en route pour l'Australie ayant fait naufrage. Ou bien encore qu'ils sont les petits-enfants des étalons du baron Hans-Heinrich von Wolf, propriétaire de château de Duwisib.

Ces chevaux, dont les silhouettes décharnées contredisent leur probable origine pur-sang, apparemment adaptés aux dures conditions climatiques, sont protégés dans la Diamond Area 1. Les années de pluies abondantes, ils prospèrent en taille et en nombre. Leur population oscille actuellement entre 150 et 160 individus, et n'a jamais dépassé les 280 têtes. Gorub Pan, leur seul et unique point d'eau, est alimenté par un puits artificiel.

Sans les efforts de l'officier de sécurité Jan Coetzer, ils auraient sans doute disparu depuis longtemps. C'est lui qui a compris qu'il s'agissait sûrement d'étalons et qui a rassemblé les fonds nécessaires pour creuser le puits de Gorub. A une époque, le MET a envisagé de les dompter pour servir de montures aux patrouilles du parc d'Etosha, mais le projet n'a pas abouti. D'autres proposèrent de les supprimer de peur qu'ils n'abîment l'environnement ou ne perturbent les troupeaux de gemsboks. Néanmoins, leur potentiel touristique met un terme à tout argument de ce type ; différentes associations écologiques européennes ont réuni les fonds nécessaires à leur sauvegarde, leur assurant, pour le moment, une certaine sécurité.

Ces chevaux peuvent également avoir une valeur scientifique. Le climat extrêmement sec de la région semble avoir éloigné toute maladie et tout parasite, alors que leur isolement pendant une longue période rend improbable toute immunité ; ces deux facteurs rendent ces animaux particulièrement précieux pour les recherches sur l'immunité. Du fait qu'ils urinent moins et qu'ils sont plus petits que leurs ancêtres supposés, ils peuvent passer 5 jours sans boire. Cette adaptation à l'environnement peut aussi aider les chercheurs à comprendre comment ces animaux font face aux changements climatiques.

Une cache permet désormais aux visiteurs d'observer les chevaux qui viennent se désaltérer, et un panneau explicatif les renseigne sur leurs habitudes. L'endroit se trouve à 100 km à l'est de Lüderitz, à environ 1,5 km au nord de l'autoroute. ■

pastel dominent la plaine gris-vert, à demi-masquée d'une brume de sable et de poussière balayés par le vent... C'est à la fois envoûtant et sublime. En traversant la région, tachez de surprendre quelques chevaux sauvages (*voir encadré*), descendants probables des étalons du baron von Wolf, propriétaire du château de Duwisib au début de ce siècle.

LÜDERITZ

Lüderitz est une relique surréaliste de l'époque coloniale : un village bavarois blotti sur la côte aride du désert du Namib balayée par les vents, semblant hors d'atteinte du XXe siècle. On y trouve tout ce qu'on peut attendre d'une petite ville allemande, des pâtisseries aux cafés, sans oublier les églises luthériennes. Ici, les eaux de l'Atlantique sont glaciales mais propres, c'est le domaine des otaries, des pingouins et de toute une vie marine. Les plages désertes sont le domaine des flamants roses et des autruches.

Pittoresque, le port de Lüderitz abrite une flottille de bateaux de pêche à la langouste, dont la saison court de novembre à avril. La récolte des algues et des herbes marines, essentiellement destinées au Japon, et les fermes expérimentales d'élevage d'huîtres, de moules et de crevettes constituent l'essentiel de l'activité locale.

Histoire

Le jour de Noël 1487, le navigateur portugais Bartolomeu Dias et sa flotte de trois navires longe la côte qu'il baptise *Areias do Inferno* ("sables de l'enfer") et pénètre dans la baie de Lüderitz, qu'il nomme *Angra das Voltas* ("baie des volte-face"), car il ne peut y accoster qu'en louvoyant. (Par la suite, la baie fut connue sous le nom, moins original, d'*Angra Paquena*, ("petite baie"). C'est là qu'il s'abrite des intempéries pendant 5 jours. En juillet 1488, de retour du cap de Bonne-Espérance, la légende veut qu'il ait érigé une croix de pierre, à Diaz Point, près de l'entrée de la baie. A part une brève tentative de la Compagnie des Indes néerlandaises de commercer avec les Nama en 1677, plus de 300 années s'écoulèrent sans que rien ne vienne troubler la paix de Lüderitz. Cependant, en 1793, craignant des intérêts rivaux dans la région, le gouverneur hollandais du Cap dépêcha le capitaine Duminy à bord de son navire le *Meermin* annexer Angra Pequena et les îles environnantes.

Durant la première moitié du XIXe siècle, les pêcheurs de baleines croisaient dans la zone, et les îles devinrent une source importante de guano. De 1844 à 1848, des montagnes de ces déjections d'oiseaux marins ont été ramassées sur les îles les plus productives, pour un total de plusieurs centaines de milliers de tonnes. Ces récoltes mirifiques attirèrent plus de négociants d'engrais que les îles ne pouvaient en satisfaire, entraînant divers affrontements.

Au milieu du XIXe siècle, le gouvernement britannique du Cap envoya le *Star*, commandé par le capitaine Alexander, faire main basse sur Angra Pequena et toutes les îles à guano au profit de la colonie.

Le 9 avril 1883, Heinrich Vogelsang, commissionné par un marchand de Brême, Adolf Lüderitz, signa un contrat avec le chef nama Joseph Fredericks. Celui-ci octroyait à Vogelsang le droit de jouir des terres dans un rayon de 8 km autour d'Angra Pequena, en échange de 100 £ sterling et de 60 fusils ; pour 500 £ supplémentaires et 60 nouveaux fusils, il acquit une bande côtière de 32 km de large, de l'Orange au 26e parallèle.

La même année, Adolf Lüderitz débarqua dans la région. Sur ses recommandations, le 24 avril 1884, le chancelier allemand Bismarck plaçait le Sud-Ouest africain sous le protectorat de l'Empire allemand. En octobre 1886, au bord de la faillite, Adolf Lüderitz partit à la recherche de nouveaux marchés au sud de l'Orange. Mais sur le chemin du retour, il se perdit en mer et on ne le revit jamais.

En 1904, lors de la guerre germano-nama, Lüderitz sert de camp de prisonniers et deux ans plus tard, la ligne de chemin de fer atteint Keetmanshoop. Le 1er novembre

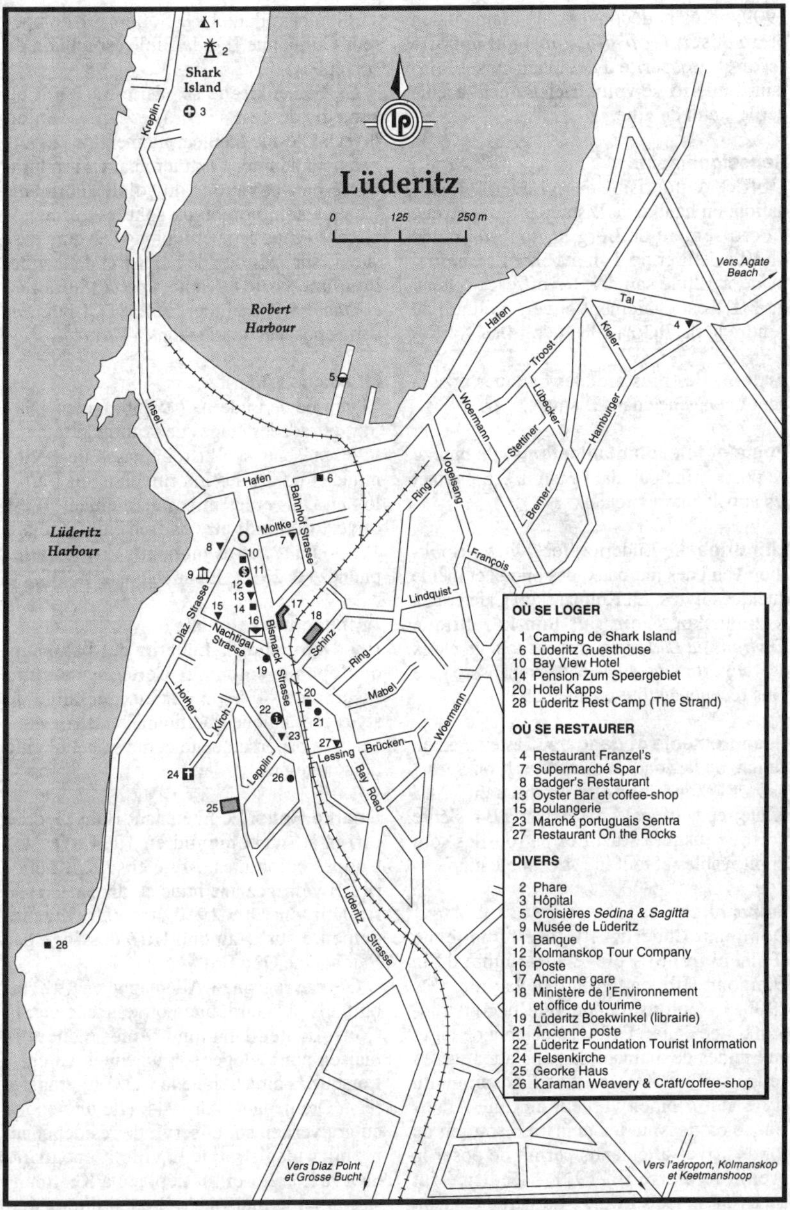
Lüderitz
0 125 250 m
Shark Island
Robert Harbour
Lüderitz Harbour
Vers Agate Beach
Vers Diaz Point et Grosse Bucht
Vers l'aéroport, Kolmanskop et Keetmanshoop
Kreplin
Insel
Hafen
Tal
Kieler
Troost
Lübecker
Hamburger
Woermann
Stettiner
Bremer
Vogelsang
Ring
Bahnhof Strasse
Moltke
François
Lindquist
Diaz Strasse
Nachtigal Strasse
Bismarck Strasse
Schinz
Ring
Mabel
Hother
Kirch
Lepplin
Lessing
Brücken
Bay Road
Woermann
Lüderitz Strasse
OÙ SE LOGER
1 Camping de Shark Island
6 Lüderitz Guesthouse
10 Bay View Hotel
14 Pension Zum Speergebiet
20 Hotel Kapps
28 Lüderitz Rest Camp (The Strand)
OÙ SE RESTAURER
4 Restaurant Franzel's
7 Supermarché Spar
8 Badger's Restaurant
13 Oyster Bar et coffee-shop
15 Boulangerie
23 Marché portuguais Sentra
27 Restaurant On the Rocks
DIVERS
2 Phare
3 Hôpital
5 Croisières Sedina & Sagitta
9 Musée de Lüderitz
11 Banque
12 Kolmanskop Tour Company
16 Poste
17 Ancienne gare
18 Ministère de l'Environnement et office du tourime
19 Lüderitz Boekwinkel (librairie)
21 Ancienne poste
22 Lüderitz Foundation Tourist Information
24 Felsenkirche
25 Georke Haus
26 Karaman Weavery & Craft/coffee-shop

1909, après la découverte de diamants en plein désert (*voir plus loin*) qui apporte essor et prospérité à cet avant-poste lointain, Lüderitz se voit officiellement accorder le statut de ville.

Renseignements

L'office du tourisme de la Lüderitz Foundation, en haut de la Bismarck Str., presque au croisement de Berg St, fonctionne de 8h30 à 12h et de 14h à 16h en semaine, jusqu'à 12h le samedi. Un efficace bureau du MET est également ouvert du lundi au vendredi, de 7h30 à 13h et de 14h à 16h.

Argent. Les plus grandes banques possèdent une agence dans Bismarck Str.

Poste et télécommunications. Le bureau de poste principal, dans Schinz Str., permet les appels internationaux.

Librairies. Le Lüderitz Boekwinkel Bookshop vend des journaux, des bijoux et même quelques livres. La Kolmanskop Cafeteria, à Kolmanskop (voir plus loin la rubrique *Environs de Lüderitz*), propose tout un choix de vieux romans reliés et de romans de gare plus récents, le tout en allemand.

Désagréments et dangers. Restez bien en dehors de la Zone diamantifère 1, ou *Sperrgebiet* ("zone interdite du diamant"). La limite septentrionale, tracée par la B4, s'étire presque jusqu'à Aus. Les patrouilles sont impitoyables et tout intrus est poursuivi.

Felsenkirche

Dominant Lüderitz, l'Église luthérienne (Felsenkirche) s'élève au sommet de la Diamond Hill, en bordure de la ville. Dès 1906, les colons réclamèrent la construction d'une église. Grâce au chemin de fer et aux mines de diamant, la population put en supporter le coût dès 1909. S'inspirant du style victorien en vigueur au Cap, Albert Bause en dessina les plans. Le soutien de fonds privés allemands permit de poser la première pierre fin 1911 – l'édifice fut achevé l'année suivante. Le vitrail éclatant surplombant l'autel a été offert par l'empereur Guillaume II et la Bible est un don de son épouse.

La Felsenkirche se visite du lundi au samedi, de 18h à 19h (de 17h à 18h en hiver). C'est le meilleur moment de la journée pour admirer l'extraordinaire vitrail traversé par les rayons du soleil déclinant. Chaque soir, nombreux sont les germanophones venus écouter un long discours passionné sur l'histoire de l'église et de la ville. Pour une visite en dehors de ces horaires, contacter M. Schröder (☎ 2381). Livrets et cartes postales sont vendus à l'entrée.

Musée de Lüderitz

Le musée de Lüderitz (☎ 2582), dans Diaz Str., retrace les étapes de la formation de la ville, présente son histoire naturelle et ethnique et donne des informations sur Bartolomeu Dias et les mines de diamant. Il est ouvert du lundi au vendredi, de 15h30 à 17h, ou à d'autres moments si vous téléphonez (☎ 2312). L'entrée coûte 1 $US.

Architecture coloniale

Il y a partout dans Lüderitz des bâtiments de l'époque coloniale. Cette architecture fascinante offre un curieux mélange de style germanique traditionnel et d'Art nouveau, transportant cette curieuse petite ville hors du temps.

Goerke Haus. Le lieutenant Hans Georke arriva à Swakopmund en 1904 avec les troupes coloniales. Muté ensuite à Lüderitz, il y dirigea une mine de diamants et se fit bâtir, en 1909-1910, une extravagante demeure sur Diamond Hill, dessinée par l'architecte Otto Ertl.

Goerke regagna l'Allemagne en 1912 et, huit ans plus tard, une nouvelle société, la Consolidated Diamond Mines, acheta la maison pour y loger son ingénieur en chef. Lorsque la direction de la CDM fut transférée à Oranjemund, en 1944, elle fut vendue au gouvernement et servit de résidence au premier magistrat de la ville. Cependant, en 1981, celui-ci fut déplacé à Keetmanshoop, et la maison était en si piteux état

Diamant démentiel dans le désert

Malgré la découverte de diamants sur les bords de l'Orange, en Afrique du Sud, dès 1866, ainsi que sur les îles à guano des environs de Lüderitz, personne n'avait pensé que les sables de la région de Lüderitz abritaient aussi un peu de carbone cristallisé.

En mai 1908, pourtant, l'employé des chemins de fer Zacharias Lewala trouve une pierre brillante le long des rails, près de Grasplatz, qu'il montre à son employeur August Stauch. Celui-ci comprend aussitôt l'intérêt de la découverte et, à sa grande joie, le professeur Range, géologue officiel, confirme qu'il s'agit bien là d'un diamant. Stauch demande une licence d'exploitation à la Deutsche Diamanten Gesellschaft pour commencer à extraire les richesses présumées.

C'est le point de départ d'une véritable fièvre. Des hordes de prospecteurs se ruent sur Lüderitz dans l'espoir d'exploiter les richesses fabuleuses enfouies sous le sable. Lüderitz s'enrichit alors très vite et les services connaissent un essor formidable pour satisfaire cette nouvelle population. En septembre 1908, alors que la frénésie de prospection est complètement hors de contrôle, le gouvernement allemand décide d'intervenir et de créer le Speergebiet. Cette "zone interdite" s'étend du 26e parallèle de latitude sud jusqu'à l'embouchure de l'Orange et sur 100 km vers l'est. Toute prospection indépendante future est interdite et ceux qui ont déjà délimité une zone d'exploitation sont obligés de créer une société minière. En février 1909, est créée une commission, chargée de la vente des pierres précieuses.

Après la Première Guerre, le marché mondial du diamant s'effondre, et en 1920, Ernst Oppenheimer, de l'Anglo-American Corporation, rachète la société de Stauch, ainsi que huit autres concessions qui continuaient à fonctionner, et les rassemble pour créer la Consolidated Diamond Mines, ou CDM.

Pendant la Seconde Guerre mondiale, Lüderitz est occupé par les forces sud-africaines et tous les résidents blancs sont envoyés dans des camps de prisonniers en Afrique du Sud. A leur retour, ils retrouvent une ville saccagée. Tous les intérêts de l'exploitation du diamant dans l'ancien territoire allemand sont repris par une nouvelle CDM, une filiale de De Beers South Africa, qui installe son quartier général à Kolmanskop. Cependant, en 1928, on découvre de riches gisements de diamants dans la région de l'embouchure de l'Orange et, en 1944, le quartier général de la CDM est transféré au sud, à Oranjemund, une ville construite pour la compagnie. Les derniers habitants de Kolmanskop (employés des transports ou de l'hôpital, par exemple) quittent définitivement la ville en 1956 et les dunes ont depuis lors repris possession de l'endroit.

Ajoutons en conclusion qu'en 1994, un nouvel aspect des affaires – la compétition – s'est présenté à la CDM sous la forme d'une petite société anglo-canadienne, la Namibian Minerals Corporation (NAMCO). Le gouvernement a accordé à cette dernière des concessions pour l'exploitation off-shore, à Lüderitz et Hottentots Bay, de gisements estimés à 27 millions de carats, pour une valeur de 4 milliards de dollars US. Les diamants sont récupérés par aspiration des sables diamantifères sous le lit de la mer. Il reste à voir si la production sera à la hauteur des prévisions. Si c'est le cas, De Beers pourrait perdre sa suprématie sur le marché, ce qui aurait un effet important à la fois sur le marché des diamants et sur les prix. ■

qu'elle fut revendue à la CDM pour la somme symbolique de 10 rands, sous réserve de rénovation. Les travaux de restauration ont été admirablement effectués, et ce témoignage du passé prospère de Lüderitz peut être aujourd'hui apprécié du public. La demeure est ouverte du lundi au vendredi, de 14h à 15h et le samedi de 12h à 13 h.

Gare. L'imposante gare de Lüderitz s'élève à l'angle de Bahnhof Str. et de Bismarck Str. L'édifice originel fut construit en 1907, mais rapidement submergé par l'intensification du trafic – en raison de la découverte des mines de diamant –, un nouveau bâtiment fut commandé en 1912. Dessiné par l'architecte d'État Lohse, il fut achevé deux ans plus tard.

Ancienne poste. Autre bâtiment chargé d'histoire, la première poste fut conçue par le commissaire des chemins de fer, Oswald

Reinhart. Son successeur ajouta sur les plans originels un étage et une tour. Terminée en 1908, elle est occupée aujourd'hui par le ministère de l'Environnement et du Tourisme.

Activités. Voici une activité inattendue : creuser le sol à la recherche des superbes fleurs de cristaux de sulfate de calcium et de gypse. Connues sous le nom de roses des sables, elles se forment avec l'humidité qui s'infiltre dans le sable et le fait adhérer et cristalliser. Le MET délivre des permis de creuser valables 2 heures. On peut ainsi rapporter jusqu'à trois roses des sables ou un poids total d'un kilo et demi. On ne peut utiliser n'importe quel outil car il faut épargner les autres spécimens enfouis. Les amateurs doivent être accompagnés par un membre du MET.

Il existe un terrain de golf à environ 5 km de la ville, non loin de l'aéroport. Bien sûr, il n'est pas très verdoyant, et les risques d'ensablement sont nombreux, mais il accueille les joueurs tous les jours de la semaine, alors que le club n'est ouvert que les mercredi et vendredi à partir de 18h, ainsi que toute la journée du samedi.

Visites organisées

Des croisières à la voile pour la réserve des otaries à crinière du Cap, à Diaz Point, quittent quotidiennement le port – quand le temps le permet. L'expédition dure de 2 à 3 heures pour 10 $US. Si la mer est calme, il est aussi possible de visiter la réserve de manchots de Halifax Island, pour 5 $US supplémentaires par personne. Vous pouvez choisir entre la goélette *Sedina* (☎ 2919) et le voilier à un mât *Sagitta* (☎ 2170). Pensez à vous équiper de vêtements chauds. Vous pouvez faire vos réservations chez Diaz Souvenirs, dans le centre.

Lüderitzbucht Safaris & Tours propose des visites de la ville, des excursions à Agate Beach et à Diaz Point, entre autres. Une filiale, la Kolmanskop Tour Company, organise des expéditions en différents endroits du Speergebiet. Outre Kolmanskop, vous pouvez aussi visiter Elizabeth Bay, Atlas Bay et sa colonie d'otaries à crinière (ou lions de mer) et Bogenfels. Un permis de la CDM étant nécessaire, il faut réserver au moins 24 heures à l'avance au bureau de la compagnie, près de la Pension Zum Speergebiet.

Où se loger

Magnifiquement situé mais exposé à tous les vents, le *Shark Island Campground* est relié au continent par une route que l'on prend à un kilomètres au nord de Lüderitz. Le prix de l'emplacement est de 7 $US.

Vous préférerez peut-être le *Lüderitz Rest Camp* (☎ 3351 ; fax 2869), connu sous le nom de The Strand. Des bungalows simples disposent de simples/doubles avec douches communes à partir de 10/19 $US ; avec réfrigérateur, douche et toilettes : 19/33 $US. L'excellent restaurant sert de bonnes salades et divers plats de crustacés, en particulier de la langouste. Ce n'est pas vraiment bon marché, mais encore raisonnable étant donné la qualité.

Chaleureuse, la *Lüderitz Guesthouse* (☎ 3347), une maison coloniale près du port, offre des chambres confortables de style allemand avec douches communes à partir de 22 $US par personne, avec possibilité de faire sa cuisine. Un appartement indépendant pour trois personnes au moins coûte 16 $US par personne.

La *Pension Zum Speergebiet* (☎ 2856 ; fax 2976) est aussi anachronique que la ville elle-même. Des chambres simples/doubles avec salles de bain sont disponibles pour 30/55 $US. C'est l'endroit préféré des touristes allemands. Pour 4,50 $US, un petit déjeuner buffet est servi dans la salle à manger rétro.

Les deux principaux hôtels de Lüderitz appartiennent encore aux descendants de la famille fondatrice de la ville. Le *Bay View* (☎ 312288) dispose de 30 chambres ouvrant sur des cours ombragées et d'une piscine. Fraîches et bien aérées, les simples/doubles coûtent 37/56 $US. Les chambres avec trois lits reviennent à 67 $US. Tout près, l'*Hotel Kapps* (☎ 12701) est plus petit. Ses chambres simples/

doubles sont à 32/44 $US. C'est le plus vieil établissement de Lüderitz.

Où se restaurer

Nombreux sont ceux qui choisissent le restaurant de leur hôtel où de leur pension. Les jours où la pêche a été bonne, les hôtels associés, Bay View et Kapps, servent de beaux plats de produits de la mer – la langouste ainsi que les huîtres et les *kingklip* locaux font partie de leurs spécialités. Autrement, vous aurez droit à du poisson congelé. Au Bay View, vous avez le choix entre deux endroits : le *Ray's Café* au rez-de-chaussée et le *Bahnhof View Ocean Bar/Restaurant* au premier.

Il y existe d'autres possibilités. L'*Oyster Bar* dans Bismarck Str. sert toute une variété de repas légers et de snacks. Si vous n'aimez pas les fruits de mer, il propose aussi le petit déjeuner à partir de 9h et vend des plats à emporter. Pour déjeuner, je vous recommande le *Badger's Restaurant* qui prépare de très bons burgers, des soupes, des salades et divers autres plats légers.

Le *On the Rocks* (☎ 3110), à côté de la station Shell, est un spécialiste des fruits de mer et du bœuf. Il sert la meilleure et la moins chère langouste de toute la ville. Ouvert à partir de 19h. Dans le quartier nord de la ville, plutôt morne, *Franzel's Restaurant*, bon marché, est très apprécié des souteneurs du coin. Spécialiste des fruits de mer, il sert aussi de l'agneau et du gibier provenant de la ferme du propriétaire, près de Bethanie.

Pour faire votre marché, vous avez le *Spar Market* ou le *Sentra Portuguese Market*, en haut de Bismarck Strasse.

Distractions

Curieusement, la piste de bowling de l'hôtel Kapps est sexiste : elle est ouverte aux femmes le lundi soir et aux hommes les mardi et jeudi.

Achats

Le Karaman Weavery, en haut de Bismarck Str., vaut le détour. On y tisse des tapis et des vêtements de très bonne qualité, dans les tons pastels du désert, le plus souvent ornés de motifs de la flore et de la faune namibiennes. L'atelier emploie des artisans locaux et il est possible de passer commande et de se faire livrer en n'importe quel point de la planète. Les visiteurs sont les bienvenus du lundi au vendredi, de 8h à 13h, de 14h à 19h, et le samedi jusqu'à midi.

Karaman a également ouvert un café et une boutique qui propose des articles tissés, des objets artisanaux et des bibelots, sans oublier des cartes postales "artistiques", des jouets en bois, des voitures et des bicyclettes en fil de fer et des chaussettes dont la laine est filée et teinte à la main. C'est ouvert du lundi au vendredi de 8h à 17h, et le samedi jusqu'à 13h.

Dans le centre, Diaz Souvenirs présente l'étalage habituel des T-shirts et des objets les plus kitschs.

Comment s'y rendre

Avion. Air Namibia assure des vols entre Windhoek, Swakopmund et Lüderitz les lundi, mercredi, vendredi et dimanche. Il existe aussi des vols entre Windhoek et Le Cap *via* Lüderitz et Alexander Bay les mardi, jeudi, vendredi et dimanche. Ces avions retournent à Windhoek, avec les mêmes escales, les lundi, mercredi, vendredi et dimanche.

Bus. Malgré la disparition des trains reliant Keetmanshoop à Lüderitz, la compagnie de chemin de fer Trans-Namib entretient un bus qui part de Keetmanshoop le vendredi à 18h et le dimanche à 14h et de Lüderitz le samedi à 6h et le dimanche à 7h. L'aller simple coûte 8 $US.

Voiture et moto. Lüderitz vaut bien les trois cents kilomètres de route, maintenant entièrement goudronnée depuis Keetmanshoop. Entre Aus et la côte, elle traverse le sud aride du Namib ; encore plus au sud, se trouve la zone interdite de Diamond Area 1 ("zone interdite du diamant"). Quand le vent souffle – c'est-à-dire en permanence –, les dix derniers kilomètres avant Lüderitz peuvent être en partie bloqués par les dunes qui semblent prêtes à traverser la chaussée. Le sable s'accumule parfois en assez grande quantité avant l'intervention du service d'entretien, et la voie peut présenter quelque danger, surtout en cas de brouillard.

Si vous avez envie de traverser le désert du Namib en buggy de Lüderitz à Sossusvlei, il vous faut pour cela un permis pour lequel un an et demi de préparation est nécessaire, ainsi que de bonnes raisons de vouloir le passer.

Pour l'instant, seuls les membres de l'équipe de cinéma de l'office du tourisme tournant des vidéos promotionnelles destinées à l'étranger l'ont obtenu. On peut trouver étrange de promouvoir le tourisme en Namibie avec des vues d'endroits inaccessibles aux touristes, mais qui suis-je pour remettre en question ces méthodes ? Aux dernières nouvelles, l'écrivain-voyageur britannique Benedict Allen, dans l'intention d'en écrire le récit, prévoyait une telle expédition – qui le mènerait même jusqu'à la frontière angolaise.

Comment circuler

Le nombre de taxis circulant entre l'aéroport et le centre est limité.

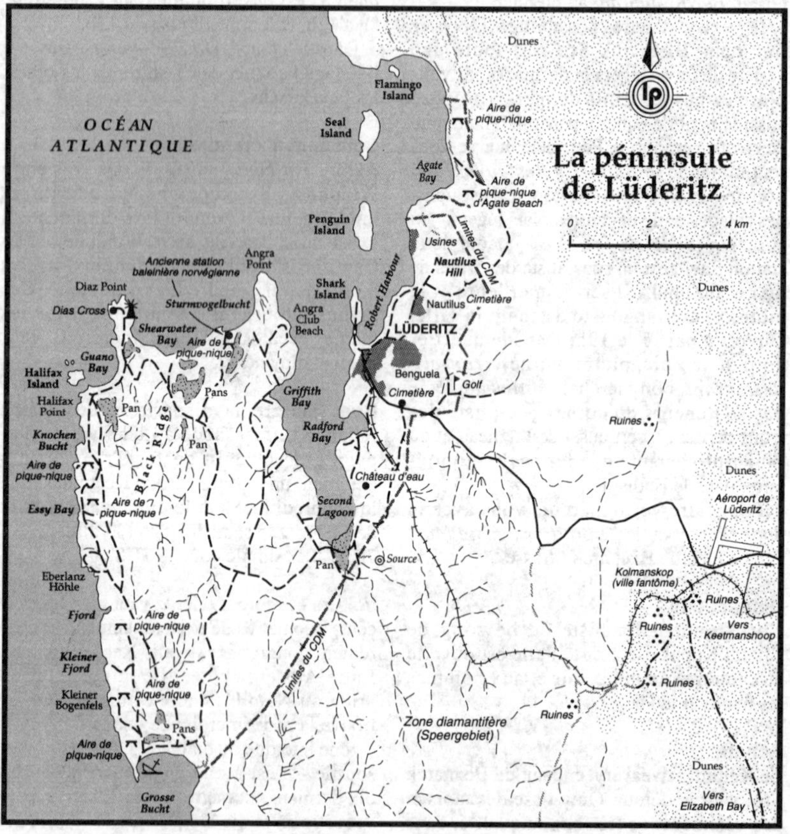

ENVIRONS DE LÜDERITZ

Kolmanskop

L'une des excursions les plus appréciées au départ de Lüderitz est la ville fantôme de Kolmanskop, un ancien centre minier diamantifère prospère. Elle porte le nom d'un pionnier afrikaner, Jani Kolman, dont le char à bœufs s'ensabla à cet endroit.

Au temps de sa splendeur, la ville possédait un casino, un bowling et un cinéma, mais la chute des ventes de diamants, après la Première Guerre mondiale, et la découverte de gisements plus riches à Oranjemund mirent un terme à cet essor.

En 1956, elle fut abandonnée. Plusieurs bâtiments ont été restaurés, mais beaucoup sont de nouveau envahis par les sables, et l'atmosphère de ville fantôme perdure.

Renseignements. Les permis de visite pour Kolmanskop sont vendus 3 $US par personne, à l'agence Kolmanskop Tour Company, voisine de la Pension Zum Speergebiet, à Lüderitz. Les visites se font en anglais et en allemand du lundi au vendredi à 9h30 et à 14h.

Les visiteurs doivent se rendre sur place par leurs propres moyens. Si vous désirez prendre des photos à d'autres moments de la journée, vous devez acheter un permis spécial "du lever au coucher du soleil" à 6 $US par personne.

Avant ou après la visite, vous pouvez visiter l'impressionnant musée qui se trouve à l'entrée et qui rassemble tout ce qui se rattache à l'histoire de l'exploitation des mines de diamants en Namibie.

Tout aussi intéressante, une grande exposition explique comment Kolmanskop est devenue une ville fantôme après avoir été supplantée par Oranjemund, la ville-champignon devenue le quartier général de la CDM.

Le salon de thé de Kolmanskop propose des gâteaux sans grand intérêt et de la chicorée en guise de café (ce qui reste difficilement compréhensible de la part d'une entreprise germano-namibienne) pendant toute la matinée, jusqu'à midi.

Elizabeth Bay

En 1986, la CDM (Consolidated Diamond Mines) reprit la prospection dans le nord de la Speergebiet et découvrit d'importantes concentrations de diamants dans la région d'Elizabeth Bay, à 30 km au sud de Kolmanskop. Bien que la production, estimée à un total de 2,5 millions de carats, ne dût pas durer plus de 10 ans, la CDM décida de réaliser toutes les installations nécessaires mais – le gisement étant proche de Lüderitz – de ne pas construire de logements sur le site et de faire venir chaque jour les ouvriers de la ville.

Kolmanskop Tour Company, à Lüderitz, propose des excursions d'une demi-journée à Elizabeth Bay. A Partir de 20 $US par personne, avec visite de Kolmanskop et des colonies d'otaries à crinière d'Atlas Bay. Des expéditions plus au sud, jusqu'à Bogenfels sont également proposées depuis peu.

Bogenfels

A un tiers du chemin de Lüderitz à Oranjemund, le long de la "Côte interdite" (*Forbidden Coast*), une arche naturelle de 55 mètres se découpe dans la falaise, le Bogenfels ("l'arc du rocher"). Seule la Kolmanskop Tour Company, à Lüderitz, propose une excursion dans cet endroit

Le manchot du Cap

Commun au sud des côtes namibiennes, Le manchot du Cap vit en colonie sur une multitude d'îlots rocheux. Ses ailes transformées en nageoires lui servent à évoluer sous l'eau, et son apparence de gros lourdaud cache en réalité une grande aisance en milieu aquatique. Sa peau est protégée de l'eau glacée par une couche d'air au-dessous les plumes. Il est aussi doté de glandes supra orbitaires excrétrices des sels, lui permettant ainsi de boire l'eau salée.

Ils se reproduisent deux fois par an et pondent en moyenne trois œufs par saison, dont la mortalité est très élevée. L'otarie à crinière (lion de mer) qui fréquente les mêmes lieux est le principal ennemi des manchots. ■

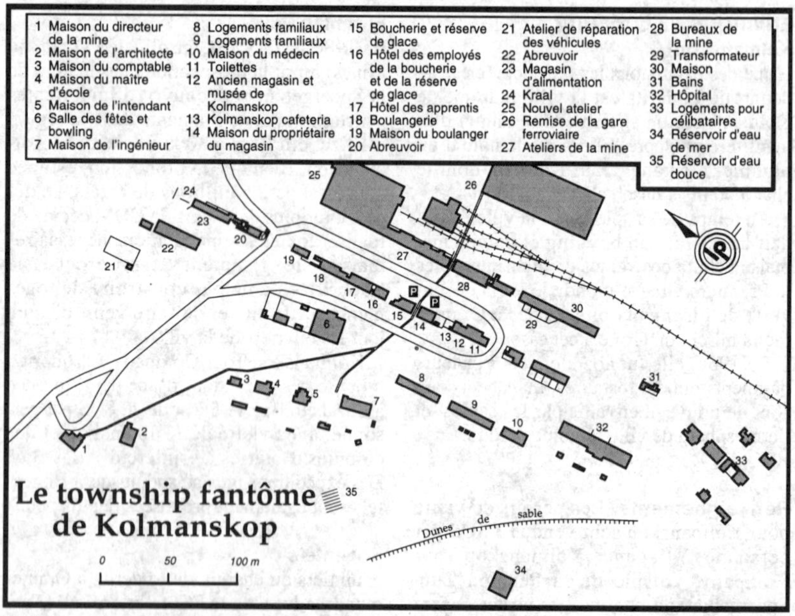

reculé. Celle-ci comprend également une visite de l'ancienne ville minière de Pomona, de la Maerchental Valley, de la ville fantôme de Bogenfels et d'une vaste grotte, non loin de l'arche elle-même. Le tout pour 65 $US par personne, permis et repas compris.

Radford Bay

Radford Bay porte le nom du premier Européen venu s'installer ici, David Radford. Malgré toute absence d'eau douce, il survécut grâce à la rosée déposée par l'épais brouillard côtier. La ferme ostréicole au sud de Radford Bay est ouverte aux groupes du lundi au vendredi, de 10h à midi.

Sturmvogelbucht

Cette baie, pittoresque et relativement paisible, abrite une belle plage où l'on peut se baigner, si ce n'est que seul un ours polaire pourrait apprécier la température de l'eau. En 1914, les Norvégiens y avait établi une base de pêche à la baleine, dont il ne reste que des vestiges rouillés. Une cuvette d'eau salée, un peu à l'intérieur des terres, vaut un petit détour car elle donne l'impression d'être recouverte de glace.

Diaz Point

A Diaz Point, à 22 km au sud de Lüderitz, s'élèvent un beau phare et une réplique de la croix érigée en juillet 1488 par le navigateur portugais Bartolomeu Dias de retour du cap de Bonne-Espérance. Les morceaux de la croix d'origine ont été dispersés jusqu'à Lisbonne, Berlin et Le Cap.

Prévoyez des vêtements pour temps frais et venteux. De la pointe, vous observerez les colonies d'otaries à crinière et de manchots du Cap s'accouplant, plongeant et surfant sur les vagues.

Vous verrez aussi des cormorans, des flamants, des échassiers et parfois même un banc de dauphins.

Grossebucht

La plage sauvage de la “Grande baie”, à la pointe sud de la péninsule de Lüderitz, est habituellement froide et battue par les vents, mais elle est peuplée d'une multitude de flamants pêchant à marée basse sur la grève. Non loin de là, une petite épave, pittoresque, gît sur le sable. Klein Bogenfels, à quelques kilomètres, est une petite arche découpée dans la falaise. Les rares fois où le vent ne souffle pas trop fort, l'endroit convient parfaitement à un agréable pique-nique.

Agate Bay

Au nord de Lüderitz, une route similaire conduit à la merveilleuse Agate Bay, formée des résidus du travail des diamants. On n'y trouve plus guère d'agates de nos jours mais au sable très fin se mélangent de minuscules particules de mica gris.

ORANJEMUND

Dans la zone interdite, à l'embouchure de l'Orange, la ville d'Oranjemund doit son existence uniquement aux diamants. Sa richesse a été si grande qu'en 1944 elle a supplanté Kolmanskop comme quartier général de la Consolidated Diamond Mines.

Avec ses 8 000 habitants, elle représente l'archétype de la ville où tout appartient à une firme : aucun chômage, logements subventionnés, gratuité des soins médicaux pour les ouvriers et leurs familles. En dépit du désert environnant, la société minière entretient également un terrain de golf et de belles étendues de verdure. En fait, celle-ci apporte aujourd'hui à l'État namibien approximativement 90% des revenus dus à l'impôt, cela explique probablement pourquoi elle n'a aucun concurrent et que la zone interdite perdure.

Tout visiteur se rendant à Oranjemund doit posséder un permis délivré par la CDM. La demande doit être déposée au moins un mois à l'avance, accompagnée d'une déclaration de police établissant que la personne n'a jamais fait l'objet d'une condamnation pour un délit majeur. Les permis ne sont généralement accordés qu'à ceux qui ont des affaires en ville. Tout cela n'entre pas vraiment dans la sphère du tourisme.

Les règles de sécurité sont si sévères que même les vieux outils utilisés pour l'extraction doivent rester sur place, de crainte qu'ils ne servent à faire passer des diamants en dehors du périmètre de la compagnie. Malgré ces règles draconiennes, une bonne quantité de diamants volés arrive sur le marché parallèle. Les voleurs ne sont jamais à court de méthodes ingénieuses, en utilisant, par exemple, des pigeons ou des déchets, et même en creusant des tunnels.

Musée du Speergebiet

Si vous le pouvez, ne manquez pas le Musée du Speergebiet (☎ 2183) qui présente des témoignages des différentes villes fantômes de la région, ainsi que des éléments concernant l'histoire naturelle – essentiellement des fossiles, des diamants et des minéraux.

Comment s'y rendre

L'aéroport d'Oranjemund est de l'autre côté du fleuve, dans Alexander Bay, en Afrique du Sud, et la seule route d'accès depuis la ville traverse aussi Alexander Bay. Air Namibia a quatre vols hebdomadaires de/pour Lüderitz, Swakopmund et Windhoek.

Extrême Sud

Situé dans l'angle que forme les deux régions les plus reculées d'Afrique du Sud, le Namaqualand et le Kalahari, l'extrême sud aride et désolé de la Namibie donne une sensation de solitude profonde quelle que soit la manière de l'aborder. De l'autoroute, la plaine désertique semble s'étendre à l'infini dans toutes les directions. Vous pouvez imaginer la surprise que l'on éprouve en tombant tout à coup sur l'extraordinaire Fish River Canyon (canyon de la Fish), qui creuse une énorme faille à travers le désert.

GRÜNAU

Pour la plupart des voyageurs, Grünau est soit la première station service au nord de la frontière, soit l'endroit pour trouver une voiture qui pourra les emmener à Ai-Ais, au Fish River Canyon ou plus loin encore.

Grünau est une halte oubliée par le temps. Dans ma chambre, il y avait un téléphone à manivelle, le dîner était toujours délicieux, quel que soit le choix du cuisinier, la rue n'était pas pavée et le prix des chambres était dérisoire. Deux personnes proposèrent de me prendre en stop. En bonus, celle que je choisis décida de faire un tour dans le township africaine de Karasburg.

Wayne Lidlehoover (États-Unis)

Augrabies-Steenbok Nature Reserve

Oubliée de tous, la réserve naturelle d'Augrabies-Steenbok, au nord-ouest de Grünau, a été créée pour protéger non seulement les steenboks, mais aussi les zèbres des monts Hartmann, les gemboks et les oréotragues. Un camping existe mais à part des toilettes élémentaires, il ne dispose d'aucune infrastructure. Pour vous y rendre, suivez la C12 sur 59 km au nord-ouest de Grünau, tournez vers l'ouest et roulez encore sur 10 km, jusqu'à la réserve. L'entrée est libre.

Où dormir

Le très bon marché *Hotel Grünau* (☎ (0020)1) situé sur une petite route, à plus d'un kilomètre de la station-service, reste correct malgré un certain délabrement. Les simple/double coûtent 16/23 $US. La station-service, sur la route principale, s'accompagne d'une boutique, d'un snack-bar et propose des repas à emporter.

FISH RIVER CANYON NATIONAL PARK

Nulle part en Afrique vous ne trouverez un endroit comme le parc national du Fish River Canyon. La Fish qui se jette dans l'Orange à quelque 70 km au sud du canyon a sculpté ces gorges pendant des milliers d'années, et le résultat dépasse l'imagination. C'est gigantesque : 160 km de long, 27 km de large et jusqu'à 550 m de profondeur par endroits. Cependant, ces chiffres sont impuissants à rendre l'effet vertigineux de ses abîmes. Même si la littérature touristique se plaît à le vanter comme le deuxième plus grand canyon du monde – après celui de l'Arizona –, il n'arrive en réalité que bien loin derrière. Mais cela n'enlève rien à la crainte respectueuse qu'il inspire.

La rivière s'écoule habituellement au fond de la dépression aux mois de mars et avril. En tout début de saison, d'avril à juin, elle n'est plus qu'un filet d'eau, et plus avant dans la saison touristique, il n'en reste plus qu'une succession de petits bassins.

Les deux principaux centres d'activité sont Hobas, à l'extrémité nord du canyon, et la station thermale d'Ai-Ais, au sud. Ces deux endroits sont dirigés par le MET et toute forme d'hébergement doit être réservée à l'avance à Windhoek.

Histoire

Selon une légende san, les méandres du Fish River Canyon ont été creusés par les ondulations frénétiques du serpent Koutein Kooru, alors qu'il était poursuivi par des chasseurs dans le désert.

L'histoire géologique diffère un peu. La faille est en réalité constituée de deux canyons superposés, formés d'une manière entièrement différente.

On pense que les couches sédimentaires originelles de schiste, de grès et de laves meubles se déposèrent voilà près de deux milliards d'années et se métamorphosèrent sous l'action de la chaleur et de la pression en matériaux plus compacts, tels que le gneiss. Il y a un peu plus d'un milliard d'années, des fissures se sont formées, entraînant l'intrusion de roches ignées qui, en refroidissant, ont formé les dykes (aujourd'hui découverts et facilement visibles dans le canyon inférieur).

La surface a alors été érodée pour former un bassin recouvert par une mer peu profonde qui s'est emplie de sédiments – grès, conglomérat, quartzite, chaux et schiste argileux – arrachés aux terres voisines. Il y a environ 500 millions d'années, une période d'activité tectonique intense a ouvert une large fissure dans la croûte terrestre, donnant naissance au canyon supérieur, dont le fond était constitué par le premier niveau de terrasses que nous voyons aujourd'hui à environ 170 m au-dessous du bord oriental et à 380 mètres au-dessous de l'extrémité occidentale. Puis, dans cette gorge nouvellement formée, les eaux de la rivière ont profondément creusé de son cours sinueux les strates rocheuses souterraines, à 270 m de profondeur, formant le canyon inférieur.

Hobas

Le centre d'information de Hobas, au nord du parc, est ouvert tous les jours de 7h30 à midi et de 14h à 17h. Il sert aussi de point de ralliement pour les randonnées pédestres de 5 jours à travers le canyon. On peut y acheter des boissons fraîches, mais guère plus.

De Hobas, une route de gravier de 10 km mène au Hikers' Viewpoint, une aire de pique-nique, pourvue de tables, de braais et de toilettes, d'où part la piste de randonnée menant à Ai-Ais. Après le premier tournant, vous jouirez d'un beau panorama sur tout le nord du précipice. Quelques kilomètres plus au sud, Main Viewpoint est probablement la meilleure vue – et la plus photographiée – sur l'ensemble du canyon. Ces deux points de vue vous permettront d'apercevoir le méandre particulièrement sinueux, connu sous le nom de Hell's Corner ("Coin de l'Enfer").

Le droit d'entrée coûte 1,5 $US par personne et 1,5 $US par véhicule, que vous soyez là pour la journée, que vous fassiez la randonnée ou passiez plusieurs jours au camping de Hobas. Il est également valable pour Ai-Ais.

Où se loger et se restaurer. L'emplacement sous les agréables ombrages du camping de Hobas, à 10 km des principaux points de vue cités plus haut, revient à 7 $US. Les installations sanitaires sont propres et vous profiterez aussi d'une échoppe et d'une piscine. Il n'y a ni restaurant ni station-service.

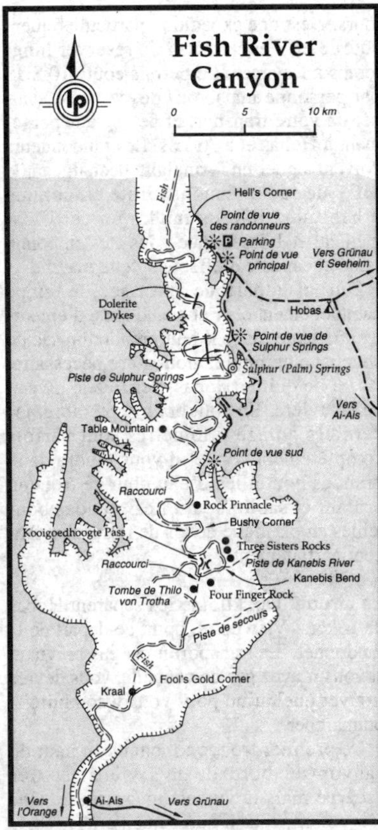

Randonnée pédestre de la Fish River

La randonnée de 4 à 5 jours qui va de Hobas à Ai-Ais est à juste titre l'une des plus appréciées de Namibie. Ce sentier magique de 85 km de long qui suit le lit sablonneux de la rivière (même si, en mai et juin, il y a encore de l'eau), part du principal point de vue septentrional pour aboutir aux sources chaudes d'Ai-Ais.

A cause des risques de crues soudaines et des chaleurs extrêmes durant les mois d'été, le circuit n'est ouvert que du 1er mai au 30 septembre. Bien que les groupes de 3 à 40 personnes soient autorisés tous les jours, c'est une expédition particulièrement courue et il est prudent de réserver longtemps à l'avance. Le permis coûte 10 $US par personne mais vous devez vous occuper de votre transport et de votre hébergement à Hobas et à Ai-Ais. Les randonneurs doivent signer un formulaire déchargeant le MET de toute responsabilité et, comme d'habitude, il vous faudra un certificat médical établissant que vous êtes en bonne santé et capable d'effectuer cette marche.

Durant la période autorisée, le temps habituellement clair et chaud évite d'emporter une tente, mais il faut prendre un sac de couchage et toute la nourriture nécessaire. Avant de quitter Hobas, vérifiez le niveau de la rivière. En août et en septembre, les derniers quinze kilomètres sont parfois complètement secs et il vous faudra deux grandes bouteilles d'eau pour ce tronçon brûlant et sablonneux. Les grandes bouteilles en plastique de jus de fruits conviennent parfaitement.

Le circuit. Dix kilomètres séparent Hobas de Hikers' Viewpoint, point de départ de la randonnée. Le transport n'est pas prévu, et si vous n'avez pas de véhicule, vous devrez trouver quelqu'un pour vous y conduire… ou marcher.

Le premier tronçon menant du haut du canyon au bord de la rivière est très escarpé mais la vue est magnifique. Une fois en bas, vous n'aurez que l'embarras du choix pour installer votre campement sur un merveilleux coin de sable, au bord d'un bassin d'eau fraîche.

Après 13 km d'une progression assez difficile et fatigante sur la rive orientale, à travers des champs dotés de gros rochers et des étendues de sable profond, vous apercevrez la piste qui arrive de Sulphur Springs Viewpoint. Si vous êtes épuisé et ne pouvez aller plus loin, elle peut servir d'issue de secours. Mais si cela peut vous encourager, sachez que la marche devient plus facile au fur et à mesure que vous descendrez le courant, aussi est-il sans doute préférable de faire quelque deux kilomètres supplémentaires vers Sulphur Springs, établir votre camp et attendre le lendemain matin pour voir comment vous vous sentez.

Sulphur Springs, plus souvent appelé Palm Springs, est un endroit idéal pour camper, avec ses bassins d'eau sulfureuse (un véritable petit coin de paradis) pour détendre vos muscles douloureux. D'une température constante de 57°C, les sources ont un débit incroyable de 30 litres par seconde et contiennent, en plus du soufre, du chlorure et du fluor naturels.

L'endroit est aussi accessible par une simple promenade à partir de Palm Springs Viewpoint, un itinéraire malheureusement très fréquenté – et jonché de papiers gras et autre déchets.

La section suivante consiste essentiellement en une piste de sable profond, de cailloux et de gravier. Il faut traverser la rivière plusieurs fois pour couper directement à travers ses méandres. A 15 km de Palm Springs, vous arriverez à une concrétion connue sous le nom de "Table Mountain", encore 15 km et vous atteindrez le premier raccourci permettant d'éviter une zone de buissons épineux, "Bushy Corner". Après la courbe suivante, juste en amont de la concrétion des "Three Sisters", un raccourci plus long vous mènera au-delà de "Kanebis Bend", jusqu'à Kooigoedhoogte Pass. Au sommet du col, vous jouirez d'une superbe vue sur Four Fingers Rock (rocher des quatre doigts), une impressionnante tour rocheuse formée de quatre larges pics ressemblant plus à un pis de vache qu'à des doigts. Si vous remarquez un panneau indiquant "Boissons fraîches-7 km", ce n'est pas un mirage et vous pouvez continuer.

Après être redescendu vers la rivière, vous passerez sur la rive occidentale et commencerez l'ascension d'un nouveau raccourci (vous pouvez préférer suivre le méandre de la rivière).

Les vingt-cinq derniers kilomètres avant Ai-Ais, qui peuvent être couverts en une longue journée de marche, suivent une piste relativement aisée mais avec beaucoup de sable et de cailloux. Au sud de la tombe du soldat, le canyon s'élargit, devenant de plus en plus sec, les méandres

s'espacent et les retenues d'eau se font rares. A la fin de l'hiver, les quinze ultimes kilomètres se font sans que l'on aperçoive la moindre goutte d'eau (emporter l'eau nécessaire à ce tronçon).

Cinq kilomètres après la tombe de von Trother, la promesse du panneau dépassé à Four Fingers Rock se matérialise : pendant la saison des randonnées, une petite entreprise locale tient habituellement une échoppe où les randonneurs peuvent acheter quelques produits de base, des boissons fraîches et des hot-dogs. Ce n'est pas sûr à 100% mais quand c'est ouvert, bien peu sont ceux qui y résistent !

Randonnée d'une journée. Si le chemin du canyon ne vous inspire pas, vous pouvez entreprendre l'une des promenades d'une journée, possibles au nord du secteur. En partant de Sulphur Springs ou de Hikers' Viewpoint, vous suivrez un dénivelé de près de 500 m jusqu'au fond du canyon, où vous pourrez pique-niquer et prendre un bain avant de remonter par le même chemin.

Il vous est possible aussi de suivre le lit de la rivière entre les deux points de vue, mais il faudra partir de bonne heure. N'oubliez pas qu'à moins d'avoir deux véhicules, vous aurez encore 10 km à faire pour regagner Hobas. N'oubliez pas non plus, quel que soit votre choix, que vous devrez grimper aux heures les plus chaudes de la journée une pente de 500 m pour quitter le lit de la Fish.

Sources chaudes d'Ai-Ais

Pour de nombreux voyageurs, Ai-Ais ("bouillant" en langue nama) est à la fois le point de départ et d'arrivée de leur traversée du canyon. Cette oasis, tout au sud du Fish River Canyon, est très appréciée des Namibiens et des Sud-Africains qui viennent se baigner dans ses thermes naturels.

Bien que ces sources à 60°C soient vraisemblablement connues des San depuis des milliers d'années, la légende veut qu'elles aient été "découvertes" par un berger nama parti à la recherche d'une brebis égarée. Riches en chlorure, en fluor et en soufre, elles sont réputées pour leurs vertus bénéfiques contre les rhumatisme ou les problèmes d'origine nerveuse. L'eau chaude est canalisée et dirigée vers une série de bains, de jacuzzis et une piscine en plein air.

L'ascension du pic qui s'élève sur l'autre rive est une promenade très agréable, d'où vous aurez une vue magnifique sur Ai-Ais, jusqu'au Four Fingers Rock dressé loin au nord. Comptez environ 2 heures pour le retour. En raison des risques de crues, Ai-Ais est fermée du 31 octobre jusqu'au deuxième vendredi de mars.

En effet, au début de 1972, un an après son ouverture, la station thermale (à l'exception d'un bâtiment situé sur une hauteur) fut entièrement détruite par la plus terrible inondation jamais vue. Début 1988, elle fut encore submergée et il fallut trois mois pour tout nettoyer.

La station s'adressant essentiellement aux vacanciers namibiens et sud-africains, les globe-trotters risquent de s'y sentir un peu déplacés, mais l'endroit se suffit à lui-même. L'entrée est de 1,5 $US par personne plus 1,5 $US par véhicule. Ce permis est également valable pour visiter Hobas. Les visiteurs qui ne désirent pas y séjourner sont les bienvenus du lever du soleil jusqu'à 23h.

Où se loger et se restaurer. Aux charmes naturels d'Ai-Ais, s'ajoutent un magasin, un restaurant, une station-service, des terrain de tennis, un bureau de poste et, bien sûr, une piscine et des thermes (0,50 $US par séance). Le camping coûte 7 $US par emplacement, jusqu'à huit personnes, avec sanitaires, braais et la jouissance des installations de détente. Le logement se fait en bungalow, en caravane ou sous la tente (la literie est fournie). Le prix des appartements pour quatre personnes coûte 35 $US, alors que le bungalow de base avec quatre lits revient à 22 $US. Là aussi, il faut faire ses réservations au bureau du MET à Windhoek. Le restaurant est ouvert de 7h à 8h30, de midi à 13h 30 et de 18h à 20h30. La boutique qui s'y rattache propose des produits de base.

Comment s'y rendre

Il n'existe aucun moyen de transport public pour Ai-Ais, mais de la mi-mars au 31 octobre, les auto-stoppeurs ne devraient pas rencontrer trop de problèmes. Grâce aux vacanciers sud-africains, la route la plus fréquentée (et donc celle où vous avez les meilleures chances) est celle d'Ai-Ais *via* l'embranchement situé à 30 km au sud de Grünau.

A partir de Seeheim, sur la route goudronnée Keetmanshoop-Lüderitz, prenez la C12 vers le sud indiquée par le panneau "Visrivierafgronde" (Fish River Canyon). Après la réserve naturelle d'Augrabies Steenbok, au bout de 87 km, à Holoog, empruntez la D601 vers le sud-ouest. Roulez sur 31 km, puis bifurquez vers l'ouest pour effectuer les 18 derniers kilomètres menant à Hobas. Cette route est relativement peu pratiquée. Certaines personnes venant de Seeheim ont attendu 4 jours avant d'être pris par une voiture ; n'attendez donc pas la veille du jour où votre permis de randonnée commence pour quitter Seeheim !

L'ORANGE

L'Orange prend sa source au Natal dans les monts Drakensberg, en Afrique du Sud, et constitue une partie de la frontière qui sépare la Namibie de ce pays.

La majorité des gens se rendent dans cette région pour descendre le fleuve, mais si vous préférez les chevaux, M. Korbus Johnson, qui habite une ferme à l'embouchure de la Fish, propose des randonnées à cheval de plusieurs jours entre Ai-Ais et l'Orange. M. Johnson n'est pas toujours facile à trouver et vous devrez sans doute le contacter par la station thermale de Ai-Ais. (Voir le paragraphe *Fish River Canyon National Park* un peu plus haut dans ce chapitre.)

Croisières fluviales

Plusieurs sociétés sud-africaines offrent désormais des descentes de l'Orange en canoë ou en raft, de Noordoewer à Selingsdrif. Une partie de la descente suit la frontière entre le parc national du Fish River Canyon namibien et le parc national Richtersveld en Afrique du Sud.

Les descentes se font normalement par étapes et durent de 3 à 6 jours, même s'il est possible d'organiser à l'avance des croisières sur un week-end. Le parcours ne présente pas de difficulté majeure et permet de découvrir ce canyon inaccessible par d'autres voies.

Voici les étapes dans l'ordre : de Noordoewer à Aussenkehr ; d'Aussenkehr à l'embouchure de la Fish ; de l'embouchure de la Fish au Nama Canyon, et du Nama Canyon à Selingsdrif. Certaines sociétés proposent aussi un circuit de 5 jours de Pella Mission à Goodhouse, plus en amont.

Les descentes en canoë sont généralement un peu plus chères qu'en raft. Pour vous donner une idée des prix, une excursion de 4/6 jours en canoë vous reviendra à 190/250 $US, alors que les expéditions de rafting coûtent environ 165/220 $US.

Les sociétés suivantes organisent régulièrement des descentes du fleuve :

Felix Unite 1 Griegmar House, Main Rd, PO Box 96, Kenilworth 7745, South Africa (☎ 27-21) 762 6935 ; fax (27-21) 761 9259) propose toute une gamme de descentes en canoë sur l'Orange ou sur d'autre fleuves ou rivières sud-africains ; on peut aussi louer des canoës. Si vous voulez organiser votre propre descente en canoë, Felix Unite vous propose un forfait pour deux personnes incluant les canoës, les pagaies, les gilets de sauvetage et les glacières pour 28 $US par jour. Un guide vous coûtera 39 $US de plus par jour.

Orange River Adventures, 5 Matapan Rd, Rondebosch 7700, South Africa (☎/fax (27-21) 685 4474) offre des expéditions de 5 jours en canoë entre Noordoewer et l'embouchure de la Fish River.

The River Rafters (☎ (27-21) 725094). Plus informelle, cette association organise des descentes en raft de 4, 5 et 6 jours tout au long de l'année. C'est la moins chère des agences : 96 $US pour une expédition de 6 jours, provisions non comprises. Ajoutez les repas et l'on arrive à 160 $US.

River Runners, PO Box 583, Constantia 7848, South Africa (☎ (27-21) 762 2350 ; fax (27-21) 761 1373). Cette sympathique société organise des descentes en canoë et en raft sur l'Orange. Nous vous la recommandons chaudement.

Southern Africa Adventure Centre, 48a Strand St, CapeTown, South Africa (☎ (27-21) 419 1704 ; fax (27-21) 419 1703). Il s'agit d'une agence pour voyages d'aventures offrant toute une gamme d'expéditions étonnantes, dont des descentes de l'Orange, en Afrique du Sud et en Namibie.

South African River Adventures, PO Box 4722, Cape Town 8000, South Africa (☎/fax (27-21) 685 1569). Cet organisme propose des descentes en raft sur l'Orange et sur d'autres fleuves ou rivières sud-africains ; c'est l'un des moins chers.

Où se loger

Le *Camel Lodge* (☎ (0020) 13 ; fax (0020) 43) à Noordoewer dispose des chambres simples/doubles à 23/36 $US.

KARASBURG

Bien que troisième ville de Namibie méridionale, Karasburg ne constitue qu'un centre commercial sur la route principale reliant la Namibie à Johannesburg. Son nom, "montagnes rocheuses", vient de la chaîne voisine des monts Karas. Pourtant, les Nama l'appellent toujours Kalkfontein ("fontaines de calcaire") Suid.

On y trouve un bon supermarché, une banque, plusieurs stations-service et deux hôtels.

Warmbad

Warmbad, avec son ancienne mission, son fort et ses bains, à 36 km au sud de Karasburg, est l'endroit le plus intéressant de la région. (Son nom signifie en allemand "bain chaud"). Il fut le site de la première base missionnaire en Namibie, fondée en 1805 par le Britannique Edward Cook.

Les thermes en ruine sont actuellement rénovés en tant que monument national et un musée est prévu dans le vieux fort (aujourd'hui occupé par un poste de police).

Où se loger et se restaurer

Les deux hôtels de Karasburg, le *Kalkfontein* (☎/fax 172) et le *Van Riebeeck* (☎/fax 23), ont la même direction. Le premier dispose d'un restaurant et demande 30/42 $US pour une chambre simple/double. Le second coûte 27/39 $US.

Près du croisement de la D259 et de la C26, à 119 km au nord de Karasburg, vous trouverez l'intéressant *Mt Karas Game Lodge* (☎ (06352) 3212), dirigé par David et Anna Fourie. Il jouit d'une vue exceptionnelle sur les monts Karas et se trouve à proximité de plusieurs sites historiques : le monument de Stansvlakte, le château du baron von Schauroth, les tombes de victimes de la guerre germano-nama et d'anciennes peintures San.

L'installation compte une piscine, un magasin, une station-service, une cuisine et des braais, ainsi que des plates-formes d'observation des oiseaux et une piste de randonnée de 11 km.

Glossaire

ANC – Congrès national africain
apartheid – "séparation des races" ; politique officielle de ségrégation des populations de race différente.
assegais – lances ndebele
ATVs – véhicules tout-terrain

barkhanes – dunes mouvantes en forme de croissant
Basarwa – nom batswana désignant le peuple san
BDF – Botswana Defence Force
bilharziose – maladie causée par des vers parasites que transmettent les escargots d'eau douce.
biltong – viande séchée qui fait un en-cas délicieux ; il en existe de toute espèce, boeuf, koudou, autruche, etc.,
BMC – Botswana Meat Corporation
boerewors – saucisse épicée afrikaner
bogobe – porridge de sorgho, aliment de base au Botswana
bojalwa – bière de sorgho consommée au Botswana, commercialisée sous le nom de chibuku.
boomslang – serpent dangereux, dont la taille peut atteindre deux mètres et qui aime loger dans les arbres.
braai – barbecue comprenant en général une grande quantité de viande grillée sur un support ou un trou braai
BSAC – British South Africa Company

CDM – Consolidated Diamond Mines
chibuku – la "bière de la bonne humeur", boisson très populaire au Zimbabwe. Elle est également consommée au Botswana ainsi que dans certaines régions de Namibie.
chikuva – petites plates-formes placées derrière les cases shona pour les offrandes aux esprits des ancêtres.
cuca shops – petits magasins de brousse dans le nord de la Namibie. Ils tirent leur nom d'une marque de bière angolaise qu'ils ont d'ordinaire en rayon.

case daga – maison ronde traditionnelle zimbabwéenne

dikgotla – conseil municipal batswana traditionnel
dolfhout – terme afrikaans qui désigne le teck sauvage
drankwinkel – littéralement "magasin de boissons" ; magasin de vins et spiritueux en Namibie et en Afrique du Sud
drift – gué
dumpi – bière de 375 ml en Namibie
dwala – dômes lisses, semblables à des bosses, de rochers glissants.

efundja – période de fortes pluies dans le nord de la Namibie.
ekipa – médaillon traditionnel porté autrefois par les femme ovambo, marque de prospérité et de haut rang.
ESAP – Programme d'ajustement structurel économique
eumbo – kraal ovambo d'une impeccable propreté, semblable à un petit village clos par une palissade
euphorbe – variété de cactées qui pousse en Afrique australe

FRELIMO – Frente pela Liberacão de Moçambique, ou Front de Libération du Mozambique

Gemütlichkeit – terme allemand qui qualifie une atmosphère de confort et d'hospitalité
gudza – écorce d'arbre dont se servent les Shona pour faire des couvertures, des nattes et des vêtements. Ils la mâchent pour l'amollir et l'assouplir.
guti – brumes bruineuses dans les montagnes de l'est du Zimbabwe

ilala – nom zimbabwéen du palmier *Hyphaene petersiana*, qui fournit le chaume de toiture, l'ivoire végétal et le vin de palme.

induna – premiers capitaines ndebele ; se traduit aussi par "chef"
inselbergs – chaînes de montagnes et collines isolées, nombreuses dans le désert du Namib

jesse – broussailles épaisses, épineuses, où l'homme ne peut en général pénétrer

kapenta – *Limnothrissa mioda*, poisson proche de l'anchois qui se pêche dans le lac Kariba ; il est très apprécié des Zimbabwéens
karakul – espèce de moutons d'Asie centrale, productrice de laine et de peaux de haute qualité ; élevée en Namibie et dans certaines régions du Botswana
kgotla – salle communale, construction batswana traditionnelle, utilisée pour les réunions du dikgotla, conseil municipal
khoisan – famille de langues qui englobe tous les idiomes d'Afrique australe, y compris ceux des San et des Khoi-Khoin (ou Nama) ainsi que la langue des Damara (peuple bantou qui parle un dialecte khoi-khoin)
filon de kimberlite – terme géologique désignant un type d'intrusion éruptive, où une chaleur et une pression très puissantes ont transformé le charbon en diamants
kloof – ravin ou petite vallée
kokerboom – arbre "à carquois" qui pousse surtout dans le sud de la Namibie
Konditorei – pâtisseries allemandes que l'on trouve dans les grandes villes namibiennes
kopje – petite colline, souvent simple tas de rochers dans une plaine par ailleurs totalement plate
kraal – soit un enclos pour le bétail, soit un village fortifié de cases daga

location – nom namibien de township
LMS – London Missionary Society

mabele – sorgho en setswana ; utilisé pour faire le bogobe, aliment de base
madiba – étendues d'eaux dormantes dans le delta de l'Okavango. Mot au singulier : lediba
mahango – millet ; aliment de base chez les Ovambo, aussi utilisé pour faire une boisson alcoolisée très appréciée du même nom
makalani – nom ovambo du palmier *Hyphaene petersiana*
marimba – xylophone africain fait de lames de bois, des calebasses de taille différente servant de résonateurs
mbanje – nom zimbabwéen du cannabis
mbira – sorte de piano se composant de 22 à 24 touches étroites en fer disposées en rangées sur une table d'harmonie. Le joueur pince l'extrémité des touches avec les pouces.
MET – Ministère de l'Environnement et du Tourisme
mfecane – exode ou migration forcée de plusieurs tribus d'Afrique australe fuyant les attaques zouloues
mhondoro – littéralement "lion" ; esprit shona qui peut agir sur les éléments et être cause de la prospérité ou de la ruine d'une communauté. Lorsque s'abattent des fléaux tels que la peste ou la sécheresse, c'est cet esprit qu'il faut consulter
midzimu – esprits des ancêtres shona
mielie pap – nom afrikaans du porridge de maïs, appelé *sadza* au Zimbabwe
miombo – terres boisées arides, où poussent essentiellement l'acacia, le mopane, ou autres formations végétales de bushveld
mokolane – nom batswana du palmier *Hyphaene petersiana*
mokoro – pirogue utilisée dans le delta de l'Okavango, mue à la perche par un homme se tenant à l'arrière (au pluriel : mekoro)
mombo – chef ou roi puissant dans le Zimbabwe précolonial
morgen – unité de mesure équivalant à environ 1,25 hectares, utilisée par les premiers fermiers boers
mukwa – bois au grain riche utilisé pour les sculptures et autres produits artisanaux au Zimbabwe
mujejeje – "cloches de pierre" ; formations rocheuses naturelles, causées par l'exfoliation, qui produisent des sons mélodiques lorsqu'on les frappe

musika – gare routière et marché de township shona
mutasa – titre dynastique manyika créé au XVIe siècle
Mwari – être suprême dans la religion traditionnelle shona

!nara – variété de melon qui pousse dans le désert du Namib ; aliment de base du peuple khoi-khoin topnaar
n!oresi – territoires traditionnels des San : "les terres où l'on a son cœur"
nxum – "force vitale" san

omaeru – lait aigri ; aliment de base du peuple herero
omiramba – lits de rivière fossilisées dans le nord de la Namibie et dans le nord-ouest du Botswana (au singulier : omiramba)
omulilo gwoshilongo – "feu sacré" qui tient lieu d'autel dans chaque eumbo ovambo, où brûlent nuit et jour des bûches de mopane
oshana – lit de rivière asséché dans le Nord de la Namibie et le Nord-Ouest du Botswana

padrão – tribut rendu à un protecteur royal, érigé par les premiers navigateurs portugais le long de la côte africaine
pondo – "pound" ou livre ; utilisé occasionnellement au Botswana pour désigner deux pula
pula – "pluie" en setswana ; unité monétaire du Botswana
pungwe – "des ténèbres à la lumière" ; pendant le Second Chimurenga, nuit entière de célébration de l'unité nationale entre les villageois et les guérilleros ; aujourd'hui, toute manifestation qui commence le soir et dure toute la nuit

RENAMO – *Resistência Nacional de Moçambique* ou MNR, mouvement de résistance nationale du Mozambique
renkini – gare routière et marché de township ndebele
rondavel – case ronde africaine
rooibos – littéralement "bush rouge" en afrikaans ; tisane insipide à laquelle on attribue des vertus thérapeutiques

sadza – nom zimbabwéen du porridge de maïs
cases sefala – greniers batswana traditionnels
seif dunes – lignes de dunes saillantes dans le centre du désert du Namib
shebeen – débit de boissons/maison de passe illégal
skokiaan – boisson dangereuse et illégale à base de grains, corsée d'ingrédients hétéroclites. Elle est passée de mode.
Sperrgebiet – "zone interdite" ; région diamantifère du Sud-Ouest de la Namibie
SWAKARA – karakul du Sud-Ouest africain

ténébrionidés – famille de coléoptères qui vit dans le désert du Namib
toktokkie – nom afrikaans de l'Onomachris unguicularis, insecte de la famille des ténébrionidés, amateur de brouillard
township – quartier noir à forte densité de population en périphérie des villes
trypanosomiase – "maladie du sommeil" ; contamination par piqûre de la mouche tsé-tsé. Appelée nagana au Zimbabwe
tsama – melon amer du désert, aliment traditionnel du peuple san. Aussi utilisé pour nourrir le bétail
tsotsis – voleurs

UNITA – Uniãopela Independência Total de Angola
UTC – TUC, Temps Universel Coordonné (ex-GMT)

veld – étendues herbeuses, en général situées sur des plateaux. Dans l'une de ses variantes, le "bushveld", les broussailles épineuses remplacent les herbages.
vetkoek – littéralement "gâteau gras" ; sorte de beignet que l'on trouve au Botswana et dans d'autres régions où s'est exercée l'influence afrikaner
vlei – toute étendue de basses terres, parfois marécageuses

watu – pirogue kavango, utilisée sur les rivières et dans les marécages du Nord-Est de la Namibie

wag 'n bietjie – nom afrikaans d'une espèce de palmier ; littéralement "attends un peu"
welwitschia – *Welwitschia mirabilis*, plante rare qui pousse dans le désert du Namib. Elle serait apparentée aux conifères.

ZANLA – Armée de libération nationale africaine du Zimbabwe
ZANU – Union africaine nationale du Zimbabwe
ZAPU – Union africaine du peuple du Zimbabwe
zhii – "anéantissement vengeur de l'ennemi", cri de ralliement des Noirs du Zimbabwe contre le pouvoir colonial à la fin des années 50.
ZIPRA – Armée révolutionnaire du peuple du Zimbabwe
ZUM – Mouvement pour l'unité du Zimbabwe

Index

ABRÉVIATIONS

AF – Afrique du Sud
Ang – Angola
Bot – Botswana
Nam – Namibie
Zam – Zambie
Zim – Zimbabwe

GP – Game Park
GR – Game Reserve
NP – National Park
NR – Nature Reserve
WR – Wildlife Reserve
WS – Wildlife Sanctuary

CARTES

TEXTE

Les références des cartes sont en **gras**

PARCS NATIONAUX, RÉSERVES FAUNIQUES ET NATURELLES

REMERCIEMENTS
Merci à tous les voyageurs qui ont consacré du temps en nous écrivant à propos de leurs expériences au Zimbabwe, au Botswana ou en Namibie. Les auteurs de ces lettres (veuillez nous excuser pour les noms mal orthographiés) sont :

Timothy Abbott (EU), G. Addams, Mark Azavedo (RU), David Banfield (Aus), James W. Bannister (C), John Batcheller (EU), Reto Beeli (CH), Dean et Emily Benbow (RU), Susan Beney (Aus), Rhuari Bennett (RU), Harry Bennie, Peter Bessell (Aus), Christine Bill (Irl), B. Binder, Tyler Bjornson (C), Karl Bolton, Stephane Borella (CH), Eric Brand, Tom et Sue Bright, Valerie Broom, Tony Broughton, E. A. Bruce, Andrew Bryceson (RU), Joost Butenop (D), Dandemutande Calender (EU), Natalie Campbell, Rebecca Carron (RU), Scott Ciener (EU), Margaret et Michael Clark (Aus), Madame M. Coetzee, Robert Colgrave, Madame M. O Connell-Jones, Peter Connolly (RU), Christina Cordoza (EU), M. F. Correia (C), Juliet Cragg, Nick et Lucy Crawley, John Cross (EU), Myrtle Davis (RU), Juiliana Dooley (EU), Marc van Doornewaard (PB), Mark Doro (Aus), Greg van Druten (NZ), J. Dube (S), Wendy Easen (RU), Angela Engler (S), Rainer Feil (D), Paul Ferguson (Aus), R. K. G. Fonteijn (PB), Linda Foss, Annalisa Francese (I), Celia Fraser (RU), Sharon Freed (Aus), M. Fry (CH), Andrew Gee (Aus), John van Galen Jansen (PB), Thomas Gerber (CH), E. Goslinga (PB), Brian de Gras (RU), Yves Gourves (F), Guido Govoni (I), Jan van de Graaff (Aus), J. Grinelley (Aus), Deborah Guner (RU), Dr Michal Harel (Isr), Marie Harlech-Jones, Vic Hatt (Aus), Miss Hayes (RU), J. L. High, Viv et Kent Holman (Aus), Marie Holstenson, Nick Hone, Madame et Monsieur C. Horn, Peter Horsfall, Andrew Howard, Peter Howard, Clarissa Hughes (RU), Connie van der Hught (NZ), Madame C. Huston (RU), C. Mc Intyre (RU), Scott Jenkinson, Ian Johnson (Aus), Peta Jones, Sian Jones (RU), W. Joseph, Karyn Kaplan (EU), Denis Kearney, M. King, Amy Kingston, James Knight (RU), Kristina Knudsen, Jon Krog (Dk), Joep van der Laar (PB), Marie Laforest, Dr A. Lane (RU), Stephen Lees (Aus), Sonya Lejeune, Vittorio de Leonardis (I), G. A. van Loo (PB), Susan Loucks (EU), Renette Louw, Eleanor Lowe, Anna Lundh (S), Maurice Luttman (Aus), Flemming Lyrdal (S), Beverley Mackie (NZ), Keith Mallinson, Rachel Marcus (RU), Elizabeth Masson, S. R. McCombie, Peter McIntyre (D), Toshiyusai Marutani (J), R. J. Miles, Dennis J. Mitchell (EU), Leonardo Mormandi (I), Alastair Mowson (RU), T. Moyo, P. Murphy, Ndevashiya Natangwe, Susy Neehouse (Aus), Sheila O'Donohue (Irl), Trevor Parry, Madame Margie Pearce (RU), Andrew Phillips (RU), Monsieur Pincus (Aus), Michael Polster (EU), Jordan Pollinger (EU), Caroline Porter (RU), B. Posthumus (PB), R. Potasznik (EU), James Redmond (C), Dave Reid (RU), Patricia Renny (RU), Frank van Rensburg (PB), Mark Ritchie (Aus), C. W. Roberts (Aus), Andrea Robbins (EU), John Robertson (Aus), Virginia de Ronde (C), Christina Rood (EU), Edward Rother (EU), Monsieur et Madame W. Rowell (RU), Ruwa, Graziella Sassoe (I), Andree Schlater (D), Gerda Schreiner-Schreurs (PB), Luc Selleslagh (B), Mark Seltzer (C), Fanuel Shava, A. Sheppard (RU), Ann Shuttleworth (Aus), Keith et Liz Somerville (RU), Eleftheria Soulia (D), Maud Steeman (PB), Kate Stewart (Aus), T. W. Stoker, Valerie Stone (EU), Kristin Storey (C), Diane Strebbent (EU), A. et F. Spowart Taylor (RU), T. R. Twizell (RU), Anne Uren (Aus), Michael Ward, Simon E. J. Warren, M. C. Washaya, Catherine Webster (RU), Martin Weinstein (EU), Petra Peters Wendisch (D), Kate Wheater (RU), Richard Wilcox (J), Alex Wilkinson (RU), Judith Williams (NZ) et Stella van Zuijlen (PB).

A – Autriche, Aus – Australie, B - Belgique, C – Canada, CH – Suisse, D – Allemagne, Dk – Danemark, F – France, Irl– Irlande, Isr – Israël, I – Italie, J - Japon, PB– Pays-Bas, NZ – Nouvelle-Zélande, S – Suède, RU – Royaume-Uni, EU – États-Unis d'Amérique.

Prenez des nouvelles

du monde entier

avec **LONG COURRIER**

la lettre d'information

trimestrielle GRATUITE

de Lonely Planet

LONG COURRIER

UNE QUESTION D'ÉQUILIBRE

Nos guides de voyage sont remis entièrement à jour tous les deux ans mais nous savons mieux que quiconque que certaines régions du monde changent si rapidement qu'il devient nécessaire d'interroger ceux qui rentrent tout juste de voyage.

C'est pourquoi nous éditons **LONG COURRIER**. Pour vous faire partager les expériences et les conseils que nombre de nos lecteurs et auteurs nous font quotidiennement parvenir.

Mais **LONG COURRIER**, c'est aussi :

- *des conseils pratiques pour voyager en toute sécurité et des informations de dernière minute sur les endroits où des précautions sanitaires supplémentaires sont à prendre*
- *un article de fond sur un sujet qui nous touche particulièrement*
- *des impressions de voyage d'un auteur de Lonely Planet*
- *des informations pratiques les plus à-jour possibles sur un très grand nombre de pays*
- *des détails sur nos activités et nos dernières parutions.*

Pour vous abonner, écrivez-nous

LONELY PLANET PUBLICATIONS
Australie : PO Box 617, Hawthorn, 3122 Victoria
☎ (3) 819 1877 ; Fax (3) 819 6459 e-mail : talk2us@lonelyplanet.com.au

USA : Embarcado West, 155 Filbert St., Suite 251, Oakland CA 94607
☎ (510) 893 8555 ; Fax (510) 893 8563 N° Vert : 800 275-8555
e-mail : info@lonelyplanet.com

Royaume-Uni : Barley Mow Centre, 10 Barley Mow Passage, Chiswick, London W4 4PH
☎ (44) 0181 742 3161 ; Fax (44) 0181 742 2772 e-mail : 100413.3551@compuserve.com

France : 71 bis, rue du Cardinal-Lemoine, 75005 Paris
☎ (1) 46 34 00 58 ; Fax (1) 46 34 72 55 e-mail : 100560.415@compuserve.com

World Wide Web : http://www.lonelyplanet.com/

Guides Lonely Planet en français

Les guides de voyage Lonely Planet en français sont distribués en France, en Belgique, au Luxembourg, en Suisse et au Canada. Pour toute information complémentaire, écrivez à : Lonely Planet Publications – 71 *bis*, rue Cardinal-Lemoine, 75005 Paris – France.

Afrique du Sud, Lesotho et Swaziland
Voyagez en Afrique australe et laissez-vous surprendre par la diversité de sa culture et son incroyable beauté. On ne peut choisir de meilleur endroit pour observer la faune africaine.

Australie
Île-continent, l'Australie est une terre d'aventure fascinante grâce à la diversité de ses paysages : la Grande Barrière de Corail, l'Outback, le bush, sans oublier Sydney, la future capitale des jeux Olympiques.

Bali et Lombok
Cet ouvrage entraîne les voyageurs à la découverte de la magie authentique du paradis balinais. Lombok, l'île voisine, est restée à l'écart du changement : il en émane une atmosphère toute particulière.

Canada
Un guide exhaustif pour une destination qui ne peut que combler les amoureux des grands espaces. Le Canada est une mosaïque de cultures : amérindienne, française, écossaise, anglaise…

Caraïbes orientales
Forêts de la pluie, douceur des alizées, eaux turquoises... Des Antilles françaises aux Antilles néerlandaises en passant par les îles britanniques, vous découvrirez toute la saveur des Caraïbes.

Brésil
Des folies du carnaval à l'Amazonie qui abrite l'écosystème le plus riche de la terre, le Brésil est la patrie de toutes les démesures. Grâce à ce guide, découvrez au mieux ce pays fascinant.

Cambodge
L'un des derniers pays à avoir ouvert ses frontières aux touristes, le Cambodge permet enfin aux visiteurs d'admirer les superbes vestiges d'Angkor. Une première Lonely Planet.

Chine
Unanimement cité comme l'ouvrage indispensable pour tout voyageur indépendant se rendant en République populaire de Chine, ce guide vous aidera à découvrir ce pays aux multiples facettes.

États Baltes et région de Kaliningrad
Partez pour une des dernières grandes aventures européennes, dans les trois États Baltes (Lituanie, Lettonie et Estonie), réputés pour posséder de véritables personnalités bien distinctes.

Guatemala
Visiter ce pays, c'est se rendre dans l'un des berceaux de la civilisation maya. Ce guide donne toutes les clefs pour faire de ce voyage une expérience passionnante.

Hongrie
Une nouveauté dans la collection, qui saura vous guider non seulement dans la ville de Budapest tant affectionnée des voyageurs mais aussi à travers ce pays plein de charme, à la culture ouverte à tous.

Inde
Considéré comme LE guide sur l'Inde, cet ouvrage, lauréat d'un prix, offre toutes les informations pour vous aider à faire cette expérience inoubliable que représente un voyage dans ce pays.

Indonésie
Qu'il s'agisse d'un séjour dans la jungle, d'un circuit à Bali ou à Jakarta, d'une balade aux Célèbes, ou encore d'une croisière vers les Moluques, ce guide vous fait découvrir les merveilles de cet archipel.

Jordanie et Syrie
Ces pays présentent une incroyable richesse naturelle et historique… Des châteaux moyenâgeux, des vestiges de villes anciennes, des paysages désertiques incroyables et, bien sûr, l'antique Petra, capitale des Nabatéens.

La collection Guide de voyage est la traduction de la collection Travel Survival Kit. Lonely Planet France sélectionne uniquement des ouvrages réactualisés ou des nouveautés afin de proposer aux lecteurs les informations les plus récentes sur un pays.

Laos

Le seul guide existant sur ce pays tout en longueur, où l'hospitalité n'est pas qu'une simple légende. Une destination tropicale encore paradisiaque.

Malaisie, Singapour et Brunei

Partir dans cette région revient à ouvrir une première porte sur l'Asie. Cette édition, très complète, est un véritable compagnon de voyage.

Maroc

Avec la beauté de ses paysages et la richesse de son patrimoine culturel, le Maroc vous offre ses cités impériales, les sommets enneigés du Haut Atlas et l'immensité du désert dans le Sud.

Myanmar (Birmanie)

Ce guide donne toutes les clés pour faire un voyage mémorable dans le triangle Yangon-Mandalay-Pagan et explorer des sites bien moins connus comme Bago ou le lac Inle.

Népal

Des informations pratiques sur toutes les régions népalaises accessibles par la route, y compris le Teraï. Ce guide est aussi une bonne introduction au trekking, au rafting et aux randonnées en vélo tout terrain.

Nouvelle-Zélande

Spectacle unique des danses maories ou activités de plein air hors pair, la Nouvelle-Zélande vous étonnera, quels que soient vos centres d'intérêt.

Pologne

Des villes somptueuses, comme Cracovie ou Gdansk, aux lacs paisibles et aux montagnes redoutables, pratiquement inconnus des voyageurs, ce guide est indispensable pour connaître ce pays amical et sûr.

République tchèque et Slovaquie

Ces deux républiques européennes, partageant les mêmes racines slaves, présentent de riches sensibilités culturelles et politiques. Ce guide comblera, notamment, les amateurs de vieilles pierres et les voyageurs désireux de connaître une Slovaquie au tourisme moins développé.

Slovénie

Toutes les informations culturelles pour profiter pleinement de la grande richesse historique et artistique de ce tout jeune pays, situé aux frontières de l'Italie, de l'Autriche, de la Hongrie et de la Croatie.

Sri Lanka

A Sri Lanka, certaines régions sont interdites aux voyageurs. Ce livre vous guidera vers des lieux plus accessibles, là où la population est chaleureuse, la nourriture excellente et les endroits agréables nombreux.

Thaïlande

Ouvrage de référence, ce guide fournit les dernières informations touristiques, des indications sur les randonnées dans le Triangle d'Or et la transcription en alphabet thaï de la toponymie du pays.

Trekking en Himalaya – Népal

Source d'informations et de conseils, cet ouvrage est indispensable pour préparer un trek dans cette région aux paysages spectaculaires, où les minorités ethniques partagent des traditions culturelles ancestrales.

Vietnam

Une des plus belles régions d'Asie qui change à grande vitesse. Grâce à cet ouvrage, vous pourrez apprécier les contrées les plus reculées du pays mais aussi la culture si particulière du peuple vietnamien.

Yémen

Des informations pratiques, des conseils actualisés et des itinéraires de trekking vous permettront de découvrir les anciennes citadelles, les villages fortifiés et les hauts-plateaux désertiques de ce fabuleux pays. Un voyage hors du temps !

Commandes par courrier

Les guides de voyage Lonely Planet en anglais sont distribués dans le monde entier. Si vous n'arriviez pas à vous procurer un de ces titres, vous pouvez nous passer commande directement. En Europe, écrivez à Lonely Planet, Barley Mow Centre, 10 Barley Mow Passage, Chiswick, London W4 4PH, G-B. Aux États-Unis ou au Canada, écrivez à Lonely Planet, Embarcadero West, 155 Filbert St, Suite 251, Oakland CA 94607, USA. Pour le reste du monde, écrivez à Lonely Planet, PO Box 617, Hawthorn, Victoria 3122, Australie.

Afrique
Africa *on a shoestring*
Central Africa
East Africa
Trekking in East Africa
Kenya
Swahili *phrasebook*
Morocco, Algeria & Tunisia
Arabic (Moroccan) *phrasebook*
North Africa
South Africa, Lesotho & Swaziland
West Africa
Zimbabwe, Botswana & Namibia

Moyen-Orient
Arab Gulf States
Egypt & the Sudan
Arabic (Egyptian) *phrasebook*
Iran
Israel
Jordan & Syria
Middle East *on a shoestring*
Yemen

Europe
Baltic States & Kaliningrad
Baltic States*phrasebook*
Britain
Central Europe *on a shoestring*
Central Europe *phrasebook*
Dublin *city guide*
Eastern Europe *on a shoestring*
Eastern Europe *phrasebook*
Finland
France
Greece
Greek*phrasebook*
Hungary
Iceland, Greenland & the Faroe Islands
Ireland
Italy
Mediterranean Europe *on a shoestring*
Mediterranean Europe *phrasebook*
Poland
Prague *city guide*
Scandinavian & Baltic Europe *on a shoestring*
Scandinavian Europe *phrasebook*
Slovenia
Switzerland
Trekking in Spain
Trekking in Greece
Russia, Ukraine & Belgrade
Russian *phrasebook*
Vienna *city guide*
Western Europe *on a shoestring*
Western Europe *phrasebook*

Amérique du Nord
Alaska
Canada
Hawaii
Honolulu *city guide*
Pacific Northwest
Rocky Mountains
Southwest USA
US language *phrasebook*

Amérique du Sud
Argentina, Uruguay & Paraguay
Bolivia
Brazil
Brazilian *phrasebook*
Rio de Janeiro *city guide*
Chile & Easter Island
Colombia
Ecuador & the Galapagos Islands
Latin American Spanish *phrasebook*
Peru
Quechua *phrasebook*
South America *on a shoestring*
Trekking in the Patagonian Andes
Venezuela

Amérique centrale et Caraïbes
Baja California
Central America *on a shoestring*
Costa Rica
Eastern Caribbean
Guatemala, Belize & Yucatan : La Ruta Maya
Mexico

Guides Lonely Planet en anglais

Les guides de voyage Lonely Planet en anglais couvrent l'Asie, l'Australie, le Pacifique, l'Amérique du Sud, l'Afrique, le Moyen-Orient ainsi que certaines régions d'Amérique du Nord et d'Europe. Les *travel survival kits* couvrent un pays et s'adressent à tous les budgets ; les *shoestring guides* donnent des informations en condensé pour les voyageurs à petit budget ; les *walking guides* s'adressent aux randonneurs ; les *city guides* vous font découvrir une ville ; les *phrasebooks* sont des manuels de conversation.

Australie et Pacifique
Australia
Australian *phrasebook*
Bushwalking in Australia
Islands of Australia's Great Barrier Reef
Outback Australia
Fiji
Fijian *phrasebook*
Melbourne *city guide*
Micronesia
New Caledonia
New South Wales
New Zealand
Tramping in New Zealand
Papua New Guinea
Bushwalking in Papua New Guinea
Papua New Guinea *phrasebook*
Queensland
Rarotonga & the Cook Islands
Samoa
Solomon Islands
Sydney *city guide*
Tahiti & French Polynesia
Tonga
Vanuatu
Victoria

Océan Indien
Madagascar & Comoros
Maldives & the Islands of the East Indian Ocean
Mauritius, Réunion & Seychelles

Sous-continent indien
Bangladesh
Bengali *phrasebook*
India
Delhi *city guide*
Hindi/Urdu *phrasebook*
Trekking in the Indian Himalaya
Karakoram Highway
Kashmir, Ladakh & Zanskar
Nepal
Trekking in the Nepal Himalaya
Nepali *phrasebook*
Pakistan
Sri Lanka
Sri Lanka *phrasebook*

Asie du Sud-Est
Bali & Lombok
Bangkok *city guide*
Cambodia
Indonesia
Indonesian *phrasebook*
Jakarta *city guide*
Java
Laos
Malaysia, Singapore & Brunei
Myanmar (Burma)
Burmese *phrasebook*
Philippines
Pilipino *phrasebook*
Singapore *city guide*
South-East Asia *on a shoestring*
Thailand
Thai *phrasebook*
Vietnam
Vietnamese *phrasebook*
Ho Chi Minh City *city guide*

Asie du Nord-Est
China
Beijing *city guide*
Cantonese *phrasebook*
Mandarin Chinese *phrasebook*
Hong Kong, Macau & Canton
Japan
Japanese *phrasebook*
Korea
Korean *phrasebook*
Mongolia
Mongolian *phrasebook*
North-East Asia *on a shoestring*
Seoul *city guide*
Taiwan
Tibet
Tibetan *phrasebook*
Tokyo *city guide*

Asie Mineure
Turkey
Trekking in Turkey
Turkish *phrasebook*

Lonely Planet Story

Maureen et Tony Wheeler, au retour du périple qui les avait menés de l'Angleterre à l'Australie par le bateau, le bus, la voiture, le stop et le train, s'entendirent demander mille fois : "Comment avez-vous fait ?".

C'est pour répondre à cette question qu'ils publient en 1973 le premier guide Lonely Planet. Écrit et illustré sur un coin de table, agrafé à la main, *Across Asia on the Cheap* devient vite un best-seller qui ne tarde pas à inspirer un nouvel ouvrage.

En effet, après dix-huit mois passés en Asie du Sud-Est, Tony et Maureen écrivent dans un petit hôtel chinois de Singapour leur deuxième guide, *South-East Asia on a shoestring*.

Très vite rebaptisé la "Bible jaune", il conquiert les routards du monde entier, et s'impose comme LE guide sur la région. Vendu à plus de cinq cent mille exemplaires, il en est à sa septième édition toujours sous sa célèbre couverture jaune, désormais familière.

Lonely Planet compte aujourd'hui plus de 140 titres en anglais à son catalogue. Ces ouvrages ont gardé la même approche aventureuse que leurs prédécesseurs et s'adressent tout particulièrement aux voyageurs épris d'indépendance.

Les guides, à l'origine spécialisés sur l'Asie, couvrent désormais la plupart des régions du monde : Pacifique, Amérique du Sud, Afrique, Moyen-Orient et Europe.

Les ouvrages sur la randonnée et les manuels de conversation (dans des langues inhabituelles comme le Quechua, le Swahili, le Népali ou l'Arabe égyptien) sont de plus en plus nombreux.

Tony et Maureen Wheeler continuent de voyager plusieurs mois par an. Ils écrivent et mettent à jour les ouvrages Lonely Planet et veillent à leur qualité.

Aujourd'hui l'équipe se compose de plus de 50 auteurs et de quelques 110 permanents, principalement des rédacteurs, des cartographes et des graphistes répartis entre les bureaux de Melbourne (en Australie), d'Oakland (en Californie) et de Paris. Le bureau de Londres, qui compte six personnes, se charge de la distribution des guides en Europe et en Afrique. Les voyageurs eux-mêmes apportent une contribution inestimable aux ouvrages grâce aux informations contenues dans les milliers de lettres que nous recevons chaque année.

La grande équipe de Lonely Planet est convaincue que les voyageurs peuvent apporter quelque chose de positif aux pays qu'ils visitent, non seulement en y dépensant de l'argent, mais aussi parce qu'ils en apprécient le patrimoine culturel et naturel.

Par ailleurs, en tant qu'entreprise, Lonely Planet contribue à aider les pays et les régions couverts par les guides. Depuis 1986, une partie des bénéfices est reversée à des organisations non gouvernementales luttant contre la faim en Afrique, à des projets humanitaires en Inde, à des projets agricoles en Amérique centrale, à Greenpeace ainsi qu'à Amnesty International.

La philosophie de base de Lonely Planet est résumée ainsi par Tony Wheeler : "N'attendez pas d'être sûr de la réussite pour partir : Partez !"